FREE CHINA

合訂本第十一集

（第十二卷）

中華民國四十四年七月一日合訂

社址：臺北市和平東路二段十八巷一號

自由中國合訂本第十一集要目

第十二卷　第七期

第十二卷　第八期

第十二卷　第九期

第十二卷　第十期

第十二卷　第十一期

第十二卷　第十二期

定價：精裝每册六十元
平裝每册五十元

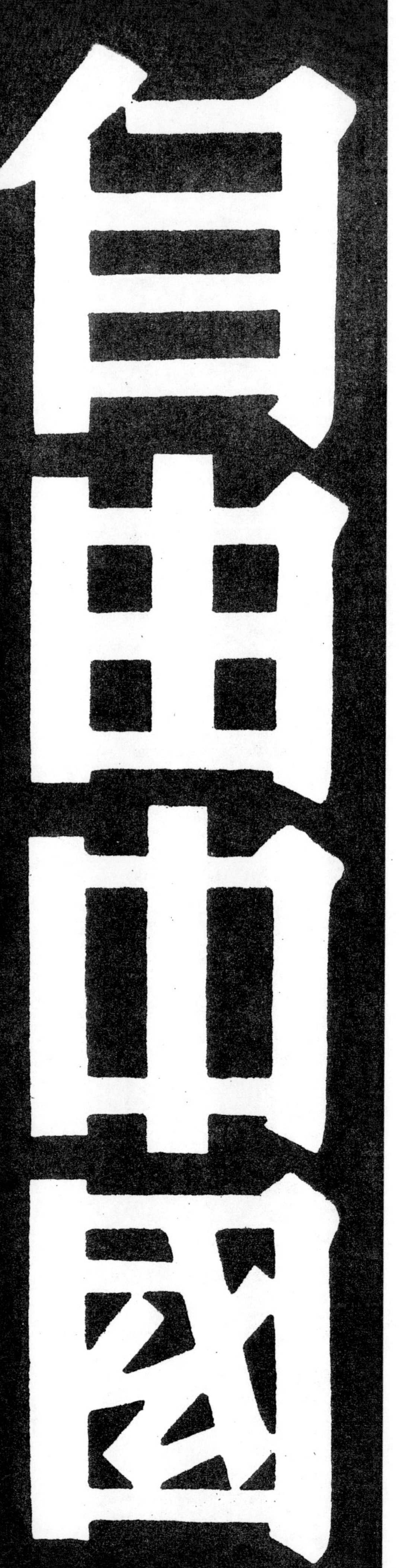

FREE CHINA

第十二卷 第一期

新年特刊

要目

中華民國四十四年一月一日出版

社址：臺北市和平東路二段十八巷一號

社論（一）

美國應有明朗的對日政策

本刊十一卷十二期社論，曾以「吉田內閣總辭與日本政局展望」爲題，從日本政黨政治的背景分析了此次閣潮的經緯，指出它對亞洲反共大局所可能發生的影響，最後並爲了自由世界的團結誠懇勸告自由民主兩黨再度携手。半個月來的發展，使我們感覺我們誠懇的希望，已漸見落空。鳩山內閣標揭獨立自主的外交，而所謂獨立自主外交的第一項目，竟是承認中共僞政權的企圖。

日本政潮，形式上是它內部黨派的悲歡離合與權力之爭，實質上是世界性冷戰中重要的一仗。這一仗，是共產集團抓住日本內爭的機會來發動的。奇怪的是，截至今日，我們甚至沒有看到民主集團作應戰的準備。共產集團顯然是以分化自由世界爲其現階段的基本政策。由此動機出發，它在亞洲有一項主要任務，就是要使日本脫出美國所辛勤締造的西太平洋防務體系。共產集團明知此一目標，短期間內不易達到，日本尚不可能片面的毀棄美日安全協定，但它仍準備作長期的努力，逐漸的達到它。共產集團也明知日共的勢力尚未成長，在議會中甚至少數席次都無法取得，但它仍可以利用他人的力量，以及種種複雜錯綜的關係，來遂行其陰謀。

共產集團兼用「裏打出」與「外打進」兩種手法，以爭取日本。在內部，它勾結社會黨，讓社會黨去壓迫民主黨，叫它一步步的走上自己所安排好的路線。社會黨分左右兩翼。至少，較佔勢力的左翼社會黨不僅在選擧中得到日共的支持，並且隨時與日共暗通聲氣，它幾乎是自願的做着日共的工具。民主黨是以少數黨地位因社會黨的支持而執政，它就無時無刻不爲社會黨所挾持，至少是不十分自願的做着社會黨的工具。國際共產黨的日本政策，就可以經由這一條迂迴曲折的路線而逐漸實現。

預定了的一月間議會改選，恐怕不容易使這局面變好。我們很難期望自由黨或民主黨能單獨贏得過半數的議席。選擧結果，多半仍爲三分之局。鳩山的看守內閣，頗有延續的希望，但他仍不能放棄社會黨的支持，一切情形如故，其將爲工具的工具也，亦如故。

至於「外打進」的手法，則是由中共以貿易爲餌，誘惑日本選民，以阻制自由黨在選擧中得手。它許日本以貿易利益，決不會全無條件，而且它的條件，也決不會局限於經濟的領域，承認它的政權，可能僅爲其初步的要求而已。雖說已經承認了中共的國家，如英國等，在貿易上也得不到什麼好處，但在日本未承認它以前，它在口頭是可以非常慷慨，所要求者，僅爲「友好」而已。「友好」豈有止境，它終將逼得日本在精神上與形式上統統與自由世界離開而後已。

共產集團正以這種裏應外合的戰術，向日本進行猛烈的政治攻勢，並且已經有了初步的收穫。我們回頭來看看整個自由世界，特別是看看美國，彷彿竟是毫無動靜的樣子。美國不會忘記日本地位的重要及其潛力的雄厚。美國也不會甘心讓日本輕易離開民主集團的陣營、或甚至進而脫出西太平洋的防禦體系。但美國面對此種重大變化而毫無動靜，實在使人不得不懷疑它對日本，至今還沒有找到一個適當的對策。

美國對歐洲問題是有政策的。在亞洲它對自由中國和韓國，也是有政策的。不管政策對與不對，是成功是失敗，有政策，總有一個行動與努力的方向。獨獨對日本，美國竟顯得沒有政策。也許美國當局內心有一個政策，但我們慚愧，竟是無法摸到這一個政策的輪廓。

美國自與日本締立安全協定以後，少見兩國之間有高階層人員的接觸。這已經非常奇怪。前日本首相吉田赴美之行，應該使兩國有商談一切問題的機會，但此種商談，似無結果。明白一點說，吉田是滿懷希望，空手而回。吉田此後遭逢議會的不信任投票，沒有敢於採取解散議會的步驟，多少應是受到美國態度的影響。說美國已經決心放棄吉田吧，它也沒有拉上鳩山或重光的關係，鳩山、重光是一天天走上另一個方向去了。鳩山一次再次作兩面政策的表示，實多少含有試探美國之意，而美國朝野對之均無强烈而明朗的反應。美國究竟如何打算，我們茫然不知，料想日本人民也同樣的茫然不知。

日本人民摸不清美國的意旨，有很多危險。可能，一部份人是過於樂觀，以爲日本儘可以一面取得對鐵幕世界的貿易利益，而另一方面又可以取得美國的經濟援助。也可能，一部份人是過於悲觀，感覺要解決經濟問題，對美國已少有指望，不得不到另一方面去找尋辦法。總之，日本一般人之茫然，正足以爲共產集團的政治攻勢所乘。

美國對日本，有所要求而不堅持，有所援助而不徹底。它既不能使日本滿足，另一方面又不能斷日本首鼠兩端之念。美國過去這樣不鬆不緊，實爲今日自陷困境的根源。美國釐訂今後的對日政策，這是一個必須記取的經驗教訓。據我們的想法，美國在經濟方面應該放鬆，但要日本在政治及軍事方面承諾相對的義務。日本在戰敗以後，一般國民心理上起了一種大的變化。日本人今天關心經濟利益，似遠超過於關心政治問題。他們反共而謀與鐵幕地域通商，正是由於此一心理變態。以美國的實力，要與共產集團進行經濟戰，應該是綽有餘裕，穩操勝算。美國沒有不能把日本民心爭取回來的道理，所差的，祇是美國自己要作若干犧牲的決心。

美國今後對日政策之決定，與它整個的經援政策有密切關係。不幸，美國對經援政策內部正有歧見，外國事務署署長史塔生與財政部長韓福瑞之間的爭持，似至今未獲結論。對日政策之難產，可能即造因於此。但時間還來得及。美國祇要能趕在三月以前有所決定，並及時將所決定的政策公開宣佈，就還有機會把日本的局勢挽回過來。事情應該是非常簡單的，美國祇要乾脆的告訴日本人民：美國可以如何如何的幫助日本解決問題，但必須日本做到如何如何。這樣，日本選民才可以權衡利害，有了選擇的標準，而各黨派的競選政綱，也可能爲迎合選民而修改，並從而促成自由民主兩黨的再度合作。

有政策仍然可能失敗，但不會有沒有政策而勝利之事。我們要再度提醒：這不單是日本內政問題，而是冷戰中重要的一仗，自由世界竟可能在這一仗就此把日本喪失，所以我們不得不向美國提出趕快確定政策的緊急呼籲。

社論

(二)

如何加强自由制度——請自便民始

中美共同防禦條約第三條規定：「締約國承允加强其自由制度，彼此合作，以發展其經濟進步與社會福利，並爲達到此等目的，而增强其個別與集體之努力。」行政院致立法院的報告，對於這一條文作如下的說明：「本約以共同抵抗共產侵略爲目的，而在反共鬪爭中政治經濟及社會各方面之努力，亦極重要。故本約第三條有加强自由制度及發展經濟進步及社會福利之規定。蓋自由國家所奉行之自由制度，實爲共產國家所施奴役制度之對照。中美兩國均爲自由制度發達之國家，現復在約中共同承允更予加强，實爲對鐵幕後受奴役人民之燈塔。」(見四十三年十二月二十三日臺北各報)

是的，自由制度爲奴役制度的對照；自由制度爲鐵幕後被奴役人民所響往的燈塔。我們政府對自由制度有如此正確的認識，我們應該舉起雙手來歡呼。

既認識自由制度之可貴，又承允更予加强，當前的問題應該只在「如何」加强了。但是，我們向來不願唱高調，鑒於今天實際情形，我們站在國民的立場，與其要求加强自由制度，無寧要求解除一切反自由的措施。反自由的措施解除了，才談得上自由制度的建立和加强。

最近一年來，政府在解除反自由的措施上，做了幾件可喜的事。其中最值得讚揚的，是去年(四十三年)十月間頒行「臺灣省戒嚴時期軍法機關自行審判及交法院審判案件劃分辦法」及通令有關機關在逮捕拘禁嫌疑犯時須切實遵照「提審法」。這件事是有利於人身自由之保障的；至少使此後剝奪人身自由的作爲，失了法律的根據。第二件事，是去年十一間行政院很快地取消了內政部頒行的「戰時出版品禁止或限制事項」。內政部那道禁令，是摧殘新聞自由、言論自由的荒謬措施，行政院接受輿論，很快地把它取消，這在解除反自由的措施中，也是一件大事。此外如四個公營公司(水泥、紙業、工礦、農林)之轉讓民營，也可視爲經濟政策之傾向於獎勵自由企業。

但是，以上這些事例，視爲解除一切反自由措施的開端，誠然可喜；如認爲這就是加强自由制度，未免失實。要加强自由制度，還有許許多多反自由的措施，先要一一解除。

中美條約第三條，其內容着重在經濟方面。因此，有人認爲本條所規定的「承允加强自由制度」云云，是專就經濟方面講的。這種看法或解釋，似是而實非。因爲經濟方面自由制度的建立與加强，不是可以單獨進行的。尤其政治之與經濟，有不可分的關係。極權政治下不容有自由經濟，希特勒時代的德意志，墨索里尼時代的意大利，是其顯例；統制經濟或特種意義下的所謂計劃經濟，終會導致極權政治的，所以在尊重政治自由的國家如澳英等國，工黨的社會主義經過一次試行，即失掉人民的支持。由此可知，政治與經濟之不可分。在不自由或反自由的政治下，經濟上的自由制度根本就建立不起來，還談得上加强嗎？明乎此，我們再來看臺灣的經濟措施。

臺灣經濟是公營經濟，同時也可說是管制經濟。臺灣的生產事業除農業外，百分之八十以上是公營的，在私營事業的狹小天地中，官方的管制法令如毛，手續繁瑣，還有些不公開的干擾，弄得一些善良而守法的工商業者，忍氣吞聲，敢怒而不敢言。這種事情太多了，我們隨便舉一個例子如下：

歡迎華僑回國投資，這是近幾年政府的大呼聲。照政府規定，投資人擬用在來臺設廠及其他的籌備資金，可在國外選購准予進口的貨物，運臺銷售，再以銷售欵項用之於設廠及其他用途。這一規定，是爲投資人着想，免得他因官價結滙而受損失。其用意是很好的。可是實施起來，由於官方的留難推拖，良法美意，所收到的是相反的結果。例如前年春初有一華僑爲來臺設廠，照政府規定手續，申請一批府綢進口。府綢是夏季的衣料，但官廳方面一直挨到秋天才批准。這時，該商人乃改請呢絨進口，以爲可以趕上冬季銷售，殊不知在衙門內幾轉幾拖又是半年，到次年春末才批准。夏天賣呢絨！這個商人只有自認晦氣放棄輸入了。可是這件事情，是會傳遍華僑社會的。以這樣的措施來歡迎僑資，是不是開玩笑呢？這個事例，看起來似不太嚴重。然而我們所以特選這個不太嚴重的例子，來申論「加强自由制度」這個問題，是有理由的。我們認爲要加强自由制度，必先解除一切反自由的措施；要解除反自由的措施，必先有便民的誠意。「便民」是民主政府最起碼的一個條件。前三年我們政府曾熱烈地提倡過「便民運動」，那時執政黨的報紙中央日報曾發表「政在便民」的社論以鼓舞人心。可是事實上我們的官廳至今仍保持其一貫的衙門氣習，對於老百姓仍視爲在下的小民，擺官架，打官腔、遇有請求，即以留難挑剔顯其權勢，甚或以此索賄。便民之謂何？有些官吏根本就沒有想到。在這種情況下，我們怎能奢望甚麼加强自由制度？怎能奢望解除反自由的措施得以施行有效呢？我們有鑒於此，所以在討論加强自由制度的這篇文字中，舉出上面那個不太嚴重的事例，低調而又低調地，只是希望政府在承允了加强自由制度的今日，切切實實從最起碼的工作——便民——做起。自由制度是我們所追求的。如何建立，如何加强，我們還得進一步來申論。

介紹一本最值得讀的自傳

胡適

沈宗瀚先生的「克難苦學記」是近二十年來出版的許多自傳之中最有趣味，最能說老實話，最可以鼓勵青年人立志向上的一本自傳。我在海外收到他寄贈的一冊，當日下午我一口氣讀完了，就寫信去恭賀他這本自傳的成功。果然這書的第一版很快的賣完了，現在就要修改再版，沈先生要我寫一篇短序，我當然不敢推辭。

這本自傳的最大長處是肯說老實話。說老實話是不容易的事；敍述自己的家庭、父母、兄弟、親戚，說老實話是更不容易的事。

一千八百多年前，大思想家王充（他是漢朝會稽郡上虞縣人，是沈先生的同鄉）在他的「自紀篇」裏，曾這樣的敍述他的祖父與父親兩代：

> 祖父汎，舉家擔載，就安會稽，留錢唐縣，以賈販爲業。生子二人，長曰蒙，少曰誦，誦卽充父。祖世任氣，至蒙、誦滋甚。故蒙、誦在錢唐，勇勢凌人，末復與豪家丁伯等結怨，舉家徙處上虞。

這是說老實話。當時人已嘲笑他「宗祖無淑懿之基，……無所稟階，終不爲高」。六百年後，劉知幾在史通的序傳篇裏，更責怪他不應該「述其父祖不肖，爲州閭所鄙」，「盛矜於己，而厚辱其先」。一千六百年後，惠棟、錢大昕、王鳴盛諸公也都爲了這一段話大責備王充。王充說的話，在現在看來，並沒有「厚辱其先」，不過老老實實的說他的祖父、伯父、父親都有點豪俠的氣性，所以結怨於錢唐的「豪家」。然而這幾句老實話就使王充挨了一千八百年的駡！

沈先生寫他的家庭是一個農村紳士的大家庭。他的村子是一個聚族而居的沈灣村，全村二百戶，七百人，都是沈族。村人貧富頗平均，最富的人家也不過有田二百多畝，最貧的也有七八畝。農家每日三餐飯，全村沒有乞丐，百年來沒有人打官司。這是一個典型的江南農村社會。沈先生自己的家庭就是這個農村社會裏一個中上人家。他的祖父水香先生，伯父少香先生，父親滌初先生都是讀書人，都是秀才，又都能替人家排難解紛，所以他家是一個鄉村紳士人家。

沈先生的祖父生有四男四女，他的伯父有五男二女，他的父親有六個兒子。沈先生剛兩歲（一八九六）時，這個大家庭已有二十多口人了。于是有第一次的「分家」。分家之後，「祖田除抵償公家債欵之外，尚留田十三畝，立爲祖父祭產」。滌初先生自己出門到人家去敎書，每年束修只有制錢四十千文。家中有租田十二畝，雇一個長工及牧童耕種，每隔一年可以收祖宗祭田約二十畝的租錢。每年的收入共計不過一百五十銀元。不久這個小家庭已有四個男孩子了。長工是要吃飯的。這就是七口之家了。沈先生的母親一個人要料理家務，要應付七口的飯食，要管辦父子五人的衣服鞋襪。所以他家每日三餐之中要搭一餐泡飯，晚上點菜油燈，只用一根燈心，並用打火石取火。

這是這個家庭的經濟狀態。

沈先生十五歲時（一九〇八），他考進餘姚縣泗門鎭私立誠意高等小學堂，因爲家貧，取得「寒額」的待遇，可免學宿膳費。他在這學堂住了四年，民國元年（一九一二）冬季畢業。這四年之中，他父親供給了他七十二元的學校費用（包括書籍雜費）。他說，「此爲吾父給余一生之全部學費也。」

他十八歲才畢業高等小學。那時候，他家中的經濟狀況更困難了，他父親不但無力供給他升學，並且還逼迫他畢業後就去做小學敎員，要他分擔養家的責任。這個「繼續求學」與「就業養家」的衝突問題，是沈先生青年時代的最大困難，也是他的「克難苦學記」的中心問題。他父親說的最明白：

> 如吾有田，可賣田爲汝升學，如吾未負債足以自給，吾亦可送汝升學。乃今債務未了，利息加重，必須每年付淸利息。如無汝之收入，吾明年利息亦不能支給，奈何？（廿四頁）

但他老人家究竟是愛兒子的明白人，他後來想明白了，不但不反對兒子借錢升學，還買了一隻黃皮箱送給他！于是他籌借了四十多塊銀元，到杭州筧橋甲種農業學校去開始他的農學敎育了。

沈先生在這自傳裏寫他父親滌初先生屢次反對他升學，屢次逼他分擔家用，屢次很嚴厲的責怪他，到頭來還是很仁慈的諒解他，寬恕他。最尖銳的一次衝突是民國三年他老人家堅決的不許他兒子拋棄筧橋甲種農校而北去進北京農業專門學校。老人家掉下眼淚來，對兒子說：

> ……我將爲經濟逼死。你卽能畢業北京農業專門，你心安乎？

這一次他老人家很生氣，逼着兒子寫悔過書給筧橋陳校長，逼着他回筧橋去。兒子沒法子，只能用騙計離開父親，先去尋着他那在餘姚錢莊做事的二哥，求他借四十銀元做北行的旅費，又向他轉借得一件皮袍，就跟他的同學偸跑到上海，搭輪船北去了。

他進了北京農業專門學校做預科旁聽生。過了半個月，父親回信來了，雖然說母親痛哭吃不下飯，但最後還答應將來「成全」兒子求學的志願。又過了一個月，父親聽說借皮袍的人要討還皮袍了，他老人家趕緊滙了四十銀元來，叫兒子另買皮袍過冬！

經過很困難的四整年，作者在北京農業專門畢業了。那是民國七年六月，他二十四歲，已結婚三年了，他不能不尋個職業好分擔那個大家庭的經濟負擔了。經過了幾個月的奔走，他得了一個家庭教師的工作，每月可得四十銀元，由學生家供給膳宿。

父親要他每月自用十元，寄三十元供給家用並五弟的學費。他在北京做家庭教師的兩年，是他一生最痛苦的時期（民國七年秋天到九年春）。他那時已受洗禮，成爲一個很虔誠的基督徒了。但他有時候也忍不住要在日記裏訴說他的痛苦。自傳裏（六五頁）有這一段最老實也最感動人的記載；

> 父常來諭責難。民八陰曆年關，父病，指責更嚴厲，余極痛苦。（九年）一月二十日記云：「夜間寫父稟，多自哀哀彼之語。書至十一點鐘，苦惱甚，跪禱良久，續稟。……我節衣縮食，辛苦萬狀，他還說我欠節省。我不請客，不借錢，朋友都說我吝嗇，他還說我應酬太多。我月薪四十元，東借西挪，以償宿債，以助五弟，他還要我事養每月三十元。唉，我的父親是最愛我的，遇了債主的催逼，就要罵我，就要生病。他今年已六十四歲，從十六歲管家，負債到如今，自朝至暮，勤勤懇懇的教書，節衣縮食，事事儉省，沒有一次專爲自己買肉吃。我母買肉給他吃，他還要罵他不省錢。我去年暑假回去，他偏自己上城買魚肉給我吃。這魚這肉實在比魚翅燕窩好吃萬萬倍！他罵我欠節省，我有時不服，但看他自己含辛茹苦，勤奮教書的光景，我就佩服到萬分。他愛我，我有時忘了。如今想起來，他到貧病交迫的光景，我爲何不救！我囊中只剩幾十個銅子，一二個月內須還的債幾至百元，五弟又要我速寄十元，我此時尚想不着可借的人。……我實在有負我可愛的父，但我實在無法。求上帝賜福給我的父，祝我謀事快成功，我定要償淸我父的債。……」

我相信，在中國的古今傳記文學裏，從沒有這樣老實、親切、感動人的文字。也從沒有人肯這樣，敢這樣老實的敍述父子的關係，家庭的關係。

這樣一個家庭，多年積下來的債務要青年兒孫擔負，老年的父母要青年兒子「事養」，兒子沒有尋着職業就得定婚結婚生兒女了，更小的弟妹也還要剛尋到職業的兒子擔負教育費。——這樣的一個家庭是眞可以「逼死英雄漢」的！試讀沈先生（五五頁）民國七年十一月一日的日記：

> 父諭命余月寄三十元。惟迄今二月之薪金已告罄。奈何！……苟無基督信仰，余將爲錢逼死矣。

沈宗瀚先生的自傳的最大貢獻就是他肯用最老實的文字描寫一個可以「逼死英雄漢」，可以磨折青年人志氣的家庭制度。這裏的罪過是一個不自覺的制度的罪過，不是人的罪過。沈先生的父母都是好人，都是最愛兒子的父母。不過他們繼承了幾千年傳下來的集體經濟的家庭制度，他們毫不覺得這個制度是可以逼死他們最心愛的青年兒子的，他們只覺得兒子長大了應該早早結婚生兒女，應該早早掙錢養家，應該擔負上代人積下來的債務，應該從每月薪水四十元之中寄三十元回家：他們只覺得這都是應該的，都是當然的。描寫一個最愛兒子的好父親，在不知不覺之中，幾幾乎造成了叫一個好兒子「爲錢逼死」的大悲劇：這是這本自傳在社會史料同社會學史料上的大貢獻，也就是這本自傳在傳記文學上的大成功。

※　　※

沈先生所謂「克難苦學」，他所謂「難」，不僅是借錢求學的困難，最大的困難，在於他敢於暫時拋棄那人人認爲當然的掙錢養家的兒子天職。他在十七歲時（辛亥，一九一一），已受了梁任公的新民叢報的影響，激動了「做新民，愛國家」的志向；又受了曾文正、王陽明的影響，他立志要做一個有用的好人。他說（一三頁）：

> 余生長農村，自幼幫助家中農事、牧牛、車水、除草、施糞、收穫、晒穀、養蠶、養鷄等，頗爲熟練，且深悉農民疾苦，遂毅然立志爲最大多數辛劬之農民服務。

這樣他決定了他終身求學的大方針：學習農業科學，爲中國農民服務。

在他決定的這個求學方向上，那個農村社會同耕讀家庭的生活經驗就都成了他很重要也很有幫助的背景了。我們知道他父親有租田十二畝。後來父親歷年培種蘭花，母親歷年養蠶與孵小雞，節省下的餘錢又添置了租田三十二畝。父親出門教書了，兒子們還沒有長大，家中雇一個長工耕種，又雇牧童幫忙。他家兄弟六人，大哥終身教書，二哥在本縣錢莊做事，三哥自幼在家耕種。自傳（一九頁）說：

> 三哥自幼由吾父之命，曾在村中最優秀之二農家工作五年，盡得其經驗。父常稱彼輩爲師傅，三哥爲徒弟。五年後，三哥歸家種田，對於栽培經驗勝於常人。

又說：

> 余肄業農校，每於暑假回鄉時，將一學期所得農業學理與吾父母大哥三哥等討論，有時叔父從兄等亦來加入。余常與三哥下田工作，興趣甚濃。余教三哥蔬菜施肥方法，試以講義上所述方法在茄地上施肥，先將茄株周圍挖小溝一圈，施入人糞尿，然後以土覆糞，謂可以防止氮氣之蒸散。三哥深以爲然。
>
> 一日，族兄仁源來問防止蔬菜葉蟲方法，余告以施用石油乳劑。然彼施後，因濃度過高，致菜焦枯。
>
> 又一日，叔父咸良來問水稻白穗原因。余則在田中拔白穗之莖，剝莖，出莖內螟蟲示之。彼大驚服，遂以稻瘟神作祟之說爲迷信。
>
> 綜計余所告各種方法，實施後沒有效者果有之，無效者亦不少。且對許多問題尚不能解答。余對彼輩栽培水稻豆麥等經驗甚爲佩服。

這種活的經驗，在沈先生的農學教育上有無比的價值。因為他有了這種活的農場經驗，他才可以評判當時農學校的教材與方法的適用或不適用，才可以估量每個教員的行不行。他說：

斯時(杭州筧橋)農校教師，除陳師宗一外，多譯述日文筆記充教材，不切合實際情況。昆蟲學常以日本「千蟲圖解」充當標本，從未領導學生至野外採集。余偶採蟲問之，彼卽以之與「千蟲圖解」對照，加以臆測，亦從未教余等飼蟲研究。園藝教員授蔬菜，則亦多迻譯日文講義數册，而未嘗實地認識蔬菜，亦不調查栽培留種等方法。作物教員因在日本學畜牧，乃譯述「牧草」講義，而於筧橋最著名之藥用作物，從未提及。教室與環境完全隔絕。田間實習僅種蘿蔔白菜，或作整地，除草，施肥等工作，(余)常覺實習教員之經驗遠不及三哥也。

故自第二年級起，余對農校功課漸感不滿，深恐將來只能紙上空談，不切實際，於國何用？(二九至卅頁)

不但中等農校不能滿足這個來自田間的好學生的期望，當時的北京農業專門學校也逃不了他的冷眼批評。他說(三八頁)：

北農預料之英文、理化、博物等課，較筧農為深，唯博物一科仍用書本及日本標本為教材，不免失望。

又說(四一頁)：

國立北京農業專門學校農業本科一年級……功課為無機化學、植物、地質、土壤、作物、昆蟲、農場實習、英文、數學等。除英文數學外，概用中文講義。教員多以講義及日本標本敷衍了事。殊感失望。

這個有農田經驗的好學生到了農業本科三年級，才有力量從消極的失望作積極的改革活動，才提議改換三四個不良的教員，如英文，園藝，農場實習等課的教授，那時候，金仲藩(邦正)來做校長，添聘了鄒樹文、王德章等來教授農學；設朝會，金校長親自主持，訓勉為人道德；校長與諸師同來飯廳，與學生同桌共餐，「全校精神為之一振」。

但這個開始改良的農專，不久就起了風潮，金校長辭職，他請來的一班好教員也都走了。半月之後，校長雖然回來收拾風潮，但那些教員從此辭職不復返矣」。(四六到四八頁)

沈先生在國內學農科，到北農本科畢業為止，前後不過五年多(民國二年一月到七年六月)。他的記載，因為都是老實話很可以作教育史料。他的評判並不偏向留美學農的教員，也並不限於消極的批評。例如他說(四六頁)：

余在北農所得教益最多者，為許師叔璣(留日)之農政學，農業經濟，畜產及肥料；吳師季卿(留日)之無機有機及分析化學；章師子山(留美)之植物病理學，汪師德章(留美)之遺傳學；及金校長仲藩之朝會訓話。……

汪師教遺傳學極為清晰，余對曼德爾遺傳定律自此明瞭。……這也是教育史料。

沈先生學農有大成就，他的最大本錢並不是他東借西挪的學費，乃是他幼年在農田裏動手動脚下田施糞的活經驗與好習慣。所以他在筧橋農校的第一年，

二月間卽實習製造堆肥，先集牛糞與稻草，層疊堆上，然後用水及糞尿潤濕之，以脚踐踏，人以為苦，余獨輕易完工。師生頗驚奇之。(二八頁)

所以他後來在常德種棉場服務，他就

決定日間與農友下田同工，並調查農事，一以監工，一以學習農民植棉方法，知其優劣。早夜讀棉業及其他農學書籍，期以學理與實用貫通，手腦並用。故早飯後卽赤脚戴笠荷鋤與農夫同去工作。(六九頁)

所以他後來在南京第一農校教昆蟲學，他遂一方先自採集附近昆蟲，參照日本「千蟲圖解」以定其科屬，……一方解剖主要昆蟲，以認識其口器頭胸腹諸部，然後隨教隨以實物相示。……(七三頁)

所以民國十四年他在康奈爾大學跟着幾位名教授研究遺傳育種的時期，他自己記載：

……余在田間工作，除論文材料外，隨助教做小麥、蔬菜、牧草等實地育種工作，並隨教授旅行實地檢查改良品種之純雜，由此得盡窺遺傳育種與推廣之底蘊。

……蓋教室與實驗室所得均為遺傳原理，非經此實習，不知田間技術之訣竅，則回國後做實地育種工作必感困難。康大教授與助教常謂余曰：「汝能實地苦幹，誠與衆不同也。」(八三頁)

這種「手腦並用」的實地苦幹，是沈先生做學問有大成就的秘訣，是他在金陵大學任教時能造就許多優良的農業人才的秘訣，是他後來擔任農業實驗所所長時能為國家奠定農業科學化及農業推廣制度的秘訣。而這個成功秘訣的來源就在他「生長農村，自幼幫助家中農事、牧牛、車水、除草、施糞、收穫、晒穀、養蠶、養雞」的活經驗與好習慣。

※　　※

總而言之，這本自傳的最大貢獻在於肯說老實話。平平實實的老實話，寫一個人，寫一個農村家庭，寫一個農村社會，寫幾個學堂，就都成了社會史料，社會學史料，經濟史料，教育史料。

沈先生寫他自己的宗教經驗，也是很老實的記錄，所以很能感動人。他描寫一位徐寶謙先生，使我很感覺這個人可敬可愛。這本書裏敍述的沈先生自己信仰基督教的經過，因為也都是一個老實人的老實話，所以也有宗教史料的價值。

我很鄭重的介紹這本自傳給全國的青年朋友。

民國四十三年十二月十三夜。

半月大事記

十二月十日(星期五)

日本鳩山內閣正式成立，閣員名單全部發表。

法衆院外委會通過西德整軍的巴黎協定。

我政府軍事發言人稱，中共在浙東海岸趕建巨型機場。

西德上院通過倫敦及巴黎協定。

十二月十一日(星期六)

聯大通過十六國控訴案，譴責中共拘禁美俘，破壞韓境停戰協定。秘書長哈瑪紹擬往北平與匪洽商釋俘。

聯大政委會拒絕蘇俄誣美在臺侵略案。

日首相鳩山發表聲明，表示與美國合作，並將修訂佔領期間之政策與法規。

聯大通過在國際監督下全韓自由選舉。

十二月十二日(星期日)

菲律賓航空週，我空軍應邀參加表演。

美法兩國同意自明春起由美國訓練越南新軍。

聯大通過建議組織國際銀行，協助開發落後地區。

蘇俄悍然拒絕美國對蘇俄擊落美偵察機一事所提之抗議。

十二月十三日(星期一)

我海軍在閩海烏坵島南海面，擊沉匪船兩艘。

美駐太平洋驅逐艦隊司令布坎南抵臺，商中美海軍合作。

英出席聯合國代表訥亭稱，中共如犯臺灣，將被視爲進攻聯合國，英爲聯合國一員，自將捲入。

中共電臺廣播，拒絕釋放美俘，並指聯合國意圖干涉。

參加北大西洋公約組織之十四國參謀首長，在巴黎商談防務問題，將擬定使用原子武器的防禦計劃。

十二月十四日(星期二)

立法院三讀通過羈押法。稅捐統一稽征條例施行期間決延長一年。

美國務卿杜勒斯啓程赴法，與西方盟國商防務問題。

美國務院表示，對促匪釋放美俘事，美絕不與中共秘密談判。

日首相鳩山發表荒謬言論，謂日政府將視中華民國與中共爲兩個主權國。

十二月十五日(星期三)

西德總理艾德諾表示願與法總理會商，清除薩爾問題歧見。

日外相重光葵謂日政府不可能立卽與中共建立外交關係，日與中共關係僅限於貿易方面。

十二月十六日(星期四)

行政院會議通過，將中美共同防禦條約與中薩友好條約送請立法院審議。

聯大政委會通過將蘇俄控中美案移交國際法律委會處理。

杜勒斯保證美軍繼續駐歐防禦蘇俄侵略。

十二月十七日(星期五)

立法院三讀通過中央研究院組織法修正案，工礦抵押法案及田賦征實條例修正案。

爲印尼政府非法放逐之僑領章勳義抵臺，各界熱烈歡迎。

北大西洋公約十四國外長同意使用原子武器保衛西歐防務。

十二月十八日(星期六)

聯大拒絕蘇俄誣控中美提案。

日外務省聲明辯正鳩山謬論。

聯大九屆會議結束。

十二月十九日(星期日)

臺灣省第三屆縣市議員選舉。

日駐華大使芳澤離臺返日。

『自由中國』的宗旨

第一、我們要向全國國民宣傳自由與民主的真實價值，並且要督促政府(各級的政府)，切實改革政治經濟，努力建立自由民主的社會。

第二、我們要支持並督促政府用種種力量抵抗共產黨鐵幕之下剝奪一切自由的極權政治，不讓他擴張他的勢力範圍。

第三、我們要盡我們的努力，援助淪陷區域的同胞，幫助他們早日恢復自由。

第四、我們的最後目標是要使整個中華民國成爲自由的中國。

美國務卿杜勒斯自歐返美。

哈瑪紹抵瑞典京城，將與中共爪牙接觸。

十二月廿日(星期一)

葉外長訪艾森豪，交換中美有關共同問題意見。

法總理就越南政策問題獲得衆院信任投票。

美參院共和黨領袖諾蘭對營救美俘事力主採堅定步驟，並表示倘聯合國不能制裁，美卽單獨行動。

十二月廿一日(星期二)

美法越南對美助越南訓練軍隊事獲致協議。

法國會開始辯論巴黎協定。

十二月廿二日(星期三)

杜勒斯表示，東南亞公約各盟國明春在曼谷集會，商防禦共黨侵略辦法。

十二月廿三日(星期四)

義大利衆議院通過巴黎協定。

曾任中共高級幹部之文華凌義士，招待記者報告來歸經過。

美參謀首長雷德福與越南政府作重要會商。

狄托結束訪印之行，與尼赫魯在新德里發表聯合公報，表示無意組第三勢力。

十二月廿四日(星期五)

法衆院否決重整西德軍備，法總理要求廿七日舉行信任投票。

英國外務部聲明，倘法國不批准巴黎協定，西方團結將受威脅。

十二月廿五日(星期六)

立法院通過修正鹽政條例。

國大聯誼會舉行年會。

臺電加價案，立院審查完畢，加價率減爲百分之卅二。

美高級官員表示，法如拒絕武裝西德，英美將考慮採其他步驟。

武裝共存的面面觀

朱伴耘

一 小引

一九五四轉眼又成了歷史的陳蹟，在渴望大變以求解放的人們，一方面因感度日如年，盼奇蹟之早降，待到日曆撕到最後一頁時，又嘆光陰之飛逝，恨一事之無成。國際局勢在變嗎？變的結果又怎樣？我們可以這樣說：國際局勢在過去一年中，逐日在變，奠邊府及金門幾乎成了「大變」的起點。蘇俄領導的共產世界，其擴張已達到了最高潮。美國所領導的自由世界雖然退讓，也退到了極限，同時退讓之中，也完成了必須的準備，如馬尼剌所簽的東南亞聯防公約，巴黎所簽的允許德國加入北太西洋公約組織及建軍的協定，乃至中美聯防等是。世界變到今天，自由世界與共產世界似乎已有明確的界限。昔日美國口頭上認爲重要而要共方不再越界的地方，於今已載諸條約明文。共方固不能再輕易冒險混水摸魚，美國似亦很難再把大話說盡，行動不前以推卸條約上的責任。只要試看，美國對自由世界任何一地區所承認的條約義務，就可知道美蘇直接碰頭的機會已日益增多，共產勢力與任何與美國訂約的地區接觸，可能就促起大戰。於今美方既不再聲言解放，蘇俄又不能輕易發展，自不能不在畏懼戰爭而又不能退讓的矛盾情況下尋求戰爭與投降以外的出路。這條路就是今天蘇俄叫出，而美國亦頗欣然同意的「和平共存」。

二 主動仍操諸共方的一九五四

美國自共和黨執政已有兩年，其遠東外交措施有兩大事實表現：其一是一九五三年解決韓戰，其二是一九五四年的越南停戰。前者因未解決朝鮮問題，後者更以美國的舉棋不定向共產世界送禮，這兩大事實不僅否定了該黨登臺之初的解放政策，而且「堵圍」之效也未能發揮。我們深深記得，今日當政要人曾於一九五二年批評民主黨的軟弱外交，並一再申言蘇俄龐大帝國存在一日，美國的安全卽一日受到威脅，要美國解除這種威脅必要將蘇俄的勢力推回本土，因爲當時認淸的前提是如此，是以提出了解放政策以修正被動的圍堵外交。可是上臺以後，發覺了解放不是一件輕而易舉的事，於是以事實來修正昔日在野時的高調，不僅言論上由激烈而逐漸溫和，行動上也儘可能遷就事實，於是反共有了長期打算，戰略方面也有了「新貌」的擬定。所謂新貌也好，長期打算也好，都是懇求共方不再動手，美國也可同意既成事實。新政府何以前倨而後恭，我們可以說仍是受了重歐輕亞的影響。何以西歐盟邦不能與美國步驟一致，他們是恐懼過甚！

記得二次大戰時，故總統羅斯福曾有一句名言，他說：「恐懼的本身，就是一個大敵人。」蘇俄就對西歐的恐懼心理大加玩弄，一方面宣佈自己擁有原子武器，同時又發出可以共存的和平佳音，除美國外，英法也知道這是蘇俄分化西方的陰謀。可是他們認爲「一半自由一半奴役」總比「共亡」爲好，他們不僅自己認爲這是較好的選擇，也要美國深信這是唯一的選擇。是以今年（四十三年）我們只見到日內瓦會議中的慕尼黑，奉送越南的廣土衆民；只見法國議會否決最初爲法國支持的歐洲聯軍計劃，幾乎眞使法美分家而逼得美國忍痛重估她的外交政策使其走上孤立的道路。也只見西方三强也者，聞莫斯科和平之音而欣欣然有其色。反之，共產世界的聲威却蒸蒸日上，美國眞的成爲紙上老虎了。至於自由世界所希望的蘇俄和平誠意的事實表現呢，無論朝鮮統一也好，對奧和約也好，統一德國也好，凡是涉及實際利害的地方，蘇俄未作絲毫讓步。可見蘇俄所要的，是讓蘇俄有行動自由的和平共存。他們以爲自由世界在畏戰心理下，既以爲「一半自由一半奴役」比全體破滅爲好而接受今日的既成事實，明日何嘗不可能又進一步，深信全部共產總比全部滅亡爲好，而接受蘇俄的整個統治哩！蘇俄之所以在冷戰中成功，就是她有一確定的政治目標——全世界的共產化，然後以不同的步驟逐部實施，自由世界也者，沒有共同的政治目標。美國說必需解放鐵幕後的人，世界才有眞正的和平，英法說過去舊帳不能淸算，只要探明蘇俄在什麽情況下我們可以相處就滿意了。由於沒有政治目標，自然只有遷就事實枝節應付，結果不僅寸土未復而且威望掃地。加以美國內部意見不一，外交行動是游移不定，在這種情況下如何能應付蘇俄有計劃的擴張！美國果然在共和黨執政後卽堅定起來，蘇俄決無能力在口頭上高唱和平，行動上却咄咄逼人。不錯，共亡是可怕的，可是美國人得想想蘇俄未必也不怕「共亡」嗎？

三 一九五四自由世界被迫的成就

一九五四年平安渡過，是出人意外的事，同時也可窺見美國的政策確實回復到杜魯門時代的「圍堵」外交，誠然美蘇彼此都心照不宣互認爲生死大敵。蘇俄之企圖分化西方，孤立美國，並打擊美國的聲望本是一貫的技倆，不過今年的作風特別驚險，共產集團幾乎是以軍事冒險，來加深英法與美國的分裂。奠邊府之戰，表明共方並不重視美國要保衞東南亞的叫囂。如依美國聯合參謀部多數人的意見，參戰搶救，可能就掀起了亞洲的大戰。九月間的金廈砲戰，又是一驚險的鏡頭，美聯合參謀部本以三比一的大多數建議於國家安全委員會，主張以海空干涉，結果又遭總統的否決。艾氏之所以站在陸軍參謀長李奇威一邊，軍事上的原因固是陸軍不够支配，外交上的原因仍是英法不予支持。美國何以如此遷就英法？因爲美國的外交目的變了。目的在有效的劃界而治，所謂「共存」是也。是以不論蘇俄用什麼方略來試探英法支持或反對美國對亞政策到什麼程度，美國仍一再忍耐。假定西方意見一致，戰爭早已發生。又假定共方在東方稍以溫和姿態出現，情況更不可想像。

由於西方的亞洲政策一再挫敗，更由於共方的壓力日見加大，同時美國既不能完全孤立以中蘇俄之計，使之輕易地席捲全歐，英法也不能失去美國支持，使他們在虎口下求生。於是在亞洲方面，英法也部份同意美國的政策。馬尼刺會議產生的東南亞聯防公約，其包括地區及條約性質雖不完全理想，但對所包括地區畢竟有文字的保障，使美國對亞洲政策的決心，讓共方進一步的了解，至少西方國家有了在亞洲應變的程序，不似日內瓦會議前的散漫情況：盟邦正議論紛紛，而敵人已兵臨城下，迫得不得不承認造成的新事實而訂城下之盟。這是三强自我妥協的成就之一。換句話說，在亞洲方面，彼此也劃了一條界限。

第二點成就呢，就是西德建軍問題。西德武裝是美國對歐政策的核心。德法世仇是蘇俄一再玩弄的弱點。歐洲聯軍計劃爲孟德法朗士破壞後，幾乎弄得法美分家，由於英國的轉圜，乃有倫敦巴黎兩會議的代替計劃產生。對於這一計劃，由於美國同意法國批准後便參加所謂「四强會議」，法總理已一再聲明要促法國國會批准。如今英國業已批准，美國明年新國會召開，批准也無問題，主要關鍵仍在法國。但從三國一致拒絕蘇俄十一月初建議召開全歐安全會議的邀請看來，法國的態度比較以前積極。三强照會曾提到同意明年舉行四强會議，但必須待武裝西德協定批准後，再行會商。法國如以四强會議爲目的，也不得不先行批准。是以武裝西德協定批准後，在現階段是希望較大。在美國看來，西德能武裝起來，西歐才有實力與蘇俄「共存」。西歐能守住或處於有利的地位，在亞洲所劃的界限才可靠。而兩個世界的「共存」才能眞正實現。

從上述二點看來，美國在外交挫敗的一年中，不能說全無成就。可是我們得冷靜地認清這種成就的目的，對於失去自由的人而言，並無多大希望。美國是在劃界而治，美國所努力的，是要自由世界有力量使共方遵守這條界線。至於共方歷年來所擴張的疆界，自由世界已表示承認其合法性，只要對方不再擴張，雙方已可「共存」了。這是和平共存嗎？不是的，這至多只能稱之爲「武裝共存。」

四　「共存」與武裝西德

近年來的美蘇外交，都是以爭取西德爲歐洲的最後目標。就美國言，「共存」是不能再退一步的意思。可是西歐無西德，誰也無把握守住現在的界限。西德如不强大，美國固不能言戰，美國理想中的「共存」，也未必如願達到。在蘇俄方面，「共存」有她的如意打算，西歐應在軍事上處於劣勢以便她隨時蠶食。要達到這個目的，西德卽令不與蘇俄携手，只要處於軟弱無力的中立地位，她也不感到嚴重的威脅。是以數年來蘇俄不論利用德法仇恨心理也好，利用德人統一願望也好，目的都在使武裝西德成爲泡影。可是自西方決定尋求德法雙方都能接受的新歐洲聯軍計劃時，蘇俄已感到事態的嚴重。蘇俄曾於倫敦會議前，要求舉行四强會議討論德國問題，其用心爲西方洞悉而予拒絕。待倫敦巴黎協定簽字，蘇俄又圖阻其批准。她主張召開全歐安全會議，西方的答覆是除非蘇俄同意簽訂對奧和約，除非蘇俄表明以自由選舉來統一德國的立場，以及待西方國家已批准武裝西德的協定後，談不上舉行四强或全歐會議。這無異又是一個拒絕。美國這次外交是很高明老練，以法國批准武裝西德協定爲換取美國出席四强會議的條件。法國要想與蘇俄作集體談判，也得先行批准。等待批准完成，西德主權恢復，建軍獲得合法地位。美國在未來的四强會議中，發言地位自然提高。假如會議能舉行，能尋求妥協途徑固好，否則，美國在西歐已有了一個眞正有力的盟邦。

再看，蘇俄對此問題不安的情況，可知道「共存」也不簡單。明春法國國會批准巴黎倫敦協定前後，局勢可能突變也不爲奇。目下蘇俄又在以驚險方式作最後的掙扎。莫洛托夫已數度發表威脅言論，他說巴黎協定如批准，便走上了另一衝突。他又驚告法人如德國走上武裝之路，將永無統一之望。蘇俄官方廣播也稱如果巴黎協定批准，蘇俄卽不與西方談判德國問題。莫洛托夫十二月十日在紀念法蘇友好條約十週年大會的演詞，對西方的態度更爲兇惡。他斥責西方簽訂巴黎協定，認爲此舉在蘇方當視爲「戰爭行爲」。如認西方聯盟爲一軍事威脅，其咎不在蘇俄。蘇俄及「中國人民共和國」及其他人民民主國家有雄厚人力及海外支持，世界上沒有任何力量可以阻止共產主義的前進。在部署方面，蘇俄在莫斯科公開的東歐會議，鼓勵其衞星國加强軍事組織，協助東德建軍，並組織由蘇俄統治的東歐聯軍與北大西洋公約組織對抗。中共的宣佈判決「美諜」案與夫不斷宣傳攻臺，都在以行動激起美國採取强硬行動加深西方的分裂而推翻美國的全盤計劃。

是以就德國武裝言，我們可以看出美國是由「解放」而奮鬬已退在爲「共存」而奮鬬了。美國所要的是一個可靠的「共存」，而蘇俄視美國尋求可靠的「共存」仍屬侵略。西方對「共存」應視爲蘇俄的恩惠，她要握有隨時收回「恩惠」的權力，西德武裝是她將來收回恩惠時的障碍。她要反對，她要美國再讓一步——投降。西德建軍在美國外交政策上已到了與友邦及其敵國的攤牌階段。美國在盟邦壓力下，在亞洲採圍堵政策，英法在西德建軍方面也不能再故意地拖延，韓戰越戰使西方意見不一的因素，如今已不復存在，美國可專心致力於武裝西德問題。英法兩國爲了不使美國作全盤政策的改變，也只有遷就美國，今天美國已聲明非到巴黎協定批准，不與蘇方談判，蘇俄也聲明，批准巴黎協定，蘇俄即不與西方會商德國問題。從這兩個極端看來，誰再退一步？美國退讓等於投降，蘇俄退讓等於示弱。這個問題發展到明年五月時（法國希望那時舉行四强會議），世界是共存乎？戰爭乎？大致可見分曉。

五　「共存」與中國問題

一般觀察家認為歐洲局勢較為安全，西德建軍如順利解決，則「共存」可能維持一時，亞洲情形仍然混亂不安，中國問題如無合理適當的解決辦法，誰也無法阻止東方共產勢力的擴張。邱吉爾尼赫魯二位的想法，以為中共入聯合國，中立臺灣，問題就解決了。事實上恐不如此簡單。她近日的襲擊國軍佔領沿海島嶼與十一月二十三日宣佈判處十三名「美諜」徒刑，一方面我們可以解釋這是整個共產世界聲東擊西的策略，在亞洲造成緊張空氣，分裂西方進而藉使武裝西德問題再受挫折。我們也不可忽略共方故意打擊美國在亞洲聲譽而迫使美國對中國問題攤牌的可能性。共和黨上臺，中共在東方是迫使美國攤牌兩次：一九五三年的朝鮮停戰，美國未佔上風；一九五四年的日內瓦會議，美國更是一敗塗地。這兩次攤牌，尚只能視為他們的「擴張」問題，至於「臺灣」問題是他們認為中國本身的統一問題了。中共不能得臺灣，談不上中國的完全統一，臺灣存在一日，他們就一日感到芒刺在背，為了她的聲望及今後擴張計劃，她的叫囂，不能僅視為威脅。中共的這一企圖豈是尼赫魯之流所能勸阻的。美在安全協定，是已表明了其保臺的決心，整個問題，仍看蘇俄準備的程度與夫對西德武裝嚴重的程度。如蘇俄再以冒險態度在東方造成緊張空氣以阻延西德武裝，迫得美國與中共再攤牌一次，也非出人意外之事。

美國現在對中國問題，已感到極為辣手。昔日之錯誤，是將中共視為農民改革運動，把國府一筆鈎銷，待北京政府成立，並在朝鮮小試牛刀，又盼其有「狄托」化之可能會與蘇俄分家，而同美國攜手。待中共一再置美國的叫囂而不顧，且專以打擊美國聲望為己任，美國才漸漸有在亞洲又多一死敵之感。即令中共不提臺灣問題，同意「共存」，所謂「共存」也者，至多是不以武力為擴張工具而已。誰在東方現階段下有有效的方法阻止政治滲透？再退一步言，即令中共目下停止滲透工作，誰又有權能阻止中共加强內部的控制，發展工業？一個根本上與美國為敵的中國，走上工業化的道路遲早也會成為亞洲的盟主，那時控制東方的原料及市場，在經濟上也可給美國嚴重的打擊。美國近來之所以感到亞洲問題之嚴重，就是由於中共的强大。美國對中國的態度，大致有兩派看法：一派以為，敵視美國的中國如今坐大，安定內部，發展工業，結果從遠處着眼，一定會威脅美國在太平洋的利益。參議員諾蘭，三軍參謀長雷德福上將及副國務卿羅伯森一派都持這種觀點，他們以為只要用少數海空軍力量，可以阻止這種趨勢的發展，是以金厦炮戰，他們主張以海空協助國軍，「美諜」問題發生，他們主張海軍封鎖以迫使中共釋放。但另一派準備承認既存事實的人，主張採取溫和態度，一方面是由於陸軍之不敷，同時也由於遠東戰爭可能影響美國的全面政策，他們不主張在東方有强硬行動。政府似乎在聽從溫和派的意見，以一切和平的方式尋求「美俘」的釋放。就美國將此問題提交聯合國解決一點言，我認為是聰明之舉，中共在國際輿論督責之下，如再堅持己見，那時美國再施以强硬辦法，更可能得着國際的支持。但美國在沒有妥善政策澈底解決中國問題前，而希望亞洲能在現在界線下「共存」，我認為有點癡人說夢。我希望他們目下的溫和，是一種手段，讓共方誤認美國無力還擊而有過分之舉，激動國內民意及國際支援而作全面解決的基礎。假如溫和本身是一種目的，共方進一步，美國退一步，則美國終要全部退出亞洲。我們常說中國問題，是世界問題的中心，今日情形尤為明證，美國不論目的在和在戰都應有明確的表示。這張牌遲早是要攤開的。中共在進一步迫美國攤牌，希望臺美協定是答案的序言。我再鄭重告訴美國當局：美國如欲貫澈過去百年在東方須以中國為友的政策，決不是「共存」能達到的。

六　美國對「共存」陷阱應有的警覺

「和平共存」是死去的史太林的老調，也是共產集團退一步進兩步的戰略的運用。如今馬林可夫舊調重彈，竟引起西方一部份人士的共鳴，我們實是不解。蘇俄自從與中共爲盟，在地理條件上已取得了赤化歐亞孤立美國的優勢。今日蘇俄的「共存」，骨子裏只是對西方國家畏戰心理的一種測驗，對方今日的界線，在蘇俄國策不變、國力日强的條件下，並不是一個長期的界線。假定在蘇俄毫無實際讓步的前提下實現了「共存」，就證明西方國家心理上已認爲一半自由一半奴役比戰爭的毀滅爲好。這種惰性心理，待蘇俄力量再度充實，自可進一步走到與其全體毀滅無如接受蘇俄領導全體共產的傾向。這一最大的陰謀，我希望美國不要因一時的苟安而鑄成千古的大錯。美國得試想一下，今天美國至少在原子武器上尙獲有優勢的時候，尙不能採任何反攻的行動，美國有什麼理由相信在蘇俄原子武器與美國等量齊觀時，能有把握擊敗蘇俄？

此外，美國今天之所以能領導半個世界，並非全靠金錢的效力。她是高擧自由與正義的旗幟來作爲號召反共的中心。艾森豪總統曾一再聲明美國未忘記東歐鐵幕後的人民與決不承認以武力造成的奴役狀態。有了這個號召，許多失去自由的人才向美國伸出求援之手。在現狀下的「共存」，如果一旦實現，等於鐵幕後人們死刑的宣佈。誰也未忘記美國稱鐵幕後的人爲奴役，誰也未忘記美國以自由對抗奴役的口號，則今日的共存，不明明表示美國正領導她的所謂盟邦隔岸觀火望着幕後的人們永遠被奴役下去嗎？我不知道美國當局考慮到了這種「共存」的後果沒有？就我可以想到的：第一、美國已正式向世人宣佈冷戰的失敗，自認是弱者。所謂「共存」，在蘇俄正企圖向外擴張之時與夫未完成今日控制大部份世界之前，才是適當的時機，也只有在這種情況下，才有平等共存之可能。如今共產帝國業已建立，美國本身雖寸土未失，却失去了友邦，也失去了市場。「共存」對蘇俄講，是暫時休息，以圖第二步的擴張，對美國講，却是正式承認失敗。第二個惡果是，美國將從此失去世人、尤其鐵幕後人們的信仰。「共存」是美國承認既成事實的別名，美國如爲了「共存」而承認既成事實，已談不上是一個爲原則而奮鬪的國家。她過去的一切措施都是爲了自私自利，所謂民主與自由，等於蘇俄口中社會主義的天堂，不免現的口號而已。鐵幕後的人感到美國之不可靠如此，他們還會向其統治者反抗以自討苦吃嗎？那些游移不定的國家，見美國已有示弱的表示，他們會與美國爲盟嗎？蘇俄爲美國所設「共存」的圈套，是迫美國承認既成事實，暴露美國無論在外交上、軍事上都不能與蘇俄抗衡。在這種劣勢下，共產世界可以向世人宣佈：美國無論在精神上及實力上都談不上是自由的先鋒。

最後我得警告美國，「共存」是共產世界的大陰謀。這種和平口號是誘使西方發生虛僞的安全感，鬆懈其軍備的努力，養成由恐懼而求暫時苟安的心理，然後共方卽趁機用離間與滲透，施行各個擊破的目的。世界局勢今日之所以嚴重，是由於蘇俄於戰後，以蘇俄爲基礎作了初度的輻射。今天她已有世界三分之一的土地及近二分之一的人口。她之要「共存」是需要時間來消化，並鞏固已擴大的地區，等待時機成熟，再以今日的地區再作第二度的輻射時，整個的世界都會受克里姆林宮的統治。我們切不能輕易上其圈套！

七 結語

美國的反蘇反共外交，今天已面臨十字街頭。不錯，美國在被動之中，雖也完成了不少的部署，但由於美國無確定的政治目標，這些部署的效果，與蘇俄照既定國策的逐步推進比較起來，實在是小巫見大巫。美國現似有不惜以任何代價來買「共存」的傾向，這是非常危險的。「共存」在今天，已是先天的不平等，美國如在現況下買得「共存」，在蘇俄是毫無所失，而美國却前功盡棄。美國與蘇俄談共存是可以的，而自由世界與共產世界共存，那是整個世界他日會被蘇俄統治的先聲。美國如說「共存」，必仍抱定解放的決心，迫使蘇俄攤牌，以武力解放代替和平解放。今後數月的外交，美國必須要堅定，西德建軍必要早日實現，然後在會議上提出「共存」時蘇俄必要接受的條件，以改變現在對蘇有利的局勢。這是一次「力」的最後試驗，美國如無拚的決心，沒有力的表現，以爲今日劃線而治，再以經濟力量，如亞洲的馬歇耳計劃等，可以挽回頹勢，那是樂觀的想法。莫洛托夫說今天世界上已無任何武力阻止共產主義的前進，可見得如無決心及實力摧毁共黨的大本營，那麽「共存」是一個自欺的安全局面。自由世界一再受挫，是美國不了解蘇俄政策一貫性與夫美國不够堅定的結果。美國昔日之不够堅定，是爲了團結西方以達武裝西德的目的，如今武裝西德已快完全解決，美國是應用此時機以求力的表現的時候，蘇俄如認爲力不致勝，就得與蘇俄在議會上迫其攤牌，同時，美國仍得採用解放政策，以各個解放代替蘇俄的各個擊破。

自由是不可分的，今天世界已不是一半自由一半奴役可以共存的問題，而是要就全體自由，要就全體奴役的問題。蘇俄提出的共存是毒藥外面的糖衣，吃下去會中毒而死的。自由世界不要上當，美國尤其不可上當。只有堅定兩年前的「解放」政策，才是世界唯一的出路。記着「不自由、勿寧死」的格言。戰爭如果可怕的話，蘇俄克里姆林宮的人也一樣會害怕。蘇俄今日之不以武力再度擴張，她不是怕戰爭的可怖，而是怕戰敗。自由世界如在現狀下接受「共存」，正是弱的表示，可能簽字之墨跡未乾而戰爭已起。故自由世界必須堅定自由原則爲談判共存的基礎。蘇俄如無必勝的把握，必會向此原則低頭，那才是眞正的「共存」。世界大戰必在蘇俄知道自由世界最後必勝才能避免。

四三、一二、二〇。

乙問題了

加以差別待遇

種。我國現行的分類所得稅是屬於這一種。

妻兩口之家應納的戶稅額是二百九十二元。征課於妻子的一份所得者，合一百三十四元。以之與分居時的一百一十六元相較，仍重了十八元。看來却是近乎情理些了。

不過卽使是這種辦法仍是有其可議之處的。量度一個人的納稅能力，只應根據極客觀的標準。譬如他所得若干，家裏有幾口人，每人最低生活費爲若干，都是極客觀的標準，可以用數字去計算的。夫妻同居可以省點錢或許是眞的，然而省多少呢？這簡直無法計算。便沒有客觀的標準去量度他們的納稅能力之增加多少了。無客觀標準量度，竟規定他們要多繳若干的稅，便難求公允了。

我們的第二點考慮是，一家父母子女同居也好，分居也好，都不過是他們自己選擇的生活方式。如果因爲共同生活而能省點錢，也是他們自己應該享受的利益。然則照戶稅的規定，使家人合居者多納捐稅，無形對家人合居是一種懲罰。這種純以增加稅收着眼而不惜干涉人民生活方式的作爲，似乎可以存於日據時代而不應再出現於今天民主的自由中國。

況且越是窮困些的人家，父母子女擠在一起住的可能性越大，越是生計艱苦的人，其妻其子從事勞務以求得些收入者越多。這種加重了的稅，往往是由窮人承擔的，這樣益失公允了。

因此戶稅之以戶爲課稅單位是極不合理的。

稅法如有不妥之處，自應加以修正。以上討論已見到戶稅與綜合所得稅各自的缺點，也顯示出它們彼此的差異。這兩稅法既互有得失，自應互取所長而捨所短，盡力求其合理。假如兩種稅法都能作合理的修正，我們可以想見它們是不再有何主要區別了。那才可以達成了兩稅一法的目的，而能符合「分源制」的原意。

四

當戶稅與綜合所得稅二者加以修正後，如能形成一稅的兩個階段，則這兩稅之合併爲一，從稅收的原理來看，卽成順理成章之事。換言之，政府可以不再征收戶稅，只征課所得稅就够了。目前有許多人是維護戶稅之存在的。他們所持理由中，一些僅就稅收的觀點出發，另一些却涉及其他考慮。然而筆者認爲他們所說理由，都是表面的，或不充分的。他們所指取消戶稅的困難，亦不難由適當措施加以克服。

戶稅原爲臺灣在日據時期的產物，爲一九二〇年日本的臺灣總督田健次郎所首創。據稱日人創立戶稅的目的是在「推行地方自治」。臺灣光復之初，政府之意要廢除日據時期的苛捐雜稅，取消了許多種稅目，但是却把戶稅保留下來，說是「暫維舊制，尙待整理」。歷年政府向立法院提出稅制一案時，對於戶稅的存廢問題，都要引起一番激辯。立法院中希望廢除戶稅的，不乏其人。立法院且曾咨文行政院，表示反對戶稅。但是財政當局及很多位經濟學者，却又是主張征收戶稅，堅持戶稅不應廢除。綜合他們所提出的理由，可分兩大類。

第一類的理由說綜合所得稅有若何的缺陷，因而需要以戶稅去補充它。譬如綜合所得稅征課的範圍太狹，等等。對於這類見解，我們是不能同意的。因爲一則戶稅征收辦法的缺點，比綜合所得稅的缺點更要嚴重些。以一個缺點更多的稅去補救他稅的缺點，結果反而遺留下更多的弊病，是不會預期有好結果的。二則綜合所得稅如有缺陷，我們還可以把它的缺陷經由別的方法一一修正。稅法並無是訂死了的，有了毛病盡可改善，一年一度立法，非常方便。何必置其缺陷不顧，另謀以他稅去補救呢？

第二類的理由，是舉出戶稅的幾點特徵來，這些特徵爲綜合所得稅所無，故不宜以綜合所得稅去代替它。

①戶稅除所得稅外，還包括有財產稅。財產稅的征收問題很多，舉凡不動產的估價，動產的調查，在在都是極繁複艱困的工作。因此在我國稅系中，尙無財產稅這一目。暫時把財產稅在戶稅中征收，目的不僅在爲地方自治取得財源，更要藉此逐步展開調查工作。爲財產稅、遺產稅奠立一個基礎。況且財產稅在外國，常常作爲所得稅的補充稅，使投資所得者比勤勞所得者，多負擔些稅，以求公允。戶稅把財產稅與所得稅合併起來。自成一個體系，是很合理的。

②戶稅在臺灣，已有三十幾年歷史，爲人民所習慣而樂於繳納，且已建立了基礎。綜合所得稅則毫無基礎，以毫無基礎的綜合所得稅代替已建立了基礎的戶稅，是很不妥善的。

③戶稅是作爲縣市鄉鎭的經費的，收入額之課征，起稅點不妨稍低。作爲綜合所得稅，則起稅點必須較高。如果廢除了戶稅而以綜合所得稅代替，便有更多的人被列入免稅之例。放棄了一部份人的所得稅，等於縮減了最公平的稅源。

④戶稅在全省稅收中雖佔很小一個數目，但是對於縣市鄉鎭非常重要，常佔鄉鎭財源的百分之五十以上。爲地方自治之所依賴。戶稅廢除了，叫鄉鎭到什麼地方去另覓財源呢？如果中央不予補助，勢必又產生了苛雜的特別稅或攤派等行爲。如果中央補助，也不容易有適當的標準，各縣分配難求允恰。且縣市鄉鎭無獨立財源，財政靠中央補給，容易產生依賴心理，有碍地方自治的發展。

從這些理由所得的結論，當然就是戶稅不能廢除，不能以綜合所得稅來代替它。這與本文的意見正好相反。這些理由之能否成立，正是問題關鍵所在。我們必須詳加研討。

①把兩種稅合併起來征收，目的不外簡化稅制，節省開支，使人民覺得簡便。但是稅是絕不可以隨便合併的。必須是性質相同的稅才可以合併。併起來

後，原來是用兩種稅率，兩次征收的，現在只要用一種稅率征收一次就成了。從各方面看去都是很合理的措施。但是財產稅與所得稅性質並不相同。硬行把它們合併征收，並不能簡化稽征手續。既無法使用一種稅率，便仍然要計算兩次，頂多是把計算出來的兩個數目加在一起，寫在一張稅單上，省一張紙而已。從納稅者的立場看去，這樣一來只有更增加了戶稅的複雜性。如果把財產稅與所得稅分開來，單立一個財產稅的稅目，前述的幾項好處，同樣可以保持，絲毫不受影響。納稅者看來，國家征了我若干的財產稅，若干的所得稅，分載兩張稅單，總比混在一起更容易看清楚些。而且這並不增加行政手續。因此我們沒有理由反對把財產稅與所得稅分開，也就沒有理由認爲戶稅因爲其中包含了財產稅便必須保留。

②戶稅是否爲人民所樂於繳納，是種主觀的見解，無法爭辯。從欠繳戶稅的案件日益累積在法院中幾至無從處理的事實來看，我們對人民樂於繳納戶稅這種說法的正確性，不無懷疑。以近幾年所見戶稅推行的情形來論，可以說是得失互見。由於稽征人員的努力，在調查工作上有相當的成就，可算已爲優良稅收立下了一半的基礎，是其收穫。由於人民對戶稅不甚滿意，戶稅本身也確有其缺點，以及罰則未被認眞執行，或無法執行，在人民心理上已種下對戶稅輕蔑的觀念，爲將來推行所得稅，留下隱患，是其缺憾。此時此際，毅然廢除戶稅，利用原來的基礎，全力推行綜合所得稅，一新耳目，也許是很明智的措施。

③作爲縣市鄉鎮稅起稅點可以較低，作爲綜合所得稅則起稅點必須較高，恐怕沒有充分的理由。一般對於「起稅點」的意義，有兩種看法：一種是「起稅點」是一個最低的數額，規定全年所得不到這個數額時，可以免稅，超過了這個數額，便要全額納稅。因此它是對貧窮的人，一種免稅的規定。現在的戶稅，就是採納這個觀點。戶稅的起稅點是一千五百元，那麼如果我全年所得不到一千五百元，便不用繳納戶稅了；如果我全年所得恰爲一千五百元，便要繳一千五百元的百分之二，也就是三十元的戶稅。對「起稅點」另一種看法是起稅點即納稅者個人所享受的免稅額（就是他本身的生活費用）。無論我全年所得爲若干，先要減去這個免稅額後才計稅。依照這個觀點，如果免稅額爲一千五百元，則起稅點應該是一千五百零一元。如果我全年所得爲一千五百元或不足此數者，固然免稅。如果超過了一千五百元，也只超過的數目須要納稅，稅率是百分之二的話，則納二元的稅。兩種觀點，後者似更合理些。但在此我們所注意的是無論採那一種觀點，總沒有作爲縣市鄉鎮稅則起稅點可以較低，作爲綜合所得稅則起稅點必須較高的道理存在。

④國家的各種租稅，合成一個體系，是一個整體。如果不做全盤計劃，逕把其中的一種稅取消掉了，勢必生出一個缺口，產生財政上的紊亂。戶稅是縣市鄉鎮主要財源，有歷年數字爲證，不容否認。如果把戶稅廢除，不以其他更理想的捐稅去補充其缺口，縣市鄉鎮的財政，自然發生困難，這是我們要承認的。

因此，如果我們建議廢除戶稅，必須同時提出彌補其缺口的方法來。我們建的議便是廢除戶稅後，把綜合所得稅申延擴充，以補其缺口。征得的稅欵，以分成法分配一部份給地方。這種方法與原來「綜合所得稅建立在戶稅之上」的方法，其區別也就是「分成制」與「分源制」的區別。

從表面看去，只要征稅的數目相同，分成制、分源制、以及前文提到過的地方附加制，似乎都沒有什麼分別。譬如我有一千元的所得，規定八百元是由地方政府征稅的，征去了六元，二百元是由中央征稅的，征去了四元（分源制），或是就整個一千元，先由中央征去了四元，再由地方征去了六元（地方附加制），或地方不征我的稅，由中央征我十元，再分六元給地方利用（分成制）。三者的結果是相同的。但是在實施方面，却見出優劣的區分。分成制要優於其他兩種，——至少照我國目前情形看來是如此的。

地方附加制與分源制的缺點，在於征收手續的繁複。所得稅在我國尚在創試行的階段，要想推行的順利，必須使人民對它有深刻的諒解，進而養成納稅的道德，並求征收方法的完善。所以稅制的簡明是很重要的。把一種稅分由中央與地方兩次征收，徒使人民感覺其一份收入被重複課稅兩次，實在沒有這種必要。再者，這兩種辦法由於把稅權分屬中央與地方，實施結果，在征收本身上已經發生很大的弊病出來，爰引前任稅捐稽征處處長鮑亦榮的話爲證：「……由於硬性規定何者爲國省稅、何者爲縣市稅，以致稅權衝突。各縣市重視縣市稅而輕國省稅，各鄉鎮又重視戶稅而輕縣市稅。常有某一國省稅與戶稅如同時開征，鄉鎮財政股僉勸示人民先繳戶稅，以致國省稅拖欠……此完全由於各自獨立稅源，利害不相關，休戚不與共之結果造成。」因此他也曾提出「稅源以採共分制爲原則，使各級政府休戚相關」的主張。(註五)

尤有進者，我們今日推行地方自治，地方權限固應擴大，但推及財政方面，在地方自治基礎尚未穩固的時候，權限的授受必須極端愼重。稍有不妥反致妨碍民主制度的建立。以往地方各種附加稅，常呈苛雜，臺灣光復以後，政府竭力避免地方附加稅的產生。即以分源制下撥入地方獨立稅的戶稅來論，由於稅權屬於地方，其減免額等規定，係由縣市政府擬訂後提經縣市參議會議決。此次戶稅征收，便發生有的縣市，議員免納戶稅的情形，輿論譁然！這些事都極影響人民的心理，可能形成民主制度前途的暗礁，不能隨便忽視的。

本省稅收乃採用統收分解制度，國省稅係由地方代收，解繳上級政府。如果綜合所得稅的征收採用分成制，稅權歸於中央，但是由鄉鎮代收。收起後即按法定成數保留，其餘解繳縣庫，層層上達及於中央，手續上總比分征兩次簡便些。而縣市鄉鎮所分成數，載於法規，無傷其財源獨立性與地方分權的精神。且有歷年戶稅及綜合所得稅實征數字做爲參考，各級政府應分成數之決定，不無標準可循。故分成稅較之其他兩種辦法，是有優點而無弊端的。

至此我們可以見到，戶稅並沒有必不能廢除的理由。我們今天建議廢除戶稅，全力推行綜合所得稅，並非出於不滿於戶稅的感情作用，相反的，正因爲我們認爲所得稅乃是最理想的一種稅，希望政府能順利的推行，建立起良好的制度來，因此看到有不妥當的地方，當應建議政府做適當的修改，以期排除一切障碍。政府向人民征稅，必然遵循兩個最重要的原則，就是充分與公平。政府制定稅制時，當然不是隨便訂立些個稅目來征收的。必定是選擇了若干種的稅，互相配合，形成一個體系，期其符合充分與公平的條件。歐美各先進國家，在配合、形成其賦稅體系時，總是先選擇一種最優良的稅，以爲中心骨幹，再以其他的稅去配合補充它以求完整。許多國家選擇綜合所得稅作爲此中心骨幹，稅收總額中也以這一項稅收佔最重要的地位。經濟學者無不承認此爲最進步的稅制。我國稅制立法的原意，顯然也是循着這一條途徑的。不幸由於戶稅的干擾，以至所得稅系的建立，遭遇到份外的困難。戶稅一旦存在，則綜合所得稅便被分割，失去其完整性，反而變成架設在戶稅上面的條件。目前綜合所得稅只征及二萬一千元以上的所得，極大多數的人民，根本和它不發生關係，因此本來是與國家財政關係重大的一種稅，竟最爲人民及稽征人員所忽視。歷年各項稅捐征收的成績，以綜合所得稅爲最差，未嘗不是受了這些因素的影響。戶稅即使沒有前述種種缺陷，也總不該篡據了稅系主幹的地位，地方分權雖然重要，也總不能以地方稅作爲全國稅系的中心。我們今天爲建立理想稅制所做種種努力，都是舖路的工作。當然不能希望轉瞬間便達成理想。但是在現階段裏，務必處處求其合理，稍有不妥卽予修正。初步工作，殆以廢除戶稅以恢復綜合所得稅的完整爲第一要務。希望政府不顧一切阻撓，不爲積習所羈，毅然作此改革。相信輿論是會予以支持的。

（註一）四十二年度各項稅收數字未經公佈。

（註二）分源制原指各類捐稅，因其性質所宜而劃分由中央或地方征收的方法。例如貨物稅由中央征收，屠宰稅由地方征收等。並非如本文所指同一種稅劃分開來征收，因後者無適當名稱故借用之，以便說明。

（註三）戶稅征收辦法中有「每戶全年薪給報酬收入總額在起稅點以上者，應劃定在若干元以內，予以六折計課」的規定，此與所得稅法中「定額薪資所得，按原額百分之八十計算」的規定性質相同，顯然是對薪給報酬者一種優待辦法。非因考慮到親屬所得合倂計課使納稅人負擔加重，才打折扣以謀補償，與本節所述不可混爲一談。

（註四）本節所列數字，係根據戶稅征收辦法計算出的。

（註五）原文載於財政經濟月刊創刊號飽亦榮先生「從整頓稅收說到臺灣稅制之遞嬗」一文。

一個有重大意義的小東西！

——美軍生活之三——

辛之魯

我住的美軍旅館走廊牆上，掛着一塊不大不小的白漆木板，上面寫着：

I am a little thing with a big meaning
I help everybody, I unlock doors
Open hearts, dispel prejudice, I create friendship and good will
I bore nobody, I inspire respect and admiration
Everybody loves me
I violate no law, I cost nothing
Many have praised me, none have condemned me
I am pleasing to those of high and low degree
I am useful every moment of the day
I AM COURTESY

『我是一個有重大意義的小東西
我幫助每個人，我打開鎖着的門
使人親切，消除偏見，我建立友誼和善意
我不會使任何人厭煩，我引人尊敬和讚美
人人愛我
我不違背法律，我毫無成本
許多人稱讚過我，沒有人責備過我
人，無論職位高低，我都會使他們歡喜
我無論何時都有用
我就是禮貌』

我對標語、口號一向不感興趣，但是，當我初次走進這個旅館，看到上面的這首小歌時，卻覺得有很大的吸引力。

人與人之間要保持和諧，禮貌是必須的。禮貌不僅是尊重別人，同時也是尊重自己。在遠東美軍中工作的有許多國家的人，除了他們自己人外，還有中國人、日本人、韓國人、菲律賓人和澳大利亞人，他們的膚色不同，生活習慣也各異。但是，大家都能和諧相處，促成這種情形，禮貌是一個重要因素。我剛到美軍中工作時，曾對美國人有一種成見，我覺得他們有點大手大脚的。但每天清早見到他們時，他們常是微笑着道一聲「早！」下班回到旅館，他們總是熱烈地打招呼，在其他生活的細節上，他們也都表現得彬彬有禮，而他們的禮貌並不是「巧言令色」，而是自然和誠懇的。久處而生瞭解，三年來，我在他們之中還建立了不少珍貴的友誼！

在美軍中，時常聽到「對不起」(Excuse me! 或 I am sorry!) 的聲音。這句話，美國人幾乎是隨時掛在嘴邊的。也許，有人認為這句話是一種虛偽（我並不以為然），卽便是虛偽，但在人的生活中，這一點點可愛的虛偽也是必要的！

當你在擁擠的 P.X. 中，如果有人擦了你一下肩，或是踏了你一下脚，他總是說一聲「對不起！」然後再各走各的路。

當你在街上走路的時候，也許有 G.I. 問路，他們總是先說一聲「對不起！」然後才說明他想到那裏去，問你如何走法。

當你在辦公室裏，正在潛心伏案工作，如果同事有重要的問題要和你談話的時候，他會站在你的旁邊，先說一聲「對不起！我可以打擾你一會嗎？」然後再和你談話。

當你和朋友們在一塊兒吃飯時，倘若一位朋友掏出手帕，掩着鼻子打了一個噴嚏，他會說一聲「對不起！」

「對不起！」雖然是一句短短的話，却往往能使人與人之間不愉快的情緒化為友善。

美國人對於「請」(Please) 這個字用得很勤。他們在任何場合，對於這個字的使用，都不吝嗇。這一個字，能表達人與人之間的尊敬。無論什麼話，如果加上一個「請」字，豈不是變得溫和親切得多麼！

還有一句話「謝謝你」，幾乎是美國人日常生活中的家常便飯。如果一方為另一方做了一點點小事，無論另一方的職位多高，總是要說一聲「謝謝！」記得一九五二年的春天，我和幾位在美軍中工作的中國同事，為了辦一點小事，到東京第一大厦的美國遠東軍司令部去，當我們辦完事情，通過走廊時，當時的遠東軍司令李奇威將軍和他的參謀長也通過走廊走向門口，我們看到李奇威，便停步點頭致意，他舉手還禮。這時他的參謀長向他說：「他們是中國籍的美國陸軍部文職人員！」(They are Chinese DACs.) 李奇威聽到這句話後，特意走過來，微笑着和我們一一握手，並連聲說：「謝謝！謝謝！」他好像對我們這幾個為美軍工作的無名「小卒」表示謝意！

我們中國機關接電話，將聽筒拿起來時，大都是回一聲：「喂！」打電話的人總要問：「你是某某機關嗎？」

但是，在美軍機構裏，誰接電話時，必定是一拿起聽筒就說：「先生，這是某某機構，某某在講話！」(…, Mr. (Miss)…speaking, sir!)有一次，我在辦公室裏接電話，沒有說「先生」這兩個字，事後我們的主管還特意提醒我，不要忘記說：「sir」。

在某些國家裏，軍人一提到「老百姓」就如大英帝國的臣民提到猶太人一樣。但在美國軍隊裏，軍人提到「老百姓」(civilian) 三個字時，沒含有絲毫輕視的意思。反之，軍人對文職人員或一般人民是相當尊敬而有禮貌的。有時候，軍人和文職人員同時進出大門，或在一處等候電梯，軍人常常說一聲：「請先走！」(Go ahead, Please!)

從韓國到東京休假的美國官兵，也許是受韓國戰場上戰火的薰染，在電梯上有時忘記脫下帽子，但當他看到你進入電梯時，他會匆匆地將帽子取下，拿在手裏，臉一紅，好像是犯了什麼大錯一樣。但是，我却很欣賞他們這種由衷歉疚的可愛神情！

在美軍裏，無論在任何場合，在街上、餐館裏、俱樂部、酒吧間、電影院、火車上、汽車上、電車上、地下電車裏，對婦女的尊重和禮貌都表現無遺。美軍的軍用巴士在東京區有十二條路線，來往於各軍事設施之間。在各站往往有許多軍人、文職人員、婦女輔助隊隊員和軍人的眷屬等候巴士。他們並不排成一列，但是絕對沒有爭先恐後的現象，大家都是彬彬有禮。婦女照例是先上車，然後軍人或文職人員才陸續依次上車。在車上如果婦女沒有坐位，軍人馬上站起來讓坐，這是一件非常自然的事。不論出入任何公共場所，總是男人將門先打開，請婦女先進或先出。上汽車時，男人先將汽車門打開，請婦女先進去，然後自己才登車；下車時，男人先下車，然後攙扶婦女下車。上下樓梯時，男人多半是攙扶着婦女的手臂。冬天，婦女穿着外衣，在進入餐廳或俱樂部以前，婦女需要將外衣脫下，總是男人招呼婦女先脫好外衣，掛在衣架上或寄存在衣帽間。離開的時候，男人替婦女拿起外衣穿好，然後自己才穿上外衣。在俱樂部或餐廳就坐時，男人總是站在椅子背後，手扶着椅子請婦女先坐好後，男人才坐下。走路時，婦女走在前面或是兩人並肩而行，絕沒有男人大搖大擺的走在前面，而讓婦女尾隨在後面的。美國大兵，有時不免有些粗魯，但是，對於婦女的尊重和禮貌却是一點不含糊的。這也許是許多日本小姐願意和他們在一起的原因之一吧！

在宴會或舞會中，男士旁邊多半坐着一位女士，這時候，男士要招呼她，問她要不要鹽、胡椒。如果你是抽煙的話，一定要先問一聲：「我可以抽煙嗎？」如果她也是抽煙的，你應該先替她點燃。

今年夏天有一次，我和十幾位朋友被邀參加華盛頓山莊俱樂部的一次露天舞會，爵士音樂一奏，數百對男女婆娑起舞。我這個老憨是不善此道的，只有坐在那裏觀看。每當一位男士請一位女士跳舞的時候，我們全桌男士都站起來，當那位女士離開坐位後大家才坐下。當他們舞罷歸來，全體男士又都站起，等女士坐下後，大家才坐下。起初，我不明白爲了啥子道理，也依樣畫葫蘆。舞會完後，我問一位美國朋友，他說：「全桌男士站起來，是表示對婦女的尊敬和禮貌！」

美國人尊重婦女的傳統由來，我搞不淸楚，也許是中古時代的武士精神傳留下來的。但有一點我可人說：只有文明社會才尊重婦女。但在一個野蠻社會裏則不然。因爲野蠻社會只講「力」而不講「禮」，婦女是比較弱的，而在野蠻社會裏，較弱的人總是受壓迫的，因此，「力」與「禮」也可以說是文明和野蠻的分野。

在日本社會裏，婦女仍然不太受尊重，男人仍往往輕視女人，有時候男人活像一個小暴君。最近日本一些受西方思想影響的人們，組織了「愛妻會」，制訂了一些仿照西方的禮貌規則。甚至於有人認爲「愛妻」還不够味，又組織了什麼「恐妻會」，這却有一點矯枉過正了。

在東方的社會裏，講「力」的成分多，而講「禮」的成分少。我覺得講「禮」應該是從尊重婦女開始。記得我小時候，時常聽到老人們講到北洋軍閥的士兵的一句口頭禪：「好男不和女鬪，好狗不和鷄鬪。」這並不是尊重婦女，而是卑視婦女。在民主的社會裏或軍隊裏，培養對婦女的尊重和禮貌，誰能說不是當今的急務呢!?

三年美軍生活，我發現一件也許不太被人所注意的事，就是美國軍官，無論是高級的或是下級的，大半都會笑。我覺得他們的笑，不是冷笑、不是苦笑、不是陰險的笑、不是皮笑肉不笑的笑，而是天眞的笑！我無論在什麼地方遇到我熟悉的美國軍官，他們總是「嘿」的一聲，然後對你一笑。三年來，我參加過許多次授勛典禮，典禮有時在大辦公室裏，有時在屋頂大涼臺上。士兵排列在中間，軍官站在士兵的右邊，文職人員站在士兵的左邊。一位上士站在士兵的前邊執禮。當軍樂齊奏，他喊出口令向主持授勛的官員行敬禮後，總是微微的一笑，主持授勛的官員還禮後也微微一笑。他們那種天眞的笑，引起我莫大的興趣。在這種莊嚴的場合，他們還不忘記笑，而將莊嚴的氣氛沖得輕鬆一些，這不是值得人玩味的嗎!?有一次在受勛典禮完畢後，我向一位美國軍官說：「你們美國的大小軍官都會笑！」他回答得很妙，他說：「在我們美國，不會笑就不能當官呀！」

我住的美軍旅館中的俱樂部，是由大家組織委員會來辦理的。委員會是由大家以不記名投票選出委員七人組成的，委員會有主席一人。我記得有一位主席名叫貝克，他，人還很能幹，將俱樂部辦得不壞，但是，這位先生也許是天生一付鐵面孔，也許是自視不凡，他很少和大家打招呼，或露出一付笑臉。這引起大家的普遍不滿，覺得這個人鼻孔朝天，自視太高。結果，俱樂部委員會再度改選時，他就「名落孫山」了。

我覺得，在民主國家裏，他們的領袖都會笑。笑象徵和平、溫醇；而獨裁國家的領袖——如希特勒、墨索里尼、史達林、馬林可夫之流，都嚴肅得令人可怕、可厭，他們那付永遠好像和人生氣的面孔，裝腔作勢的樣兒，使人民對他們是「懼」而不是「敬」，因此造成一種恐佈氣氛。他們就是要藉恐佈氣氛來維持他們的權勢的。但是民主國家的領袖永遠是在大庭廣衆之前面露笑容，笑得那樣自然而可愛，給人一種愉快、輕鬆的印象，使人從內心裏發出一種擁護他的熱誠。我時常聽到在遠東工作較久的美國人批評麥克阿瑟元帥，說他太嚴肅，不會笑，不逗人喜歡，說他「一輩子也當不了美國總統」。有人說艾森豪這次當選總統，他那付笑臉(smiling face)的關係很大呢！在美國的社會裏，笑是成功的一個很要緊的因素之一，如果你老板着臉孔，你就不會受人的歡迎和愛戴的！

一個人，無論是男人或是女人，雖然天生具有一種令人喜歡的吸引力(charm)，但是這種吸引力如果不伴隨着良好的禮貌便不會存在的。禮貌可以使人的生活更愉快；禮貌可以使一個社會更協調；禮貌增加人生的美；禮貌也可以說是道德法則(The code of ethics)的一種表現。

幾世代以來，在西方，道德法則就是一般所說的高尚人的法則(code of a gentleman)。許多人往往把有錢的人或做官的人當做高尚人，但這並不盡然。用金錢或權勢來判定人的高尚與否，是錯誤的。我們判斷一個人是否高尚，不是根據他有什麼(what he has)，而是根據他是什麼(what he is)。而禮貌便是判斷的標準之一。因爲禮貌本身是含有高尚的風趣(good taste)和美感、並尊重別人的權利和情緒的。

中國幾千年的「禮」的傳統，經過西方文明的挑戰，和最近共黨的破壞，已經支離破碎了。我們現在正處在一種舊的已去、新的未來的眞空時代，我們已不可能恢復某些不合時宜的舊東西，而新的「禮」的法則急需建立，那麼，西方平易近人、合情合理的「禮」的法則，是不是值得我們仿效的呢!?

蘇俄何時能發動大戰？

金郁彩譯

本文作者芬萊特(Thomas K. Finletter)現在紐約執行律師業務。芬氏對於美國空軍之力量，曾有多年之研究。在一九四七年，被派為美國空軍政策委員會主席。芬氏所提出之報告，為美國在和平時期，對於國防方面最詳盡之報導和建議。由於芬氏的報告，使美國在韓戰爆發時所急需的空軍力量，適時的建立起來。一九五〇年至一九五二年，芬氏任美國空軍部長，在他任職期間，他曾將所主張的新戰略政策的一部份，付諸實施。此文為大西洋月刊自芬氏新著「力量與政策」一書中摘錄兩篇文章中的第一篇，第二篇「致勝的力量」則在大西洋月刊十月號刊載。

一

吾人若不特別提高警覺，則吾人直至今天所保持之空中原子力量之絕對優勢，將為蘇俄所攫有。蘇俄距建成長距離轟炸機隊用以投擲原子彈以偷襲吾人之城市及工業中心，為期已不甚遠。蘇俄在確有把握，能以其雄厚之空軍偷襲我國並能澈底摧毀吾人還擊力量之前，不致輕舉妄動。因此吾人若不即刻加强我們空軍力量，使蘇俄知所戒懼，則此空中原子力量之絕對優勢，將歸屬於蘇俄，不論屆時吾人所儲備之原子彈之數量為若干顆。

吾人對於蘇俄正向佔有此絕對優勢之途徑邁進，十分漠視。吾人如不積極準備，當蘇俄的原子空軍力量能偷襲美國時，他們不但能摧毀我們的城市和工業中心，同時並能摧毀吾人還擊的力量。為吾人之國防安全計，我們不妨假定，在一九五六年蘇俄即能有偷襲吾人之力量。

蘇俄一向不顧國際道義。當他們準備充足後，可以隨時從事對我們類似珍珠港那樣的偷襲。我們雖不能先發制人，阻止他們此項偷襲，如果我們積極鞏固國防，加强我們原子空軍力量，使蘇俄確切知道，我們被偷襲後，仍能有充沛的力量給他們以致命之打擊，則他們絕不致如此愚蠢來從事等於自殺之冒險。我們如欲保持此强大之力量，則我們的國防政策，必須有激烈的改變，同時還需要澈底檢討吾人之外交政策。

原子武器的第一階段瞬將結束，吾人將進入第二階段。在第二階段中，情形將與前一階段迥異。在第一階段中，吾人之安全不成問題。因原子彈在我們兵工廠中為一有力的資產。在第二階段中，蘇俄手中之大量原子彈形成對吾人一大威脅。當原子分裂武器能大量生產時，已往的軍事計劃與戰略將成明日黃花。各國間之軍事力量，亦將有重大之改變。在可怖的氫彈試驗成功後，吾人對此嚴重的現實問題仍未作進一步之瞭解。吾之現已進入一新的時代，在此新時代中，我們及蘇俄對原子彈均能大量的生產。

吾人對於蘇俄原子武器所構成之威脅，了解似嫌過緩。因為在第一階段中——我們現仍在此階段中——吾人原子武器在數量和性能上，均遠較蘇俄為强大。自第一階段開始——一九四五年八月——直至一九四九年九月，世界上只有美國有此武器，那時無虞蘇俄之攻擊。

迨至一九四九年秋，蘇俄第一次試驗原子爆炸成功時，吾人亦無理由畏懼他們。當時在俄人手中之有限的原子彈，尚不足構成對我們嚴重之威脅。但當他們有大量之原子彈並能製造大量之遠程轟炸機時，他們即具有偷襲美國城市及工業重鎮之能力。到那時，一個新的時代即行開始，亦即本文所稱之第二階段。

二

在第一階段，吾人在原子武器競賽中，顯然居於絕對優勢的地位。俄國人在這階段中，絕不致如此愚蠢來攻擊我們，或使其侵略行為過於露骨，而招致大規模之戰爭。自一九四五年來，他們所執行的外交政策，足以證明他們對於吾人之原子空軍力量存有戒心。他們雖允許其同伙中共，在遠東實行侵略，但他們異常小心，不使他們任何政策足以促成對美國之全面戰爭。

吾人可以逆料，在第二階段中，蘇俄在外交政策方面將更帶有侵略色彩，也更趨向甘冒世界大戰之危險。他們淸楚的知道，美國在曉得蘇俄具有摧毀美國之城市及工業中心的力量後，對於蘇俄的態度更不致於過分强硬。我非常憂慮，如果蘇俄的原子力量一旦公諸世界，則可能削弱自由國家抵抗蘇俄侵略的意志，並使北大西洋公約組織解體。

因此在美國，有若干人主張對蘇俄發動預防性之戰爭。道德的論據，在一簡單之邏輯下，失却了力量，即生存於隨時可被蘇俄消滅之威脅下，是不能容忍的。蘇俄的共產政權會毫不遲疑的來攻擊我們，如果這種攻擊，能擴展他們的勢力；蘇俄也不會因為攻擊我們或被我們反擊而受之損害嚴重，而停止他們的侵略。因此主張發動預防戰爭者認為：為美國人民所選出的政府不應置人民於如此慘酷之絕境。如果吾人趁蘇俄尚未充分準備妥貼之前，予以先發制人之襲擊，則蘇俄對吾人之威脅將不復存在。吾人毫無理由，將發動戰爭之權力讓予蘇俄。

事實上，吾人正將發動戰爭之權力，交付與蘇俄。我不相信，現在執政之共和黨政府，或其前身民主黨政府，或將來之任何政府，會考慮採取此種預防戰爭的政策。同時我也不相信，任何美國政府，雖處身於危險的第二階段，而不願與蘇俄以和平方法來解決兩國間之爭端的。我完全贊同我們政府所持之態度。如果我們政府，採取任何相反的政策，而不積極的避免原子戰爭，則此政府必爲背叛吾國國民意志之政府。

自基本觀點而論，預防性的戰爭也完全不切實際。無論是我們抑是蘇俄，先發動預防性的戰爭，或以偷襲方式攻擊對方，也不可能將對方之反擊力量全部摧毀。就是在蘇俄沒有獲得絕對優勢以前，除非他們對於防禦異常疏忽，否則吾人卽不能予以制命之打擊。故持預防戰爭之論的人，必須了解，如吾人採取他們建議的辦法，則我們的重要城市及工業中心卽將被蘇俄原子彈所摧毀。我認爲所謂預防戰爭亦卽第三次世界大戰。並且我們執行此項戰爭亦有事實上之困難，吾人之原子空軍乃大西洋盟約武力中之一部份，吾人有所舉動，必須先徵得各同盟國之同意。

在第二階段中，吾人需要一嶄新之軍事戰略。爲執行此一新戰略，吾人必須充實吾人之力量。已往所謂戰略不過是從事戰爭之方法。但我所謂之新戰略，其意義則與往日迥異。此項戰略之要點，在加强吾人之軍事力量及組織，使蘇俄不敢擅用他們的原子武器。吾人之新戰略，將爲集中一切力量阻止戰爭之爆發。

吾人如欲達到此目的，必須鞏固國防，並加强飛機、自導飛彈及火箭炮並軍事人員之力量。使吾人能於蘇俄偷襲後，仍有雄厚力量將他們擊敗。

至此，或者有人認爲此種所謂新的戰略，與吾人往日之戰略，並無不同之處。吾人在第二次大戰結束後卽行採取此項戰略。吾人在一九五〇年重建軍備之前，已然集中力量，加强吾人之戰略空軍。邱吉爾氏曾在一九四八年大西洋公約武力組成之前說過：美國之原子空軍力量，曾使歐洲免於蘇俄之强暴統治。就是蘇俄，在一九四九年九月第一次原子爆炸試驗成功後，對於美國原子空軍之雄厚力量，亦多所顧忌。他們曾小心翼翼，使對於自由世界之各項活動，以及其同伙中共之侵略，不致招致對美國之全面戰爭。美國直至今天，仍能在原子武器競賽中保持其優勢。吾人亦曾努力建立强大戰略空軍，使蘇俄畏懼。既然如此，吾人除去追隨科學之進步，以從事新武器之製造及國防上之新部署外，吾人實無改變基本政策之必要。

吾人必須瞭解，吾人現在並未積極建立足以應付第二階段局勢之戰略空軍，因而使蘇俄知所戒懼，不敢發動第三次世界大戰。吾人如果認爲照吾人現在的做法，在第二階段中仍能如第一階段，能控制蘇俄及中共，則吾人將遭遇非常之危險。對於建立原子空軍之鬆弛，實爲吾人國防計劃上一大弱點。

在第一階段中，蘇俄所以未發動原子戰爭，是因爲他們還沒有原子彈。在第二階段中，他們已有能力生產原子武器。蘇俄在近年來所建立之强大空軍，追使吾人戰略空軍，必須採取一種完全新的標準。在第一階段中，吾人有足够的飛機，用以投擲吾人所有之原子彈。那時我們的對方，防禦能力既不充足，反擊吾人之力量復甚脆弱。現在吾人之戰略空軍，必須具有特殊强大之力量，以應付敵人之襲擊。他們現正傾其全力以鞏固國防；並建立强大之空軍，用以攻擊我們之城市、工業中心、以及我們反擊的力量。

吾人對於建立强有力之戰略空軍，不容再緩。吾人更不應認爲吾人現在之努力是可以達到預期之目的的。吾人爲應付第二階段中可能遭遇之危機，所定戰略空軍之標準似嫌過低。吾人如欲使敵人對於我們雄厚之力量有所戒懼，則吾人對於所定之標準必須作澈底的改進。

在第一階段中之任何時期，蘇俄不會考慮攻擊我們的原因是，他們沒有足够的原子彈。也就是說，他們在這期間，沒有大量的原子彈和長距離轟炸機，用以配合他們在美國之第五縱隊的破壞工作，來予吾人致命之打擊。

在第一階段中，吾人之戰略空軍，確曾防止蘇俄初期空中原子力量以及他們一般軍事力量之蠢動。在這一階段中，紅軍及其長距離空軍並不活躍。美國戰略空軍如此優越之成就，與其說是由於美國空軍力量之强大，不如說是由於蘇俄那時力量之薄弱。

吾人在第一階段中，曾冒相當之危險。戰略空軍基地之防禦、及用以反擊之空軍力量，並不如理想之强大。尤其吾人空軍基地之建築，遠不足應付實際的需要。在韓戰中有一時期，吾人之空防，全部暴露於敵人。在第二階段中，客觀環境將不容吾人再作一次如此的冒險。

在第二階段中與第一階段一樣的是：我們的戰略空軍，不論在原子彈數量上抑在飛機的性能上，均將顯明的較蘇俄爲優越。但在第二階段中，蘇俄用以抵禦吾人轟炸機的力量將遠較他們現有的力量爲强。蘇俄如以閃電方式襲擊吾人，所能給予吾人之損害亦將更爲嚴重。在將來雙方搏鬪中，吾人所操勝算之把握，必遠較現在爲低。當吾人進入了第二階段，敵我兩方空中原子力量之消長，將能決定我們和大西洋公約下之盟國的國家和文化的存在抑毀滅。在此新的階段中，美國戰略空軍之標準，不論是爲攻擊抑爲防禦，必須較現在遠爲强大。使其成爲與已往迥異之偉大力量。

在第一階段中，吾人戰略空軍之建立，大半由於一項突然爆發的事件——韓戰。現在韓戰已然終止，再無外來刺激逼使吾人作我們爲保衞國家所應做之工作。我們現在所處的地位，使吾人毫無選擇之餘地。必須正視現實，積極做爲拯救我們國家民族所當做之準備工作。

三

事實證明，俄人正積極從事準備，冀在不久之將來，能達到充實他們空中原子力量的目的。由於他們傾其全力於此種準備，我們可以確定他們距達到目的的日期，已不甚遠。到那時，他們將能生產

原書原樣

原書原樣

銀行放款制度與出口貿易之關係

張子良

邇來有關改革外滙管理辦法之呼聲，甚囂塵上，有主張全面更張者，亦有認為僅須局部修訂者，議論紛紛，莫衷一是。實則問題之重心，應在謀求物價之穩定與外滙收入之增加。但當前之外滙管理辦法，由於滙率偏低，造成出口萎縮，外滙收入減少，轉而影響進口滙額。輸入物資既少，物價必至升漲，於是進口獲得暴利，出口則蒙受虧損，國內產業，亦深受打擊。由此可見現行辦法確有全面檢討考慮之餘地。蓋外滙頭寸來自輸出，積極獎助出口貿易，才可增加外滙收入，進而繁榮農工產業，改善人民生活。故今後貿易政策，必須着眼于擴展輸出，確立獎勵出口之周詳有效制度。否則僅僅提高外滙率，以期增加出口商之收益，雖或可刺激出口于一時，但勢將引起物價全面騰漲，屆時物價與滙率依然脫節，則不利于出口之形勢又告恢復，利未見而弊先至，實非妥善持久之計。謹就愚見所及，略陳一、二：

一、採用出口所獲外滙一部或全部保有制，此種制度已被若干國家採用有年，旨在獎助出口商得由輸入利益以補償輸出虧損，我國現行辦法，雖亦有出口商能於一年內獲取百分之七十二實績利益之規定，但實施以來，功效未著，況因時限過長，市況變動，及法令更改種種顧慮，仍令出口商憂疑困惑。倘使出口商可藉保有進口結滙之盈餘以補償出口損失，自求平衡，上述疑懼，立可袪除。更足提高出口商之興趣，自謀拓展市場，爭取輸出機會，如以滯銷或過剩貨物，易回國內迫切需用之物資，其於挹注國家外滙，充裕必需物資，尤多裨益。有人顧慮本省除糖、米、鹽以外，恐無其他物資可資出口。筆者認為祇須管理辦法確對出口有利，則目前已在出口之雜類貨物勢將增加。再如南韓大量需要之煤亦復毋需補貼，卽可增產輸出。此外平時未為吾人注意而可資外銷貨物亦不在少。本省糖、米、鹽三類輸出貿易，固由公營機構在既定國策之下直接辦理，然自政府明定臺灣工業化以來，工業委員會等機構正以合理之方法循序推進，扶導各類中小工礦事業。各工礦事業，亦有許多製品可供輸出。上述出口外滙保有制倘獲實施，則有助于此類工業之迅速發展，而增大出口物資之範圍，殆可斷言。

二、為求合理公平起見，出口商外滙保有額之比率，應按出口虧損之多寡，暨輸出之能力與輸出之必要等情形而定，藉維正常利益，免致偏頗。但同時更應准許此類結滙證之自由買賣，以收鼓勵輸出之實效，兼可減少進口外滙供應數額，誠為一舉兩得。至結滙證自由買賣價格，諒較現行滙率略高，但如能採取適當之控制，亦無過分波動之虞，比之目前頂讓實績，使貿易行商不勞而獲，則公平合理多矣。

三、實施外滙保有制及准許結滙證自由買賣以後，亦可促使出進口業漸趨專業化，蓋出口商虧損既獲確實補償，必將繼續不斷增加外銷，又握有進口結滙證在手，自當選擇輸入其本身專營之貨物，提高經營成果。不必再像目前出口商人，不得不進口非其專長之貨品，而因不稔進價、品質、市況及保存方法，以致損失利潤，耗蝕外滙。但出進口業務趨于活躍後，業者運用資金，勢將日感困乏，仍有減低物資交流之效能，增重負擔，影響物價之虞。如欲進口物資能迅速輸入，出口貨物能迅速輸出，尙有待于金融界之扶助：

㈠准許商業銀行承做開發信用狀貸款。

㈡准許商銀辦理出口打包貸款。

據悉商業銀行放欵百分之八十以上屬于抵押，但該項放欵，必須先將抵押貨品存儲倉庫，此無異將有用的物資予以凍結，停止其在市上流通，不無影響物價之處。商業銀行倘能承做上項貸款，則出進口業者能連續運用其資金，並使工廠生產資金得以週轉靈活，可有助于貨物之流通及物價之平定。至其貸欵付出之臺幣，全部用以結滙仍由臺銀收進，更無背于政府收縮通貨之決策。

四、或謂進口商既取得官價外滙，獲利已屬可觀，不宜再加扶助。此亦「因噎廢食」之論。蓋政府既准供予寶貴之外滙，使其購入需用物資，自應貸給欵項以便其早日結滙，迅速進口，以減輕成本，抑低物價。至對於出口事業，各國政府，莫不訂有無微不至之優待條件，藉以加强國際競爭力量。臺灣係一海島，地狹人稠，更需承做打包放欵，獎勵出口，使在海外市場謀求出路。綜上所述，及當前之外滙管理，各商業銀行不做進出口貿易放欵，顯多未盡完善，勢須早作改革。至希當局高矚遠瞻，排除障碍，博徵衆議，銓衡利弊得失，毅然決策，用解困局，而使經濟建設得以迅速完成。

東京通訊

從一個書目看中共的出版物

陸廷賢

一、中共文化政策

中共的實施陰謀，政治、經濟、文化、軍事各方面往往分頭並進，數管齊下，且只求目的，不擇手段，故聲勢奪人，使迎擊者有眼花繚亂，窮於應付之感。即以海外的文化宣傳一事而言，自彼盤據大陸以後，亦採多種方式進行：第一是破壞主張正義的文化組織；第二是用經濟、政治力量以壓迫有關發揚正義的文化宣傳；第三則本身大量出版——等於軍事上的人海戰術——向海外作公開的（贈閱，寄銷）和秘密的(偷運)輸出。所以他的邪惡宣傳不僅流毒在親共，畏共區域，而且也流毒在反共區域！

隨便舉例：中共的實施暴力破壞，像對印尼的天聲日報、印度的印度日報、星加坡的中與日報、檳榔嶼的光華日報，或被投彈，或被縱火，或被搗亂等都是；中共的利用經濟、政治力量以壓迫有關發揚正義的文化宣傳，像印尼望嘉錫的中共偽領館，為了要阻止電影院演映自由中國攝製的「皆大歡喜」影片，情願化一萬八千盾給戲院老闆做損失費，該偽領館又為了要剪去美國片中二分鐘的蔣總統檢閱三軍鏡頭，也願貼付數千盾的欵項，以及最近指使印度政府的不准印度日報社長廖崇聖氏的繼續居留等都是；至於本身大量出版的輸出，在日本漢文書店中除線裝書外，看見的什九是他們的刊物，又據日本法務省公安調查廳向國會提出報告：去年中共接濟日共有一億二千萬日元，宣傳刊物亦曾先後發現九百餘種，就是明證。

火、炸彈、打手、金錢收買、政治壓迫以對付異己者；經濟接濟同路人和利於己的出版物的滿天飛，他們的海外文化宣傳政策，實可謂狠、毒、猛三者兼具！

二、一個書目中的統計

中共在日本文化宣傳的氣勢之張，不僅留日僑胞有困惑之感，即自由祖國友人亦常以此相詢。然而，中共在日的出版物種類如何，數量如何？實是了解本問題的關鍵。筆者最近見京都大學人文科學研究所於本年出版的「昭和二十六、七年度東洋史研究文獻類目」一書，書分「日本、中國文之部」「歐文之部」，內容有「收載雜誌論集一覽」「論文類目」「單行本類目」「著者索引」等項。筆者試統計該書中的「日本、中國文之部」的雜誌論文二千八百十四篇(不包括單行本)，不無可以參考，爰將所得結果分列如次：

一、一般史，分通論、史籍、通史及時代史、諸國史、傳記等五目，計二九三篇，內日本二二七；自由中國四〇；香港八；韓國三；中共區十五。

二、歷史地理，分通論、方籍、古地理、遊記、方志及諸國志等五目，計八七篇，內日本五二；自由中國二四；中共區十一。

三、社會史，分通論、階級、家族、戶籍、人口、部落團體及農村問題等六目，計一二四篇，內日本一一〇；自由中國四；香港四；韓國二；中共區四。

四、經濟史，分通論、土地制度、產業、商業、交通及貿易(附華僑)、貨幣及金融、財政等七目，計三〇〇篇，內日本二六九；自由中國二〇；香港四；中共區七。

五、政治史，分政治、列強關係等二目，計一八五篇，內日本一五九；自由中國十三；香港七；韓一；中共區五。

六、法制史，分法律、制度等兩目，計七〇篇，內日本五〇；自由中國十八；韓一；中共區一。

七、宗教史，分通論、支那古代宗教、道教、佛教、印度諸宗教及印度哲學、梵文學、基督教、回家、祆教及摩尼教等八目，計三四七篇，內日本三四〇；自由中國五；法國一；中共區一。

八、學術思想史附教育，分通論、羣經、諸子、日本朝鮮漢學、教育史附教育等五目，計二七〇篇，內日本二二三；自由中國二四；香港十八；中共區五。

九、科學史，分通論、天文歷算、算數、醫學及藥學博物等四目，計六九篇，內日本二八；自由中國二一；香港一；中共區十九。

十、文學史，分通論、文集、騷賦、詩、詞、樂府、曲、小說、現代文藝、諸國文學等十目，計二五六篇，內日本一七六；自由中國二三；香港四；法國一；中共區五二。

十一、美術史，分通論、建築、彫刻、繪畫、書道、工藝、音樂等七目，計二〇五篇，內日本一七二；自由中國二三；中共區十。

十二、考古學，分通論、舊石器時代、新石器時代、青銅器時代、鐵器時代等五目，共六六篇，內日本四一；自由中國十一；韓一；中共區十三。

十三、金石學，分通論、甲骨文、金文、石刻、雜器銘、印璽、貨泉、古文書等八目，計五六篇，內日本二八；自由中國二六；香港一；中共區一。

十四、民族學，分通論、民族、習俗、神話傳說及口承文藝、信仰等五目，計一五九篇，內日本七〇；自由中國二六；韓一；中共區六二。

十五、言語文字學，分通論、古籍、形義、音韻、文法、語源志、國語問題、諸國語言等八目，計二五一篇，內日本一三〇；自由中國十四；中共區一〇七。

十六、書誌學，分通論、書目及解題、版本及校勘等三目，計三八篇，內日本二六；自由中國九；中共區三。

十七、雜纂，計十二篇，內日本四；自由中國七；香港一。

十八、學界消息，計二六篇，內日本十二；自由中國六；中共區八。

總計二八一四篇論文中，日佔二一一七；自由中國佔三一四；香港佔四八；韓國佔九；法國佔二；中共區佔三二四。

三、統計數字的分析

就以上統計，對中共出版物加以分析和與自由中國出版物的比較，很容易的得到下列幾點結論。

在數字言，中共區的三二四似較自由中國的三一四超出百分之三，惟香港區的民主評論，與自由中國不可或分，故就實際數字言，自由中國合香港共爲三六二，已超過中共區。同時，檢查中共區的作者名單，除共黨幹部外，並非盡傾向於中共的，而自由中國的作者，可以說沒有不崇尙自由而戮力反共的。此其一。

中共區出版物在各種類目中，宗教論文僅有一篇(總數三四七篇)，以殘害宗教爲重要措施的共黨治區，實了無足怪(這僅有的一篇，也就是新華日報吳耀余叙名的「八個月來基督教三自革新運動的總結」；讀其標題，已聞血腥！)，所奇怪的在社會史和經濟史兩類中應該有很多作品出現的，但是，社會史中他們只有郭沫若的「中國奴隸社會」，和毛澤東的「中國社會各階級的分析」等幾篇炒冷飯的東西；三〇〇篇的經濟史中也只有「中華人民共和國土地改革法」和幾種報告，湊成七篇，遠不若那個時期自由中國的大陸雜誌，經濟史中的土地制度，即有七篇。他們理論這樣的貧乏，關鍵當然是思想的不能自由。此其二。

歷史地理類的通論中，地質學家李四光在科學通報三卷九期中發表了一文，題爲「跟着中國科學翻了身的地質學」；科學史類的通論中丁邌生的譯有巴契寗的「解放了的中國科學」；語言文字學中有王鍌的「斯大林爲中國語言學開闢了無限寬潤的道路」；羅常培的「從斯大林的語言學說談中國語言學上的幾個問題」(三文均載「科學通報」)。以上所擧各文，性質都是純科學的，而在中共區域中，無論什麼事物——科學研究也就包括在內——都須符合「政治口號」「黨的印模」，戕害學術，莫此爲甚！此其三。

京都大學人文科學研究所所參考的華文雜誌，在自由中國爲大陸雜誌，中央研究院歷史語言研究所集刊、文史哲學報、文獻專刊、自由中國半月刊、學術季刊等六種，另有歷史語言研究所傅所長紀念特刊、臺灣大學傳故校長斯年先生紀念論文集兩種，而中共區則有「人民文學」「中國文化研究彙刊」「中國科學」……等十四種(學原一種，雖註南京出版，惟筆者見所引論文作者多在自由中國及香港，故未予列入)。中共區出版物種類多而收載量不能隨比例增加(自由中國的大陸雜誌一種，被收載即達二一四篇)，當因雖學術刊物亦不脫小冊子形式及黨八股氣息之故。至個人產量，在作者索引中統計得的首幾名：董作賓十九(自由中國)；勞榦十六(自由中國)；毛澤東十五(中共區)；郭沫若十四(中共區)；童壽十一(自由中國)；老舍十一(中共區)；亦以自由中國爲豐富。此其四。

顯示中共出版數量偏多的是文學史中的現代文藝；民族學中的神話傳說和口承文藝；語言文字學中的文法、國語問題等等。以上三類，計達二二一篇，在十八類中這三類的數量佔三分之二強。同樣的，在類目中所收的單行本一〇五八種，中共區計四九七種；現代文藝也佔一三二種。進而分析著者和內容：一爲已死左傾文人著作的重印，像單行本中有關魯迅的就有十一種，胡也頻、蔣光慈、聞一多等也都有選集。二爲在共區供驅策的文人的著作的重印，像矛盾選集有三種，老舍有二種，丁玲、葉聖陶、洪深、冰心、巴金、曹禺等也各有選集。三爲神話傳說的改編和連環圖畫的註釋，像「洋人盜金牛」「兎殺獅」「換女婿」「三個女婿」「朱總司令和營長」等等。所可引爲奇異的，當時韓戰正烈(此類目係收載四十、四十一年的出版物)，而聯合國統帥部所在地的日本，却有關於所謂蘇朝人民友誼的傳說的「人參的故事」和「金日成將軍的故事」等煽動性的朝鮮的傳說和民間故事多種在那裏流行！至語言文字學的國語問題，則多有關所謂「速成識字」和苗、猺、彝等族的語文改革。以上幾類，也可以說是中共出版的重點，而其作用則在引誘青年、麻醉大衆，控制落後地區的同胞。此其五。

分析中共區在海外的出版品，理論貧乏，無學術氣氛可言；多是小冊子型和黨八股型。特別注意於文藝和通俗作品；並以國家經費大量輸出(以現在華僑購買力的非昔可比，和亞洲國家管理外滙之嚴，價欵收回無期的大量輸出的經濟，勢非私人組織所能負擔。實在，中共區的出版組織，也早已全爲中共控制。)，藉遂其宣傳作用，並造成數量上的優勢。這是特徵。

相反的，我自由中國在海外的出版品：有理論，大多站在學術立場，性質專門而散佈量不多(類目中所引的六種期刊與二種專刊，諒係學術機關交換而獲得，實際上書店中是不易見到的)。

四、報導本文的期望

假如沒有京都大學人文科學研究所的書目，我們不盡知自由中國學人的努力和成就，僅見書店中的中共區出版的成百種的現代文藝和成百種的通俗刊物的陳列堆置；雖是那項書籍很多還是「五四」至抗戰期間的老作品，或者是意識粗俗，但耳目迷亂之後，精神終不禁感到沉重的！

筆者亦常詢經售漢文書籍的書店，爲何自由中國的出版物不易訪求？他們的答覆是：「我們在商業立場，歡迎各方出版物的寄銷。今天，大陸方面有新書出就成百部寄託銷售，我們也就設法爲之陳列。讀者也有委託我們代辦臺灣出版物的，但我們只依委辦數辦理，沒有寄銷，也就沒有陳列。在商業立場上我們對臺灣與大陸是沒有歧視的」。

所以筆者於報導本文之餘，希能於祖國政府和文化界諸先生有供參考之助，而對海外文化宣傳有更進一步的措施。自然，不希望政府像中共的以國家經費，將出版事業作政治的宣傳，但如何的獎助出版品，增加海外的供應，及學者先生的始終維持爲學術而學術，崇高原則，並擴大著述範圍，虛心研討，似爲應注意之問題。

——四十三年十一月

緬甸內部紛爭與中緬關係之發展

王　魯

今年六月下旬，匪首周恩來自日內瓦的歸巢途中，曾順道訪問印度和緬甸。這隻化身的狐狸精，在表面上裝的是處處是人，其實北平方面的暗箭，早已射向緬甸人民的心臟，如戰後緬共的武裝叛亂，卡倫族(Karene)也鬧着與政府分家，都是中共所直接間接支持的。中共有十五六萬的軍隊，幾年來就屯紮在中緬邊境上，虎視眈眈。周恩來訪問緬甸的誠意是在什麼地方？可是，緬甸當局並不以此警惕，反盲目地跟在印度的尾巴上，妄想「中立」和親共。緬甸的前途眞是太危險了。

當緬甸用不流血的方式，從大英帝國的手裏，獲得了自由與解放時，世人是多麼興奮。但就在緬甸獨立的前夕，一九四七年七月十九日仰光發生街頭的血案（此日宇益山和其六位部長爲宇素謀殺），獲得獨立之後，在伊底洛瓦江畔上又發生了如火如荼的熱戰。緬甸總理達欽汝 (Thakin Nu) 繼宇益山 (U. Auny San) 被宇素 (U. Saw) 刺殺之後，爲英國駐緬總督倫斯 (Sir Hubert Rance) 任爲總理，距今已經有五六年了。他是宇益山生前的好友，亦爲反法西斯自由同盟的得力人物。此盟原爲宇益山於一九四五年所創，當時包有共黨杜溫和社會黨米耶在內，主要目的在於應付英國戰後的緬甸政策，（其時英國只允緬甸在戰後爲一自治領的地位）。但在益山取得實權之後，在一九四六年一月間，即將德欽素 (Thakin Soe)領導之激進派的共黨紅旗集團逐出盟外，這就是今日緬甸叛亂的紅旗共黨的根源。此年七月，由丹東(Than Tun)領導的白旗共黨亦被逐出反法西斯自由同盟，在一九四七年十一月間，紅白旗共黨聯合起來，開始正式稱亂。

英緬協定於一九四七年十月十七日訂立，一九四八年一月四日緬甸宣佈正式獨立。即在此年春天，緬共正式得到國際共黨的指揮和接濟，以緬甸中部山區爲基地，大肆叛亂。當時原屬政府指揮的人民義勇軍，內分白黃二隊；白隊建議政府與紅旗共黨合作，政府堅持紅旗共黨必須放下武器，及雙方談判失敗，白隊也加入共黨作亂，黃隊則依然爲政府指揮。後來不久，人民義勇軍白隊又與政府暗中談和，致與紅旗共黨分裂。政府終於借英人的勢力，向紅白旗共黨進攻，逼使他們分別逃入緬甸中部和北部的山中，至今依然爲緬甸的心腹之患。在新政府組成之後，住在緬甸東南部的卡倫族 (Karens)；人口約二百五十萬，是緬甸的第二大族，生性强悍，以毛淡棉 (Moulmein) 爲分布之中心。他們因爲沒有得到入閣參政的機會，深恐在緬甸族 (Burma) 的統治下，自身的地位成了問題，乃組織武力，以茂奇 (Mawchi) 爲基地，起來反抗政府，緬甸當局爲了招降他們，曾經任命了一位卡倫族的女子爲閣員，但卡倫族的叛黨至今未能全部平定。在一九四九年至一九五一年間，緬甸政府面臨着四面楚歌的情勢。

一九五一年底，緬甸開始大選，社會黨（是反法西斯自由同盟中的主幹）終於擊敗了共黨的聯合陣線，於一九五二年又重掌政權，內閣總理依然由達欽汝出任。新政府成立之後，認定當前緬甸的貧窮與不安，多是源於經濟的破產以及共黨的搗亂，故不計反對黨——工農黨的反對（此黨曾爲德欽倫領導，是緬共的尾巴），接受了美國經濟與技術上的援助，以安定民生。在軍事上則全力以赴圍剿緬共，使他們不得不退向山區。一九五三年緬共在政治和軍事上節節失敗，故以緬共爲首，聯合了左翼人民義勇軍（即白隊），紅旗共黨，卡倫族的獨立自由軍，成立了一個臨時的同盟，共同與政府對抗。他們打算暫時放下武裝的叛亂，以加强政治和心理的宣傳，力圖獲取當地人民的支持，重新找一個翻身的機會。除此而外，緬共也利用其外圍份子，滲入政府各部門，初表忠服，但自去年一二月以來，緬共便以活動在中緬邊境上的反共救國軍爲理由，製造左傾輿論，而以「緬甸學聯」爲中心，同時也誣指美國援緬的各項技術人員爲特務，謂與反共救國軍通謀，一時緬甸反美的熱潮瀰漫了全國。如此使緬政府不得不宣佈停止接受美援，並在第八屆聯大（去年四月十七日）控告我國爲侵略者，今年一月間，緬共首要又在越南與中共通謀，意圖擾亂緬北的開欽人 (Kachins)。此族人口五十萬，即我國所稱的野人，多半散居緬北山區，然以密支那 (Myithyina) 和八莫 (Bhamo) 爲中心，近年來因政府對各土邦的統治比較嚴格，常干與開欽族和撣族 (Shans) 的內政，自然會引起他們的反對，緬共亦就利用這種空隙來製造紛爭。雖然如此，終因爲政府軍隊訓練優良，裝備完善，使潛伏在緬甸三角洲地區的武裝共黨無法立足。卡倫族叛軍的挫敗，以及基地的被攻克，致新政府的威信，慢慢的建立了起來。

在戰亂中成長的新緬甸，雖然也有些進步，但畢竟還是很少。尤其農工商業之不能迅速復原。緬甸是一個六十萬方公里的國家，其中可耕的面積佔百分之三十八，戰前已耕種者約百分之十一（計一千六百萬英畝，百分之七十爲稻作區）。戰後幾經改良，其播種的面積，在一九五〇與一九五一年間是戰前的百分之七十四，自一九五二年到一九五三年是百分之八十一，而每英畝的產量只及戰前的百分之九十六（上項統計以戰前已耕的面積爲一百計）。礦產比農業還差，一九五〇年的產額僅是戰前的百分之七，到一九五二年增進到百分之十二，石油只能供本國使用，無法再由仰光輸至印度。柚木的產量只是戰前的百分之二十五，當然不能大量出口。稻米的出口最爲重要，但只佔戰前的三分之一，然其價值却是戰前的四倍。工業本來就不發達，而美援自去年三月停止以來，工業上的各種器材因此便感缺乏，傳說近來緬甸當局打算以木材和稻米，交換美國的輕重工業器材，但在緬甸的國策尚在東搖西擺的今天，是否爲美國所接受，這倒頗成問題。尤其美國已將援緬的欵項用於泰國，緬甸要重新獲得美援，也許尚有困難。總之緬甸的經濟概況，目前是十分不景氣，而政府人員的薪俸更是低得可憐。

在國內既有了緬共的破壞和阻撓，以及黨派之間的紛爭，國際間又有中共的脅迫，與印度、英國在外交和經濟上的牽制，這便是幾年來中緬關係的背景。去年四月十七日，緬甸代表泰恩在第八屆聯大，爲活動在中緬邊界上的中國反共救國軍，發表了長約三十頁的演說全文，揑造事實，誣我侵略。緬政府所以不顧中緬邦交上的傳統友誼，而出此下策，其原因主要有以下幾種；①緬共在一九五二年大選失敗之後，所製造成的左傾輿論和反美心理，普遍得到支持。②中共匪幫對緬甸的武力威脅和恫嚇。③印度的暗中慫慂及公然支持緬甸對中華民國的控告，以便於拉共匪入聯合國。④歷史的恐懼（即明末清初永曆帝入緬甸，所引起的一連串戰爭）。基於道義的原則，我國終於在國際合作之下，將七千名爲家園而戰的中華兒女，空運回國。這事已成過去了。爲什麼在本屆聯大，緬甸代表巴靈頓 (James Barring-ton) 又作老調重彈？在十月十六日的聯大特別政治委員會中，又提出撤退我國在緬北遺留的軍隊。其內容是；①由緬甸政府協助他們離境。②設法招降。③必要是用武力解決。在談話中態度蠻橫無禮，同時又得到印度代表梅農的幫腔。但梅農對我國的譭謗和指罵，其所依據的理由是什麼？眞是令人非解，因爲現在中緬之間的問題，與印度並無絲毫關係。

緬甸繼印度之後，承認中共，今又跟隨在印度的尾巴上，與匪親善。在僞國慶時，緬政府派遣了一個五人親善代表團到北平去參加僞國慶典禮，以雷其德 (U. Raechid) 爲首席。本來周恩來到印度倡議的五項「亞洲和平協定」；（①參加協定的亞洲國家，有維護和平之責任。②參加協定的國家互不侵犯。③彼此不干與他國之內政。④參加協定的國家，有在經濟上互相幫助的責任。⑤以和平協定作爲今後處理亞洲事務的最高原則。）其目的就是想拆散或對抗民主國家所組織的東南亞同盟，並使美國孤立於遠東問題之外。現在看來，中共只達成一半的目的，即印度、緬甸、印尼、錫蘭終於拒絕參加東南亞同盟，然東南亞同盟並沒有因以上諸國未加入而致解體。

印度總理尼赫魯 (Nehru) 十月間於訪問北平僞政權的途中，在仰光會見了緬甸總理達欽汝，和印尼總理沙度蔑，在河內亦與越盟的頭子胡志明，和其副總理兼外長范文同會晤，而新德里方面傳出的消息，謂尼氏此行的主要任務有三；①與中共商討簽定亞洲和平協定，以達成「和平共存」的目的。②要求中共不論採取任何措施使緬共停止武裝活動。③印度與共匪之間的邊界問題，商業問題，以及尼泊爾問題。現在尼赫魯已經回到印度去，他的美夢有沒有醒過來？也許只有他自己知道。從今以後，緬共能否停止暴動，那更成問題了，尼赫魯此行，或者更爲緬甸政府帶來了一些失望吧！

然而使我們感到意外的，繼緬甸代表團與印總理訪問北平之後，達欽汝又於十一月二十九日率其從屬前往大陸匪區，在他起飛的前夕，對中共匪幫也許還懷着一線的希望。這種擧動如說是親善，無寧說是乞憐較爲切實。他與共匪所談的問題，意料中是今日緬甸最感迫切的緬共問題，及東南亞的一般問題。當他於本月（十二月）回到仰光之後，即揚言要做美國和中共的橋樑，儼然和尼赫魯是志同道合。若是民主自由世界和共產鐵幕集團之間，眞可能有橋樑可通，那還會有這般緊張的冷戰呢！共黨集團所叫喊的「和平共存」的幻想曲，只是侵略戰爭的前奏而已。現在共匪所以牢籠緬甸，是想在進攻時可以各個擊破，這原是一種分化的策略，想不到達欽汝還因此上鈎來。請看四月二十九日，美國參議員諾蘭先生所揭穿的「毛澤東關於世界革命新方案備忘錄概要」，其中對緬甸交待的不是很清楚嗎？毛匪說：「越南解放之後，緬甸將行就範，基礎已在該處奠定」。而今之越南，北緯十七度已經變了色，胡志明還在中共支持之下明目張膽的準備南侵，泰共、馬共也在繼續的擴大中，老實說東南亞今日潛在的危機，眞令人不寒而慄！從政治地理上說，共產集團今日已據有了歐亞大陸的核心地區或內層地帶，置身於亞洲邊緣地區的緬甸，在侵略者看來只不過是椰樹上的果子，隨是都有取下的可能，只是遲早的問題而已。如果只靠搖尾乞憐就會免去侵略，偷機取巧即能變成中立國家，那根本是不可能的事。

緬甸人民須知：印度所幻想的中立路線，不僅是一座空中樓閣，同時會因此自誤誤人，所以緬甸的基本國策需要在原則上改變，否則未來的後果將不堪設想。所謂和平親善或亞洲協定，絕不會因此能束住了朱毛匪幫那隻放火殺人的血手。俄共、中共、緬共本是一個東西，他們是父、子、孫兒的關係，在一個思想系統和統一行動之下，他們是決不會放棄或中止侵略鄰邦的策略的。今天是緬甸冷靜抉擇的時候，向前走黑暗無路，轉身來光明萬里。

聖誕禮物

王敬義

蘭芬致杜立貧書　一九四七年十二月

立貧，我的愛人，

現在，你正在那寒冷而寂寞的海濱，度着你漫長的夜晚，計算着日期（每一個日子都像一隻背負沉重殼子的蝸牛，爬行的那樣緩慢！）你在想念着我；你急切的要早些回來，回到我的身旁，我知道。

我瞭解你，立貧，比瞭解我自己更深。因爲我瞭解，所以我不抱怨。也許我們應該抱怨呢！我們結婚才不過一年的時間，你却不得不因公務離開我，離開我們的家，而使彼此過着寂寞的生活。

立貧，當我現在坐在你慣坐的木椅上時，我是多麼的想念你啊！我撫摸着你的書桌上的煙碟，茶杯，你用來夾稿紙的鐵夾子；還有那半盒牙籤，因爲你不在家中，很久沒有人用過了。（我又恍惚的看到你啣着牙籤執筆沉思的樣子了。）我撫摸着這些物件，小檯燈的光又正映照着我，窗子上，寒風正抖抖索索的彈扣着，北部中國的冬夜是如何的蕭條啊！在我掛念着遠在海島的你的時候，只有此時你也正在懷憶着我的思想，才能給我一些安慰與溫暖。

我們結婚後你的妹妹送給我的小貓，已蜷臥在我的足旁睡着了。牠輕微而均匀的呼吸着，我眞羨慕牠的安適呢！你離去後，這小屋變得淸冷了，小貓也似有知，牠整日都不離我的左右，不知是牠自己寂寞，抑是意欲消滅我的煩悶？但我是感激牠的；沒有牠的陪伴，我眞不知怎樣打發我的日子了。

我常用整整一個下午的時間，去回憶我們新婚時那一段幸福的日子。那時我們蓄存了一些錢，不必爲錢愁慮。那時，你的妹妹還沒有去F埠升學，她與我們住在一起。我在厨房燒飯，除去專司洗刷碗碟的你外，她也總來幫忙的。她的個性是那樣天眞、爽朗，使我們幸福的小屋更充滿了歡樂的氣氛。我們的婚禮是在嚴冬的十二月舉行的，婚禮那天恰是聖誕節，然後便是新年。在舊歷年我們也燃放了鞭炮。在我的一生中，我從不曾那樣快樂過。晚飯後，我們三人時常臂挽着臂去積雪的街頭散步。雪在我們的脚下沙沙的響着。街道是寂靜的，黃昏的街燈微微的照射着，落禿葉子的大樹的椏枝黝黑而嚴肅。我們總是沉默的走下去；街旁，高大樓房的鐵門都是緊鎖着的。北風吼叫的時候，便將雪粒吹打在我們的臉上。那些堅實的雪粒，刺痛我們的臉，却又使我們在微痛中感到舒適。

然後，我們就回到那燃着旺盛的爐火的我們的小屋中來了。我們用力的拍拂去積掛在大衣上的雪粒；我們的面頰都是艷紅的。

立貧，讓我擁抱你，並且說出我心中對你的感激。你是這個世界上第一次使我嘗到幸福的滋味的人。認識你，無疑是在我貧瘠的生活裏開發到一個金鑛。我的母親在我六歲的時候便死去了。「沒有一個母親，還成甚麼家呢？」何桑說的好。我的父親在我八歲時就開始酗酒。他死的時候，我已經長大了。那時我進了女子師範，每個月從舅父那裏拿一點錢作爲零用。陰雨的夜晚，淅瀝的雨聲常使我哭泣。極偶然的，我認識了白修女。她待我親切如母親，從此，我有了我的宗教信仰。

女子師範畢業之後，我開始去小學教書。每天早晨去上課時，我總在公共汽車上看到你。你那鋒銳的目光對我的凝視，常常都會使我漲紅了臉。我們就這樣相識了。這一切全是我們信仰的主的安排吧！如果我們不在擁擠的公共汽車上相遇，我們彼此的命運不會緊緊的連接在一起的。也許直到今天，我這身世飄零的女孩子，還是在茫茫的人海中，像一枚無所倚掛的浮萍，倒處流盪呢！

你是喜愛緘默的！即在我們戀愛的時候，你也很少說話。立貧，我最欣賞你個性中的這一點。我記得，那時你常在辦公時間後來宿舍找我。我們散步到河堤上，在那裏看日落的景色。暮秋的天空是淸澈而遼濶的；堤下的河水聲也極雄壯；太陽落下去時，我們眼前的世界全沉浸在强烈的紅光中，那一刹間，天空彷彿要迸裂了；河水彷彿沸騰了；長列的高大的白楊樹的枝椏彷彿都已着了火。只有歸巢的烏鴉羣是黑色的，它們排成很長的一隊，撲動着笨重的翅膀飛過河面。這景色太偉大了；我們握着手，偎倚着，感到本身的存在渺小極了。

那年初冬，你領了聖洗。我擠在觀禮的人羣中，我的心會怎樣因爲興奮而緊張的躍跳啊！後來，你以純潔之手執白色的蠟燭去祭臺的前面；當你隨着行列，緩緩前行的時候，遙望着你手上的燭火，我悄悄的拭去面頰上感激的淚水。我想我們的生活又翻了新的一頁，我們的幸福的未來已經開始顯現出它的美麗來了。

立貧，這是一年前的事情，但它多像才發生在昨天呢！我能淸楚的聽見你低沉的聲音在我耳旁喚我：「蘭！」你只喚我的名字的中間一個字。但你的呼喚給我一種强烈的愉快的感受。每當你低喚我的時候，我總是立刻尋找你的有力的手掌，並且將手放在你的手掌中，而你眼中流露出來的喜悅的表情，也是我終身難忘的。

我們是幸福的一對。我們彼此很少爭吵；雖然所入並不豐富，但只要能維持簡樸的生活，也就滿足了。你在辦公室中是作着會計的工作，但你的興趣却在文學上。你尤其喜愛詩。我曾偷看過你的日記本；你的日記寫得動人極了，差不多每一頁都是一首詩。你眞正寫詩是用打字紙的，你將它們都夾在日記簿中的。在入睡前，你愛有一個不算短的時間沉思與閱讀，我從不去打擾你，儘管有時因爲寂寞而輕輕喚着你的名字；但那喚你的聲音太輕微了，你不會聽到過它一次。

一個月前，當你對我說你因公務要出發到T島去，我一面安慰你，一面爲你整理行裝，那時，我的心中何嘗不是在輕喚着你的名字，在希冀着你的停留，可是，你又怎會聽到呢？你也許看出我深藏着的憂愁了，所以，當我們說過再見，你提起衣箱，預備踏出門去的時候，你竟又驀地拋下了衣箱，奔過來抱緊了我的腰。你又用你灼熱的唇吮去我睫毛上的淚水，然後我聽見你怨懣的聲音了：

「我決定不去了，沒有牽掛的人儘多，讓他們去吧！」

但一個好妻子應該是不自私的，立貧，我不能妨礙你的公務。雖然我那樣强烈的需要你伴在我的身旁，但我又只有强作微笑的將你推出屋門。你的步聲是沉重的，我聆聽着你的步聲遠去。你的步聲消失在夜的寂靜裏了，空虛環繞在我的四周，我又喚着你的名字，對你說：「立貧，我懷孕了，你快作父親了！」沒有一個人聽到我的話。但是我知道，如果你聽到了，你的眼中會孕滿興奮的眼淚；即使你的上司會撤去你的職位，你也不肯捨我遠行的。

立貧，原諒我吧！

你走後的第十天，這裏降了第一次的雪。在我早晨醒來的時候，窗子上，冰凍滿了圖案。我一個人踏着雪去學校，一路上都看到穿戴着厚厚的紅色毛衣、皮帽的孩子們在打雪戰。我羨慕他們；我的童年沒有他們的幸福。於是我又聯想到腹中我們的孩子，我希望他是一個男孩子，有你的好頭腦，而我們將好好的教養他，使他在童年幸福，成年後成爲一個有用的人，一個眞正的人。

這半個月來，我都在爲你織一件毛衣。顏色是墨綠色的，我想用淺綠色的線再爲你編織一些酒杯的圖案。你會喜歡它嗎？在你再過一個星期回來的時候，我應當已經織好了。就拿它送給你作爲聖誕禮物吧！

但對於你，這一份禮物是不能使我心中不感到歉疚的，這份禮物太菲薄了。當然我不懷疑你會用滿腔的歡喜去接受它，只因爲它是我贈送的禮物而感到莫大的滿足。但是，立貧，這份禮物確是太菲薄了。是你給了我新的幸福的生活；我生命中最美麗的日子都是你的愛情渲染的，一件毛衣就足以表示我對你的感激了？

一直到這個時候，我才感覺到貧窮是如何的值得咀咒！在我的童年，我沉默的嚐盡了貧窮的滋味，無所抱怨；我們結婚以後，終日都在忙碌着謀生，貧窮的影子雖懸在我們的頭上，唯因爲我們相愛之深，根本沒有時間去憂愁；但是，現在，立貧，當你正工作在遠方，而我想對你的勞碌與對家庭的貢獻有所報答的時候，我就無法不咒駡貧窮的恩惠了。除去一件毛衣，我再不能購任何你心愛的物品贈你，我多慚愧啊！

那麼，立貧，便也允許我將腹中的胎兒算爲一件禮物贈送給你吧！這個聖誕節除去紀念好天主的誕生，還是我們結婚的周年紀念，所以它是有雙重意義的。它也是應該熱烈慶祝的。請接受我這一番熱情吧！或者腹中的胎兒是我們兩人所共有的，我本無權力單獨支配。但是姑且給我全部的權力吧！立貧，這個未出世的孩子我送給你，相信在將來，他一定不會使你失望的。

這禮物或竟更使我不安，因爲我又想到這未出世的孩子，在他降生以後的成長，那是又需要加重你肩上的負擔的。他要吃較佳的營養、穿衣、去學校讀書，立貧，你會更勞累了。立貧，我深切的感到歉疚，但我又能怎樣的對你表示呢？你對我太好了，你給了我一切，但我甚麼都沒有。你由我得到的只是你肩上不停的在增加着重量的負荷。

收到這封信時，你也許只有一、兩天就動身回來了。愛人，不要爲我買任何禮物，永遠都擁有你的愛情，我已經知足了。相信我的話，不要爲我買東西。如果你居住的地方靠近沙灘，那麼拾幾個貝殼給我好了，我將會珍惜這一份禮物。我自幼居住北方，從不曾看見過海洋的壯麗，幾個玲瓏的貝殼，也足解我渴慕之情了。

小屋、小貓與我，都在等待着你——他們的主人——的歸來！

你的妻

一九五四年十二月

杜立貧致蘭芬書

蘭芬，我的愛妻，

七年來，每次看你寄給我的長信，總會感慨萬千。七年來，我經歷過無數次的困難，但使我能堅持走下去的，是我耳旁的你溫柔的聲音。蘭芬，又快是聖誕節了，我眼前打開的是你的長信，對着這厚厚的一疊信紙，我感到視線又逐漸模糊起來。蘭芬，我有多少話要對你說，而當你靜聽我說話時，你面上的淡淡的笑靨又是何等的美麗啊！你瞭解我，你是唯一瞭解我的人，你的微笑是瞭解的笑，但我已有一段漫長的日子沒有看見這瞭解的微笑了。蘭芬，你在哪裏呢？

你當知道，此時我對燈獨坐，與你七年前的情景相彷，但悲痛與寂寞對我的壓迫，却要比對你的大得多。孩子已經酣睡了，我能聽見他均匀的鼻息聲；不需要回轉過頭去，我就能在想像中看到他小小的面孔半埋在枕頭中；他的長長的睫毛整齊的交錯着；（那是只有你的孩子才有的長睫毛！）他的面頰也是蒼白的，這個早熟的憂鬱的孩子啊！這樣想時，我又不禁要轉過頭去看他了。他的嘴唇還在微微的啓閉着，雙眉又蹙緊了，我只有猜測他正在夢中抱怨，或者在抱怨爸爸沒有媽媽仁慈，而媽媽呢？他又從不曾見過。（他常對我這樣抱怨的！有時，看到他愁戚的含淚的眼睛，我的心便也要碎裂了。）

蘭芬，七年了，這七年可眞不是一個短時間，我所欣慰的是我在衰老起來，但憂慮的則是孩子的年幼。如果只是我孤獨的一個人，我早已離開這個世界了，但現在我就不能不先爲我們的孩子有一個計劃。我絕不能再遽然捨他而去，這個脆弱的孩子還不能經歷風雨，他是受不住打擊的。

而我對他的喜愛，也遠勝於對我自己的喜愛。他的個性中有很多地方使我憶及我的童年，另外的一些舉動，一些極自然的舉動，一抬手之間，有時竟使我在恍惚中看見你！是的，蘭芬，看見你！僅僅這個思想，不就已足使我瘋狂了嗎？

如果你在我身邊，這時，當我執筆沉思時，你會悄悄的在我背後加一件絨衣。你會爲我更換茶盃中的熱水，並且用你微涼的唇吻我的頸項，而我將感覺到你的髮絲拂過我的面頰像一陣夾着花香的春風一樣。有時，你先低聲的徵求我的同意，然後才拿起我的詩稿，一字一句緩緩的讀着。我總是想阻止你誦讀它們，因爲它們是不成熟的，但一聽到你的聲音，我立刻失去說話的勇氣——我怕我的說話聲會破壞了由你的聲音美化了的小屋中的氣氛。於是，我放下我手中的筆；我被一陣美妙的旋律携帶遠去，到一個不知名的地方，那裏花朵開在溪旁，溪水流映着雲的影子，鳥雀在樹梢歌唱，又用清冽的水流洗刷它們的翅膀。大地睡在陽光中像嬰兒睡在母親的懷裏。我輕輕走，不敢發出任何聲響。這裏是和諧，最高的和諧，宇宙似乎不再運行，這短暫的一剎那，這一剎那至美的和諧，便是永恒。

驀地，那引導我的聲音，止了。我從恍惚中淸醒，你亮澈的雙眼在我的眼前。

「這是你的詩，太美了，」你在讚美我。

我訥訥無言。我能說些甚麼呢？那些我的筆不能表達的，那些我的智慧不能把握的，那些在一行一行的文字中變得死板了的光與影的變幻，風的吹動，聲音的躍跳……你將這些缺點都彌補了。你的心胸中充滿了愛，你的愛混合在你的聲音之中，這聲音，對於詩，眞是罕有的靈感的神泉啊！

但是，蘭芬，你在哪裏呢？你離去七年，七年我不曾寫過一行詩。我不想寫，也寫不出來，每當我要寫詩時，我的眼中就噙滿淚水，淚水滴濕了稿紙，唉！

蘭芬，我永遠也難在我的腦中抹消去一個印象：我總不時的看到懷孕的你，寂寞的坐在燈前，爲我寫信。你寫得累了，倦了，但揉揉眼睛，你又寫下去。燈光將你的背影放大了映在牆上，你美好的頭髮微閃着嫵媚的光澤。你多孤獨啊！你思念着遠在海島的我。

蘭芬，眞的，我怎能不感到歉疚呢！我接到你那封信在我動身回家的前一天晚上。讀完你的來信，我的心像被油煎熬着一樣。再不能枯坐在室內，我走到街上去。我喚了一輛馬車，T島的山路是平坦的，清脆的馬蹄聲載着我支離破碎的身心緩緩的向山上走去。我曾在馬車中，藉微弱的天光看錶；當我變得較爲冷靜時，我打算連夜趕搭火車回去的。。但已經太遲了，最後一班火車是在九點鐘開出的。那時已是十點。這傍海的城還沒有睡，山下倒處閃映着紅綠的燈光。但馬車很快就馳到山背後去了，海濤聲立刻傳上來。我在一個轉彎處下了車，站立在一塊大石上，大石下面，黑黝黝的就是海水。強烈的魚腥夾雜着鹹味，隨着海風一陣陣的撲打着我。海濱的冬是酷寒的，我直起我大衣的領子。佇立在那裏，很長的時間，我的腦子是一片空白。但慢慢的，你的影像出現了。看見你蒼白的面孔，你淡淡的笑靨，我的心又激動的躍跳了。我用凝視對你訴說我心中的愛情，你感激的微笑。然後，我感到你的手掌撫摸我的頭髮了。我的頭髮是一片濕冷，因爲雨已經降下了。雖然氣溫很低，但這濱海的山城是很少降雪的。我聽見雨聲打在山路上，打在更遠、更遠的山路上，一剎那間，整個的山谷就充滿了嘈雜的雨聲了。那聲音是雄壯的，但也是淒涼的。

我上了馬車，在暴雨中馳下山去。在旅館中，我澈夜失眠，一遍又一遍的讀你的來信，窗外，那一陣陣急暴的雨，都像打在我的心上。

蘭芬，我仍記得當我踏進家門口時你的表情。我是在早晨搭車的。火車到達車站，是在次日夜間八點鐘。又喚人力車回家，一路上，大都市的五顏六色的燈光與嘈雜的人聲，竟絲毫沒有騷擾我。不久，車子就轉入一條僻靜的街道，我開始辨認我們小屋的所在了。我那樣專注精神的尋找着，以至，當車夫忽然站住，詢問我左邊的大門是否十五號時，我倒有些詫異了。但我立刻就想到十五號便是我們的家，而我頭頂上閃着淡綠色燈光的窗子，就是你小屋的窗子。於是我聽見我自己心的急跳聲了。

我已經站在你的身前了，我們之間的距離只有十幾步，但你却不知道我的歸來。因爲在你的臆測中，我要到次晨才抵達的。我痴痴的對門而立，車伕已經去遠。夜，黑暗而寒冷，寂靜漫延着。幸福之感充滿我的心胸。我舉手按鈴，但我遲疑着不敢用手指去接觸那涼沁的銅紐。我有一個古怪的思想：我想你會在此時出街購物，那麼，當你推開門時，我的突然的出現，是會使你驚喜的。但我聽不到樓梯的聲響。於是，代替按鈴我輕輕的叩門。我又較重的叩門，最後，我用力的按着電鈴。

你匆匆的跑下樓來了。

你推開門，我幾乎不給你時間來看淸我，便將你擁抱住了。又有誰會知曉，在這僻靜小街的黑暗的大門的陰影中，正有小別重逢的愛人們在流着幸福的眼淚呢！

蘭芬，語言似乎是多餘的了，那一夜，我們都很少講話。但那些凝視，微笑，手與手的相握，不儘足說明我們的瞭解之深了嗎？

蘭芬，這以後，我們又過了七個月愉快的日子。暑假來到的時候，我的妹妹也從校中搬來與我們同住。有了她的伴陪，你的精神更好了。即在我去辦公的一段時間，你也不太感到寂寞了。

有一夜，我們兄妹圍坐在你的床邊，那時你已懷孕足月，就快生產了。我們買了一些糖藕，慢慢的吃着。我在講我的童年。後來，你提議捻熄了燈。這樣，屋中就充滿了溫柔的黑暗了。七月的下弦月已經掛在天上，從我們小屋的窗中也可以看到。天空呈一種深湛的藍色。小巷的水溝中，蛙噪不止。街上也還不時送上一兩陣嬉笑的聲音，那是一些被鬱熱從家中驅逐出來的行人發出的。

忽然，我的妹妹對你說：「楊醫生既然這樣講，那麼，你由明天起便住到醫院中去吧！我可以陪你去醫院的。」

你想了想，便答應了。夜已經深了，我的妹妹就回到她自己的房間中去了。這時，你有些緊張的握住我的手臂，我在黑暗中轉過頭來看你。你讓我輕吻你的前額。

「你怕嗎？」我問你。

你搖頭。

「早晨你先去醫院，下午我下班後去看你，」我說。

「你要是忙，便吃過晚飯再去，」你說。

我們都沒有再說話；你將你的頭放在我的臂灣上，然後我們都睡着了。

我比你先醒來；我看見你的枕上有未乾的淚漬。

片刻後，太陽也醒了。但我沒有穿衣起身，仍臥在你的身旁。窗外，鳥開始鳴唱了。第一聲鳥鳴就使你從睡夢中睜開眼睛，於是，我們的視線相遇了。

「早，」你低柔的聲音說。你又舒展雙臂，掛上我的頸項。這慵懶愛嬌的舉動，是只有你才有的。

「你半夜醒了？」我問。

「醒了三次，」你說，你的臉上有一種輕淡的不安的表情。

「作惡夢了？」我問。「你不更應該高興嗎，你這就要作母親的小婦人？」

「立，」你喚我。「不，立，我有些害怕。」

「那麼我請幾天假陪伴你，好嗎？」

「我不要阻撓你，」你忽然有些暴躁的說。「我永遠都不願意妨碍你！」你的聲音昇得很高，但隨即又降低了，「立，你知道我全心愛着你的，你不原諒我嗎？」你說。我吻了你。

我離家去辦公的時候，你伏在敞開的窗前送我。窗子與你蒼白的小臉相比，顯得格外的高大；早晨的陽光正透過白楊樹的枝葉，照射着窗子。我又一次的對你搖手道別，但我邁不出脚步。這時，你喚我，你要我在門前稍待。三分鐘後，你又從窗中探出身來；你拋給我一個小紙團。我匆匆的打開它，「如果我生一個男孩子，叫他雪梅好嗎？」你在紙團上這樣問我。

「我絕對聽從你，」我大聲的喊道。「這是你送給我的禮物，你有全部的權力。」

你舒暢的笑了。然後，你揮手驅我離去。在我轉過身去時，我聽見我的妹妹在樓下召喚你。

中午，我曾打電話去醫院，知道你已安全抵達。我懸慮的心情變得平靜些了。後來，醫生告訴我你的產期可能在當天夜裏，至遲也不會晚過次日下午的。

我再無心工作。壁上的掛鐘，成爲我詛咒的對象。一秒、一分都過得太慢了。等到四點鐘，我推說頭痛，先離開辦公室。辦公室中的光線永遠都是幽暗的，這幽暗的光線影響我的情緒；走在街上，陽光從屋脊後傾瀉的照下來，照着街道，照着商店的橱窗，我竟感到莫大的愉快。很久不曾吹口哨了，但我却悠閒的輕吹起口哨來。

我先去一家花店，爲你買了一束薔薇。我捧着艶麗的花束，像赴婚禮的新郎一樣。然後我又去買了水菓、一些奶油的糕點與你愛吃的鴨肝。

五點鐘了，我踏着滿街的樹影向產科醫院走去。牆壁上爬滿了牽牛花的藤蔓，我沿着牆走，在大門前停下。

而我在長長的走廊上遇見我妹妹神色焦慮的臉。

「嫂嫂要動手術，難產，」她急急的說。「我們打電話找你不到，嫂嫂已經生了一個鐘點了。」

「孩子呢？她還好嗎？」我問，感覺到自己的嘴唇在强烈的顫動着。

「孩子不肯出來，醫生產前的檢查不够仔細，胎兒是倒置在子宮中的。」當我們匆忙的向手術室奔去時，妹妹在我的身旁說。我用雙臂的衣袖揩汗，臂灣處的花束與糖果已不知何時跌落了。「等你不來，」妹妹繼續說，「我就簽了字，以便醫生動手術。」

「醫生怎樣說呢？手術有把握嗎？」

「他說可能只能保住一個呢！保住母親的話，嬰兒怕會有危險的。」她說。

「那當然是母親重要啊！」我說。

「但是嫂嫂却固執着定要嬰兒安全呢！」她說。

「甚麼？」我情不自禁的伸出手去，用力的抓住她的手臂。「甚麼？」我重復着。「嬰兒安全！不，這不對了，母親絕對不能有危險的，讓我找醫生去！」我呼喊着。

「裏面正在動手術，你安靜一些，等一等，嫂嫂會很平安的，」她在安慰我，但我看到她臉上隱藏着的痛苦的表情。

於是，我儘量的壓抑着我激動的情感。這時，一陣嬰兒的啼哭聲傳出來，先是低沉的，但很快便變得嘹亮了。我看見我的妹妹擰絞着她的雙手，我的心中充滿了悪兆的沮喪。忽然，手術室的門打開了；一個瘦小的看護跑出來，她見到我們，就跑到我們的身前。

「你就是杜先生？」她問我。「醫生請您立刻進去。」

我像是被一陣暴風吹刮到半空中去了，而我感到我自己是以一種翻滾的姿態跌進手術室的。

蘭芬，人的能力是怎樣微弱啊！當我握着你的手，眼中噙滿了淚水，跪在你的床前時，我是多麼的渺小啊！

「立，……孩子，他是一個男孩子，我將他交給你了，你好好的照顧他吧！」這是你對我說的僅有的一句話。說完這句話，你憔悴的面容上有一陣慰藉的微笑。

片刻後，仁慈的牧神父來了。當他手執燃着的蠟燭走進來時，我暈過去了。……

蘭芬，你就這樣的永遠離我而去了。我們只在一起生活了短短的十八個月，你就忍着無限的苦痛離開我的身邊了。

醫生事後對我講，他曾盡最大的努力來保全你的性命，但你却堅持着定要嬰兒安全。你流了太多的血，你虛弱的身體再不能支持了。蘭芬，是我陷害了你。如果我陪伴在你身側，這不幸的事情就可以避免了。

雪梅已經七歲，我們父子兩人過着孤寂的日子。你不在我們身旁，這個家就如同一間沒有爐火的冬天的屋子。蘭芬，我再能說些甚麼呢？

前天，雪梅告訴我他要一棵聖誕樹，要許多小紅燈泡。我答應了。但在他跑出屋去時，我悄悄的拭去幾滴眼淚。他怎能瞭解我的心情呢？一年又一年，我越來越怕過聖誕佳節了。蘭芬，沒有你的微笑給我安慰與鼓勵，這個世界多像一片大沙漠啊！對於其他的人們，幸福還是倒處都可覓尋的。但我是被擯棄在孤獨裏的。我的妹妹，雖然她掛念着我，但在她婚後，仍不得不跟隨着丈夫到遙遠的省份去。

蘭芬，我是一隻獨行的駱駝！駝鈴聲是淒涼的：它象徵着時間的消逝；它訴說着我行程的艱苦。但這淒涼的鈴聲，因爲只被我自己聽見，所以也就益發可悲了。

夜已經深了，你如沒有離我而去，現在定會催促我去休憩了。桌上，茶杯中的茶是苦澀的，水是冷的，但你也不會來爲我更換熱水了。蘭芬，我只有卅餘歲，也許不應該講過份消沉的話，但如能以我的餘生，去換取再與你共同生活的一個月，不也儘足使我瘋狂的感激了？

蘭芬，幸福確如流水，過去的再不回來。但是愛情是永恒存在的。我只願我對你不變的熱愛，能爲你在冥冥中知道，對我，這已是最高的安慰了。

你的愛人　立賓

(完)

(上接第28頁)

能使美國在自由世界之領導地位趨於破產。

飛機大隊的數目，不能眞實表示吾人戰略空軍的力量。空軍中有各種不同之大隊。其中有戰略飛機大隊、攔截機大隊、和運輸機大隊。將來空中戰爭之勝敗，是取決於我們大隊中有什麼飛機，和蘇俄空防之力量。空軍大隊的數目，不能表示出來最重要的性能，這個因素同時也不能表示空軍基地的建設情形。因此我們在這兩方面，遠較蘇俄爲落後。

藉每年政府撥給空軍欵項之多寡，讀者可以測知，我們的政府是否嚴重的考慮建立一支强大的原子空軍，同時並改進其性能，使其能反擊敵人，並能給予致命之打擊。假如撥欵的數目在一百八十億美元以下，(在一九五五會計年度國會對空軍之撥欵核定爲一百二十億美元)則足以說明，我們政府，尚未積極準備應付此可怖的威脅。如果國會對空軍之撥欵，核准爲二百億元時，則我們可以確切的說，蘇俄將不會以其新的原子力量來攻擊自由世界，或以威脅方式迫使自由國家放棄他們的自由。

如此龐大的原子空軍力量，並非我們所需要的軍事設施的全部。但牠是吾人國防之基礎。沒有這種基礎，一切其他軍事設施均將變爲無用。如果吾人願意建立成功，則在吾人所有軍事設施中，應給予原子空軍以絕對優先權。在國防經費之運用上，所有撥欵均須先用在這方面。在滿足爲建立此項反攻空軍力量需要之前，國會核准之撥欵不應用在其他軍事方面的。

使政府和軍事當局接受此項原則，不是一件容易的事。其原因並非當局否認我們的生存須靠此强大之原子空軍力量。其中最大癥結，乃在吾人之傳統觀念。並且我們三軍之組成，係根據國會通過之法案，因而在各種軍事設施中樹立一種優先的制度，幾乎是不可能的。但是如不能建立此優先制度，一種眞正有效的反攻原子空軍是不能建立成功的。

畢業酒

黃思騁

我小學畢業的那一天，我父親設了四席酒，一方面表示感謝，一方面表示慶祝。不過鄉下人所謂酒席，實際還比不上城裏人的普通菜飯。鷄鴨是沒有的，魚要湊方便。因此，豆腐、白菜、粉條都上了桌。然而縱然如此，鄉下人逢到吃喜酒總是興高采烈，拿自己家裏的乾菜比起來，至少多些油水。

我父親是個節儉的人，一生當中只穿三件棉襖，三十雙布鞋就够了。說到吃，除了清明和過年，嘴唇總是乾乾的，沾不到一滴油水。有幾年冬天，因爲氣候特別乾燥，嘴唇皮開了裂，碰到鹽份就發痛，父親就設法去弄點豬油來，熬好了盛在一個小碟子裏，以便我們在發痛的時候，當作潤膚油用。假如逢到家裏的人生病，大家都遵照父親的旨意，去與病魔戰一場，却不要去求郎中。於是，生薑呀，甘草呀，紅糖呀，白菊花呀，就一齊灌下肚子去。因此，大致上病人總是擇兩條路而行其一：用這種堅忍心把病魔嚇退；或者你被病魔攫去！

然而這一次我小學畢業，父親願意搞落二十多個銀洋錢，來這麼舖張一下，完全是因爲他聯想到秀才的關係。除此以外，在祠堂裏的公產方面，也有些微的好處，每年可以多領到兩斤豬肉和幾十斤穀。至於清明上高祖的墳前去，我可以與年紀花甲的人站在一起了。

那天，一些村子裏的長輩，一些近房，我的級任先生，外加我的兩個姑媽，都到我家裏來了。席間，大家談論到陞官發財的事，由我的伯父發表了意見，他說：「在我看起來，這個時代讀書已經是沒用的了。一個人只要一張嘴長得靈活，不管會不會寫文章，甚至識不識字，都可以當個官兒，不信的話，你們可以看看學輝叔的兒子，書讀得呆頭呆腦，還化了大把的錢，現在縣政府的秘書下面當秘書，一年賺到的錢，還够不上化下去的學費的利息。」

他一說完這幾句話，立刻就得到了反應，坐在伯父對面的一個長輩指着他說：「你的話我實在聽不入耳。一個人要逃出這個苦海，除了讀幾句書以外，難道還有別的辦法不成？」

「一點不錯，」我父親嚷着說：「不讀書就得做一輩子的泥巴脚；同豬狗睡在一塊，啃鹹菜乾，睡稻草墊子，直到手脚直挺挺爲止！」

「說得眞對，」那個長輩把酒盞放下，來用手抹去沾在鬍子上的酒沫，說：「我們鄉下人倘若要出頭，就得讀幾句書，把頭削尖了往城裏鑽。一旦到了那個天堂，即使官兒當不到，不管什麼地方弄個賣票員來當當，也算得出頭了！」

我父親被說得咧開嘴，好像我已經得到了這種職位一樣，用筷子在一碗五花肉上連連地指着，勸他們動手。等到桌上的人把五花肉送進嘴裏，咀嚼得說不出話來時，他便接下去說：「的確是這樣的，我聽說他們城裏人給小賬與用角子的！」

「非但角子，連銀洋都有。」堂哥是到城裏去跑過單幫的，因此聽到這裏，便插上了一句。

那個長輩驚愕地望着我的堂哥，對於城裏人的豪舉似乎極爲感動。搖着頭，對我的伯父說：「你看，你看！這還能勸人不讀書嗎？我們只要想一想就會明白了，爲什麼鄉下人都要往城裏走？而那些城裏人呢，除了逃難以外，就抵死不到鄉下來。而且即使來了，也都坐着吃。」

「可不是嗎？」父親說：「那幾年鷄和豬拼命抬高價錢，而他們呢？照吃。」

我的伯父聽了這些辯駁的話，好久都不答話，他似乎覺得自己的話出了點小毛病，於是便回答說：「你們剛才所說的話固然很對，而我所說的話，也並沒有錯。一個人要到城裏去，當然是爲了賺大把的鈔票，可是假如化了本錢去讀書，而結果却賺不到錢，那就偷鷄不着蝕把米了。」

正當這一席的人這樣談着時，另外三席的人，也已經在議論着了。我的二姑媽，因爲丈夫在城裏當體育教師，似乎沾染了城裏人的光榮，揚聲說道：「當然，連做狗都是城裏的享福些！」

「對了！」一個親戚插嘴說：「你們才法哥在城裏賺多少錢一個月呀？」

「八十塊！」二姑媽以一種傲然的聲音回答。

「啊喲喲！我們的長年做一年也不過九十塊錢！」

二姑媽用微笑承受了這份光榮，然後說道：「我二哥這一着棋是做得對的——寧可生病不吃藥，冬天不穿棉襖，兒子却非讀書不可！」

我的老師，靜靜地聽着這些談話，却一句腔也不答。這時，我的父親突然想起這個被冷落的人來，離席走到他的跟前，用恭敬的姿態把他的酒盞斟滿了，說道：「我的孩子全靠先生教導，我來敬你一杯！」

先生慌忙立起來，喝了一口，不斷縐着眉，因爲酒有些發酸了。

「今天請先生來，實在怠慢得很！」父親謙遜着。

「那裏的話，我能够喝到樸風的畢業酒，非常高興！」

「先生，」父親問道：「在你看來，我們阿風將來有什麼材料好取呢？」

先生縐起眉來想着，回答說：「這個孩子麼，讀書很聰明，人也很老實，將來可以學農科。」

我父親吃了一驚，呆呆地望着先生，懷疑他在開玩笑。好半天才問道：「農科？」

「是的，就是種田。」

我父親突然感到尷尬和難乎爲情。抬起頭來看看四周桌子上的人，正在聽着他們的談話，悵然說道：「種田的事，犯得着化錢去讀書？像這樣的算盤，我是不會去打的！」

「種田還要去化錢學？」那個長輩愕然地說：「我們都是因爲種田種不出頭，才想改改行的呀！」

二姑媽在鄰桌格格地笑起來，因爲她從來沒有聽到過世界上還有農業學校，說道：「這倒滿好笑的，讀了書還去拿鋤頭！」

先生被說得很難爲情，臉羞得發紅，一句話也不說。我的伯父連忙把話題轉過來，說道：「先生的話說得一點也不錯！人也像樹木一樣，有各種各樣的樹木，取各種各樣的材料；是松樹，做柱子；是杉樹，做瓦擱柵；是梓樹，做車板；是樟木，做箱子；是白楊，做粗木；是楠木，做棺材。而人呢？也是如此，一定要看人來取材的。」

我的父親鎮定了一下，說道：「實在說來，我是想要他做個南貨店的伙計的，這要比學手藝賺錢，而且容易陞得起來。不過，幹這個行業要有人作薦頭。」

「你後來怎麼想到要他進中學的呢？」有人問。

「啊！」我父親解釋說：「那是因爲今年春天我作了個夢，夢見先父站在一所快要造好的新房子面前監工。我問他是誰的房子，他就對我說：『你昏了嗎？我們阿風賺了這麼多錢回來，不造房子又怎麼樣？』我心裏一樂，就這麼醒過來了。」

「你的夢很準嗎？」一個堂房叔叔問。

「我做的夢一向都很準——那年我夢見我家的鷄在頭頂亂飛，這年果然鷄瘟，連鷄種都沒有留下一隻。還有一次，我夢見幾大籮黃金，結果那年的玉米年成好得使人不相信。」父親說。

「你還應該去卜個卦。」

「我連命都去算過了，說我有個兒子要動土木。再給阿風算算命，也說要做雙料官。」

「奇！眞奇！」有人說。

我父親忽然又高興起來，加添說：「這都是千眞萬確的事，我何必在自己人面前說假話呢！」

我的伯母插上了嘴，說道：「一個人全靠命生得好，要不然是沒有用的。我們只要看看戲臺上所說的就知道了——叫化子的籃裏會跌下一個彩球來！」說完，她拿起筷子來勸人進餐。

「除了自己的命，祖上的風水也是重要的。」父親鄭重地說：「而我們的祖墳呢，請過三個看風水的先生看過，都說葬着了紗冠山的帽徽，應該出幾個大官的。」

我的一個堂房哥哥，坐在桌角上，自始至終都不說一句話，直到此刻，才發表他的意見：「你們不要以爲城裏的錢多得像我們鄉下的草一樣，只要蹲下身子就可以拔牠一筐。假如是這樣的話，難道城裏人不長手嗎？難道他們缺少裝鈔票的傢私嗎？」

「不錯，」伯父隔着一張桌子應過去。說：「錢，還有點古怪的脾氣，就是往道伴多的地方去；從一塊的袋子裏跳進十塊的袋子裏去，從十塊的袋子裏跳到一百塊的袋子裏去……你沒有一塊錢的話，就找不到角子，沒有角子就找不來銅板……」

這一段話，使許多人都頓覺掃興，我父親的臉開始沉下來。但堂哥却接下去說：「對於城裏人，老實說，我是一點都不想恭敬他們，大家都知道，我們運到城裏去的是穀、棉花、茶葉、木料、蠶絲、都是上好的東西。而他們呢，却把一船船的大糞運到鄉下來，算是回報我們了。」

「這話不對，城裏人還是有城裏人的出產，譬如電影、無線電、熱水壺、皮鞋、呢料……」長輩說。

「春水爺爺，」堂哥說：「你用過這些東西嗎——那是他們自己用的啦！」

這時，十二道菜已經上完了，飯也端出來了。我母親一面用手在骯髒的圍布上抹着，一面笑嘻嘻地走進大廳來，說道：「對不住得很，這種菜實在不中你們吃！」

「好得很呀！再過三年來吃初中畢業酒！」

母親非常樂意，叫道：「準定——準定！」

這時，她俯身到各個桌子上去看了看，發覺碗底都朝了天，顯得有些不自在，隨即用目光搜索着，叫道：「阿風，你在那裏呀？」

我從一個角落裏站起來，應道：「我在這裏！」

「你今天敬過酒嗎？」

「我嚐嚐酒是酸的。」

母親忽然覺得尷尬，說道：「吥！我還不知道呢！」

「糯米酒總是這個味道，」長輩說：「有些人還喜歡喝酸的呢！」

老師第一個從桌子上站起來，走到我父親的面前，連連地點着頭說：「多謝，多謝！我要先走一步，因爲學校裏明天要招生。」

父親站起來，邊走邊拱手，一直把他送到門外。其餘的人，也都離座了，臉醉得紅紅的說着道謝的話。我們送他們到大門口，看着他們從田徑上四散遠去。

回到家裏，父親忽然想起酒席上的談話來，罵道：「這批東西，連好話都不會說！而我請他們吃，完全是想聽幾句好話高興高興。」

「這批東西說了不吉利的話嗎？」母親問。

「要不然我會生氣嗎？」

「他們說什麼呀？」

「那個好笑的先生，要我們阿風去讀種田的學校。」

「哰！種田還用得着進學校嗎？眞是虧他做先生！」

「還有，我們大哥，說什麼沒有錢就賺不來錢，有錢就賺得來錢。意思就是說：『你們沒有錢的人休想賺錢，還是苦一輩子算了吧！』」

「他的話你頂好不要去聽，他那一輩子說過一句好話——他們多怕我們有辦法呀！還有別的人說了什麼話嗎？」

「還有，阿龍的話也不大入調！他什麼假如城裏堆滿金子，城裏人也長手……」

「這個黃疸病鬼，他分明是在取笑我們呀！」母親憤憤地說。

父親嘆了口氣，盤算道：「化十八塊九角錢，酒飯還不算在內，來餵這些豬玀，連好話也聽不到一句。算算每年領得到的那點公產，要六年才抵得上。眞不合算呀！」

我母親似乎想起了什麼，走到父親跟前，低聲問道：「有沒有專爲做官而辦的學堂呢？」

我父親答不上來，想了想，回答說：「我想是有的，因爲既然連農科都有，官科還能沒有嗎？」

「那末，」我母親大爲安慰，說：「我們準定叫阿風去讀官科！」

「就這麼辦！不過，不要說開去！」

他們隱隱地笑着，好像他們已經獲得了某種秘訣一樣！

母與女

聶華苓

在友人處探聽到陶老師的住址後，我便向目的地走去。十二年了，我不曾見到那位爲我讀中學時所敬愛的老師。在我的記憶中，她永遠是那樣傲然物外，不爲世俗所拘。記得昔日在她病中我曾爲她送去一束鮮花，花中隱藏着一個熱情稚氣的字條：「我永遠愛您！」我在窗口靦靦的將花束遞給她後便溜跑了。她痊癒後，我還不好意思和她單獨見面，老遠看見她走來，我便繞道走開，但有一次，我終被她喚住，她第一句話就是：「花已枯萎，但那張寶貴的字條我將永遠珍藏着！」我臉一紅，身子一扭的跑開了。她感激的笑至今仍留在我心上。想起了這一切，我的步子情不自禁的更加快了。

陶老師住在一排低矮的學校宿舍中。我叩門。屋內傳來了一個微弱無力的聲音：「誰呀！」我不敢相信那就是昔日那個曾在衆人面前滔滔雄辯的堅強的聲音！門開了，我的眼前呈現了一個顫抖的白髮老人！她穿了一件褪色藍布衫，臉上浮腫，頭髮蓬鬆，一隻手按着一邊面頰。我茫然站着，好像面對着一個換景後的舞臺，而舞臺上那個活躍的主角在後臺換上了撲粉的假髮，經過了化裝師的粉墨後，一瞬間又以老年的姿態登場了。她和我同樣感到驚異，彼此無言凝視了好一會，她才認出我來。

「啊！是你！我眞高興見到你！來！來！」她拍着我的肩，拉着我的手，走進室內，將我一直送到椅中坐下。房中很零亂，床上堆着被子，顯然我叩門時她正躺在床上，她好像有點不好意思：

「我這兒從來沒有客人，我也就懶得整理。近來我牙痛得厲害，一有時間，我就躺下。」

「去醫院看過嗎？」

「沒有，那有時間？教這些討厭的小鬼累都累死了！」她繼續解釋道：「我只想安靜，這學校能給我這間小房，我也滿足了。現在教小學，還不如以前教中學輕鬆呢！」她似乎在爲自己解嘲。

她問了問我的近況，在我身旁的床上坐下。她好像很緊張，不知應如何招待我。我心如潮湧，也不知應如何開口。我怕觸動了她的傷痕，據說來臺灣後她的兒子曾因肺病故去，大概這件不幸更加速了她的衰老。我眼中也許已流露出異樣的表情，她苦笑着問我：

「我變了嗎？」

我笑了笑，未置可否，她已負擔太多，不能再讓她傷心。我想起了昔日音容煥發的陶老師！她好像在爲我解釋：

「當然變了！現在連小孩也管不住了！她們叫我『老太婆』，不知是因我已衰老，還是時代變了!?現在的孩子可眞了不起，他們的腦子比我跑的還快。現在的人整日不知忙些什麼!?我趕不上了！」

「那個安祥悠閒的時代已經過去了！」

「可不是？這世界拼命叫囂着求進步，但實際上，日子却一代不如一代，你說，我們還能回復到昔日那種安祥滿足的時光嗎？現在的人我一個也看不來！沒有人情味，也沒有道義感。人和人離的越來越遠了！你知道以前年青人都喜歡我，我是他們的朋友，也是他們的慈母。但現在，人都離開了我，我沒想到老年如此可怕！」

她低下了頭，我將手輕輕按在她手上，她將我的手握在手中，抬頭冷笑了一下：

「其實，我一輩子受着希望的愚弄，現在沒有了希望，才眞正得到了解脫。一個人在這世界上不再希望什麼時，他就自由了！他可以生，也可以死！女人，無止境的愛！無止的等待！而你愈能隱忍，便愈被人頌爲有德。你也許知道我的婚姻悲劇，我年青時曾天眞的愛過我的丈夫，後來他去到英國。兩年之後，他寄回來一張化裝舞會的照片，和另一個化裝女子合照的。他說：『你看這一對化裝的愛人可幸福！』我也以玩笑的口吻回答道：『願他們永遠幸福。』但沒想到那個化裝女子就是他眞正的愛人！我的愛，我的等待都幻滅了！我自動離開了他，我還有我的兒子和女兒，我還擁有許多。我以爲他們會永遠守着我，愛我……」

她已很激動，眼中噙滿了淚，臉上泛着紅暈，手顫抖着。她必定想到了她兒子的死。這些話大概在心頭已鬱積許久，現在一經引動，便奔放而出。一陣涼風襲進窗來，我將床頭一件舊毛背心爲她披上，有意打斷她的話：

「婉蘇好嗎？」

婉蘇是她的女兒，陶老師教我時她只有八歲。她那時像一隻淘氣的小野貓，我常被她拖着在黃桷樹下講故事。提到陶老師唯一的愛女，她總可開心一點了。但出我意外。她卻漠然的說：

「她可好得很啊！從不呆在家裏陪我靜靜坐一會兒，一進門就在那窗口痴坐着，總好像在等什麼，若問她什麼話，她就像由夢中醒來一樣，茫然的望着我。她一點也不關心我，只關心她自己的快樂。她有她自己的主張，我不能有一點建議。有一次，我勸她什麼，你知道她怎麼回答我？她說：『媽媽！我不是您的財產！我是我自己呀！』」

她幾乎要哭了，這句話好像她兒子的死一樣令她傷心。我只有勸慰她說：

「她還小，大一點就好了！」

「大一點，問題更多了，更糟！我們母女倆一輩子也談不來的！」她揩去了眼角的淚。「現在我只有這一個女兒，我總希望她將來有個快樂的家。她太純潔，太熱情，我總怕她在外面上人當。她哥哥有一個好友，那孩子又誠實，又肯幹，她哥哥死後，他幾乎像兒子一般愛我。他說當婉蘇還是一個十三歲小女孩時，他便已決心等他。但婉蘋只是像妹妹般對他，對他從沒有發生過愛。她却愛上了另一個孩子，那孩子很孱弱，蒼白的臉，永遠那麼憂鬱固執，他永不會甘心被人佔有的，雖然他也愛她，婉蘋和他在一起不會幸福的。我不能睜着眼讓我的孩子去跳那個苦淵！我阻止她，她說：『就是個苦淵，我也要跳下去！』」

對於老師的這種態度我不能苟同，我插言道：

「愛是比死的恐懼更强的東西呢！」

她搖頭凄涼的笑了：

「我是過來人，愛已經把我愚弄够了！」

「但您若堅持下去，您會失去她的。」

她讓我的話像一片羽毛似的輕輕落下。她好像在自語。

「我的孩子若不是我所希望的那樣，我寧可放棄她。我已放棄了一切，遑她，我也放棄了！我現在已是一個自由人了！」

她轉過頭去望窗外，以遮掩她內心的痛苦。陽光由葉隙迷幻地照入室內，她半晌才轉過臉來繼續說道：

「現在我才知道有一些我 以前自以為偉大的想法，並不是那麼一回事。我與婉蘋的爸爸離開以後，他的一位朋友曾對我表示他的愛意，他說要使我和孩子們幸福。但我拒絕了他，我要倔强的獨立着，我要以完整的愛給我的孩子。我驕傲的承擔起那份犧牲，我名之曰德行。但德行給我的報酬竟是如此晚年！」

我不敢再開口，怕我的話更牽動了她的愁緒。半晌，她才喃喃的說：

「以前我嚮往着老年時孩子伏在我膝邊的安祥，現在我才知世界上再沒有什麼比死的沉睡更安祥的了！」

不知是誰在彈弄着一架瘖啞的風琴，小巷傳來小販寂寞的叫聲，那無異是掙扎在生之邊緣的呻吟。忽然隔壁一個聲音喊道：「陶先生，大厨房的水開了，快去灌熱水瓶呀！去晚了又搶光了！」

陶老師好像由夢中醒來。我已無力打破這漸形深沉的黯澹空氣，只有起身告辭，答應以後再來看她。她一手拿着水瓶，一手拉着我說道：

「現在的生活我最難忍受的，就是去搶開水。否則，夜晚沒水喝，我夜半醒來口內總是苦澀的，我的日子大概不遠了！啊！你一來我就向你嚕嗦。你不知道多久不曾有人願意聽我講話了！我今天已舒暢了許多。常到我這兒來！不送你了！」

我木然望着她蹣跚地走到走廊的盡頭才轉過身來。經過一排竹籬，便到了操場，幾個穿着花衣的小女孩正在打鞦韆，小鳥在頂空掠過，她們快活的笑着，那笑聲和藍天一樣的純淨。世界原來還是如此明亮，充滿了嶄新的生命！我慢步走去。迎面走來一個女孩，遠遠的，那優美瀟洒的身影便吸引住了我：長長的頭髮分披在兩肩，兩邊繫着兩朵白色花結，湖藍的襯衣，配着白色長裙，她輕快的走着，白裙便像微波般在她四周輕輕盪漾。她似乎也在注視我，而且我們離的愈近，那柔美的目光便顯得愈熱切，好像在我身上搜索什麼失去的東西。當我們走近時，我的耳邊響起了一聲歡叫：「啊！到底是你！還認識我嗎？」她已抓住了我的手臂。這時我才在那絢爛年青的笑容裏看到了昔日那隻小野貓的影子。她眼中仍閃灼着孩提時代的熱狂。我緊握着她的雙手，一時高興得竟不知如何開口。

「我是婉蘋，還記得我嗎？」

「當然記得！而且還記得你昔日 雨天戴着大斗笠坐在老工友肩上去上學的調皮神情。」

她笑了，那種青春的光彩是她以前所沒有的。

「我剛去看過陶老師。你要回去了嗎？」我說。

「啊！不！我喜歡和你在一塊，小時候，你不是時常講故事給我聽的嗎？」她挽起了我的手臂：「走！咱們散散步去！」

我們走出了校園。棕櫚樹影映着安靜的石道，陽光像碎鑽般在她豐滿而純潔的胸膛上熠耀。我們談着各自的近況，最後我提起了她母親：

「多年不見陶老師，她完全變了！你應該多陪陪她。」

「我也知道我應該，我常這樣提醒自己：在這世界上我只有這個媽媽，只有這一個愛我的人。我也知道以後我會懷戀和媽媽在一起的時光，但在目前，我總覺一切彆扭，我怕回那小屋，我覺得再沒有比門和窗更窒息人的東西了！」

「但那裏面蘊藏着多麼豐富的愛！無論 如何，你媽媽是愛你的！」

「只是她的愛眞叫我受不了！她要我幸福，天知道她所希望的是何種幸福！為我找一個老老實實的丈夫，侍候我，僅此而已。但這就是生命的眞諦嗎!?我所想望的却是那遠遠的，飄渺不可及的，更美的東西。那管我所看到的只是愛的影子，我便是幸福的人了！唉！為什麼老年人與年青人永遠也談不通呢!?」

「但我敢斷定你媽媽以前也是一個 爽朗可愛的女子，她也曾有過燦爛的青春。對於老年人，不能要求什麼，只能給予。」

「我知道。只是她根本不讓我有我 自己的生活，不承認我這個個體的存在，她只是把我當她的財產的一部份，便把我緊緊抓住。」

「愛，失去的愈多，人就抓的愈緊。」

「抓的愈緊，就愈抓不住。我也常想盡量去愛她，但我已顧不了那許多。我被慾望攪昏了。我渴望愛，渴望快樂，渴望智識。我要取之於生活的實在太多。生命多美啊！」

我笑了笑：

「你看見的是天堂，你媽媽看見的是地獄。你翺翔在高空唱天使之歌，你媽媽却脚踏在這塵世呻吟。」

她也笑了，是一種莫可奈何的笑：

「眞的！有時我耐着性子陪她坐坐，她就在我耳邊絮絮不休的談着過去，但『過去』永也不能吸引我，開始我還裝着專心傾聽的樣子，實際上我的心早飛了。漸漸的，這種僞裝的順從也不能維持了，她就生氣咕嚕着走開。她老說我的衣飾太『耀眼』，她說：『羽毛美麗的鳥兒是容易引誘獵人捕獲的。』我不懂我與人有什麼關係!? 我就是我！我要美麗，有什麼比這更自然的嗎？她又老嚷着日子會一天比一天艱難，成天在我耳邊嚕嗦着『生活』『生活』……。但我相信，總有一天，我會去一個快樂的地方。」

她的眼望着遠方，但好像什麼也沒看見，我想大概就是這種迷漠的眼色是她母親難以容忍的，這是世上最美的神情，我想到了紀德的「日尼薇」中的涉拉——一個蔑視塵世一切庸俗的美麗少女。

「我常想，在地平線的那邊，一定有個人所未到過的美麗地方，我多麼渴望吸飲那塊土地的鹽分！我多麼渴望嚼食那兒的鮮果……」

我殘酷的打斷了她：

「也許那兒的果子是苦的！」

「苦的才好！我的生活太平淡，我就需要那苦味！它能使我的生命更豐富，更瑰麗，沒有眼淚的笑是最平凡的！」

我好像在傾聽一首美麗的詩，但我想起了她可憐的母親：「我欣賞你，但我同情你媽媽！」

她笑了，那笑有點兒諷刺：

「這就是中年人！無可無不可！」她好像怕使我這個中年人難堪，接着解釋說：「我是說一般的中年人。我最不喜歡和他們談話。他們沒有自己的好惡，沒有正義感，人云亦云。他們以爲知道得很多，可以爲人師表，但青年人的眼睛是瞧不起他們的。」

我很欣賞她這點狂，不禁失聲笑出：

「得了，不要罵我了，天已晚，你應該回去了！」

她歉然的一笑，將我的臂膀挽的更緊，臉湊近我：

「你不會生氣嗎!? 只有在你面前我才這樣盡情的說話！我知道你會了解我的。」

我們握手道別，那隻「羽毛美麗的小鳥」便在棕櫚樹影中輕靈的飛去了。

慶祝元日

陳常務理事査某　王理事諸回
何常務理事義　黃理事萬益
于常務理事明忠　汪理事水木
林常務理事忠　柯理事石吟
蔡常務理事枝元　林理事德旺
蔡常務理事萬春　顏理事春安
黃理事樹水　王常務監事名貴
萬理事志超　陳監事建忠
廖理事振興　陳監事阿火
張理事祥傳　李監事昆玉
李理事塗　林監事火榮
陳理事金象　王監事萬賢
陳理事勇　黃監事談根

臺灣區青果輸出業同業公會
理事長 郭雨新
暨全體理監事同賀

老介福綢緞局

春節禮品
精美禮券
名貴衣料

貨真價實
歡迎惠顧

地址：西寧南路國際戲院隔壁
電話：二七一八五

◇臺灣最偉大之百貨公司◇

建新百貨公司

綢緞呢絨　環球百貨

◎特約經銷◎

雙獅牌絨線
洋房牌汗衫
司麥脫襯衫
三星毛巾被
回力牌球鞋
中臺新線呢
一品牌毛巾
象頭牌牙膏
美琪香肥皂

歡迎同業及福利社批發定價保證便宜

禮券部：贈者簡便 受者實惠
西裝部：上海技師 精工裁製

地址：臺北市博愛路一一八・一二四號
電話：二五二二三號

書刊評介

介紹「人文現象的理解(第一輯)」

子水

周德偉著　臺北中央文物供應社出版

本書是著者近幾年中關於人文現象幾篇論文的彙印，於去歲六月初版，十月再版。

本書所收集的論文共六篇。一、理解人文現象的方法與唯物史觀；二、人的行為與文化的動力；三、歷史事象的理解；四、社會與戰爭；五、經濟政策與經濟學理；六、現代四大經濟問題的認識。第一、第二和第四這三篇，都是在聯合國同志會的講演；第三篇為三民主義半月刊研究專號寫的；第五篇是為中國經濟月刊寫的；第六篇是在臺大經濟學會的講演。從筆者講起來，大多數都是曾經看過或聽過的；但就這幾篇文字的性質而論，則這本小書於四個月裏邊出了兩版並不是偶然的事情。據筆者的意見，這本書裏有許多話，非特可以供給讀者以平正通達的見解，並且可以引起讀者對於自己的省察。

著者根據經濟學、政治學、哲學等以證明「馬克思主義的錯誤和許多別的論題」；詳細的條目，當然不能在這篇短評裏敍列出來。但我們可以概括的說：著者所立的結論，並不是任意的武斷，乃是依着邏輯的分析。

筆者在本文裏所要提醒讀者的注意的，乃著者對於討論學術或政治問題的基本態度。今引著者自己的話：

人非萬能，不能謂其研究毫無錯誤。須將其理論反覆考驗，追溯其理則至無從疑問的極據，經由此極據發生的一切假定及推論，須受在考驗中的理則嚴格檢查。運用此一程序不能無誤；但此一程序永為避免錯誤的僅有的有效方法。(頁一一九)

筆者以為無論論學或談政的人，都應該具有這樣一種謹愼的態度。有了這種態度，人類才可有希望免於不可拯救的慘劇。著者這個「嚴格檢查」自己理論的主張，是有他的偉大的心情的。他說：

人類之將來，繫於我們糾正錯誤的努力，尤繫於我們建設正確認識、正確理論、正確政策之努力。(頁九一)

由於過去人類之犯有錯誤，或多數人盲從錯誤，故世界文化上及歷史上演出種種悲劇及災禍。今後仍有犯錯誤之可能。故我們對各項問題須徹底研究。只有正確的知識，方能免除錯誤。此乃思想家及理論家之重大責任。(頁九四)

的確，所有社會或政治思想家，都應該着眼於人類的將來，都應該有隨時糾正自己錯誤的勇氣。

著者的反對教條主義，有一個理由，就在這種主義的不能捨己非而從人是上。他說：

我們必須窮心智之所極，徹底思索各項問題；不能墨守成規。我們必須不斷的努力掃除錯誤，發見最佳可能之認識；必須闡眞闢謬，使謬說無處立足。此乃純粹知識問題，只能由理智方法處理。如將理智問題移入道德界域，視相反之意理(Ideology)支持者為邪惡，則極為危險。徒强調自己所主張為善，別人所主張為惡，毫無用處。何謂善？何謂惡？正待解決之問題。宗教團體及馬克思派硬性的教條主義，……不問青紅皂白，視其反對者俱有惡意，要求反對者無條件投降。此種態度得勢，決無社會合作之可能，必導致社會之解體及文化之毀滅。(頁七七)

甚至著者的不贊成社會主義而主張民主政治及自由主義，亦可以說是從同樣的基本觀念出發的。他說：

社會主義之根本特質，為僅有一人或特定之一羣能指揮，能獨立行動。……一切生產原素之運用，只被此一人或此一機關所指揮，其餘之人則只服從指揮及命令。……縱承認指揮者有超越之能力，聰明而誠意，但仍無法承認其萬能，且永不錯誤。……(頁九一)假定指揮者掌握了其時代之一切技術知識，……仍有無從逾越的困難。……人類社會之高尚優美，正因千差萬別之個性並行存在，並行發展。最好之制度應能容納異見，並鼓勵創造。就此點論，人類在制度上之發見，尚未有優於民主政治及自由主義者。民主政治尊重個人之價值，且保障糾正錯誤之方法。自由主義則鼓勵創造，使人親切認識合作之價值。……民主政治及自由主義並不假定多數永無錯誤。反之，乃讓個人及多數能自由選擇，能自動糾正錯誤。社會主義及各式獨裁政治，則並此優點一舉毀滅之。(頁九三)

用這種理由來顯揚民主政治和社會主義，最簡單亦最正確！

著者論到政治黨派問題，似亦是懷抱「糾正錯誤」的原則的。他說：

人只能由知識之助，獲得滿意的手段，達成自己的目的。任何黨派，在眞理及知識燭照之下，必須隨時準備修正其技術及意理之錯誤，以獲致滿意之解決。(頁七一)

這樣的政黨常識，是我們現在所應當注入每個國民的腦海的。

最後，筆者願意再摘錄著者的一段話以告有志於政治者：

今日人類已陷入悲慘的境地。如能當政治大位，運用其政策及權力，登斯民於衽席，納政治於正軌，其功德大，其收效捷。此即周公及大政治家之路。但政治責任之肩負，有賴於客觀環境。孔子雖志在周公，究未為周公也。故學人應以思想及學術影響當代及後世。此即孔子及大思想家之路。如志在為政治家，則須創立建國治國之方略，準備在民主政治下掌握國家政務。成則福國利民；行不通，或遭多數反對，即解職以待能者。繼續奮鬪，糾正可能之錯誤，並待多數之自覺；樹立高尚及負責之風氣。如志在學術，則必須精研深入，陶鑄國民之思想，推動社會之進步。內聖外王，其道一也。(頁九四—五)

讀者投書

國民黨立委齊世英被開除了黨籍嗎？

袁固

編輯先生：

這幾天有一條馬路新聞，說的人說得確確鑿鑿，似乎是實有其事的樣子，但是報章雜誌却一字不見，是否根本沒有這回事呢？你們見聞較廣，能否給我一個答覆？

據說：國民黨中央黨部，爲電力加價事曾經召開過兩次座談會，請該黨所屬的立法委員發表意見，會中發表的意見頗爲紛歧，兩次都是無結果而散。但是第二次座談會以後不久，該黨的中央常務委員會開會，提出一案，謂齊世英違反黨紀，應予開除黨籍處分，決議通過。據悉齊君之開除黨籍，即因在本月十七日座談會中發言，與該黨中央的意見不合之故云。

現在姑且假定上面所說是事實，我個人實在有些疑問，敬請指教。

查英、美、法各國的政黨，對於議案的贊成或反對，當然是聽任黨員自由投票的，當然，在道義上，黨員應該服從黨部決議的。現在美法兩國仍然如此，惟英國則自艾德禮被推爲工黨領袖以後，已有嚴格的限制，黨員應服從黨部的決議案而投票，不得自行其是了。這是民主國家政黨的一個惟一例外。但是這種限制只對國會中的投票而施，其在黨內的討論依然聽任黨員自由發表意見，最後經過表決的手續，以多數贊同的意見爲黨的決議案的。現在將齊君的事實來比照一下，照英國工黨的辦法，則齊君必須在立法院中不遵照黨的決議案而投票，才可說是違反黨紀，現在立法院並沒有把電力加價案提付表決，可知並沒有違反黨紀的事實。果若此，則在黨內討論時都不許黨員發表與中央不同的意見嗎？那麼，又何必召集座談會徵詢黨員的意見呢？這究竟是一個甚麼樣子的政黨啊？

查現在立法院中有五百餘位委員，國民黨員所佔席位居百分之九十以上，今後國民黨立法委員的投票，是否必須遵照黨的決議？如不遵照黨的決議，是不是即以違反黨紀論呢？今後國民黨立法委員在立法院的發言，如果一定要符合該黨中央的意見，而不許有出入，那麼，今後立法院對於任何問題不必討論，只須把國民黨的決議送到立法院，作爲立法院的決議，那不更直截了當麼？諸如此類，都是我國民主憲政的大問題，我個人學識淺薄，無法作答，特投此書以質高明。敬頌

編安。

讀者袁固上十二月二十四日

袁固先生：來函所詢國民黨立委齊世英被開除黨籍一事，自接大函後，我們曾去調查過，據參加座談會一些立委告訴我們，這事的經過是這樣的：

一、電力加價（原案稱電價調整）一案，立法院接到政府提案後，由預算、財政、經濟三個小組委員會聯合推定一小組，專負審查之責，立委齊世英亦爲該小組之一員。

二、自政府提案到立法院後，國民黨中央黨部爲電力加價案在貴陽街實踐堂曾約請該黨參加預算財政及經濟三小組之立委開座談會討論一次。當時立委發言，均認爲政府提案加價百分之卅六，實在太高，依他們計算絕不需要增加這大數目。黨部當表示究需加價多少可以詳細計算，並可照他們計算的數目加價。嗣後電力加價審查小組計算結果，認爲只加百分之十三已足。第二次座談會於四十三年十二月十七日在黨部舉行，係約電力加價小組審查委員談話。張秘書長首先報告黨部決議要加百分之卅五或卅四（根據本月二十二日國民黨中央黨部正式通知立法院黨部謂中央已決定電力加價須增加百分之三十二）。詞畢兪院長鴻鈞說：兩方計算既不相同，可商量一個折衷數目，總希望能多增加一點。接着尹部長仲容說：他認爲電力公司原來計算確有錯誤，立法院小組委員會計算很正確，惟希望立法院以其計算數目爲底數再增加一番（一倍之意），此欵當不准電力公司浪費云。嗣後發言之立委甚多，均認爲加價不可太多，減少電力公司的浪費，亦爲必要之圖。齊世英曾發言：認爲黨部於第一次討論時表示電力加價可照立委計算之數，現立院審查電力小組業已算定百分之十三，如寬籌一點，有百分之十五或十八即可，而黨部現又逕自決定要加百分之卅五或卅四，豈非自相矛盾。另有立委認爲電力公司需要增加用費一億零五百萬元，我們只需籌足此數即可，不要專從電力加價着手，可從電力加價與節省電力公司浪費同時並進，固不必規定必須加百分之幾。齊世英亦主張不必作硬性規定，立法院當盡力達到電力公司所需之數目，而不致過份增加人民之負擔。這是兩次座談會的大概情形。

三、十二月二十日國民黨臨時中常會開會，遵照總裁條示，決議開除齊世英的黨籍。（討論時曾有人主張暫緩決議的，也有主張開除黨籍應經法定手續的。）

以上是這件事的經過。至來函徵引英國工黨辦法，問及齊世英在「黨內」發表與中央不同的意見算不算違反黨紀。關於這一層，我們答覆如下：

照常理講，一個政黨決定它的政策，是要經過內部的討論或辯論的。黨內的辯論無論其意見如何與他人相左，不能說是違反黨紀。違反黨紀只在既作決議以後而黨員不遵守決議的情形下才可構成。再查中國國民黨黨章，也沒有規定黨內發言，可以構成違反黨紀的條文。但是國民黨竟以齊世英在黨內座談會中，發表反對中央意見的言論，而認爲違反黨紀，予以開除黨籍的處分，我們想不出這是根據甚麼。民主治政是政黨政治，國民黨是今天唯一的大黨，同時也是執政黨，國民黨的性質如何是直接關係我國政治的。我們希望國民黨對於開除立委齊世英黨籍的事，有一公開說明，讓我們認識現階段的國民黨是怎樣一個性質的黨。同時立法委員是對人民負責的，我們也希望立委齊世英有一公開說明。齊世英是代表人民的立委，一個立委被其所屬的黨開除黨籍，人民是有權要知道其詳情的。民主政治就是要公開，正正堂堂的辯論是民主政治的第一課，我們希望從這件事的發展，臭到一點民主的氣氛。想先生亦有同感也。覆頌

台綏

編者敬啓

四三、十二、二五

服務東方的
民航空運隊
THE ORIENT'S OWN CAT CIVIL AIR TRANSPORT
CAT
釜山
東京
岩國
沿島航綫
迅速安全
沖繩
香港
台北
曼谷
馬尼剌
台北營業處：青島西路七號 電話：二二三四〇

第十二卷　第一期　內政部雜誌登記證內警臺誌字第三八一號　臺灣省雜誌事業協會會員　五六

給讀者的報告

今天是民國四十四年元旦，同時本刊的發行自本期起便開始第十二卷了，爲紀念這雙重的意義，所以本期特出特大號，空前地將篇幅增加到五十六頁。我們於向讀者賀年之餘，願以不斷的努力與堅定的信心，以盡我們應盡的言責，期有貢獻於國家。

本期社論兩篇，其一在瞻望美國政府能確立一個明朗的對日政策。日本政局最近的發展是很令人憂慮的。鳩山登臺以後標榜所謂獨立自主的外交，頗欲首鼠兩端之勢。而今春大選之後，日本政局之能否安定，殊成問題。這些現狀的造成，一部份不能不歸咎於美國之缺乏堅定的對日政策所致。在對抗共產的世界形勢中，日本是重要的一環，如何爭取並安定日本的政局所關甚大。這就需要美國人運用智慧了。社論的第二篇乃就中美共同防禦條約第三條「加强自由制度」的規定，加以申論。維護自由制度是我們反共反極權的基本之所在。必須明白揭示此點，我們反共抗俄的鬬爭才有眞正的內容。我們不妨乘此時機檢討我們過去的情形，俾今後加强自由制度。自由是具體的東西，必須脚踏實地去做，不能徒托空言，只是說了裝裝門面而已。首先，我們要求先解除一切反自由的措施，使人民的權利不致橫遭剝奪。故曰：「請自便民始」。

適之先生因事冗久未執筆，很多讀者來信說，希望能看到他的文章。這一期我們總算不會使讀者失望，登出了胡先生的近作「介紹一本最值得讀的自傳」一文。是介紹沈宗瀚先生所著的「克難苦學記」。胡先生向來是提倡傳記文學的，何況沈先生的書是「近二十年來出版的許多自傳之中最有趣味、最能說老實話、最可以鼓勵青年人立志向上的一本自傳」呢！

一九五四年已成陳跡。朱伴耘先生爲文檢討過去一年來世界局勢的推移，指出自由世界的諸多失策之處。無疑共產黨一直是居於主動地位而佔盡上風的。「和平共存」的口號，是蘇俄在冷戰與心理戰中，玩弄得最成功的一手。也是西方政治家的可悲處。朱先生在文中一再指出此口號之虛妄，今天的形勢是「武裝共存」都非易事，遑論其他？

戶稅之爲人詬病久矣。本期俞南琛先生從學理的觀點，客觀地陳述其利弊。更重要的是他提出了一項極具建設性的意見，即主張取消戶稅而併入所得稅內，由中央徵收，與地方分成使用。

本期辛之魯先生的大文寫出美國人之如何有禮貌，我們這個「禮義之邦」的人對此能不汗顏？辛先生在文末提醒國人如何建立現代的道德標準，立意是十分深刻的。

本期譯文的原作是美國前空軍部長芬特勒所作。「蘇俄何時發動大戰？」請看美國軍事專家的意見。對此，譯者在文前已另有按語，茲不再贅。

自由中國 半月刊 第十二卷第一期 總第一二四號
中華民國四十四年一月一日出版

發行人
主編
『自由中國』編輯委員會
編輯委員（以姓氏筆劃爲序）：
毛子水　申思聰　杭立武　金承藝
胡　適　殷海光　夏道平　張佛泉
黃　中　雷　震　戴杜衡　聶華苓
瞿荊洲　羅鴻詔

出版者　自由中國社
社址：臺北市和平東路二段十八巷一號
電話：二　八　五　七　〇

航空版
香港辦事處　友聯書報發行公司
菲律賓辦事處　岷市怡干洛街五〇二號三樓

總經銷
臺灣　自由中國社發行部
　　　中國書報發行所
美國　國民日報社
加拿大　醒華日報

經售者
日本　東京僑豐企業公司
韓國　漢城[illegible]德號
馬尼剌　大中華日報社
[illegible]疆書店
印尼　椰嘉達天聲日報
　　　[illegible]新中華報
越南　西貢中原文化印刷公司
緬甸　仰光[illegible]書報店
印度　加爾各答塔梅學校
澳洲　雪梨瑞田公司
北婆羅洲　西利亞坡青年書店
新加坡　檳榔嶼、吉打邦均有出售

印刷者　精華印書館
臺北市長沙街二段六〇號
電話：二三四二九號

本刊經中華郵政登記認爲第一類新聞紙類　臺灣郵政管理局新聞紙類登記執照第五九七號　臺灣郵政劃撥儲金帳戶第八一三九號
（每份臺幣四元，美金三角）

FREE CHINA

第十二卷 第二期

要目

中華民國四十四年一月十六日出版
社址：臺北市和平東路二段十八巷一號

半月大事記

四十三年十二月廿六日（星期日）

共匪周恩來演說，誣指英國政府支持美國侵略臺灣，並承認中共與英國關係已趨惡化。

印度新德里消息：共匪已將其揑造之美俘「犯罪證據」副本送交印度政府。

美參議員麥加錫演說，促美封鎖中共。

日外相重光葵晤美大使艾里遜，解釋日本外交政策。美官員預料明年美日關係將轉緊張。

十二月廿七日（星期一）

法衆議院通宵會議，法總理孟德斯法朗士要求作兩次信任投票，以決定法國對西德整軍的態度。

菲衆院議長旁瑞爾建議暫緩實施菲化案。

波蘭共黨政府響應蘇俄冷戰攻勢，建議與日復交。

十二月廿八日（星期二）

行政院長俞鴻鈞，向立法院報告中美共同防禦條約締結經過，並警告國人勿因締約而鬆懈努力。立法院程序委員會決定建議將本會期延長兩週，從事審議，以期早日完成立法程序。

美參謀首長聯席會議主席雷德福上將由菲抵港，在談話中表示贊同組織東北亞防禦公約。

我在危地馬拉正式成立公使館，由劉宗翰暫代館務。

法衆議院以二八九對二五一票通過對西德參加北大西洋公約聯盟問題的信任案。

美航艦中途島號駛太平洋區，加入第七艦隊服役。

日首相鳩山挽留芳澤繼續留任駐華大使。

鳩山宣佈，日決放寬對蘇俄與中共貿易限制。

十二月廿九日（星期三）

紐約每日新聞消息，美政府擬撥二億七千萬美元，加强對華軍經援助。

> **「自由中國」的宗旨**
>
> 第一、我們要向全國國民宣傳自由與民主的真實價值，並且要督促政府（各級的政府），切實改革政治經濟，努力建立自由民主的社會。
>
> 第二、我們要支持並督促政府用種種力量抵抗共產黨鐵幕之下剝奪一切自由的極權政治，不讓他擴張他的勢力範圍。
>
> 第三、我們要盡我們的努力，援助淪陷區域的同胞，幫助他們早日恢復自由。
>
> 第四、我們的最後目標是要使整個中華民國成為自由的中國。

立法院將中美條約交外交國防兩委員會審查。

十二月三十日（星期四）

法衆議院以二八七對二六〇票通過批准西德整軍信任案。

美參謀首長聯席會議主席雷德福將軍訪臺與中美高級將領舉行會議。

立法院院會以一百八十二人出席，一百四十九人贊成，通過調整電價案，決定照現行電價增加百分之卅二。

行政院核定修正「戡亂時期臺灣省准許人民出入境暫行辦法」。

聯合國秘書長哈瑪紹首途前往匪區，與匪談判釋放十一名美俘。葉外長斥此爲一大錯誤。

十二月卅一日（星期三）

立院決議延長會期十五天，並通過國營事業綜合預算案。

哈瑪紹赴匪途中，過倫敦與英外相艾登會晤。

杜勒斯宣佈二月間在曼谷舉行東南亞聯盟會議。

四十四年一月一日（星期四）

蔣總統發表元旦文告，勉全國軍民爭取勝利。

英政府聲明，拒與蘇俄商談遠東問題。

一月二日（星期五）

雷德福離臺飛韓，宣稱如共黨重啓韓戰，美卽使用原子彈。

哈瑪紹赴匪途中，抵達新德里，與尼赫魯會商。

巴拿馬總統芮蒙被刺殞命，副總統宣誓接任。

一月三日（星期六）

雷德福抵日訪問，聽取日本防務意見。

美衆院特別委員會提出報告，要求自由世界所有國家一致撤銷對俄帝及其附庸的外交承認，並斷絕其商業關係。

伊拉克宣佈與俄絕交。

一月四日（星期日）

巴拿馬政府宣佈戒嚴，搜捕暗殺該國總統之兇手。

美民主共和兩黨分別集會，提名參衆兩院議長人選。

雷德福在東京與日國防首長會談，日要求減少國防費負擔。

哈瑪紹飛抵廣州，進入鐵幕。

杜勒斯正式通知蘇俄駐美大使柴魯濱，限制俄人在美旅行。

英外部發言人稱，蘇俄須接受西方全德自由選舉及結束奧國佔領之條件，英始願召開四強會議。

一月五日（星期一）

美第八十四屆國會開幕，雷朋當選爲衆院議長。

日內閣透露：決定下月解散國會。

一月六日（星期二）

美總統向新國會發表國情咨文，說明共黨赤化世界陰謀，並促請參院批准中美共同防禦條約。

雷德福返美途中，在珍珠港談話，謂美必須在遠東地區，保持龐大軍援計劃。

社論

國民黨應如何領導從政黨員

政黨政治是現代政治制度的主要形式。民主政治必須透過健全的政黨運用。所以，凡是民主國家必然要有政黨組織。但是，有政黨組織的國家，却不一定是民主的國家。極權國家一樣地也有政黨組織，如戰前德國的法西斯，蘇俄及其附庸的共產黨。極權國家的政黨只是獨裁者或統治集團的御用工具，不能代表眞正的人民利益。民主國家的政黨與極權國家的政黨，本質上有極其重大的差異：民主國家可以有兩個以上的政黨，其政黨的性質一定都是民主的；而極權國家的政黨則必然也是極權的，而且絕對不允許有反對黨的存在。我們現在是實行民主政治，因此，如何運用民主的政黨乃成爲建立民主政治過程中一項極關重要的課題。英美等先進國家，憑其一二世紀以上實行民主的經驗，對於政黨的運用已經養成良好的傳統；可是我們這些學步民主的國家，在這方面顯然還須要更多的嘗試與努力。

一個政黨的組織與運用，以及以何種方式領導其黨員，不僅關係其一黨的前途，而且直接影響到國家的政治。最近由於國民黨內發生的一些事件，使我們深感對於此等問題有愼重提出討論的必要。

試以齊世英事件爲例（其經過詳本刊第十二卷第一期讀者投書欄）。此事件發生於電力加價案。現在電力加價案已於上月卅日在立院照黨部指示加價百分之卅二的意見通過，而齊世英亦已開除了黨籍，我們深望此次事件能不影響於國民黨內部的團結，因爲任何不利於國民黨的事情均非我們之所願見。但是有一項事實則是我們所不忍諱言的，即對於國民黨中央與立委黨員間意見的對立，並不會因開除黨員黨籍而獲得有效的解決。吾人試一分析上月卅日立院通過電力加價案的出席人數，當可證明。據報紙記載，該次院會出席立委僅有一百八十二人，未經辯論卽逕付表決，結果以一百四十九人的贊同，而獲得通過。查立法院現有立委名額六百卅一人，本會期（第十四會期）報到人數五百廿二人，其中百分之九十以上爲國民黨黨員。可見不出席的立委爲數如此之衆。這些多數不出席的立委雖不能都視作反對政府法案的人，至少是對黨部意見不表熱烈支持的。黨部與立委之間的這種關係，國民黨領導幹部對之不應漠視，而應平心靜氣地以理智來求解決。因爲我們不能想像國民黨將賡續不斷地以開除立委黨籍的手段使法案在立院通過。

至此，我們的討論已接觸到一個核心的問題，也就是本文所要提出的，國民黨今後應如何領導其從政黨員的問題。

我們知道，民主政治就是議會政治。一國的議會是其最高的立法機構，政府一切的法案，如法律、預算、戒嚴、宣戰、媾和、條約等，都必須由議會通過才能生效。議會是議員構成的。議會的功能端有賴於政黨的運用。因此議會也就是執政黨與反對黨政治鬪爭與意見爭辯的場所。執政黨爲推行其政策，必先通過議會這一關。所以政黨對從政黨員的領導，主要就是對於該黨議員的領導。那麼，一個政黨又怎樣領導其在議會內的黨員呢？由於各國政治制度的不同，所採方法亦各有差異。在這方面英國的制度似乎更爲捷便，因爲英國的閣員同時也是議會的議員，多數黨的領袖即是內閣的領袖，其與同黨議員間的意見，自然更易溝通。在這方面，我們雖不能舉出那些是一成不變的成規，但仍可以歸納出一些重要的原則：

一、使本黨的議員（至少是議會內的領袖）參與政策的決定：因爲政府法案提出以後，須要本黨議員去到議會裏與反對黨論辯。議員必須參與政策的釐定，才能了解該項法案的內容與目的。否則，他們自己首先對法案缺乏同情，自難鼓起其支持法案與反對黨展開爭辯的熱忱。

二、黨內公開的討論：在黨內制定政策的過程之中，充分的討論是必要的。黨員在黨內發言，縱使其意見與他人如何相左，亦應使其有充分發表的自由。爭辯與討論本是溝通意見、消除歧見的最佳方法。惟有充分而公開的討論才能反映出多數的意見。在經過充分討論以後的多數決定，自然能够贏得黨內的多數支持。反之，如果僅憑少數的黨的幹部決定黨的政策，便很易使黨的意見日與羣衆脫節，反而窒息了黨的生機。

三、黨內的寬容：民主政治是絕對尊重個人價值與尊嚴的。民主的政黨不僅在黨外要寬容反對的少數黨，在黨內也應寬容反對的少數派。黨內無派，黨外無黨，那是極權國家的「怪事」，不是這裏所要討論的政黨。美國政治學家麥格魯德教授（Prof. Frank Abbott Magruder）在其所著「美國政治制度」一書中給政黨下定義時說：「如果每個人都能對所有的公共問題意見一致，便不需要政黨的存在。在另一方面，如果每個人都不能與他人意見相同，政黨也不可能存在。……政黨是由對各種公共問題具有相同——但非完全一致——見解的個人或團體所組成的。」這種說法是再透闢不過了。所以在一個民主政黨制定政策時，縱使經過黨內充分自由的討論，也只能獲得一個「大致相同」的見解，而不能強求絕對一致的意見。因此也就難免少數人之仍持異議。此正如美國共和黨之有麥加錫，英國工黨之有貝凡者然。民主政黨對付這些黨內少數派的辦法，不是排斥，而是寬容。本來自由脫黨是民主政治下每個公民的權利，任何政黨不能隨意剝奪。然而開除黨籍則是政黨對其從政黨員最後也是最嚴厲的懲罰，非至萬不得已時絕不輕易使用的。

我們的立法院是憲法規定下的最高立法機關，我們的立法委員亦即相當於英美各國的議會議員。今天立法院中的六百卅一名立委，國民黨佔百分之九十以上的壓倒優勢。國民黨政府所提出的法案之應獲得順利通過，乃是理所當然的。然以電力加價案觀之，事實則大有出入。立法院中意見的爭執並非來自其他兩個被稱為友黨的反對黨，而是起於國民黨的內部，這顯然是國民黨立法委員未曾參與政府和黨的決策所致。本案在立法院審查時，黨部雖然也曾兩次約集審查小組的國民黨籍立委舉行座談會，但這個座談會顯然只是被賦以轉達黨中央意志的任務，從政黨員的意見並未能對黨的決定有所影響。黨部既未使參加的從政黨員盡量表示其意見，發揮充分討論的效果；即以宣達中央意志一點來講，也沒有確實盡到說服的責任。因之，這些被邀請參加的從政黨員，首先對中央意志尚未能心悅誠服的接受，又何能希望其再將中央意志轉達於其他立委黨員？最多只是他個人緘口不言而已。及至後來本案提付表決時，其情形則更顯示出黨部與多數從政黨員間意見的脫節。

由此種種，足以說明當前國民黨在領導從政黨員的方法上，頗有值得商榷之處。國民黨的領導幹部應該冷靜地從這個方向去發掘問題，萬不可貿然歸罪於從政黨員之不服從「黨紀」。如果黨的領導在基本精神上能够發揮前述三項原則，我們敢信國民黨內的問題必能迎刃而解，過去許多事件，亦必不致重演。

於此，我們願再引申前述原則，為國民黨提供一項更較具體的意見。即是國民黨對內不妨就黨務性與政策性的工作，有一個原則性的分工。換言之，即使黨務幹部專心職志於黨務的推動；至於政策的決定，重心應該放在立法院的從政黨員身上。最好要使立法院中的領袖人物與內閣的從政黨員共同參與政府政策與法案的擬定。這樣，黨的領導便劃分成兩個系統，一是黨務幹部，一是政治幹部。黨務幹部即現在的中央委員，而政治幹部便包括立院領袖與行政院的從政黨員。美國總統遇有重要法案與政策須向國會提出時，必事先約集該黨兩院領袖共同會商，是很可供我們借鑑的。以上所說是中央的情形，至於地方政府與地方黨部之間亦應同樣採用此種制度，亦即省縣的議會領袖與省縣政府的從政黨員，共同構成黨的省縣級政治幹部，共同擬定省縣法案，而省縣級黨務幹部，則專負責省縣黨務工作之推動。

我們這個意見也許是一項還不十分成熟的意見，但是如果能够朝這方面去做，其對於黨內的和諧，與政府政策的推行，則必然是甚有助益的。

總之，民主政治就是政黨政治，我們數十年來之試行民主政治而甚少成效，主要還是由於我們沒有近代政黨的基礎。我們要實行民主政治，就必須先從建立黨內的民主做起。因為只有民主的政黨才能期其推行民主的政治。政黨政治是以民意為依歸的，一個有前途的政黨，必須具有代表黨內大多數黨員的性格，進而能反映大多數人民的意見。國民黨傳統的具有甚大的包容性，這是國民黨的優點。今後應儘量發揚這種傳統的優點，進而建立起黨內的民主制度，使能反映黨內多數的意見，而充沛着活潑的生機。這是我們——也是全體國民對於國民黨殷切的期望。國民黨是我國執政的唯一大黨，其成敗利鈍關係國家的禍福安危。在現階段中，唯有國民黨才能領導國家走向民主政治，擔負反共抗俄的重任。因此，只有國民黨有前途，我們的國家才有前途。

徵稿簡則

一、本刊歡迎：

(1)凡能給人以早日光復大陸的希望，和鼓勵人反共抗俄的文章。

(2)介紹鐵幕後各國和中國鐵幕區極權專制的殘酷事實的通訊和特寫。

(3)介紹世界各國反共的言論、書籍與事實的文字。

(4)研究打擊極權主義有效對策的文章。

(5)提出擊敗共黨後，建立政治民主、經濟平等的理想社會輪廓的文章。

(6)其他反極權的論文、純文藝的小說、雋永小品、漫畫、木刻、照片等。

二、翻譯稿件務請寄附原文。

三、投稿字數，每篇請勿超過四千字。

四、來稿請用稿紙繕寫清楚，並加標點。

五、凡附足郵票的稿件，不刊載即退回。

六、稿件發表後，每千字致稿酬新臺幣四十元至五十元。

七、來稿本刊有刪改權，若不願受此限制，請先說明。

八、惠稿一經登載，版權便為本刊所有，非經同意不得轉載。

九、來稿請寄臺北市和平東路二段十八巷一號本刊編輯部。

文化自由協會與文化自由運動

東方既白

在我們個人與自由中國的朋友與文化人士接觸之中，談到文化自由協會，好像不但沒有人注意，而且也不知道有這麽回事，因此這裏先對這個組織作一簡括的介紹：

一九五〇年六月，有從二十一個國家來的一百十八位著名的作家、藝術家、哲學家與科學家在柏林集會，成立了文化自由協會。

這個集會是集合了當代具有活力的創造的頭腦的一些有影響的中心人物，來公認：智識自由是與人類生活裏有價值的一切所不能分割的條件。

這些從世界各地來的男女，代表了各種不同的政治、經濟與宗教信仰，在四次會議的自由討論中貢獻他們的意念，並保證他們自己來保衛在我們這個世紀中被嚴重地威脅着的自由——批評的與創發的思想自由。

在柏林集會的人們，覺得面對着極權的威脅，置之不問不聞或中立態度是對于人類一種欺瞞，因此決定創立一個永久的組織來對抗「思想統制」，不管它是在那裏出現，無論它是隱蔽地或是公開地在執行。在巴黎成立了國際秘書處，世界各地成立了分會，在歐洲、美洲與遠東擧行過不少的公開集會。出版了各種期刊與小冊子，在巴黎，還擧行了重要的藝術節，宣揚自由社會文化的活力。

這個協會在性質上既不屬于任何政府，也不屬于任何黨派，而祇是一些自由人自動的聯合在文化自由運動上作一些貢獻。

其目的可以袞利·赫胥利 (Julian Huxley) 在柏林的演講詞來表示：

「自由文化協會是邁向創造積極的精神力量的大步，我們將來的行動是必須以積極的精神力量為基礎。」

大會當時發表了宣言，宣言內容大致如下：

①我們相信智識自由為不能分割的人權之一種。

②智識自由首先是有權主張並表示自己的意見，特別是與統治者不同的意見。如無權說「否」，人即是奴隸。

③自由與和平不能分。……當政府壓迫民主代表的機構，否定多數人有權致力于和平時，戰爭危機就接近了。和平的維持祇有賴每個政府由其統轄的人民來控制與監視其決策，並贊同將所有直接有涉于戰爭危險的問題交與代表的國際機構來解決。

④我們以為目前世界的不安是許多政府的政策不接受這雙重控制。歷史經驗證明戰爭是可以在任何口號，包括以和平為口號下準備與發動的。……

⑤自由是基于容忍一切分歧的意見，容忍的原則論理上是不允許有不容忍的措施。

⑥沒有政治或經濟理論可抽象地稱為代表自由的特權。我們主張，這些理論的價值，可由具體的自由範圍來評衡，這具體的自由是根據人民個體實行的。同樣，我們也主張，沒有種族、國家、階級或宗教可要求代表自由這個觀念的特權，或否定其他團體或信仰的自由之特權，不管是用任何終極理想與高超目的的名義。……

⑦在緊急時期，為社會共同福利，對個體自由有所限制，我們主張此種限制應規定最少數的一些特殊行為，此乃作為個體犧牲的性質，而被認為是暫時而有限的權宜之計，並且此種措施應供自由的批評與民主的控制。……

⑧在極權國家，對于自由的限制不但不再被公認為要求人民犧牲，而且相反的代表一種進步的勝利與優越文明的成功。我們以為這種政權，無論在理論與實施上是違反了個體基本的人權與整個人類基本的意向的。

⑨我們以為這些政權所代表的危險大于一切，因為他們强迫的方法是遠超于人類歷史上一切的暴君。……

⑩我們以為當人類在自由的領域中分為「有」與「無」的陣營時，世界是永不能安定的。保衛現存的自由、恢復已失的自由、與創造新的自由為同一個鬪爭中的諸部。

⑪我們以為極權國家的理論與實施是對人類最大的挑釁，在文明史的進程中，我們是已經要被號召去對抗這個挑釁了。

⑫我們以為面對着這個挑釁，作不關心與中立者，是對人類的一種欺瞞與對自由思想的一種棄權。我們對此挑釁的答案將決定人類後裔的命運。

⑬今天保衛智識自由已有了一個積極的義務：對我們當代的問題要貢獻新的與建設的答案。

⑭我們對一切決心收復他們已失的自由者、與決心保衛並擴張他們所享受的自由者作此宣言。

這宣言于一九五〇年六月三十日在柏林全體一致通過，簽署者包括各國的作家、藝術家、科學家、哲學家，人名也無須一一抄錄，但可以報告的是其中有英國、美國、德國、法國、荷蘭、奧國、波蘭、丹麥、捷克、瑞士、意大利、挪威、印度、俄國、瑞典、比利時、哥倫比亞、甚至立陶宛的人士，獨獨是沒有中國的。

大會成立後，一九五〇年十一月，在比京開會，參加者計十六國三十八位人士。由西羅納（毀滅了上帝書中一篇之作者：Ignazio Silone）報告協會的活動與未來的工作。

西德尼・好克（Sidney Hook）與吉門・亞西尼加（German Arciniegas）報告在南北美工作的發展，而美國的喬奇・許勒（George Schulyer）特別指出黑人反共的堅決，因爲他們是反對任何形式的奴化的。包列斯・尼可雷付斯基（Boris Nicolaievsky）報告蘇俄文化狀況的文件，喬銳夫・柴帕司基報告流亡大學的創立。——這個流亡大學時已實現，成爲史他司堡大學的一部份。當時並邀請共產黨陣營的和平大會同志，作公開辯論，以闡明協會同人對于和平與自由相互依賴的信仰。

一九五一年三月，在印度孟買開會，參加會議的有七十八個代表，六十二位各國著名人士旁聽，交換了東西方的觀點，一致反對種族歧視，並一致反對集中營制度，認爲是對剝奪人的尊嚴、而威脅一切文化自由的社會基礎的一種暴行。

一九五一年九月，在德國安得魯（Andlau），協會的研究小組，包括社會學家、科學家與作家舉行一個連續一星期的討論會。他們集中討論兩個問題：①辯證法唯物論的吸引力，②生存的價値——這是民主世界能以此對抗極權的意識形態的。

一九五二年三月，丹麥、瑞典與挪威五十位文化界代表與文化自由協會的會員在斯德哥爾摩（Stockholm）討論：在現代自由的威脅前智識界人士的責任問題。這個集會，使斯堪狄納維亞有力的文化團體與歐美亞的同人有更深的結合，特別提出了工運的自由與思想自由的關係。

這些是文化自由協會的主要工作進展的情形。現在在各國發展得很快，有的都成立了分會，沒有成立分會的地方，也有愛自由的人士與協會聯繫。

在法國有「自由之友」的組織，這個組織下有「爲和平與保障人類自由婦女協會」，有「少年自由之友」，前者爲婦女組織，後者爲青年組織，其青年運動于一九五一年十二月開始，當時爲聯合國人權宣言的三週年紀念。法國的大學生與外籍學生在格列拿泊爾（Grenoble）討論，當地有自由之友成立的「自由之家」作爲研究與集會之所，以與「洗腦」鬪爭。

在意大利有「意大利文化自由聯合會」之組織，也有宣言發表，簽署者有一百以上特出的意大利文化各界的人士，也致力于意大利的青年，集合翡冷翠、羅馬各地大學生討論。

在德國，響應的人士更爲廣泛，經常與大學及青年組織聯繫，舉行公開的集會。

在英國，有英國文化自由會，經常在各大學舉行有系統的演講。

在美國，在紐約自由館，在近代藝術館經常舉行公開演講。

在日本，文化自由委員會包括許多有名的人士，也有廣泛的發展。

在印度，有印度文化自由協會，也包括許多學者與重要人物。

爲文化自由協會的文化自由運動，在各國所出的雜誌有下列幾種：

衝突（Encolnter）　英國 Martin Secker & Warburg Ltd. 出版

考驗（Preuves）　文化自由協會國際秘書處（法國）出版

自由之友（Les Amis de la Liberté）　法國自由之友出版

自由之聲（Libres Propos）　法國青年自由之友出版

接觸（Kontakte）　德國文化自由委員會

自由第一（Freedom First）　印度文化自由委員會

在自由旗下（Jiyu-No Hata-No Moto-Ni）　日本文化自由委員會

文化自由（Liberta Della Cultura）　意大利文化自由聯合會

此外小冊子出版也很多，無從枚擧。

文化自由協會不是政府，也不是營利的組織，其經濟來源不外個人、社會團體與工會等捐助，各地也有賴會費的收入的，法國青年之友及印度都有會費制。

對于文化自由協會介紹以後，我覺得自由中國對這個運動沒有聯繫、沒有表示、沒有推動是一件很可恥的事情。（頃接林語堂先生信，謂他已列名爲「文化自由協會」之贊助人。）

自由中國站在極權威脅最前哨的地位，喊出反共抗俄的口號；如果要問到反共抗俄的理由，恐怕沒有比文化自由協會宣言中所標示的意義更爲堅强了。

在共產黨的思想武器之前，自由中國的反共抗俄必須有思想的武裝，這思想的武裝恐怕也沒有比文化自由協會所研究所推動的對策更爲深入了。

文化自由協會的贊助與推動的人，不但包括了各方面專家，也包括不少從共產黨那裏覺悟過來的戰士。從這些分會所注意的青年運動就可以知道他們所進行的工作是以民主對獨裁，公開對秘密，自由討論對思想灌輸。禁止青年接觸共產思想等于禁止青年接觸性問題一樣的不智，祇有把共產思想的詭僞揭穿才是最好的對策。

文化自由，智識自由，誠如裘利・赫胥利所說，是邁向創立積極精神力量的一步。對抗共產黨的思想武器，如果沒有積極的精神力量，即使武力勝利，也是無法決勝的。對于受共產黨思想毒害的青年，我們應當以病人相視，不當以罪犯相待；收復大陸以後，對大羣受共產思想毒害的青年，我們當然不能以囚之殺之爲對策，我們必須有一種精神力量使他們恢復康健，這不是政府所能爲而是社會、最主要是在臺灣的青年眞正的使命，如果在臺灣的青年一礎到有病的青年馬上傳染，那麼其過失就在現在沒有給予青年以啓蒙的教育了。這正如我們要爲兒童種牛痘與打白喉預防針一樣，使他們有抗毒的能力。這能力的培養，正是現在文化工作者與思想敎育者的責任，我們必須不怕敵人的挑戰，每個青年都有能力對這些威脅的與誘惑的問題有所答復。

共產國際所發動簽名運動，所揭標和平標語，是經不起文化自由協會的人士的自由與和平不能分割的信念的挑戰的。沒有「自由」的和平叫囂就是虛僞的口號，這樣就碰到問題的核心。共產主義是一種詭辯的學說，揭其僞裝，與其核心正面接觸，它就無法存在了。

文化自由的運動現在已經是國際的運動了。爲配合這個民主陣營的理念，自由中國是無法再以舊方法爲滿足的。無數的臺灣青年到美國留學，一到國外，馬上就會接觸到許多問題，儘管我們的青年在功課上跟得上人家，可是在思想水準與世界青年距離太遠，是一件非常會引起自卑的事情，這因爲思想水準也就影響了生活態度；在世界民主潮流中，面對着共產思想的威脅，各地青年的思想水準不斷的在提高，我們再不能以拘束爲自滿，也不能以少見爲自强了。

與民主世界齊整步伐，我們必須有一個蓬勃的文化自由與智識自由的運動，作各種有系統的演講與廣泛公開的討論。在這類運動未推及青年以前，我覺得文化界敎育界社會甚至政府的各階層人士先應有具體的計劃與充份的研究才對。

對于文化自由這個名詞，本來很容易了解，我們要求文化自由與智識自由。但是如何哲學地來推敲這個名詞的話，我們可以想到的問題很多。

第一、文化與自由兩個字眼，在某一意義上正是相反的。文化是一種傳統的累積，有文化修養的人實際上就已經失去了許多沒有文化修養的人所有的自由。文化所指的不光是文學、藝術、音樂、舞蹈的具體表現，而且接受這個社會上歷史上的各種藝術的一種生活格局，這就是所謂「禮義」。中國素稱禮義之邦，禮義之邦可以說就是有文化敎養的國家。一個人因爲有了文化的敎養，就很自然的會自動的節制自己，所謂發于情，止乎禮。但是這一種自由的限制，是自發的不是强迫的，是開放的不是閉關的，是生長的不是規定的，是活用的不是死板的。在社會與世界接觸之中，由文化的交流與吸引，生活的變動，我們很自然的吸收別人的生活格局，尊敬別人生活的格局。而我們在生活之中，亦以自己所處的生活格局進步爲愉快的享受而自尊。所以從這方面講，我們要求文化自由，卽是說我們要豐富地吸收各種文化，讓我們懷疑批評而最後據爲已有，成爲自己生活的一部份，這也就是說來擴充並鑄定一種生活的格局以限制自己的自由。

第二、五四以來，中國就有自由這個字眼，如戀愛自由、集會自由……等種種自由的要求，這些原是人民的覺醒，是好的現象。但究竟這自由是否有限度呢？雖然我們一直有人談論到這個限度，如「不妨礙別人自由的自由」，如「不侵犯別人才是眞自由」。但這些話可以說非常含糊。因爲所謂「別人的自由」與「別人」的範圍很難規定，譬如戀愛自由這是很可寶貴的口號，但是玩弄女性，變相買淫的往往借這個尊貴的名詞而囂張；集會自由也是一個絕對應尊重的要求，但因爲有這個自由，像以前大陸的學生們，受了共產黨的利用，今天集會，明天集會，對學校當局搗亂吵鬧，而自己不知用功讀書，也正是借集會自由之名而行；譬如批評自由，這也是寶貴的信條，但因爲這個自由，就被用作造謠誹謗，借公濟私，打擊異己的自由，這是多少年來並不罕見的事實。

這因爲所謂「戀愛」「集會」「批評」實際上都是文化生活，這生活是根據我們文化的水準而產生。野蠻人有男女關係，而不是我們所說的戀愛；有聚衆鬨鬧，但不是我們所說的集會；有兕罵詆譭，但不是我們所說的批評。所以這些「戀愛」「批評」「集會」已經是文化的名詞。我們要求有這些自由，就需要有文化的修養。

因此，我們要求自由，但是這是「文化的自由」並不是「野蠻的自由」。我們要鼓勵我們後一代青年享受的，也是這文化的自由。文化的自由的爭取與擴充，則先要我們有文化的修養，這修養則必來是自由文化，這是互爲因果的。

文化的自由的特徵主要的在容納異已，尊敬別人，一方面則要訴諸理性。面對着這個世界潮流，處與極權世界對壘的前哨臺灣，自由中國的青年應受的考驗很多，除了了解文化自由的意義是無法享受自由，除了爭取文化自由也無法獲得自由的。

祇有面對饑餓的威脅才能眞正感到糧食的重要，也祇有面對着極權的威脅才能眞正感到自由的重要。這裏，我們爭取文化自由，要文化地享受自由，要文化地運用自由，則是一件東西的三面。

當印度的文化自由協會在孟買成立之時，德國哲學家卡爾．傑斯格雷斯(Karl Jasgress)的賀詞中說：「自由永不會完善，也永不會完成，但必須永遠的去爭取」。爭取自由，正是自由中國青年最迫切的主題，我們反共抗俄的目的也就是爭取自由，但爭取自由的武器是文化，而爭取文化的武器則是自由。

中國青年也曾爭取到部份的自由，但因爲沒有文化的配備，被流氓所利用，被共產黨所强姦，這敎訓是不能忘的。所以我們要有自由文化正是武裝我們的自由。永遠沒有享受自由的人，一旦自由，一定是放縱與野蠻的。文化的自由，是需要人從自由中培養文化，並從文化中培養自由。

在鐵幕竹幕後的世界，也是標榜着自由的。這是一句謊話。不錯，但是有許多青年很可能發問：「你怎的知道是謊話呢？」你說這裏有些文字的證據，他可以懷疑地說：「這些文字的證據不會是你的宣傳麼？」我們的當局不許他這樣發問嗎？還是應當健康地給他們有滿意的答案呢？這答案就是共產黨的思想體系之中是決不會容許有文化自由，沒有文化的自由，就不會有其他的自由。文化的自由就是要容納異己的思想，各種不同的藝術作品以及無限豐富的生活格局。文化自由協會在巴黎舉行的藝術節，就是在藝術各領域中以包羅萬象的姿態向極權的世界炫示民主社會藝術文化的自由與蓬勃，在繪畫展覽會包括了蘇

(下轉第31頁)

論英鎊之將來(上)

劉國增

英國及其他英鎊區之國際貿易額佔世界貿易總額百分之四十，而英國又爲英鎊區之銀行，所有其他英鎊的國際貿易支付均使用在英國所存之英鎊餘額。換言之，卽以英蘭銀行爲淸算機關。因之英鎊不但爲英鎊區之通用貨幣而且爲英鎊區國際貿易支付之媒介。故英鎊之是否自由兌換黃金美元，不但關係英鎊區本身，而且影響世界貿易至深且鉅。我們必須注意觀察，詳加研究。按一般經濟學者意見：以爲英鎊之能否自由兌換端視英鎊之黃金美元基金之是否充足，而黃金美元基金是否充足，又以英鎊區的國際貿易之盈虧、國際經濟是否合作爲轉移。故斷定英鎊之前途如何，必先將英國國內各項財政經濟措施、國際收支平衡情形、以及國際經濟關係詳加研究，然後方能得一結論。茲分陳如下：

一

一九三一年世界經濟發生空前恐慌，英國首當其衝，乃於是年九月首先領導英鎊集團放棄金本位，但對於英鎊外滙之使用並未加以限制。蓋在一九三九年世界大戰以前，英國國外投資收入、航運收入、以及其他勞務收入均甚夥，益以南非洲等英鎊集團國家黃金產量甚鉅，對美貿易亦有盈餘。當時英國貿易對美國、加拿大雖仍缺欠，但對於其他英鎊區則頗盈餘。因之對美元區之缺欠可以英鎊區的盈餘彌補，故國際收支尙稱平衡，英鎊基金亦不感缺乏，英鎊在國際貿易仍居重要地位。及乎大戰終結，英國海外貿易一落千丈，所有投資、航運等無形收入，均較戰前銳減，其他英鎊區對美元區貿易亦復缺欠，因之他們的國際貿易淸算時，對英鎊所施之壓力亦與日俱增，英鎊基金在戰後初期亦日形減少。乃至一九四七年英鎊區美元缺口 dollar gap 至四十一億三千一百萬美元之多。當時美元外滙相繼逃避，英鎊兌換 convertibility 發生絕大風潮。爲應付此種危險局面起見，英國乃向美國、加拿大及國際貨幣基金大量借欵。借欵總數約爲三十五億美元，借欵目的在試辦英鎊自由兌換。除借外債外，又動用外滙基金六億二千萬美元。截至一九四七年底，英鎊外滙基金僅爲二十億零七千九百萬美元，不但英鎊自由兌換目的不能達到，卽國際貿易美元支付亦發生絕大問題，如非一九四八年歐洲復興計劃 European Recovery Program 開始，英國恐不易渡此難關。及至一九四九年初美國不景氣發生，英國國外貿易更大受影響，美元缺口達到每年平均數十九億二千四百萬美元之多，英鎊基金減少二億零五百萬美元。殆至該年夏季，因英鎊投機關係，英鎊區美元更爲減少，外滙基金減少至十三億四千萬美元，實無法應付，不得不於是年九月十八日首先領導英鎊集團國家將英鎊貶值百分之三十。換言之，卽英鎊美元之兌換率由四元美元兌換英鎊一鎊，降低至二元八角美元兌換英鎊一鎊。其貶值的目的在增加出口減少進口。至貶值之結果，則爲出口稍微增加，由美元區入口在一九四九年則較一九四七年減少一半。及至一九四九年底美國經濟不景氣現象行將解除，英國國外貿易大爲好轉，美元缺口大爲縮小，黃金美元基金地位益形鞏固。到一九五〇年初，美元不但不缺口反有盈餘，資金亦開始內流。同時英國海外無形收入亦有進步，其他英鎊區美元支出均日形減少，因之英鎊外滙基金地位更爲好轉。

自英鎊貶值後，英鎊區美元支付經過四個階段。第一個階段爲自英鎊貶值起至韓戰發生止。在這個階段，英國不但能將美元缺口堵住，而且並未增加美元區出口。其所以如此者，係因極力減少由美元區入口使然。爲實行減少由美元區入口計，乃於一九四九年夏季由政府管制入口，益以英鎊貶值後其他英鎊區國家貨幣亦相繼貶值。其他英鎊區貨幣貶值後，對美貿易亦有盈餘。此項盈餘可以彌補英國對美元區貿易缺欠。此種情形與大戰以前相同。不但此也，同時全英鎊區對非美元區的缺欠，亦賴其他英鎊區對美元區盈餘彌補，足見其他英鎊區對美元區的輸出已特別增加，因此英鎊黃金美元基金地位尙可維持。第二個階段爲自韓戰發生時起至一九五一年六月止。在此階段其他英鎊地區如馬來亞、錫蘭、澳大利亞等向美國輸出橡膠、羊毛、錫鉛等原料甚夥，收入美元甚鉅。因之在一九五〇年後半年，英國由對美元區的缺欠，一變而爲盈餘。其盈餘的數字爲一億兩千四百萬美元。同時美元資金亦相繼流入。蓋一般投機家預測英鎊將於一九五〇年秋增值，同時美國入口商亦預測英國貨物行將漲價，乃先期訂貨，以免受將來英鎊增值損失。在此期間英鎊區貿易不但對美元區盈餘，同時對歐洲支付聯盟亦盈餘六億三千五百萬美元。因以上種種關係致使英鎊區黃金美元盈餘增加甚鉅。由英鎊區貿易統計觀察：在一九五〇年十月至一九五一年三月之間，該項盈餘爲每年平均數十五億一千六百萬美元，打破歷史紀錄。因英鎊區美元數量增加如此之速，故馬歇爾計劃援英部份提前於一九五一年初卽行終止，較之原定計劃提早十八個月。自韓戰發生後，英鎊的黃金美元基金增加甚鉅。截至一九五〇年底連同美援在內共爲三十三億元，截至一九五一年六月底止共爲三十八億六千七百萬美元。第三個階段爲自一九五一年七月起至一九五二年六月止。在此期間因韓戰漸趨穩定，美國購買橡膠等原料數量大減，因之其他英鎊區美元收入銳減。同時英國存貨缺少，亟待入口補充。益以航運收入所有軍需用品因重整軍備關係，亦需要大量原料入口，所費不貲。益以航運收入銳減，英伊石油公司損失甚鉅，故國外無形收入在此期間僅爲二千五百萬鎊。此外又加上一九四七年美國及加拿大債欵已屆首次還本付息之期，付出美元甚鉅。不但此也，英鎊投機家又趁此時機，興風作浪，致資金逃避甚鉅。同時英國入口商加速支付美元貨欵，非英鎊區進口商延期支付英鎊貨欵，結果美元賬戶內所存之英鎊數目大減。因以上種種關係致使英鎊的黃金美元基金大爲減少。由英鎊區出入口統計觀察：在此期間英鎊區美元缺口爲每年平均數十五億七千八百萬美元，截至一九五一年底外滙基金減至二十三億三千五百萬美元。截至一九五二年六月止更減少至十六億八千五百萬美元，幾與一九四九年的數目相等。第四個階段：爲自一九五二年七月起至一九五四年三月底止。在此期間英國財政部長費特勒 Butler 鑒於國際收支之每況愈下，乃實行新財政經濟金融等政策，以打擊通貨膨脹，平衡國際收支。同時又與其他英鎊區國家加入歐洲支付聯盟 EPU，並與英鎊國以外國家加强經濟合作，結果成績頗佳。茲將各種政策略加陳述如下：

一、財政政策：1.節省政府開支，使線上 Above the line 經常收入足以彌補線下 Below the line 資本開支。2.延緩重整軍備計劃。軍費預算佔全預算三分之一，影響歲收，助長通貨膨脹，至深且鉅。現延長重整軍備年限，減少政府每年開支，直接可以遏止通貨膨脹，間接可以平衡國際收支。3.減少民事開支 Civil expenditure，如減少醫藥開支少許，減少糧食津貼百分之四十是也。4.提高新興工廠設備免稅 Exemption 額以鼓勵生產。二、經濟政策：1.增加出口，減少入口，尤其是增加美元區出口減少美元區入口，以增加英鎊外滙基金。2.減少國內消費，凡可出口物品儘量出口，以爭取外滙。3.儘先將稀少原料配予出口工業以增加出口。三、金融政策：1.提高英蘭利率至年利百分之四，以限制商業銀行信用。2.放棄英蘭銀行短期庫券低利率年利百分之½的釘住政策，以與英蘭銀行高利率政策配合。3.規定消費借欵分期付欵辦法，以限制消費信用。4.規定資本發放辦法以限制信用。5.採取有伸縮性的外滙政策，以應付國際非常變化，免影響英鎊外滙基金。英國除在國內採取以上各種措施外，又自一九五二年一月起與其他英聯邦國協商，對於增加出口減少入口，遏止通貨膨脹等問題採取同一步驟，以期英鎊區與非英鎊區收支平衡，尤其是與美元區平衡。結果英鎊一反外流之傾向，反向內流，國際收支亦日漸好轉。截至一九五二年底英鎊黃金美元基金增加至十八億四千六百萬美元。及至一九五三年因工業生產打破空前紀錄，各種工業品出口較之一年前增加百分之十。因之到該年年底，外滙基金又增加六億五千二百萬美元，共爲二十五億一千八百萬美元。及至今年三月底又增加至二十六億八千五百二十萬美元，打破一九五一年十一月以來紀錄。查英國與其他英鎊區國家自一九五三年十月以來，因美國不景氣關係，出口均形減少，而外滙基金反而增加者，其原因係由於蘇俄自一九五三年九月起陸續向英國運送黃金使然。由第二次大戰以後英鎊外滙基金消長情形觀察：我們知道英鎊之國際地位之所以尚可維持者，除努力增加出口爭取美元外，其所依賴者：㈠與其他英鎊區國家經濟合作，㈡與歐洲支付聯盟國家經濟合作，㈢與丹麥挪威等國訂立支付協定，㈣向美國、加拿大借欵，㈤向國際貨幣基金借欵，㈥依賴美國經濟合作總署援助。總而言之，即須依賴國際經濟合作。

二

先就英國與其他英鎊區國家外滙關係加以研究：在一九一四年以前，因英鎊爲國際貿易通用貨幣，信用卓著，可普遍自由兌換黃金，故有很多國家亟願與英國爲貨幣貿易聯繫。他們將很多的出口先售予英國，再由英國轉售其他國家。當時有很多國家資本之來源依賴倫敦市場。他們的銀行均在倫敦存有頭寸，並存有重貼現票據。及至一九一八年第一次世界大戰終止，英國努力重新樹立英鎊的國際地位，實行抽緊銀根政策。其結果到一九二五年恢復戰前英鎊黃金比價，國外貸欵業已恢復大半，國外資產數額已達到戰前水準，但大多數資金均投在英聯邦國。及至一九三一年九月取銷金本位，繼之以英鎊價值低落。此時英聯邦國面臨兩種抉擇：(加拿大南非洲除外)即使用黃金或仍維持英鎊是也。幾經磋商，最後決定仍維持英鎊。及第二次大戰發生，倫敦首先成立管理外滙機構，其他英鎊區亦相繼成立該項機構。從此以後，英鎊區加緊聯繫，成立正式管理英鎊機構，制定管理條例，並有各種不成文慣例，此爲英國統制外滙之始。按此項管理外滙規定：凡對於英鎊區以外之居民，非得財政部之許可不得支付外滙。其他英鎊區亦有此同樣規定，但無中央統制指示機關統籌全局，不過關於管理詳細辦法彼此互相磋商而已。同時以美元爲稀少貨幣，對於戰事關係至爲重要。使用時宜採用戰事第一主義，不可浪費。爲節省美元支付起見，乃將各英鎊區所得之美元外滙集中倫敦，以便用於優先使用地方。因戰事關係成立美元總庫 dollar pool，迄今仍適用之。英國及其他英鎊國家因戰事需要，組織管理英鎊機構，不但對於全英鎊區有利，而且對於英國更有好處。蓋英國在大戰期間，由其他英鎊區輸入戰略物資甚多，所有價欵淸算後無力支付時，即將英鎊餘額存入各該英鎊區國家帳戶內。同時支付貨欵時，不用黃金，亦不用美元，而用不自由兌換的英鎊 Inconvertible sterling。此種支付辦法沿用日久，即變成英鎊區的定例。因之英鎊之持有，按照慣例亦成英鎊區國家應有之責任。除上項定例外，再加美元總庫原則。結果演變爲：1.英鎊爲英鎊區通用貨幣，可以自由流入其他英鎊區。2.無論其他英鎊區國家國外貿易收入來自英鎊區，或非英鎊區，均須收受英鎊。3.其他英鎊區與非英鎊區交易所得之美元外滙均須存入倫敦美元總庫。4.其他英鎊區與非英鎊區交易缺欠時，即由倫敦美元總庫支付美元。5.其他英鎊區在倫敦美元總庫所存之美元頭寸不足時，即動用在英蘭銀行所存之英鎊餘額。6.其他英鎊區與英國交易缺欠時，亦可動用英鎊餘額。倫敦既爲英鎊區美元總庫，故英國必須以美元支付他們的對外貿易缺欠。其他英鎊區在戰後除一九五〇年至一九五一年六月外，對於非英鎊區貿易均係缺欠，故不時動用美元總庫所存之美元外滙。此種現象爲戰後英鎊地位不穩定的最大原因。英國既爲英鎊區之銀行，故在自己國際收支平衡後，又必須使其他英鎊區收支亦平衡，方可使英鎊地位穩定。此項問題爲英國戰後最難解決之問題。

其他英鎊區包括英鎊區獨立國家及英國殖民地兩種分子在內。英鎊區獨立國家的英鎊餘額在一九四一年底爲四億六千萬鎊，及至一九四五年底則增加至二十億零七百萬鎊。英國殖民地的英鎊餘額在一九四一年底爲二億零五百萬鎊，及至一九四五年底則僅增至四億四千七百萬鎊。從此以後，其趨勢則正與此相反，即殖民地英鎊餘額繼續增加，至一九五二年底，其數目已達到十億零六千五百萬英鎊。而其他英鎊區獨立國家的英鎊餘額，在此期間則減少四億鎊，即截至一九五二年底僅爲十六億零三百萬鎊。此種情形對於英國頗爲有利。蓋英國殖民地的國外貿易由英國統制，殖民地持有之英鎊與英國所持有者無何分別。至其他英鎊區獨立國家所持有之英鎊餘額數目的減少，則可使動用英鎊餘數目亦因之減少。此種現象爲英鎊自由兌換前途放一線曙光。

其他英鎊區自一九五二年起即發生英鎊缺乏現象。其原因：一由於由英國入口增加，其增加之價值超過英鎊流入之價值。二由於英國利率提高後資金流出減少。蓋英國在一九五二年以前爲世界資金利率最低國家，各國需要資金時多向倫敦市場籌措。其結果英鎊外流甚鉅。自英國銀行利率提高後，在倫敦銀行借欵即不像以前那樣容易，那樣合算，因之資金外流頓形減少。英國爲其他英鎊區資金供給者，又爲其他英鎊區外滙銀行。惟有提高利率、限制銀行信用，方可使資金不易流入其他英鎊區。流入其他英鎊區資金減少後，其他英鎊區英鎊缺乏，無力購買美元貨物，故動用美元總庫外滙基金之處亦因之減少。此種現象對於英鎊自由兌換前途大有裨益。

英聯邦國爲謀取經濟合作，以期達到英鎊自由兌換起見，曾四次舉行財政部長會議。第一次會議係一九五一年九月召開。在此會議中曾將一九四九年夏季英國與其他英聯邦國間之協定，加以修改。按此協定，係彼此同意將美元貨物入口按一九四八年價格減低至百分之七十五。惟至一九五〇年入口價格高漲，百分之七十五之規定業已失效，故必須修改，使美元貨物入口更爲減少。又各國公認有重新建立黃金美元外滙基金之必要，爲達到此項目的計，必須極力節省美元開支，增加美元收入。第二次會議係一九五二年一月舉行。在此會議中共同決定，設法阻止英鎊流入其他英鎊區，以便英國以有用之資源開發非英鎊區出口貿易，以爭取外滙。又彼此同意採取同一行動，謀取對非英鎊區收支平衡，尤其是對美元區收支平衡，以期達到英鎊自由兌換的理想目的。爲達到此種理想目的着想，必須循序漸進的造成一種英鎊自由兌換環境，使之水到渠成，並可使此自由兌換好結果永久維持。在達到此理想目的以前，又必須重新建立英鎊區黃金美元基金。又在閉會宣言中聲明英鎊區資源不敷應用，必須依賴非英鎊區國家投資方能開發實業，故與其他國家經濟合作實有必要。第三次會議係一九五二年十二月舉行。在此會議中，其他英鎊區國家均同意設法遏止通貨膨脹，並實行財政投資開發等政策，以期直接間接達到國際收支平衡理想目的。又爲達到英鎊自由兌換計，尤須對於實際問題與美國磋商，以免徒託空想。英國並同意再向其他英鎊區多投一點資本，以便開發，但有一個條件，那就是其他英鎊區須利用此項投資使國際收支平衡。以上三次會議均在倫敦舉行。至第四次會議則於一九五四年一月在澳洲雪梨舉行。在此會議中均主張擴大世界貿易，以便英鎊自由兌換。爲達到此項目的計，必須所有英鎊區國家特別努力，與非鎊區國家從事貿易競爭，此係就積極方面而言。至消方面，則必須保持現在已竟有的黃金美元基金數量，使之不再減少。爲加强英鎊區國家國際經濟地位起見，必須加强各英區國家自己的經濟地位，尤須注意實行自由貿易政策，蓋自由貿易爲英鎊自由兌換的先決條件也。爲開發英鎊區資源計，歡迎國際投資，尤希望國際貨幣基金予以財政援助。美國總統艾森豪主張開放國際自由貿易，提請國會通過該項議案。一九五三年英鎊區國家對於自由貿易甚爲努力，更須進一步努力，以便英鎊自由兌換。就英國與其他英鎊區與英國經濟關係觀察，我們得到三個結論：1.在第二次大戰時如不是其他英鎊區與英國經濟合作，實行管制英鎊外滙，並允許英國保留他們的英鎊餘額，恐怕英國的美元外滙早已枯渴，無法購進軍用品從事戰爭。2.在戰後數年間如不是其他英鎊與英國經濟合作，限制美元貨物入口，增加美元貨物出口，並盡量減少動用英鎊餘額，恐怕英鎊黃金美元基金早已用盡，英鎊的國際地位早已無法維持。3.其他英鎊區國家經濟落後，自己的資本不足開發資源，必須依賴國外投資，因之欲維持英鎊之國際地位尤須國際經濟合作。

三

再就英鎊集團與歐洲支付聯盟經濟關係觀察：歐洲經合總署爲使歐洲經濟合作國家間的貿易多邊化，並使他們貨幣彼此可以自由兌換起見，乃於一九五〇年六月，組織歐洲支付聯盟。European Payment Union: EPU 此種組織較之一九四八年十月成立之歐洲支付協定 Intra-european Agreement 更進一步。蓋支付協定係雙邊協定，雙方貿易有盈有虧，盈餘國家居債權地位，虧欠國家居債務地位，債權國予債務國一種透支權利，此項透支基金係由經合總署 ECA 供給，其目的在資助債權國，以免蒙受損失。查歐洲支付協定以雙方協定溝通歐洲貿易，範圍太狹，不能發生多邊清算作用，對於貿易缺欠國家缺乏鼓勵性，不易達到原來付予的任務。故於一九五〇年六月底卽行停止，改組爲歐洲支付聯盟。歐洲支付聯盟係採多邊清算辦法。凡加入聯盟的任何一個國家均可與其他聯盟國從事貿易清算。其辦法：各聯盟國每月將其對其他聯盟國的貿易盈虧數字，報告他們的代理清算機關——國際清算銀行 Bank for International Settlements。由該銀行代爲總結算。總結算後，決定各會員國純盈餘純缺欠數目，並由聯盟規定各會員國最高總盈餘比額及最低總缺欠比額，以便清算。至清算辦法則爲：A、各會員國可利用雙邊協定期間未結清的餘欵，償還此項缺欠。B、利用開始負債額 initiative credit or debit balance 抵銷此項缺欠。所謂開始負債額者，卽在支付聯盟成立第一年預計某些國家交易清算後行將缺欠，允由聯盟規定負債數額。在此數額以內，缺欠國家暫不用黃金支付。與負債額相反者則爲記帳地位 debit postion，所謂記帳地位者，卽盈餘國家盈餘之數在記帳地位範圍以內者，暫時記帳，不取黃金，此項盈餘由經合總署予以美元援助。C、利用特別資源支付缺欠。當支付聯盟第二年清算工作開始之時，凡繼續對聯盟虧欠國家，其虧欠之數由美國政府代爲補償。D、各會員國的純盈餘純 缺欠除用以上三種方法調整外，其餘則用黃金及信用結算。所謂信用者，又可從兩方面觀察：一爲盈餘國家給予聯盟的信用，卽盈餘之數，暫時記帳不取黃金。一爲聯盟給予缺欠國家的信用，卽缺欠之數，暫時記帳不支付黃金。惟盈餘及缺欠之數不能超過比額五分之一，超過五分之一時卽須支付黃金。

英國在加入歐洲支付聯合之初，惟恐其他會員國利用已往存有之英鎊餘額在聯盟清算，致英國蒙受美元損失。後英國得到經合總署保證，如有此種情形發生時，所有美元損失由該署保付，始行放心。又支付聯盟預計英鎊區國家將來清算時必定缺欠，故於成立時卽規定英鎊區總負債額，以免大量動用英鎊外滙基金。

英國在支付聯盟居極重要地位。它的比額包括其他英鎊區在內，佔支付聯盟總比額四分之一，所有會員國間的貿易四分之一是以英鎊行之。就支付聯盟成立後各會員國清算情形觀察：英鎊區在聯盟中所佔之地位已數經變遷。在加入聯盟後十個月內英鎊區支付盈餘數爲六億八千七百億美元。此後十六個月期間又缺欠十六億六千六百億美元。至其缺欠之原因可以下列三種事實說明：㈠歐洲支付聯盟成立後其他會員國貨物輸入英國較多。㈡重整軍備後其他會員會向英國輸出軍需品較多。㈢其他英鎊區自一九五一年六月起輸出原料價格大跌。㈣西德實行入口限制。㈤荷蘭及西德兩個國家在歐洲市場上競爭力量驟然強大。惟自一九五二年十二月起英鎊區在聯盟清算後又有盈餘。其原因則爲：㈠英鎊區國家因國際收支不平衡重新恢復入口限制。㈡各英鎊區國家幣制較以前穩定。㈢英國自一九五二年八月起 將美元區入口貨物再轉出口 至其他會員國。由於以上三個原因，故英鎊區對支付聯盟之總缺欠，屆至一九五三年六月底止，由一九五二年八月底之十二億二千二百萬美元，降低至七億六千四百萬美元。換言之，在十個月期間共減少四億五千八百萬美元。此缺欠數目按照支付聯盟負債額之規定，可不支付黃金美元。因之自一九五二年十二月起至一九五三年六月止，英國雖仍爲支付聯盟一個大債主，但可支取三億五千萬美元。此項收入幾佔此期間中 英鎊黃金美元 基金增加數之半，對於英鎊自由兌換前途，裨益匪淺。

總之，英鎊區國家加入歐洲支付聯盟後所得的益處有三：㈠因支付聯盟採取多邊貿易政策，英鎊區的貨物向會員國輸出不受特別限制。因之輸出增加，外滙收入亦隨之增加。㈡英鎊在會員國間自由兌換，使用便利，故英鎊區貨物容易輸出，其他會員國貨物亦容易輸入，貨物暢通，外滙收入自然增加。㈢因歐洲經合總署供給歐洲支付聯盟週轉金三億五千萬美元，以便規定負債額。此項規定對於英鎊基金之增加大有好處。

（未完）

小啓

本刊上期曾刊胡適之先生一文，介紹沈宗瀚先生所著之「克難苦學記」。刊出以後，讀者紛來洽購。查該書係由正中書局出版，定價臺幣九元，坊間已有出售。特此敬告讀者。

本刊編輯部啓

傑克不會成個呆孩子！

——美軍生活之四——

辛之魯

柏拉圖說：「快樂是人生的目的。」人生雖苦，但人却有一種擺脫痛苦而追求快樂的本能。美國獨立宣言裏認爲「追求快樂」(Pursuit of happiness) 是上帝賦予人的一種不可侵犯的權利。我們由這一點可以看出美國人對快樂多麼重視！

在共產極權國家裏，人，變成了機器，整天不停的轉動，統治階級驅使人民像牛馬一樣的工作。如果稍一怠慢，統治階級的爪牙——秘密警察便會將你秘密逮捕，生死莫卜。在這樣的環境裏，人的生之樂趣蕩然無存了。人好像生活在浩浩乎萬里無垠的沙漠上，看不到一點綠洲，這樣的人生還有什麼意味？

西方有一句諺言：「祇工作而不玩，傑克會成個呆孩子。」(All work and no play makes Jack a dull boy.) 這句話雖是指孩子而言，但這句話又何嘗不能應用到成年人身上呢!?我常想：美國人對人生的態度是追求快樂，而東方人則是教人忍受痛苦。美國人懂得如何追求快樂，也會享受快樂。在美國人自認爲「最不民主的」美國軍隊裏，他們也不忘記追求快樂。工作之餘，軍人們都有充分的時間盡情玩樂，以鬆弛神經，減輕精神上的負擔，增加生活的情趣，決不是每天重覆演奏着工作、吃飯、睡覺的「三部曲」。

美軍中有各種娛樂設施——球場、游泳池、俱樂部、電影院……。

在日本美軍專用的電影院，我無法統計有多少，僅就東京一個地區而言，也不下七八個。一般軍人常去的有 Ernie Pyle 電影院、遠東空軍電影院等，這些電影院的設備都是近代化的。坐位舒適，聲音清晰。夏天有冷氣，冬天有暖氣。美軍電影院不僅放映電影，有時還表演美國的歌劇、舞蹈或擧行音樂會。在這些電影院裏，從開演到散場，除了有值得笑的情節，大家放聲大笑幾聲外，闃無聲息。電影院內是禁煙的，三年來，我沒有看到一個人吸煙，把場內薰得煙霧迷濛。他們在走廊吸煙，進場之前一定將煙熄滅。這種重公德的精神已蔚然成了一種風氣！

美國軍人常說：「有美國軍隊的地方，就有俱樂部。」無論是在前方或是在後方，只要有美國軍隊，他們一定先建立一個俱樂部。他們的俱樂部都是美國風的 (stateside)，這樣可以使他們感到家鄉風味，而減少他們在異國思鄉之苦。任何美軍旅館或兵營，一定有一個美國風的俱樂部，俱樂部裏有舞廳、酒吧、餐廳、彈子房和小型閱覽室。就以我住的美軍旅館而言，舞廳佈置相當富麗堂皇，紅綠燈光適度，沙發椅子，潔白的桌布。微笑的日本侍女，穿着淡藍色的衣裙，服務親切而週到。舞廳每天傍晚開放，除了星期一沒有樂隊外，其他六天都有樂隊伴奏，每天樂隊不同，今天也許是夏威夷樂隊、明天也許是女子樂隊，後天也許是其他什麼樂隊。東京美軍機構全都是一星期工作五天（四十小時制），星期三和星期六都是工作半天，下午休息。所以這兩天的晚上，俱樂部裏都有特別節目，有地上舞蹈 (floor show)，表演歌舞、大腿舞或脫衣舞 (Strip tease)。脫衣舞雖然比較引人注目，但是並沒有影響軍隊的善良風氣，大家看過，一陣笑聲或一陣掌聲，如是而已。這也許是「常見所欲，使心不亂」的原故吧！地上舞蹈表演過後，隨着悠揚的音樂，大家又狂舞而至深夜。

有時，偌大的一個俱樂部，却只有三、五個人，冷冷清清。其他的人或去咖啡室聽古典音樂，或去看電影，或在自己的房間內讀書、聽收音機、或是玩弄他自己心愛的東西，度一個安靜而滿足的晚上。美國人多半有他們自己的嗜好——集郵，收集人形、飛機模型、火車模型等。有人甚至於將火車或飛機發明以來的各種類型都搜集齊全。當一個人獨自在房中，或和同嗜好的朋友在一起，撥動了心愛的小火車的電扭，凝視着它在小軌道上馳騁，年青的心也隨着那小東西的震動而快樂的激盪。此情此景，豈是一般爲赤裸裸的生存而掙扎的東方人所能享受的!?

感恩節和聖誕節，在美國人眼中，是兩大節日，尤其是聖誕節，無論是在後方的兵營和旅館，或是在前方的戰壕裏，都是一片狂歡。在那天全世界各地的美軍都有火鷄吃，因爲聖誕節沒有火鷄，在他們看來就好像不成其爲聖誕節了。記得一九五三年的聖誕節前，載運火鷄開往意大利的美軍供應船，中途發生意外而沉沒，於是美國陸軍部特派專機趕運火鷄到意大利，以便駐在意大利的美軍在聖誕節時都有火鷄吃，這說明美國人是重視每個人的生活情趣的！

我在美軍中兩度聖誕，雖然是在韓戰打得最緊張的時候，他們也不忘記這種生活上的點綴的。每逢十一月初，美軍 P.X. 就有大批聖誕禮物和與聖誕節有關的用品運到，任你採購。軍郵局 (APO) 貼出通告，告訴你寄往美洲、歐洲、亞洲、澳洲或非洲親友的聖誕禮物，用航空郵寄或用船郵寄必須在那天投郵，如果你在規定以前投郵，他們保證在聖誕節前你的親友會收到你的禮物。

聖誕節時，在遠東美軍兵營裏、旅館裏、俱樂部裏、辦公室裏，都有美麗的聖誕樹，並佈置得五光十色，洋溢着一片佳節的氣氛。聖誕前夕，所有美軍兵營或旅館的俱樂部，都有舞會和特別娛樂節目。大家戴着紅紅綠綠的高紙帽、吹笛子、放爆竹。有時大家起立高歌"Joy to the World""Silent Night"或"O Come, All Ye Faithful"。俱樂部的門口會貼出一張通告：「歡迎作聲」，請你大笑大叫。記得去年的聖誕前夕，我和一位美國朋友泰勒坐在俱樂部一個桌子旁，邊談邊飲，忽然俱樂部的經理報告：「汽球裏有各種彩卷，現在開始搶彩！」他隨即把汽球放出，飄滿了一屋，二百多人，你搶我奪，夾雜着狂歡的笑聲。我坐位旁邊的泰勒已六十歲，但是他卻不落人後，搶得滿頭大汗，氣喘如牛。他看我坐着不動，走過來問我：「為什麼不來湊興？」我淒然的笑了笑。看到他們這種活潑快樂的神情，我覺得自己已經老了！多年的苦難、憂患使我的心情已超越了我的年齡，我已不知道快樂是什麼滋味，我慚愧，但我卻欣賞他們這種年青的心情！

美國人抓住任何機會尋求快樂，但是他們在自己尋求快樂之餘，卻不忘記給別人快樂。他們在聖誕節前，捐贈許多東西，送給日本的孤兒院、貧窮的人們，或遙寄給受戰火摧殘而無依無靠的韓國孤兒。聖誕日他們還邀請一些貧窮的孩子們和他們共度聖誕，分享聖誕愉快的氣氛！

一九五三年十二月二十日的太平洋星條報有一則小消息，那則小消息的標題是：「孩子們的禮物使要人們延遲動身」(Boys'Gifts Delay VIPs)。國務院的一位官員楊格 (Kenneth Young) 在韓國，聖誕節前，楊格的太太送給她丈夫的聖誕禮物準備隨聯合參謀首長會議主席雷德福和國務院助理國務卿羅柏森的專機運往韓國，這是楊格太太事先安排好的。但是出人意外，雷德福和羅柏森卻早十五分鐘上了飛機。當楊格太太和她的兩個小兒子在預定時間前幾分鐘到達機場時，飛機已經滑向跑道。她兩個小兒子失望得哭了起來，怕他們贈給爸爸的禮物不會在聖誕節前收到。當時，華盛頓國家機場的一個官員看到這情景便走了過來，知道了是怎麼一回事後，馬上用無線電通知在跑道上即將起飛的專機，並派卡車馳過機場將聖誕禮物裝上飛機。兩個小孩子乃轉啼為笑，聖誕老人是不會使爸爸失望的！舉手之勞，卻使一家四口有一個快樂的聖誕，我十分嘆賞這件「小插曲」所含的深切意義！

東京美軍到處有 P.X. 和小吃部，無論在任何軍事設施裏，都無需「愁」吃和用。在東京市中心區有 Ernie Pyle P.X. 和小吃部、遠東空軍 P.X. 和小吃部、大藏大厦 P.X. 和小吃部、電通大厦 P.X. 和小吃部……此外，還有一個車上餐館 (Drive in)，設在日本皇宮附近的皇宮山莊 (Palace Heights)。在這兒，你用不着下車，只要將車開在餐館前停下，將車燈一開，侍女便走來打招呼，然後送上刀、叉和你所要的任何飲料和食物。當你吃完之後，再把車燈一開，侍女便來收拾刀、叉和殘屑。美軍許多小吃部是開放廿四小時的，如遠東空軍司令部小吃部、立川機場小吃部、羽田機場小吃部……這是便利那些夜行的軍人，使他們不至於餓着肚皮奔波。

在日本的美國軍人，很多人有自備汽車。週末，他們便駕着汽車，帶着太太孩子，或是女友，去郊外風景區旅行。春天，櫻花盛開時節，他們穿着輕便的旅行裝，愉快的在柏油路上馳騁，在撩人心魂的櫻花樹下，歡度他們充滿了笑聲的週末。夏天，他們便去海濱洗海水浴或垂釣，或是駕着快艇在海中遨游。秋天，他們常去熱海、伊東、湯河原、鬼怒川溫泉，或去紅葉如火的日光，欣賞秋天的風光，或攀登富士山，或到湖沼地帶狩獵。冬天，銀白色的北海道或日本北部山區，也有他們滑雪的踪跡。

在各著名風景區，如箱根、日光、熱海、輕井澤等地都有美軍專用旅館。只要從東京打一個長途電話去，旅館就會為你將房間準備好。美軍旅館價錢便宜，而設備與餐食又完全是美國式的。在美軍裏，他們的政府無處不是為他們的軍人着想！

美國人有一種旅行的嗜好，在遠東服務的美軍人員，每年有十三天的休假，他們之中有許多人節省用費，為的是要去遠東各地旅行。他們多喜歡去香港、越南、緬甸、印度和菲律賓等地。

在韓國戰地服役的美軍官兵，每六個月到日本休假一星期（美軍俗語稱休假為 R&R，他們稱休假的官兵為 R&R boys）這些 R&R boys 在休假期間，盡情歡樂。美軍專設有機構幫助他們解決問題，舉辦團體旅行或引導遊覽東京。我所住的美軍旅館，就有三層樓專供從韓國休假的美軍和其他聯合國軍官兵住宿的。俱樂部委員會曾開特別會議討論如何使這些遠道來的 R&R boys 享受一個真正的休假，為了便利他們，小吃部從早晨六點鐘開到夜晚十一點；為了他們，俱樂部的娛樂節目變更，以迎合他們的口味；為了他們，俱樂部編印東京指南和本旅館設施說明。我碰巧是俱樂部委員會「忝陪末座」的一個委員，在會議中看到他們那種為別人設想的熱誠，實令東方人如我者感動。在一個社會裏或軍隊裏，人若能以這種誠意去為別人服務，這個社會或軍隊還會不好嗎!?

也許有人要問：美國軍人享受好，會玩會樂，這樣的「少爺兵」是不是能够作戰呢？我敢說：「他們不但能够作戰，並且是好的戰士。」就是當韓戰打得最緊張的時候，從韓國來東京休假的美國官兵，在東京享盡豪華，盡情歡樂，幾乎忘記了自己，但一星期休假過後，又背起粗布袋，高高興興地登上軍用巴士，到立川機場，飛向戰火迷漫的戰場！有時，我站在旅館門口，暮色蒼茫中，望着他們那風塵撲撲的背影，我不禁肅然起敬！

在這場奇異的韓戰中，雖然說是十六個聯合國家派遣軍隊，但是除美國外，其他國家所派遣的不過是象徵性的軍隊，數字小得可憐。在韓戰初期，韓國的軍隊早就潰不成軍，雖然在韓戰末期，韓國建立了一支自己的軍隊。但是，在整個韓戰期間，可以說是美國陸海空軍單獨作戰。他們以八、九個師的

（下轉第21頁）

民主的巴西總統費爾約

遠思摘譯

現任巴西總統費爾約（João Café Filho）象徵着巴西已與多事的過去斷絕，而將有一個更光明的今天。前任總統法加斯（Getulio Vargas）統治巴西有時像一個獨裁者，有時又像一個立憲總統，但他一直都是一個難以捉摸，陰險的唯我獨尊的領袖。今年秋天，一批高級將領警告法加斯，爲了國家利益，他必須自行辭職。法加斯因此自殺身死。費爾約乃由副總統而成爲總統。費爾約的性格與法加斯的完全不同，法加斯好高騖遠，而費爾約則認爲目前的問題比未來的大計重要得多。他對於複雜的策略和黨派政治的徇私都毫無興趣。他並不將所有大權總攬於一身，他是使政府中的人員同心協力的一致工作，而將實權授予他的部長們，並給他們堅强的支持。但由於憲法的限制，他的任期只有十四個月了。他最近曾說：『我十分知道我所遭到的時間限制。我不假裝着做一個創造奇蹟的人，我所要做的只是將普通常識應用到我的工作上。現在我並不要競選總統，我已經是總統。我不需要追求名望或是選票。』

×　×　×

在巴西，一個成功的政客可以不斷的有賺錢的機會，顯然的，費爾約却無意致富。他已五十五歲，但他無儲蓄可言，除了他的薪俸之外，無其他收入。他從一九四四年起，便住在里約熱內盧（Rio de Janeiro）的克柏加巴納大道上一個中等公寓內，他只住三間房子，却有五口之家：他，他的太太，他們的獨子，還有他太太的母親和妹妹。他做總統後，並未搬進凱泰蒂宮中華麗的總統官邸，仍住在這所公寓裏。這所公寓和該地其他大樓一樣，每隔一天才有水，因此，這位巴西總統必須將他的澡盆權當蓄水池，蓄水以備不時之需。費爾約說：『我的隣居們大大的失望了，因爲他們以爲和總統同住在一所房子內，他們會每天有水的。』

×　×　×

費爾約並未受過很高的教育，他未完成中學的學業。當他讀小學時，曾和其他三個小孩同坐一條櫈子。其中有一個現在是上院議員，另一個是一個保險公司的經理，還有一個叫李阿波的羅，現在是里約熱內盧的一個電車司機。有一天，他穿着天藍色的司機制服，去看凱泰蒂宮的總統。費爾約立刻認出他來，熱烈的擁抱他，並問道：『我可以在什麼地方幫你忙嗎？』這位電車司機說：『不，謝謝你，喬安，我只是要看看你，我很喜歡我的工作，這是一個穩定的工作。再過五年，我就要領一筆養老金而退休了。』李阿波的羅離去後，費爾約凝視着說：『我們四個人之中，他是最快樂的。他有一個穩定的工作，沒有煩惱。我沒有穩定的工作，却有許多煩惱，我的任期滿期後，我可能要找一個開電車的工作。在駕駛了國家這部車子之後，我應該容易駕駛電車了。』

×　×　×

當費爾約還不到廿歲時，他便開始向當地的報紙投稿，描寫窮人的苦境，那些文章都是有火氣的，並指出救窮是當前的急務。二十二歲時，他自辦了一個報紙。巴西東北部的報紙立刻轉載他指摘政治腐敗的激烈文字。有一天，一位被他攻擊過的政客來見他，將一張大鈔放在他的書桌上，費爾約却將鈔票用火柴一點，用以點燃了一根香烟。

×　×　×

費爾約當副總統時，他的唯一的工作就是主持上院的會議，這工作並不使他特別忙碌。他遊遍了南美、歐洲和近東。當他在里約熱內盧時，每星期有三天接見任何要見他的人。這件事他一直在做，現在則因當了總統比較忙，每星期接見一次。四年在中他接見了四萬多人。

今年夏天，由於有計劃的暗殺一家反對法加斯的報紙編輯而暴露了法加斯政府的紊亂與腐敗。軍方乃要求法加斯辭職，他却固執的拒絕了。費爾約並未沾染政府的腐敗，他向法加斯建議：爲了避免流血，他們應該一同辭職，並重新選舉。法加斯仍然不肯。費爾約說：『理智一點吧！法加斯，受損失的是我，你仍擁有你的牧場和你的錢財，你仍有機會恢復你的職位，而我將沒有工作，沒有一個錢。』法加斯對他的回答和對將軍們的回答一樣：『我只有死，才離開我的職位。』這位老人的話竟說中了（自殺）。八月二十四日淸晨，一個興奮的新聞記者敲門告訴費爾約，他成了巴西的總統。

×　×　×

費爾約對於巴西不僅是一個坦白而正直的榜樣，他還爲巴西建立了一個反對狹隘民族主義、反對徇私的政府。這個政府是努力的去解決國家的問題，而不是唸符咒趕走這些問題。巴西的一個下院議員說：『費爾約樹立了一個十分需要的榜樣：就是一個有着普通常識的誠實人，比一個具有魔力的人物對於這個國家更爲有用。』

——一九五四年十二月六日時代週刊——

自由對抗奴役

——中華民國四十四年一月十一日對大陸廣播——

雷震

我是雷震。我現在在中華民國中央政府所在地的臺灣，隔着臺灣海峽來和大陸上的父老兄弟姊妹們講話，內心感到非常難過。大陸同胞在共黨反人道的統治之下，已經五年了。苦難的時光，悲慘的日子，恐怖的局面，一時一刻也是難受的。可是，諸位一年一年的挨受，竟也挨過了五年的歲月！這五年當中，我不知道大陸同胞流了多少血，淌了多少淚！

現在，又到了天寒歲暮，風雪交加的時候，更使我們想起共黨統治下的大陸的苦況，我們知道在共黨清算、鬬爭、三反、五反、勞動改造、强迫或誘惑參軍等等暴政下，大陸已經成了人間地獄。老年人成千成萬地變成無依無靠的孤老；年輕少婦成千成萬地變成了寡婦；天眞的兒童成千成萬地成爲孤兒！原來幸福的家庭，成千成萬地被共黨拆散；原來安居樂業的工商業者，成千成萬地破產流離；工人農人的勞動所得，在一些好聽的名詞下，被共黨剝削得一乾二淨，到頭來，還是共黨政權的奴工和農奴。這些苦難，我想，我們所可想像的，當不及實際情形的萬分之一。

同胞們！共黨所以要給它統治下的人民這些苦難，是由於共黨把人民不當做「人」。把人民不當做「人」，這是共黨政權的特點。共黨這個特點，把人民不當做「人」的這個特點，諸位可以從親身受到的，親眼看到的一些事實得到證明。比方說，「人」是有思想的，共黨不讓你自由思想，它一定要你信仰馬列主義。「人」有口舌，是要說話的，共黨不許你自由說話，它要你做它的應聲蟲。「人」有兩脚是要行動的，共黨不許你自由行動，要出門你得申請路條。家庭是自由人私生活的堡壘，但共黨可以隨時到你的家裏來查訪，隨時可以到你家裏來捉人。共黨政權掛的是「人民政府」的招牌，實際上人民是工具，「政府」是目的，共黨是把人民當做工具，而不是把人民當做「人」的。把人民不當做「人」，是共黨的特點。認清共黨這一特點，是很重要的。認清了共黨這一特點，才可知道共黨爲什麼會有那些清算、鬬爭、三反、五反、勞動改造、思想改造、拆散家庭、破壞人倫等等反人道的暴政。

同胞們！我們在臺灣的人，尤其是從大陸上來到臺灣的人，眞是無時無刻不想念大陸上受苦受難的父老兄弟和姊妹。同時，我們也想到，大陸上的父老兄弟和姊妹，也正無時無刻不盼望我們政府早點反攻回來，把共黨政權打倒，讓大家可以過「人」的生活。說到這裏，我可告訴各位，中華民國的政府回到大陸的日子，不會太遠。世界局勢和臺灣的眞實情形，大陸同胞在報紙上是看不到的，看到的大都是共黨揑造的謊言。這些謊言，恰好是與事實相反的。我現在把世界局勢和臺灣的眞實情形，很簡單地報告一點。我相信，各位知道了這些眞實情形以後，更可相信共黨政權快被我們打倒了。

先說世界局勢：全世界反共的國家已經一天一天加强團結起來了。這許許多多的反共國家之團結，不僅是有利於我們反攻大陸，而且是對準共黨所依靠的蘇俄，到了一個適當的時候要給他以致命的打擊。最近我們中華民國和美國又簽訂一個條約，這個條約，我們知道，共黨正在大聲叫罵。由於它的叫罵，正可看出共黨的害怕。最近幾月來，共黨不是常常在叫「解放臺灣」嗎？他之大叫「解放臺灣」，正是他心中害怕臺灣反攻大陸。

臺灣這幾年來各方面的進步，我想，各位也許會知道一點。政治方面，各縣市的縣長市長及省縣市各級議會的議員都是直接民選的。因此，民主政治在臺灣已打好了基礎。經濟方面，自三七五減租到耕者有其田，臺灣只有自耕農，再也沒有佃農了。在這一轉變的過程中，地主拿出的土地是得到報酬的，不像共黨那樣殺害無辜的地主。軍事方面，士氣激昂，裝備充實。社會方面，安定繁榮，人人安居樂業。臺灣的進步情形，我不能在這個短時間的報告中詳細報道。總結說一句，我們中央政府所在地的臺灣是自由中國的基地，也是我們將來復國建國的示範區。臺灣是要以光明來照徹大陸共黨的黑暗；臺灣是要以自由來解救大陸同胞的奴役。舉例來說，我和一羣信仰民主自由的朋友，在臺灣辦了一個雜誌，叫做「自由中國」。我們這個雜誌，爲着促進各方面的改革，經常對於政府的施政加以批評。我們在批評政府的時候，絲毫沒有恐懼之心，這是由於政府方面不像共黨那樣剝奪人民的言論自由。去年十月十八日及二十日共黨新華社的廣播，爲要攻擊我們中央政府，曾斷章取義的兩次引用「自由中國」雜誌的文章。新華社這一做法，我們非常高興，因爲這正是告訴大陸同胞，臺灣的政治是民主的。這正是告訴大陸同胞，臺灣政治是尊重自由的。言論自由是其他各項自由的有力保障。有言論自由的地方，其他各項自由之得到保障是可想而知的。就憑這一點，大陸同胞對於臺灣的希望——反攻復國的希望，不久的將來是定會實現的。只有光明，才可驅除黑暗，只有自由，才可解救奴役。各位同胞，再見！敬祝諸位晚安！

西歐通訊

希臘與希臘人

龍平甫

(一) 神話與古蹟

一九五四年八月二十七日我來到希臘的米克奈(Mykenai)古城(中文根據英文譯爲「邁錫尼」)，憑弔荷馬(Homère)史詩「依里亞德」(Iliade)的英雄亞加美農(Agamemnon)王宮的廢墟。「依里亞德」告訴我們：公元前十二世紀希臘傾國傾城的美人海倫(Hélène)由於神的擺佈，被擄往小亞細亞的特羅依(Troie)城，於是希臘城邦組織聯軍，由亞加美農統帥，跨海東征，圍困特羅依城，戰爭十年，終於利用木馬內藏兵的奇計，攻下特羅依城，搶救了海倫。亞加美農凱旋回國，正不知禍起蕭牆，他的王后克里登奈斯特(Clytemnestre)在他出征時愛上埃格斯特(Egisthe)。亞加美農回宮後被他們謀殺，王子奧勒斯特(Oreste)爲報父仇，殺了他的母親。米克奈王國從此衰落，及至雅典與斯巴達爲爭霸權而戰時，米克奈王宮及城市已成爲廢墟，和亞加美農同時出征的另一希臘名王奧德賽士(Odusseus)，他在圍攻特羅依城時以足智多謀著稱，戰勝後取海道歸依大克(Ithaque)邦，卻在海上各島漂流了十年，遇了許多妖魔，發生許多神奇荒誕的事故，及至他回國時，他的妻正被人強迫改嫁，認識他的祇有老僕和老犬。他得知眞象之後，自然要對仇人施以報復。這是荷馬第二部史詩「奧德賽」(Odyssée)的大概。

童年時代曾讀了許多中文的希臘神話節譯本，今日來到亞加美農的故國，視察這個荒廢已三千餘年的王宮，及兩個巨大狀如黃蜂巢的陵墓，使我想起在童年時代所閱讀的希臘神說與傳說，更回想我的第一課歷史：大約在八歲時旁聽父親給姊姊講解馬其頓王腓力勃第二(Philippe II)教訓他的兒子未來的亞歷山大大帝的故事，而今浪跡天涯海角之時，卻似一葉飄萍被風吹到亞歷山大的故國，經過奧林比亞(Olympia)參觀宙斯(Zeus)古廟遺址，緬想公元四世紀前一千年中每四年舉行一次的全希臘世界運動會，來到斯巴達，則當年不可一世的軍國主義的斯巴達國已無遺跡留存，到還是旁邊的米斯特拉(Mistra)山坡上留下拜占庭(Byzantin)時代的許多修道院廢墟，成爲一般人巡禮的目標。然而斯巴達人的勇武給我們留下一件不可遺忘的事蹟，那便是三百勇士把守「熱門」(Thermopyles)抵抗波斯王薛西斯(Xerxès)的大軍因而全部犧牲的故事。波斯大軍侵入希臘，希臘人抵抗猶如以卵擊石，然而希臘人終於在公元前四九〇年戰勝波斯。今日遊客參觀雅典附近的古戰場，也許認爲與現代戰爭相比，波希之戰等於兒戲，然而我們不要輕視波希之戰，它決定了西方世界的命運。西方人認爲這是自由與極權的第一次大決戰，而自由獲得勝利。民主的雅典在此後發揮其光輝燦爛的文化，雅典成爲希臘文化的中心，到了伯理克理士(Pericles 499–429 B.C.)統治時希臘文化達到黃金時代。今日遊人參觀古雅典的文物遺跡眞有低徊流連不忍離去之感，然而這僅是雅典文化的一部份，雅典的文明及其聖賢哲士方是雅典所值得驕傲的。然而雅典的民主尚且不能容忍它所最值得驕傲的蘇格拉底。柏拉圖紀載蘇格拉底被判死刑從容服毒的那一幕，使人想到民主自由的雅典尚犯如此大罪，不自由的社會不知摧毀多少人才！雅典，我要問你，你如缺少蘇格拉底，不知要失去多少光輝。雅典雖有它的缺陷，它仍不失爲民主自由的鬪士，對當時的極權專制的波斯抵抗而獲勝利。說到極權專制，請看亞理斯多德對它怎樣解釋：

「我們曾說過專制政權保持權力的方法：即鎮壓那些超羣出衆的人們，置那些氣度大方的人們於死地，不允許人們共同飲宴友誼聚會，或作相似的活動，以避免這些足以產生高尚心靈及信任的習慣存在……它要公民應召出席，並使居民生活在大門口，俾能得知他們在作些什麼，並使他們因這種繼續奴役而習慣於心理上的卑賤。這些及其他類似的方法通用於波斯人及蠻族中」。亞理斯多德下結論說：「一般而論，專制暴虐大多是維持不久的」(政治學第五冊第九章)。

是的，暴政與武力在古今中外是維持不久長的。波斯帝國固然征服不了希臘，亞歷山大的帝國也不過是曇花一現而已。能傳之久遠的還是那些無赫赫之功的事業，如哲學、思想、文藝、美術、建築、彫刻之類。雅典之所以偉大，正是它在這方面有偉大的貢獻。今日希臘對世人的誘惑便是古希臘文物的遺跡與古城古廟的廢墟。希臘幾乎處處有遺跡，有廢墟，而這些遺跡及廢墟又往往與神話及傳說混淆糾纏。古希臘人將歷史傳說化，神話化，同時又將神話人性化，弄得人神不分，神話與歷史不分。如果你懷疑荷馬史詩「依里亞德」所述的故事，卻偏偏有德人史立曼(Schliemann)做天下人所不做的傻事發掘出特羅依城的廢墟。如果你因此相信「依里亞德」及「奧德賽」所說的一切，那又未免太輕信了。

(二) 希臘人的性格

如果一個民族的偉大文學作品的主角人物或其所描寫的足以代表一個民族的心靈的話，那麼希臘民族的心靈應由「依里亞德」及「奧德賽」表現。荷馬的奧德賽斯足智多謀，喜愛航海冒險，今日的希臘人仍崇尚這種精神，其所表現的便是航海與貿易。外國人與希臘人在貿易往還後獲得一些不良好的印象，認為希臘人放浪、說謊、不可靠、不願勤勞、不守秩序。其實這是不能一概而論的。希臘人中有其舉世聞名的企業家：例如，擁有世界最大量私人輪船船主奧納西士(Onasis 最近他和秘魯政府因領海權發生很大的糾紛)，美國影片業鉅子斯古拉士(Konstantin Skouras)有美國收入最高者之稱，第一次世界大戰期間的軍火大王查哈諾夫(Sir Basil Zaharoff)都是希臘人。他們都是出身寒微的第一流財閥。

希臘人的好經商航海實係受地理及歷史的因素所影響。希臘位於歐亞非三洲的交通孔道，島嶼羅列(島嶼面積佔全國面積五分之一)，良港衆多，天然的環境助長貿易，航海，與探險。希臘境內多山，雨少土瘠，農產品不能自給，一部份農產品及其他用品不能不部份的求之於外國，貿易遂是一種必要。因此希臘人成為歷史上第一個建立廣泛的海外殖民地的民族，他們曾在黑海及地中海沿岸建立許多殖民地。在歷史上希臘人自公元第二世紀被羅馬征服後，又被東羅馬帝國統治達千年之久，後來又被土耳其人統治了四個世紀，直到一八三〇年纔恢復獨立。一個在政治上不自主的民族往往在商業上找出路，從事貿易本是應付時勢，但時間一久，便成為希臘人的天性。因為經商不免助長狡猾，而希臘人並不以狡猾為壞事，而為聰明的表現，是一種遊戲與娛樂。在希臘如果你的詭計得售自然受人敬服，如果你識破對方的詭計，對方也對你佩服。不過你得了解希臘人的狡猾並不是陷害性的。不管希臘人的生活水準如何低於其他自由歐洲國家，希臘仍是歐洲盜劫案件最少的一個國家。

希臘人的商人性格雖在貿易上分文計較，一點不讓，但在其他方面卻很大方慷慨。例如希德拉(Hydra)島(在Peloponèse半島之東)的居民，在十八世紀之末及十九世紀之初，以破壞拿破崙的大陸封鎖走私貿易致富(以俄國的小麥換西班牙的黃金)，到希臘獨立戰爭時紛紛以窖藏的黃金購買戰艦，以爭取祖國的自由。數年之內，黃金盡淨。現今遍佈世界的兩百萬希臘僑民仍每年大量滙錢回國，捐建學校、醫院、公路、橋樑，與辦其他公益事業和接濟家族。但是希臘人的慷慨並不是富人專有，清寒人也一樣慷慨。在希臘小島旅行，你可能找不到旅館，有時得求宿農家，農民接待異國人，往往等於接待客人，有時因談得投機，主人不但不要宿費，而且會向客人送禮。希臘人待外國人如客人，「外國人」與「客人」在希臘文中是一個字，這恐怕是世界各語言中獨一無二的。希臘人對外國人初見面便會問長問短，由家世一直問到國家大事。西歐人看來這未免有點冒昧，但是希臘人卻以為這是親切關心的表現。

因為希臘人崇尚狡智，自然有取巧的傾向。希臘人認為「工作是必要的壞事」，他對「為工作而工作」是不了解的。因此一般人處家度日的辦法便是以最少的工作獲得最大的使用效能，運用狡智以求作最少的工作。許多希臘家庭陳設簡樸也許由於這個原因。我們在旅行途中看見一些在一九二二年土希戰後自小亞細亞遣送回國的希臘人，他穿的到還考究，但是住宅似給人以家徒四壁的印象(所謂壁也不過是蘆葦編成的)。他們這種生活是不是受了古希臘哲學家廸奧任(Diogène)的影響？我們知道這位哲學家反對一切社會禮俗，生活極為簡樸，四季赤足而行，住在寺院門口一個大缸中，有一天他看見一個小孩用手掬水而飲，於是擲棄飲瓢。亞歷山大大帝慕名而來，問他需要什麼，他回答說：「請你讓開我的太陽光」。廸奧任生活的簡樸視顏回有過之無不及。

狡猾的另一作用，便是希臘人對命運某種程度的反抗，以詭計逃脫命運的支配，如時運不利，希臘人可能不和命運對抗，卻守志待時，一旦時來運轉，則大肆活動，以求開展抱負。但是希臘人並不是一味遷就時勢與命運，因為在必要時他也能和命運對抗作孤注一擲的舉動。例如一九四〇年十月二十八日清晨三時意大利大使向希臘內閣總理麥大克沙士(Metaxas)提出等於要求希臘投降的最後通諜，同時意大利軍隊由阿爾巴尼亞侵入希臘。就當時意希兩國的力量相較，希臘是無法抵抗的。然而麥大克沙士將軍對意大利的要求答一個「否」字，全希臘人也和以「否」字，大家奮起抵抗意國的侵略。十月二十八日遂成為希臘人的「否字節」，成為希臘人的國慶。當我在希臘南部旅行時，經過特里波里斯(Tripolis)城時，即在附近山坡上看見一個很大的希臘文「否」字(OXI)。

希臘人對軸心國答以「否」字，不但表示他們的愛國，也足以表示他們對現實政治的關心。是的，希臘人對政治的興趣是很大的，他們並不認為政治是骯髒的事，政治上的風雲變化對於他們有似音樂上的抑揚頓挫一樣有趣。一件政治新聞可以利用口傳，轉瞬傳遍窮鄉僻壤，在咖啡館中希臘人的談話資料也往往涉及政治，在公共集會中作政治講演或宣傳的人可以以三寸不爛之舌使聽衆眉飛色舞，對其喝采。然而希臘的羣衆運動者並不能希望聽衆在講演之後仍舊保持聽講時所引起的效果，講演結束，聽衆又恢復其本來面目。即使一個堅執不疑的共產黨員也可以對一個「反動的」保王黨講演家喝采，雖然事後他仍相信他的共產主義。希臘人愛聽講演猶如他愛酒一般，然講演與酒對他所能麻醉的效力僅能達到他的愛美感，而不能影響他的身心。

希臘人愛談政治卻討厭政府，希臘人可說是一種無政府主義的個人主義者。他不樂意作任何政府的公民，其主要原因便是長期的受異族統治，而獨立後的希臘又成為英德法俄等國勢力角逐的場所。因此一般小民認為國家是外國人的，任何當權的政府在實際上都是無權力的。希臘人的反政府傾向也表現在司法上，風俗習慣及公共輿論的力量則大於法律規定。如果一個希臘人不遵守某些法律規定，可能被人視以爲榮，但若違反宗教誡規及社會禁制，則將因之招致大害。

現代希臘並未改變古代希臘根深蒂固的政治風氣。現代希臘仍不斷發生政潮、革命、叛亂、及獨裁。自第一次世界大戰以來，幾乎沒有一種政府形式不在希臘試驗過，而且有時試用到極端程度。自一九四五年以來，希臘換過二十幾個內閣，打破法國人的紀錄。政潮雖不時發生，希臘人却往往在招致混亂前五分鐘將它解決。比較安定的政府在本世紀中，共出現過四次：第一次是第一次世界大戰期間的老文尼策略士(Eleuthère Venizelos)政府，第二次是一九二八年至一九三二年間的老文尼策略士的再度統治；第三次是第二次世界大戰期間的麥大克沙士將軍內閣，最近一次是一九五二年十一月希臘大選，希臘人以五分之四的國會議席的多數擁護巴巴哥士元帥(Maréchal Papagos)上臺後所組織的政府。

希臘的政黨不能以歐西的標準來衡量。希臘政黨並不代表某種理想或利益，更不代表社團或階級，它們仍如三千年前以地域，血緣、家族、友誼、承襲、及人事關係而時常離合的組織。希臘政黨以人事爲中心而不以制度方案爲主題。政黨的核心是家族，家族是希臘政治的安定因素。在希臘政治舞臺上常出現文尼策略士，查爾大理士(Tsaldaris)，麥大克沙士及其他類似的姓氏。這些「政治世家」往往以政治爲行業，並且被一般人認爲合理。由於這些政治家族的對立方引起政治的不安，但因此也使獨裁不能在希臘長久維持。有人自然會說這些以家族爲核心的政黨是一種封建現象，但是希臘人却不以爲然。因爲在希臘既無貴族也無大地主，任何政治的門外漢都可因自己的努力建立其「政治世家」，同時選民於擁護某一政黨上臺之後便開始拆它的臺，這樣一來，獨裁與封建勢力是不能維持的。

希臘人的反國家性格，也可以解釋一九四五年共產黨在選擧中獲得百分之十選票的結果。實際上共產黨利用希臘人的反國家反政府的性格企圖建立史大林式的獨裁。在一九四六年至一九四九年的內戰並不是有產者與無產者的鬭爭，因爲雙方都有有資產者及無資產者參加，而叛黨更從難民中羅致不少的附和者，因爲自一九二二年土希戰爭以後，由小亞細亞遣送回希的半數難民(六十萬)被分配在希臘北部邊疆一帶，他們還未生根，便因第二次世界大戰捲入內爭的漩渦。

希臘政治雖因黨爭而不安定，但仍循着某種規律，即分裂爲相互敵對的兩派。在不久以前是小文尼策略士(Sophocles Venizelos)所領導的自由黨及查爾大理士爲首的人民黨，但到一九五一年却成爲巴巴哥士元帥及普拉斯蒂拉士(Plastiras)將軍爭雄的黨派，兩大政治勢力爭雄的現象可追溯至古希臘的雅典與斯巴達的對立；亦即表現希臘的雙重特性：大陸性的與海洋性的，或巴爾幹性及地中海性的，如果一派主張發展貿易，注重海洋，運用智慧，則另一派主張發展農工，加强陸軍，注重勤勞，前者是傾向英美的海洋派，後者是傾向中歐(德國)的大陸派。

今日希臘的另一安定因素是王室，雖然希臘人在過去對王室並不是無條件的接受。獨立後的希臘王室本來自德國的巴伐利亞，後來被驅逐，迎來丹麥王子作國王。第一次世界大戰以後希臘曾一度宣佈共和，後來又復辟。今日希臘已無共和派(海洋)及保王派(大陸)之爭，君主已成爲國家統一的象徵。一般人民對國王保羅(Paul)及王后腓德烈克(Friederike)很愛戴，尤其王后對人民發生很大的感召力，在內戰期間，有一次她到薩羅尼克(Saloniki)的一所軍醫院去訪問受傷的戰俘，最初那些共產黨戰俘對她報以仇視態度，但是經過一番親切撫慰之後，受傷的戰俘大受感動，於她走後將王后的肖像懸在病室牆上，放在走私帶進來的史大林像旁邊，雖然他們認爲王后是「君主法西斯主義」的化身。這個故事也表示：在希臘甚至走極端的共產黨徒仍未完全失去希臘人的性格：避免極端與過度。

一般而論，希臘人不愛極端與過度，希臘民族本來自寒冷的北方，住在風光明媚氣候溫和的地中海區。因此在希臘人的心靈中同時有嚴肅與輕鬆，進取與適中的氣質。德國學者愷薩林(Hermannvon Keyserling)於所著之「歐洲之分光研究」(Das Spektrum Europas)一書中，認爲希臘精神的特徵是樸質與明析。正是民族本源與地理環境的反映。希臘人富於理想，但不一定堅執到底，他可能在發現一個理想難以實現後，又追求第二個理想，結果想出許多空中樓閣，這也是外國人認爲希臘人靠不住的原因之一。

這種印象更因希臘人不守時而加强。在希臘旅行，你會發現火車輪船不按時間。如果你講究工作效率，你會在希臘大失所望，在希臘的大街及廣場上幾乎找不到標準鐘，教堂的鐘報時也不準確。許多希臘人帶着手錶，但是有三分之一的手錶不是不走，便是不準。如果你應約赴會，最好的辦法便是遲半小時去，因爲你遲半小時到，你仍可發現你的朋友會更遲半小時到達，不守時的結果便是辦事拖延。在希臘處事得有耐心，於事情遷延不決之時，你得安慰自己：「也許明天會解決的」。希臘人如果說：「請你等待兩分鐘」，這兩分鐘，可能是幾小時，也可能是一整天，但當你絕望的時候，事情會急轉直下，得到滿意的結果。

希臘人與希臘人辦理交涉，往往高聲講論，彼此間的對話，在外國人看來似在爭吵。城中的收音機在深夜仍大開着，其主要的原因是由於希臘人的外向性：既不能獨處，也不能過着有紀律的集體生活，他們的社會生活是一種大合唱，希臘人的社會性傾向使其更注重社會輿論，使他們在立身行事上不能不順應公論。

希臘人公論要求之一，便是男女

之間應有較嚴肅的社會關係，第二次大戰後的共產黨叛亂中，許多女子被共產黨帶走，後來她們雖恢復自由，但是父母往往對之閉門不納，王后的勸告也不生效，祇好由政府收容她們。由於戰爭及德軍佔領的關係，大城市的風俗已發生不少變化，但是其餘地方幾一如往昔。希臘的新郎對於一個不是處女的新婦有權退婚，如果他向同輩贊揚新婦，有人會問他：「她有無兄弟」？因爲希臘的風俗是兄弟監督姊妹的行爲，甚至有兄弟因姊妹行爲放浪、敗壞家譽而將其處死的事情。這種事情雖日益稀少，但在海島上較大陸上爲多。這種保障家庭名譽的殺人罪往往是幾年徒刑，刑滿後，他仍過着正常的生活不受歧視。

今日希臘女子仍愛唱蘇里(Suli)女子的歌。這支歌是一個歷史的悲劇。當希臘人爭取獨立時，土耳其軍隊在戰爭中企圖擄刼蘇里的女子，她們逃到面臨大海的一座高岩上，在上面高歌舞踏，歌畢由領隊的女子跳海自殺，接着由第二女子領隊歌舞後自殺，結果沒有一個女子被活捉到。

希臘的舞踏也可反映男女的社會關係。在土風舞中，男女分別排成兩個半圓圈，男子在前，女子在後，由爲首的一人領導舞踏，伴以悽涼幽怨的音樂。如他疲倦，則退居隊末，由第二人代替，如此類推。如男女合舞，也由男女各執手巾的一端而舞，希臘的舞踏可說代表一種教育，適度與秩序。

保障希臘社會秩序與安定，除希臘正教外，家庭也是一個很重要的因素。家庭不但決定配偶的選擇，同時也決定次等親屬的關係。家族的各份子間患難相助，疾病相扶，這種互助的關係是由族及戚，由戚及友，由友以及友人之友。因此，在希臘，社會人事關係成爲一個很重要的因素。一個希臘人如果沒有弄好這種複雜的人事關係便休想在希臘社會成功。這種複雜的人事關係的樞紐不在政府機關，也不在企業組織，而在市場(Agora)。說得更具體點，它在咖啡館(Cafeneion)。如果你要找市長、律師、工人，要打聽行情，作生意，最好的辦法是到咖啡館去。有些行業各有其特殊的咖啡館。你如找到「他們的」咖啡館，便能找到你所要見的人。對於希臘人，咖啡館是工作與交易場所，是同業公會，是辦事處。在咖啡館裏有人在那裏數着唸珠默思，有人在談政治，有人在作生意。總之，除了不許男女談情說愛外，咖啡館可說是任何活動的場所。希臘人不允許婦女在咖啡館活動，因爲他們認爲婦女是治內的。

希臘人的性格，希臘社會的特徵，以及希臘人的歷史，可說是反映大陸與海洋的相親與相仇。由此表現的是雅典與斯巴達的爭雄，以及這兩種精神在歷史上的消長。我們可以說：每一個希臘人有巴爾幹精神，與地中海精神。他是一個農夫，也是一個海員。希臘農夫保守，安命，沉靜，守秩序，愛適度，他不脫離家庭及社會，如遇危難可使他偏執，頑強，獨斷。希臘海員富於冒險，放浪，好遠遊，喜新好奇，獵逐幸福，遇事猶豫，但能屈能伸，愛投機，甚至以本人爲賭注。希臘人的性格可說由亞加美農式的與奧德賽士式的性格所代表，這兩種性格在希臘人的心靈中互爭雄長，永恆不息。

(三) 今日希臘的問題

希臘諺語說：「希臘與貧窮是姊妹」。當旅客在夏季由西歐到希臘，所得的印象等於由中國的東南到西北。希臘位於地中海氣候區，冬季多雨，夏季乾燥，一年中有六七月乾旱，陽光强烈，雨水不足，有時農民爲了灌溉橄欖樹，甚至要往返四小時以驢子運水。因氣候關係，植物以松柏橄欖，無花果及槲科等耐旱植物爲主，農作物以菸草、葡萄、橘柑、甜瓜等爲主。第二次世界大戰前幾年，希臘人開始種植水稻，引用地下水或河水灌溉，現稻米產量不但能自給而且可以輸出。棉花已足供本國需要。雖然如此，希臘仍是自由歐洲生活水準最低的國家。希臘面積雖有臺灣的三倍(一三〇二八九方公里)，但境內多山，可耕地祇佔總面積四分之一，而農業的發展又受：㊀雨水不足，㊁土壤貧瘠兩大因素所阻碍，故希臘一向由外國輸入不足的糧食及農產品。希臘人口雖祇有七百六十萬(一九五一年數字)。但仍感重大的人口壓力。解除人口壓力及提高生活水準之道在發展農業及工業。

獨立後的希臘，時起政潮，貽悞建設，故一直到十九世紀末期，希臘政府方從事大規模的工程，如開鑿柯林士(Corinthe)運河，建築鐵路，確立關稅制度，實行兩次農村土地改革以改善農民生活，結果收效不著。而自土希戰爭後還須收容一百萬以上的難民，使人口陡增百分之二十；另一方面，移民出國又受各外國嚴格限制。因難民及經濟問題，使兩次大戰期間的希臘政府力求經濟自足，其所採取的主要辦法是：㊀重新分配耕地，由一九二八年至一九三八年間可耕地百分之六十及牧場的百分之四十均被重新分配，以安插難民，半數難民因此獲得耕地，㊁一九二六年建立保護關稅制度，保護本國工業使之發展，並求安插一部份難民於工業。此外希臘政府也獎勵農業的發展，由一九二八年至一九三八年農工業產量各增加百分之八十。農業中以小麥增產最多，棉花次之，工業中以電力增產最多。紡織業的生產則佔工業生產的首位。因工業發展，人口漸向城市集中，希臘的城市人口由一九二〇年的百分之二十七增至一九四〇年的百分之三十七。因農業發展，進口的農產品由一九二八年的佔全部進口的百分之三十九，減到一九三八年的百分之二十九。棉織品輸入同時期由百分之十五減至百分之六。而機器與原料的輸入則比例增加。出口的內容無甚變化，菸草，葡萄乾佔全部輸出的百分之七十。因世界經濟不振，僑民滙欵漸減，海運收入及外資輸入減少，於是貿易入超加强。

第二次世界大戰及接着的共產黨叛亂使希臘元氣大傷，百分之廿五的住宅及百分之九十的鐵路運輸器材均被破壞。家畜減少一半，灌溉事業大受破壞。此外；㊀因連年饑饉使國民健康大受損害；㊁農村不安，難民向都市集中；㊂嚴重的通貨膨脹，物價上漲，政府曾大量拋售黃金，限制進口，仍不甚收效。自一九四九年戰爭終止以來，經濟漸趨好轉，通貨亦趨穩定，一九五三年四月，並實行希幣貶值，換發新幣，新舊幣的比值爲一比一千。現物價已趨穩定，生產大加恢復，但消費仍未恢復戰前水準。例如希臘人目前每人每年消費肉食爲十三四公斤，但一九三五年至一九三九年間則爲二十公斤。

希臘貿易入超。近年貿易進口以美國爲第一，英德意次之，出口以西德爲第一，英美意次之。因貿易入超，維持收支平衡爲希臘最大困難（見附表）。維持收支平衡的困難是：㈠

附表 希臘收支對照表（單位－百萬美元）

項目	一九三八年	一九四八年	一九五〇年	一九五三年
收入				
A 出口	九四	八九	八五	一二〇
B 服務及私人捐贈	五七	五六	五六	八六
運輸	Ⓐ	一八	三三	三一
外國旅客	七	七	五	一三
捐贈	二四	一一	一四	二九
C 賠償	—	六	二八	二七
D 外援	—	一九七	二六六	一〇五
收入合計	一五二	三四八	四三五	三三八
支出				
A 進口	一三一	三三七	三五三	三一八
B 他支出	二四	八二	九六	六四
運輸	Ⓐ	五五	五六	三七
國外旅行	四	四	七	七
投資收入	八	三	四	三
支出合計	一五五	四一九	四四九	三八二

（附註：Ⓐ一九三八年所列之運輸收入係純淨收入，不能與戰後運輸收入相比較，本表採自國際貨幣基金委員會之收支年鑑 Annuaire des balances des paiements）

出口品大都爲半奢侈品，如菸草之類，及不可靠的無形收入，以維持貿易平衡。戰後無形收入約等於生產品輸出值的百分之七十五，無形收入中以捐贈（以希臘僑民滙欵爲主）佔百分之四十，近年來滙欵回國日趨減少。希臘海運業雖甚發達，希臘人所控制的商船雖達八百十四萬餘噸（一九五三年數字），但在希臘政府註冊的祇有一百十四萬噸，其餘在巴拿馬、美國、里比利亞（Liberia），英國等國註冊。海運收入因此多存入外國銀行，而海員收入亦因此不能限於希臘人。旅行業收入固有可觀，但每年僅有十萬旅客，以視法意的每年幾百萬旅客實是小巫見大巫。㈢希臘每年農產品進口佔全部進口的百分之三十，農產品的不能自給，爲希臘收支不能平衡的主要原因。

目前希臘可耕地約有三百五十萬公頃，其中一百二十萬公頃可以灌溉，但實際灌溉的祇有五十萬公頃，近年計劃在十年之內增加二十萬公頃的灌溉地面，並進行窪地排水工程。此預計每年可增加生產地面百分之一。此外並生產氮肥。希臘農民每年祇需工作一百三十日卽完成農事，加以農民生育力强；農村失業者衆多，一部份流入都市，但在都市找工作亦不易。希臘工人在一九四八年爲十四萬人，工人失業者約等於工人數量之三分之一或四分之一。據估計全國的過剩人力約有一百萬人。因此發展工業是吸收過剩人力的主要辦法。但希臘缺乏動力及原料，希臘水電潛力約有八十萬千瓦小時（Kwh），但利用者僅及百分之一，政府計劃於一九五四年至一九五五年完成火電廠（八萬千瓦小時發電力）一所及水電廠三所（發電力共十萬千瓦小時）。第二期發電計劃預期在一九六〇年完成，建設四萬千瓦小時發電力的火電廠一所及二十五萬千瓦小時發電力的水電廠二所。如此則希臘的水電潛力可能有百分之四十五被利用。此外希臘政府計劃發展礦業，開採鋁礦及鎳鐵礦，計劃投資三千五百萬美元，可使二千七百人就業，幾年之後可增加出口值三千萬美元。儲量豐富的褐炭礦行將開採，煉糖廠（煉甜菜糖）及煉石油廠亦行將建立。

雅典及其外港庇利（Pirée）因電力供應方便，於是希臘的工業集中於此區。據一九三九年納稅調查本區的工業生產設備佔全國的百分之六七十。本區人口現約八十萬。政府爲避免工業集中，已禁止在本區設立紡織廠，並獎勵在外省建立工廠，以求區域經濟的平衡發展。

希臘經濟尚未脫離恢復階段。希臘政府的重大課題爲如何維持貿易平衡，及經濟的區域平衡發展。而今後尤須：㈠不藉外援，㈡充分利用已有的生產力及消除工業的失業現象，㈢增加投資（包括外資）及改善分配。爲達成第二三兩項可能加重實現第一項的困難，但妥當的貨幣政策則有利於上述目標的實現，而安定的政局亦爲一重要條件。

希臘今日的政府是戰後最安定的。首相巴巴哥士元帥於一九五一年五月三十日辭去總司令職務，創立「希臘聯盟」，他以平亂之功成爲希臘婦孺皆知的人物，同年九月大選他所領導的黨，卽獲得百分之三十六的票及一一四議席，但他拒絕參加政府。次年十一月再度選擧，「希臘聯盟」大獲全勝，在國會三百席中獲得二百三十九席，於是進而組閣。「希臘聯盟」是希臘各政黨的最右派，由它而左的依次有：㈠自由黨（在現國會中有二十九席），㈡中間進步國民黨（E.P.E.K.）（二十四席），㈢農工陣線，㈣左翼民主聯盟（E.D.A.）。共產黨在希臘的勢力甚小，但它卻對左翼民主聯盟發生滲透作用。

巴巴哥士元帥的對外政策表現希臘的雙重個性；巴爾幹性及地中海性。希臘一方面參加北大西洋公約組織，一方面和土耳其南斯拉夫訂立巴爾幹聯盟（一九五四年八月九日），以預防共產集團的侵略。本年十月巴巴哥士元帥訪問西歐及西班牙及葡萄牙，據未證實的消息，他的目的便是設法促成地中海公約的成立。其辦法或爲延伸巴基斯坦和土耳其的連橫組織，以包括希臘西班牙等國，或爲包括土希埃及英國及其他阿剌伯國家（不包括法國）。希臘的反對派報紙說，巴巴哥士元帥企圖成立包括德國、土耳其、西班牙等國的集團。據說這些計劃獲得美國的同情。然而這祇是一些計劃，巴巴哥士此行後並無任何具體結果。不過他的外交活動未始不在塞浦露斯（Cyprus）島上打算盤。西班牙要求英國退出直布羅陀海峽，希臘人則要求英國讓出塞浦露斯島，希西二國在此點方面是利害相同的。半年來塞島人及希臘人的「塞浦露斯歸宗運動」（E.N.O.S.I.S.）鬧得很厲害，不時有示威遊行。在民族自決及民族榮譽上說，希臘人很有理由要求塞島歸宗，但在私人談話中，有些希臘人並不同意這種運動，因爲塞島很貧窮，在英國人治理下塞島人可獲不少的經濟利惠，一旦塞島歸宗，這些經濟利益便要消失。此外塞島有不少的土耳其人。該島本是英國由土耳其手中奪去的，因此土耳其對塞島歸屬希臘自不贊成。就英國言，自決定撤離蘇彝士運河區後，塞島成爲英國在東地中海的主要根據地，是它所不輕易放棄的。就希臘言，英希友誼與土希友誼的維持是很重要的，因此「塞島歸宗」並不是一件容易實現的目標。

一九五四年終草竣

西歐通訊

駐歐外交使節近況簡述

琴流溪

去年十一月上旬葉外長答聘西班牙時，外交部曾經特別派了一個代表團，由臺北趕到紐約隨同赴西。這一代表團，連葉外長自己共三個人。除外交部禮賓司派了一位秘書外，另外一位，即掌握着外交部人事大權的人事處處長嚴萬里氏。嚴氏深通西班牙言語，對西班牙人情風俗非常清楚。在目前外交部中，諳通西班牙語言的，可以說鳳毛麟角了。以嚴氏隨葉外長赴西主持一切，到是適當人選。

但，也許讀者們要問！爲什麼不就近調用駐西班牙于焌吉大使？于大使非但與西政府首要熟悉，而且西班牙語亦稱流利。問題就在這裏！外交部當然考慮到這點。爲何偏偏要派人事處長前往呢？這當中大有乾坤！玆分析於下：

(一)自從一九四九年大陸變色，國際間若干背棄道義的國家相繼承認共匪政權後，我政府爲了撙節外滙及基於實際上需要，會將外交機構編制縮小。在歐洲方面，僅法義比三國仍舊設立有大使館，其餘各領事館，均先後所謂『暫時關閉』了。編制雖縮小，而工作則有增無減。如駐法義比三大使館，每一館都兼辦二國以上的僑務，人手不敷，則是實際問題。而外交部於一九四八年前政務次長董霖巡廻各館以後，就沒有正式派員赴各館視察過。近年來國際情勢對我好轉，政府當局對外交陣容應積極調整或加强，實屬當前急務。

(二)葉外長在答聘西班牙短短幾天內，曾於百忙中，召集我國現任駐歐使節，前往馬德里述職。計到有：駐希臘溫源寧大使，駐土耳其李廸俊大使，駐葡萄牙王化成公使，駐法蘭西段茂瀾公使，駐比利時汪孝熙公使。連同駐西班牙于焌吉大使，共是『三大三公』。十一月九日在我駐西大使館內會談，聽取各使報告年來歐洲情況及館務進展。

(三)葉外長在西班牙召集述職的「三大三公」，均我國外交界赫赫有名的宿將。我們先談盡主人之誼的于焌吉大使。于大使是駐義大利全權大使，現兼任駐西班牙大使。他個人學問道德撇開一邊不談，以一身兼顧兩職，且常要出席國際會議，難免不無疏忽之處。西班牙是百分之百的反共國家，我們應不遺餘力結爲盟友。但義大利與我邦交，則日向下坡。目前義大利國內局勢雖呈現着動盪不安的狀態，其在歐洲方面仍不失爲一大國。民國卅八年政府由重慶最後撤退，義大利駐華使館關閉後，迄今仍無在臺復館消息。由于這點，我與義國邦交前途，實未容樂觀。于大使固是幹才，然而一木不能同支兩廈。爲加强展開對友邦的外交活動，此似終非常久之計。

其次是駐土耳其李廸俊大使。李大使出使土耳其有年，對這新興國家極其認識。前年冬季，臺北曾一度謠傳將李調回國任外交部政務次長，駐土耳其大使一缺，由現任駐法大使館段茂瀾代辦升任，結果未成事實。儘管謠傳沒有成事實，但事出不是無因的。

我駐法大使館段茂瀾代辦，服務外交界已廿餘年，尤其精通數國語言，原爲駐英大使館公使，一九四八年駐法大使館凌孟叛變，前任大使錢泰臨陣脫逃，由他來法率領旅法忠貞僑胞救平變亂之局後，便代理駐法大使館館務，至今已有五個年頭。去年孟岱斯法朗士內閣，對共匪迭送秋波，他使出混身解數，各方面活動，將法政府承認匪政權問題暫時擱淺。在其本人而言，不能不謂盡全力以赴。若論資格，早該升任大使了。其餘如駐希臘溫源寧大使，駐葡萄牙王化成公使，都有靜久思動之念。

所以這次外交部派人事處長去西班牙，外問猜測，都以爲這是有雙重任務的。嚴氏於葉外長結束西班牙之行的次日，一早就由西乘機飛法。經比希葡轉中南美洲，然後再由美國返臺，作一次大三角形長途旅行，視察駐外各使領館館務。他此行或將蒐集各館情形，作爲今年我外交陣容大調整之參考，以配合反攻內閣之政策。此一未來新外交陣容，當可刮目以待了。(完)

(上接第13頁)

兵力，箝制中共軍百萬之衆的「人海進攻」。並從釜山週邊長驅北進，轉敗爲勝，登陸仁川，進軍至三十八度線。如果不是受政略的限制，早就將中共軍逐回鴨綠江北岸了。你能說美國軍隊不能作戰嗎？這次韓戰，美軍傷亡達十多萬人，你能說他們怕犧牲嗎？你能說他們不勇敢嗎？只有充滿了生的樂趣的軍隊是善戰的，而暮氣沉沉的軍隊才經不起戰場上砲火的考驗！

記得在北方，秋收季節，農家將雪裏紅或蘿蔔英醃在大缸裏，撒上鹽，並在上面壓上一塊又重又大的石頭。剛剛醃的時候，滿滿的一大缸，但是越醃越萎縮，春天到來，滿滿的一大缸便醃得剩了半缸。共產黨型的社會就是這種「醃菜缸」。在這種「醃菜缸」式的社會裏，上面受大石頭的壓迫，內裏受鹽水的侵蝕，人是越來越萎靡，生的樂趣全都磨盡了，志氣也都消沉了，人人愁眉苦臉，看不到一絲笑容。這樣的社會還會發生什麼大的力量，創造什麼奇蹟嗎？

我們看一個社會、一個國家、或一個國家的軍隊是不是有潛在力量，我們要看他們是不是充滿了活力，而活力是不能離開快樂的。在一個民主的社會或軍隊裏，要使人們笑！讓他們從心的深處發出銀鈴般的笑，笑得那樣甜，笑得那樣眞，笑得那樣開心！這樣，才會有無比的內在潛力，那還懼怕風雲緊急呢!?

額穆索的狼

司馬桑敦

一走進黃松甸子車站，我的嗅覺就似乎聞到了狼的氣息。對於狼的手法，我是異常熟習的。其實，衹要你具有一種不會低於尋常人的敏感，你隨便注意一下這個小山鎮上往來的人物，或者那些叫喊着販賣食品的攤販，你便會自然的從人羣中發現有幾雙灼灼銳利的眼睛，警惕的監視着你的行動。這些潛藏着特殊身份的人物，表面上可能都是悠閒自得的，但是，對於一個有江湖經驗的眼力，幾乎馬上便會察覺出他們那種突出的、也可以說引人心悸的做作的姿態。這，就是說：狼在這地方已經佈置好了他的底線。發現了他們，說明你已踏進狼的勢力範圍了。我之說我熟習於狼的手法，因爲，長時間在長白密林中的游擊生活，使我深知狼爲人的機警和縝密，儘管他現在遠住在額穆索的山上，距離在八十里開外，但是，他不會輕易忽略了在黃松甸子也按上他的觸角的。

我離開黃松甸子已經有十年了。這個由伐木班工人開闢出來的小山鎮，如今已經面目全非，使我觸眼盡都是一片陌生。假若不是那個嶮峻的山勢，那個站在鎮上小街道中可以俯瞰着脚底下火車蠕蠕爬山的巍峩的山勢，幾乎讓我懷疑我自己找錯了地方。

黃松甸子眞是名符其實的黃松木的世界，全山上幾十幢房子沒有一塊瓦片，全都是木造的。房子是循着山坡建立的，唯因坡度太陡，房子的屋基，都是用些粗碩的樹柱支撐的，顯得那樣高高在上岌岌可危，而且樓閣重疊櫛比鱗次聚攏的堆在山崖上、令人無論由下望上或者居高臨下，都有一種縹緲凌空的感覺。環繞黃松甸子小鎮周遭的山巒，都是羣峰起伏，勢如奔馬，而且樹密如毛，羣屏障目，儼然一面望不見邊際的森林之海。從這裏迤東銜接着哈巴爾嶺山脈，地勢上可以扼住老東邊道的咽喉，再深入東北或東南都是長白山的心藏，黃松甸子正好成爲走進這個神秘森林的一條孔道。

現在，擺在我面前的這個小鎮，正是覆蓋在白毛大雪之下。隆冬呈綠的黃松，掛滿絨氈，糢糊掉了它挺勁的輪廓，而遠山瀰漫，一片迷茫。爲了避免和狼的觸角發生不必要的誤會，我儘早減去鎮上的徘徊，按着預知的地址，找到這帶山林上「家裏」(註一)的老輩人物黃老前人的住宅。

我一打眼，便知道黃老前人的宅子正在辦三十六門會(註二)，押會的賭客，出出進進，熙熙攘攘。一些粗野的吵罵聲，灌滿了小小的木造房間。我正躊躇着要找一個合適的人打聽打聽主人是否在家的時候，突然發覺蹲在門口打瞌睡的，正是當年給我們跑道兒的老癩。十年了，他變得那樣蒼老，兩隻疲憊的眼皮，深陷的闔閉在那裏。看樣子，他已失掉了那股憨直楞勇的勁兒了。但是，那顆顯著的癩頭，却仍不失爲我認得出他的最好目標。

「老癩，出了事了，你還睡？」我故意在他的耳際大聲的喊着，並且用力拉着他的臂膀。

「誰？」他驚醒起來。慌張的用手摸一摸褲腰，我知道那裏揣着傢伙的。

「你看看我是誰？」我向他笑着。

「誰……」他端相着我，用一種動物的敏感，張大開嘴巴，上下的觀察着我。最後，他突然獸吼一般的叫了起來：「噢，老疙疸，原來是你，你他媽的胖了，……你，你不是做了中央的官了嗎？」

一邊喊着，他一邊用拳頭猛擊着我，他歡喜的有些瘋狂。我也狠狠的揍了他一頓，這是我們倆密林生活期間的老見面禮，一直把他打得一面笑着一面流着淚。

到後來，還是我先停了手：

「先別鬧，老癩，我要看老前人。」

「在裏面，我領你去！」他說着便走在前面，並且不斷回過頭來打量着我，熱淚盈眶的，向我調侃着：「好，老疙疸，做了官了，還喜得來看我們，好，好小子……」

屋子裏面瀰漫着雅片的煙霧，炕上躺着兩個人，正在厮守着如豆的一盞小燈，炕前擁擠的坐了三五個人，正在七嘴八舌的講着。老癩一闖進屋門，便高聲的喊着：「老疙疸來了，中央的官兒來了！」大家都詫異的把頭轉向了我。停了片刻，我纔從煙霧中習慣了我的眼睛，我看出躺在炕裏邊的正是黃老前人，他昏沉的迷着眼睛，比起當年更爲瘦削，簡直的是皮包骨頭了。

「師祖，你老人家好！」我深深的向他鞠了一躬，炕前坐着的人，禮貌的閃開了一條通路，使我能更清楚的面對着那個老人。

「嗚……」老人閉着眼睛停了很久纔回答了我一聲，我知道他是利用這段時間在默默的研究着我此行的目的，甚至他也思慮到如何對付我的方法。最後，他終於睜開了眼，嘴上掛着一個淺笑：「老疙疸，聽說你在中央方面做了官了？」

「什麼官不官的，混飯喫罷了，師祖！」我回答。

「能做官混飯喫，也是好的，哈哈！」他用着他那羸弱的喉音，又縱聲的笑着，結果引起了一陣强烈的咳嗽，最後他索興坐了起來，並且用手示意讓我也坐在炕邊上。

「聽說中央有意收編高麗，是不？」他繼續問我。高麗就是指狼說的，狼是高麗人，老人一向對狼遜稱高麗，而不稱他的渾號。我爲老人這樣單刀直入的道破了我的來意，喫了一驚。但是，馬上我又感到能够如此直接了當也未始不可。

「中央對於所有的地方部隊都要整頓，我來就要聽聽老人的意見和狼的意思。」

「我的意見？」他繼續冷笑了一聲：「如今高麗的派頭足了，他還聽什麼我的意見！」

「難道狼變了？我記得狼總是遵守着家規的！」我聽出老人的語氣裏面有些蹊蹺。我立刻意識到狼可能因爲手下勢力大了，就不太甘願接受這些老輩人物的拘束了。

「變倒未變，你知道，老疙疸，人家現在翅膀硬了，說不得要看我們這些棺材瓤子有些不順眼了。」

老人的話，證明我的所料未差。

「您老人家看狼對中央的意思怎樣？」我把握着話題往下探聽着。

「難說！」

「怎麼難說？」

「這，一來高麗心裏另有打算，二來，老疙疸你來晚了一步。」

「晚了？」

「你來晚了。你知道，這之前小宮那小子先來了。你還記得你們在長白時候的那個字兒匠(註三)？那小子來了。據說從海參崴方面經圖們拿來了委任，你想，高麗本來就另有居心，小宮去一勾搭，事情還會如你的理想麼？」

「小宮？」我從記憶中浮出十年前那個從恒仁學校跑進長白山的年輕人。

「嘻嘻，小宮當年和你還不是一對好朋友？但是現在你們倆立場不同了，一個從崴子(註四)來，一個從重慶來，嘻嘻，這倒要看你們小哥兒倆個的了！」老人向我嘲弄的擠着眼睛。

「師祖，你得替我想想辦法啊！」我仍然不放鬆爭取與黨的努力，儘管我早已知道狼已不把這輩老人放在眼裏了。

「我能替你想什麼辦法？」老人接着說：「你們都是我帶進家裏來的(註五)，要我偏袒你們那一方，我都不能幹的！」

話說到此，便戛然而止。老人又復躺下，閉上了眼睛。他似乎對於我這遠道而來的人，所能提供的傀儡是這一番含有抱怨的話語，這也表示出他對於我的一切是無能爲力的。事實上，我早已知道他是無能爲力的，我之找上他的門來，一者要從他這裏聽取一些有關狼的最近消息，二者我也希望通過他的老關係可以無阻的進入額穆索。因爲我深知額穆索道途之險，加之，狼的部署的嚴密，假若沒有關係上的帶路人，你是休想踏進一步的。最後，我具體的提出了這個要求，我請求老人派人把我送進額穆索，我表示願意由我自己和狼解決我所要解決的問題。老人點了點頭，又微睜開眼睛，向我示意看了一下站在我身後的老癲：「你們都是自己的弟兄，你求他帶你進去罷！」

我回頭看看老癲，他興奮的張大着眼睛，他猛拍一下我的肩膀：「老疙疸，又是我給你跑道兒了。我也喜歡看看你和小宮還是誰鬪過誰？好！明兒起五更，我送你爬山了！」

這夜，我宿在黃松甸子。濶別十年來的老戰友，和一些新朋友，包圍着我，問長問短，使我溫習起幾乎被我忘掉了的那些共同困守在原始森林內時的相同於動物間的溫情。雖然，這些年間政治生活上的教養，使我變得孱弱了，退嬰了，對於這些未加磨琢的感情，感到有些粗糙，但是，出自一種誠摯的安堵，却佔有了我的思維，我和這些人的交談，自然的便消散了另一種社會所必具備的猜疑和憂慮的情感。

我和他們談到最疲乏的深夜，纔貪婪的熟睡了過去，因此，當我被老癲强拖起來，在淸晨的昏闇中摸索着上山的道路時，我尙在睡眼矇矓的狀態。在盤根錯節的古木林中不知摔了多少觔斗，最後，我總算淸醒過來。我必須在此提一提，這段森林道路的艱難，簡直令人難以想像：全程是穿着密立的樹隙前進的，脚下永遠是一棵樹根聯結着另一棵樹根，你看不到一片土地，頭上黃松木的密葉遮天，除去無雲的正午，難得看到太陽的光線。假若你在山中跌了一交而你能滾出三尺寬的空間的話，說明你在森林中發見平原了。通常總是在另一棵幹上蹦破了你的頭皮或擦傷了你的胳臂，至於毫無遮攔的睡在地下的機會，那太難能可貴了。人行在這段路上，差不多等於繞着無數棵參天的古木兜圈子，稍不留意，說不定你就會再繞回到原來的地方。

老癲在前面，聽着我踉蹌的步調，便打趣我：

「老疙疸，做了官，腿也變成像娘兒們的了！」

「少廢話，老癲，你知道我昨晚睡的太少。」我搶白着他。

「睡的太少？」他回過頭來，送來輕蔑的一瞥：「反正人他媽的一做了官，就沒有用了，你忘了那年打黑石寨，和鬼子連幹了三天四夜，你比誰都有精神，你怎麼未說過睡的太少？反正你現在做了官罷了！」

我賭氣未說什麼，我看着他那碩健的脊背，蓋在一身羊皮短襖的下面，臃腫的，笨重的，在微暗中望去，像似一個東山大熊。我覺得昨天我看到他的衰相已經沒有了。一刹那間，我意識到在自然中鍛鍊出來的人物，能和自然同樣堅强的。而我遠離自然太久了。我默默的察覺到自己軟弱了。

走過了一段路程，老癲搭訕着和我談起一些往事，他永遠神往於那些殺鬼子的戰鬪故事。最後，他又突然故做神秘的向我迷着眼睛：

「眞的，老疙疸，你還惦記着仙女不？」

「仙女？」我猛然憶起了那有一雙迷人的眼睛的高麗姑娘。我們是在樺甸渾發河下游遇見的。她的美麗驚倒了我們游擊隊整隊的人，幾乎立刻我們便共同贈送給她一個「仙女」的綽號。她對於我們這羣潛伏在原始森林中的人們，確也不啻於仙女下凡。我們把她尊爲女神，尤其是狼，素以情感淡泊著稱的，竟也在她唱完了他們高麗的鄉音「阿里朗」戀歌之後，大大的動了感情，流了很多次眼淚。狼立刻便愛上了她。而一段包含着人性間殘酷的鬪爭的悲劇，便由這段戀愛裏產生。首先，狼爲了嫉妒，打死了隊上另一個高麗人小金，另一次，却和一個伐木班的伙伴火拚起來，結果，兩下都負了傷，到最後還是狼逼走了那個伙伴。狼在這段鬪爭裏，樹立了他手段狠毒的聲望。狼之所以被稱爲狼，便從這時開始了的。至於我和仙女，到現在還是連我自己也弄不淸楚的一段關係。在當時，我不否認我很愛仙女，同時，因爲我年輕的緣故，我自己覺得，多少也較比被仙女所鍾愛。但是，另一方面，我和狼是隊中最要好的朋友，我們不但共過患難，而且因爲我們都是這羣過着原始生活人中少有的讀過書的人，在思想的交融上，也有着親蜜的情感。所以，當我發現狼瘋狂的執着於對仙女的追求，而仙女却似乎因我而不肯專注於他的時候，我感到萬分爲難了。到最後，我終於下了一個判斷：「他們都是高麗人，他和她應該相愛的！」於是，我尋找了一個機會，把這話向狼談開，我並且表示爲了不阻碍他們的愛情，我決定離開長白密林，我要去關裏另找一條抗日的路子。我現在猶淸楚記得當時狼感動的場面：他一面聽着我的說詞，一面直流着眼淚，最後，他擁抱着我，他嗚咽的向我說道：

「老疙疸，我感激你，我一輩子忘不了你。我有了她，我一輩子足了，你出去幹吧，你隨便創出什麼天下，我將來永遠歸你支配，衝着你的度量，衝着你對我的恩惠！」

老實說，十年來我牢記着這句話的。我便是以這句話爲我的資本，才敢冒險走進額穆索，雖然我早已聽說狼在額穆索已經和海參崴有了某種程度的聯繫。

當下，我對老癩的調侃，含糊的應付了一下，順便我把握了這個機會問道：「你知道狼對仙女還那樣好麼？」

「好——」他肯定的拉長了語音：「豈祇好，簡直把她當做神了。你走那年，仙女不過纔十六歲，現在二十六了，嚇，正是好年頭，長的更他媽的勾人了……」

我暗忖：仙女現在能變得什麼樣子？一種好奇的心理又燃起了我往日的情緒，似乎我又步入了一種不可測的感情的探索裏面了。同時我又覺得無論從和海參崴方面的鬬爭來說，和從再見十年前的仙女來說，我目前所要採取的行動，都有着濃重的戲劇的氣氛，而我一步一步的走近這個戲劇了。

轉過了兩個山頭，我們遭遇了嚴厲的盤問。幸有老癩精通門經的應對，我們也都安然的通過了。趕到額穆索的時候，我們面前已經一片漆黑。除了嶮峩的山勢，間雜着人家的燈火，使我分不淸楚這個山寨究竟是怎麼樣一個形勢。山寨的關卡，查問的更是嚴格。等到我們說出要直接面會他們的領袖時，關卡上更把我們的姓氏問明，然後使用軍用電話直接和狼聯繫了一下。這眞出乎我意外。我想不到狼的部隊竟有這樣現代的裝備。

狼的寨子，正在燈火輝煌，顯然是有盛大的聚會。狼一如往昔親熱的接待我，用一種同樣狂熱的聲音，喊着我的名字，緊緊的擁抱着我。但是，我從他的態度上看出來一種不眞實的矜持，他那張慘白的面孔，和那雙爲高麗人專有的細小的眼睛，都暴露出他心理上正孕藏着非常滿足的自得。他面上的縐紋，毫無保留的刻劃出他的自逞，他的年齡長我十多歲，但是別來十年間，他的面頰仍是光澤無鬚。

「你還是那樣年輕，」我說。

「你却胖了，老疙疸。」他哈哈大笑着。

「聽說你做了官？」他接着輕鬆的問着，我看不出其中有絲毫惡意。

「什麼官不官。」接着我反問：「你是不是不太喜歡我這份官？」

「無所謂，」他淡淡的吐了一口氣。也許爲了表示他的親近，他又走向前執着我的手：「幹什麼都可以，祇要自由自在，我們自己認爲順氣就行。」

我想，我不能錯過了這個說服他的機會，我也同樣熱烈的握着他的手，我把語聲放低得特別沉重：

「除了自已，你已經不再考慮革命？」

「什麼革命？自已就是革命。」他的語氣，堅定的有些逼人。接着他努力把他的小眼睜大開，不瞬的注視着我：「還有比爲解放自已，爲尋求自已的自由，更革命的事麼？」

「難道，你不再考慮許多人民和你的國家？」

他聞言哈哈笑了起來：「老疙疸，這些年你研究了些什麼？你怎麼說的這樣抽象？你能把自已和人民分開嗎？你會說我自已不是人民嗎？你要把我自已和國家對立起來嗎？」

「當然，我不打算把你和國家對立起來，不過單是你自已不能代表國家的！」

「相反，我以爲我就代表國家！」他有些賭氣似的强硬，聲音提得很高。

「好了，狼！我們不討論這些，」我有些不耐，我不想爭辯下去，我於是直接了當的向他說道：「你也已經知道我來此的目的了，我請你考慮一下目前整個東北的局勢，我覺得我們的經驗和我們的年齡，都要我們在正義的面前應該有所抉擇了，我們必須趁早劃分開那些是我們的朋友？那些是我們的敵人？你現在是擁有一部分力量的人，你尤其要爲這個問題，深思一番……」

「停住，老疙疸！」他突然用手勢止住了我，他說：「這些話，我們改個日子再說，我想，我會給你很多安靜的日子讓你來說服我，不過，我現在不想聽你的……」

他的面上，由嚴肅迅速的又改變了一個愉快的表情，繼續說道：「今天我這裏要招待十八個蘇俄的客人，我請你作陪，還有小宮，這是我們當年的老朋友。」

我相信他看出我面部有了躊躇的表示。他急忙又笑着向我說：「你不必擔心，我不會把你出賣給他們，今天，你們都是我的客人，不會讓你們彼此有任何侵害，老實說，這裏是我的天下，除了我，我不答應任何人做我的主。」

接着，他又輕輕的做了一個表示狂熱的小動作，他用手圍着我的肩膀，聲音轉低了一些：

「你總應該看看我的老婆了。我感激你把她讓給了我，你知道，她現在越發漂亮了。我想她若是知道你來，她會高興的……不過，不瞞你說，我不希望她高興的大過份了。哈哈。」

他的小眼睜，迷着笑得幾乎失掉了形狀。我只得附和着他笑着，並且在他導引下，走進他招待客人的木造大廳裏去。

客廳裏擠滿了人，墻上掛着煤油燈，映照着掛滿了獸皮的墻壁，顯得廳內有一種神秘的昏沉。正當我們走進的時候，所謂十八個蘇俄的客人，也從另一大門魚貫走了進來。他們原來都是紅軍士兵，使我詫異的是他們都身上背着武器。經狼用俄語把大家互相介紹了之後，他們也一一和大家握手。顯然的他們並未弄清楚被介紹的是些什麼人，他們祇是矯做着一種客套而已。我方要問爲什麼他們都背着武器赴宴的時候，跟我同來的老癩却附耳告訴我：

「這是從敦化方面派出來的巡邏兵，蹚巧走上了額穆索，他們看出這裏人槍很多，未敢動手脚，我想，等他們回去報告給他們的司令，狼就要麻煩了。」

大家在狼的指引下紛紛落坐，這時，我發現了仙女。她確是比起當年更是出落得嫵媚多姿。她本來就很美麗的眼睛，顯現得更爲成熟而誘惑。她似乎有計劃的穿着他們高麗欵式的服裝，從頭到脚，一襲白色衣裙，襯托得她那白皙的膚色，更憑添了她的艷麗。狼故意不向她介紹我，偏要她發現我。當她從注意我，而逐漸的認出我的時候，我發覺她的面頰驟然浮出一片紅潤，亮晶的眸子，放射出一種異樣的光彩。她喫驚的跑來和我握手，老半天說不出話來。狼却乘機有意的把她安排在我的身邊坐下，而他却坐在我的另一邊，隔着仙女的另一邊坐的却是小宮。我們彼此木然的握了手，但是，我從他的眼神上，看出他的敵意，我們未交一言。我頓感這個場面太有些尷尬了。

狼站起來開始舉起酒杯，向大家勸酒，蘇俄兵們應酬着也舉起杯子，於是一場喫喝開始了。

狼有意的側着面孔，似乎向着我也向着小宮，擎擎酒杯：

「今天，在我這裏，大家都是我的好朋友，我不希望任何人來打我的算盤。」

我未做聲，我看到小宮的嘴角上添出一個淺淺的苦笑。

狼說完了他的話，便離席向他的蘇俄客人周旋起來。接着一種原始式的勸酒動作開始起來，大家笑鬧着，互相戲謔着，拼命的往肚子裏灌着酒。蘇俄兵在場中跳起高加索舞來，大家拍掌唱合着。好多年前長白密林中流行的歌子，也搬弄出來，怪腔怪調的喊着。

鬧到交半夜時分，全場情緒都接近放肆的瘋狂。仙女似乎也有些興奮過度，她也周旋於客人之間，一連和許多人乾了許多杯酒，最後，她有些醉了，她跑到我們面前，先强着小宮喝酒，然後，又來强我，而且一連强了三四杯。我默默察覺出狼在她背後監視着我們的舉動，我大爲不安起來。

突然，仙女轉過身，向着大家宣佈她要唱一段高麗歌子，以饗來賓，全場立刻掌聲如雷，那些蘇俄兵更是撒野的喊叫起來。但是，我却注意到狼的面色變得異樣，他似乎也有些醉了，他含着妒意的站在那裏注視着她的行動。

她唱的正是當年使狼傾倒的「阿里朗戀歌」，她一面唱着，一面不時向我微笑着：

「阿里朗，阿里朗，
阿拉里約！
阿里朗勾憂婁，惱痲幹達，
那魯巴里勾，憂西嫩寗姆恩！(註六)
……」

她的歌聲，是那樣娓婉動人，她的眼波，又是那樣的顧盼多情，將全場的人都引進一種被蠱惑了的情緒裏，大家瘋狂的喝起采來。就在這時，我看着狼用意深長的摻着他的愛妻走回原席，然後，俯着身子向我低聲說道：

「老疙疸，我送你睡覺去！」

我立刻應從着站起身子。我同時用眼神知會坐在離我不遠的老癩跟我出來。走到廳外，狼的情緒，好像由緊張轉而緩和了些。他告訴我要把我送到他住的寨房中住，他的理由是：爲了我的安全。他並打發開老癩，他顯然覺得我們弟兄間用不着這樣有戒心。及至走進房中，他已恢復了對我友善的態度，他向我輕輕的說道：

「天不怕，地不怕，我就怕有人勾引我老婆，」

「你是說我……」

「不，一點兒也不是你，　我怕我老婆她自已有些……」

「怎麼，十多年來，你還不信她？」

經我這麼一問，他的臉色又變得慘白，他緊緊的逼視着我，那兩隻細小的眼睛又細小的快失掉了原形，他鄭重其事向我說道：

「老實告訴你，她從來就不愛我，但是，我却永遠的愛她，即使爲她死，我也……」

「何必這樣想，」我安慰他道：「如今，你有你的力量，有誰敢劫奪了你所愛的？老實講，對於仙女，我不是你應該擔心的人，我毋寧爲你的力量而來！」

他的面上，又驟然展開了。他對於他自已擁有的力量，顯然是具有信心的。他又拍拍我的肩膀：

「老疙疸，你說的不錯，現在我有一把子力量，但，也唯因如此，我不肯向任何人交出我的力量！」

「你就爲保護她，不肯放出你的力量？」

「是的，你認爲不値嗎？」

「未免看的太窄了些，而且爲了一個女人也用不着……」

「不，」他突然大聲的喊着：「我的全世界就是她，我的全靈魂就是她，除了她，我沒有別的！」

我爲他如此堅强肯定的語氣，喫了一驚。他注視着我，面上流露着徵求同情的懇摯。過了片刻，他用力的坐了下來，但是仍然和我面睹着面。我們都無言，我一時找不出適當的語詞可以支持他，但我也無從反對他，其實，我等於剛剛發掘了他靈魂深處所埋藏的，我是如此驚訝，因而爲之一時莫知所措。

就在這時間，忽然老癩跑了進來。他的神色極度緊張，乃致他語言都有些失靈，他先楞可可的站在地中央，看了我們倆一眼，然後，不知如何措施好似的：

「狼，老疙疸，你們別在這兒講了，他媽的那羣毛子兵，醉瘋了，他們把仙女給毀了。……狼，快！」

狼像被反撥的彈力彈了起來似的，未交一言飛也似的跑出房間。我一面跟着往外走着，一面繼續問老癩究竟是怎麽一件事？

「狼完了，」他喘息着：「狼的老婆讓毛子糟塌了。他媽的，這羣毛子，簡直是畜生，拿他們當人看，是不成的。他們喝醉了，起始走過來一個調戲仙女，被仙女揣了一個嘴巴，想不到其餘的毛子，竟他媽的呼哨一聲，一窩蜂上來了，未容分說，立刻把仙女剝了個精光，他媽的仙女完了，有人要向他們開槍，又顧慮仙女在裏面，慘了，老疙疸，想不到，我們幹了這些年，從未這樣慘過！」

外面秩序頓混亂，大廳上的燈火仍在輝煌，但人影搖搖，羣聲嘈雜，其中毛子兵吆喝的聲音，特別刺耳。就在我們快走進大廳的大門的時候，突然裏面槍聲響了，是輕脆的手提式自動步槍，槍聲一連響着，似乎足足打完了七十發。這中間，起始是毛子的喊聲，繼而是別的人喊聲，而且有人由廳內衝跑出來，因爲不明個中究竟，我和老癩也不得不蹲下身子。

槍聲停了，廳內沒有了任何聲響，而且又經過了老半天，我和老癩操起武器走進大廳。天哪，這已變成一個血肉模糊的世界，不用說，十八名毛子兵全體死在那裏，廳內的另外一些人，也都橫臥豎躺的倒在血泊之中。祇有狼一個人，站在那裏，他脚下躺着赤裸的仙女，白皙的皮膚上流滿了血水，身軀上有幾處尚在繼續往外冒流。狼看我走進，兩眼發直，未做任何表示。我們相對着佇立了許久，終於他開口了：

「我不該這種打法，但，我不忍看她被人糟塌……」

他低下身子，用一片扯碎了的衣服，蓋上了仙女，然後，掉轉頭來，不響一聲，緩步走出大廳。我和老癩跟在他的後面。在廳外他像似自語又像對我：

「我的力量沒有用了，我不需要什麽力量了……」

我心中暗忖：也許狼在這種刺激之下，會改變了他的心情，可能因此使我獲得了他傾力合作的機會。然而，未待我再樂觀的想下去，突然他自己咆哮的大聲喊着：

「我，我要幹掉一切！」

適在此時，我們在房屋的拐角處遇見了小宮。他似乎在肇事時，也未在場。狼看見了他，搶前了一步，一手便執着他的衣袖：

「你說，小宮，你再告訴我一遍，崴子要對我怎樣？」

「你這是幹麽？」小宮有些惶惑，但馬上接應着：「崴子一直尊重你，你總是人民革命的眞實力量呀！」

「我×你祖宗！」狼如雷一般的吼着，隨卽板動槍機，結果，他發現手中的自動步槍已打空了。於是他回轉頭來，朝向老癩：

「幹掉他，老癩！」

老癩有些躊躇。

「幹掉他，快！」狼的小眼睛顯然要睜裂了似的怒視着老癩。老癩依從了他的命令，小宮未能再說下一句，便摔在地上。

於是，狼的獸性繼續高度的發作起來。我目覩着他放火燒了他自已的寨子，同時，也燒了整個額穆索。淸晨的昏闇中，許多百姓，從火中驚起，哭嚎着來往奔走，而狼却賭情縱聲大笑。他裝滿了手中自動步槍的子彈，除了站在他身後的我和老癩，他對任何人都開槍。我要勸止他，他向我咆哮着：

「我要幹掉一切！」

天明，我們背着額穆索山頭熊熊的大火，和額穆索人民的哭聲，順着森林輕便鐵道滑下哈巴爾嶺外的太平嶺，當天，我們便在狼的指示下，挖斷了通敦化的鐵路，使一列載運給養的蘇軍火車脫了軌。當場，狼除去親自掃射死四十多名被俘的毛子兵以外，並燒死一百多頭蘇軍掠奪而來的耕牛。

狼可怕的瘋了！

過了些天，我們移動到敦化東面附近鐵道沿線，狼又如法的幹了幾次，他對於一切遭遇在手下的生物，一律格殺無論。我無數次的對他勸告，我認爲他應該在一番靜思之後重新找一個路線，做一番堂皇的事業，不要過於感情用事。然而他一直向我吵着，咆哮着：

「沒有了她，一切都完了！」

「我要幹掉一切！一切！」

有時，他也向我哭着。每當哭時，他的感情似乎流回到一種溫暖的漩流，他好像可以好轉了，但是，哭完了，仇恨的記憶繼續使他瘋狂，他繼續蠻幹下去！

過後不久，我和老癩不得不離開了他。他的下落再不知道了。但是，有一個事實，是東山一帶人們經常傳說的，卽是：自從那時以後，有半年之久，狼的行動一直是那條鐵路的致命威脅。

（註一）靑幫結社在北方統稱「在家裏」。

（註二）三十六門會，又稱花會，是含有一種濃厚的迷信意義的賭博會合。

（註三）在東北的綠林組織裏有一種專司文牘之類的工作人員，被稱爲字兒匠，這類人員大致都是那羣目不識丁的强盜之中，少有的知識份子。

（註四）東北人簡稱海參崴爲崴子。

（註五）「在家裏」有一種類乎天主教徒領洗的儀式，在這個儀式上由父執的師傅，主持收徒弟的禮拜，這叫着「領進家裏。」

（註六）阿里朗戀歌原意大致是：「阿里朗，阿里朗，越過阿里朗的嶺，你的脚就會痛起來，因爲你是負心的薄倖人兒！」

談小賬

吳魯芹

「無敵國外患者，國恆亡。」國無小賬，則如何？

據說西方有位詩人說過，小病是對靈魂的一種洗滌。究竟有無此人，此人究竟是否眞說過這句話，我提不出見某書某頁蟹形文字的證據來，因爲我看到的並非原書，輾轉相傳，可能業已轉了好些彎，不止是「二水」了。但此話確有至理。比起西方另一位名人所說的文藝批評是靈魂的探險來，前者有貼膚之親，後者有隔世之感。因爲眼前的事實，好些文藝批評新論，更像是向彼此靈魂告假之後的產品，不像與探險有何相干。當然，病中況味，能與前賢所見偶合，畢竟容易，因爲那並不像著書立說需要多少造詣的。

小病對一個健康人的點綴，就有如一個有思想的人身上的一點偏見，爲害甚微，無傷大雅。對一個爲生活奔忙的人，小病就更像偶爾約朋友上小館子，惠而不費，各得其所，平常人們愛說忙裏偷閒，其實那閒字還是假的。唯有眞的躺下來，熱度在若有若無之間，還未到達嗜愛杯中物的人們所說微醺狀態，既毋用嚐藥物之苦，亦無探病送花之煩，事態也未嚴重到念及身後蕭條而愴然淚下，這時思想可以如不羈的野馬，亦可以如古井之無波，那才是眞閒。蘇東坡所說的「因病得閒殊不惡」，大約就是指這種境界。

小病對一個爲生活奔忙的人，還有另一層好處，那就是他可以享受一下無目的地瀏覽舊書舊報那一種懶惰中的樂趣。因爲閒，他可以用不着一目十行，反正有的是打發不掉的冗長下午，甚至於打發不掉的漫漫長夜，如果白天睡多了。因爲閒，他可以慢慢玩味甚至於不值得玩味的東西。因爲閒，他可以多多咀嚼淡而無味的東西，但有時也會從這種不經意的玩味與咀嚼中，有所體悟，有所發現，當然不一定能趕上詩人布萊克「一花一世界，一沙一天國」的境界，而且往往事過境遷，會覺得某些見解近乎是病中的囈語，不足道矣。但當時未嘗不曾莞爾而笑，或者甚至於忘其所以，驚訝地坐了起來，如我發現「國無小賬」這一大事的一瞬。

小病中，偶然翻到一本舊「時代」雜誌，是一九五四年九月廿日的，有長文，記英國工黨阿特里等北平巴結之行，其中頗有可笑的觀感，其一是蒼蠅絕跡說，其二是一體拒收小賬說（Universal refusal to take a tip），棄宇宙之大，論蒼蠅之微，已是以無可如何的苦笑代替幽默，畢竟用意還十分明顯，蒼蠅絕跡，自然是衞生進步。雖然不過幾天，就有兩名被釋放的美國記者在香港說，他們在獄中一年多，唯一消磨光陰的辦法，就是打蒼蠅，而且日以百計。當然獄囚生涯，不能與朝山進香的嘉賓同日而語。蒼蠅大約在某些地方沒有，在某些地方還很多，而且，一個人到祇能談談蒼蠅，其境遇也很可想像了。然而，概然的論斷，也許尚有助於對無知者的宣傳功用，至於一體拒收小賬之說，宣傳意義就很難捉摸。可是給人的啓示則不小。

我在病榻上咀嚼着「國無小賬」這句話，一下子就聯想到歷史上「無敵國外患者國恒亡」的大教訓，這兩件事似乎迴不相干。敵國外患是大事，小賬是小而又小的事，歷史上並無國無小賬其國必衰，或者其國必强之類的格言，因爲小賬雖不無小補於民生，並無關乎國運，而且歷史上似乎也未見擧國一體不收小賬，或者欽定小賬加一的先例，如果是偶一拒收，或由於個人習慣，或由於特殊店規，並不足怪。但一體，就很可怕了。我靜臥着，想像中似乎見到一批侍役無可如何地擺手，表示對小賬擋駕之意，那動作是機械的，那些臉色近乎僵屍。

一個一體拒收小賬的地區，大約一體決不止於小賬已也，能管制到身邊瑣事如小賬，就能使森林中樹木不准有參差，雜誌中不准有聊博一粲的補白，某時吾民應一體下跪，某事吾民應一體遵從，甚至於午夜時分，吾民應一體向右翻身一次，再向左翻身一次，不得有違。自古以來，踩在人頭上所產生的慾望，與其他的慾望迥異，這種慾望是愈喂愈餓，勝過孟老夫子所說的不奪不饜。它是了無止境的。從小賬一體拒收，就不難想像到說不定有一天，會發生午夜時分，鐘鳴三下，一體翻身一次的規定。但是據精神病分析家說，睡眠受擾，最易動殺人的念頭。患失眠症的人，對隔牆的犬吠，隣室的鼾聲，往往認爲是人類最大的敵人，不眠中想出千百種除惡務盡的方法，苦於無從下手，但是若有這麼一天，爲了不得有違，一體眼巴巴地等午夜鐘鳴，遵命翻身，也許一體都要動殺人的念頭，吾與汝偕亡了。

也許阿特里輩作此一說的用意，表示個人尊嚴已經更上一層樓，同蒼蠅絕跡，同是進步之一種，那就更可笑。小賬的原意是對別人的服務聊表微意之一種方式，是人與人之間的一種友善與溫暖，毫無階級成分存在其間。這微意原可用各種不同方式去表達，一朵鮮花，一兩句誇獎的美好言詞，甚至於肩膀上重重地拍上兩下，都可以表達賞識滿意等情緒，祇是沒有錢就便而實惠，任何方式，都無瞧不起對方的雜念滲雜其間。比方昔日名士對女校書，嘗贈之以詩聯，也是正賬以外的項目，應該列入小賬之類。再如達官貴人對左右侍從，逢年逢節，類多餽贈，感謝一年追隨之辛勞，這也同小賬相若。更如下野出洋，卸差渡海深造之類，若以性質來分會計科目，似亦應屬於小賬。總之小賬之取捨，並不足表示身份，亦無關乎個人尊嚴，就連國際間，不也有取不足以奉有餘，在幕後施捨一點息事寧人的小賬之類的史實麼？

即單以茶樓酒肆旅邸中賞小費而言，世界上最民主，最講求個人尊嚴的國家，也就是小賬最盛的國家，有人說美國是一個無論寒夏四季飲冰水的國家，也有人說美國是一個事無鉅細，凡有勞對方高抬貴手，都得給小賬的國家。這些定義當然也都是一概而論，但美國是一個小賬鼎盛的國家，是無可置疑的，甚至於在我們看來，是侍役們分內的事，如從旅館門口把行李提到房間，開一開車門之類，也都照付不誤，而且總是就地分別兌現，爲的遲了他可能換班而去，人多手雜，不再有奉侍你的機緣，一遺漏就要鞭長莫及了。這種就地正法的好辦法，實在比不上我們東方人給小賬之凌空與婉轉，但並無損尊嚴，只要看雙方嘴角上露出的笑容便知。

當然，小賬亦可成爲惡習，如過去在上海常見到的侍役面孔長短與小賬多寡成反比，好像一個人一切底蘊，都該推在臉上。有時甚至於無禮到「先生，小賬請客氣點。」再不然，就一如國定捐稅，加上一成，一併代徵了。這就同不會領略午睡情趣的人，一睡就是一下午一樣，把原是好事變成惡習，可見小賬雖小事，一如美的鑑賞，神而明之，存乎其人，也並不容易的。這一點，我們的北方館子，美國的黑人，似乎得天獨厚，單憑那一聲小賬幾大枚，和緊隨着四方唱和的謝聲，顧客似乎就平添了幾分身價。有時還加倍虛報，給人一點分外的光彩，就在那一瞬，你就會下了決心，一有機緣，定圖後報，不像在某些地方，因爲看過臉色，不敢重踏覆轍了。美國黑人侍者，天生有裂開大嘴露出牙齒的本領，而且甚具幽默感。某次一位朋友下火車之前，忽然發現手邊沒有十元以下的零錢，照說是頗爲尷尬的局面。因爲這時黑人侍者，正佇立門首，左手扶你一把，右手在恭候小賬。敝友當然略現窘態，硬着頭皮說明苦衷，話猶未了，那位黑人的右手已換了準備與人握手的姿勢，於是握手告別，互道珍重，一切盡在不言中，這些可說是已把小賬的取捨，帶入藝術的領域了。

也許阿特里輩作此觀察，並且認爲小賬拒收，大可表揚一番，是由於歷史的記憶作祟，據一位阿姆司特朗 (David T. Armstrong) 君的考證，小賬一字在英文字裏的來源，確是從令人不快的惡習與陋規中變化而來。據阿君說，在昔日英國咖啡館中，顧客若想不受冷落，希望早一點受到侍者的青睞，就該當着侍者的面，向製就的盒子裏，投下一塊錢幣，聊表寸心，這盒子上並且還題了字的，文曰：「保證即時侍奉」(To Insure Promptness)，從這三個字中取出每個字第一字母，就成爲小賬 (Tip)。這種做法，可說是近乎苦刑逼供，與欽定加一，或者希望人人成聖人，同屬殘酷。

至於一體拒收，其實是走到另一極端，比木盒上題字的威脅更糟。因爲既屬一體，顯然是制度化了，是暴政之一種。歷史上沒有國無小賬的先例，但是凡事一開例，就不愁「其無後乎」。說不定有一天就管到國無小病，阿特里輩又要以爲是健康進步了，其實祇是在生死之間，不到倒下完事，不准隨便躺下來。至於溫度在若有若無之間，就乞假小休，還偶作囈語，當然更在禁止之列。

『薏美』及其作者

周棄子

「薏美」是我的朋友王敬羲新近出版的一本小書。

說作者是我的朋友，似不免有「託熟」之嫌。從認識起到現在，才不過三幾個月而已。好在王敬羲並非胡適之，就說是朋友，大約還不算太高攀；我實在也很高興有這樣一位朋友。

在認識以前，我曾經看過他的一些小說和散文。從內容而言，印象並不怎麼深刻。但在文字風格上，每一篇中總有幾處特別吸引注意，並使人歷久難忘。他並不長於「摛藻」，也似乎不太措意於「琢句」。而就在那些很普通的字面中，涵蘊着一種美，一種予人以「清新」的感覺的美。這裏是天機的成份多，而工力的成份少。就這一點來說，是最近若干年來頗爲罕見的。我猜想他很年青，我猜想他有一位女朋友，我猜想他的脾氣有點怪。這些猜想在認識以後都證實了。

由於他脾氣有點怪，就好像較於難以使人了解。而他的言談舉止，也確有一種落落寡合的神情。我對此頗能欣賞，但從別人口中，也偶然聽到一些批評，說是此人頗狂。狂者進取，本來是可喜的。何況他是如此年青，縱使自視失之過高，這也正是青春蓬勃，應有的氣象，似不必指爲大病。偶像崇拜的弊害，不待細說了。何況當前我們的文學界中，實在是連够格的偶像也根本沒有。於此，對於一位甚有希望的青年作家，不從他作品本身，指點其闕失，鼓勵其精修。而又只因爲他偶喜大言，便嚴重地目爲不敬，我想這恐怕是未爲甚妥的。狂，總比鄉愿好，文人相輕固然不值得提倡，但反過來，難道一定要做到「文人相捧」麼？

也許就由於這點稍與衆異的看法，使得作者認爲我是個略可接近的人。他送了我「薏美」這本書，並且希望我發表一點意見。書我是看過了，意見則是很少的。

「薏美」包括八篇文字，對於取材和主題，我恐怕無話可說。因爲那全是寫的愛情的各方面。無邊際的想像，構成一片美麗的謳歌和憧憬。而我對於這方面的體驗和見解，「如所週知」，是漆黑一團的悲觀宿命論。「愛，是比死還要痛苦的。」我不止一次的强調過：「眞正的愛情，必然與悲劇同在。」這裏面涵有不可推翻的論據，如果照直說出來，恐非年青如作者所能了了。再假使書中人物，萬一是「寫實」的，則我更不願獨作不祥之言。我也知道人生不可以沒有夢；否則人生將更空虛。作爲一個已經被逐出夢境；但仍然帶着夢痕的桎梏；而又永遠無法掙脫情感的囹圄的人，對於尚在夢中的人，只應該低聲的祝福他，而不應該匆匆喚醒。

就文字風格論，則這本書確實是很可愛的。從前陳石遺作詩話，說到某一位老輩的詩的好處：「字皆常見之字，然積字成句，積句成章，其精神意境，卽迥與常人不同」。我對作者的印象，向來與此相近。而「薏美」一書，尤覺顯然。這一點，我想指出作者特出的天才。我總覺得，世間萬事，如果認眞努力，每個人都可以獲致「及格」的成就。但如果要這成就更輝煌，更重大，那就非要具備一種特出的天才不可。天才是有種型的，宜於此者未必宜於彼。李後主詞千古絕唱，但用人行政那一套却實在不高明。以同一文學領域來說，詩人未必兼長散文，而很精闢的批評家也常無一字創作。「藝之精者，不兩能也」。「詩有別才，非關學也」。由前之說，可說明天才之各有所宜；由後之說，更指出天才對某一件事的基本必要性。這一點，是我看「薏美」後深有所感的。

這本書，當然是小說，但有些地方也更像詩，有些地方又略近散文。這樣的寫法，我殊不甚贊同。據某先生作序，作者好像是有意「掙脫小說的形式和內容上的定形——一種可厭的公式，一種陳舊的方法——」；而我所見則略異乎此。我仍然認爲，凡文章不可不先有「格律」，而後才能談衝破格律。就是說，要先打進去，然後再打出來。如果自始就站在格律之外，那麼，本與那些「定形」「公式」無緣，從何說到「掙脫」呢？以「薏美」作者的年齡和學力來說，固不妨有「掙脫」的雄心，但更不可不作「規橅」的努力。

富蘭克林說：「天才是百分之一的神來，而百分九十九的汗下」。這句名言，常被沒有天才的人誤作藉口。他們珍貴炫耀他們那九十九分汗下，而從不想到他們根本就沒有那一分神來。一切無謂的紛紜爭執，常由此而引起。但我更想告訴「薏美」的作者：你的神來是充份的，也許還不止一分，請隨時查點你汗下的百分比罷。

不要辜負了愛你者的熱誠和希望！

一九五四、十二、十六。

讀者投書

（一）有感於「搶救教育危機」

北一女中高中學生　張琍玉

余燕人，黃松風，廣長白三位先生在貴刊第十一卷第十二期第三十二頁讀者投書欄上有致貴刊編輯先生定名爲「搶救教育危機」一文，細讀內容，實則是罵國民黨，如果三位先生罵國民黨，不妨單刀直入地罵，大可不必借題發揮，把我們青年人捲入其中。我以爲國民黨對此要有辯正，可是直到今天，還不見到辯正，這大概是國民黨的寬宏大量，並不計較吧。我雖是一個學生，對此也感不平，因此，我願意向三位先生請教請教，借貴刊一角之地，以表達對三位先生的心意。

（一）三位先生的大文中指出目前學生升學考試競爭激烈，因之課業繁重，但課業繁重並非課本太深，也非課目的鐘點太多，而是因爲「規定學生來念的課外東西太多」，如：「三民主義，總理遺教，總統訓辭，青年救國團發下來的必讀小冊子……等」，更不幸的這些「連篇累牘，念之不盡，讀之不竭」的東西還要由「教育當局，學校當局，救國團並經常舉行考試」，因之，三位先生將這些課程比做「政治大課」（按此係共產匪黨的用語），並認爲是不必要的。

（二）三位先生的大文又繼續指出目前學生課外活動繁多，「躭擱學生時間，浪費學生精力，增加學生負擔」，這些活動的繁多，主要是「青年救國團成立以來，這種課外活動貪求不厭，有增無已。」而且「名目繁多」，「不及備載」，三位先生尚舉出了一些可值一載的名目，如「分隊會議，小組討論，幹部會議，愛國課程，練習大合唱，去三軍球場維持秩序，中山堂開戰鬥晚會，展開各種募捐，去勞軍，去遊行……」三位先生對此深爲不滿，認爲與「教育廳擬具減少學生課外活動辦法」有相違背。

（三）最重要的是三位先生在文中指出，國民黨六十周年紀念與學生應無任何關係，他們對「發動學生去郊區做宣傳，恭讀黨部發下來的國民黨六十周年專刊，要作我對中國國民黨的認識」論文表示不滿，三先生在文中進一步追問「以後民社黨，青年黨來發動學生宣傳怎麼辦？」而我們現在是在「實行憲政」，「標榜民主自由」，而不是任何一黨包辦的黨化教育，因此，三位先生認爲我們是在步共匪之後塵。

三位先生最後的結論是：

「教育當局和救國團不可以假教育之名而行黨化之實」，因爲「我們是民主國家，不可自欺欺人」，所以「不能不大聲疾呼地呼籲請教育當局注意這種可怕的趨勢，搶救教育危機」！

對于三位先生的這種高論，我願以讀者的地位指出三位先生完全對于中國近代歷史的發展，和對中國目前所處情況瞭解的幼稚和無知，除此以外，實在沒有更好的字句來指正三位先生這種論調發生的根源。

第一：三位先生知道我們是在實行憲政，標榜民主自由，而忘記了中華民國憲法上第一條的規定：「中華民國基于三民主義爲民有、民治、民享之民主共和國。」學校當局爲了促進每一學生對于我國立國根本精神以及立國政策的認識，要學生們讀三民主義，我想凡是想促進憲政實施的任一中國人，必定都是贊成的，三位先生獨持異議，不知何解？

第二：國父孫中山先生創立中華民國，倍經艱辛，而其人格、言行的偉大，世人共見，三位先生對此想必是同感，每個中國的國民對開國元首的思想與理想的瞭解正如每個美國的國民要去瞭解華盛頓的思想與理想是一樣的，學校當局輔導學生去研究中山先生的遺教，難道是不應該？三位先生獨持異議，不知何解？

第三：我們現任的　總統是由全國人民代表在神聖的憲法規定下選舉出來的，是領導我們執行反共抗俄國策的，他的訓詞難道學生在學校中不應當研究嗎？

第四：任何人都知道中華民國是由中國國民黨創立的，沒有中國國民黨就不能推翻滿清，就不能打倒日本，沒有中國國民黨就不能堅舉反共抗俄的大旗，如果沒有中國國民黨：恕我們不客氣的說一句，三位先生在目前中國的情勢下還要生活下去，甚至寫出如此的洋洋大文，恐怕是太不可能，三位先生對于中國近六十年來歷史知識之無知，我們深爲感嘆！同時又以民社黨、青年黨來相比擬，三位先生對中國現階段政黨政治的不能瞭解，也十分可惜！難道中國國民黨六十年來發展的情形不值得每個中國人民去研究，去瞭解？何況中國國民黨的政策與每一個人都有深切的關係，而且他正是執政黨啊！

第五：黨的組織老早就退出學校，政府並規定了青年不及一定的年齡，不能參加政黨活動，請三位先生注意，這些命令都是由中國國民黨領導的政府所發佈的，三位先生不明事理，而說在實行「黨化教育」，不知何所根據？如果認爲學生們讀三民主義，國父遺教，總統訓辭，就是實行「黨化教育」，未免荒唐可笑，而貽人談論無知之譏！

第六：中國青年反共救國團成立的目的，在團結全國青年，指導其日常生活，最近幾年來的表現，如對三軍士氣的鼓舞，學生讀書風氣的培養早已有口皆碑，不知三位先生對於指導青年，增加青年愛國思想，有不有比成立中國青年反共救國團更好的辦法？同時不知道三位先生對我們中國青年反共救國團以及共匪的新民主主義青年團的認識有多深？而如此不明事理的妄加比擬？

第七：青年的熱情需要疏導，青年的生活需要輔助，三位先生甚至認為要練習大合唱，去中山堂開戰鬪晚會，展開各種募捐，去勞軍，也認為是不必要的，難道在這反共抗俄緊張時期，青年還要死氣沉沉去讀死書？集體的活動不需要嗎？「募捐」，「勞軍」正是今天頂重要的工作，戰鬪晚會是鼓舞戰鬪情緒的良好方法，難道這些都不應該嗎？三位先生不知時代潮流，以承平時代的陳舊思想來批評青年救國團的活動，實在令人不解！

我是一個正在高中讀書的女學生，上面所說也許有冒犯三位先生之處，但忠言逆耳，區區所見，尚希三位先生指正！

（二）一點建議

黃念台

編輯先生：

我是貴刊的一個長期讀者，深感今日自由中國的出版界敢於面對現實批評時政得失，揭發社會黑暗，闡揚民主自由的眞諦者祇有貴刊。也許是當前環境使然，像你們一樣言人所不敢言的出版物，少得可憐，我懷疑是否人們忘記了憲法賦予的言論、講學、著作及出版之自由的權利。

看到貴刊第十一卷第十二期底面「給讀者的報告」欄裏，歡迎就貴刊的編輯與發行等方面之批評與指敎的啓事，使我有了勇氣來寫此信。

現行出版法第二條第一項乙欵規定刊期在七日以上三月以下之期間，按期發行者為雜誌。貴刊定名為「半月刊」於法自無不合，但我深為刊期如斯之冗長而感惋惜，蓋如前述，今天能說出衷心嚮往自由之人的心之欵曲者惟有貴刊。而我們（讀者們）却每次要等待半個月的時間才能看到次一期的刊物，這時間上的負擔，是何等沉重！

所以我竭誠建議貴刊可否設法縮短刊期改為週刊，則與前引法律條文並無牴觸。這樣貴刊與讀者們的距離可以愈加接近，感情上也來得愈加親切了！

觀乎貴刊第十一卷第十期社論（一）「出版品禁限取消以後的責任問題」與陶百川先生的專論「評內政部新頒出版品禁限事項」兩文，讀之深有明日黃花之感。因為內政部所頒之命令是在十一月五日，而當日貴刊已經出版，所以無法就此違法命令加以批評。迨十六日次期出版之時，此命令因受不住輿論界之指摘而告暫緩施行，半月之間的轉變使貴刊僅能就責任問題上來追究，如果當時是週刊的話，則我相信更因貴刊的讜論而發生愈多的力量。

我想廣大的讀者羣中與我有同感者一定不在少數。自然，變更刊期就貴刊的業務方面講，或許有若干問題，但有讀者們的擁護，這些小節，可以不足顧慮。

專此　敬祝

撰安

讀者黃念台敬上

四十三年十二月卅一日

（上接第7頁）

俄所不能容納的畫幅，在音樂會奏演了蘇俄所排斥而禁止的樂曲。對抗極權的這民主世界，在幾年之中已經尋到了眞正反共的武器，所謂總體戰之中，文化戰線中的戰略，第一步無疑地就是文化自由。

孫褒納山（Sampurnasand）談到印度的大學說：「無論他們在純粹智識領域上有多少成就，在文化戰線上他們是可憐地使我們失敗了。」這句話，用于自由中國的大學是不是恰當呢？所謂文化戰線的工作，是要我們的青年有創發的思想運動，發展新的意識與固定新的信心。

自由中國在國外讀書的青年，功課成績都不錯，可是大多沒有精神力量，沒有愛智之心，讀書但為尋求個人出路，膽小心窄，多自卑感與怕是非。大多數都有未老先衰的特徵，潔身自好，世故深而人情薄，這些都顯得無爭取自由的勇氣，也無吸收文化的毅力。這和響應五四運動號召的一羣青年是多麼不同呢？

要建立青年的信心，應先允許他們懷疑，有懷疑的勇氣者方才能有信心的毅力。未經過懷疑的信仰是迷信，共產主義是不許人家懷疑的，因此要維持這個信心就必須封鎖在迷信的集團中，與外界一接觸就無法維持這個信心了。自由世界並不要青年迷信什麼，我們希望懷疑一切，吸收一切，由他自發的凝成信心，這信心才會成為人格的一部份，由此才能產生獨立的見解與自己生活的格局，為保衛這獨立的人格與生活的格局他才會知道自由的重要，也會知道文化的重要。

當人祇求苟安而不求人格的尊嚴，當人祇求生活而不求生活的格局時，他已經是沒有自信的空虛潦倒的人了。這就沒有精神力量，沒有鬪爭勇氣的徵象。這是多麼可憐的現象呢？。

如果對此症狀要有一服藥劑的話，那麼文化自由協會所號召的理念怕是最有效的藥方了。

在文化自由的運動中，它沒有消極的意義，不是對人「禁止」讀某種書，「禁止」幹什麼，而是積極的要人讀多種書，鼓勵人多幹什麼。與其在消極方面「禁止」，不如在積極方面推行。禁止看某種政治理論書籍，他連什麼政治理論的書籍都不想起了。鼓勵他幹有益的事，他會很自然不幹有害的事。在鐵幕後的世界，強迫人人學習政治，人人對政治都感到頭痛；可是在自由世界，在時代的潮流中，沒有人不想了解政治了。這也是為什麼文化自由協會中有許多自然科學家與哲學家來贊助了。

中華民國在反共抗俄的鬪爭中，必須有一個堅韌的民族的精神力量，培養這個精神力量，不是短時期所能成功，但必須培養。而文化自由正是邁向建立民族的精神力量的第一步。

在介紹文化自由協會的運動中，我覺得臺灣的文化界是多多需要一個蓬勃的自由文化運動呢！

一九五四、一一、二二。

第十二卷　第二期　內政部雜誌登記證內警臺誌字第三八一號　臺灣省雜誌事業協會會員　八八

給讀者的報告

本期我們社論的題目是：「國民黨應如何領導從政黨員。」在這篇社論裏，我們對國民黨提出一項具體的建議。國民黨是我們當前執政的唯一大黨，我們希望由此能更進一步的促進國民黨內的和諧與進步。這對於國家政治的前途，關係是十分重大的。這些年來，本刊同人有一項基本的認識：即在國脈存亡的今日，凡屬清醒而有良知的人，無不渴盼早日光復大陸，重整河山。而如何完成這一艱鉅的時代使命，惟有賴於國民黨的開明領導。所以我們說：「只有國民黨有前途，我們的國家才有前途。」我們相信，凡是忠愛國家的國民，無論其為國民黨員或非國民黨員，均將同意我們此一看法。所謂「愛之深，責之切」。這是我們寫這篇社論的基本態度，也是我們從來論政的一貫立場。

東方既白先生是香港文化界的知名之士。東方先生闡揚自由思想，不遺餘力，所著「在文藝思想與文藝政策中」一書(香港友聯書報公司發行)，是晚近文藝界與思想界一本極有價值的論著。本期東方先生的大作，旨在向國人介紹文化自由協會，以及此一國際性的民間文化團體在文化自由運動上所作的努力。東方先生在本文中對自由中國教育文化界提出的一些建議，見深識遠，是值得我們注意的。

劉國增先生的「論英鎊之將來」，在介紹英國貨幣金融的一般情況，資料豐富，對於研究財政經濟的人，是極有參考價值的。本文因篇幅較長，將予分兩期載完。

本期「美軍生活」的子目是「傑克不會變成呆孩子！」單就這個標題，便很能引人入勝了。辛之魯先生在本文中，說明美國人如何重視生活的享受與情趣。美國民族之所以活潑而有朝氣，這是主要的原因。追求快樂乃人類的天賦權利。當人們淪入共黨奴役時，此種權利便遭剝奪無遺。在此苦難的今日，幾個人還能有愉快的笑臉？然則如何使人們得有笑臉，能不是我們那些政治領袖的責任嗎？

本期的譯文雖短，但描寫一個身居高位的人如何之有民主的風範。民主的實踐常須於實際生活中體認之。這是足供我們借鑑的。

此外，本期刊有讀者投書兩篇，其中黃念台先生曾建議我們將本刊改為週刊，使與讀者能有更多見面的機會。黃先生愛護本刊的此種熱誠，深使我們感動。我們很久以前便有此願望，但以種種考慮，一時尚不能實現此項計劃。

自由中國 半月刊　第十二卷第二期　總第一二五號

中華民國四十四年一月十六日出版

發行人兼主編：『自由中國』編輯委員會

出版者：自由中國社
社址：臺北市和平東路二段十八巷一號
電話：二八五七〇

航空版
香港辦事處：友聯書報發行公司 Union Press Circulation Company, No. 26-A, Des Voeux Rd. C., 1st Fl. Hong Kong
菲律賓辦事處：岷市怡干洛街五〇二號三樓 3rd Floor, 502 Elcano St. Manila, Philippines

總經銷
臺灣：自由中國社發行部
美國：中國書報發行所；國民日報社 Chinese Daily Post 809 Sacramento St., San Francisco, C. U.S.A.
加拿大：醒華日報 Shing Wah Daily News 12 Hagerman St. Toronto, Canada

經售者
日本：東京僑聲企業公司
韓國：漢城[illegible]社
馬尼剌：大中華日報社
印尼：新強書局；椰嘉達天聲日報；棉蘭新中華報
越南：西貢中原文化印刷公司
緬甸：仰光[illegible]書報店
印度：加爾各答培梅學校
澳洲：雪梨瑞田公司
北婆羅洲：西利亞坡青年書店
新加坡：檳榔嶼、吉打邦均有出售

印刷者：精華印書館
廠址：臺北市長沙街二段六〇號
電話：二三四二九

本刊經中華郵政登記認為第一類新聞紙類　臺灣郵政管理局新聞紙類登記執照第五九七號　臺灣郵政劃撥儲金帳戶第八一三九號
(每份臺幣四元，美金三角)

FREE CHINA

第十二卷 第三期

要目

中華民國四十四年二月一日出版

社址：臺北市和平東路二段十八巷一號

半月大事記

一月七日（星期三）

立法院通過水利法第三條及第卅八條修正條文。

美總統艾森豪咨請參院儘早批准中美共同防禦條約，並檢附兩國交換照會，備供參考。

美國同溫層噴射轟炸機，已完成二萬一千哩不着陸之遠程航行。

一月八日（星期四）

立法院外交國防兩委會聯席審查會議通過中美共同防禦條約。

一月九日（星期五）

浙海匪船活動頻繁，企圖竄犯大陳。軍方發言人指出當前匪情動態，判斷匪方可能冒險進犯。

美陸軍參謀次長鮑爾特，啓程離美來臺訪問。

法國提出西歐武裝共管計劃，希望美國分擔責任。

美參議員麥加錫建議，主張美國在共匪釋俘以前，停援與匪往來之國家。

美國共和黨人士表示，將再度提名艾森豪爲下屆總統候選人。

蘇俄宣佈召回駐伊拉克使節。

泛亞社東京訊：傳中美共同防禦條約附有密約，謂美政府願支持我獨力反攻。

一月十日（星期六）

匪機出動百餘架次，侵襲大陳，投彈三百餘枚，平民多人傷亡。

紐約時報消息：美政府已擬定計劃，當共黨發動侵略時，美將予以雙倍報復。

美總統艾森豪要求國會，逐漸削減關稅，俾減少貿易障礙，鼓勵對外投資。

聯合國總部發表公報稱，哈瑪紹與周匪會談，業已結束。

孟德斯法朗士訪義總理，檢討世界局勢。

一月十一日（星期日）

司法界盛會慶祝第十屆司法節，陳副總統蒞會致詞。

立法院三讀通過電影檢查法修正案。

葉外長自華府啓程離美返國。

雷德福主張，如其他方法不足以使共匪釋俘，則封鎖大陸將係一有效步驟。

哈瑪紹離匪區抵達香港。

一月十二日（星期二）

葉外長再由舊金山折回華府，延期返國。

「自由中國的宗旨」

第一、我們要向全國國民宣傳自由與民主的真實價值，並且要督促政府（各級的政府），切實改革政治經濟，努力建立自由民主的社會。

第二、我們要支持並督促政府用種種力量抵抗共產黨鐵幕之下剝奪一切自由的極權政治，不讓他擴張他的勢力範圍。

第三、我們要盡我們的努力，援助淪陷區域的同胞，幫助他們早日恢復自由。

第四、我們的最後目標是要使整個中華民國成為自由的中國。

立法院外交委會通過中薩友好條約。

艾森豪闡釋美國國外軍事政策，指出美國將鼓勵各國建立軍隊，以防止共黨顚覆活動。

尼加拉瓜軍隊侵入哥斯達黎加邊境，哥總統號召志願軍保衞國家。

哈瑪紹過東京與重光葵、艾理生、赫爾等會晤。

一月十三日（星期三）

日政府決定派觀察員參加下月在臺北召開的第二屆亞洲反共會議。

路透社華盛頓電：中國政府同意，未得美國贊同，暫不反攻大陸。關於此問題之中美雙方照會，已送交國會。

美參議員諾蘭指出哈瑪紹此行使命已告失敗。

一月十四日（星期三）

立法院全體立委一致議決通過中美共同防禦條約。

美陸軍參謀次長鮑爾特將軍抵臺訪問。

美助理國務卿勞勃森演說，闡述美國對亞政策，指自由中國爲億萬人民希望所寄。並斥共匪罪行，絕不容其進聯合國。

美國務卿杜勒斯及洛奇等高級外交官員舉行會議，研討釋放美俘之談判經過。

哥斯達黎加境內戰事停止，五國委會提出報告，謂飛臨哥國境內之飛機係來自外國領土。

哈瑪紹招待記者，報告前往匪區談判經過。

一月十五日（星期四）

立法院通過中薩友好條約。張院長宣佈十四會期休會。

經濟部公佈農林、工礦兩公司移轉民營分售辦法。

省政府公佈全省學校疏散實施辦法。

艾森豪發表聲明，對美俘未能立即獲釋一事，籲請人民保持鎮靜。

法德兩國總理會談結束，對薩爾問題獲致協議。

一月十六日（星期五）

臺灣省第二屆縣市議員選舉，第二期宜蘭等十縣投票。全省廿一縣市九百廿八名議員至此已全部產生。

一江山戰事激烈，守軍重創一匪艦。

西德拒絕蘇俄恫嚇，決不背棄巴黎協定。

一月十七日（星期六）

金廈前線炮戰劇烈，匪機窺擾大陳，被我擊退。

美總統艾森豪咨文國會，提出下年度預算案，總額達六百廿四億，主旨在擴充空軍使用原子武器。

一月十八日（星期日）

西歐七國代表在巴黎舉行會議，檢討法國軍備共管建議。

匪軍大舉進犯一江山，我守軍奮勇迎戰。

美總統艾森豪對匪軍進犯一江山消息表示關切，曾將所得情報告知國會領袖。

國防部前軍法局長包啓黃貪污瀆職，被判死刑，執行槍決。

一月十九日（星期一）

一江山我守軍流血勇戰中，殲匪千人以上。

美參謀首長聯席會議主席雷德福先後與艾森豪、杜勒斯，討論匪犯一江山所引起的情勢。

艾森豪在記者招待會表示，聯合國爲謀營救美俘所作的努力，美國不能永遠等待。

社論

(一) 胡適思想為甚麼遭受中共嫉忌

最近中共政權在北平又大張旗鼓來「批判胡適思想」了，胡適思想，在幾年前已經被清算過一次，這番再來批判却由「紅樓夢」引起。因為中共關心到古典文學，乃由作家出版社將「紅樓夢」整理出版，以供青年閱讀。同時俞平伯以三十年治「紅樓夢」的專家，將其舊作改寫為「紅樓夢研究」及「紅樓夢簡論」兩書，一經出版銷路暢通，極受青年的歡迎，故各新聞雜誌均約請俞氏寫作，他又寫了好幾篇與「紅樓夢」有關的雜文。不料好景不常，有李希凡、藍翎兩個年青小伙子寫了兩篇文章，攻擊俞氏的「紅學」是用資產階級唯心論的觀點、立場和方法去研究的，這是要毒害青年的，理應用馬列主義的觀點、立場和方法來研究古典文學才對。此論一出羣相和應，於是「中國作家協會古典文學部」乃於去年（四十三年）十月二十四日召開「紅樓夢研究座談會」，被邀出席人數為四十九人，發言者也有十九人之多，會議進行了七小時云（見同年十一月十四日北平光明日報）。如所周知，共產黨統治下所召開的會議都是預先有了結論的。這次的結論，不消說，大家都贊成李、藍二人的意見。究其意義，則共黨獨裁者的魔手，不但要控制住文藝的作品，而且要控制住古典文學的研究，使青年的思想都納入馬列主義的魔法之中，才會服服帖帖地受其統治罷了。

可是座談會的有些發言者，因批判俞平伯的思想而牽涉到「胡適思想」，認為俞氏雖則政治上與胡氏的立場不同，而思想則是受了胡氏的影響很深，其「紅學」也和胡氏相同，故非批判胡適思想不可。於是北平的「中國科學院」院務會議與「中國作家協會」主席團，又於十二月二日舉行聯席會議，決定兩個機構聯合召開「批判胡適思想的討論會」，以資展開對胡氏的「資產階級唯心論思想的全面批判，樹立和鞏固馬克思主義在學術界的領導地位」。接着，於十二月廿九日這「討論會」在北平中國科學院舉行，參加者共有四十多人。根據艾思奇所作的「批判胡適的實用主義」一文進行討論。郭沫若（「中國科學院」院長）首先說明了討論會的意義。他說：「批判胡適思想是當前文化鬪爭中很重要的戰鬪任務。當我們正在進行社會主義建設和社會主義改造的時候，特別要加强對國內外敵人的鬪爭，思想鬪爭的任務，就落在我們文化學術界身上。」照其經過看來，他們今後還要繼續開會討論，不但胡氏的實用主義要批判，而且他的政治思想，歷史觀點，文學思想，乃至考據等等都要批判的。艾思奇的文章未能到手，如有機會閱讀，將另作論評，今先就其一般性質而論之。

× × × ×

原來「胡適思想」，自五四以後才成為有力的思想，而馬克思的思想也恰好同時（或許略後一些）被介紹到中國來，三十年間兩方均在競爭中。可是胡氏並沒有政治及軍事的壓力去强迫人們信從他的思想，也沒有組織堅强的黨徒替他作大力宣傳，為甚麼經過三十餘年還可以很有影響力，而且已被共黨一清再算，還不能澈底肅清呢？縱使已經「中毒」如俞平伯者，不容易肅清其多年累積的思想，但是俞氏的作品又為甚麼受着廣大讀者的歡迎呢？馬克思主義，在共黨統治下，經過六、七年，不斷地用政治軍事的力量去强人以必從，何以到今天它的「領導地位」還待「樹立」，還待「鞏固」呢？這只說明一點：接受胡適思想的是由衷的選擇，而馬克思主義則非憑暴力不可能使多數人接受而已。難怪共黨獨裁者因此而大為驚訝，其頭目及嘍囉也要大張旗鼓來開討論會，大聲疾呼來施行其批判、肅清了。從前中國的專制帝王之尊崇孔子，只對於要做官的才要受四書五經的考試，其他釋道二氏以及諸子百家都任由人們去研究，接受與否聽他自擇，但是中國的大多數人都接受了孔子的學說。故孔子學說之行於中國，雖藉助於政治力量，而究在相當自由之下被人們所信奉的。馬克思主義有了共黨政權之全力支持，自詡為唯一的客觀眞理，為甚麼不敢讓胡適思想流傳，惟恐動搖其領導地位呢？由此可見，共黨獨裁者之謂馬克思主義為唯一的客觀眞理，只是政治的作用（參看下面），他們內心實在是沒有自信的，至少比起儒家者流對於孔子之道的自信差得很遠。他們深知，非憑不斷的高壓，則馬克斯主義必不能博得多數人的信從，故只有將不同的思想高壓下去，來施行其思想的配給。

以上就胡氏的一般思想而言，以下則專論其實用主義。

第一、基督教是一神教，西方受了它的影響二千年，故「眞理只有一個」多數人均視為當然，毫無疑問。共黨承此傳統，也說眞理只有一個，而這一個便是馬克思主義。而且馬克思主義也要經過共黨獨裁者解釋的才是對的。於是不接受馬克思主義的卽是不接受唯一的眞理，故不是無知，便是異端。異端是應該澈底肅淸的，無知是應該加以教育的。共黨獨裁者已有唯一的眞理在握，則「作之君」同時又應「作之師」，對於無知者固然要擺出老師的架子而施以教訓，對於已有知識的，則只有可改造與不可改造之分，並沒有任其自由的可能，若有不肯接受改造或不堪改造的，便殺掉了事。這便是唯一客觀眞理在政治上的大作用，沒有這一利器，則極權政治沒有理論上的支柱，不能橫行濶步了。可是實用主義却主張眞理是多元的，數學的眞理已與社會的眞理根本不同，宗教的眞理也和邏輯的眞理完全兩樣，他如自然科學的眞理，歷史學的眞理等等也是各各不同的。這是民主制度下產生的思想，也適合於民主的生活。惟其眞理是多元的，明乎此者未必明乎彼，所以服從多數的意見而仍不信它就是眞理，寬容少數的意見，因為它或許是更正確的。在極權政治下，持有唯一客觀眞理的獨裁者，則不但少數不寬容，卽多數也要加以敎育或改造。這不是很鮮明的對照嗎？且在中國的傳統，宋儒雖有理一分殊之說，但這是後起的。在經典上則論語沒有理字，孟子雖有理字也不是重要的字眼，遠非仁義之比，卽在四書五經中實難找到「眞理只有一個」的典據。以此之故，實用主義在過去三十年會有許多知識份子接受，卽在今天的大陸，還很有影響青年的力量。如果眞理是多元的，則共黨的唯一眞理的法寶便要失靈，其由此演出來的行動，在理論上都要立足不住了。這還了得？故非將實用主義大力撲滅不可。

第二、馬克思以為眞理是客觀的，因為是眞理所以有效用；詹姆士則以為能滿足吾人身心之需要者便是眞理，卽因為有效用所以是眞理（杜威所謂效用與此不同，參看下面），兩方似乎截然不同。比方馬克思謂社會有階級分裂，有矛盾鬭爭，本來指存在的事實而言。但是共產黨徒則對於沒有矛盾鬭爭的各階級間，多方製造矛盾以促進及擴大其鬭爭，而達其奪取政權或鞏固政權的目的。這不是以共黨的需要為眞理嗎？其他以共黨的需要為眞理的例，不勝枚舉。詹姆士所謂「吾人」是指最大多數的個人乃至全人類而言，還是相當客觀的；共黨則只顧及其一黨，在社會中實在是微不足道的少數，以滿足如此少數人的需要為眞理，不是更加主觀的嗎？然若不論其人數之多少，只論其眞理觀，實在是同一種類的。他們表面宣稱馬克斯的客觀眞理說是他們的信條，而骨子裏却是相信實用主義的眞理，寧非怪事？這種表裏相反的秘密，恐被明眼人識破，以致他們的把戲耍不出來，故非禁止實用主義的流傳不可。

第三、杜威的眞理說則與詹姆士的滿足需要判然兩樣，而共黨所謂「實踐證明眞理」乃是襲取其說的。杜威以為眞理的觀念所要滿足的，不是泛泛的欲望，而是滿足了它所要滿足的條件。一假設觀念的眞假，惟有以此假設為領導，付諸行動的結果，才得證明。總之，觀念之成為眞理，不是由於和先前的事實相符，也不是由於和其他觀念相符合，而是由於和依觀念而行動的結果相符合，所以一切知識成為前瞻的而不是後顧的；成為假定的和暫時的，而不是絕對的和固定的；因為它常是要受將來的知識和未經預料的事實的矯正的。如我相信「空氣有阻抗力」，要證實這一假設，可以「在眞空中雞毛和銅錢必同時落地」為條件，於是付之行動，乃證明它是眞的。又如我相信「抗日必勝」，要證明這一假設自有多數條件，若付諸行動而滿足了那些條件，它便是眞的。因為自然現象可以如如重演，社會現象往往一去而不返(固然也有大致相同的)，我們特引兩個極端的例以顯示其間之差異。我今天要來試驗空氣有無阻抗力，其結果和加利略的試驗沒有兩樣，故後顧與前瞻沒有分別，這假設之為眞理，一經試驗便已確定，不會「受將來的知識和未經預料的事實的矯正」。但是抗日必勝雖已證明為眞理，若以此而證明建國之必成，則只是假定，須待將來的事實的考驗，因為它倆所要滿足的條件已有許多不同之故。唯物論的眞理只是「觀念和實在相符合」，宜為杜威所指斥；恩格斯所謂實踐如吃布丁及從煤焦油中抽出亞里扎林之類也和杜威不同。但是馬克思所謂實踐又指改造自然及改造社會而言，列寧以後，共產黨徒所謂實踐卽是鬭爭，鬭爭而獲得勝利便是證明眞理。在着手鬭爭時，當然有一假設的觀念，以為如此這般便可獲勝，然後由此觀念而演出行動，其結果勝利了，卽是觀念與依之而行動的結果相符合了，照杜威的說法，便是將那個觀念證明為眞理了。共產黨所以要不斷的勝利始能鞏固其政權，卽以此故。大衞・達林說：「要說蘇聯全靠這個『蘇聯是無敵』的信念，來維繫蘇維埃制度的興亡，也殊非過語。」（達林著，新蘇維埃帝國）。可是如此的實踐證明眞理却與杜威的說法相同，而與唯物論的眞理連接不上，不是要暴露共黨的弱點嗎？故須迅速肅清，以收掩蔽弱點之功。

總結以上三點，可知中共之批判胡氏的實用主義，只是掩蔽其襲取他人學說以及表裏不符的弱點，俾免暴露，而且維護其唯一眞理化身的地位，以鞏固其政權罷了。

社論

(二) 對艾森豪總統關於遠東政策咨文的觀感

隨着中美共同防禦條約的簽訂，艾森豪總統又於上月下旬向國會提出一件咨文，要求授權「於必要時使用美國武裝部隊以確保臺灣及澎湖的安全」。這件咨文已於上月二十五日在衆議院通過。

把這件咨文詳細分析以後，我們要指出：有的是我們所歡迎的，有的是應由中美雙方商量的，有的是我們要警告美國的，茲分述如下：

一、中美共同防禦條約第五條，對於「採取行動以對付共同危險」的時候，會有「將依其憲法程序」的規定。現在，艾森豪總統鑒於臺灣海峽「警報的信號已經飄揚」，如果等到緊急事態發生，再依憲法程序採取行動，時間可能太遲，所以提出咨文要求國會授權於必要時得以採取某些軍事行動。這即是預先完成了條約中所說的「憲法程序」，以期把握時間，對付緊急事態，而不致貽誤軍事行動的時機。這一咨文，增强了中美條約的積極行動性。這一點是我們所歡迎的。

其次，該咨文不僅是說要「確保臺灣及澎湖的安全」，同時也提到爲確保臺澎，將考慮到與臺澎有密切關係的其他地方。如果這些地方之被攻擊可認明是對臺澎本身攻擊的一部份或確實爲攻擊臺澎的先聲時，美總統也可直接採取軍事行動以對付之。不僅如此，如果中共在大陸上集結軍隊，意圖侵犯臺澎時，美軍也可攻擊這些中共軍隊的集結。這是該咨文中若干詞句的涵義，也是我們自由中國所歡迎的。

二、爲着重行部署及鞏固其軍力，中華民國對於某一島嶼從事撤守時，美國武裝部隊將協助進行。關於這一點，原則上我們無寧說是歡迎的。但從軍事的觀點來看，在目前情勢下，應否有所撤守，我們不是軍事學家，不能作何主張。但我們可以指出一點，卽西方人，尤其美國人打仗，特別重視外在的因素——地理形勢和武器裝備；東方人，尤其是我們中國人打仗，特別重視內在的因素——士氣。因此，我們希望中美雙方當局對此有一相互了解的基礎，才可進而商討具體的問題。在作戰中，精神條件與物質條件同樣重要，是不可偏重偏輕的。

三、在艾森豪總統提出這件咨文的前幾天，他本人和其國務卿杜勒斯都表示過，希望聯合國對於臺灣海峽來一「停火」的安排。再前些時，「兩個中國」的論調也會盛傳於倫敦，甚至華盛頓。「停火」！「兩個中國」！由停火的安排，形成兩個中國的對時，在我們是不可思議的事體，但在某些人的腦子中，可能成了很自然的邏輯。因爲板門店會議後，韓戰停火了，南北韓對峙之局依然如故；日內瓦會議後，越戰停火了，南北越對峙之局形成。臺灣海峽停火，還不是爲的形成兩個中國嗎？和平可貴；停火、在目前的形勢下，我們也無寧說是歡迎的。但以停火而形成兩個中國，我們則誓死反對。爲甚麼？因爲在共黨統治下的大陸是一個奴役世界，不能視爲一個國家。這種奴役世界，正是艾森豪總統就任之初所標榜的解放政策所應當解放的。我們中華民國政府，對於陷在共黨統治下的人民有解救的職責。也卽是說，我們要反攻，要復國，斷不能由停火而忍受共黨中國的存在。在艾森豪總統這次咨文中，雖未說及「兩個中國」，但曾明白地說到歡迎聯合國採取行動，使臺灣海峽的戰爭告一結束。這卽是艾森豪總統與杜勒斯國務卿前此所表示過的，希望聯合國採取停火措施的另一說法。因此，我們要在這裏警告美國，要以韓戰越戰做鏡子，認淸與共黨談判停火，是不智的。如果由於停火安排，導致中共國際政治地位的再度提高，或進而走到「兩個中國」的結局，那末，作爲一個自由世界領導者的美國，誠如我國在聯合國的代表蔣廷黻氏所說，犯了「道義上的罪過」。

我們對於艾森豪總統這次咨文的分析，有如上述。這件咨文，對於自由中國而言，有有利的處所，也有可能不利於我的含義。我們自己要提高警覺，也要自己努力以扭轉可能與我不利的趨勢。我們總可記得，當大陸全部淪陷，我政府遷來臺灣之初，美國發表對華政策白皮書，並一度把中華民國置之不顧。後來經過我們各方面的努力，尤其軍事上的整編與重組，使美國認識我們的力量。認識我們是東亞反共陣線重要的一環。到現在中美兩國已在共同防禦條約之下了。這一經過，固然是國際大勢所趨，而在國際大勢中也有我們自己努力所形成的成份在內。過去如此，我們當知今後應有的努力。

就目前的國際大勢看，我們軍事的反攻，不容諱言是不能期之於很短期間的。至於政治反攻，我們認爲此時正是我們應當加强的好機會。美國有些高級的官員們，也相信「臺灣海峽的情勢如果能够穩定下來，將有一個極好機會，使大陸上的中共政權終將爲內部的紛擾及對於共黨的不滿所推翻」(見合衆社華盛頓一月廿四日電)。是的，凡是極權政權是要靠不斷的對外侵略來維持的。一但對外擴張限住了，內部的政治紛擾就會發生、擴展、而至於不可收拾。由於中美條約及艾森豪總統這次咨文，中共在沿海島嶼的侵擾，將會碰壁。我們要趁這時加强我們的政治反攻，切切實實從尊重人民權利，維護法律尊嚴等方面，做些事績出來給大陸的人民看。我們這邊的向心力加强，相對地也卽是共黨那邊離心力的加大。政治反攻到了相當成功之日，也卽是軍事反攻可以奏凱之時。這是本刊一向立論的目標，今後尤其要督責政府在這方面多多努力。

科學與道德

——讀杜威著「自由與文化」後的感想——

羅鴻詔

杜威教授所著「自由與文化」，由吳俊升先生譯成中文，業經出版，本刊亦會為之評介(十卷二期)。友人要我作批評，對此一代大師的代表作，要做「批郤導窾」的工夫，我始終覺得力量不足。現在只就科學與道德的關係，寫出一些讀後的感想吧。

一

他的全書大旨是維護自由民主的制度問題。這制度值得維護嗎？如果值得維護，則其方法如何？前一問題現在不談。後一問題，卽維護自由民主的方法問題，他提出理智和道德的合一。「如其我們不從現時混亂情況中建立理智的和道德的合一，眞正民主創造的問題，無論在理論上或實施上都不能得到成功的處理的。有些人不斷地表示效忠於民主主義，而每日所思所行却與所表示的道德的要求不相符合。這種情形的主要原因，在於適合於昔時的態度和適合於現時的習慣，發生分裂。」(三七頁，頁數是吳譯本，下同)這知德分裂實在是今日自由世界的嚴重問題。我們中國，孔子已有聽言觀行以及言行相顧的教訓，你認為善的便要為之，認為惡的便要去之，如此的知行合一實為儒家一貫的主張。但是近十年來，不但參加政治的人們多半是言行不能相顧，卽思想家亦在所難免。杜威以為「威脅我們民主的，並不是極權主義外國之存在，而是在我們自己的態度和我們自己的制度中，」(三七頁)我個人實深具同感。

那麼何以有知與德(行)的分裂呢？在西方，基督教的教條素為全社會所信奉，據此以判定個人的行為之是非善惡。自物質科學勃興以後。這些信條有好多已經不起理智的批判，所謂科學與宗教的衝突由之而起。杜威以為這是文化所依據的基礎有了分裂，「卽是在形成知識的觀念，和具有情感和想像的性質而直接鼓舞行動的觀念，兩者之間，有一種分裂。」(一二九頁)科學的理論轉而為技術，工業的進步一日千里，而社會的環境因之大變。「環境變化的速率是空前的大，以致有人估計，在過去一世紀間，人類生活和結合的情況所發生的變化，比前幾千年中所發生的變化還要多。變化的步驟如此迅速，以致基本的成訓和信念，在實際上追踪不上。」(三六頁)以時間經過，科學的信用日漸增高，因之舊的道德規條逐步失墜其信用，新的又沒有建立起來，於是分裂只有加深，行為之是非善惡乃沒有一定的標準可據以判定了。

在我國，當王陽明先生主張知行合一的時候，道德的標準是一定的，甚麼是善，甚麼是惡，並不難知，只要力行為善去惡之功，便可盡其進德修業之事，故其重點在行。今天的情形却完全相反，重點乃在乎知，也和西洋差不多。晚清以來，社會改造的思潮，眞是「淩赤岸，籌扶桑，橫奔似雷行」了。二千年來傳統的道德信條以孝弟為中心者，遭受到逐步的打擊，至今日的中共直是掃地以盡了。其實中共也不過是一個大結束，履霜堅冰至，由來蓋漸。有些論者歸咎於五四運動，其實則自鴉片戰爭以後，西方文化逼得我們要改變，而改變到現在便有中共出來，實為大勢之所趨。我們對於西方文化的爭論，贊成的多半以物質文明為誇耀，並沒有深探其文化的根源，而分析其利弊之所在，反對的尤其夾雜着多量感情的成分，對於東西的比較並不够透澈，故全盤西化派與國粹派都不能建立起新道德標準來。其結果則舊的日就式微，新的曙光未見，在此極端混亂之中，共產黨振臂一呼，「跟我來便一切有辦法，」而青年學子咸委身以相從，又何足怪？談改造社會者無不以西方尤其是英美為模範，但是照杜威說，則西方也和中國差不多，傳統的價值被科學毀滅了，新的還沒有建立起來，而且應不應，能不能依據科學去建立，都還是意見紛歧，議論未定的(參看下面)。我們要以西方為模範，不是沒有模範了嗎？這是最深刻的問題，不應輕輕放過。西方人自己創造科學以改變環境，隨時改變卽隨時適應，事實上尚且追踪不上，我們將西方科學的結果搬過來，藉此以改變環境，人們對此環境更是陌生，其追蹤不上自必較西方為尤甚。舊日的道德規範所以不合時宜，卽由於此。那麼有沒有好方法，造出一種新規範來，足以澄清現在的混亂呢？十八、十九世紀英國的功利主義似乎成功，理論上德國人雖多持異議者，實踐上却都跟着英國人走。二十世紀功利主義已經不行，有沒有替代的東西呢？杜威提出「對於人性潛能的信仰」，且謂「民主主義的存亡，全憑能否保持這種信仰以及能否用工作來為這信仰辯護作最後的決定的。」(九七頁)站在科學的立場，固不能斷定人性潛能之有無限的發展，但由今日觀之，則尚不知其界限之所在，故此一信仰在理智上是可以成立的。有此信仰後，則一切制度，一切道德規條，凡屬有助於人性潛能之發展的都是善的，反乎此的便是惡的。這便是他的「知德合一」的結論吧。

二

可是科學與道德能不能合一呢？杜威舉出三種主張，都是否定的。「現有一派哲學(按大槪是指羅素派)以爲一切意見凡論及價值可以推動行爲者，都缺乏任何科學的立場；因爲照這派看來，能被認知的只有物質的事情。否認價值在事情的最後歷程中有任何影響，也是主張生產力量最後控制所有人類的馬克斯主義的信念一種特點。有一種觀念，以爲憑觀念和判斷來對於價值作理智的調整是不可能的。這種觀念爲若干震於數學和物理科學的成就的知識分子所共有。」(八頁)

深信數理科學的知識分子，看見其系統的謹嚴，一步又一步紬繹而出，其間均有邏輯的聯繫，反過來看道德的判斷，則不但系統的謹嚴大有遜色，有時竟像散漫到沒有系統的樣子，兩相比較，乃形成「價值不可能作理智的調整」的觀念。其實系統雖有謹嚴與鬆懈之別，若謂價值(善惡)竟不能作理智的調整，亦殊非事實的眞相。好多關於社會哲學及道德哲學的著作，也能構成相當謹嚴的系統。故若據此而主張科學與道德兩不相干，則未免越出分外了。馬克斯派則强調辯證的必然，經濟因素在歷史上的運動，由開端以至終極，必然是自決的，絕不借助於其他力量的。如果承認了道德因素有推動的力量，豈不是理論有了破綻嗎？由此可見共產黨徒的殘殺實植根於馬克斯主義之中。旣已認一切爲必然，則他們殺了千億人民亦與洪水爲災之爲必然無異，怎能够動搖他們的「鐵的意志」呢？

至於數理邏輯派或邏輯實徵論者，以爲科學中沒有價值的地位，抑或以爲「科學對於驅使人們行動的目的和價值是完全中立的，也是漠不相關的」(一〇五頁)，則信者更多，其所持的理由亦較爲充分。第一、就其本身而論，科學是知識，由一組基本原理出發，紬繹出多數定律，其間邏輯的聯繫至爲謹嚴。只因基本原理已與道德無關，由之而出的定律也就與道德不相干涉，所以在科學系統中，道德(價值)不能插進去。科學的原理及定律只有眞假之分，並無善惡之別，我們也不能據之以判定人類行爲之是非善惡。在如此的意義下，科學對於道德是中立的。第二、就科學之實際應用而論，則爲技術，由此而大規模的工商業出現，社會環境從此改觀。資本家憑藉技術以經營工商業，作了許多罪惡，固然是事實，但這只是分配的問題，其增加生產使民生日用無虞匱乏，也是事實，故技術本身依然是可以爲善可以爲惡的。且看有了科學之後，殺人的利器確是日見兇猛，但憑醫術的進步也救活了很多人命，使文明各國人民的平均壽年逐漸增高，其功罪亦略足相抵吧。在此可善亦可惡，有功亦有罪的意義下，科學對於道德是中立的。

可是科學的中立性並不是漫無限制的，若謂科學與道德在任何意義下都不相干，自然是站不住的，至於馬克斯一派以科學的名義否認價值的發動力，則離開眞理更加遙遠了(其實唯物史觀乃是認定「無產階級勝利」爲最高價值，其發動力卽在此)。杜威則要求知德合一，對上面的三種意見均加以反駁，我們且看其立論的根據如何。

三

人的行爲出自欲望和目的，此欲望和目的的形成，雖可說是多半由於需要及情緒，但可說和知識毫無干涉嗎？知識上的觀念眞眞和情緒完全隔離嗎？晚近有組織的宣傳之能轉移人們的行動，已是衆所周知的事實；人們之信科學遠比信宣傳爲深，何以科學竟不能改變人們的行動呢？杜威說：「如其知識，甚至最確實的知識，不能影響欲望和目標，如其它不能決定何者是有價值的，何者是無價值的，那麼展望對於欲望的形成，必然是令人沮喪的。」(一〇七頁)杜威的觀點和上面所說科學中立性的觀點已不相同，站在這觀點來看，科學之影響行動，影響道德，實在是不容否認的。近代環境的改變由於科學，由於物質工程，使個人與個人間，個人與團體間，以及團體與團體間的關係都已與昔日大不相同了。杜威說：「如其科學不能發展一種道德的技術來對於這些關係也加以決定，那麼現代文化的分裂便不免如此深刻，以致不僅民主主義，並且是所有文化的價值，均已判定了阨運。一個文化允許科學毀滅了傳統的價值，却不信賴它的力量來創造新價值，乃是一個自行毀滅的文化。」(一一八頁)

現在的問題似應分爲兩個：科學有沒有影響於欲望的形成，能不能轉移行動的目標；科學能不能決定價值而且創造新的價值(此所謂「價值」只限於判定行爲的是非善惡的)，現在先論前者。

積極方面，杜威指出，幾百年來科學的進步，科學家已建立起一種共同的態度，也可以說是他們的新道德吧。其顯著的有下面數點：懷疑而不輕信，不有確實的證據，不作武斷的結論；自己的理論也當作臆說(假設)，留待事實的考驗，而不作爲篤信的教條，多方搜索種種理由來作辯護；歡迎新範圍的擴張與新問題之發現，着重認淸問題的眞相，而不急急於求其解決；有些人已打破秘而不傳的舊習，凡自己所發現的，都傳給其他正在研究此種問題的人。上面說過，科學是知識，只有眞假而無善惡，故對於道德是中立的，這是就科學的成果而論的。若由他面觀之，研究科學是一種行爲，而行爲則必有應守的道德，杜威所指出的科學家的道德都是難能而可貴的，都是遵循理性來控制情緒與嗜欲的。如果將這種態度去應付社會，則一切情形將大不相同。那些宣傳家的標語多半是獨斷的教條，只能激動人們的情緒，而經不起理智的批判的。如果事事要求證據，追究理由，則那些誇大，虛僞的宣傳將不攻而自破。站在科學的立場沒有絕對的理論，都只是假設、臆說，要待事實的證明才可稱爲相對的眞理，仍須留心有沒有反證，以考驗其確實的程度。凡此不輕信(懷疑)，不武斷(批判)，不自是(謙遜)的態度，都是民主主義的好伴侶，獨裁政治的死對頭，如果一社會中持此態度的人佔着多數，則民主生活暢通無碍，獨裁政治永遠不會出現了。可惜這種科學家的好道德不但不能普及於人民大衆，深深地滲透於社會生活之中，而且有些科學家在求知時能如此，在其他行爲則仍受制於情欲，而持與此相反的態度，才有今日社會的現狀。至於研究問題及不事秘傳等等都是非功利主義的精神，有天下爲公的氣概，足以表示科學家的高尙，可爲一般人效法的，也足以顯出人生之光明的一面。如能擴而充之，普及於多數人，自可增進社會的福祉。這態度爲甚麼不會普及到多數人，擴充到一般的事項去，固然有種種的理由，現在不談。惟由此可見科學對於人們的道德有影響，而且其影響是好的，只要我們想出一種方法來，將這些好道德盡量擴充，則人類社會便會蒸蒸日上了。

可是科學的影響並不全是好的，翻開近代歷史一看，恐怕還是壞的居多。培根，洛克，以及其他啓蒙運動的領袖們雖然完全知道嗜欲，習慣，和盲目的欲望，對於行動的實際影響甚深，可是他們有一樂觀的信仰，以爲人類的科學和自由，是向無窮盡的人類改善的境界，齊頭並進的。「他們所預料的途徑，並未產生結果，這是顯然不待辯論的。培根用其知識爲英王效力，使大不列顚對抗別國的武力增强。他的這種行動，比在他書上所寫的，更足預示後來發生的事情。他所預期的隨着科學進步而起的自然控制力已經出現。可是和他所預期的正相反，科學大部份被用於增加而不是減少，人控制人的力量。我們可以下一結論說，早期的預言家是根本完全錯誤的嗎？我們可不可以結論說，他們非常低估了在科學出現以前的那些舊制度和習慣，依照它們自己的模樣而形成欲望時，所表現的頑固性呢？」（一〇八頁）杜威的意思是贊同後一結論，自無疑義。

杜威以爲，「依道德的理想，人類控制物質的自然的能力，應該用來減少，並逐漸淘汰人控制人的力量，」（一二六頁）但是歷史的事實却表示增加而不是減少。他又以爲，依道德的理想，科學應該幫助人性潛能的解放，使人人各自實現其潛能，而事實上則不但過去並未會注意及此，即今天各派的社會運動也未能把握到這個問題（一一九頁）。如此的衝突是杜威所認取的，探求發生衝突的主要原因，他以爲「昔日的態度和現時的習慣發生分裂」，或則「舊日的態度和習慣表示其頑固性」。竊謂舊態度，舊習慣縱使極其頑固，然時間經過幾百年，社會中各分子之新陳代謝，其力量只有日趨於削弱，絕不會反而增强。故科學發展使人控制人的力量日見增加，以致有獨裁政治之出現，必與科學本身有關，不能僅僅歸咎於舊態度和舊習慣，杜威於此尙未認淸，故其所謂主要原因其實乃是次要的。蘇格拉底以爲「知識是道德」，培根則以爲「知識是權力」，希臘人和近代人對於知識的態度之不同，卽以此二語爲代表。所謂「權力」不是「控制」嗎？科學的目標在乎征服自然，天天講究控制物質的方法，他們的思想已慣熟於這種路數了，轉到對人的問題也來講究控制人的方法，卽是將人當作物來處理，豈不是很自然的轉移嗎？沒有近代的科學方法，不能成功當代的獨裁政治，已爲杜威所贊同，我們以爲講究控制人的方法，雖然不是由科學推出的結論，但確是由科學思路轉移過來的，故人控制人，視人如物，實在是科學之間接的影響。（須記住：冷酷無情也是科學態度之一面）果然，則科學與道德不是不相干，乃能給道德以壞的影響了。說者謂主張蘇俄式的計劃經濟者多半是經濟學專家。經濟學的對象以物質爲首要，經濟學在社會科學中，運用數學及自然科學方法獨多，故經濟學家受科學思路的影響亦最深，他們所以主張計劃經濟自有其思想上的理由。共黨的成功以計劃經濟爲首要，人控制人的方法亦以控制腸胃爲最澈底，政治當局又握着經濟的全權，不服從便沒有飯吃，誰能作有效的抵抗？我們以爲要建立知德合一，先要認淸知德之不同，乃至互有衝突，才有最後成功的希望，高明如杜威還有一間之未達吧。

四

照上面的分析，科學對於道德確有其特殊的影響，不管是好是壞，總不能說它倆漠不相干。那麼，我們能不能說，科學可以決定價值，可以搬造新價值呢？杜威以爲如果它不能決定價值，則展望前途令人沮喪；如果不能創造新價值，則西方文化將自行毀滅，語重心長，其憂世之衷情概可想見。現在「最確實的知識」便是數學，我們能够依據數學的原理來決定價值，來判定人類行爲之是非善惡嗎？其次要算到力學和物理科學，這些科學，追求其理論的基礎最後都是一組命題，叫做公設 (Postulate)，都是無可證明的。依據這些公設來作邏輯的推演，也不會有關於價值，關於道德的命題出來，故這些命題在科學系統中沒有確定的地位。既然如此，則物理科學也不能決定何者是有價值的，何者是無價值的了。因爲站在科學的立場而言「決定」，必須在其系統中有確定的地位而後可故也。那麼，決定價值便不憑知識及理性，而任由情感及嗜欲等非理性的力量嗎？不是的，決定價值所憑的知識並不是數學及物理學，乃是社會科學的知識。這一類的科學，也可做效自然科學的方法，先提出一組公設，然後一步一步作邏輯的推演，以求得多數定律嗎？幾百年來在這方面用工夫的人爲數亦不少，但其所求得的知識畢竟還不是十分確實，其基本的公設如自己保存，同情，快樂追求，權力愛好，乃至社會進化等等，既然是儘有辯論的餘地，因之由此推演出來的定律，也就不能立於不敗之地。社會方面的實驗與自然科學中的實驗有別（四九頁），社會的眞理和數學的眞理根本不同（九九頁），已爲杜威所認取；那麼社會科學的知識，和數學及自然科學的知識，也是根本有別，至少其確實性不能一樣了。於是「最確實的知識」不能決定價值，而決定價值的乃是不十分確實的知識。價値問題之難於解決職由於此。杜威於此沒有認淸，還是將問題太簡單化了，沒有看出眞正困難之所在。比方儒家的性善說，昔日實爲全中國人的共信，雖間有異議而究不能推翻它，卽在今天，我們以爲經過理智的批判，還是可以成立的。但是中共黨徒剿襲馬列之說，完全站在性惡說的立場，來提倡鬪爭，實行殘殺，此共信乃被否定而無餘。但是性善說之有價值，我們不能憑數理科學的知識決定之，故碰到頑强的共產黨徒，實在無法說服他。「人性潛能的信仰」亦復類此，杜威說，「信仰這個名詞，我是『有意』用的」(九七頁)，說它是信仰，即是不能憑最確實的知識來作證明罷了。性善與人性潛能容或有重德與重知之不同，然若知德能够合一，則雙方大有滙合之可能，東西文化之融會貫通，可於此露其端倪嗎？

至於信賴科學的力量來創造新價值的問題，則情形迥然兩樣。關於公設，即關於最高價值，因爲科學無力以作證明，故文藝復興以後西方思想家曾有許多提案，爭求爲社會的共信，而沒有一個能達到目的。最近，自我實現，人性潛能之說漸次有力，此個體主義的根基，能否博得社會全體的共信，至今還是待決的問題。然若最高價值一經肯定，一組基本命題一經確立，則憑藉科學的知識建立一套行爲的規範，使人人共同遵守，並非難事，而且亦非憑藉它不可。這裏，正是科學施展其大力的地方，也就是知德能够合一之所在。

在今日的社會中，個人與個人間，個人與團體間，以及團體與團體間的關係已與昔日大不相同了。不有精確的知識，怎能够作妥善的安排？杜威說：「我們的習慣的態度，有一種內在的分裂：我們自稱在政治方面依賴討論與說服，而在道德與宗教的事情方面……却有系統的依賴別種方法。我們無需到神學方面去尋例證。在形成主要品性的家庭和學校內，解決知識和道德的爭端的通常程序，乃訴諸家長，教師或教科書的「權威」。」(九九頁)我們以爲這裏知識與道德應該分別看待。知的問題是儘可懸而不決的，自不宜憑一時的「權威」以決定爭論的是非；行的問題是迫不及待的，則憑一時的「權威」以求得暫時的解決，也怕有其事實的必要(知的問題與行的問題之別，請參看本刊九卷九期拙作：知與行之概念的分析)。然若事關道德的標準，要探求是非善惡的究竟，則非憑討論與說服，不能符合知德合一的要求，不但一時的權威不足信賴，即一切依賴權威的方法均應在排斥之列。西方的政治有幾百年施行民主的經驗，討論與說服已成爲一般社會的習慣，只因基督教教義中有不合理的因素在，故在宗教與道德方面至今仍不能貫澈合理主義於其中。在我們中國似乎相反。政治上皇帝是唯一的權威，故令禁之推行只由一人決定，無須乎討論與說服。宗教方面雖有以理爲不必要者，然而着重討論與說服，則佛老二氏均無二致。至於道德，則儒家本來很少不合理的因素，而至宋儒以理學倡，是非善惡皆據理以爲斷，其爲合理主義更是彰明，其援引孔孟爲權威，亦非以其爲權威而信服之，乃謂理應信服的，故在道德方面從來沒有排斥討論與說服的習慣，理論上大家都相信知德合一是應該的。

這麽說來，創造新價值(新道德)，縱使不能僅憑科學知識來完成，而沒有科學的幫助是絕對不會成功的，換句話說，科學知識對於新價值的創造，縱使不是充足條件，也必然是必要條件。我們認定事實上知和德確實有分裂乃至有衝突，然在理論上還是堅持它倆應該合一的。

五

中國社會必須改造乃是客觀情勢使之然，大家都無異議了。我們認定，社會是倫理的組織體，故改造社會必堅持道德的原則，然後有合乎理想的社會之出現，而憑暴力革命以謀改造者尤須如此。所有知識，自然科學也吧，社會科學也吧，均應爲道德原則而服務，以助其實現。列寧不知此義，只講鬪爭，運用一切知識以求勝利，而道德原則遂受蹂躪而無餘，以致今日共黨統治下的各國變成悲慘陰森的世界，我們中國正在受着其强烈的毒害了。他方，科學發展至今天受人們的崇信日益增加，理智在生活中的地位亦因之而提高，凡屬經不起理智的批判，而欲僅憑權威(不論來自那一方面的)以强人之必從，已是無益的事體了。故知德之合一實爲當今急待解決的問題。我們要做的工作，將上面的論述約而言之，可分三點如下。

第一、舊日的道德信條，經不起理智的批判的，皆應拋棄。中國社會所最重者是綱常，百年來環境的變化使三綱失墜，實在是最激烈的。民國成立，一人在上的皇帝業經不存在，主權在民而個個人都是皇帝，則君臣之義澈底消亡，「君爲臣綱」之說乃一去而不能復返了。法律採取個人主義的精神，男女平等的原則確立而不搖，平等的事實亦隨時而俱進，則「夫爲妻綱」乃根本不能成立。即成年以後的兒子亦認爲有獨立的人格，不必事事服從父命，則「父爲子綱」已有所限制，而孝親之道也不能不變容了。其他次要的信條更不勝枚舉，總之，應該拋棄的必須拋棄，不必留戀。

第二、經理智的批判依然可以成立的信條，須盡量保存。有往可繼者事半而功倍，標新立異未必就是合理，我們的去取應受理性的指導，亦應珍惜先民的遺澤。故五常(仁義禮智信)便不應和三綱一樣看待。比方，愛人的原則，在今日自由世界中，是可得到普遍同意的。社會的結合，唯賴人人相愛然後能堅固而不搖，那些共產黨徒以愛人爲溫情主義而排斥之，結果只有賴殘殺，恐怖以羈勒民衆罷了。舉此一例，可概其餘。

第三、應設定最高價值，建立新道德系統，以爲改進社會的準繩。以今日的知識觀之，「自然」已爲機械觀所管轄，有意志而能作威福的「皇天」，「上帝」的信仰，業經日就衰微了。故最高價值必須放在人的身上，而每一個人都是價值之所在，於是人文主義或人本主義 (humanism) 實應爲今後文化發展的指導原理。就中國文化史來觀察，則接受人文主義也是順理成章，沒有多大阻碍的。此最高價值一經肯定，則憑確實的知識以建立新道德系統，只要我們加以足够的努力，其成功是可計日而待的。

如何建立民主制度

龍一譯

前言——制度的涵義

爲了保證自由與民主的健全發展，我國的政府當局和政治學者，多認爲建立民主制度，是當前的急務。但是建立民主制度的障碍是什麼？如何纔能清除障碍以建立民主制度？則似乎尙少探本窮源的全盤檢討。本文試擬對此大問題，提供一些意見。基於論述的方便，在未入正文之前，先將制度二字的涵義，解釋一下。

所謂制度，依霍理歐的解釋：「制度乃社會環境中，依據法律實現而永續的事業觀念；因實現這種觀念，然後纔有一種權力自動組織起來，由之而產生種種機關。他方面在關心實現這項觀念的社會團體各分子間，復產生一種在權力機關領導下，受諸種程序所規定的共同信仰的表現。」依狄驥的解釋：「制度乃係由個人意志及個人觀念中產生的自然而原始的社會事實，它具有法律人格。這項法律人格，由它產生諸種法律 規範的事實中 顯示出來。」

根據這兩位法理學者的意見，制度是永續的事業觀念、自然發生或自動組織起來的社會事實、以及規範這些觀念和事實的法律的完整體系。簡言之：制度是觀念、事實、和法律互相聯立而構成的整體。

建立民主制度的障礙

制度既是觀念、事實、和法律所構成；建立民主制度，便須先有民主的觀念、民主的事實、和民主的法律。現在就這幾方面加以檢討，卽可瞭解我國建立民主制度的障碍在那裏。

一、觀念上的影響

我國在秦代以前，春秋時有墨子的民約論，（墨辯：「君，臣萌通約也。」「萌」通「氓」，卽人民。）戰國時有孟子的民貴君輕論；可說那時已有點民權思想的萌芽。但自秦代統制學術思想，及歷代帝王謹傳衣鉢之後，這些學說便再沒有人敢於提倡（僅黃宗羲的明夷待訪錄，對民貴君輕之說略有發揮）。因之生活在那時代的人民，只能「不在其位，不謀其政。」除非遇到重大的天災人禍，纔有豪猾褻脅叛亂，推翻舊的專制統治，建立新的專制統治，從來沒有發生過平民要求參與政治的事，也沒有發生過像英國光榮革命、法國人權革命一類的戰爭。何以故？因爲我國二千多年來的傳統觀念中無民主思想故。

直到國父革命，纔揭櫫民族、民權、民生三大主義，摧毀了源遠流長的專制政體，創造了亞洲第一個民國。但當時國人，對這三大主義所能瞭解的程度，却有不同，其原因在我國傳統的觀念中，對於民族、民生兩主義，都不難找到淵源，如春秋嚴夷夏之防，尙書有利用厚生之說。惟獨民權主義，在傳統觀念中難於找到淵源，儒家的民本思想和民貴君輕之說，並不完全符合民權主義，何況民貴之說又中絕了二千餘年，故主權在民的思想，頗難爲國人所瞭解奉行。而且民國初年的官吏，多是亡清大夫，爲專制思想所陶冶出來的人物，對民主毫無體認。

除開上述的這些影響民主的傳統觀念外，爲禍更烈的，是俄帝共匪「階級專政」「民主集中」謬說之一度流行，使若干自命「前進」的人，因之中毒發狂；而與這種謬說貌異神同的德國法西斯觀念，亦曾乘對抗共匪之時機輸入。這兩種血緣相近而表面是死敵的思想，在我國雖不如傳統觀念的普遍深入，但以前在大陸時，對於我國民主憲政的實施曾發生莫大的阻力，現在我們一方面要肅清俄帝共匪反民主的思想，同時也要提防德國型的極權觀念之復活。

二、事實上的限制

我國建立民主制度，當然以中華民國整個領域爲範圍。而目前大陸各省市，已爲共匪竊據；政府實際權力之所及，僅臺灣及閩浙沿海各島嶼。國家這種處境，恰如美國前國務卿史汀生所說：「我們是被迫而在現實的世界中，不是在我們所願望的世界、或是我們所希望其變成的世界中行動。」

因爲這種事實上的阻礙，建立民主制度最基本的選舉制度，就僅能行之於臺灣地方；而全國性的選舉，無從進行。譬如代表人民行使立法權的第一屆立法委員，依法已於四十年五月屆滿三年任期，以大陸各省市人民被共匪所刼持，無法改選，而由司法院大法官會議，本其解釋憲法的職權，解釋在第二屆立法委員未依法選出集會前，由第一屆立法委員繼續行使職權。又代表全國國民行使政權的國民大會代表，到四十三年三月，亦已屆六年改選之期，亦因限於事實，無法改選，而適用憲法第二十八條第二欵的規定，將第一屆國民大會代表的任期，延至第二屆國民大會開會之日爲止。是故全國性的各項選舉，除開依照憲法的規定選舉總統、副總統而外，其他各項選舉，均暫時不能進行。這種事實上不得已的限制，惟有早日收復大陸，消滅共匪，掃除這些事實上的阻礙，纔能使整個民主制度的建立，有實現的可能。

另一個事實上的限制，卽臺灣是個戒嚴地區，在戒嚴法動員法之下，一般人的自由也就受到一些影響。擧一個例，去年澎湖縣的縣長選擧，某候選人在從事競選活動的時候，每值他自己或助選人出動宣傳就恰巧碰到突擊檢查或防空演習，無法展開競選活動，每多乘興而往，敗興而返。有一次因忘帶證件，致被扣留若干小時。此公運氣如此之壞，自然無法當選。而澎湖縣議會竟建議在該縣受軍事管制時期，應暫時停止地方自治之實施。防空演習或戶口突擊檢查，均係依法舉行，自不能認爲不當，然而却影響了該候選人的競選活動。可證軍事動員對於民主自由多少是有點限制的。我們希望這類限制愈少愈好。

至於工商業的不發達，人民程度的不够，缺乏長期安定的環境，當然也都是限制民主制度建立的事實上之原因。

三、法律條文的牴觸

法律是根據觀念和事實而制定的具體規範，也是改變觀念和事實以誘導社會進步的有力工具。我們現在提倡法治，認爲法治是民主的基礎，但當前的法律是否能够作民主的基礎？能否負起實現民主制度的任務？

我國已經有一部符合民主精神的憲法，規定了民主制度的藍圖。但憲法條文，只是原則性的規定；各種有關中央與地方的組織、人民對國家的權利與義務，均賴法律作詳細的規定（現行的法規，僅屬於中央部份的，就有三千六百多種）。這些浩如煙海的法規，有些條文是值得商討的。譬如軍事徵用法第十七條規定：「被徵用之人，關於給養、衞生、紀律、裁判事項，準用關於現役軍人之規定。」這裏所稱被徵用之人並非指徵服兵役的人，而是指「爲軍事上必需之服務」的人；包括被徵用輪船、火車、車輛、馬車、工廠、醫院之「操業者」，即是司機、工人、醫生之類；都不是現役軍人，僅是臨時因軍事的需要被徵用「勞力」的人。該條文規定「……：裁判事項，準用關於現役軍人之規定。」就是這些人如有過失，要受軍事審判；與憲法第九條「人民除現役軍人外，不受軍事審判」之規定，顯然牴觸。軍事徵用法這一條，損害被徵用人的基本權利；既牴觸憲法，依憲法第一百七十一條第一項的規定，應屬無效。可是司法院却不能自動地依憲法解釋確定其無效，主管機關亦未向立法院提請修正。諸如此類的條文，在現行法律中仍屬不少，這些不合憲法的法律條文，影響人民的權利義務甚大，自足以防礙民主制度的建立與發展。

至此，我們對於司法院公佈的大法官會議規則不能不提出一點意見，依憲法第一百七十一條第二項：「法律與憲法有無牴觸發生疑義時，由司法院解釋之。」此項解釋權之行使，依憲法第七十九條之規定屬於大法官。憲法對於由司法院解釋之法律，並未明定應由何人或由何機關申請解釋，似乎須包括司法院主動解釋、機關申請解釋、以及人民申請解釋三種情形，方能使憲法此項規定不致落空，而保障人民不致受不合憲法的法律條文之侵害。但大法官會議規則於第三條規定：「中央或地方機關于其職權上適用憲法發生疑義或適用法律命令發生有無牴觸憲法之疑義時，得聲請解釋。」既不主動解釋，又不得由人民聲請解釋，僅機關於適用法令發生疑義時纔「得」聲請解釋；大法官會議的大門關得緊緊的，如遇前述被軍事徵用勞力的人受軍法審判，若軍事機關不聲請解釋該項法律條文是否違憲，被審判的人卽無從聲請救濟，與憲法的精神以及司法機關保障人民權利的意旨似乎有出入，這點關係很重要，希望司法院對於該項會議規則再加考慮。

此外，憲法公佈已經七年多，政府爲實施憲政而制定的法律雖屬不少（如總統、副總統、國大代表、立監委員等選擧罷免法等）。而關於建立地方自治制度的基本法「省縣自治通則」，迄未制定；因之「省自治法」「縣自治法」亦無由制訂；臺灣實行地方自治，選擧臨時省議員、縣市議員、及縣市長，這樣有關人民基本權利的大事，均以行政法規來訂定，以致發生臺中地方法院某推事不肯受理選擧訴訟的事，頗足以影響民主制度的確立，這也是立法機關和行政機關需要予以注意的。

如何建立民主制度

當前反共抗俄的戰爭，是建設力量與破壞力量之爭，自由民主與極權專制之爭，我們在臺灣，負有實現民主和收復大陸的雙重任務；收復大陸是實現民主的手段，實現民主是收復大陸的目的。如何淸除民主制度的障碍以建立民主制度？須先淸除民主制度的障碍。如何淸除障碍以建立民主制度？茲仍就觀念、事實、法律三方面提供意見如次：

一、在觀念方面

我國依憲法爲民主共和國，現在站在世界民主集團與共匪極權國家搏鬥的最前線，是民主集團的先鋒；我們的民主多一分，就是反共的力量增大一分。朝野人士，必須深體國父民權主義的崇高意義，認識民權主義的眞實精神和力量；從心理上激發爲民主而奮鬬的決心與勇氣，澈底淸除下列兩種潛在的觀念：

一是防碍民主的傳統觀念　我國傳統思想的主流是儒家思想。儒家有許多微言大義，到現在仍不失其崇高的價值；但不能否認有些觀點，却與民主思想不能相容。如「民可使由之，不可使知之」，「禮不下庶人，刑不上大夫」這一類的敎條，實在害人不淺；希望衞道的耆宿們，在提倡讀經的時候，能够嚴格指出經書中那些可以讀，那些不必讀；免得防碍民主的觀念在意識中潛伏，阻礙民主制度的健全建立。至於秦漢而後帝王專制的各種典章政敎，所影響於人心者，更應該隨時省察，澈底肅淸。

二是反對民主的外來思想　我國近代政治思想，無庸諱言，曾受蘇俄布爾希維克和德日軍國主義的影響。這兩種極權主義，雖是生死寃家；其精神殊無二致，都是民主政治的死對頭。以前若干人震於明治天皇、列寧、希特勒之勃然興起，富國强兵，遂爲之眩惑憧憬；尤以第三國際以其欺人的口號，誘騙煽動，使許多青年誤入歧途。共匪所以猖獗，大陸之所以沉淪，與這種思想上的迷誤，大有關係。我們要實現民主，建立制度，首先便須肅清這些觀念上的大敵。

二、在事實方面

我們要淸除建立民主制度事實上的障碍，第一件迫切的工作，就是要收復大陸，消滅朱毛匪黨，這因爲匪黨是摧殘民主壓迫自由防害憲政實施的最大敵人。實現民主與反攻大陸，爲一體的兩面；政治越民主則反攻的力量越强大，反攻的力量越强大則整個民主的實現越接近。因之我們要打垮匪黨極權，便先要在臺灣樹立起民主的規模。所以我們對中央和地方，建議下列兩項：

一、在中央方面　首須依照憲法的規定，切實做到行政院對立法院負責，行憲六年多來，兩院之間能够圓融合作，沒有發生過重大的齟齬，這是我國政治上値得慶幸的事。不過去年胡適之先生於參加國民大會離臺後，曾指出行政院的權力有漸移於總統府的趨勢（這項談話曾見各報刋載）。我國憲法第五十七條規定行政院向立法院負責，第五十三條規定行政院爲國家最高行政機關；基於此等規定，我國政制的精神，接近內閣制。與總統制的美國憲法明文規定「行政權屬於美利堅合衆國大總統」不同。如果行政院削弱憲法所賦予的權責，自居於美國總統指揮下的地位，這是違背憲法精神的。今天的事實是否如此，是値得檢討的；如係如此，則必須糾正。

二、在省縣方面　臺灣的地方自治，極得中外人士的好評，大體是成功的；但由於省縣市自治通則迄未制定，缺乏正式法律依據。一部臺灣省各縣市實施地方自治綱領，近兩年內三次修正，變動頻繁，甚至因修訂法規時間的躭擱，因而將第二屆縣市議員改選的時間延長；又因爲辦理選擧的機關爲省氣力，減少選擧的次數，而將一部份第二屆縣市長的改選時間延長；這樣輕易改變法規，實足以影響制度的確立。又自治法規改來改去，而其中一項易滋流弊的輔導文盲選擧辦法，却迄未修正。現在臺灣省政府已組織一個研究修訂自治法規的委員會，希望不再草率從事，俟全盤檢討修正後，就不要再輕易更改，最好能够成立法律，以建立正常的制度。此外各縣市在實施自治之後，員吏急劇增加，官等拼命提高。以前我國各縣只有一個縣長是薦任，現在臺灣鄉鎭公所的秘書也是薦任；據說彰化縣政府有六十一個薦任官，全縣有三百一十九個薦任官，共計員吏數千人；（其他各縣市大致相仿。）人員這樣濫用，頗像以前一度流行於美國的「分贓制度」，實在要不得。希望政府趕快加以糾正，免使人民對自治制度發生誤解。

三、在法律方面

制憲國民大會通過、國民政府三十六年一月一日公佈的憲法實施之準備程序規定：「自憲法公佈之日起，現行法令之與憲法牴觸者，國民政府應迅速分別予以修改或廢止，並應於依照本憲法所產生之國民大會集會以前，完成此項工作。」可見在行憲之初，就已經顧慮到淸除建立民主制度的法律方面的障碍。但依憲法所產生的首屆國民大會于三十七年三月二十九日集會之時，此項應修改或廢止的法律，並未如限修改廢止。到臺灣之後，立法院曾成立一個法規整理委員會，成效如何，我們不得而知。本來以我國法規之多，窮年不能畢其辭，累世不能究其義；要全部加以整理，使其合乎民主憲政精神，原非容易事。但制度雖淵源於觀念事實，而表現及完成却依賴於法律，法律如果有與民主憲政精神牴觸的地方，整個制度實無從建立。因之整理現行法律，爲建立民主制度最重要的一環，如何整理現行法律，使其不悖於民主憲政精神，我想建議下列幾點：

第一、由政府立卽廣徵各專家學者以及社會各階層人士的意見，那些法律應該修正？如何修正？

第二、各機關少擬一些不切實用的計劃報告，少辦一些不必要的例行公文，將一些比較有頭腦的員吏集中起來，對各該機關有關的法律，切實檢討一番，把法律中和憲法牴觸，或法律和法律互相牴觸的條文擬定修正案，從速送立法院完成立法程序。

第三、現行法律中，有許多應該合併修訂或廢止的，趕快合併修訂或廢止。

第四、用行政命令規定的事項，如有涉及人民權利義務或牴觸法律的，應該趕快廢止，完成立法程序。

第五、立法院趕快將歷年制定或修正的法律，分門別類編印一部像樣的法律大全。

制度由「諸種法律規範的事實中顯示出來。」政府既重視法治，重視建立制度，希望對於法的整理，切實重視，以完成建立民主制度最重要的工作。

此外，從法律方面建立民主制度，尤賴於司法機關維護憲政民主的精神；美國民主制度的確立，許多人歸功於聯邦最高法院的憲法解釋權。聯邦最高法院，在美國憲法中並無明文規定有解釋憲法之權；但由於大法官馬歇爾的判例，得運用此項權力。故美國的憲法精神因聯邦最高法院的監護而得到保障。（羅斯福的新政中卽曾有許多項被判違憲）我國的憲法明文規定司法院有解釋憲法及法律之權，而大法官會議規則却自己把自己局限起來，這實在是一個大缺點；際此建立憲政規模的時機，希望司法院有美國聯邦最高法院的抱負，以維護憲政尊嚴，爲民主制度作有力的保障。

結語

任何國家，制度健全者必强，凌亂者必弱，朽壞者必亡；我國是民主憲政國家，應該從速建立健全的民主制度，達成摧毁匪俄極權的任務。

本文從觀念事實和法律三方面，提供建立民主制度的意見；這些尙未成熟的見解，牽涉甚廣，疏漏甚多。但如果能够引起朝野各方的興趣，對此大問題從根本上認眞檢討，使政治民主化、制度化，則國家前途，實利賴之。

悉聽尊便！

——美軍生活之五——

辛之魯

我時常聽到美國軍人說：「我厭倦了軍隊生活，我希望早日回復平民生活……。」

美國軍人時常發牢騷說軍隊生活「不民主」，然而，在我這個東方人的眼裏，美國軍隊生活却是世界上最民主的軍隊生活之一。

美國民衆個人享有不折不扣的民主生活。但是一旦參加軍隊之後，由於軍隊生活的特殊要求，個人在某些行動上受到限制。所以他們發出這些牢騷，他們發牢騷是牢騷，却仍忠實地服從命令，執行命令。任何民主國家的軍隊生活絕不可能和一般人民的生活一樣，如果軍隊生活和一般人民生活完全一樣，那便不成其爲軍隊了。

共產極權國家的軍隊，是藉恐怖來統治的。軍隊裏到處是特務，他們控制軍人的思想、言談，一擧一動都要監視。軍人整天生活在一種恐怖氣氛裏，如驚弓之鳥，戰戰兢兢，今天不知道明天是生還是死。但在美國軍隊裏，不但沒有恐怖，不但沒有思想控制，人人還享有許多珍貴的自由！

在美國軍隊裏，只有技術訓練 (technical training) 而沒有思想訓練。美軍組織上有一個軍隊教育處 (Army Education Section)，這一處所主持的是純粹的教育工作。這一處有時也編印一些小册子，如軍隊禮貌，日本手册，韓國手册等。那些小册子的內容僅是說明韓國和日本的歷史背景、生活方式，並告訴美國軍人應該尊重他們駐在國人民的習俗。

在東京丸之內，有一個軍隊教育處主持的軍隊教育社 (Army Education Center)。這裏不是調遣官兵，集體施以思想訓練的地方，只是軍人在工作之餘，自動地到那裏追求知識。這個教育社裏有加州大學 (University of California) 的分班。加州大學選派教授到這裏來講授純學術性的課程，通常所開的課程有政治學、心理學、物理、化學、歷史、數學、各國語文……。上課的時間是晚上。軍人依照美國政府的規定全免學費和書籍費，文職人員則須照章繳納一切費用。選修的課程有一定的學分，學期終了，考試及格，照章給你學分證明。傍晚，三三兩兩穿着黃卡其制服的軍人，穿着夏威夷衫的軍中文職人員，夾着書本，在丸之內路上談笑着走來，他們之中有的來自距離東京數十里遠的雄鴨兵營 (Camp Drake)。這一項措施，一方面是便利軍人利用工作後的閒暇，繼續充實自己；另一方面是使因應徵入伍而沒有完成學業的美國大學生，仍可在軍隊裏選課讀書，將來退役，可以縮短他們大學的旅程。

在軍隊教育社，有一個規模不算太小的圖書館，藏書兩萬餘册，圖書館對書籍的選擇也相當精，不是薄薄的宣傳小册，全都是專門著作。分類有哲學、政治、經濟、教育、社會、藝術、小說……。此外還有報章雜誌數百種。

東京有一所上智大學 (Sophia University) 是教會辦的。這裏也有美軍人員在晚上讀書。去年的夏天，竟有五名美軍士官在那裏畢業。他們都是在大學讀書期間應召入伍，來遠東服役的。但是，他們却在工作之餘，繼續孜孜研讀，完成了大學的階段。

有美軍的地方，就有圖書館。在東京區的美軍圖書館有軍隊教育社圖書館、Ernie Pyle 圖書館、大藏大厦圖書館等。除了這些公開的美軍圖書館外，美軍各機構還有自己的圖書館。各機構的圖書館的藏書與該機構所主持的業務有關。我工作的機構所藏的有關遠東的書籍，可以說是有相當份量的。至於虎之門的美國大使館圖書館也是對他們的軍人公開的。

美軍圖書館的設備，大體講來，雖比不上以前的北京圖書館，但也相當舒適，沙發椅子，旁有矮桌，桌邊放置煙缸。你要看什麼書你自己到書架上去取。一書在手，點燃起一支香煙，在烟霧繚繞中，苦思冥索，這也是人生的一大樂趣！美軍圖書館借出手續非常簡單，只需你塡好一張卡片，寫上你的姓名、工作單位、電話號碼，再加上你的簽字。決不要什麼保證人和押金。各圖書館借出的書每月頗不少，僅就 Ernie Pyle 圖書館而言，每月卽達萬册左右，由這個數字來看，可以略知美軍中讀書的風氣了！

圖書館管理員和藹可親，如果你需要什麼資料而詢問她，她會滔滔地和你談個不休，她不僅說明這方面的專門著作，同時她還從報章雜誌上替你找資料，找到後用電話通知你。如果你想知道其他遠處美軍圖書館關於某方面的藏書，你可以請在東京市區的任何美軍圖書館代你查詢或索取書目，有時你會收到一份數十頁專爲你打好的書目。遠東陸軍司令部在距離東京數十英里的座間，那裏有一個座間兵營圖書館，藏書也不少。如果你想借閱，你無須拔涉數十里路，只要你告訴東京區的任何美軍圖書館，他們就會替你借來，用電話通知你。我常去的 Ernie Pyle 圖書館，是一位美國紅十字會的小姐主持，有時候她會叫兩杯咖啡，和你邊飲邊談，她總是面露笑容以愉快的心情服務。她每次見到我的時候，總是先告訴我到了什麼新書。

在共黨極權軍隊裏，人人必須攻讀什麼「馬列主義」，學習什麼「毛澤東思想」，但在美軍裏，軍人讀書，「悉聽尊便」。我工作三年，沒有看到美國遠東軍司令部發出一條訓令，說不許看什麼書，或必須看什麼書。三年來，就我記憶所及，只接到過一份通知，單位主管通知說：軍隊教育社聘請加州大學某教授開了一門課程，這門課程與本單位主持業務有關，希望本單位同仁自由選讀。如是而已。

記得和我住在同一旅館的一個美國人，他在第二次大戰時曾到過中國。此公對中國頗感興趣。他常天眞地說：「我只知道一位中國將軍，那就是蔣總統。」有一天，這位先生不知爲了啥子原故，也許是受「研究中共熱」的影響，忽然心血來潮，買了一些中共出版的英文宣傳小冊，什麼 "People's China", "People's Pictorial", "Reconstruct"……，有時候，他在旅館的走廊沙發上，也拿着一本閱讀。有一天，我遇到他，我以開玩笑的口吻問他：「『人民的中國』如何？」他望了望我，哈哈大笑，說：「人民的中國眞的像這裏邊說得那樣好，爲什麼有一萬四千多中國人民（指中共戰俘）不願回『人民的中國』呢？……」接着又是一陣笑聲，最後他又說：「一堆謊話！我一個字也不信！我們美國人是不輕易相信什麼宣傳的，必須拿事實給我們看！」

美國人最厭惡「灌輸思想」(Indoctrination)，他們一提到 Indoctrination 這個字就痛恨惡絕。我發現他們對任何官方出版的東西，似乎有一種「偏見」，他們往往把官方出版物往桌子上一扔，迸出一聲：「Indoctrination!」

在共產極權軍隊裏，動輒給人戴上「思想有問題」的帽子，然後加以殘酷的「整風」或「整肅」，但在美軍裏，沒有所謂思想問題，你愛信什麼「主義」就信什麼「主義」，你愛信什麼「神話」就信什麼「神話」，思想是你的自由，「悉聽尊便」。但是，你不能有違反美國利益的行動，如果你採取行動企圖以暴力顚覆美國的民主生活方式，那法律就不會寬容你，而要對你採取適當的制裁！

美國軍人對於共產主義的正確認識常令我驚奇。這種正確的認識是在一個眞正自由民主的社會裏，自然而然的養成的。三年美軍生活，我接觸的美軍人員可說不少，但是我沒有發現一個美國軍人同情共產主義，每個人堅決維護和信仰的是美國的自由制度和民主生活方式。

抵禦共產主義蔓延的有效法寶，只有發展自由制度和民主的生活方式。使人人眞正感到自由制度和民主生活方式的可貴，使人人切身受其實惠。這樣，人人才願誓死爲反對共產主義而戰。一種思想是不可能用强制手段或武力來制止的，用强制手段或武力來制止一種思想，就像用一把野火燎原一樣，結果是「野火燒不盡，春風吹又生！」共產黨在大陸上用各種强暴手段「清算思想」，但是，自由民主的思想是「淸」不完，「算」不盡的！

美國人從心的深處維護他們的自由制度和民主的生活方式而反對共產主義，因爲他們從自由制度和民主生活方式中已獲得了無比的滿足和實惠。共產主義對美國人是無隙可乘的。美國戰俘三千多人，雖然經過中共的「洗腦」，摧毁他們的神經，但是，除二十幾人外，全都志願遣返！（美國戰俘二十餘人沒有請求遣返是有特殊原因的，就是他們曾討好共黨壓迫同伴戰俘，以換取較好待遇。他們並不是眞正信仰什麼共產主義。他們只是怕遣返後受法律懲處。在戰俘解釋期間，美軍解釋人員曾明明白白的告訴他們，就是他們回來，若査明確有犯罪事實，仍必依法處理。美國人並沒有說只要他們肯回來，便不咎既往。如果這樣說，也許這些人會要求遣返。但是美國人不會這樣做，因爲法律的尊嚴是不能損害的。法律不能有例外。）而中共二萬一千戰俘，却有一萬四千人誓死不願遣返大陸而選擇了自由。我們從這一點來看，無論你宣傳得如何天花亂墜，一碰到眞理便現了原形，喪失了迷人的魔力！

在美軍裏，有各種教堂——天主教、基督教、猶太教……每個星期天的淸晨，穿着同樣黃卡其制服的美國軍人，分別走向他們信仰的教堂作禮拜。「井水不犯河水」，你信你的天主教，我信我的基督教。

在美軍中，軍人想說什麼，就說什麼，一切「悉聽尊便」。在報章雜誌上時常看到他們的文章和投書，有的贊成這樣，有的贊成那樣。有的批評這個，有的批評那個。記得一九五三年的十一月，美國副總統尼克遜到東京後，他便到大藏大厦的士兵俱樂部 (Servicemen's Club) 和美國士兵談天，我們辦公室的一位叫懷德的，却在辦公室裏大大地評論了尼克遜一番，他說：「尼克遜是我的同鄉，他小時候是一個不學好的傢伙，現在看起來仍然活像個小丑……」大家哄堂大笑！

有一個美軍文職人員，最近因爲遠東美軍軍費削減，他那個職位被取消了。也許這位先生特別喜歡遠東，不願意返國，但是在遠東又沒有其他適當的工作，勢非回美國不可。有一天，我在旅館門口遇到他，他向我說：「我失業了！」我問他：「爲什麼？」他放大了嗓門：「還不是那個混賬的艾森豪把我的工作弄掉了！我上次投錯了票，下次選擧的時候，我才不投共和黨，一定投民主黨的票！……」

他批評他的，不管是對的還是錯的，理性的還是情感的，信不信由你。批評完了，也就像夏天的一陣淸風吹過叢林，枝葉微微顫動，風過後，又恢復了平靜！

美國軍人却有一點是絕對不能「悉聽尊便」的，就是不能過問政治。一個負責的現役將領絕不能參加政治活動。除非經過批准，他是不能發表有關政策性的主張的。軍人只是執行華盛頓的政策。韓戰初期，麥帥曾屢次公開發表關於韓戰的政策性談話，前總統杜魯門認爲他已超越他的職權，而將他解職。當時這件事曾因爲麥帥的聲望而引起了美國人民的不小的激動，但是，不久便冷靜了下來。許多美國人認爲麥帥之被解職是合乎美國政治原則的——就是軍人不得涉及政治。美國人常評論說：美國決不能爲一個人而犧牲此項重大的政治原則。有槍桿的人干預政治就會變成槍桿政治，槍桿和政治若結成一體，一切民主政治設施都要解體，「隨風而去」了！

但是，軍人退役後，回復了平民生活，任何人都有權參加政治，發表他的政治主張。麥帥解職後，不是曾批評過杜魯門的韓戰政策嗎？克拉克、范・福烈特退役後不都批評過美國韓戰政策嗎？

民主和共產極權的一項重大區別，就在於批評的自由。在共產極權社會裏，誰敢批評毛澤東和馬林可夫一句？歌功頌德還怕歌功頌德錯了。在共產極權地區，有權威的人一言一行都是絕對無謬的。「權威」就是「眞理」，人民只能說：「阿門！」

論英鎊之將來（下）

劉國增

四

再就英鎊外滙使用的限制加以分析：英鎊外滙使用的限制可分爲手續上的限制，及地區間的限制兩種。就手續上限制來講：在一九三九年實行統制英鎊外滙之初，即規定所有合法外滙支出均由英蘭銀行供給，並由英蘭銀行指定商業銀行代主顧辦理聲請等一切手續。同時所有出口商等所收到的特種外滙，亦須解交指定銀行。又即期外滙、遠期外滙、價格均由英蘭銀行決定，謂之英鎊官價。而即期外滙買賣價格間的幅度 Spread，在一九五一年十二月放寬外滙尺度以前又甚狹小。因之一般進出口商人以即期外滙之買賣絕少風險，乃從事遠期外滙投機。即當國際收支困難之際，遠期英鎊外滙看低，乃爭相買進。當國際收支好轉之際，遠期英鎊外滙看高，乃爭買進即期外滙。故當一個時期外滙買賣均向一個方向進行。益以銀行利率僅爲年利百分之二，故世界各地需要資金者均向倫敦市場尋求。因之英鎊外流，影響英鎊外滙基金至深且鉅。爲避免以上弊端起見，英蘭銀行乃於一九五一年十二月放寬英鎊外滙管理辦法。按此辦法自即日起英蘭銀行不做遠期外滙買賣業務，亦不規定遠期外滙價格，任憑市場自由去做。同時又將即期外滙買賣價格間的幅度放寬。例如規定英鎊外滙買價爲美元二元七角八分，賣價爲美元二元八角二分是也。英倫銀行不做遠期外滙，同時又將即期買賣價格間幅度放寬。此時英鎊外滙僅有兩種限制：A、凡英鎊外滙的買賣必須是合法的貿易，或是政府特准的交易。B、所有特種外幣收入必須送繳政府指定的銀行，同時政府指定的銀行僅可在國外保留有限制的外滙餘額。以上辦法實行後，因買賣遠期即期外滙風險均大，進出口商人不敢投機。益以英國政府抽緊銀根，提高英蘭銀行利率至年利四分，同時又嚴格限制美元貨物入口，因之英鎊一反外流的現象反向內流。其結果，國際收支好轉，英鎊黃金美元基金增加，放寬外滙之功不可沒也。

英鎊外滙使用時手續上限制已如上述。至地區間限制，在去年三月十九日擴大轉帳區範圍辦法未公佈以前，計可分爲三個地區：1. 英鎊區：凡英聯邦國除加拿大外均包括在內，此外再加上緬甸、冰島、伊拉克、利必亞等英鎊集團國家，在英鎊區英鎊自由使用，並無限制。2. 美元區：包括美國、加拿大及南美幾個國家，爲保護英鎊區黃金美元基金起見，凡與美元區貨幣交易均特別限制。3. 英鎊區美元區以外地區，在此地區內包括歐亞兩洲大多數國家在內。在此地區內英鎊可分爲兩種：A、雙邊英鎊 bilateral sterling。所謂雙邊英鎊者，即與英國訂立雙邊協定國家所有之英鎊。此項英鎊，除在本國及英鎊區自由使用外，如欲在其他各國間使用，必須得到英國管理外滙當局許可。B、轉帳英鎊 Transferable sterling。凡加入轉帳英鎊國家除與英鎊區國家自由交易外，又必須承認由其他轉帳英鎊國家轉來的英鎊，可以用作結淸現行交易之用。但此項交易必須是十足的商業行爲。否則不能轉帳。

由英國統制英鎊外滙過程觀察，首先開放者即爲雙邊英鎊，繼雙邊英鎊之後者爲轉帳英鎊。在轉帳英鎊成立之初，範圍甚狹，以後繼續擴大至全世界，除英鎊區及美元區外差不多均是英鎊轉帳區。又當成立雙邊英鎊協定及轉帳英鎊協定之際，均是英國國際支付好轉，英鎊區黃金美元基金增加之時。例如在一九五〇年英鎊區黃金美元基金的增加爲每年平均數十五億六千一百萬美元，英國即於是年採取數個步驟，放寬外滙統制，以增加英鎊的國際使用地位。在此時期最重的措施爲：成立猶尼堪協定 Unican Agreement。所謂猶尼堪協定者，即與挪威丹麥瑞典成立新協定，將以前之英鎊之現行支付限制取銷，並放寬以前的資金交易限制。又於是年夏季加入歐洲支付聯盟。從此以後英鎊在聯盟會員國間可以自由轉帳，但限於現行交易。同時會員國的英鎊現行交易時亦可與英鎊集團國家互相轉帳。此後又將奧大利、丹麥、希臘等國加入轉帳範圍之內。又在同年十二月將斯堪的拿維亞半島國家的貨幣不再列入特種貨幣表內。換言之，英國人民收到各該國貨幣後可不再向指定銀行出售。及至一九五三年六月英鎊區黃金美元基金增加近二十億美元，英國乃與歐洲支付聯盟會員國中之瑞典、瑞士、法國、西德、荷蘭、比利時、丹麥、等國實行套滙。換言之，所有各該國的貨幣均可由授權銀行按照中央銀行外滙牌價自由買賣，不受限制。及至一九五三年底英鎊區外滙基金增加至二十五億一千八百萬美元，英國乃於一九五四年三月十九日宣佈擴大英鎊轉帳範圍，並同時宣佈重新建立倫敦黃金市場。在英鎊史上又開一新紀元。玆分述如下。

五

英國爲發展國際貿易，提高英鎊國際地位，增加黃金美元收入起見，乃於去年三月十九日宣佈兩大金融措施：一爲擴大英鎊轉帳範圍，一爲重新建立倫敦黃金市場。先就擴大英鎊轉帳範圍來講。在此項措施未實行以前，英鎊使用地區分爲英鎊區、美元區、及英鎊美元以外地區等三個地區。而英鎊美元以外地區使用之英鎊，又可分爲雙邊英鎊、轉帳英鎊，前已言之。在此新措施實行以後，除英鎊區美元區英鎊使用辦法照舊不變外，將雙邊英鎊取銷，並將英鎊轉帳範圍擴大。自去年三月二十二日起，英鎊美元外地區除匈牙利、土爾其、伊朗三個國家外，均列入英鎊轉帳範圍之內。因之現在的英鎊可分三種：㈠居民英鎊 resident-sterling，卽英鎊區居民所持有之英鎊。㈡美元英鎊 dollar-sterling，卽美國加拿大及其他美元地區國家所持有之英鎊。此種英鎊得各該國政府當局許可後方能變成美元。㈢非居民英鎊 non-resident sterling，卽英鎊美元以外地區居民所持有之英鎊。此項英鎊除與英鎊區自由轉帳外，又可與美元區以外非英鎊區自由轉帳。不但現行交易可以轉帳，將來資金轉移亦可適用。但不能直接變成美元，亦不可以之在倫敦買黃金，此其特色也。在此新辦法未公佈以前，加入英鎊轉帳國家共爲十八個國家，再加上此次新加入之二十四個英鎊轉帳國家，因之現在世界英鎊轉帳國家共爲四十二個國家。除英鎊區美元區外，所有國家均包括此英鎊轉帳區之內。此次改革首先感覺便利者卽爲阿根廷、巴西、巴拉圭、秘魯及烏拉圭等南美國家。蓋這些國家在第二次大戰以前全賴英鎊餘額自由轉移，以維持他們的國際收支平衡。大戰以後，因接近雙邊英鎊協定關係，致英鎊轉移頗受限制，影響國際貿易至深且鉅。經此次放鬆限制之後，英鎊轉移範圍擴大，便利國際貿易殊非淺鮮。其次感覺便利者，則爲以前與英國訂有雙邊英鎊協定那些國家。如自由中國、比利時貨幣集團、保加利亞、中國大陸、法郎集團、法屬索馬里蘭、東德、匈牙利、以色列、日本、黎巴嫩、葡萄牙貨幣集團、羅馬尼亞、敍里亞、丹麥、丹吉爾、梵蒂岡、土爾其、南斯拉夫等國家。這些國家受雙邊協定的限制，與英鎊集團以外國家進行交易頗感困難。經此次放鬆限制後，英鎊轉帳較以前容易，因之國際貿易頗感方便。此外，如西德、智利、丹麥、蘇聯、波蘭、捷克等十八個國家過去均屬可轉帳戶。現轉帳範圍擴大，對於彼等更方便矣。在此新辦法未公佈以前，外國商人在英鎊區售貨，所得之英鎊不能自由使用，因之多不願欲與英鎊區交易，卽與之交易售價亦必較高。自新辦法實行後，彼等售貨所得之英鎊，可在英鎊區英鎊轉帳區自由轉帳，無須與英國統制外滙機關商洽，更無須經過指定銀行辦理轉帳手續。換言之，所有不必要的轉帳官樣文章均已免除。因之外國商人很願意與英鎊區貿易，對於英鎊區國際貿易前途大有裨益，對於英鎊自由兌換亦開一線曙光。

再就重新建立倫敦黃金市場來講。英國在二次大戰以前，黃金在倫敦市場自由買賣，不受限制。及至大戰爆發，倫敦黃金市場始行關閉。所有黃金買賣均由英蘭銀行代替外滙平準基金辦理，爲英國惟一買賣黃金機關。彼時倫敦黃金市場雖停閉，但仍爲世界各地區黃金交易惟一清算場所。及至一九五二年英蘭銀行始委託金塊交易所 Bullion Firms 代理該行將英聯邦國新產生的黃金售予英鎊地區以外買主，所有價欵必須以美元交付。從此以後，倫敦金塊交易所又得與世界其他黃金市場發生關係，對於世界黃金的運銷居極重要地位。近年來其他英聯邦國地區產金量增加，亟需在市場出售，益以自去年九月起，蘇聯在英國及歐洲大陸拋售黃金換取英鎊，致使英國黃金美元基金增加。英國爲爭取黃金交易美元佣金，並提高倫敦國際黃金市場地位起見，乃將已停閉十五年之倫敦黃金市場重新開放。此次重開之黃金市場與以前的黃金市場大同小異。蓋當年的黃金市場係自由買賣不受限制。現在的黃金市場則由英蘭銀行監督，所有經營黃金買賣商行均須由政府指定，其中包括英蘭銀行，政府指定辦理外滙業務銀行，六大金塊交易所等，所有眞正市場交易則操於六大金塊交易所手中。他們的代表每日聚會，按供給需求情形，決定當日黃金市價。凡出賣黃金者不問他是英鎊區內的個人、或團體、或者是英鎊區以外地區個人或團體，均可出售黃金。但購買黃金者則須合乎下列條件：(a)非英鎊區居民以美國英鎊、加拿大英鎊購買黃金者。蓋此項英鎊係列入美元帳戶及加元帳戶內的英鎊，卽等於美元及加元也。(b)英鎊區美元區以外地區居民以登記英鎊購買黃金者。所謂登記英鎊者，乃英鎊區美元區以外地區居民在英國銀行存有黃金，並已決定將此黃金賣出，開立登記英鎊戶頭，且保證將來再以此項英鎊買進黃金。在開立登記英鎊戶頭期間，由銀行給與利息，在銀行寄存之黃金不收保管費。此項登記英鎊用作購買黃金乃倫敦黃金市場重開後的一種新辦法。(c)英鎊區居民因貿易上之需要，必須購買黃金，並已得到英蘭銀行特別許可證者。其購買數量的限度，與以前由英蘭銀行購買時相等。(d)購買黃金的數量不得少於一大條。其價値約爲美金一萬四千元。此項規定的目的在減少零星交易，並可大量收取佣金。

現在倫敦市場上的黃金來源有五：①南非洲、澳洲等英聯邦國新產之黃金。②蘇聯在英國及歐洲大陸拋售之黃金。③英國人民由國外貿易得來的黃金。按英國管理外滙條例，此項黃金必須送交指定商行，再由指定商行在市場出售。④法國及阿拉伯等地區囤積出籠的黃金。⑤轉帳區居民登記英鎊帳戶內的黃金。各地黃金來源甚豐，購買時限制又嚴，故倫敦黃金市場雖已重開，但金價一時恐難高漲，交易額亦不致太鉅，所收佣金亦不能太多。例如當去年三月二十二日倫敦黃金市場開盤之日每純兩黃金市價爲二百四十八先令又六便士，及至同月二十五日又落至每純兩二百四十八先令又三便士半，較之以前英蘭銀行的二百四十八先令收買價格，二百四十七先令運輸比價高貴無幾，卽其明證。英國擴大英鎊轉帳範圍，重建倫敦黃金市場的各項辦法已如上述。茲再將促成英國此項新措之客觀條件及其措施之目的略加分析如下：先就客觀環境來講，據一般經濟學者觀察，促成英國此項措施的客觀條件，爲①黃金美元基金之增加。英國自一九五〇年韓戰發生起國際收支逐漸好轉，截至去年三月底止黃金美元基金已增至二十六億美元。②蘇聯運送黃金。蘇聯因國內消費品缺乏，乃自一九五三年九月起在歐洲大陸及英國拋售約二億美元黃金，以換取英鎊。其中直接運往英國者約一億美元。此項黃金對於英國黃金美元之增加，幫助甚大。③黃金供給量之增加。南非聯邦澳洲南羅地亞等英聯邦國地區，近年來產金量約爲五億美元。加拿大產金量約爲一億五千萬美元。日本現在英鎊缺之，所有黃金亟待出售換取英鎊。其他如法蘭西、義大利、阿拉伯集團國家私人囤積之黃金已均出籠。英國爲吸收上項黃金計，故有重建倫敦黃金市場之必要。④歐洲其他國家貨幣自由兌換的醞釀。西德、比利時、荷蘭等國近年來因幣制穩定，生產增加，致使國際收支好轉，在歐洲支付聯盟均有盈餘。因之均擬將它們的貨幣自由兌換黃金美元，以擴展國際貿易。英鎊的國際地位較以上各國貨幣更爲重要。英國惟恐它們的幣制先它改革，乃先進行簡化統制英鎊辦法以著先鞭。至實行此項新措施的目的則爲：①實行一種新步驟，以期漸漸的達到英鎊自由兌換的理想目的。實行英鎊自由兌換第一個步驟爲兩邊協定，第二個步驟爲英鎊轉帳，第三個步驟即爲現在實行的擴大英鎊轉帳區，第四個步驟則爲英鎊自由兌換。關於此種說法英國財政部雖再三否認，但其目的則顯而易見。②提高英鎊的國際地位。在未實行此新辦法以前，有數十種不同的英鎊，各國出入口商人至感不便，影響英國國際貿易至深且鉅。現英鎊轉帳範圍擴大，外滙統制手續簡化後，將現行交易使用之英鎊簡化爲三種樣式：㈠英鎊區居民所持有之英鎊。此項英鎊仍完全受外滙統制。㈡美國加拿大帳戶內之英鎊，此項英鎊可按當日兌換率自由兌換美元加元。㈢除以上兩種英鎊外，其餘均爲轉帳英鎊。按轉帳英鎊之規定：所有轉帳區內進出口商人，可將他們的現行交易所得之英鎊，變成美元區以外地區內任何國家貨幣。因之英鎊之國際地位大爲提高。②增加美元基金：按倫敦市場黃金買賣規定：買黃金時必用美元，交易所有收的佣金亦爲美元。黃金交易量愈大，所收美元佣金亦愈多，美元基金亦因之增加。③提高倫敦市場地位：英鎊轉帳範圍愈擴大，黃金交易量愈增加，倫敦資金頭寸亦必增加，因之其在國際市場上所佔之地位亦愈提高。況黃金在美國及加拿大不能自由兌換美元及加元，倫敦市場則可換成美元。因之倫敦市場之地位較之紐約，渥太華更爲重要。④提高黃金價格：南非聯邦、澳洲等英聯邦國地區，每年新產之黃金約爲五億美元，因無正式大的市場交易，故價格不易提高。益以法國、阿拉伯等地區囤積之黃金相繼出籠，暗中與之競爭。同時收買黃金者，因無正式廣大市場，不能集中，因之供過於求，黃金市場變成買者市場，黃金價格每況愈下，對於英聯邦國產金國家至爲不利。英國有鑒於此，乃重開倫敦黃金市場，以便該項黃金容易賣出。同時因買主集中，需求增加之故，價格亦可提高。至實行新措施後所發生的效果，則爲：(甲)美元基金增加：自本年三月二十二日實行新措施後，英鎊區出口增加，國際收支好轉。四月份美元基金增加一億三千五百萬美元，打破韓戰後最高紀錄。屆至六月底美元基金已增至三十億零一千七百萬美元。(乙)英鎊的信用提高：自新措施實行後，各國進出口商人及一般投機家對於英鎊一反從前的貶值恐懼心理，而變爲增值樂觀心理。因之延期交付英鎊貨欵，遠期英鎊投機等現象已不存在。此種現象既已消除，英鎊的價格自然提高，不但美元帳戶內英鎊的英鎊市價提高至二元八角二分美元高價，而轉帳英鎊亦由一年前的二元七角二分美元市價，提高至二元七角九分美元矣。不僅英鎊美元滙率提高，同時其他國英鎊滙率亦多半提高。我國臺灣銀行最近將英鎊滙率賣價由臺幣四十三元八角二分提至四十五元五角，買價由臺幣三十九元九角四分提高至四十元零七角，卽其例也。(丙)倫敦國際金融市場中心的地位提高：自英鎊轉帳範圍擴大，倫敦黃金市場重新建立後，各國資金流入倫敦甚夥，外國銀行及其他金融機構多在倫敦存有頭寸，以備轉帳購金之用。此外再加上轉帳地區居民在倫敦記帳英鎊帳戶之創立，倫敦黃金市場交易量之增加，更足使倫敦國際金融地位大爲提高。

六

英國此項新措施實行以來，一般反應尙稱良好。繼英國之後者，將有西德、瑞士、比利時、荷蘭等國從事貨幣自由兌換運動。歐洲經濟合作組織 Organization for European Economic Co-operation (OEEC) 爲應付此種局面起見，乃約請參加該組織各國及美國、加拿大共十四個國家在倫敦舉行貨幣自由兌換討論會，討論英鎊等貨幣自由兌換後對於歐洲支付聯盟的影響、世界貿易之關係、以及各該國家實行貨幣自由兌換時應當採取的步驟，等等問題。足見此項措施關係重大，前途亦頗樂觀。惟截至現在距離英鎊自由兌換，尙有一段路程。蓋想要達到英鎊自由兌換目的，必先完全取銷外滙限制及入口限制。就外滙限制言：在現階段尙有美元區及非美元區兩大壁壘存在。英鎊區的居民持有之英鎊仍受外滙管制，自不待言。卽轉帳區居民現行交易所得之英鎊，如不得英國外滙管制機關許可，亦不能轉到美元，或加元帳戶內。欲實行英鎊自由兌換非將此種外滙限制取銷不可。就入口限制言：現在英國對於美元貨物入口尙實行差別待遇，僅有約一半的美元貨物入口給予普通入口許可證，不受限制。此種入口貨物均係必需品，如棉花、油類、穀類等物資屬之。其他工業品等入口必先得到入口許可。至於汽車、冰箱等則很難得到入口許可。若英鎊自由兌換，必須實行多邊貿易，對於美元貨物入口限制非取銷不可。所謂英鎊自由兌換云者，有兩種解釋：第一種解釋是廣義的解釋：卽任何人持有英鎊，在任何地方均可自由使用，並可自由兌成他所願意得到的貨幣之謂。第二種解釋是狹義的解釋：卽國際貿易商人現行交易時所得之英鎊可以用作支付世界任何地區貨欵之謂。普通說起來，多用第二種解釋。現在非美元區出口商人現行交易所得之英鎊不能自由兌換美元，對於美元區貨物英國尙實行入口差別待遇，故英鎊去自由兌換之途尙遠。英國爲鞏固英鎊地位起見，在國內曾厲行限制投資、提高利率、平衡預算等經濟金融財政等政策，以遏止通貨膨脹。又實行食物配給、米糧貿易國營等政策，以節約消費，減少進口。同時更努力生產，獎勵出口，以爭取外滙。俟國際收支漸漸平衡，外滙基金大爲增加後，乃陸續取銷投資消費信用等限制，開放貨物、外滙等市場，以便利國內開發，以暢通國際貿易。種種措施均有一定步驟，計劃至爲周詳，收效亦至爲宏大。現在問題：卽爲應如何擴大國際經濟合作範圍，以達到英鎊自由兌換的最後目的。一般經濟學者的意見，以爲英國擴大國際經濟合作的途徑有下列各點：一、更進步取得美國經濟合作。取得美國經濟合作的方式爲：①繼續取得美國軍援。現在美國經援雖已停止，但軍援仍在繼續。此項軍援對於英國國際收支之平衡，英鎊基金之增加，幫助甚多。例如一九五二年國際收支盈餘爲二億五千五百萬美元，其中一億零二百萬美元爲軍援。一九五三年國際收支盈餘爲二億二千五百萬美元，其中一億二千一百萬美元爲軍援。由此觀之，英國若想國際收支平衡，外滙基金繼續增加，必須繼續取得美國軍援。查現在之美國軍援較之以前經援對於英國更有好處。蓋以前之經援乃係美國以物資直接援助，或以美元間接援助。現在的軍援則不然，除以物資美元援助外，並採用離岸採購辦法 off-shore purchase。所謂離岸採購辦法者，卽軍援項下應採購之物資一大部份可在英國採購之謂。此種辦法對於英國美元外滙之增加大有裨益。②繼續取得美國國外軍事開支援助。美國駐外國的海陸空軍每年開支甚鉅，在一九五二年約爲二十億美元，在一九五三年約爲二十五億美元。其中在歐洲的開支約佔總開支半數。在英國的開支雖無確切數字可查，但每年至少亦在一億美元以上。此項美元開支對於英國美元基金之增加大有補助。③取得美國穩定英鎊幣值借欵。美國艾森豪總統於去年三月致國會咨文，卽主張由聯邦準備制度及國際貨幣基金貸與各國穩定幣值欵項，以便實行貨幣自由兌換。藍藏路委員會報告 Randall Committee Report 中亦有同樣建議。此種計劃如能實現，對於英鎊自由兌換大有幫助。④取得美國關稅合作：美國關稅太高，報關手續太繁，阻礙英國貨物向美輸出至深且鉅。英國近年來喊出要貿易不要援助 "Trade not Aid" 口號，足見英國希望美國減低關稅情緒之殷。艾森豪總統在就職之初，卽主張減低關稅以開發多邊貿易。藍藏路委員會在上艾森豪總統報告中亦有分期減低關稅建議。此種主張如能實現，對於英國貿易之發展，英鎊基金之增加大有好處。⑤取得美國穩定原料價格合作：其他英鎊區所產之橡膠、羊毛等原料之一大部份係向美國輸出。其輸出量之多寡，與倫敦美元總庫美元基金之增減有連帶關係。輸出多時美元基金卽增加，否則卽減少。例如在韓戰之初，美國需要戰略物資甚急，因之澳洲的羊毛、馬來亞的橡膠等原料向美輸出甚夥，價格亦高漲，當時收入美元甚鉅。因之美元基金在一九五〇年底連同美援在內，增加至三十三億美元。及乎韓戰停止，美國輸入上項原料數量大減，價格亦一落千丈，影響美元基金，幾至不可想像。爲補救此種損失起見，其他英鎊區國家曾要求美國與他們訂立長期大量購買貨物合同，或籌設緩衝儲存倉庫，以便長期穩定原料價格。此種要求如能得到美國同意，對於英鎊自由兌換前途大有裨益。⑥取得國際貨幣基金穩定會員國幣值借欵的接濟：國際貨幣基金之功用在接濟會員國國際收支的臨時缺欠。但動用基金資源時按照原來規定，係有一定限度，卽不得超過該會員國已繳納之黃金美元數額。嗣後爲擴大接濟範圍計，又規定立卽接濟辦法。按此辦法：凡會員國爲從事貨幣自由兌換，或解除外滙限制及差別待遇起見，可隨時向基金請求接濟，所有借欵數額不受原規定限制。期限雖爲半年，但經基金執行委員會決議得延長之。最近美國艾森豪總統亦主張基金應辦理穩定幣值借欵。此項借欵，英國如能取得，對於英鎊自由兌換大有幫助。三、開發經濟落後國家資源：英國爲工業國家，所有外滙收入端賴工業品的輸出。而現在世界國家除一部份已關入鐵幕外，其他工業發達國家或採關稅壁壘政策，以抵制英國貨物入口，或採易貨辦法，以節省外滙支出。故英國貨物最大的出路，英國外滙最大的來源，卽爲世界各地經濟落後國家。而經濟落後國家吸收英國貨物的先決條件，又爲天然資源的開發。蓋天然資源不開發，不但無輸入英國工業品之必要，同時亦缺乏充足的外滙可以利用也。現在世界經濟落後國家，如阿拉伯集團國家、南非洲各國、東南亞國家等等，所在皆是。英國若想國際貿易發達，外滙基金增加，必須建議國際開發銀行，並聯合美國等資金充裕國家，大量向經濟落後國家投資，使他們的資源開發，工業品輸入增加，方可達到目的。四、恢復中國大陸自由貿易：現在世界上有八億以上人口關入鐵幕。鐵幕內國家的國際貿易多爲蘇俄壟斷，英國很難問津。其中與英國國際貿易關係最密切者，卽爲中國大陸。在第二次世界大戰以前，英國向中國的輸出，如機器、毛紡織品、煙草等之價值，約佔英國總出口價值十分之一。在中國的有形投資，如開灤煤礦、平瀋等鐵路、上海電力公司等，無形投資如勞役保險、航運等不下數十億英鎊。自中國大陸淪陷以後，所有各種有形投資均爲中共匪黨沒收。所有各種無形投資均爲蘇俄代取。英國所受的損失不可數計。現在中國大陸國際貿易百分之八十以上爲蘇俄操縱。所有出口如大豆、猪鬃、桐油、鎢砂等均須先售予蘇俄，再由蘇俄用易貨方式與他國交易以從中漁利。所有入口如機器毛織品等，蘇俄亦有優先權，英國頗難分得餘潤。近年來中共匪黨爲分化自由經濟國家的團結起見，乃派代表到倫敦與英國進行貿易談判。英國爲貪圖小利計，亦派代表與之磋商。磋商的結果，彼此交易雖有成交，但就英國國際貿易統計觀察：一九五二年交易數額不過四千五百萬美元，一九五三年的交易數額不過七千五百萬美元。又據英國貿易促進會估計：中共匪黨對於英國出口貨物負擔的能力至多不過三千八百萬鎊至五千萬鎊，同時它所希望進口的貨物，又多係聯合國禁運的戰略物資。中共匪黨近年來參加韓戰越戰，實行三反五反，民窮財困已達極點。民間的黃金美鈔已羅掘殆盡。既缺乏外滙購買英國貨物，同時可以用作易貨的物資，除被蘇俄攫取者，亦所餘無幾。在此種情形之下，英國雖與之交易，亦恐得不償失。故在中國大陸未被自由中國收復以前，英國貿易很難向該方面發展，影響英鎊自由兌換前途，殊非淺鮮。

倫敦爲其他英鎊區美元總庫，英蘭銀行代理其他英鎊區辦理外滙收支，換言之英國爲其他英鎊區的銀行。英國若想長久維持此種地位，必須設法使英鎊自由兌換，以便其他英鎊的國際貿易得自由發展。同時英國本身若想大量出口，亦必須走此途徑。據一般經濟學者估計：英鎊的美元基金最低的數額須爲二十億美元，少於此數時，國際收支卽無法維持。如若想英鎊自由兌換，則須經常保持六十億美元基金數額方可週轉。現僅有約三十億美元基金數額，尙須使黃金美元基金繼續增加，方可達到自由兌換理想目的。使黃金美元基金增加，又端賴國際經濟合作。就以上國際經濟合作途徑觀察：開發落後國家經濟資源，恢復中國大陸自由貿易，兩個問題關係複雜，一時恐難如願。至取銷美國關稅壁壘問題，則因美國國會議員多爲保守派，在最近之將來亦恐不易解決。再由艾森豪總統最近將瑞士錶進口關稅提高與一九三〇年稅率相等之措施觀察，減低美國關稅前途，更覺黯淡。現在最有希望的，卽爲向國際貨幣基金及美國聯邦準備制度大量借欵兩種計劃。最近英國由國際貨幣基金買回約値一億一千二百萬美元的英鎊。(此項英鎊係一九四七年賣與基金者)此爲基金成立以來償還交易之最大者。其用意在表示英鎊力量之充足，將來基金如能稍加援助，定可實行自由兌換也。又據報載：英國財政部長柏特勒Butler今秋出席國際貨幣基金時，或將分別進行借欵事宜，前途頗有希望也。在實行英鎊自由兌換以前，英國所顧者：①英國在實行英鎊自由兌換後，必須退出歐洲支付聯盟。退出支付聯盟後，所受之損失以及所發生的影響，均須事前愼重考慮。②英國此次實行擴大英鎊轉帳計劃，最主要的原因：一爲蘇俄大量運送黃金，一爲澳洲羊毛大量出口。蘇俄運送黃金，係爲購買消費用品，現蘇俄正計劃自已生產消費用品，嗣後恐難繼續大量向英國運送黃金。又蘇聯已與澳洲斷絕邦交，並停止向澳洲購買羊毛，從此以後澳洲羊毛恐難大量輸出。此兩種意外收入來源減少，影響英國外滙基金甚鉅。實行英鎊自由兌換端賴外滙基金繼續增加，故英國不能不特別注意也。③美國的輕微的不景氣在現階段對於英國雖無重大影響，但如繼續下去，由英鎊區輸入的貨物勢必大量減少（據英國經濟學人統計：一九三八年美國工廠生產減低百分之三十，由英鎊區輸入減少一半。一九四九年美國工廠生產減低百分之十三，由英鎊輸入減少五分之一）。關稅更難減低，對於英鎊自由兌換不無影響。④英鎊自由兌換後如英美滙率不變，仍爲英鎊一鎊等於美元二元八角時，則英鎊亦將變成硬幣。現在世界大多數國家使用軟幣，缺乏硬幣。爲節省硬幣起見，乃相率抵制使用硬幣國家貨物入口。英國一旦改用硬幣，它的貨物亦將在被抵制之列，對於英國或將發生不利影響。⑤英國天然資源缺乏，生產條件不甚具備，各種統制如盡廢除，通貨膨脹現象有再發生可能。通貨膨脹爲英鎊自由兌換最大障碍。一九四七年英鎊自由兌換措施之失敗，其原因卽在此，殷鑑不遠，不可不防也。因有以上種種顧慮，故在最近之將來，對於英鎊完全自由兌換的措施，不敢冒然嘗試。據一般經濟學者觀察：英國爲愼重起見，對於下一步的英鎊措施將採有限度的自由兌換辦法。所謂有限度的自由兌換辦法者，卽英鎊美元以外地區居民所持有之英鎊，可以向倫敦美元總庫兌換美元。簡稱之爲非英鎊區居民英鎊自由兌換。此種自由兌換又必須附有三個條件：①英鎊美元兩地區以外地區居民所持有之英鎊，必須是現行國際貿易得來者，此項英鎊先行兌換。②非英鎊區居民資金交易所得之英鎊則在第二階段辦理。③英鎊美元間的兌換率事先規定，在很狹幅度內自由伸縮。英國經濟學人主編人，國際貨幣基金執行委員會，以及美國對外業務總署署長史塔生均如此看法。英國人富於保守性，辦事有一定步驟，對於英鎊之自由兌換亦必採取走」一步看一步的漸進主義，絕不孟浪操切從事也。尤有進者，在實行英鎊自由兌換時必須開放外滙一切限制，取銷入口一切限額。在實行此兩種措施之前，又必須國際貿易特別發達，外滙基金十分充裕。若想達到此種理想目的，除英國國內努力生產增加出口外，又須取得其他英鎊區國家及世界其他國家經濟合作，方能爲力。蓋英國經過兩次世界大戰，殖民地次第獨立，海外有形無形收入損失殆盡。在此經濟元氣太傷之後，恢復原狀，殊非易事。現在國內外經濟情形雖已好轉，但出口貨物尙未暢銷，原料價格尙未穩定，經濟落後國資源尙未開發，中國大陸尙未收復，美國稅關壁壘尙未取銷，英鎊前途尙多荆棘，自由兌換在最近之將來，恐難如願以償也。

本文參考書

1. The British Banking Mechanism, E. A. Golden Wester.
2. American Economic Review, May 1953.
3. The Economist March 27, 1954 April 17, 1954 May 8, 1954 June 12, 1954 April 24, 1954 January 16, 1954 July 17, 1954.
4. The Review of Economics and Statistics February 1954.
5. Monthly Review of Credit Business Conditions, August 1951, May 1952, December 1952, September 1951, June 1954.
6. International Financial News Survey January 15, 1954 January 29, 1954 February 26, 1954 March 19, 1954 April 2, 1954 May 21, 1954.
7. International Financial Statislics May 1954.
8. Federal Reserve Bulletin, February 1954.
9. South China Morning Post, March 23, 25, July 4.
10. Economic Journal, December 1953

我們的時代是開場還是收場？

羅素著
劉世超譯

依地質學和宇宙演變歷史的眼光來計算時間，人之在這個行星上出現只是極近的事。在數不清的千百萬年代中只有簡單的獸類存在着。更久遠的千百萬年代是那些簡單新類型動物逐漸演進的時期，先是魚、蛇、鳥，最後才到哺乳類。至於人，我們碰巧所屬的這個種類，最多存在一百萬年。而人類之具有現在的腦力為時不過為前者的一半。雖然人在宇宙歷史中，甚至在生物歷史中的出現只是很近的事，但人之具有他那強大可怖的力量為時還要近得更多。人發現他自己有特殊能力，能做些有別於他種動物的活動，這距今只有六千年。我們或可說，這些特殊活動是以文字與組織政府兩事的發明而開端。自有歷史紀載以來，人類的進步並不穩定，反之是像抽瘋一樣時作時停。在金字塔時代之後，眞正可信的進步是在希臘時期，此後便沒有可以相比的重要進展，一直維持到五百年以前。但在最後這五百年中，人類的改變又以不斷的加速度來進行了。甚至到最後，事情演變之速，差不多使一個老年人難以希望再對他所存身的世界加以了解了。現在的事事物物與以前的，自有生物以來的那些事事物物是差別得如此厲害。要想現在的事態繼續存在下去而不把人弄得頭昏目眩以致釀成災害，似乎是不可能的。而且也許這番頭昏目眩可以使令人心力日益枯竭的那種瘋狂的加速度告一結束。作如是的恐懼並非不理性的：今天世界上的事事物物正鼓勵這種恐懼的產生。如果一個沉思的歷史家把忽忙的現在拿來與悠閒的過去相比照，也會在他富於想象的腦筋中產生同樣的恐懼。

但是，我們且暫時把眼前的混亂忘掉，讓我們用一個天文學家的眼光來看這個世界。這時我們會想到我們還有更久遠的未來，比地質學上所考量的一個一個時代還長久。從純物質方面來看，我們似乎沒有理由能阻止地球繼續作為我們合適的居所，直到幾百個幾百萬年以後，而且，如果人能在地球上保存下來，我們也沒有理由說他不能把人類新近開始的勝利事業繼續幹下去。就我們現有知識告訴我們的，我們認為人在其未來千百萬年中的命運乃操諸他自己手中，要投入災難的深淵還是爬上夢想不到的佳境，這全憑他自己決定。莎士比亞曾提到：

為廣大世人作預言的靈魂正夢着未來的事。

我們以為那個夢全無預言的性質嗎？它是否是一個欺人的幻覺，終於會消滅的嗎？還是我們也可以認為那不過是戲劇剛剛的開始，我們才聽到開場白的前幾個字音，更多的敍述還沒有說出來呢？

如奧菲克派的人 (Orphic) 所說，人是大地與上天之子，或用較近代的語言來說，人是神與獸的結合。有些人都把眼睛閉起來不去看那獸的一面，又有些人把眼睛閉起來不去看那神的一面。而且人們特別地容易把人看成一個純粹的野獸。斯威夫特 (Swift) 就把亞戶人 (Yahoo) 描繪成這種純粹野獸的形象，而且他的描繪如此逼眞，致使我們許多人對他所加的印象不能抹滅。但是，儘管斯威夫特的那些亞戶人令人厭惡，他們還缺少近代人一些最壞的品質，因為他們還沒有近代人的智識。我以為把人說成是神與獸的混合體，這對獸是不公道的。我們必須把人想象為神與魔鬼的混合體才恰當。沒有一個野獸或一個亞戶人能做出希特勒與史大林所犯的罪惡。把沙且的壞心眼與科學智識結合起來，其能加於人的恐怖事件似乎是沒有止境的。我們且來想一想希特勒與史大林用愼思熟慮的方法所加於千百萬人的痛苦，再想一想他們所侮辱的正是我們自己的族類，於是我們會很容易地產生一種感覺，就是亞戶人儘管低劣可恥，但還遠不如人類中在某些國家內握實權的人那樣可怖。人的想象力在很久以前就為地獄繪出了圖畫，但只有用現代的技術才能把它昔日所想象的變為眞實。人心的位置是放在很奇怪的地方，它是處於光亮輝煌的天空之頂與漆黑地獄深坑的中間。人心勿論去思量或注視那一邊都可以得到滿足，我們不能說二者中有一邊比另一邊更與人心相近。

有時，在我感到恐怖戰慄的時候，我竟會去懷疑，我們是否有理由說像人這種生物還應該繼續存在。我們確容易把人看成黑暗的，殘忍的，把人看成魔鬼的具體表現，看成宇宙漂亮面皮上的一個汚點。但這並不是眞理的全部，也不是智慧給我們的最後定言。

像奧菲克派人所說，人也是那繁星滿佈的上天的兒子。人雖然與天文世界中的巨物比起來是微不足道，毫無力量的，但他的心尚且像面鏡子，能把整個世界映在他心中。他可以在想象中，在科學的智識中作旅行，通過廣大無邊的時空。他對他居住的世界已經知道許多事情，在一千年以前的祖先看來，這些知識簡直是不可置信的呢。見到了人類獲取知識速度之快，我們有一切理由相信，當人現在的進程仍繼續下去時，他在一千年後可知道的又同樣是我們現在人所想象不到的了。但是人之值得羨慕的並不止於他的知識。甚至可以說，人之值得羨慕主要還不在這方面。人還會創造美的境界。他們會想象出奇異的，看來似仙境般的遠景；他們能愛與同情整個人類，又能為全人類作巨大無比的希望。誠然，這些成就只是少數例外人的成就，而且他們的成就還常常遇到羣衆的敵視，但是我們沒有理由說，在未來的時代裏，像現在這類例外的人不會變得普遍，而且即使那時還有些例外的人，我們也沒有理由說他們之超出莎士比亞能像莎士比亞超出我們普通一般人那樣厲害。用知識來做壞事的情形是太多了，我們已因而不大易於去想象知識還能用來做善事，用來提高人類優點的一般水平使之等於今天

(下轉第29頁)

歐洲通訊

蘇俄實力總檢討

方及

一九五三年度蘇俄出版界最驚人的一本著作，和文藝科學政治都沒有直接的關係，而僅是一本簡單的莫斯科首都的「電話簿」。自從一九三六年以來這還是第一次。從這裏我們可以得到很多寶貴的資料。因爲鐵幕是無形的，就連置身莫斯科的人也難明瞭蘇俄的眞象，這本電話簿却告訴了我們許多政府機關黨部甚至軍事部門的所在。這說明了要瞭解蘇俄是如何的困難，竟至要問津一本索然無味的電話簿。我們現在以極大的忍耐和細心，根據軍事政治外交的報告，以及權威的新聞記者的觀察和報導，向讀者作一個全面的說明，期望可以得到一個概括的觀念。

蘇俄的軍事實力

這方面可以分作武力和地略兩個要素。我們先就蘇俄的武力列擧幾個數字。陸軍方面：蘇俄擁有一百七十五師兵力，其東歐附庸約有六十師。自由世界方面，美國有陸軍二十師，其他大西洋公約國約有八十師，西德整軍後可能增加十二師。海軍方面：蘇俄海軍主要的是潛艇艦隊，約有三百七十五艘，這比一九三九年希特勒所有的潛艇數目大過六倍。此外蘇俄還有二十四艘巡洋艦（其中十三艘係戰後所建），一百二十五艘驅逐艦，目前蘇俄還沒有巨大的戰艦或航空母艦。美國的海軍却擁有裝甲艦四隻，空母二十二艘，巡洋艦二十隻，驅逐艦一百七十五隻，潛艇一百艘，再加上英國以及其他聯軍的海軍實力，則蘇俄的比數就相差更遠了。空軍方面：目前蘇俄至少有二萬架飛機，美國却僅有一萬架，蘇俄的年產量約爲五千架，美國的年產量則接近六千五百架。蘇俄集團飛機的總數約爲三萬架，西方集團約爲四萬架。蘇俄從一九四五年開始即在集中力量製造飛彈，曾經擄去了一百六十名德國專家爲它效力。其飛彈時速爲一千六百公里，高度達二十五萬公尺。美國也從一九四五年開始研究，但直到最近才擴大製造，成效方面和蘇俄不相上下。原子武器：蘇俄原子彈比美國落後了四年（美國：一九四五；蘇俄：一九四九），而蘇俄的氫彈比美國僅差後了一年（美國：一九五二；蘇俄：一九五三），而且蘇俄一九五三型的氫彈威力還超出美國之上，現在雙方僅有量的不同而已。實際上雙方的年產量及「存貨」若干都是高度的秘密，據保守的估計，蘇俄原子彈當在三百至五百之間，美國原子彈則在三千至四千之譜。至於氫彈，相信美蘇雙方均尙未大量製造。

以上列擧的數目字只能說明一部份的眞象。另一方面，這些數字所代表的實力則仍要靠事實的眞象。比如蘇俄的一百七十五個陸軍師，其中僅有六十五個是機械化的，武器和人數也不及一個美國陸軍師充實。蘇俄所有三百七十五艘潛艇，其中只有三十隻是裝有現代設備的。但對蘇俄的空軍我們却不敢這樣低估，今年（一九五四）五月一日，莫斯科紅場閱軍時，當着各國使節的面前，連美國大使在內，天空出現了一架Tu-37掠空而過，任人拍影照像，這是蘇俄在原子彈、氫彈之後給與西方的第三個警報。這種Tu-37轟炸機，要比一般預料提前二年出現，它可以載了原子炸彈，飛向美國大陸然後再飛返基地，完成一項可怕的任務。但這並不是說蘇俄已擁有這樣一大隊Tu-37，立刻可以橫飛美洲，因爲許多觀察家相信恐怕蘇俄就只有這一架表演一下而已。不過按所得資料判斷，Tu-37只有四個引擎，但其體積却比同樣效能的八個引擎的美國 B-52 還大，意思是說其引擎要比美國製的效能大二倍。在這一點上美國人也承認是輸給蘇俄了。直到現在蘇俄的米格機僅有防衛的能力，而今Tu-37的出現充分地證明了蘇俄進攻計劃的開端。這是現代原子戰術的一個關鍵問題，這樣的武器握在蘇俄手裏，事體的嚴重是不待言的。不過這只是一個開端而已，爲達成一支現代化的戰術空軍，蘇俄仍有其遙遠艱難的前途。不幸的是時間一天一天地爲蘇俄有利，我們這一代的悲劇是不堪設想的。

其次，再就地略方面講，展開地圖看看，蘇俄正處在地球的中央，有史以來，從未有過一個力量，深入蘇俄而獲得成功的。蘇俄是處於內線的近距離的防禦，而對方却需從遠距離的外方進攻，蘇俄可以用陸上運輸構通各據點，而對方却必須靠海空的運輸才能達到蘇俄的邊沿。但是它的優點正是它的缺點，山河縱橫，氣候特殊，又加幅圓遼潤，極不便於大軍的運動，比如莫斯科到海參威的汽油運輸，海路要比陸路便利許多。在如此廣潤的邊野行軍，蘇俄的陸權是無法抵抗得住一個如同美國的海權國家，朝鮮戰爭便是一個顯明的例子。整個西方的戰略，從日本、韓國、臺灣、菲律賓、地中海、北非、以至英國，無不建立在環繞大陸的島嶼和半島上，相反地，蘇俄却僅有一個廣漠的大陸，只能依靠漫長遙遠的陸運。美國可以從日本去轟炸西伯利亞，但是如果蘇俄要從西伯利亞去轟炸舊金山，却需要五倍的時間才能飛到。

總上所述，蘇俄爲了地形遼潤，陸運不便，空運還在使用陳舊的雙引擎的C—47，海空軍的裝備也僅够作防守本土，又缺少凸出的前進基地，如此的一個國家，其進攻能力仍是極其有限的。

有人要問，爲什麼蘇俄不在一九四五到一九五〇年之間趁美國復員之際，一擧發動大戰，進軍大西洋海岸？答曰：是怕當時美國獨有的原子彈。這答覆僅有一部份眞理，最後的原因是蘇俄當時，甚至今天仍沒有足夠發動侵略的條件，蘇俄或者可以希望不敗於由別人發動的戰爭，但它卻不能希望打勝一場自己發動的戰爭。

蘇俄的經濟實力

自從一九二八年開始，近三十年來，一連串的「五年計劃」，確實完成了一件奇蹟：把一個懶惰被動的國家變成了僅次於美國的世界第二個現代工業化的强國，這不是說，沒有共產革命，蘇俄今日就仍只能停留於一九一七年的落伍狀態。可是其改變之深，進步之速，我們只能以歷史上極高的尺度去衡量。這是其成功光榮的一面，但爲確切明瞭其眞象，我們仍需尋求數字的答覆，並和美國的工業生產情形作一比較。我們先從幾個概念開始。第一：今年(一九五五)是蘇俄第五個「五年計劃」的最後一段，其經濟生產能力已達到巔峯，但這不過僅及於美國工業力之半數。第二：這蘇俄的巔峯(一九五五年)約等於一九二五年的美國工業情形。第三：在一九二八年蘇俄僅能年產四百萬噸鋼，而今已增加十倍，這是在極大的壓力下才完成的，可是在一九五〇年時僅抵美國的一半，今年也不過達到百分之七十一而已。第四：這不能說明蘇俄以同樣的速度，數年後便可趕上美國，相反，我們已經感到這種强力的壓搾正面臨着嚴重的危機，蘇俄政權在政治、社會、技術、經濟各方面都已走到崩潰的邊沿，人力物力都將走到山窮水盡地步，其農業的危機二年來更形成了一個最大的顧慮。

一個現代化的重工業國家最基本的生產是鋼、煤和石油，就此我們再作一個比較。一九五三年蘇俄產鋼四千二百萬噸對美國一億一千四百萬噸，(西歐國家七千二百萬噸，日本及其他非共國家一千四百萬噸，蘇俄附庸國家一千五百萬噸)。蘇俄煤產是三億三千萬噸對美國五億三千萬噸。蘇俄產石油六千萬噸對美國三億二千萬噸，這些對於一個現代國家的戰鬪潛力是非常重要的。這種統計因其在美蘇兩國用途的不同，故其效用是應打相當折扣的，在美國大部鋼鐵用作製造冰箱、汽車以及其他日用品，在蘇俄卻大部作爲軍用物資。比如：據觀測在一九五五年蘇俄計劃製造五十萬輛汽車，但其中四十萬輛將爲軍車，而美國卻在一九五三年已造出了六百萬輛私家汽車。一九五四年蘇俄製成了二十萬隻冰箱及三十萬隻電視機，美國在一九五三已經出產了三百五十萬冰箱及四百萬隻電視機，由此可以想見一斑。一九五三年七月馬林可夫曾經宣佈蘇俄軍用和民用物資的生產是七十與三十之比。根據美國專家的估計，在一九五五年蘇俄第五個「五年計劃」結束之後，其工業的戰爭潛力將僅比美國相差四分之一，如果和西歐的軍工業比較，其相差的懸殊已遠較一九三九年希特勒發動大戰時德國與其他歐洲國家之間者爲大。

以上的看法，都是假定蘇俄仍照前的步驟，繼續堅持其緊張的壓力而言的，但這條件還能支持多久，卻是一個不易答覆的問題。其近三十年來所謂成就，完全是使用社會暴力，犧牲千萬人的生命財產，集中營，充軍，强迫勞動所造成。人類究竟不是機器，久處於如此的壓迫下，其心理的狀態是不能永久堅持下去的。當一九五二年夏史大林還在生時，聯共全會上已經發生要求「改善生活」的傾向，並應許增產日用物資，要給蘇俄人民更多的皮鞋、奶油、衣服、手錶、自行車、照相機等等，這也正是丘吉爾高唱「和平共存」理由，但是根據一九五三年的調查，日用品的生產卻仍舊停留在聯共會議以前的階段。皮鞋的製造「超額」地完成二億六千七百萬雙，美國卻完成了四億七千一百萬雙，另一方面蘇俄還比美國多有四千萬人口。蘇俄糧食的生產是二億八千萬擔，較三年前僅增加了百分之八。家畜的增產是六千八百萬頭，和一九二八年前是一樣的情形，而現在卻比那時增添了三千萬人口。這證明了蘇俄的麵包和肉類何等地缺乏。非單生產不夠，而其浪費的程度也是可怕的，「眞理報」上每日都有抗議浪費的文章。其中最大的原因是爲了經濟組織完全建立在「計劃」和「統制」的方法上。蘇俄已經使出最大的努力，我們非常懷疑它還有多少元氣來支持一個毀滅性的戰爭。二次歐戰如不是美英的援助，蘇俄決無法抵抗希特勒，當時西方仍保持着喘息的餘地，而蘇俄已完全筋疲力盡。從此可以和前端得出一個相同的結論：蘇俄的工業和經濟充其量可以支持一個防守的戰爭，卻沒有活力和餘裕來向自由世界發動侵略性的戰爭。

蘇俄的內外情勢

我們終算又度過了一個沒有戰爭的年頭，雖然過去的一年內冷戰更加劇烈，一九五四年初的柏林會議開始，莫洛托夫算是佔了上風，加强了「蘇俄願意鬆緩國際局勢」的說法，一面卻絲毫不作讓步，還要保持不決裂。如此一直到法國內閣跨臺，由日內瓦會議一舉囊括了北越，以至布魯塞爾會議失敗，歐洲軍解體，蘇俄始終站在勝利的一方，並且達到了克里姆林宮五年來最大的願望，利用法國孤立美國，將美國逐出歐洲大陸。到了十月，巴黎倫敦會議之後，蘇俄才翻了大跟頭，重新武裝西德，並允其參加大西洋公約，英國也留駐軍於歐洲大陸，美國更加緊了和歐洲的聯繫，蘇俄在易北河上跂望着西歐聯合陣線，十二師德國新軍誕生，好不焦急！走筆至此，又是法國會議以驚險鏡頭通過「西歐聯防」(UEO 即 Union European Occidental)，蘇俄又輸一仗。

我們環視整個的地球已經明鮮地劃歸兩個集團，從西伯利亞、北韓、中國大陸、北越、烏克蘭、亞爾巴尼亞、保加利亞、羅馬尼亞、捷克、波蘭、匈牙利、東德都包括在一個大鐵幕裏。另一面，美國、加拿大和里約(Rio de Janeiro)公約的中南美各國，(共產黨橋頭堡危地馬拉經已削平)，以及歐洲十三個大西洋公約國（英國、冰島、挪威、丹麥、西德、荷、比、盧、(以上三國簡稱 Benelux)、法、葡、意、希、土），再加其他間接關係的西班牙和南斯拉夫（有美西軍事協定及希土南軍事協定），遠東方面有馬尼拉公約各國除已有的澳、紐、美（Anzus）聯防又加入了菲、泰及巴吉斯坦，還有日本、南韓及自由中國，越南三邦等和美國相互間的聯防。英法葡各屬地，以及回教各國也漸偏向西方。所謂中立國家只有少數幾個，而以亞洲的中立地區最廣，（緬甸、印度、印尼、阿富汗）中東也留下一點缺口（以色列、黎巴嫩、敘利亞），歐洲的中立地區只有瑞士、瑞典及芬蘭，北非洲反殖民主義及民族運動的熱潮是歡迎蘇俄幫忙的，但實際却被西方所統制着。

在二次戰後，蘇俄曾於一九四八取得了捷克，於一九四九取得了中國大陸，一九五四取得了北越，惟一的損失是狄托的叛變。自由世界方面除鞏固各防線外，並爭取了德日兩國，此外且「阻遏」了共產主義在希臘、伊朗、韓國，及危地馬拉的發展。

現在的國際情勢既已如此，東西兩方只有繼續加强本集團的團結，並設法破壞對方的團結，在這一點上顯然爲蘇俄有利，因爲它可以利用自由陣營以內各國共產黨公開或秘密地活動，相反的，自由世界在鐵幕內却沒有這份能力。各地的民族運動和反殖民主義被蘇俄所利用，而西方國家却因此捨不得，放不開受盡了連累，越南戰爭即是最好的說明。再者，蘇俄在西方大力地煽惑中立主義的傾向，歐洲的社會主義者根本不知社會主義爲何物，一味地粉飾和平，不知不覺爲蘇俄張目，阻碍了自由世界的力量。

不過在歐洲方面，共產勢力的進展幾乎已被限制到最低限度，只在亞洲方面還有很大的缺口，尤其對於中國，美蘇兩方均欲拉緊在自己的陣營。蘇俄雖已取得三分之一的世界，但其內部的不穩實是極大的問題。一九五三年在東德、捷克、匈牙利等處的反抗運動雖然已成過去，但其影響却非常深遠，蘇俄不得不深加提防。

談到蘇俄的本身，許多人都沈迷在其內部叛亂的假設中，這是一種可怕的謊言，結果只爲敵人有利。近來的事實證明，馬林可夫繼史大林而起，並未發生嚴重動亂。反倒是鬆緩了緊張的心理狀態，略爲改善了人民生活。其主要的現象有：減輕警察行動，改善或減少集體勞動，釋放若干政治犯等。雖然仍有不斷的「清除」，但這些清除的份子並不一定可以造成普遍的叛亂的影響。如同這一切不能證明蘇俄已成了「民主國家」，同樣也不證明蘇俄內部已經發生了史大林生前未曾有過的內亂。一個有組織有能力的反抗運動，在今日仍是不可預見的事情。而最值得注意的一件事：却是今日統治蘇俄的馬林可夫尚未成爲眞正的獨裁者，僅是一個寡頭執政者，因爲史大林死後尚未有一個「有資格的」獨裁者繼任，而所謂寡頭，至少可以舉出三個或四個名字；除馬林可夫之外，聯共秘書克魯徹夫（Kruse-ev）以及日益得勢的軍人朱可夫和陰謀深算的老布爾雪維克莫洛托夫，都是寡頭政府之要員。蘇俄今日生活在一種異常的環境裏，一個純粹極權組織的政權，却沒有一個全面統治的獨裁者，這是脆弱而反常的現象。我們回想自一九一七年以來，其內部不統一時，決不會有軍事的或政治的順利的向外發展，蘇俄今日正缺少這一個必需的條件。

自史大林死後以至於目前，蘇俄內政的發展，我們可作如下的分析：

一、共產黨仍是蘇俄的主人，及其政治組織的神經。

二、共產黨、紅軍和警察都在爭奪最高的政權。

三、到現在爲止，最特出的表演當爲貝利亞之被清除，這在民間的下層並未發生深遠的影響。

四、我們可以預斷：黨、軍、警三方面沒有一方能够單獨致勝，除非其中二者合作，以擊敗第三者。

五、另一個特殊的現象，是史大林死後紅軍之漸趨得勢，尤以朱可夫元帥本人爲然。這位叱咤於二次大戰的風雲將領，艾森豪威的好友，數年來曾被打入冷宮，寂寞無聞，甚至有人相信他已被史大林清除掉，而今却又紅得發紫，出現在各種重要的場合，貴爲副參謀總長，同時在史大林死前一個月，已掌握參謀總長之職的索可羅夫斯基（Sokolovsky）又是朱可夫最好的朋友。過去的政治軍人如布加寧（Bulganin）或伏洛西洛夫（Vo-roscilov）及布鐵尼（Budienny）均已退入有名無實的表面工作，但這些眞正軍人的抬頭，並不一定影響其外交政策的改變，蘇俄軍人中固有激烈的主戰份子，可是現今主持軍政的要員，却抱着稍爲緩和的主張，朱可夫即是其中的一員。如果有一天蘇俄紅軍得到政權，那一定是朱可夫的勝利，到那時整個世界的命運，就落在華盛頓和莫斯科這兩位元帥的手裏。

在結束本文之前，我們願向讀者聲明，我們在本文內多採取歐洲人的觀點，並不一定適合自由中國讀者的口味，但我們却不應忽略自由世界另一部份人的想法。年來自由中國的反共意志已達到最激烈的頂點，但似乎却不太注意到冷戰的作用。我們不惜熱戰以收復我們的失地，但我們也不應反對或放棄冷戰，以採取外交的主動，常見到周恩來毛澤東一聲「和平」口號，外國報紙競相登載，而我們除了一聲「否認」即再無其他表現。一九五五年開始，聯合國秘書長赴北平，冷戰更趨激烈，我們不能再安於被動的外交，而被冷戰犧牲掉，我們要採取主動，在各戰場致勝，今年的臺灣即是冷戰的交點，我們決不願被犧牲掉！

一九五五年元旦

拾夢（上）

郭嗣汾

一

是多少年不曾作過的夢了：那兇惡的滿面髭鬚的日本憲兵，用力抓住我的領帶，臉上帶着獰笑，等獄卒把監門打開時，他使勁地把我朝裏面一推，我倒跌進去，頭重重地碰在冰冷的石壁上……

我醒了，全身都是冷汗，我發現我正碰在床後的艙壁上，頭很痛，我趕快抓住床架，支持住身體的平衡。

房內是黑暗的，我看看夜光錶，是午夜三點半鐘。

漸漸地，船從幾乎四十五度的傾斜回復正常，外面排山倒海般的浪，繼續不斷地衝擊着船舷，船隻變成了喝了過量酒的醉漢，搖幌着，震顫着；船上的每一顆鉚釘都像要抖掉了似的，鋼鐵叮叮噹噹地碰擊，使人聽起來心驚膽戰！尤其是每當船頭落入浪谷時，尾部俥葉的打空聲，聽起來就像地獄的魔鬼在呼喚。

我定了定神，記起馬上該我接〇四〇〇——〇八〇〇的航行更，趕快跳下了床，穿好大衣，再加上雨衣和雨靴，摸索着出了房，緊抓着紅色燈光閃亮的扶梯，爬上駕駛臺去。在那方形小洞口剛一露面，一陣風夾着浪花迎面撲來，像是給我的見面禮，從燠熱的艙中上來，格外覺得冷，我不禁打了一個冷顫！

航海官小朱正伏在羅經儀上測算船位，小心地轉動它，並且接着在海圖上記算了下來。

「早安！」他聽到我的脚步聲後沒有抬頭，祇禮貌地招呼一聲。

「早安！」我說：「該我接更了。」

「這滋味不很好受，」他說，然後一本正經地交代：「現在速度是十二浬，航向一九五度，沖繩島在左後方。」他翻了一下夜令簿，補充一句說：「五點半叫醒艦長。」

「好。」我說。

「早上三時颱風中心位置在北緯三〇・五度，東經一三五・七度，已經逐漸北去了。」

說完，他打了一個呵欠，從梯口下去了。

我聚精會神地接完了交代事項，從現在起，這條船是我的了。各部門的交接更不斷報告上來，幾分鐘後，駕駛臺上又重趨寧靜，我戴上望遠鏡，向四週漆黑的海面搜索；氣壓已開始上升，天氣逐漸好轉了。

一靜下來，我不禁又想到剛不久前的那一個夢……一個橫浪打上船舷，我忙扶住欄杆……爲什麼我會作這樣的夢呢？是因爲要我更感激和懷念吉川玲子麼⁉

十一月夜裏的寒冷，西太平洋上的颱風，加上了恐怖的噩夢，把從日本返臺灣的航程，譜成一曲極不愉快的樂調。離開橫須賀港一天多了，海上一直就是風風雨雨的壞天氣，壞天氣容易給航海者帶來壞心情，更給我以深沉的刺激！這時，在無邊黑暗的深夜裏，船在大風浪裏顛簸廻旋，使我除了感到孤寂難受之外，還想到了更遙遠的事與人；我帶着珍惜與幻滅的心情想起它，它使我感到歡樂和悲哀。我未必相信，回憶會給人帶回失去的東西，但至少會沖淡我這時的深沉的惆悵吧。船上所有的伙伴們，躺在被海浪顛簸的床上，不也正尋求着他們金黃色的綺夢麼？

夢與現實永遠無法連接起來，我深深地了解這，我明白那些破碎的往事是永遠無法重拾起來綴成完整的現實了。我忽然想起了紀德在「地糧」中所寫的：「……最甜蜜的回憶對於我只像是一種幸福的餘燼。最小的一粒水滴，縱然是一滴淚珠，當它濕潤在我手上，對我變成一種更珍貴的現實。」

現在，我祇覺得我已經是一無所有了；正如我四週是一望無際的海洋，然而那苦澀的海水我却一滴都不能飲，除了回憶之外我還能有什麼呢？

我已不再激動，但是我不能不深深地歎着氣。

二

一連串航行的日子，一連串宴會和參觀，紐約港口巍巍的自由女神，佛琴尼亞州碧綠的海岸，巴拿馬運河的風情，影城好萊塢的豪華和羅曼蒂克，檀香山的海灘，那幻夢似的月光、海、吉他和溫馨的珈蘭花香；都已經過去了。我們這一條嶄新的軍艦，已航完了整個太平洋的航程，把鐵錨投在喧嘩擁擠的橫須賀港裏。

這是我第二次到這美麗的櫻花島。第一次是抗戰勝利後，三十七年的春天由美國駕船回國，那只在橫須賀港住了一天，盟軍總部用車子送我們到東京市區兜了一個圈子，第二天就開船了。這一次，我們要停上一個禮拜，我希望時間能幫助我，我要找尋我曾經失去的一個夢。

一路上，我犧牲了很多的假期，把機會保留到東京，我相信在一個禮拜中，我會有辦法找到舊夢的。

但是，我沒有想到第一天到達港內不到兩小時，就出了一點小麻煩。

是在午後四點鐘光景，艦長上岸到大使館去接洽艦上官兵放假上岸和裝載給養的問題去了，輪到應該放假的每一個官兵，都興高采烈地在房艙裏準備服裝。離我們抛錨處不遠是我們另一條巨型運輸艦。她是開到日本來購買一批造船器材，將和我們一道返臺灣的。我們船上有部份官兵到那邊去會晤久別的同事朋友們，這使我們船上突然變得清靜起來，在艙面上尤其看不到幾個人了。

這時，我和三四個水兵站在船頭甲板上閒眺，我的心早已飛到岸上去了，船上也有些同事知道我過去的故事，他們都爲我祝福！

一條美麗輕快的小汽艇從遠處駛過來，掠過我們的船舷邊，艇上是一對年輕的日本夫婦和一個四五歲大的男孩子。他們很快活，懷着好奇心欣賞着我們的軍艦，小孩子對我們拍掌又豎着大姆指。

我們也向他們打着善意的招呼，也羡慕着這一對夫婦的幸福。

就在他們繞過我們船頭的時候，不知道他們是因爲舵機失靈或者是爲了旁的原因，小艇突然失靈，撞上了我們軍艦錨孔下面的部份。一瞬間，艇上的三個人都翻下水去了。在我們船上和附近船上都同聲地驚叫起來。

我沒有絲毫遲疑，一秒鐘之內，立刻脫下了上衣、帽子和皮鞋，從船舷邊縱身入水；同我一道，我旁邊的三個水兵都跳了下去。

很快地，我們救起了這三個人，船上放下了繩梯，把我們接上船去。那小艇的男主人額角碰傷了一塊，喝了幾口海水暈過去了，女的和小孩也喝了水，大概是撞船時都受了一點震動，我們救起時，都失去了知覺。船上的看護兵馬上把三個人抬進醫務室，我們從氷冷的海水中上來，也只覺得全身戰慄，趕快換上乾衣服。

這三個人經過急救之後，都已恢復知覺，一輛救護車已經開到碼頭邊，裝走了他們。我呢，略爲感到頭有點痛，趕快換上乾衣服，找醫官要了兩片傷風特效藥吃下去，又喝了一小杯白蘭地酒，我不願意在這地方生病。

一個鐘頭後，艦長回船了，立刻找我到他的房中去。

「槍砲官，」他劈頭就說：「你們這件事做得不錯，給了日本人一個很好的見面禮！」

「艦長，」我說：「這是我們自已的事情，我們應該這樣作的。」

「不過在日本人眼光中的看法就不同了，港口警察已經派人來先行道謝，他們還要慰勞我們；現在，有幾家大報的新聞記者，已經來船上訪問你，你應該準備幾句話答覆他們。」

「啊！」我驚異地望着艦長，他那嚴肅的臉上此刻帶有一絲難得的笑容，嘴裏又咬上烟斗吸了一口烟。

「他們在官廳裏，」他放下烟斗噴出一口烟說：「你可以去了。」

我行了禮退出來，一面盤算着該向記者們說什麼時，航海官小朱向我擠擠眼睛微笑着走開。

我走到官廳門口，心情有點緊張，還不如跳下氷冷的海水中來得情願。我拿下帽子，一隻脚剛踏進去，忽然幾隻鎂光燈接連地對着我閃亮着，這是日本人給我的見面禮麼？

不過，副長給我向記者們介紹之後，我的緊張心情消失了，雖然我早就懂得日語，但他們都說一口流利的英語，也有一個會說中國國語。我把這事情的經過重述一遍後，接着告訴他們這是一件很平常的事情，是海軍人員應有的職責。我說，我感謝他們的訪問，但是希望他們不必爲這件事情在報紙上過於渲染。

我們談話很愉快，在他們將要告辭的時候，我突然靈機一動，我說：

「我很感謝諸位的訪問，現在我希望在報紙上，刋登一個尋人啓事，不知諸位能不能幫忙？」

一個戴眼鏡的記者很客氣地答覆我說：

「當然，我們願竭盡一切力量爲您服務。」

「她叫玲子，吉川玲子，戰前在東京住家。」

「您能够告訴我們關於您們的關係嗎？」另一個記者說：「假如我們能够多知道一點也許更容易找些。」也許他想在我身上找材料，態度却很誠懇。

「中日戰爭爆發前我們在上海一個教會學校裏讀書，戰爭起後我們都留在上海繼續讀書，直到戰爭結束前一年我到重慶去加入海軍，我們才分手，以後就失去聯繫了。」我簡略地告訴着他們。

「您能確定她已經離開上海回國了麼？」

「是的，」我肯定地說：「戰爭結束後，我去信上海，也託朋友打聽她的下落，她在戰爭結束後不久就被遣送回國，臨行時留了一個東京的地址，但是她自己也不知道那地方早已燬在炸彈下了。」

「好，」又是恭而敬之的答覆，日本人眞够禮貌，除了他們的軍隊，我想。那戴眼鏡的記者接着說：「我們一定爲您盡力，希望您能找到她。」

記者招待會就這樣結束了，我鬆了一口氣，想不到倒有意想不到的收穫，假如玲子能够看到報紙……她不會看不到的。

三

玲子和我認識，遠在十五年以前，那時我十六歲，她才十三歲，我們都住在上海虹口區。

她有一個很富有的家庭，父親曾經作過日本衆議院議員，僑居上海已有六七年了。我們雖然是鄰居，但是由於戰爭使我們兩家人一直不相往來。我痛恨日本人的侵略政策，也目睹日本軍隊佔領上海後的横暴屠殺，使得我遷怒於每一個日本人，和決心加入當時上海學生所組織的地下抗日團體。那時因爲我年紀小，又是讀的教會學校，還不被人家注意，最初我們作一些散發傳單標語的工作，後來逐漸擴大到打聽情報和破壞軍火、交通等實際行動，同浦東游擊隊互通聲氣，使佔領上海的日本軍隊大傷腦筋。

當時我在那家教會學校中唸高中一年級，玲子從日本來上海，唸初中一，我們一直沒有講過話，不過每天上學和放學時間相同，總得見面，我只好儘量避免與她一路走。

這樣，一直維持了一個很長的時間。

不過，我漸漸發現了兩件奇怪的事情，第一是她很少與日本女孩子在一起，每天幾乎都是單獨去來；第二、我們每天經過蘇州河邊日本哨崗時，總有一點麻煩，我發現許多時候放學時，她總先走，過了蘇州河後慢下來，有意無意地停在那邊，看見我過了哨崗之後，她才離去。最初我想可能是巧合，但那種情形總是在風聲緊的時候，便使得我不禁奇怪起來了。

我們間這種關係直到一件新的事件發生才改變過來。

民國三十年夏天，我父親突然因爲抗日的罪名被捕了，這是很嚴重的罪名，佔領當局可以隨他們意思處理的。而這一次的確也是父親自己的疏忽。他本來一直和浦東游擊隊有聯絡，他負責在上海偷購軍火。這一次是他因爲一件事把一個助手責備了一頓，那人竟去向日本人告密，日本憲兵立卽到家中抓走了他。

十天以後，出乎意外地被宣稱證據不足釋放了出來，連父親自己也不相信，更不知道是爲了什麼？實際上，這次事情的確可說是證據確實，父親自己也相信不免的。

後來知道這奇蹟是玲子的父親吉川先生製造的。他不滿意軍部的侵華政策，而他又聰明地看到犬養毅等政治家反抗軍部的結果，於是躲到上海來僑居，想不到上海淪陷以後，佔領軍還隨時請教他一些事。他同情中國的抗戰，也儘量影響當局採取寬大政策，父親便是由他力保出來的。

這件事情使我對於這個日本家庭有了好感，至少是修正了從前的一些觀念，不久後，兩家人開始往返，但是大家都不提父親那一件案子。玲子和我也改變了從前故意疏遠的情形，我們也常常一起上學和回家了。

隨着玲子大起來，我們間的情感也隨着時間在增進。另外她有一個表兄山崎勝男，是當時駐在黃浦江中有名的「出雲」艦上的航海官，我們在玲子家裏認識；他是一個很文靜的人，完全不像那些粗暴的日本軍官，我對他很有好感。他比我大幾歲，剛從海軍士官學校畢業不久。他是吉川家中的座上常客，對玲子對我都很好，我現在相信我後來所以要加入海軍，是受了他很大的影響。

這幾年時局的變動很大，父親被捕時是太平洋戰爭爆發的前幾個月，這以後的兩三年中，上海的情勢愈來愈惡劣，日本軍事征服世界的迷夢已被聯軍的反攻所打破，但他們對於上海的控制却愈來愈嚴了。

我在高中畢業後，考進了大學的機械工程科，那時許多青年都到了後方去升學或者從軍了，我却因爲留在上海的條件比他們好，被指定留下繼續工作。對於這，我當然一直瞞着玲子和她的父親，而且我也儘量避免利用他們的關係，我發覺我不能利用我們間的情感來作我工作上的掩護，我認爲那是很可鄙的事情。

不過，不幸事件終於發生了，我們的工作機關被日本特工人員破獲，根本來不及抵抗，我們幾個同志一起被捕，那結果很明顯，幾個人在審訊之後都被判死刑。

我早就知道，作地下工作是最危險的事，但是我並不爲自己命運躭心，對我自己的一切，我很坦然，二十一歲的生命在這大時代中算得什麼呢？

在提籃橋監獄中住了三個月，過着不見天日的生活，我沒有任何怨尤，也沒有一個人來看我，我對生命已不存有任何奢望。我只不斷地想念着我的親人，想念我做朋友們，靠這來打發漫漫長夜！這些日子中，我發覺我愛上了玲子，這個十七歲的女孩；雖然我不曾對她有過任何表示，而且永遠不會對她表示了。

在監獄中，成天只看到面目猙獰的日本憲兵與獄卒，我們算是政治犯，被單獨監禁，所以連找一個說話的人都沒有，每天挨皮鞭和帶馬刺的靴子成了家常便飯，每每回想到生命中的這段日子，夢魂也會爲之悸動的。

然而，我終於遇救了。

一個下着大雨的晚上，例外地我的房門被打開了，獄卒引進了一個拿着雨衣穿黑呢制服的海軍軍官，然後退出去了。

是山崎勝男！多麼奇怪的事，他竟來看我了。我差點驚叫起來。

他立刻止住了我，抓着我的雙肩抑住嗓子說：

「只有五分鐘的時間，我買通了衛兵來看你，這是我們想到的唯一辦法。」說着，他立卽開始脫衣。

「什麼？」我驚異地問。

「快，我們交換衣服，五分鐘後你就可以恢復自由了。」他已經脫下上衣，塞給我。

我覺得一陣激動，我直覺到不能這樣作。

「山崎君，」我說：「不要把你也賠了進去，我會永遠感謝你的好意……」

「沒有時間可以浪費了，」他說，繼續脫衣，「這是手槍，他們會相信你是搶了我的手槍擊暈我後逃走的。」

我只好順着他的意思作去，馬上脫了自己的衣服，換上他的，不到三分鐘便好了，用我自己的襯衫把他反着雙手捆起來，我不能用手槍擊他。

「山崎君，」我抑住自己激動的情感說：「你爲我冒這樣大的危險，究竟爲了什麼呢？」

「爲了玲子，」他激動地望我，「她愛你，我不能使她陷入絕望。」

「可是你自己呢？我能爲你作什麼？」

「不要管我，快走！」他突然變得很粗魯，瞪着我，然後又變得很軟弱：「替我祝福玲子，祝福她父親和你。現在快走吧，用手巾塞在我口裏……」

我突然落下了淚，用力擁抱他一次，然後定定神，大搖大擺，裝模作樣地走了出去。

那衛兵居然向我敬禮，我心裏猛跳了兩下，還了禮，便通過那泥濘的廣場，走向大門。

我心裏面沒有恐怖，只有着無限沉重的感覺，右手抓着雨衣袋內的手槍，到必要時它還可能保護我的生命，或者向敵人索取代價。

出了大門之後，我照着山崎勝男的指示，向西走了兩條街，他說那街口已有一輛汽車等着我，送我到郊外安全地區去。

我到那裏後，想不到就是吉川老先生的小汽車，車裏面坐着他們父女兩人，突然間，我又落下了淚！

玲子一把拉住我，拖向後座，她父親自己開着車，沿着冷靜的街道駛去。我却和玲子擁抱在一起了。我們沒有說一句話，都流着淚。

最後，我坐了起來，玲子遞過來手巾，我替她也替自己揩乾了眼睛。

「玲子，」我鄭重地：「我愛你！」

「楊，」她泣不成聲：「啊，楊……」

白色强烈的車燈從對面照過來，我心又猛跳了一下，那車駛過去了。玲子緊緊地抓住我，怕我失去了似地，接着她憂鬱地說：

「這些時候，我們多麼着急啊，我們到處打聽你的下落，找你，父親費了好大的力量才知道你被捕後的一切，但是總沒有辦法保你出來，假如不是表哥想出了這一個主意……」她又哭了：「我們眞以爲會失去你了。」

「玲子，」我說，緊緊地抓住她的手，她的手變得更纖細了，「我們再不會分開了。我愛你！」

「你瘦了好多呢，」她撫摸着我的臉說：「他們怎樣在折磨你？他們是怎樣的在折磨你啊！」

「不要難過，」我堅强了起來，我覺得我應該像男子一點，我繼續說：「他們打擊不了我的意志，你看我不是好好地活着嗎？」

「你被捕後，你家裏所有的人都安全地離開了上海，到鄉間游擊區去了。現在父親送你到郊區，會有人來接你，不久就可以看到他們的。」

「玲子，」我感動得很厲害，我說：「這都是你父親幫的忙，第一次把父親從死裏救出來，這一次又救了我們全家……」

「不要這樣說，楊，」她堵住我的嘴，「父親愛你，我也愛你！」

「同我一起走，玲子，我會好好的愛你，大後方所有的人也會和我一樣愛你的。」

她長長地歎了一口氣，望望前面開車的父親，然後溫馴地靠在我的肩上，好像很懂事地說：

「父親不答應，他不願意我拖累你，他說我們都太年輕，你有你的事業和前途，需要去創造，我一定等你回來。父親說，這個戰爭頂多只有一年就會結束了。」

我們都太年輕，是的，我們都年輕，我廿一歲，她十八歲不到，我帶她走能給她幸福麼？我不能帶她走的。

「不要難過，」她反而安慰我說：「我們一定會再見的，我一定等你回來，你會回來找我嗎？」

我肯定地點點頭：「當然的，玲子，我永遠只愛你一個人，我一定回來！」

「你到後方去作什麼？」她問。

我作什麼？我一直就沒有這個打算，我願意留在上海工作，那是爲了我對工作有興趣，爲了我無形中愛上了玲子。被捕後，我一直沒有想到會活着出來，我根本沒有打算這以後的問題。這時候，我看看自己，我穿着一套海軍中尉的制服，臂上金線閃亮着。我突然決定了，我說：

「我要加入海軍！」

「好，」她眼中閃着光，「你會成功的，我歡喜海軍，你穿起海軍制服比表哥更神氣些。」

「表哥，」我想起山崎，「他眞偉大，我永遠不會忘記他，我一定要報答他。不過我眞耽心他……」

「父親說，也許他會受到處分，但是他會平安出來的，這樣會使他失去船上的職務，他高興那樣。他內心早就不願爲這場戰爭而死，但是他必須盡忠於天皇和他自己的職守。」

又駛過一個哨崗，哨兵看了通行證後讓車子駛過去，我發覺我們已離開市區進入江灣了。那一帶路上很靜，車子加快了速度，天還在下雨，我知道我已經逃出死亡了。

車在一間小屋旁停下來，我發現那裏也停了一輛車，對方用手電筒閃亮作記號。吉川老先生停住車，轉身望着我，高興地說：

「孩子，你脫險了，他們是游擊隊派來接你的。」他把前座的一包東西遞給我，「這裏是一套便衣，身份證和一點錢，祝你一路平安！」

「伯父！」我的眼淚又流下來了。

「堅强一點，像一個軍人的樣子！」老人用力拍拍我的肩說：「你很像一個海軍！」

…………

安全回到重慶，我立即報名考入海軍，到美國去接艦，但是從此也就和玲子失去了聯絡。勝利第三年春天，從美國回到上海，親自去找她，她的家換上了接收大員，託東京方面的朋友設法找也沒有結果。自己却在轉戰南北，從渤海、黃海一直到海南島，然後到臺灣，又第二次去美國接艦。歲月匆匆地來，又匆匆地走了。

現在，我到了東京，剩了一個渺茫的信念，然而，我不能放棄這信念和永恒對玲子的愛！

（未完）

等待

張秀亞

我等待你，
我望着戶外的昏黃
如同望着將來，
我的心震盲了我的聽，
你怎還不來，希望
在每秒鐘上允許開花，
……
希望在每秒鐘上
枯死—你在哪裏？
—徐志摩：等待

人間原是離多會稀，而幾年來，你更以自己手，在我們中間，掘了一道無橋可渡的銀河。情感被埋葬在河岸的泥土裏，誰想到它又在遺忘中吐出了蕊？這像是一個奇蹟，一開始，我就擔心它會遭到摧折。

新年前的三個月，你突然寄來了一紙短箋：

「等着我回來過年，先替我吻吻孩子們。」祇有幾句話，却使我驚喜不已。

這封信，像是一聲輕雷，更似一陣疾風，在我平靜的心湖上，掀起了波浪。前塵，舊夢，離別，重逢，太多的回憶與想像在我的心中閃過，有幾天，我竟像是病了，我分析不清楚我的感覺。每天俟孩子們到學校去以後，我獨坐窗前，擁抱住一片寂靜，默默的揣想着，思味着。秋深的日子，偏如此晴朗，陽光像碎玻璃似的閃着光，枝葉在互相愛撫低語着。我聯想起我們第一次相見的地點—山城的楊家花園，那些繽紛的花朵，又似在記憶裏吐着芳馨，我想，把我們中間的一段不愉快的日子剪去吧，我要我們的情感重新漫步於一片芳菲裏。我在荒蕪的後院洒上了花籽，有金魚草，石竹，鈴蘭……。我寫信給你說：

「我同孩子們歡迎你，以小園中的一片綠意。」

秋冬之際，竟出奇的溫暖，種下的花很快的欣然抽長起來，兩個多月後，竟綻了苞蕾。

新年一天天的來近了，我的心中充滿了希望與歡喜，這座小小的房屋，幾年來一半屬於灰塵，一半屬於陰影，如今我又重新將它裝點過了，以畫幅，以松枝，更在屋角懸起了花紙燈籠，孩子們還買來一堆細小的紅蠟燭，一切都佈置妥當後，我更不忘為你定製了一雙皮拖鞋，以後的日子，我完全在等待日曆上僅餘的幾頁，快快如秋葉一般凋落。但時光是惡作劇的，平時總是大踏步的走着，這時候，却蹣跚起來。

我想到孩子們會對你疏遠，使你歸家後感到難堪，我幾次低聲囑告他們：

「等爸爸回來過年時要對他親熱。」

他們也怪懂事的：

「人家的爸爸都已經回來了，小莪告訴我們快過年了。」

除夕這一天終於來了，我像是一直悶坐在一輛驛車裏，顛簸過崎嶇的山路，日日巴望着抵達了這一站。經過了許多風雨晨昏，才聽見趕車的時光老人把鞭子一揚：

「到了！」

耳邊單調的車輪聲停止了，我大睜開眼睛，興奮的跳下車來：一片晴明美好的陽光，過路的風在低吟着，路旁的短牆邊跳躍着綠羽的小鳥：這是我渴望到達的驛站，這是我日夜等待到來的「除夕」，伴着這日子到來的，還有你的身影，這影子使一切都有了新的意義與色彩。

你說你預計下午四點鐘可以到家的，晨起我這兒就是一陣忙亂，我突然想起了一件重要的事：—出去買了一瓶味精回來，以補救我烹調的拙劣，用紙包好，偷偷的藏放在碗櫥的一角。十二點才敲過，我便催促孩子們趕快吃飯，可以早一些把屋子整理清爽，孩子們歡喜的大口吞嚥着：

「快吃完了等爸爸。」一壁為他們擦着小手，我流下了兩滴喜極的熱淚。

我不忘換着一件銀色的衫子，我靜靜的站在大鏡子前面向着那個人影說：

「別了，過去的影子，但願今後幸福的微笑，會代替了你臉上的暗雲。」

我更坐在窗口，等光陰迅疾的流過，幾枝扶桑探首進來，它多情的陪伴着我，等待着你的足音。我的目光一直擬定在腕錶上，後來索性把它摘了下來，緊緊的捏在手裏，無情的時針呵，我心靈的時針早已指到四點上了，但是你却這麼慵懶，踟躕不前！我索性不去看它，轉望窗外的日影，再度使自己沉酣在初婚時回憶裏，我似乎又看見我們住居過的山村旅店，門前為一片翠竹掩蔽着，透過來清越的溪水聲。我記得那天是炎熱的，我也凭立在窗口，你着了一件敞領的衫子向我揮手，你的眼睛也在向我笑。

「等我，一會兒就趕場回來！」不久，你拭着汗珠匆匆的趕了回來，提着一籃新鮮的菓子：

「來呀，順便把釣竿帶來！」

我們相偎着在藍色的清亮溪邊坐了下來，洗淨了那些新熟的菓子……，耳邊又似聽到了你那爽朗的笑……。我忍不住再去看那只錶，呵，兩點半鐘了，再有一點半鐘，便是我生命宣判的時辰，……時間越逼近了，我的歡欣中却滲入更多的憂懼，……你來了，一切將呈現出天堂的景色，你不來……，我真不敢想像下去了，以前，悲苦的生活有如深淵，最近，希望却使我浮升起來，如果再跌下去，那會再跌落到什麼地方？深淵的下面將是何地？我閉上眼睛，我抑制自己再想下去……我又躭心有什麼意外，發生在這千里的旅途上，我不禁低聲的為你禱祝，淚水滴落在我圍着的手掌上……我再度拿起了錶，呵，快了，只差半點鐘了，我站起身來，掠掠頭髮，窗外，巷中，每一個聲音都會使我心跳……什麼時候陽光已收回去了，織起疏疏的雨……，這陰晴不定的天氣又是怎樣的苦惱了我呵，我似乎看到了你那矯健的身影，走下火車，…如果你忘記了帶雨衣，我似乎看到點點透明的雨珠，自你那濃黑的髮上滴落到寬廣的額頭…，呵，你會叫一輛車子的，叫車夫支起車蓬…車鈴在響了，向我奔馳而來…。呵，外面，確是車鈴在響了，我驚跳了起來，一躍出戶。門口，是一個綠衣的送電報的人，…我的心變得那麼重甸甸的了，它沉落下去了，迅速的沉落，沉落，沉到了深淵的下面，不可知的地方去了…。我倚着門檻，感到一陣顫慄，我的手已無力打開那電報的封套，並且，我又何必讀它呢，此時，此地，一紙電報，…我已猜出它的內容了。

「請你蓋個圖章！」送電報人溫和的微笑着說，他好似企圖慰安我的傷心，我迷茫的走進了屋子，迷茫的抓到了那顆圖章…送電報的人推着單車走了，一封電報留在我的手中，呵，萌生的希望，復甦的愛情，和解，重逢…這一切都破碎在這張紙上，以前，我內心的痴愚是很大的，如今彷彿清醒了過來，發現我仍然站立在一片廢墟裏。孩子們聽到了送報人出去的掩門聲，歡呼着自後院中跳躍而來：

「爸爸回來了沒有？」

「去吧，玩去！」我瘋狂了似的大聲呵斥着他們，可憐的孩子們又悄悄的蹓走了，我隱約聽見妮妮柔聲的囑告她的小哥哥：

「不要把新衣服弄髒了，爸爸回來看了不喜歡！」

那稚弱的小聲音刺痛了我的神經。

我此刻才定了定神，打開了那封電報：「因故留此，不克返家度歲。」這是我早就猜想出來的句子！因故，因故，倒底是因為什麼緣故呢？什麼事又羈絆住了你呢？又是那中途隔開了我們那個女人的手，扯住了你的衣袖？

雨落得更綿密了，我癡癡的站立在床邊，適間放在枕邊的錶，指針如今加速的奔馳起來了，它已斜在五點上了，我拿它起來，索性把它摔得遠遠的，呵，隨便是什麼時刻吧，天上的星辰日月即使都掉落下來，對我又有什麼相干呢？四點鐘，那代表幸福與歡笑的時辰，已在憂苦中飛逝了。你不來了，不來了，我的命運判決書已拿到手中了，希望如仲夏夜的露水閃，瞬間便消失無踪！我能說不恨你麼？多少年來，我已慣於在風雨中獨自奔馳，我企圖自己能達到「無愛無憎」的境界，但當我平靜的，如一顆衞星走着不變的行程時，你却打開了門，向我呼招：「進來！」當我趦趄欲前時，你又關起了門說：「出去！」我立定了，我再走，才意識到風雨是如此狂驟，生活眞如一個作家所說，是「充滿了虹的遊戲」麼？

天色這麼晚了，我走到後院的籬邊，我愛撫着那悄悄開放了的天眞花朵，淚，灑在上面，我好久以來不曾哭過了！我咀咒你，但是，我想還是寬恕了你，再一度我扶持起了風雨中傾斜的希望花枝，回到房中，我提筆覆你一行：

「電報閱悉，為之悵然。往者已矣，期諸來年！」

(上接第20頁)

的天才才能達到的程度。讓我希望世界有一天能逃出它今天的苦難，希望世界有一天能學到不再把它的事務交給一羣江湖術士去管理，反之要交給一些勇敢而有智慧的人去管理。當我作這樣希望時，我面前便呈現出一片光明的景象：這是一個沒有饑餓的世界，在這世界裏，壞人很少，工作都很快樂，又不過份。這世界普遍充滿着仁愛的感情，人的心能逃出恐懼的威脅，又能創造耳目以及心靈的快樂。不要說這是不可能的。這確是可能的，我並未說這在明天就能辦到。但我說這在一千年以內就能辦到，只要人們專心致志尋求那些專屬於人的幸福。我說要尋求專屬於人的幸福，這是因為豬的幸福根本就不能為人享受。伊壁鳩魯的敵人曾攻擊他說，他只是在追求豬的幸福。其實這是說不通的。當你努力使你以豬的幸福為滿足時，你還有許多其他潛能便受到壓抑而使你變得悲慘可憐。要使一個人有快樂，惟有讓他有神性的那些潛能盡其量地得到發展。但這樣的人，在今天也還不能得到純粹而無痛苦攙雜的快樂。因為今天還有許多其他人遭受痛苦的景象擺在他面前，他看了不免要發同情心，內心也就不免感到難過。但在一個社會裏，像這樣的痛苦根源一旦消除了，人們就能享有更完全的快樂，而且在那些快樂中還充滿着更多的想象，知識與同情，這會比今天被處罰來生活在我們悽慘時代的人所可能有的幸福是勝過多了。

是否這一切希望全成為空談而無結果呢？我們是否還要繼續把我們的事務付託給一些沒有同情心，沒有知識，沒有想象力的人去管理呢？老實說，這些人是毫無足道的，除了他們有計劃有層次的仇恨，以及他們罵人的技術。(我在此並無意對所有的政治家加以控訴。我的話只適用於那些支配着蘇俄命運的人及一些在其他國家中握有影響力的人。)當奧賽羅(Othello)起心殺苔斯得麥那(Desdemona)時，他嘴裏還喊着「可惜呀！埃哥，可惜呀！」但我懷疑馬倫可夫及他的政敵們，當他們做着消滅人類的準備工作時，他們是否在自己性格中還保留有足够的憐憫心，能使他們喊出那憐惜的喊叫。我甚至懷疑，他們正在準備的工作究竟是怎樣的性質，他們還不曉得呢？我以為，他們從沒有片刻曾把人想成一個具有各種可能性的動物，更不會想到這些可能性可以得到實現也可以受到阻礙。他們的心無時無刻不在注意片時的權謀，注意如何去從事為了獲得短暫狹窄的權力鬬爭。他們那裏還能分出心考慮其他。然而在每一個國家中，總還有些超拔的人能到達較寬的眼界。人類的友人們唯有求助於具有這樣能力的人(不管屬於那個國家。)才有希望。人類的前途吉凶未卜，但如果有足够人知道了這個危機，人類前途就已得到了保證。那些願意領導世界走出今日苦難的人們將需要勇敢，希望和愛世人的心。他們是否會得勢，我不知道。但不管一切理由，我是不可抑制地深信他們將會得勢。

譯自 Bertrand Russell: Human Society in Ethics and Politics

風箏

陳梅隱

風箏，應該是一個幸運者，自己沒有具備適存的生命，本身也沒有騰躍的機能，其整體骸骨，祇是幾條纖細的竹枝和幾幅塗有色彩的薄紙，然而它可以趁氣勢之便，翺翔在爽朗的晴空，傲視一切，它沒有受貿地寒微的影響，不經羽化居然駕霧騰雲，說起來並不算稀奇，它只是在這茫茫穹蒼中，選準了風色，辨明了方向，讓自己投入滾滾洪流，於是在這錯綜激盪的環境，載沉載浮，造就了它平步霄漢，扶搖直上的命運。

看起來，它用着高遠而尊崇的姿態，漫步宇宙間，清風白雲，享盡了悠閒與逸緻，應該說得上無罣無礙，快樂逍遙。可是當你了解它的由來和根基的時候，它的起跌沉浮，竟完全繫於一條繩索的牽引，更令你驚異的，這條繩索，有時竟操縱在一個稚小的兒童手中。

它開始上竄時，人爲的低潮與週圍的動盪，確曾要它用過大的氣力來掙扎，這一段過程中，搖擺飄浮，有着極不安定的遭遇，這種緊要關頭，在別人看來，被視爲拘束的繩索，往往因其提携牽引，發揮了很大的扶持和幫助的效能，在這條線的拉扯之下，阻力愈大，往往反而使它躍進得愈遠，上昇得愈快，到了一定的高度，它似乎已像掙脫了一種亂雜的圈子，擺掉了一些無名的罣掛，顯得輕鬆和諧，雍容鎮定，這時候，縛在它身上的線索，鬆弛得幾乎沒有作用了，但是，這並不是說它已得到了獨立與自由，雖然這條線是握在一個三五歲的孩童手內，却依然可以控制它的生命和行動。在高高的天空中，在純潔的雲彩下，看上去是多麼自由自在的神情，也一樣存在着俯仰由人的悲怨啊！

有時候，它可能驀地由半空中摔下地來，落了個支離破碎，面目全非，線路並不能保證這場合下的安全，這等災禍的來由，不是頭重脚輕，即是尾大不掉，可見自己沒能保持平衡與合作，本身失去了健全的條件，一樣可以在如意算盤下弄成了悲慘結局。

我們不要以爲它上接雲天，就可以了無煩惱，事實上許多出類拔萃，令人艷羨的際會，先天就注定了無可彌補的缺憾和悲哀。那冉冉的長空，燦爛的光彩，拔俗超塵的氣派，反應在一個一步登天的感覺上，該是何等暢適的心情？但是風箏由於脫不了漫長的羈絆，加上那用竹紙拼湊的形骸，既沒有上下翻飛的自由，又缺少自娛自賞的靈性，一旦出人頭地，白日超昇，眼前有六合八方的奇景，河海山岳的瑰麗，縱身在變幻無窮的雲海中，望着成羣的燕雀翺翔飛舞，何嘗不也想參與行列，享用大自然的靈秀？又何嘗甘心過這種起落由人的生活？更何嘗甘心充乳臭孩童手中的玩物？這一連串的苦惱，它愈是高遷就愈見深重，我們想見它那搖曳多姿的情景，骨子內正充滿了無邊的悵惘和悔恨！

可是話說轉來，一個斷了繩子的風箏，在半空中跌跌蹌蹌，隨風飄落，山崖水澗，都可能是長眠之地。自己沒有振翼雄飛的本領，也休想做有聲有色的迷夢，這就是當前還有形形色色風箏，在天空中自誇自讚的原因。

×　×　×

徵稿簡則

一、本刊歡迎：

(1) 凡能給人以早日光復大陸的希望，和鼓勵人反共抗俄的文章。

(2) 介紹鐵幕後各國和中國鐵幕區極權專制的殘酷事實之通訊和特寫。

(3) 介紹世界各國反共的言論、書籍與事實的文字。

(4) 研究打擊極權主義有效對策的文章。

(5) 提出擊敗共黨後，建立政治民主、經濟平等的理想社會輪廓之文章。

(6) 其他反極權的論文、純文藝的小說、雋永小品、漫畫、木刻、照片等。

二、翻譯稿件務請寄附原文。

三、投稿字數，每篇請勿超過四千字。

四、來稿請用稿紙繕寫清楚，並加標點。

五、凡附足郵票的稿件，不刊載即退回。

六、稿件發表後，每千字致稿酬新臺幣四十元至五十元。

七、來稿本刊有刪改權，若不願受此限制，請先說明。

八、惠稿一經登載，版權便爲本刊所有，非經同意，不得轉載。

九、來稿請寄臺北市和平東路二段十八巷一號本社編輯部。

讀者投書

(一) 當局對付批評的新作風

陶百川

「自由中國」編輯委員會諸先生：

貴刊第十二卷第二期登有北一女中高中學生張瑚玉女士的『有感於「搶救教育危機」』的投書，對貴刊所載余燕人先生等三位的投書痛加批評。幾乎同時出版的『中國一周』第二四七期的社論『論政黨的紀律』，也對貴刊『國民黨立委齊世英被開除了黨籍嗎？』和編者的答覆，有所駁議。

對於任何一種主張或看法，讀者的意見當然不能盡同。把那些不同的意見發表出來，自由討論，可使事實因愈辯而愈明，眞理因愈論而愈顯，錯誤可藉以糾正，誤會可因此消失；做學問應該如此，談政治更應該這樣。然而這種現象，祇有在民主自由的天地中才能發生，可是仍須繼續不斷地培養，方能發榮滋長。貴刊這次發表張女士的投書，可以促進自由討論的風氣，而『中國一周』那篇社論，對於自由討論的風氣，可能更成爲一種很大的鼓勵。我們期待這種自由討論風氣的長成和發揚；因爲臺灣雖是民主自由的天地，但這種自由討論的風氣却還待朝野人士來培養！

我不知道張瑚玉女士寫那篇投書的經過，但我知道『中國一周』的那篇社論是秉承中央黨部一個小組委員會的決議所寫的。據說那個小組對貴刊關於齊世英委員那篇投書曾加討論，決定要『中國一周』加以駁議，並推定出席委員二人提示意見，供給資料，而由該刊編者執筆。以此例彼，張女士那篇投書，也許不是她一個人的意見，不知我可否大膽地『假定』它也是出於黨部或救國團團部的決定；我至少希望它如此，因爲這樣才有重大的政治意義。

執政當局對付一篇批評的文章，本來有着很多的方法。例如：第一，他可以置之不理。第二、他可以把那個作者臭罵一頓以洩憤。第三、他可以用秦始皇張宗昌的手段焚書坑儒。第四、他可以交有關人員就批評各項加以檢討；有則改之，並把改進情形寫出來，送請原出版物予以披露；原作如有誤解或曲解，也應一一指出，加以答辯，並要求原出版物更正，必要時並得送請主管機關依法處罰。

以上四種方法和態度，祇有第四種是適當的，因爲它不獨合理，合法，而且有效。秦始皇張宗昌的往事，足够使人驚惕，現代政治家當然不致再蹈覆轍。臭罵一頓以洩憤，雖是人情之常，可以曲諒，然究不足爲訓。至於置之不理，較之第二種第三種，雖可化戾氣爲祥和，然與第四種相較，究屬彼勝於此。我一直期待執政當局能以第四種爲法。

這次張女士的投書和『中國一周』那篇社論，其寫述經過，如果像我所聽到的和所推測的，則我願對中央黨部這種新作風，加以公開的讚揚。因爲像貴刊這樣熱心反共，赤誠爲國，應該得到當局的愛護；即或偶有錯誤，當局也儘可加以指正和辯駁，讀者必不致將錯就錯，爲所矇蔽。這次張女士的投書和『中國一周』那篇社論所代表的新作風，才是我們有深厚的文化背景和博大的寬容精神的國民黨的傳統！

聽說最近有人在蔣總統面前指摘『自由人』，說它對臺灣多所批評；言外之意，希望總統懲它一下。但是總統却說：「它的批評究竟對不對，應該檢討一下。」

從『懲它一下』一變而爲『檢討一下』，這是耶穌精神的表現，也許是這次對付批評者的新作風的由來。耶穌說：『謙虛的人是有福的。因爲他可享有整個的地球。……寬容的人是有福的，因爲他可獲得他人對他的寬容』。帶着謙虛和寬容精神的新作風的臺灣是有福的，因爲他可獲得他人的寬容而享有整個地球對它的尊敬。阿門！

陶百川敬上一月二十六日

(二) 從一個機關的名稱說起

——軍眷管理處——

翁澤生

有一天，我到一位朋友那裏去，朋友不在，他的母親拿着一張聯合勤務總司令部「軍眷管理處」的通知，問我有什麼事。我看到這份通知，觸目驚心，所觸的不是別的，而是「軍眷管理處」這個名詞。

在東方的政治傳統中，總以爲官役是管人的。但是，在西方的政治傳統中，官役則是管理人民事務的。孫中山先生在四十年前曾對中國的政治傳統加以糾正，他說：「政是衆人之事，治是管理，管理衆人之事，是謂政治。」然而，四十年後的今天，東方那種陳腐的政治傳統，却仍到處表露在一舉一動中。

我們「從軍眷管理處」這個名詞可以聯想到許多，顧名思義，「軍眷管理處」是「管理」軍眷的，而不是替軍眷辦事的，既然是管理軍眷，管理軍眷的人，就可能覺得自己高高在上，有無上權威。「我」是管理你們的，一切聽我的，服從我！「我」！「我」！「我」！……

在民主的世紀中，「管」人的觀念早應該打入「冷宮」，現在政府機構的基本功用（Functions）是服務，奉人民之命替人民做事，而不是管人民。從一個名詞往往可以看出政治上的根本意識，我們提議把這種政治的殘渣觀念擲到毛廁中去，讓它永不見天日！

「軍眷管理處」爲何不可改成「軍眷服務處」或「軍眷事務管理處」呢!?

第十二卷　第三期　內政部雜誌登記證內警臺誌字第三八一號　臺灣省雜誌事業協會會員　一一〇

給讀者的報告

中共政權最近在大陸上又大舉清算「胡適思想」了。這已是第二次對胡適思想的清算。中共政權之所以如此嫉忌胡適思想，正足以證明其深入人心，而與共黨思想之不能相容。自五四運動以來，代表民主自由的胡適思想，一直是知識份子思想的主流。民主自由的思想乃共黨極權思想的死敵，其遭共黨嫉忌乃屬自然之理。中共這次對胡適思想的清算是從紅學的批判引起，且特別着重批判胡適的實用主義。這其間到是頗有「奧秘」的。在本期社論(一)裏，我們特就思想的立場一一予以道破。「中共批判胡適的實用主義，只是掩蔽其襲取他人學說以及其表裏不符的弱點，俾免暴露，而維護其唯一眞理化身的地位，以鞏固其政權罷了。」

這次一江山之役，我七百餘游擊健兒於英勇奮戰之後，俱已壯烈成仁。消息傳來，全國軍民無不同聲哀悼。在浙海前線戰訊緊張聲中，美衆院已通過總統咨文，授權協防臺澎。這是差可令人告慰的。但另一方面，兩個中國之謬說，又復時有所聞。局勢的發展，對我們可謂利害俱見。就軍事態勢觀之，臺灣安全有若湯池，而反攻之期，端視吾人主觀之努力。在本期社論(二)裏，我們分析當前此種局勢，闡述吾人的觀感，並提出政治反攻的期望，俾增强我們反共的力量，提高我們在國際間的地位。

羅鴻詔先生的「科學與道德」一文，是作者讀杜威教授所著「自由與文化」一書之後的感想。羅先生在本文中就科學與道德的關係，加以討論。這問題實是我們思想界應予正視的大問題。杜威教授認為民主自由的威脅不在極權主義之存在，而在我們自己的態度與制度之中。因而提出理智和道德合一之說。羅先生除同意此一見解以外，並有進一步的發揮。最後更對中國社會知德合一的工作，提出幾點意見。

「如何建立民主制度」是我們政治上的當務之急，也是我們撥亂求治的根本之圖。龍一謌先生在其大文中，指出我們的障碍和困難之所在。我們應該首先從各方面廓清這些障碍，為建立民主制度做好鋪路的工作。

「悉聽尊便」一文是介紹美軍中的民主生活。思想自由是民主國家人民的基本權利，卽使對一個軍人，這種自由也能充分的享有。在極權國家中，軍隊是黨的工具，故有黨軍之稱。因此軍人必須接受所謂「馬列主義」「毛澤東思想」等思想的訓練。可是在美國軍隊裏，軍人要讀什麼書，說什麼話，一概「悉聽尊便」，沒有任何禁令。然則在學步民主的國家，這方面又將何如呢？

本期劉世超先生的譯文，譯自羅素教授的近著Human Society in Ethics and Politics一書之最後一章。這本書探討政治與道德的問題，實是思想界晚近的巨著。書中文字，處處流露出超絕的智慧，並鼓舞世人對人類前途的信心。

自由中國　半月刊　第十二卷 第三期　總第一二六號

中華民國四十四年二月一日出版

發行人兼主編：「自由中國」編輯委員會

出版者：自由中國社

社址：臺北市和平東路二段十八巷一號

電話：二八五七〇

航空版

香港辦事處：友聯書報發行公司 Union Press Circulation Company, No. 26-A, Des Voeux Rd. C., 1st Fl. Hong Kong

菲律賓辦事處：馬尼剌怡干洛街五〇二號 3rd Floor, 502 Elcano St. Manila, Philippines

總經銷：

臺灣　自由中國社發行部

美國　中國書報發行所　國民日報社　Chinese Daily Post 809 Sacremento St., San Francisco, Calif. U.S.A.

加拿大　醒華日報 Shing Wah Daily News 12 Hagerman St., Toronto, Canada

經售者：

日本　東京僑豐企業公司

韓國　漢城裕昌號

馬尼剌　大中華日報社

印尼　新疆書店　耶嘉達天聲日報

越南　堤岸新中華報　西貢[illegible]原文化印刷公司

緬甸　仰光振成書報店

印度　加爾各答培梅學校

澳洲　雪梨瑞田公司

北婆羅洲　西利亞埠青年書店

新加坡　檳榔嶼、吉打[illegible]均有出售

印刷者：精華印書館

廠址：臺北市長沙街二段六〇號

電話：二三四二九

中華郵政臺字第五九七號執照登記為第一類新聞紙類　臺灣郵政劃撥儲金帳戶第八一三九號　（每份臺幣四元，美金三角）

FREE CHINA

第十二卷 第四期

要目

中華民國四十四年二月十六日出版

社址：臺北市和平東路二段十八巷一號

半月大事記

一月二十日（星期四）

蔣廷黻演說斥停火建議，謂我拯救大陸同胞，不受任何約束。

美國務卿杜勒斯促參院領袖及早批准中美共同防禦條約。

一月廿一日（星期五）

一江山守軍七百廿人，浴血奮戰三日後，全部壯烈成仁。

美參議員諾蘭指中共攻擊一江山，目的在對美探試。

中共再提詭計，允許美俘眷屬前往探監。

一月廿二日（星期六）

美太平洋艦隊司令史敦普表示，臺灣如遭攻擊，美第七艦隊及空軍能予防禦。

美航空母艦特種艦隊駛來臺灣海峽。

俞院長表示，我政府堅決反對所謂停火建議。

美參院外委會通過東南亞集體防禦條約。

美國務院指責中共允美俘家屬探監一事，純係宣傳詭計。

一月廿三日（星期日）

省垣各界慶祝自由日。

一月廿四日（星期一）

美總統要求國會授權，使用美國武器部隊，確保臺澎安全。

蒲賴德表示，第七艦隊力能應付任何突發情勢。

日皇頒發詔書，解散衆院，定二月廿七日總選。

印尼政府非法驅逐我僑領朱昌東。

一月廿五日（星期二）

美衆議院以絕對多數通過授權案。

英首相邱吉爾在下院拒絕一項使他與蘇俄總理會晤的建議。

蘇俄宣佈結束對德作戰狀態，企圖阻撓巴黎協定之批准。

一月廿六日（星期三）

美參院外交與軍事兩委會以廿六票對二票通過授權案。

美國防部長威爾森在衆院報告，秘密防禦武器方案已優先付諸實施。

西德政府發表聲明，除非德國統一，決不與俄恢復關係。

國際社消息：美第七艦隊已完成作戰部署，且可使用原子武器。

一月廿七日（星期四）

美遠東空軍總部宣佈，美第十八航空隊移駐臺灣。

諾蘭表示：使用美軍協防臺灣，不會導致戰爭。

一月廿八日（星期五）

美海軍部長陶邁斯向國會保證，美海軍在臺灣海峽力足應付任何海戰。

杜勒斯函知被中共監禁的美俘家屬，謂不能允許彼等前往共區探監。

一月廿九日（星期六）

美參院以八十五票對三票通過授權案。艾森豪於正式簽署後，發表談話稱：美決協助勇敢盟國，抵抗共黨武裝侵略。

諾蘭表示，反對邀中共討論停火問題。

一月三十日（星期日）

美太平洋艦隊總司令史敦普由珍珠港專機飛臺，與蔣總統舉行會談。史氏表示金門、馬祖對自由中國防務至關重要。

美國務院宣佈，美駐遠東各國使節將於下月在菲舉行會議，討論遠東一般問題。

一月卅一日（星期一）

美助理國務卿勞勃森闡述美協防臺灣政策，謂中共如犯臺澎，將啓嚴重戰爭之危機。

聯合國安理會以九票對一票通過紐西蘭所提之所謂「停火案」。並否決蘇俄排斥我代表之荒謬建議。

我代表蔣廷黻發表演說，指安理會通過紐西蘭建議乃政治之愚昧。

二月一日（星期二）

蔣總統答美記者詢問稱，光復大陸乃我天賦權利。

美航空母艦中途號自星島急駛中國海，加入第七艦隊應付緊張局勢。

我代表蔣廷黻在安理會演說，斥俄對華侵略，謂沿海戰事是共黨侵略之延續。

美陸軍參謀長李奇威公開表示，反對削減陸軍計劃。

美國外業務署長史塔生表示，美政府正擬增強對東南亞地區的經濟與技術援助，以阻止共黨擴張。

美參院以八十二票對一票通過東南亞防禦條約

二月二日（星期三）

臺省各縣市第二期常備兵應徵入營。

艾森豪表示，美協防臺灣行動，在防止戰爭發生。

二月三日（星期四）

美遠東空軍司令柏楚琪來臺訪問。

菲總統麥格塞塞表示歡迎美總統所作協防臺灣之決定，謂足以遏止共黨侵略。

周匪恩來覆電聯合國，拒絕參加停火討論之邀請。

二月四日（星期五）

柏楚琪結束訪問，離臺赴日。行前表示，美遠東區空軍可以隨時調度，以應協防臺灣之需要。

英聯邦國家正企圖在聯合國外謀商停火問題。

日內閣會議授權外相重光安排與俄談判恢復關係。

二月五日（星期六）

共黨米格機八架，在韓國與中國大陸間之公海上，射擊美機，被美軍刀機還擊，打落兩架。

洛奇晤艾森豪，商討「停火」之次一步驟。美官方曾通知英印各國，反對在聯合國外談判「停火」問題。

法衆院以三一九票對二七三票，因北非政策，通過對法朗士內閣之不信任案。

二月六日（星期日）

我政府聲明，爲適應反共抗俄新形勢，將大陳守軍移轉使用。美政府聲明協助我撤離大陳軍民。

澳內長休茲夫婦來華作一周之訪問。

美遠東空軍奉令於遭遇攻擊時，可隨時採自衛行動。

我代表蔣廷黻斥「停火」及「兩個中國」之謬說，促自由世界勿再向共黨退却。

『自由中國』的宗旨

第一、我們要向全國國民宣傳自由與民主的真實價值，並且要督促政府（各級的政府），切實改革政治經濟，努力建立自由民主的社會。

第二、我們要支持並督促政府用種種力量抵抗共產黨鐵幕之下剝奪一切自由的極權政治，不讓他擴張他的勢力範圍。

第三、我們要盡我們的努力，援助淪陷區域的同胞，幫助他們早日恢復自由。

第四、我們的最後目標是要使整個中華民國成為自由的中國。

社論

(一) 斥所謂「停火」與「兩個中國」之謬說

當臺灣海峽局勢轉緊的今日，國際姑息主義的氣氛又復重新抬頭，所謂「停火」與「兩個中國」之謬說，一時甚囂塵上。倡議此說並從而爲之奔營者主要是英聯邦各國。他們主張自由中國放棄若干外圍島嶼，成立一個一百英里的海面緩衝地帶。並由美國勸止自由中國對大陸反攻，同時由英國勸止中共進攻臺澎。從此推演，則中共將來之能獲准進入聯合國，也就自然不在話下。他們提出此等荒謬的主張，雖振振以和平爲詞，實則絲毫不能掩飾其短見與自私的幻想。他們不惜犧牲正義的原則，但求一己暫時之苟安。韓國的停戰，越南的分割，以至今日「兩個中國」之謬說，無非都是權術外交傳統之延續。我代表蔣廷黻曾斥之爲道義的錯誤與政治的愚昧。誠一針見血之論。當今世界命運正繫於吾人勇敢與知慧之抉擇，而西方國家政治領袖之懦怯愚昧，有若是者。瞻望前途，能不令人憂懼！

緣此次停火建議首由紐西蘭在聯合國安全理事會提出。這是民主國家自取其辱的先聲。由此蘇俄也就乘機搗亂一番，從而提出所謂反建議案，譴責美國「侵略臺灣，干涉中國內政。」及至上月卅一日，安理會竟自毀長城，通過紐西蘭的建議，邀請中共參加討論。那些姑息主義者正沾沾得計，引領佇候中共之「光臨」，乃失望地遭到了匪黨悍然的拒絕。共黨方面之所以出此，顯係別有居心。然在聯合國則是種瓜得瓜，宜其自取羞辱。這場醜劇，照說大可以到此收場。乃自私短見之徒，酣夢未覺，寧願再投羅網，正設計在聯合國以外，舉行一個日內瓦式的會議，再做一次秘密外交的黑市買賣。因此在最近的半月之間，聯合國實已威信掃地，道德力量蕩然無存。而停火之國際陰謀正不知演至如何結局？現在蘇俄內部的火併又告爆發，布加寧與赫魯雪夫輩得勢之後，其對外政策之更趨積極，殆可預見。然而姑息主義者是否能及時覺醒？則屬難予逆料。

此時此際，我們不能不警告世人，對共黨侵略者勿再存僥倖姑息之幻想。我們以自由中國人民的立場，堅決反對在聯合國內外，與中共討論所謂停火問題。在聯合國以外，從事慕尼黑式的秘密談判，固爲國際道義所不許；即在聯合國內與中共討論停火，亦我們所誓死反對。蓋停火談判必須在兩個平等的敵對體交戰的情形下才能構成。如衆周知，今天的中共只是國際共黨卵翼下的一個暴力集團，是蘇俄侵略中國的一隻鷹犬。它曾經以武裝叛亂的手段試圖顛覆一個合法的政府；非法取得對大陸的控制，並屠殺了千萬無辜的人民。這個出賣祖國的暴力集團是我全國人民的公敵，其不能視爲平等交戰的雙方，乃屬顯然之理。何況，中共曾經出兵侵略韓國，公然與聯合國作戰，正式經聯合國決議斥爲侵略者，而是項決議迄今仍未撤消。聯合國對於她所認定的侵略者，理應只有出之以聲討之一途，何能將它邀來共同討論問題？聯合國是何等神聖的場所，豈可容侵略者混跡其間？過去韓國談判時，武修權在聯合國的表演，世人應未健忘。一已爲甚，豈容再犯？所以，安理會從頭就不應考慮紐西蘭的這項荒謬的建議。等到通過該案，而遭中共拒絕，那已是一錯再錯了。西方政客何如此愚昧而罔顧聯合國的威信，實是不容寬恕的。

其次我們要指出：聯合國在此事件上所犯的道義錯誤，還不僅此。聯合國顯然無視中共政權的眞實性質。中共政權像所有共黨國家的政府一樣，是絕對蔑視人權、摧殘人權的奴役統治。世界人權宣言中所誓言維護的人類基本權利與自由，在中共統治下的大陸，俱被剝奪殆盡。今天中共在中國大陸上正進行着不斷的清算與屠殺。整個大陸實際不過是一個大規模的集中營而已，四億五千萬人民都已淪爲中共的奴工。保障人權原是聯合國的崇高理想。爲實現此一理想，過去國際法所遵循的不干涉內政的原則，已經須要修正。前此，聯合國在韓戰中，曾以重大的代價，貫徹自由遣俘的原則。這是聯合國在保障人權工作中一項輝煌的成就。現在對於中國大陸人民之淪入奴役，聯合國不能在事實上給予援救，亦當予以精神上的同情。這次安理會的決議，無疑承認中共奴役的事實，而停火的意義亦直等於勾消大陸中國的人民。此不僅使聯合國喪失了四億五千萬嚮往的人心，抑且否定了它本身所賴以存在的正義原則。聯合國的前身國際聯盟，原也是世界各國企以保障和平的組織，但因爲它縱容日本對中國的侵略，背棄了最初的理想，使從此名存實亡，而人類因以終亦不免於第二次大戰的浩劫。難道今天我們還要忍令歷史重演嗎？

中國人民深切了解自由與奴役鬥爭的眞實意義，重視聯合國機構在此一鬥爭中的作用，由是而希望所有民主國家都能愛護此一世界組織。因此我們不能不更對美政府寄以深切的責望。美國是自由世界的領袖國家，必須堅持理想與原則，才能戰勝共產極權的挑戰。美國對國際問題的處理，總極力透過聯合國以增高其地位。這個政策是我們所衷心支持的。但是美國又常常遷就權術外交，因而剝弱了聯合國的威信，則又殊足惋惜。以這次停火建議而言，美國的態度是頗令人失望的。美國一方面與中國簽訂共同防禦條約，並通過授權咨文；一方面又同意停火談判。其矛盾的立場想美國人亦必不解。恕我們在此率直指出，這完全是由於「軍事基地」的觀念在作祟的緣故。這個觀念，美國政府實應從速糾正。如果美國僅視其忠實的盟友爲保衛美國安全的軍事基地，則我們十分懷疑她能夠贏得與共黨的鬥爭。美國應該正視自由中國政治的與道義的潛力，珍重一切鐵幕下嚮往自由的人心。吾人須知：保證戰爭勝利的不僅是軍事的力量，更重要的是道義的力量。因此，我們願再促姑息主義者之從速覺醒；更殷望美國眞正實行她所揭櫫的解放政策，以堅定的態度負起領導民主國家的責任。

社論

(二) 有容乃大・無慾則剛

「卽令全人類只有一個人除外，大家的意見是一致的，人類也沒有理由可以禁止這一個人發表其反對的意見，正同這一個人沒有理由(卽令他有權力)可以禁止全人類(除他自己)發表意見一樣。」這是約翰穆勒 (John S. Mill) 在其「論自由」(On Liberty) 一書中的精闢語 (見該書第二章)。在這以前，倍因 (Thomas Paine) 在其「人權」(Rights of Man) 一書中也說到：「政府可以有權處罰某些行爲，但在任何情形之下，它無權處罰意見。喜歡持有怎樣的意見就持有怎樣的意見，這是人的自然權利；政府的權力是從這裏產生出來的，所以政府不能以其權力來剝奪人的自然權利。」儘管「自然權利」之說是十八世紀的論調，但到了現在二十世紀，卽傾向社會主義的費邊社社員柯爾 (G. D. H. Cole) 還要承認倍因這段話的主旨是永久不朽的 (見柯爾一九三七年爲「人權」所寫的緒論)。

這就是民主國家之所以要尊重言論自由，也卽是我們之所以要爲言論自由而奮鬬的道理。

再就言論自由的功用來講，言論自由是形成輿論的要件。輿論的積極作用是政治的維它命，消極作用是政治防腐劑。

這就是勵精圖治的政府之所以要尊重輿論，也卽是我們要爲形成健全輿論而努力的道理。

近來本刊先後登載了幾篇讀者批評時政的投書，引起若干言論上的反應。其中只有「中國一週」的兩篇社論是明白寫出對本刊論難的。其所論難的各點，是否中的，讀者可找出本刊與之對照，更進而判定誰是誰非，我們不擬再加申論。我們在這裏要指出的，卽「中國一週」所持的論點雖爲我們所不同意，但其言論態度爲我們主張言論自由的人所尊重的。至於其他的反應，其意在罵本刊，而又不指明本刊，其態度已經不够光明，而且所用詞句，極盡誣蔑枉陷之能事，硬想套上匪諜的罪名而後甘心。這種不負責任、妄肆誣蔑、濫加罪名的言論，正是言論自由的濫用。濫用言論自由的，不是我們主張言論自由的人，而是要限制言論自由的人！

但是，限制言論自由的主張，也有人不加深思地表示贊成。贊成的人，大都是受了下列兩個說法的影響。第一個說法：現在是戡亂時期，由於批評政府，以致損及政府的威望，這就等於幫助共匪來打擊自己的政府。於是，就有了第二個說法：批評政府是可以的，但要限於技術方面，不能涉及原則方面。

這兩個說法頗流行，聽者如不深加思索，也很容易接受。如果我們想想，就可知所謂「由於批評政府以致損及政府威信」這句話，其本身就有問題。因爲政府是由「人」組成的。「人」是易犯錯誤的動物，由人組成的政府，當然難免有錯誤處。政府偶爾做了錯事，並不太損政府的威望；輿論對於政府錯處的批評，也不卽是政府威望的損失。只有政府做了錯事既經輿論批評而又不改革，甚或箝制輿論、壓迫輿論以圖掩蓋，這才是政府威望的損失，這一種損失，其責任是在政府本身。相反地，如果政府能接受輿論的批評，改正錯誤，則政府的威望反可增高，決不會由於批評而有所損。至於批評與事實不符，那更簡單。「事實勝於雄辯」，政府拿出事實來給大家看，受損的不是政府，而是妄肆批評的那個刊物。由此可知所謂「由於批評政府以致政府損失威望」云云，是不能成立的；因而由這句話推演下去的另一句話——「等於爲共匪幫忙來打擊自己的政府」，也就不攻自破了。

第二個說法，批評要限於技術方面，不要涉及原則方面，這句話也有問題。那些是技術方面，那些是原則方面，說這話的人，他自己也沒有一個確切的界說。就我們的理解，中華民國是一個民主憲政國家。民主，是一切政治措施的最高原則；憲法，是一切法令的最高準繩。如果我們的政府在一切施政方面，從不違背民主原則，在一切法令方面，從不踰越憲法準繩，那末，我們對於時政的批評，當然不會涉及原則方面。如果政府的某項施政，是反民主的，或某件法令是違憲的，我們則正因爲這是原則方面的問題，更不能忽視，而要鄭重其事，予以嚴正的批評。否則就是避重就輕。我們要在輿論界善盡職責，絕對不能以避重就輕的言論，濫竽充數於其間。

歷史告訴我們，「自由」不是靠賜予而得來的，要靠我們自己去爭取。我們爲言論自由而奮鬬，已有了五年的過程。這說明臺灣的政治環境是可以容許我們爲言論自由而奮鬬的。站在輿論界一份子的立場，我們希望於政府的，是「有容乃大」；我們所以自勵、同時也希望於輿論界的，是「無慾則剛」。最近有許許多多讀者關心本刊的處境，口頭上和書面上頻致慰問之意，謹以此文答之。

從皇姑屯到柳條溝

徐逸樵

一

皇姑屯和柳條溝同是瀋陽郊外二個極小的地方。這二個小地方，在二十幾年前，曾經震撼過整個世界。事實上，它們不僅震撼過整個世界而已，而且由於所謂「皇姑屯事件」和「柳條溝事件」的發生，擴大和繞之而生的東西法西斯集團的桴鼓相應，還闖出過有史以來最大的災禍——第二次世界大戰。

第二次世界大戰事實上的開始之應指爲自「九·一八」——柳條溝之變，那不僅爲史學家、法學家和政論家所公認了的，而且早已爲「遠東國際軍事法庭」(International Military Tribunal for the Far East——即所謂遠東戰犯裁判所）所判定了的。可是先那一事件二年餘就已發生了的那個皇姑屯事件的眞相呢？由於戰前日本政府和軍部計劃的諱言和嚴厲的封禁，深深被埋於九地之下者垂十餘年，到了戰後這幾年，纔慢慢地透露了出來一些。那眞相，和其後柳條溝事件的眞相相較，無論從其動機、手法和最後的目的來說，完全是如出一轍的。因之如果說，柳條溝事件不過是竟皇姑屯事件未竟之「志」而已的話，那末第二次世界大戰事實上的開始，究竟又應該從那時算起呢？

歷史本是因果無窮的連續，要窮溯往事之源，原也是無止境可言的。我們在這裏所以乘便提起了這一個疑點，看完了這一篇小文字必然會明白，無非欲使世人認淸柳條溝事件原也確實不過是皇姑屯事件的改訂本而已。世事變遷，滄桑彌常。時至今日，日本大變了，中國大變了，全東亞全世界也大變了，可是我們依舊不願意中日二大民族對於過去的大教訓健忘了或者不求甚解。我們可以把過去的不愉快付諸東流水，我們不應該把過去的大教訓不求甚解甚或憤然忘之。付諸東流水是不願意再見它或再演它的決心的表示，不求甚解或憤然忘之是無意求光明的可悲的作風。這樣說起來，我們在念餘年後的今天，把那些不愉快的往事之源和其眞相，發掘之，剖析之，暴露之，使世人認識它們的來因去果和各個現象，似乎還是有其重大意義的。

二

先來提所謂皇姑屯事件吧。

所謂皇姑屯事件，大家應該都知道，就是張作霖被炸死的事件。他被炸的地點在瀋陽郊外京奉線和南滿線的交叉點——交叉點就是皇姑屯地方，而其時間則爲一九二八年六月四日上午五時半。在那一時件發生之前，張自稱安國軍總司令，移師坐鎭平津，想阻北伐軍北上。無奈他，見大勢已去而雖不逝兮，又重受日本方面嚴重的警告，要他趕快縮回東北。日本方面說，如果不縮回，一到大勢全去而不能不快縮，那時我爲阻止東北全局的混亂，就要出兵山海關阻你的歸路了，那不是想縮也縮不成了嗎？這是當時日本駐北京公使芳澤謙吉奉田中內閣之命向張的提議。張無法，忍氣吞聲地縮回了。可是專車到了那個交叉點，震天價轟然一聲，列車炸毀了，張氏傷重不久就死了。這就是所謂皇姑屯事件。對於這一重大的事件，日本政府和軍部老是只叫做「滿洲某重大事件」，到現在還沒有透露過眞相。

對於這一重大的事件，日本方面當時只是這樣說：那不是南方便衣隊的陰謀，必然是張的部下楊宇霆一類的毒計囉。他們指楊有重大的嫌疑，因爲據說楊不僅對張有反意，而且在被炸的淸晨，楊正在其自宅的樓上，遙望着那濃煙騰空的方向。至於南方便衣隊之說，則於那月十二日日本軍部正式發表的聲明中可以見之。聲明中這樣說：

「四日上午三點鐘光景，我方的巡邏兵發見了行動奇怪的三個中國人正想偷偷爬上滿鐵線的路堤。這邊發令一究問，他們居然拿出炸彈想擲了，於是擊斃其中的二個，其餘一個逃跑了。在屍體中搜出了二個炸彈和三封信，其中二封是私信，一封是國民軍關東招撫使的信札的斷片：……」

那所謂信，據日本方面說，是用印有「國民革命軍」字樣的紙寫成的，上面還寫着張作霖的專車的行車時刻。那還不是南方便衣隊的陰謀嗎？這是日本方面的說法。

可是中國方面呢（重要的當然是那時東北方面的當局）？基於以下主要的理由，推定了那必然是日本方面的陰謀。然而因懾於當時「皇軍的威力」，又不敢作公然的聲明。那所謂理由主要的是這樣：

㈠爆炸地點一向是日本的警備區，在爆炸的夜間，天未明，日本的警備隊便撤去了；

㈡中國方面要求雙方共同調查以明責任，而日本方面當初不肯表示同意；

㈢張的專車從北京出發，事前事後是極秘密的，可是事情眞怪巧，張的多年顧問日人町野武馬本來是同乘的，而一到山海關，居然託辭下車溜走了。

皇姑屯事件發生後，日本方面就以這一事爲重要的楔子，泛起了陰暗險戾的大波，從而滑入於更法西斯化和更侵略化的橫路，而對於那一震撼世界的大事，却始終只說那是「滿洲某重大事件」，裝痴作呆有意無意地把它埋進九地了。中國方面呢？也以那一事件爲重要的楔子，潛默中發展着歷史的巨步，而獨對於那一事件的本身，基於至極錯綜而微妙的理由，表面上却以不了了之。總之說，那一事件的眞相，一直要到日人田中隆一少將在「遠東國際軍事法庭」作證，證明了那是當時急於要把整個東北攫爲已有的若干日本軍人、橫蠻政客和「支那浪人」陰謀的一部份，而其下手人則爲當時關東軍高級參謀河本大作其人(註一)，纔算公開初見天日。

三

談至此，筆者不期然而然地腦筋裏浮出了這樣幾件事情。閒話也好，禁不住要提出來先說一說。

讀者們當然知道第一次世界大戰的導火線囉，那就是塞爾維亞一青年向着奧國皇太子的一彈。那一彈，觸發了二國的殺機，立刻燃起了世界規模的猛火。

讀者們也知道「七，七」事變的導火線囉，那據說是蘆溝橋邊正在演習中的日軍中某一小兵的失踪。然而所謂那一小兵的失踪，原來乃是這樣滑稽的一幕呵！

那個小兵一失踪，日軍一口咬定那是宋哲元部下的暴行，立刻下令砲轟宋軍，同時向各處擴大攻擊，於是弄到禍延全局。可是在那砲轟方始之時，那個小兵居然回來了。「報告！回來了。」小兵直立不動地站着說。「那裏去了!?」「演習中小便急壞了，弄得落伍趕不上。」「唔……眞該死……算了吧……現在已經開火了，趕快上火線！」上官啼笑皆非地打發他走了。(註二)

第一次世界大戰和第二次世界大戰，談到導火線，原不過這一類而已！一葉之落僅是秋深的預告，皇姑屯和柳條溝事件同其理也。其事之顚末容後具述之，然而請讀者千萬不要作那樣純現象地看！

那末，那些大事之來也、和其漸也，究竟是怎樣呢？讓我們簡單地先來看一看當時日本的情形。

日本在第一次世界大戰中，叨了天予的巨惠，發了意外的大財。在那時，他賺了純利幾十億日圓（不要作今天日幣的幣值看！當時的滙率是，二日元對一美元），取得了海外近於獨占的許多廣大的市場和原料供給地，尤其是在中國，取得了無數的特惠和特權。於是以這一些爲基礎，建立了由輕工業進而爲重工業的資本帝國主義的規模。其遊刃之餘，竟一時把老牌西歐資本主義國家在東方的地盤大半取而代之了。然而，其對日本的經濟和金融構造究竟還是立基未固的，他的半封建的現代化資本主義的構造，在大戰後那些老手再起的時候，究竟還是沒有大力抵抗的。那些沒有大力抵抗的情形，特別由於大戰以後別的國家都在弭兵而只有他却在大大的擴軍；更特別由於一九二四年以後中國大革命的進展而撼及其主要的市場和原料供給的大基地，尤其顯得脆弱無力了。那些脆弱無力的暴露，就是一九二〇年的「反動恐慌」，由此而更趨惡化的一九二三年的「震災恐慌」和一九二七年的「金融恐慌」。

大恐慌之爲物，其在資本主義强國發生的結果，必然是對內資本愈集中愈獨占和對外侵略更積極更盲目。而在當時日本的場合，就是以三井財閥爲其主要背景的政友會田中義一大將內閣的登臺，(一九二七年四月廿一日)代表了他的後臺勢力，來執行上面所說的政策。

田中內閣的前任是憲政會(即其後的民政黨)內閣若槻禮次郎，那是以三菱財閥爲其主要背景的政權。若槻的末期，正是上面所說的「金融恐慌」的開始(那年四月十五日起)和擴大的時期。談所謂「金融恐慌」的病根，在那時以前，當然早已種下了的，可是暴發而形諸大恐慌，則爲那時臺灣銀行四億惡質貸欵勾當的洩露，因而立刻影響到許多有關的銀行，不崇朝而三十餘大小銀行接踵休業。這許多銀行出毛病，當然直接間接連累到許多工商業，至於許多中小企業的倒閉，農村社會的受殃，那不在話下。若槻內閣急極了，於是乎提出了二億七千萬圓的緊急救濟法案，希望日本銀行予以緊急的救濟，可是初不料當時的天皇諮詢機關的樞密院和該院中和三井財閥關係最密勢力最大的伊東巳代治一類的人堅決地反對，於是若槻內閣立刻垮掉了。

若槻內閣以這一事件而被垮原是表面的，從而也是寃枉的，實質上的原因乃是當時日本的急進官僚、軍人和資本家之類想利用那個「金融恐慌」的機會，捧出了更積極而蠻幹的田中大將，來執行對內更集中對外更侵略的政策。原夫所謂集中和侵略，若槻內閣和田中內閣相較，本來也不過五十步百步之間而已。這比較，只要看憲政會內閣之時也還在利用不景氣而大大進行集中，而在那年的三月，若槻內閣還不是派過了兵艦幫助張作霖砲轟馮玉祥軍於大沽，終使馮軍狼狽敗退而遠走於南口外嗎？可是在那時的日本，在那時三井三菱爲維持和加强各自的資本王國而相互進行其對外對內的鬪爭的時候，尤其是那時日本特有的法西斯勢力正在急速抬頭的時候，那樣所謂若槻幣原外交「軟弱」的作風，在那些急進盲衝的人物看來，那是斷乎不够癮和不順眼的。斯若槻之所以倒，而大將田中之所以被捧登臺也。

田中一登臺，最值得注意者有二件事，那就是金融恐慌的救濟和「東方會議」的舉行。田中既是政友會和天皇幕下特殊勢力的產物，因之一登臺，一個月前之不許於若槻法案者，立刻見許於田中了。而其數目之大，且爲八億七千九百萬圓(所謂「非常貸出」)，遠過若槻所望者且四倍餘，貸與對象且被指定集中於三井、三菱、住友、第一和安田五大銀行(註三)。這措置，明明是要那幾個財閥大資本來大滾小，强吃弱，以急速其集中和獨占。於是這一來，五大銀行乃更君臨於其他金融和產業資本之上了。據統計一九二八年煤的生產，三井、三菱以下六個資本占了全生產的七〇%，銑鐵生產五個企業占了全生產的八六%，鋼材生產六個企業占了全生產的八二%，銅的生產五個資本占了全生產的九五%，汽油生產一個資本占了全生產的九〇%，電氣生產五個資本占了全生產的七〇%。而支配了那些大企業的大金融資本就是剛纔所說的五大財閥銀行。

金融集中—資本集中就是弱小金融和企業機構被擠垮和被併吞的過程，就是中小企業衰落倒產的過程，就是生產跛行農村凋蔽的過程，就是政客官僚和資本家相互結托以腐化政治和搾取大衆的過程，就是國內市場狹化弱化的過程，就是以農村子弟和中小資產階級子弟爲骨幹的少壯軍人們不滿於政黨和大資本家的過程。因而這最後的過程也就是日本特有的法西斯勢力急速發展的過程。

這許許多多日本國內的過程，自然而然地同時表現出了一個對外的總過程，那就是法西斯侵略的加緊發展和上層老頑固被拖半推半就地一氣跑。

這一狂流的外衝大目標是那裏呢？不用說，那便是當時的中國，特別是當時中國的東北了。而外衝的大轉點就是田中內閣的得意傑作「東方會議」。談到東方會議和東方會議以後中日間的不幸事，首先不能不提到的一位怪人物，那就是政友會的森恪。

岩淵辰雄曾以「謀略政治家森恪」爲題論森恪說：「如果沒有森，日本的歷史不是會不同了嗎？張作霖的炸死事件也好，從而發生的滿洲事變也好，不是都不至於會發生了嗎？」(註四)。日本資本主義特有的發展和當時中國的情形既然是那樣，一個森恪之不存也許產生不了岩淵的假定吧。然而森恪之爲森恪也，其在當時政界的地位，在田中內閣中者，不過是田中兼外相的政務次長而已，其在「九・一八」跟後的犬養毅內閣中者，不過是內閣秘書長而已，而竟秉其特有的、蠻幹的、暴烈的和「馬加維尼」的(Machiavellist)手段，主導了陰險的東方會議，誘致了張作霖的被炸事件和其後的「九・一八」事件，同時又爲「一國一黨」的日本式納粹黨的原始倡導人，終至導日本於粉身碎骨之局，則岩淵之論自亦不無可以首肯之處的。

關於森恪可以記述的太多了，現在只談東方會談的由來和森的關係。

東方會議發動於森，而森之有東方會議的腹案，則緣於森於東方會議舉行之前二月的中國之行(註五)。

森遊中國之時，正是寧漢風雲正緊之時。其時森遇參謀本部鈴木貞一於漢口，相與密商「滿洲問題的解決」，而其結論則爲應使滿洲和中國本部隔離，置滿洲於日本勢力直接支配之下。據森恪傳中關於鈴木記載，他們的經過大旨是這樣：

「森認爲那樣的事不是他一個辦得了的，相約和當時正在東京述職的奉天總領事吉田茂商量再說，於是我(鈴木——作者附筆)和森就和吉田會見了。據吉田的說法，那是非要得到美國的默認不可的，而那時齋藤博正回到東京，和齋藤一談，請他考慮一下如何云云。……於是以這爲基礎，由吉田齊藤進行外務方面的基本工作。申言之，東方會議只作爲實行那一政策的場合的糖衣似的作用而已。

從那時起，吉田向元老和重臣方面遊說，森負內閣和政黨等方面的責任，而齋藤則拉緊外務省和美國方面……」(註六)

關於「東方會議」的一切，我們在這裏無暇詳談，也不必詳談，只是簡單地提一提它的種子和其播種者，因爲它是舉世皆知的東西，談起來實在太多了。

四

東方會議於田中登臺後二個月就在東京外務省舉行，自六月廿七至七月七日，凡一星期餘，出席的都是陸海軍和有關的外交負責人，所謂「出先機關」的重要幹部當然都到。會議雖然久，然其主要節目多係報告和指示，而尤以森爲其幕後指導人。這是因爲以他爲主力捧田中上臺後，關於滿洲問題解決的方向，早已由他連絡、鼓吹和布置就緒了的。至於那個其後殺張的主角河本大作，據他的遺作「我殺了張作霖」(註七)中記載，也跟了當時的關東軍司令官武藤信義列席的。他在那篇遺作中說，阻止張作霖敗兵折回東北的計劃，在那會議中也就作了原則上的同意了的。

關於東方會議決定事項的進行，一方面，主要由芳澤公使和駐奉天總領事吉田茂作中國方面外交上的措置，而在軍事方面的布置，則由關東軍積極負責。可是在這裏，有一事不能不提到的，即是當時田中的不予局外人知道的極秘密的側面工作，而這工作的發展和其洩露，也就是決定了張作霖所以死的主要關鍵。田中當時這樣想：解決滿洲問題當然是「俺的外交」(Oraga-gaiko)(註八)的中心，可是如果能够兵不血刄而垂手可得當然更好，而這個兵不血刄的辦法，就是迫張讓他建築五條鐵路(註九)。

這一來他就認爲無異於整個滿洲落入於日本之手，而北圖蘇俄南窺中原都可以無憂了。他是山縣有朋長州軍閥的最後的臺柱，而所代表的乃是正統財閥三井，因之和當時方興未艾的新興法西斯軍人和其貼緊的跟隨者新興資本相較，其獰猛和血腥，不能不謂無一籌之差。然而此非謂田中無用血刄的最後打算之意也。他既然有那樣的計劃，而事實上對於當時關東軍司令武藤等也有過那樣的表示，於是於登臺之初，就和張的日人顧問町野武馬秘密商議了，要他向張提出强硬的交涉。町野是之，可是向他推薦了政友會的山本條太郎，作爲談判的主角，而其自已則從旁鼓應。蓋町野認爲如此雙簧演唱表裏爲用，轉勝於町野獨脚戲也。於是田中乃卽任山本條太郎爲滿鐵總裁，以便其行。

讀者們大概都能夠回憶，在東方會議決定事項着着進行和山本町野受計以行之時，正是北伐軍一再北進而田中內閣一再出兵山東以圖阻止之時(註十)。在這情景急變緊張萬分之時，貪如狼、狠如虎的日本急進軍人和其後臺的侵略資本家的焦燥是可想而知的。然而一方面，在那緊張焦燥的中間，山本町野的側面運動正在暗地裏着着進行着，而且在張被炸的前四個月，那個側面運動居然奏效了。奏效當然出於山本町野的威脅和張那時處境的尷尬，然而從田中看，兵不血刃而如願以償，那還不是可以且滿我意嗎？

然則所謂奏效的究竟是怎樣呢？在張被炸的那年二月，那五條鐵路的建築權讓與草約山本和張之間簽訂了。草約規定了以一千萬圓作爲五條鐵路的附屬地的代價，同時約定以那年七月間正式發表。至於那一千萬圓的欵子，約定於發表時交一半，工事開始時交一半，(其後由町野建議於田中，於二月中交給了張二百萬圓)。這是田中所發動的側面運動的經過，在進行中，據說是沒有外人知道的。

然而天下事隔牆本是有耳的，又何況當時在張的身邊日本特務和浪人那樣多呢？兵而不血刃，那不是英雄無用武之地了嗎？殺了張，乘機以席捲整個東北，這不是推翻田中陰謀而又一舉以實現累代宿願的奇計嗎？滿洲乃我輩少壯的天下，老朽豈可不問計而擅專獨行乎？這是那時少壯軍人已在發育的不可一世的氣慨，也是他們殺張的動機。

五

當然囉，殺張的少壯軍人們還是有其他動機的。例如張在田中第二次出兵山東而施行濟南大屠殺之時，曾經有過停止內戰一致對外的表示。這一表示的眞意和目的究竟在那裏，那不是本文議論的範圍。可是從日本方面看，尤其從那些少壯軍人看，「分而制之」，本來是日本侵略者從西歐老前輩那裏學來的宰制弱小民族的訣竅，如果張的表示是出於眞意的話，那不是累世宿願要毁於一旦了嗎？張，無論在平津或關內，都是禁衞森嚴無懈可擊的。要擊的話，只有狙擊於防不勝防的遙長的路上。這是他們的看法和想法，而這些想法和看法，無疑地，也是他們所以殺張的動機。

關於殺張的經過，說來是盡萬言不足以詳全貌的。第一，他們需要埋地雷，找「南方便衣隊」和其他有關的準備。第二，他們需要事發以後應付東北當局可能的反擊(這是他們所最希望的)，和利用之以擴大事端和攫取整個東北的計劃。第三，他們需要嚴密偵察專車逐站通過正確時間和確實可以到達那個交叉路口的時刻。這種種，自然需要嚴密的計劃和動員許多的人員。這些說來太多了，我們只好就其重要方面的說一說。

當時埋地雷和通電流的任務都決定了由朝鮮工兵隊和奉天獨立守備隊的隊附東宮大尉分別負責了。地雷一發不中就點放二發，二發不中就出動「拔刀隊」，使不死不放手的計劃也就緒了。最成問題的却是怎樣卸責於「中國方面」的陰謀，這是需要更嚴密的計劃的，於是找「南方便衣隊」的一幕登臺了。

在諸事着着進行的中間，河本託了奉天某一日本浪人要他想法找三個中國人，理由是有一個臨時情報要他們幹。那個浪人又轉託了某一東北的落伍軍人，找到了三個鴉片鬼。這個落伍的軍人據說是被張革職而心懷不滿的流氓頭。在事發的前一天(三日)，那三個鴉片鬼都被帶到了日本浪人的家中。他們每人得到了大洋五十圓，同時還被帶到了某一日本小澡堂中洗了澡，換了新衣服。到了夜深二點鐘光景，他們就帶了陰謀者所準備好了的那幾封信，偷偷到了那個交叉路口的附近。臨行時日本浪人對他們說：「帶了信到那裏去，巡邏兵會有事情請你們做的」。初不料一到了巡邏兵相近的地方，拍，拍，拍，二個被殺了，一個慌忙拔脚溜跑了。這是張被炸的前二點鐘光景。而所謂南方便衣隊者，原來就是三個鴉片鬼！

關於那幾個鴉片鬼的事情，日人木下宗一曾經這樣說：

「爆炸發生的早晨，那個澡堂主人好奇似地到了出事現場去一看，看淸了那被殺的二個中國人的衣服很像昨晚到過澡堂的那幾個中國人所換上的新衣服，於是就去報告了附屬地的關東廳警察，告訴他們昨晚的情形……」(註十一)

總之說，所謂「便衣隊」是這樣寃死的，接着便是震天價一聲，張作霖也寃死了。

陰謀者對於張死後的希望是東北軍的反擊——縱使小規模也是好的，因爲他們預備好了緊急集合的計劃，可由此而接二連三地迅速擴大和攫取全局，不怕軍上層，元老，重臣，首相……不被拖着跑。可是事情眞奇怪，眞出於他們的意料，那位少年老成的少帥居然那麼意外的深沉而敏感，絕不授他們以絲毫可乘之機，於是他們深深失望了——於極大得意中深深失望了。然而這失望，也許就是二年以後不管奉軍有無動靜而逕砲轟北大營從而席捲東北全局的「教訓」！

六

「借刀殺人」原是巡邏兵所夢想不到的，漏網了一個鴉片鬼也是陰謀者所夢想不到的。然而這個鴉片鬼的漏網，其後居然還斷送了田中首相的政治生命，那究竟是巡邏兵之過呢？還是陰謀者之罪呢？

事情是這樣的。

地雷爆炸了，張被炸死了，音波電波交織地傳到東京了。這當然是不同凡響的大事。可是那位田中首相呢？主要的倒是痛心於山本側面運動的功敗於垂成，長歎小子無知，誤乃翁的大事(註十二)，至於對張作霖的陰謀，則竟認爲那決不是日本方面搞出來的亂子。

可是那個漏網了的鴉片鬼的卜落呢？由於漏網了，那個落伍軍人不能不去報告那個日本浪人了。於是這一來，漏網的癟三變成覆舟大魚了。

揖數鴉片鬼，微事也，而竟發展而爲那樣的大事，那個日本浪人不能不自謀脫身之道了。他馬上請另一和東京要人方面有關的某一大浪人想法，那位大浪人便立刻到東京去報告了當時任鐵相（鐵道部長）的小川平吉。由小川，又把事情傳給了陸相（陸軍部長）白川義則和田中首相。

這還了得嗎！軍人在他國領土而竟把其地的頭號要人陰謀炸死，這，在當時有些日本人看起來，也許不是天大的大事，可是如果透洩到海外，其如歐美巨强的反應何？軍人在他國領土而竟擅闖那樣的大禍，這，在當時的少壯派和關東軍看來，也許不是天大的大事，可是由此而軍紀掃地，其如皇軍的聲威何？「朕以汝等爲股肱」，這是天皇的軍人勅語！而股肱之長則爲軍衣初卸而實際仍是頭號軍人的田中首相和軍刀在身的白川陸相。從田中白川之流看來，那是斷乎不許的、然而內心乃是認爲「莫須有」的事！

然而事實究竟是事實。在田中將信將疑的中間，一面拼命調查而一面又拼命闢謠。這中間，「滿洲某重大事件」的物議甚囂塵上了，宮中、府中、民間沸騰了。議會中的反對黨巨頭中野正剛永井柳太郎等大施攻擊了，元老西園寺要求肅正軍紀了，連天皇也開金口了——斥田中蒙蔽聖聽而不假顏色了。可是田中呢？眞相明後當然辦，這是他左右爲難的遁辭。

眞相弄清了，那當然是少壯股肱的傑作！要辦嗎？那當然要付諸軍法囉。可是那，不僅爲那時氣燄方張的少壯股肱所不容，而且也爲許多怕事的老大股肱所不許，甚至恐怕連田中本身也在內。他們說，如果付諸軍法而眞相公開，由此而騰揚於中外，中國方面不是要排日更熾嗎？英美方面不是要大插其嘴嗎？皇軍的聲譽不是要大糟其糕嗎？還有對於張少帥不是要更沒有辦法嗎？那是斷乎使不得的呵！然而究其實，那些元老、重臣、老大股肱之流還有一股說不出的大心事，那就是少壯股肱們的匕首、軍刀和炸彈的無情。不是嗎？時隔一年而濱口首相送命了，再隔一年而犬養首相送命了，從此接二連三的殺人造反變成家常便飯了。可施於一年後的何嘗不可以提早一二年呢？事實上，在田中的任內，那時少壯股肱的刀光劍影已經在他們胸前發亮了。

一面是天皇、元老、重臣和議會的鐵壁，而一面又是少壯股肱的鐵壁，這一夾，把田中夾死了。他的辦法只有這樣而已，於是跟着掛冠而走。

第九師團司令部附（前關東軍高級參謀）陸軍步兵上校河本大作停職；

關東軍司令官陸軍中將村岡長太郎調爲預備役。

然而這還是時隔一年後（一九二九年七月二日），利用所謂「定期異動」不聲不響的做的，好像全無其事似的！

總之說，田中內閣這樣「毒死」了（註十三），而少壯股肱們還是深感大志未售而鬱悒不樂。這一鬱悒的情緒，由於紀綱廢弛所養成的「下尅上」的風氣的滋長，由於繼續擴大的日本帝國主義特有的內在外在的矛盾，遲早是要迸發而造成了滔天大禍。那一滔天的大禍，就是二年以後第二次世界大戰實際的開始——「九・一八」柳條溝事件的爆發。

七

繼田中之後是濱口雄幸內閣（一九二九年七月），那就是以三菱財閥爲其主要背景的民政黨內閣，也就是日本史上所謂二大政黨交替執政的「盛時」所產生的內閣。於是幣原外交又登臺了。濱口一登臺，在內政方面所標榜的是緊縮、產業合理化和金解禁，在外交方面所標榜的是「對外協調」。所謂「對外協調」者，亦卽所謂「對支外交協調」之謂也。

不用說，所謂緊縮、產業合理化和金解禁，當然是應付增長不已的恐慌。然則實施過程中的成果又是怎樣呢？第一是增加不已的失業，第二是罷工怠業的擴大，第三是佃農爭議的空前發展，第四是中小企業的大量倒產和大衆生活的益趨貧窮（註十四）。顯然地，那種種都是以緊縮和合理化爲名而有利於大資本家是實的表現。這表現之最具體者，就是以三菱爲中心的航空工業和戰車工業的基礎的樹立，和「戰爭準備經濟」一般的加速。不信嗎？請回憶一下一九三一年初開始的三方原和大連間不停飛行的演習，陸軍軍制的改革，朝鮮軍一個師團的增設，關東軍戰鬪準備的確立和機械化兵團的新設等。

說到「對外協調」云云，從表面看，好像是協調了的。他撤去了山東的軍隊，他又簽定了倫敦海軍軍縮條約。然而那都是表面的東西，談不到什麼所謂眞正協調。爲什麼呢？那時駐軍山東已經老早失掉本來的目的了，又何況國內國外尙在有增無已地大反對呢？至於簽字於海約那又決非協調或和平的眞意。如果那是協調或和平的眞意，那末，田中大將任內簽了「不戰條約」（一九二八年）之擧，不是也可以算做協調或和平的誠意的表現了嗎？又何況在濱口任內，一方面簽了約，而一方面又在暗地裏大大擴張其補助艦的數量、噸位、速力和火力呢？

總之說，那些政策全是亂人眼花的東西，事實上全是戰爭準備的掩護。

在準備的過程，由於濱口首相的被狙擊，政權又由濱口移到若槻禮次郎了。若槻第二次內閣本是濱口內閣的延長，他的政策是無待說明的。

在準備的過程，也就是法西斯化急速發展的過程。那發展過程中最突出的里程碑，有右翼巨頭大川周明所發表的「國家改造法案」——以軍部獨裁政權爲基礎去解決中國問題（特別是滿洲問題）的法案（註十五），有右翼青年左鄉屋留雄轚斃首相濱口的事件（註十六），有少壯軍人和右翼强擁宇垣一成大將建立軍部獨裁政權而不遂的三月事件（註十七），有南陸相訓示軍人應該干政的事件（註十八）等等。於是跟着擧國戰爭準備的急進，那個震撼一世的「九・一八」柳條溝事件登臺了。

八

關於柳條溝事件，讀者們是一定能夠回憶的。這一事件的起因，據當時日本方面說，由於奉軍王以哲部下偷炸了瀋陽郊外柳條溝的一段南滿路的路軌，於是認爲忍無可忍了，弄得非要解決整個滿洲不可。至於那被炸的時候，據說南滿鐵路的列車正從軌道上通過，而那列車之所以幸免於難，那是由於皇祖皇宗在天之靈把它騰空挪過的緣故云云。總之說，那時皇軍幹部的胡說八道信口開河是無所不至的。「欲加之罪，何患無辭」一句話說完了，且不去深究它。

可是最可笑的還是那位當時做關東軍司令官的本莊繁將軍。他，在事變後十餘年——在日本敗降後自認爲大有受審被殺的危險因而勇敢自戕了的之前，還白晝見鬼地寫下了這樣一張效忠至死的遺書。此事有一提的必要，因而節譯之如下：

「在我赴任的第二個月的九月十八那一天，駐屯於奉天郊外北大營中的奉軍，把通過於該營西邊的我方的滿鐵線，在柳條溝附近炸毀了，因而一觸即發的危機終於爆發了。當時在該處不遠的地方正在演習鐵路警備訓練的我方的一部份軍隊，立刻用快速行軍，驅逐了暴行的敵兵，同時又迎擊了掩護暴行軍隊向我方攻擊前來的敵方的其他部隊，這樣苦苦地等到後方部隊的應援，纔得向北大營加以壓迫。我接到了那樣的急報，雖然沒有餘暇等到中央指令的到來而立刻對於所轄各地方部隊下了武力行使所必要的命令，可是所轄部隊中，也有先命令的到達而開始行動的，也有先敵人的攻擊而開始攻擊的……」

「鳥之將死，其鳴也哀，人之將死，其言也善」，本至理也。彼本莊者，有自殺之勇，而至死尚無自白之勇，眞可謂爲皇軍殉矣！可勝慨哉！

這且不必去多談了，然則眞相究竟如何呢？千言萬語，不如拜借日本朋友的紀錄。

朝日新聞記者高宮太平，曾任事變時當地的記者，曾經追述其事的內幕至詳而富風趣。他於其「從割筷發生了滿洲事變」(註十九)一文中，詳述了張作霖被炸後陰謀圖滿的經過，又從「九·一八」之前，參謀本部建川第二部長帶了南陸相和金谷參謀總長的密信要快去阻止(?)關東軍的盲目行動的經過後，繼續這樣說：

「建川回到部長室後，就叫了重藤支那課長，根本支那班長和橋本蘇聯班長，告訴了他們那個密信。他們囑總務部庶務課發出了建川赴滿的電報，預定了正式到達奉天的日子是九月十八日後，好像裝出沒事的樣子走出參謀本部了。軍機電報和橋本的暗號私電接連到了奉天板垣征四郎的手中了，那就是說建川定十八日到奉天，而其使命則爲親遞關於陛下的聖慮於軍司令官本莊繁的信。

板垣、花谷、矢崎、片倉、今田那一羣，認爲那信如果送到純忠武人本莊的手中，他們的計劃是必然會落空了，於是於十六那天秘密商議是否要和建川見面的問題。這是他們意見的分歧點。他們爭論甚久，老是沒結論，於是沉默寡言的板垣說話了：「不要再談了，現在不是議論的時候了，幹不幹決定一下就是了。」他又繼續說：「我現在豎起這一隻筷子，向右邊倒就中止，向左邊倒就幹。沒有異議嗎？」除掉石原(莞爾)以外都是些酒鬼，都醉得一榻糊塗了。「沒有異議！」一個一叫其餘都全贊成了。「故意向右邊倒那就不行呵！」也有這樣怒吼的。「那是神意囉！那是神意囉！」板垣像煞有介事地把那隻筷子豎在桌上了，眼睛閉得緊緊地。一放手，拍一聲，向右邊倒了。「中止啦！這是要和建川商量的方向。」席上一時鴉雀無聲了。「神意也有不靈的！人一定不可以勝天嗎？怕死的去順神意吧！我是一個人也要幹的！」站在房子的一角，提着軍刀提高嗓子怒吼着，而又預備突門而出的，那是今田新太郎。「等一等！要你一個子送死怎行呢？我和你同去！」那是不服輸的花谷正。這一來，用筷子占卜的玩意全垮了，於是連板垣也說：「那末就決定幹吧！」整個屋子開朗起來了，「乾杯！乾杯！」之聲接連不斷了。接着由石原寫了作戰命令，同時決定了這是事關火急的關鍵，沒有向本國參謀本部和本莊繁關東軍司令請示的餘暇。那命令由板垣親手交給獨立守備隊的大隊長。

第二天十七日和第三天十八日是細心準備的日子。十八日下午建川到了，爲得避免人目，他是坐了三等的苦力車到的，於是就被板垣迎入於料亭菊文(註二十)。長途滿征塵，什麼且擱起，來的是大杯的酒，酒，酒。其他的小伙子們當然也一個個地都到了，而獨對於那緊要的公事呢，主客之間都沒有誰提起。這樣到了八點鐘光景，一個個地溜走了，最後只剩了長途疲憊爛醉如泥的建川。再過二點鐘，震耳欲聾的那二門二十八 Centimeter 的巨砲吐火了……」

那巨砲是前幾天由旅順要塞中極秘密地臨時拆移過去的。他們深怕奉軍新購到的法國飛機羣會起來應戰，所以事前把砲口極精密地針對着北大營的飛機庫，於是密雨似的砲彈把那些飛機一下全毀了。那巨砲是那時日軍的得意之作，他們自然是要特別樂於提起的。事實上，那時一切的一切都是事前極秘密地準備好了的，連每一士兵攀登城壁都沒有一步踏錯了預演好了的地點和脚步的。至於那個所謂柳條溝的玩意呢？那是今田新太郎上尉那天晚上醉烘烘地離開菊文後的傑作。他帶了軍刀走出了料亭，就找了滿鐵的保路系坐了手搖車到了那個古怪的地點。

「『把這裏炸毀了！』

『那怎麼行呢！我是保路系，任務是保路。炸毀嗎？那怎麼行呢！』

『死傢伙！你反對軍的行動嗎？』

上尉的日本刀發亮了，保路系也就尷尬着臉通那電流了。那是十點四十分。」(註二十一)

我們剛纔說到了一切的一切都是事前極秘密地準備好了的話，那當然指中央和關東軍都在內。

從那年八月起，陸軍中樞就以九月中舉事爲目標，任用了許多精幹的軍人，充實了關東軍的陣營和其特務機關。本莊繁(司令官)，島本正一(獨立守備隊大隊長）和今田新太郎等錚錚者都是那時轉任的。

從八月起，陸軍中樞就積極動員中樞的人員，作各方面大規模的準備和活動。建川參謀本部第二部長忙於搜集和分析關於蘇俄的情報，畑參謀本部第一部長根據建川的分析製成「對滿作戰」的計劃，小磯陸軍省軍務局長特別向閣議說明蘇俄五年計劃的目的和對日關係，擢用秦眞次以加強宣傳活動和統制，而軍師司令官則不時透露不久即有大學於滿洲的消息以激勵士氣鞭韃民心。至於其他較次的幹部，則大量被派，向地方作軍事講演。

從八月起，關東軍大大着忙了。專任作戰任務的石原莞爾，專任指揮「在留邦人」任務的花谷正，專任「和奉方連絡」任務的板垣征四郎，專任特殊任務的土肥原賢二郎，乃至其他如片倉忠，今田新太郎，矢崎勘十等等精銳，都大忙了。武器彈藥器材的集積和分配那固不在話下。

看了以上的種種，能說那是關東軍的專斷嗎？那又何怪一面高喊着「不擴大」而一面又拼命的擴大呢！

日本皇軍精神究竟是不平凡的，不平凡的地方特別在於認識了陛下無罪，罪在股肱，股肱無罪，罪在鄰邦（註二十二）。

九

請原諒！作者談「從皇姑屯到柳條溝」不是爲好奇，不是爲翻賬。作者的意思只不過如此而已，那就是開始的幾句：我們可以把過去的不愉快付諸東流水，我們不應該把過去的大教訓不求甚解或憒然忘之；付諸東流水是不願意再見它或再演它的決心的表示，不求甚解或憒然忘之是無意求光明的可悲的作風。基於溫故而知新，用草是篇以求正。

一九五五年一月十九日於東京

（註一） 河本大作後仍活躍於所謂滿洲國的接生和建設，日本敗降後被俘，至去年冬，日人纔知其已死於大陸。渠死之消息證實後，其家人將其遺作「我殺死了張作霖」發表於去年「文藝春秋」雜誌十二月號。該文關於殺張事件以外當時之史實不無誤處，頗令人不解。

（註二） 這一段話是我於前年從某一雜誌中看到的，當時讀得非常熟，「 」中的語句全是那時記牢的，可是現在一時找不到刊物，連它的名稱都記不起了。我相信幾時一定會找到的。茲特附記，諸希諒之！

（註三） 見「朝日經濟年史」昭和四年版。

（註四） 見一九五四年「文藝春秋」臨時增刊號，叫做「昭和備忘」的。

（註五） 森恪代表了當時的政友會和山本條太郎、松岡洋右等同遊中國。

（註六） 見山浦貫一監修之「森恪」六〇〇頁。

（註七） 見（註一）。

（註八） 這係田中特有土音和得意調，想到這聲調，不啻田中外交之姿態如在目前。

（註九） 索倫線，吉會線，長哈線和中東線與吉會相連絡的其他二線。

（註十） 一九二七和一九二八年二度出兵山東，造成了濟南的大屠殺事件。

（註十一） 見朝日新聞記者木下宗一著「號外昭和史」中「張作霖炸死事件」項。

（註十二） 田中於事發後頻頻對其親信說，「壞了壞了！不肖子眞不懂父母的心意」。

（註十三） 那時日本新聞有用「田中內閣毒死」的標題者。「毒死」云云大概是指田中內閣那樣的死法。

（註十四） 那時勞動爭議和佃農爭議發展之速，可於以下二表中見之。

①勞動爭議之發展

年次	罷工怠工件數	參加人數	每件平均參加人數
一九二六	一、二六〇	一二七、二五七	一〇一
一九二七	一、二〇二	一〇三、三五〇	八五
一九二八	一、〇二二	一〇一、八九三	一〇〇
一九二九	一、四二〇	一四九、〇一五	一〇四
一九三〇	二、二九〇	一九一、八三八	八四
一九三一	二、四五六	一五四、五二八	六三

①佃農爭議之發展

年次	爭議件數	調停件數	爭議件數對調停件數比率
一九二五	二、二〇九	六五四	二五・一%
一九二六	二、七五一	九五四	三四・六%
一九二七	二、〇五一	一、五五一	七五・五%
一九二八	一、八六六	一、六八六	九〇・三%
一九二九	二、四三四	一、五八三	六〇・〇%
一九三〇	二、四七八	一、六三一	七二・五%
一九三一	三、四一九	一、七〇三	四九・八%

表①②參村山重忠「增訂日本勞動爭議史」。

（註十五） 該法案發表於一九三〇年九月，一時成爲其後日本右翼和青年法西斯主義者之聖典。

（註十六） 一九三〇年十一月四日上午九時，首相濱口爲右翼左鄉屋留雄狙擊於東京車站，不久濱口去世。

（註十七） 三月事件爲一九三一年三月間建川美次（時參謀本部第二部長），橋本欣五郎（時參謀本部蘇俄班長），重藤千秋（時參謀本部中國課長），小磯國昭（時參謀本部軍務局長）和右翼大川周明等計劃政變以武力擁宇垣一成爲首相而實施軍事獨裁不成之陰謀事件。發難之前，宇垣心情轉變，而其時之中堅將校如岡村寧次、永田鐵山、山下奉文等也認爲時期尚早，拒絕合作，於是不發。宇垣心情轉變後遭少壯軍人深惡痛絕，其後宇垣被抑，此爲最大原因。

（註十八） 一九三一年八月，即「九・一八」前一月，南陸相於師團長會議時訓示說：「因爲軍人擔當着軍事方面的政治，所以具有應該干涉政治的本分的。滿洲的原野是明治天皇的遺業，是我國作戰行動的要地。」見林茂「日本法西斯的政治過程」——載於一九五三年九月號「思想」雜誌中。

（註十九） 見一九四五年七月五日「文藝春秋」臨時增刊號。又「割筷」是一種用松木製的可以分爲二隻的日本特有的筷，在館子店或旅館中餉客時習用之。

（註二十） 「料亭」多是旅館、飯館而實際乃是妓館的變相，日本軍政方面的陰謀大計多有出於此者。

（註二十一） 見「號外昭和史」中「滿洲事變突發」項。

（註二十二） 這些意思可以概括遠東國際軍事法庭中被審者一貫的供詞。

讓人民可以「告法」

——論法律命令的違憲違法問題

鄭知三

憲法規定人民有訴訟之權，所謂訴訟，按之憲法七十七條規定似係止於民事訴訟、刑事訴訟及行政訴訟三種，而在我們一般人觀念中，告狀（即訴訟）亦祇有告人，未聞有「告法」者，不錯，「告法」這兩個字，也許是出於我的杜撰，但我並非故作驚人的新名詞，此中乃有極大的道理在，讓我慢慢道來。

首先，我得聲明「告法」二字，全是爲了稱呼上的方便而下的，「告法」制度若照現行有關法規的用語來說，應該稱之爲「聲請解釋某法是否無效」的制度，其目的在使經聲請解釋的法，受司法院無效的宣告，不過由於人民聲請解釋，實與訴訟無殊，故以「告法」名之。

這裏，擬將本文用語引用特多者略作註解，以利陳述：

①本文所稱之法，非僅以憲法上之法律法規及規章爲限，凡涉及人民權利義務的命令亦皆包括在內。從而本文所稱的立法者，亦係兼指制訂法律法規規章或命令者而言。

②本文所稱聲請解釋，指向司法院聲請解釋，因爲解釋法律命令之權，惟司法院有之。

③本文所稱違憲，指法律與憲法牴觸。（按憲法上用語：法律與憲法不符稱爲與憲法牴觸，省自治法與憲法不符稱爲違憲，茲統以違憲稱之。）

④本文所稱違法，於陳論省法規時指與法律牴觸，於陳論縣規章時指與法律或省法規牴觸。（按省法規與縣規章之制定，係屬於省縣之立法權，其非法律固甚顯然，但是否可以之納入命令之內則有甲乙二說，甲說謂憲法第十四章—憲法之施行及修改—，僅有法律與命令之分，省法規與縣規章既難歸附於法律，自應統攝於命令，乙說執中央法規制定標準法爲詞，認爲省法規與縣規章既非法律亦非命令，而係廣義法內之一種法，若乎法律乃狹義法也，本文暫從乙說，蓋亦利其便於陳述而已。）

爲什麽要告法呢？我想分四部份來說明：第一是法律部份（指經立法院通過而由總統公布者，包括法、律、條例及通則四種），第二是省法規部份（指由省議會通過者），第三是縣規章部份（指由縣議會通過者），第四是關於命令部份（指由中央及地方機關發布者，包括規程、規則、細則及辦法等），按省縣議會通過的法規規章，其名稱爲何，迄無規定，故此處亦從缺。

先說法律部份：本來對於已制定的法律，如果違憲，我們有兩種方法對付它，一是付諸複決，二是使之無效。關於前者，依憲法二十七條二項規定，須俟全國有半數之縣市曾經行使創制、複決兩項政權時，由國民大會制定創制、複決辦法行使之，現以共匪竊踞大陸，原有憲政基礎已被破壞無遺，將來收復大陸後，要想依據此一規定產生此一辦法，無可諱言地一定還要經過相當長久的時間，也就是說在此相當長久的時間內，我們對於法律是無從行使複決權的。事勢所趨，將惟有出於後之一途，即憲法一七一條規定「法律與憲法牴觸者無效，法律與憲法有無牴觸發生疑義時由司法院解釋之」是也。此一規定在解釋上原有二義：㊀法律與憲法牴觸已無疑義者即爲當然無效。（無效二字在任何法律上，殆莫非此之意。）㊁法律與憲法有無牴觸尚有疑義時，經司法院解釋其確有牴觸後始爲無效，但在事實上要使法律當然無效，斷無可能，因爲政治上的事情，本來是正面反面都可說成一大套理由，一個明明違憲的法律，立法者儘可託詞乃係本於憲法的「精神」來制定，你說違憲，他說不違憲，你又能如之何？且法律制定之後，行政機關即據以執行，人民立處於被拘束之狀態，你如與之爭執，最後還不是要司法院來解釋？司法院怎樣解釋呢？我們可於司法院大法官會議規則（注意祇是規則）見之，依據此一規則規定，司法院解釋法律與憲法有無牴觸，必待中央或地方機關聲請後爲之，且聲請解釋機關如有上級機關，其聲請並應經由上級機關層轉。這樣一來，問題便很多，蓋依憲法規定，法律案係由行政院提出，（考試院關於所掌事項亦得提出法律案。又依大法官解釋監察院亦有提出法律案之權，但該二院之法律案範圍不大，與人民之關係亦多屬間接，故此處所論列者仍以行政院之法律案爲主。）立法院通過的法律，如果與其原來所提的無何出入，則縱屬違憲，他們亦必不會聲請解釋（自打嘴巴人所難能），如果與其原來所提的大異其趣，因而發生了條文違憲問題，他們除了依循憲法規定辦理（如移請立法院覆議等）外，也未必當然會聲請解釋，至於他們以下的機關，縱欲聲請解釋，亦須經其核轉，試思他們自己都不想聲請解釋了，難道還會核轉其下級機關的聲請嗎？凡此所言並非徒托假設，試觀行憲之後聲請解釋法律有無違憲之事竟未之一聞，可爲明證（我不承認現行法律中絕無違憲者）。即不言此，至少一個違憲的法律，我們是不能强迫機關去聲請解釋，機關也可能因未發現其係違憲而不去聲請解釋，這個時候豈非把原屬無效的法律永遠變成有效？本來法律一經制定，機關與人民即應同受拘束，而機關又祇是公僕的組織體，機關不願受違憲法律的拘束而可聲請解釋，爲什麽作爲主人的人民反而不能呢？此非主僕倒置而何？世之人總以爲在機關做事的公僕，其智慧必勝不在機關做事的主人——人民一籌，所以有許多場合，不許人民有表示意見的機會，上面所說的不許人民聲請解釋某一法律是否違憲即其適例，這種觀念實大悖於民主政治的眞諦，早就該揚棄了，不謂尙見之於今日，眞令人惋惜無已。最近菲律濱最高法院正在審理「菲化案」的違憲案，如果這個案子發生在我國，我相信司法院是不會這樣做的，原因即在沒有政府機關聲請解釋，不像菲律濱一樣一經人民控訴就可解釋啊！

次言省法規部份：除了省民代表大會制定的省自治法（省自治法與縣自治法乃惟一非法律而稱爲法者），不經聲請解釋程序逕送司法院，司法院如認爲有違憲之處，應將違憲條文宣布無效外，其餘由省議會制定的法規，亦與法律同，縱有違法亦須經中央或地方機關聲請解釋，司法院始予置理。查省法規所適用的範圍，自在一省之內，受其規律者僅止於該省之人民，雖憲法一一六條有「省法規與國家法律牴觸無效」之明文，而繼之復有一一七條「省法規與國家法律有無牴觸發生疑義時，由司法院解釋之」之規定，但中央機關發覺省法規違法之可能性殊爲微小（因絕少與省法規接觸），難以期其聲請解釋，至省政府及其下級機關，如認爲某一法規違法，固可層轉行政院轉請司法院解釋，但如不爲此項聲請，人民卽難免遭此違法法規的殃，此中理由正與前節所述相同，無待贅敍。

復次談到縣規章部份：憲法一二三條規定：「縣民關於縣自治事項，依法律行使創制、複決之權……」，表面上看起來，似乎人民要推翻違法的縣規章，可以複決方式出之，實則：㈠此種複決規章的法律，尙不知制訂於何時（將來是否併於省縣自治通則內定其大要，不得而知）。㈡縱有這種複決規章的法律，縣民仍將難於行使複決權，此無他，實因複決之事較罷免爲尤難（前者係對法，不易引起大多數人民之興趣，從而複決案亦不易成立；後者係對人，易於激動大多數人民之情緒，從而罷免案亦較易進行），而罷免在我國尙難謂有眞正實現過，我們還敢對複決存什麼希望嗎？於是乎要對付違法的縣規章，又祇能乞靈於聲請解釋一途，但是正如前面所說的一樣，縣民根本就沒有聲請解釋權，如果機關不去聲請解釋，違法的縣規章，照樣地可以拘束縣民。

繼之，言及命令部份：制定命令初非立法性質，自無複決之可言，人民除了因中央或地方官署違法或不當之處分（此種處分亦屬於命令之一種），得依訴願法或行政訴訟法之規定，提起訴願或行政訴訟以謀救濟外，至於一般性命令如規程辦法等，縱有違法之處，依司法院大法官會議規則之規定，亦惟有中央或地方機關始能聲請解釋，其不合理之程度，較之以上各節所述實尤過之。何則？一個命令發布後，第一、發布機關已當然不會聲請解釋，它的下面機關由於行政系統的監督權關係，更無置喙之餘地，第二、與發布機關不相隸屬之其他機關，依前述會議規則之規定，應受發布機關見解之拘束，亦不得聲請解釋；第三、發布機關的上級機關，固可本於監督權之作用，撤銷其所發布之命令，但撤銷與否一任該上級機關之自由，非人民所得强求。似此情形，一個違法的命令，豈非終無失效之時（假使機關不欲使之失效的話）？

事之最可痛心者，莫過於法律本質之遞變，由立法到執行，始也拘守尺寸，終則動失尋丈。憲法規定的事項，法律與之每有出入，法律的施行細則與法律的本身又恒多異趣，等到執行機關的釋例出來，施行細則又走了樣，再落到辦事人員手裏，法律的面目已經全非了，舉個例來說，憲法規定公務人員非經依法考試及格不得任用，公務人員任用法則變爲非經依法考試及格或依法銓敍合格不得任用（卽考試與銓敍同爲進身之途），於是乎憲法的規定祇剩下了一半。公務人員任用法施行細則又把無職人員經過儲備登記者納入所謂依法銓敍合格之列，任用法的本身至此也被打了折扣（至少是七折）。嗣於其他細則（如俸給法施行細則）或解釋事例中，復予曾經儲備登記人員以極大優待（如同爲大學畢業經儲備登記者取得委任四級資格，經就業考試及格者反僅能自委任十級起敍），儲備登記反駕考試而上之，不啻已將憲法關於考試用人的規定全部推翻。像這樣子由法律到釋例，把憲法的規定一層一層地剝掉，如果不許人民爲了維護憲法的尊嚴而告法的話，那末法治的前途一定轉多障礙。

所以要告法的理由，大抵已盡於此，現在請進一步說明怎樣去告法。

首先，我們要承認人民對於「法律與憲法有無牴觸」或「命令與憲法或法律有無牴觸」所發生的疑義，司法院予以解釋是司法院的權利，同時也是司法院的義務。此徵諸憲法七十八條「司法院……並有統一解釋法律並命令之權」及一百七十一條「法律與憲法有無牴觸發生疑義時，由司法院解釋之」之規定而自明。（此所謂「發生疑義」，絕不能解爲僅指中央或地方機關所發生之疑義，而置人民所生之疑義於不問）因此，作者認爲關於人民告法的事不妨作如下的規定：

①凡人民對於法律發現有違憲的嫌疑，或對於法規規章命令發現有違法的嫌疑時，得向司法院聲請解釋。

②前項聲請應提出聲請解釋書狀，並加具繕本，由司法院酌視情形，送達該法律法規規章命令之制定機關。

③受送達機關應於一定期限內，提出答辯書，就該法律法規規章命令之制定根據及理由作充分之說明。並得就其被指摘爲違憲或違法之點，自行修正或撤銷。一經修正或撤銷，司法院卽無須再予解釋。

④此種人民聲請解釋，係以引起司法院解釋權之發動爲主要目的，故對於顯無理由之聲請解釋案件，司法院得不經解釋程序逕予駁回。

⑤爲防止冒濫起見，得分別規定各類聲請解釋書狀之公民簽署人數（如聲請解釋法律須經公民三千人簽署，聲請解釋命令須經公民 五百人簽署等是）。

（下轉第15頁）

自由日談言論自由

龍一謌

一

去年一月二十三日，一萬四千多反共義士，獲得自由，因而名此日為自由日；但迄今大陸四億五千萬同胞，仍在共匪極權奴役之下，眼枯淚盡，東望旗旂，又是一年；反攻大陸的義師，尚未振旅，而共匪對沿海島嶼的侵襲，益見瘋狂。海外孤臣孽子，西望故國，無涕可揮。值此佳日，又為農曆春節，愴懷陷區死難及被奴役的親友，瞻念國家的前途；獨坐斗室，感與萬端。惟在局勢極艱難之際，我們仍應竭其智慮，獻替可否，以期有濟時艱於萬一，雖或語觸諱忌，覽者亦或哀其志，故談言論自由。

二

言論自由與實際政治，究有何種關係？吾人皆知：政治上最怕派系的暗鬭，而需要政見不同的明爭。言論自由容許將不同的意見公開，容許對政治討論批評，甚至嚴峻的責難，這在政治上是明爭而不是暗鬭，明爭為革新政治所必需，而暗鬭則是政治的致命傷。譬如宋代當仁宗極盛時，名臣韓琦范仲淹，上殿討論政策，相爭如虎，下殿不失和氣，所以有四十年的太平；以後王安石變法，沒有那種雅量，釀成元祐黨爭，由明爭演成暗鬭，終致北宋於亡。當大陸淪陷前夕，政治上看不出光明磊落的政爭，而到處是派系小圈子利害的暗鬭，共匪遂得以蹈瑕抵隙，分別滲透，使全國陷於極度混亂，不堪收拾。如果我們當時能將暗鬭化為明爭，充分發揮言論自由的力量，將各派意見公之於國人，建立政黨政治的常軌，掃清歷年的積弊，開展與民更始的新猷，勵精圖治，力求進步；則共匪決不至於坐大，國運決不至於顛沛。目前政治上是否有暗鬭，不得而知，至於缺少光明磊落的政策是非之爭，則顯而易見。我們以今鑒古，應該鼓勵言論自由，不論在朝在野，均應導之使言，讓孤懷遠識的人發抒讜論，為政府的直諒益友；以促使政治的公開進步。

其次，政治上最怕沒有人說話，而不怕有人說話，言論自由就是要打開那種沒有人說話的可怕局面。以前帝王有雷霆之威，批逆鱗有族誅之禍；庸懦的臣工為全軀保妻子，不敢隨便說話；有些帝王不得已，只好於設置臺監言官而外，特開直言極諫科；誰對政治作嚴峻的批評，就給誰官做，以鼓勵士大夫批評政治。因為在高位者個人的聰明智慮究屬有限，而天下事變無窮；如果以一個人的聰明予智自雄，而不博採輿論，參考不同意見；結果便將為左右近習的宵小所矇蔽扶持，輕則朝政混亂；重則家破國亡，這是事有必至，理有固然。我國自從周厲王使衞巫監謗，不許人說話，終於被逐；秦禁偶語，二世而亡；以後歷代多以干涉言論自由為大忌。現在政府為人民公僕，已非雷霆之威，說錯話更無族誅之禍，若仍無人肯說話，無人敢說話，羣視政治如秦人視越人之肥瘠，不願置一詞，那就太不成話了。因之人人勇於發表意見，不需要考試院高等考試增設直言極諫科，不需要給官做，而肯說話敢說話，這在政治上應是一非常可喜的現象。

再次：言論自由不僅不影響政府威信，且足以增强政府威信。我國春秋時有一個著名的例子；是子產為政之初，鄭人多加反對，不但聚謗於鄉校，而且在民間流行着「誰殺子產，吾其與之」的謠謌，這實在大大超過現代國家言論自由的範圍，簡直是要造反了。可是子產有大政治家的風度，始終不去干涉它，結果因政策成功，輿論一變而為「子產而死，誰其嗣之」的謌頌。又如西漢周昌曾面斥高祖為桀紂主，而漢高祖竟然一笑釋之。其他如漢武帝時的汲黯，唐太宗時的魏徵，都有矯矯亢亢的諍言，載在正史；足見越是政治昌明國運隆盛的時候，越是有人直言。此無他，當政者能容許人民有不同的意見，博採不同的意見，政治自然能革新進步，政府的威信自然增强。反之，若不許人說話，如周厲王監謗，如秦禁偶語，則不僅不足以增高威信，且會招致宵小蒙蔽的禍亂。

以上信手拈來，祇是極平常的道理和盡人皆知的本國事例；至於英美民主國家言論自由的理論和實證，論者已多，聽者或以為那是外國的玩意，未必適切於我國，暫不費辭申論。只要大家肯想想我國自古容許言論自由的史實，也就足以明白言論自由在政治上的重要了。

三

然而，現在是動員戡亂的戰時，極少數主張干涉言論自由的人，振振有辭地說：戰時應該集中意志，集中力量，意見不能紛歧，言論不能龐雜，所以政府對於言論自由，應加限制。這些人的主張，雖經挫折，但仍未改變。筆者既主張言論自由，對於這些主張限制言論的言論，當然認為也有其自由發表的權利，但是却不能不指出他們那種見解完全錯誤。筆者認為：正因現在是反共抗俄動員戡亂的時候，所以迫切需要放寬言論自由的範圍，而不應對言論自由加以干涉，其理由如次：

一、當前反共抗俄的戰爭，大家知道是自由民主集團反極權反奴役的戰爭，可以說是全球性的人權革命。要爭取這一革命戰爭的勝利，就必需加强民主自由的力量，而言論自由，是促進民主自由的利器，是基本人權最重要的一種。如果昧於此點，對言論自由濫加限制，則反共抗俄戰爭的本質必將變更，那實在是一件令人不堪想像的事。

二、言論自由對反共抗俄動員戡亂有很大的益處，而無一害處。因爲各人自由發抒意見，對當前的政治經濟社會嚴正地批評，其用意絕非爲求名求利，而在爲整個國家着想，希望軍政黨務有更多的進步，以促使復國建國的早日完成。各人的意見儘管不同，甚至衆說紛紜，但目標實完全一致，正是殊途而同歸。俗謂三個臭皮匠，合成個諸葛亮。國家大事，民生大計，經過謀者藎籌，智者竭慮，集思廣益，自然會得到更大的支持與更多的成效。

三、言論自由絕不致如少數短視者之所顧慮，會發生意見紛歧分散力量的後果；而適足以促進團結、鞏固反共抗俄的陣營。陸放翁有兩句詩：「君王下詔開言路，已卜餘年見太平。」這位愛國詩人，對於政府放寬言論自由的懽欣鼓舞之情，躍然紙上。因爲言路開放，下情可以上達，民氣可以申張，將一切是是非非，公之於國人之前；則政治行情會貨眞價實，掛羊頭賣狗肉的奸佞邪臣無法要指鹿爲馬，以白爲黑。振奮人心，促進有識之士的團結，增强反共抗俄的力量，實莫善於此焉。

四、言論自由，在國家危難的時候更爲重要。好好的一個國家，爲什麼會遭遇危難？現在不是神權時代，不能委之於天降災禍，而應歸責於人謀之不臧。治病需要對症下藥，診病需要先行檢查病源；以前政治上究竟有那些措施失當？現在是否仍有積習殘存，或者有舊病復發的跡象在？需要有識之士嚴正地檢討。盡人皆知：個人尚且不能諱疾忌醫，國家處此嚴重危機，何能粉飾昇平，欺人自欺。惟有儘量鼓勵自由批評，自由建議，纔能從通國才智之士的智慮中找出危機的根源，和尋求出解救的辦法。所以在國家遭遇危難的時候，言論自由更爲重要。

五、言論自由絕不會發生任何流弊，因爲任何自由主義者，都會瞭解羣己的權界，承認法律的限制爲保障自由所必需；（主張法治的人不一定主張自由，而主張自由的人則一定主張法治。）在言論自由的美國，言論界亦莫不尊重法的約束，不作無政府主義的宣傳或反對美國憲法。一個懂得言論自由的人，絕不會有悖於國家利益的言論；如果超越此範圍，那已不是言論自由而是觸犯法律，司法機關自得執法以繩，所以眞正的言論自由，不是蕩檢踰閑的謗議，更不是宣洩公務機密或攻訐個人陰私的內幕新聞，而是以國家利益爲出發點的正言讜論。這樣的言論自由，對動員戡亂，有何妨礙？

四

但是，直到現在；符合國家利益而爲政治上所切需的言論自由，仍爲一部份人所不喜，其眞實的原因在於下列兩點：

第一、言論自由要促使一切公開和進步，要公開，則所有企圖粉飾敷衍的西洋鏡被拆穿，說得十全十美的假報告變成了廢紙，對於欺上瞞下的人非常不利；所以這種人視言論自由爲眼中釘，必欲限之制之，最好使其完全消滅。從前君主常有下詔求直諫的雅量，而那些矇蔽君主的佞臣，却是自有史以來就沒有一個喜歡言官臺諫的。這是以古度今，想當然耳之辭，希望這個原因不十分正確。

第二、自由要有法治來配合，言論自由亦然。我國的法治基礎，迄今仍感薄弱，許多人對於法治的觀念非常模糊。那些言論違法，那些言論合法，司法機關從來不去管；以致色情書刊雜誌擁滿了書店書攤，幾乎成了色情世界；於是主管機關一口氣就給它取締了十種，並認爲這是言論自由之過，接着便頒限制要點。（結果沒有實施）這眞是城門失火，殃及池魚。如此鬧烘烘一番，有些糊裏糊塗的人，誤會言論自由便是造謠攻訐甚至是描述褻猥色情；因之一看到言論自由四個字就討厭了，這豈不寃哉枉也。

諸如此類的見解，實在無須枉費脣舌去反駁解釋。倒是有些衞道的先生們，搬出孟子拒淫辭正邪說的大道理，來主張限制言論自由，却還值得辨明一下：筆者在前面已經約略敍述言論自由，爲革新政治及反共抗俄動員戡亂所必需。而言論自由的最高目的，是在促進學術文化以及科學技藝的發展。以孟子所處的那個時代爲例；那時對於言論沒有政治力量干涉，任憑處士橫議，因之九流百家，波詭雲譎，精微博大，照耀古今；就是孟子所拒的楊朱墨翟，其學說亦莫不有獨到的哲理；直到現在我們所誇耀的東方文明，除開那段短時期言論自由所產生的學術而外，還有什麼東西。孟子當時可以斥楊墨，楊墨之徒也可以斥孟子，只有各抒新見，辯駁詰難，不以政治力量干涉，纔能使每個人的天才得以充分發展，促進學術文化的進步；西洋也是自由主義興起後，各種科學和發明纔突飛猛進，纔產生現代文明，所以持孟子之說以作限制言論自由的理論根據，實爲不通之論。

最後，筆者願再指出一點：易傳說：「鼓天下之動者存乎辭。」中庸說：「修辭立其誠。」言論自由在現在應是天經地義，無可懷疑，無可限制。但秉筆奮舌者，必需爲增進國家利益，修辭立其誠，然後纔能夠「鼓天下之動」，爲反共抗俄復國建國盡其應盡的責任。（四十四年一月廿三日自由日）

（上接第13頁）

⑥對於顯然違法之命令，人民得聲請該命令制定機關之上級機關予以撤銷，不撤銷時再向司法院聲請解釋。

以上說的，祇是原則、這不僅是一制度問題，亦並爲一民權問題。果能若是，深信第一可使立法者增加顧忌，憲法的尊嚴性與法律的完整性，將益見提高；第二、在此時沒有複決辦法，或將來雖有之而人民仍將不能慣於行使的我國，如此將使人民的意見獲得更多的發表機會；第三、可使違憲的法律與違法的法規規章命令，不致因機關之不爲或怠於聲請解釋而變成有效。於此，人或不免以將使司法院無法應付爲慮，我則未見其必，因爲人民聲請解釋，並非毫無限制，而顯無理由之聲請，司法院又可不經解釋程序逕予駁回，故司法院縱然要忙一點，當不至於無法應付。再說，政治上的事情本來就不能因爲怕忙而不做，「不能因技術而犧牲原則」，這是搞政治起碼要守的信條，質諸高明，未審然否？

我看美國人

——美軍生活之六——

辛之魯

三年來，我所接觸的美國人可以說全都是軍人和軍中文職人員，但除了極少數是職業軍人外，他們大部來自美國社會的各角落，有大學校長、教授、專家、新聞記者、中學教員、大學生、中學生、工人、農人、小店員、歌唱家、牧師、職業運動員……就種族而言，有英吉利人、愛爾蘭人、西班牙人、德意志人、法蘭西人、意大利人、黑人、墨西哥人、美籍中國人、美籍韓國人、美籍日本人，還有從歐洲鐵幕國家逃出的流亡者。有一次，我請一位中國朋友到我住的旅館去，他看到各式各樣不同的人，迸出一句話：「我好像進入了人種陳列所！」我們往往認爲只有白色人種是美國人，其實，美國人是一個「大雜燴」，凡具有美國國籍的任何種族人都是美國人！

一葉不能知秋！我們必須和多數美國人接觸，才能瞭解他們。就我和美國人相處三年所知，他們有許多長處，但是也有他們的缺點。美國人往往流露出一種「自負」「狂妄」的表情和言談。不管是有心，還是無意，這往往引起了許多不愉快和誤會。美國人的血液中的確需要一點東方人的謙虛。在我所接觸的美國人之中，不知有多少次，他們一談到美國，不是美國這個第一，就是那個最大，似有「目空一切」，惟「美」獨好之慨！他們所炫耀的是他們物質上和技術上的優越以及經濟上的富裕。他們往往對東方的落後和貧困無形中表露出一種輕蔑之意。我時常聽到美國人說：「他們有足够的錢買一輛汽車嗎？」或是「他們能出得起這一筆錢嗎？」他們這種態度不僅對東方如此，就是對歐洲也不例外。我以前的辦公室和英軍司令部在一座大樓。有一次，我和同辦公室的一個美軍上士等候電梯上樓，兩個英軍軍官正從電梯走出，當我們走上電梯後，電梯門還沒有關好的時候，那個美軍上士說：「你看他們的軍裝！」言下之意，大有你的衣服不如我的意味。我說：「這種態度是會得罪朋友的！」他不禁自己也笑了。這種人畢竟是少數，但是，這種少數人却造成了許多的不愉快和不和諧！

然而，和美國人相處久了，也發現他們有許多可愛的地方。美國人容易相識，容易混熟並且容易相處。無論在什麼場合，他們總是樂意和你交談，決不會覺得你來得唐突。只要話匣子一打開，天南地北，無所不談，甚至於連他的「祖宗三代」，情場上的失敗，太太跟別人跑了，都講給你聽。他們一見到人馬上就把兩者之間的藩籬折除，將人與人之間的距離拉近了。一個和你見過一兩次面的人，再見的時候，無論是在街上、車上、或娛樂場所，必定和你打招呼，決不會昔日「一見如故」，再逢時却又似「冷若冰霜」的路人。有時候，在車上，一個美國人會走過來，問你一聲：「好像我們在那兒見過？」你如果能提醒他那段往事的話，他那種熱烈興奮之情，宛如老友重逢！美國人很快就和你成爲「朋友」，但是變成有深度的朋友却需要很長時間的相處和瞭解的。

美國人和人相處，彼此坦誠，很少鈎心鬪角，所以不必處處設防。我沒有看到他們「處心積慮」，專打別人的算盤。大家都是直去直來，決少拐彎抹角。暗示要你辭職，却又發表談話慰留你一番的事情是沒有的。我生性笨拙，不會處人，但是，我在他們這種環境，却覺得有點「悠然自如」，不必傷透腦筋！

美國人不愛佔別人便宜，你也休想在他們身上打主意。在金錢方面，彼此線條清楚，他說請你看電影、吃館子，除非他事先和你講好，還是要各自付賬的。

美國人舉動活潑，生命力充沛。他們多半喜歡鮮艷的顏色，尤其是紅色。年紀五六十歲的人也喜歡穿上花的衣衫，如果從顏色的愛好上可以看出一個民族的本性的話，美國人是年青的。

美國人終日忙忙碌碌，似乎很少安靜下來思考問題。他們時時刻刻要「行」，往往對於事情不求甚解，馬上就做。因此，他們時常犯錯，但是，他們發現錯誤，却勇於改錯。這也許是他們遭受浮淺之譏的一個原因吧！

他們很天眞，「喜怒哀樂，形之於色。」很少裝腔做勢。記得有一天，我從外邊回來，一進房，便看到和我同房住的一位美國人像一個小孩似的吻一張照片，我還以爲他是吻他女朋友的照片。他走過來向我說：「我離家三年，沒有看到我的小寶貝了，你瞧！多麼可愛，我剛收到我母親寄來的照片。」我接過來一看，原來是一隻小哈巴狗的照片，我不禁失聲大笑。但他却茫然，不知我笑什麼！

美國人沒有階級觀念，社會地位並不是人與人之間的障碍，職位雖有高低，但人決無「尊卑貴賤」。人是生而平等的。在美軍裏，你會時常看到美軍人員和侍候他的僕役成爲密友，彼此形影不離，大家在俱樂部裏一齊喝酒談笑，或遨遊於山林之間。我住的旅館俱樂部的日籍侍女和美軍人員結婚的不少，他們決沒有認爲她們出身微賤而沾汚他們的「書香門第」。我有一個中國朋友，也和一位侍女相愛，但是他却常以「名門」「望族」炫耀，恐怕娶了侍女爲妻，不「門當戶對」，下意識覺得對他那「高貴的」出身是一種恥辱。他仍不能掀開那舊知識份子的僞裝，拋棄那舊的傳統封建意識。

在大街上、或公路上，你偶爾可以看到一輛美軍汽車拋錨，這時，車裏的美軍將校絕不會正襟危坐在車子裏，看司機累得滿頭大汗。他會馬上下車，幫助司機修理或推動汽車。他們並不認爲這樣做有失身份。身份地位並不是生而俱來的，隨時可以得到，隨時也可以失去。可貴的，却是做一個自認爲不比別人高貴的人！

美國人尊重別人的意見和權利。他們雖然不贊成你的意見，却尊重你的意見。決無只許我放火，不許你點燈的意識。我曾因許多問題和他們爭辯多次。記得一天晚上，我和一個叫做恩格爾的美國人在餐廳同桌進餐，突然談起史廸威，我對史廸威在戰時曾想裝備中共軍隊的想法大大的抨擊了一番。起初，他靜靜地傾聽我的意見。後來他替史廸威辯護，他說戰時他在史廸威總部工作，他瞭解史廸威。不知是一種什麼氣質作祟，我迸出了一句話：「史廸威是共產黨同路人！」我並沒有覺得這句話有什麼嚴重性，但却引起了他更强烈的反駁。他認爲人不能隨便强給人「戴帽子」，那是不公平的。他們美國人最不能忍受的就是這種態度。辯論是要說理的。沒有證據的話是不可以隨便說的，否則就有誹謗人之嫌了。我們兩個人爭得面紅耳赤，不歡而散。第二天晚上，我在俱樂部的一角看報，突然，侍女送來一杯啤酒和一張小紙條，上面寫着：「我尊重你的意見，但是我並不認爲我是錯的。我們仍是朋友。恩格爾」，侍女指給我他坐的坐位，這時他已在望着我，他舉起酒杯，我也拿起他送給我的那杯啤酒，彼此相對而笑，一飮而盡！他們這種民主氣質，尊重別人意見的風度，反應在政治上就是容忍 (tolerance)。我雖然有我自己的主張和意見，但是我絕對尊重你反對我的主張和意見的權利。你和我一樣有說出你自己意見的自由。布爾雪維克氣質是：你不「臣服」(submission)，就是「反叛」(rebellion)。豈不知在「臣服」和「反叛」之間還有「反對」(opposition)。「反叛」和「反對」兩者之間的距離相去不止十萬八千里，怎可以視爲同一呢？如果，「反對」被視爲「反叛」，心裏存着一種「老子非幹掉你不可」的觀念，那怎麼能談民主呢？我覺得，要實行民主，最重要的一點，就是培養每個人的民主氣質和風度！

美國人談天，多半以他自己、他自己的家或家鄉爲資料，絕少談論別人的隱私。他們富於幽默感，往往拿自己開個玩笑，而不把「一笑」建築在別人的痛苦上。有一次，我在旅館走廊和幾個美國人談天，忽然另一個美國人帶着他的女友走過。其中一個美國人長得並不難看，他却說：「像我這樣一個其貌不揚的人，此生休想交到這樣一位漂亮的小姐！」逗得大家哈哈大笑！

美國人嚴格地尊重別人的隱密 (privacy)。他們進你屋子之前，必定敲門。最熟的朋友，也不例外。必定等你說一聲「請進！」後，他才推開門進來。我的室友前後是三個美國人，我們彼此各不相擾。當我伏案讀書或寫信的時候，他們從不走過來，問你讀什麼書或是看你給誰寫信。偷折私信，翻箱倒篋，想發現別人的隱私，在美國人眼中，那是天大的罪惡！這不但是法所不容，就是在道德上也是不允許的。他們這種尊重別人隱密的精神已是一種生活上的習慣。這種精神反應在美國報紙上的，就是沒有暴露某人私生活的新聞。反應在政治上的，就是各黨雖然彼此攻擊，但不揭露別人隱私。在美軍機關裏，任何人也不能干擾你的私生活。工作是工作，私生活是私生活，「工」「私」分明。私生活好壞與工作無關。只要不違法，私生活是你的絕對自由。只要你工作好，你照樣晉陞。美國人常說：「那是我自己的事！」那就是說，你少管我的閒事！

根據一九五三年十二月修改後的日美行政協定，在某種情形下，日本法庭對美軍人員享有刑事裁判權。日本警察有權索閱美軍人員的身份證明書。但是，日本警察往往在看美軍身份證明書時，又翻看膠夾中其他證明或美軍人員的女友照片，有時候還問一聲：「你的女朋友？」這類事情有時引起美軍人員和日本警察的糾紛。在這種場合，如果美軍憲兵趕到，會向日本警察說：「必要時，你當然可以索閱他的美軍身份證明書，但你和我一樣沒有權翻閱其他任何證明或照片。至於照片是不是他的女朋友，你和我更沒有權過問了。」我有了點「權」便由「公」而侵越到「私」的範圍，這好像是應當的事。但是，美國人却認爲必須絕對嚴格尊重別人的隱私。

美國人尊重別人隱私，但是他們對人並不冷漠，他們多關懷別人並隨時準備幫助別人的。記得去年夏天，東京天氣十分炎熱，恰好我有三天的休假，我徒然心血來潮，搭上快車到箱根住了一個安靜而涼爽的晚上。因爲事情是臨時決定的，我沒有告訴任何人，也沒有留一張紙條給旅館門房。第二天傍晚回來的時候，旅館的人都向我說我的室友到處找我。當我走進自己的房間，看到我的室友時，他從床上跳起來，說：「你怎麼了？我昨晚幾次醒來看你是否回來。我問遍了旅館中你的朋友，他們都不知道你到那裏去了。我怕你發生了什麼意外。如果你今天還不回來，我就要報告憲兵司令部尋人了！」他那種熱切的神情至今猶令我難忘！

深夜裏，偶爾有喝得爛醉的日本人，躺在街頭，沒人理會。日本人駕的車子也許會飛般的馳過，視若無睹。但是，美軍人員駕的車子會停下來，把醉漢送回家裏或送到醫院。有時美國人談起來問我：「爲什麼東方人心腸這樣硬？」我瞠乎不知如何回答。

美國人和我們中國人一樣好客。記得有一天，我在美軍野村旅館的酒吧等一位朋友，我獨自呆坐在那兒。一位美軍少校坐在對面桌子旁。他也許看到我無聊的樣子，拿着酒杯走到我這桌來。

「我可以和你在一起坐嗎？」他笑着說。

「當然！」

「我可以買杯酒給你嗎？」

「謝謝！我不喝酒！」

「你好像很寂寞，家在這兒嗎？」那聲音很親切。

「不，我一個人在這兒。」我說。

我們談了一會，他的太太也來了，他替我介紹後，大家又談了許久，最後他說：

「你一個人在這兒一定很寂寞，我以前在歐洲的時候也是一個人，寂寞的滋味是很可怕的。我太太會做很好的牛排，歡迎你到我們家去玩。」

他誠懇的留下他的住址和電話號碼。我們握手道別的時候，他們還再三說歡迎我去他們家。但我始終沒去，現在想起來，還十分懷念那對萍水相逢的好心異國夫婦！

我們中國有一句古話：「爲富不仁」，聖經上也說：「有錢財的人進上帝的國，是何等的難哪！駱駝穿過鍼的眼，比財主進上帝的國還容易呢。」由此可見，東西所見略同！但是，這種批評，對美國人而言，似乎不太適用。我覺得：美國人有了錢，多半要做點好事的，不管他們的動機是爲了沽點小名也罷，釣點小譽也罷，或是出於熱誠也罷。我的辦公室有一位叫費特的，他在第二次大戰結束後，就來到日本協助教育改革工作。他在九州工作很久。他幫助幾個日本孤兒讀書，有的已經大學畢業。他並且捐贈一筆相當大的欵子給九州的盲人學校成立樂隊。他的薪俸所得的相當大的一部分都用在這方面了。去年夏天，有一次我在俱樂部遇到一個美國人，他含着淚對我說：「我今天太高興了。我剛參加一個畢業典禮回來。我資助六年的兩個學生今天大學畢業了！我太興奮了！」去年日本九州水災，美軍人員除了冒着生命危險大規模參加實際救助外，在日美軍還踴躍捐贈衣物和一筆數目相當龐大的欵子。旅館的僕役遇有困難，大家都是慷慨解囊。戰火摧殘下的韓國孤雛，美軍人員收養的不在少數。三年來，我目擊的這種事例，不勝枚擧。

美國人的「格鬪」方式，在我看來，是很有趣的。這倒不是「幸災樂禍」，我欣賞的是其中蘊含的道理。我曾經兩次「觀戰」。一次是前年的夏天，兩個美國人不知爲了什麼過不去的事，講好在院子作一次「力」的比賽表演。一聲開始，彼此便以拳互相猛擊。我注意到他們一方將另一方一拳擊倒在地，必等另一方起來站穩後再擊。他們決不乘一方被打倒在地，上去用脚踏在別人身上，死按住別人猛打不停。後來，他們雙方打得鼻孔出血，臉上靑一塊，腫一塊，直到一方，認輸「罷兵」了事。第二天我又看到他們倆綁着繃帶，在一起談笑自若。對於「格鬪」這種野蠻行爲，我並不贊成。但是，他們這種「格鬪」的方式和精神我却認爲值得讚揚，就是那種公正的態度(fair play)和認輸的精神。眞正的强者是肯認輸的人，這是需要比角力更大的勇氣的。我第二次「觀戰」是在去年的夏天，那一次，兩個美國人大概是爲了女人，爭風吃醋，正在「苦戰方酣」的時候，憲兵巡邏車恰好經過「戰場」。他們看到憲兵來到，便「罷兵休戰」，堂堂地登上巡邏車而去。他們犯了法，仍不失其「個人尊嚴」，這給我留下一個深刻的印象！

歷史決定一個民族的性格。美國立國不及一百七十年，美國人是一個年靑的民族。因此，他們有年靑人的優點，也有年靑人的缺點。他們熱情、慷慨、活潑、天眞、坦白、充滿活力。但他們也不免流於浮淺，還有年靑人的那點「狂」。他們容易被人喜歡，也容易招人憎恨！

(上接第24頁)

必須加强宣傳和教育，利用各種民衆集會如村里民大會等，多灌輸選擧方面的常識，以及如何行使民權的知識。首先使一般廣泛的鄉村人民懂得選擧眞正意義，與行使民權的道理，然後才能發揮神聖一票的偉大效果。僅有幾年歷史的地方議會，如果不澈底根除這種不應有的病態，前途頗足爲憂。此非獨地方議會選擧情形爲是，即少數地方行政首長的選擧情形亦復如是。他們競選的目的並非想要服務社會，將個人抱負貢獻給地方，爲大多數人民謀福利，而且出而參與競選的本意，有代享受汽車洋房的成份隱伏在心裏作祟，認爲縣太爺的威風，亦應輪到我來嚐嚐個中滋味。這種以個人利祿爲目的，出而競選的現象，我們如果不設法袪除，今後民主政治的前途未必十分樂觀，這種現象的滋長無疑地是民主政治的絆脚石。民主政治像建造一座偉大的建築物，必須由下而上，層層穩固才能巍峩矗立，否則根基不能穩固，則一定無法負荷上層建築物。

這次第三屆縣市議會議員的選擧，雖然較前略有進步，然而這種種不健全的選擧病態仍舊到處普遍的存在，甚至於地方議會首長競選活動，在地方議會議員尚未產生以前即已開始，有意角逐議長寶座者，則預先貸以議員候選人部份競選費用以期賄賂。這種爲前所未有之現象，其嚴重實在不可忽視。在各縣市議會第三屆議員順利產生後，謹撰本文，借「自由中國」篇幅之一角，公諸社會，期以共策改進。

本刊讀者

韓國華僑孫光珠君

尋　弟

孫光斗，山東棲霞人，靑島撤退時來臺，聞現在某機關供職，親友知其人者，請轉告與其兄通信。

韓國漢城仁寺洞一六六號
寶囍樓　孫光珠

歐洲通訊

從邱吉爾八十歲看歐洲「領導者」

田雨耕

一、前言

由於柏林會議造成的緊張局面——日內瓦會議越南停戰談判，及懸案已久的歐洲軍問題告一段落後（歐洲軍經法國出爾反爾一手絞殺後，從倫敦會議及巴黎協定產生的德國整軍問題，關鍵仍在法國，最後法國國會議員諸公投票勉强批准。故說它已告一段落），跟着就是英國首相邱吉爾的八十歲大慶。國際局勢總算由緊張而暫趨鬆弛。一般關心注意世界大局的朋友們，這時也該伸個懶腰噓口氣了。

誠然，國際情勢是瞬息萬變，我們不妨趁此機會，對雄霸歐洲二百多年至今仍舊穩坐在歐洲「領導者」寶座上的大英帝國，作一比較客觀的蠡測，看她究竟以何種方式來維護她的地位。是不是有朝一日會從她光榮的寶鑾上跌下來的可能！

二、偉大的十一月卅日

大不列顛帝國的命運，誰都知道是掌握在「唐寧街」政客的手裏。她之所以能稱雄世界迄今不衰，完全靠「唐寧街」政客運籌得當。去年十一月卅日這天，正是今日「唐寧街」主人——邱吉爾八十歲的生辰。在英倫，上至皇親國戚，下至販夫走卒，萬人空巷的在熱烈慶祝這位被譽為第二次世界大戰英國「勝利之父」(Père la victoire)。

在「唐寧街」十號這座富有歷史性的古老屋子裏，每一個角落裏，都堆滿了從世界各地送來的各種賀禮。伊麗沙伯女王曾特召壽翁到白金漢宮中，向他祝賀。並且於卅日那天，女王盛裝駕臨國會方場，親自主持這一季的國會開幕典禮，請邱氏向國會兩院議員演說。同時贈送邱氏一件超過任何八十歲老人壽禮的貴重禮物，一筆為數十五萬鎊（四十二萬美金）的誕生日基金 (Bithday Fund)。另外由工黨黨魁阿特里代表國會兩院議員在西敏寺堂送邱氏巨幅油畫相一張，以紀念他八十歲壽辰。無怪邱氏在國會感激涕零的說：「如此偉大場面，實是我生命中最值得回憶的」。然而歐洲的輿論批評說：「大英帝國為什麼要 如此大專舖張地慶祝邱吉爾八十歲生日，無非是打腫臉充胖子對外宣傳，想眩惑世人觀感，大英帝國在世界上的勢力仍未衰落罷了。」

三、歐洲領導者自居

曾經過了兩次大戰無情摧殘的大英帝國，她的國際地位，雖日漸下落，但在歐洲方面，仍保持着歐洲「領導者」的地位。我們可以從她過去的歷史以及近年來在國際上所發生的事情證明：

①第一次大戰後，根據一九二五年在瑞士羅加洛地方訂立的條約 (l'accord de Locarno) 規定，英國負有法國及德國間「調停人」的責任；②她與歐洲大陸唇齒相連，關係密切，向以「和事老」姿態出現於歐洲國際場合；③每以過去光榮歷史自負；④邱吉爾巨頭會議；⑤去年日內瓦會議越南停戰談判的「調停人」；⑥解決西德建軍問題的巴黎協定，英國首先批准；⑦向法國保證，經常以四師軍力（包括一師機械部隊）駐紮在歐洲大陸；⑧當去年終臺灣與美國進行商談訂立防禦協定時，英國始終保持緘默態度，直至該項條約簽訂後，聲稱美國此舉不應於事前不徵詢歐洲「領導者」的意見；⑨近來巴黎菲茄洛日報 (le Figaro) 披露大英帝國又一新謬論云：最近美國旣已與臺灣簽訂防禦協定，大英帝國並早已承認中共政權，主張美國也承認匪權，使中國成為二個中國；另主張聯合國同意中共加入為會員國，世界從此便不會再有戰爭了(?)。她，無不隨時隨地以歐洲「領導者」地位自居。且自認為五年來，國內經濟已趨於穩定，無須再伸手向美國乞求援助。故在國際場合中常表示出大英帝國仍有左右世界局勢的力量，不是美國的附庸。

她旣以歐洲「領導者」地位自居，當然拿在歐洲發生的問題來衡量她為最適當；僅舉未參加歐洲軍一項為例：有些輿論認為這是她居於惟我獨尊的光榮孤立 (Splendid Isolation) 或者是孤立主義者 (Isolationist) 的姿態，等到人家放棄她，她又急了；另外一些比較一針見血的批評認為：她為了鞏固在歐洲的地位，不得不充實自己的力量，倘若參加歐洲軍，不啻自己將自己的實力削弱；為了保持自己的實力，不參加歐洲軍是她聰明之舉。

四、工商業地位

以蕞爾三島蛋卵一樣大小的大英帝國，竟然能够雄霸歐洲大陸，其原因安在？沒有別的，早期的產業革命，機器幫了她的大忙，所以素有「世界工廠 (Workshop of the world)」的稱呼。

因為工業的蓬勃，刺激了對外貿易的發展，於是乎造成了金鎊王國的勢力。這種勢力經過大戰的毀壞，已衰弱不振。實際上其戰後的經濟幾瀕於破產，同其他西歐各國一樣，不得不伸手求援於美國，不得不放棄歐洲「領導者」的地位，分享馬歇爾援歐計劃一杯羹。

在商業方面，她已失去了主要金融市場領袖地位：戰後海外各殖民地的民族思想日益濃厚，使她不能不改變經濟壓榨政策，致使地位較戰前一落千丈。對外投資雖然多過於美國，但資本沒有美國雄厚，蓄集沒有美國迅速。自邱氏再度上臺，經過財長布特勒 (Butler) 一番埋頭苦幹，於去年竟聲言實施英鎊可以自由兌換。不知這是美國的氫氣彈還是俄國的氫氣彈？不過反對黨們對英鎊自由兌換新經濟政策是極表反對的。

在工業方面，她已不是主導的工業國家：因限於經濟及設備陳舊，無法大規模生產。法蘭西及義大利的工業化就已經追上了她，連在美國人一手扶植下的西德工業，亦大有駕凌其上之概。單以噴射機製造來講，英國僅能出產試驗性質的噴射機。記得一九五三年英國空軍部長曾公開宣佈「我們有性能優良的飛機，但一經試飛成功後就無下文了」，這無異在替自己撞喪鐘。但前年在澳洲將原子彈試驗成功，實是她唯一的安慰。

五、國際間關係

英國外交家巴麥斯頓 (Palmestone) 曾經說過這樣幾句話：「英國既無永久的敵人，也沒有永盟的同盟，英國的利益才是我們的目標，我們不能須臾或忘。合此利益的便是朋友，反之便是敵人」。差不多成了後來英國外交家的座右銘。大英帝國的主宰們，就是利用這句格言維持她與國際間的關係。

英國與西半球國際間的關係，以最密切者論，大致可分爲三條路線：

㈠與法德的關係——法國與德國原本世代寃仇，兩國間，尤其是法國，對德國的軍國主義既痛恨又懼怕。表面上以戰勝國地位對德國寬大不究既往，暗地裏却無時不在防恐德國軍國主義再起。英國則利用法德間這個弱點，大收漁翁之利：譬若她覺得德國聲勢高張，便想法聯法抑德；一旦法國勢力過於澎漲，她便轉過身來親德以抑法。這種作風，在尼可遜 (Nicolson) 寫的英國外交結論中可得到證實：「英國始終保持主張歐洲列强均勢 (Balance of Powers) 的本能；如果德國佔優勢，則她本能地親法；如果法國勢力過於澎漲，那她本能地親德」。如此軒輊政策，一直到現在尙未變更。此次巴黎協定，英國首先批准後恐再蹈歐洲軍的覆轍，曾很明顯的袒護西德警告法國國會說：「不管法國國會議員作何決定，英美將逕行武裝西德，使其能參加西歐防務」。由此觀之，英國與法德間的關係是極其微妙的。

㈡與美國的關係——戰後的英國，因是接受馬歇爾援歐計劃下的一份子，在某些歐洲國際場合中，不得不以美國馬首是瞻追隨美國之後。但在遠東方面，她的政策，則未見與美國融洽合作。如東南亞組織一事，英國起初尙在玩弄手腕，美總統因鑒於英國躊躇不前故宣說：「該項組織，如沒有英國參與，固屬不理想，但仍可實現的」。等到組織當事國放棄她，她便急了。其實英國軍事當軸肚裏明白，假如越南一旦被共產黨鯨吞了，首當其衝便是馬來亞，擴而大之，卽將威脅印度及近東的安全。何況馬來亞內部尙在表演叢林之戰，並不安寧。一般中立的輿論批評說：英國到處賣弄手腕，不過是保持大英帝國尊嚴的慣常姿態而已，美國聲明將獨行我素摒她於組織之外，怎叫她寢食能安⁉又有人刻薄她說：利用姿態向美援討價還價。英國如不與美國合作，其在歐洲的優越地位，勢必有動搖的一天。故邱吉爾不辭勞瘁，數次東渡，謀與美國合作無間，共同領導自由世界，可惜未能獲得美滿結果。

㈢與赤俄的關係——英國與蘇俄兩國間，存有密切的貿易關係。蘇俄是英國工業品出口對象。這種關係始自於第一次大戰以後，雖曾因英國工程師貪汚事件一度雙方發生隔膜，不久卽徇英國要求恢復正常。二次戰後，蘇俄赤燄蔓延世界，四處爲禍，聲勢與戰前不可同日而語。大英帝國爲了保全自已在歐洲的領導地位，不惜奴顏婢膝與這假想敵人妥協。她知道在西歐如果不與蘇俄謀妥協，她的地位必將發生問題。故一九五三年三月馬倫可夫取史達林而代之後，一反史魔政策，大唱「世界和平」高調，提議發展共產集團與自由世界貿易，不知迷惑了多少天眞的西方國家，尤其英國更不願失去此一良機。前年終蘇俄在英倫拋售大量黃金，據估計不下二百萬盎斯，怎不使她受寵若驚！這次工黨代表團赴大陸觀光，道經莫斯科時，備受蘇俄官方殷勤(？)招待。馬魔曾破題兒參加英大使向女王傳統祝飲，並當場高呼「世界和平」。這種虛僞表演，報紙諷刺爲「他（蘇俄）在竭力爭取她（英國）更靠近他」。

六、繼承人

若討論到「唐寧街」繼承人的問題，應該毫無問題是安東尼艾登。去年年底邱氏八十歲生日時，歐洲報章雜誌均有評論，認爲非艾登莫屬。巴黎競賽畫報雜誌 (Paris Match) 開玩笑說：「最近英國年青的外交家艾登，笑口常開，在等待着這不久將來的一天」。當一九三五年艾登身背着和平使者的招牌，僕僕於柏林、日內瓦道上，開始在國際外交壇坫上跑紅時，工黨右派黨魁當時的首相老麥唐納在國會中就說過：「艾登前途很可觀，將來大英帝國的命運將操握在他的手中」。那時艾登是保守黨一羣老頭子中唯一最年青的一個。最近幾年來更是炙手可熱，紅得發紫。他能利用聰明的手腕應付融合反對黨的意見，於是「中庸君子」(well balanced gentleman) 的美名，在英倫不徑而走。最近報載二月間在曼谷召開馬尼拉公約會議，討論東南亞防禦組織事宜，艾登將親自出席。並於赴會途中，以他私人資格訪問埃及、印度、巴基斯坦、錫蘭及緬甸等五國元首。會後順道赴新加坡一行，訪晤女王代表，商談「叢林戰事」的進展。這一亞洲五國首都拜訪旅行，名爲個人資格，未嘗不是爲他將來政治前途預爲部署。

我們中國有句俗語所謂「七十古來稀」，邱氏的歲數已超過了十歲，按常理，八十歲的龍鍾老人，早該退休享受淸福了。儘管邱氏對人說：「我已一天一天接近上帝了」，他還是雄心勃勃，孜孜於政海。去年十月間，保守黨大會，邱氏卽很自滿地宣布說：「我和艾登，已經共同渡過了偌多的艱難的途徑，我們倆還要繼續努力下去……。」已明白的表示尙無卽退休的意思。因此，當全英人民在熱烈慶祝邱氏八十歲大慶這天，阿特里代表國會兩院議員，在西敏寺堂二千五百來賓衆目之下送邱氏油畫相後致賀詞中竟有：「我不是來送凱撒葬的，是來向他祝賀的……。」如此大殺風景的句子。同時工黨左翼頭子貝文亦在牛津地方發表演說咀呪「老傢伙」說：「他是一個有大德的人，但已是他的日子了……」。工黨自下野後，內部就以阿特里爲首，組織了一個「影子內閣」，準備下次總選後待諸實現，當然希望邱氏早歸道山，使保守黨內羣雄無首，發生內閧，好再讓工黨上臺控制大英帝國的命運。

若邱吉爾宣布放棄下屆總選，艾登便是保守黨當然競選人。假如把工黨黨魁阿特里與艾登作一比較，阿不如艾精靈，阿無應付議會的辯才，還不及工黨副黨魁毛禮生(Morrison)。一九四五年工黨組織政府，阿任首相任內，使英人在配給制度下過痛苦生活，給予一般選民印象不佳及不信任。這次阿氏率領工黨嘍囉赴秋歌王朝觀光，本意藉着「和平」博取選票，豈料反而引起國內輿論驚異與批評，到頭來非但未能因此獲得大宗同情選票，且恐有失去選票的可能。但保守黨上臺以來，因無明確方針，恐亦難獲到多數選民擁護。

七、結　論

綜觀上述，我們可以得到下列三點事實：①憧憬過去光輝的史績，不擇手段鞏固自己在歐洲地位，不惜打腫臉來維持大英帝國的尊嚴；②已失去了工商業在世界上的主導地位；③掮着盟國第二强國的招牌，與美國未能融洽合作無間。由此三點，可了解所謂歐洲「領導者」僅僅是虛有其名，大英帝國目前的地位是臨崖造屋，危險可知了。

誠如「自由中國」第六期瞿荆洲先生大作中所說：「英國在國際政治上之扮演，是以其國內經濟爲背景」；比如前年英國政府取銷國內食糖配售，恢復自由買賣，惟恐存糖不多，市面上發生搶購，遂透過國際糖會向古巴價購白糖百萬噸應急。詎知實施食糖自由買賣後，情形與預料相反，並未發生紊亂。反而牽制了政府一筆鉅欵，釀成經濟支絀，使政府陷於癱瘓。故她在國際糖業會議中態度是相當的斯文。然而老人政策(Old men's Government)下的英國政府，却認爲唯有維持現狀，並與假想敵人謀妥協，才能够「和平共存」。卽載譽全球的邱吉爾，亦認爲自己晚年應該爲世界和平多多努力。其實一言以蔽之，英國懼怕一旦大戰爆發，必將英國捲入漩渦。只有企圖避免戰爭方可保持她在歐洲領導地位；纔能够苟延大英帝國在世界上的生命。

總而言之，國際間政治是「銅山西崩，洛鐘東應」相互影響的。無論英國的孤立主義光榮不光榮，像邱氏諷刺阿特里一樣「不合時宜」了，倘她能放棄狹小的尊嚴，與自由世界共進退，日暮途窮的大英帝國，方不至於隨邱氏一同接近上帝。

四四、一、廿　脫稿於倫敦。

加強對菲外交

馬尼拉通訊・二月九日

李汝楓

我國對菲律賓的外交，和旅菲的廿萬僑胞的命運，是不能分的。僑胞是外交的實質；外交是僑胞的保障。外交沒辦法，就不能保僑；不能保僑，還談什麼對菲外交。尤其自大陸陷匪政府遷臺以後，菲律賓是和我們隔海相望有正式外交關係而又志同反共的友邦。至於廿萬旅菲僑胞在國難時期，始終不二地擁護政府，其愛國的行動又最爲熱烈，因此兩者在現階段對國家的關係和比重和政府在大陸時，大大不同。如果善爲運用，則對于反攻大陸復國建國必有極大的幫助。這是任何人不能否認的。

然而，我們這方面的實際作爲又怎麼樣呢？我們不妨稍一檢討數年來所發生的事件。首如一拖數年的禁僑案，現雖經菲正式軍官（黃燦戈上校）挺身作證當初是無辜拘捕，以後是非刑逼供，至今有十五人仍在冤獄，不准保釋。接二連三的又有菜場菲化案、零售商菲化案、和「三千遊客案」，邦交上不愉快的事件迭有發生，僑胞所受迫害日益慘重。反觀印尼七千人非法入境准其居留，中國三千遊客合法來菲，反硬要遣配，兩相對照，益增憤慨。至於零售商菲化案則尤足以制大多數僑胞的死命。原因是僑胞十之八九都是零售商，若菲化案繼續實施，則十年以後，菲島的零售商場上，將沒有僑胞的踪跡，也就是十餘萬僑胞，都將宣告失業。況且擱置菲國會中的其他菲化案，尚有卅餘件之多，全般菲化的呼聲，已密鑼緊鼓，咄咄逼人。菲大理院判定的外僑租用荒地九十九年的期限，本是將來僑胞轉業的唯一生路，而菲政府和國會方面，竟羣起反對，似不達推翻目的誓不罷休。此外如非菲委員會、反傀儡委員會、菲化委員會等等組織，也都是拿華僑作對象。還有細如牛毛的法令，僑胞很容易觸犯，而伸冤甚難。馬尼拉盜刦案件日必數起，受害最多的也是華僑，並且你若不任憑他洗刦，就難免性命之憂，報案打官司，更很難得到結果，徒多花一份訟費而已。僑胞的生命財產，實已毫無保障。我們並不是說菲律賓朝野上下，沒有一個眼光遠大明達公正之士，替華僑抱不平，不過是衆寡不敵，孤掌難鳴。往往話剛出口，傀儡渾號，貪汚惡名，就已加在他們的頭上。所以多半噤若寒蟬，不敢多事。馬尼拉中國城的馬路，早已坎坷的行不得也，菲政府惟恐替華僑區修路，在野黨一定攻擊他們受賄，所以遲遲不敢動工。總之，整個菲島對華僑的氣氛，確實惡劣非常，似乎天下之惡皆歸焉。有時在國際應酬場合，雖還得强作歡笑，內心則痛苦已極。這種情形，共產匪徒在旁邊是看得淸淸楚楚的，當然絕不會放鬆這些可乘之機。傳聞中共已潛派很多嘍囉，滲透來菲，對僑胞利誘威脅，挑撥煽動。而因菲化案的關係，僑胞將來失業的必日見其多，勢難免有少數人爲生計所迫，誤入歧途。星火燎原，絕對不能忽視。我政府當局對于上述的危迫情形，萬不能熟視無覩，而應亟圖挽救。

我們應當首先切實檢討而特別警惕的是，自二次大戰結束菲律賓獲得獨立以來，中菲邦交，本稱友好，爲什麼大陸淪陷政府遷臺以後，突轉惡化呢？這個答案非常簡單，因爲國際間雖然有冠冕堂皇的和平組織，和很多漂亮而動聽的外交詞令，而骨子裏實在只是「力」和「利」的問題。力是工具，利是目的。利之所在，惟力是視。彼此間對于力的發現和估計，往往比雷達還快，比天秤更準。量力行事，絲毫不爽。當年和我們併肩作戰的盟友，轉眼間便棄我如遺，甚且投井下石，給我們的打擊，比菲律賓又加甚焉。我們在力量不足時，只有忍辱負重。但現在情形不同了，在遠東反共國家中我們是唯一重鎭，這爲世界所公認。六年的生聚敎訓，自助人助，冷議熱嘲的白皮書，尚能轉變成中美共同防禦的安全條約。何況菲律賓和我們更是唇齒相依的反共國家，在此大敵當前的時候，只要將共同利害，剖析分明，相信再不會還有什麼事情不能互相諒解。希望我外交當局鼓其餘勇，表現力量，制定對菲外交決策，加强駐菲大使館陣容，不屈不撓的把中菲間的交涉懸案，在平等互惠的原則下，一氣解決下來。別再像過去的有氣無力，使廿萬僑胞永遠陷于失望的深淵，而坐以待斃！

另外我們還得要知道，中菲間關係所以越弄越糟，除以上所說的力量因素外，還有一層陰影在暗中成了很大的障碍，就是菲人對華人牢不可破的甚深誤會。據菲著名社會學家卞塔普松教授，和菲律賓大學社會學系主任韓特在馬尼拉各大學所舉行的菲生對外僑態度測驗的結果，均謂菲人憎惡的對象，除俄人而外，中國人佔第一位，百分四十以上都反對與華敦睦，主張遣配華人出境的也幾乎佔百分之四十。韓氏認爲華僑所以受菲人嫉視，是因爲華僑商業的繁榮，實一針見血之論。卞氏舉出菲人排華的因素爲少數華僑敗類的走私、放火、和以前娶菲妾的惡俗，以及現在的商業競爭，和大陸淪陷。氏復列舉菲社會中的隔閡和糾紛的主要來源，約有七項。按兩氏雖均係菲人，但純以學者立場立論，所說自甚公正。不過還有一層很重要的，也是華僑最抱屈的一種誤會，而爲兩氏所忽略的，就是日本佔據菲島期間，菲人因爲受害頗重，而認爲華僑受害較輕，遂因之遷怒僑胞好感。一般政客更大肆宣傳，以博取人民四年，無論物質數量和地域大小，中國所受的損害，都比菲律賓重大的多。只因菲人是菲島主人，華僑是僑居，所以他佔菲時自然注意前者而不以後者為慮，並不是優待華僑。至于混亂時期的少數不良份子的行為，是任何國人所不免，若因此而遷怒全體華僑是不合理的。因為相反的，數百年來華僑對菲確實有很重大的貢獻，可拿來說服菲人的。

至于談到外交上交涉的技術，當然是先要知彼知己為第一要件。譬以零售商菲化案為例，必須先要明白此案所以提出的客觀條件，才能研究交涉的對策。菲律賓也是個經濟落後的新興國家，失業的有一百七十八萬人之多，幾佔總人口(兩千萬)十分之一，實為菲政府最頭痛而急想解決的一個重大問題。他們看到全國很繁榮的零售商業，約半數在華僑手裏，當然眼紅，而要大動腦筋。當此時也，有人提議把零售商菲化以救濟菲人的失業，自是順理成章，很難舉出反對的理由。所以想打消此案最好是在提出以前。不幸既已提出，就得向菲律賓的兩大政黨分頭疏通。不幸當時負交涉之責的人偏偏忽略了這一點，對于不負責任而挺胸作大言的，又過于輕信遂認為該案不能通過。殊不思字面上能解除人民痛苦的提案是很少有人敢冒大不韙而獨持異議的，所以該案終究在全場無異議之下通過了。又如三千遊客案的所以越弄越僵，也是由于不明瞭兩黨對立的決竅，中間曾有兩度快要解決的希望，都是因為在野黨攻擊政府受賄而功敗垂成。平情而論，三千遊客酌繳費用換得永久居留權，就算果有其事，也不能算是賄賂行為。但在野黨想藉此攻擊政府，那就不患無詞了。

菲政府作風，一向是甚為敏感，對于在野黨的攻擊，更是力求避免。所以進行結果，不但不成，反惹得硬要遣配。總之，此等辦法即倖能奏效，也是飲鴆止渴。若雨露不能均沾，則反足壞事。向後是萬不能再輕易嘗試的。

僑胞是革命之母，旅菲僑胞，更是在國家板蕩期間的疾風勁草，他們現在的處境較任何地方的僑胞苦悶得多，而猶能體量政府的困難，毫無怨言。我們除萬分欽佩以外，本來已沒有什麼可說。因為人為刀俎，我為魚肉，團結就可倖存，分離定兩敗俱傷，而覆巢之下，焉有完卵？身處其境飽經患難的僑胞，一定比任何人認識得清楚，用不着再為喋喋。我們只有希望僑胞們不要因當前一時的逆境而稍灰心，還要保持先僑赤手空拳打天下的精神毅力，穩紮穩打的向前奮鬪，現在是黎明前的黑暗，光明的時期已在眼前。因為東南亞反共的國家，是同其命運，將來非精誠合作不可的。到那時不但不會排華，且必須聯華。這並不是預言，而是將來一定的局勢。

最後我們希望於國內主管僑務的和關心僑務的人，今後對于菲律賓的僑務，不能再舊調重彈，必須改變作風。換言之，就是要眞正明瞭僑胞痛苦是什麼？在那裏？趕快拿出辦法來解除。洋洋大觀的文告，激昂慷慨的演講，不但於事無益，反而惹人反感。總之，現在是需要實際去作，不是空口來說的時候。是要替僑胞想辦法，不是在僑胞身上想辦法。救僑如救火，宜速不宜遲。若猶豫不決，恐怕夜長夢多，等到有人走在我們前頭，就來不及了。常見報上登載，國內有不少的國民外交團體，如果實事求是的話，對菲的國民外交，不是很好的工作對象嗎？

右稿甫經草成，忽盛傳我外交部長葉公超由美返臺時，將便道來菲，交涉三千遊客一案，雖迄今尚只聞樓梯響，不見有人來，而僑胞聞之已歡喜若狂，且著手籌備盛大之歡迎場面。同時自中美共安條約簽訂以來，中非間的氣氛，似亦已有了微妙的轉變。更因美商之欲來菲投資，因菲化案而有却步之勢，已引起菲國朝野的最大注意。該案一時雖尚談不到取消，但新的菲化案或可暫緩重提，葉外長若果能於最近來此辦理交涉，亦正大好之時機也。

檢討臺灣地方選舉的缺失

應浩文

民主政治與選舉是不可分的。民主政治的健全與否，不能僅賴於選舉制度形式的建立，更重要的是要求選舉政的內容健全合理。臺灣由日本帝國主義鐵蹄下，重復回到祖國的懷抱，已整整的十個年頭，尤其自政府遷臺以來，實施地方舉選，臺灣的全體人民，對於選舉問題，是已不再陌生了。歷屆各縣市長與鄉鎭長，及縣市議會議員和省議會議員等一連串的選舉，在每次所進行的選舉中無論是在選舉權或被選舉權的運用上，一次有一次的經驗，一次有一次的進步。這是由於歷屆各種選舉候選人的循規蹈矩和辦理選務當局計劃的週詳執行的謹嚴，以及幾百萬選民的尊重秩序，與政府合作無間之所致。然而我們不能僅以此爲滿足，我們還應就歷次選舉中，所不應發生的現象，來一次徹底的檢討，期以改正，而臻於至善。

首先我們得講政黨提名，在目前「黨提名」的執行技術上似乎尙有「偏差」，歷屆各種選舉的黨提名候選人，很難做到眞正的經過提名而產生，勉強的說祇能算是黨圈名。因爲候選人提名，不是眞正經過黨員投票表決而產生，而只是由上級黨部圈定而提名，因此，往往發生黨員支持黨外人士競選現象。一方面上級黨部圈定候選人提名標準，祇憑下級黨部的一紙報告；同時，下級黨部向上級黨部呈報的時候，很少(當然不是完全如此)在事實上考慮到某人在地方上的聲望，與地方民衆對某人的信仰，以及其平時的所作所爲是否爲一般民衆所擁戴。地方黨部負責人或業務主管的個人感情，不免成了提名的主要依據。以這樣一種尺度標準來圈定提名競選候選人，則少數黨員支持黨外人士競選者，在事實上就難予責怪了。有時黨提名人士不孚衆望，同時亦勢所必得，因此在助選活動的方法運用上，間或有越常規，往往引起友黨人士之不滿。所以政黨提名者，一定要經過眞正提名的階梯，才不致發生枝節問題。反過來少數經政黨提名的候選人，認爲既經政黨提名，同時亦在勢所必得，以爲當選與否完全是黨方的事，與他個人的關係成份似乎很少，因此往往發現坐得其成的現象。當選是應該的；萬一落選則怨言百出，認爲黨失去了民衆的信仰，與黨力量的脆弱；並且還認爲若以個人身份出而競選，則一定是十拿九穩絕無落選之情形發生。這樣的政黨提名制度與政黨提名的候選人，兩者似乎均欠健全。

其次有的地方政黨提名的候選人，竟超過地方議會整個議員名額，變相地成爲黨內競選而且由政黨提名的候選人之中，不是站在一條聯合的陣營上，共同合作作全面整體的競選活動，以求得全部提名者之當選，而是各自爲戰。同時，常常發現黨提名候選人之間，彼此攻擊或互相破壞，他們祇是顧慮到本身個人的利害得失，而貽棄黨的策略而不顧，這又涉及到政黨本身對黨員的約束力，與黨員黨性的强弱問題，不在本文討論之列。然而像這種政黨提名的情形，事實上與政黨提名競選的本旨理想距離甚遠。同時歷屆各種選舉中賄選的情形仍不免時有發生，當選者並不是憑他的政見，與平時的言行聲望，和道德人格來博得選民的擁護而當選。而憑持金錢的力量以賺得選票，所以競選費用浩大，使一班眞正熱心地方事業、和忠誠爲社會服務者，因缺乏優裕經濟條件而裹足不前，無法參予競選，再進而至如地方議會的議長競選，則更非仗優越的經濟條件不可，所以很難產生出眞正有識見有政治修養與領導能力的地方議會首長。此外尙有操縱選舉情形，如此次第三屆縣市議員選舉則有「鄉鎭村里長沒有交代投誰一票」的現象發生，這種現象無形中在民主政治進展的過程中，投下了扼殺的暗影。

地方派系與個人利害，及面子問題促成選舉熱潮。這種地方派系，雖然不能確定地稱爲黑社會組織，但相去亦不甚遠，起碼他們的出發點是爲私而非爲公。因爲這一種人的當選與否，與選民的利害得失無關痛癢，所以形成每次選舉投票率的遞減現象。追溯美國地方議會，初期的權力操於地方行政首長，爲一般關心政治者所嚮往，成爲美國中央議會與政治家的製造所，後來地方議會的地位逐漸低落，反竟不爲一般人民所關心，主要原因由於地方議會議員，僅能代表某一階層，或某一區域的利益，地方行政首長同樣直接爲民衆選舉，而能做到代表全體人民的利益。何況我們目前一般地方議會議員，非但不能代表全體人民，連一個階層或某一區域一方面的利益也不能代表，他所代表的僅僅是個人的，他所爭的亦祇是個人的利害問題。譬如少數角逐競選人士，爲了商業上的關係出而參與競選，有的爲了目前佔有部份公賣利益，誠恐一旦有失故而參加競選，如果當選則可依此作爲擋箭牌，用以挽回或失之利益。如此種種參與競選之動機與本意，何以能博得一般民衆之信賴和擁護。以個人利害爲出發點的競選候選人，有時作競選活動時竟公然以本身經營商業利害，向人民活動選票，拜托支持，用以鞏固私人商業地位，而一班無知人民亦竟認爲其出而競選者之意義亦僅在此。如不予以協助投其一票，則有損於某人之商業經營。選民對選舉的知識如此窮乏，如認爲是一般人民的知識膚淺，倒不如認爲由於政府平時宣傳與教育的不够。這種情形太半發生在鄉村居多，今後

(下轉第18頁)

拾夢（下）

郭嗣汾

四

日本記者很守信用，第二天報紙上有了我的訪問特寫，也幫我發出了尋找玲子的新聞，我心裏燃起了更多的希望！

但是，我也給自己找了麻煩，日本外務省爲了救人的事情，特地向中國大使館致謝。他們還準備了節目託大使館邀請我。

當我這天上午正準備出去時，艦長叫住我，告訴了這些事情，我差點叫了起來！

「不要着急！」艦長笑着說：「時間還多的是，但是你必需爲團體的榮譽先留下來，這是難得的光榮！」

「艦長，別人不能代替我麼？」

「日本人是很講究禮貌的。」艦長繼續說：「你當然知道你救起來的那年輕人是三菱造船公司的重要股東之一，他不願失禮的。」

有什麼可說的呢？艦長走開後，我聳聳肩頭。小朱穿得整整齊齊地下船，向我揚着手，滿面春風。如果他站在我面前，我不狠狠地揍他一頓才有鬼呢！

整天都在無聊的應酬中過去了，我變成了馬戲團中的猴子，被牽着亂轉，宴會中的致詞，大使館官員的嘉勉，我一句也沒有聽進去，我只望着那些錦旗和禮物直生氣。

第三天，我叫了一部的士，到東京去，把珍藏着的玲子的地址和我認識的日本人和華僑的地址交給司機，跑了一天。他們大半都變動了地址，找不着人，看到了一兩個人也只是不着邊際地談談，他們也不知道玲子在什麼地方。但是他們都看到了報紙上的啓事。

我只能把希望寄託在報紙上的啓事了，玲子會看到它麼？我的信念開始動搖了。

第四天，第五天，我一直等在船上，伙伴們大半上岸去了，淡水，蔬菜和海軍當局交來的物資器材都在陸續裝上船。我不能出去，我恐怕玲子會看到報紙突然來找我。在船上，我急得團團轉，像熱鍋上的螞蟻。

第五天下午，一位年老的華僑紳士指名找我，他開了一部漂亮轎車到碼頭上來，請我到他東京家裏去吃晚飯。

我推辭了好久，他仍然執意邀請我去，結果只好特別交代梯口值更軍士，假如有人來找我，務必留下地址，或者到那位紳士家來找我。

老紳士自己開車，他大約有五十歲，精神很好，一看就是一位很有地位的紳士，但是他爲什麼自己開車呢？

車子駛出碼頭不遠，進入充滿酒吧和美國水兵的街道，不調和的英文、日文和中文的招牌，在五顏六色的霓虹燈光中閃耀。這就是復興的日本麼？我感到有一陣無言的諷刺從心底升起。

正當我懷着落寞的心情望着車外的街道時，車子已經轉過了二三條街，接着停了下來。

這是一家華僑開的一家大貿易公司，老紳士揿着喇叭，接着，門內走出了一個穿絳色大衣的年輕女人，用輕快的脚步直向汽車走過來，烏黑閃亮的頭髮，微鬈着紛披在頸後，圓圓的臉孔上端正地長着雕塑似的鼻子和大而黑的眼睛，靈巧的小嘴上塗着淡淡的口紅；長大衣並不會掩去她苗條的身材，是一個很美的日本女郎。

我突然呆住了，這可能嗎？我回望一下老紳士，他笑着看着我，蒼老的臉上顯出無比的慈祥。

「楊……」那女郎緊張地抓住車門，望着我。

「玲子……」

「少校，」老紳士拍拍我的肩，「在你留在日本的時間內，這車子是你的了，如果你願意，歡迎你們晚上到我家裏來。」

如果不是她先叫我，我眞不敢冒昧認她的。我腦中的玲子，仍然是十年前尚未完全成長帶着幾分稚氣的大女孩，現在我面前却是一個風華絕代的少婦了。一瞬間，我才覺得我自己也已有了很大的變化，從分別的時間算起十年已經過去了。流光似水；十年，該流去了多少水啊！

我們兩個人的手隔着車窗緊緊地握着，老紳士已經跨下了車，我發現有好些人注意着我們，有點不好意思，也忘記了向老紳士道謝，便打開車門，把玲子拉上車來，踏動油門向前面開去。

我覺得我有太多的話要說，可是我不知道該說什麼好，似乎她也有同樣的心情。我用一隻手開車，一隻手圍着她，她半倚在我的臂中。

「玲子，」我終於開口，「你看到報紙了？」

「我從大阪趕來的，」她說：「我看到你的照片，你沒有變。」

「你長大了。」我說。

「變老了是不是？」她笑着望我。

我瞪了她一眼，繼續開車。

「你知道你是美麗的，」我說：「不管天荒地老，我永遠會保留着你的影子。十年來，我沒有一夜睡覺時不想念你。」

她低下了頭，我發現她眼圈紅了。

「玲子，我的話使你傷心了麼？」

她搖搖頭，勉强地對我笑一笑。

「我們到那裏？」

「到東京，」她似乎恢復了正常的情緒，繼續說：「我會告訴你開車路線的，我該陪你好好的玩一下。」

「你很會弄玄虛，」我笑着說：「為什麼不直接到船上來找我？」

「給新聞記者製造新聞麼？」她也笑着看我，「李老先生的女兒是我很好的朋友，他是一個很慈祥的老人。」

「該死，我簡直忘記給他道謝了。」

「還車子的時候一起道謝吧，他不是小家氣的人。」

從橫濱到東京的路上，充滿了新修的房屋、工廠等等建築，顯現着一片繁榮。回想着我們國家的處境，與這戰敗國相互比較，不禁使我有很多的感慨。

但是，玲子使我冲淡了這種感覺，十年分別，我們自己和週圍的一切，都有了極大的變化，我們却終於再度相逢。這個世界儘管如此殘破，在我們的遭遇來說，上帝對我們總算太偏愛了。

「玲子，」我說，充滿柔情蜜意，「十年前，我們在汽車中分手，今天又在汽車上重逢；兩部汽車，啣接了漫長的時間和遙遠的空間，一切被上帝安排得多麼奇妙啊！現在，再沒有什麼可以分開我們了。我愛你，沒有任何的信念比這更強烈了。」

她眼睛一直望着前面，濕潤的眼光中包含了無限的情感，也有一些我所不了解的神情，聽我說完後，她突然全身顫抖的倒在我的手臂中哭了，傷心地落着淚。我相信她是太激動了，也許她還有許多不幸的遭遇，我們應當推心置腹地長談一下的。

車沿着平坦廣濶的馬路向東京駛去，夕陽如畫，燈火如繁星，我們像夢裏的王子與公主，是如此的幸福；而又好像如此的悲傷。

五

夜來了，我們安靜地坐在一家咖啡室裏，狹小的火車座，濃蔭的盆景，隔成了一個個小世界。客人很少，有一份安靜的美，播音器裏低低地放着日本歌曲，有些憂鬱，也給室內添了不少美的氣氛。

我們並坐在一把長沙發中，她靜靜地聽我說着別後的情形，十年來的動亂與遭遇。她時而歡欣，時而傷感，分擔着我的苦與樂，勝利與創傷……

「唔，」我說：「這就是一切，我覺得這些對我都是身外的事情，也可以說別人夢寐以求的東西我並不太珍視它。總之，我生活得很好，很有意義。現在我們能夠重逢，我已感到再別無所求了。你呢，玲子，讓我聽聽你的這些年來的生活吧。」

她不響，怔怔地看着我。

「玲子……」我說。

「我不像你，」她終於歎一口氣說：「我仍然覺得一切是夢，我的心很亂，簡直理不出頭緒來。」

我拿起她手吻着，我相信她心裏很緊張，我們當年用了多大的勇氣分別，這次重逢也實在太離奇了，我需要讓她先鎮靜下來，我們的時間還多。

「玲子，夢已經過去，這是在東京，我們兩個人在一起，我們將永遠在一起了。告訴一點別後的情形吧。」

「楊，」她凝望着我，眼光中充滿了如怨如訴的感情，繼續說：「我會慢慢地告訴你的，不要現在。告訴我，六年以前那一次南京失守時你是怎麼逃出來的？」

「我的船在江陰要塞擱淺，我游水登陸，藏在民間，直到上海淪陷後才坐帆船偷渡到定海。你為什麼突然問到這呢？」

「那時我看到你在東京報紙上的尋人啓事，那時你的地址是在上海，我連發了幾封信都沒有下落，後來託人到臺灣打聽；聽說，你們整個一條船在長江中沈沒了。你知道，那對我是多麼不幸的消息……」

「那是眞的消息，不過半數以上的人後來都逃了出來，重新參加反共戰鬥了。」

「那對我就是一切！」她說，眼睛望在天花板上，「我突然覺得我一下落在深淵裏了，不久又接着是父親的逝世……」

我把身體坐正了，睜大了眼睛瞪着她，一陣濃烈的哀傷情緒從心底升起。

「啊，玲子，」我流淚了，「我覺永遠看不見他老人家了！」

「父親死的時候，他希望我忘記你，忘記這時代給予每個人的創傷與枷鎖，但是，我不能！」

「我也不能，」我說：「不過我們現在可以共同携手為我們的幸福與未來奮鬥了，這還不算晚！」

「我缺乏勇氣，這些年來我太孤獨了。」

「愛情會給人帶來希望和勇氣的。讓我們重新開始，拋棄掉我們生命中一切不幸、創傷與缺陷，只要我們兩個人相愛，沒有什麼能阻擋我們前進的。」

「楊，」她又歎氣，「也許我們不應當分離，也許我們不應當再相逢，生命中本來有太多的缺陷，我怕我已經失去……」

「玲子，沒有缺陷顯不出完美，沒有缺陷的人不懂得生命的眞諦，你應該有信心。」

我用兩手抓住她的雙肩，深情地注視着她，她溫柔地倒入我的懷中。

「是的，」她說：「我該有信心。」

慢慢地，她抬起了頭，我從她臉上發現了極其平靜與純眞的表情，使我回溯到十年前的那一個天眞未鑿的女孩，我俯下頭去，兩個人的嘴唇遇到了，接着是一個深長的熱吻。

「是的，我們該有信心。」她終於推開我，微笑地說：「多可笑，我不知道自己竟變得多麼脆弱！你到東京來是多麼不容易的事情，你看我竟用眼淚來招待你！現在，你是我的客人，讓我陪你玩去，逛夜東京、跳舞、看歌劇，都隨你的意思，好不好！」

「玲子，只要在你身邊，到什麼地方我都歡喜！」

「那麼我們跳舞去，跳完舞回李老先生家裏，我住在那裏，假使你可以不回船也住他家裏吧。」

「好，不過我得打一個電話回去。」

「那是你的事。」她說，站了起來。

我付了錢，替她穿上大衣，她回身看着我笑着說：

「你變了一點，比從前顯得强壯些，這一身海軍制服使你顯得更英俊了！」

「眞的麼？」我笑着說：「海風和太陽也使得我變黑了。」

「我歡喜這樣。」她低聲說。

「玲子，」我們並肩走出咖啡室，侍女向我們鞠躬道謝，我繼續說：「你知道我當年答應過你，我要加入海軍的。」這時，我突然想起了山崎勝男，這一個拯救過我生命的人，怎麼簡直忘記了他呢？我說：「玲子，知道你表哥山崎君的情形麼？」

一陣風從街頭掃過……

她突然站住了，仰起頭來望着我，在街燈下，顯得蒼白失色。

「有什麼不對嗎？」我趕緊挽緊了她，我說。

「沒有什麼，」她恢復了正常，她說：「剛出咖啡室覺得很冷！山崎君很好，他在一條五千噸海船『津島丸』作船長，經常開仁川、釜山和橫濱各地，也許這一兩天會回來的。」

我們上了車，發動了引擎，我說：

「那眞好，我眞希望見見他，對於他那次冒死救我，我會永遠不忘記的。他的船不去臺灣嗎？」

「他希望去，不過現在他們和美軍訂的運輸合同還沒有滿期。」

「他對我的影響很深，」我把車子駛入街車的一字長蛇陣中，我說：「我願意有機會報答他。」

「每個人都應該保有善心好意，如果需要報答的話，善行也會變成買賣了。」

「這是我的事，玲子，你變得會說教了。」

「我在大阪中學裏教課。」她笑着說。

「把我也當作學生嗎？」我也笑了。

十一月的東京之夜已經很冷了，但是車裏面是永恒的春天，夜東京是美麗的！

六

玲子的父親死後，葬在東京西北郊外的一處景色很美的墓地裏，起伏的邱陵，疏落的人家，整齊的阡陌，很容易使我興起故國的想念。從墓場中，可以望見西面的富士山，白雲在山峯四圍環繞，鬧市與車馬聲喧都已遠去，幾處竹籬茅舍，炊煙升起，在這地方長眠，倒是眞正對澹泊明志的吉川老先生很適合的。我忽然記起他在上海時，最愛讀陶淵明的詩，尤其歡喜「採菊東籬下，悠然見南山」的情調，這是他夢寐以求的境界。如果他死而有知，葬在這地方對他算是滿意了。

在墓前，我獻上了花圈，玲子哭了！她哭，使我想起老人的音容與當年對我的關注，想起我自己身陷在鐵幕中的家人，我也哭了！

面對着死亡和墳墓，會使人有永恒之感！到此時，似乎一切都已離開了自己遠去，只有昇華了的宗教虔誠從心底升起。於是，我默默地爲死者，生者和我自己祈禱。

一會，我拭去眼淚，扶起了玲子，在石級上對坐下來。從今天早上起來，我們一起離開李老先生的家到吉川先生的墳上來，這一段時間中，她非常沈靜，充分表現出日本女孩子傳統的溫柔和謙遜。此刻，她眼睛中有着一份奇異的光芒，我覺得那使她有無比的美麗！一個人可能在最沈靜的時候最自然，也就最美麗了。

「玲子……」我叫。

「嗯。」她望着我。

「我們能一道到這裏來，你父親在天堂中有知，也會高興的，在上海我最後離開他老人家時，他不是還祝福我們兩個人嗎？是不是？」

「楊，」她沒有答覆我，却說：「父親很歡喜你，他會高興我帶你來看他的。」

「我說他高興我們兩個人一起來。」

「這裏陽光很好，我們多坐一會好吧？」

「風大一點，你不覺得冷？」我握着她的手說。

「不，我歡喜鄉下的清靜；你冷嗎？」

「我只是躭心你。」

「我常常到這裏來的，」她悄然地說：「我總覺得我希望離父親更近一點，在這裏，我覺得我的心靈往往會超越時空的距離，和父親的心靈連接在一起。」

「玲子，有些方面我們個性完全相近的，我希望將來我們有一個家，在僻靜的鄉下，沒有世俗紛擾，沒有戰爭破壞，我們和我們的孩子無憂無慮，自由自在的生活，那多麼好！」

「楊，」她莊嚴地說：「在父親面前，讓我告訴一些事情給你。」

「啊……」我有點奇怪，她的話似乎很突然。

「有些事必須告訴你，因爲我們都不能逃避現實，也不應該逃避現實。」

「玲子，我愛你，這就是一切！」

「我懂！」她眼圈又紅了，「但是昨天我已經答應過你，我要把我過去十年的一切告訴你的。」

「一定要在這裏？」

「是的，在父親面前。」她很堅定。

「不，玲子，」我說：「我改變主意了，讓我們談將來，你父親更高興聽的。我們在這裏只有短暫的時間把未來的計劃告訴他老人家，未來還有許多時間足够我們回憶往事的，我也還有許多事要告訴你。」

「談將來？」她茫然地問。

「是的，玲子，你當然知道明天我們的船就要離開日本回臺灣了，我們對未來應該計劃一下。我回臺灣後馬上向海軍總部申請你入境事宜，然後我們在臺灣結婚，你看好不好？」

「…………」

「然後我們作一次蜜月旅行，在美麗的山間、湖濱。夜裏就出發，在黎明時的曙光中醒來，我們划船，只有我們兩個人在湖上搖着櫓；我們爬山，在羣山中迎接太陽。我要盡我一切的力量使你幸福，補償我們十年來的……」

她面色蒼白，用力抓住我的手，她的手是冰涼的。

「玲子，」我猛然止住了我的話，像水閘抑住了洪水，我把她拉向自己：「你覺得冷嗎？」我問。

「是的，」她說：「我覺得有點不舒服。」

「那麼，我們還是回去的好，這裏風太大……」

我扶她走下墓園的石級，她軟弱地靠在我的臂上，我想起早上看到她蒼白的臉色，就知道她一夜沒有睡好，我不應該讓她在風裏坐得太久。

上車以後，我小心地關好了車窗，我說：

「前面公路邊有飲食店，讓我們去喝一點熱的飲料，那對你會好一點的。」

「不要緊的，」她躊躇了一下，然後，帶着極其溫柔的笑容說：「我已經好了。」

……………

整個下午，我們在東京市區中消磨過去了，她比在郊外的心情好些，我想該是墓地的肅穆與天氣影響了她的心情，同時，長久的孤獨與等待更會使一個人的感情落寞，一旦幸福猝然降臨，反而會感到手足無措的。

在從郊區回到東京鬧市的途中，我仍然興奮地向她說了許多關於未來的打算，她靜靜地聽着，最後我說：

「玲子，我對於這些事情的籌劃，已經不是一天的事情了，我經了長期的幻想，才豎立了這理想的王國；但是，沒有你，我達不到那王國裏去的。」

我的話，顯然使她很感動，她眼中放着奇異的光輝，臉上洋溢着一種形容不出來的美麗，然後她歎了一口氣。

「我現在已經够幸福了。」

「不要侷限幸福，幸福是沒有什麼可以阻止和衡量的。」我說。

「告訴我一件事，」她轉向我，「也許我不該問，你在這些年來，一直就想到我們間幾乎絕望了的愛情，而沒有感到結婚的需要嗎？」

「結婚？除非是與你重逢；像現在一樣。」

「萬一竟遇不到我呢？」

「那除非我能够忘記了過去所有的一切事情。」

「你應該忘記的。」

「玲子，你當然知道我是永遠忘不了的，除了死……」我歎一口氣說：「卽使你不愛我……」

「楊，」她止住我，「你當然知道我是愛你的，不管在任何情形下，一直到永遠……」

七

下午，我們在有名的『上海酒家』吃晚飯，因爲第二天就要開船，我必須回去處理一些事情，於是我們打電話把李老先生的司機找來，開車送玲子回去，而我自己搭上了回横濱去的電車。

我們已經約好，第二天上午十點鐘在港口再見，因爲我們的船預定十二時開航，我們還有再見面的機會。雖然該說的話都已說完了，但是我總是渴望着開船以前能够再見到她一次。

分手的時候，她深情地注視着我，兩隻手擱在我的肩上，眼睛裏仍然是那一份說不出的情感……

然後，她把我推開，回身上了車。

一份悵然若失的感情從我心底升起……

車來了，我隨着人們上了車，車在湧滿人潮的市街中駛過，東京逐漸在車輪下滾過，慢慢隱入了夕陽的彩霞裏。

回到船上，梯口值更軍士告訴我沒有什麼事情，放假的人還有少數沒有回船，明天十二點準時開航。

一天多來和玲子在一起，雖然我很興奮，但是也很疲倦，回到房艙中倒在床上，却不想休息，我抽起一支煙，從裊裊煙絲裏回憶着這一天多來的經過，我突然感到我需要說話，需要找一個人分享着我的幸福。

可是，別人並不像我，有的還沒有回船，有的人在休息，我不願意去打攪他們；於是，我走上駕駛臺。

暮色溟溟中，岸上萬家燈火，薄霧籠罩在港內。駕駛臺上值更士兵拿着望遠鏡四處眺望，信號兵在和港內另一條軍艦用閃光燈號相互問訊。

無聊中，我也拿起望遠鏡眺望一條正在下貨的貨船，那是美軍軍用碼頭，是港中最繁忙的地方，我習慣地先看看船頭漆着的船名；突然，我的眼睛亮了一下，又揉揉眼睛再看，那船名很清楚：『津島丸』。

放下了望遠鏡，我問值更軍士：

「你知道那條貨輪是什麼時候到的？」

「不知道，槍砲官，」他搖頭，「我接更時她已經開始下貨了。」

「報告槍砲官，」，信號兵插口說：「下午我沒出去，她是三點鐘抵港的。」

「好。」我丟下了望遠鏡，匆匆回身就走，到了梯口時，我想起他們一定會覺我很古怪，我回頭說：「津島丸的船長山崎君是我的老朋友。」

我匆匆地下了船，從碼頭上繞過去，穿過那些去來不斷的碼頭工人的行列，一直到美軍碼頭走去。

扶梯下面一個美軍憲兵向我敬禮，我還禮後上了船，船上很忙，前甲板上起重機不停地起落貨物，我逕自走向船長室。

「剝！剝！」我敲門，懷着無比的興奮。裏面沒有應聲。我輕輕地推開門，室內是空的，沒有人，大概他出去了。我想該給他留幾個字，讓他回來的時候可以來找我。

但是，我坐下來時，眼睛不期地接觸到檯上的一張照片，突然像有人在我頭上重擊了一下！我覺得暈眩、無力、勉强再鎭定下來，絕望地再看對着座位的放在寫字檯上的照片，它鑲嵌在金質鏡框裏，分明是山崎，玲子和一個三四歲左右的女孩子在他們兩人中間的合影。她已經結婚了。

我勉强在轉椅中坐下來，拿起鏡框架，那下面寫有一行小字是：『結婚五週年紀念攝於大阪。一九五四、七、五。』

我木然地坐着，左手還拿着鏡框，用右手撐着頭部，凝視着鏡框中的照片：山崎比從前胖了些，臉上帶着幸福的微笑。那孩子很像母親，大約三歲左右，手中還抱着一個布娃娃，不安份地在兩個人手中動着。玲子很沈靜，她那熟悉的眼光中顯示着一份安恬；也更好像有一份不易於察覺的迷惘與惆悵。

我開始想起這兩天和她在一起時她的憂鬱，與提到山崎時她不安的情形，在她父親的墓園中她要告訴我關於她幾年來的一切經過；想起她問及我在南京突圍的事情。現在加以印證，一切都很明白了，玲子一直在等我，但是我的船在長江中被擊沈的不幸消息使她絕望，不久父親又逝世，於是她才接受了山崎。

她有什麼不對的地方嗎？一個女人總得要找歸宿的，何況她孤苦伶仃一無依靠，山崎對於她很適合，對於她對於山崎來說都是很理想的結合。

但是，我又想起玲子幾個鐘頭前的話：「你知道我是愛你的……一直到永遠……」

正當我陷於混亂的思潮中時，有人在身後咳了一聲。

我回過頭去，是船上的一個侍役，他看到我回身過去，立即向我鞠躬。

「我看你們的船長。」我說。

「船長到大阪去了。」他恭敬地說。

「啊……」

「船長說明天下午才回船，您有什麼事情需要我轉達他嗎？」

「不必，」我站起來說：「等他回來後我再來看他好了，我們是老朋友。」

我下意識地再望了照片一眼，然後又鄭重地把它放回原處，那侍役鞠躬送我下船。

這是一個突然來到的新發展，我有些不知所措了；十年的等待，十年的想念，我終於找到了她，但是她却已經另有歸宿，這打擊幾乎使我癱瘓了。

回到船上，立刻把自己關在房間裏，躺在床上，無數的思潮不斷在腦中出現和交織着。香煙使它們更混亂。

可能，我還有一份自信，我相信玲子愛我，她會離開山崎跟我一道走，沒有什麼可以阻止我們相愛的。但是，我不能這樣作。西方人會以奪取爲勝利，東方人却以退讓爲美德。我不能把幸福建築在別人的痛苦上面，尤其是從山崎手裏去搶走她。這世界最大的需要是信仰和愛情，然而愛情不是佔有也不是破壞，假如他們倆人已經在幸福中，我爲什麼去破壞他們呢？

我回想到山崎很早時就愛着玲子，但是他却隱抑着這份情感，犧牲自己來救我，成全我和玲子的愛，現在，我能在他的手中搶走玲子麼？我不能。『沒有殘缺就沒有完美』，這幾乎是必然的道理，既然戰爭、命運都給我帶來無可補救的缺陷，現在再去追求完美該是不可能也成爲多餘的事了。是的，這是命運，一個人既找尋不到痛苦，也創造不出幸福的。我懂得了。

明天，我就回到煙波蒼茫的海上，回到祖國去了，何必讓我們三個人心中都留下不可磨滅的斑痕呢？我能够再見到玲子，見到她生活在幸福中，我已經够幸福了。讓這一份情感永遠留在心的深處吧；上帝已給我太多，我還能要求什麼呢？

我終於使自己安靜下來了，幸福會使人陶醉，德行却能使人滿足！當然，一個人努力把全心全意投向德行，不一定是爲了滿足自己，也是因爲我們的天性是崇高的。

我熄滅了香煙，作了最後決定，幾乎沒有猶豫地提起筆來寫了一封信給山崎。

我寫：他一定從報上知道我到了日本和我找玲子的事情了，我因爲要開船不能見到他，將是一件莫大的遺憾！關於一切情形，玲子會告訴他，在信上我能寫的，便是向他們兩人祝福！

我把這一次收到的禮物除了有紀念性的自己留下之外，全部送給他。我說：只有他才配得到這些榮譽的禮物，這些禮物並不足以報償他當年對我所作的犧牲於萬一，然而却是代表我從心中發出的全部感謝，也是對他們兩人的祝賀！

寫完了，我派了一個水兵送到山崎船上去，心裏面覺得有無限的輕鬆……忽然我又不由自主的哭了起來。

最後，我又想到山崎可能已回大阪，他明天下午回船當可收到禮物和信件，即使他趕來，我已離開日本了。不過玲子明天上午會來，我還有什麼必要再看到她呢？一滴眼淚與深情的一瞥都可能使我改變決心的；我決定不讓她來。

匆匆又跑上碼頭，和東京通了電話；我告訴她船改期開出，明天十點鐘以後我到東京來找她，有重要的事和她商量，希望她在李老先生家中等我。

我完成了對自我的犧牲，我發現我很平靜。一切會過去，我們每一個人都會衰老，死亡，但是我永遠不會忘記這些平凡而又不平凡的遭遇！因爲我記起了聖經上幾句話：『大理石和雪花石都是能毀壞的紀念碑，上面的碑文沒有幾個人能讀，只有把你自己銘刻在別人心裏，才永遠不會被忘記。』

八

思潮逐漸模糊，宇宙不斷運轉，往事在複雜的記憶裏漸漸褪色消逝；代替它的，是一個平靜的黎明的到來。風浪已逐漸小去，穹空中灰暗的夜雲開始稀薄，海面上籠罩了一層淡淡的白色的霧，和東方益見擴大的暗紅色配成了一幅充滿希望與光明的畫面。

實際上，我知道在我眼前將要展開的是遠比我看見的更爲美麗的畫面；往事和纖弱的感傷已像夜來的風浪，隨着黎明到來而遠去，我已看到廣大的海洋與天空，吸收到清新而潔淨的空氣，船在破浪前進！我已找到生命中美好的東西，我將珍藏着它走完未來遙遠的人生的航程。

置電話記

吳魯芹

有一天太太說，我們若是能裝一架電話，就方便多了。例子當然很多，比方說有約不去，得病尋醫，不僅省時，而且省却跑路，但是眞正微微打動我去改變初衷的例子，還是入晚該歸未歸，一家大小坐候共進晚餐的不歡局面。有人說吃飯不飽會引起革命，那麼吃飯誤點，多數人枵腹恭候少數，也可能引來不良的後果，更何況誤點的原因，有時候竟是此一少數因爲盛情難却，過屠門而大嚼去了。

因此我不置可否的「唔」了兩聲。

過了一會，太太又凌空地重述了一遍。『那樣的話，就方便多了。』

這，同其他的議案一樣，本可以無疾而終，但是不知怎麼，這一件毫不熱烈的討論，給小姐聽到了，而且好像引起了莫大的興趣，小姐說我們早就該裝的。（早在什麼時候呢？小姐實足年齡是六歲有半。）然而同別的廿世紀的進步家庭一樣，兒童是明天國家的主人翁，是今天吾家的主人翁，主人翁的話雖不一定有分量，但是年幼無知，記憶特强，而且似乎已受到不達目的不止的革命薰陶，時時會提醒議而未決的案件來。使無情時光的流瀉，並無助於拖延。而且兩個人的聲音比獨白總更爲理直氣壯。

於是我們裝了電話，時在民國四十三年某月某日，記不清了。祇記得作此決定，是在某晚又晏歸，全家晚餐誤點之夜。

但是，這並不是一件事的結束。

假如說豎降旗是換取耳根淸靜的權宜之計，那也得有個分寸，誤用不僅無濟於事，反足增添煩惱，在初置電話的第一晚，夜闌人靜，我們心自問，忽有所悟，豎降旗原則上每次都是錯的，但尚有近功。這一次却引來後患，耳根淸淨之說，並不是放諸四海皆準的。似乎大錯已鑄成，要有永無寧日之患了。

通常，唯有夜闌人靜時，才是不折不扣「咱家自己」的天下。一卷在手，萬籟俱寂，讀到感慨處，自念身世，幾乎要起「悵望千秋一灑淚，蕭條異代不同時」之念了。這當然也是自我陶醉之一種，祇是比不上時下一般自我陶醉者那麼積極，那麼上進，因此就更見得無甚出息。但是夜深與古人晤對的樂趣，是不能抹殺的。那既無喋喋之擾，亦無「抬槓」之虞，而且又不要報流動戶口，可是這一晚，「咱家天下」，不那麼完整了。這爲人服務無遠弗屆的現代工具，在一旁虎視眈眈，似乎隨時準備帶來不測的風雲。

大約因爲是草創時期，不免有兵荒馬亂的現象。這一晚我的電話，竟做了不少無的放矢的行爲。同往常一樣，夜闌人靜時，我一仍舊貫，一卷在手，已昏昏然睡去了。忽然僅有一紙之隔的右邊房裏，響去一陣急噪的鈴聲，急促地，機械地。我本能地走了過去。

『摩西，摩西。』

『你找誰？』

對方掛上了。我頹然回到原坐，書可不知放到那裏去了。於是我忙着去找書，

電話可又響了。

這回是請張助產士趕快去接生。我對着話機發楞了良久。俗語說，天有不測風雲。在那時，對我說來，電話機就是不測風雲的化身。它隨時可以響起來，我得隨時應命。忽然，一個念頭救了我，怎會有人打電話來呢？這時除去先知先覺以外，沒有人知道寒舍這件新猷。先知先覺待啓廸的後進太多了，也絕對不暇顧及下愚。這一領悟，令人頓時安心。電話可又響了。這次我完全胸有成竹，不待對方啓齒，就輕描淡寫一聲「你錯了」，然後我找出一條絨氈將話機包了起來。它若再無的放矢，我也可以充耳不聞了。

居然一宿無「話」。

草創時期的混亂，漸漸沒有了，所謂漸入佳境了，但是入晚「咱家天下」那一點寧靜，似乎永不可復得。此一新猷，包涵祇不過五位數字，沒有什麼深文大義，不能永遠祇讓先知先覺知道，不下及於庶民，像治國平天下那些大道理。因此漸入佳境之後，就成有的放矢了，它究竟是現代文明的產物，不受時空的限制，驀地而來，風雨難阻，而且又是雙軌交通。有些事本可待諸來日，有了它，只須一舉手之勞，何必因循呢？但這一舉手之勞，就帶來喧鬧，「咱家天下」的一點寧靜，便被凌遲得體無完膚了。大約人到無可如何時，就會起一種消極的抵制念頭，如不抵抗主義之類，造反不成，沉默可也；不接電話的自由沒有，不用的權限還有的，但是未來的主人翁，明察秋毫，再不然就是受了幕後的指使，有一天居然質詢起來了，『爸爸爲什麼總是不肯打電話？』

『爸爸不喜歡電話。』

『爲什麼？』

『電話裏通話，就同戴黑眼鏡的人交談一樣，看不見對方的眼睛，很叫人納悶。』

當然，還要繼續「爲什麼」下去，但是同大小質詢一樣，總可以不了了之的。電話本身確是漸入佳境了，偶爾也錯回把，大半應歸咎於對方的不愼，一字之差，謬以千里。然而，一錯卽了，可以並無下文，祇是有一次錯得過於湊巧，雖然咎不在我，還是暗自對某一位十分冒失的先生，抱歉良久，實在是予心有戚戚焉，不過引罪無從，只有罷了。

時間在某晚十時左右，寒舍的電話忽然響了。

『是吳公館嗎？』

我楞住了。

此一稱謂，刺耳尚在其次，査與事實不符。寒舍雖既小且破，常感恩颱風足下留情，可倒是道道地地的「私」產，無絲毫「公」中的涓滴。但是不由分說，對方的聲音更急促了，『是吳公館嗎？』

『我是姓吳。』

那聲音大約足可表示是戶長的身份。縱未明說，至少暗示了二十蓆之內的威儀，因爲對方的口氣立卽變了。『報告××，某長請您講話。』

我正要認錯，但那一端的話機已經易手，搶救不及，對方已換了另一個聲音，稱起我爲「某某兄」來了。

這時我眞是處在一個啼笑皆非的境地，平時人們雖十分討厭官居七品的宰相門房，或與門房相若氣燄猶過之的角色。但是一想到他們也是因爲近水樓臺，常會無辜地受到不近情理的申斥，又會起惻隱之心，因此我就想如何去擔當一點其咎在我的責任，然而我似乎不能說我姓吳姓錯了，這我的祖先已經姓了不知多少年，就連我自己也姓了幾十年，這一點我不便認錯。於是在茫然中，我雖然很禮貌地，可是也十分笨拙地說：『這錯得實在太湊巧。』

話猶未了，那一端嘣的一聲掛上了。

我若有所失，心中暗自盤算那位十分冒失的先生，明天一定以更難堪的臉色，對待趨謁崇階，投刺求見的人們了。這時我忽然覺得，通話之前，罰站如儀，亦有它的好處，這次若有罰站如儀的緩衝時間，我就來得及認錯，不致於連累別人了。

「罰站如儀，再聆訓誨」，是我對某種通話習慣所加的標幟，這種習慣，對於忙人，或者長者，情有可原，光陰卽金錢，夕陽無限好，如何糟塌得起？而且相形之下，區區一介庶民的幾分鐘，往天秤上一等，就立卽分曉，實在算不得什麼。但是此一習慣和一切好壞習慣一樣，亦普及於智愚賢不肖，某次我遇到一個極端的例子。

開場當然是代言人的聲音。『某先生要同你講話。』某先生者，不屬於忙人，要人，或者長者一類。我佇立有頃，但不聞人聲。我等着，等着，以爲是碰到樂譜上的全休止符了。但是四拍拍畢，仍無動靜。假如說有時聲音可以激怒人，此時眞是無聲勝有聲。我十分不耐地看看錶，已過了五分鐘了。

『喂，是魯芹兄嗎？』

『稍等，稍等。』我操着臺灣的語言，順手便放下話機。

接上我燃上一支煙，往榻上一倒。

五分鐘的時間，像是異樣的悠長。秒針走完五分鐘的最後一秒，我拿起聽筒，連賠不是，果然無聲比有聲更能激怒人。

『老兄，我足足等了你十分鐘。』

『對了，前後加起來，整十分。』

這以後，這位朋友，似乎體悟到癥結之所在，竟然對我取消代言人的制度了。電話局常有節約的呼籲，希望用戶少說廢話，縮短通話時間，並且舉出如何節約的例子，其中似乎漏列了一條，那就是應該勸人少用代言人；果屬必需，也該盡量減少代言人與實際通話人之間那一段眞空。當然回敬的辦法，也許更收實效，但則可偶一爲之，常用就要得罪人了。

至於吾家電話，確是漸入佳境了，有幾晚彼此沉默寡言，幾乎忘却其存在，以爲咱家天下那點寧靜，又完整無缺了。人不犯我，我不犯人，何況還是工具呢？原先那點憎惡之情，似乎在潛意識中也漸漸淡去。某晚，我竟然在一家餐館裏不加思索地走到電話機旁，不加思索地撥出一個號碼。

『我是爸爸。』

『爸爸打電話回來了，爸爸打電話回來了。』

那不是對着話機說的。

那像是一陣勝利的歡呼。

一九五四年聖誕後一日

讀者投書

給高市長的一封公開信

吳四維

市長先生：

今天讀報，看到教育部次長視察臺北市和平東路師範學院環境衞生的消息，這使我們特別感覺與奮。師範學院東面有一湖（姑名之曰「文化湖」），聽本省同胞講，在日治時代，湖水非常清澈，周圍風景亦十分幽雅。湖東有小溪，注水入湖，西北角（在師院男生食堂旁）則另有一小渠，洩水北出。有此活流，湖水乃得保持清潔。數年前，市府竟自湖之西邊（龍泉街旁）大量傾垃圾入內，未久卽將湖之洩水道堵死，致使原有之明湖一變而爲臭塘，傾入之穢物，更漂流湖面，隨風東西，夏季烈日薰蒸，腐爛發酵，氣味四播，蚊蠅羣集，湖邊住戶莫不引以爲苦，影響此全區之衞生，亦旣遠且鉅。二年前湖畔居民，由立法委員潘士浩先生領銜，會聯名向市府請願，垃圾雖已停止傾入，但洩水道終未再疏通。湖邊居民且仍有不顧公德，繼續向湖內投棄穢物者。師院男生食堂之大量垃圾煤灰，數年來似亦終未停止傾倒，如有人肯至現場視察，可立卽發見此「新世界」之開拓蹤跡。尤妙者，師院最近竟已在垃圾堆上建起僑生宿舍一座！該院當局數年來不顧學生衞生，冒死開拓校址之苦心，至此始得大白於世！此次教育部視察該校，不知曾否注意到湖邊宿舍之環境，與和平東路正面校門一帶之雅麗佈置，有何差別否？該校五年來在湖邊環境衞生方面之「示範」及「克難成果」，早已有目共覩，不需小百姓妄加歌頌。現在敢冒昧向我市長請願者，謹開如下：

㈠疏通「文化湖」之原有洩水道；

㈡嚴禁傾倒垃圾。清潔檢査時，須密切注意各住戶湖邊之情形；

㈢由警局派警察一名，經常巡邏，負責保持湖上及湖邊之清潔；

㈣拆除湖邊所有違章建築。

只有做到上開各事，臺北市東南區全部之衞生始得確保！

湖畔居民　吳四維上　四四、一、七

第十二卷　第四期　內政部雜誌登記證內警臺誌字第三八一號　臺灣省雜誌事業協會會員　一五二

給讀者的報告

當臺灣海峽局勢轉緊聲中，國際間的姑息主義者又復蠢蠢思動，大唱其所謂停火與兩個中國之謬說。尤其怪誕的是，聯合國安理會居然通過了紐西蘭的建議，並自取其辱地遭到中共的拒絕。這種愚昧幼稚的行徑，誠使親痛仇快。因此我們不能不在本期社論㈠裏對此嚴予駁斥。我們之所以痛切陳詞者，並非為了中國人的一己利益，而是為了聯合國的前途與民主國家共同的命運。

言論自由乃人類基本權利之一，是神聖不可侵犯的。故在民主國家，對於言論自由必極力加以維護。本期我們有兩篇文字，討論與此有關的問題，一是第二篇社論，一是龍一譚先生的大文。在社論㈡裏，我們闡釋言論自由對於政治改革所具的功能。言論自由積極的是政治的維他命；消極的是政治的防腐劑。絕非如少數人所想，像毒蛇猛獸一樣的可怕。至龍先生大文裏所舉的許多實例，其旨要在以古喻今。專制時代尚且知開言路，何況今日為民主時代乎？我們希望這兩篇文字，或能澄清時下少數人對言論自由所存的誤解。

本期徐逸樵先生的長文，在記述廿幾年前兩件歷史性的事件。即皇姑屯事件與柳條溝事件。這兩個事件曾經震撼過整個世界，並影響到人類的歷史。本文文字生動，引人入勝，直可當一篇歷史小說來讀。但是作者寫作本文的動機，卻不是在介紹一段歷史故事，而實有其更深遠的用心。徐先生說得好：「我們可以把過去的不愉快付諸東流水，我們不應該對過去的大教訓不求甚解，或憤然忘之。付諸東流水是不願意再見它或再演它的決心的表示，不求甚解或憤然忘之是無意求光明的可悲的作風。」然則虛心接受這一歷史的教訓，對中日兩民族而言，都是甚有必要的。

鄭知三先生的大文在提出一項很關重大的問題，即當法律命令違憲違法時，是否並如何「讓人民可以告法」？我們希望各方對此問題能多加討論，期以提出一個更完善的方案，俾使我們的制度更符合於民治的精神。

「我看美國人」是辛之魯先生「美軍生活」的第六篇。顧名思義，本文是在敘述作者對美國人的觀感。作者以東方人的立場來看美國人的生活，說明其長短之所在，以為我他山之石也。

本期田雨耕先生的歐洲通訊，對英國人有深刻的分析，作者的觀察力是十分銳利的。李汝楓先生是旅菲華僑，其對如何「加強對菲外交」的意見，乃以其親身經歷為基礎，足供外交當局之參考。應浩文先生「檢討臺灣地方選舉的缺失」，所提意見亦甚切實際。選舉為實行民主政治之要件，我們在初步學習的時代，應虛心檢討這一問題。

吳四維先生在他給高市長的公開信裏，建議改善「文化湖」的環境衛生。的確，臺北的市政實在有很多令人不能滿意的，例如公共汽車的管理、違章建築的取締、交通秩序的維持等，均須有待改善，希市政當局多多努力焉。

自由中國 半月刊 總第一二七號 第十二卷第四期
中華民國四十四年二月十六日出版
發行人兼主編：「自由中國」編輯委員會
出版者：自由中國社
社址：臺北市和平東路二段十八巷一號
電話：二八五七〇
航空版
香港辦事處：友聯書報發行公司 Union Press Circulation Company, No. 26-A, Des Voeux Rd. C., 1st Fl. Hong Kong
菲律賓辦事處：岷市怡干洛街五〇二號三樓 3rd Floor, 502 Elcano St. Manila, Philippines
總經銷
臺灣：自由中國社發行部　中國書報發行所
美國：中國日報 Chinese Daily Post 809 Sarcamento St., San Francisco, Calif. U.S.A.
加拿大：醒華日報 Shing Wah Daily News 12 Hageeman St., Toronto, Canada
經售者
日本：東京[illegible]豐企業公司
韓國：漢城裕昌德號
馬尼剌：大中華日報社　新疆書店
印尼：邦嘉達天聲日報　棉蘭新中華報
越南：西貢中原文化印刷公司
緬甸：仰光振成書報店
印度：加爾各答[illegible]學校
澳洲：雪梨瑞[illegible]公司
北婆羅：西利亞波青年書店
新加坡：檳榔嶼、吉隆坡均有出售
印刷者：精華印書館
廠址：臺北市長沙街二段六〇號
電話：二三四二九號

中華郵政臺字第五九七號執照登記為第一類新聞紙類　臺灣郵政劃撥儲金帳戶第八一三九號　（每份臺幣四元，美金三角）

FREE CHINA

第十二卷 第五期

要目

中華民國四十四年三月一日出版

社址：臺北市和平東路二段十八巷一號

半月大事記

二月七日 (星期一)

蔣總統廣播，闡明國軍撤離大陳之戰略意義。

中美强大艦隊環繞大陳，掩護島上軍民撤離，並嚴密戒備，以防任何事故發生。

行政院俞院長演說，促請民主國家集體制裁侵略；謂海峽戰事乃共黨侵略之延續，任何談判必遭致更大之侵略。

美衆院共和黨領袖馬丁表示，中共如與美國作戰，絕難支持卅日。並認協防馬祖、金門乃屬必要之擧。

二月八日 (星期二)

美海軍軍令部長卡尼宣佈，共軍如干涉美艦協助援運大陳軍民，美決採必要步驟。

一江島中共高射炮曾向美機開火，匪廣播誣美機挑釁，美官員斥匪虛張恫嚇。

蘇俄政變，馬林可夫認罪辭職，布加寧繼任俄總理。

美參議員諾蘭演說稱，向共黨妥協，絕無和平。

二月九日 (星期三)

俄帝最高會議通過朱可夫繼布加寧任俄國防部長，馬林可夫被安插爲電力部長。

布加寧就任新總理後發表第一次演說，公然表示助匪侵略，並侈言「和平」「繁榮」施政目標。

俄帝恐懼西德整軍，竟以戰爭威脅西方，宣稱如通過巴黎協定，歐洲將變爲一新戰場。

美參議院以壓倒多數六十四票對六票批准中美共同防禦條約，即送艾森豪總統簽署。

二月十日 (星期四)

漁山披山游擊隊撤竣。

喬治諾蘭等在美參院發表演說，强調自由中國位居衝要，美應表明協防決心。

東南亞公約各國獲致協議，採取聯合措施，以阻止共黨入侵東南亞，並將提交曼谷會議通過。

二月十一日 (星期五)

美官員及輿論對俄政變獲結論，俄帝內訌方興未艾，現更接近軍事獨裁，對外政策勢將更趨蠻橫。

俄帝最高法院改組，法官六人突被革職。

二月十二日 (星期六)

大陳國軍全部撤離完竣。

美國正式接受訓練越南反共新軍的工作，建立十四萬精兵對抗越盟侵略。法已將軍權移交越政府。

二月十三日 (星期日)

美駐遠東空軍司令柏楚琪宣佈，美噴射戰鬪機羣仍在臺灣，每次輪流調防一中隊，藉以熟習環境與訓練。

彭代總長告記者，南麂島軍事已部署完成。

美英兩國政府拒絕蘇俄所提十國會議的建議。

美參議員諾蘭駁斥共黨共存陰謀，預料中共將進犯馬祖、金門。

二月十四日 (星期一)

蔣總統招待記者，力闢所謂「停火」建議與「兩個中國」之謬說。

韓國陸軍參謀長丁一權抵華訪問。

美參議員史密斯主張美國採强硬外交政策，促自俄人手中奪取主動。

安理會恢復討論所謂「停火」問題。

二月十五日 (星期二)

蔣總統答美聯社記者問，認爲南麂島重要，並信我反攻大陸時間必將到來。

立法院第十五會期第一次院會，俞院長出席報告施政，分析當前局勢，認共黨行動雖遭打擊，犯臺陰謀不會中止。

葉外長抵菲律賓訪問。

安理會休會，暫停討論「停火」問題。蔣廷黻在安理會演說，指責紐西蘭代表對匪態度過於軟弱。

一羣在瑞士的羅馬尼亞反共難民，入踞羅馬尼亞公使館，驅逐外交人員，要求羅馬尼亞政府釋放政治犯。

「自由中國」的宗旨

第一、我們要向全國國民宣傳自由與民主的真實價值，並且要督促政府(各級的政府)，切實改革政治經濟，努力建立自由民主的社會。

第二、我們要支持並督促政府用種種力量抵抗共產黨鐵幕之下剝奪一切自由的極權政治，不讓他擴張他的勢力範圍。

第三、我們要盡我們的努力，援助淪陷區域的同胞，幫助他們早日恢復自由。

第四、我們的最後目標是要使整個中華民國成為自由的中國。

二月十六日 (星期三)

蔣總統接見合衆社副社長賀伯萊，力主聯合國應制裁侵略。

美國防部長威爾森告記者稱，中共如犯臺灣，金門、馬祖防務甚爲重要。

蘇俄照會日本，願在紐約與日本判談恢復兩國外交關係。

二月十七日 (星期四)

省垣各界萬餘人追悼一江山成仁烈士。

蔣總統對美記者談話，預測蘇俄將支持共匪犯臺，但不實際參加作戰。

陳副總統對外籍記者稱，即令無外來海空支援，我亦決心單獨爲金門、馬祖而戰。

二月十八日 (星期五)

立法院院會中，立委指責政府高物價政策。

我海空軍在臺山列島海面擊沉匪艦艇廿一艘。

美國務卿杜勒斯離美東來，參加曼谷會議。

法社會黨領袖畢諾將內閣名單提交議會討論。

二月十九日 (星期六)

美國務院發言人稱，任何臺灣問題的會議，倘無我國代表出席，美國絕不參加。

東南亞防禦公約正式生效。

法衆院否決畢諾組閣。

二月二十日 (星期日)

葉外長返國。

法總統考蒂授命佛爾組閣。

二月二十一日 (星期一)

美國務卿杜勒斯飛抵馬尼拉。

二月二十二日 (星期二)

美國擧行本年度第二次核子武器試驗。

社論

(一) 蘇俄政變與臺灣海峽

史大林死後只有三個多月，蘇俄第二號頭子的貝里亞便被逮捕，不久即被處死。現在還不到兩年，其第一號頭子的馬倫可夫又宣告下臺，由總理而降為部長了。這次政變的意義如何？

觀馬倫可夫的聲明，乃因農業政策的失敗而引咎辭職，大家能够相信嗎？查馬倫可夫曾於一九五三年八月，許諾對於農民供給充分食物及消費品。其後的施政，如鬆弛了農產品集體購銷的實行，提高了農產品的價格，增加消費物品的生產，以及拋售黃金到國外去購買生活必需品等等，確有實踐諾言的行動。現在他自己承認失敗，則他的諾言必已無法兌現了。但是諾言不能兌現便要下臺嗎？其實即在前年，有些論者已根據蘇俄農業的各種條件及其過去的成績，而斷定馬氏的諾言必然不能兌現，即馬氏自己又何嘗不知道，不過對於窮苦的農民姑且安慰一下罷了。極權國家的當局根本不要對人民負責，過去史大林的農業政策也曾幾經變更，而他自己卻依然站在獨裁者的地位，生殺予奪任意直行，為甚麽馬倫可夫便要自認罪過而下臺？一九三五年，史大林不是許諾農民享受一種「快樂幸福的生活」嗎？事實上照蘇俄政府的公布，一九五三年農業的生產總額，較之一九二八年僅超過百分之二十五至三十。戰後版圖擴張了，人口增加了，故其實際的百分比尚不及此數。那麽史大林的諾言何曾兌現呢？而且馬氏當時所說要在兩三年內實現，現在只經過一年半，根本還不到兌現之期，為甚麽迫不及待呢？故馬氏的下臺並不是因為農業政策的失敗，是可以斷言的。

說者謂倫敦巴黎協定已由多數國家批准，西德的整軍幾成定局，蘇俄雖用盡種種策略去破壞與阻撓，依然毫無效果，此外交上的失敗乃是馬氏下臺的理由。原來馬氏上臺後的外交政策乃是觀望待機的。他們認定，資本主義各國的經濟現在是穩定的，故暫時不能進攻，只好維持「和平共存」的局面。但是這種穩定性必不會持久，經濟的大恐慌遲早必將發生；那時候蘇俄便可嗾使各國共產黨發動革命，最後則由蘇俄發動大戰以獲得勝利。現在西德的整軍雖行將實現，但是蘇俄的外交政策並沒有需要多大的改變，因為西方各國不會在最近期間進攻東歐，它依然可以觀望待機，維持其「和平共存」的。且史大林死後蘇俄當局以「集體領導」為標榜，而外交方面則仍由莫洛托夫負責，和史大林在世時沒有兩樣。故即使承認外交政策失敗，也不應由馬氏單獨負責，至少莫洛托夫也要同時下臺才對。我們看到馬氏的辭職聲明，沒有隻字提到外交，可見他這次下臺並不是因為外交政策的失敗。

那麽，蘇俄這次政變究竟是甚麽原因呢？我們還是看作內部權力之爭較為適當吧。一個獨裁者死後，其部下的幾個巨頭之間演出權力爭奪的把戲，歷史上是數見不鮮的。遠的不必說：列寧死後，他的老朋友不是一個一個都被史大林鬬爭掉嗎？前年的貝里亞，今此的馬倫可夫也和托洛斯基，加門尼夫，布哈林諸人一樣，在權力鬬爭中吃了敗仗罷了。因為蘇俄是黨權高於一切的，史大林始終緊握黨權不放鬆，故終其身而不敗，馬倫可夫雖由黨起家，而上臺後卻將中央黨部第一書記讓給赫魯雪夫，或許就是今日失敗的根苗。

可是農業政策和外交政策也是鬬爭中攻擊馬氏的理由，並不是毫無關係，尤其是共黨的今後動向可於此察其端倪，自不能置之而不論。先就農業政策的失敗來說，馬氏對農民所施的小恩小惠今後自將澈底廢除，反之，勢必加緊控制農民，增强重工業而瘋狂擴軍，積極備戰。再看他們的外交政策，則「和平共存」的口號已日趨於微弱，莫洛托夫竟以氫彈相炫耀，其含義不難揣測。自巴黎協定以後，蘇俄的焦急情形歷歷如繪。去年柏林會議時艾登提出在國際監督下舉行全德的自由選擧，蘇俄馬上拒絕了。今年則由莫洛托夫自己提出來，最近再由東德提出，要和西德擧行談判，其前倨後恭的態度不是害怕西德整軍的表現嗎？在東方，蘇俄則對日本提出談判復交，日本要求俄國先行聲明終止戰爭狀態，已是奉命辦理，談判地點定在紐約，雖欲有所異議，卒之也只好同意了。共產黨是不能長此低首下心的，有所屈必有所伸，他們的兇鋒將向那兒伸出呢？——我們的斷定是：臺灣海峽。這正是蘇俄政變對我們最大的關係。

今天蘇俄要發動全面的大戰，不論內外的形勢都是不利的，新上臺的赫魯雪夫和布爾加寧自然不敢出此，故在歐洲他們實無可作為。看他們對日本如此遷就，則韓戰亦不會再起。有些人以為他們將選擇東南亞。其實東南亞的對手依然是英美法，共黨若向此地進攻，只有促進它們三國的團結，加强它們的聯合反抗。蘇俄今日的策略唯在分化西方强國，使它們發生歧見，那麽舍嗾使中共進犯臺灣外還有其他途徑嗎？且現在當權的赫、布二氏便是去年十月率領代表團到北平，慫恿中共犯臺的，政變後赫氏還是聲明積極支持，其意向已明白易見。返顧中共，半年來「解放臺灣」的叫囂有增無減，浙閩粵境海上陸上的行動都是越來越見積極，對聯合國「停火談判」的邀請，不加考慮而坦率拒絕——凡此等等都足以證明其必然冒險來犯的。說者謂，舍陸而趨海則中共乃是棄其所長而用其所短，毋乃不智？但是臺灣是他們的眞正敵人，如果東南亞戰爭激烈，臺灣很可能實行突襲大陸，若侵犯臺灣則東南亞必無行動，孰先孰後不是很明白嗎？而且中共認為縱使不能以陸軍佔據臺灣，仍可出其空軍的全力來毀滅臺灣的工業，以削弱其襲擊大陸的力量，然後可向東南亞進展而無後顧之憂。我們自由中國的人們，個個均應加强戰鬬精神來打擊這批賣國賊！

社論

(二)

所謂「時裝表演」事件的始末與我們的觀感

三週前臺北市空軍新生社門前，發生糾衆毆打，擾亂秩序事件。其事的起因及經過如下：

遠在去年十月間，華美協進社（中美的民間團體）臺灣分社的負責人想籌募一筆捐欵，一部份用以慰勞前方將士，一部份捐贈中國流亡知識份子救濟協會，充實其醫藥救濟資金（後來又決定撥一部份捐欵給空軍總部婦聯分會幼兒園）。關於募捐方式，幾經研討，始決定表演古今中外婦女服裝。所以這次表演的正式名稱爲「中西婦女服裝義演」。他們所以決定用這個方式募捐，照該社編印的義演秩序冊上前言所說，是「一、向在臺外僑介紹歷代中國婦女服裝演變之概況；良以服裝亦係文化及生活方式之一面，並可反映各個時代之藝術。二、向一般民衆介紹採用本省生產之衣料，以製成價廉而美觀之服裝。」義演的節目，包括三大部：㈠古裝之部（十種），㈡西裝之部（十三種），㈢時裝之部（晚禮服六種、日常便服五種、宴會服六種、大禮服二種、家常服三種、新嫁娘服二種）。

服裝表演這個方式決定了以後，該社又化了三個多月的時間做準備工作，乃定於本年二月四日及五日假空軍總部新生廳演出，並約定行政院長俞鴻鈞夫人、美國駐華大使藍欽夫人剪綵。

不巧得很，當這服裝表演快要演出的時候，正碰着一江山淪陷、大陳又準備撤守。這時，臺灣的人心當然悲憤。在這一普遍的悲憤情緒下，有人把這卽將演出的服裝義演稱之爲「時裝表演」，並斥之爲「喪心病狂」、「醉生夢死」、「荒淫無恥」等等（見二月五日自立晚報刊出的「一羣愛國青年告全國各界同胞書」——原件係鉛印的）。「荒淫無恥的時裝表演」，自然是可以激動悲憤中的羣情的。於是在演出的前一兩天，風聲漸緊，二月三日上午有人打電話給俞鴻鈞夫人，請她不要前往剪綵。主持這次義演的華美協進社乃於四日下午三時召集參加籌備的中美有關人士開緊急會議，商討應否如期演出。商討的結果，大家認爲：這次義演，是取得中美雙方官方人士許多贊助，也經過政府認可的。現在外面對於義演的歪曲宣傳，政府已經知道，但未通知停演，可以推知歪曲的宣傳在政府注意之下不會發生什麼騷擾的作用。卽令演出時萬一有什麼越軌的行動發生，政府也當可制止。於是他們決定如期演出。這一決定，是由於對政府的完全信賴。

二月四日，是演出的第一天。空軍總部新生廳內已於下午五時半按時開始表演了。在表演之前，空軍總部門前開到了三大卡車的青年羣衆。他們貼標語、發傳單、叫叫罵罵、遇見面孔不像西洋人的男女觀衆，一律阻止入場。人多口雜，有的是勸阻，有的是辱罵，有的是用暴力。用暴力的則以石頭、雨傘、鐵錘、剪刀爲武器。打汽車、打觀衆、鬧得一團糟。被打的人還有幾個面孔像中國人的外國人。空軍總部門前是有憲兵的，門前的憲兵及附近的警察對這一騷動，視若無睹。就在這個時候，國防部副廳長蔣緯國先生趕到了，他發現軍人之友總社少將官階的總幹事江海東在場，當厲聲責成他率衆離場，於是這場紛擾才漸告平息。

二月四日的那場風波過去了，第二天（五日）是不是照原定計劃繼續表演呢？爲着這個問題，華美協進會的負責人，四日晚間向臺灣省政府主席嚴家淦請示，起先得到的答覆，是「請你們自己考慮」，後來又接到電話，通知他們續演，午夜一時又來電話謂，「仍請你們自己考慮」。華美協進社負責人乃登報停演。是以這次原定兩天的服裝義演，只演了一天了事。

關於聚衆毆打、擾亂秩序、這件事的責任問題怎樣呢？四日晚上發生的事情，經過六日、七日、八日三天的時間，地方治安機關和司法機關，對之都沒有一點舉動。直到九日這一天，蔣總統知道這件事，始傳見江海東面斥一頓，並交給臺灣省保安司令部拘辦。至此，這次事件的責任算是有了着落了。

以上是這件事的全部經過。從表面上看，這件事似乎算不得是什麼大事。但就歷史的教訓和政治的前途着想，我們不禁深懷隱憂。我們的觀感是這樣：

第一、歪曲的宣傳，騙動了青年羣衆的情感。　精力充沛的青年，是易於激動情感的。一江山七百多烈士爲國犧牲，大陳醞釀撤退，有血性的人，誰個不悲憤塡膺呢！在這個當口，如果眞有所謂喪心病狂、醉生夢死、荒淫無恥的時裝表演，「青年們有理由起來反對，但也不能走上非法的途徑。」可是我們看到這次義演的節目，看不出一點像指斥者所說「荒淫無恥」的成份在內。純潔的青年們的情感，被歪曲的宣傳欺騙了，這是可惜也可惡的現象（最近本刊還收到臺大八位學生寄來的聯名投書。他們對於此事，尚在誤解中）。於此我們誠懇地忠告青年朋友們：在思想和行爲上，青年是需要接受適當的啓發和領導的。但在接受領導的時候，請勿忘掉自己的獨立判斷。抽象的理論，或許一時不易判定其是非；具體的事實，你們總得認淸其眞相。是是非非，全憑領導者的口說，是很危險的。同時，我們在這裏也要忠告我們做青年組織或羣衆運動的朋友們，要尊重被組織被領導者的獨立判斷。「愛護國家」、「效忠領袖」，是你們平常用以鼓勵青年的口號。希望你們不要憑個人的好惡利用青年的熱情、羣衆的心理，爲國家增困難，爲領袖增煩憂。

第二、特權人物的存在，由於制度未立；特權人物的驕橫，由於法紀不張。

由於蔣總統面斥江海東，並交保安司令部拘辦，我們才知道江海東是這件事的爲首者。江海東是軍人之友總社的一位總幹事，他竟敢目無法紀，糾聚羣衆，在堂堂空軍總部門前演出全武行的鬧劇。鬧劇演出時，維持社會治安的憲警熟視無睹；演出後，保障人民自由權利的司法機關也不究辦；一直要等到國家元首知道了，才受到懲處。江海東顯然是一特權人物！這樣的特權人物何以形成？以及何以敢於驕橫至此？照我們的分析，一由於政治制度——分層負責，分門負責的制度，沒有確立；一由於政府經常對人民所强調的法紀，對於特權人物不能伸張。這次事件，幸而未惹起大亂子而告一結束。我們希望政府以此事爲鑑，切實從建立制度、伸張法紀方面多下工夫。我們國家在現在環境裏，只有全國上下嚴格的遵守法紀才可以實現復興的希望，才可以達到驅除俄寇恢復大陸的目的；亦只有嚴格的遵守法紀才可以增强國家的力量和尊嚴。就除此以外，一切口號和教條無論說得如何好聽，恐怕沒有什麼實在的用處。就世界的局勢講，我們國家站在民主這一邊，除臥薪嘗膽誓滅共匪以外，我們當前唯一的大道理，自然就是培養民主的精神。民主精神，卽要嚴格的遵守法紀！我們國家能充分表現這種精神，非特可以「上下和睦，民用無怨」，亦可以得到一切自由國家的尊敬。這個至平常而至不易的道理，本刊極希望我們執政當局加以十分的注意！

第三、新聞自由不充分，就沒有十分健全的輿論。

這件事發生以後，編輯臺灣的中文報紙，從沒有一個很詳細而翔實的報道。採訪者不力嗎？不是的。者有所顧慮或奉命不登！輿論是要根據新聞報道而來的。蔣廷黻先生給中央日報二十六週年賀函中說：「在我實施民主政治過程中，……報界應盡量將事實眞像介紹給人民，俾人民得有充分的客觀事實作爲批判與選擇之根據。唯其如是，人民才可以訓練養成健全的判斷與輿論」(見二月三日中央日報第一版)。從這次所謂「時裝表演」事件看來，臺灣報界距蔣先生所說的境界太遠了！因而黑白莫辨，是非不明，健全的判斷與輿論，也就無以形成。這確是我們實施民主政治過程中的一大障碍。這類話，我們不知講過多少次，到今天，我們要特別希望報界本身也須爲爭取新聞自由而努力。

自由的意義

鄒文海

自由一直是人類追求的境界，但它正確的意義，却又很難形諸筆墨。羅吉洛曾把自由分爲兩大類別。一種稱爲自由，即指哲學上的自由或理想中的自由；另一種稱爲「諸自由」，指制度及風俗習慣中所具體規定的自由條件。

前一種自由，常爲完整的理論體系，惟與實際生活，每少關係。而且理論家各有假定，故結論互異，由是各人說各人的自由，令人有難以究詰之感。例如赫爾凡顯，傅立葉，以及多數個人主義者，都是以「非不自由」爲自由，自由的意義，無非就是束縛的去除。這就是所謂消極的自由，而在此一學派中，斯多噶 Stoics 以擺脫欲念的誘惑爲自由，與莊生「迅若不繫之舟」的觀念相類似；另有許多人主張摧毀舊制，推翻偶像，以爲非如此不足以有自由；二次大戰中，羅斯福總統更提出免於匱乏免於恐懼爲自由的基本條件。他們論調雖異，而說自由必須是束縛的去除的態度是相同的。

康德以接受倫理的命令爲自由，這是積極自由中最著名的學說。這一派的思想家，認爲人既是倫理的動物，其自由尚不能破壞羣生的至善法則。海格爾推廣其意，說國家即是最高的倫理，完成國家的使命乃吾人最高貴的自由。新康德派如格林 T.H. Green 輩，則說明國家的使命，應爲去除倫理生活的障碍，故個人服從國家，實亦擴大個人自由的一種方法。

積極自由說的主要用意，當然想矯正消極自由的弊病。法國大革命時代所倡導的消極自由，有破壞而無建設，故康德不得不作懸崖勒馬之舉。以去除束縛爲自由，人人可能認爲不利於一己者皆是侵犯了他的自由，在這一種想法之下，消極的自由將使個人變爲沒有理性的野獸。然康德派的說法，尤其是海格爾的學說，未免有矯枉過正之嫌。國家的行動，由其代理人表現的。而國家的代理人，亦不過血肉之軀的凡夫俗子而已，他們的決定，他們的想法，未嘗沒有錯誤。如自由的意義不過爲服從國家，則自由的價值也必大爲降低了。

近世學者，有認爲自由乃一種社會的權利者，多元論派大多信奉此說。主張自由乃社會權利的，相信自由的內容常可變更，前一世紀的自由，未必就是這一世紀的自由，例如前一世紀以自由競爭爲自由，而這一世紀却以團體契約爲自由。惟自由內容的改變，既不完全由政府的法令作決定，也不完全由個人的意志來裁判，而是從客觀的社會關係中演化出來的。個人與社會，交相影響而使歷史前進，這是不可否認的事實。而所謂社會，實際即是多數人活動的總名詞，故社會決定自由的內容，亦即是多數人的活動決定了自由的內容。因爲這個關係，自由沒有固定的疆界，它並不是靜止的東西，而是在個人、團體、政府以及其他不可盡指的種種關係中產生出來的。

舉一個實際的例，比較容易說明社會決定自由內容的事實。自由婚姻粗看是法律所保障的，民法規定成年人的婚姻自主，惟究竟自由到什麼程度，一般家長以及青年兒女的態度，男女社交的機會，以及社會習俗所容許的自由範圍，才決定了自由婚姻的確實意義。從這個例子來看，自由的確不完全由政府的法令所規定，也不完全由個人的意志裁決，社會的標準才是眞實的標準。

以上所說，均爲哲學上或理論上的自由。除社會權利說外，皆有虛懸之弊，與實際的生活不容易發生關係。所以進步的民族，把自由交織在實際生活之中，使人人能與自由生活在一起，在和平的社會秩序中充分享受自由。這一種交織在實際生活中的諸自由，它們是法典，是正當的法律手續 Due Process of Law，是社會的傳統，是共同的生活態度，甚至是一種思想的方式。它們的名稱不是自由，但是有了它們以後，人人自然的就有了自由。

高談自由理論的國家不一定有自由，這是時代週刊介紹法國政治時極爲深刻的結論。法國人談自由常常是極其精闢的，但不能組織自由，不能把自由成爲日常的生活法則，故酷愛自由而常受自由之累。英國自一二一五年以來即着手組織自由，成爲大憲章，成爲陪審制度；成爲人身保護法，成爲內閣制度，成爲寬容的傳統，成爲重事實的思想方法，它的自由乃成爲種種日常的生活條件。美國也是一樣，它承繼着英國的傳統，更發揚而光大之，成爲司法審核制，成爲正當的法律的手續，也是把自由交織於各人的生活法則之中，由是自由有了牢固的基礎。

自由不止是表現於政府與國民的關係之間的。諸如家長之於子女，師長之於學生，雇主之於雇工，這種種家庭、學校、以及經濟社會之間的內部關係，都可以影響到自由的意義的。甚至學者們對於學術文化的看法，也表現了對於自由的態度。許多以權威自居的人，惟我獨尊的觀念不知不覺間就窒息了學術界自由的空氣。凡此種種，未嘗是政府與國民之間的關係，必須社會中有自由的傳統，而後方能發揮自由的精神的。

即以政府與國民的關係而言，自由的獲得，也有賴於日常的生活法則，例如政府規定稅則而國民納稅，有的人認爲政府一定是對的，國民僅有納稅的義務而不能討論稅則；有的人認爲政府的決定總是錯的，相應不理，既不討論，也不納稅；亦有的人認爲錯的就該罵，祇罵而並不納稅；最後的一種人是納稅歸納稅，稅則的討論歸討論。上述四種對於納稅一事的反應的行爲法則，第一種似乎是海格爾式的自由，現在的帝俄及其附庸事實上就這樣限制其國民。第二第三種代表個人主義的自由，很多自由不能上軌道的國家，都是在這一種生活的態度之中。第四種的反應方式，才是納自由於日常的生活法則之中的好辦法。一二三種的反應方式，事實上不能得到自由。第一種的反應方式，政府會忘其所以，愈來愈趨於專斷。第二種的反應方式，國民抱不合作態度，表面上雖無尖銳衝突，但政府於不能執行預算時，勢必採取强制的方法。到那個時候，大家的自由未免會受到損害了。第三種的反應方式，後果與第二種同，而情況則較第二種更爲嚴重。政府於不能執行預算之時，可能會遷怒於批評稅則的人，由是又會發生言論自由的問題。祇有第四種的反應方法，才眞正推進了自由。大家的討論，既不至妨碍目前的政府收入，則討論中所發現的眞理，自亦爲政府所樂於接受。可是要做到這一點，必須人人有納稅的習慣，那是屬於生活法則的問題了。

從政府官吏的行爲來看，自由問題也是一樣。政府人員多數要求國民守法，那原爲天經地義之事。但立法時沒有爲國民的便利着想，國民將難於守法。且政府於法律不便於自己時，又動輒以命令改變法律，甚或自己先做出違法喪紀的事情，如此而苛刻地以法律繩墨國民，國民未免要有不自由的感覺。可是立法者如何才能顧到國民的便利？政府官吏如何才能嚴守法紀？最重要的一點，他們必須摒除特權的觀念，應該了解他們所有的權力，不過一種職權，與職務無關的事情，他們不比他人榮耀。純吏的美德，大家亦許稱之謂公職人員應有的修養，其實這是社會的生活法則所培養出來的。社會中如流行「士爲四民之首」的觀念，讀書人早已養成了優越感，一旦士而爲仕，這種優越感就成爲官僚作風，小之養尊處優，大之視國民爲草芥，以自己的意見專斷一切，自由豈不將大成問題？

自由是相對的問題。要實現自由的境界，國民與政府同有責任。單獨要求一方，那等於希望國民或政府人員皆爲聖賢，事實上是有所不能的。凡不能把自由納入日常生活軌道之內者，它們的自由往往是苛責一方的。結果離自由會愈來愈遠，被苛責的固然沒有盡如理想，而不被苛責的一方又趨於極端，勢非引起糾紛和擾亂不可。

二十世紀社會科學所啓示的重要的原則，卽是對於相對關係的認識。社會問題的解決，都是不能苛求之於一方的。而自由的問題，亦不能例外。個人主義的自由單獨求諸政府；海格爾的自由單獨求諸國民；所以他們所講的自由原則，都不能實現眞正的自由。惟有把自由納入日常的生活規範之內，才是求諸國家中每一個人，政府固須有常經常法，國民亦須有正當的生活習慣，而後自由才是國家社會中人人可以享受到的實際生活了。

要自由成爲日常的生活規範，幾方面的努力是不可少的。

第一、社會中必須養成求實證的思想習慣。通常稱近代的精神爲科學的精神，殊不知科學精神是自由的空氣之下培養出來的，而且也是自由生活的重要基礎。西方自文藝復興以來，一直以求眞爲文藝、科學、以及其他思想進步的原動力。而這種求眞的態度，現代就稱之爲科學的精神。在求眞的態度之下，偶像不被崇拜，權威失去其神秘的作用，而思想的領域方能因之而擴大。尊重事實的證據，依賴偶像與權威的心理自然就會減少得多，而這一種習慣養成以後，人人有獨立思想的能力，自由的空氣也就濃厚起來了。

第二、自由的社會必須培養寬容的態度。洛克在他闡揚自由的名著中，曾極力說明寬容的重要。愛好自由的人必須尊重他人的自由。而欲尊重他人的自由，自然就得寬容他人不同的習慣和不同的意見。我國儒者，亦以恢恢大度爲美德，認爲是君子必須有的修養。但寬容較恢恢大度更進一步，寬容不止原諒他人的過失，而是要承認他人可以有不同於已的習慣或思想。各人的職位可以不同，各人有權利保持他自己的習慣與思想是相同的。每一個國家之內，可能包括好多種族，可能有好幾種教會，也可能有好幾個政黨，如無寬容的習慣，則種族的不同、教會的不同、政黨的不同，都可以引起重大的糾紛了。

以求眞來充實自己的思想，以寬容來對待他人，更從這兩個原則出發，來建立各人的日常生活習慣，在這樣的社會中，自由就不會有問題了。

最後，我們應該說明自由如果是各人的日常生活法則，那自由決不會削弱反共抗俄的力量的。政府的官吏，不把自己看作高人一等的巨人，一般的國民，不固執自己的偏見而抹煞他人的價值，我們已經有了自由，這對反共抗俄又會有什麼影響呢？自由是我們所以反共抗俄的理由，自由表現的愈充分，反共抗俄的信心必愈堅。自由使民主國家生氣蓬勃，使民主國家與極權國家涇渭分明，也使每一個國民成爲堅實的戰鬪分子。一般人之恐懼自由，以爲自由將破壞統一的領導。尤其近年來民主國家間不容易有一致的步調，似可以爲這一種說法作證明。然我人之應說明者，近代社會的複雜性是不能亦不應克服的。近代社會之所以成爲近代，卽表現在它的複雜性上面。分工的原則，科學的發明，以及歷史的迅速進步，都是社會所以複雜的原因。在複雜的社會中求統一的領導，惟自由的生活法則乃能盡其功能。試觀艾森豪要求授權的咨文，在兩院中都祇有三票反對，這似乎是不可思議的事情。民主黨共和黨自然是對立的，然對國家的重要政策，兩個觀點互異的政黨必有共同的看法，自由的生活法則，定能在歧異中產生協同之點來的。政黨如不顧自由的法則，惟以打擊異黨爲爭奪政權的手段，那自然祇有歧異而沒有協同了。但是美國平時的公開討論，平時的政黨政治的傳統，以及一向尊重輿論的習慣，早使政黨不能祇爲政治地位着想，在必要的場合中，觀點相異的政黨一定會有協同的政策的。

在歧異中得到協同，這個協同必然表現着最偉大的力量，美國平時如果强異爲同，它似乎可以更迅速的得到這個協同的政策。但結果一定會發生兩種影響。其一、使複雜的社會變得單純，因之社會乃失去向各方面發展的機會。其二、在表面的協同之後，有種種磨擦在黑暗中進行，使國民的輿論，對之毫無控制的力量。這兩種後果，對於國家社會都是最爲不幸的。對於社會的扶助，不如允許社會有發展的機會，這是自由原則之下重要的規律。使社會萎縮，使社會落後最有效方法，莫如採取積極的干涉政策。我們想把社會變成國家的創造物，一定會使社會變成獨夫的玩具！試想帝俄的社會，在史達林輩的眼光裏是多麼簡單的結構，他可以要它餓着肚子而生產殺人的武器，它也可以要它盡量生育侵略世界的劊子手。但是在這許多惡魔的精心設計之下，不是缺少糧食，就是缺少衣着，社會如何會有眞正的進步？

表面的協同之後有暗中的磨擦，這在帝俄也可以得到充分的證據的。史達林是否遭了貝利亞的毒手，關於這種傳說我們可以暫時存疑，但史魔去世之後，馬倫科夫與貝利亞等初以集體領導的口號掩人耳目，可是不久貝利亞卽遭馬倫科夫的毒手，而最近馬倫科夫又被擠下臺，這是他們外稱統一領導而內實互相傾軋的千眞萬確的事實。當赫魯雪夫宣布馬魔辭職的消息時，不但外國新聞記者莫明所以，就是帝俄最高蘇維埃的一千三百人，事先也是毫無所聞，事後則祇有由主席團擺佈，指定布加寧繼任爲部長會議主席。此後帝俄的政治演變。可能由軍人控制大局，冒險走向以武力破壞世界和平之途。此固爲極權政治必然有的最後面目，而强異爲同，迫使野心家的磨擦在暗中進行，實亦爲造成此種局勢的很大原因。凡强異爲同者，都不過是把歧異引到幕後去而已。在幕前的歧異，此種歧異將受多數人的輿論裁判，而且社會中因言論自由之故，也必然會有公是公非的標準。把歧異引到幕後，磨擦依舊存在，而且因不受輿論裁判之故，磨擦會愈來愈尖銳，愈來愈殘酷，愈來愈不擇手段。帝俄的整肅，有時會株連數十萬人，而且這數十萬人還是平時的所謂黨內同志。社會對政治沒有輿論的制裁以後，社會中自然沒有公是公非的標準了。馬貝之爭，舉世不知他們之間的曲直是非，帝俄的國民，自然也在五里霧中，毫不知情。沒有公是公非的社會，則國家的是非，將在閭巷的私議中各憑意氣各憑利害作惡意的推測。在那種情形之下，國家的離心力，將較諸表面上歧異的國家爲更大。

我們儒家的仁政思想，實在也主張於歧異中取得協同的。老子固謂「道可道，非常道」，這就是說：固定的標準不是標準。而孔子論孝論恕論政，都是因人因事而異，一樣相信「道可道，非常道」的。道不可道，而最後還是有道，這就是在歧異之中可以有協同。道不可道，這就是說父母已不在者以「祭如在」爲孝，父母在而意志消沉者以「親在不言老」爲孝，父母在者以「養志」爲孝，孝之一義，就可有種種變化，不能以一個標準去統一大家的行動。但是道到底是有道的，孝的精神，總是對生我者發出仰慕的意思。我們能體會這種道不可道而道還是有道的哲學，就可以了解以心服人的仁政，也可以了解孔子所說的自由生活法則。

凡此自由必然較極權高明的理論，我們實在已不必多說，我們已選擇了自由，這就說明了我們對於自由的愛好。我們現在應該努力的，實爲把自由的精神融會於日常的生活法則之中，使我們不祇高談自由，而且與自由生活在一起。要做到這一點，政府與國民都應該共同努力。我們固不能放棄對於政府行爲的檢討，而尤應注意我們日常生活規模的檢討。使社會中新的風氣，自然的可以培養出政府的自由風度來，在那種方式之下，我們必然能更接近於自由的境界了。

(上接第10頁)

(三)布加寧的出任首揆，並不表示軍人抬頭。布加寧根本上就不是一個職業軍人，他只是黨對于陸軍的一個監視者而已。他這次能任首揆的原因，也並非由于他有了軍人的擁護。只因爲在克里姆林宮中的現有幾個巨頭，其勢力地位都大致相等，人事上很難安排，所以才會爆出冷門，布加寧比之其他巨頭，地位是比較後進，反而才後來居上了。至于蘇俄的軍人，在今天的地位的確已較過去提高，像羅可索夫斯基元帥(Rockossovsky)給特務打斷了門牙的故事，今後可能不會再重演。不過這只能說是相當的提高，而並非軍人抬頭，而更說不上軍人獨裁的趨勢。

(四)上文已經說過只有兩條路好走，現在既然第二條路已經走不通。那麼當然只好回到第一條路。于是今後的蘇俄必然會加速的向戰爭的途徑上猛進。首先是加强備戰，終于是發動戰爭。他們這種發展却與過去的德國和日本不同。當年的德國人和日本人，是自認爲有必勝的把握，才敢于挑起大戰的。今天的蘇俄當局，却是想要用戰爭，來當作他們這個政權的續命仙丹。

這是一個無可避免的趨勢，卽令蘇俄當局眞是像克勞斯維茲所說的一樣：侵略者總是愛好和平的。可是照他們的路線向前走，結果却是非打起來不可。英國名作家，喬治阿威爾 (George Orwell) 在他那一本「一九八四年」的小說中，曾經提出了一個口號：戰爭就是和平！這似乎是一種諷刺，但對于共產黨而言，却也正是一條眞理。

共產黨的最後目的是要想征服世界，要想達到這個目的，他們就不能不走上備戰的途徑，他們也許只想用戰爭來當作威嚇的手段，可是戰爭本身却是一個惡魔，假使你把他從「禁罐」中放了出來，從此你就再也控制不住了。當上坡的時候，固然是馬拉車，可是到了下坡的時候，却變成了車推馬了。這是物理，這也是天理！

在北歐地方，有一種奇怪的動物，叫作旅鼠(lemming)，每隔十二年，就會成羣結隊的，幾千萬隻一齊向海岸狂奔，終于全體跳向海中自殺。對于這種瘋狂的自然現象，科學家到今天還是找不到適當的解釋。一個極權的暴政，也正和這種渺小的旅鼠一樣，他一定會瘋狂的投于戰海中去自殺的。

對于所謂蘇俄政變的另一種看法

諸星雲

一

這一次馬林可夫辭去蘇俄總理的職務，而由布加寧繼任。在如此紊亂的國際局勢中，這一個事件好像是一顆定時炸彈突然地爆發了，把整個的世界都嚇了一跳。自從這次所謂「政變」發生以來，世界各國立卽引起了許多的議論和預測，這當然是見仁見智，各有各的理由。實際上，這個事件是否可以算是一個眞正的「政變」，似乎尙頗有疑問，在本文中固然也襲用這個名詞，却只不過是「吾從衆」而已，借用「政變」這個名詞來當作這整個事件的簡稱，但却並不一定斤斤於這個名詞的票面價值。

邱吉爾曾經說過，蘇俄是一個猜不透的悶葫蘆。隱在鐵幕深處的克里姆林宮，尤其是神秘中的神秘，所以它的內幕，有許多都非爲外人所深悉。任何研究蘇俄問題的人，都絕對不敢誇說他所根據的資料，是絕對的完整和正確。因此所謂「分析」，實際上多少都是帶有「猜想」的意味。這樣根據並非絕對完整和正確的資料，所分析出來的結論，當然彼此之間是可以具有很大的差異。而它們究竟孰是孰非，也很難加以判定。我們可以說它們也許都對，也許都不對；也許有一部份對，也許有一部份不對，若認爲這就是定論，未免言之過早，也許只有歷史才是最後的裁判者。

旣然如此，所以我們認爲議論是無妨尨雜，結論是無妨各有不同。對于這種問題的研究，若能從每一個不同角度去加以觀察，則似乎總是不無裨益的。打一個比喻來說吧：旣然是差不多相當于「瞎子摸象」，那麼多幾個瞎子摸，多摸幾個方面，應該比讓一個瞎子專摸象鼻子，似乎瞭解得要更多一點。

自從蘇俄「政變」發生以來，中外的議論當然是非常的尨雜。大致的歸納一下，似乎大多數的結論都是認爲這是蘇俄共產黨頭子們，爭權內鬨的一種後果。再說得明顯一點，卽爲馬林可夫和赫魯雪夫兩個人之間的鬪爭，結果是赫勝馬敗了。這種說法又進一步認爲一切的理由——例如內部不安，外交失敗——都只是一種借口，而骨子裏却還是個人間的權力爭奪戰。我們當然不敢說這種見解是沒有根據的，是不正確的，但是我們却也不能說這就是定論，因爲至少還可以有其他不同的看法，而且也一樣有它的理由與佐證。

蔣總統在二月十四日，招待記者答詢時，曾經發表過一種獨到的看法。他說：「當然是一種內部鬪爭，但與其說是私人的鬪爭，無寧說是蘇俄內部整個政策的衝突。」蔣總統這句話給予我們一個新的啓示，使我們獲得了另外一種思考的路線，那就是說應該注意到這是一個「策略」的問題，而不只是「私人」的問題。本文的論點卽以此爲基礎，這當然只能代表另外一個不同角度的看法，也許只能代表某些少數人的看法。當然也說不上完整和正確，不過無論如何，却總值得提出來供大家討論。

二

自從斯達林死亡以後，蘇俄的政治情況卽開始發生了一個極重大的變化。簡言之，卽由「個人獨裁」而暫時變成了「集體領導」。從各種不同的迹象上去看，這似乎是一個眞正的事實，並非宣傳上的把戲。但是在鐵幕以外的自由世界中，對此項事實的存在，似乎很少有人注意到，甚至于有許多人，還根本上否認它的存在。

爲什麼自從斯達林死後，蘇俄的政治卽趨向「集體領導」的路線呢？說起來實在很簡單，並無太多的神秘。一個大獨裁者的出現在任何政治局勢中，都是一個非正常的現象，不可能當作常例看待。一個獨裁者死了，絕對不可能有一個合法順情的承繼人，這也正是獨裁政體的根本弱點。斯達林當然要算是一個大獨裁者，可是自從「老大哥」死了之後，他所遺留下來的鞋子，却未免太大了，這些自命爲承繼者的人們，沒有一個人能够穿得。

獨裁既不可能，回到民主政治的路線，當然更不可能，于是窮則變，一變卽成了「集體領導」的形式。這是一種事實上的强迫需要，否則所謂蘇維埃政權也就無法再搞下去了。自從斯達林死後，蘇俄當局在國內的宣傳，卽特別注重解釋此種「集體領導」的意義，並且儘量的剷除個人主義的彩色。兩年以來，在蘇俄境內對于這種新政治敎條，也許可以說是已經達到了家喩戶曉的程度，不過蘇俄的國外宣傳是另外有一套，他們並不希望外國人對于他們的眞正內幕，知道得太多，所以對于這些問題一向很少提及。因此在鐵幕以外的人們，對于這個重大的改變，遂不免有一些隔膜之感。

這多年來，蘇俄的政治都一直是以斯達林一個人爲重心，因此研究蘇俄問題的人，也就慣于以他一個人爲主要的分析對象，因爲他卽足以代表整個共產黨，整個克里姆林宮，甚至于整個的蘇維埃奴役大帝國。現在斯達林固然是已經死了，但是他的幽靈似乎還存在，遂使研究者發生了一種「白日見鬼」的錯覺，認爲斯達林死後的蘇俄，也還是脫離不了斯達林式的典型。一切的分析都還是朝着這個舊方向走去，雖然今天的蘇俄，事實上已無一個大獨裁者的存在，可是照這些人的心目中看來，却還是認爲冥冥中一定還是有一個主宰者。于是斯達林的陰魂不散，若不附在馬林可夫的身上，當然就必須要附在赫魯雪夫的身上了。

實際上，這兩年的蘇俄政策，其決定之權是操在幾個少數人的手裏，而並非操在某一個人的手裏。所以要說這些政策即是馬林可夫的政策，那未免是寃枉，未免把他估計得太高，因爲自始至終，馬林可夫根本上就不會做過一天獨裁者。所謂集體領導者，其意義也就相當于寡頭政治，一切的政策是由幾個「大亨」來共同決定的。赫魯雪夫、馬林可夫，以及布加寧、莫洛托夫等人，都是這個寡頭集團中的一員，他們之間的意見當然是會有差異的，他們之間當然也免不了辯論、爭吵、摩擦、和衝突。不過，一個意見若是已經變成一個策略，那麼就一定是已經獲得了他們的同意和認可，換言之，這是「黨」的策略，而不再是某一個人的政策。

兩年以來，蘇俄的政策，無論是對內還是對外，我們很難判定它們是那一個人的主張。有人說馬林可夫是主張提高農業和消費物資的生產，而赫魯雪夫是主張加緊發展重工業的。這種說法也許是不錯的，但是我們又怎樣知道事實上不會與上述的猜想完全相反呢？這種相反的看法也可以找到某種足供解釋的理由：赫魯雪夫不是一直都在主管農業事務麼？而馬林可夫的新職却又是電力部長。再舉一個例來說：有人認爲俄國的軍人都是主張擴張重工業，加强備戰的。但是另外也有人說，由于陸軍中每年都要吸收數以百萬計的新兵，這種軍人都是來自民間，所以軍人們是深知民間的疾苦。他們知道這種非人的生活，對于士氣上的打擊是如何沉重，因此他們會力主應該趕快改善人民生活，否則雖有堅甲利兵，也還是不堪一戰的。

我們舉出這些例證的理由，並非表示是故意要做翻案文章。其目的只有兩點：（一）證明出來對于一個問題可以有種種不同的看法。（二）兩年來的蘇俄政策，決不能算是馬林可夫一個人的政策。

固然，兩年來的蘇俄政策，並非馬林可夫的政策，可是今天給它作一個總結算，說它是已經失敗了，那却是一個千眞萬確的事實。這個責任應該由誰來負呢？不是馬林可夫，不是赫魯雪夫，也不是任何其他活着的共產黨頭子們，而却是應該由死鬼斯達林負其全責。

斯達林的時代，可以算是蘇俄帝國的「黃金時代」，但是到了他的晚年，却已經開始有盛極而衰的徵候。斯達林的死，也無異于是爲這個奴役大帝國敲響了喪鐘。他遺留了下來許多的難題，而自已却一死了之，讓他的承繼者來償還他的血債。（以上引自：朱新民「透視俄帝內在危機」一文，四十三年六月十三日中央日報載出。）

共產黨的經濟制度，實際上就是一種戰時體制。所謂經濟計劃者，也就是動員計劃。但是「動員」的目的，就是爲了「戰爭」，你不可能老是繼續不斷的動員而不打仗。在這種長期備戰的緊張狀況之下，蘇俄的人民實在已經到了無法再活下去的程度。正好像一個氣球，膨脹得過度就不免要爆裂。斯達林一死，共產黨的統治突然喪失了重心，于是這種危機就更顯得迫切了。

在這種情況之下，共產黨只有兩條路可走：（一）是加速發動戰爭，這好像是爲中風的病人放血一樣。（二）對外發動和平攻勢，對內實行安撫政策，以求暫時勉强渡過這個難關。很明顯的，當斯達林新死之後，蘇俄當局在當時當然是不敢冒險發動戰爭的，于是勢有必至的，只好採取第二條路線——這決不能算是馬林可夫一個人的主張，這要算是「黨」的決策。

可是這種政策實行了兩年以來，結果怎樣？失敗了，完全失敗了！它不特不能使國內人民滿意，而且還創出了更大的新危機。誠如美國新聞週刊的專欄中所說的話（一月七日）——俄國的新統治者們已經學到了一個教訓，那就是說一個以恐怖和侵略來當作基礎的政權，是決不可以放鬆一分鐘的。再打一個比喻來說：你可以用極權方法把一個人綑縛得緊緊地，也可以按照民主精神把一個人完全放鬆着，但是你決不可以把一個人綑縛得半鬆不緊的。在極權統治之下，要綑就得綑緊，否則稍爲放鬆一點，結果是必然會使被綁者更掙扎不安，才是自討痲煩。這也可以說明民主與極權絕對水火不能相容，決無調和妥協的餘地。

蘇俄兩年來的政策，都只是放鬆一點罷了，現在已經感到吃不消，所謂回到「斯達林路線」者，事實上不過只是再把老百姓綑緊，不讓他們掙扎不安而已。這是一個政策上的改變，而馬林可夫的下臺，即爲其自然的後果。政策的改變是因，而人事的調動是果，有些人的看法似乎是不免因果倒置。

三

那麼這個以布加寧爲首揆的新政權，結果又會怎樣呢？這個問題似乎是太廣泛，很難于有一個明確的答案。現在把我們的見解，分爲幾點，列述如次：

（一）「政變」之後的蘇俄政權，仍然還是脫離不了「集體領導」的形式。所謂赫魯雪夫將大權獨攬的說法，至少在目前還是很少有可能性。實際上赫魯雪夫在這個寡頭集團中，本來就很有權，今後也許他的發言會更有重量，但是無論如何，基本形態還是「集體領導」而並非個人獨裁。從赫魯雪夫蛻變成新斯達林，中間還隔有很長的一段距離。

（二）馬林可夫似乎並不吃虧。這次政變可能並不帶有「整肅」的意味。馬林可夫身爲總理，這兩年來的政策失敗了，不能沒有一個交代，所以由他來領罪，實在是非常的合理。新政府可以把過錯都向他頭上一推，一切都從頭來過。可是俄國人民的眼睛，也是雪亮的，他們一定都知道馬林可夫是在替人受過。兩年來在馬林可夫執政的階段中，人民多少還受到一點小惠，今後的政策既然又由軟變硬，那麼馬林可夫雖然爲了這「不孚人望」的政府，做了贖罪的羔羊，而他自已的「人望」，却可能因此而增高。若是將來再有變化，則捲土重來並非沒有機會。

（下轉第8頁）

論史太林造成「權化」的策略

——由攫取權位到清除異己

黃天健

史太林，一個喬治亞補鞋匠的兒子，一個神學校不成材的學生，自少即積蓄着叛逆思想，十九歲起遂從事於叛逆的行動，十九年的謀叛生活，終於使他擠入「黨的高階層」。六年以後，他即以黨的領導者(列寧)繼承人自居。再過六年，他就成爲「黨的唯一領袖」。這，正是他五十大壽之年，他得意地發表一篇文告，名之爲：「大轉變的一年」。要知，這個大轉變的結果，並不是所謂「社會主義與個人戰爭」的勝利，而是史達林個人與暴衆鬬爭造成「權化」的勝利。從此，俄國自十月政變以來僅存的黨內自由意志亦被消滅淨盡了。使全國上下重歸於沙皇時代的緘默——那奴隸式的緘默。曾經對共產主義有過極大信仰的美國名記者費雪爾 (Louis Fischer)，覺悟從前的錯誤後，曾向世界人士指出：史太林的所以成爲偉大，是由於「大的頽廢，大的撒謊，大的沉默」！

誰都知道，史太林是凡庸的，但却能「權化」起來。人們似乎在懷疑。事實上，正因爲他的凡庸，所以能造成權化。假使他不凡庸的話，列寧決不會賞識他底「服從性」而替他造成「地位」；假使他不凡庸的話，他將在理想上求開展，不會專在攫取權力的鬬爭中下功夫，來發展權勢的。當時在列寧領導下的那羣叛徒中，論才智誰都勝過史太林，但最後成功的却是史太林。所以，凡庸却正成就了他。

凡庸的所以會成就他，是由於他的不自甘於凡庸，爲了滿足自卑感，他要抓取最現實的東西來炫耀，那就是「權力」在他底自卑感的激動下，他把憤怒化作力量，集中全力於陰謀的施展，沙皇的警察與監獄替他培養了這一單獨的專長。他的老師列寧也曾不斷的啓示他：「要使用任何權術、遁詞、詭謀、隱飾、掩蔽事實以及狡獪的非法方法」。而他也就是運用這一着來造成權化的。雖然，他底政敵托洛斯基曾憤恨地指出：「陰謀在某種意味說是實際技巧——其職能必然是第二等的」。姑不論它底等級性是如何，但權化的造成却是事實。因此，這些所謂「實際技巧」是頗堪研究的，在這裏，且稱之爲「策略」。

史太林造成權化的策略，可分爲兩個階段，即是從「攫取權位」到「發展權勢」。他知道：爲了前者，必須攀住一個人的脚跟，以「服從」來換取他的「信任」，那麼，地位的獲得是不難的；爲了後者，他必須淸除那些比他具有較多才能的同僚，才能求得「意志的統一」，也才能發展權勢。兩者在階段上雖是劃分着，但中間却有密切的關聯，沒有前者，決不能有後者。爲了達成前者，他選取了那時黨內唯一具有領袖慾的列寧，那不僅是與他在性格上有共通之點，而他更瞭解的是惟有在巨人提拔之下才能成爲巨人的；爲了達成後者，他不能不設法組織鬬爭，以打擊那些「西方亡命派」，惟有打得倒了他們，他自己才能伸出頭來。這些，就是史太林造成權化策略的根源。

就史太林權化的過程看來，半由於列寧的培養，大半則由於自己的陰謀。實際上，列寧的所以會給他以地位，其中史太林亦是有其策略的成份。這從史太林初期對列寧的奉命唯謹，及權位既成，對病中的列寧就表示「不服從」的情形看來，這種對主子最後的叮嚀置之不顧，可知他是如何的在利用列寧。待列寧死後，他又表示更大的服從，甚至把列寧的剩餘價值亦加利用了。這就是史太林攫取權位的策略，分析起來有如下述：

一、擁護列寧主張，唯諾到底：

在布黨的一羣叛徒中，平日未曾違反列寧主張而唯諾到底的，只有史太林。自一九〇〇年火星報出版起，史太林即接受列寧「訓練職業革命家」的觀點；一九〇三年社會民主工黨分裂起，他就站在布派方面，在南高加索區與孟派鬬爭。以後，他更在當地的報紙，不斷擁護與强調列寧組黨的原則與意見。因而引起列寧的高興。自此，他即未背離過布派。據卡爾 (E. H. Carr) 在「革命的研究」一書中所稱：「史太林祇有兩次與列寧有過歧見，一爲列寧主張參加首次國會選舉，他投反對票；二爲一九〇六年黨的第四次代表大會中，列寧主張土地國有，而他則提出土地農有」。之後，他奉列寧之命，製造了第佛里斯銀行刼案，是爲布派謀得活動經費；又奉列寧之命，寫所謂民族問題的論文，以對付「八月聯盟」的攻勢，同時與崩得團取得妥協。二月革命成功時，史太林最初雖也是擁護臨時政府的，好在他明瞭列寧的意圖後，馬上就「糾正」過來了。從事實上來看，史太林自參加所謂革命活動起，直至就任書記長以前，他是沒有叛離過列寧，凡是列寧怎麼說，他就怎樣說，他的著作幾乎可說是列寧意見的翻版，列寧的主張怎樣，他就怎樣幹。而且，他自己還不斷宣稱：「我只是列寧的一個弟子，我的全部野心，是成爲他的一個忠實弟子」。這話讓列寧聽起來該是如何的舒服呀！後來成爲史太林岳父的卡岡諾維奇 (Kaganovich) 特別的指出這一點，他說：「史太林政治活動的最出色最特別的地方，是他從不和列寧相參差，從不忽左忽右的擺蕩」。法國人巴比塞 (Henri

Barbusse）替史太林寫一本馬屁拍得十足的傳記「從一個人看一個世界」中，更强調地說：「列寧和史太林之間，實在從未有過矛盾」。這些話假使用在史太林羽毛未豐以前，是很可以這樣說的，確是服從到底的。至於那些「西方亡命派」呢？托洛斯基不必說，自始卽是和列寧敵對，並多少次罵過他，卽加入布派後，論爭還是不斷的；季諾維也夫和加米涅夫，曾反對過「十月暴動」，列寧斥之爲「工賊」。後季加兩氏又與賴可夫等共同主張政府內應容納其他社會主義黨派，列寧不許，他們爭辯得甚至要退出黨的中委會和人民委員會；而布哈林亦曾激烈的反對列寧簽訂對德和約，形成所謂「左派共產主義者」（且與社會革命黨左派合謀拘捕列寧）。列寧後來把他們列入「左傾幼稚病」的範疇。至實行新經濟政策時，他們的意見更是一片叫囂，列寧憤怒地指出：「黨在發熱」！在這些此起彼落的反對意見中，祇有史太林是絕對忠順的，永遠以列寧的意見爲意見。也許，正由於史太林的凡庸，根本無意見可表示，更談不上反對了，也許，正由於史太林深深瞭解列寧的獨裁性格中，是根本不容許任何相反的意見來變更其既定主張的，事實上亦確是如此。他認爲：「服從他人意志」是滿足人們自尊心的最好方法，尤其對於列寧那樣的人，「唯諾主義」有着特殊的需要。因此之故，列寧遂把史太林策略性的唯諾，看成是一種「忠心」。所以儘量要提拔他，儘管他是凡庸的。下列事實是最好的說明：一九一二年布派獨組中委會活動時，他卽被列寧圈定爲一個「最不知名的中委」；一九一七年正式被提名爲中委；奪取政權後，在人民委員會中亦分得一個「不需要頭腦」的民族委員，最高決策機構的政治局，他也能「名列最末」。中間他還長理過農民工人部，至一九二二年的被任爲「黨的書記長」，遂發展到權位的最高峯。這些，就是史太林唯諾主義的代價。

二、滿足列寧需求，不擇手段：

史太林與列寧的認識，起自一九〇五年的芬蘭會議，次年在斯得哥爾摩的黨代表大會上，兩人復再度的見到。時因大革命失敗後，黨受打擊，尤其是布派更慘遭剿滅，幾致活動無法。所以，在大會上史太林第一次的看到列寧成了失敗者的態度。在這種情況下的列寧，遂開始欣賞史太林在戰鬪團中的刼掠勾當。所以，一九〇七年史太林特計劃搶奪了第佛里斯銀行的五十萬盧布，爲布派謀得活動經費（這次事件發生之前，史曾秘密到柏林會見列寧兩次）。這，就是列寧對他建立信心的開始。在以後的時期內，布派在最不利的形勢下掙扎着，列寧甚至被稱爲「政治上的單身漢」。那是因爲列寧自己那種獨夫式的主張所招致的後果，但這時的史太林却還是擁護他的。高爾基在「和列寧相處的日子」一書中宣稱：「一個領袖的需要羣衆，比羣衆的需要領袖更爲迫切」。史太林非常瞭解這一點，尤其當羣衆紛紛離開他時，任何微弱的支持都可收到最實際的效果。這時在圍剿中的列寧，當然更欣賞史太林的忠誠，雖然，在監獄中遊歷的他產生不出任何作用，但列寧報償他底效忠的，就是一九一二年圈定他爲中委。次年初，史太林還做過列寧幾個月的「侍從」，去過維也納一次。並且依照列寧的口授，寫成那篇「偉大的文章」——馬克思主義與民族問題（以後竟成爲他充當民族委員的政治資本）。回國後，他就一直休息在西伯利亞流放地。但是，他與列寧的關係却從此建立了。在十月政變時，史太林根本沒有起什麼大作用，但政權到手，却也分到杯羹。實際上，史太林的眞正貢獻，是列寧公開實施「紅色恐怖」時期，他在南俄以「鎭壓反革命」的罪名，殺人一百七十餘萬，成績較任何地區爲著，而且電告列寧稱：「他的手是永不顫抖的」。像這些搶刼與殺人的勾當，就是列寧對他心折之處。因爲在列寧自己所建立的陰謀組織中，就需要有像史太林這樣殘暴品質的人，而史太林也瞭解列寧的欲求，故儘量以殘暴來滿足他。爲史太林作傳的蘇瓦林（Suvarine）特別指出這一點，他說：「列寧所欣賞的不是史太林的頭腦，而是史太林的拳頭」。其實，列寧本身也是一個「拳頭主義者」，他自已也很坦白的說過：「只有鐵拳才能獲得某些東西，也惟有鐵拳才能固守某些東西」。赤色政權的建立，就是基於拳頭，故列寧亦必然欣賞拳頭。就因爲史太林拳頭的成就，致以後在內戰中，他與托洛斯基在軍事指揮系統上所引起的衝突，以及在波蘭戰役所犯的錯誤（事實上，這些也是他想大事表演的緣故），列寧都予袒護與寬恕。至少，他相信史太林是很能幹的——實幹與硬幹。「拳頭」兩個字，從某方面來解釋。可說是「能澈底執行政策」，最後，列寧所以要提名他爲書記長，大槪就是從這一點着眼的。因爲在任書記長以前的史太林，顯然是滿足了列寧這一要求的。

三、列寧病危不服從，列寧死後又服從：

一九二二年三月，史太林被任爲書記長，兩個月後，列寧卽因病離開實際工作，他以代理人自居，並運用權力佈置人事，滲透黨的上下層。因其個性粗暴，處事乖張，遂引起黨內普遍的不滿。於是，病中的列寧也就恐怕因此會構成黨的分裂，也才深深地感覺到粗暴的史太林「在擔任書記長的職務上是不能容忍的」。因而寫下那封被認爲是「遺囑」的信，想撤換他。況且，史太林有若干事情的處理，都遭致列寧的不滿。如：喬治亞的爭端，改進蘇維埃國家機關等等，史太林都不依照列寧的意旨執行。列寧特將自己的主張寫成論文，要在黨會議中宣讀和在眞理報上刋登，他要使全黨知道他是怎樣處理那些問題。其中顯然有對史太林不利之處，故史太林以「欺上瞞下」的方法，禁止它的宣讀與刋佈。史太林之所以敢於一反以往的忠實態度而作「抗命」之擧，一因權力在握，羽翼已成，二因列寧病狀決無復原希望，奈何他不得。最後因對列寧夫人的無禮態度甚至氣得列寧與他下「絕交書」。並決心於十二次黨代表大會中來解決他的。但結果由於病狀突然轉劇，無法出席該次大會，使史太林得渡過平生最大的難關。後來，據托洛斯基說，列寧是史太林毒死的，若從當時兩人不愉快的事實看來，是大有可能的。對於病中的列寧，史太林雖不服從，但對死後的列寧却又加緊服從了。他既「代表着全黨向列寧作偉大的宣誓」，以領導人自居；又發起所謂「列寧黨員徵求運動」，替自己吸收忠實幹部；並發表所謂「列寧主義的基礎」，替自己的理論找根據；更自稱爲「列寧忠實的學生和工作的繼承者」，表明自己與列寧的特殊密切關係。此外，從列寧死後起，他開始了「創作時期」，每篇東西都幾乎是列寧語句的集合體，而他自己的一切作爲都是爲遵從列寧指示而作的，用這樣來證明他自己的正統性與權威性，使誰都不敢反對他。史太林認爲：所謂「服從」是有時空性的，有一定的條件的，過去的服從列寧在於權位的攫取；不服從病中的列寧，因爲他不能放棄既得的權位（一九二七年十月二十三日黨的執監聯席會議上，他坦白承認列寧在遺囑中聲言要撤換他書記長職務的事是完全正確的）；至服從死後的列寧，則可藉之鞏固權位，故又要加緊服從了。

以上，就是史太林攫取權位的策略。他以「唯諾」掩護自己的野心，以「拳頭」換取列寧的信任。靈活地運用「服從術」以取得地位，保持地位與鞏固地位。似此不學而有術，誰又敢說他是凡庸的呢？進一步地，爲發展權勢，他就要從事肅清異已，而後才能造成權化。

雖然，史太林自被任爲書記長後，已發展到地位的頂點，但在黨內高階層的人看來，他仍是凡庸的，他仍沒有取得領導人的資格，尤其是在那些西方亡命派的眼中。所以，爲了權力的爭奪，黨內遂起了劇烈的鬪爭。給予史太林以最大幸運的是，列寧的病竟拖延了兩年多。他與列寧兩人之間雖已有着不愉快的存在，但以對外來說，列寧畢竟是負責人。借着列寧的掩護，使他得有從容佈置心腹、組織鬪爭的機會。正因爲他佈置人事的關係，祇着重本身權力的運用，忽視黨員意志的反映，卽構成了「黨的官僚化」。所以，在一九二三年底，爲着官僚主義與黨內民主的問題，在托洛斯基的領導下，就出現了所謂「莫斯科反對派」，史太林乃聯合季諾維也夫與加米涅夫相對抗；至一九二五年，季加兩氏因史太林的扶助富農與一國社會主義問題，統率着「列寧格勒反對派」來反史太林。兩派於一九二六年實行聯合，號稱「聯合反對派」，史太林則又請布哈林、賴可夫等出來幫助，及一九二七年，史太林以開除黨籍及流放充軍等手段消滅了聯合反對派。但是，到了一九二八年，布哈林與賴可夫等爲反農業集體化與全盤工業化問題又形成了「右派反對派」。史太林當命莫洛托夫、雅魯斯拉夫斯基等出面論爭。結果在一年之內，亦遭清算，至一九二九年止，史太林遂造成了「權化」。顯然，當每一反對派起來時，聲勢都相當的盛，但結果均爲史太林一一打倒，其所以能如此，除本身掌握權力樞紐的基本條件而外，策略的運用也是很重要的一着。這些策略可名之爲「清除異已術」。策略的中心，就是：「邊拉邊打，邊打邊吃」。把敵人固然看做敵人，把朋友也看成敵人。而今日的朋友亦就是明天的敵人。最後則消滅完所有可能的敵人。剩下來的只有自己。最後終於造成了權化。以下就是他致勝的要訣：

一、拉攏多數，吃倒少數：

在布黨體系中，所謂政治局原是決策機構，史太林雖是該局的原始委員，但與其他委員相較，其聲望則是低落的，鬪爭既起，他知道，假使一切都仍決於政治局的話，他將無法取勝。於是，他假借服從列寧的話說：「黨的最高權力機構是中央委員會」，一切都得取決於中委會的決議。因此，中委會的權威就淹沒了政治局。在中委會中，他以籠絡和收買的方法取得多數。運用「多數通過」這一着棋，就使政治局中反對份子的意見得不到支持。初期的交鋒中，他僅是利用了中委會的場所。到後來，進一步地，史利用了「黨代表大會」，卽是以絕大多數的優勢來壓倒反對者。我們知道：自所謂列寧黨員徵求運動以後，史太林在羣衆中已佈置下結實基礎。於是，鬪爭就由中委會移到更廣大場所的黨代表大會上去。托洛斯基的首次受「黨」的斥責，是在第十三次黨代表大會。這也就是列寧黨員徵求以後的事。從這次大會以後，「黨代表大會」的場所便被史太林所霸佔，而它底決議，永遠是屬於最大多數的。顯然，從表面上看，黨代表大會是最能反映羣衆眞實意見的。但是自這時起，它已淪爲史太林政策無條件服從的工具，因爲絕大多數的代表都是史太林透過書記處所揀選出來的。因此，在所謂「服從黨的決議」呼聲下，遂使所有的反對派一敗而塗地。這，就是史太林拉攏多數，吃倒少數的方法。至一九二九年完全消滅了反對派以後，他個人底權威已完全建立，黨代表大會卽失去使用價値，有時不過聽聽歡呼聲與拍掌聲而已。史太林聽厭了以後，遂將它一年一次的會期，改爲四五年才開他一次（第十六次在一九三〇年，十七次在一九三四年，十八次在一九三九年，第十九次甚至隔了十三年才開）。至於中委會呢？權力又降落於政治局之下，而史太林就以絕對的權威操縱着政治局。

二、團結少數，攻擊多數：

當布黨的「書記長」職位未設立以前，史太林卽在黨的內層「找尋人事關係」。他那時既是政治、組織兩局的委員，又把觸角伸入到書記處與監委會。極力拉攏同僚，結成力量。當別的領袖致力於黨的活動蘇維埃國家的活動時，而史太林已在爲他自己的權力在「組織鬪爭」。而自擔任書記長以後，更由上到下積極的部署人事，各省縣書記處都派充自己的心腹。力量遂伸展到了下層，以關係建立關係，以關係爭取關係，隨着史太林權勢的發展，形成一個堅固團結的集團。這是一個極有計劃的組織。很可以這樣說：布黨黨內的出現小組織，是從史太林任書記長起。至於以往的所謂「左派共產主義者」、「民主集中派」、「工人反對派」等等，實際上祇是代表某種意見的偶然結合，而非有計劃的組織，更無緊密團結的一致性。但是，史太林的小組織呢？一開始其目的即在準備鬥爭，想要霸佔全黨，在統一的計劃下團結着，等待任何攻擊的來臨(後來，托洛斯基說明史太林調動人事的情形：「一切選擇不由才能而惟視其適應性，質言之，黨的一般政策，便是在把獨立有為的人更換了，而代之以從順凡庸的」)。所以，自官僚主義爆發了鬥爭以後，他們即全體動員，各自為史太林找羣衆，全力打擊反對派。托洛斯基是這樣被擊敗的，東山再起的季加兩氏亦是如此，到布哈林、賴可夫時也是這樣。在這些反對派中，雖有的是堂皇理論，也有其堅決主張，但因未能嚴密團結，有的更中途變志，且下層羣衆基礎又不結實，處處有隙為史太林所乘。他們的人數合起來雖比史太林的「幹部」來得多。而因為一個是散漫的，一個却是嚴密團結的，以團結的攻擊散漫的，雖數量少，但質量精，故易於取勝。也即是軍事上的一種所謂「小隊攻擊戰術」。何況，史太林把他們劃成階段，分期打擊呢？一般黨員羣衆因凜於黨紀的制裁，對反對派祇能有同情而不能採取實際的擁護行動，因此遂不能發生任何的力量，以這樣雜亂散漫的反對派，要想對付這樣有計劃有目的的鬥爭，能不失敗嗎？

三、邊拉邊打，邊打邊吃：

最初，史太林知道列寧對他不滿時，他曾設法討好托洛斯基，推他在十二次黨代表大會上代列寧作「政治報告」，托雖未允，但却因這一「好意」的結果，故托在大會中對史無任何的攻擊，使他得以安渡平生一大難關。是年底，托洛斯基為官僚主義及黨內民主問題展開攻擊時，史太林則拉攏季諾維也夫與加米涅夫兩人，結成「三頭姻緣」。而且要季氏以一馬當先的姿態出來與托論爭，使人們所發生的印象祇是「季托爭權」，而他自己則躲在幕後操縱自如。待托被擠出重要職位，聲勢漸減之後，他對季加兩氏的汗馬功勞又不十分賞識，終而使他倆一怒之下而倒戈相向。待至托、季、加聯盟形成，力量甚為壯大，他乃再轉而利用布哈林與賴可夫，要他們出面全力對抗，自己則動員小組織作後盾，遂再獲勝利。布、賴及童姆斯基等在效犬馬之勞時，滿以為史太林是欣賞他們的主張，正喜形於色，那裏曉得史太林剛打倒左派後，就實行着左派的政策，而把他們作為「右派」來清算，他很坦白的說：「思想鬥爭分成兩條路線，努力打擊左派，不可忘記右派」。於是鞭韃就落到他們的頭上，此時替史太林出來幫兇的則是莫洛托夫與雅魯斯拉夫斯基們，可憐的是他們這些人雖被稱為「右派反對派」，實際上是一點反對的力量都沒有，史太林接連兩次「論黨內右傾」的演詞痛罵了他們一大頓以後，他們就無條件投降了。自此以後，天下遂告底定。這些先後出現的反對派，不能說是毫無力量可言，但是經史太林邊拉邊打，邊打邊吃的結果，力量就由分散而衰落，所以給他先後各個擊破而致投降與消滅。假使當洛托斯基初度展開攻擊時，這些人能不先後被利用而全力進行反擊的話，那麼，史太林雖有的是陰謀，自然也無所措手足了。要知，無論任何强大的力量，是決經不起分裂與聯合的。史太林這種邊拉邊打，邊打邊吃的方法，正是「統一戰線」的運用，待他們一致覺醒以後，本身業已無能為力，而史太林底權力却已完全鞏固了。

四、玩弄口號，當頭棒喝：

黨權的篡奪是史太林處心積慮已久的，故鬥爭極其有計劃，為解除敵對者的精神武裝，並以衞護自己，他特選擇最具煽動性而有利的口號，以及肩起最名正言順的堂皇招牌，在這些口號與招牌的煽動與掩護下，遂使一般羣衆失去鑑別的能力終而盲目的遵從。與托洛斯基鬥爭開始時，他即提出一個口號：「托洛斯基是黨中的拿破崙」。在這一口號下，使人們以為托要獨攬黨權，又再以「老布爾希維克」的名義將季、加兩氏團結起來。他說托洛斯基的所以要反對官僚主義，是要「嗾使青年同志起來反對老的先鋒隊」，季加兩氏素以老先鋒自負，所以打擊托洛斯基時就特別賣力了。待列寧一死，他馬上掮出了「列寧主義」的招牌，並且把它教條化起來，而他自己則以衞道者的姿態出現。這是一個最大的帽子，在布黨中這些人雖是謀叛的能手，但却都不敢背叛所謂「列寧主義」。在俄國，馬克思主義可以修正，而列寧主義則是絕對性的。史太林就用列寧主義這一教條去鞭打所有的敵對者，同時，又發明了所謂「托洛斯基主義」，再將它與列寧主義對立起來，這當然是冒大不韙之罪了。反對派聯盟形成後，他說季加兩氏「投降了托洛斯基主義」。在列寧主義的天下中，竟有所謂托洛斯基主義出現，已屬罪無可逭，而季加兩氏却又投降了它，也自然是「叛徒」無疑。待布哈林、賴可夫等開始反對時，他又給他們以「右傾機會主義」的罪名，並把它與托洛斯基主義排在一起，說它倆壞的程度是半斤八兩，至於他自己的一切主張呢？則都利用羣衆的名義，化成了所謂「黨的決議」，「黨的意志」，「黨的路線」。在這些堂皇招牌與口號的宣傳下，無異給反對派以嚴重的當頭棒喝，雖反對有心，却也反抗無力了。

五、專找弱點，集中攻擊：

史太林因本身既無學識，當然在理論上無所表現，他的「創作天下」是在列寧死後才有的。至布黨的其他領袖，至少都曾受過相當的教養，當年亡命西歐高唱革命語句時，更曾發表過不少荒謬言論，但是這些言論後來都被史太林利用起來作為打擊他們的悶棍，使他們招架辯解無力。據亞歷山大，巴明(Alexander Barmine) 在所著「虎口餘生」一書中說：「史氏隱於中央委員會多數派的假面具下，很狡計地掩飾了他爭權的陰謀，他一部份的力量是基於他過去在黨內的沒沒無聞。每一別的領袖都於過去廿餘年中，將思想暴露於外，要從他們間獲得『邪說』的證據是不難的，因爲他們在革命前都寫過若干論文、書籍及小册子。史太林是長於此種陰謀的，他可以從一段、一句、一字上，斷章取義，指責某些顯要的布爾希維克爲『犯錯誤的同志，未能認識自己的錯誤』，他的被害者則無從以其人之道還治其人。因爲史氏在過去廿餘年中，除了他的一些關於民族問題的論著曾於一九一二年刊行外，迄未發表過任何的著述」。由此可知，史太林的「不學」亦成爲他底「特長」之一。他的打擊托洛斯基、季諾維也夫、加米涅夫、布哈林等，就是完全運用這一陰謀的，引出他們當年的理論，予以擴大渲染，說他們違反了列寧主義，企圖與列寧主義對立，甚至要教訓列寧等，加予他們以罪名。而托洛斯基的「不斷革命論」與季加兩氏的「反對暴動」等，尤爲致命的中傷點，而史太林就是專找這些弱點，集中攻擊，使他們欲招架而無力。要知，這些所謂弱點，在當年實在是優點，在那種謀叛的時期中，他們那些話都是最具革命性的，他們的言論極端自由，根本無規範可循。卽使是有與列寧對抗之處，列寧亦並未因此而歧視他們，因爲他所注意的祇是他們對黨的「實際效用」，到了史太林時，反動的政權業已穩固，而那些反動言論却已變成爲罪行了。何況又是經史太林加意渲染了的呢？

以上就是史太林肅清異己的策略，有人以爲史太林的所以能打倒反對派，完全是利用格別烏的力量。這個看法並不十分可靠，實際上，史太林的利用特務人員，是在一九二六年以後的事，至一九二七年「革命十週年紀念」時，才大量出動。由此，我們可以知道，史太林以前的鬬爭完全是策略的運用，亦卽可知這些策略有着如何的毒辣性。當一九二三年夏天，黨爭還沒有暴發以前，史太林就曾對加米涅夫們很坦白地說過：「選好一位犧牲者，準備好細密的計劃，報復一個不能消除的仇恨，而後上床睡覺，世界上沒有別的比它更甜蜜的事」。而他以後的鬬爭策略就是這樣準備起來的。當他清除所有的敵對者報復了他們瞧不起他的仇恨以後，他的覺是睡得多麼安穩呵！托洛斯基被放逐到土耳其時對於史太林底一切會有着痛心的評價，他說：

「史太林到底是怎樣的人呢？最簡單的答語可以說：他是我們黨中最優秀的庸人，當他追求自己的目的時，具有實際的感覺、節度、與不拔的耐心，至他的心意，若從政治的觀點來說，寧是狹隘的。而理論的能力上，則又爲他的智識所限，如他想對於黨的理論致其贊譽的小書『列寧主義的基礎』，實充滿着學校生徒的誤謬，他因爲不知道外國語——他是一國的外國語也不知道的——故關於外國政治生活的智識，一切都不得不依賴傳述。總之，他完全是實際的政略家，既無創造的想像力，也沒有黨外的經驗，他是完全不知道有更廣大的分野的。他正如那扮演第二等角色的人物……像一切實際的政略家同樣，史太林也是充滿着矛盾，他沒有一貫的識見，只憑衝動而行事，他的政策是沿着之字形的路而行進，不論到怎樣的形勢，他就自造與之相當的理論，或者卽求他人代造……他的演說或作論文，是只限於敵人完全失其應答機會的時候」。最後，托洛斯基對史太林的成就，下了一個註脚，那就是：「凡庸的權化」！

誠然，在布黨當年謀叛的工作中，他底地位是低微的，十月政變時，他在中委會中所顯現的還是「如豆般的，不足道的光芒」（蘇漢諾夫語）。但在十二個年頭中，他竟爬上了極權的高峯。當年蔑視他的人，不是被他踢倒，就是匍伏在他底脚底下，在他底自卑的靈魂中該是如何的滿足。隱伏的權力慾更得到充分的發揮，故他得意以後，毫不諱言的說：「整個的問題，就是保持權力」！

當一個凡庸者權化以後，隨着權力的擴展，進一步的就是要「神化自己」，所以，至一九三四年還要製造出「基洛夫事件」，既所以清除頗得人望的基洛夫，又藉以組織對所有老布爾希維克的屠殺，把那些可能的反對者連根挖起。終於，他是神化了起來，要成爲所謂「永恆的太陽」。

從史太林造成權化的過程看來，我們可以瞭解俄帝集團中是如何的在串演着「人吃人，狗咬狗」的把戲。史太林死去業已兩整年，馬倫可夫繼位雖然强調着所謂「集體領導」，却一直在「自我清算」中打滾，由貝里亞之死，卽展開殘酷鬬爭的場面，到了今天馬倫可夫下臺爲止，已發展到最高潮，以後，赫魯雪夫與布加寧之間，也必然要繼續的演出，因爲，政治獨裁是俄帝領導階層的基本哲學，史太林權化的造成，更爲這種「狗咬狗」的把戲建立了活生生的榜樣，以後每一個權位的繼承者都是在走向這歷史的道路。

在這裏，我們可以看出今天的馬倫可夫是如何會下臺的，因爲，至少馬倫可夫比史太林「走得太快」了些。當年領導匈牙利社會革命的倍拉鑒（Bela Kun)的話沒有錯：「史太林不會走得太快的」。而馬倫可夫的所以被擠倒，顯然，就是犯了這個錯誤。

兵爲貴！

——美軍生活之七——

辛之魯

美國是一個民主國家，人民是主人，政治領袖必須爭寵於人民。而在軍隊裏，士兵是主人，他們就必須取悅於士兵。美國軍人雖不能從事政治活動，然而美國士兵仍享有一項政治權利——選舉權。士兵雖遠在海外，但他們可以行使缺席投票(absentee ballot)。據說蘇俄的武裝部隊人員也有選舉權，但在本質上和美國的不同。蘇俄士兵不許有自由意志，黨的一紙命令，無人敢違抗，否則你就要遭殃！美國士兵却握有一張絕對自由秘密的選票，「一票在手」，自然就能「舉足輕重」了！

一九五二年十二月，艾森豪當選總統後，曾訪問韓國，他親自到韓國戰場的最前線，在冰天雪地裏，和士兵談笑，共度聖誕！

一九五三年十一月，美國副總統尼克遜訪問遠東各國，到達日本後便訪問美國駐日軍，他訪問的對象不是軍官，而是士兵。他訪問的方式不是士兵列隊受檢，而是隨便談天。他到大藏大厦的士兵俱樂部，拍拍士兵肩膀，問問這樣，談談那樣，滿面笑容，大家像家人一樣，一點也沒有矯揉造作之態！

獨裁國家的政治領袖，也許會假腥腥地故作親切之態，但是，在他們內心裏却是不同的，他們缺少民主國家政治領袖的那點誠懇！獨裁國家的政治領袖對於人所重視的是工具價值，當你的工具價值存在的時候，便對你熱一陣，而當你的工具價值喪失的時候，却對你冷冰冰的。所以獨裁國家的政治領袖對人是「忽冷忽熱」的。

我覺得，美國的政治精神，是盡量使人人滿足，決不會違反多數的意志，倒行逆施。這種精神在美國軍隊裏也表露無遺。美國是新式實驗論的國家，她不像舊式的大陸理性國家，錯就錯到底，至死不悟。在軍隊制度上，經過長期的實驗，可以說已經達到合理的程度，三年來，我曾經「吹毛求疵」地觀察過美國軍隊的生活，想找出他們有什麼不滿的現象，我發覺原則上的不滿已經沒有，雖有枝節上的不滿，但是，他們發現了，馬上會糾正過來。她不怕不滿，而能消除不滿的因素，使軍隊裏人人心平氣和，呈現一片和祥！

但是，在共產極權軍隊裏，士兵的行動和慾望都受到重重不合理的限制。士兵有什麼不滿，不問靑紅皂白，一味壓制。士兵既不敢怒也不敢言，不滿加上不滿，恨上加恨，一旦時機到來，就會爆發，終致於土崩瓦解。因此，共產黨的軍隊是不足懼的。只要他們的軍隊裏瀰漫着不滿，他們就有心理上的弱點，就不難將他們擊敗！

美國軍隊裏，人人滿足，心平氣和，所以沒有心理上的弱點暴露給敵人。在韓戰期間，中共對美軍的心理作戰是想挑起美軍士兵對華爾街的仇恨。中共宣傳者說：「你們爲華爾街的老闆而戰！」但是，美軍士兵的經驗告訴他們，他們並沒有感受到所謂華爾街的「壓力」，他們在家鄉過着自由安定的生活，在軍隊裏享受着良好的待遇，因此，他們不能了解中共所宣傳的「爲華爾街而戰」的道理。中共這着棋失敗了。中共也曾企圖挑撥黑人兵對白人兵的仇恨，但是，黑人兵和白人兵在軍中享受同樣的權利和待遇，並沒有遭受歧視（在美國南部各州是否仍歧視黑人，我不得而知。但在美國軍隊裏白人兵和黑人兵却是一律平等）。黑人兵也享受同樣的發展機會，最近遠東空軍就有一名黑人升爲空軍准將。在韓國戰場上中共對美軍的心理作戰就是利用美軍士兵思鄉之情。什麼「你爲什麼在這兒呢？回家去吧！」「你的妻子兒女在等你呢！」「你的女朋友在等你呢！」但是，美國士兵，絕大多數是應徵入伍，服役兩年，便「解甲歸田」，不會在軍隊裏度過漫長的歲月。他們認爲服兵役是義務，兩年期間並不是長得不堪忍受的。同時美軍時常調防，在一地駐防不會太久，便從一地調往另一地，從歐洲調來亞洲，或從亞洲調往歐洲。有的士兵得意的說：「在軍隊裏就是享受免費旅行！可以多看看世界！」這樣，思鄉之情也就不太嚴重了！所以，中共對美軍的心理作戰是一個完全的失敗！而美軍抵禦敵人心理攻勢的有效武器就是消除不滿的因素而使人人滿足。「滿足」和「不滿」可說是眞正「强」「弱」的分野！

美國是一個徵兵制國家。當國家多事之秋，人民到相當年齡，卽服役兩年。美國軍隊裏，職業官兵很少，只有少數的西點軍校和維基尼亞軍校畢業的軍官和職業軍士。人民應召服役，經過一種測驗後，劃分兵種，適合軍官條件的擔任軍官，適合士兵條件的當兵。在美國各訓練基地接受訓練後，派往美國本土、歐洲、亞洲或世界其他各地。在美國士兵中，獲得博士、碩士或學士學位的人如「過江之鯽」，不足爲奇。因此，在美軍裏，兵並不比官低，當兵的有許多了不起的才智之士！美國士兵把官階看得並不嚴重，在他們眼中，服役只不過是一個「過路站」而已，眞正的個人發展是在退役之後。美國是一個人發展高於一切的國家，無論是在城市、鄉間、深山、曠野、海洋、天空……只要你有腦筋，有聰明才力和苦幹的精神，你是不會發愁個人沒有發展的。在一個自由制度之下，沒有人防礙或堵塞你的發展之路！

美國軍隊，對於作戰的官兵有一種縮短服役期限的規定，而不是絕對硬性的規定爲兩年。他們採取一種點 (point) 的制度。在戰區作戰算的點數多，在後方點數少。如果你在戰區作戰，很快就可以積滿退役所需的點數。在這種縮短服役期限的獎勵下，「必有勇夫」，所以有人請調至戰區作戰，而不願在後方磨過較長的兩年時光。

美軍中，職業官兵雖少，但是並不因爲官兵的退役而發生一種「青黃不接」的現象。他們有一種良好的制度，那就是職業軍士制度。軍士是美軍中的中堅和骨幹。他們視軍隊爲終身職業，在軍隊裏有長時期的經驗，擔任各兵種中的重要任務。他們對軍隊的情形，無論是作戰、訓練、軍需、通訊或兵工，都瞭若指掌。這種軍士制度在美軍中運用得當，是有其條件的。美軍軍士最高只能陞至上士，但是，他們的薪俸却與年俱增，薪俸高的上士比下級軍官多得多，有的月薪達四百美金。除了高的薪俸外，他們的服裝和給養也全由政府供給。(軍官的服裝和給養却要自己掏腰包。)美軍上士願意晉陞爲軍官的話，也可以晉陞，但是晉陞爲准尉後，他就要喪失許多權利：薪俸要降低了（准尉月薪不過二百元美金左右），同時服裝和給養都要自己掏腰包。所以軍士很少願意陞官，他們覺得幹軍士比當官還安逸！美國軍士常驕傲地說：「美國軍隊是軍士管理的！」(The U.S. Army is run by the sergeant!) 這句話一點也不過火！

在美國軍隊裏，軍官吃什麼伙食，士兵也吃什麼伙食；軍官吸什麼香煙，士兵也吸什麼香煙；士兵穿的衣服，無論是式樣或質料，和軍官都沒有兩樣。你能說這不是平等嗎？但是，反過來，看看共產黨的軍隊，軍官吃的是「小灶」「中灶」，雞鴨魚肉，山珍海味，一應俱全，士兵則吃的是粗茶淡飯的「大灶」。軍官吸的是高級香煙，而士兵則吸土煙。軍官冬天穿的是皮大衣，而士兵穿的是棉大衣。聽說一九五三年冬在板門店戰俘解釋期間，一個聯軍人員看到共軍中的這種現象，很覺詫異，問一個中共的翻譯人員說：「你爲什麼穿棉大衣，而那個解釋員却穿着皮大衣呢？我們的將軍和士兵穿得沒有兩樣啊！」那個翻譯人員臉漲得通紅，啞口無言地溜走了！

「紀律」和「命令」是軍隊的特徵。美軍士兵要嚴格遵守紀律，服從命令。但是，軍官對於士兵不但絕對不准體罰，就是侮辱士兵也是絕對禁止的。士兵有士兵的人格，軍官絕沒有侮辱士兵的道理。如果軍官罵士兵一聲「骯髒的狗」(dirty dog) 或私生子 (bastard)，那是相當嚴重的事，軍官就要受處分。如果軍官對士兵虐待，軍官就要受軍法審判。在美軍中，虐待士兵的事情，是絕無僅有的事。三年來，我還沒有見過或聽說過軍官虐待士兵的情形。美軍中有檢查官巡視部隊，尋求兵隱，接受訴怨，然後報告上級處理。在美國軍隊裏，沒有恐怖氣氛，官官不能相衞，且無須懼怕權威，所以，有「怨」必能申。

美軍中，軍官有軍官俱樂部，軍士有軍士俱樂部，兵有兵俱樂部，自由時間，各自到自己的俱樂部去消遣，互不相擾。這種良好的制度減少了許多官兵之間的不愉快。如果軍官和士兵一天二十四小時都在一起，軍官的眼睛老釘住士兵，便容易引起彼此間的磨擦。記得英國的一個童話，說一羣刺猬因爲天氣冷，便擠在一起，但是彼此靠得太近時又覺刺痛，離得太遠又覺寒冷，經過多次「合」「離」，他們終於發現了一個又能取暖又不刺痛的距離。美國軍隊的俱樂部制度就是使官兵之間有這種適度的距離！

他們瞭解人性中的弱點，對於軍人犯罪着重治本，而不着重懲處。他們盡量找出犯罪的原因，進而消除那些引起犯罪的因素。他們努力改善四周的環境，而使犯罪的機會減少；他們改善娛樂節目，使軍人在空閒時間有正常娛樂。軍人違反法律，必須經過調查和軍法審判才能定罪。各級指揮官無論在任何情形下也無「生殺予奪」之權。三年來，我未聞一個軍人被執行死刑。遠東美軍軍事法庭雖曾判過一、二人死刑，但是在美國重審時，都改處長期徒刑和苦役了。他們是不忍隨便處死一個人的。軍人違反軍規，多半處罰禁足，在休假日不准離開兵營。故美軍中雖有禁閉室，固不能說是備而不用，但至少也是備而少用。美軍兵的俱樂部中，只有可口可樂這類清涼飲料，而士的俱樂部除了清涼飲料外，還有啤酒。如果一個軍士因爲喝醉酒鬧事，他就可能被降爲兵。降爲兵的軍士就不能進士的俱樂部飲酒了。有時，在士的俱樂部外邊站着降爲兵的軍士，看別人大飲大喝，不免垂涎三尺，大有悔不當初之意！

美國士兵，有時像一羣天眞、玩皮的大孩子。如果他們覺得那個軍官太「兇」，他們會想盡方法和他開玩笑。有時候，大兵將吃過的口香糖放在吉普車的坐墊上，等軍官開車就坐時，口香糖就會沾在褲子上，軍官發覺後，啼笑皆非。有時士兵在夜晚偷偷地將臭魚放在軍官的吉普裏，第二天清早，軍官登上吉普，發覺臭氣四溢，到處尋找，原來在車蓬上發現幾條臭魚，軍官只有無可奈何的笑笑。這類小事是很尋常的，他們看得一點也不嚴重！

共產極權國家視士兵爲草芥，採取「人海戰術」，讓士兵像蛾子撲燈一樣地送死，他們無慟於衷。但是，在美國軍隊裏，士兵的生命和任何人的生命同樣寶貴，決不輕易犧牲一個士兵。狄恩將軍被俘前，在兵荒馬亂中，還背着一個受傷的小兵，不忍撇掉。這充分說明了美國「兵爲貴」的精神！

巴黎通訊

巴黎協定的批准

龍平甫

一 俄法外交戰

自巴黎協定簽訂後，蘇俄卽千方百計阻止法國國會批准，法國國會可說是自由國家國會中的「淘氣兒童」，蘇俄如能阻它批准巴黎協定，則西德卽不能在西歐聯盟內建軍。蘇俄在這方面所用的外交宣傳的主題，便是要求再度召開四外長會議解決德奧問題（一九五四年十月二十三日照會），及建立所謂「歐洲集體安全體系」以代替西歐的防禦組織（十一月十三日照會）。它並建議在同年十一月二十九日召開所謂「歐洲集體安全會議」，這是自由國家所不能接受的騙局。西方三强遲至同年十一月二十九日答覆蘇俄，認爲召開會議解決德奧問題及歐洲集體安全成功的條件尚不存在。因此向蘇俄建議，依次解決下述問題：㈠簽訂對奧條約；㈡蘇俄政府闡明其對德國自由選擧的立場，因爲自由選擧是統一德國的第一條件；㈢以外交途徑交換關於共同利害有關的歐洲各項問題（如歐洲集體安全問題）的意見，俾將來能在四外長會議中討論；㈣俟同時巴黎協定爲各國批准後，卽行召開四外長會議；㈤如情況良好，則可召開包括歐洲國家及其他有關國家的會議，以討論歐洲集體安全及其他問題。

十二月九日莫斯科廣播蘇俄對西方三强的答覆，宣稱：「㈠西德整軍與聯合國的裁軍宗旨不符；㈡巴黎協定將引起軍備競爭；㈢此項協定與一九四四年法蘇條約及波茨坦協定違背」。莫斯科並宣佈：「巴黎協定一旦批准，四强談判卽失去意義，德國問題便不能解決」。蘇俄並說：「爲答覆西德的整軍及法國與其盟友侵略政策的强化，決與其他「和平」國家採取必要措施，加强其武力及安全」。蘇俄對西方三强所提出的解決德奧問題的步驟未予答覆，僅說「它的立場已在柏林會議表明」。這種廣播卽說明蘇俄將以武力的威脅阻止西歐國家組織自衞。這種威脅見於所謂「歐洲集體安全會議」，蘇俄雖向各有關國家發出請柬，但到會的祇有它的嘍囉。十一月二十九日莫斯科會議開幕，出席的僅有蘇俄、波蘭、捷克、匈牙利、羅馬尼亞、保加利亞、阿爾巴尼亞、及東德。中共派駐俄「大使」張聞天爲觀察員。本來觀察員是不能發言的，他却大事咆哮，說自由世界「將遭遇希特勒的命運」。十二月二日莫斯科會議閉幕，發表宣言說：「如巴黎協定批准，共產國家將在軍隊組織及統帥與其他方面採取共同手段」。這顯然是恐嚇法國的，事實上，共產國家的共同軍事組織是早已存在的。

蘇俄除威脅法國外，並設法拉攏法國的右派。十一月中旬蘇俄駐法大使維努格拉多夫（Vinogradov）藉口代表莫洛托夫向戴高樂將軍致謝贈書（戴氏的「回憶錄」Mémoires），訪晤戴高樂，邀請他去莫斯科出席法蘇條約十週年紀念會。但爲戴氏謝絕。戴氏雖激烈反對歐洲軍條約，却對巴黎協定的批准與否不表明意見。在十二月四日，「法國人民聯盟」（R.P.F.）年會中，他發表演說，提出實施巴黎協定的三個條件：㈠與東方再作一次談判，以軍備的限制及管制爲議題；㈡消除北大西洋公約組織的不良現象，使法國在其境內有完全主權；㈢確切解決薩爾問題，使薩爾在經濟上與法國同盟，在政治上與德國分離。他並在演說詞中贊揚孟德斯法郎士，這是空前的言論。戴高樂一向對戰後法國的政體批評得很嚴厲，孟氏的作風固然獲得戴氏的同情，但是孟氏對他很表尊敬，是第一個內閣總理親自去拜訪他的。

孟氏爲了獲得條約的批准，並抵制蘇俄的宣傳，於去年十一月二十二日在紐約聯合國大會中發言，「主張在一九五五年五月召開四强會議，但爲產生信任空氣，應卽實現一種決定性的進展，例如簽訂對奧條約。爲解決簽字的困難，不妨延長撤軍的限期，例如規定爲十八個月或兩年」。孟氏的建議並未引起蘇俄的反響。於是法駐蘇代辦勒羅阿（LeRoy）爲對奧條約事於十二月七日至蘇俄外交部，由次長葛羅米柯接見，但未得若何具體答覆。十二月十日法蘇同盟條約十週年紀念在莫斯科很冷淡的擧行，法方參加的祇有駐蘇大使館人員。莫洛托夫在會中提及法國的交涉，說「從事此種運用的人沒有經驗」。他對法國政府的憤怒更在十二月十六日致法政府的節略中充分表明。他在節略中指責法政府反蘇，反「和平」國家，協助西德建軍，因此威脅的說：「一旦巴黎協定批准，卽廢除法蘇條約」。孟氏批評這篇措詞强烈的節略說：「蘇俄想運用到極度」。與論對蘇俄專攻擊法國，認爲不合邏輯，因爲英國不但和蘇俄有類似的條約，而且英國國會又於十一月二十日批准巴黎協定。於是蘇俄在十二月二十日補給英國一個類似的節略，說「巴黎協定批准並實施，則蘇俄將廢棄英蘇友好互助條約」，但是英國政府却不接受此種論調。

蘇俄對法國及其他西方國家的威脅不但嚇不住西方，而且遭受西方的反威脅。這時西方軍政領袖正在討論：「緊急情況下誰有權決定使用原子武器」？而在十二月十六日開始的英法美三外長會議，以原子彈的使用及巴黎協定爲主要議題。十九日會談結束，三外長認爲蘇俄以廢除法蘇條約恐嚇法國，是一種粗暴的運用，以求施壓力於法國輿論。孟氏認爲蘇俄之所以如此，乃由於法國國會各委員會在審查巴黎協定時所表現的推諉等現象所致。但是三外長認爲蘇俄的伎倆並不能得售，同時北大西洋公約會議第十三屆會議在巴黎開會，認爲蘇俄對自由世界的威脅並未減輕，並決定原子武器的使用權應仍屬於政府，但應儘速使此項決定採取並執行，以應付緊急事變。

二　法國衆議院批准巴黎協定的經過

法國政府將巴黎協定提交國會衆議院（國民大會）請求批准後，由衆議院各委員會推舉審查報告人提出審查意見，然後由各委員會表決，通過後再提交國會表決。茲將各委員會審查結果列表如後：

委員會名稱	西德武裝及加入北大西洋公約集團	西德恢復主權（波恩協定）	薩爾協定
外交	畢耀德(Billotte)將軍審查並報告，主張批准。報告以十六票對十五票通過（十一票棄權）	伊索尼(Isorni)審查並報告，主張批准。報告以二十四票對十五票通過（三票棄權）	萬德路(Vendroux)審查並報告。主張批准。報告以二十四票對十二票通過（十二票棄權）
財政	李耀德(Liautey)審查並報告，主張不批准，報告以十八票對十二票通過（十一票棄權）	李耀德審查並報告，主張批准，報告以二十票對七票通過。	李耀德審查並報告，主張延期討論批准。報告以二十一票對十票通過（十票棄權）
工業	拉比(Lapie)審查並報告，主張批准，報告以十三票對十票通過（三票棄權，十五票缺席）		許班(Chupin)審查並報告，主張批准。報告以十五票對七票通過（十五票棄權）
國防	巴第(Badie)審查並報告，主張延期辯論批准，報告以十五票對一票通過。		
經濟	雨格(Hugues)審查並報告，主張批准。報告以十票對七票通過（十七票棄權）		
海外	德維納(Devinat)審查並報告，主張批准。報告以十一票對九票通過。		

對西德整軍案祇有財政委員會通過不批准巴黎協定的報告。國防委員會主張延期討論批准，其餘都通過主張批准的報告，最重要的外交委員會主張批准，所以巴黎協定提交衆議院表決已無問題。

孟德斯法郎士原欲國會在十二月十三四兩日辯論批准問題，後因技術上的困難，由國會改為自十二月二十日起至二十三日止辯論巴黎協定的批准，政府向國會提出辯論巴黎協定批准的法案共分三部，第一部為西德及意大利加入布魯塞爾公約組織及西德加入北大西洋公約組織；第二部為西德恢復主權，第三部為薩爾協定。

十二月二十日起國會開會，第一二兩次會議由各審查報告人發表意見。自第三次起（二十一日）開始一般辯論，由反對德國建軍的奧美蘭將軍開第一砲，到二十二日清晨已有十餘人發言，贊成與反對的各執其說，反對的有些人是反對任何形式的德國整軍，如共產黨及極端民族主義者，有的是擁護歐洲軍的中堅份子，如人民共和黨，及至莫克 (Jules Moch)（有名的反對德國建軍者）發言說「西德建軍案已陳舊不合時宜(?)」之後，孟氏見情勢不妙，立即答覆說：「巴黎協定一經批准，即從事有效果的四國會議，但是法國的發言地位有賴於法國國會的表現。一種依微弱多數所採取的決定和否決巴黎協定一樣的有嚴重的後果」。換言之，孟氏要求國會以壓倒的多數通過巴黎協定。但是這個壓倒的多數是得不到的。法國各黨派各有其政見，而各黨派對外行動又多不一致。尤其是一個武裝昔日敵人的投票案使不少的議員猶豫，支持政府的許多議員怕第二個對德建軍的否決投票使法國在國際上遭受嚴重損害，許多反對政府的議員也是這樣顧慮着，因此在必要時支持政府，但是大多數反對派議員則企圖將巴黎協定不能批准的責任推在在朝黨派的身上。

許多在過去反對歐洲軍或反對德國建軍的議員改變戰略，設法阻止或拖延條約的執行。例如第六次會議（二十二日午後）戴高樂派議員巴勒甫斯基 (Gaston Palewski) 提出一個附帶條件：「若在一九五五年十二月一日以前不能依英法於一九五四年六月十一日建議為根據而解決普遍裁軍及德國問題，則自該日起實施巴黎協定」。他又主張視巴黎協定為一整體，同時交換批准文書。換言之，任何一個協定不能批准，則其他的協定都不能實施。

到了二十三日午後第九次會議，又有人提出「前決問題」(Question Préjudicielle) 阻止巴黎協定的批准。一個前決問題的提案是塞挪 (Seynat)（戴高樂派）所提出的，內容是：「國民大會在修改憲法使公民表決在北大西洋公約範圍內武裝德國的問題之前暫停討論」。另一提案是巴第（激進黨）及李耀德（農民黨）提出的，主張：「巴黎協定的批准與否受薩爾協定的能否批准所約制。但因國際局勢及巴黎協定的內容問題，國民大會決暫延期辯論巴黎協定，以至德法政府對薩爾協定有相同而正式並經兩國國會所同意的解釋為止」。孟氏宣佈將使用信任投票辦法阻止採取「前決提案」。他在許曼 (Robert Schuman，發表其「一般觀感」)，及赫里歐 (Herriot 反對巴黎協定，認為不了解美國) 發言之後，說「法國不因蘇俄的恐嚇而改變政策」。他要求國會不加附帶條件，因為加附帶條件是不合外交慣例的。

十二月二十三日午夜外交委員會以二十三票對十五票否決了巴第的提案，但是議員萬德路支持巴第，於是提交衆議院表決，結果以四三〇票對一八一票被否決。

一般辯論至二十四日晨二時左右完畢，先後有三十餘人發言，現在快要投票表決巴黎協定。但是人民共和黨的議員戴孟冬 (De Menthon) 問孟氏「是否對通過協定採取信任投票辦法」。孟氏回答說：「信任投票案的是否提出，視國會各黨派對表決所採取的態度而定」。於是人民共和黨要求休會一小時，復會後戴孟冬說：「人民共和黨對德國整軍案投反對票」。人民共和黨不能饒恕孟氏使歐洲軍流產的作風。孟氏有點着急，遂向十月十二日投信任票的議員呼籲，要求繼續支持，同時要求人民共和黨不投反對票。但是投票的結果，法案第一部第一條（西德整軍案）以二八〇票對二五九票被否決。這一下急壞了孟氏，他宣佈對第二條（西德加入北大西洋公約組織），及第三條（附件）提出信任投票案並要求第一條在國會二讀。他更要求繼續投票。同時對附帶條件祇接受巴勒甫斯基提案的後半部，路士道勞拉高 (Loustaunau-Lacau) 的提案則予拒絕。他一連向國會提出五個信任投票案。

孟氏繼續投票的要求，雖經共產黨議員及達拉第 (Daladier) 反對，但仍爲國會同意。政府提案第二部第一條是西德恢復主權，爲下院以三七二票對一五四票通過，第二條是外軍在德境屯駐案，以五一七票對一〇〇票被通過。巴勒甫斯基提案各協定批准書須同時交換，爲議員以舉手表決通過。法案第二部以三八〇票對一八〇票通過。第三部是關於薩爾協定的，由下院以三六八票對一四五票通過。會議一直延遲至二十四日淸晨七時三刻始散。

法國國會的對西德整軍的否決投票立卽引起英國外務部的不良反應。它發表聲明說：「英國承允駐軍歐陸，在各簽字國一致批准協定之後始有效」。美國則希望這次投票「不是最後的」。西方各國的輿論反應則不良好：例如英國「觀察報」(Observer) 說「法國的制度已患嚴重的病」；「紐約時報」說：「西方世界的命運不應取決於法國國會的十餘票」；意大利的「使者報」(Messaggero) 說：「法國的人民共和黨危害基督敎世界的利益」；比利時的「自由比利時報」(Libre Belgique) 說：「拒絕巴黎協定則使法國陷於孤立」；挪威的 Aften Posten 報說「法國人已失去現實感」。

二十七日午後，法國國會辯論孟氏所提出的信任投票案，午夜議長宣佈投票結果，孟氏所提出的第一信任投票案（德國加入北大西洋公約組織）爲國會以二八九票對二五一票通過。這次孟氏的成功乃由於人民共和黨許曼所率領的二十餘議員及溫和派杜捨 (Roger Duchet) 及巴拉善 (Barrachin) 所領導的二十多人支持政府所致，於是孟氏勸路士道勞拉高撤回修正提案，獲得成功，他也放棄第二信任案，他要求國會將法案第一條來一次二讀，但爲外交委員會以二十票對十九票否決，於是政府不得不對德國整軍問題提出新的法案。

此新法案的內容爲：㊀授權共和國總統批准一九五四年十月二十三日簽訂充實布魯塞爾條約的巴黎議定書及關於西歐聯盟武力，軍備管制與軍備機構的議定書（爲外交委員會以二十票對十七票通過）；㊁爲監視本法案所指協定的執行，將由國會上下兩院各成立小組委員會（外交及國防委員會各三人，財政二人，海外一人），政府在和平時代不諮詢兩小組委員會意見，不得增加一九五四年十月二十三日簽訂的第二議定書第一第二條所指的武力（爲樓愛勒 Léon Noël 及南熱阿 Raingeard 提案的合併。爲外交委員會以二十二票對十五票否決，但仍由提案人再度提出）；㊂本條第一欵所指議定書批准文件應與一九五四年十月二十三日其他協定批准文件同時互換而爲一整體（以二十九票對零票通過）。全部條文爲外交委員會以十八票對十七票通過。於是孟氏以此新法案條文向國會提出信任投票案。另一信任投票案則包括畢耀德將軍所審查的巴黎協定部分。

及至二十九日午後下院開會，樓愛勒突然宣佈收回他的提案，理由是：「政府修改他的提案，祇說徵求小組委員會的意見，而不問同意與否，同時他的提案爲人曲解，引起誤會」。反對巴黎協定的人認爲樓愛勒收回提案則信任投票案內容改變，因此投票應延期二十四小時。幾經爭辯，國會到午夜決定將第一信任投票案延至三十日午後三時舉行。於是國會對第二信任投票案，卽包括畢耀德將軍所審查的巴黎協定部分，舉行投票，結果以二八七票對二五六票通過。三十日午後法案第一條，卽最困難的西德建軍案，爲下院以二八七票對二六〇票通過。午後七時開會，議長宣佈投票結果，當時空氣甚冷靜，但當議員步出會場時，共產黨議員對他們認爲投贊成票的議員予以辱駡，社會黨秘書長莫來 (Guy Mollet)，孟氏及其他部長都受他們的辱駡。

法國衆議院對西德整軍案投贊成票是近來西歐國際政治上的一件大事，四年來的西德參加西方防禦問題至此纔算獲得法國的同意，由八月三十日法國國會對歐洲軍的投票及此次對巴黎協定的投票分析可知有一百九十二議員是始終反對西德建軍的。其餘的議員（四百三十餘名）在原則上是贊成西德武裝的，但所爭執的是整軍的形式。而且堅決反對西德建軍的一百九十二名議員中有百名極左派的議員，他們聽莫斯科指揮，自然沒有理由代表法國人的輿論。其餘九十餘名反對德國整軍的議員可算是反映他們所代表的一部分法國輿論，茲將衆議院兩次對西德武裝的投票結果列表如後：

黨派		共產黨	進步派	社會黨	激進社會黨	民主社會抗敵同盟	人民共和黨	海外獨立派	獨立共和黨	農民獨立派	農民黨	社會行動派	社會共和派	無黨派	共計
二十四日	贊成	—	—	八二	四五	一八	六	八	二三	一二	一〇	一七	三四	四	二五九
	反對	九四	四	二一	二六	二	六一	五	一五	四	八	八	二五	七	二六〇
	棄權	—	—	一	五	四	一八	三	一七	一三	四	八	一三	二	八八
三十日	贊成	—	—	八六	四四	一八	一六	八	三	一四	一二	一九	三七	三	二八七
	反對	九四	四	一三	四四	二	五三	五	一二	三	七	五	二三	八	二六〇
	棄權	—	—	—	五	四	一五	三	一三	一	三	九	一三	二	七六

三　英意比的批准

法國是第三個批准巴黎協定的國家，在它之前有英國和意大利，在它之後有比利時。西德國會則完成巴黎協定的一讀手續。

根據英國憲法，國會的批准巴黎協定並不是必要的。但是英國政府接受反對黨一部分議員的要求，在十一月十七日提出巴黎協定作辯論，首由艾登解釋締結巴黎協定的目的在防止侵略，次日由前工黨財政部長蓋茲克爾 (Hugh Gaitskell) 發言，他要求：㊀北大西洋公約國家分攤駐德軍費，而不能限於英美法三國；㊁各國兵役年限一律；㊂依巴黎協定加強軍備管制；㊃在巴黎協定批准之後與蘇俄談判。貝萬 (Bevan) 問政府是否在巴黎協定批准之後及其實施之前和蘇俄談判？如果是的話，他和他的朋友們將不投反對票。他指責艾登對孟德斯法郎士「投降」而簽訂巴黎協定。艾登在各議員發言之後作下述的結論：㊀德國統一之後，有權廢棄巴黎協定，其他各國亦然；㊁巴黎協定簽訂後，英美關係頗為好轉；㊂英國在歐陸駐軍係出自願，並非由於法美要求。他又說問題的決定關鍵不在十二師德軍，而在德國加入西方陣營。

工黨因內部意見不一致，因決定棄權。保守黨議員也有若干名棄權。投票結果，巴黎協定以二六四票對四票被英國國會批准。

意大利國會自十二月十三日起辯論巴黎協定的批准問題。議長葛隆基 (Gronchi) 自國會各黨派獲得諾言，對批准的阻撓不採取過分的方式。在辯論終結時，共產黨提案說：「因最近北大西洋公約會議所採取決議而產生的新形勢使國際局勢極為惡化，國會得對批准問題從長考慮」，這個提案為國會拒絕。基督教民主黨議員梅羅尼 (Melloni) 提案主張各國在批准後三個月期間不實施巴黎協定，而與蘇俄談判以求達到「建設性的共存」，這個提案也被否決(三二六票對一三九票)。意大利政府祇接受一個基督教民主黨的議決案提案，作為「建議案」，即：「意大利國會認為西歐的組織有裨益於共同管制政策的建立以減少軍備，因而希望政府在互換巴黎協定批准書之時推動東西雙方會議的召開，根據議定書所載辦法，擴展成一個共同而有效的、裁軍的、有組織的檢查體系，以維持和平，使各國共存」。

十二月二十三日意大利國會以三三五票對二一五票批准巴黎協定，這是現任意大利內閣就任以來所獲得的最大量的同意票，投反對票祇有共產黨及奈尼 (Nenni) 的社會黨。

比利時國會前次批准歐洲軍條約時曾發生很熱烈的辯論，終以相當大的多數通過條約。但是這次比利時國會對巴黎協定的批准辯論並沒有什麼興趣，本年一月中旬比利時國會辯論巴黎協定的批准問題，一月十一日午後，二百十二名議員中祇有八名出席聽取辯論。一月二十日比利時國會下院以一八一票對九票（其中四名是共產黨議員）批准巴黎協定。

四 今後的問題

巴黎協定雖經法國國會衆議院批准，但在協定正式實施之前，仍有許多問題亟待解決：

㊀法國參議院的可能困難：法國國會的權力固然集中在國民大會（衆議院），但是共和國會議 (Conseil de République)（參議院）對於條約的批准有覆議權。依憲法規定，參議院須在條約經衆議院批准後兩月期間予以審查，如同意條約，則由總統簽署而成正式的。如提出實施的補充條件，則衆議院得從事二讀，如二讀結果，接受補充條件，則條約可由總統簽署；否則交回參議院覆議，由此時起在一百日限期內參衆兩院可使用「穿梭制」辦法獲致協議。據人推測，法國參議院多數議員不致向政府提出難題而通過補充的實施條件。

㊁莫斯科心猶未死：蘇俄阻止巴黎協定的批准雖在法國失敗，但它仍未放棄幻想，現在却對西德下工夫。西德國會在十二月中旬(十五六兩日)舉行巴黎協定的一讀。社會民主黨議員主張將薩爾協定分開暫不討論，為多數議員拒絕。該黨發言人施米特 (Carlo Schmid) 要求在一讀之前，法德政府對薩爾協定有共同而真確的解釋，以免將來引起摩擦。阿德諾承認法德政府對薩爾協定在若干要點方面解釋頗有出入，他允許在一讀與二讀之間由法德政府予以處理，如不成功，請英美調解。（此點在法國國會引起反感，認為薩爾協定已確定不移，沒有再度會談的必要）。十六日的辯論中，政府黨集團的自由民主黨及難民黨也反對現形式的薩爾協定。反對公民投票，認為是一種騙局，德意志黨議員梅加茲 (von Merkatz) 反對以德國的分裂作為「共存」的基礎，站在反對地位的社會民主黨認為巴黎協定防害德國統一的重建。在德國國會對巴黎協定尚未採取正式決定之前，莫斯科認為尚有可為，所以自本年一月十三日起一連對西德，世界及德國輿論施行宣傳攻勢：㊀十三日致照會給參加西歐聯盟的國家，說巴黎協定違反一九二五年關於細菌及化學武器協定的規定；㊁十四日蘇俄宣傳將公開其工業原子能方面的「經驗」；㊂十五日對德國問題發表公告，說「巴黎協定違反德國人民利益，其批准將使德國長期分裂。西德國會若批准巴黎協定，則將對德國的分裂負重大責任，如放棄巴黎協定當可實現自由選舉」。事實上德國的割裂完全是蘇俄的責任。而所謂自由選舉，在公告中說：「依東西德政府現行選舉法為基礎製訂選舉法以保障『民主』政黨及團體在全德宣傳」。如此自由選舉不過是企圖將共產黨式的選舉把戲擴大到全德境內。最後又說：「西德若廢棄巴黎協定，則可享有東方的廣大市場，足以提高德人生活水準」，這些威脅與甜言蜜語的誘惑可能加强社會民主黨對巴黎協定的反對，但是西德政府却予以駁斥，西德國會批准巴黎協定最大的困難並不是統一問題而是薩爾協定。但是由於法國國會的規定，任何一協定不能批准，其他協定都不能生效，最後西德國會勢必忍痛批准薩爾協定。

㊂軍備生產集團問題：在倫敦會議時，法國提議成立超國家性的軍備生產集團（與軍備管制機構無關），負責分配美國軍援，制定軍火生產計劃，分配生產定單及製成的軍火，在歐洲大陸屯駐的軍隊所需用的軍火及在此區內的軍火工廠須由軍火生產集團經手，同時軍火工廠的分佈應依「危險遞減區」(Zones à servitudes dégradées) 而遞增（即德國境內少而法國境內多），當時美英荷等國並未接受這種計劃。但同意在本年一月十七日起由各國專家在巴黎集會解決。現在孟氏內閣提議將軍火生產集團分兩期實施，第一期為過渡期，至一九五六年終為止，集團內成立軍備生產及軍備標準化兩委員會，軍備生產可由兩國以上合營。第二期自一九五七年一月一日開始，包括全部西歐聯盟國家的軍火生產。集團的決議採取多數表決制，管理當局有廣泛而確定的權力。新計劃取消地域的差別待遇，但將英國包括在內。據現在所知，新計劃仍為英荷反對，西德的工業界也不贊同，將來軍備生產集團能否成立，或成立在何種基礎上，還是不能預料。

一九五五年一月卅一日脫稿於巴黎

旅美小簡之一

月是故鄉明

陳之藩

我到松山機場時，有一個朋友早在那裏等我，他開頭卽向我說：「我送過不少朋友去美國，差不多全是高高興興的，而你爲什麼這樣愁眉苦臉的？」我苦笑了一下，答復他說：「並沒有人逼我去，我何必發愁。我並沒有什麼不高興，但也沒有什麼高興，心中有一點陰影確是眞的。十年以前，我從北平至大後方抗戰，走的那天與今天天氣一樣，那時候才十九歲，也會拿起筆來强寫哀愁，我曾說，送行的人是道旁的石碑與清晨含淚的草。今天，十年這樣快就過去了，送行的人這樣多，而我才眞正感覺到十年前所寫的句子的意義。我去的是美國，不是祖國，這是與十年前的遠行完全不同的。」

話還沒有講完，該登機了。我很像個木頭人，什麼都感覺不出，如姊隔着木柵握手時，塞給我一把錢，傅老師託人送給我一把錢，梁先生塞給我一把我從來還沒有見過的大票。不知爲什麼他們爲賺我的眼淚，還是可憐我太窮。我頭也不回卽登上飛機了。在機上忽然想起兩句詩，「鶴以青松爲世界；鷗將白水作家鄉。」我既然記得這兩句詩，當然是欣賞這種境界，那麼，又爲什麼到高樓巨廈裏去尋古廟老松呢。矛盾，我在矛盾中。

× × ×

飛機很快冲入雲裏，我的思想也很快冲入雲裏，一切事都應該有個爲什麼，我究竟爲什麼來美國。

從小時在天井納涼，聽祖母講牛郎織女故事時，就聽說有留學一個名詞，那時的觀念，所謂留學大概就是狀元的變名。就如同前清的總督改稱爲主席一樣。當然十年寒窗苦，應該以題名天下知爲目標的。祖母如果要問一下，你以後幹什麼呢？我一定立時可以答出，留學。

年紀長了，留學的意義在我腦筋中起了變化。我讀過歷史，知道有所謂庚欵，那是從我國老百姓每人一元刮出來的錢，賠給侵侮我們的外國，然後有的國家不要這筆錢，立了獎學金，才有清華學校，清華學校的學生，一批一批的到美國來，他們手裏所把握的錢，表面是庚欵，庚欵是可以換另一個名字的，卽「血淚」。這些批清華學生，對國家貢獻是有的，但不多；當買辦的居不少，當洋奴的居不少，還有當不足以言語形容的人物的，而最可怕的一點，是他們忘了，他們留學的公費是怎麼來的了。

我這種情感越來越重，所以大學畢業以後，對留學看得淡得像煙，當然，不少人譏諷這個怪物，這葡萄是酸的，我根本不想吃。

× × ×

那麼，就在國內多念書，多作事吧。這個想法往好處說，可以說天眞；往壞處說，可以說幼稚。在國內是念不成書，作不成事的。臺大的課程表，還是停留在二十年前的標準上，把外國學校的說明書與臺大的課程一比卽可看出。而臺大，在國內還是最進步的。其餘的機關的工作水準，據我所知，比臺大還不如。在新書沒有，新教授沒有的情况下，想深山著述，閉門讀書，生在今天那有這回事情。

作事呢？更可笑了，我是在編譯機關作事，那種印書的效率簡直慢得可怕。我舉一個例，四年前在雜誌廣告上看到一本新書，是講「氫原子彈」的擬想的，那時候還沒有氫原子彈，我立時訂購來，馬上譯出來了，到處找出版的地方，找不到，二年後才碰上一個機關肯印，這一印，又是快半年尙無消息，而氫原子彈早已問世，我這本書仍渺然。這本書出版後，只有易名爲明日黃花錄矣。

環境無助，許多努力都變爲徒然，慢慢會感覺自己在無措，在落伍。我向來不怪環境的，最後還是向環境拜服。我每拿起人家一本雜誌，或一本新書，手無一次不顫慄，十幾歲的小孩可以發明水壺報沸器（水沸後，自動會叫起來，叫來主婦。）二十幾歲的年青小伙子，可以做最臺柱的教授。而我們自己呢，在鬧簡薦委，在給長官送月餅，孩子們在當太保太妹。我還是應該留學的，不看看人家，永遠不明白自己。文天祥有句話我讀後不能忘的：「父母之病，縱不可醫，亦無不用藥之理。」我們這個國家，但願他還未到不可醫的程度，我們要尋求救國的方法。

× × ×

頭感覺暈，思想也感覺暈，向窗外看看，是一片雲海，一個圓圓的月亮，那些羽化登仙的句子，我都不感覺美，御風而行的境界，我也不太感覺的出來，飛離祖國越遠，思潮越起伏，月光越暗淡，我模糊中還看到一羣朋友微笑的影子與祝福的淚光。人家都說，月亮也是外國的好，我不知爲什麼想起老杜的被人遺忘了句子，「月是故鄉明」。

四四年二月九日於費城

莎士比亞之謎

梁實秋

莎士比亞一生的事蹟，我們所知道的太少了。若是把他的一生之可靠的事實聚攏起來，頂多不過寫滿一頁半。就是把一些可疑的傳說附會都加進去，也寫不滿三頁。像這樣一個偉大作家，而我們所知如是之少，寧非怪事？

如我們所確知，莎士比亞沒有受過多少教育，沒有進過大學，在文字方面只有『一點點拉丁和更少的希臘文』的知識，何以他能寫出那樣穠麗豐瞻的作品呢？若說他的知識是來自翻譯的作品，則我們明明知道在那時候有許多重要作品尙無英文譯本，他如何能夠那樣方便的運用自如呢？有許多法律名詞及其他的專門術語，他又何以能那樣的熟諳以至使用起來像是很內行的呢？

我們又知道，莎士比亞從未出國門一步。他的劇本一部份是以意大利爲背影的，而他對於山川形勢、城市路途，幾乎是瞭如指掌，毫無舛誤，一若曾經身歷其境者然。暴風雨一劇，普羅斯帕羅從米蘭乘舟出發，又使人從凡龍拿到米蘭循水路旅行，——曾有人認爲這是莎士比亞的無知，但是近人研究結果證明了莎士比亞是正確的，當時的交通情形不同，由凡龍拿到米蘭是先走一段河路，米蘭是有一個運河網可以使人從那裏登舟啓程！

莎士比亞寫了那樣多的作品，一部份且在一五九〇年即已寫成，當時作家輩出，何以竟沒有人提到他呢？只有一個人提到了他，那就是格林(Green)，格林提起了所謂的"Shake-scene"，一般人認爲必是指莎士比亞而言。但是這證據也並不太確鑿，有人以爲這是一個普通劇院術語，義爲「轟動舞臺的一景」。

由此看來，莎士比亞其人，眞是一個謎了。這是謎，是無可否認的。如何猜這個謎，便成爲一個問題。普通一般人承認其爲謎，而並不費心去猜他。莎士比亞的作品具在，已足夠我們研究欣賞，何必枉費心機去檢討一個無法解決的問題？更有人索興武斷一下，凡天才皆多少是謎，猜不透，否則即不成爲天才了。有些學者則不然，有些人硜矻矻的在故事堆裏翻檢，像沙裏淘金般的尋覓有關莎士比亞的證據，如美國的瓦雷斯教授(Wallace)便是這半世紀中之收穫最富者。更有些人在做反面文章，想找證據來說明莎士比亞實根本並無其人，所謂莎士比亞者乃另一人之化名。走這一條路線的人很多，自十八世紀起一直延續到二十世紀初之所謂的「培根學說」的擁護者們便是其中聲勢頗爲煊赫的一派。「培根學說」已成過去，現在的學者們都不再加以重視。但是喜歡猜謎的人還是有的。我們不願輕信任何學說，不過我們願保持一個虛心的態度，對任何解謎的嘗試都願敞開討論的大門。

一個月前朱良箴先生從東京剪寄一篇文章給我，是從十二月份的"Esquire"雜誌取下來的，文章的標題是 The Murder of the Man Who Was William Shakespeare，作者是 Robert L. Heilbroner，其內容是介紹 Calvin Hoffman 之解謎的學說。我讀過之後很感興趣，雖然我尙不能接受他的學說。現在介紹霍夫曼及其學說如下。

× × × ×

霍夫曼早年受好萊塢的誘惑，妄想當一個演員，摒擋行裝勉强西行到了那電影業的中心，時年才十有五歲。不久他的理想幻滅了，他的興趣移轉到了寫戲方面，於是遄返紐約，入哥倫比亞大學，研習英文及古典文學。在寫作上覺得靈感枯澀的時候他拾起了一本瑪婁(Marlowe)的戲劇集來讀，這偶然的事件使得他開始了一個爲期十八年之久的摸索研究。他在圖書館裏的蛛網塵封的書架中間日夜摸索，他跑到丹麥去做漫無頭緒的冥蒐幽討，他又跑到英國一些堡壘廢墟上用地雷勘測器去尋尋覓覓，他到處遭遇到冷眼與訕笑。他栖栖皇皇的企求尋覓的是什麼呢？他只是想尋求一點客觀的證據，來證明他自一九三六年起即已在心中萌長的一點猜疑。

他的猜疑是從讀瑪婁戲劇集時開始的。他發現了瑪婁與莎士比亞在詞藻方面有許多類似的地方，他隨看隨記，把類似處集在一起，不久便成巨帙，他的猜疑變成了信仰。他確信：莎士比亞的戲劇不是莎士比亞寫的，是瑪婁寫的，莎士比亞是一個化名，是瑪婁的化名，莎士比亞即是瑪婁。這個說法確是大膽驚人的，如果屬實，則英國文學史之最光榮的一章需要重寫。我們現在感興味的倒不在這大膽的學說，而是在他如何得到這結論的過程。

霍夫曼的論證分兩部份。一部份是文字的比較研究，一部份是傳記的比較研究。後一部份較爲有趣。

瑪婁是較莎士比亞稍早的作者中之最偉大的一個，他的「雄渾的詩句」(mighty lines)是人所熟知的。他的身世和莎士比亞也有一點彷彿，他出身低微，他的父親是個鞋匠。他也是出生在一個小城鎭，而且也是生在一五六四年，只比莎士比亞早出生兩個月。

一五八七年瑪婁剛要取得碩士學位的時候，這時節發生了一件奇事，劍橋大學當局曾一度拒絕授與學位。這原因究竟何在，直到一九二五年才被發現。原來瑪婁在大學的那七年間，一直充當伊利沙白女王的秘密間諜或特務人員，隸屬於當時特務首領華興安 (Sir Francis Walsingham) 部下。他曾奉派到法國的 Rheims 去和一批涉嫌擁立蘇格蘭的瑪麗爲王的信奉天主教的英國人發生關係。當時做此種工作的不僅瑪婁一人，著名的華萊和培根都是參加過特務的。瑪婁之未能及時取得學位，由於在校缺席過久，而且有私通天主敎徒之嫌。所以一生波折，英國樞密院便出面干涉了，『女王陛下以爲凡是爲國効勞之人，不可因其任務性質爲不知情的人所誤解，遂蒙受誣蔑……』。瑪婁立刻取得學位，那是不待言的了。

瑪婁深入了特務系統，在離校之後，成了特務首領華興安的族弟托瑪斯華興安的密友；同時偶展開了他的戲劇創作的生涯。有一次他的一個朋友殺人，他也牽涉在內。被拘十三天，終由他的密友以「自衞」的名義將他保釋，幸免於罪。不久還有更嚴重的事情發生。一五九三年著名的劇作家 Thomas Kyd 以涉嫌鼓吹「無神論」被捕，六天之後瑪婁也以宗敎罪嫌下獄。華興安又出面保釋，條件是每日向當局報到一次，至開審之日爲止。情形非常嚴重，因爲所控的宗敎罪嫌如有一項屬實，卽須被處死刑——焚死。在審判過程中，酷刑將是不可避免的，監禁也是意料中事。這是一五九三年二月十八日的事，到了三月三十日，瑪婁以在酒店裏被人殺死聞！

瑪婁死得太奇怪。我們先看看他是怎樣被殺死的。

×　×　×　×

一五九三年三月三十日。離倫敦數里之遙的一個小城，叫做 Deptford，有一位 Eleauor Bull 太太開設了一片小飯店。在上午十點鐘的時候，有四個人到了這飯店，其中一個便是瑪婁，另外三個也是特務系統中人，名字是 Frizer, Poley, Marlin。四個人，據驗屍官的報告說，在一起吃飯，吃過飯之後在庭院中散步，直到午後六時又回到室內吃晚飯，一直都很安靜。晚飯後瑪婁在他們的房間裏躺下來，另外三個人則傍棹而坐，背對着床上的瑪婁，中間是弗利則，波萊與馬林在兩旁。忽然爭吵了起來，瑪婁與弗利則對罵，因爲對於付賬的分攤未能同意。瑪婁盛怒之下，抓到了懸在弗利則腰間的一把短刀，向弗利則刺去，劃傷了他的頭。弗利則爲自衞起見扼住了他的手，就用那把短刀刺傷了瑪婁的右眼上端，傷口兩吋深一吋寬，登時死去。

皇家檢查官 William Danby 奉命前去驗屍，證明死者確係瑪婁，把自首的殺人犯弗利則拘捕下獄。六月一日，瑪婁的遺體下葬，地點不明，墳墓亦無標識。

瑪婁就是這樣不明不白的死去的。可是那殺人犯弗利則呢？他於犯罪後一個月竟邀得伊利沙白女皇的特赦！特赦的理由是犯罪出於正當自衞。而且於特赦之後一日，弗利則從獄中出來，立刻又受雇在托瑪斯華興安部下服務。不久，波萊也又被任用了。弗利則後來又犯了罪，而華興安仍然繼續雇用他。可見弗利則與華興安的關係並非尋常。

瑪婁是不是眞的被殺害了呢？是不是殺了他以滅口，以免受刑時吐露秘密呢？甚至怕他牽涉到華興安呢？當然這是有可能的。然而可疑的是，他們四個人整整一天在一起幹的是什麼事呢？世故甚深的瑪婁會和可疑的三個人厮混一整天麼？

還有一點可疑的，霍夫曼告訴我們，那便是在瑪婁死後若干年瑪婁的朋友們並沒有人知道瑪婁是被殺了。在倫敦大家都哀悼他的死亡，認爲他是嬰疫疾而死。沒有一個人談論他的奇異的死。

霍夫曼的解釋是這樣的：瑪婁面對着刑拷與死罪，不得不逃避，於是於獲得華興安的默許之後，又得到三個屬僚的協助，然後再拉到一個可憐的替死鬼乘昏暗之際走進那飯店的房間，胡裏胡塗的將他弄死，做爲是李代桃僵。那驗屍的檢查官一定是受了華興安的賄賂，不要深究，而弗利則便利用正當防衞而輕易得到開脫。瑪婁之死根本是揑造的騙局，死屍埋在令人無從尋覓的地點，活的瑪婁則趕快的逃往國外。

×　×　×　×

瑪婁算是被殺了。這騙局一經開始，他便無法再以眞實姓名出現於世。他在國外，也可能不久之後又回到華興安的廣袤千畝的堡壘，埋頭寫作，寫作要有個署名，那署名便是「威廉・莎士比亞」了。威廉莎士比亞是一個當時著名演員的姓名。

莎士比亞的第一部作品是「維納斯與阿東尼斯」，於瑪婁死前六星期登記於書業公會，無作者姓名，此書於瑪婁死後四個月出版，仍然是沒有署名，未得騷贊伯頓公爵的許可而卽貢獻給他，只是獻辭上署了「威廉莎士比亞」的姓名。我們要注意：騷贊伯頓公爵根本並不認識莎士比亞。原稿是瑪婁的，是華興安派人抄錄一遍然後呈獻給他的。華興安的遺囑裏有一項是遺贈一位「抄寫人」，這是很少有的情形。據班章孫告訴我們，莎士比亞的原稿非常潔淨，『他從不塗抹一行』，這是任何作家都可以證明其爲不可能的，如果可能，那便根本不是原本而是抄本。在一五九八年的 "Love's Labour's Lost" 一劇以前，莎士比亞的作品之標題頁上從無莎士比亞的署名，這不是很奇怪的事麼？我們還不要忘記，莎士比亞死後的第一版對折本全集裏，三十六個戲，其中有十八個還是初次付印呢，爲什麼呢？

莎士比亞的十四行詩集一向是最令人感到困惑的。其中有自傳的成分，那是不容疑的。但是他的十四行詩在一五九九年卽已傳誦一時，那時節莎士比亞正在一帆風順名利雙收的時候，爲什麼集裏充滿了罪惡、欺騙、流亡、絕望呢？這個問題，在霍夫曼手裏，似乎又有了一個交代。這正是瑪婁詐死之後的內心生活的寫照啊！這部詩集的獻辭本身也是一個謎，尤其是那 W. H. 不知究何所指。霍夫曼的解釋是，華興安的名字常常寫做爲 Walsing-Ham，所以 W. H. 正是指此人而言。

霍夫曼在內證方面找出了不少材料，他認爲足以說明莎比士亞在他的作品裏有意無意的吐露出一些端倪。但是最有趣的是霍夫曼還有一位有力的同道知己，那便是一位 Dr. T. C. Mendenhall，他在一九〇一年十二月份「通俗科學月刊」上發表了一篇文章，他的學說是凡散文或詩的作家用字之長短都各有不同。他擇取許多作家的文字中之連貫的一千個字，平均每個字的字母數目，全不相同。有一位熱心的培根論者請求他根據這個原則測驗培根與莎士比亞的作品，發現二者作風廻異，而無意中却發現瑪婁與莎士比亞則完全相同。

霍夫曼花了十八年的功夫企圖解這個莎士比亞之謎，和許多專家商討，但是仍不能得到人的相信。有一位學者告訴他：『你就是把莎士比亞親筆的坦白書給我看，也沒有用。我還是不信。』他好幾次想放棄這計劃，他祈禱能尋到一件足以駁倒他的學說的事實。他知道他需要的是切實的外證。最後的一個瘋狂的蒐求外證的企圖，終於結束了他的漫長的研討工作。

× × × ×

霍夫曼和他的妻決定到英國蒐尋 Scadbury Manor 的園地，因爲這座大厦是托瑪斯華興安的居處，瑪婁即是被窩藏在這地方。華興安的遺囑裏提到了一隻鐵箱，他們便用測雷器去尋覓。測雷器表現了好幾次令人興奮的跡象。可是他們沒有經費去從事挖掘。在這時候他也到了丹麥的哀而新諾堡壘去挖掘，無結果。

一九五三年夏，劍橋大學 Corpus Christi 學院翻修校舍，有一個學生在一堆垃圾裏檢到了一塊帶繪畫的木板，竟是一個人面像。像是一個憂鬱浪漫的年青人，左上角寫着拉丁文的『年二十一，一五八五年』，下面有兩行拉丁文詩—— Quod me nutrit, me destruit (That which nourishes me, destroys me). 這像是誰的呢？一五八五年時瑪婁是在劍橋大學，那一年他正是二十一歲。而且那兩行詩，莎士比亞的 Pericles 也引用過，只是稍換了一點樣子：Quod me alit, me extinguit (That which lights me, extinguishes me). 第七十三首十四行詩又有類似的一行：consumed with that which it was nourished by. 我們把這張像和衆所週知的莎士比亞第一版對折本全集所用的刻像對比一下，二人的面貌酷似！關於這兩張像的相似，霍夫曼不敢自信，他不但請教了專家學者，還請教了警察之辨認面貌的專家，都異口同聲說兩個像的面貌絕對相似。相異之處只是一個二十一歲另一個五十歲之不能不有的年齡上差異。

文學史上最大遺憾是莎士比亞作品原稿竟不知下落。據霍夫曼推測，那些原稿在一六二三年全集付印之前一定是由某一個人藏着。如果那個人即是托瑪斯華興安，他把那些原稿弄到哪裏去了呢？燒了呢？還是放在一個箱子裏埋起了呢？霍夫曼疑心那些原稿是做了華興安的殉葬品，和華興安一起埋掉了。華興安是葬埋在 Scadbury Chopel 裏，如何打開那個墳墓成了霍夫曼漫長研討的最後重要一着。

一九五三年夏，霍夫曼去訪英國的 Rochester 主教，解釋他的學說與願望。十五年前西敏斯特寺曾允開掘開斯賓塞的墳墓，那也是基於同樣理由的，所以主教允許了，但是附帶條件爲必需獲得當地牧師的同意。牧師爲 Canon Lumm，他嚴肅的聽取霍夫曼的陳述畢，問道：『霍夫曼先生，你有什麼文件的證明，證明那些原稿確在墳墓裏嗎？』霍夫曼回答道：『你有什麼文件的證明，證明上帝存在嗎？』牧師沉吟了一下。他說必需要有教堂會議的批准，他才能允許。霍夫曼遍訪會議的分子，分頭說明原委，他們簽字了。牧師說：『他們固然是簽字了，但是他們明知我是有最後否決權的呀。』他果然否決了。霍夫曼的研討就此終止。

× × ×

以上是介紹霍夫曼及其解謎的學說。我略述感想如下：㈠莎士比亞是一個謎，但是文獻不足，這個謎是不容易打開的。凡是謎，只好猜。而猜謎是多少有一點靠不住的事。證據不足，則謎仍是謎，一切學說皆是猜想。㈡霍夫曼的解謎，稍有異於以前的培根派等，因爲他是在『大膽的假設，小心的求證』，不過我們不能不說他的證據尚不充分。㈢疑瑪婁即是莎士比亞者，並不自霍夫曼始，遠在一八九八年即有 W. G. Zeigler 發表過一篇文章 "It Was Marlowe"，雖然只是猜疑。霍夫曼的態度是嚴謹的。㈣如果瑪婁使用演員莎士比亞的姓名，這其間必需要有一番交涉。而且演員莎士比亞被人扮演成爲戲劇作家，能不被當時劇團中人所注意，甚而至於拆穿嗎？編全集的兩個人，都是莎士比亞的同一劇團的人物，如何能不發生疑問呢？㈤就瑪婁與莎士比亞作品言，作風是大有不同的，雖然字句間有偶然雷同處，似尚不足以論斷其即爲一個人。㈥我們希望那華興安的墳墓能有一天獲准掘開，到那時候自然眞象或可以大白於世。截至目前爲止，我們對於霍夫曼的努力只有欽佩，雖然尚不能心安理得的接受他的學說。

悲哀

李僉

幾棟低矮的瓦房，坐落在荒涼的東市郊。房頂上的瓦，舊得像老樹皮，去年颱風在那上面所造成的傷痕——沿左角屋簷往上揭開的一大片碎瓦，至今猶未修復；剝裂的牆壁，是用篾片編成，外面再抹上一層薄薄的三合土，原有的銀灰色光采，現在已找不到，只能見到一道道黑黃的斑痕，輕輕一敲，就成片脫落；幾根紅磚砌的殘缺支柱，弓腰駝背的勉力支撐着房屋的重量，在有風的季節，猛然一看，它似乎在顫抖；圍着房屋的周圍，亂雜的拋着菓皮、烟盒、碎片、破襪子、爛衣襟……以及一堆一堆的垃圾；從牆脚下向四外展開的野草，深可半膝，兩道碎石小路，也幾乎被它掩沒；四處散長着的芭蕉及大叢大叢的美人蕉，披散着衣襟，像潦倒的老娼婦。

屋裏用甘蔗板隔成五六個斗大的小間，那份亂雜勁兒，簡直比荒貨攤還糟，比小菜市場還亂；雖然也有少數例外。

這就是一個公務機關的下級職員宿舍，據說是日據時代用來養馬的馬廐。

不管怎樣，現在住在這裏的，總都是人。這年頭，有馬廐已算好事。過得去就算了。因此，誰也不願說自己住的是馬房——除非是窮極無聊發牢騷的時候，像老竇說的：「他媽的！把老子們當畜牲養。」

五個月前，我以本機關的雇員資格，搬進這宿舍來。在我，這雖不比花園巨廈好，但比起整夜被警察先生從這個屋簷下，趕到那個屋簷下，從這個防空洞趕到那個防空洞，有時還被抓上「公堂」，受一番驚駭好的多。「有一個床舖了。」我很快慰。

更足欣慰的是我居然有了這麼多同事，並且認識了三位伙伴——老竇，小章，胖李。在這十九號寢室裏，他們各讓出一些地盤，安置下我的床位。對我這個新的侵入者，他們像對待多年不見的老朋友，熱忱的招待着。最初，我確實有些感動。好多年來，我對人性就感到失望，他們似乎又在遠處，投下一圈微淡的光影。

一上來，我們就談得很投機。四五天的日子，從眼前一幌就過去啦。我們一見如故的無所不談——我帶着極大的興趣聽他們的，他們也帶着極大的興趣聽我的。我們都儘量的賣弄自己，希望在對方的眼中，抬高一些自己的身價。我們都避免拆穿對方的西洋鏡。

但慢慢的我們開始互相嘲諷起來。那些誇張的話題，越來越乏味。我們故意的駁難着對方，針鋒相對的，誰也不肯示弱。就這樣，這間小房子比起別的房間，似乎熱鬧得多了。

一個多月過去了，我們對那些尖酸刻薄的話，也慢慢的感到厭倦了。那在我們中間活動着的興奮情緒，便越來越淡。而一種新的苦悶和煩惱，就開始升起，升起。我發現那是因為我們都太閒了。老竇是司書，課裏三天難得有兩件公事，人頭又熟，一星期有三天半倒在床上；小章是繪圖員，老規矩：大圖一個月，小圖十五天，整天除了談女人，就是賭三公；胖李是發電間的領班，日夜班六小時輪值，有點錢就送到延平北路或者萬華去啦；我呢？雇員幹司書的活，一個半月來，畫過一次「等因奉此」，練過三張大楷，半張小楷，看了五部馮玉奇，四本還珠樓主，打過不少次瞌睡。

日子就這樣溜過去了。在光桿的生活裏，工作——不停的工作，乃是一種救濟；而閒暇——那怕很短暫，也是難以承受的懲罰。在窮而又缺乏普泛興趣的人，處處都表示出沒有消遣引起的苦悶與煩惱。我們確是太閒了！光陰對我們乃是多餘，在這個「羅漢堂」裏，這種苦悶與煩惱像隨着雨季而泛濫開來的洪水，不停的在增漲着。慢慢的，我發現這在我未插入之前，整個宿舍早已充滿着這情形；現在也不過是繼續下去而已。

我們一得空就跑進城。這條街轉到那條街；這個橱窗看到那個橱窗；這個女人的頭，看到那個女人的腰——從前他們就是這樣打發多餘的日子，現在我們仍是這樣。但這是要花錢的，當我們四個人的口袋都空了時，老竇總是把桌子一拍，臉紅筋脹的：「給老子把人都悶死了。」隨着就往床上一衰。

「我說竇哥子，想個辦法吧，外面弄點外快。」胖李咧咧嘴說：「繪圖員別老呆在家裏呀！」

「對。」老竇倏的從床上爬起，作古正經的：「你不是說那裏有幾十張圖，人家出廿塊錢一張找人畫嗎？明天你去趟，拿回點畫。」

小章悶聲不響的直抽着烟，那副諸葛子愴的臉孔，不說話時，嘴一翹，額頭收得緊緊的，真像誰欠他二百錢似的，滿是不高興，愛理不理的：「有什麼辦法，人家不讓拿出來畫！」

「你明天再跑趟嘛，嗨跟人家商量商量。嗨我說竇哥子，你不是也說甚麼地政局有好多卡片出錢找人寫嗎？明天你也跑趟嘛，拿回來李哥子幫忙寫，一天也可以弄個三二十的。」胖李倒像一向情願似的分派着。我真擔心他那從頸幫子往下嘟嚕着的兩塊肉。

「我要是你，」老竇沖着胖李說：「早好啦，人家在外面廠裏做零工，也三四十塊一天，一月弄三五百的，也省得大夥坐在家裏乾悶。」

「對，我明天也去找找人看。」胖李胳臂一伸，打個哈欠，挺精神的站了起來。

於是我們就開始商量怎樣去找人幫忙。話不知怎麼一轉，很快的就好像錢已到了手，一下就說起怎麼怎麼開支了。

胖李直笑。

「胖子，笑個毬，我清楚，你有錢準偷偷摸摸往萬華送；我就不幹，」老饕說：「我就到雪園去好好吃他龜兒一頓。」

「對。」我就贊成老饕的意見，「不過，我還是願意吃鴨子樓；要不然就是大同，廣東菜。」

小章這時候，總是悶聲不響。聽我們說得起勁時，冷冷的插進兩句：「你們龜兒跑北投，吃大同。我昨天又輸掉一百多，還欠王八旦曹操兩百多沒還。」

「我說繪圖員就是想不開，有錢只知往人家手裏送，平常喊你請場電影都不幹。」老饕想起早幾天的事，半埋怨半幸災樂禍。

這樣一開始，話便沒完，大家你頂我一句，我挖苦你兩句的，只看甚麼話能傷到對方。勝利常是屬於人多的一方面；若是旗鼓相當時，則非弄到臉紅頸子粗，大家互揭瘡疤，不歡不散。

「你龜兒子就光知道成天吹牛皮，對你好處你不知道；人家欺侮你，你龜兒就不敢開腔。」小章臉拉得更長的，數說着老饕怎麼怎麼差勁。

老饕那付平整，平時笑嬉嬉的臉，這時像放陳了的猪肝：「好好好，別談。我儘受你們的好處。」他站起來把屁股一拍：「睡覺，睡覺。又沒叫你們理我！」隨着往床上一滾，拉起那床黃泥巴樣的被子，往頭上一蒙。

「繪圖員——繪圖員，開鍋了。」隔壁幾個牌鬼喊。

胖子這時總是看看他倆又看看我，大嘴一咧一笑。

第二天誰也沒出去找事做。更悶。

晚上，我們談着老套。老饕突然說：「小白臉硬是行，這次竟考中了高考。」

「像他，考中了又怎麼？」胖李不屑的說：「整天迂頭迂腦的。這年頭只要有錢，那個毬禽的不趕着拍老子們馬屁。」

「你懂個鳥。」我說：「官財是連在一起的，有官做就有財發，你不看那一個大官不是腸滿肚肥的。」

「喂，說眞的。」小章擺起一付正經像對我說：「你眞該去考，小白臉他才讀了幾天書，一轉眼就是薦任官，比起現在——」

「嗨對！李哥子——」胖李叫道。

「對倒是對。」我說：「只是丟了這多年，拿什麼去考哇？再說，我也不想在官場裏混！老饕倒是實在可惜了！」我向着老饕說。小章是看不起老饕的。「你只要稍翻翻書準考中。」其實，我不想在官場裏混才怪呢？只是我知道自己根本不成，小學畢業，從不摸書本，憑這個也想考高考？平時在他們面前充慣了大學生，這時當然不能自己揭底認不成。說不想做官，既糊了面子又好聽。再說眞有大學學歷，我也沒精神去看兩分鐘的書；有吃有睡的，幹嗎給自己再找彆扭？

「——喂，老李。」老饕臉紅紅的，兩眼直放光：「明天就開始怎麼樣，不幹的是龜兒子。」

「什麼呀？」我沒注意他們先前說啥。

「饕哥子說 你們明天就開始 正經的——讀書，預備明年參加高考。」胖李解釋道。

「對。就是這樣，」面子上我決不示弱，其實，眞的就當起龜兒來了。

「算啦吧！他當王八旦當慣了。」小章指着老饕，挖苦的：「他會讀書才怪呢，龜兒一有人和他吹牛皮就沒完，還想讀書？」

「你就把老子吃定啦！」老饕火了。

看到老饕那股狠狠的勁，我想小章的話也太傷人心；轉念一想，也好，也許老饕眞的一狠心，用起功來，明天考中，弄個把課長幹幹，我們倒是沾不少光；起碼那時候借兩個錢用，該不成問題。想到這，我連忙說：「上天不負苦心人。對，從明天起你先去買書。」

談起買書，這可困難了，我們誰也沒錢；借吧，找誰？我們左商量，右商量，許久也沒個辦法。

「這樣好啦，」我說：「等發薪的時候，甚麼不做先買書。」

「那怎麼行？還有廿天才發薪。」老饕迫不及待似的。

「不行？你龜兒那來錢買？」小章駁道。

事就這樣決定下來了。我們於是談到考中了時的好處。錢，不用說，光薪水就多多了，還有「他娘的」明加暗給；再活動個課長，升個主任處長的，大權在握，準弄他幾個；逢年過節的，人家還要送禮。既有勢，又有錢。再動動腦筋，管「他娘的」什麼房子、金條、汽車、女人，還不是手到拿來。

談到這，大夥兒勁更足了。

「嗨你們升了官發了財，別忘了我啦！那時候找你們別說不認識！」胖李擔心的說。好像我們眞的就要升官發財，丟他而去似的。

「當然，當然。」老饕也笑哈哈的拍着他的肩膀：「那還用說，你的汽車轉運公司，包開得成。」

胖李大嘴一咧，眼一瞇：「嗨這才像話。記着啊！李哥子，繪圖員。」

「當然，當然。」

爲了計劃以後的事，我們興奮得忘了時間。只到隔壁一再的拍着甘蔗板的牆壁，駡我們時，才無可奈何的關了燈，往床上一躦睡下。時鐘正指到子夜二時。

第二天上午十一時，我們陸續起床。一轟一鬧，發薪的時候到了。小章嘟着嘴，沒到會計處去，「還發薪來？私章都輸給龜兒曹操啦！」他說。找老饕和胖子，也不見。我想他們可能上街買書去了，半夜十二點過了，他們才坐着三輪回來。我一看老饕眼都紅啦，滿嘴直噴酒氣；胖李往床上一歪，儘笑。

就這樣，那讀書的決心隨着時間一起，離我們而去，像從未停留過，再未提起。我們仍然迷迷糊糊，悶悶沉沉的，關燈，開燈，睡覺，起床，吃喝拉撒，抬槓，做白日夢……。

「這樣實在太不成話了！」一天晚上老竇這樣說：「這多空時間，我們都沒好好利用。」

「可不是。」我附和着說。

小章看看我們，一擠眼，朝胖李一咧嘴。

「我聽趙遜說有個什麼小說函授學校辦的不錯，每個月才卅塊錢學費，教寫小說。」老竇的點子又來啦。

「教寫小說？好哇！小說寫好了也是發財之道呀！」我充內行的：「我記得有個甚麼甚麼——簫——簫——龜兒一個法國人，寫小說就發了大財」。

「別什麼什麼簫啦，還笛子呢！」小章這回竟頂起我來：「告訴你：蕭伯納，英國人，是戲劇家不是小說家。不知道，別龜兒亂扯。」

我一陣臉熱，辯白道：「你行，老子不過記錯了，你知道就算能啦！」

「別吵別吵。」胖李插進來：「管他甚麼呢，能賺錢就行。嗨竇哥子你說怎麼着？」

原來老竇今天看到趙遜買了雙新皮鞋，又不是發薪的時候，那來的錢？一問，趙遜說是稿費。嘖！稿費！這玩意老竇早就知道啦，自己也投過兩次稿，只是都給退回。仔細一問，原來是趙遜才參加個甚麼小說函授，學着寫小說，只幾個月就拿稿費了。老竇一想，這倒簡單，寫小說還不跟龜兒擺龍門陣樣，只要吹得他天花亂墜，就給錢；而且又有名，人家一說起來：「竇鏞。名小說作家。」想到這些，他就繞着圈子，問了些學校招生授課的情形。「現在正在招生，只要塡張表按月繳錢就行啦。」老竇說：「你們怎樣？我是預備學。趙遜說像我們這樣根基，兩個月包成。」

「兩個月——嗯！」我計算道：「不算長。二三六十塊錢；稿費是千字五十，萬字五百……對，划得來。明天就報名去。小章，你也來一個。」我興奮起來。

「算啦！我沒那份天才！」

當晚，老竇又跑去找趙遜，問了詳細情形。第二天我們班也沒上，死拖着趙遜，跑去要簡章報名單之類的東西；三天後，一切都辦妥，學校過知繳費入學。

當收到第一篇講義時，我們都急忙拆開，看那裏面給我們帶來了甚麼仙方妙訣。

我不知老竇怎樣。我看過講義及一些規定後，淋了一頭冰水似的，先涼了半截。

那些講義看起來總是怪蹩扭，什麼習作呀，習題解答呀，心得呀，囉囉嗦嗦的弄得我頭只發昏。第一週勉强敷衍過去了。第二週看了看就丟在抽屜裏。第三週，乾脆我看也懶得看了；至於習作，算啦！那來那多閑心思。老竇問時，我說一切都照規定做了；他要看我怎麼寫的，我說已經寄出去了；他說批改回來再給他看，我說好；等他再問時，我說寫的不好，撕了。

當然，我也想看看老竇到底是怎麼寫的；問時，他臉一紅，半天，說道：「不好，撕了。」我想這傢伙準和我一樣。心裏忍不住笑。我們本來就沒這份德行，生成住馬廐的命，出力也不會討出個好來，還是睡覺舒服得多。但我仍然說：「別忙，慢慢的抓到門檻就行啦。趙遜不是說兩個月嗎？現在才一個月呢。」

兩個月沒完，老竇發脾氣啦。

「龜兒學校簡直在騙人，都快兩個月啦，給老子一點東西也沒教。」

「是呀！」我附和着：「眞他媽的沒味。」

「算了吧，我知道你龜兒就不成。」拿着付撲克牌在床上算卦的小章不屑的說：「才兩個月就想寫作，他媽的作家滿天飛啦。像你這樣，龜兒死了有塊草席就不錯啦，還想做官發財當作家呢！」

「關你屁事，老子高興，你管的着。」老竇還擊道：「憑你龜兒又爬到那去，還不是和老子一個鳥樣。」

「算啦，算啦。」我分解道：「的確沒啥學頭，綠花鈔票送到龜兒學校，換這幾張破紙片。」我抓起抽屜裏的講義，往桌上一摔：「連他媽揩屁股都沒用！」

「你們做事就這麼三天香。說說這，說說那，一轉屁股就忘啦。」胖李又一次的這樣批評我們。

「不是說了不做。」躺在床上的老竇說：「龜兒人都窮昏了，那來心思做事，一個月統共才兩百來塊錢，除了吃飯抽烟，想喝一杯都弄不上，還說做事？」

「烟可以戒呀，一月不是可以省個六七十？」胖李說：「像我還不是戒了。」

「對。」老竇刷的從床上坐起，一床既黑又黃的被子，拖到地上，叫着說：「戒！從明天起就戒！」

「算了吧！」小章又來了，他從不放鬆一個空：「戒！戒！戒！起碼聽你戒了八百遍啦，龜兒今天又戒。」

「嗨那有甚麼關係？」胖李摸着肚皮說：「竇哥子，只要你明天戒烟，我今天請客。只——是——你要是戒不了怎麼說？」

老竇拉起拖下的被角，想了一想道：

「罰一百塊錢請客。」

「對對對。」我叫道。只要是打賭請客，我總贊成，反正輸贏都不要我花錢。我惟恐事情不成：「我做證，我做證。」

「罰一百——靠不住。」胖李說。接着沉思了一下：「這樣你說可好，今天我請喝酒，明天你要是再抽烟，也不罰錢，只當作大家在地下滾兩圈就行。」胖李出的這個點子挺新鮮。

「對。」我第一個贊成。心想：先弄上今天的一頓再說。我知道老竇那天也沒有過一百塊錢，他準是要滑頭：「就這樣，我做證，老竇要是不打滾，我按也按翻他。」

「怎麼樣，竇哥子？」

老竇眉頭往起一縐，眼珠一滾，沉思起來。

「是不是？我就把他量定了。」小章激道。

「好。」老竇終於下了決心：「只要看到我再抽烟，不用你們說，我自己打滾。」

「對對對。」我連忙說道，生怕再有變卦：「小章，穿衣服。走，喝酒去。」

胖李花了五十七塊錢，我們才皆大歡喜的，走出小北平食堂的大門。

酒精在血液裏流行着，我們都很興奮。回到寢室往床上一躺，大家又胡吹起來。

「小胖子才倒霉呢！今天又讓抓了寃大頭，龜兒竇鏞的烟會戒才怪來！」小章不知又怎麼想起，突然這樣說。

我們正聽老竇吹得熱鬧，沒理會他的話。但老竇的話却被打斷了；他看看小章，又看看胖李，紫紅的臉迎着電燈只發光，突的站起，面孔板板的，像發怒又像正經：「你們別以爲竇關子，我憑甚麼接受人家小胖子的？我這是有用意的。烟戒不戒算個鳥，我是想看看自己眞的能下次決心不？要是這點都辦不到，不甚麼都完啦！乾脆跳海好囉！要不，我憑什麼厚着臉皮吃人家的。」

看着他，竟像是眞的，我們都一楞。

「這倒是正經話。」我說：「要不然，眞對不住人家小胖子。」我想吃都吃啦，落得說句好聽的話；其實，對不對得住誰也不關我的事。

「好，看你的。」小章把手一伸，大姆指一豎，怪聲怪氣的說：「我是不行，甚麼決心也下不了三天。」

就這樣，以後老竇竟眞的沒再抽烟。問他想不想抽時，他說：「一不抽就眞的不想抽了。」樣子頗自負。

「龜兒老竇眞的戒掉了。」一天，小章和我說：「要是我，就不行。」

我說：「老竇到底是比我們有志氣有決斷。」

傍晚，胖李不在，我想敲小章看電影，他說老竇烟戒了，身上準有錢，於是連偷帶搶的，兩個人逼着老竇請了客，剩下幾塊錢，也逼着他買了點香蕉花生帶回。十點多鐘，胖李還沒下班；我們邊吃邊聊着。

小章掏出烟，故意一亮，我一看是雙喜。正想要——

「李哥子，來一支吧？」小章把烟往我面前一遞。我抽出一支，點燃吸着。

「你抽支吧，竇鏞？」他又把烟往老竇面前一送，還沒等老竇來得表示什麼，就倏的把烟收回，往床頭一放，故意的說：「啊！對不起，我忘記你戒烟了！」

老竇看着小章，不做聲。我們有一口沒一口的，儘把烟往他面前噴。

「你龜兒沒錢那裏來的這好烟？」老竇忍不住問道。

「烟？錢還有呢！」小章說着從口袋裏掏出一叠鈔票，拿在手裏一幌：「老子故意整你龜兒的。」話才落音。老竇倏的站起，往前一竄，一伸手就想搶。小章一驚，一縮手，人往旁一閃。老竇撲了個空。

「你娃娃還——」小章才一躲過，又揚起鈔票說。話沒完，一眼看到老竇竟抓起剛才自己放在床頭上的雙喜，往懷裏揣，想搶回時，已來不及。小章沒奈何的往床上一坐：「好吧！你拿去，只要你龜兒敢抽。」

「老子有甚麼不敢？」說着老竇當眞抽出一支，往嘴上一啣，點燃吸着；故意大口大口的直噴烟。

「好，你吸吧。李哥子，你看見的，待會小胖子來，你可要做證。」

「做證就做證。老子又沒跟你們打賭。」老竇把左腿往右腿上一架，故意氣我們似的：「怎麼樣？難道說你們還管的着？眞是笑話。」

老竇就這樣完成了他的試驗。

胖李白請了客；我和小章則白吃了一頓。

當小章想逼着老竇打滾時，胖李笑笑說：「算了，地下髒的很！」

我看看我們四人的床，再看看地，都差不多，說道：

「這樣吧，在床上打個滾算啦！」

其實，老竇是一天到晚滾在床上的。只聽他又從床上跳起來叫道：「他媽的，把老子們當畜牲養！」

徵稿簡則

一、本刊歡迎：

(1) 凡能給人以早日光復大陸的希望，和鼓勵人反共抗俄的文章。

(2) 介紹鐵幕後各國和中國鐵幕區極權專制的殘酷事實之通訊和特寫。

(3) 介紹世界各國反共的言論、書籍與事實的文字。

(4) 研究打擊極權主義有效對策的文章。

(5) 提出擊敗共黨後，建立政治民主、經濟平等的理想社會輪廓之文章。

(6) 其他反極權的論文、純文藝的小說、雋永小品、漫畫、木刻、照片等。

二、翻譯稿件務請寄附原文。

三、投稿字數，每篇請勿超過四千字。

四、來稿請用稿紙繕寫清楚，並加標點。

五、凡附足郵票的稿件，不刊載卽退回。

六、稿件發表後，每千字致稿酬新臺幣四十元至五十元。

七、來稿本刊有刪改權，若不願受此限制，請先說明。

八、惠稿一經登載，版權便爲本刊所有，非經同意，不得轉載。

九、來稿請寄臺北市和平東路二段十八巷一號本社編輯部。

書刊評介

中西交通史第四、五冊

方豪著　中華文化出版事業委員會發行　每冊定價十八元

黃大受

一

過去研究近代史的人，大多以清道光朝的中英鴉片戰爭為起點；因為鴉片戰爭，不過是西人以武力進入中國的開始，因為創鉅痛深，所以為大家注意。其實早在明末清初，西人已經以科學文化輸入中國，也把中國的學術思想介紹給西方，因為態度平和，後來又中斷了，這一段史實，便被史家輕輕安排在明史結尾或清史初篇裏，只佔少許的篇幅，沒有得到應有的重視，大家便淡忘了。

仔細推敲起來，明末清初這一段中西文化交流的史實，在中國史上是一個極重要的關鍵，西方傳教士雖然為傳教而來中國，但他們也帶來西方新興的科學智識。假使那時中國人普遍地努力研究西方科學，清廷不禁止傳教，並獎勵科學，我敢相信，決不會有鴉片戰爭的大失敗！又何至遲到咸豐朝末年，才開始自強運動！中國的近代化，足足的遲了二百年，這眞是中國的不幸。所以我覺得這一段史實，很有詳細研究的必要，中國近代史的首篇，應該以明末清初中西文化的交流為主題。當筆者前三年寫中國近代史初稿第一章時，便用了這個主題。

但是編寫這一章時，困難來了，沒有研究的成果可供采擇，大多數書籍，對於這一段史實的敘述，失之太簡，費盡氣力，才寫成三萬字，頗不滿意。其中「明清間在中國的耶穌會士及著書一覽表」，雖採自稻葉君山的清朝全史，我根據了許多書本，查對他們的原名、譯名、生卒時期、國別、著作，改正了八十餘處的錯誤。上冊在去年春印行，但沒想到今年春夏間，方豪先生中西交通史第四、五冊出版後，筆者這表中依然有尚待改正的錯誤存在，筆者相信，假若方先生的書在拙書之先出版，拙書第一章當可減少錯誤，並更充實了。中西交通史第四、五冊對中國近代史的重要性如此，筆者認為頗有值得推介的地方。

二

作者治中西交通史有年，曾在各大學主講此課，久已蜚聲中外；以多年的研究，撰寫七十萬言的中西交通史，煌煌巨構，是學術界不可多得的著作。第一、二、三冊早已刊行，膾炙人口，無待贅辭；而第四、五冊，為「明清之際中西文化交流史」，佔全書五分之二，尤為全書重點所在。其資料搜集的豐富，論斷的精詳，為前人所未有。本書刊行以後，使大家對這段有關中國史轉捩點的史實——明清間中西文化交流的經過，可充分瞭然了！

筆者以為寫這段史實，作者（指方先生）是最適合不過的人！因為那時輸入西方科學文化的人，是天主教的教士，而作者是天主教的神父，信道彌篤，以本教中的歷史專家，來寫本教中的輝煌史蹟，比教外的人來寫，倍感親切。而且傳教士的譯述，有不少是宗教書籍。談到有關宗教的著作，教外人未必能洞明精義，作者既精研交通史，又明教義，所以寫來能鞭辟入裏，無隔靴搔癢之憾。

而且那時來華的傳教士，以西班牙人、葡萄牙人、義大利人最多，法國人較少，他們的著作及外人對他們的介紹，自然以本國文字較多，英文方面的著作較少。所以研究這段史實，必須能懂得這幾國的文字，就原始的資料，加以研究，才不致因襲輾轉譯述的錯誤，而作者在這方面是最沒有問題的，所以我說作者是研究這段史實最適合不過的人。

三

中西交通史第四、五冊，雖為全書最後的兩冊，但實際上是可以單獨刊行的。作者在導言裏說：「本（兩）冊之體例，異於以前三冊，即不注重紀年之敍述，而將為分科之探討；時間則限於十七、十八兩世紀；庶乎兩世紀中中西文化東漸西被，較若列眉，誠以利瑪竇之入北平，即為公元一六〇一年之一月二十四日，陰曆為明萬曆二十八年十二月二十一日；而公元一八〇四年為清嘉慶五年。故本冊所敍述事實之起訖，略以此兩年代為準；其稍早或稍晚者，亦附及之。」所敍史事，純以兩世紀間的中西文化交流為限，外交和通商等事，以及十九世紀的中西交往，因有他人專書刊行，則不在其內。言人之所未言，而不言人之已言，這正是表現學術界合作的精神，是值得稱道的。

第四冊分七章，計二二三頁，所敍述的有天文學與曆學、數學、機械工程學與物理學、軍器與兵制、生物學與醫學、地理學等章。第五冊也分七章，計二一八頁，前五章為敍述音樂、圖畫、建築、語文學、歐洲宗教與神哲等學之東傳等目，以上十二章全是西方文化東漸的史實，至於東方文化西被的敍述，則只有第五冊的末二章——中國經籍之西傳、中國美術之西傳。東漸西被，顯然是東來多於西往，這是事實資料所限，因而有這份量相差懸殊的現象。

全書引用教士專著、中西史籍，即野史小說、斷簡殘篇也在採及之列，頗增加全書的趣味。如第四冊第一章第九節，所引錄嘉慶朝欽天監觀象臺之氣象記錄，共五表，使後人知道當時的記錄氣象之法，在中國氣象史上，是最可貴的資料。第三章第五節敍述中國鐘表的修造，除採用筆記所述外，並引用紅樓夢中對鐘表的描寫，使大家明瞭當時民間使用鐘表的情形。第六章第九節，從巴黎國家圖書館所抄出的『杜奧定著「渡海苦跡」全文，為東航的最早記載；第七章第一節從羅馬國立圖書館抄出的』樊守義著中文書第一部歐洲遊記全文，都是海內孤本，又得傳至人間，為中國地理史上，生色不少。同此的情形很多，不必枚舉。

兩冊所附插圖不少，惟製版或印刷欠佳，有不清晰處。

總之，這兩冊明清之際中西文化交流史，引用中西專著極多；治中國近代史如要談到這段史實，就應該以本書的論斷為依據，遠比他書為可信而便利，筆者頗有此感。

評介一本書，應該是這方面的專家，但自由中國專治中西交通史的人，我們所熟知的，就是作者一人；筆者以一個樂於研究中國近代史的人，來作評介，實在不易找出什麼缺點，惟有贊佩而已！我倒希望方先生本人，如有餘暇，不妨隨時自己留意，尋覓遺誤的地方，加以補充，百尺竿頭，仍是可能再進一步的。鄙見如此，未卜方先生以為如何？

第十二卷　第五期　內政部雜誌登記證內警臺誌字第三八一號　臺灣省雜誌事業協會會員　一八四

給讀者的報告

上月八日，克里姆林宮裏又上演了一次羣魔惡鬭的醜劇。馬林可夫認罪辭職，布加寧繼任蘇俄總理。消息傳來，世界各國莫不對之密切注意。由於鐵幕深垂，眞象一時尚不易大白。故對此次政變發生的原因，以及在蘇俄對外政策上可能產生的影響，不免揣測紛紛。在極權政治下，權力鬭爭之果報循環，乃屬自然之理，無足爲奇。所堪注意的是，這次政變背後所隱藏的政策的轉變，其對自由世界的關係當是十分重大的。因此，本期我們有兩篇文字論及此次蘇俄的政變。一是社論(一)「蘇俄政變與臺灣海峽」，一是諸星雲先生的「對於所謂蘇俄政變的另一種看法」。在社論(二)裏，我們指出蘇俄政府經此次政變之後，必將加緊備戰，其對外政策勢將更趨强硬，加以現在當權的布加寧、赫魯雪夫又是積極支持中共犯臺的。蛛絲馬跡，不難預卜。這是我們應予戒備的。至於諸星雲先生的大文，則强調內部政策的衝突，根據此一觀點，從而分析蘇俄政變的意義。此乃對此問題的獨到見解，而其結論與前面社論也是一致的。

另一篇與上述兩文有關的文字是黃天健先生的「史大林造成權化的策略」。本文敍述史大林攫所權位淸除異已的種種手段，分析其權化神化的策略。史大林的歷史是極權政治權力鬭爭的典型的榜樣。重溫史大林的歷史正所以幫助我們對這次蘇俄政變的了解。

本期第二篇社論評論三週前在臺北發生的所謂「服裝表演」事件。我們在該文裏除客觀地敍述其經過，探究其責任外，特別期望政府方面能愼爲善後，並防止此類不幸事件於未然。

自由是人們最常用的名詞之一，但自由的確鑿意義却不易爲人所了解。在一個缺乏獨立思想風氣的社會裏，這種情形更爲普遍。我們常常可以聽到人們對自由的誤解與詛咒，這是很可戒懼的。本期鄒文海先生爲文闡釋「自由的意義」，進而說明如何才能使自由成爲日常生活的規範。「自由是我們所以反共抗俄的理由」，我們必須身體力行。

辛之魯先生的美軍生活，本期已發表至第七篇。孟子說：民爲貴，君爲輕。在美國軍隊裏是，兵爲貴，官爲輕。辛先生這篇文章正是說明美軍中士兵之如何受到上級的重視。此無他，拿人當人而已。

本期法國通訊報導「巴黎協定的批准」，這是西歐的一件大事，不可不知其詳。此外，陳之藩先生的旅美小簡文字優美，意境超逸，每篇都像一篇散文，也像一首詩，以後將陸續發表。文藝欄內的「莎士比亞的謎」是頗饒趣味的一篇考證的文字，以莎學權威梁實秋教授來談此謎，是再恰當不過了。

自由中國 半月刊　總第一二八號　第十二卷　第五期
中華民國四十四年三月一日出版

發行人
主編　『自由中國』編輯委員會
出版者　自由中國社
社址：臺北市和平東路二段十八巷一號
電話：二八五七〇

航空版
香港辦事處　友聯書報發行公司 Union Press Circulation Company, No. 26-A, Des Voeux Rd. C., 1st Fl. Hong Kong
菲律賓辦事處　岷市怡干洛街五〇二號三樓 502 Elcano St. Manila, Philippines

總經銷
臺灣　自由中國社發行部
美國　中國日報發行所 Chinese Daily Post 809 Sacramento St., San Francisco [illegible] U.S.A.
加拿大　醒華日報 Shing Wah Daily News 12 [illegible]geeman St., Toronto, Canada

經售者
日本　韓國　馬尼剌　印尼　越南　緬甸　印度　澳洲　北婆羅洲　新加坡
東京僑豐企業公司
漢城中華裕昌德號
大中華日報社
新[illegible]書店
椰嘉達天聲日報
棉蘭新中[illegible]報
[illegible]
加爾各答[illegible]
[illegible]瑞田公司
[illegible]青年書店
吉隆坡[illegible]出售

印刷者　精華印書館
廠址：臺北市長沙街二段六〇號
電話：二三四二九

中華郵政臺字第五九七號執照登記為第一類新聞紙類
臺灣郵政劃撥儲金帳戶第八一三九號（每份臺幣四元，美金三角）

FREE CHINA

第十二卷 第六期

要目

中華民國四十四年三月十六日出版

社址：臺北市和平東路二段十八巷一號

半月大事記

二月二十三日（星期三）

東南亞公約組織國家外長會議在曼谷開幕，溫惠泰耶公親王當選常任主席。

曼谷會議開幕式後，接開秘密會議，杜勒斯保證絕對履行軍事義務，謂美遠東兵力可應付任何情勢。

杜勒斯艾登在曼谷會商臺灣海峽情勢。

艾森豪總統招待記者，表示將以全力支持完成巴黎協定的一切努力。

傅爾出任法國總理，已獲法衆院多數批准。

二月二十四日（星期四）

東南亞公約組織決議成立理事會，永久總部設在曼谷，下設軍事、經濟、反顛覆三委會。八國將領已開始會商軍事計劃。

英美澳三國外長在曼谷舉行秘密會談，協調對臺岐見。

伊拉克與土耳其簽訂防禦條約。

二月二十五日（星期五）

曼谷會議宣告結束。杜勒斯在閉幕會上提議以核子燃料分給公約各國。

曼谷會議通過設立軍經兩委會，軍委會將設於馬尼拉。

曼谷會議發表公報稱，東南亞區危險仍在，必須加強共同防務，重申支持越南三邦自由獨立。

二月二十七日（星期日）

西德衆院最後批准巴黎協定各項條約，恢復西德主權，盟國佔領結束。法德薩爾協定亦經批准。

西德計劃成立五十萬國防軍。

日本舉行大選。

二月二十八日（星期一）

日本總選結果揭曉，民主黨獲重大勝利。

三月一日（星期二）

杜勒斯在西貢與法越領袖會商時，曾向越總理吳廷炎保證，越南如受共黨攻擊，美國決予重大支持。

埃及與以色列邊境兩方發生衝突，埃及自稱死傷數十人。

美海長陶邁斯發表演說，謂美國原子報復系統強大，具有不可擊敗的力量，認美有活動基地敵人無法摧毀。

三月二日（星期三）

埃及照會安理會，控以色列侵略，要求舉行緊急會議。

三月三日（星期四）

中美共同防禦條約今互換批准書。

杜勒斯再度訪華，中美舉行重要會議，討論實施中美條約事宜。

三月四日（星期五）

聯合國開會，聽取以埃指控。

三月五日（星期六）

美駐遠東各國外交使節，在碧瑤集會四天，今結束，發表公報，力主強硬對付共黨侵略。

安理會商討以埃事件，決定電告停戰觀察員前來聯合國直接報告。

三月六日（星期日）

聯合混合停戰委會，在加薩舉行會議，對以埃糾紛作最後調查。

三月七日（星期一）

美國本年度的第四次原子試爆，今晨在內華達州五百呎高的塔頂上舉行。

聯合國混合停戰會譴責以色列侵略，指以違反巴力斯坦停戰協定。

美海軍部長陶邁斯列席國會，報告新的造艦計劃。

三月八日（星期二）

美國防部宣佈：泰勒將軍繼任為美遠東軍及聯合國軍統帥；勒姆尼澤升任美遠東陸軍司令及第八軍團司令；現任統帥赫爾將軍於四月底退休。

美海長所提出的建艦革新計劃，已獲衆院有力支持，該一計劃中的海軍艦隻，將大部配備電導飛彈和核子武器。

杜勒斯對全美廣播演說，警告共匪如在亞洲任何地區發動公開武裝侵略，即將導致全面戰爭，而美國將使用新型而強力的精密武器。又謂美國協防地區具有伸縮性，並不一定以臺澎本身的戰略防禦為限。

杜勒斯在美參院外委會摘要報告訪亞經過，強調美應採堅定立場。

三月十日（星期四）

艾森豪總統致電西歐七國，重申美對歐政策立場，謂巴黎協定若獲批准，美願繼續駐軍歐洲。

『自由中國』的宗旨

第一、我們要向全國國民宣傳自由與民主的真實價值，並且要督促政府(各級的政府)，切實改革政治經濟，努力建立自由民主的社會。

第二、我們要支持並督促政府用種種力量抵抗共產黨鐵幕之下剝奪一切自由的極權政治，不讓他擴張他的勢力範圍。

第三、我們要盡我們的努力，援助淪陷區域的同胞，幫助他們早日恢復自由。

第四、我們的最後目標是要使整個中華民國成為自由的中國。

社論

（一）我們對於管理外滙貿易新辦法的關懷

行政院於二月廿八日晚公佈了管理外滙貿易的新辦法四種，並決定自本月一日起施行。這四種新辦法以「結售外滙及申請結購外滙處理辦法」爲較重要，以下就簡稱爲新辦法；其餘三種乃是關於程序及技術上的附屬規定，可存而不論。本文僅以較重要的新辦法爲研討的範圍。

新辦法公佈後，已成爲朝野上下注意及議論的中心，除了當局者對其功用及優點已在新聞記者招待會中詳加說明外，各種報張及雜誌亦相率大加讚揚。本刊因出版期之限制，未能及時發表意見，現在距新辦法公佈之日已逾半月，用不着「人云亦云」的再作譽頌之詞了。管理外滙貿易在經濟上可發生相當的作用，與國民生活頗有密切的關係，政府當局要在不調整滙率、鼓勵輸出、調節輸入、配合美援並平衡國際收支面面顧到的複雜條件下訂定辦法，已可算是「苦心孤詣」了，爲了促使人心悅服以便推行順利起見，自亦未可以「看人挑水」的態度作非建設性的批評。惟朝野上下對於新辦法既集中注意，換言之，即是對它的期望甚爲殷切，我們基於對讀者之責任感，頗亦難安緘默。謹略抒所見，以表示我們對新辦法之關懷，由此或可爲讀者諸君對此問題獲得較正確的認識之一助。

每一美元折合新臺幣十五元六角，本來是臺灣銀行從前買賣結滙證的價格（買減五分賣加五分），其同時新臺幣之滙率另有牌價，計爲每一美元兌新臺幣十元零三角。那個買賣結滙證的價格在民國四十年四月十日曾一度爲十五元八角，至同年五月廿一日始由當時的結滙證審議委員會議定改爲十五元六角。這個價格從那時起到四十二年底止一直沒有變更。這二年半的期間內，臺灣銀行裏面同時有兩個滙率：一是掛牌官價滙率，一是買賣結滙證滙率。這兩個滙率，一般人卽稱之爲「差別滙率」。差別準率之形成，是有其不得已之原由的，其爲功爲罪姑不置議。不過「差別滙率」之爲世人所詬病，則是「未可諱言」的事實。至四十三年一月一日，政府自動的將官價滙率取消，以買賣結滙證的十五元六角爲單一滙率，那「差別滙率」的公案才算告一結束。現在的新辦法中：一方面規定每一美元折合新臺幣十五元五角五分爲銀行買進滙率（賣出滙率爲十五元六角五分），另一方面又組織結滙證明書審議委員會核定臺灣銀行買賣結滙證明書價格提請臺灣銀行掛牌公告。新辦法中之結滙證明書與以前的結滙證內容雖不相同（詳見次段），但計算起來總是有兩個滙率，這也是無可逃隱的。再加上出口結售外滙，有的發給結滙證明書八成，有的五成，有的不得領取。進口結購外滙，有的要附繳結滙證明書，有的不要，有的要附繳結滙防衛捐，有的免捐。分別計算起來，却有好幾個不同的滙率。如此辦法雖說是爲了鼓勵出口，調節進口，可是會不會又有人以爲是「差別滙率」的復活？這是我們對新辦法之關懷者一。

在所謂「差別滙率」時期，官價滙率是每一美元折合新臺幣十元零三角，而結滙證之滙率則爲十五元六角，此十五元六角中包含有十元零三角在內，如將十元零三角減去，結滙證本身的價格，僅爲五元三角。只因結滙證的價格將官價滙率包括在內，看起來結滙證價格比官價高，而且結滙證價格一有變動，則以爲包括在它裏面的官價也跟着變動了；因爲二者沒有分開。新辦法中之結滙證明書，自有其單獨的價格，沒有銀行買進或賣出之滙率混淆在裏面。而且在新辦法實施之初期，政府機關外滙收入，糖、米、鹽及石油之輸出，不得領取結滙證明書。政府機關支付國外費用或輸入物資、未領取結滙證明書之公營事業及獨佔性之公營事業申請輸入物資、政府特定之工業計劃輸入物資及民生日用必需品輸入物資、概無須附繳結滙證明書，故出口之領取結滙證明書及進口之附繳結滙證明書，在整個國外滙兌業務中僅佔一小部份。在此種情形下，結滙證明書之價格縱有變動，只算是局部的小事，不足以影響大局，而銀行買進及賣出滙率可以屹然不動。當局者表示維持現行滙率之基本精神，也就是據此立論。這是新辦法中之結滙證明書與過去結滙證不同之點，也可以說是新辦法之最精彩的一點。不過，我們所不敢自安者，是恐結滙證明書之運用範圍日益擴大，其價格加上銀行之買賣滙率及結滙防衛捐，漸漸成爲新的「現行滙率」。（本月十日新生報之標題：「進口外滙總價廿四元七角八」卽其一例）到那時，大家或將以爲新辦法中最精彩的一點不過是「文字的技巧」與「數字的魔術」而已；當局者雖然聲明不調整滙率而滙率却已變相的調整了。這是我們對新辦法之關懷者二。

過去官價滙率爲十元零三角，結滙證價格爲十五元六角時，在其前一半之期間內，民間的進出口結滙都照結滙證價格，公營事業的產品出口及輸入原料器材以及美援物資進口概按官價滙率，各方頗能相安。但行之稍久，遂略有調整，對於鹽之出口及輪船收入之外滙各准以一部份照結滙證價格結售。臺糖係我國出口產品之大宗，其所得之外滙，原係按官價滙率結算，最初亦尚相安。其後因着種種原因，其中最大者爲國際糖價之跌落，此本不應由國內經濟負責，但臺糖公司却因此發生了虧損，積欠了鉅額債欵。爲塡塞這個缺口起見，就轉念頭到滙率上來，認爲臺糖出口所得外滙均照官價滙率結售於臺灣銀行，而臺灣銀行按結滙價格兌出，其中有一筆差益，如將這一筆差益貼還臺糖，則可抵償臺糖之鉅額負債。於是遂有所謂「差額帳戶」之設置，因此臺糖在表面上雖係照官價滙率結售外滙，實際上仍適用結滙證價格，最後政府更爽快的將官價滙率取消，所有進口出口一律以結滙證價格爲現行滙率了。新辦法中現又規定糖、米、鹽及石油等之出口，不得領取結滙證明書，此與過去公營事業外滙之不按結滙證價格折算，在實質上仍屬相同。凡是在新辦法中臺灣銀行出售之結滙證明書並非由糖、米、鹽及石油等之出口所供給，臺糖公司無法援用過去設立差額帳戶的理由，要求銀行貼補。惟將來臺灣銀行賣出外滙時，客戶如無結滙證明書實物可資附繳，當可照結滙證明書價額以現欵抵繳，臺灣銀行雖未預先購進結滙證明書以資供應，當可直接折收現欵，是銀行仍可能獲得差益。糖、米、鹽及石油等事業於不得已時或將請求發給結滙證明書以便售與臺灣銀行而取得貼補。所以深盼糖、米、鹽及石油等事業，努力整頓，不要發生虧損，以免又來要求貼補，致令「差額帳戶」及一律都照結滙證價格之「歷史重演」才好！這是我們對新辦法之關懷者三。

新辦法之另一優點，在於將過去的進口實績制度取消。此一制度，使許多人不勞而獲，財富分配不均，把社會風氣都搞壞了。一旦革除，值得叫好稱快！不過，進口實績制度之形成，亦有其不得已之原由。由於外滙配額有限，申請結購者過多。聞在初審會時期，每週可投配之外滙僅約一百萬元，而申請結購之額，竟達一千七百餘萬元之鉅。此少額之外滙，究竟配給誰好？在萬分無奈的情形下，始採用這進口實績制度。新辦法實施後，這個爲大家所詬病的制度，算是取消了，但是產生這個制度之因素却依然存在。新辦法第三條各欵中，均有「經核准後」字樣，其核准之標準如何，並無明文規定。（據當局聲稱尚有若干充補辦法隨後公布，另有規定亦未可知）又新辦法雖有「可稱爲進出口連鎖制度」之說，但係「非完全直接的進出口連鎖制度」。因爲糖、米、鹽及石油以外公營民營事業之出口，雖可領取結滙證明書，而結滙證明書却只可用以附繳或出售，並不能作爲邀准結滙的條件。將來對於申請結購外滙究採用甚麼標準來審核，能否不致產生與「進口實績」相類似的制度，殊令人極感困惑，這是我們對新辦法之關懷者四。

照新辦法規定糖、米、鹽及石油以外的其他公營民營事業之出口，皆可領取結滙證明書；而結滙證明書除了出口者留歸自用以結購外滙外，並可轉售或售與臺灣銀行。其售得之欵，即是對出口之補貼。過去亦有補貼出口之辦法（新辦法第十條規定在本辦法實施後一律廢止），惟規定較嚴，不若新辦法之普遍。且過去對出口之補貼，幾係全部撥用公欵，新辦法規定結滙證明書由進口者價購，係由進口補貼出口，比以前更爲合理。且甚符合政府鼓勵出口之宗旨，這也可算是新辦法之一優點。惟就鼓勵出口之立場言之，結滙證明書之價格應當高到足以補償出口之虧損；但爲了免得助長物價之上漲，及不要使官價滙率顯得過於偏高起見，結滙證明書之價格當不會掛得太高，且不會時常變動。本月十日公佈每元美滙結滙證明書的牌價爲新臺幣六元，遠低於出口者之所希冀，就是基於以上的考量而決定的。這個新臺幣六元之補貼，由出口者看來，雖說是「聊勝於無」，但衡以美鈔黑市價格（本月十日新生報載爲卅五元），深感「齧芝療饑」，殊嫌不足。由進口者看來，回溯其在不久以前，曾以十成或十數成頂讓實績，此區區六元新臺幣，眞是「微不足道」。關於結滙證明書之價格，有人以爲結滙證明書原是可以自由買賣的，出口取得結滙證明書後，進口者向之購買，雙方合意，當可獲致合理的價格，以符合鼓勵輸出調節輸入之目標。殊不知臺灣銀行一有牌價，進出口者在外交易時，如出口者索價高於牌價，則進口者必轉向臺灣銀行購買；如進口者出價低於牌價，則出口者必轉售與臺灣銀行。所以只有臺灣銀行的牌價才是結滙證明書的唯一價格。又有人以爲出口者如認爲牌價太低，可以揩不賣出；在進口者急需結滙證明書以資附繳結購外滙時，如向臺灣銀行申購，而臺灣銀行亦因出口者尚未賣出而無現貨可資供應，依照供給與需求之法則，結滙證明書之價可能提高。此乃出口者之一線希望。按諸目前已公佈之各種新辦法，此一線希望，頗有存在之可能。惟當局者爲了平抑結滙證明書之價格，恐將准許進口者按牌價以同額現欵抵付而不必以實物附繳，換言之，即臺灣銀行可以憑空無限制的發行結滙證，使出口者無法待價而沽，因此，出口者不若在結售外滙之同時即將其結滙證出售，領取現金，尚可博取資金之利息，正如進口者以現金抵繳一樣，連授受結滙證明書之手續都可以乾脆的省略。所謂「結滙證明書」，只不過是一個虛有其名的象徵而已。當局者如別無補充辦法，就這樣演進下去，那只有長期的讓出口者感着不足，讓進口者佔盡便宜。新辦法第七條雖規定進口者須預先申報輸入物資之國內最高批發價格或直接售與最後使用人，似可由此以限制進口者不當得的利益，但鑒於過去對於頂讓實績之束手無策，當局者能否有效的管制進口，尚有待於將來事實之證明。新辦法本來是以鼓勵輸出調節輸入昭示於人的，而結果恐難免仍是扼住了出口而養肥了進口。這是我們對新辦法之關懷者五。

外滙貿易問題之癥結，在於外滙供應之不足，欲求外滙供應充裕，必須有較高度發達的工商業，同時還要財政收支之平衡及金融措施之得當，由此以保持物價之安定。蓋國內物價太高，則產品之成本加重，不易輸出，而對於輸入則特別有利，於是造成外滙供應不敷及外滙需要激增的局面。在此種局面之下，決非若干條管理辦法所能濟事。我國工商業之發達，尚有待於國人之長期的努力，財政金融正處在艱苦的境地，此次制訂管理外滙貿易新辦法，當局者已費盡了心機，實在也不易有比這再妥善的辦法。可是大家若是把它當作「著手成春」的奇方妙藥，則未免是一種過分的奢望！這是我們在對新辦法關懷之餘，盼能對於此問題得着一個較正確的認識而願與讀者諸君共相研討的。

社論

(二) 修辭立其誠

——有感於俞院長在立法院的答覆詞

本刊這一期登載了立法委員成舍我三月四日向行政院提出的質詢案全文。這一文件，在我國人權運動史上應該有它的地位。

遠在八個月以前，我們曾根據當時立法委員們對行政院的質詢以及行政院長俞鴻鈞的答覆，寫過一篇「諾言貴實踐」的社論，載在本刊第十一卷第一期（四十三年七月一日出版）。在那篇文字中，我們引述俞院長「尊重憲法」、「保障人權」等等語氣堅定的諾言，並舉出龔德柏、馬乘風兩個案件爲例（當時立法委員楊寶琳已詢及馬案），來預期俞院長諾言之實踐。在結論當中，我們說：「身體自由，是一切自由的基礎。言論自由，是民主政治的必需。俞院長的諾言中對這兩項自由所給的保障，能否切切實實地見諸行動，關係於一切諾言的實際價值。……立法院本其職責，對於俞院長的一切諾言，更當像債權人一樣，隨時催索其兌現。」

現在，我們看到成委員這件質詢案，很高興；高興立法委員能够本其職責，在向行政院長催索其諾言的兌現。同時我們也很痛心；痛心成委員這一質詢，其內容還有龔馬兩案在！八個月前，俞院長保障人權的諾言，一字一句地寫在立法院會議紀錄上；八個月後，因「莫名其妙」的事由而入獄的人，仍然在縲絏之中！「人權保障」之謂何？諾言的價值又安在？

「以前種種，譬如昨日死；以後種種，譬如今日生。」我們以這種恕往勵今的心情，再來檢討俞院長對成委員這次質詢的答覆（根據官方的中央社稿）。

俞院長說：「政府對於人權的保障，對於言論自由的保障，素來是沒有忽視的，今後尤當注意。……假使發現有違法違憲的地方，政府一定立刻採取一種補救糾正的措施。」在這段話中，我們覺得：「素來」、「假使發現」、「一定立刻」等字眼，特別觸目。我們要問：如果政府對於人權保障和言論自由的保障眞的是「素來」沒有忽視，何以有龔德柏這樣的事件發生？所謂「素來」究從何時算起？龔馬這一類的違法違憲的案件，早經立法委員及本刊公開提出，爲甚麼還可以說「假使發現」？這兩案的公開提出，已有八個多月之久了，政府還沒有補救糾正的措施，怎好硬着嘴說出「一定立刻」這樣的話？

對於包啓黃任內的冤獄應否平反這一質詢，俞院長的答覆又說：「假使政府對於法律能够很嚴格的遵守，而人民又是知道法律程序的，我想成委員所講的平反昭雪是決沒有問題的。」又是一個「假使」！這一個「假使」，使得我們有點驚奇。俞院長是國家最高行政機關的首長，他所說的話卽是政府的話。爲甚麼他說到政府守法，還要加上「假使」二字？

對於龔馬兩案的答覆，俞院長是說：「政府一定會依法處理。」這句話乍聽之下，是可令人滿意的。但我們再三思索，思索不出此兩案將依何法處理。就龔案說，不聲不響地把人捉去，是依甚麼法？五年來：「不審、不判、不放、不殺」。又是依的甚麼法？不依法捉去的人，將依甚麼法來處理呢？我們希望俞院長「依法處理」這一答覆不是一句毫無內容的拖詞，所以我們要如此追問？

關於有些立法委員不能入境的問題，俞院長答覆說：「不能讓他們入境的原因，他們本人可以質問審查機關。我相信審查機關一定有很詳細的答覆。」這樣的答覆，是十足的官腔。所謂「審查機關」，是不是隸屬我們國家最高行政機關行政院的？成委員以立法委員身份向行政院長依法提出的質詢，而後者的答覆是希望第三者到他的下級機關去質問！

俞院長在結論上說：「關於人權保障問題，言論自由問題，我們今後絕對依法來處理。」這句話是全篇答覆中比較肯定的一句。但我們希望俞院長不要再忽視親口所說的「絕對」二字！

言爲心聲。我們要把俞院長的話如此檢討，爲的是要洞察他說這些話時的心理狀態。我們檢討的結果，認爲這篇答覆詞客氣有餘，誠意不足。因爲誠意不足，所以我們得以提出上述那些問題。

「修辭立其誠」這句古訓，不僅有道德上的値價，在政治上也是有其功用的。我們政府在反共倒蘇的今天，不是積極地要把衆力滙合成一力，共赴同一目標嗎？請記住：要想把衆力滙合成一力，必先把衆心滙合成一心；要想把衆心滙合成一心，必須大家均以言語表達眞意。表達眞意的語言，卽是有誠意的話，也卽是古人所說的立其誠的修辭。政府要求人民萬衆一心與之打成一片，那末政府向人民講話，尤其關於人民權利的話，千萬要出之以誠。對於過去那些明明白白違法違憲的事體，誠心誠意承認錯誤，誠心誠意糾正過來。認錯改過，並不損害政府的尊嚴；實際上，能够在人權之爭中低頭的政府，更能獲得人民的忠忱愛護，更能在歷史上顯得崇高。

聯合國憲章與鐵幕內人民的解放

蔣廷黻

美國國民其祖先來自鐵幕內國家者，近年共同組織一種解放鐵幕內國家的運動。譬如，原籍波蘭者有波蘭解放委員會，原籍捷克者有捷克解放委員會。其他匈牙利、烏克蘭、俄羅斯喬治西亞、西美尼亞、立陶宛、拉脫維亞、厄斯多尼亞等均有類似組織。每年，這些團體舉行數次聯合大會，他們以美國公民資格企圖左右美聯邦政府外交政策。我們的僑胞也參加大會中活動。本年二月廿一日聯合大會在紐約舉行，主席是前任衆議員 Armstrong。這篇演說乃本人於該大會中所發表的。

在聯合國中，不大有人談及「解放」，從事解放運動的人也甚少利用聯合國，好像「解放」與「聯合國」不相關連，這種情況不但可悲，而且遺害甚鉅。

「解放」究竟涵義如何？

「解放」並非指一國對另一國之軍事征服，亦非「强權政治」之一套把戲。它也不是任何强國帝國主義目標之工具。目下恰巧有許多被征服國家的人民向美國人民籲請援助，而美國又有許多人民對他們的籲請表示同情。此等被征服人民的領袖都係爲彼等祖國「解放」而奮鬪的愛國份子，他們旨在求祖國之自由與獨立，而不願淪居爲任何國家——包括美國在內——之附庸或殖民地。至於主張及支助「解放」運動之美國人民心目中，則以彼等國家本身之安全及世界之自由與和平爲念。

「解放」並非被征服人民之領袖，企圖使美國人民輸將彼等之資源或流血而使此等領袖得重返其祖國恢復其政權。「解放」並非像法國革命後，包本王朝利用外力而得復位。

解放運動之眞諦只在於鐵幕內之被征服人民，無論其在東歐或在亞洲，得恢復彼等之基本人權與自由，因得繼續擁有人類基本尊嚴，且有權利選擇其政府及彼等國家之國策。

茲專就解放中國大陸一事加以闡論。惟此並非指俄羅斯、波蘭、波羅的海各國、捷克、羅馬尼亞、保加利亞、匈牙利、阿爾巴尼亞、北韓、越盟等國就不要解放，彼等絕對應予解放。他們的解放同中國大陸的解放一般重要。現在專論中國，乃因爲本人是中國人，對這個問題自最熟悉。本人相信，中國大陸上同胞之希望與願望，在基本上與東歐、北韓及北越人民之願望並無二致。

我們談到中國大陸的解放，腦筋裏並不是想以臺灣島上一千萬人民來軍事征服大陸上四萬萬五千萬人民，我們並非窮兵黷武而好戰爭流血，我們並不願與大陸上同胞打仗，可是，我們決心與大陸上同胞以我們所能給與的最大援助，換言之，我們將與大陸上同胞爲求彼等之解放並肩作戰。

我們解放大陸之目的，並非强制大陸人民接受某種政治或經濟制度，我們的目的是在使大陸人民重新獲得其選擇彼等所願望之政治經濟制度之權利。

據本人了解，東歐及其他各地之解放運動之目標與本人前述中國大陸解放之目標完全相同。

現在，我們要研究的是，這種解放運動究竟是否聯合國應做的事？研究聯合國憲章的人都知道聯合國之設立在求國際間和平與安全之促進，可是，很多人忽略了聯合國之宗旨有兩大基幹：一爲和平，另一爲人類自由。憲章中極重要而又常遭忽視的，便是憲章對於人權與基本自由方面的重視。

憲章序言第二段稱：『我聯合國人民同茲決心重申基本人權，人格尊嚴與價值，以及男女與大小各國平等權利之信念。』

憲章第一章第一條在闡明聯合國宗旨及原則中，特提及『應增進並激勵對於全體人類之人權及基本自由之尊重，不分種族、性別、語言或宗教。』

憲章第四章專係對「大會」之規定，其第十三條規定『大會應發動研究，並作成建議：以促進全體人類之人權及基本自由之實現，且不分種族、性別、語言或宗教。』

憲章第九條係專對「國際經濟及社會合作」之規定，茲引其第五十五條之部份：『爲造成國際間以尊重人民平等權利及自決原則爲根據之和平友好關係所必要之安定及福利條件起見，聯合國應促進：……全體人類之人權及基本自由之普遍尊重與遵守，不分種族、性別、語言或宗教。』

憲章對於全體人類之人權與基本自由，且無任何例外之基本重要性已予明確闡定。爲何一個如聯合國之機構，其組成之主要目的在於維持國際間之和平與安全，而如此强調個人之人權與自由？此種强調不但係受基督教與二十世紀一般開明風氣之影響，而且也由於一般人已能深切了解二次世界大戰之根源。

憲章草擬期間，一九四五年參與舊金山會議各代表對於二次大戰之導因印象仍甚鮮明。他們知道日本軍閥若非在國內先行壓制與廢止人民權利與自由，絕無法於一九三七年對華發動大規模戰事，及一九四一年對美偷襲珍珠港。日本對華發動大規模戰爭前六年內，日本軍閥採取一連串恐怖措施，淸除國內主張和平與溫和政策之政治領袖。他們控制日本政治與民意之程度到一九三七年時已經完全是獨裁集權國家。日本國內人權自由之壓制係侵略戰爭之前聲，就日本而言，國內獨裁之結果便爲侵略戰爭，起初對華，繼則對美。

舊金山會議與會代表，無疑地亦甚了解希特勒政權在德軍於一九三九年春侵佔波希米亞與摩拉維亞前之演變。希特勒淸除自由的威瑪共和國而代以設立一獨裁集權政制，因此得大事建軍，以大砲代牛油，同時得改造德國人民的思想。本人一九三四年冬在德國，卽希特勒政權新興之時，當時發現德國一般人民不但熱愛和平，而且懼提及戰爭，希特勒所控制之獨裁集權使愛好和平之德國人民轉而變成瘋狂好戰之人民，在德國，一如在日本，人民權利與自由之壓制乃戰爭之先決條件，亦卽戰爭之前奏。

墨索里尼統治下之意大利亦同出一轍。

日本、德國及意大利發動侵略戰爭前之情勢演變在舊金山憲章擬人腦中仍甚鮮明，由於此故，憲章中不時有兩個主調互相穿插，一爲和平，另一爲人權與基本自由。

數日前，在蘇俄曾發生一重大變故，其涵義目下尚未能完全明晰地了解。馬林可夫已經失勢，尼基他·赫魯雪夫躍爲第一號首要。除了個人爭權外，一個涵義則甚明晰，那就是，蘇俄決定放棄增加消費貨品政策而代之以重工業第一的政策，也就是軍備之增强。俄國人民自將更須縮緊腰帶，彼等將被迫放棄更多糧食、衣着、住宿之便利，雖然，彼等在這方面的需要極迫切。俄國人民將繼續爲大砲原子彈流更多血汗，難道俄國人心甘意願地這樣犧牲嗎？假使俄國人民有自由的話，他們將願選擇赫魯雪夫而捨棄馬林可夫嗎？假使俄國人眞有選擇的自由，當然願意多點消費生產品而不要重工業，他們自然要提高生活水準而非世界革命。以俄國來說，俄國人民有否自由決定世界有否和平。只要俄國人民一天還受奴役，他們將被利用充供蘇俄征服世界之用。眞正愛好世界和平之人們，應密切注意俄國人民的自由。

一九五〇年冬匪共突然決定干預韓戰。他們派遣作戰軍隊約達一百萬。匪共參加韓戰對大陸上一般人民影響如何？那就是說：人民口糧得減少，衣着得減少，醫藥用品得減少，學校得減少，何況這些東西原來已經不敷之極，在韓戰前，人民事實上已在挨餓。匪共政府不顧人民的挨餓與死活而只求控制韓國。假使中國大陸上人民有自由的話，他們一定不願干涉韓局。此又足證明，中國人民之損失自由，因之引致韓戰，此也是引導越南戰爭之故，假使匪共獨裁集權繼續存在，那麼亞洲其他國家內之滲透與戰爭亦在所不免。

朋友們，您我共同爲鐵幕內被奴役人民之解放而奮鬪，就是爲眞正和平而奮鬪。因爲我們的目標是「基於自由」的和平。

有人問及聯合國對被奴役人民之人權所能爲力者何在？聯合國憲章對於聯合國組織所能施展之有效影響，規定有其辦法與途徑：

第一、聯合國可施展道義上制裁。　它可譴責鐵幕內迫使其人民損失言論、宗教、投票、選擇職業等自由及甚至失去生命保障之國家。讓聯合國告訴此等共產獨裁者：彼等之政權係野蠻禽獸之政權。

第二、聯合國可使用外交制裁。　它可剝奪這些共產政府在聯合國內之會員資格，它應領導自由國家撤銷其對莫斯科、華沙或北平等之外交承認，召回駐在各該政權之使節。

第三、聯合國可使用經濟制裁。　它可請求所有自由人民之國家停止與共產國家進行通商與貿易。

聯合國在實施道義、外交與經濟各方面之制裁，便可實施維持其憲章之宗旨與原則。可是，不但這些事不做，甚至有若干國家在大提倡「共存共榮」之論調，甚至認爲卽付極高代價亦在所不惜。譬如，有些國家竟主張我應放棄沿海島嶼及接受所謂「兩個中國」之荒謬說法。

試問，迫中國四萬萬五千萬人民接受所謂「停火」及所謂「兩個中國」之謬論是否對世界有利？本人極表懷疑。東南亞前途，危機重重。數世紀前，中國若干帝王不是未曾遣兵入征東南亞小國。若干朝代，這些小國亦曾接受中國之宗主權而淪爲藩屬。中國向東南亞擴展有其歷史背景。此外，這些小國對中國亦有其用處，諸如錫、橡膠、油及米等之供應。可是，前此中國儒家思想可以節制中國帝國主義之擴展與從事戰爭，現在這種儒家愛好和平、仁義相處之文化已爲共匪摧毀無存。不管沿海島嶼有否停火，匪共必將向東南亞邁進，我們究願見數萬萬被奴役中國人民站在自由世界一邊，抑站在共黨世界一邊？我想自由世界需要這批人民爲盟友之時期已經不遠！

聯合國，既不忠於其本身憲章宗旨，且反爲「解放」運動之障礙，此乃世界人民應向聯合國正式忠告之時：『要嗎？就好好爲世界人民之自由，爲獲致眞正和平而努力，否則趁早關門大吉！』

「人權保障」與「言論自由」

成舍我

三月四日，在立法院第十五會期第五次公開會議上，向行政院長俞鴻鈞提出的質詢。玆將當時質詢內容，錄成此文送「自由中國」發表。

今天我要向行政院提出兩項質詢：第一、關於人權保障，第二、關於言論自由。

大陳撤退，與一部份烏烟瘴氣的國際局勢，雖然只是黎明前一段黑暗，但無可否認，此時此地，我們總算遭遇了重大挫折。如何來彌補挫折，或更進一步，變挫折為勝利。這在極權國家，通常的途徑，是對外越遭遇挫折，對內越加緊壓迫，民主國家則不然，且恰與極權國家相反。對外越遭遇挫折，對內越加强民主，加强團結。「人權保障」和「言論自由」，正是民主政治的兩大支柱，臺灣已定為中華民國反共抗俄的復興基地，中華民國應該是不折不扣的民主國家。而我們最近簽訂的中美共同防禦條約第三條，又有彼此加强自由制度的承諾，當此安危與亡千鈞一髮的重大關頭，所以我特別提出這有關「人權」「言論」兩大問題的質詢，切望俞院長對此，各予以明確解答。

關於人權保障

先說人權保障。雖然外間對這一問題，有許多駭人聽聞的流言，但我絕對相信，政府對人權保障，絕不是從不注意，像施政報告中所列軍法司法審判範圍再度劃分，及切實執行提審法等，都可以親切看出，政府對人民身體自由，何等重視！尤其最近軍法局長包啓黃貪污勒索，枉法弄權，政府毫不寬縱，處以極刑，更為一最明顯的鐵證。但由於包啓黃的罪大惡極，從另一方面看，却又正足以說明我們的軍法部門，確有嚴重問題存在。一個操生殺大權的軍法局長，任期那樣長，經辦案件那樣多，雖賴政府賢明，在惡貫滿盈以後，終於明正典刑，人心大快。不過以前由他經辦的案件，政府是否會因此引起警惕，有所檢討？君主時期，國家殺一壞蛋，像劉瑾、魏忠賢、和珅之類，一定同時就將被這壞蛋毒害的人，平反昭雪。包啓黃地位，雖比不上劉瑾、魏忠賢、和珅，至少總是「無法無天，有條(即金條)有理」，貪污弄權的壞蛋之一，則毫無疑問。幾年來，被他寃枉毒害的，死者縱不可復生，生者却必須平反。民主國家的刑事被告，在發現法律事實有重大錯誤以後，雖經判決確定，也儘有非常補救的辦法。我不知道政府對此有無準備？

我現在舉出幾件莫名其妙的案子，雖然我不知道是否由包啓黃主辦，但無論如何，這些案子，都沒有經過普通司法機關。假使不由包啓黃負責，那又應該由誰負責？是否還有和包啓黃一樣枉法弄權的人？我不明白眞實情形，只有請政府去自行考查。

（一）龔德柏案

第一件，是國大代表前南京救國日報社長龔德柏失蹤案。龔德柏這個名字，大家聽來，一定不會生疎。他是一個將近七十歲的老報人，許多年來，我們政府的最高國策，是抗日反共，而龔德柏抗日反共的堅決澈底，就他所編著的征倭論、抗日必勝論、共匪禍國論等書，在配合國策的宣傳上，都曾經發揮過相當功效。尤其他在馬歇爾來華的和談時期，當時主管宣傳機關，曾通知各報，對朱毛只稱中共，不能稱共匪，但救國日報却拒絕了這個命令，並大寫文章，說共產黨本質，到任何時候都脫不了匪性。這一點，尤為難得。但他於三十八年隨政府撤退來臺後，三十九年三月八日，忽然失蹤。從那時算起，再過三天，就整整滿了五年。這五年中，他的老婆兒子，都從來沒有見過他一面，老婆兒子生死存亡，他也無從知悉。他的老婆急到把頭髮禿成光頂，一家大小，啼饑號寒。這五年中，他究竟犯的什麼罪？關在什麼地方？誰都不知道。但似乎誰都知道，這五年中，他沒有受審，沒有判罪，沒有槍斃，却也總沒有回家。此外又似乎誰都知道，龔德柏這個人，只在此島中，雲深不知處。有人說，因為他一生信口罵人，人緣太壞，沒有朋友替他奔走，所以儘管失縱了五年，不審、不判、不殺、不放，主辦這個案件的人，也就覺得放心，不會引起何種反響，因此，也就無法使我們賢明的政府當局，詳悉眞相。誠然，他人緣不好，朋友不多，不過，我相信，龔德柏沒有人緣，龔德柏却有人權，龔德柏縱無朋友支援，像這樣不審、不判、不殺、不放，却可以激起天下公憤。龔德柏今年已六十六歲，聽說最近身體很壞，且曾幾度絕食。如果他是匪諜，政府就早應予以槍斃，如果他不是匪諜，相反的，且是一位抗日反共愛國家愛民族的老鬪士，就早應使其恢復自由。再退一步說，他曾信口罵人，縱於法無罪，却應該遭一點口孽果報，然而五年牢獄之災，這果報也够慘重了！究竟怎末一回事？請俞院長予以說明。

（二）馬乘風案

第二件，是本院委員馬乘風被捕案。這一案件的經過，本院同人都知道，政府也不會不知道，他被捕到現在，也已快滿三年，依照我們的刑事訴訟法，偵查羈押，固不能超過兩個月，如有必要，也只能延長一次。即依照去年八月十五日本院通過的「戡亂時期監犯處理條例」第二條：「被告在偵查中羈押滿二個月，審判中滿五個月尚未偵查終結或判決者，應自本條例施行之日起，兩個月內辦結之，逾期尚未起訴或判決者視爲撤銷羈押。」該條例於去年八月二十三日由總統明令公布，從八月二十三日起算，到現在也已半年，馬乘風無論是尚未起訴，或尚未判決，也早應該有資格享受「視爲撤銷羈押」的浩蕩國恩。老百姓對着立法委員，總常常很歡喜說，你們是老百姓的人權保障者，如果我們自己的身體自由，都得不到合法保障，我們眞不知老百姓這類的話，是頌揚還是諷刺？也眞不知將怎樣向我們的選民交代？這究竟又是怎麼一回事？請兪院長予以說明。

（三）軍法犯究已保釋多少？

除這兩件平民而牽涉軍法的具體案件以外，第三、接着我還要請問兪院長，「戡亂時期監犯處理條例」，經總統明令公布，業已半年，施政報告中告訴我們，普通監獄，依照條例，准予釋放的人犯，截至去年十二月止，爲一七六九名，但軍人監獄，被保釋的，究竟有多少？報告中未經提及。據說有許多合乎條例的軍法人犯，依照條例，呈請保釋，却以條例以外的種種原因，一拖再拖，迄無下文。難道立法院所通過，總統所公布的法案，下級機關，竟還可以打折扣？竟還可以不遵行？這究竟又是怎麼一回事？請兪院長予以說明。

（四）在港若干立委何以不許來臺？

最後，我還要提出一點，居住及遷徙的自由，本也是憲法上賦予人民權利的一種，不過臺灣在非常時期，臺灣需要出入境證，自有其必不得已的理由，但是我希望這種出入境證的核發，一定要百分之百的公平嚴正，不能看面子，講恩怨。我最無法理解的一件事，立法院每次會期，大家總接到院內紀律委員會的一份報告，報告內容，是有若干困居香港不能來臺出席的委員，委員會要求院會，勿以「一會期無故不出席」論，將其除名。唯一理由，是他們不來臺灣，並非他們不願來，而是臺灣主管機關，不肯簽發臺灣入境證。立法委員來臺出席，是他的權利，也是他的義務，爲什麼領不到入境證？假使這位委員，有附匪嫌疑，那麼，核發入境證的主管機關，就應該明白通知立法院，立法院紀律委員會，自然也就會確切了當，報告院會，依法將其除名。如果並無附匪嫌疑，如何可以剝奪他們居住本國的權利，阻止他們如期報到的義務，一連幾年，不許入境。幸而我們立法院，開會的法定人數，只要五分之一，而在臺立法委員，一向均超過法定人數很多；又幸而我們院內的執政黨，佔絕大多數，少數委員缺席，於開會和議案進行，都不發生困難，假定我們的立法院，和美國參議院一樣，第一、是條約案需要三分之二的多數票，才能通過，第二、是本屆參議員，政府和反對黨，相差只有一票，那末，行政機關有如此不可思議的大權，可以隨便拒絕立法委員入境，使若干立法委員，不能報到出席，則所謂最高立法權的行使，將成何景象？成何體統？據說，這些被拒入境的委員，他們的言行，到現在還是指天誓日，反共抗俄，當然我並沒有責任，擔保他們的言行，但政府却必須負起責任，將拒絕他們入境的原因說清楚。究竟是怎麼一回事？請兪院長予以說明。

關於言論自由

以上四點，是關於人權保障的，現在，再質詢有關言論自由問題。

臺灣報紙雜誌，事先都不檢查，臺灣有極大限度的言論自由，這是無可否認的。雖然有人批評我們的出版法，對言論自由，束縛太嚴，因爲第一、臺灣不許辦新報和新雜誌，第二、政府可以停止任何報紙雜誌的發行，到一年之久，情節重大的，還可以延長。換一句話說，就是封門。試問人民連報和雜誌都不許辦，還有什麼言論自由？一份報紙或雜誌，政府認爲不滿意，就可以封他一年，甚且一年以上，豈不等於宣告報紙雜誌的死刑？但是這種對出版法的批評，眞是黑天寃枉！出版法在立法院通過時，小組會和大會，前後開了不下五十次，大家十分謹愼，總怕這份出版法，與我們憲法上的言論自由，出版自由原則衝突。現行出版法四十五條，全部精神，是保障的意義多，管制的意義少，尤其鑑於過去行政機關，對人民申請辦報辦雜誌，動輒以莫名其妙的因素，長期壓擱，作爲變相的拒絕某報某雜誌出版，所以出版法第九條特別規定，登記手續，每一機關，必須於十日內辦完，不得延擱。我們翻遍了整個出版法，實在尋不出有一條文，禁辦新報新雜誌，也尋不出有一條文，封閉報紙雜誌，可以長達一年或一年以上。那麼批評出版法，束縛言論，過於嚴酷，這究竟從何說起？

原來這些束縛言論自由過於嚴酷的條文，不出於立法院通過，總統公布的出版法本身，而只是出於四十一年十一月廿九日內政部部令公布的出版法施行細則。這一份由行政官署制定的施行細則，許多地方，多與母法的立法原則衝突，痛快的說，簡直就是違憲。所謂不許新報新雜誌出版，是根據施行細則第二十七條：「爲計劃供應出版品所需之紙張及其他印刷原料，應基於節約原則，調節轄區內新聞紙雜誌之數量」。所謂停止報紙雜誌的發行，可以長達一年，或一年以上，是根據施行細則第十九條所規定。這都是超越了出版法範圍，其責任非出版法本身所應負擔。

（一）新辦報紙雜誌何以不許登記？

因節約紙張及印刷原料，就可以禁止新的報紙雜誌出版，這眞是天下奇聞。那末，同一理由，出版書籍也要紙張，也要印刷原料，何以不爲了節約，也調節數量，假使眞這樣做，禁止新書出版，自由中國的文化，豈不全部破產？不這樣做，又何以對出版書籍如此其寬而對報紙雜誌却如彼其嚴？假使問題出在「計劃供應」四字上，但政府對報紙雜誌所需的紙張及印刷原料，並沒有免費白送，只有過去紙業公司由政府公營時，各報配紙，官價比黑市便宜一點。然而政府絕無理由，認爲這是一種恩惠，憑這點恩惠，就可剝奪自由中國全體人民的出版自由言論自由新聞自由，而禁止出版新報新雜誌。且配紙制度，就臺灣說，根本沒有必要，這種制度的產生，在西方，只有戰時因海上封鎖，本國產量不足，外紙不易運到，或平時因本國產量不足需要數量太大而又有經濟危機，必須節省外滙，減少外紙輸入，這才有限額配紙的辦法。英國配紙，即是最明顯一個例子。然而英國配紙，並不禁辦新報及新雜誌。而且上述造成配紙制度的那些情形，臺灣都不存在。臺灣白報紙產量，每年約二萬五千噸，以目前全省二十七家日報每月共配紙三百四十六噸計，全年只四千一百廿五噸，僅佔總產量六分之一。紙業公司，只怕紙造出來銷不了，絕不怕產量不够。誠然，戰時任何物資，都需要注意調節，有人說，臺灣報紙雜誌，已經太多，政府限制新報新雜誌出版，並非絕無理由，殊不知報紙雜誌，爲推行民主政治的必需品，爲人民的精神食糧，和一般商品不同。別的商品，怕生產超過需要，不得不限制生產，一國報紙雜誌，發行的數字越多，越證明其文化發達。尤其戰時，發行越多，越可增强抗敵的宣傳力量，增强人民的精神動員。單就報紙一項說，臺灣報紙，不特並非太多，相反地，只是太少。現在全世界每日銷報二億一千七百萬份，以銷數與人口作比例，英國最高，每一千人閱報六百十五份，瑞典人口七百多萬，少於臺灣，但他有報紙二百五十種，銷數三百五十萬，每一千人中，閱報四百九十份。臺灣人口九百萬，多於瑞典，但我們只有日報廿七家，銷數三十三萬六千七百〇六份，每一千人中只閱報三十七份，與瑞典爲四九〇與三七之比。試問這個數目，是太多還是太少？這眞是少得可憐了！而就我們爲東亞五千多年文明古國的地位說，簡直是少得可恥！爲什麼內政部却要限制新報出版？政府每年千方百計，鼓勵人民食糧增產，爲什麼對於最重要的精神食糧的增產，却千方百計加以束縛？如果眞是本國白報紙產量不够，海上封鎖，外國報紙不能進口，限制新報猶有可說，現在明明是白報紙供過於求，在此情形之下，還要以節約爲藉口，新的報紙既不許出版，原有報紙也限定篇幅，最多只許日出一張半，那豈不等於叫自由中國的男女老少，在臺灣每年糧食豐收的情形下，禁止他們生兒育女，要他們束緊褲帶，每天只吃一碗飯，一樣可笑，一樣不合理？

有人說，以前臺灣紙業公司是公營，政府可以控制紙價，現在紙業公司已出售民營了，假如解除新報限制，解除篇幅限制，則需要用紙的數量增加，一旦紙業公司要加價，加價以後，不增重報館負擔，就勢必由政府補貼，增重政府負擔。實在這也不成問題。臺灣雖處於戰時狀態，但海上並未被敵人封鎖，一切物資均可隨時進口。過去政府要厲行配紙制度，除採用紙業公司產品以外，不能有所選擇，現紙業公司既改由民營，如政府取消配紙，則報館用什麼紙，最好，最合算，應儘有選擇自由。目前加拿大紙，每噸一百二十六美元，由香港轉購，也不過每磅港幣五角，以官價外滙計算，這一價格，遠比臺紙公司的定價低。假使紙業公司出品，不比外紙貴，即使稍貴，大家爲了扶助本國工業，也未嘗不可忍痛採用。但若價格超過外紙太遠，而品質又不如外紙，則政府亦即絕沒有强迫報館始終犧牲不許選擇的理由。且在自由選購下，或許反可促使臺紙，改進品質，減低成本。現在臺灣有許多日用品，本省工廠已可生產，仍酌准同類產品進口，爲什麼單獨不准報館購用外紙？如果說爲了節省外滙，則照目前報館月需白報紙三百多噸計算，開放以後，准辦新報，准增篇幅，即使增至四百噸，每月也不過美金五萬零四百元，或港幣四十四萬零八百元，再加上雜誌用紙，爲數亦極有限。自由中國雖應該儘量節省外滙，但鹹魚、奶粉、罐頭食品等過去每月進口外滙，總數均在五十萬美金左右，難道自由中國全部報館雜誌所需白報紙的重要性，竟連鹹魚奶粉罐頭食品都比不上？

（二）停刊可達一年以上豈非變相封門！

至依據出版法施行細則第十九條，停止報紙雜誌的發行，可長達一年或一年以上，換言之，即等於政府有權可以封閉報館雜誌，這絕對不是出版法的立法原意。封閉報館雜誌，這在現代眞正的民主國家，除大戰期間偶有例外，原則上業已絕跡。民主國家，對於報館雜誌違反法律的處罰，只有對該違法的報紙雜誌負責人，依法起訴，起訴後，如果他確實犯罪，那麼，罰欵坐牢，也並不因其爲報業的名流大亨而特予寬徇。像一九四九年，日銷四百多萬佔英國第一位的每日鏡報，即因非法刊載哈夫案，負責人鮑蘭，被判徒刑三個月，罰欵一萬磅。這樣處罰，並沒有人能指責政府摧殘言論自由出版自由新聞自由。一方面報館本身，却不因言論或新聞出了毛病，而即被封門，禁止出版。出版法第三十七條第四項，對報館最重處罰，雖有定期停止發行一項，但內政部絕不應因此即可在施行細則內，擴大其定期停止發行的期間至一年，尤其內政部還有權將停刊期間延長至一年以上。所謂「一年以後再延長」，究竟延長至什麼時候？三年、五年、十年、百年？施行細則上並未確定。老實說，這就是無期停刊。出版法是「定期」，內政部不特把「定期」的時間延長到一年，而且延長到「無期」，試問施行細則是不是違法？現代的報館雜誌，已全部企業化，如以臺北爲例，假使像中央日報新生報中華日報聯合報等，一有過失，行政機關卽有權將其停版一年或一年以上，試問這個報館，每月幾十或幾百萬元的支出，幾百或幾千職工的生活，如何應付？又正因現代報館雜誌企業化，其組織多爲股份公司，報館爲法人，其地位與其他任何法人機關相等，報紙出了毛病，負責人應受懲罰，但不影響報館的存在。正如內政部下錯了一項命令，只應處罰下命令的內政部長，絕不能將內政部封閉一年或一年以上，一年或一年以上，不許內政部再發命令。英美等民主國家，只處罰報館負責人，不停止報紙出版，這個理由，是十分顯明的。

臺灣有極大限度的言論自由，從無人予以否認，而我們的出版法，立法原則，是保護多於管制，也無人予以否認，只是因爲內政部以行政命令，頒布了這項超越出版法的出版法施行細則，不許辦新報，辦新雜誌，行政機關可以變相的封報館封雜誌，這才使大家懷疑，臺灣是不是有言論自由？不知俞院長對於這一錯誤，是否將予以有效的補救。

人權保障，言論自由，這兩大問題，就是我今天要向俞院長提出的質詢。如果說，大陳撤退以後，此時此地，談人權，談自由，未免不切需要，我的看法，正如我前面所說，極權國家，對外越遇有挫折，對內越加緊壓迫，民主國家，對外越遇有挫折，對內越加强民主。美國人有句傳誦一時的名言，卽自由世界最大資產之一，是鐵幕內被奴役人民對民主自由的嚮慕。拿這句話適用到自由中國，我們也可以說，自由中國最大資產之一，是大陸上被共匪奴役的同胞，對臺灣民主自由的嚮慕。一萬四千名反共義士的歸來，就正是這一項資產的兌現。而最近大陳全體義民撤退來臺，也是自由中國民主自由深入人心的結果。此時此地，我們正應加强自由民主，使鐵幕內的同胞，一遇機會，卽可聞風興起，全國響應，以比打倒滿清打倒帝制更快的速度，打倒共匪。立法院每屆會期開始，立法委員行使憲法上賦予的質詢權，對政府施政報告，追根查底，儘量發言，以及政府的開誠布公，儘量答覆，這都是民主風度最好的表現。像我剛才所說的這些話，以及若干同人所說的話，如果讓鐵幕內同胞聽到，他們一定立刻會想一想，這些話，假若在共匪的什麼政協會議，人民代表大會上說，那不是馬上就會拖出槍斃！但他們相信，自由中國立法院立法委員，向政府提出合法的質詢，我們不特絕不會被政府拖出槍斃，並且還可以繼續不斷的質問，政府還可以繼續不斷的答，報紙應該也還可以繼續不斷的登載，這對於鐵幕同胞，將如何激起他們對自由中國的嚮慕？至於有人說：我們的質詢，不免暴露了政府弱點，世界上，那一個政府沒有弱點，問題就只在弱點會不會被暴露？暴露了會不會有補救？像美國這樣標準的民主國家，高級官吏貪污違法，各地警察以私怨逮捕記者，秘密拷打，因被檢舉以致送進監獄的，幾於時有其事；法國以人權宣言震耀世界，而據最近報載，竟查出有十個人，每人被非法羈押到平均十八個月，未被審判。是不是因爲有這些黑暗不幸事件的暴露，就損壞了他們第一等民主國家的地位？相反地，只是大家明知有黑暗，大家不肯說，不敢說，這才是一個國家的絕症，這才是一個國家的恥辱！

我的話說完了，現在敬待俞院長的答覆！

論日本的直接民權

孟　浩

一、前提的觀念

日本在第二次世界大戰中，軍事上固然是全盤失敗了，政治上却於戰後獲得一大改進機會。蓋日本自戰敗簽降後，由盟國予以管制，而主持管制的盟國統帥麥克阿瑟，是以扶植日本民主政治爲管制的最高原則。依據這一最高原則而推進的種種行動，遂有民主政治的種種法制的出現。其中最重要的，當然爲一九四六年(昭和二十一年)十一月三日公布的新憲法。這一憲法於公布滿六個月後施行，即於一九四七年五月三日付之實施。爲配合實施新憲法的需要，更有種種新法的頒行。如爲實施全民普選的公職選舉法，是於昭和二十二年四月十五日公布，這是日本極富民主性的一個選舉法典。接着第三日，即同月十七日又公布爲實施地方自治所必需的地方自治法，這是日本實行地方自治的統一法典，在地方自治上，其重要性是僅次於憲法。同月三十日又有爲組織國會所必需的國會法之公布，這是日本實行議會政治的重要法律。至於其他爲配合憲政需要而陸續制定的法律，更不勝枚舉。筆者之所以特別提及上述三種法律者，實以這三種法律與民主憲政最有直接關係，而日本實行直接民權的命意，也是寄托於這些法律之中，所以值得我們特別注意。

我們要探究日本所實行的直接民權，則有三個前提觀念，須先表明：

一、日本新憲法的根本精神是立基於國民主權主義：按日新憲法在條文之前冠有序言，在這序言中涵蓋着新憲法根本精神之所在。序言上說：「……茲特宣告主權存在於國民，確定此項憲法。夫國政乃受國民所嚴肅信託者，其權威來自國民，其權力由國民之代表者行使，其福利由國民享受之。凡此皆爲人類普遍之原理，本憲法即基此原理產生，吾人對違反此原理之一切憲法、法令及詔勅均予排除……」，是即爲國民主權主義的前提說法。而且憲法第一條更明定：「天皇爲日本國之象徵，及日本國民統合之象徵，其地位基於主權所在之日本國民之總意」，這是把往日神化的天皇制度也置之於國民主權的義理之中了。依國民主權主義的法則而爲之安排，於是在憲法中乃有國會議決修正憲法後，還須經國民投票承認(第七十六條)，最高法院法官的任命，亦須經國民審查(第七十九條)，這些都是直接民權的法制，其詳有待後述。

二、日本政治制度中是採用地方自治主義：日本在明治憲法時代，固亦曾有地方自治的體制；但往昔的地方自治，只是政治上的一種措施作用，並沒有憲法的保障。而在新憲法中，則有地方自治專章之設，是爲以憲法保障地方自治的表現。新憲法除於第九十二條至第九十四條確立諸種地方自治原則外，復於第九十五條明定：「僅適用於一地方公共團體之特別法，非依法律之規定，經該地方公共團體住民投票得過半數之同意，國會不得制定之」，是則地方公民對於中央立法也有複決之權，此爲直接民權受憲法保障之一例證。爲實施地方自治的需要，而有地方自治法的頒行，日本國民所行使的其他直接民權，都是規定於這一法律中，姑待後文詳敍。

三、日本中央政治制度是採用責任內閣制：在採用責任內閣制的國家，大都是允許國會對內閣有不信任投票權，而內閣對國會則有解散權，這是責任內閣制的常軌，日本的內閣制也是在這一常軌之上演進的。所以日本新憲法一則曰：「內閣經衆議院議決通過不信任之決議案，或否決信任之決議案後十日以內，如衆議院未被解散時，應總辭職」(第七十條)，再則曰：「衆議院解散時，應於解散日起四十日內，舉行衆議院議員之總選舉……」(第五十四條)。正因爲國會衆議院與內閣之間有這相尅相制的運用武器，於是衆議院議員雖出自全民選舉，却用不着選民來控制他們，內閣所行使的解散權，即爲控制議員最有力的武器，日本選民之所以不能對國會議員行使罷免權，其道理即在乎此。不過，筆者於此要說明二點，即在普通人看來，國會解散後的議員總選舉，乃爲選民所行使的選舉權的表現；但筆者却認爲這時候選民的投票，與其說是選舉權的表現，毋寧說是複決權的實施。何以呢？因爲在政治學上大家已肯定，內閣解散國會的實質意義，乃將國是問題訴之於民意裁決 (to appeal to the country)。選民在這一總選舉時必然會將國會的主張與內閣的政策，作一誰是誰非的考量；假如選民認爲國會的主張是對的，那麼他們必然會投選舊議員的票，使舊議員重行當選再到國會去貫澈其主張。反之，假如選民認爲曾經國會反對之內閣的政策是對，那麼，舊議員雖經競選，亦不爲選民所擁護，結果則選出新的議員，以代表新的民意。從而可知，在國會解散後的總選舉和一般的選舉是異其實質意義的。後者是本於選舉權而來的投票，前者乃爲對政策抉擇的票決，是則不啻爲複決權的實施了。由是我們更可以肯定，日本選民不但對於中央立法行使法律的複決權，而且行使對政策的複決權，或對罷免案的複決權。

右述三個前提觀念，對於日本直接民權的理解，具有重大關係，故不憚詞費，先予說明。抑有進者，普通政治學上之所謂直接民權(direct democracy)，是指創制權 (initiative)、複決權 (referendum) 及罷免權 (recall) 而言。但在日本法制中，則除上述三者外，還有請求監查權。至於所謂解散及解職的請求權，即爲罷免權的實質。因此，本文論點，不外四端，即創制、複決、罷免及請求監查是，茲分別論之。

二、創制權

在日本現行法制之下，選民之行使創制權，實以對地方立法為限，對於中央立法還不能行使創制權。固然日本新憲法第十六條規定：「凡人民對於……法律、命令或規則之制定，廢止或修改……均有以和平之手段請願之權……」，似乎人民可以請願方式，以達創制法律的目的；但切實究之，請願權和創制權是異其實質。誠以請願權僅為予請願人表示一種願望的機會，受理請願機關對於請願人所提出的意見，固應予以重視，但不若依創制權而提出的創制案必須依一定的方式(詳下)而予以處理。此其一。請願權的行使並無人數的限制，一個人、少數人、多數人均可請願，創制權的行使則有一定連署人簽署的限制(詳下)，以免創制權的濫用。此其二。請願權不以積極的創制法律為限，舉凡損害救濟、公務員之罷免，以及其他興利除弊事項，人民均可依請願權的行使，以表示其願望；而創制權則為選民直接立法的積極創議，其範圍較為固定確實，不若請願權廣泛。此其三。總之，請願權和創制權似有相當近似之處，而實則兩者並不雷同。正因為如此，所以日本地方自治法中，除規定創制權之外，復於第一百二十四及一百二十五條有請願權行使方式的規定，足見兩者各有義諦，不能混為一談了。總括言之，選民對於中央只能依請願權以表示其願望，不能行使創制權，創制權的行使以對於地方立法為限。

在日本地方自治法上，本不用創制權的名稱，而稱之為「條例制定之直接請求權」。其所以不用創制權的名義，實以其所謂條例制定之請求，不以條例之制定為限，且包括條例之改廢在內。他們的立法者殆因過分重視創制權為直接立法的意義，不能包括改廢的涵義，由是不用創制權一詞。但究其實質，則顯屬於創制權的命意，所以本文乃以創制權以統攝其條例之制定或改廢之請求權的內涵。

日本新憲法一則曰：「地方公共團體依法律之規定，置議會為其議事機關」(第九十三條第一項)；再則曰：「地方公共團體……並得在法律範圍內制定條例」(第九十四條)：所以在各級地方自治政府中，制定條例之權是由各該級的地方議會行使，即地方議會才有立法權。但地方議會行使的立法權，並沒有排斥選民行使的創制權，觀乎地方自治法第十二條的規定，可為明證。這一條文說：「為日本國民之普通地方公共團體住民，依本法之規定，有請求所屬普通地方公共團體之條例(關於地方稅、分擔金、租賃費、手續費賦課徵收者除外)制定或改廢之權利」。這一權利怎樣行使呢？同法第七十四條有明確規定，即有普通地方公共團體議會議員及首長之選舉者（以下稱為有選舉權者），依命令之規定，以有選民總數五十分之一以上人數之連署，由其代表者得向普通地方公共團體首長請求條例之制定或改廢。依昭和二十二年五月三日頒布的地方自治法施行令第九十一條的規定，選民代表為這一請求時，應具備請求書載明請求要旨及其他必要事項；並應檢附充任代表的證明書，一併呈請之。普通地方公共團體首長接獲這些文書後，應將選民連署人及充任代表人的年籍等交由各該選舉管理委員會核對，經查核屬實，並無詐偽錯誤情形後，該首長應自受理文書之日起二十日以內，召集議會，並附具意見，將請求書移付議會審議。並應將審議結果，通知代表人，同時予以公告。這裏令人值得注意的，即選民這一請求為什麼不向議會提出，而向首長提出呢？這是因為地方議會不是經常集會的，依地方自治法第一百零二條的規定，各級地方議會的定例會每年不過四回，所以惟有向首長提出請求，然後乃由首長召集臨時會以審議之。總觀上述，則創制權的行使，似乎殊少限制，但也不無限制。這種限制得具列為四：第一為範圍上的限制。按地方議會的立法權，地方自治法第十四條明定以不違反法令而關於同法第二條第二項之事務（該項係列舉二十二種事項為地方自治事項）為限；選民請求創制條例而須經地方議會審議，則其所請求的事項不能超過這一範圍，自為合乎邏輯的推論。第二為處罰條欵規定的限制。按立法機關為貫澈其立法的效力起見，必於法律本身規定違反本法的處罰辦法。地方立法機關為貫澈其立法效力計，自亦不能不有規定處罰條欵的權能；但地方立法權已有範圍上的限制，則處罰規定的程度自亦應有一定的限度。地方自治法第十四條第五欵規定：「普通地方公共團體，除法令有特別規定者外，在其所制定之條例中，得設對違反條例者科以二年以下之懲役或禁錮、十萬元以下之罰金、拘留、罰鍰或沒收刑之規定」。這種科罰程度的限制，不但地方議會要受拘束，選民行使的創制權也要受拘束，第三為條例性質的限制。上述同法第十二條已明定關於地方稅、分擔金、租賃費、手續費之賦課徵收之條例是在條例制定或改廢請求權之外，則選民不能依創制權請求制定或改廢屬於這類性質的條例。第四為連署人數的限制。按各國對於選民行使創制權，均有相當連署人數的要求，日本則規定為選民行使創制權，須有選民總額五十分之一以上人數的連署，其限制已不算高。地方自治法關於選民連署人數的查核及關於非法連署暨強人連署的科罰，規定至為詳密，茲為篇幅所限，恕不詳叙。總而觀之，創制權為住民對於地方立法的一種直接民權，住民依法提出創制請求後，地方政府首長必須召集地方議會提付審議，而地方議會亦必須依一般立法程序予以處理，這與請願權的行使，自有不同處。

三、複決權

日本國民基於新憲法的採用國民主權主義，不但對於地方立法有複決權即對於憲法及中央立法也有複決權。對地方立法行使複決權的意義，實已包括於上述條例制定或改廢請求權中，因為條例改廢請求，必然已先有條例存在，選民因對該條例不滿，然後作改廢之請求，所以這一請求權的行使，已具有複決權的意義。條例改廢請求權的運用，已在上文併及，茲可不贅；這裏所論列者，乃爲對於憲法及中央立法的複決權。

明治欽定憲法第七十條是規定惟天皇才有修憲動議權，天皇提出修憲案後，則由帝國議會議決之。新憲法基於國民主權的義理，將修憲程序予以變更，而予國民以最後決定之權，所以新憲法第九十六條明定：「本憲法之修改，應經各議院全體議員三分之二以上贊成，由國會提議，並應向國民提案，經其承認。……」，這就是說憲法修正案是應由國會經兩院以絕多數的議決，然後乃成爲一種提案，這種提案要向全國選民提出，求其承認，此卽爲選民對修憲案行使的複決權了。此一複決權怎樣行使呢？同條後段規定：「此項承認應於特別國民投票時或擧行國會規定之選擧而爲投票時，得有過半數之贊成」。這就是說，修憲複決權可於特別投票時行之，或於擧行國會議員選擧時併行之，但不論何時行使，均須有過半數的贊成票，才算可決。此外，同條第二項還規定：「關於修改憲法經前項承認時，天皇以國民之名義，作爲本憲法之一體，立法公布之」，這項規定的涵義，乃在表示國民的複決權乃爲最高權，修憲案經國民複決之後，卽爲最後的定案，不容再有任何考慮，天皇應卽行公布。至所謂以國民之名義公布之者，正又是國民主權主義的表現。

日本新憲法第四十一條本規定：「國會爲國權之最高機關，及國家唯一之立法機關」。依此命意，則國會所通過的法案應該是卽成爲法律了。但憲法第九十五條卻作例外的規定：「僅適用於一地方公共團體之特別法，非依法律之規定，經該地方公共團體住民投票得過半數之同意，國會不得制定之」，這就是說只爲一個地方公共團體的特別法，該地方公共團體內的住民，是具有複決權，經住民複決之後，才成爲最後的定案。按國會關於一般立法的程序，依國會法第六十五條規定是「應由兩議院議決之議案，而有最後之議決時，及衆議院之議決成爲國會之議決時，應由衆議院議長公布者，須經過內閣上奏，其他則應逕交內閣……」，第六十七條復規定：「法律必由上奏之日起三十日以內公布之」。所以普通法律經國會議決後，卽經由內閣上奏之日起三十日內公布；惟只適用於一個地方的法律則爲例外，所以同法第七十六條依據憲法第九十五條的原則作更具體的規定：「關於僅適用於一個地方公共團體之特別法，國會作最後之決定時，依另外法律之規定，應付該地方公共團體住民投票，得其過半數之同意後，國會之議決，始得確定，成爲法律」，此乃「國會……爲國家唯一之立法機關」之例外，亦卽國民行使複決權範疇之所在。

總之，在日本現行法制之下，其國民對中央行使的複決權，是以對憲法修正案及特別地方法律爲限，範圍並不甚廣。但假如筆者在前面所說國會解散後之總選擧有政策複決之意義的說法能成立的話，則國民對於中央又有政策複決權，或對國會議員罷免的複決權。

四、罷免權

日本國民所行使的罷免權較之複決權爲廣泛，不但對於地方的人員可以罷免，而且對於中央的最高法院法官也可以罷免，茲分別叙之。

依新憲法第七十九條規定：「最高裁判所、以其爲首長之裁判官及其他法定員額之裁判官組成之，首長以外之裁判官，由內閣任命之。最高裁判所裁判官之任命，應於任命後擧行衆議院議員總選擧時交付國民審查，經過十年後並應於擧行衆議院議員總選擧時再交付審查，以後亦同。於前項之情形，投票者如多數可決裁判官之罷免時，應罷免該裁判官。……」由此可見，日本最高法院的法官，雖由內閣任命，但必須求得國民的承認，國民如不承認，卽爲罷免了。最高法院法官已非終身職，亦無一定的任期，但每隔十年，卽交付國民審查一次，以定其人之應否罷免，這種辦法，不但予國民以控制該院法官的權力，且足以促使法官隨社會的進展而力求進步，不敢固步自封，致與新的民意脫節，而遭到選民的罷免。夫政治制度，固常利弊參半，這種制度究竟得失如何，這裏不作根本究論，在此所表明者，只在說日本國民對於最高法院法官亦得行使罷免權而已。但這種罷免權的行使，於初任該院法官時，及每隔十年行使一次，此外則不得自行要求罷免。至於下級法院法官，不在國民行使罷免權之列。按新憲法第八十條明定：「下級裁判所之裁判官，由內閣依最高裁判所提名之名簿任命之，其任期爲十年，並得連任，但達法定年齡時應退休」。此中並無得被罷免的規定，當然不在被罷免之列。

關於選民在地方上所行使的罷免權，依地方自治法的規定，則有解散請求及解職請求之別。解散請求卽選民要求解散其所屬的地方議會，是不啻選民對整個議會議員要求罷免，故應在罷免權中一併論列；至於解職請求則爲選民對各種人員的個別請求解除其職務，其屬罷免權的作用，更爲顯然了。

解散議會請求權——卽對整個議會議員的罷免權怎樣行使呢？茲可分三項言之：第一、就行使這一罷免權的主體說，地方自治法第七十六條明定：「有選擧權者，依命令之規定，以選民總數三分之一以上之連署，由其代表者，對普通地方公共團體之選擧管理委員會，得請求各該普通地方公共團體議會之解散」，這就是說要有選民三分之一以上人數的連署，選民才能提出解散其所屬地方議會的要求。這種連署人數之高，在現世採用罷免權的各國中，實屬少見。第二、就這一罷免權的行使程序說，在上述請求提出之後，選擧管理委員會應卽將請求要旨公告，並將連署人數及其代表者加以查核；如查明屬實，則應將解散議會請求案，交付選民投票表決。在這一投票中，如得過半數之同意時，議會乃爲解散了。解散投票結果判明後，選擧管理委員會應速卽通知述上的代表者及該議會的議長。而且在都、道、府、縣則應報告都、道、府、縣知事及自治廳；在市、町、村則應報告市、町、村長及都、道、府、縣知事，以便準備進行該議會解散後的新選擧。第三、就這一罷免權行使的限制說，解散議會請求權，在議會議員自選出之日起一年間或自解散投票之日起一年間，不得對之行使。誠以自當選之日起一年間，爲時尙淺，全體議員之是否賢能，尙難判斷，自不應對之卽作解散的提議。至於曾被請求解散而付選民票決的全體議員，經投票結果而未被罷免，這就無異全體議員已得選民的再信任。在獲得再信任的一年間，自不應復作罷免之議。所以這一法度，一方面是限制罷免權的濫用，他方面是予議員們以相當保障。

解職請求權乃爲選民對於地方人員個人行使的罷免權。總觀地方自治法第八十條至第八十八條的規定，則這種罷免權的行使亦得分數項言之：第一、就這一罷免權行使的對象說，則普通地方公共團體議會的議員(個人)、行政首長、副知事或助理員、出納長或收入員、選擧委員、監查委員、公安委員會委員，均可被罷免。這些罷免請求的提出均須有選民總數三分之一以上人數的連署，惟對議員罷免案，如該議員係由分區選出者，其連署人數係指選擧區內的選民總數，如非分區選出者，則爲全體選民總數。第二、就罷免案的受理機關說，對議員、首長的罷免案應向選擧委員會提出之；對上述副知事以次人員的罷免案，應向其所屬的地方公共團體首長提出之。第三、就罷免案的決定說，對議員、首長的罷免案應由選民投票表決之，以得過半數之同意票決定爲罷免；至於對副知事以次人員則由地方議會議員三分之二以上之出席、出席議員四分之三之同意以議決罷免案。第四、就這一罷免權行使的限制說，對於自就職之日起一年間或自解職投票(卽罷免投票)之日起一年間的議員、首長不得提議罷免；對自就職之日起一年間或自議會議決之日起一年間的副知事或助理員、出納長或收入員不得提議罷免，惟對於選擧委員、監查委員、公安委員會委員的保障期間則縮短至爲六個月。

五、監查請求

日本自新憲法施行，繼之以推進地方自治之後，中央和地方的財政，已各具其獨立的體制。中央有其獨立的預算和決算，地方也有其獨立的預算和決算。審核中央決算的機關爲獨立行使審計權的會計檢查院；審核地方決算的機關爲各該地方公共團體獨立行使審計權的監查委員。監查委員的體制規定於地方自治法中。依該法第一百九十五條規定，都、道、府、縣置監查委員，市、町、村依條例規定得置監查委員。監查委員之員額，在都、道、府、縣爲四人，在市、町、村爲二人；但在命令指定之市依條例規定得爲四人。監查委員由普通地方公共團體首長得議會同意，自議員及有學識經驗者中，選任兩方同等數目人員充之，其任期爲二年。監查委員的任務爲監查關於普通地方公共團體經營事業之管理及普通地方公共團體之出納暨其他事務之執行，每一會計年度至少應擧行定期監查一次以上，應所轄行政廳及地方議會的要求時，應擧行臨時監查，監查委員自身認爲必要時，並得隨時進行監查。監查結果應分報所轄行政廳、地方議會及行政首長暨其他有關機關，並公告之。這是監查委員的正常任務。但我們進一步研究，則選民亦可請求監查委員進行監查，這種請求權，在日本亦認爲是屬國民直接請求之一，卽爲直接民權之一。這一請求權見之於地方自治法第七十五條的規定：「有選擧權者、依命令規定，以選民總數五十分之一以上之連署，由其代表者，對普通地方公共團體監查委員得爲關於各該普通地方公共團體經營事業之管理、出納其他各該普通地方公共團體之事務，及有關各該普通地方公共團體首長暨教育委員會、選擧委員會、人事委員會或公平委員會、公安委員會、地方勞働委員會、農業委員會、其他基於法令或條例設立之委員會或委員所屬權限內事務執行監查之請求」。這一請求提出後，監查委員應立卽將請求要旨予以公告；並進行監查。監查結果應通知其代表者，且應予以公告，並通知各該地方議會及首長暨有關之各委員會或委員。這一監查請求權的性質及行使程序已經法律明定，則依法提出的監查請求，監查委員卽應依法爲之處理。選民有這一請求，不啻有了財政監督權，這於民主政治的實施，確有不可忽視的意義。選民依法定程序得直接向監查委員提出監查請求，自不失爲直接民權之一。

六、結語

總而論之，日本自實施新憲法之後，一切政治規劃，多已朝着民主憲政的方向邁進。尤其直接民權的計議，值得注意。其所採用的直接民權制度，如對於國會制定僅適用於一個地方自治政府之法律的複決，對於最高法院法官的罷免，對於地方議會的解散請求，對於監查委員的監查請求，在採用直接民權制的各國中，均不多見。而日本在以往頗富中央集權的傳統中，竟轉變入如是廣泛的直接民權，這在日本政治史上，不能不認爲是歷史的新頁。但在直接民權的行使程序上，如罷免權的行使須有選民總數三分之一以上的連署，限制相當嚴格，使直接民權，或有難以實現之虞。惟再進一步着想，則此等限制，乃所以防直接民權之濫用，是又未可厚非者。

——四十三年六月十五日於臺北——

自然思想與人文思想

菲格原著
殷海光譯

譯者的話

這篇文字是菲格教授 (Professor Herbert Feigl) 所作「自然思想與人文思想：一個科學的展望 (The Scientific Outlook: Naturalism and Humanism)」一文底翻譯。這篇文章原載今年出版的 Feigl and Brodbeck 合編 Readings in the Philosophy of Science，Appleton Century Crofts，New York。

菲格教授生于奧國萊興堡 (Reichenberg)，在維也納學派中爲積極活躍的要角。一九三〇年來美以後，氏卽與懷德海，路易士 (C. I. Lewis)，及布利基曼 (Bridgman) 共同工作；現在則任明理蘇達中心 (Minnesota Center) 科學的哲學之導師，並任幾種重要哲學專刊底編輯；論著頗多。在懷德海，路易士，及布利基曼三人之中，後二者或少爲東方的讀者所知。路易士原任教於哈佛大學，現在普林斯頓大學任 Hibben Research Fellow。除了邏輯方面的貢獻以外，氏在認識論上的貢獻爲「概念的實用論」。彼在美國哲學思想界的影響，僅次於杜威。布利基曼底名字對於東方人或許更較生疏，但在西方哲學思想界幾乎無人不知。「布利基曼」這個名子，到了現今，已經和「運作論 (Operationism)」不可分了。依據運作論，一概念底意義乃被一組運作手術所規定。如果我們不能舉出某一概念成立所經由的手術——可以是廣義的和間接的，則此一概念對于吾人爲不可了解者。此說對于科學底理論與實際之影響至鉅且大。

這篇文章，前半部扼要論陳科學底性質；後半部列舉對科學的十二種誤解並逐條予以解答。愈到後面愈見精采。讀罷此文，我們可以知道一般對科學的反批評是如何地不能成立；我們更可以知道科學思想與人文思想不相容之說，乃是起於對科學之不甚了了。我們要了解並安排人文問題，必須——雖非必須而又充足地——自科學入手。科學，對于自然界已經獲得重大勝利。我們想不出一絲半毫理由來說科學不會有效地勝利於人文界。而科學之所以能在知識層面不斷擴張其領域，端賴科學方法應用範圍之不斷擴大。當然，這話並不蘊涵「科學萬能」之說。但是，我們要老誠地了解這一點：當着某個問題一時不是科學方法所能解決時，用別的方法更少可靠的解決機率。如果科學一時力有未逮而過分濫用「先驗」，「超越」，「理性」，等等其本身就大有問題的名詞來求解決，這是玩弄虛妄的名詞。自然，玩弄虛妄，也是人底興趣之一。既然如此，它不會在人間絕跡的。小學生不是常因讀劍俠連環圖畫而着迷嗎？成人也有他們底劍俠連環圖畫哩！成人底劍俠連環圖畫，就是什麼「主義」，什麼「體系」，以及各種各色的「玄學」。當然，在久已受「古文詞章」支配的地區，忽然出現了「玄學詞章」，這不能不算順着這一傳統的大進步。只可惜這一進步距離平實的土地更遠了，一般缺少「慧根」的人跟不上。黑格爾底泛邏輯主義 (Panlogism) 之被套用，算是爲禮教式的泛道德主義蒙上一層新的色彩。但是，其「現實化」底結果，却是緊跟着希特勒與史達林混合的靈魂走。雖然混血兒如此之缺乏動激力，但已够大家「受用」了。

現在，毫無例外，擺出英勇姿態來打擊科學的人，他們對于科學的了解程度與提倡「中學爲體，西學爲用」的張制臺（張之洞）不相上下。以這樣的知識程度來打擊科學，其英勇之態，正不下於當年義和拳之拿起九連環，陰陽瓶，如意鈎來與外國人底洋槍大炮對仗。所不同者，今日的義和拳主義 (Boxerism) 有玄學詞章爲之文飾。不過，其受實際政治需要之導演，則無不同之處。天花總是要出盡的。可惜只怕再沒有當年那樣雄厚的資本做善後工作。這是唯一令人提心吊膽之處。

近來有人提倡「人文主義」。「人文主義」作爲一專門哲學 (as a tchnical philosophy) 來看，困難問題殊多；作爲一社會哲學 (as a social philosophy) 來看，是否可行，那就要看所謂「人文主義」是那一種人文主義。人文主義，有以傳統主義爲背景的一種；還有一種是以科學爲必須基礎的。前者可以叫做禮教式的人文主義；後一種可以叫做自然論的人文思想。而近來宣傳人文主義的人則造成大家一種印象：以爲人文主義只有禮教式的；而且一談人文主義，一定是超科學的，唯心的，等等。其實，離開科學而談人文，結果不流於虛玄，便流於不近人情，强人所難，或大唱高調，這種禮教式的人文主義，是經不起考驗的。「三月不違仁」者，一碰到西洋來的下流的唯物論，便如湯澆雪，大垮而特垮，可爲明證。但是，提倡禮教式的人文主義者，還至死不悟。其所以如此，就中理由之一，乃誇大「超越」，「先驗」之範圍，以爲世有騰空於經驗事實的道德律令。今後欲抵狂瀾，唯有建立科學的人文思想。詳細的道理，以後有機會再討論。

菲格教授這篇文章對於頭腦稍微清楚而不想走義和拳路線的人在對科學與人文的了解方面可能有些幫助。爲着提高讀者底了解，譯者擇要加以註釋。不過，譯者抱歉沒有把這一工作做到應有的充分地步。這是爲了節省篇幅所致。原作者底註釋，譯者也照樣放在正文中。二者都在括號中分別標明。原作中有一處譯者基於學理的觀點認爲欠妥，沒有照譯。經譯者與原作者討論後，原作者提出修正。這一討論對於時下也極有價值。茲摘要譯出如後：

『菲格教授：

前函收讀。我已設法買到一冊「科學之哲學文選」。這部書底內容如此之豐富，對我極為有用。尊作「自然思想與人文思想」為我最喜作品之一。這篇文章可以澄清東方人在人文思想與自然思想之間瀰漫的許多擾混念頭。……所以，我想把它譯成中國語言。請您惠予允諾。

關于尊作，鄙意尚有數點還待討論。尊作云：「比較確定地說，現代科學的態度產生了其他兩種思想派別：其一是辯證唯物論。辯證唯物論乃蘇俄官方的哲學，但也時與於英國某些科學團體之間。……」(原書第九頁)在此，我有四個問題：①照我想來，辯證唯物論，從其填料方面看，似乎是科學的，但是，它底思想型模却衍發自黑格爾的形上學。就「科學」一詞之嚴格意義言之，它不大能說是「科學的」。用波柏教授底名詞來說，辯證唯物論，與其謂之為「科學的預見」，無寧說它是「歷史的先知之預言」。您以為然嗎？②在民主國邦是否有「官方哲學」？③「時興的」是否一眞理之標準？④這種「官方哲學」時興於那些「英國的科學團體」之間？這些問題，很使我惶惑，請您抽點空為我解答。……』

菲格教授來函云：

『殷教授：

我很高興地允許您把拙作「自然思想與人文思想」譯成中文並予發表。……關于您底問題，我可以對您保證，我完全同意波柏教授對於辯證法之批評的衡量——無論是黑格爾式的還是馬克斯式的，都是如此。我說辯證唯物論可以看作是現代科學態度底產物，這話也許說得過分客氣了。幸運得很，在民主國邦，並沒有「官方哲學」。去年八月，科學之哲學國際大會在瑞士楚里希開會，我前往參加。那一次蘇俄哲學家底表演，我到現在仍感到沮喪。事實很明顯地擺在大家面前，蘇俄只有一種哲學，任何個人都不得改變它。至於「時興」是否為一眞理之標準，我覺得這個問題是一個修詞問題，似乎不必討論。我所說的英國辯證唯物論者，例如，海勒登，尼德門，柏納勒，康夫司，等等。在這四位之中，頭三位可巧都是第一流的科學家。然而，這些輝煌的心靈，竟陷入這樣一種主義之中。這是我覺得幾乎不可解的事，而且確乎是令人傷心的事。如果我們對于科學方法有正確的了解，那末我們對于辯證唯物論是應須譴責的。……(下略)』

我們在這裏可以窺見西方科學的哲學家對于辯證唯物論之類底東西所持的態度為何。而西方學人勇於修正自己底觀點的風度，尤其值得我們注意。

自然思想與人文思想

在普通教育中，非常需要把科學的思想和人文的思想作建設性的綜合，而且使二者相輔為用。可是，不幸得很，迄今為止，在科學的思想和人文的思想之間，有某些混亂和誤解。本文之主要目標，在消除這些混亂和誤解的想法。

照我看來，科學與人文二者之哲學基礎迄為大家所誤解。有許許多多人以為，科學與人文二者在根本上是不相容的。這種看法，係起于許多哲學上的成見。由於文化進展之遲滯，我們還沒有把這些成見完全廓清，這是很不幸的事。時至今日，有些人一提起科學來，以為它不過是可笑的機械式的對于宇宙之一減削的看法而已。(譯者按：所謂減削的看法，即把事情看的太簡單，而忽略了相干的重要因素。例如，只以經濟因素為歷史發展的導力，便是減削的看法。同樣，以為只要根據物理科學的定律即可說明宇宙萬象，就是機械式的減削論。不過，時至今日，很少科學家持執這種十九世紀的觀點。) 這種對於科學的看法，是人文思想的代表人物對科學的諷刺。這些人大都不明瞭現代科學底性質，也不明瞭新近哲學中的科學觀。保衞人文思想的人常把人文思想置於歪曲的哲學基礎之上。這種辦法，徒足增加自然思想與人文思想間不諧和的程度而已。

保衞人文思想者所犯的種種錯誤之特徵，可以各別地叫做減削的謬誤 (Seductive fallacy) 和抽引式的謬誤 (Reductive fallacy)。他們說，科學忽略了最重要的人文價值。之所以如此，也許是由於他們採用科學方法所致。或者，科學家在用科學方法來說明現象時，天然把最重要的人文價值取消了。照這種看法來說，科學是犯了減削的謬誤。這類底人文思想者又常以為，人底心靈有許多方面，尤其是在道德，宗教，和藝術的範圍裏，含有精神的要素。這種精神的要素是不能化約而成其他要素的。因此之故，無論科學方法怎樣發達，這種精神的要素總不能用科學方法來解釋。我把這種謬誤叫做抽引式的謬誤。因為觸犯這種謬誤的人，往往是詹美士 (William James) 所說「軟心腸的人」。所謂「軟心腸」，意即如願的想法和情緒的想法，等等。

抽引式的謬誤和減削式的謬誤之間的死結只能藉着建設性的綜合來解開。抽引式的學說往往狀貌堂皇，言詞冗長。(這眞是東西如出一轍。抽引式的學說之引人入勝處，也往往不在其內容，而在其「體系」狀貌堂皇與言詞冗長，甚至在其言詞之不能通解。這與菩薩並無靈驗，而殿堂陰森則令善男信女肅然起敬正同。——譯者) 而減削式的學說則設詞苛刻而嚴酷。不過，這兩種思想除了這些毛病以外，也有些可取之處。我們可藉建設性的綜合方法把二者可取之處加以保留和發展。時至今日，無論是「還有許多」的哲學，或是「不過如此」的哲學，都是不行的。我們今日所需要的哲學是求解答「什麼是什麼？」的哲學。祇有這種哲學，才既不會引我們走上神秘之路，又不會使我們把經驗世界看得太簡單。這種哲學的展望，即使尚未完成，可幸正在建設之中。

美國的思想，目前正在高度發展的途程裏。在美國思想界，自然思想和人文思想中有價值的要素正在漸漸結合起來，形成一種新的整合的思想。查理・斐士(Charles Peirce)・詹美士・杜威，梅德(Mead)，鄂圖(Otto)，凱倫(Kallen)，及胡克(Hook)底實用論；柏利(Perry)，賀特(Holt)，塞拉斯(R. W. Sellars)，德瑞克(Drake)，及山大耶納(Santayana)底自然觀的實在論；布利基曼(Bridgman)，赫勒(Hull)，托勒門(Tolman)，倫德堡(Lundberg)，維納(N. Wiener)，法蘭克(P. Frank)，莫利斯(C. Morris)，洛索普(Northrop)，開納普(Carnap)，萊新巴赫(Reichenbach)，及奈格勒(Nagel)等人底科學經驗論；功利主義底自由派，即「美國的人文主義者」；這些思想在美國都是很有影響力的。所有的這些思想趨向，與許多別的思想趨向，輻湊成一個廣大的思想運動。這一廣大的思想運動，可以看作是十八世紀的啓蒙運動在二十世紀的承續(所以，反十八世紀的啓蒙思想者亦必厭惡英美現代思想的主流。這等人士，主張恢復「中古精神」，甚至某種「古代精神」；其結果則幫助了極權統治。因爲，中古精神，一礁到現代統治技術，剛好化合而成極權統治。無論是法西斯納粹，還是共產黨，他們底「精神結構」都是中古式的；而其統治技術則極現代化。此可謂「古學爲體，今學爲用」。在走向淪落與毀滅的社會，提倡這類「古學」，不獨無一絲一毫「正面」的好處，徒成罪惡虛僞之飾帳。石頭滾下山，其勢不到底不止。而各種因素則又從而助長之。悲夫！——譯者)

上面所列擧的哲學思想是受科學影響的哲學思想。一般人所注重的人文思想在這些哲學思想中佔有極其重要的地位。這一事實，非常顯明，幾乎用不到再詳細的說明。自古以來，自由與責任，權利與義務，創造力與欣賞力，等等屬乎人的價值，充滿了神學的和形上學的色彩。時至今日，這些屬乎人的價值已經透過前述的那些思想而與神學及形上學分了家。(譯者按：許多提倡「古學」的人，泥于書本文字記載，不察古來這些屬乎人的價值之所以充滿了神學和形上學的色彩，主要係因人底理知在原始階段未曾發達所致。這是一偶有屬性。這一偶有屬性，將隨人底理知逐漸發達而逐漸消失。切合人生需要的一個或多個倫範系統將漸在科學理知之光的燭照之下建立起來，代替舊有妨害人底美滿生活的神權式的或「法師式」的倫範。而此時正在這一新舊交替之秋。舊的堤防崩潰了，怎麼辦呢？一、腐頑又妄自尊大的分子，一方面拚命逆水搶救；另一方面嚴禁他人建築新堤。二、狂悖無知的分子拚命破壞舊堤；而自已築不起新堤。三、富于理知的分子，一方面徐徐穩步拆除徒足藏汚納垢而又擋不了洪水的殘缺舊堤；另一方面設計建立以科學爲必須礎石的新堤。第三種辦法，係得自科學的哲學之啓示。) 我們知道了屬於人的價值脫離神學與形上學的這一變動，就足以知道前述的哲學思想之影響是怎樣重大。近五六十年來，哲學解析日漸正確，日漸不抹煞問題。哲學的解析工作，就是哲學的重建工作。這種工作依然在繼續之中。現代的哲學，由于受現代科學底影響，已經放棄了早前的許多言大而誇的和野心過大的企圖，轉而從事小心翼翼和比較有用的工作。(譯者按：這是哲學底重大進步，也是人類知識演進之結果。可是，在東方許多人昧於此理，還在把哲學當作「上下古今談」。這眞是自誤誤人。) 現在，哲學所從事的工作，乃釐清知識和價值底基礎。我現在要把我認爲這些思潮中最重要的看法和啓示，應用到一般教育底宗旨上。

顯然得很，時至今日，就教育而言，最迫切的事無過於有一適合於科學時代而且可行的社會哲學。自昔至今，有許多重要的教育哲學。在這些教育哲學中，我首先要擧出兩種潮流：一種是新多瑪主義(Neo-Thomism)；另一種是禮法式的人文主義(Literary Humanism)。這二者都是傳統主義的，而且整個昧於科學時代所發生的事實，或者試行與科學時代所發生的事實抗爭。當然，照我看來，這種抗爭是不成功的。這些思想都是以神學或形上學的臆設爲根據，因而與現代的科學展望不相容。(譯者按：在東方世界，於文字語言中出現的所謂「人文主義」，正是這一路底貨色。這一路底「人文主義」者不懂科學，而要假「吸納」科學或「收縮」科學以取消科學。例如，提出所謂「人文主義的經濟學」。眞是荒謬絕倫！吾人需知，科學如載上任何「主義」的帽子，將不復爲科學矣！浩劫卽臨頭矣！你既然有「人文主義的經濟學」，在邏輯上，也就可以提出所謂「馬克斯主義的經濟學」。科學而成「主義」甚至政治之婢僕，尙得謂之爲知識乎？科學之所以可貴，就在它能「兗於」或「中立于」任何「主義」。「唯物史觀」固然有顏色，「唯心史觀」又何嘗沒有顏色！數十年來，吾民苦「主義」，「體系」，「史觀」久矣！吾人茲所要求者，爲居住於一無任何「主義」染色的世界之中，然後依據獨立於任何傳統哲學成見尤其政治成見的知識，而確立行爲之標準。) 其他兩派底教育思想則爲現代科學底產物。一派是英國某些科學團體之間所流行的思想。另一派是美國教育中十分流行的職業主義。這種思想很難說是一種哲學。這兩派底共同興趣，都是極力在實用方面和技術方面應用自然科學與社會學底成果。這種看法似乎是有反對之餘地的，至少是亟待修正與補充的。照我們看來，比較可以接受的思想是「科學的人文論」。這種思想，至少在其一般的展望之中，是與美國教育中的進步思想或改造思想有關聯的。這類思想把科學態度與全部人文價值的積極興趣綜合起來。科學教育與人文教育乃今日時代所迫切需要者。但是，我們怎樣把這兩種教育適當聯繫起來呢？如果我們說科學思想與人文思想並無何等不調協之處，也許引起某些人底不快之情。我們現在所提出的這個問題，卻可以把這種不快之情顯露出來。

許許多多人之所以認爲科學與人文不相容，在基本上係由於他們對於科學底性質有些誤解。我們需要對於科學之歷史的發展和科學底性質作適當的說明。我們也要把科學底種種特點與科學前期的以及非科學的態度加以比較。這類工作可以幫助我們明瞭，人類祇有藉着科學的思考方式，才能達到知識的成年。(譯者按：這話非常重要。我們可以承認情感與信仰底價值——至少工具價值。但是，在純知識範圍裏，如作非科學甚或反科學的想法，便是知識方面尚未成年的表現。)

在我們這個時代中，仍然充滿了科學前期的思想型模所遺留下來的殘渣。魔術，生機主義，神話，神學，和形上學，都是殘渣。(譯者按：把無所謂有生命或無生命的東西當作有生命的東西之看法，便是生機主義 Animism。這是科學前期人類原始思想方式之一。例如，山川有精靈，樹有樹神，日月星辰可敬可畏，「文化生命」，等等。) 魔術，生機主義，神話，神學，和形上學，都是人類理知尚未成熟的表現。在這些東西裏，我們找不到現代科學方法底顯著特徵；卽使是有的話，也不過祇有一點模糊的輪廓而已。

* * *

科學方法底標準

科學方法底基本特徵是什麼呢？許多人往往以爲我們很難替科學下一個適當的界說。這個問題之所在，照我看來，主要地是一個名詞的問題。首先，我們得把純數學與事實科學分開。(譯者按：嚴格地說，這種區分，只是便利之計；並不能表示純數學與事實科學在性質上有何基本差異。數理科學也是一種經驗科學。近年以來，「理性主義」底論據日在動搖之中。請參看 H. B. Curry: Outlines of a Formalist Philosophy of Mathematics 1951.) 純數學只是一種形式概念的訓練。所謂事實科學，卽經驗科學。經驗科學包括自然科學，以及社會文化科學 (Social-cultural science)。(譯者按：若干人所說的「歷史文化」，如有確定的意指，便是社會文化科學一部分的題材。時至今日，這類題材，已可逐漸納入科學方法研究範圍以內，非復如昔日科學對之無辦法而一任「哲學家」閉眼玄想也。) 純數學底性質是有確定性的，完全精準，並有必然性。之所以如此，因純數學離越於經驗事實。(譯者按：這只是就系統型式之構作來說。) 當數學應用於事實科學時，只把它底形式和演繹結構應用于經驗所提供的內容而已。然而，在組織經驗事實並且推演經驗事實時數學無論怎樣重要，經驗知識不能到達純數學那種絕對精確和必然有效的地步。自然科學與社會科學所要求的知識是繼續不斷向着確切的標準逼近，並且增加其可印證的程度。在經驗科學中，我們所能得到的，只有保證的斷說性或蓋然性。經驗科學乃一無有止境的追求。經驗科學的眞理很少能說是最後的眞理。在這種意義之下的科學，與藉健康的常識而逐漸累積起來的知識，只有程度之不同，並無性質之別。(這種看法，平實之至。而「聖殿哲學」Oracular Philosophy，則其貌巖巖，高出衆黎之上，懔然不可犯。兩相比較，何種態度可能導向民主，何種態度可能培養極權，吾人可思過半矣。——譯者)

科學底目標是記述，說明，並作預斷。記述是基本工作，而且也是不可少的。說明和預斷的關係極其密切。如果科學的研究不只限於搜集事實的階段的話，那末說明和預斷乃科學工作中最受人歡迎的果實。歷史往往被人看作是一種藝術。這種看法目前還是十分流行。可是，照我們看來，歷史在某種程度以內是一種科學。歷史學家要細心考訂現有的證據來確定過去的事實。在這種程度以內，歷史就是一種科學。我們要說明歷史事實底因果關係，往往比說明自然科學所研究的事實之因果關係要困難些。雖然如此，可是，就原則而論，二者並非在邏輯上有何不同之處。同樣，我們也可說明心理學，社會學，文化人類學，和經濟學所研究的事實之因果關係。純經驗科學底目標，在整個科學領域中，根本是一樣的。科學家所追求的，是對事實之記述，說明，以及預斷。科學家並且要求盡可能地把這些研究工作做得適當和精確。

所以，科學知識之尋求，是被某些標準所規定了的。這些標準是我們所要逼近的一些理想型式。我們將這些理想型式懸爲科學所要到達的目標。然而，科學也許永遠不能完全達到這些目標。我們現在將科學研究所本之最重要的規範理想陳述如下：

①互爲主觀的可檢證性 (Intersubjective Testability)。一般人常說，科學要有「客觀性」。我們現在說，科學需有互爲主觀的可檢證性。我們這種說法比一般的說法要適當些。我們這種說法，可以使科學免於個人的或文化的偏見；不僅如此，而且使任何具有適當知能以及在觀察或實驗方面有專門技術的人，都可在原則上把科學知識付諸檢證。這裏所謂可在原則上把科學知識付諸檢證，意思就是說，科學知識至少可以間接地或在某種程度以內予以證明或予以否證。我們之所以提出「互爲主觀」這個名詞，爲的就是着重科學研究工作之社會的性質。假若有何「眞理」只能爲少數特殊分子所接近，那末這類所謂的「眞理」不是我們在科學中所能找得到的。例如，神秘之說或玄幻之說，都是這類底東西。這類底東西，就其性質說，不能爲任何其他的人來獨立地檢證。所以，我們說科學必須要有互爲主觀的可檢證性，這個標準可以幫助我們把人底科學活動與非科學的活動分別出來。

宗教的狂熱，愛之激情，藝術家底靈感，甚至科學天才底靈光一現，都不能算是科學的活動。這類底活動，也許可能變成科學研究之題材。但是，這些活動之本身不足以成爲有效的知識。在科學的直觀中，或者像在心理文化範圍裏的同感作用一樣，這些活動可能是衍生知識的工具。然而，要把這些活動變成知識，必須滿足兩個條件：第一、把他們組織成互爲主觀因而可以理解的狀態；第二、可以付諸適當的檢證，俾便確定其是否可靠。有許多信仰是超乎一切可能的檢證的。這也就是說，我們無論用觀察，對已觀察（譯者按：卽舊式心理學中所說的「內省法」。），實驗，測量，或者是用統計的解析方法，都無以檢證。這類底信仰，有人認爲是神學的信仰或形上學的信仰。這類底信仰既然無法檢證，因而也就沒有常識或事實科學所有的意義的那種類型底意義。在原則上不能印證的神學和形上學可以叫做超越的神學及形上學。從科學的哲學之觀點看來，超越神學和形上學中的那些說素，其所以激動這麼多人，主要地是其情緒的因素使然。（請讀者注意：紅樓夢和茶花女感動了更多的人。固無待乎「哲學大師」製作超越的形上學之說素也。——譯者）我們承認，語言文字之圖畫的，情緒的，和動機的聲訴力，在實際的生活，藝術，教育，觀導和宣傳方面，是不可少的，也許是有價值的。不過，無論如何，我們不能把這些東西與認知的意義（Cognitive Meanings）混爲一談。所謂認知的意義，包括純形式的意義和經驗的意義。認知的意義乃科學之要素。吾人須知，每種類型底意義各有其功用。在語言文字最大部分的用法之中，認知的意義和非認知的意義是聯在一起的，甚至是融合起來的。我們在此所要注重的唯一之點，是不要把這兩種意義攪混起來。如果我們要認清我們所說的是什麼，那末不可把認知的意義當做非認知的意義，也不可把非認知的意義當作認知的意義。

②可靠性，或有足夠的印證程度。這是科學知識之所以爲科學知識的第二個標準。這個標準幫助我們將通常所說的「意見」（或更糟的東西，「迷信」）與知識（卽有良好根據的信仰）分別出來。這個標準也可以看作是把科學知識從非科學知識裏劃分出來的一個標準。顯然得很，這個標準與第一個標準不同。依據這個標準，科學知識與非科學知識之不同，祇是程度之不同而已。我們固然可以說科學中已經印證了的定律，定理，或假設，與不十分有根據的猜測及試行提出的觀念，二者之間並無顯著的界線。然而，通常試行提出的觀念，有時被吸收到科學知識裏去，有時因得不到印證而被排除。我們有時所追求的眞理，其實是「迷信」。這樣的一些眞理，又常常是基於輕率的推廣作用而形成的判斷，或者是基于薄弱的類比作用而形成的判斷。這類底判斷，卽使合於可檢證底標準，可是與蓋然程度極低的「科學眞理」還是不同。蓋然程度極低的科學眞理雖然蓋然程度極低，但是究竟還可以拿出有利的證據來支持它，所以我們把它當做科學的眞理。例如，占星術或鍊丹術，這些東西並非全然沒有事實上的意義，但是我們認爲這些東西是假的。之所以如此，因爲這些東西與所有的證據都不相合。現代的實驗技術和統計的解析是我們用來分辨何者爲機遇，何者爲定律之最有力量的工具；因而二者也是我們用來增進知識底可靠程度之最佳的工具。

③確定與精審。這一條是科學方法之顯著的標準。依據這個標準，我們在組織科學知識時，必需盡可能地界限確定。到現在爲止，有些科學還是依照性質而分類的。依照性質而分類的科學，不免有界線互相踰越以致弄得混淆不清的情形。依照確定與精審這一標準，我們就應把這種情形減少到最低程度。至於定量的科學，由于應用測量技術，其概念之精確已達到驚人的地步。測量方法往往也增進科學知識之客觀的程度。當我們將現代科學所用的測量方法與那純憑印象而估計的辦法作一比較時，這一點便顯得特別易于判明。自然，我們現在所討論的問題，則尤其需要弄得很明白而精確。（我們切奶油時是無需用剃刀的。）

④融貫或有系統的結構。赫胥黎（T. H. Huxley）替科學下一個定義，說科學是「有組織的常識」。當赫胥黎替科學下這樣的定義時，他底意思就是說科學知識必須是自相融貫的，或是必須有系統結構的。我們在科學裏所尋求的，並非一堆雜亂無章的片斷的消息，而是一組安排得很好的命辭。這一組命辭，是對事實之說明。就科學的記述來說，融貫卽是分類，歸類，圖解，用統計表來表示，等等。就科學的說明而論，融貫表現於科學定律，或理論的假設。科學的解釋係由假設的演繹程序構成。科學中的定律，定理，或假設，都可以當做前題。從這樣的前題出發，我們以邏輯數學的方法，推演出已被觀察或可被觀察的事實。這些事實，本來是屬於各種不同範圍裏的，經過這一番系統化的處理程序，於是整合于一個融貫的統一的結構之中。（神學的體系或形上學的體系之建立者，往往野心甚熾，試行模倣科學這一特點，建造體系。卽使他們所構造的體系比較類似於幾何學，可是依然與科學大不相同：他們所構造的體系沒有我們在前面所說的可檢證性或可靠性。）（譯者按：這是因爲形上學的體系乃玄想之產物，有時甚至係一堆空無認知意義的詞句。）

⑤廣含性，或知識底範圍。這是我們所學科學知識之最後的一個標準。依據這個標準，我們也可以知道科學知識與常識在程度上不同，而且常常不同得很多。科學靠着大膽的及廣含的假設，尤其靠着精巧的檢證方法。因此，科學知識所到達的範圍，遠非常識所能企及。我們現在所能操縱的儀器很多很多，例如望遠鏡，顯微鏡，析光鏡，蓋氏測驗儀，測謊機，以及其他許許多多現代科學上的設備。我們利用這些設備來擴大我們底識見範圍，窺見那極其遙遠的世界，極其廣漠的宇宙，極小的原子構造，並且掀開僞裝的事物使其眞相顯露。結果，科學知識日趨完備。因此之故，一般人對科學所獲得的最深印象，就是以爲科學乃完備的知識。不過，我們必須知道，科學知識之所以得有今日的成就，乃辛勤工作之結果。科學底這種成就，與形上學家所幻構的所謂完整的宇宙圖象，是不可混爲一談的。形上學家底宇宙圖象，乃語言魔術之產品。（譯者按：此語乃現代語意學的研究之結晶，不可等閒視之也。）科學家並沒有想對於整個宇宙有一個一掃無餘的說明。眞正的科學家總是亮開知識之門，對

（下轉第31頁）

英國最近對臺灣的態度

田雨耕

由大陳事件開始

這次共匪對大陳島的擧動，無異是叫囂攻臺的序幕戰。次一步驟的對象，將是金門或馬祖（二月八日晚報以頭號大字登載：赤宮發生內鬨，馬倫可夫對外宣稱：因經驗不够自動辭職，政權將由布加寧（Bulganin）取代。筆者意：匪黨可能因靠山發生動搖，內部亦恐有騷動，也許暫時不致對金門馬祖妄動）。自中美簽訂雙方防禦協定以來，艾森豪總統於一月廿四日向國會發表美國對臺灣局勢宣言，及調遣大批飛機羣艦隻嚴陣臺灣，繼而美國會又通過對總統授權決議案。非但雙方已簽有防禦條約在先，且現在更有實權殿後，實予共匪一致命威脅。此次大陳島的戰略撤退，我已就戰略上新部署，與美方商獲協議，於二月六日分別發表聲明，我因海島戰爭流動性過大，無在海空劣勢的地區固守一島嶼的必要，將大陳軍力，移駐加强金門馬祖的防務。美方卽首先履行了條約上應負的義務，臺澎是固若金湯了。

美國此一毅然行動，引起國際間劇烈反響。尤以英國爲最，朝野間對臺灣局勢議論紛紜：①於國內，聯邦總理會議、下議院及內閣會議中均有激烈討論；②於國外，在聯合國安全理事會及莫斯科方面，亦備加運用。大體說來，此次英政府對美國行動，尚表支持，反對黨則攻擊政府立場不當。雖然英國無力干涉遠東事件，但她終是掛着盟邦第二强國的頭銜，如果與法國狼狽爲奸，不無影響或牽制美國行動可能！吾人對其動態，實應有注意的必要。

聯邦總理會議中的討論

大陳事件發生不久，適英國召開聯邦總理會議（The Commonwealth Prime Ministers Conference）第三屆會議（此會是以女王爲頭，在邱吉爾領導之下進行的。參加國家有加、澳、紐、印度、南非、巴基斯坦、錫蘭、及尼亞薩蘭 Nyasaland、路得西亞 Rhodesia 兩聯邦等九國。第一次會議在一九五一年一月韓戰爆發六個月後擧行，商討韓戰的結果，第二次會議在一九五三年六月女王加冕時擧行，建議韓戰停火；這次會議是以遠東局勢爲討論主題）。各聯邦國總理雲集倫敦唐寧衙，於是臺灣海峽間「停火」問題，便列在討論會議程序的前面。可見英政府對此問題如何重視，惟恐大陳島的星星之火，惹成燎原巨禍。

此次會議，除南非聯邦由其司法部長斯瓦特（Swart）代表總理斯曲冬（Strijdom）出席外，其餘八國總理均親自出席。主席邱吉爾宣布開會後，卽報告英國此事對聯合國安全理事會中進行的目的，是欲從談判中獲得協議及應付遠東危機的策略。並闡明英政府對臺灣情勢的態度，主張雙方立卽「停火」。旋請各聯邦總理針對此問題，盡量提供意見。澳洲總理門西氏（Menzies）認爲：這是一件非常困難的事體，決不能任它繼續嚴重化下去。澳政府自然認爲世界大局及太平洋和平是重要的，像英政府對臺灣及其外島態度一樣主張停止開火，支持美國的立場。但是印度總理尼赫魯的見解，則與衆逈然不同，他認爲：臺灣及中國沿海島嶼屬中國的領土，中國人民政府當然有權取臺灣。此事唯一的解決辦法，卽將臺灣及沿海島嶼歸還中國人民政府。並使中國人民共和國獲得聯合國合法地位。假如聯合國安全理事會無法解決此事，可以一類似日內瓦會議的會議或哥倫布國家（Colombe Powers）會議來解決此問題，最好能與莫斯科弄清這點。其他代表僉主以維持二個中國來解決臺灣與中共間的糾紛。艾登結論謂：「安全理事會卽將開會邀請中共討論此事，希望中共能應邀赴會。英政府當盡量作到制止這一觸卽發的情勢」。

二月四日晚報登載（晚報早一天）中共拒絕安全理事會邀請討論「停火」，次日清早（卽五日晨），聯邦總理會議卽重新以「最近遠東情勢的發展」爲題，討論尋求一緩和此緊張局面的途徑。認爲北平拒絕出席安全理事會爲被告後，應積極制止使此緊張情勢不再轉變更趨危險，商討一新步驟來解決此僵局。艾登發言說：「在中共拒絕赴聯合國討論停火，將以武力取得沿海島嶼的企圖情形下，實足危及和平」。這一天，是聯邦總理會議十天會期中最緊張的一天。其結論，認爲於聯合國會外談判，可能爲非正式解決的出發點。

下議院中的討論

下議院於去年聖誕節休會後，今年一月廿六日首次復會，就熱烈地討論臺灣問題。會場中喝采之聲不絕於耳，情緒昇至白熱化。阿特里質詢，艾登答辯，成了會中反正兩派的主角最精采的節目。

工黨左派頭子貝文，在下議院議長柯羅善（Crookshank）宣布業務聲明後，首先詢問首相說：「的確這是件將惹起全世界關心的極端重大的事體，但由事實上判斷（因邱氏在下議院，以緘默態度支持美國行動），此問題發生後，我們的首相不想對此事發表任何聲明。是不是政府對臺灣情勢，準備志願作一聲明，如艾森豪送國會聲明一樣？由此可推測，政府並無不滿意艾森豪宣言之處？」。議長代邱氏對此點答復說：「今日首相不想作任何相當於聲明之聲明」。

工黨黨魁阿特里却主張邱氏卽刻赴莫斯科，直接與馬倫可夫談判（此時馬魔尚未因經驗不够辭職）。邱氏認爲：如果有適當理由，對會晤馬倫可夫一節，沒有意見，惟目前談判時機尙未成熟。英政府保證和平解決臺灣問題，希望最近聯合國安全理事會討論此事時，中共能應邀出席，討論問題的解決。接着阿特里要求外長艾登對遠東國際局勢作一陳述，他認爲：①一九四五年日本投降後，臺灣由日本人手中歸還中國，卽屬中國領土的一部份，中國人民政府當然有權解決臺灣；②美國的行動是在干涉中國內戰，由聯合國安全理事會來討論解決此事，顯然是美國的行動，而不是聯合國的行動，英政府應避免涉足這一內戰；③如果求雙方終止敵對，試與和平協議，很明顯的只要讓中共在聯合國中取得合法的地位，此事當可迎刄而解。

艾登外長答辯謂：①阿特里先生將中國沿海島嶼與臺灣的地位混爲一談，忽略了臺灣在這世紀中已有半個世紀不是屬於中國的領土。它的地位，前政府(工黨政府)簽字的舊金山條約已予以處置；②中共最近攻擊沿海島嶼及臺灣的危機，英政府曾與美國政府及各聯邦國總理討論過，並與聯合國安全理事會中聯邦國代表經常接觸，主張由聯合國來處理此問題；③英政府基於這一觸卽發的情形，第一件事，以爲雙方「停火」比任何事重要；次一步驟，方以和平方式耐心地談判，尋求此問題的解決。

緊急內閣會議的討論

二月一日北平官方人民日報，針對紐西蘭在聯合國安全理事會中的「停火」提案答復云：「中國人民絕對不能接受國際間主張成立二個中國的企圖，中國人民已決定絕對要解決自己的領土臺灣及其外圍島嶼」。二月四日英外長艾登卽在國會對中共強硬警告說：「金門與馬祖及中國沿海這些島嶼，卽使是屬於中共領土，但若中共企圖以武力來實行對這些島嶼的權力，在目前特殊情形之下，實危及和平及安全局勢，勢將引起國際間的關切」。

周匪恩來以捨此①取中華民國政府在聯合國安全理事會中地位以代之；及②在安全理事會中討論美國侵略者侵略臺灣二條件外，拒絕了安全理事會的邀請後，英政府體會到中國沿海局勢，已趨惡化，當日下午六時許，邱吉爾在唐寧街首相官邸，召開緊急內閣會議。同時並邀請各聯邦國總理參加，討論臺灣近來的情勢，及商討邀請中共參加聯合國會外類似日內瓦會議的可能性。此項緊急內閣會議，是從一九四五到一九五五年十年來，最危險時期的過程中，最重要的一次內閣會議。英外部發言人謂：「英政府對中共悍然的拒絕赴安全理事會的答復是「非常使人失望」者，英政府將盡最大的努力，採取最適當的辦法，來解決臺灣海峽中的緊張局勢」。

拒絕蘇俄提議

一月廿八日英駐蘇俄大使海德 (Sir William Hayter) 赴克林姆寧宮與蘇外長莫洛托夫晤談臺灣局勢及「停火」問題，轉達英政府意旨，希蘇俄政府轉告中共出席聯合國安全理事會，討論「停火」。蘇外長允將此意轉致中國人民政府。

三十一日塔斯社消息，蘇外長於當晚在魔宮接見英大使十分鐘，並親手交海德大使復照一件，大意云：①一月廿八日與貴大使晤談後，蘇俄政府卽將英政府及紐西蘭政府對臺灣區域所發生的問題的意見，轉告「中國人民政府」注意；②蘇俄政府如英國政府看法一樣，警告世界「局勢危險」。這一危險局勢，將在臺灣區域及沿海島嶼間發生，不但危及世界和平，且强烈威脅着另一新戰爭；③蘇俄政府認爲此種情勢發生的原因，是美國幾年來援助屬於中國的臺灣及其外國島嶼的結果。此一新的侵略行動應歸咎於美國；④蘇俄政府與英國政府見解一樣，應由聯合國安全理事會來討論解決此問題。並已將有關指令通知蘇俄駐聯合國首席代表梭波勒夫大使 (Sobolev)；⑤「中國人民政府」將派代表出席安全理事會審議此問題是極需要的，因這種新侵略行動，將直接防害新中國及與她內政相牴觸；⑥蘇俄政府極願安全理事會考慮此問題，希望能減少遠東緊張氣氛，加強世界和平。

二月四日周匪拒絕了安全理事會邀請，莫洛托夫復在魔宮與英大使會晤，隨後並接見印度駐蘇俄代辦。希望在聯合國會外安排一新日內瓦會議，來解決此問題。蘇、英、印在莫斯科連日不斷的接觸，英原希望在此問題未達到成熟階段前，應進行秘密會談，莫洛托夫則反對這點。故二月十三日莫斯科廣播透露：應揭開十天來英印在莫斯科與蘇俄秘密外交活動的蓋子，在上海或新德里召開一十强會議。由中共、美、英、法、蘇俄五強及印度、緬甸、印尼、巴基斯坦、錫蘭哥倫布集團對此問題有利害關係的國家參加，商討解決臺灣問題。

二月十四日倫敦報載英政府於莫斯科廣播四小時後，答復蘇俄此項提議的照會內容：「英政府曾愼重檢討此項提議，認爲①此一會議應包括雙方當事者，因爲與雙方直接談判，纔會有結果；②任何一有關討論臺灣及中國沿海島嶼問題的會議的組織方式，應經由聯合國認可，不能忽視聯合國尊嚴及地位；③英政府懇切地希望將盡一切可能，繼續在「停火」方面努力，俾減低其危險程度；④英政府曾要求蘇俄政府對此問題的見解，但迄未接獲答復」。英政府顯然表示不能接受無中華民國政府參加的任何討論有關臺灣問題的會議。當日艾登在下議院强調英國立場說：「英政府與蘇俄政府在莫斯科交換意見，爲求消除臺灣地區發生的危機。任何一有關討論臺灣問題之會議，應包括國民黨及共產黨雙方代表」。旋英外部發言人謂：「英政府急需在決定召開討論臺灣問題會議前，促成中國海岸停火」。

輿論的趨向

共匪攻擊大陳及美國宣布在臺灣海峽的行動，英國各大報均有批評：倫敦時報(卽泰晤士報)批評稱：「一個『暫時的和平』，第一次是在遠東出現了」；曼哲斯特保護神報 (Manchester Guardian 係英自由黨報，對我態度極壞)批評：「此一悲劇，是由美國人開始及企圖解決的相對結果。艾森豪的宣言，則將是損害的原因」。(下轉第27頁)

搖籃與竹馬

王敬義

這裏是我的懺悔與悲哀，而這裏也是我的罪惡，但當我在搖籃中的時候，這一切都不存在。

一

搖籃中的歲月，我不復記憶；但存留在我最早的記憶之中，永遠都有一個老婦人的面孔。這張面孔是我所厭惡的，或者說是偏見教唆我去厭惡的。而這厭惡之感，幾乎是從我知道騎竹馬時便開始了。

但此刻，我的手握着筆，筆尖在稿紙上移動，我的心是如何的因爲激動而急跳啊！我慚愧，但我得不到平靜。

三天前的一個夜晚，我從一個舊衣箱中，偶然的翻出一本紙張染滿了黃色水污的小冊子來。小冊子中記載的都是一些不連貫的片段，字跡却秀麗異常。用去一個夜晚看完它，再加上一日夜的思考，我終於能從小冊子所記載的片段的詞句，推想出一個完整的故事來。這是一件悲慘的事情，發生在我的家庭之中。那小冊子上秀麗的字跡，是出於我的大媽的手筆。而我的大媽，便是那位伴同着我最早的記憶的老婦人。如果我不會從衣箱中發現這本小冊子，我永不會知道自己的罪過。家中的長輩們都視她低賤如婢女。從他們口中學來的惡毒的字眼，配合我的難以滿足的好奇心，使我會盡情的戲弄我的大媽，而打發掉很多陰沉的下午。但現在我多渴望着跪在她的膝前，用我懺悔的淚水洗淨她手指上屈辱的血漬啊！但一切都太遲了，我的大媽已死去多年，埋葬她的那一坏黃土也已無處覓尋。

下面便是我不幸的大媽一生的遭遇。那個在她的自敘中被稱爲龍兒的孩子便是我。

我不再作多餘的介紹，讀完下面的故事，你就會瞭解我流淚的原因了。

二

我十七歲時，父親去世了，將我孤獨的遺留在這個世界上。

父親是在一天夜裏因心臟病去世的。我自幼喪母，一直都是在父親的愛護下生活着。他是一位慈祥的長者，在鄉村中是以富有與慷慨而知名的。他在年輕時曾作過一任縣官，祖父逝世後，他繼承了遺產，又因生性好靜，便回到鄉村，過着安逸的生活。我的母親與他結婚了五年，在生育我以後的第二年就患傳染病而離開了這個世界。我四歲時，父親受到親友的慫恿，過繼了一個遠房姪子。那時我還幼小，對於那個曾是我兄長的面孔，沒有絲毫印象。他竟是一個游浪少年，結交了很多地痞，兼以他喜好揮霍、賭博，我的父親便在他一夜酗酒歸來時，狠狠的將他鞭打了一頓，驅逐出家門了。推算起來，這是十二年前的事情。

我的父親因爲是突然去世的，所以沒有留下任何遺囑。當我被老管家婆二嬸從父親的屍身上攙扶起來時，我突然感到我居住了十七年的宅院落寞而淒涼。我悲哀的哭聲在廳房中回響着。我忽然畏懼起來：我已生活了十七年了，但是未來呢？我不知道我將怎樣渡過以後漫長孤獨的歲月。管家婆二嬸還痴立在我的身旁，轉過身，我撲跌在她的懷中。她粗布的衣褂正發出一陣陣的大葱的氣息，但我緊緊的將臉貼在那裏，竟感到短暫的慰藉與安全。父親去世的那天早晨，天空是陰沉的，冬日的陽光偶而從雲罅中漏洩出來。一剎那間，酸楚的浪潮又激盪在我的心中，使我失聲大哭。

「我只是一個十七歲的女孩子啊！憐憫我吧！主！」

夜闌人靜，守在父親的靈旁，我虔誠的禱告着。

父親去世後，一連三天都落着暴雨。整個的宅院，沉陷在一種更淒涼的氣氛中。父親已經下葬了，依照他生前不喜作浪費的鋪張的習慣，我沒有聽信鄰居與遠親的建議，舉行甚麼殯葬的儀式。父親一生都是一個淡泊的人，我想他在天之靈如果有知，也會欣喜的。那些浪費錢財的儀仗，比較起人們心中沉默的悲悼來，是要失去它所有的價值了。

那些天，我終日枯坐在廳房中。雨打着樹葉，發出如咽如泣的聲音；簷滴聲則是雄壯的，有時竟滙聚成奔騰的激流，咆哮着從屋簷上流下。時間的腳步，就這樣緩緩的爬動着。我只能吃極少量的食物，不喜歡任何人來打擾我。夜來了，我坐在黑暗中，我愛在深夜回憶父親的一言一笑。有時，我恍惚覺得父親並沒有離我而去，他還啣着長長的旱煙袋，微笑着半躺在籐椅上。他清癯的面孔在陽光下是無比慈祥的，我愛他！

但是他已經去了！這個思想震驚了我！我想把握住一些甚麼，我想看清楚一些甚麼，當我從回憶中被驀地驚醒，深沉的黑暗伴隨着深沉的寂靜，只有暴雨在窗外恣意的掠打着。於是，我向前伸出的希望的手臂，無力的墜下了……

我不會有過安適的睡眠。惡夢總在不停的刺激着我。有一次，我在夢中看見父親被人用擔架抬回家中，他的雙眼都被擊腫了，嘴角還流着血。我全身戰抖，便從夢中醒轉，隨卽想到父親已葬在泥土裏了，我喚叫了一聲，低低的。在這孤寂的夜裏，當我聽到我自己悲哀、絕望的呼喚時，我俯倒在枕頭上，痛心的哭了，我的頭髮，像黑夜一樣，將我閃着淚光的面孔，小心埋藏起來。

三

大約是在父親葬後的第四天，管家婆二嬸呼吸急促的奔進我的房間。

我正專心的在綉一朵梅花。梅花是父親喜愛的。

「秀姑，」她不安的聲音喚我。「秀姑，老爺趕出去的少爺回來了。他還帶着幾個人，現在坐在客廳中，說要見你。」

她的話一停，我便聽到從外廳傳進來的隱約的笑謔聲。而我的情緒也被她的話刺激得緊張了。我站起身，手中還拿着針線。但我很快便能鎮靜的放下手中的物件，並且問道：「你們不能再將他驅逐出去嗎？」我看見二嬸搖頭，便說：「那麼你知道他來是要作甚麼嗎？」二嬸仍搖搖頭。

我離開了那位受驚的婦人，向外廳走去。

我毅然的推開了外廳的門，站在近門口處。

四個人！他們在吸着紙煙，盡情的談笑着，彷彿不知道我的出現。他們坐着我家祖傳的紅木椅，將脚放在桌子上。我佇立在那裏，被眼前放肆的情景，刺激得憤怒已極。

「你們是些甚麼人？」我的聲音是顫抖的。

於是，四人中的一個站立起來了。他掉轉身來，我可以看清他瘦削的面孔上兩隻三角形的眼睛。他的嘴角隱藏着惡意的微笑，走到我的身前，先瞇起眼睛打量了我的全身，然後他以惹人煩厭的腔調說：

「你就是秀小姐嗎？我離家時，你還紮着辮子呢！你大概是不認識我了，我是你的哥哥啊！怎麼父親去世，也不通知我呢？」他唾液飛濺的說着；他揮動了一下手臂，其他的三個人也都走過來了。「這都是我的結拜弟兄，我替你介紹介紹！」我只看見三人中的一個，有一雙黑亮的眼睛。

我一言不發，只用冷酷的眼光注視着他的臉。他仍是悠閒已極的啣着半根紙煙，介紹完了他的流氓朋友們，就說：「領我到靈堂去，讓我給父親磕頭。」我不理睬他，他伸手拉我的衣袖，「領我去！」他又說，像是在命令我。

我像一隻受到暗擊的貓似的跳了起來。「放開手，我不認識你，立刻走出這座房子！」我強自鎮靜的說。

回答我的是一片舒暢的笑聲。

「老二，小姐要我們滾蛋呢！」三人中的一個說。

「是啊！她好像是一家之主呢！」那個自認為是我哥哥的流氓說。「小姐，」他湊近我，「我只有尊稱你小姐了，（但這是最後一次！）我希望你也懂得一些禮貌，因為，在這座房子中，我也是有權力發號施令的。我是你的哥哥，你不承認吧？」

「你是我父親驅逐出去的浪子，我不認識你！」

他被我的話激怒了，獰笑着說：「但是我認識你的，有一天，我也會叫你認識我的，秀小姐！」

他不再與我交談，走回木椅旁；當他劃着一根火柴點燃紙煙的時候，我看到他的手指在顫抖。

「你們這羣無賴，我要叫人驅逐你們了！」我竭力的大聲說。

他拋過來一張紙片，好奇心驅使我彎身去檢拾它。那是一張我父親與他合攝的照片，在背面，有父親親手題的字：攝於綽標十八歲生辰。像是有一根針，刺痛了我的手指，我急急的將它擲回地上。

「你還不認兄長嗎？」他又譏諷的說。

「我不認識你，你是一個流氓，我父親在十二年前將你趕出了家門！我希望你立刻離去，否則我要……」

此時，二嬸跑進來了。她臉上的表情是憂愁的，她扯動我的衣襟，示意要我出去。一轉身，我就軟弱的流淚了。「這一羣惡棍，你們要作甚麼呢？」我咀咒着。我身後揚起了狂笑聲；我沒有用手帕去拭眼淚，而任淚水一滴、一滴跌落在我的鞋面上。

「秀姑娘，不要與他們爭吧！等下午去找找德順大爺，請他來調解調解。」二嬸懇切的勸我。她是一個膽怯的婦人，完全沒有管家婆的兇悍之氣。

我坐在我屋中的椅子上，緘默着。我在想我應該怎樣奮鬪下去。這是我父親的宅院，我絕不允許他生前厭憎的人衝進來，並且在他生時常坐的紅木椅上，放肆的吸着紙煙。我是一個女孩子，但我不氣餒。我要果敢的再將他們驅逐出去，像我正直的父親曾作過的一樣。

就在我沉思着計劃一個對策時，從外廳傳來他們吆喝老僕人擺午飯的聲音。而老僕人竟躡躡着聽從了。我從椅上衝立起來，我的心因為憤怒而急劇的跳躍着，「不，」我說，「飯不是給他們吃的！米是農人辛苦種植出來的！飯桌是我父親的，……」但是二嬸攔阻着我，她將一切的希望寄託在德順大爺的身上；看到她孕滿淚水的眼睛與抖顫的嘴唇，我又只得暫時壓抑着我的怒火了。於是，不久之後，我就聽見外廳響起了碗碟相撞的聲響。日午是寂靜的；太陽垂直的照射着，那一份寂靜是沉重的。

四

德順大爺，我們鄉村的長者，有着狹窄低塌的前額，長大的鼻子。他竟被人們認為是智慧的老人，常請他排紛解難。他早已停止了工作，又無兒女，但他依然過着優裕的生活。傳說他年青時中過秀才，在城裏有着高大的樓閣。但究竟他的出生怎樣，卻無人知曉。他像是一個謎；他狼狗般的長臉上，也終日掛着神秘的微笑。只是我自幼就對他沒抱好感，甚至他走近我，也會惹起我的驚喊。此外，在我十歲時，我的父親曾在庭園中氣憤的責罵他是一個卑鄙的人。他狼狽的身影怎樣閃出我家的大門，到現在我也還能清楚的記憶。

「二嬸，我不想找德順大爺來呢！」我說。「爸爸要是在世，也一定不會高興見到他的！」

「但是我已經差人去請他去了！」二嬸說。「不找他，又有誰能幫我們呢？」

「我們自己。」

「秀姑娘，你只是一個女孩子，我們鬪不過那些流氓的！」她說到流氓這兩個字時，聲音自然的降低了。

「女孩子就應該受他人的欺侮嗎？」我說：「這個家是我的，他們來侵犯我，我有辦法對付他們！」

那一刹那間，我感到自己英武而健壯。

片刻後，德順大爺來了。他邀我再去與那些流氓商談。整個的下午，談話繼續着，我陷在一種惡劣的處境之中。至此，我才知道，德順大爺始終是怎樣的仇視着我的父親。

他一見到我，就堆出一臉笑容說：

「秀姑娘近來還好嗎？令尊仙逝了，忙累了你！」

我不喜歡由他的嘴中聽到任何關於我父親的事情。注視着他，我的表情是冷淡的。

「全村的人都知道了秀姑娘是能幹的，」他又說。弦外之音是在譏嘲我沒有請求他的指示，因而全村的人都在責備我對父親的葬禮的草率從事。

我仍沒有回答他。「秀姑娘知道順大爺公務太忙，……」這次，是二嬸在我身旁說話。

後來，我就勉强的跟在他的身旁，向外廳走去。他一見到他們，就露出愉快的笑容，而那被我父親逐出家門的浪子，也急忙立起身，走到距他三步遠的地方，跪下一隻膝蓋。「我好久沒有請順大爺的安了，」他說。

德順大爺將他扶起，他們坐下後，他瞇細了眼睛問道：「順大爺是你請來作證的嗎，秀小姐？」

十隻眼睛都注視着我，我昂首而立，選擇了沉默作爲對抗的武器。

「綽標兄，你走了十二年了，」順大爺說。

「整整十二年，」那個自認是我哥哥的男子回答。

「別人怎樣我不知道，但我是時常惦念着你的，」德順大爺又說。「你出去十幾年，也吃了點苦頭吧！不過，年青人應該先吃點苦的！你那時候，脾氣太躁，你離開的那夜，我不在村子裏，秀小姐的父親……」

「你不要談我父親，」我打斷他的話。

他陰險的對我笑了笑，繼續說：「秀小姐，你不坐下嗎？」

我的雙頰都因爲氣憤而漲得緋紅，我不再能忍受他們的擺弄，「德順大爺，」我大聲的說，「你是村中的長者，我是請你來主持公道的：這幾個無賴闖進我家廳房，想要霸佔財產，他們以爲我孤獨可欺，我要你命令他們立刻離開這裏！」

「但是，秀姑娘，綽標確是你的哥哥啊！」他說。「我認識他的。也許你那時還小。」

「我不認識他。」

「但你不認識他並不足證明他不是你的哥哥。」

「我父親趕他出家門的！」

「他是令尊過繼來的兒子，照情理來說，是萬萬不能驅逐出去的。不過，令尊的脾氣也是急躁，他一時發怒這樣作了，或許事後他心中也感到後悔，何況，在名義上，他們的父子關係還存在的。」

「你在偏袒他嗎？」我說。

他的臉色驀地變了。「女孩子，怎麼可以亂講！」他恐嚇我。

「順大爺，何必動氣！您的公正，全村都知道的……」那個游蕩子又在一旁諂媚。在他開始說話時，我便移動脚步，走到廳房外去。

他們曾派老僕人數次來請我出去，但我只鎖緊了房門，不作答覆。

於是，夜降臨了，我咽泣着倒臥在床上，我多憎恨我自己的無能啊！這個家，是我父親的雙手創的；但現在我只能藏在房間中咽泣，却讓鄙卑，無恥的人們在廳房中大張華筵，用他們骯髒的唇，接觸我祖先聖潔的杯盞。

一連三日，我緊鎖着房門，只有二嬸在夜間送食物給我。仇恨的火焰幾乎已將我燃燒成灰燼了。有時，對着鏡中自己蒼白的面頰，淚水就盈滿了眼眶。「這是我的家啊！這是我的家啊！」我一再的重複着這句話。但當我在第四天的早晨踏出房門的時候，外面的世界已經改變了。

五

他們將屬於我的一切都霸爲己有，我的天地只限於我自己的房間。僕人聽從他們的役使，農人在田地中是爲他們而忙碌，連管家婆二嬸也受他們的支配。那些古老的紅木傢俱，那些堅實的長桌，那些父親收藏的山水字畫，那些白銀的器皿，僅在父親生辰時使用的，那些祖父購買的古玩、玉器，：：一切的一切都印有我先人的指紋的，已不再屬於我了。我來到開敞的原野，從這一片土地上，當春天來到的時候，將生長出無際的豐滿的糧穗來，多奇妙的大地啊！但這一切都不屬於我了，父親去世了，我是被單獨的遺棄在這世界上；那裏將是我的去處呢？

「但只要我一息尙存，我總要復仇的，你們這些匪徒，你們聽着！」我喃喃自語。早晨的原野，不見人跡，這荒涼的景色，竟給了我一個突然的啓示：你爲甚麼不逃出去？那個更大，更美麗的世界在等待你呢！但這時，我看到我居住了十七年的宅院，它的煙囱正噴出縷縷灰煙，我又撇掉了腦中出走的思想。

這樣，忍着心靈上的創痛，我在我的房間中蜷伏着。

春天來了。

——未完——

鮮牛奶的故事

琦君

每天清早一瓶鮮牛奶，我與他二人各半，我慢慢兒品着鮮甜滋味，常問他：「再勻你一點兒要不要？」他笑着說：「該我再勻你點兒才是，看你那可憐巴巴的。」他說我可憐巴巴的不無理由，因爲我從小就貪喝牛奶，而總不能痛痛快快地喝。想起童年時喝牛奶的故事，眞是像他說的「可憐巴巴」的。

十二歲時，隨着父親、姨娘在杭州。父親每天早晨喝一杯鮮牛奶，在那時認爲簡直抵得過一盞燕窩羹。父親吸着隆隆的水烟，熱騰騰的鮮牛奶放在一邊冒氣。我站在父親身旁，呼嗜呼嗜地吹着紙枚頭，一對烏鴉眼兒老釘着牛奶杯子。父親問我：「你想喝嗎？」我心裏着實地想喝，可是我得牢牢記住姨娘教訓我的話：「凡是爸爸問你要吃什麼，你都得說：『不要吃，爸爸您自個兒吃。』小孩子往後吃的日子有的是，要懂得孝順，知道嗎？」我只好扁着嘴說：「爸爸，我現在不要吃，等我長大了，像爸爸這樣大，我就可以天天起早喝牛奶了。」父親聽我說得乖，笑着把杯子遞給我說：「今兒爸爸一定要給你喝，你快喝吧！」我接過杯子，戰戰兢兢地湊到嘴邊，心裏生怕姨娘下樓來，看到了又要教訓我。正喝了一半，樓梯響了，我急忙放下杯子，不小心一下翻了，牛奶撒了一桌。紫黑色的楠木桌子，撒上了一大攤雪白的牛奶，我更心慌。幸得下來的不是姨娘，却是胖子老劉，父親叫他快拿布來擦了，他自己就起身進書房了。我怕姨娘下樓來，也連忙溜到天井裏去。一會兒忽聽姨娘連聲喊我，我躡手躡脚地走到她面前，原來那一大攤牛奶還郝然留在桌子上。我心裏正奇怪老劉爲什麼不擦，却聽姨娘厲聲地問我：

「是你撒的嗎？」

我哭喪着臉點點頭。

「爲什麼要撒掉？」

「爸爸給我喝，我不留心撒了！」

「不留心？叫老劉來擦掉！」她像是要吞我下去的樣子。

我飛奔到廚房裏，狠狠地搥着老劉的背哭着喊：

「胖子，胖子，你這害人精，你爲什麼不擦桌子，存心害我挨罵嗎？」

老劉莫明其妙地瞇起一對近視眼，看了我半天說：

「怎麼沒擦？桌子上原就乾乾淨淨地，姨太還拿大烏珠瞪着我擦的哩！」

「那你爲什麼不擦那一攤牛奶？」

「牛奶？」老劉拔步又跑了進去，把臉湊到桌面上，鼻子尖點到了牛奶，這才恍然大悟地說：「原來是牛奶，我還當是姨太的白手帕呢？」

我站在門口，忍不住抿着嘴笑，可是姨娘依舊繃緊了一張四方臉，一絲兒笑容也沒有。老劉回到廚房裏，伸伸舌頭說：「我本來就眼睛不方便，見了她那一張臉，越發地看不清東西了。你想若是她的手帕，還由得我碰一下？所以我糊裏糊塗抹一下就跑了。她明明看清楚了，又爲什麼不說，偏要你進去訓一頓。」

從此，牛奶與手帕的故事使我難以忘記。本來是一段近視眼的趣事，但與姨娘的那副臉譜連想在一起，胖子老劉就直是生氣，我也越發的膽怯了。

又有一次，我從大門口捧進了牛奶，邊走邊揭開瓶口的紙蓋，一不小心，從臺階上連人帶瓶滾下來，瓶子緊緊地揑在手裏，牛奶撒得只剩一點點了。我急得直哭，胖子一摸葫蘆頭說：「有了，有了，你別急。」他馬上去買了一小罐鷹牌煉乳，用開水冲了，裝在瓶子裏，他得意地說：「這樣就是姨太看見了也認不出來，老爺吃出不是鮮牛奶也不會罵的。」我才定心了點。誰知偏巧那天父親不想吃牛奶，姨娘說：「你不喝就我喝吧！其實我也眞不喜歡喝牛奶。」我心想：「你明明不喜歡，爲什麼就不給我喝呢？」我只是用眼睛看父親，父親的眼睛又只是望着報紙，我跑出來叫着老劉：「胖子，胖子，事情不妙，爸爸今兒不喝，姨娘喝呢？」老劉把眼睛一瞇，又一個計上心來，他一聲不響地取出兩個雞蛋打在牛奶罐裏煮，我問他做什麼？老劉得意地說：「她不吃這樣煮的鷄蛋，我只裝不知道就給端進去，她一看有鷄蛋自然不吃了，老爺再不吃，就有你的份了。」

我半信半疑地跟在老劉後面，走進憩坐室，果然姨娘一看有蛋就咧起大嘴巴問：

「誰叫你擱的蛋？」

「老爺常吃的。」老劉眼睛望着鼻子尖。

「今兒老爺不吃，你知道嗎？」

「我不知道，姨太。」老劉回答得有板有眼。

她刷地起身走了。父親似乎沉醉在報紙裏，這時才抬起頭來，我悄悄地拉着他的袖子說：「爸爸，您吃呀！牛奶鷄蛋，您爲什麼不吃呢？」父親慈祥地摸摸我的頭說：「小春，給你吃，你端到外面慢慢兒吃吧！」

我忽然看見父親眉宇之間籠罩着一層陰影，是我所不能了解的，我用湯匙挖起一個蛋送到父親嘴邊說：「爸爸，您也吃一個蛋，今兒的牛奶味道特別哩！」父親吃了，又喝了兩口牛奶，笑着點點我的鼻子尖說：「嗯，味道眞好，比鮮牛奶還好，你這小淘氣，看你的臉相就知道你又闖禍了。」

我唸中學時，母親也來到杭州，可是爲了姨娘，我寧可住校。校裏可以訂半價牛奶，母親給我訂了。我喝牛奶時，心裏總是萬分不捨得，老劉時常在買小菜時順便來看我，我就把多天的牛奶放在他菜籃裏說：「胖子，帶回家給我媽吃。」母親却告訴我說：「你別把牛奶帶回來，我不怎麼愛喝，等秋收時我回鄉下，再給你帶頂大的鷄蛋來。」母親說着顯然在笑，我看出她的眼睛是潤濕的。

母親半生勞累，大部份時間都在故鄉，我因就學在外，很少與母親在一起，因而未能盡一日的孝敬。母親去世以後，姨娘因事到了上海，我與她同住在一個同鄉家中，她忽覺自己營養不足，聽了同鄉的勸告，喝起鮮牛奶來了。她掛肩肥胖的雙下巴，綯起眉頭像吃藥似地，一口口嚥下去，剩下碗底一點點，用手一推向傭人說：「底下都是渣，你拿去喝掉。」不知那是牛奶渣還是糖渣，總之，她是非剩下一點不可的。她溫牛奶不許倒在鍋裏，却要倒在碗裏隔着水蒸，蒸得不冷不熱，（「太熱了會把維他命蒸死」，她說。）要蒸得跟她的嘴唇皮一樣溫度，才是恰到好處。爲了侍候她牛奶的冷暖，很少有傭人做到一個月以上的。

我時常咬着牙恨恨地想：「你這作怪的女人啊！我一輩子都將恨透你。」

可是環境隨着年齡的長大天天改變，心情也一天天轉換了。經過了多年的離亂，家庭的經濟狀況一日不如一日，來臺灣以後，她帶出來的積蓄，眼看用一個少一個，她才眞正嚐到了大家庭沒落的悲哀，當年的豪華富貴已化烏有，她的兩鬢也漸見斑白，她得帶起老花眼鏡來，自己操作縫補，雙下巴也鬆鬆地打起了綯摺。她老了，她更孤單，因爲她沒有一個眞正關心她的親人。我眼看她垂垂老去，心中充滿了憐憫，我已經不能再恨她了。她是世上最孤獨最可憐的婦人，我得匀出一隻手來扶着她，她暗淡的晚年是多麼不容易排遣啊！

我爲她訂了鮮牛奶，她却時常省下來給我吃，還特地爲我買了方糖，說方糖比砂糖清潔。這區別不在方糖與砂糖上，而在她對我的這份情意上，她已深深感到需要人情的溫暖，需要愛的領受與賜予。爲了已去世的父母親，我也願盡一分人子之心，安慰她落漠的晚境。

我每於喝牛奶時想起幼年與父親說的話：「我要長得與爸爸一樣大時，就可以天天起早喝牛奶了。」當時總以爲能自由自在地喝牛奶與做許多其他的事是多麼快樂，殊不知長大以後有長大以後的責任與心情。人生並不是爲享受，却是要有更多的給予，並不是以妬恨剝奪他人的快樂，乃是要以溫厚與同情換取與旁人同樣的快樂。現在，我已懂得更多，我願以更寬大的胸懷忘却過去種種的不快，也將以此獲得今後更多的歡樂了。

（上接第22頁）

二月一日英保守黨每日電訊報（Daily Telegraph），以「手指扣在槍機上」爲題著論，大意云：「英國對此事的宗旨，在下議院、聯邦總理會議及聯合國中已明白表示。認爲事實上問題的癥結，僅在兩個政府間「停火」，實際終止敵對。阿特里的所謂讓一公平的「人民投票」（Plebiscite）來決定，眞是荒謬無稽，不知他何所指？中國大陸上老百姓是經過毛澤東清算了，且在未停火前是不可能辦到的。毛澤東的手指已扣在槍機上，若此，則將鼓勵他次一動作」。

倫敦時報以「英國對臺灣的政策」著論，內容云：「①艾登在下議院聲明：武力是無法解決此一困難問題，唯有和平耐心的去談判。但假如中共侵犯臺灣並與美國第七艦隊發生衝突，英國將如何處之？②周恩來對大陸人民發下諾言：解放臺灣不能再拖延了。中共既不顧一切插足朝鮮戰爭，當然可以再造成同樣錯誤。如此不幸之事發生，英國將何去何從？這不是一單純的問題，外長却小心翼翼避免對此作一清晰回答；③我們承認中國沿海島嶼實屬中國領土，中共有此權利。但現在中共所要侵犯的是已六十年未屬中國的臺灣，不僅是沿海島嶼；④其結論云：英國是支持中美防禦條約的，即已默認臺灣地位，如艾登聲明中暗示，中共無權以武力攫取臺灣。倘若中共不顧一切後果侵犯臺灣，英國當有追隨美國之後，採取一致行動的可能」。

聯合國安全理事會決定邀召中共出庭次日，倫敦會有人擧行意見投票。其結果：除一部份人認爲假如此次中共能應邀赴安全理事會，他將可以得到沿海島嶼；不久後，且可獲承認爲會員國，最後連臺灣及澎湖列島亦可能獲得外，多數相反的意見認爲無此可能性，過於冒險，中共不會如此做，他將拒絕邀請。

共匪拒絕赴安理會後，法國世界晚報以「北平的 Niet」（俄文 No）爲題著論諷刺說：「周恩來拒絕赴安全理事會討論紐西蘭提案雙方立即「停火」，是予美國一羞辱。如果討論俄國的解決辦法：撤退美國在臺灣等地區軍力，或英國出面主持，或哥倫布國家在尼赫魯導演之下，召開一新日內瓦會議，周恩來當會考慮出席」。英倫方面則極感不安，每日電訊說：「中共拒絕赴安理會，使由外交談判以和緩緊張局勢的任何希望爲之渺茫」。一般報紙反應極爲沮喪。

結　論

最近英國對臺灣的態度，可以說難能可貴了。下列四點，足以表示她有百八十度轉變的傾向：①在第三屆聯邦總理會議中聯邦國家的態度，英國及澳洲是支持美國行動，印度則替共匪爲虎作倀；②艾登在下議院中對共匪前所未有的強硬警告；③拒絕蘇聯不包括我政府的十強會議的提議；④一般輿論的良好趨向。但她主張我撤退金門及馬祖二反攻大陸前哨站，維持臺灣現狀，實爲不智。今日的自由世界，不容再有分歧的現象。我們希望她能看清目前的世界大局僅是自由世界與共產極權集團的鬪爭，要站穩自己的立場，勿一味受尼赫魯之流的影響。「停火」「談判」，不是根本解決辦法，而是在姑息養奸。姑息敵人一時，即滋長敵人一部份的力量。俗云：「敵我不能並存」，敵人存在一天，自由世界則難安寧一日。與敵人談和平共存，無異引狼入室，與虎謀皮。此次英國的態度，與其我們認爲她是在轉變，毋寧說她逐漸改變求與美國遠東政策相配合爲當。

四十四年二月十六日於倫敦

哲人的微笑

旅美小簡之二

陳之藩

飛過萬家燈火的東京，飛過萬頃碧波的太平洋，飛過萬里雪山的阿拉斯加，飛到萬頭鑽動的紐約。一路上不疲憊，但也並不舒適，三天後的早晨，我坐在胡先生家談天了。

胡先生說昨晚卽打電話與飛機場連絡，知道我坐的這一班次在阿拉斯加故障兩小時。隨後，他爲我弄一壺茶，一個大橘子，要我解一解旅途的勞頓。

胡先生住的地方很安靜，並不太寬敞，是一所大樓的第五層。設備當然還不壞。不過，書籍的零亂與堆積與北平的東廠胡同差不多。胡先生在案頭拿起兩大本剪報，微笑着遞給我，那兩本剪報是清算胡適思想「遺毒」與紅樓夢事件。香港友人寄給他的。

「這是共產黨替我作的廣告……」

× × ×

我接過來一翻，上面全是共產黨的報紙，每篇全是開會，批評，檢討，清算有關胡適的政治，哲學，文學思想。整幅，整本，整頁的共黨黨報，這大概是搞海戰吧。最難得的是共產黨在引胡適先生的原文，比如：

「讓孔丘，朱熹牽着鼻子走，固算不得高明；讓馬克思，列寧，史大林牽着鼻子走，也算不得好漢，我不想牽着誰的鼻子走，我是告訴年青朋友一點防身本領，作一個不受人惑的人……。」

這段話我在大學時讀它，曾受過很深的感動，我告訴胡先生說，這是胡適文選自序裏面的話，他笑了。

「你喝下這杯茶，我跟你講當時寫這些話時的情景，是一九三○年，已是四分之一世紀之前的事了，我在上海寓所準備行裝去北平，已是半夜，胡太太爲我整理雜物，我寫完了這句話笑了笑，這够共產黨打仗打十年的。沒有想到二十五年之後，他們還大張旗鼓的攻伐……」

二十五年前，我才四歲，當然不知道世局，不過據書本上回想起來，那是共產黨思想最風行的時候，我們知道睿智如歐本海默，也是這些時候對人生感覺最困惑，與共產黨有所接近的。那時候的智識份子，很少人不與共產黨寄與同情。而胡先生沒有妥協的，沒有中立的表明了自己的看法。

胡先生接着說：「不過，有一段二百字的話，共產黨始終未敢引過，那是我說有關達爾文主義與馬克思的一段，對於達爾文這個利器，他們連招架的嘗試都沒有。……」

說到這裏，我忽然陷入時代的思潮裏：

四十餘年前，維也納派大師富蘭克，發表了一篇關於因果論的文章，列寧去信罵他，愛因斯坦去信贊同他，這篇文章卽是維也納學派的先河。富蘭克很謙虛的研究列寧給他的這封信，四十年以後，他想通了，列寧所說的，原是基於政治上的理由，與眞理無干。

我坐在胡先生的小屋裏，凝視着胡先生的書架笑了，這兩位哲人都在紐約，他們三四十年以前的遠見，而今徵驗了。他們哲學家的使命已經盡到，目覩着那個半球的赤潮如萬丈浪滔，鐵幕如萬仞高山的無助情況，他們只有冷靜的考慮人類未來出路，而是不必對這種情況的造成負什麼責任，有什麼愧疚的。

「你不吃個茶鷄蛋嗎？我爲你去拿。」

「不要，我還是願意聽聽老話：：胡先生，」

「在寫這類文章之前，曾有一段值得一提的事，卽陳獨秀當時提出了社會主義，與實驗主義的聯合陣線，我當時卽聲明，社會主義與實驗主義無可聯合的。」

共產黨的統一戰線或稱聯合戰線，眞是騙盡了天下蒼生，比較聰明一點的人覺悟的早，稍微胡塗一點的人，明白的晚，最愚蠢的人，就跟着他們下去了。

自始至終與共產黨常握手寒暄，常稱兄道弟，而思想立場從未動搖的，在我們中國只有兩人，一個是胡適之先生；一個是梁實秋先生。所以北平淪陷時，也只有這兩個人決然的逃出，不作「開明」的知識份子與他們聯合戰線。

畢竟知識是能救人的，它不僅能戡天，縮地，征服了自然；而且能發聵，震聾，拯人於水火。

一上午，在談話中就這樣滑過去了。我很興奮，但也很哀傷，想起我的朋友劉世超先生斬釘截鐵的兩句話：「自由世界在思想戰上沒有失敗，，在心理戰上却失敗了。」

胡先生送我到火車站，在汽車上，他介紹紐約城，我也不大聽的進去。一個家亡國破的人，看着什麼都感覺哀傷，看着什麼都觸起舊情。劉姥姥巡視了大觀園一遍，卽上了來費城的火車。

在火車上隔着窗子，胡先生招手，一個人寂寞的回去了。他是一個不可救藥的樂觀者；而我却是一個不可救藥的悲觀者；年老的樂觀者去遠了，年青的悲觀者在車廂裏發呆……

窗外，工場林立，鐵路縱橫，我有視無覩的流覽着這些陌生景象。過了一次山洞，忽然望見藍天外一片雲朵，雲朵是熟悉的，如三天前的臺北，也如七年前的北平，「家在萬重雲外，心事付橫笛」，淚，隨它落地。

四四年二月十二日於費城

新書評介

林肯新傳

何祖紹譯　華國出版社出版

三十二開本四五七頁　定價新台幣十八元

夏道平

本書著者湯姆士 (Benjamin Platt Thomas)，對於林肯的研究，是當代美國學者中最下工夫的一位。他在約翰霍浦金斯大學 (John Hopkins University) 得過碩士(一九二四)及博士學位(一九二九)，在伯明罕南方學院 (Birmingham Southern College) 教過三年歷史，後來一直在伊利諾州 (Illinois) 擔任林肯學會的執行秘書。所以他對於林肯的研究，既廣泛又深入。除這本書以外，他還寫過五本有關林肯歷史的書，其中最有名的是一九四七年出版的「林肯及其傳記作者」(Portrait for Posterity: Lincoln and His Biographers)。

這本書的原名，只是 "ABRAHAM LINCOLN"。爲什麼譯者要加上一個「新」字，譯之爲「林肯新傳」呢？其理由大半是這樣：關於林肯的著作，據統計，截止一九三九年止，巨著和小册子共有三千九百五十八種。這是見之於一九四五年出版的 Lincoln Bibliography (編者 Jay Monaghan) 所列擧的。其中經專家認爲有永久價值的，也有八十一種之多 (見 Paul M. Angle 編的 A Shelf of Lincoln Books 一九四六年出版)。至於報紙雜誌上(林肯學會經常出版「林肯季刊」，專門發表關於林肯事蹟的文章) 關於林肯的文章還不在統計之列。可知林肯傳記這一類的書籍，眞是汗牛充棟了。湯姆士這本書是一九五二年出版的 (出版者：Alfred A. Knopf)。就時間看，它是最近的；就內容看，自一九一六年英國孔烏德 (Lord Carnwood) 的林肯傳出版以來，三十多年當中所發現的新事蹟，以及許多專家們如巴吞 (Barton)，貝佛力治 (Beveridge)，孫保格 (Sandburg) 和倫道爾 (Randall) 等對於林肯事蹟所作的檢討考證，湯姆士都已利用到。所以這本書譯之爲「林肯新傳」，也很妥當。

全書共分二十章。其章目：(一)窮苦人的簡單紀事，(二)自立的青年，(三)邊塞議員和他的情史，(四)求愛和結婚，(五)律師和政客，(六)從伊利諾州來的國會議員，(七)政爭的反響，(八)重上政治舞臺，(九)投入政治旋渦，(十)競選參議員失敗，(十一)總統的產生，(十二)和平或戰爭，(十三)維護民主的戰爭，(十四)白宮上的陰影，(十五)麥克勒倫統率三軍，(十六)困難重重，(十七)漸入佳境，(十八)沒有擁護林肯的人，(十九)總統生活的素描，(二十)國家的創痛。

林肯，是公認的美國史上的偉人，同時也是世界史上的偉人。他的偉大處在那裏呢？如果我們不讀一本翔實的林肯傳記，而僅憑我們對於所謂偉人的傳統觀念來想，一定認爲林肯也是一位「天縱之聖」，一生下來就有特別特別異人之處。甚至會相信他誕生的地方是山川毓秀，他誕生的時間有彩雲繞屋。其實，偉人之所以爲偉人，並不是天生的。湯姆士筆下的林肯，尤其可以證明。在這本書中，林肯還是一個「人」，並沒有一點甚麼神異的或「超人」的成份。年輕時他的缺點很多，有的屬於氣質方面，有的屬於德性方面。至於學識方面的缺陷，更是當然；因爲他的學校教育沒有受滿兩年。那末，他的偉大處究竟在那裏呢？最簡單的說法，照我想，應該是說在一個「誠」字。所以「誠實的亞伯」(Honest Abe) 這一稱呼，成爲他終身的別號。因爲「誠」，所以他的一切缺點都毫無掩飾地暴露了出來；因爲「誠」，他的一切缺點可以見諒於人；也因爲「誠」，他的若干缺點得以補救過來，形成了一個偉大的人格。我們說他的人格偉大，但終不能說他是完善的 (凡是反極權思想的人，不會輕於相信人世間有完善的人格)。正因爲不完善，更顯得眞實；因而他的聲音行動感人之深，決不是一些矯揉造作、自欺欺人的所謂「偉人」們所能做到的。

林肯德行中的「誠」，是有其哲理基礎的。他說過：「你能够永遠玩弄一些人，或者你能够把所有的人玩弄一些時，但是，你不能够永遠玩弄所有的人。」這句格言，誠如本書著者所說，也可看出林肯對於民主政治的認識(一一七頁)。

本書，就其前述的目錄看，似乎十之八九是寫林肯政治方面的事功，其實，林肯在修養方面的進步和在政治方面的發展，在本書中差不多是交織地敍述的。這也許是本書的特點之一。由於這一特點，使我們可以看出這「一顆沒有磨琢的鑽石」(當時人們對林肯的看法，見一九二頁) 所經歷的磨琢過程：當我們讀這本書的時候，好像有個眞實的活生生的林肯其人，就在我們左右；我們親眼看見他在德行、思想、情感、乃至語言、文字等等方面，天天在變，向高尙、縝密、健全、優美方面變。我們對這個活生生的人，特別感覺到親切有味；也特別覺得他的一言一動，給予我們的感觸之深。從這些方面，我們可以找出許多教訓。例如：

一八四八年泰勒 (Zachary Taylor) 當選總統，林肯是出了很大力量的。泰勒就任以後，覺得林肯在政治上的影響不大，對他不賣賬，不肯把華府土地總局局長的職位給他；同時林肯向泰勒推薦其他職位的人選，泰勒也不大理會。林肯的政治熱情，經這一打擊，轉於冷淡。在這以後的五年——一八四九至一八五四年當中，人們儘可說他是一個失意的政客，「但他並不怨恨。」他決定退出政治，要做一個更好的律師，更通達的人；在這五年期間，專心進修，使他的心身性格，都得到很大的進步」(一一三頁)。律師業務，使他增進了民主政治及法治精神的體驗；研習了六本幾何學的名著，使他成爲有規律的思想家 (但他仍不免要迷信夢兆)；熟讀聖經和莎翁作品，使他在講演和寫作方面，有了很優美動人的辭藻。到了一八五四年，堪薩士——納勃拉士卡法案 (Kansas-Nebraska Bill) 通過國會的時候，林肯在激動之下，雄心復熾，以另一個完全不同的林肯出來競選聯邦的參議員，與他的政敵達格拉士(Stephen A. Douglas)來七次大辯論。「從前，他在羣衆面前祇是一個思想透徹、智慧聰睿的青年，今日，他將是優越的分析者，政治的辯論家。從前，他心胸狹隘，宗旨模糊，雖然誠實能幹，但本質上自私自利。現在，道義的激動，將把這個自力更生具有天才的小城市政客，變成了一個偉大的世界政治家」(二二五頁)。這個五年的退出政治，對於林肯一生的德業，關係太大了！如果沒有這個五年，美國史上有沒有像今天所記載的這樣一個林肯，確是一大問題。政治權力是會使人腐敗的。如果你不願受它腐化，你就要有時丟開它。你如果想成爲一個有遠見的大政治家，尤其不要長期混在政治圈內，鬧得昏頭昏腦。試想想：一匹專戀棧豆的馬，還會有千足里嗎？

林肯當選總統(一八六〇年)以後，他要考慮的第一個問題，是行政部門的人事安排。當時共和黨內部派系複雜，有舊民權黨人，有前民主黨人，而他們在反奴的主張上又有激烈派和緩和派之分。而且人與人之間還不免有些私人恩怨。在這種情形下，要想閣員的人選做到材稱其職而又獲得各方面滿意，卻不是一件容易事。但是林肯在這件事上，顯現了他的政治智慧和領導風度。他只考慮人選的才幹和其代表的派系，至於這個人與他本人的關係如何，林肯均不計較。例如秀厄德 (William Henry Seward)，自以爲是共和黨的眞正領袖，向來是不大瞧得起林肯的。但林肯不管這些，竟任命他做國務卿。敵黨(民主黨)的史丹吞(Edwin McMasters Stanton) 是批評林肯最兇惡的一個人。林肯就任總統的初期，他譏笑總統庸弱，說他是「原始的猩猩」，「伊利諾的猴猴」(二六二頁)；而且林肯在做律師的時候，曾因某一案件受過史丹吞的申斥(那時史丹吞任檢察部長)。可是這些事情，在林肯的胸襟中並不成爲怨隙。當陸軍部長這一職位出缺時，林肯覺得史丹吞的特長適合這個位置，就任命他繼任陸軍部長職。秀厄德和史丹吞這兩個人，後來都心悅誠服敬佩林肯，在職務上與林肯配作得很好。尤其是林肯與史丹吞，一個是偏於和善的溫情，一個是偏於嚴格的紀律，互相爲用，補救了對方的缺陷。閣員中財政部長徹士(Salmon P. Chase)，是使林肯最傷腦筋的一個人。他是反奴激烈派的領袖，性情急躁强倔而有雄心。他不贊同林肯和秀厄德緩和的反奴態度，也怪怨總統很少與他商量國家的政策，對外頗有微言。同時他又策動激烈派對秀厄德仇視，想把秀厄德排擠掉。有個時期鬧得很僵，參議員們也到白宮干預其事。林肯認爲秀厄德和徹士兩人，工作都很好、不能讓走一個。於是他運用以前在州議會和國會所學習的政治手腕，保留了兩個優秀的閣員，而維持派系間的均勢。後來林肯競選第二任總統提名時，徹士也暗中爲他自己進行競選的準備，並且利用財政部長的職位來佈置一切。林肯知道了徹士的陰謀以後，對他的秘書約翰海(John Hay)說道：「我對於這些事儘量不想聞問，徹士先生是一個好部長，我願意留他做他份內的事。如果他當選總統，那是很好，我希望不會選出更壞的人。我現在只希望他在財政部長任內忠於職守，至於他將來的成功或失敗，我完全不管。」(三六二頁)。僅就這幾件事，我們就可看出林肯在人事問題上所表現的風度是怎樣。這才是民主的政治領袖的風度！

在林肯總統全部任期內，是一戰時。戰況時好時壞，而壞的時期居多。聯邦的命運，大有不絕如縷之勢。在這種場合，常常是政府權力擴大，人民自由縮小的時期。但在林肯的任內，我們看不出這樣一個顯著的特徵。正相反，林肯有時爲了政治上權宜之計，或爲道義上應該如此，有某種的發號施令，但在這種時候，他常常自問「我要不要拋棄憲法或法律的立場？我會不會走上專制政治的途徑？」(三一九頁)可見林肯雖在非常時期也是很尊重憲法和民主精神的。一八六一年四月二十二日，他根據檢察部長的意見，授權史考特將軍 (Scott) 及其他司令，於必要時，沿華府至費拉德爾菲亞 (Philadelphia) 的鐵路地帶，暫時停止人身保護律，並將有暴動嫌疑的人拘留於軍人監獄內。最高法院院長認爲只有國會才有權停止人身保護律，總統濫用職權，違反憲法。對於這件事，林肯的辯護是說，他沒有違法，因爲憲法沒有指明國會或總統才有權決定人身保護律的停止。儘管林肯作此委婉的辯護，而當時辛辛那提詢問報 (The Cincinnati Inquirer) 還有這樣的批評：「憲法不能任由政府官吏擴大或縮小，以適應所謂緊急措施。野心家心中常時可以想出緊急或必要的事件，這些都是暴君推翻憲法及自由的藉口」(三三二頁)。由此也可看出在那樣的戰時，言論自由之如何被尊重！

在林肯的許多格言中，我覺得最值得人人記取的，是他在第二任就職演講中所說的：「對任何人不要懷存惡意，要以仁慈對所有的人。」(With malice toward none; with charity for all)(四四一頁)。這句話出自林肯之口，是感人最深的。因爲我們可以相信，中年以後的林肯確確實實做到了這個地步。因爲他不以惡意對人，所以政治上許許多多的敵人，後來都了解了林肯，敬佩林肯；因而解決了許許多多困難問題，渡過了許許多多危難關口。因爲他以仁慈對所有的人，所以在他的心目中，沒有甚麼不可赦減的罪刑。在這方面，他確給他的陸軍部長許多爲難處(他常常接受逃兵的母親或妻子的請求，要陸軍部長赦減逃兵們的罪刑)，但他這種眞摯的仁慈，是足够感人落淚的。

林肯的立身行事，足以啓發我們的處所很多，讀者當各有其不同的會心處。我不必再多陳述了。

本書的譯文，在近年出版的譯品中，算得上是數一數二的。流暢可讀，沒有一般譯品中所常見的文句不通或晦澀之處。四二——四三頁馬士透士(Edgar Lee Masters)寫的安小姐(Ann Rutledge)的墓誌銘、和三五三——三五四頁林肯在葛迪士堡(Gettysburg)的演講詞，不僅譯得原意沒有走樣，而且前者的哀艷，後者的激昂，也不因文字的迻譯而有所損。校對方面也很好，錯字之少是一般出版物中所僅見的。所可惜者，書中的地名人名，都未附上英文原名。有時同一地名，前後的譯名也不一樣(例如 Pickens 這個地名，在二二五頁譯爲匹肯士，二二七頁譯作匹根士)更使讀者模糊。補救的方法，似可增列一張人名地名中英文對照表於書末，以便讀者查對。

讀者投書

戶稅計稅標準憑甚麼？

劉濟華

編輯先生：

四十三年下半期的戶稅，地方政府開始征收了。「戶稅」之征收，是否合理，事涉及專門學識，我個人不是專家，所以不敢置喙；不過　貴刊及海內外雜誌報紙，均曾有所列論，而大部意見，均認爲不當征收，可是收者自收，確仍爲事實。

做爲一個公民，在政府宣傳：「納稅是國民的光榮」的口號下，我雅不欲做一個不光榮的國民，所以我不便反對繳納。但是，我對於計稅的標準，確實在有些不明白，特地提出，請假　貴刊寶貴之地，代爲刊出，如蒙主管此項稅收業務的機關，不以小民愚昧見責，而加解釋，我相信本省需要瞭解的人，一定很多，則感激者當非我一人了。

在戶稅繳納通知書上，有一項扣除扶養家屬人欄，我除了有老妻外，尚有二女一子，均在求學期中。所以扶養人數，似當四人，而通知書上僅註有三人，扣除金額亦僅七二〇元。此經詢問征收機關人員，答覆如下：㊀扶養人員，係自十八歲以下，六十歲以上，方得扣除，妻雖不事生產，但不在扶養年齡之內，㊁扶養一人，全年僅扣除二四〇元，係四〇年之規定，迄今未改。經此答覆，我更感糊塗了，因爲我以爲：㊀十八歲是中學畢業年齡，做父母的，除非子女是「白痴」，或是家境太困難，大都希望子女能受較高的教育，而升入大學，政府公佈的教育制度，也有「大學」一級，自絕非虛設的意思。可是問題來了，以我一個中級公務員的收入來講，目前擔任一個高中，兩個小學的教育費用，已感沉「痛」，如果明年長女能僥倖升入大學，費用方面，將更形增加，而戶稅征收，反以已屆十八歲能夠自立的理由，來減少扶養人數，除了做父母的，（臺灣同此情形者當不止我一人）感到困難，與不合理外，似亦有失政府建立大學教育制度的原義。我並不敢說，從大學畢業的青年，一定能夠對國家社會有什麼了不起的貢獻；世界上的偉人儘多沒有受過學校教育的，但是一個國家的國民，所受較高教育的比例數目多些，至少不會是這個國家社會的損失，是可斷言的，諒　先生亦當同感！在去年公務員待遇未曾調整前，我們收入中，曾列有子女教育津貼一項，足見政府亦是鼓勵人民多受教育的。因此，我以爲，子女雖屆十八歲，而仍繼續求學的話，則戶稅之征收，扶養人數自應計算在內。此事輕而易擧，因爲照規定每次征收戶稅前是要調查的，將子女在學證明書提交給調查人員，足資爲證了。此扶養一人，全年僅扣除收入總數二四〇元，（一月廿元）則眞令我們感到已經回到「三皇五帝」的盛世了。這種自欺欺人的計算方式，主管機關竟仍能「充目不見」，而不修正，實在是太藐視人民的存在了。如果可能，我倒情願，將妻子兒女交給政府代爲撫養，我願照政府計算方式，加倍（一月四〇元）付值。

以上兩點，如能披露，而使主管部門能夠修正，我們就感激不盡了，遑論乎「取消」，更非所敢企望了！

敬頌

撰安

弟　劉濟華上

四四、二、廿八。

（上接第20頁）于他所提出的假設，隨時歡迎別人提出修正。如果別人所提出的證據使得他們所立的假設可疑，他們便改變其假設，甚至不惜予以放棄。科學家底這種態度和辦法，叫做科學之自我修正。科學家極其注重這一點，所以這一點也可看作是科學最重要的特徵。當科學家企圖用科學來說明宇宙時，常常把這一點放在心頭。這樣，他們才能時時隄防，看他們底說法是否有誤。夫生也有涯，而知也無涯。吾人能否時常自動修正自己底知識，乃吾人理知是否成熟之一記號。

＊　＊　＊

我們在以上把科學底標準說了一個大概。我們在以上所說的，似乎多少出之以武斷的態度。我們之所以出此，只是由于圖簡便起見。（原作者註：如果我們要將有關科學標準之邏輯的，知識論的，方法論的，和歷史的諸方面加以澈底的討論，那末另外寫一篇文章是不夠的，必須寫一整本書才行。」照作者看來，我們要能了解在科學標準背後的精神狀態，必須把從魔術到科學的歷史發展，作一客觀而精審的研究。在任何情形之下，我們在以上所列舉的科學標準，乃現代經驗科學所需達到的理想鵠的。所以，就我們今日所了解的科學這一名詞而論，上列標準也可視作科學之定義。至於在將來「科學」一詞究何所指，這個問題似乎無什用處。

我們必須記住，上列標準所表徵的是純經驗科學底性質。而應用科學底目標，乃實際事物的支配，生產，指導，治療，改造，等等。各種專門技術，醫藥，社會設計，與經濟設計，等等，都是應用科學。應用科學如其有用而且可靠，顯然易見是以正確科學知識爲依據的。而正確的科學知識則全爲純科學方法所支持。（我們在以上所說的種種，只是爲了作一在邏輯上重要的劃分。在實際上，純粹科學與應用科學顯然是互相刺激，互相衍生的。這一事實，我們當然並不否認。）

——未　完——

第十二卷　第六期　內政部雜誌登記證內警臺誌字第二八一號　臺灣省雜誌事業協會會員　二二六

給讀者的報告

外滙貿易問題的癥結，在於外滙供應的不足。欲求外滙供應充足，必須有較高度發達的工商業，同時財政收支平衡以及金融措施適當，如此才能保持物價的安定。現在臺灣的工商業尙未達到較高度的發展，財政金融也正處於艱困的境地，此次行政院制訂的管理外滙貿易新辦法，可以說是在這種情形下，能够制訂出來的最妥善辦法。本期在社論(一)中提出對新管理外滙貿易辦法四點關懷，俾供國人對此問題有一較正確的認識。

人權保障和言論自由是民主政治的基本要素。本期承立法委員成舍我先生惠賜在立法院提出的「人權保障」與「言論自由」質詢案全文送交發表。這一文件，實爲爭取人權和言論自由的重大文獻。社論(二)是我們對俞院長對成委員質詢的答覆辭的感想。身爲一個國家最高行政機關首長在答覆質詢時，不可閃爍其詞，含含混混。對於違法違憲的事體，要誠心誠意承認錯誤，誠心誠意糾正錯誤。

「聯合國憲章與鐵幕內人民的解放」是我駐聯合國首席代表蔣廷黻先生，在解放鐵幕內國家的運動的聯合大會上的講演詞。蔣先生說明聯合國的宗旨有兩大基幹：一爲和平，另一爲人類自由。聯合國應基於憲章對鐵幕國家實施道義、外交與經濟各方面的制裁，幫助在鐵幕內被奴役的人民獲得人類自由。但是，現在的聯合國並不忠於憲章宗旨，且反爲「解放」運動的障礙。蔣先生最後提出，世界人民應向聯合國正式忠告：「要嗎？就好好爲世界人民之自由，爲獲致眞正和平而努力，否則趁早關門大吉！」蔣先生這篇文字，實足令民主國家的政治家深思猛省。

孟浩先生的「論日本的直接民權」一文，說明戰後日本自實施新憲法後，一切政治規劃，多朝民主憲政的方向邁進。這篇文字頗具參考價值。孟先生這篇文章於去年六月即寄來本刊，但因稿件擁擠，本期始能刊出，在此謹向作者致歉。

殷海光先生翻譯菲格教授所作「自然思想與人文思想」一文，論陳科學的性質；列舉對科學的十二種誤解並逐條予以解答。

本期倫敦通訊敍述最近英國對臺灣態度的轉變，這種轉變是値得我們注意的。

陳之藩先生的旅美小簡之二「哲人的微笑」以及以後各篇皆爲優美的抒情文。因此，從本期起，陳先生的旅美小簡將陸續刊於文藝欄，而不列入通訊欄。

夏道平先生的「林肯新傳」是一篇很有趣的評介文字。在此夏先生爲我們指出，公認爲世界偉人的林肯也是一個「人」，一個和我們一樣的「人」，但他的偉大處在於一個「誠」字。我們在這篇評介文字中也可略知林肯在政治上所表現的民主風度，縱在國家的非常時期仍是如何的尊重憲法和民主精神。夏先生特別提出林肯的一句格言：「對任何人不要懷存惡意，要以仁慈對所有的人。」這是作爲一個「人」所應有的品質。

辛之魯先生的「美軍生活」，因爲原稿未到，本期未能刊出，下期繼續刊登，特向讀者致歉。

自由中國　半月刊　第十二卷　第六期
總第一二九號

中華民國四十四年三月十六日出版

發行人
兼主編　『自由中國』編輯委員會

出版者　自由中國社
社址：臺北市和平東路二段十八巷一號
電話：二八五七〇

航空版
香港辦事處　友聯書報發行公司
Union Press Circulation Company, No. 26-A, Des Voeux Rd. C., 1st Fl. Hong Kong

菲律賓辦事處　岷市怡干洛街五〇二號三樓
3rd Floor, 502 Elcano St. Manila, Philippines

總經銷
臺灣　自由中國社發行部
美國　中國書報發行所
國民日報社
Chinese Daily Post
809 Sarcamento St., San Francisco, Calif. U. S. A.
加拿大　醒華日報
Shing Wah Daily News
12 Hageeman St., Toronto, Canada

經售者
日本　東京僑豐企業公司
韓國　漢城裕昌德號
馬尼剌　大中華日報社
印尼　新疆書店
耶嘉達天聲日報
棉蘭新中華報
越南　西貢中正文化印刷公司
緬甸　仰光振成書報店
印度　加爾各答塔梅學校
澳洲　雪梨瑞田公司
北婆羅洲　西利亞波青年書店
新加坡　檳榔嶼、吉打邦均有出售

印刷者　精華印書館
廠址：臺北市長沙街二段六〇號
電話：二三四二九

中華郵政臺字第五九七號執照登記爲第一類新聞紙類　臺灣郵政劃撥儲金帳戶第八一三九號　（每份臺幣四元，美金三角）

FREE CHINA

第十二卷 第七期

要目

中華民國四十四年四月一日出版

社址：臺北市和平東路二段十八巷一號

半月大事記

三月十一日（星期五）

行政院長俞鴻鈞在立院重申堅守馬祖金門之決心，並謂杜勒斯來臺，即爲商討此問題。

教育部學術審議會通過錢穆等六人爲去年中華學術獎金得獎人。

美太平洋艦隊總司令史敦普上將在東京表示，中共如再事侵略，美有力量阻止。

美助理國務卿勞勃森預言，中共內部將起分裂，中國應即利用機會。

埃及、敍利亞、沙利阿拉伯三國同意將聯合統帥部設立大馬士革，並由埃及人負指揮之責。

義大利參院投票通過巴黎協定。

三月十二日（星期六）

美參議員諾蘭堅決表示，芬蘭油輪運油資匪，美第七艦隊應予攔截。

三月十三日（星期日）

美第五次原子爆炸，在內華達州舉行。

澳上院副議長阿姆斯壯斥艾德禮與共黨共存之謬論。

三月十四日（星期一）

美政府宣佈本年度經濟援華款項將再增撥四千八百萬美元，使全年撥款總額增至一億三千八百萬元。

美總統艾森豪向國會提出援外報告，稱譽臺灣安定進步。

三月十五日（星期二）

中日航空協定在東京換文。

工礦公司移轉民營第一次股東大會在臺北舉行。

美國務卿杜勒斯在記者招待會中暗示，中共如進犯金馬，並顯圖由此進攻臺澎，則美將使用戰術性的原子武器，以協防此等島嶼。

日本自由黨總裁緒方竹虎痛斥鳩山一郎的騎牆政策，認日本有條約拘束，必須承認中華民國爲合法政府。

美政府正研商採取步驟，阻止芬輪運油資匪。美輿論對芬輪行徑極表憤怒。

三月十六日（星期三）

美總統艾森豪在記者招待會中，支持杜勒斯的主張，表示美國爲應付未來戰爭，可在嚴格的軍事目標上使用原子武器。

杜勒斯在記者招待會中表示爲對付中共的擴張侵略，必須開闢「三個戰場」。

雷德福上將演說，警告共黨威脅並未減除，戰爭隨時可能爆發，美應維持強大軍力。

芬蘭油輪「阿魯巴」號船員表示拒絕駕駛前往匪區。該船船主謂將繞過星洲直駛海南。

法參院外委會通過巴黎協定，經委會通過薩爾協定。

三月十四日（星期四）

蔣總統答英報記者稱，我政府決防禦金馬外島，並指「停火」無異鼓勵侵略。

美國務院發表雅爾達會議的全部文件，揭穿俄帝對遠東的侵略陰謀。

我政府抗議日本未阻止中共通商代表團訪日。

美政府公佈雅爾達密件後，英首相邱吉爾在下院表示不快，認美所發表的紀錄有若干嚴重錯誤。

美參議員麥加錫要求美政府立即廢置雅爾達協定。

芬油輪阿魯巴號所有人計劃出售油料。星洲當局下令監視該輪。

三月十八日（星期五）

美國外業務署長史塔生宣佈，美計劃在下年度撥廿一億軍經援助自由亞洲。

俞院長書面答覆立院，胡光麃案政府決定依法嚴辦，將全案移送最高檢查署偵查。

中日貿易計劃會議在臺北舉行。

日本新國會選出鳩山一郎爲首相。

西德參院批准巴黎協定。

美國務卿在加拿大首都稱，美公佈雅爾達密件係根據國務院發表文件之常規。並認該協定爲羅斯福在戰時之行政協定，美政府可不受拘束。

三月十九日（星期六）

日本鳩山內閣在皇宮就職。

歐盟統帥葛倫瑟返華盛頓與美軍事當局舉行會議。

俄帝再度恫嚇法國，稱將廢止法蘇條約。

芬蘭油輪「阿魯巴」號船員拒絕繼續東駛，該輪主人表示將無法前往匪區。

三月廿日（星期日）

尹仲容請辭經濟部長職。其中信局長職務已奉批准辭，由俞國華繼任。

胡光麃騙取國財案，高檢署已着手偵查，並函保安司令部禁胡出境。

韓國駐華大使金弘一返國述職。

符立德抵臺訪問。

澳外長孟席斯向澳國會提防禦東南亞計劃，擬派遣地面部隊前往馬來亞，以對付侵略者的初步攻擊。

法國會通過一九五五年預算案。

日外相重光葵談日本外交政策，仍以與美合作爲主。

三月卅一日（星期一）

外滙審議委員會公佈申請進口結滙三項辦法。

美正促請韓戰盟國共同行動，以對抗北韓增加的武力。

越南宗教領袖聯名要求吳廷炎在五天內改組政府。吳氏已予拒絕。

三月廿二日（星期二）

蔣總統對美報人表示，我決心爲金馬而戰，並信共黨將於明年掀起全面戰爭。

葉外長在立院報告，美擬繼續公佈波茨坦會議記錄，我已表示同意。

最高檢查署偵訊胡光麃。

我駐日董大使警告日本，謂中共貿易代表團訪日，目的在製造日本與民主國家間的糾紛。

美第六次核子試爆。

法總理傅爾向英美保證法國會將於本週批准巴黎協定。

運油資匪的「阿魯巴」號決定折返羅馬尼亞。

自由中國的宗旨

第一、我們要向全國國民宣傳自由與民主的真實價值，並且要督促政府(各級的政府)，切實改革政治經濟，努力建立自由民主的社會。

第二、我們要支持並督促政府用種種力量抵抗共產黨鐵幕之下剝奪一切自由的極權政治，不讓他擴張他的勢力範圍。

第三、我們要盡我們的努力，援助淪陷區域的同胞，幫助他們早日恢復自由。

第四、我們的最後目標是要使整個中華民國成為自由的中國。

社論

（一）雅爾達密約與臺灣海峽停火

十年前國際間的秘密協定——雅爾達會議的全部紀錄，現在公布於世界人們的目下了，這密約是戰後爭論最多，意見最為紛歧的，當年的「密」，已在這十年間由各人陸續報告，已有一部分公開，現在則全部揭開，再不是「密」約了。其是非功過我們不想詳加評論，概言之，羅斯福總統的外交，在戰爭中獲勝而失敗於取得和平，則這十年間的事實已可作充分的證明，而雅爾達密約則是失敗中之最大者，尤其是我們中國又是受害最深的國家，這，已經是沒有爭論的餘地了。

美國當局為甚麼在今天發表？現在是不是適當的發表時期？這些問題也是見智見仁，因人而異其說吧。據美國一般的意見，以為要在此歷史的事實中領取教訓，我們甚表贊同。過去的事實已經過去了，我們沒法改變它，惟應以此為借鏡，使將來不再蹈覆轍而已。那麼，今後所能領取的教訓是甚麼？我們以為：秘密外交，巨頭會議，以及各國只顧自己的利害而不問是非，乃是不合時宜的舊辦法，必須澈底剷除，始能贏得和平，保障和平。

截至十九世紀止，外交幾乎沒有不是秘密的。當時的國際關係實在自然狀態之下，毫無法律或道德的拘束，所謂「國際法」實與和平或戰爭無關。各國只有估量自己的實力，以趨利避害為目標，在國際間施展其縱橫捭闔的手段。故秘密外交不但視為當然的，而且是唯一的辦法。那些當局的政治家只問本國的利與害，根本沒有保障和平的念頭，所謂「永久和平」不外是哲學家或宗教家的夢想而已。第一次世界大戰以後，國際聯盟成立了，舉世的有識之士都以和平為最可寶貴的事體，想出許多保障和平的方法，各國當局也極力宣傳和平，以悲天憫人的懷抱發出非攻反戰的呼聲。可是國際聯盟依然是為大國所把持的，那些大國的外交家根本懷抱着舊日的觀念，只顧利害，不問是非，結果軸心帝國出現，戰火重燃，而國際聯盟也就崩潰了。雅爾會議的參與者自羅斯福、邱吉爾以下依然是滿腦子的舊觀念，其只能贏得戰爭而不能獲得和平，還不是當然的結果嗎？現在聯合國成立了，有各國共同認可的憲章為依據，各國都要受其約束，故今日的國際關係不是在自然狀態了，還要玩縱橫捭闔的秘密外交嗎？還能不論是非而只顧利害嗎？

話雖如此說，且看最近的情勢仍是當年的一套，秘密外交，巨頭會議等等，到處有人主張，且事實上也正在進行，聯合國形同虛設，憲章等於具文，還不是和國際聯盟一樣？何曾從雅爾達密約領取一些教訓呢？去年的日內瓦會議固然是雅爾達的翻版，正在進行中的「臺灣海峽停火案」又不是依樣畫葫蘆？日內瓦已成過去了，今只就後者對照而比較之。

第一、雅爾達會議是在戰時，儘可以說有秘密的必要，現在則舉世沒有戰爭，為甚麼不能作公開的辯論，而必須偷偷摸摸地從事秘密交易？第二、當時聯合國尚未成立，沒有憲章的約束，故沒有公開辯論的場所，也無所謂是非曲直。現在中共明明是聯合國判定的侵略者，韓戰結束以後，其破壞停戰協定的行為多不勝舉，再和它締結協定只有自己上當罷了。前次邀請中共列席於聯合國已屬錯誤，它已斷然拒絕，聯合國也只有堅持自己的立場，以不來談則不談的態度臨之，才是理所應該。為甚麼要在聯合國以外去和它談判？第三、當時對日本的實力估計過高，以為日本仍可抵抗十八個月，為減少美國人力物力的犧牲，乃有極力拉攏俄國參戰的必要。今天則如此的錯誤已不可能，中共的實力如何，無庸估計，又有甚麼理由要出極高的代價？第四、當時大家對共黨認識未清，羅斯福總統以為出了如此的代價，可以獲得五十年的和平，縱使可責他對客觀情形過於暗昧，在他主觀上還有充足的理由可說。今天共黨的猙獰面目業已全形畢露，不但其征服世界的目標絲毫不變，而且短期間內的軍備鬆弛亦已全無可能，不論協定能否成立，都是武裝對峙，隨時可以爆發戰爭的局面了。不看最近的北韓嗎？其破壞停戰協定而擴張軍備已與日俱增，聯合國軍部方面已不能不有所行動了。那麼「臺灣海峽停火」，縱使成立協定，還不是一樣？

由此可見，英美兩國的外交家依然是玩縱橫捭闔的手段，只顧利害而不論是非，都是十九世紀的老觀念暗中作怪，並沒有領取雅爾達的教訓，而且根本不以保障和平為職志。照這樣下去，必和國際聯盟一樣，大戰必然發生，聯合國也跟着坍臺，不但和平不可獲致，連戰爭也未必能取得勝利哩！在一個國家內，已有共同的道德、習俗、法律以維持，如果各人只顧利害而不論是非，則那個國家必然是擾攘不寧的。何況今日的世界，聯合國的基礎還不穩固，各國的習俗懸殊，如果各國，尤其是大國只顧自己的利害，而不依據憲章以判定是非，還有安定、和平之日嗎？我們回顧雅爾達會議，而領取其失敗的教訓，已知非改變方向不可了。我們現在正告英美當局如不談和平則已，苟欲取得和平，而且有確實保障的和平，則非將十九世紀的舊觀念澈底肅清不可！

社論

(二) 胡光麃案的教訓

——願行政當局深切反省——

「自由中國今日較之兩年前已有很大的進步。」這句話是美國報業鉅子霍華德在臺灣看了三天以後，到香港對記者講的(見上月廿三日中央社香港電)。他所說的進步究竟指些甚麽，電訊未詳。但我們知道，他這次來到臺灣，正碰着立法院開會、立法委員們向行政院激烈質詢的時候。成委員舍我「人權保障、言論自由」的質詢案剛一結束，郭委員紫峻又提出胡光麃涉嫌官商勾結詐取國家財物案。那幾天臺北的報刋對這兩案記載得非常詳細，也評論得非常熱烈。因此我們可以相信，霍華德所說的自由中國之進步，可能是指這些事象而言。因為報人所最注意的，就是報刋；民主國報人所注意的事項，自然又少不了議會(我們的立法院)。我們的議會在這一會期中有如此熱烈的質詢，而我們若干報刋又有如此熱烈的反應，當可給這位民主國的報人霍華德以很好的觀感，使他說聲「自由中國已有很大的進步」了。

但是，另有些人也許以為這些事象之公開揭佈，殊足損害政府的威信，並授共黨以宣傳攻擊的口實。這種說法是我們難予苟同的。貪贓枉法固為汚點，但縱使在極進步的政治下，亦難免其時有發生。揭佈這些事實，從而根治它，撲滅它，才能促致政治不斷的進步。至於諱疾忌醫，只有坐令腐惡之事在暗中滋蔓，必至整個社會糜爛而後已。所以對於貪贓枉法之事之予以揭佈與評擊，無寧是一個社會的進步現象。因之，立法院最近熱烈質詢的諸案件與若干報刋的熱烈反響，都是值得鼓勵，值得贊揚的。

關於成委員舍我所質詢的「人權保障、言論自由」案，我們在上期已經為文評論；這裏，我們願再就郭委員紫峻所質詢的胡光麃案，試加論列。

胡光麃案，就立委的質詢、行政院長的答覆，以及各報刋的補充報導看來，內容頗為複雜。我們對案情本身，一時尚不能遽予論斷。現在行政院既已飭令最高法院檢察署依法偵查，故此案實已進入司法程序。我們從行政院長的書面答覆中，看到胡光麃之屢次違約失信而仍能繼續借到國家行局的欵項，眞為之駭異不置。其間有否官商勾結的情事，固有待司法當局進一步的偵查。然而一般人對於本案的懷疑，是不能謂為無因的。因為胡光麃前後借到的欵項為數如此之鉅，為時又如是之久；此等優遇，似非一般商人之所能得到。郭委員於本案的補充說明內，曾提出五點論據，對主管機關嚴加詰難。雖然新聞局吳局長談話時曾斷言確無官商勾結之情事，而其後俞院長則以較審愼的口脗在立院說：「目前尚未發現」。俞院長並表示決不對任何機關或個人有所偏袒，如有違法瀆職之事，一經發現，必依法嚴予究辦。其處理本案的態度是值得稱道的。至在法律上究竟有無罪嫌，惟有司法機關可予最後與最公正的判定。因此我們特別囑望司法機關能對此案悉力偵查，公正處理，務使毋枉毋縱，俾眞象可以大白於國人。我們的各級法院，過去在司法獨立方面的表現如何，此處我們不願多說，但本案的處理却是一個最佳的考驗。

其次，我們研究本案內容，覺得最令人困惑的是，胡光麃事件，早在四十二年，郭委員即曾在立院提出質詢，而同年五月及十月間監察院並先後提出兩次糾正案。第一次糾正臺灣省政府及臺灣銀行對楊子木材公司申請貸欵處置失當。第二次糾正中信局辦理貸欵業務不善，致公帑遭受重大損失。其中所列事例之首項即為楊子公司借欵及墊欵。行政當局於立院第一次質詢、監院兩次糾正案提出以後，不但未見有適當之改善與處置，而所屬中信局仍繼續貸墊欵項如故。這是令人百思不解的。也使我們不能輕信這是純屬行政上的失職。

查行政當局之忽視監察權與立院的質詢，實非以此案為然，亦非自今日始。類此情事，我們多有所聞。這實是我們今日政治上一項嚴重的病癥。行政權力之須要制衡，乃現代民主政治的主要原理。故西方有三權分立之說。我們根據國父遺教於三權之外更設監察、考試兩權。其旨要皆在對行政權力加以適當之限制，使不致濫用而肇禍端。我國憲法上規定「監察院為國家最高監察機關，行使同意、彈劾、糾舉及審計權」。然而事實上除同意權外，其他監察權力在今日所能行使的程度實在小得可憐。監察院幾乎等於虛設。

監察院所能調查的案件原已有限，有些機關且竟拒絕監院的調查（根據監察法第廿七條之規定，有關機關不得拒絕監察院之調查）。案件調查後成立的糾舉或糾正案，行政機關又慣以文書處理，答復了事，而不從事實上去糾正。凡此實俱與憲法精神相去遠甚。在此情形之下，政治上貪贓枉法之事便更易獲得了保障。這次行政當局在胡案中最不能見諒於國人者亦即在此。

司法的制裁畢竟只是消極的，從政治上消弭病害的根源，才是積極的治本的辦法。我們從胡案的討論中，深感我們應如何尊重並加强監察權力，使立法與監察兩個最高民意機構能充分行使憲法所賦與的職權，以促使政治的進步與改革。這樣，我們才是眞正從胡案中領取了教訓。

「寧鳴而死，不默而生」

——九百年前范仲淹爭自由的名言——

胡適

幾年前，有人問我，美國開國前期爭自由的名言「不自由，毋寧死」（原文是 Patrick Henry 在一七七五年的「給我自由，否則給我死」"Give me liberty, or give me death"），在中國有沒有相似的話。我說，我記得是有的，但一時記不清是誰說的了。

我記得是在王應麟的困學紀聞裏見過有這樣一句話，但這幾年我總沒有機會去翻查困學紀聞。今年偶然買得一部影印元本的困學紀聞，昨天檢得卷十七有這一條：

范文正靈烏賦曰：「寧鳴而死，不默而生。」其言可以立懦。

「寧鳴而死，不默而生」，當時往往專指諫諍的自由，我們現在叫做言論自由。

范仲淹生在西曆九八九，死在一〇五二，他死了九百零三年了。他作靈烏賦答梅聖俞的靈烏賦，大概是在景祐三年（一〇三六）他同歐陽修、余靖、尹洙諸人因言事被貶謫的時期。這比亨利柏得烈的「不自由，毋寧死」的話要早七百四十年。這也可以特別記出，作爲中國爭自由史上的一段佳話。

梅聖俞名堯臣，生在西曆一〇〇三，死在一〇六一。他的集中有靈烏賦。原是寄給范仲淹的，大意是勸他的朋友們不要多說話。賦中有這句子：

鳳不時而鳴，
烏啞啞兮招唾罵於里閭。
烏兮，事將乖而獻忠，
人反謂爾多凶。……
胡不若鳳之時鳴，
人不怪兮不驚！……
烏兮，爾靈，
吾今語汝，庶或我（原作汝，似誤）聽。
結爾舌兮鈐爾喙，
爾飲啄兮爾自遂，
同翺翔兮八九子，
勿噪啼兮勿睥睨，
往來城頭無爾累。

這篇賦的見解、文辭都不高明。（聖俞後來不知因何事很怨恨范文正，又有「靈烏後賦」，說他「憎鴻鵠之不親，愛燕雀之來附。既不我德，又反我怒。……遠已不稱，眡已則譽。」集中又有「諭烏詩」，說，「烏時來佐鳳，署置且非良，咸用所附己，欲同助翺翔。」此下有一長段醜詆的話，好像也是罵范文正的。這似是聖俞傳記裏一件疑案；前人似沒有注意到。）

范仲淹作靈烏賦，有自序說：

梅君聖俞作是賦，曾不我鄙，而寄以爲好。因勉而和之，庶幾感物之意同歸而殊途矣。

因爲這篇賦是中國古代哲人爭自由的重要文獻，所以我多摘鈔幾句：

靈烏，靈烏，
爾之爲禽兮何不高飛而遠翥？
何爲號呼于人兮告吉凶而逢怒！
方將折爾翅而烹爾軀，
徒悔焉而亡路。
彼啞啞兮如愬，
請臆對而心諭：
我有生兮累陰陽之含育，
我有質兮慮天地之覆露。
長慈母之危巢，
託主人之佳樹。……
母之鞠兮孔艱，
主之仁兮則安。
度春風兮既成我以羽翰，
眷高柯兮欲去君而盤桓。
思報之意，厥聲或異：
憂於未形，恐於未熾。
知我者謂吉之先，
不知我者謂凶之類。
故告之則反災於身，
不告之則稔禍於人。
主恩或忘，我懷靡臧。
雖死而告，爲凶之防。

亦由桑妖于庭，懼而脩德，俾王之興；
雉怪于鼎，懼而脩德，俾王之盛。
天聽甚邇，人言曷病！
被希聲之鳳皇，
亦見譏於楚狂。
彼不世之麒麟，
亦見傷於魯人。
鳳豈以譏而不靈？
麟豈以傷而不仁？
故割而可卷，孰為神兵？
焚而可變，孰為英瓊？
寧鳴而死，不默而生！
胡不學太倉之鼠兮，
　何必仁為，豐食而肥？
倉苟竭兮，吾將安歸！
又不學荒城之狐兮，
　何必義為，深穴而威？
城苟圮兮，吾將疇依！
………
我烏也勤於母兮自天，
愛於主兮自天。
人有言兮是然。
人無言兮是然。

這是九百多年前一個中國政治家爭取言論自由的宣言。

賦中「憂於未形，恐於未熾」兩句，范公在十年後(一〇四六)，在他最後被貶謫之後一年，作岳陽樓記，充分發揮成他最有名的一段文字：

嗟夫，予嘗求古仁人之心，……不以物喜，不以己悲，居廟堂之高則憂其民，處江湖之遠則憂其君，是進亦憂，退亦憂。然則何時而樂耶？其必曰「先天下之憂而憂，後天下之樂而樂」乎？噫，微斯人，吾誰與歸？

當前此三年(一〇四三)他同韓琦、富弼同在政府的時期，宋仁宗有手詔，要他們「盡心為國家諸事建明，不得顧忌」。范仲淹有「答手詔條陳十事」，引論裏說：

我國家革五代之亂，富有四海，垂八十年。綱紀制度，日削月侵，官壅於下，民困於外，夷狄驕盛，寇盜橫熾，不可不更張以救之。……

這是他在那所謂「慶曆盛世」的警告。那十事之中，有「精貢舉」一事，他說：

……國家乃專以辭賦取進士，以墨義取諸科。士皆捨大方而趨小道。雖濟濟盈庭，求有才有識者，十無一二。況天下危困，乏人如此，將何以救？在乎教以經濟之業，取以經濟之才，庶可以救其不逮。或謂救弊之術無乃後時？臣謂四海尚完，朝謀而夕行，庶乎可濟。安得晏然不救、坐俟其亂哉？……

這是在中原淪陷之前八十三年提出的警告。這就是范仲淹說的「憂於未形，恐於未熾」；這就是他說的「先天下之憂而憂」。

從中國向來智識份子的最開明的傳統看，言論的自由，諫諍的自由，是一種「自天」的責任，所以說，「寧鳴而死，不默而生」。

從國家與政府的立場看，言論的自由可以鼓勵人人肯說「憂於未形，恐於未熾」的正論危言，來替代小人們天天歌功頌德、鼓吹昇平的濫調。

（紐約讀書筆記）

毘羅摩對地自在王言：「大王，寧為實語而得怨憎，不為諂言而得親厚；寧為正法墮於地獄，不說邪諂生於天上。」——菩薩本緣經上。（「得」，原作「作」。）

(上接第12頁)

次就客觀方面說，一個事物自有其本身的價值，皮袍有皮袍的價值，夏布長衫有夏布長衫的價值。這個價值是存在於人類之外的，但是事物的價值又不能離開時間與空間。均是皮袍，冬天價值高，夏天價值低，寒帶價值高，熱帶價值低。夏布長衫與此相反。時間與空間是客觀的，所以時間與空間所決定的價值是客觀的。不過這個客觀的價值不是一成不變，而是隨時(時間)隨地(空間)而不同。

主觀的價值是隨時代與環境而變更，客觀的價值也是隨時間與空間而變更，所以價值判斷是可變的。不是不變的，隨人而變，隨時間而變，隨空間而變。最重要的，我們應該捨去個人的感情、意志和思想，把這個事物視為全體中的部份，再把全體放在時間與空間之內，而判斷其是非善惡。在這個觀念之下，我們又可以知道：凡要辦一個事，要決定一個政策，應顧到全體，顧到時間，顧到空間。這便是通才與專家不同之點，也是政務官與事務官不同之點，又是古人所謂「識大體」的道理。

美國兩黨政策變遷的理論基礎

蔣勻田

中美兩國，賡續了五十年的友善關係。中國大陸盡淪於共產黨之手，中華民國政府遷於臺灣，赤流乃逆襲西北太平洋，中美兩國又同其反共產主義的任務，於是簽訂了中美防守互助條約。共產主義正威脅世界自由文化，美國正領導民主國家為反共的鬪爭，又加上中美互助條約的關係，自由中國的人民，應求了解美國立國的精神，期於戰略的一致外，在政略上能與美國人民精誠合作。美國立國的精神，可於美國民主、共和兩黨政策的變遷中，窺其堂奧。

現在美國的民主黨與共和黨，於短暫百餘年的歷史中，不但所主張的政策，經過很多的變遷，就是兩黨的名稱，也有不少的更換。

民主黨在一九三二年以前，名為民主共和黨，又簡稱為共和黨，傑克遜(Jackson)任總統時，始改民主共和黨為民主黨。

現在的共和黨是自一八五六年自由黨(Whig)解散後，重新組成的政黨。自由黨的前身名為聯治黨(Federalist Party)。

一七八七年憲法會議開會。會中有主張多保留各邦權力者；有主張擴大聯邦政府權力者。兩派的政治主張，使憲法會議成了不相上下的對立局面，實為今日美國朝野兩黨立了基礎石。

當時領導聯治黨，主張擴大聯邦政府權力的是漢密敦。領導民主共和黨，主張多保留各邦權力的是傑佛遜。

這篇文章的重點，在欲說明美國兩黨政策的變遷，不欲詳述兩黨歷史的沿革，及其領導的人物。

欲說明兩黨政策的變遷，必先認識美國立國的哲學基礎；然後始能明悉兩黨政策的由來，與其所以得民失民和在朝在野的緣故。

一國立國的哲學基礎，不是幾個領導人物政治的主張；不是少數學說家的理念；也不是一個政黨的政綱和主義；而是大多數人民道德上的信念，據之以為判斷是非得失的標準。一國人民有此公是公非的標準，即為立國精神之所在。有此立國精神，則一切典章、制度和法律始有活的源頭。任何政策與主義，不能違背此立國精神；違背了立國精神，絕對不能為人民所接受。所以民主政治基礎的培養，即在從哲學上培養立國的精神。

到現在為止，美國立國的精神，完全表現在它的獨立宣言中。美國政治的是非標準，兩黨人物每引獨立宣言為護符。茲錄獨立宣言一段如下：

我們認為這幾條眞理是很明顯的，即所有的人是生而平等的，他們都是由上帝賜給他們某些不可侵犯的權利，其中有生存的權利，自由的權利，和追求幸福的權利。人們為保障這些權利，才有政府的設立，政府經由被統治者的同意，取得他們應具的權利。任何形式的政府，凡足以破壞這些目的的時候，人民就有權利更換他，或者去廢除他，並去建立一個新的政府；這個政府在奠定他的基礎的原則上，與在組織他的權力的形式上，應當在人民看來，認為最足以使他們獲得安全與幸福。

獨立宣言的起草人是傑佛遜。約翰艾敦斯 (John Adams) 謂「獨立宣言，無甚希奇，乃兩年來國會中慣用的言語」。傑佛遜對艾氏所言，初頗引為煩惱，稍久傑氏亦自認：「獨立宣言，不過是美國人民心思的解釋，其威權則基於當時各方情緒的調和，這些情緒，或發之於談話、書信、論文、或公認為是的基本書籍，如亞力士多德，歇色羅 (Cicero) 洛克 (Locke) 及雪尼 (Sidney) 等。我不敢認為有何新觀念的發現，亦未發抒任何情緒，綜其內容，都係已經流行的觀念」。

美國現在的哲學家諾斯羅伯(Northrop)以為傑佛遜以上的聲明，其重要性質有二：「㈠說明了烏托邦的理想，已變為殖民者的共同財產；㈡這種理想，固非殖民者所創造，亦非傑佛遜所發明，乃前代歐洲哲學家的搠見。在這些歐洲的哲學家中，據傑佛遜的了解，洛克最為重要」。

約翰米勒 (John. C. Miller) 在其所著美國革命之緣起中亦云：「若謂有一人焉，統制美國革命的政治哲學，即係洛克。美國之政治思想，乃洛克思想的註釋，美國人對引用洛克言語之崇敬，同今日共產黨對引用馬克思理論之崇敬一樣。謂美國革命時代之政治路線，乃洛克路線，非為過激之論。一七一六年代美國人之思想，實深受洛克哲學之浸漬」。

根據獨立宣言起草人傑佛遜個人之自述，獨立宣言的政治理論實導源於洛克的政治思想。照諾氏與米氏的話語，則不僅獨立宣言的政治理論，係受洛克的影響，實則洛克的政治哲學，已為美國人民普遍接受的信條了。

洛克的名著民治政府 (of civil government) 說：「人生來就是自由、平等、獨立的，無人可被迫離棄自主的地位而服從他人的政治權力，除非事前得到被治者的同意」。洛氏這一段話，實為上錄的獨立宣言一節話的來源。一種理論，變成一國的典章、制度、而為全國所遵從，即證明那種理論已與該國的國民思想，合為一流，而普遍的被接受為行的準繩了。

洛克的哲學，導源於牛頓 (Newton) 及嘉力里 (Galilie) 的物理學。嘉力里和牛頓認為直接可察覺的色、聲、臭與熱、並非自然物體的屬性，乃觀察者對於物體所為的反應現象。根據牛頓的物理學，乃發生了觀察者屬性的問題。解答這個問題，非物理學家的責任，乃哲學家的責任了。洛克與牛頓為朋友，

洛克不滿於霍布斯 (Hobbes) 謂觀察者亦係原子的集合體之解答，乃負起解答此問題的責任，終成洛氏一家之言。

洛克認爲僅以一堆原子的物質，解釋觀察者的人，不能說明牛頓物理學所設擬的物體、觀者與感官現象的三界關係的顯現 (Three termed relation of appearance)。進言之，卽牛頓所謂數學時空 (Mathematical space and time) 規範的物體，對觀者有所刺激，則觀者有色、聲、臭、痛、快、的感覺，立刻在感官的時空 (Sensed space and time) 顯現。根據此種觀者的感覺，洛克體認出心靈本質 (Mental substance)。有此自覺的心靈，在個別感官時空中，各備觸物卽感之能。

牛頓的物理學證明物體存在的規範，洛克乃據以說明心靈存在的哲理。有此自覺的心靈，對於宗教，政治乃立了新的意義與基礎。

洛氏既認定人有獨立的心靈，所以主張人生而自由、平等、獨立。政府應建立在「被治者的同意」基礎上。

洛氏亦深悉被治者同意一語，卽含被治者放棄一部份自由之意。故洛克發爲問題曰「在自然狀態中，人既享如彼自由，爲其自身及財產之絕對主人，至高至上，不臣屬於任何人，何以願舍棄一部份的自由與尊貴，而委身於其他權力主宰之下呢」？

洛氏之答案如下：在自然狀態中，私有財產的享受，極感不安與危險。雖云自由；但環境却充滿了恐怖與危險，因此不得不離而去之；彼之所以願加入社會，與其他已成之團體聯合，其理由卽在聯合起來，互相保護生命、自由與產業，亦可統名之曰財產」。

又曰「人之所以願結成國家，委身於政府之下者，惟一大目的，卽在保護其財產；在自然狀態之下，則缺乏此類保障」。

依洛氏以上兩段話，則政府組成之惟一理由，卽爲保護私有財產。所謂財產，不僅身外之物，而已身之安全，亦包含在內。再進一步推演洛氏之意，則政府之存在，並非最好的理想。乃兩害相權，而取其輕，所謂不得已之小惡 (Lesser evil) 是也。

認政府的存在爲不得已的小惡，是個人主義觀念的特色。洛氏的個人主義，是源於人有獨立心靈的哲學。這種觀念，美國開國之初，勢力極大，影響極深。在戰勝英國獨立之後，所以不能組成强有力的聯邦政府，須由邦聯過渡到聯邦，卽係受政府乃不得已的小惡思想之影響。信奉洛氏理論最澈底者，首推民主共和黨的領袖傑佛遜。彼主張削弱聯邦政府的權力，保留各邦的權力，卽因邦政府接近人民，易於控制。傑氏嘗說，政府職權，不應集中，而應劃分。良好的政府不是干涉，而是讓人民自己管理其所從事的工商業。傑氏對個人主義與放任主義，發揮到了極點，可謂眞傳洛克的衣鉢矣。與傑佛遜取對立的態度者，爲聯治黨的領袖漢密敦氏。漢密敦氏主張加强聯邦政府的職權，縮小各邦區域，俾完全受聯邦統制。對於經濟政策，漢氏則主張高關稅保護政策，建立中央銀行制度，與實施聯邦補貼政策。

傑佛遜反對中央政府權力之擴大，與保留地方政府自治權力之努力，無時或懈。傑氏說「縱使此央央大國，尙未分成各邦，則其劃分，亦勢在必行，裨每邦可直接管理分內的事，其管理的結果，必較天高皇帝遠的中央政府爲優。同時每邦又分成若干縣，又管理分內所有之事；每縣又分爲若干鎭市或鄉區，治理細微繁瑣的事務；每鄉區又分爲若干村落，直接歸其所有主管理。若何時播種，何時收穫，都直接受命於華府，則吾人將不久卽受饑饉之災矣」。一七九一年十二月二十三日傑氏致其友司徒氏書更慨乎言之，「侵犯人權之害，往往發生於中央政府，侵犯之害，若發生於邦政府，則將引致過分的自由力量，而矯正侵犯之弊，但中央政府侵犯人權，必將益趨於專制，進而以專制之力爲護符，而無以自返，史事不乏其例也」。

當時美國脫離英國未久，各邦政府自尊之心理頗强，傑氏反對增强聯邦政府之權力，自易爲各邦所樂從。同時工商業未臻發達，集體生產之需要不彰，無需政府之保護。當時乃斬荆闢棘，開荒擴土的農業時代。人民勇於冒險創造，對於傑氏注重地方自治，反對政府干涉經濟事業，亦自樂於擁護。故傑氏當時的政治主張，不僅師承洛克，實亦美國當時人民意向之代表。伍德伯恩 (James Albert Woodburn) 著美國政黨及政黨問題，詳述美國兩黨的歷史，述及一八〇〇年後聯治黨失敗之原因謂：「擧全國顯達才智之士，皆集中於聯治黨。聯治黨的力量，非產生於羣衆之擁戴，實因其領導人物之才能。漢密敦乃領袖之領袖，但非人民之領袖」。可知當時的聯治黨，雖云人才輩出，其所標榜的政策，如保護關稅政策，中央銀行管理金融，奬勵工商業補貼政策，國民兵與常備兵劃分的主張，以今日的眼光觀之，實具有遠大的抱負。然以其與多數國人所信仰的洛克哲學相去甚遠，故當時無法引起多數人之擁護。茲再擧兩件史事以證明聯治黨之失敗，完全由於政綱之不洽於民意。

㈠美國憲法依洛克政治學精神，採三權分立制度。雖授立法權與國會，但頗限定其立法的範圍。國會立法權，已受相當的限制，而傑氏及其信徒對聯邦政府之權力，仍不能漠然置之。僅行憲兩年，既有十條憲法修正案，加强保障各邦及人民權力的條文，使聯邦政府不便多所問津。此類修正案皆由國會提議，而爲數邦所批准。第一條修正案爲「國會不許製訂法律，規定宗教之設立，與禁止信敎之自由；或限制言論自由；出版自由；人民和平集會之權力與人民請願權利」。第十條「爲憲法未賦予聯邦之權力，或未禁止屬於邦政府之權力，則此剩餘權，分屬於各邦或人民」。這兩條修正案，皆係削減聯邦政府的權力，而保障邦政府與人民的權力，都一一得順利爲國會所通過，爲各邦所批准。是傑佛遜之政治主張，博得美國多數人民之擁護，事至顯然。

㈢自一七八九年華盛頓就第一任總統職，一七九二年當選第二總統，一七九六年當選第三任總統，辭而未就，由副總統艾敦斯補缺至一八〇〇年，即由民主共和黨的領袖傑佛遜當選爲總統，直至一八六〇年，其間僅有小黨乘民主共和黨內部的紛爭，三次奪得政權，民主共和黨繼續執政，垂五十年之久，非其政策爲多數人民所擁護，何克維持如此久遠之政權乎？

至於華盛頓之當選第一任總統，可說與聯治黨之政策無關，純以領導獨立戰爭的功勳，爲十三邦人民所擁護。華盛頓本極反對政黨之存在，基此一點理由，謂其與聯治黨無關，亦無不可。余友邱昌渭先生所著美國政治與政黨制度，列華盛頓爲聯治黨，實因憲法會議時，華盛頓之主張與初期的聯治黨之主張相同故耳。由此觀點推論，美國自一七八九至一八六〇年，民主共和黨政策，實可掌握多數人心。考其所以然之故，則因洛克之政治哲學，在宗教、政治、經濟三方面，普遍的支配了美國人民的心理，而傑佛遜所確立的政策，又完全反映了洛氏的思想，即政治上採個人主義與經濟上採放任主義，故易爲人民所接受。

當時聯治黨的雜誌聯治人 (Federalist)，係漢密敦的朋友傑伊 (Jay) 所主辦。在美國憲法尚未批准之前，傑伊所發表的文章有這樣一段話「各邦係一個團結一體的人民；這個團結一體的人民，沿同一祖宗，說同一語言，信同一宗教，會於同一政治原則之下，風俗習慣，無一不同，在聯軍共謀合力之中，並肩作戰，經過長時期的流血，乃建立了共同的自由與獨立」。

「如此國家，如此人民，似即爲彼此關係而立，亦可謂爲上帝之計劃，具此共有的遺傳，正便於結爲一體弟兄，堅强相携，不應分裂成爲離羣索居，互相排斥與秦越敵國」。

從所引以上兩段傑伊的言論，可以看出聯治黨人認識國家成立之理由，緣於地理環境，社會關係，與共同歷史，與洛氏的理論，起緣於私有財產的保護者，則大異其趣。聯治黨重在民族一體，故主張加强中央政府的職權，於是中央銀行計劃，關稅保護政策，乃相因而來。從這些政策中，可反映出聯治黨所認識的政府，乃是積極的善，非如洛克認定政府乃不可避免的小惡。

聯治黨既不信仰洛克的政治哲學，則其政治思想，究何自而來呢？認清這一點，然後始可烘托出一八六〇年後林肯成功的智慧；同時雖云林肯成功，並不是洛克思想支配美國人民力量的衰退。

諾斯羅伯曾考證漢密敦及傑伊輩的思想來源如下：布路克氏 (Van Wyck Brooks) 在所著華盛頓爾文的世界中 (The world of Washington Irving)，曾說美國雖革英國的命，可是漢密敦和其同志，仍保持英國的政治與社會觀念；他們不贊成洛克的平等的民主學說……；總之，漢密敦輩乃眞實的聖公會教徒 (Episcopalian) 與貴族。……英國貴族的聖公會教徒，對於善良社會的觀念，乃基於亞力士多德的哲學，而非基於洛克的哲學」。亞力士多德以生物類型系統的觀念 (Hierarchy) 解釋社會屬於一體，自不易爲獨立後的美國人民所接受。故聯治黨在野多年，即因其信仰的來源，與多數美國人民的信仰之不同。直至十九世紀五十年代，黑奴問題發生，林肯運用其智慧，從另一角度，解釋獨立宣言，迎合洛克的政治哲學，始克轉回共和黨六十年來的逆運。茲引證林肯一段話如下：

「從政治上說，我從無一種情感，不是發之於獨立宣言所蘊蓄的情意。……我嘗嘗自問道，究竟是什麼偉大的原理與觀念，使這聯邦能長期保持。我認爲不是因爲脫離了母國的殖民地，而實因爲獨立宣言的情意，使自由的涵義，予本國人民以未來的展望，也予世界人類以未來的展望。因此不啻予世人以諾言：迨適當時期，一切人雙肩上的重擔，都可放下，一切人都有同等的機會」。

林肯從獨立宣言的立場，解釋憲法上的自由，是一切人的福音，不是少數白種人的特權，以闡明其反對奴隸制度的政治信念，實淵源於洛克的哲學，故可博取多數美國人的同情。因爲林肯有出人一等的智慧，使他可在同一哲學基礎上，轉變美國實際政治的趨向。一八五六年林肯所新組成的共和黨，發表了一篇富麗堂皇的政綱，有這樣一段話：

我們共和黨的前輩，謀在美國境內，廢除奴隸制度，曾公告說不按照合法的程序，不能剝奪任何人的生命、自由、與財產。維護憲法條文，以防止違憲而建立奴隸制度，乃是我們的職責。

從以上所引的一段話，可看出共和黨深知美國人民重視自由，故從自由觀念，以反對奴隸制度之存在。並以維護憲法條文的說法，而謀增强聯邦政府的權力，以干涉奴隸制度。實較漢密敦輩從共同遺傳與一體的觀念，說出增加聯邦政府職權之理由，能適合多數美國人民之口味。

當時民主黨總統布克南 (Buchanan) 以受南方領袖之影響，在堪薩斯邦 (Kansas) 施行同情奴隸制度的政策。民主黨的北方領袖道格拉斯 (Douglas) 說「假使堪薩斯邦需要一部奴隸邦憲，其權操之於該邦；假使該邦需要一部自由邦憲，其權亦操之於該邦。究竟如何決定奴隸制度，非我所有事也」。觀民主黨北方領袖道氏之言，仍本傑佛遜地方民主自治之論，推奴隸制度存廢的責任於人民身上。此洛克哲學之又一方面解釋。然美國人民對道格拉斯不負責任的解釋，面對奴隸制度，而不起道德的責任感，認爲有責任感的政治家，不應如此。故多數接受林肯的解釋，一八六〇年選擧的結果，政權乃轉入共和黨之手。故我說自一八六〇年直至一八八〇年，政權雖轉入共和黨之手，並非洛克哲學之失勢，乃對洛克自由民主的理論，解釋之不同耳。

林肯當政後，挾戰勝南部各邦之餘威，不但澈底解放了黑奴，所有漢密敦之政治主張，亦皆一一付諸實行，於是美國藉關稅之保護，始由農業社會轉入工商業社會。社會既日趨富庶，大規模經濟事業，蒸蒸日上，金元王國之基礎，乃於焉奠定。因此共和黨政策，更深洽民望。六十年間，僅一八八四年與一八九二年白宮寶座兩度爲民主黨的克利夫蘭所佔據，一九一二年至一九二〇年，共和黨因老羅斯佛與老塔虎脫之爭，白宮寶座又爲民主黨的威爾遜入據外，直至一九三二年美國政權始終操於共和黨之手。

共和黨的工業保護政策，促成美國進入工業社會，工業發展的結果，於是生產與消費不能平衡的問題，關稅政策對培養國際市場與國內市場衝突的問題，勞資利益不能協調的問題，及不可避免的失業問題，乃相逼而來。故美國到二十世紀初期，兩黨對自由與民主觀念之衝突，已由政治領區，轉入經濟領域。換句話說，依英美自由主義的經濟思想，政府對於人民經濟行爲，不應橫加干涉，此係洛克休穆以來對於經濟自由之解釋。工商鉅子卽利用此種解釋，以拒絕農人，工人及流汗的童工，享受聯邦原則的保護與援助。換言之，卽因經濟自由，而使大部份人失去自由。工業發達後所造成之矛盾現象，乃變成共和政策製訂的矛盾，而無法以調和之。共和黨造成工商資本家，工商資本家擁護共和黨當政，前後互五十六年之久。資本家的共和黨黨員，以其經濟事業，利於不受政府干涉之故，乃一變而信奉威爾遜前民主黨的放任經濟政策。

諾斯羅伯在其所著東西會合中有一段話說：「因爲管理與壟斷這些龐大基本的社會生產組織，使工業家挾有優越之勢，以凌駕工人與農民之上，在這些優越條件之上，共和黨的保護關稅政策，更爲之錦上添花。政府的關稅政策不過保護工業家，免去國際市場的競爭，然以少數大公司的集中壟斷與管理，輔之以銀行的相互勾結，復保護工業家免除國內市場放任自由的競爭。

諾氏又說「在此情況之下，北部的農人，尤其中西部的農業各邦，因爲他們追隨林肯，參加內戰。雖忠心於共和黨，但已頻於不能忍受的環境了。一方面因政府對工業之保護，在高關稅政策之下，工業家易於操縱物價，農民被迫在壟斷的市場中，購買農機及成品；一方面又因政府之保護，移民之限制而便於操縱工資，農民又被迫僱取農工於壟斷的市場中，但是農產品則被迫售之於眞正放任的世界市場。……於是美國農民乃更難免於破產之遭遇」。

根於以上兩段話，則共和黨應急謀改進之策；然一累於歷史的墮性，一累於資本家的黨員不願放棄既得的利益，使共和黨無法適應時代的需要，改變其政策。但並非共和黨人無此認識。如謝爾滿反托拉司法案 (Sherman Antitrust act)，如老羅斯福總統因反對托拉司而另組進步黨，如衞斯康辛州共和黨州長佛利特 (La Foliete) 轉變當時的觀念，認爲社會管理之爲必需與良善，都足證明共和黨對放任經濟之懷疑。不過時機未到，難得黨內多數的同情，不易收效果耳。

民主黨自一九一二年威爾遜當選總統後，面對工農兩階級生活痛苦的現實，不得不對洛克、傑佛遜的自由放任主義，另謀新的解釋，以謀增加中央政府干涉經濟事業之職權。玆引威爾遜一段話如下：

> 在牛頓的造謌下，政治於是變爲機械。……這樣理論所引起的爭辯，卽是政府並非機器，而是有生命的東西。政府非落於物理系統的學說範圍內。應落於有機生物學的範圍內。故應以達爾文的理論爲依據，而不應依據牛頓的理論。因此政府應受環境之支配，因職責之需要，因生活之逼迫，而形成其職掌。沒有一個具備生命之物，在其組織內互相抵銷與牽制而能生存者。反之，他的生命必賴其能迅速合作，隨時對本能的或智慧的命令，暨和協社會的目的，作適當的反映。在現代的分工社會中，政府非盲昧之力量的集體；乃如同人的身體，具備高度的與不同的功能，且有共同的事業與目的。……

威氏欲以達爾文生物進化的學說，代替牛頓的機械原子學說，以爲美國政治觀念的基礎，而改善產業發達後所引起的社會問題，當時的效力，實亦甚微。直至一九二九年後經濟恐慌釀成，人民飽嘗放任自由經濟的惡果，乃結束了共和黨的政權。民主黨重行當政，羅斯福總統，力矯放任之弊，提出新政，(New Deal) 於是走上社會化的道路，爲美國政治開闢新的局面。

新政之內容，在經濟方面，多接受英國經濟學家克恩斯 (Keynes) 學說之指導；政府多方面發動公共工程，以補私營企業之不足，而平衡產銷關係。在政治方面，威爾遜所宏揚的達爾文學說，可謂予漢密敦、林肯的聯治原則以活潑生動的內容，羅斯福援而用之，對內政及外交兩方面，皆表現其積極善良的價值。因緣時會，對於新政尤關重要之點，卽霍勒姆士大法官 (Justice Holmes) 亦受達爾文學說之影響，以生動的方式，解釋法律，實爲新政從法律方面先鋪一條坦途。高明的大法官佛蘭克復特爾 (Justice Frankfurter) 繼霍勒姆士之後，當新政發軔之初，朝夕與羅氏相過從，充其重要的政治顧問。說也奇怪，漢密敦時有馬夏爾大法官之解釋法律，有助於聯治原則者甚鉅。新政前後，又有大法官霍勒姆士與佛蘭克復特爾為羅斯福之臂助，使羅氏的新政，在美國人民心目中，不違背傳統的民主自由思想，更不違背憲法上所賦予的人權；然究新政的內容，對於社會的改造，實遠過於不流血的革命。大法官解釋法律的職權，竟有如此偉大的貢獻，此誠美國政治之福，令吾人嚮往不已，不禁回首三嘆。不識我國大法官，亦想造出如此功績否？

美國民主黨繼續執政二十年，推行新政，從經濟眼光衡之，已由資本主義趨向於社會主義，至少可稱為社會化的資本主義；而政治上自由民主的傳統精神，則未虧損絲毫。其在法律規道上，調和自由與平等觀念的運用，實足為吾人之楷模。

現在艾森豪總統已執政二年，說者謂共和黨之重行登臺，緣於政策之變更者少，緣於艾氏之戰功者多。故兩年以來，對於經濟又偏重於自由企業。對於內政，亦無擴張政府行為的趨向。即對外交政策，雖以爭取主動為號召，亦無若何積極行為。證明艾氏對於美國傳統的政治觀念，仍極衷心尊重。

一九五〇年七月六日發行的「自由中國」，載有我所作一篇文章，題目是「美國對遠東的基本態度改變了麼」？我的結論是「我不相信美國援助越南，而忘棄了安南將來如何完全獨立；我更不相信美國援助中國，而忘棄了中國將來如何眞正民主」。那篇文章發表時，尙為杜魯門執政時期。四年後的今日，執政者雖由杜魯門變為艾森豪，而事實的演變，證明我當時的推論，完全不錯。

從越南說，美國已將越南完全從殖民主義枷鎖中解放出來。一切美援皆由美國直接交於越南政府，而不經過法國駐軍之手。且派柯林將軍為特使，駐節越南，支持吳廷炎政府，黜悍將阮文興於法國，以統一越南政府之軍事指揮權，更增强越南獨立的生氣。從中國說，在中美協防條約中，特訂專條，規定締約國「互相加强自由制度」。其不能忘懷中國之民主自由，更屬彰明較著。美國對於自由民主所以如此認眞者，卽緣於美國人民之自由民主觀念，發之於哲學的信仰，可謂根於心而生於性。其國內兩黨之進退，卽由於其所標榜的政策，對於自由民主涵義的解釋，是否可以滿足人民之要求，為不易的前題。其執政時期之久暫，卽根據於執行政策的結果，對於自由民主理想實現的程度。任何總統既不可事前任意欺騙宣傳，更不可事後敷衍塞責。此美國立國眞精神之所在。我們現在既與美國訂有協防條約。而在此條約內，美國又顯然表示其關心中國自由民主制度的建立。余因不憚煩瑣，根據兩黨政策製訂的來源，以說明美國人民對於政治哲學的信仰，不特可供今後與美國論交之參考，亦可為我國推進自由民主政治的借鏡。

一九五五年二月九日

如何判斷一個政策的價值

薩孟武

凡討論一個問題，須以這個問題爲全體中的部份，由全體觀察部份，再由部份觀察全體，而後對這部份的問題，才可以下以價值判斷。

全體是集合部份而成的，部份不能離開全體而存在，所以討論部份之時，必須時時刻刻把「全體」放在心上，知道這個部份在全體中所佔的地位如何，這個部份對於其他部份之影響如何，從而對於全體之影響如何。

舉一例說，假定——這是假定——國家因爲鹽價太低，不能擴張生產，從亦不能外銷以換取外滙，於是增加鹽價到百分之四十，這種決策就鹽的生產本身而言，固然不錯。但是決策的人，一、宜知道鹽之外銷在整個外銷的貨物之中所佔之地位如何。二、宜知道勞力的人要吃鹽，鹽價提高之後，對於勞工的生活有何影響，並且是否有反於租稅公平原則。三、宜知道鹽價提高之後，一切與鹽有關係的貨物，如醬油、鹹菜、鹹魚、鹹肉之類，會不會也漲價起來；由於這些食品的漲價，會不會直接或間接引起物價的普遍騰貴。四、宜知道萬一物價普遍騰貴，其影響於社會經濟如何，其影響於國家的人事費及物件費如何。五、宜知道增加鹽價之所得能否補償物價踊騰之所失。……知道了這幾點之後，對於鹽價可否提高，才可以下以決定。

× × ×

不問那一種事物，都是在時間與空間之內。時間就是時代，時代不同，事物所表現出來的性質也不同。空間就是環境，環境不同，事物所表現出來的性質也不同。所以討論一個問題之時，不但要把問題視爲全體中的部份，把部份放在全體之內，且要把全體放在空間與時間之內，判斷其性質。

同時，空間與時間，換言之，環境與時代，又往往互相影響，而改變彼此的性質。例如今日中國的社會環境縱與三十年以前的美國社會環境相似，然而美國三十年以前的制度也未必就可以依樣葫蘆的實行於中國。爲什麼呢？時代不同，觀念也不同，這個時代觀念射到環境之上，又令環境發生了變化。同樣，今日的中國與今日的美國固然都是生存於一九五五年的時代，但是美國可以行的，中國未必能够行得通。爲什麼呢？環境不同，需要也不同，這個環境需要影響於時代之上，又令時代觀念發生了變化。

我們常常聽見人言，美國如何，美國如何。美國每年花在兒童福利之上的平均每名若干美金，花在大學學生身上的平均每名若干美金。美國洗了一件襯衫，價錢若干；剪了一次頭髮，價錢若干。而又把這「若干」的美金，用官價或市價換算爲新臺幣，以爲我們所花的太少，我們所付的太便宜，這眞是滑天下之大稽。美國的經濟情況如何，能知道麼？美國的國富如何，能知道麼？美國的國民所得多少，能知道麼？美國每年預算多少，能知道麼？未曾一一比較，而乃欲把美國之制應用於中國，這無異於窮兒要作百萬富豪的生活。

× × ×

自然方面有它的原理，這個原理叫做自然法則。社會方面也有它的原理，這個原理叫做社會規範。

同一事物，在同一條件之下，必定發生同一現象。舉例言之，「雪在高溫度之下，便見融化」，「雪」是事物，「高溫度」是條件，「融化」是現象。不問時間如何，空間如何，事物相同，條件相同，現象也必相同，這是自然法則，所以自然法則是超時間、超空間的。

反之，社會規範則不然了。剛才說過，部份與全體，時間與空間，把部份放在全體之內，又把全體放在時間與空間之內，一個變化了，其他也必變化。部份可影響全體，全體又影響部份。時代可改變事物，事物又可以變更時代的精神。環境可改變事物，事物又可以變更環境的需要。而時代與環境又會互相影響，改變彼此之性質。所以社會規範不是一成不變的。

在這種觀念之下，我們欲依某種社會規範，尤其是外國的法制，以決定某一種問題，當然不對。研究財政學的人總喜歡說，我們應學先進國那樣，以所得稅爲稅收的基礎。在美國，所得稅稅率有高至百分之九十五以上者，吾國未免太低。這種說法就事實說，固然不錯，就租稅本身說，也是不錯。但欲以之爲吾國目前的財政政策，似有斟酌的必要。何以言之，吾國每人所得計有多少，其金額恐皆在免稅點以下。並且產業尚甚幼稚，如果國家征收所得稅到百分之九十以上，試問「擴張再生產」如何進行。——人口一天一天的增加，而產業規模依然如故，其初也，大衆貧窮，其終也，必將影響於國家財政之上，而令國家財政也感覺支絀。

× × ×

自然現象是一個「實在」的問題，社會現象是一個「價值」的問題。所謂價值是吾人對於一件事物，評論其好壞，所以價值判斷一方是主觀的，他方又是客體的。

先就主觀方面說，價值不能離開我們人類的感情、意志、思想；而我們人類的感情、意志、思想又隨時代觀念與社會環境而不同，即不能離開時間與空間。同一花也，同一鳥也，花香鳥語，由賞心樂事的人看來，可以增加快樂的情緒，而由杜甫看來，却是「感時花濺淚，恨別鳥驚心」了。爲什麼呢？時值安史之亂，「國破山河在」！

（下轉第6頁）

G·I·回家去吧！

——美軍生活之八——

辛之魯

三年來，我在日本目睹過許多次反美運動。最大規模的一次是一九五二年對日和約生效後的五一暴動。激動的羣衆曾焚毀停留在美國遠東軍司令部前的美軍汽車，並毆打美軍人員。一九五二年的五一暴動可以說是日本反美情緒的一次具體表現。自從五一暴動後，許多次的反吉田內閣、反對再軍備和反對基地化運動中，也都蘊含着反美的意味。每次當遊行隊伍經過美軍軍事設施的時候，他們都高呼：「G·I·（美國大兵）回家去吧！」

美國軍人看到示威的隊伍，聽到「G·I·回家去吧！」的聲音，有的感情用事地說：「我贊成！誰願留在這兒!?」有的激憤地說：「我們化了百數十億美金，幫助他們從廢墟中建設起來，却招來他們的反對！」有的却很冷靜地說：「我不瞭解他們爲什麼反對我們，我們應該想想！」

感情用事和激憤並不足以解決問題，冷冷靜靜的反省才有助於問題的解決。

除了一九五二年五一暴動曾經發生過流血慘劇外，後來日本政府當局對遊行示威一直採取疏導政策，美軍當局也採取避免刺激的政策。每當遊行示威發生時，美軍當局即下令禁止美軍人員外出，避免和遊行羣衆接觸，而發生衝突。由於日本政府和美軍當局的適當的措施，各次示威運動都安安靜靜度過了，沒有造成「流血英雄」，以致釀成更大的「勢」和「焰」。直到現在，日本的反美情緒，並沒有成一股「激流」而到汎濫的程度。

美國畢竟是一個民主國家，在國際間也堅持一項原則，那就是「你有反對我的自由」。美軍從未像蘇俄在東德那樣，出動坦克對付手無寸鐵的羣衆。這就是「民主」和「極權」的重大差異！

日本的反美情緒，我們不能毫不加思索地說，完全是由於日本共產黨的煽動。我們有理由相信，絕大多數的日本人民是反共的，雖然在日本溫和的中立主義稍爲增强，但這並不能說明日本將倒向共產集團。日本今後的出路，如經濟問題，貿易問題，都不是和中共擴大貿易就能解決的，日本必須和自由世界和領導自由世界的美國合作，才能解決她的難題。日本將會站在自由世界這邊。因此，日本的反美情緒，日共的煽動只能說是原因之一。日本還有少數人是故作反美之態，以便對美國「討價還價」。除此之外，我認爲還有其他更有力的因素：

一、經濟上的煩惱：日本的人口有八千八百萬，而土地有限，同時缺乏天然資源。日本每年需要輸入價值二十億美金的工業原料、食糧和生活必需品，才能維持最低限度的人民生活水準，日本也必須輸出足够的產品而使輸出輸入平衡。目前日本的國際貿易每年入超達十億美元。但貿易差額由於駐日美軍的消費和聯合國軍隊的在日特別採購而彌補了。然而這種收入的來源，由於韓戰的停火和駐日美軍的部分撤退而減少，甚至於在不久將來就可能終止。因此，日本就必須另想辦法解決，那就是發展正常的國際貿易。於是，他們就想到了中國大陸。在戰前，中日貿易關係就十分密切，而來自中國大陸的原料遠較來自其他地區的成本爲低。雖然據日本的專家估計，現在縱然對中國大陸貿易進行順利，每年貿易總額也不過七八千萬美元，日本的貿易差額也只能抵銷一小部分。但是，對於不明瞭中共本質的日本人而言，大陸貿易却具有相當誘惑力，他們在心理上嚮往和中共打一番交道。

然而，美國的對日政策却希望日本不要對中共進行大規模的貿易，美國這一政策是基於世界全盤策略的考慮。美國最近曾警告日本說，和中共建立貿易往來的日本商號存在美國的資產將按美國國內法予以凍結，美國將引用麥加蘭法案，禁止和中共貿易的日本商號代表進入美國。美國並警告日本說，美國法律禁止用中共原料製造的任何成品輸入美國。美國所採取的措施是合乎聯合國的禁運政策的。但是，日本一部份人民却覺得美國不顧日本人民的生存，在心理上激起一種反感，日本人表示：「你們要活下去，也得讓我們活下去！」飽人向在饑餓恐怖線上掙扎的人說：「生死事小，失節事大。」他們是聽不來的。美國應該用說服的方法和實際的辦法解決日本的貿易問題。

美國負有領導自由世界的責任，就應該運用她的影響力替日本尋求貿易出路。戰後美日貿易關係相當密切。日本每年以七億美元購買美國產品、工業原料、食糧。美國以二億六千萬美元購買日本的生絲、瓷器、玩具和機器零件。日本對美國的貿易差額達四億四千萬美元。要彌補這一巨大貿易差額，美國應該賦予日本產品在美國公平出售的機會。

此外，美國還應該鼓勵東南亞國家給予日本產品公平出售的機會。東南亞是日本產品最理想的市場。現在日本對東南亞各國的貿易還未達到戰前的水準，而東南亞各國仍然瀰漫着一種對日惡感和恐懼感，這種對日惡感和恐懼感是日本自己造成的，日本應用努力與忍耐來消除這種感覺，在這方面，美國也應運用她的影響力量。

日本在國內也應該將她的工業設備和生產技術近代化，以減低生產成本。日本許多產品價格低，但也有許多產品價格超過國際市場價格，而不能在國際市場上競爭。日本在改進工業設備和生產技術方面，是需要美國的更多投資和技術援助的。美國在這方面也不能閃避她的責任。

日本的貿易問題關係日本人民的生存，也是日美兩國關係的重大考驗。如果美國能運用她的影響力替日本開闢一條出路，不僅日美關係更趨密切，不僅日本會堅決的站在自由世界這邊，而因這問題引起的反美情緒也必將大爲減弱。

二、厭戰的心理：麥克阿瑟元帥曾擬訂了一部廢戰憲法，憲法上說日本永遠不再武裝。戰後，美國是想使日本成爲「太平洋上的瑞士」。但是韓戰發生後，麥克阿瑟元帥又下令日本組織警察預備隊。現在日本的警察預備隊已改成保安隊。日本已擁有十一萬保安隊以及小型的海軍。

美國的政策是極力促使日本加緊整軍。美國對日本的整軍遲遲不進屢表不滿。美國國防部助理部長塞爾談到日本整軍時曾不耐煩地說：「我們一向願意協助我們的朋友，但是，我們要確實知道他們是否在幫助他們自己。」美國希望日本在今年能武裝十六萬武裝部隊。美國的軍事專家認爲防禦日本需要三十二萬五千或三十五萬的陸軍，包括小型巡邏艇、魚雷艇、掃雷艇和驅逐艦的小型海軍以及包括噴氣驅逐機和中型轟炸機的小型空軍。

美國促使日本整軍，但是，日本國內却瀰漫着一層厭戰氣氛。到處喊出反對戰爭和「保障現行和平憲法，反對再武裝企圖」的聲音，尤其是年青人、家庭主婦和宗教階層。我曾看到年青的日本學生在報紙上看到再軍備的消息，氣得將報紙撕得粉碎，咬牙切齒地說道：「討厭戰爭啊！」我也曾看見美國噴氣機掌掠過上空時，十五六歲的日本孩子，面現恐怖之色。我也曾聽見許多年青的日本主婦問道：「戰爭再爆發的時候，原子彈是否還會落在日本？」第二次世界大戰給日本人留下的印象太恐怖太深刻了！

美國促使日本整軍的政策，對於一部份充滿恐戰心理的日本人引起一種反感，進而激起一種反美的情緒。日本的整軍進展是受她的經濟力的影響，如果整軍的擔負超出日本經濟能力，那麽日本的政治經濟將陷於崩潰。如果日本的經濟陷於崩潰，則共產主義便獲得發展的溫度，因爲共產主義在貧困和經濟不穩定的地區才容易發展。美國在促使日本整軍的同時，必須致力消除日本人心理上的障礙，並且對日本應增加軍事援助，俾使日本整軍而不至太影響日本經濟。此外，美國應逐漸使日本負起防衛自己的責任，這也是削弱反對再軍備心理的有效方法。一九五四年秋，美國第一騎兵師由北海道撤退，而將北海道防務交給日本保安隊，就是爲了這個目的。我想，世界局勢的演化和美國的作法將說服日本人民的反對再軍備的心理，那麽，由於再軍備而演出的反美情緒自將日趨沉寂。

三、戰後美日兩國人民的接觸：美國的皮瑞提督（Commodore Perry）在一八五三年駕着「黑船」到達日本，促成日本的「開國」。這也是日本和西方國家近代關係的開始。自日本「開國」後，日美關係大體上保持一種好感。但第一次世界大戰後，美國公佈排斥東方人法案（America's Oriental Exclusion Act），這一法案對日本民族的自尊心是一種打擊，日本軍閥曾大事宣傳反美，這是日本歷史上第一次反美。第二次大戰後，美國以「征服者」的地位進駐日本，美國人不斷地和日本人接觸。佔領當局的美國軍人和文職人員並不集中在東京、橫濱、神戶和大阪，而分散在日本全國各地。他們每天和日本農民、漁民、礦工、產業工人、教師以及地方政府的官員接觸。佔領結束後的今天，仍有美國大批駐軍、文職人員、旅行者、商人和傳教士不斷地和日本人往來。在過去九年中，據估計有兩百萬美國人到過日本，這個數目是相當可觀的。

在佔領初期，日本的戰敗說服了日本人必須從美國學習更多的東西。日本人對美國的事物發生了莫大的興趣，產生了一種「美國熱」。他們風起雲湧地仿傚美國的生活習俗。日本除了接受美國佔領當局的改革法案外，日本人也抄襲美國的語法，以及人與人之間的行爲方式。因此，在佔領初期，美國對日本人的生活和思想上產生了很大的影響。

但是，美國人在日本的地位是「指導者」「家長」「監督者」，這種關係又引起了日本人的憎惡之情。日本人對任何美國人都要「向上看」，這並不是由於美國人的聰明、才智等個人因素，而是由於美國人的權力和地位。美國人在日本的地位，養成了一部份美國人的「狂妄」、「自尊自大」以及對日本人的蔑視。

美日兩國人民的接觸，使美國人的優點顯露出來，同時也赤裸裸地暴露了美國人的弱點。日本人對美國文明也產生了一種誤解，認爲穿牛仔褲、夏威夷花衫，看脫衣舞，吃口香糖，喝可口可樂就是美國文明的結晶。在日本的美國人以軍人爲最多，美軍人員喜歡公開作樂，在黯黑的電影院中擁抱着日本小姐；在銀座街頭挽着阻街女郎，唱着「Buttons and Bows」；以及在兵營附近的少數美軍人員的醉酒和放浪行爲，在舞廳、酒吧間的狂飲熱舞，都給日本人一種刺激和屈辱之感，而引起一種反美情緒。

當然，也有許多生活在日本的美國人知道尊重和讚美日本人的好的品格，也尊重日本的文化，因此，也有許多美國人在日本人中間建立了友誼。

我認爲日本的反美情緒主要是由於美國的對日政策與日本一部份人民的想法相左而造成的，那就是不主張日本對中共擴大貿易和主張日本加速再軍備。但是，美國佔領期間留下的一些印象和美日人民接觸所生的誤解却是反美情緒的導火線。

日本這個民族生長在島國，島國的氣質是狹隘的、激動的。他們激動時

（下轉第17頁）

自然思想與人文思想（下）

非格原著
殷海光譯

對於科學的種種誤解及其批評

我們在上面將科學方法底性質至少列出一個大綱。可是，自來許多人對于科學發生不少的誤解。我們現在要把一些常見的誤解列舉出來，並且一一加以批評。我們在下面所陳示的，是非難科學的十幾種典型的說法，以及我們對於這些非難的答辯。（原作者註：提出這些非難的人並非草包。二十餘年來，作者在閱讀書刊，聆聽他人言論，教授哲學，以及與別人討論時，常常碰到對科學的這些非難；不僅在歐洲是如此，在美國也是如此。如果有足够的篇幅，而且時間絲毫不足寶貴的話，我可以把許多著名作家關于這方面的言論徵引在這裏。）

①有些人說，科學不過全然起於實用的需要和社會的需要。因此，科學底唯一價值，不過滿足這些需要而已。

這種說法卽使確係事實——而且是重要的事實，但非全部事實。我們知道，科學除了滿足實用的目標以外，也常常作知識上的追求。科學之作知識上的追求，是爲了滿足人類心靈深處的好奇心。我們必須承認科學與藝術、文學及音樂一樣，也是文化價值之一。如果我們把科學及科學史敎的好一些，那末可以使科學底地位與其他的文化價值保持平衡的關係。如果我們比較充分地利用科學史以及科學底哲學之結果與啓示，那末可使學生能够較深地欣賞科學知識之進步，並且了解如何從科學的觀點來看世界。如果我們能給學生以適當的誘導，學生可能從新發現科學某些重要的結果。假若我們發現了自然現象底秩序，假若我們藉着一些定律和學理來了解自然現象底行程，那末我們會得到知識上的欣喜和滿足。這種欣喜和滿足，是我們追求純知識時最有力量的激動因素之一。

②有些人說，科學不能確立人文事務之基礎，因爲科學本身是不穩定的。科學底看法時常在變動之中。（對於科學持這種看法的人，是些傳統主義者。）

我們並不否認，科學是常在進步之中，而且有時也發生激劇的變革。不過，這種情形被非難者過分誇大，因而其非難不免變成浮誇之詞。科學之不斷的進步，正足以表示在科學中後來的看法往往包括了早先的看法之大部份。除非早先的看法一再受得起檢證的考驗，它才不致被新的看法取代。在科學中，比較激烈的改變，往往引起某門科學中的概念骨架之改造。說科學不穩定的人往往預先假定人類知識底確定性有別的來源，而且這些來源在性質上是與科學不同的。這種想法，是經不起嚴格考驗的。吾人須知，企求知識的絕對確定性之學，卽使不是幼稚的行爲，也是思想尚未成熟的表現。（斯言良是。世之動輒侈言什麼什麼的「形上學基礎」者，盡是此等思想尚在幼稚階段的神乎其神之輩。此等分子不是流入空誕虛玄與玩弄文字，便是流入橫暴武斷。例如，動輒倡言「大決斷」，卽爲此類表現之一。所謂「大決斷」者，不過「大武斷」之別名而已。徒以其飾之以擬似的聖諭式的形上學詞章，致使其望文生義之從徒懵然不察而已。——譯者）我們所能建立的最佳知識，只能藉試行錯誤來獲致。（譯者按：此乃平實之論。全部科學發展史可證此言之不謬。如果有人說他已經建立好了一成卽就的「大體系」，再無增減之餘地，一切只須往裏面套，應用不窮，這不是自欺，便是欺人。世上決無此事。因此事之實現，乃在人力之外者。）我們所能爲力者，只是在人力和技術力量所可及的範圍以內，盡量把知識弄得可靠。這種情形，也是科學底要素之一。

③有些人說，科學建立於沒有經過批評的預先假設之上。科學是靠科學自己底標準來證明科學的看法。所以，我們如果用科學的方法來解決知識問題並且決定行爲方向，那末便陷於循環論證的謬誤。

吾人須知，在科學全部發展歷程之中，科學已經釐淸其基本臆設，並且修正其基本臆設。自近代以來，科學的哲學對于科學底基本假設之批評更是不遺餘力。尤其是自本世紀初葉以來，這種工作做的更見普遍而且日漸趨於嚴格。科學家將這類批評用來掃除科學中種種獨斷的成見，並且建立科學方法底概念骨架。這種工作，近數十年來，進行得很有成果。我們藉着邏輯解析的方法可以確切表明，科學方法能够產生可靠知識之唯一的方法。至於神學，形上學，神秘主義，直覺，和辯證法，顯然與科學方法大相逕庭。如果我們說這些東西對人類底知識有何貢獻，那末也只能用通常的科學方法來考驗，來鑑定。一般說來，這些東西底根本目標，似乎不在製造知識，而是像藝術一樣，在於充實我們底經驗內容。所以，我們與其說這些東西是反科學的，不如說是科學以外的。（譯者按：有許多人所說的「情感」，也是一種可經驗的內容。但這種內容並非知識，也不能代替知識，更不能領導知識，充其量來只能使用知識。）

④有人說，科學歪曲事實。科學往往用削足適履的辦法要事實合於其定律。有時事實是聯續的，科學却把它說成不聯續的。有時事實是不聯續的，科學却把它說成聯續的。科學常用抽象方法，並爲事象預立理想標型。但是，這種辦法不能使我們得到經驗之豐富而繁複的內容。

科學底工作是發現關于某種事物在某種情形之下可靠的和精確的知識。因此，科學是盡可能地求逼近事實之眞相。聯續及不聯續都可用數學方式表示出來，而且只有藉現代數學之助才能表示的適當。

⑤有人說，科學只能對付可度量的事物，因而易於將不能度量的事物「解釋掉了」。

度量乃增加知識底精確程度和客觀性時不可少的方法。不過，有些科學比較着重性質的解析。所以，對于科學底這些部門而言，度量方法並非必不可少者。科學並不把經驗底性質解析掉了。科學是想使這些性質更能被我們所了解，甚至被我們所預料。

⑥有人說，科學從來不能够說明經驗現象；它只能記述經驗現象。因而在現象以外的實在世界也就非科學之所能及。

這種批評，有一部份是名詞問題；有一部份則起於形上學家將現象與實在加以區分。形上學家所佔的這種區分，是由哲學底一種傳統而來。不過，這種區分是一種最錯誤的辦法，而且毫無用處。如果此處所謂的「說明」一詞是我們日常生活中所用的意義，那末科學確乎是說明事實的——科學把事實命題從種種定律或理論的臆設裏推論出來。至於要問有那些事實在原則上不可能用科學方法來研究，這樣的問題，嚴格分析起來，並非一知識上的問題。這樣的問題，乃情緒高漲之表現，或者是希望激發某種經驗之表現。

⑦有人說，科學與宗教不相容，科學態度與宗教態度不相容。

假若所謂宗教，意指對宇宙之解釋；並且從宗教的前題推衍出道德倫範，那末宗教所產生的結果，方法，以及看法，與科學確乎有邏輯上的不相容之處。但是，如果所謂宗教意指對人生價值之虔誠獻身的態度，例如正義，和平，解除痛苦，那末宗教與科學之間不僅無何衝突，而且是需要互相補償的。

⑧有人說，科學對于現代文明底種種罪惡和失調之處應負責任。科學製造毀滅性的武器。值此機械時代，科學技術之應用，造成大家在生理上和心理上的不幸。人類愈進化，道德愈墮落。

對于科學的這類抨擊，可以說是最浮淺的。目前的世界之所以發生各種各樣的罪惡，係由社會底政治和經濟組織不良所致。（譯者按：其所以如此，還是不依從科學知識所致。）無論就社會而言還是就道德而言，科學知識是中立的。無論利用科學為福為禍，全憑我們自己決定。不過，時至今日，科學家愈來愈加感到他們必須為適當運用知識而從事啓蒙工作。科學家們底這種要求，較之一般人更要眞切些。至於進化的理論和事實對于倫理學發生什麼涵義，則有許多不同的解釋。裘利・赫胥黎 (Julian Huxley) 對于這個問題的態度與他底祖父多瑪・赫胥黎 (Thomas Huxlay) 者大不相同。我們很容易看出，在人類文化與高等社羣生活中發生積極作用的力量，不能完全化約而成那些為生存而作無情鬬爭的力量。（原作者註：請參看 Julian Huxley Touchstone for Ethics (Harper 1947)，又請參看 C. D. Broad "Review of Julian S. Huxley's Evolutionary Ethics" (Mind, 53, 1944)，重印於 H. Feigl and W. Sellars, Readings in Philosophical Analysis (Appleton-Century-Crofts, 1949)。）

⑨有人說，科學眞理對於倫理是中立的。研究純科學的人是居在象牙塔裏。因此，科學家容易對當前的人生切要問題漠不關心。

吾人須知，當探求眞理時必須不顧實際的利害。而熱心增進人生幸福則為另一件事。不過，這二者雖各不相同，但並不相衝突。祇有痲木的人才不能把無關利害的眞理探究，與為人生謀幸福之事聯貫起來。（所以，攻擊「個人興趣」，「純技術觀點」，等等，眞是無的放矢之談。——譯者。）

⑩有許多人說，科學方法在說明，預斷，並控制物理現象時固然極其成功；可是，在研究有機事實時則成功極少；而科學研究心靈現象和社會現象更殊無成功之希望。物理科學底方法，卽使不是唯物主義的，也根本是機械主義的，因而也就難免忽略了或消滅了許多重要的因素。於是，科學也就無以說明生命與心靈之複雜的有機現象，有目的之行為，以及突創的變化。

時至今日，許多批評和非難科學者所用的口號，說我們這種重視科學的看法，是「科學主義」。這個名詞目前十分流行。的確，有些科學家，尤其是許多提倡科學的人，忽視生命與心靈之複雜的有機現象，有目的之行為，以及突創的變化之特點，而把事情看的太簡單。但是，許多第一流的科學家所表現的眞科學精神則不是如此浮躁，不是如此粗俗，不是想藉着空幻的玄想把科學未完成的工作完成於一蹴之間。我們承認，在科學中，尙有些重大的問題未曾解決。但是，我們要問：要解決這些問題，除了科學方法以外，還有些什麼方法呢？時至今日，卽使在物理學中，對事物之機械主義的解釋方式也被擯棄了。（原作者註：在此所稱機械主義的解釋方式，只取其一義。）但是，如果所謂機械式的解釋，係意指尋求一定的定律，那末依然是一切高級科學不可少的研究程序。這裏所謂的高級科學，意指超過那純然搜集事實階段的科學。所謂有機的整體，目的論，以及突創的進化，如果可以了解的話，祇有在通常的經驗基礎之上藉着因果的解析方法來了解。目的性以及選擇之自由，這些東西一點也不與因果法則衝突。不僅如此，而且是預先假定因果秩序的。

⑪有些人說，科學方法從來不能代替實用心理學家，心理病療家，文化人類學家，或歷史學家底直觀或同感的了解。當着我們想對個別的，獨特的，和不可復現的對象有客觀的知識時，這一類底直觀或同感的了解尤見重要。

吾人須知，直觀是否可靠，祇有運用科學方法才能衡定，科學在這方面是否做得太過火，誠令人不無懷疑之處。不過，在科學方法所依據的原理中，並沒有什麼東西排斥在一定範圍之內以豐富的經驗為背景的直觀判斷。除了純從藝術觀點來體驗獨特的個體以外，就知識之正確的意義說，所謂知識，往往意指在普遍概念或定律之下來了解特殊情形或事例。在社會科學中，正如在自然科學中一樣，都是如此的。

⑿科學不能決定價值。因爲，充其量來，科學知識只能發現世界之實相；而就科學之性質說，科學從來不能告訴我們應該怎麼做。

對於科學的這種挑戰，往往來自神學或形上學。形上學家常常以爲關于目標與理想的問題不能藉着科學方法解決，必須乞助於神的啓示，良心的呼喚，或者乞助於形上學的先驗眞理。對於這種說法，我們可以回答說，理知成熟的人必須依照人底需要，欲求，以及社會狀況等等基礎，來決定自己底價值標準。當然，在決定價值標準時，科學不能越俎代庖。正像在社會心理學中一樣，科學僅只能够估量個人和羣體之實際價值判斷爲何，研究這些不同的價值判斷是否相容，並且設法調和不相容的價值判斷。的確，在我們現在所面臨的許多緊迫問題中，我們並沒有具備足够的科學知識來一一解決這些問題，以確立我們行爲的方向。不過，卽使有許多知識底蓋然程度不高，可是在我們生命歷程之中，我們只得依照這樣的知識行事。因爲，我們目前祇能獲得這樣的知識。但是，這樣的知識底蓋然程度究有多少，也只有藉着科學方法來估計。因爲，惟有藉科學方法所作的估計才最可靠。吾人須知，日常生活中的經驗和智慧，如果滌除了那些科學前期的思想型模，那末並非在基本上與科學知識有何差別。無論科學知識或者日常生活中的經驗和智慧，都有自動修正錯誤之時。假若我們把知識當作行爲底指導，那末不斷自動修正錯誤乃一極其必要之舉。在成熟的思想和成熟的社會行爲中有一重要的共同要素：卽由思想的和平競爭而產生進步。這樣的進步可以付諸公衆底檢證。我們在此所說的成熟的思想，可見之於科學。我們在此所說的成熟的社會，係指民主社會而言。（除了民主社會以外，受大法師統治的社會，受「聖賢」支配的社會，正如受巫醫愚蒙的社會一樣，都是未成熟的原始社會。在這樣的社會裏，各個人不能自己照料自己，而必須仰奉一個神格化了的人。科學與民主，是要把人從這些科學前期的社會裏帶進一大步。所以，無論從正面還是從側面反科學反民主的人，都是腐朽昏聵的人。這種人挾其妄自造作的玄虛譫語固可隨暗影之高張而囂叫於一時，終必隨此暗影之煙消雲散而歸於烏有。——譯者）吾人依據吾人所能得到的最好的和最充分的知識來從事合作，此乃醒覺的人之唯一的道路。醒覺的人是在科學與文明途上冒險的長征者。

＊　＊　＊

我們在前面已經把那從許多角度對科學的批評逐一答覆過了。我們據以答覆上述批評的基本思想是科學的世界觀。我們底這種思想，無論從思想史來看或是顧名義義，都可以叫做自然思想。自然思想與機械式的唯物論不同。因爲，自然思想沒有機械式的唯物論那種把說明世界所必須的要素減削掉了的毛病。有許多孤陋寡聞的人以爲科學根本是唯物論的，而人文則是唯心論的。（在東方更是如此——譯者）果眞如此，那末在教育中把科學與人文二者和合起來的希望確乎是微乎其微。不過，眞正的科學並不以任何一種形上學爲依據。科學底目標，只在以最少數的定律來說明最多數的事實。同樣，成熟的人文思想不復需要神學或形上學的骨架。在進步的科學眼光之下，我們愈來愈加了解人性和人的歷史。所以，如果我們再說科學與人文是對立的，這是沒有道理的話。自然思想與人文思想必須是哲學和教育裏的準則。科學的人文思想之出現，乃人類底重大希望。如果人類需要繼續成長下去的話，那末是應須迎接這種哲學的。

（上接第14頁）

就像日本的火山爆發一樣。因此，一般人的反美基於情感的成分很大。美國人爲了爭取日本的人心，就應該正視刺激日本人民情感的因素而盡量消除這些因素。過去佔領期間，美國人是「統治者」、「特權階級」，現在日本是美國的朋友和隣居。美國駐留軍是爲了保衞日本和美國本身而駐留日本，就不能以「主人」身份自居。美國人不應該享受特殊權利。美國人也許不喜歡日本法律，但是必須遵守日本法律；美國人也許不喜歡日本風俗習慣，但是必須遵守日本風俗習慣。「當你在羅馬的時候，羅馬人怎樣做，你也要怎樣做。」尤其是，美國人不能做出抿嘴的輕視之態，把日本看成「櫻花和藝妓之國。」

美國由於在軍事上、政治上和經濟上的貢獻比任何其他國家爲大，所以美國命裏註定要扮演領導自由世界的脚色。這是一個吃力不討好的脚色。在被領導的國家中難免有批評、責難和反對之聲，但是，美國應該支付最大的忍耐力，費出最大的苦心，採取行動協助被領導國解決難題，並且要用說服的方式，而少用壓制的方法。美國的對日政策和日本人民的想法怎樣調和，這是美國創造力的考驗。日美兩國人民的情感却需要雙方培養和瞭解。我想，以美國的創造力，日本問題是不難解決的。

現在刺激日本人民情感的一些因素已逐漸消除——一九五三年冬日美行政協定修改，日本刑事法庭在某些場合對美軍人員的犯罪享有刑事裁判權；美軍當局已逐漸交還佔用東京市中心區的大樓，在不久的將來，遠東軍司令部將撤離東京市區而遷往富士山麓的座間；美國軍人對日本人逐漸表示友善。這些都將增强日美兩國人民的情感。

美國遠東軍廣播電臺時常向美軍播出：「你是受日本人民的邀請駐留在日本的，遵守日本法律，就是遵守美國法律……」

但是，我覺得這還不够，是不是可以再加上一句：

「你尊重日本人，就是尊重美國人！」

西歐通訊

克里姆林宮的政變

龍平甫

（一）宮廷政變

本年二月八日在莫斯科舉行的最高蘇維埃聯邦院會議中，該院主席勿爾可夫（Volkov）突然宣佈馬林可夫辭職。幾小時後蘇俄共產黨第一秘書赫魯雪夫（Khrushchev）提議由布加寧（Nicolas A. Bulganin）繼任國務總理。最高蘇維埃照例不發表意見而「一致通過」。馬林可夫的垮臺算是本年國際政治上的第一件大事，並且是蘇俄在史大林死後的第三件驚人新聞。

馬林可夫由繼承史大林的寶座以至辭職爲止，前後共掌權二十三月。他在信函中列舉辭職的理由是：「對國家事務沒有經驗」，並且「感覺對蘇俄農業的落後負責」。他並且說明「贊同共產黨中央執行委員會所擬定的充分發展重工業的計劃，因爲如此始能發展輕工業，消除農業的落後」。馬林可夫的信中所述完全是欺人之談，是任何稍有政治常識的人所不能相信的。

一個像蘇俄式的極權的、寡頭的政權首領公開「坦白」，「自我批評」，尚以馬林可夫爲第一人。在史大林時代，史大林將一切錯誤推諉給他的屬下。現在馬林可夫不但不能那樣作，反而承擔赫魯雪夫失敗的責任，引咎辭職。但他這種表演並不能使人認爲他的辭職出於自動，而是被迫下臺的。我們有許多理由相信這是克里姆林宮內部派系火併的結果：馬林可夫失敗，赫魯雪夫及布加寧勝利。

（二）馬林可夫政權跨臺的原因

馬林可夫政權垮臺的原因不會很單純，茲試作如後的分析：

（甲）內部的爭權：蘇俄雖以共產黨實行獨裁，這並不是說因此可以阻止黨內派系的產生；相反的，派系的衝突與火併因此更盛。當馬林可夫上臺之初，他掌握黨政大權，但幾天之後（一九五三年三月十四日），他「自動」辭去共黨第一秘書的職務，而由赫魯雪夫繼任。這已表示馬林可夫無法控制俄國共產黨的派系。但他遲遲在六個月後始將第一秘書的職務完全交出。

赫魯雪夫自貝利亞被捕後始顯露頭角。他除黨務外，更涉及政府各部門的事務。他在一九五三年九月提出發展農業的報告，此後成爲事實上的農業獨裁者。去年他在各方面非常活躍，大有取馬林可夫而代之的趨勢：㈠在內政方面，他主持各種農業會議，發動青年到喀薩克（Kazakhstan）去墾荒（註一），希望將荒涼苦寒的喀薩克變成一個穀倉。他在建築工程師協會中指責建築方面的錯誤。他因去年夏季共產黨加强的反宗教運動引起嚴重反感（註二），十一月十日以個人的簽名在眞理報發表論文，責備那些反宗教的宣傳人員的態度與辦法，要求他們加以改善。他單獨具名發表指示，破壞集體領導的原則。㈡在外交方面他也很活躍，去年六月中旬他參加捷克共產黨第十屆代表大會，他在會中發表向西方挑戰、充滿火藥氣味的演說。後來眞理報公佈他的演說詞時删去不少，以避免刺激西方。九月終他率領一個代表團（有布加寧參加）到北平去祝賀「國慶」，發表荒謬的外交言論。

去年四月起莫斯科的西方使館已發現馬林可夫及赫魯雪夫的對立。主要的線索在：㈠兩人事權不分，赫魯雪夫的活動侵入行政部門。固然史大林在一九四一年六月以前是以共產黨書記長的名義控制一切，但自德蘇戰爭發生後一直到他死爲止，他一方面仍任書記長，一方面任國務總理。史大林死後，馬林可夫和赫魯雪夫分掌政治與黨務，實行所謂「集體領導」，但是赫魯雪夫却處處表演史大林的作風，想爭領導地位。去年四月十六日他的六十歲生日，蘇俄報紙爲他大張旗鼓的慶祝。三月五日蘇俄工會機關報 Trud 紀念史大林之死著文說：「戰時中央執行委員會指定赫魯雪夫、日丹諾夫（Jdanov）、布加寧、舍巴可夫（Schebakov）及其他諸人親自到前線指揮軍事」。其實參加國防委員會工作的尚有馬林可夫，現在不提他的名字並不是偶然的。㈡在農業政策上兩人意見不同：馬林可夫主張提高單位面積的生產量，而赫魯雪夫却主張擴大耕種面積。當前者對農業問題發言時，後者不發一言，當後者談及農事時，前者保持緘默。㈢在對西方政策方面兩人觀點亦有不同，主題當在：是否和西方作戰或維持僵局（即所謂「共存」）。去年某次某中立國使館聚會中，赫魯雪夫憤憤地說：「如巴黎協定一經批准，則事不可爲」。換言之，西德如整軍，則大戰不可避免。但馬林可夫插嘴說：「事仍有可爲」。這段故事並不是說馬林可夫是和平主義者，兩人對西方的立場和莫斯科其他首要對西方的立場是一致的，所不同的祇是方法而已（註三）。

馬赫二人的爭權到去年十月以後日益顯明。據說赫魯雪夫於北平之行後，有見於北平的那一羣頭目將冒戰爭的危險，因此認爲一旦要攤牌時，蘇俄祇有支持中共，遂決定以軍需工業的發展爲工作的中心。赫魯雪夫的意見獲得軍隊的支持，因而於去年終或本年初獲得對馬林可夫的勝利。去年十二月中旬蘇俄最高法院將前公安部長（M. G. B.）阿巴庫摩夫（Abakoumov）及其三幹部判處死刑。此案與貝利亞之死時隔一年，現舊案重提，當另有作用。有人解釋：這是赫魯雪夫等人以殺雞嚇猴的辦法迫馬林可夫就範，等到一切佈置就緒，然後在二月八日公開發表那幕悲喜劇。

本年一月中旬，西方報紙已發表一些克里姆林宮內鬨的預測新聞。例如太晤士報根據各種線索認爲莫斯科的內爭可能發生。它發表這樣的言論：「一個委員會的政府在警察國家是不能長久維持的，尤其是若干重要的決定，如發展農業及消費品工業，或發展重工業及科學研究，均亟待解決。此種決定的採取，可能成爲共產政權內部分裂的因素。」一月二十五日至三十一日召開的俄共中央執行委員會及二月三日至九日召開的最高蘇維埃大會，僅是聽取並接受赫魯雪夫和軍人戰勝馬林可夫後所作的決定而已。

（乙）農業及輕工業政策的失敗：馬林可夫上臺後，一再向蘇俄人民許諾在兩三年內發展輕工業及農業，以改善人民生活。馬林可夫在他的辭職函中已表明這個政策失敗。在馬林可夫政權下的輕工業究竟有無改善？改善到什麼程度？我們祇要看蘇俄公共衞生部長科夫利格挪（Kovriguina女）在去年夏季對蘇俄衞生狀況所作的坦白，已可概見其餘了。她說：「蘇俄醫院及製藥廠都很缺乏，例如在摩爾曼斯克（Murmansk 北極海港）十年前興建的醫院仍未完工，醫生不足，藥品普遍缺乏，甚至在莫斯科不少的藥房無藥品可售，連最普通的阿司匹靈及甘油也買不到。醫院設備不良，若干醫生沒有靈魂，對病童不好好的治療」（註四）。貿易部長米高陽在前年曾向老百姓提出一個空前的發展輕工業的計劃，現在他連作假報告的勇氣都沒有了，祇好去職了事（本年一月二十四日莫斯科宣佈）。

在農業方面，馬林可夫主張集約耕種，赫魯雪夫主張粗放耕種。去年是赫魯雪夫實施他的政策。他極力設法開墾中亞細亞喀薩克的荒地，希望一九五六年該區的耕地爲一九五三年的三倍。去年蘇俄報紙大吹大擂，鼓勵青年男女到西伯利亞去墾荒。專家們認爲赫魯雪夫的企圖是註定失敗的，因溫度及雨水不足，怎能墾殖呢？但是蘇俄政府却聲稱一九五四年西伯利亞所繳的穀類爲一九五三年的三倍。但因烏克蘭及窩瓦（Volga）河區氣候不佳而收穫不豐，結果一九五四年的穀物產量較一九五三年的略微增加。但同時赫魯雪夫公開承認：「農產品不能供給日益增加的需要」（註五）。去年發動十五萬青年男女由烏克蘭等地到喀薩克去自願墾荒，增產的結果據喀薩克黨部秘書長波努馬倫科（Ponomarenko）的報告，政府所能徵購的糧食不過一百萬噸，成效之微也可以想見（註六）。但若與赫魯雪夫於一九五三年所預擬的農業增產計劃比較，則更可發現農業增產計劃的慘敗。

棉花是輕工業的重要原料，赫魯雪夫曾擬定一個龐大不切實際的計劃（一九五四年至一九五八年的五年計劃），計劃增加烏孜別克（Uzbekstan）及突厥曼（Turkmenistan）的棉產。根據計劃，一九五四年烏孜別克應產棉花三百萬噸，即應增加六十萬噸。但結果據蘇俄官方說，增加二〇五，〇〇〇噸，實際情形當不如此樂觀。因爲去年十一月（十七日至二十日）赫魯雪夫在塔什干召集烏孜別克、大食克（Tadjikistan）、突厥曼、吉爾吉斯（Kirghisie）喀薩克、阿塞爾拜然（Azerbaidjan）及亞美尼亞等產棉區代表開會，檢討失敗責任，他說：「若干產棉區預定每公頃產棉花四〇—六〇公擔，但實際僅產一〇—一五公擔」。烏孜別克總理兼棉產部長大觸霉頭，結果被免職（註七）。

發展牧畜業的計劃也失敗。據赫魯雪夫報告：「畜產的嚴重不足，影響並防碍有關輕工業（如皮革及食品工業）的發展。」在俄國本部若干區域，喀薩克、烏孜別克、阿塞爾拜然情形最壞。據蘇俄政府公報：一九五三年十月一日全國乳牛數爲二千六百萬頭，至一九五四年十月一日爲二千七百五十萬頭，但計劃的一九五四年乳牛頭數爲二千九百二十萬。姑不論數字是否可靠，畜產數量距計劃甚遠則是事實。今日蘇俄人的肉食消費量僅及帝俄時之半，生活水準之低下可知（註八）。

本年二月赫魯雪夫對蘇俄的農牧業情況提出一個三萬字的報告，詳述農牧業的缺陷，說得體無完膚。他說：「猪瘦得不能製火腿，乳牛擠不出奶，母雞不生蛋。」蘇俄政府有關部門及俄共中央黨部都受到指責。他說：「俄國的玉米生產不如美國，蘇俄的火腿不如戰前波羅的海岸三小國產的火腿，農作物成熟後，多日沒有人去收穫，結果四分之一的作物損壞。」他又說：「乳牛依計劃應增產二百二十公斤的奶，結果僅增產十二公斤，集體農場應繳出百分之三十的火腿猪，結果祇繳出百分之三；應繳出肥猪百分之三十五，結果祇繳出百分之六，而所繳出的猪有百分之二十二平均重三十公斤。」他接着說：「這簡直不像猪了」。蘇俄人口每年增加三百萬，過去五年中城市人口增加一千七百萬，大部份來自農村（註九）。這表示農村生活困難，使農民不得不到城市去謀生，農牧業的嚴重危機使克里姆林宮的頭目們心驚膽戰。於是馬林可夫繼貝利亞之後墮而爲諉過的工具。其實在農牧政策方面，赫魯雪夫的責任不下於馬林可夫，現在他把責任推得一乾二淨，居然成爲控訴人。

（丙）軍人聲勢的抬高：史大林對於軍人是採取抑壓政策的，許多戰時功高震主的軍人都被他打入冷宮。馬林可夫上臺後，以伏洛希洛夫爲蘇俄政府主席，當是爲了籠絡軍人，他消滅貝利亞派系的勢力便是憑藉軍隊的力量。因此軍人的勢力更强，自然有問鼎之意。最高蘇維埃一、三四七名委員中雖祇有六十餘名委員是軍人，但是包括所有地位重要的軍人在內，並且他們的影響遠超過人數的比例。例如蘇俄民族院中有伐西列夫斯基（Vassilievski）、布加寧、馬林諾夫斯基（Malinovski）、維其寧（Verchinine）、博格達諾夫（Bogdanov）、哥勿諾夫（Govorov）等元帥，在聯邦院中有伏洛希洛夫、朱可夫、布底奧尼（Boudiomny）、康涅夫（Koniev）

索科羅夫斯基 (Sokolovski)、提摩盛科 (Timochenko)、梅列次可夫 (Meretskov)、奈得林 (Nedeline) 等元帥，海軍方面有哥失可夫 (Gorchkov) 哥諾夫哥 (Golovko)、加拉摩夫 (Kharlamov)、班得列夫 (Panteleiev) 等將領在聯邦院，巴西提 (Basity) 及庫茲奈左夫 (Kouznetsov) 等將領在民族院。上述諸人同時是俄共的中委。去年又將許多軍區司令加入最高蘇維埃。軍人得勢，自然要過問政治，於是馬林可夫便垮臺了。

(三) 布加寧政權的分析

布加寧所組織的政府是一個龐大的官僚機構，僅就部長會議的主席團而論，已是很龐大的了。除布加寧外，這個主席團包括：五個第一副主席（或第一副總理）（莫洛托夫、嘉諾維區 Kaganovitch、米高陽、沙布羅夫 Sabourov、貝烏金 Pervoukhine），九個副主席（副總理）（朱可夫、德勿新 Tevossian、馬力舍夫 Malvchev、高西金 Kosyguine、馬林可夫、査文尼亞金 Zavenyagin、古車輪高 Kucherenko、羅拔諾夫 Lobanov、庫魯尼車夫 Khrunichev）。馬林可夫雖仍在布加寧內閣之內，但眞理報已對他開始攻擊，他的前途是凶多吉少的。

布加寧是特務出身（在一九二八年以前他屬於cheka）。第二次大戰期間他任朱可夫軍隊的政治委員，以功升為元帥，因為他不是軍人出身，一般人稱他為「政治元帥」。關於他今後的政策，我們可由後述兩件故事來預測：㈠一九三八年他任最高蘇維埃民族院外交委員會主席，極力抨擊李維諾夫 (Litvinov) 與西方合作的外交政策；㈡一九四五年他在蘇俄陸軍大學提出論文，題為：「超級帝國主義時代的和平與戰爭問題」。他說：「今後不但戰爭和政治是彼此的延續，並且彼此交織不能分離。」換言之，戰爭是永恆的，蘇俄應使用各種方法使世界處於永恆不安的狀態中。這種理論當為史大林所採用，因為戰爭一結束，史大林便和自由世界進行冷戰，同時布加寧官運亨通，作了多年的國防部長。他這次出頭對世界前途說，祇有使局勢惡化，最低限度使冷戰加强。

這次克里姆林宮內鬨的導演者是赫魯雪夫，但因力量不够，祇好和軍隊勾結。他很想作史大林第二，但是他的才能和聲望和史大林相比差得太多了。史大林生時若對某人發表不滿意的言論，那人便遭大禍。赫魯雪夫去年曾抨擊所謂「生物學者」李森科 (Lyssenko) 與農業及國營農場兩部長，這些人不但安於其位，且未作任何公開認錯。關於赫魯雪夫，英國「經濟學人」雜誌有如下的批評：他並不像一個能久於執掌最高權力的人。他好說話，而言論不愼。他處處干預，缺少高級共產黨徒所引以為榮的理論「包袱」。他在農民及公務員間已失去不少信譽。同時布加寧是不能久作他的傀儡的。[註十] 布赫二人的雙頭政治究能維持多久，是很成問題的。

作者在去年論「馬林可夫政權的內政」一文中所作的結論曾說，馬林可夫的對內政策將召致失敗，失敗後要走史大林的老路，加强冷戰，馬林可夫一再要求別人給他「兩三年」的時間以實現他的改善老百姓生活的政策。兩年不到，政策完全失敗，於是馬林可夫垮臺，那些頑固的老共產黨頭子再走史大林已失敗的舊路——發展重工業和西方從事軍備競爭，企圖以國際局勢的惡化緩和老百姓對他們的不滿意。萬一民怨沸騰，而政權有垮臺的危險時，他們也可以有相當數量的武器來發動戰爭，以實行孤注一擲。

我們說這次蘇俄的宮廷政變是史大林主義的復活，是一點也不過分的。下列的事實可以充分表明：㈠本年一月二十四日眞理報主筆 Dimitri Chepilov 著文主張發展重工業，說「發展輕工業是陳腐的，反科學的」。㈡次日，赫魯雪夫在俄共中執會講演主張把重工業放在第一位，把那些主張發展輕工業的人比之於一九三八年判死刑的布哈林 (Boukharine) 及里科夫 (Rykov)。㈢二月九日，莫洛托夫在莫斯科發表一篇瘋狂而充滿火藥氣味的演說，有人認為這篇演講詞相當於第二次世界大戰後史大林對西方冷戰前夕所發表的演說。㈣在最高蘇維埃大會中若干人（康涅夫在內）發表演說主張發展重工業，並攻擊自由世界。㈤布加寧在該會閉幕式演詞中聲言「隨時支持中共」。㈥新任國防部長朱可夫也發表一篇挑戰性的演說。

蘇俄政策的轉變，更在一九五五年度預算中表明。本年度指明的軍事費較去年增加百分之十二，共一、一二二億盧布與戰後的最高峯（一九五二年）相差無幾。投資預算共列三、三五三億盧布，其中重工業（即軍需工業）部分佔一、九〇〇億盧布，農業投資僅六五一億盧布，改善輕工業的預算僅列二七九億盧布，較一九五四年減七十億盧布，而强迫儲蓄由一九五四年的一五九億盧布增至本年的三〇五億盧布[註十二]。如謂發展重工業，製造一些飛機大砲足以改善民生，實是自欺欺人之談。但是今後蘇俄人民生活更苦，三次大戰的危險更形迫近，則是不可否認的。

由這次莫斯科的宮廷政變，我們可以暫時下這樣的結論：㈠這次政變，以少數人的鈎心鬪角，很輕易的轉移蘇俄帝國的强大權力，足以表示其政權腐敗，名之為宮廷政變，並不為過；㈡史大林作風復活；㈢軍人及共產黨中的赫魯雪夫派勢力同時加强，派系鬪爭並未結束，內部火併仍可隨時發生；㈣已經够苦的蘇俄人民生活不但不能改善，反而要更苦；㈤自由與共產世界的冷戰加强，三次大戰的威脅更為嚴重。

在這種情形下，自由世界應加强自衛，同時在東西冷戰前線上不作任何姑息讓步。因為疏忽或拖延自衛的準備，足以使共產集團在準備就緒後先下手，結果大戰提前爆發，而使自由世界冒重大危險；若在任何一地區對蘇俄或其嘍囉讓步，都會刺激它們的侵略胃口，更加速大戰的爆發。

四四・三・三草竣

（註一）據烏克蘭流亡人士認爲蘇俄當局向喀薩克移民目的在：㈠解決糧荒；㈡將蘇俄經濟重心向腹地移轉，以備戰時烏克蘭、白俄羅斯及窩瓦河流域被佔領後，仍可有作戰根據地；㈢將烏克蘭人內移，同時以大俄羅斯人移殖烏克蘭，以削弱烏克蘭的民族主義運動。

（註二）一九五四年七月下旬「眞理報」展開加强的反宗教運動，說「宗教紀念有碍生產，助長酗酒」。該報並指責共產黨員信宗教，參加宗教儀式，中亞一帶尚行多妻制、重婚及搶親，共產黨爲其子女行婚禮（見 Le Monde 一九五四年八月二十七日）。

（註三）見巴黎 New York Herald Tribune 一九五五年二月十二日所發之名記者 Stewart Alsop 之論文。

（註四）見世界報(Le Monde)發表之 André Pierre 報導。

（註五）見一九五四年十一月十四日世界報所發表之 André Pierre 論文。

（註六）倫敦太晤士報一九五四年十一月二十三日報導。

（註七）見一九五四年十二月五日世界報所發表之 André Pierre 論文。

（註八）一九一六年(沙皇時代)俄國有乳牛二千八百八十萬頭，當時全國人口爲一億三千萬，一九二八年實行五年計劃之初全國有乳牛三千三百萬頭，現在蘇俄人口已超過二億，而乳牛數量遜於帝俄末年，故俄人在食物方面生活水準已降低一半，因肉食的恐慌，俄國當局不能不輸入肉食救急。據美國 Foreign Markets，所載一九五四年蘇俄肉食輸入較一九五三年的八七〇〇噸增十二倍，成爲世界第三肉食輸入國，(見 André Pierre 之報導，一九五五年二月五日世界報)。

（註九）見一九五五年二月十五日倫敦太晤士報。

（註十）見經濟學人雜誌第五八一六期（一九五五年二月十二日）。

（註十一）本年二月三日蘇俄財政部長 Arsène Zverev 宣佈。

近年來蘇俄之正規軍事費預算如後：

一九五〇年　七九四億盧布　佔全部預算百分之一八．五
一九五一年　九六四億盧布　佔全部預算百分之二一．一
一九五二年　一一三八億盧布　佔全部預算百分之二三．八
一九五三年　一一〇二億盧布　佔全部預算百分之二〇．七
一九五四年　一〇〇二億盧布　佔全部預算百分之一七．八
一九五五年　一一二一億盧布　佔全部預算百分之二一．六

若干軍事費(如製原子彈)並未包括在內，故蘇俄用於軍事方面的費用遠較所公佈者爲大。

旅美小簡之三

出國與出家

陳之藩

臨行前夕，有一個朋友與我話別，他說：「你去後，我有一種心情，即是好像出家的樣子，我鄙夷這個時代，我鄙夷這個人類，惟一能一談的是你，而你要走了。我呆在這裏沒有什麼話好說，我將沉默的望望天，沉默的看看水，沉默的翻開經卷，沉默的喝杯苦茶……人生，究竟是幹些什麼，我感覺困惑，可以趁這個空閒多想一想。等你失望着歸來，我們再談。」

幾乎沒有人不熱中留學的風氣下，這位朋友的話如古廟磬聲讓人深思，讓人警醒。可是話中三昧是還不容易滲透的，等到了萬頭鑽動的十里洋場，看見了車水馬龍，看見了高樓巨厦，自己住在五層樓上的一個鴿子籠裏，壁上只有輪船上才有的那麼小的窗戶，通過窗子如果能望見一朵白雲那是太幸運了，這時，我忽然顯悟出拈花之微旨，原來出家的不是我的朋友，而是我自己。

在梁先生家，認識一個最聰明的女孩子，她三年前，隨着留學狂流跑到美國，三年後，她回去了，已是出了家的修女，教會派在新竹修道。梁先生一提起來就說，從臺北搭火車，兩小時即到新竹，何必繞道美國呢。的確，出家的道路是不必繞的，可是，恐怕出家的道理，非要到這個地方來一來才弄得明白。

我來了十來天了，遇到不少國人，見了我那種陌生的態度，我如果不寄予同情，是會寒透了心的。有一批人是在這裏悽悽然找飯吃。又有一批人是在這裏惶惶然找家室；除此而外，非所關心。我倒不是從他們身上照出我未來的影子，我實在是哀憐他們。

並不僅是國人如此，美國人幾乎全是在臉上浮着寂寞的微笑，向你打着親切的招呼。今天早晨我在飯廳內吃早餐時，走來一個老者端了一盤菜，坐在我同桌：「你來遊歷嗎？年青的孩子。」他問我。

「我來上學，上摩爾學院，賓州大學。」

「我是一九一七年這裏畢業的，現在我的兒子在這兒上學。」

「噢，……」

「你有工夫到我家來玩，我們除了忙，就是寂寞，尤其老年人。」

他順手寫一個地址給我。他是來此開 Transistor 專家會議的。

我忽然想起，一位美國哲人所說的話：「人之常情是在高山或海濱，在森林或沙漠裏感到寂寞，而我，却在人聲鼎沸的十字街頭，感覺不可抑止的孤獨。」

在熱鬧中感覺孤獨，是這個時代病。

時代是如此，美國代表時代的尖端。有一哲人說，這個時代，工作是惟一的鴉片，大家在麻醉中討生活。我倒不抱這種悲觀的論調，如果不是這些人抽瘋似的工作，共產黨恐怕不血刃即可統治全球了。凡事退一步想，總是好的。

雖然如此，總不能不爲這個時代作幾句悲哀的頌歌！我們人類自由的天地確實越來越狹了。人，主要的是創作的慾望的滿足，可是創作的機會隨時代而減少。皓髮窮經的教授，固然有他的快樂，可是達到這種程度的又有幾人，那些白首仍淹沒在齒輪裏的人該如何？

人本來是渺小的東西，但他常常需要有一種感覺：即感覺自己很偉大，這樣才能活下去，如果眞正的感覺到自己是渺小的，是無助的，人的尊嚴一去，人的生活即枯萎了。

所以，科學發達到這種程度的美國社會，宗教竟空前熱狂；物質享受到這種程度的美國生活，而心理大夫的門庭若市；而在原子漩渦裏轉來轉去的歐本海默，却在抱着梵文念經。這種現象足以證出街道雖交織着一片騷音與速率、疾跑與飛馳的畫幅，而靈魂深處，却是一片寂寞，無助與空虛。

吉訶德抱着濟世救人的心，到處亂撞，把風車看成巨人；把娼妓看成貴婦。海涅悲哀的說：「我恰恰相反，巨人，不過風車而已；貴婦，不過娼妓而已。」誰都在讚美美國生活之快樂與美國市井之繁華，我來此之前，也希望得一個這樣的觀感；而也是恰恰相反，我到此，只觸到時代脈搏的急促與忙迫；只看到時代之畫幅的淡漠與荒凉。

黃昏了，我的朋友在黃昏來時，也許披經卷，喝苦茶；在貝葉中尋覓智慧。我此時心境也格外寧靜，市肆的囂聲漸漸遙遠，教堂的晚禱鐘聲已淸晰可聞了。

「出國，出家。」我苦笑了。

四四年二月十七日於費城

搖籃與竹馬（二）

王敬義

六

四月的一個早晨，我沿着農場的小徑走；金黃色的菜花開遍了田野。麻雀結着羣，飛起飛落像撒一片網。但，我的心頭是空虛的。我的四肢，因我內在的不安的情緒激盪着，彷彿都已散離了。有的時候，獨坐在屋中度過漫長的下午，我的感覺是麻木的。在我的生活中，如果還有所謂的安慰，那應是我能不斷體會到的，父親在冥冥中對我的嘉讚了。這是一種信心，擁有這信心，卽在最艱難的時刻，人也會撐持下去的。

太陽高高的照射着。「爲甚麽我們不能好好的生活下去呢？」從我低沉的情緒中，一個祈禱昇起了。「陽光，在明亮的陽光下，人們爲甚麽還在仇殺、憎恨、嫉妒？生命多麽短促，我們都有一個生命的早晨的，但爲甚麽不也使我們的生命像太陽那樣的輝煌的放射着光芒呢？」當我沉陷在以上的思想中時，我忽然感到自己成熟了，不復是一個任性的孩子，而這已是成人的念頭，竟使我心中激起短暫的喜悅。

「秀小姐，……秀小姐，」一個陌生的聲音，在身後喚我，像是已喚過我很多聲，而我却沒有聽見。我站住了。那呼喚我的人，越過了我，才止住脚步。他轉過身，我又看見了那雙黑而明亮的眼睛，但它們一接觸到我的視線，立刻便畏縮的隱藏在睫毛的下面。睫毛垂下時，投了一片陰柔的影子在他的雙頰上。

與他的羞怯相比，我是太冷靜了。並且，儘管在年齡上，這陌生的男子可能較長於我，我仍以大姐姐的口吻問道：「有甚麽事嗎，你找我？你是誰？」

他躊躇着，在陽光下，他的面頰漲得更紅。他的頭垂得更低，彷彿一個熟透了的蘋果掛在椏枝上。「我……我……」他終於開口，「幾個月來，我都在找一個機會與您說話，……」在說「您」時，他的聲音抬高了一下，似乎說這個字是很困難的，所以他需要用力使它從喉嚨中躍跳出來。

我驕傲的打量着他。我懷疑他的身份，但我發現我喜愛他的影像，尤其是那雙眼睛，我遲疑着不肯遽然將視線移開他的面孔。

「我很抱歉，」他繼續說下去。「我覇佔您的房子，我很抱歉。」

他的話使我迷惑，但我很快就認識他了。他是那一夥覇佔了我家的四個人中的一個。仇恨的心理立刻將我對他所抱的些微的友好思想驅逐盡了。但他爲甚麽要對我表示歉意呢？他，他眞會是屬於他們一夥的？我不相信。

但事實在迫我相信。他像是恢復了鎮靜，聲音較大的說：「秀小姐，我請求您的原諒，因爲我佔住了您的房屋。但我不是情願這樣作的。我本有一個屬於我自己的家，可是，現在，我自己的家已經毀了，我被暴徒奴役着……」

「你是指那個無恥的强盜嗎？」我問。

「就是那個自認是你兄長的人，」他說，這次，他改稱「你」了。

「你也是受他陷害的？」我問。

「我們到樹底下去談，好嗎？」

我隨他走到槐樹底下的。我視線仍不停的逡巡在他的臉上，而他躲避似的低垂着頭說道。

「五年前，那個自稱是你兄長的人，流浪到我們的村莊。他因偷竊商店的錢鈔，被農人們毒打了一頓，棄置在河旁。我發現他在那裏呻吟，便攙扶他回到我家。我的母親服侍他，醫好了他的創傷。」在他敍說時，他純眞的面孔上，浮現着隱約的憂愁的神色。「我不應該攙他去我家的。那眞是引狼如室。」

「怎樣呢？」我問。「這匪徒怎樣陷害你的？」

「不，我不能告訴你，我沒有告訴過任何人！」他拒絕着。

於是，我懇求他；他悲哀的臉，他眼中閃鑠的淚水感動了我，我竟在不知不覺中握住了他沁涼的巨大的手掌，將它置放在我的雙手之間。

他的淚水，此時，流淌在他的面頰上；他將手掌從我的雙手間掙脫，用一種嗚咽的聲音說：「我的母親醫好了他的傷，他逗留不肯離去；後來，我守寡的母親愛上了他，又慚愧的懸樑自盡了。」說完，他就拔足向來路狂奔而去，將我孤獨的遺留在槐樹底下，陪伴着被陽光催眠了的大地。我靜靜的坐着，投入我眼中的景物都變得朦朧了起來，我知道另一個人的悲哀在壓搾着我的心，我的眼眶裏又孕滿了憤怒的淚水。

七

他是一個生性懦弱而容易激動的孩子。當我與他有過較多的接觸之後，我立刻就瞭解了他。他憎恨那個毀了他家的人，但當那個惡棍恫嚇他，說全村的人都將因爲他母親的行爲來羞辱他時，他便立刻膽怯的隨他連夜出奔了。他也有十八歲了；他告訴我他曾數次鼓起勇氣去刺殺他的仇人，但對方只輕鬆的將脚一抬，就將他踢倒了。他們並且戲謔的說他拿着小刀，就像母雞啣着稻草一樣。

「但你爲甚麽不離開他們呢？」我問。

他囁嚅着：「我怕會沒有能力謀生。」他本是出生世家，靠着祖傳的幾十畝田地過日子的。

「你看吧！」沉默了半晌後，他的大手忽然抓住我的手腕。「你看吧！」他漲紅了臉說：「遲早我會殺死他的！」

「用嘴說說就可以了！」我聲音冷冷的。

「你不要低看我，」他的手仍緊握着我的手腕，眼睛直視着前面，但他驀地將視線移轉到我的臉上，若有所悟的說：「你幫助我！我願意聽從你的領導。他是我們共同的仇人，不是嗎？」

我凝視着前方，咬着牙，壓低了聲音說：「我們想法幹掉他！」

他沒有答應我，只痴痴的注視着我，一刹那間，一陣紅暈湧上他的雙頰，他更用力的握了一下我的手腕，我掉轉身走開了，他在後面跟隨着，我站住，不禁溫柔的對他說：「你太像一個孩子了！」

八

對於我，生活就是不斷的征服。我的倔强的個性，曾在我父親對我的寵愛中得到充份的發展。現在，我要利用我個性中的倔强去復仇了。但因爲我瞭解征服的意義，我便也知道如何等待我的時機。「父親在天之靈，請保佑我，我將永不退縮！」這是我每天的禱告！

我在計劃着復仇的行動。我在尋覓一個最安全、最澈底的方法。每當我有一個新的主張時，我總是約邀那個時常漲紅臉的青年到田野去商議。

我過着與衆隔離的生活。二嬸仍舊忠實於我，每天她都親自烹燒我的三餐，端到我的房間來。至於那個以兄長自居的惡棍，從他强佔了我的宅院之後，我不曾與他交談過。我們很少見面，偶而在庭園中相遇，他總會堆出滿臉奸笑，瞇起兩隻眼睛，召喚我一聲：「秀姑娘！」我則永遠是昂着首走過去，心胸裏起伏着復仇的渴望。德順大爺，不時出現在宅院中，從他與他們頻頻的商談推測，我知道一個不利於我的計劃也正在議論中，而以後我從我的夥伴得到了證實。

他們計劃着毒害我，溺斃我……但缺少消滅證據的途徑。最後，他們的決定是暫緩進行殺害我的行動，等待一個更有利的時機。他們眞是我强悍的敵手啊！

這樣，我加速我的計劃了。每隔兩、三天，我就與我的夥伴相見。我喚他寶弟，雖然他略較我年長。相見時，我們總是手握着手，先關懷的詢問彼此的近況，然後再進行討論。但我們很難獲得協議，因此，每一次的晤談，都有一個新的決定產生，但拿這決定去付諸行動，中間永遠都有一段距離。這便時常引起我們的哀愁。只是，我們首先被這災難聯結在一起，又在這一段策劃、商議的時間中，建立起了友誼。以後，僅僅三天不見，彼此都會感到空虛與鬱悶；可怕的青春的熱情，已不知何時燃燒成愛戀的火燄了。

但是，顯然的，我們都儘量的隱藏着我們心中的戀情。在復仇的前夕，我們是要忍受各種的熬煉的。有時，我們相互的凝視，讓眼睛將心中的秘密送到對方的心中去。但很快的，我們又閃避着彼此的視線。一個思想來到我們的腦中：我們會成功嗎？如果我們復了仇，後果又怎樣？於是，我們就又沉陷入一個深邃的悲哀的洞窟中去了。

「你不怕嗎？」有一次，我問他。

「隨着你，我不怕，」他說。

「他們不知道你與我的往來吧？」我爲他的安全擔憂。

「他們？」他像是才從一個夢中醒轉，「那些惡棍們？我想他們不注意我的。」

「你要處處謹愼啊！」我微微動情的拉起他的手。「命運的變化多神妙啊！我們的相識眞是太偶然了。」

「我們年齡相同，」他說，「但是你比我果敢得多了。」

「你進過學校嗎？你們鄉村的學校好嗎？」

「我們村子裏沒有學校，」他說。「我的母親教我識字的。」

「我是父親教的，」我說，「這點，我們又是相同的！」

「你說進學堂好嗎？」他說。

「我父親說城裏已經有女子學堂了，城裏的學堂一定很有趣的，我本想進城讀書的。」

「那麼，將來我們一起去城內讀書，」他興奮的說，但立刻情緒又低沉了。「我們眞能幹掉他們嗎？」他問我。臉上又現出懊悔的表情。

「我們會的，我們會成功的！」我振奮的說。

「我們不太年青嗎？十八歲，十八歲！」他重復着。

「不，我覺我已經廿八歲了，」我說。「至少，我有廿八歲的人的智慧。」

「我敬佩你的智慧，」他神情鄭重的說。

「你也有些愛我嗎？」我壓低聲音。

「你爲甚麼要問我呢？」他的臉又漲紅了。

「我們是在開玩笑，對不對？」我想使他鎭靜。但他沒有回答我。也許，這最後的一句話，使他失望了？

我們本是併肩坐在樹下的，現在，我忽然跪起身，撫弄着他蓬亂的頭髮說：「我該回去了！」

九

一年又過去了，它過去的那樣快，我們仍在黑暗的角落裏呼吸着，而我們復仇的渴望在煎熬着我們的心。

這一羣惡棍霸佔了我家的產業，過着揮擢的生活。寶弟，我的夥伴，飽受他們的凌辱，日見消瘦。但他畏懼着他們他堅持着復仇的勇氣，是我給他的。

夏天了。夜晚，鄰近的池塘裏蛙噪益發清楚可聞。我常在夜半醒轉，睜眼至天明，而不能入睡！多重啊，這一份仇恨！

我曾想發現一種毒藥，將它飼餵幼雞，逐漸增加飼料中毒藥的份量，待雞長大，那些惡棍們在過年的時候，宰殺了作爲下酒的菜肴，那時，我的仇恨便得到報復了。人們會說：他們是吃了有毒的雞，中毒死的！但雞怎樣會有毒呢？沒有人知道。

又有很多時候，我想乘惡棍們醉酒時，放一把火，燒掉這座用祖先的血汗建築起來的宅院，寧爲玉碎，是的，有一天我會這樣作的！

……也許，有一天，我會……

但是，保佑我吧，親愛的父親！

十

暴雨前的刹那，大塊灰紫色的雲塊在天空聚集着。夏夜是鬱熱的；鬱熱的風，放肆的吹開了窗子，掀舞着窗幔，將油燈的火燄也吹得搖搖欲熄。這一陣風吹過去後，庭園中逌簌簌的樹聲也靜止了。不遠處，墉蛙又開始聒噪。那瘖啞的、低沉、悽寂的音調，在夜空裏起伏……。

我在房中不安的走動着。

從外廳中，還斷續的傳來喝喊、嬉笑聲。我的想像力爲我展開了一幅圖畫：我看見他們，三個人，面孔被酒精燒得艷紅，漫聲的辱駡着。酒杯，斟滿了酒，在燈火的映照下，呈現出一種輝煌的，透明的顏色。寶弟正坐在桌旁，他臉上的表情是厤木的。

「喂，出甚麼神？乾掉這杯！」他們中的一個對他說。

「是不是在動那個小妞的念頭？」另一個說。

「人還不錯，只是一年也難見一次笑臉！討她作老婆，簡直是……唉，不說也罷，殭屍也有人喜愛！」

有人縱聲大笑。那個自認爲是我兄長的惡棍，此時用力的將一杯酒澆在寶弟的臉上。「醒一醒，」他說。

「搜搜他的衣袋，也許他又想謀殺我們呢！」另一個說。

他們更大聲的笑起來。「一隻母雞……」有人說。

「四月裏，好風光，……」醉漢咿咿唔唔的唱着。

……

「秀姐！」

我停止了走動，從我的想像中清醒了過來；我聽見有呼喚我的聲音，匆忙的吹熄了燈——「噗！」黑暗充滿了房間；但我不知道我爲甚麼要吹熄了燈！

「秀姐！秀姐！」那聲音又在呼喚我了。我奔過去；聲音是從敞開的窗子傳進來的。當我走近窗子時，一陣熱風將窗幔吹起，裹住我的全身。

「是我，」那聲音又說。我立刻看到那雙黑亮的眼珠了。

他從窗子中爬進我的房間，我吃力的拉扯着他的一條手臂；他跳進來了，我感到一陣熾熱的呼吸拂過我的面孔。我關緊了窗子，拉攏了窗幔，然後，劃亮了一根火柴。油燈微弱的火光，開始在黑暗中跳動。

於是，我看到他盈滿淚水的眼睛。我握他的手，他的手指在抖顫。

「甚麼事？出了事了？」我問。

他搖頭，垂下頭，他不肯看我。

「他們又侮辱你了？」我問。

風開始以一種吼嘯的聲音吹刮着，窗子沙沙作響。他沉默的，站在我身前，緩緩的，他抬起他的臉，屈辱的淚水已淌滿他的雙頰。我忽然感到一陣悲痛之情，强烈的起伏在我的心中。我握住他厚大的雙手，我們併肩坐在桌旁。

「甚麼時候動手呢？」他說。「殺掉這些惡棍！」

「有一天。」

「但是哪一天？」

「等我們的計劃成熟了。」

「計劃只有在行動中才會成熟！」他忽然有些粗野的說。「我忍受得够了，或者，讓我死吧！每一次，當我被他們戲弄，我都想衝上去捏斷他們的頸子，但我只知道流淚，而過了一些時候，我便又想偷安的活下去。我多麼恨我自己，我多麼懦弱啊！」

我緊緊的抓住他的手說：「你也不信任我了？」

「我愛你，但是我不配，我只配作你的狗！」他沒有聽見我的話。

我瞭解他的苦痛；接二連三的打擊，已使他精神恍惚了。我想安慰他，但我找不到恰當的詞句。

「我愛你，我願爲你去死！我不懦弱，我還年青，……」他扭轉過頭來，夢囈般的說。我用充滿憐惜的眼光看他，他的面孔扭曲着，並且一經接觸我的視線，就又躲避的轉了過去。這時，油燈閃睞了一下，熄了。

本被我握住他的手，現在，緊緊的握住我的雙手了。他的手，厚大而有力，重重的壓在我的手上。一股灼熱的力衝進我的軀體，使我的心猛烈的跳躍起來。我試着掙脫他的手掌，但我甚至無力抖動我的手臂。在黑暗中，我感到他的巨大的身軀掩上來，先是他布衣的襟袖抖索着掠過去，當我能知曉我本身所在的時候，我已在他的懷抱中了。他將我舉抱起來，我彷彿正墜下一個深淵，但我沒有掙扎，然後，我倒臥下去，我能感覺他的唇，吻在我的唇上。

這粗暴的、迸發的熱情，立刻將我燃着了。我不復存在，我只是一團烈燄，……

第一聲憤怒的雷響了！暴雨降下，打在樹葉上、屋簷上、窗子上……在那黝黑的天空，也有一條古老的、咆哮的河嗎？那麼，咆哮的河水，儘情的傾瀉吧！來沖洗這不平的人世吧！

但在這間屋子中，夜是溫柔的。雨水，讓你的激流携帶一切骯髒、醜惡的事物遠去吧！但請保留這間小屋，就如你曾在遙遠的年代保留了諾亞方舟。因爲小屋的主人，早已準備爲這片刻的幸福，付出漫長的痛苦的歲月作爲代價了。

十一

夜，淡淡的霧，迷漫在原野。沒有一盞燈火，我沿着小徑走。泥土，在潮溼、潔淨的空氣中，散發着清冽的香氣。走，走向一個更神秘、更朦朧的夜。那邊，夜，更深，更濃。那邊，沿着微微發亮的小徑，是不可知的遙遠。

原野，靜靜的，植物在輕輕的呼吸。霧，遊過原野，無聲的遊過去，在那不可知的遠方，幻變成巍然的樓閣、打獵的巨人，牽領着一羣狗……

我走！霧沾濕了我的綢衫，路上的石子使我絆跌。前面，前面是幻變的霧的世界；我往前走，後面追逐着我，深沉的黑暗，寂靜的夜。

我想大聲的哭，但我膽怯：我怕驚醒了酣睡的夜的寂靜與我自己。我不能驚醒我自己。

是誰的聲音，熱情的，喃喃的，在我的耳旁低語：「我只有你，你給了我一切，生命與希望！」然後我悄悄的哭泣了，因爲幸福。

我不知道；我要忘却，我不知道。

是誰的黑亮的眼珠，野蠻的火熱的唇，火一樣燃燒着的軀體……

不要問我，我不知道。

但我想大聲的哭。只怕驚醒了夜，我願意忍耐。

他死了！那綠水的池塘裏，飄浮着的是他的軀體！他胸前的衣襟是開敞着的，他溼冷的頭髮覆蓋着他的臉！他死了！爲甚麼投水？爲甚麼死？

不，我不知道，我只想大聲的哭……

但我的哭聲是孤獨的……夜仍舊靜靜的在睡，霧也不應答我，悠閒的游動着。

「但是他死了啊！今天早晨！今天早晨！」我竭力的喊着。

我走，往前，但我無力的跪下了。我吻着潮溼的土地。「他死了，我的寶弟死了，他安睡了，我不要驚醒他，」將額抵着泥土，我低聲的說。「我不要驚醒他！」我重複着。

細密的雨絲又飄降了，匆匆的，像是一隻沁涼的手掌，撫摸着我的面頰，我仰起臉，無力的說：「父親啊！我錯了，懲罰我吧！懲罰我吧！」

十二

寶弟死了。從此，我更孤獨了；他是爲我死的。

但他爲甚麼要死呢？

因爲佔有了我，而感到再無顏見我？

畏懼我將責備他，我們的戀愛會妨礙我們復仇的計劃？

憶及他母親的失身，而慚愧他自身的行爲？

前途的徬徨，因而消極，乃尋短見？（像他這種生性懦弱却又易於激動的青年，這點是可能的。）

不，都不是。

我們的事被惡棍們發現了。他們早已知曉我們的往來，但採取放縱的手段，等待我們自趨毀滅。他們如願以償了，我與寶弟被熱情征服的那個夜晚，他們便守候在門外。寶弟在黎明時從窗中跳出去，遂落入他們的掌握。他們先儘情的侮辱他，進而威迫利誘的說服他，要他繼續和我來往，經由他的手，達到摧毀我的目的。他們在想：如果一天我懷孕了，再將寶弟逐出此地，依我的個性，羞愧之餘，定會自殺的！那裏想到，寶弟竟被他們逼得投水，尋死前連見我一面都不可能。這一份沉重的悲傷，叫我如何擔負呢？

我最後的推論，是有所根據的，因爲，那個自認爲我兄長的惡棍，在寶弟投水那天的傍晚，來到我的房間。

十三

「他死了，」那惡棍走進我房間時，獰笑着說。「現在，苦了你了，香閨獨守。」

我沉默着。從我看到寶弟的屍體那一剎那開始，我已決定我將永遠的沉默了。我將不再反抗；我殺死了我最親愛的人，侮辱了我最敬愛的父親的在天之靈，此後，如果我繼續的活下去，那只是爲了補贖我的罪惡。坐在我前面的是我的仇人，是一個惡棍，他殺過人，毀壞他人的家庭，他的罪惡，在將來，他也要付出代價的。但是，我已無權力懲罰他了，連在天的父親都已捨棄了我，我還要復仇嗎？不，我將不再反抗，即使那侮辱是難以忍受的。

「那個孩子，太心狠了，」他繼續說。「他只顧他自己，全不爲你設想。我們本來勸他，勸他好好的對待你，過些時日便爲你們撮婚。他竟對我們抱偏見，不肯聽信我們的話。」

「當然，爲了你的未來着想，我們用了一些壓力，我對他說：『如果你負了秀小姐這一片痴情，或者等秀小姐懷了孕，全村子都曉得這件事後，怕他們不吊死你！』」

「我不知道他怎樣想的；我講完話，他的臉色立刻變青了，我還想再安慰他幾句，他已經衝了出去，誰知道，他居然……。」

他頓了頓，打量着我，然後將眼睛瞇成一條細縫，走近我的身旁，俯下身來說：「但是，我不怪你，你年紀輕，你們兩人都太年輕，我自己年輕時，也犯過同樣的過錯！你也不必擔憂，這件事，我一定爲你守住秘密。」

「死了的人不會復活，忘記他吧！」他又在屋中踱來踱去。蛙在池塘中嘈雜的鳴叫；窗子是打開的，但沒有風。他忽然站住，對我表情嚴肅的說：「你應該忘記他，也忘記你自己的悲傷。你也該結婚了。暫時等些日子，你的婚事由我負責！」說完，他便走了。

我爲甚麼要順從他的命令呢？我還可以反抗，可以復仇，我還可以去死！我死了，村民們會相信是他陷害我的，他的毀謗也只會使他的名聲更惡劣，因爲人們總是同情死者的！但我畢竟活下去了，固執的要去忍受一切的侮辱與陷害，我要藉此來消滅我良心上的負荷。

十四

夏天過去，秋來了。池塘中的水清澈見底，天空也明淨如洗。綠水是溫柔的，藍天是溫柔的，更溫柔的是朵朵的落花，伴隨着淒涼的雁聲，鋪織成無數使我憂愁的夢境。

我忘不了寶弟。我無力擺脫他唇的接吻，他健壯手臂的擁抱。而因此，我常在深夜醒轉，失望的低喚着他的名字。但他已經死了。他就像夏天，熱情的吻開了蓓蕾，再不顧它在秋天裏凋萎，儘自匆匆的去了；他再聽不見我的呼喚：「寶弟！寶弟！」

於是，天亮了，夜晚時對熱情的渴望，在莊嚴的朝陽金光中，變成了罪惡的陰影。對着初昇的旭日跪下，我深深的懺悔，不祈求父親的原諒，但等待他的責罰。最難忍受的是不被責罰，這冷淡使信心消失，於是靈魂更深的陷入罪惡的深淵，第二次懺悔的虔敬，也難洗淨久染的漬點了。

而我，一天又一天的，便在靈肉的鬪爭中，讓生命的河流游過去。我甚至沉默的守望着它流入黑暗的絕谷，在那裏，生命將腐臭，變成一窪遍生綠銹的死水！

十五

嫁到謝家去，是另一段生活的開始，我被喧嘩的婚嫁行列簇擁着走進謝家的大門，是在我十九歲那年的冬天。在轎子中，我像一個木偶般坐着，「將要來臨的來吧！」我鼓勵着我自己。轎子在庭園中停下，轎簾掀起我的脚踏上一塊陌生而又寒冷的土，地那一段漫長的屈辱的日子就開始了。

當陪嫁的丫環們開始將刺繡的紅衫披上我的雙肩，我立刻被一種新奇、神秘的氣氛所圍繞。我想我開始將我的生命去與另一個人的聯合在一起了。而這另一個人便是寶弟。我興奮的流着眼淚。在想像中，我描繪着他衣着整齊時不凡的儀態。「他將怎樣用他黑亮的眼珠凝視我呢？」我想，彷彿已被他熱情的視線捕捉住，我全身起了一陣輕微的抖顫。人們開始攙扶我步行出房門，我感到自己飄浮在雲海之中，那裏，前面，遠方的雲海正迸射着眩目的亮光，從亮光中，寶弟走出來了，走近我，更近了……鑼聲驀地響起，轎夫快樂的哼唷聲可聞，轎子已經移動，經過小橋、土坡，在崎嶇的泥路上，而我端坐在轎子中，四面是一片黑暗，我是以謝家的新娘的資格坐在轎子中的，寶弟沒有來迎接我，他已經死了，淹死在池塘中，五個月以前。於是，一陣寒冷使我戰慄。

「要來臨的來吧！」我對自己說。

又過了橋，轎夫的哼唷變快，謝家近了；不，不去想它，寶弟沒有死，他正在等待你的到來。庭院中正燃着輝煌的蠟燭，檀香木散發着濃馥的煙氣，艷紅的氈子鋪在地上，炮竹點燃了，愉快的響爆着：……等待你的，還有那雙烱烱閃光的眼睛。幸福就在前面，掀開這繡花的轎簾，美麗的未來就展開在你的面前了。感激吧！流淚吧！祈禱吧！

於是，轎簾掀開了，我看見無數條陌生人的足踝，在擺動，我走到燭火前，在燭火前站住，任燭火明滅變幻的照出我的面孔，我注視着它們，忽然，我轉過臉去，一張也被燭火映照的面孔撲入我的眼，簾烙在我的心上像一塊燒紅的鐵，我的心，出血了，我痛，……

一個男人，在我的身旁，一個男人，不是寶弟，但他是我的丈夫！我的心在痛，我暈倒了。

十六

我不知道我為甚麼要依照他人的意旨作嫁。在一些卑鄙的人們的心目中，或會認為我是怕自己的陰私被揭發了。但依我倔強的個性我是永難慴服的。我順從的是我內心的渴望。那麼，下嫁一個陌生的男子，是我內心的渴望了，寶弟的死，在我的心上刻下一道深深的創傷，這創傷還在流血，我便已經渴望新的熱情了？不。我依然忠實於他的愛情。那麼怎樣解釋我這馴服如一頭羔羊似的行為呢？我嫁他，只是因為我要嫁他。我要懲罰我自己。當一頭羔羊被放置在犧牲的祭壇上時，人們啊，飲牠溫暖體腔中的血吧！

但我新婚的丈夫是一個很忠實的人。他對我體貼、慈祥。看到他面孔上善良的笑容，我便能感到些微的安慰。只是，他的舉止，有時極不自然，更有時，他沉陷在一種恍惚的精神狀態中，彷彿在他的心靈上，正有擺脫不掉的陰影籠罩着。而這陰影騷擾着他的寧靜。

「哪裏不舒適嗎？」一次，我問他。

他微笑着搖頭，忽然收斂起他嘴角的笑意，低沉而緩慢的說：「我們都是苦命的人啊！」

我驚愕了。我强迫着自己笑。

他拉住我的手，「你比我的命更苦！」他說。

我還在强笑，但我流淚了。「你知道我的身世嗎？」我說。一生中第一次，我軟弱的呻吟着，我的額角放在他的膝蓋上。「告訴我，你知道我的一切嗎？」我問。

他點頭，「但是你可也知道我的遭遇？」他說。

我仰起頭，望着他睜着的質疑的眼睛，我想：「你也有甚麼不幸的遭遇嗎？」

於是，他告訴我了。他告訴我他是一個不肖子，喜好賭博，並且輸盡了祖傳的財產。此外，他負債。債權人便是那自稱為我兄長的惡棍。他繼續說，壓低他的聲音，「一天，」他躲避着我的視線：「一天，他忽然問我還有興趣玩玩嗎？我告訴他我已決心戒賭了。『那麼欠的賬呢？』你的哥哥問我。我答說慢慢的還他。『要是我不要你還債呢？譬如說，……』他誘惑我。我知道他是品行惡劣的人，所以心中存着警惕。豈知，他竟接着說：『我想將我的妹妹嫁給你，老謝，』他拍着我的肩，『你沒有討老婆，我知道。』然後，他毫不隱瞞的將你的一切都告訴了我，又說：『咱們作事光明正大，我不要騙你，實情就是這樣，我怕那小妞呆在家裏會出毛病，她要是忽然心窄上了吊，我負不起謀殺的責任！』我的心立刻充滿了憐惜，我根本忘記了我還負債，在我的眼前，浮現了一張憂傷的蒼白的小臉……。我沒有回答他，就回家了。

「再遇見他時，我就告訴他我考慮過了，我願意接受他的條件。他對我說：『這樣，咱們倆人都好，但是，我還要告訴你，那個小妞的脾氣很壞：

……』不等他講完，我就大聲的說：『不是爲了那些！』當然他不會瞭解我的意思，而他也不想去瞭解，這件事就這樣決定了。」他說完，輕吐了一口氣。

「你不是在憐憫我吧！」我問。

「最初是，但現在不是，」他說。

「現在是……？」我迷惑的。

「現在，你是我的妻，我愛你！」他懇摯的說。

「不，」我脫口而出的聲音使我自已都震驚了。「愛」？這個字音，在我的腦中飛旋，我愛的是寶弟！「但是他已死了！」另一個思想告訴我，於是，我又頽喪的俯身在他的膝上，並且說：「不，不，你不應該愛我，我不會作一個好妻子的！」

他先不解我的語意，但很快他就用他的手臂將我攙扶起來，同時，喃喃的，似乎是在自語：「我要好好的待她！我要好好的待她！」而我，則一直低着頭，不讓他看到我的臉。

十七

謝家，本是一個大族。但到了我丈夫這一代，人口却變得寥落起來；他是謝家的獨子。他的母親與他的姐妹都對我抱一種敵視的態度，因爲他們知道我是來自賭棍的家庭，雖然他們並不知曉在我的婚嫁前的條件。儘管我對他們表示好感，他們躲避着我；有時，我想找尋一個機會述說一下，但一看到他們輕蔑的笑容，我就不得不止住了。他們的笑容在說：「你父親的名字，我們知道，但你哥哥的名字，我們也不陌生啊！」何況，解釋自已，在我本是多餘的，自從我失去了父親的寵愛，我的生活便是補贖我的罪過。我之有勇氣去求他人的諒解，目的在安慰我的丈夫，我不願意因爲我的緣故，而使他處於與全家敵對的地位。他的父親去世多年，當他與他的母親商議我們的婚事時，後者是强烈的反對的。現在，旣然他們的輕蔑封閉了我的嘴，我只有永遠的緘默了。侮辱我吧！但是不要因爲我，而再對我丈夫的心靈加以任何的傷害！

十八

「秀姑，」我的丈夫喚我：「你最近好像很煩惱。是甚麼使你煩惱？」

我沒有回答他。

那時，春天已經來了，窗外，樹椏上，新綠已經可見。我們坐在我們的房間裏。他繼續說：

「支持這樣的一個大家，眞是困難。我們的家早就僅剩下高大的牆壁。田地，除去必須賴以爲生的，全部都已賣掉，城裏的幾個店，也因我賭博押掉了。我眞是想起來就愁，就慚愧！」

我想安慰他，但我能說甚麼呢？我拉起他的手。

「媽媽，妹妹們都不注意經濟的困難。他們還過着養尊處優的日子。我不能勸說他們，是我的手賭輸了三家雜貨店的。」

他又重復他的話，我的心已充滿了憂傷。我儘力的思索一些話去安慰他，但我的腦中是一片空白，我臉上的表情是木然的。

「我愁，」他說，「替你們愁，我現在甚至懊悔我們的結合。我曾想使你幸福的，但我不能使你幸福，我不敢想像，如果一天我忽然死了，這個家會變成甚麼樣子！」

我攔阻他，但我失敗了；當他說完最後的一句話時我咽泣了起來。「不，你不能說的這樣可怕！你還年輕，我們會生活得很好的。」

他凝視着我，沉默着。然後，淚水出現在他的眼眶中。但他忍耐着，不使它們淌下來。

「我自已懂得我自已的，」最後，他緩緩的說。

那天晚上，我輾轉在床上，夜很靜，四周沒有聲響，但我聲見他輕緩的吁嘆聲。

「還不睡嗎？」我說。

他翻轉過身來，「睡不着，你呢？」

我微笑。「你看我睡着了沒有？」

「又是我連累了你，」他說。

「不，我不許你再愁慮，」我振奮着自己，「如果我告訴你一個消息，你會高興嗎？」但一講完，我立刻後悔了，我本來決定至少在最近不告訴他的。

「消息？甚麼消息？」他驚訝的問。

「你快作爸爸了，」我鼓足了勇氣，迅速的說。

「甚麼？你是說你有孕了？」

在黑暗中，我看不淸他臉上的神情，但我從他的話聲中聽到的是失望與沮喪。

「我錯了，我不應告訴他這個消息的，」我想。但他好像是瞭解這閃過我腦中的思想，因爲，他說：

「你原諒我嗎？我的情緒很不好，甚至連作爸爸都打不起精神來。我們本應該慶賀一番，你沒有告訴我媽媽嗎？」

我回答他沒有；然後，我問道：「甚麼事打擾了你的情緒？告訴我！」

但他終於沒有告訴我。那夜，我們在近黎明時，才朦朧入睡。

以後數日中，他也不會將我懷孕的消息告訴他的母親，這使我感到莫大的羞辱與不安。

十九

兩個月後，我的丈夫逝世了。他本患着肺病，最近時常咯血；他將這一切隱瞞着。過去的數個月，他爲家中的經濟情形憂愁，知道我已懷孕後，他更是多方奔走，暮春的一天傍晚，他因奔碌過度，在路上大口吐血，暈倒在耕田裏，被農人抬回家時，他已奄奄一息，只對我說了一句：「小心……」就死去了。

當時，我的感情像決堤後的洪水，將我的身軀携帶着四處激撞，我在恍惚中撲倒在他猶溫的屍身上，絕望的慟哭着。他的臉是灰黃色的，他的衣襟上沾滿了血，和泥土。他就這樣的離去了，但是我呢？

我暈過去三次，我哭得聲嘶力竭，我不復知曉本身的存在；這悲哭，不僅僅是哀悼一個親人的死亡；這悲哭，揉合了自憐與憤怒，是被傷害了的野獸的嗥喊。

接連三次的意外的死亡，將我一切賴以生存的意志都摧殘殆盡了。而這些，都發生在我廿歲的短短的一段時間中！這是可置信的嗎？這就是命運之神豐盛的賜與嗎？

過份悲傷的結果是我腹中胎兒的流產，這在黑暗的母體內掙扎着成長的小生命，只在無知中延續了四個月，就不得不永遠的放棄他將來可能生活在這世界上的種種的權力了。

廿

五個月，我躺臥在床上，與死亡搏鬬着。恍惚中，我曾看見死神柔軟的黑袍將我覆蓋，於是，我的心中充滿平靜；但死神又遽然離去，喧囂、紛爭的世界又展開在我的眼前，一切的痛苦都回到我的體內，我呻吟，我孿痙，我哀嘆……。除去一個好心腸的老嫗，自動的每天三次來到我的房中，為我熬些菜湯，打掃我的房間，再沒有其他的人念及我生命的安危。

五個月，由夏天到秋天，生命又在我的軀體內茁壯了。茁壯的是經過與死亡搏鬬得勝的生命。當我一能感覺到本身的存在時，我立刻就愛惜我的生命了。我依然虛弱的躺在床上，秋日的陽光沐浴着我，從我的臉上，我能感覺到一絲微笑迸裂了，散開了，突然的，輕輕的，像投一塊小石入生命的河水中，激起了一瀹漪漣。我笑了，孤寂而且疲憊，但是我笑了。

生命啊！直至我經歷了死亡，我又怎能領略你的神奇呢！

身體的衰弱復元了，心的創傷仍在淌着血，我開始覺悟，並且由覺悟得到振奮：「這是父親的懲罰！他沒有遺棄我，他在懲罰我！摯愛的父親，懲罰我吧！懲罰我的罪惡吧！」於是，長久失落的信念回到我的心中，感激的淚水，淌滿我的臉，像久旱的第一陣雨，灑在蓓蕾上。

廿一

當我再一次堅毅的要求活下去，我才知曉活下去是如何的困難，即使是平坦的道路，步行者還偶而跌倒，更何況是行走在黑夜崎嶇的山路上！這時，一隻同情的手臂是怎樣的可貴啊！但從我廿歲開始，我的身後再沒有一隻可依靠的臂膀了。我的父親、寶弟、我的丈夫、曾經是我親人愛人的，現在都已離我而去。此刻，我跌倒了，跌傷了，足踝流血，但我必須爬起來，再前進，而我所能期望的，便是當我再倒下去時，還有爬起來的氣力。

我不知道應該怎樣訴說，當我從我久病的房間中走出來，看見那些張冷笑的面孔上仇視的表情。沒有人與我交談，但我的耳旁響着殘酷的聲音：「你沒有死！不應該死的倒都死了！活下去吧！享受你的生活吧！但是，我們會允許你好好的活下去？等着吧！」

我並不懼怕他們，我只感到寒冷，寒冷使我戰抖，我希望找到一個洞穴，在那裏蜷伏起來。

他們從不與我交談，不時的在我身後漫聲辰罵。他們從不來喚我吃飯。當我饑餓時，只能到厨房中尋找一些殘剩的飯菜，塞滿我的胃。有的時候，我用牙齒咀嚼着那些冰冷、變味的食物，而感到自已是一個乞丐。

我總不時的感到短暫的眩暈。我並沒有恢復健康，惡劣的食物，使我消瘦得雙頰都陷塌了下去。屬於我的衣物，不知何時被他們隱藏起來，我身上的衣服逐漸變得襤褸了。但這些，還僅僅是災難的開始。

我的婆婆對我說的第一句話，是命令我挑兩桶水到厨房去。我稍一躊躇，她便劈面打過來：「還想享福？你這敗家精，你將我兒子尅死了，還想怎樣？」

「回到你哥哥那裏去啊！你哥哥怎麼不再替你說一個丈夫？」那個長着一臉細麻子的小姑，又會在我身旁這樣喊。

我終日砍柴、燒水、洗衣，到後來，飼雞、餵豬也由我來負責了。為了節省，他們辭退了傭僕，一切的勞役，都落在我身上。我可不僅感到體力的疲倦，在心靈上，他們也從不肯放過任何可侮辱我的機會。

我曾想在他們之中，找一個知音者，那麼，我會更果敢的去忍受凌辱。但是，人性太懦弱了，她們似乎都失去了良知，竟感到在可以肆意調謔一個可憐蟲時，如果僅出自同情而約束本身的行為，是愚蠢已極的舉動。

但是，對於一個懺悔的罪人，像我，任何形式的侮辱都是相同的。我先已捨棄了我的軀體，去為靈魂尋覓一個天堂，那麼，我還對他們吝嗇我的軀體嗎？

他們早已霸佔了我的房間，現在，我是住在厨房旁的小屋中了。我的屋中沒有一面鏡子，這可使我避免看到我醜陋不堪的影像，但我心靈的鏡子，竟無時不在將我的美麗映現出來，而這是我一生中第一次感覺到的。

有的時候，當初昇的太陽以金色的光芒淹浸了大地，我提着水桶去井邊打水，井水便會倒映出一個雙頰凹陷，頭髮蓬鬆，但有着兩顆焦煤似的黑眼珠的面孔來——這便是我的面孔嗎？

只有夜是屬於我的。當我勞累了一天，踡臥在稻草鋪成的床上時，我立刻便安適的睡着了。我肅所愁慮，無所希求。父親在天之靈，他的光輝正濯洗着我靈魂上的漬點。此時的我，又是何等的寧靜啊！

五年過去了。

（未　完）

書刊評介

白熱的海洋

作者：黃競之　出版者：亞洲出版社

康　俠

說作者是在寫小說，遠不如說他是在作畫更來得恰當。這本書沒有甚麼故事，或者說作者不希望以故事來吸引讀者；吸引讀者的，是書中的畫面，是海洋的壯麗，是漁村的生活……就是那些瑣碎的漁村生活，那些生活中的小悲小喜，經作者充沛感情的筆，加以有力的刻劃，在人們的心中喚起了無限的同情與悵惘。葭鎭，浙東臨海的一個小鎭，小得幾乎使你在地圖上找不到它的所在，作者選用了它，作爲他作畫的對象。是的，就在這樣一個小鎭上，也有着成百成千的樸實的漁人，終年沉默的辛勤工作着，只盼望能謀取卑微的生存。他們大都是一羣不幸的漁人，都希望能有一艘屬於他自己的漁船，但却終生在嘆息中爲他人的利益而拖網。一個好農夫永遠作佃戶，一石糧食中只有十分之四是屬於自己的；一個礦夫，從地層下挖掘出來的好煤，永遠是燃燒在富賈的壁爐中，他自己則披着骯髒的麻袋顫抖在稻草堆裏。本書的作者，他是瞭解這一點的，在他的筆尖下，就出現了典型的漁夫金七公公，那位夢想着有一艘滬艚船的老人。

漁村，在我們的想像中，本來是像詩一般的美麗的。陪同着漁村，還有多情的漁家女，唱着美妙的漁歌。然後，漁船自海上歸來，屋頂上飄起一陣陣的炊煙。但是，本書的作者，他怎樣描寫漁村呢？看吧！他說：

「這不是供人們『酒醒何處』的所在；這只是於烈日下昂頭，在風雨中屹立，鹽水冲激着臭汗，鬚髮糾纏着網繩底年華拍賣所！這只是直面着巨浪、暴風、鯊魚、海盜所掌握下的性命賭博場！月落鷄鳴與春風展拂，只意味着創傷和白髮；波聲、山影、直道、長桅，也並不就體示了江村漁父底悠閒；這是生之戰場的一角！」。

生之戰場！我們在貧窮中掙扎着活下去，在戰爭的夾壁中尋求短暫的安樂，在這一片荒涼的沙漠上，曾有多少青春的吶喊消失了！也許，在這個殘酷的時代，我們是應該拋盡我們的夢與幻想，而堅毅的駕駛我們生命之舟，去那咆哮的海洋，爲謀生存而搏鬥的。

作者如果不是漁夫，也是在漁村中長大的，因爲他知道屬於漁人的一切特徵。就是一雙脚，也是迥然相異的。譬如，他爲我們畫出金七公公的山羊鬍子，微駝的背，騾子一般的頑强，他更爲我們畫出金七公公的一雙脚，沒有這雙脚，金七公公就不是一個眞正的漁人！

「金七公公敞着打皺的癟肚皮靠着矮竹椅擺開了十隻大足趾——現在我們不要爲這足趾之巨大和足底皮的堅厚而吃驚吧！這是每一個漁人一定携帶着的一種特色，不怕他組成尊足的材料是如何地堅牢和名貴；如果是天天要用海水泡發，太陽晒乾，在泥塗中拖，在礁石上跳，然後拾起一兩百斤的東西在石板路上跑來跑去，而自己又不想撕破和折斷的話，那就非另打主意不可了。當然，最經濟而合用的，無過於該斷的變粗，該破的加厚，否則，爲了避免殘廢，自然頂好是改行。」

你說甚麼是現實呢？看到這雙「粗蠢、黑黃，像是發霉的兩段硬麵包」的脚，你就知道甚麼是現實，甚麼是生活了。金七公公，只不過是千千萬萬的漁民中的一個。他不抱怨他的苦工，也不抱怨命運，飽經艱幸，他也能秘密的保有一個希望，而從這秘密的希望得到無窮的快慰。他只希望看到他的兒子慶海娶媳婦，因此，他在秘密的儲蓄銀元。你說現實殘酷嗎？，它也給人希望呢！儘管是極其可憐的希望。

這本書中，故事性較濃厚的，恐怕只有金七公公蓄錢爲兒子成婚的事情了。但他的兒子慶海終於沒有娶媳，後來金七公公又英勇抗暴死了，這帶有故事性的段落，也被作者淡淡幾筆的放了過去，而金七公公埋藏在床角土坑裏的銀元，也許只有待參加了反共游擊隊的慶海打回老家時再挖掘出來了。

作者好像故意在躱避着去寫故事性濃厚的段落；而全心描寫漁村的生活，所以我說他是在作畫。在這方面，他確是成功的。魚行女老闆請夥計，買一個豬頭，打十斤好酒，這是一幅怎樣的畫面？四月的海洋，陽光下排着一列滬艚船，抽起網來，一網袋子大鰳魚在網袋裏扭滾得像一頭不肯屈服的大狗熊，饞嘴的海鷗們圍繞着漁船翺翔，這是一幅怎樣的畫面？頂着白熱的大太陽，男男女女往臨江廟擠，鬧哄哄的去看大暑節的臺戲，這是一幅怎樣的畫面？逆着颯颯的江風，老漁夫父子兩人在深夜划船去江心的沙洲捕水鴨，這又是一幅怎樣的畫面？……

一幅又一幅的畫面，聯接起一個完整的漁民血淚史。它的第一幅畫面的時間是抗日勝利後的春天。作者說：「這一年葭鎭的春天特別地像春天，雖然是照例的杏花，照例的輕風，照例的老人們嘮嘮叨叨的不平和咳嗽；但誰都覺出甚麼地方有點不一樣。彷彿空氣裏滲和了滑機油似的，吸着吸着手指頭就會發響，身上的骨節也就不安定了起來。這一向，連人們磕磕煙袋鍋子的勁道都特別，在那些斑剝的石灰壁上，一下就是一個坑！」金七公公，這個五十四歲的老頭子，正在一大羣人的圍觀下，一鼓氣抗起兩大綑的新竹纜，博得狂熱的歡呼聲。最後的一幅畫面的時間是共匪佔據中國大陸後，那是一個寒雪的冬天，金七公公爲了救助兒子突圍，駕船撞沉了木船，讓他自己的生命，爆出了莊嚴的火花！

葭鎮又怎樣呢？共匪佔據前的葭鎮是充滿生趣的，但隨着共匪的來臨，那一長串「前進名詞」也點綴不了葭鎮的繁華。金七公公，一個窮苦的漁夫，尙且家破人亡，其他的，想像可知了。但我總覺得：作者畫快樂的葭鎮遠較畫悲慘的葭鎮成功。

作者不使他的筆下出現一個壞人：金七公公是頑固的老好人，他的兒子慶海是有爲的青年，夥計長脚更是可愛已極的老實漢子，漁行女老闆陳大媽是好人……在這臨海的小鎮，和平的年代，這裏都是好人，但是共匪來後，除去加入游擊隊的慶海與長脚，全遭受到不同的惡運。

在這本書中，作者還描寫了一位極其可愛的敎書匠——林先生。這個人雖有些道學氣，但一望而知便是個「我愛我師，我尤愛眞理」的「士」。他最後是被共匪絞殺了。然而共匪絞殺林先生的場面，作者却吝嗇了他的畫筆，也許是不忍心去畫，但我以爲這個場面是値得噙着眼淚畫幾筆的。

此外，我不喜歡作者用抽象的筆法描寫共匪侵佔大陸的段落。例如：「解放——牠像一陣濁紅色的妖霧漫天塞地的撲了過來。這妖霧於光天化日之下夾了牠邪惡的力量從腥風中滾滾而起；……」「妖霧給世界帶來了一片晦暗；這晦暗如黃沙捲漫，濃煙凝聚；……」這種形容，是喚不起人們情感的共鳴的。農人愛他的田；漁人愛他的海；作者眷戀他的葭鎮；爲他熟知的老漁人傷心，作者說：「又是魚汛！又是陰沉沉的天空！又是銀子在水底翻滾的季節！……但金七公公已經有五天沒有下海了。」這就很够了。這種描寫要比「妖霧滾滾」等的形容詞感人多了！對於漁人而言，魚就是銀子，那麼說「銀子在水底翻滾的季節」，而老漁人却不能下海，這中間就有着多少眞實的同情！

成功的反共小說，到目前爲止，我唯一欣賞張愛玲女士的秧歌。她的描寫筆法是新穎的；她的「感情移入」功夫作到了家；只有這樣，一部文學創作才不致受它的題材所限制，而變成標語或口號。

本書作者的筆充滿了生命的活力，他的畫面是吸引人的，但他對共匪統治下的農村，採取的是直接的敍述的描寫，因而缺少一種感人的力量。我並不是說寫反共小說一定要有某種方法，我只是說某種方法易於成功。我欽佩作者在這本書中所作的努力，每一個段落，作者都是全力以赴的。而且，儘管作者寫葭鎮的淪落有些不能脫俗，但在最後一章中，海上暴風雨中的金七公公捨身救子的場面却是深深的震盪人的心弦的。還有魚行女老闆陳大媽的死，也寫得深刻有力。

作者不但在寫作時是全力以赴，他對於日常生活的觀察也是極端詳細的。舉一個例子來看，作者寫金七公公與海盜打交道，他這樣寫：「假如剛才這些海盜們，對于這邊是毫不發生興趣的話，那麼至少現在有兩個人對于老頭子是改變了。這種人與人之間的關係，有時弄得當事者自己都難于解釋的，譬如說當你靠坐在一間候車室或者甚麼類似的地方時，你的手中捍着一本看完了的新雜誌，抽煙抽得連自己都搖頭；這時，一個失魂蟲在你伸向外邊那隻足的趾尖上，用了每隻五磅重的大皮靴，加着他全身的好分量，落落實實地踏上這一足。當你用另一條腿跳了起來，決意好好發作一番的時候，可是發現了有一張實在不易于罵過去的笑臉在堵住你，也許是由于彼此無可奈何的兩句客氣話吧！因此你們就慢慢的攀談了起來，並且一直談得如同非常要好的老朋友，……難道你們談得那麼好，只是爲了踏了你一足嗎？……誰都看得到，甚麼也不是！只有這不可捉摸的，使你與他之間能溶合起來的某種特有的東西，才能達到這結果。……此刻，海盜與金老七之間，正開始滋生着這種『特有的東西』。」

全書之中，到處都充滿了這種富於人情味的描寫。亞洲出版社的編者在書首識言，說這本書，「它的成功不是偶然的」。我完全贊同這句話。而我相信細讀過這本書的讀者們，也一定會有相同的感想的。

第十二卷　第七期　內政部雜誌登記證內警臺誌字第三八一號　臺灣省雜誌事業協會會員

給讀者的報告

美國政府不顧英國的反對，公佈了十年前簽訂的雅爾達協定全文。這個協定曾經出賣了中國的利益，造成今日亞洲赤禍橫流的局面。此一慘痛的歷史昭示吾人，任何形式的巨頭會議與秘密外交，均有害於世界和平，足以禍及蒼生。我們十分同意美國政府此時公佈此一國際秘密文件，俾世人可以鑒往而勵來茲。於此，我們又不免感慨系之的是，現在國際綏靖主義者仍在偷偷摸摸地，試圖談判臺灣海峽停火。這完全是秘密外交之故技。因此在社論(一)裏，我們祈望民主國家的政治家們從雅爾達秘約中領取殘酷的歷史教訓，澈底揚棄十九世紀權術外交的陳舊觀念。則自由世界有福了。

轟動一時的胡光麃案，現在已經進入司法程序。胡某假各種手段詐取國家財物的罪嫌，已彰彰在人耳目，只待法院之起訴而已。至於本案究否有官商勾結情事一節，亦惟有等候法院之偵查與裁定。在社論(二)裏，我們所重視的乃是此案在政治上的意義。我們以爲現在的監察制度有加以檢討的必要。行政當局之蔑視監察權力與立院質詢，實足以妨害政治的進步。我們今後應尊重並加强監察院與立法院的權力，使發揮憲法所賦予的職能。這才是我們從胡案中應該領取的教訓呢！

「寧鳴而死，不默而生。」這句話是九百年前先哲范仲淹的名言。本期適之先生以此爲題，以闡釋言論自由。適之先生指言論自由爲智識份子的一種「自天」的責任。此不僅可以澄清目下少數人對諍言的嫉忌，並可鼓舞爲自由而奮鬪者的勇氣。「言論自由可以鼓勵人人肯說『憂於未形、恐於未熾』的正論危言，來替代小人們天天歌功頌德、鼓吹昇平的濫調。」開明的政府對之應該是歡迎不暇的。

蔣勻田先生爲文論述「美國兩黨政策變遷的理論基礎」，可供我們今後與美國論交的參考。蔣先生指出美國人對自由民主的觀念是發之於哲學，根於心而生於性者。其民主與共和兩黨的進退，完全在於其政策能否滿足人民的此種要求。因此其對外政策亦必離不開自由民主的精神，此亦中美共同防禦條約中所以特別列入「加强自由制度」條文的道理。

薩孟武先生的大文旨在幫助我們「如何判斷一個政策的價值」，他提供我們一些簡賅的原則，說明政策的主觀與客觀的諸種條件，是厘定政策者所不可忽視的。

「G.I.回家去吧！」一文，寫日本人的反美情緒。美國人衷心扶助其友邦，却常換來怨恨與不滿，其間的道理是很玄妙的。但是儘管日本人反美，美國人却從不採取壓制的手段，這又非深有自由民主素養的民族之所不能爲的。辛之魯先生在此不但指出了日本人反美的因素，並且還提供了許多卓越的見解，以作爲「美軍生活」全文的結束。爲應讀者的要求，我們將儘快把全文印成單行本，屆時當再報告讀者。

自由中國 半月刊　第十二卷 第七期　總第一三〇號

中華民國四十四年四月一日出版

發行人兼主編　『自由中國』編輯委員會

出版者　自由中國社
社址：臺北市和平東路二段十八巷一號
電話：二 八 五 七 〇

航空版
香港辦事處　友聯書報發行公司 Union Press Circulation Company, No. 26-A, Des Voeux Rd. C., 1st Fl. Hong Kong
菲律賓辦事處　岷市怡干洛街五〇二號三樓 3rd Floor, 502 Elcano St. Manila, Philippines

總經銷
臺灣　自由中國社發行部
美國　中國書報發行所 / 國民日報社 Chinese Daily Post 809 Sarcamento St., San Francisco, Calif. U. S. A.
加拿大　醒華日報 Shing Wah Daily News 12 Hageeman St., Toronto, Canada

經售者
日本　東京僑豐企業公司
韓國　漢城[illegible]裕[illegible]號
馬尼剌　大中華[illegible]社 / 新[illegible]強[illegible]書店
印尼　椰嘉達[illegible]日報 / 棉蘭新中華報
越南　西貢中原文化印刷公司
緬甸　仰光振[illegible]報店
印度　加爾各答[illegible]學校
澳洲　雪梨瑞[illegible]公司
北婆羅洲　西利亞坡青年書店
新加坡　檳榔嶼、吉打邦均有出售

印刷者　精華印書館
廠址：臺北市長沙街二段六〇號
電話：二 三 四 二 九 號

中華郵政臺字第五九七號執照登記爲第一類新聞紙類　臺灣郵政劃撥儲金帳戶第八一三九號　本刊每份臺幣四元，美金三角

FREE CHINA

第十二卷 第八期

要目

中華民國四十四年四月十六日出版

社址：臺北市和平東路二段十八巷一號

半月大事記

三月廿三日　(星期三)

美第七艦隊司令蒲賴德抵臺訪問，謂匪在對岸加强軍力，華府如令協防金馬，定予匪重創。

新任海軍陸戰隊司令唐守治、于豪章就職。

韓共不斷擴張軍力，華府東京兩地盟國當局會商對策。英外部斥韓共破壞停戰。

美國防部長威爾森談話，謂美防務基本政策不變，美決以原子空軍阻止侵略。

三月廿四日　(星期四)

葉外長痛斥停火謬說，謂美如暗中進行此項安排，我將不再視美爲盟友。葉氏並警告日本勿討好中共。

中法兩國貿易商談結束，獲圓滿協議。

美衆院遠東考察團建議對亞洲自由國家繼續軍援。

雅爾達密約公佈後，麥帥發表聲明，指日本敗象已露，力言對俄讓步之非。

美國首次舉行原子地下爆炸。

三月廿五日　(星期五)

法政府向參院迫切呼籲，促批准巴黎條約。

蘇俄邀奧總理往莫斯科談判和約。

三月廿六日　(星期六)

華府官員判斷匪將進犯金馬。

合衆社副社長賀伯萊報導，匪俄空軍行將挑戰，美須愼重考慮應付。

越南總理吳廷炎與教派決裂。

法參院集會辯論西德整軍問題。

三月廿七日　(星期日)

法參院以一八四票對一一〇票通過巴黎協定，准許西德整軍。

美參議員勃里奇謂匪如進攻金馬，卽爲犯臺開始。

三月廿八日　(星期一)

高檢處開庭偵訊胡光麃，當庭收押。

韓大使金弘一在韓稱，共匪倘犯金馬，韓卽揮軍北進。

美原子能委會與國防部聯合聲明稱，美將擁有原子飛彈，可在空中毀擊敵人機羣。

三月廿九日　(星期二)

省垣青年集會慶祝第十二屆青年節。

美在內華達州爆炸巨型原子設計。

三月三十日　(星期三)

艾森豪表示匪如進攻金馬，美便決定協防。

西貢內戰爆發，叛軍炮轟總理官邸。

安理會通過譴責以色列案。

三月卅一日　(星期四)

行政院院會通過四十四年度國家總預算案，送請立院審議。

中日貿易計劃期滿，雙方聲明照常辦理，俟新計劃成立後追溯生效。

美總統艾森豪邀兩黨國會領袖會商世界局勢，對遠東所採彈性立場，獲民主黨領袖支持。

越南總理吳廷炎獲重大勝利，高台教所屬軍隊已宣誓效忠政府。

英伊簽訂防禦條約，伊拉克議會已予批准。

四月一日　(星期五)

總統命令，懲治盜匪條例施行期間，再延長一年。

近幾月來，物價波動，監院認財經措施未當，特提案糾正。

被菲拘禁華僑部份遣送來臺，我國已表同意。

赫爾將軍退休。泰勒將軍接充聯軍及遠東美軍統帥。勒姆尼澤將軍接任美遠東陸軍司令兼第八軍團司令。

美英法三國向蘇俄駐東德大使强硬抗議東德共黨之對柏林實施的「經濟封鎖」。

四月二日　(星期六)

美參院以七十六票對二票通過巴黎協定。

越南叛軍兩營向前推進，加强封鎖西貢交通。

四月三日　(星期日)

美陸長史蒂文茲抵臺訪問，與中美高級官員會談。

在美法兩國調停下，越南平川軍同意解除西貢封鎖三日。

四月四日　(星期一)

美第十六戰鬬機隊，自琉球調臺臨時服役。

美國務卿杜勒斯婉拒日本外相重光葵的訪美建議。

美副總統尼克森發表演說，痛斥姑息主義，認必須以堅定實力，始能探求和平。

四月五日　(星期二)

總統在總統府月會上，就保障人權及言論自由各問題，詳予說明。

美陸長史蒂文茲離臺返美，盛讚我國軍訓練進步，擬建議加速軍需運華。

美遠東空軍總司令柏楚琪抵臺，與我高級軍事長官交換意見。

中共廣播，正式宣佈高崗、饒漱石已被整肅。

四月六日　(星期三)

英首相邱吉爾向女王提出辭呈。

西貢戰事結束，叛軍再度實施封鎖。

杜勒斯在記者招待會，對臺灣海峽情勢，表示關切，認美對協防臺澎方法不受限制。

美海軍部長陶滿斯、海軍軍令部長卡尼在參院作證稱，美爲協防臺澎，或須使用地面部隊。

美英法三國發表對奧和約聲明，責俄不應單獨進行不平等的談判。

艾登晉謁女王，接任首相職位。

越南總理吳廷炎與叛軍協議再停戰五天。

四月七日　(星期四)

美遠東空軍司令柏楚琪將軍離臺飛港

美在內華達州舉行高空原子爆炸已獲成功。

四月八日　(星期五)

軍事發言人稱，匪在浙境路橋機場已築成使用，福州機場正擴修中。

英閣局部改組，麥克米蘭任外相，羅易德任國防部長。

『自由中國』的宗旨

第一、我們要向全國國民宣傳自由與民主的真實價值，並且要督促政府(各級的政府)，切實改革政治經濟，努力建立自由民主的社會。

第二、我們要支持並督促政府用種種力量抵抗共產黨鐵幕之下剝奪一切自由的極權政治，不讓他擴張他的勢力範圍。

第三、我們要盡我們的努力，援助淪陷區域的同胞，幫助他們早日恢復自由。

第四、我們的最後目標是要使整個中華民國成為自由的中國。

社論

民營事業的使命

——勉臺紙公司及其他民營事業

對於政治經濟問題，我們一向有些堅定不移的信念。其中，我們認為：政治民主是要以經濟自由為基礎的。生產事業的國營，只有在資源稀少以免私人壟斷的情形下，才有其必要；過了這個限度，國營事業愈擴張，政治上的民主就愈萎縮。理由很簡單，政府的錢包，由人民（大都經由其代表）來掌握，人民才可以控制政府，使其不能濫用權力；反之，如果人民的經濟生活操縱在政府之手，這個政府，就會走上極權的途徑，或者已是極權的政府。我們看，在共黨極權統制之下，還有一個獨立自主的大規模的民營事業嗎？所以我們確信，一國的政治趨勢，趨向民主或趨向權極，也可從國營事業的伸縮看出來。

基於以上這個信念，我們對於臺灣四大公司（水泥、紙業、農林、工礦）的轉讓民營，深感興奮。因為從這方面，表示我們的政治前途，是走向民主的。除政治的理由外，國營事業的浪費和效率低，已是大家熟知的事實；改歸民營後，由於私人企業心的發揮，這些缺點可以大大改進。這是大家的希望，也是理所當然。

但是，事實竟不免有令人失望的！

今天，正是四大公司剛剛由國營轉到民營的時候，臺灣紙業公司做給大家看的第一件大事，不是管理方面的改善，不是技術方面的求精，不是節省浪費，不是減低成本，而是，大大地提高了紙價！這樣一來，大戶消費者報業和雜誌業說話了。我們把報業和雜誌業給政府的呈文及附表（見本月五日臺北各報）一看，得知該公司之高抬紙價，確屬事不應該。這裏，我們不是以消費者的立場來講話，而是站在國民的立場，為着國民經濟乃至政治前途，一述我們的觀感和主張。

臺灣造紙工業，由於三十九年以來禁止洋紙進口，一直是在保護政策之下經營。保護政策，使臺紙公司可以長期不求管理和技術的改進而仍能生存；保護政策，使消費者要以高於國際價格來購用低於國際品質的紙張。這樣的保護政策，同其他若干工業的保護政策一樣，早就應該考慮放棄的。一個蕞爾小島的臺灣，要求經濟上的自給自足，非愚即妄。明智的辦法，是依照比較成本的原理，將生產要素用之於生產條件最優的幾樣生產事業，以力求國際貿易平衡上的平衡或順差。

不合理的保護政策，本當放棄。但為避免激烈影響各種生產要素的就業，我們主張逐漸修正，而不主張一下子全部解除。就紙業來說，我們要籲請政府暫採有限度的開放政策，准許價廉物美的洋紙在一定額以內進口，一以平抑臺灣市場的紙價，一以刺激臺灣的造紙工業，使其在有限度的競爭下力求改進。

臺紙公司，現在已是民營事業。民營事業的生存和發展，要靠經營者充分發揮其企業精神，從技術與管理方面力求改進。技術的改進，或許不能期之於短期；但在管理方面，我們可以相信，從國營轉到民營的初期，可以改革的地方當不會少。已往的國營臺紙公司，是靠保護政策來維持；保護政策也害了臺紙公司的長進。今後的民營臺紙公司，應該有一個最基本的打算，打算在競爭的情形下如何生存而至於發展。在這一課題下，臺紙公司應該以講求科學管理為第一要務，不應再依賴保護政策以保持獨占；更不應一方面依賴政府的保護政策，一方面又不接受政府的命令而高抬紙價。要知：現代化的生產事業，都是產品日益精良而價格日益減低，單靠漲價來謀利的事業，是不會有前途的。

科學管理，本為現世紀工商業生存和發展的重要條件。但在我國，這一條件迄未獲得工商界應有的重視。臺灣的生產事業，絕大部份是國營的。國營事業的當局，懂得科學管理之重要的，不乏其人（例如臺糖公司曾譯出若干名著，輯成一部「企業管理叢書」，可見該公司的主管人就是重視科學管理的一人），但他們都是政府官吏，他們還要懂得做官術才能安於其位。做官術與科學管理常常是衝突而不相容的；為着前者不免就要犧牲後者。同時，國營事業還要遵守許多不合理的法令和衙門手續，這也是實行科學管理的一大障礙。民營事業就不如此。所以我們有理由期望民營事業以推行科學管理為第一要務。科學管理現在已是很有成就的一門學問，民營事業應該延請專家研究、設計，而進於推行，在這方面多花點錢，總是值得的。

我們常常想到，國營事業之所以不能企業化，是由於衙門習氣的感染。衙門習氣，是反乎科學管理之精神的。今後我們要從民營事業方面，發揮科學管理的精神，再以此科學管理之精神，來影響政府機關的行政。我們這一想法，並非創見。理論和實行方面，都可找出先例來。理論方面，美國的科學管理專家瑪麗・茀萊特女士（Mary F. Follett, 1865–1933）就是把工商管理與行政學打成一片的。她的名著「新國家」和「創造性的經驗」，就是把科學管理的原則應用到政府機關的行政。實行方面，一九三七年正月羅斯福總統向國會提出的那件有名的「白宮行政管理委員會報告」（Report of the President's Committee on Administrative Management），以及後來依據這個報告來調整聯邦行政機構，就是一個顯例。這件報告是美國現代史中富有重要性的政治文件，這一文件處處表現出科學管理的思想，也即是科學管理的原理以實際應用到政府的行政，羅斯福政府之得以克服一九二九年開始的經濟大危機以及承擔第二次大戰時民主國的領導地位，我們不能不歸功於科學管理原則之應用於政府機構。

我國政府機構和其行政，如以科學管理的觀點來看，到現在還差得很。改革的呼聲，雖從未絕響，而實際的效果仍未多見。俗語說：「喇叭不響掉頭吹」。所以我們不能不希望從民營事業方面表現出科學管理的成績來，再以此成績影響政府行政。我們認為，這是現階段民營事業應負起的一個偉大使命。這一使命對於有遠見有抱負的企業家，應該不算過重。

臺紙公司這次的提高紙價，如僅以市場現象視之，則我們是以消費者的立場講話，但我們這裏所說的，是以大者遠者期望於臺紙公司，同時也期望於其他的民營事業。

從金融觀點看日本經濟

——兼論「抽緊銀根」——

瞿荊洲

一

距今約一年餘以前，日本經濟之瀕於危機，以很高昂的聲浪緊密的向遐邇傳播。除了日本國內有識憂時的人士大聲疾呼的紛紛提出警告和糾正的意見外，凡與日本相友善的國家亦莫不爲之同感不安。就經濟言之，例如我國目前的對外貿易進出口總額幾有半數以上係與日本往來，所以我們對於它的經濟情形自不能不予以相當的關切。就政治外交言之，日本與大陸僅隔一衣帶水，地位極稱險要，現擁有八千餘萬的人口，其經濟如有破綻，可能引起其國內社會之不定，勢將予共產國際以滲透侵略的機會。這更是今日自由民主世界採取全球性的反共戰略時所不可不密切注視的大事。上年美國國務卿杜勒斯經由美國駐日大使，對於日本經濟的危機曾有鄭重的表示，其後國際貨幣基金派代表團到日本實地調查，以及前不久，美國國外業務總署署長史塔生之親赴日本商談經濟問題，殆均係着眼於此。所以對於日本經濟予以縝密不斷的考察，乃是我們應當致力之一課題。

二

所謂日本經濟之危機，其實情究竟如何？在報章雜誌以及各種書刊上已有很多的論文發表。比較具體而切乎實際的敍述，要算日本經濟審議廳編印的「昭和二十九年經濟白皮書」了。日本政府之編印經濟白皮書，始於其昭和二十二年(卽一九四七年)七月，由當時的經濟安定本部發表，第一次之名稱爲「經濟實況報告書」。一九四八年五月爲第二次，其名稱爲「經濟情勢報告書」。翌年三月爲第三次，其名稱爲「經濟現狀之分析」。以後每年編印一次，至上年爲其第八次。經濟白皮書之主旨，在於闡明經濟眞實的困難情形，以期全國國民對於政府爲了克復經濟上的困難所有的措施，能予以通力合作。這册第八次的經濟白皮書，敍述近一年來日本經濟的過程，開宗明義就說：「日本經濟危機之焦點，在於其國際收支之惡化」。一九五三年度(自昭和廿八年四月一日至昭和廿九年三月底)日本的國際收支，發生了三億一千餘萬美元的赤字。在其前一年度，日本的國際收支却有約一億美元的盈餘，現在不但那一億美元的盈餘消失了，反而要賠貼三億一千餘萬美元，是其惡化的程度已達到四億美元以上了。日本原已積存約十二億美元的外滙，至上年五月底止竟減低到僅剩下七億八千萬美元。由此一點，最足以顯示出日本經濟的危機。

國際收支之惡化，積存的外滙減少，何以就是日本經濟危機之焦點？這是由於日本經濟對於國際貿易之依存性特別大的緣故。日本擁有八千七百餘萬人口，因天然資源甚爲貧乏，其國民多賴工業以爲活，而其所需糧食之二成及工業原料之三成均非由國外輸入不可。若是國際貿易失調，輸入增多或輸出阻滯，卽會形成入超。偶有一二年發生入超，還可動用積存的外滙來補貼，如連年入超，則積存的外滙勢將賠貼一空，其結果必至削減輸入。糧食的輸入如經削減，則日本國民又要嘗到大戰結束時啼饑挨餓的苦味。工業原料的輸入如不能按其所需要的數量充分輸入，則許多工廠將被迫停工或減工，馴致大量的裁員解僱，使失業的人數增多，其險惡的後果實不堪設想！日本積存八億美元的外滙，乃是一個最低的限度。換言之，卽日本必須積存有這麼多的外滙，始能維持其經濟的安定。按世界各國的通例，一國積存的外滙至少須相當於其進口貿易總額之三成半至四成。(若干經濟落後的國家，自不足以語此)日本每年進口貿易總額約在二十三四億美元之譜，故其積存的外滙不得少於八億美元。此乃其安全界線，過此卽現出危險信號。上述日本積存之外滙僅剩下七億八千萬美元，已降下八億美元大關，而落到安全界線以下了。加之，此七億八千萬美元之外滙中，尚有向國際貨幣基金的借欵，及印尼、南韓等國拖欠已久不易清還的債額在內。若將這幾筆欵項剔除，則日本積存外滙的淨額還得打個七折。日本積存的外滙數額既已發出危險信號，而其內容又不甚純淨，則其現行的對外滙率必不易維持，其國內的貨幣金融亦必難保持安定。此種風聲一經傳到海外市場；第一各國的外滙銀行對於日本之國際信用卽須相率警戒，足以阻滯日本對外貿易之推展。其次各國商人對於日本貨品必均以暫緩購買爲得計，使日本對外貿易更加阻滯。因此由輸出所得的外滙愈見減少，其輸入就不得不大爲削減，糧食及工業原料之供應缺乏，工商業萎縮將驅國民於饑餓線上。所以說國際收支惡化，積存的外滙減少，乃是日本經濟危機的焦點。

三

如上節所述，日本的經濟確已瀕於危機。日本朝野上下對此均有明確的認識，並抱有大致相同的見解。大家都視此爲整個國家命脈之所繫，同心同德，羣策羣力，來挽救此一危機。其具體的表現，由其將國家預算削減爲一萬億日圓以內之一點上，可以很清楚的看得出來。關於上年度日本的國家預算，吉田內閣之各部會最初編製的總數高達一萬九千餘億日圓。當時的財政部長(大藏大臣)大笠原氏認爲過於龐大，要求各部會打個六五折，以一萬三千億日圓爲度，各部會均有難色，表示不易辦到。不意最後提到內閣會議席上，吉田首相硬性的規定要打對折，最多不得超過一萬億日圓。儘管有若干部會認爲不能過事削減，以免影響要政之推行，並有兩位部長因此提出辭職，此乃是從政人員負責任的表示，不失爲政治家應有的風度。而一萬億日圓以內的預算，幾經周折，終於遵照首相之意旨辦理。這樣緊縮的預算送到國會內去交付審查，儘管國會內有六個以上的政黨和若干不同的派系，又因預算緊縮而減少了事業費和救濟費，與許多人的利益相衝突，但這個預算畢竟很順利的通過了。由於這樣緊縮的預算自編製以至通過，充分的顯示出日人在國家危急的關頭之一種和衷共濟的精神。筆者當時旅居東京，曾親見這頗足動人的一幕。不禁令人覺悟到，日本從那無條投降之悲慘的境地，很快的就一切都恢復過來，而且大有進步，雖說是由於盟軍佔領政策之寬大及韓戰勃發而獲得特別機會等因素，但日人本身有良好的傳統與優秀的素質，實爲基本的原因。這是覘人國者所不可不注意的。

四

削減預算卽係緊縮財政之收支，乃是財政上之一種措置。此種措置何以能挽救經濟的危機？這可從消極與積極兩方面略加說明。就消極方面言之，推行普通政務之財政，其要點在於收支之能够保持平衡；若是收入不敷支出，用攤派公債（由銀行承受）或濫發鈔票等方法以彌補其虧空，則必致紊亂金融影響物價，使經濟瀕於危機。如能削減預算緊縮財政，自可挽救經濟之危機或減輕經濟危機之程度。就積極方面言之，現代的財政既可執行國家收購與投資，舉辦公共事業，並運用其擁有的基金，直接參加種種經濟活動，已成爲經濟發展之支援及補償的要素，或平衡的要素。（請參看臺灣銀行經濟研究室出版潘志奇先生近著「預算改革問題」一書）換言之，卽具有金融性的機能。此種機能之發展，最足以挽救經濟的危機。由此一點申論，財政（公共財政）與金融係同一屬性，而彼此息息相關。在財政上既削減預算，同時在金融上必須抽緊銀根，財政與金融雙管齊下，始能收到預期的效果。

挽救一國經濟的危機，自然有種種不同的方法，並且也需要有關各方之一同效力。不過，在很短的時期內，要挽救那很迫切的經濟的危機，最簡單而有效的辦法，還是要從金融着手。一國的經濟所包者廣，經緯萬端，眞是一部廿一史無從說起，也只有從金融上去觀察，纔較易於「綱舉目張」的看出其「來龍去脈」來。加之，日本當局者爲挽救其經濟的危機所採用的方法，除前述之財政的手段外乃爲金融的手段。所以我們要從金融觀點來看日本經濟。

日本所採用的金融手段爲抽緊銀根。關於抽緊銀根之理論與實務，不及在這一篇短文內詳加敍述。此處所應先予聲明者，卽抽緊銀根並不一定是挽救經濟危機之萬應藥膏，其施行之際，必須與有關方面配合（例如削減預算），且須斟酌整個經濟的實情（例如經濟過分擴張）。惟日本此次之抽緊銀根（日語謂之「金融引締」），確實獲得了很顯著的效果。據日本銀行及大藏省三月十日發表之統計，一九五四年度（上年四月一日起至本年三月底止）日本之國際收支，其收超（收入超過支出）計爲三億二千萬美元，已可確定。此與其前一年度支超三億一千萬美元相比，一出一入，竟有六億三千萬美元之差額。此六億餘美元之差額，除了一部份得之貿易外之收支外，假如係由削減進口而來，則亦無甚可取。因爲本文第二節已經述及日本之糧食及工業原料仰給於外國之補充，如將進口削減，則是「剜肉醫瘡」，終不利於經濟之維持與發展。試再查日本進出口之通關實績，上年一月至十二月之進口總額爲二十四億零十八萬九千美元，與其前一年度者相埒，並未見減少。出口總額則達十六億二千九百八十七萬八千美元，與其前一年度相比，約增加三億六千萬美元，其增加比率爲百分之二十七，乃第二次世界大戰以後日本輸出之最高紀錄。由此可知，日本國際收支在數額上固已由支超轉爲收超，而其收入之增加係由輸出之增加而來，最足以顯示日本經濟的危機已完全解除，且可向經濟健全發展之坦途邁進。如此迅速而巨大的效果，實不能不歸功於抽緊銀根之金融的措施。茲參照由書報上蒐集所得不甚完備的資料，將日本採用抽緊銀根的方法以改善其國際收支之經過，簡略的敍述出來，對於釐訂金融政策及推行金融業務或可聊備參考。又研究社會科學的不若研究自然科學的可以採集標本在實驗室中作種種試驗。我們只能就社會某一時期內演進的事實，在事後作一番探討。所以基於日本此次之抽緊銀根，由金融的觀點以考察其經濟，在學術的研究上，似亦不無意義。

五

日本的經濟之所以發生危機，其最大的癥結在於經濟上有過分的擴張。用凱因斯的話來說，就是「有效需要」超過了爲達到「充分就業」所應有的「所得水準」。或者說是「投資等於儲蓄」已失去了均衡。就事實言之，卽是日本的各產業機關因受了戰爭的影響，在戰後的數年已缺乏資本的積蓄；但由於韓戰的刺激，凡設備較好修復較早的產業都獲得了意外的鉅利。於是各業相率發動，急於修復擴充，所需的資金則惟有向銀行告貸。日本的金融機關與產業機關間的關係素甚密切；且各產業機關對於借欵不惜給金融機關以優厚的條件，所以各銀行對於此項修復及擴充的資金，無不樂於儘量的供給。另一方面，因銀行之大量放欵，促進各產業之迅速擴張，遂發生一種所謂「消費景氣」。卽經濟學者所謂之「消費缺口」(consumption gap)。因此國內的物價隨着上漲。國內的物價一經上漲，則本國的產品成本負擔加重，超過國際市場價格，不易輸出。更有許多貨品因能享受國內的高價，對於輸出遂亦不甚熱心，整個出口貿易自漸趨於不振。至於國內產品所需的原料材料則又須仰給於輸入，且因有國內之高價可資享受，對於轉入原料之需求却有增無減。所以出口儘管不振，而進口仍難削減。此種情形卽爲造成國際收支惡化之主要原因。故日本經濟之危機實由於經濟過分的擴張之所致。經濟白皮書中以「工礦生產業之增大」及「民間投資之盛行」兩個標題說明「擴張」的實情；另以「消費水準之上昇」及「國際收支之惡化」兩個標題分析「擴張」之影響。對於有效需要增大之原因及其變化亦專題論列。斷定支援此種「擴張」並推波助瀾的使其泛濫成災者，則是財政上之支出太大及銀行之放欵過多；綜合言之，卽是資金之供給過於浮濫。

如此浮濫供給的資金究從何處得來？通常在物價上漲之際，卽會有通貨膨脹之壓力潛滋暗長。社會上有了通貨膨脹之傾向，一般人怕受貨幣貶值之損失，在國民所得總額中儲蓄部份勢必減少。各銀行之放款原係取給於所收的存款。國民既不熱心於儲蓄，則銀行所收之存款自難充裕。前述各種產業均急於擴充，紛紛向銀行借款，而銀行又源源供給。存款之吸收有限，借款之需求無厭。結果各銀行之放款多超過其所收之存款。此超過部份除在金融市場互相拆借以截長補短的自謀抵充外，最後均輾轉的乞貸於其中央銀行的日本銀行。各銀行對各產業放款超過其所收之存款，謂之「超額放款」(over loan)。日本銀行因彌補超額放款而貸款於各銀行，謂之「信用膨脹」(credit expansion)。此乃經濟危機病根之所在。日本當局者為了治療此腫痛的病根而開出的藥方，即前述的「抽緊銀根」。這抽緊銀根是不是確有效果的「對症下藥」，試於次節檢討之。

六

金融業務之推行一如軍事上之作戰，必須先求穩定，再求變化。換言之，即係「安全第一」。普通銀行為謀業務之安全計，除以所收之存款為標準，按一定的比率繳納存款準備金於中央銀行外，其放款總額應以所收存款之若干成為限度，亦規定有一個比率。照我國的通例，各銀行的放款最多不得超過其存款之七成，而定期放款與活期透支之間，及抵押放款與信用放款之間，更各訂有適當的比率。日本的各銀行原亦有類似的規定。惟因各產業對資金之需要過於殷切，各銀行儘量供應，遂形成了超額放款，並向日本銀行為大量的轉借。各銀行之所以如此調度資金大量放款者，除前述之金融機關與各產業關係密切及各產業給與金融機關以優厚的條件等原因外，另有更重要的金融上之原因。即各銀行放款與各產業所收的利息較高於其向日本銀行轉借所付的利息。各銀行付出較低的利息，向日本銀行借得資金，轉貸與各產業，收得較高的利息，一轉手之間，獲得利息上之差益，並可享受其他優厚條件，如此坐收其利之事，各銀行自莫不樂於承做，其結果必然的導致超額放款與信用膨脹。日本當局者採取抽緊銀根政策，即先從提高日本銀行放款之利率着手。最初使各銀行所得利息之差益減少，其次使其毫無差益可言，最後將日本銀行放款利率提得比各銀行之放款利率還高出二厘，使那些向日本銀行借款再轉貸出去的各銀行不但不能獲得差益，且須發生虧損。因此各銀行只得緊縮其新放款，並向各產業催還欠款，對於日本銀行即不再向之轉借，並竭力籌集資金以償還其舊欠。這是抽緊銀根之第一個步驟。

日本在投降後數年，其對外貿易曾陷於停頓。至一九五〇年民間對外貿易恢復，日本當局者鑒於其外滙銀行尚未健全，日本的國際信用亦甚低落，特建立起輔助貿易的金融制度。同時為了緊急輸入必需的物品，促進其生產設備之添置，並減低其成本起見，對於輸入貿易予以種種金融上之優待。如承做開發信用狀之貸款及由日本銀行保證開出遠期滙票等等皆是。日本近年之進口總額每年不下二十數億美元，各銀行對進口貿易所放出之款項高達三千億日圓以上。這也是使貸款增多及信用膨脹之一因素。為抽緊銀根起見，對於輸入貿易之貸款大加整理，首先將放款之期間縮短，其次將適於貸款之進口貨物品目改為僅以棉花、羊毛、鐵砂、皮革及其他數種原料為限。對於適於貸款的貨品之擔保率及利率又予以提高。因此在進口貿易方面之貸款大見減少。此係抽緊銀根之又一步驟。

以上兩個抽緊銀根之步驟，在日本書報上謂之「高率適用」。如此抽緊銀根之效果如何？可引用關於金融的統計數字予以證明：

據日本銀行發表的統計，上年六月日本全國各銀行存款總額為二六、八二八億餘日圓，放款總額為二七、一〇九億餘日圓。放款對存款之比率為百分之一〇四。到了七月，這比率為百分之一〇二，即放款仍超過存款。因抽緊銀根之措置加緊進行，至同年十一月，放款始減為存款之百分之九八，算是把「超額」的字樣改正過來了。日本共有九十家銀行，其分支行更散佈各處，存款與放款變動之因素甚多，上面的比率之漸減，只能表示抽緊銀根後金融業務之趨向，並不能完全歸功於抽緊銀根的效果。另有一個統計數字，表示抽緊銀根之效果，較為有力，即全國各銀行向日本銀行借款總額對各銀行自有資金總額之比率。這個比率在上年八月為百分之一四，至九月減為百分之一三，十月減為百分之一二，一路遞減。因此日本銀行之放款總額以上年八月之四、〇六二億日圓為最高峯，以後逐月減少，至上年年底減到了二、四三三億日圓。今年新春以來，仍有繼續減低之勢。除了上述的兩個比率以外，日本採取抽緊銀根之措置後，在金融上顯示出「通貨收縮」(deflation)的現象。這通貨收縮正面的表現在日幣(即日本銀行鈔券)的發行額上。日本自投降以後，因國內經濟不安，其貨幣之發行額年有增加。只有在遵行「道奇法則」(Dodge's Line)的那一年(即一九四九年)，日幣發行額增加得最少，僅增加了三千一百萬圓。自一九五〇年以降，每年均要增加七八百億圓。至一九五三年底發行總額高達六千二百九十八億圓。但自施行抽緊銀根以後，通貨即見收縮，上年年底之發行總額竟減為六千二百二十億圓。經過一年，日幣之發行額不但未有增加，反而較其前一年減少了七十億圓。這是自一九三一年以降，二十三年以來未有的現象。據最近報告，本年二月底日幣之發行總額僅為五千四百六十九億圓，至三月十六日更減為四千九百九十二億圓，已退至五千億圓的大關以內了。由此可見日本已由「信用膨脹」轉為「信用收縮」(credit contraction)，超額放款之不正常的狀態，亦已糾正過來。抽緊銀根確已獲得預期的效果了。

七

本文第四節內已經說過抽緊銀根並不一定是挽救經濟危機之萬應藥膏。必須是由於信用膨脹導致了經濟之過分擴張，然後可在財政金融上採取收縮的措置，以發揮「平衡要素」的功用。同時，抽緊銀根又須考察當前的實情是否適於此種措置之推行。如不此之圖，僅一味的硬要抽緊銀根，在消極方面，固可不再做新放款，但資金如已枯竭，則各銀行無法調度，其對各產業已放之款不易收回，民間的存款又未能收進，向日本銀行轉借之款自難歸還，所謂超額放欵之惡劣情形便無從改善。且資金之於社會經濟，有如血液之在人體循環系統中，過度的膨脹會發生「血管破裂」及「腦溢血」等病象，但過度的收縮亦可能導致「枯竭」「虛脫」等絕症。這是實施抽緊銀根之措置時，所不可不愼重顧慮的。日本此次抽緊銀根之所以能够獲奏膚功者，決不是出於偶然。據專家分析，其主要的內容，約有次列數點：

(一)自當局者決定採取抽緊銀根之措施後，日本國內的物價，即止漲回跌，以前在國內暢銷的貨品，因買方之減購或停購而陷於呆滯。更有許多可資外銷之貨品因享受國內的高物價而留作內銷者，自更易於淪爲滯銷。加以資金上的壓迫，這些在國內滯銷的貨品只得轉向國外推銷。因此在對外貿易上，出口漸見增加。出口所得之外滙結售於日本銀行，日本銀行自須付出大批資金，此大批的資金因各產業償還借欵及與銀行往來等關係，輾轉流入於各普通銀行，各銀行自可調動此種資金用以歸還原向日本銀行轉借之欠欵。假使沒有抽緊銀根之措置，則出口不會如此增加。又出口縱有增加，其結售外滙所得的資金，或仍將由各銀行貸放出去而趨於信用膨脹之一途。現在既流還於日本銀行，既可使超額放欵的情形得到改正，同時外滙收入增多，又可改善日本之國際收支，直接予挽救日本經濟危機以莫大的助力。這是日本抽緊銀根之最顯著的效果。惟此種效果之基礎，乃建立在日本的工商業已有較高度的發達有相當的貨品可資外銷之一點上。如屬工業過於落後的國家，即不易收到與此相同的效果。

(二)上年十月至十二月之三個月間，日本爲收購農村米糧，由國庫放出大量資金。因日本現尚施行米糧配給制度，政府除支用外滙從國外輸入數以百萬噸計之米糧外，尚須向國內餘糧地方的農村收購米糧以配售於缺糧區域。此糧食配給制度又寓有實行社會政策之意，高價收購的米糧以較低的價格配售。故政府購進的米糧所付出的資金，雖可於配售出去時收回，但因有價格上之相差，據食糧管理之會計報告，此項米糧資金收支相抵，計約支超二千七百億日圓。此項資金最初流入農村信用合作社及地方銀行，隨後有大部份輾轉流入各大銀行，亦因受了抽緊銀根的影響，而由各銀行調度，用以償還了以前轉借日本銀行的舊欠了。這也是抽緊銀根效果之一，其來由則是因着日本尙有此種食糧配給制度。

(三)全國各銀行受了抽緊銀根的影響，除了竭力調度資金迅予歸還對日本銀行之轉借欵外，其自身對外之放欵更儘量抑制。如有新做的放欵，必選擇較優良的借戶，而關於放欵的條件如利率、期限、及抵押品之種類及折扣等限制特嚴。素質欠佳的產業殊不易獲得資金的潤澤。同時，市場上吹來一片淡風，物價趨跌，交易稀少，各方對資金需要的程度亦漸漸降低。另一方面，因物價趨跌，顯得幣值穩定，一般消費者相率節約，支出減少，獲有餘資，轉而熱心於儲蓄。因此各銀行收受之存欵漸見增加。據東洋經濟新報所載統計，日本全國各銀行之存欵總額在上年六月底爲二六、八一八億日圓，至同年九月增爲二八、二五一億日圓。計在三個月內增加了一千四百餘億日圓。此亦係抽緊銀根之效果，日本之所以有此成就者，第一係由於全國各銀行對於抽緊銀根之政策採取協力合作的態度，其次由於市場上一般的商業習慣亦甚良好，而日本國民之習於節約及樂於儲蓄之優秀的性格尤有足多。否則，抽緊銀根政策之推行，當不易如此之順利而有效。

基於以上三點之分析，可知日本之抽緊銀根，實具備適宜的條件。其獲得預期的效果，良非倖致。由於抽緊銀根之奏效，在日本金融上除了以上所述各點外，尚呈現出兩種特徵。第一是各銀行已脫却其對日本銀行之依賴性。其次是各銀行資金構成之內容已加重儲蓄性。在我們從金融觀點看日本經濟時，對於此兩種特徵，更應於次節作進一步的檢討。

八

抽緊銀根之措置實施後，日本銀行之放欵總額自四千餘億日圓減爲二千四百餘億日圓，在本文的第六節中已予敍述。日本銀行之放欵，原有對政府貸欵、對貿易貸欵、票據貼現及對各銀行貸欵等項。其放欵總額之減少，太半是對各銀行放欵之收回。如前所述各大銀行收受因結售外滙所得之資金及各地方銀行收受因售出米糧所得的資金，均用以償還對日本銀行之舊欠。截至上年年底止，各地方銀行拖欠日本銀行之總額僅五十八億日圓。日本之地方銀行計有六十六家，其中已有四十四家已將欠日本銀行之欵掃數還淸。至日本銀行採行二次「高率適用」時，各銀行向日本銀行轉借欵者僅有四家。由此可見各銀行對日本銀行之依賴性幾完全脫去。據最近的新聞報導，日本之各地方銀行除已將滯欠日本銀行之欵淸償外，因農產品出售所得大量資金源源流入，遂紛紛將餘剩資金集中到都市，投放於短期金融市場。因此各銀行放膽的先將欠日本銀行之欵淸償，如遇缺乏資金時，即向短期金融市場借進「拆欵」(call loan)，再也不要依賴日本銀行了。這是抽緊銀根後日本金融上特徵之一。

在通貨膨脹時期，貨幣漸見貶值，國民如有餘資送到銀行裏去儲蓄，雖可獲得存欵利息，但其所得往往不足以補償因貨幣貶值而遭受的損失。故一般人多不願儲蓄。只有工商業之法人將其借來之欵以活期轉存於銀行以待隨時提用而已。此可在金融統計中查看得出來。日本全國銀行收受的定期存欵對存欵總額之比率，在一九四六年爲百分之一六．三，一九四七年爲百分之一三．一，一九四八年爲一四．八，這都是通貨膨脹時期的記錄。到了一九五〇年，日本的幣值漸趨穩定，上項比率就升至百分之三〇．七。一九五一年增爲百分之三五．四。一九五二年爲百分之三八．四。一九五三年爲百分之四一．八。上年因抽緊銀根之影響，這個比率逐月提高，至上年十月，達到百分之四八．五的高度，這和戰前經濟最安定時期之比率甚相接近。再察看上年四月至九月之半年期間內，日本各銀行內個人存欵與法人存欵之統計，更可顯示出儲蓄性的存欵之增加。前面已經提及在通貨膨脹時期個人不願儲蓄，只有工商業之法人以借欵轉為存款。但在上述時期內，日本的個人存款增加了一千零六十三億日圓，法人存款僅增加了一百二十五億日圓。個人存款比法人存款增多了八倍半。並且個人存款增加之額內，竟有八百九十二億日圓是定期存款。此可見日本各銀行資金構成之內容已加重儲蓄性。這是抽緊銀根後日本金融上特徵之二。

由於以上兩個特徵，第一、可以看出日本的金融已趨於正常，其盈虛可在金融市場上求得調劑。第二、可以看出日本的貨幣已轉為安定，其物價已見抑平，國民漸習於儲蓄。至於國際收支之改善，在本文之第四節中業已述及，故抽緊銀根已挽救日本脫離了經濟的危機。自表面上看來，脫離了經濟的危機，只不過是一種消極的功效，殊不知由於國內金融之正常化，及國際收支之改善，使日本的國際信用增高，有助於其對外貿易之推展，以促進日本經濟健全的發達，對於此點，我們殊不可忽略看過。茲於次節述之，以為本文之結束。

九

一國的對外貿易之健全的發展，有賴於貿易金融之扶助，除了通常的出口打包貸款、進口開發信用狀貸款以及進出口銀行之長期貸款外，其專司貿易金融之外滙銀行尤須有充裕的資力及昭著的國際信用，然後始能減輕其進出口貨物之成本，並促進交易之靈活。日本在第二次世界大戰以前，乃世界强國之一，其外滙銀行之資力與信用，原可與歐美第一流的銀行並駕齊驅。但自戰敗投降以後，其外滙銀行之實力喪失殆盡，其在國際間之信用自亦低落。輸出貨品時，非經交貨完妥則收不着外滙，輸入貨物時，如在外國未有足額的存款或保證，其開出之信用狀即不為外國人所願接受。其對外貿易曾備嘗滯碍難行之苦。所幸近年來日本積存有相當數額的外滙（見本文第二節），分存於倫敦、紐約、波斯頓、芝加哥、西雅圖、加州、夏威夷及外國銀行設在日本之分支行，計共有三十七個帳戶。日本的外滙銀行開發的信用狀，於必要時，由政府向其有存款往來的銀行（correspondent banks）出具保證書，予以保證。即約定日本外滙銀行開出之信用狀如遇兌付有短絀時，可由政府存款項下撥補。這是外滙銀行本身資力不足需要政府支援之一種不正常的情形。上年四月，日本的國外滙兌銀行法付諸實施，以東京銀行（其前身為橫濱正金銀行，與我國之中國銀行之為外滙銀行略同）為經營外滙之專業銀行，財政部之外滙基金可由其保管，可以免息借用政府資金，並可開發「外滙期票」（usance bill），這是日本在外滙措置上之一種進步。惟上述之不正常的情形仍然存在。上年十月，日本恢復開發「美元外滙期票」之際，日本銀行及大藏省兩方面曾為提高日本之國際信用而多方活動，企圖使日本的外滙銀行取得與歐美第一流的外滙銀行同等的地位。只因時機尚未成熟，沒有獲得結果。蓋基本問題未經解決，徒然多方活動，終是無補於實際的。所謂基本問題究何所指？即若干主要的外國銀行認為日本如欲將上述保證制度取消，必須辦到次述的兩件事：一是日本國內各銀行之超額放款能够澈底改正，一是日本的國際收支得以保持平衡。具備了這兩個條件，始能得到各外國銀行的信賴。自日本採取抽緊銀根的措置後，如前所述，其國內的金融已趨於正常，國際收支亦大見改善，再加以專業外滙銀行之實現，各外國銀行對於日本之外滙資力及國際信用之觀感，果然為之耳目一新。各外國銀行爭相挽攬，願為日本的對外貿易服務。日本之外滙交易，頗為改觀。英美系之銀行對於日本進口貿易之信用狀原須要求繳納「保證金」（margin money），至上年年底，已規定此項「保證金」可予免繳。同時，日本與澳洲之間素有鉅額之貿易，最近澳洲銀行協會已將次列兩點通知日本：一是日本的外滙銀行開出的「即期信用狀」（Sight L/C）縱非「不取消的」（irrevocable），澳洲各銀行亦可購進。一是日本的外滙銀行開出的信用狀由澳洲銀行為之「認證」（confirmed）時，可免繳保證金。這是日本的國際信用提高之明徵。由此增强日本之外滙力量，促進對外貿易之發展，改善其國際收支，可以澈底的消除其經濟的危機。

綜合以上各節所述，從金融觀點看日本經濟，首先瞄準經濟危機的焦點，其次診視其病根之所在，再察看其具備的條件，以採取財政金融上之措置，最後檢討其所獲致的效果，由此顯示出抽緊銀根之作用。這不啻是以上年度日本經濟演變的過程為題材，對於現代財政金融之機能，做了一番實驗。同時凱因斯學派所倡導的財政金融已是經濟發展之「支援及補償的要素」（supporting and compensating tactor），或「平衡要素」（balancing factor）的理論，亦可以由此證明其正確。

四四、四、一

論臺灣外滙貿易管制的改變

陳式銳

一、新辦法一套

臺灣經濟需要變，我提出已五年以上；當局在制度、政策、管制各方時有或多或少底變動，而在最近——三月一日——之有關外滙管理及對外貿易新辦法的改訂，亦屬其中之一。政府於三月一日公佈：㈠結售外滙及申請結購外滙管理辦法，㈡旅客出入國境携帶金銀外幣及新臺幣限制辦法，㈢臺灣銀行買賣結滙證明書辦法；㈣結滙證明書審議委員會組織規程。三月七日又發表：㈤本年第二期（三四月份）民營進口物資預算，㈥同期內輸出貨品結滙證明書比率：①香蕉百分之五十，②其他產品百分之八十，㈦貿易商申請案件之限制，甲、非必需品之物品改列爲暫停結滙，乙、應行節約之物品改爲限量結滙（均附有品類）。三月十日臺灣銀行將結滙證牌價掛出，計美金每元新臺幣六元（其他外幣從略，三月一日起實行）。三月廿一日當局再公佈：㈧貿易商申請進口外滙辦法，㈨直接用戶申請進口外滙辦法，㈩普通進口外滙審核準則。三月廿四日又發表：(十一)二期外滙預算分上下兩期辦理，並訂定各類物資最高申請限額（自一至五％）。至於接受進口申請日期及有關書表尙待核定。一個改變，事先既未鳌套加以研究，僅以爲情勢所迫而被動地採取措施，其過程且遷延成月而仍未齊備，以致外滙貿易陷於停頓；倘不是臺灣經濟已形同老耄之人，其不因此而脫軌者幾希；然其影響於整個經濟，其損失已可想像了。

正因爲此次改變不先鳌套研究，而是東拾西扯，所以規章特多，今後可能尙有不少要出來。我姑先根據以上發表之規定，整理出一個系統，藉便明瞭新辦法的內容。至其得失與效用，再進而予以評論。

滙率：

㈠銀行買進滙率：每美元值新臺幣一五·五五元；

㈡銀行賣出滙率：每美元值新臺幣一五·六五元；

㈢結滙證明書：每美元計新臺幣六元（隨時核定，期限六十天，臺銀得出售或收買）。

外滙收入：

㈠政府機關外滙結售臺銀，每美元新臺幣一五·五五元；

㈡公營輸出糖、米、原油煉品外滙結售臺銀，每美元新臺幣一五·五五元；

㈢其他公營民營輸出外滙結售臺銀：①每美元新臺幣一五·五五元，②再按比率（香蕉五〇％，其他八〇％）發給結滙證明書；

㈣滙入滙欵結售臺銀：①每美元新臺幣一五·五五元，②再十足發給結滙證明書。

旅客携帶金銀外幣入境不予限制，出境則限制金二市兩，銀二十市兩，美金二百元。

外滙支出：

㈠政府機關國外費用或輸入結購外滙每美元新臺幣一五·六五元。

㈡公營輸入：①輸出不領結滙證者，②獨佔性者結購外滙每美元新臺幣一五·六五元；

㈢特定工業建設計劃物資輸入結購外滙每美元新臺幣一五·六五元；

㈣民生日用必需品輸入結購外滙每美元新臺幣一五·六五元；

㈤其他物資輸入及滙出滙欵結購外滙每美元新臺幣一五·六五元，加防衞捐（專案核免除外）三·一三元，並繳同外滙金額結滙證。

申請輸入：

㈠貿易商按登記營業範圍依物資分類預算（二期預算分上下期最高限額一至五％）申請輸入，但要申報進口原價，並預報最高批發價格，而且當局可以指定供應最後使用人。

㈡直接用戶申請輸入，限於（甲）工業原料用戶——①國防民生重要工業，②成品可以外銷（增加外滙收入）或可以替代舶來品（節省外滙支出）；（乙）專案用戶——工廠、礦場、農漁團體、其他等。

審核準則：

㈠五個「不予審核」：

①申請品類超出登記範圍者，
②該類物資預算已無餘額者，
③未依規定手續申請或缺少應備之證件者，
④申請金額超過最高申請限額者，
⑤報價單未依塡報蓋章或報價與國外價格不符有套滙可能性者。

㈡五個「優先核准」：

①申請進口原價較低或申報最高批發價較低者，
②登記專營一類貨品者，
③外滙幣別餘額較多者，
④結滙進口申請書先一日送進者，
⑤申請人係結滙證持有人者。

㈢兩個「活動核配」：

①主管機關得就同一標準之申請書，依申請金額比例核配；或按當時預算可動用金額，先行規定每戶最低核配基數，其餘依申請金額比例核配之；
②各貿易商所得進口外滙配額不足，或超過該類貨品進口最小單位所需價額者，得依該最小單位價額分別增減核配之。

進口物資：

㈠本年第二期(三四月份)民營進口物資預算計美金九百四十萬三千元；我依其品類粗略地分爲原料、消費財、資本財、其他四類，計算其金額及比率而列表如次：

二期進口物資預算　　單位：千美元

物資	金額	比率
原料	五、二九五	五六・三
消費財	二、三四八	二五・〇
資本財	一、四四〇	一五・三
其他	三二〇	三・四
合計	九、四〇三	一〇〇・〇

㈡我再就進口外滙分爲自有外滙及美援外滙，以明其來源及比率，計開：

二期進口外滙預算　　單位：千美元

外滙	金額	比率
自有	五、一〇三	五四・三
美援	四、三〇〇	四五・七
合計	九、四〇三	一〇〇・〇

當局雖然發佈有關新辦法章則多至十一種，至三月底止進口商尚無法申請進口物資，出口商反而對於以「鼓勵出口」爲標榜底新辦法，用大幅廣告向政府呼籲修正。輿論對當局新措施之缺乏計劃與準備而偏來個「慢慢試」，亦表示難以容忍。我對臺灣外滙的改革意見，散見於「由經濟總體談改變臺灣外滙政策」(臺灣經濟一一六頁)、「談臺灣外滙政策的變動」(自由人三三八期)、「就新閣談經濟」(自由人三四七期)、「臺灣經濟可不速變乎」(自由人三八九期)、及「改變外滙管理已成熟乎」(自由人四一四、五期)；三年來，以情勢每況愈下，我的主張時日加强。我近來雖轉變研究方向，惟對臺灣仍未忘懷；正因爲如此，我獲得一個類似型底貿易外滙管制實例，欲引用以供本問題的參考。

二、介紹一個實例

印度西尼亞 Indonesia 受太平洋戰爭的破壞，生產力損傷，其輸出——特別是糖——大大減少，戰後復與及消費回返平時水準，因而輸入要求特强。同時貨幣供應量增加，一九四七年之末，則達一九三八年三月的七倍，而外滙只貶低四四・六%(一九四六年三月)，仍然刺激進口。再基於政治上底原因，如主權轉移，治安不穩，而影響資金外流。所以印尼的貿易赤字由一九四六年的印尼幣五億盾升至六億盾。印尼政府爲挽救此一逆勢，它的着力之點在增加出口而減少進口，同時注意財政赤字的消滅，以作通貨膨脹的釜底抽薪。

一九四八年印尼把外滙貶低三〇・二%，但當時的印尼物價高漲六倍，彼此比例相差過鉅，如無美援支持(一九五〇年停止)，仍無以接近國際收支的平衡。印尼政府爲應付新情勢，乃再採取行動，於一九五〇年三月實施「外滙結滙證制度」(Exchange Certificate System)，卽差別進出口滙率，當時印尼官價滙率爲一美元等於印尼幣三・八一盾，出口商所得外滙結售「外滙基金」機構，除每美元獲得三・八一盾外，並由該機構摯付其外滙半數之結滙證，其一半之外滙仍由該機構自行向外出售結滙證。此一結滙證價格由外滙基金機構提高一倍，定爲七・六二盾；那末出口商所得實際出口外滙(Effective Export Rate)爲原官價三・八一盾再加另一個三・八一盾(卽一半結滙證出售兩倍官價所得)，等於七・六二盾。另一方面，出口商所付實際進口外滙(Effective ImportRate)爲官價三・八一盾再加結滙證價七・六二盾，合計一一・四三盾。換言之，卽出口外滙貶低一半，進口外滙貶低至三分之二。

印尼採取這一制度的道理，據我的瞭解，可以從三方面看。出口方面，外滙實際底低估，用意在調節不利出口的成本結構(Cost-price Structure)；但若過份地低估出口外滙，出口商當然可獲厚利，以農產較缺乏彈性，外滙的增加未必可同樣達到。進口方面，外滙低估的用意在抑制進口，倘若進口的低估與出口取同一程度，則又無以達到制衡作用。另一方面，與其坐令進口商獲暴利，不如以差別進口外滙制度將進口商的暴利大部份移歸政府，旣可彌補赤字，兼得停止通貨膨脹。所以實行之下，印尼政府每美元付出三・八一盾，收入七・六二盾，實得三・八一盾(形同賦稅)；出口商得官價三・八一盾，尙可獲得三・八一盾以補償其損失；進口雖受抑制，進口商以需求之强，仍可獲利，可謂各得其所了。印尼的外滙結滙證制度，當時所收功效，在貿易方面，一九四九年的入超爲一千五百萬盾，一九五〇年轉爲出超三億三千四百萬盾，政府得利八億八千一百萬盾，佔財政收入二二%，其對赤字的抵銷可以概見了。

韓戰發生之後，東南亞的原料出口欣欣向榮，印尼的外滙收入亦獲得增加，它可以供應進口，因而把輸入的管制作相當地放鬆。加以政府的大量開支，因而增加貨幣所得。在雙管刺激之下，印尼的進口急劇上升；它的速度由一九五〇年的四億四千三百萬盾增至八億五千五百萬盾。印尼政府在這一時節，旣然放鬆進口限制，但對非必需品方面仍作有限度底節制；所以它在一九五一年三月又採行「進口結滙證」(Import Certificate)。進口商輸入非必需品物資，除結購官價外滙每美元三・八一盾及外滙結滙證七・六二盾外，尙須加購進口結滙證七・六二盾(定爲官價的兩倍)，計一九・〇五盾(卽官價的五倍)。印尼政府在這一年的獲利四十一億盾，佔財政收入四〇%，使印尼在戰後第一次於預算上呈現盈餘。

當進口外滙低估較大之後，進口貨價格上漲，米一項則以其漲價而刺激工資上升，因而影響出口貨的成本。況且，出口商的外滙每美元所得爲七·六二盾，而其支付生產所需的進口貨反要一一·四三盾。此一情勢在韓戰繁榮(Korean-war Boom)之時，以輸出興盛而不覺其難堪；迨乎好景幻滅，自不能不隨不良底情勢而有所變革。因此，印尼政府於一九五二年二月廢止外滙結滙證制度，把進口及出口外滙的差率取消，出口外滙貶值三分之一，由七·六二盾提高至一一·四三盾，而進口外滙仍維持原滙率一一·四三盾，稱爲「滙率的統一」(Unification of the Exchange Rate)。惟印尼政府或爲補償因外滙結滙證的廢止而減少財政收入，它選擇較優底出口物資分別課徵「額外出口捐」(Extra Export Duty)，如樹膠及椰二五%，石油與咖啡一五%。一九五二年的額外出口捐收入十億零六千六百萬盾，但是出口却由一九五一年的十二億五千七百萬盾降至八億八千六百萬盾(出口減少尙有外在原因)；這一趨勢，自然引起印尼朝野的關注。

第一步，印尼當局把額外出口捐逐漸降低以至廢止，以挽回出口劣勢。另一方面，印尼的黃金及外滙準備減少而輸入仍在擴充之中，所以政府的努力於是轉以抑制進口；一九五二年八月，印尼採行「額外進口捐」(Import Surcharges)，把進口分爲五類：

第一類、必需品，免捐；

第二類、半奢侈品及「幼稚工業品」課徵三三%；

第三類、介乎二類與四類之間者，課徵一〇〇%；

第四類、奢侈品，課徵二〇〇%；

第五類、不供給外滙(自備外滙進口)。

第四類，徵至二〇〇%，目的在抑制奢侈品的輸入，而印尼人以爲高率底進口捐，總比完全禁止爲宜。至於印尼政府何以不以「數量底限制」加諸進口，它以爲①數量管制需要一個忠誠而有效底行政機構，這在落後國家的培養，尙須相當時間；②數量管制提高進口物價而增加進口商的暴利，對政府的財政並無裨益。進口捐則由大衆吸取一部份購買力，既可減少預算赤字，亦得壓低私人對輸入之需求。所以它比直接而統一底貶值爲優。至它的功效，進口由一九五二年的九億二千四百萬盾減至一九五三年的七億五千三百萬盾，降低一二%；並由一九五二年的入超八百萬盾，轉爲出超六千七百萬盾。同時，它也改變了進口物資的結構，消費財的輸入，一九五一年爲五三%(貨值)，一九五三年減爲四六%；資本財的進口，一九五一年爲一七%，一九五三年升至二一%。這一趨勢，對於印尼經濟發展發生有利底影響。

三、來一個比較

印尼的貿易外滙管制所採辦法，其成功在進出口差別滙率；第一次改變，出口實際滙率爲七·六二盾，進口爲一一·四三盾，第二次改變，進口非必需品再加進口結滙證七·六二盾，合爲一九·〇五盾。出口的七·六二盾，內官價及補償各一半，出口商可獲得鼓勵而放心輸出，以增加外滙收入；進口以需求之强，雖滙率高過官價三至五倍，進口商仍屬有利。一方面，政府把進口的暴利取去，居間獲利估其收入二二至四〇%。印尼的措施，財政、貿易、金融三方面做到配合，於其功用的表現可爲明證。惟其第三次改變把進出口滙率統一化，並在出口品擇優加徵出口捐，這顯然打擊了出口，後雖取消出口捐，仍不足以挽救頹勢；所以第四次改變，又恢復進出口差別滙率，並且對進口亦有差別底待遇。此時出口滙率爲一一·四三盾，只必需品進口滙率同爲一一·四三盾，半奢侈品實際進口滙率爲一五·二四，再次爲二二·八六盾，奢侈品爲三四·二九盾，此外則不供給外滙，顯然是自備外滙進口了。

印尼的管制，尙有它的特點，它不採用「數量底限制」，其原因爲不易得到忠誠而有效底行政機構，一方面物資數量限制勢必增加進口的暴利。管制原因於外滙及物資的不足，政府一面努力於增加外滙(出口)，另一面作既有外滙有效地分配，物資數量讓其隨物價作用自行調節可了。所以印尼除就外滙分配進口外，兼讓自備外滙物資輸入。自備外滙固然可能引起套滙，但若物資增加到充足時，以無利可圖而套滙自止；況且，因物資缺乏而有暴利可圖，則發生走私入口而連帶引起套滙，試問有無方法加以撲滅？印尼知其既不易作數量底管制，它就乾脆地單守外滙支配罷了。

反觀臺灣過去底貿易外滙管制辦法，四十年四月頒行「有關金融之措施」後，亦採行差別滙率：㈠基本官價滙率，一美元等於新臺幣一〇·三元，㈡出口滙率一美元等於一四·五元，㈢進口滙率，一美元等於一五·六元。以通貨膨脹之故，到了四十二年一美元黑市新臺幣二七元左右，出口滙率一四·五元，僅及五三·七%，顯然出口虧損；進口僅多出口二元，不但不足以言抑制，而且可獲暴利至三八·九%。雖然以後取銷官價滙率，以結滙證率一五·六元爲出口滙率，進口加徵防衛捐兩成，變爲一八·七元仍可獲利至三〇%。其自然結果，爲出口萎縮而外滙減少，外滙減少同時進口減少而益形有利；加以進口量的限制而使實績頂費橫行，造成少數人的暴富而坐令整個經濟衰落。冬春以來，通貨再膨脹三〇%，美元黑市升至三八元，實績頂費高達一倍以上，物價轉入紛亂，而管制的弊病暴露無遺了。在這一管制之下，抑制出口而偏利入口。政府以財政支持公營事業，而以其外滙廉價供應出口，財政削弱自不待言。再看，進口由卅九年的九千一百萬美元升至四十三年的一億一千萬美元，而入超在同期內由二千九百萬美元升至一億零五百萬美元；倘非美援進口由二千萬美元提高八千八百萬美元(加上少數自備外滙)，不知臺灣經濟將何以維持？

此次改變，政府的標榜是「爲鼓勵產品輸出，調節物資輸入，配合美援運用，平衡國際收支」；就這一點言，自屬完全正確。但看它的辦法，逐漸打了折扣，恐怕仍舊陷入舊窠臼。先看出口，它的外滙一美元買進滙率一五·五五元，加結滙證六元的八折四·八元(香蕉五折三元)爲二〇·三五元或一八·五五元。與黑市三五元比較，差額一四·六五元或一六·四五元，有何鼓勵可言？縱使其持有結滙證得以優先請准進口，但以申請最高限額爲外滙預算一至五％，其補償終屬有限；則以結滙證日來發生底市價二二元計算，也不過二七·五五元，其差額仍是七·四五元。再看進口方面，外滙一美元賣出滙率一五·六五元，加防衛捐二成三·一三元，再加結滙證一二元爲三〇·七八元；又以申請限制過嚴及最高限額僅一至五％之故，已發生進口牌照頂費，其比率且高達五〇％，即七·八三元，那末實際進口滙率是三八·六一元了。似此，欲物價不高，其可得乎？當局則欲以預報批發價及指定最後使用人兩項加以抑制，不說執行上技術之困難，其間取得額外之結滙證黑市差額及牌照頂費另有其人，強制行之，進口商必招致損失。此時進口既有風險，進口商的規避方法將應運而生，而風險費勢必加在成本之內，物價尤形提高了。

由此看來，新辦法無以鼓勵出口，也不能消滅進口頂費；外滙物資兩不能增加，則貿易外滙之結仍未解開，一方面且徒增管制的麻煩（聞管制人手多至三百員），物資調節云乎哉？國際收入平衡云乎哉？再觀外滙預算一項，自有外滙佔五四·三％，美援外滙佔四五·七％（將及一半），似眞配合了；但一分析進口物資，資本財僅佔一五·三％，直接消費財佔二五％，原料佔五六·三％（八〇％以上又爲間接底消費財），以「四年經濟計劃」已進入第四個年度，資本財的進口尚不及二〇％，美援的「運用」，不無或多或少待斟酌了。

抑有進者，新辦法內有①滙入滙欵除買進滙率一五·五五元外，十足發給結滙證，②旅客携帶金銀外幣不予限制；用意在吸引資金，一方面得以增加外滙藉以增加輸入。不過，我細讀整個章則，滙入滙欵既不能儘量申請輸入，兌換臺幣僅得二一·五五元（售給臺銀）或二七·四五元（自由市場），與黑市三五元比較，尚差一三·四五元或七·四五元，是資金的滙入，並不可能如理想了。至於金銀外幣，它們進來之後，既不能用以結滙，售予臺銀必受損，流入黑市則犯法，那末開此路作何用？

四、指出一個趨勢

聯合國亞洲及遠東經濟委員會（ECAF）的貿易小組（E Sub-Committee on Trade）本年一月在香港舉行會議，就各國代表的發言，我們可以領會一個趨勢，就是世界貿易將由易貨（Barter Trade）或雙邊主義（Bileteralism）轉向多邊制度（Multilateralism），而其最後理想，却是自由貿易（Free Trade）。二次大戰之後，除美國及少數中立國外，各國在貿易方面均發生多入少出底情形。戰後工商業的復蘇，歐洲進步迅速，而亞洲較爲遲緩；亞洲佔世界人口一半，爲原料生產的最大地區，但其貿易僅佔一〇至二〇％。全球出口，由一九二八年的三百億美元增至一九五二年的七百二十億美元；但亞洲輸出僅由五十億美元增至七十五億美元。因此，歐洲的貿易解放（Liberalization of Trade）不特爲口號，而且是實行了。亞洲的工業化，蓋在求以自己的出品來代替進口（節省外滙），一方面增加生產鼓勵出口（增加外滙），在美援支持之下，逐步走向貿易的解放，應當是自然底趨勢。

臺灣的管制，除財政、貿易、金融三面配合外，因其屬於亞洲的類型，不能不再謀與工業化配合，爲彰明之理。經濟的目的在消費，以求生活的滿足；今以消費財不足，求之於外國者需要外滙，所以一方面要求增加外滙；工業化在提高生產力，正可增加輸出，亦得以謀部份底自給。那末，貿易與工業化固須求得洽調；而工業化資金的吸入，尤不能不與金融相匹配。至於財政之赤字，在在可以影響金融（如通貨膨脹），因而也牽動貿易與工業化；這一四角而互相底牽連關係，談財政經濟者，可不兼籌並顧嗎？

由是，印尼的辦法，原則上倒有參考的價值。第一、它不採取「數量底限制」，因爲難得一個忠誠而有效底行政機構。臺灣的新辦法，有五個「不予審核」、五個「優先核准」、與兩個「活動核配」，彈性如許之大，受「不予核准」者與得「優先核准」者其間得失分明，再來個「活動核配」，貿易的命運全操在管制人員之手；倘管制人員來個偏惠，演變的結果，整個管制就被導入黑暗了。倘若放棄物資數量底限制，單在外滙一方面下手，當感既省事又有效。我們把外滙數量估計一下，配合美援金額，側重分配於必需品（包括原料）及工業化必需物資底輸入，以够足爲原則，其餘外滙乃以較高底外滙滙率（把防衛捐改爲額外進口捐）給予半必需品或半奢侈品進口；至於奢侈品之輸入，不給予外滙，並徵以較高之額外進口捐，以示限制（寓禁於徵）。至於出口，它所保有底外滙（比率以足够補償其損失而有餘爲原則），悉數讓其自由處置，務求達到眞實鼓勵出口的目的。此外，滙入滙欵與出口外滙同等待遇；而旅客携入底金銀外幣，亦得以變換外滙（酌收手續費），藉以增加外滙的準備。如此外滙多方面增加（包括僑資），進口自然由其獲得擴大；其必需品、半必需品或半奢侈品、奢侈品各類物資，再循「物價結構」（Price Mechanism）由自備外滙進口，讓其自行調節。這樣一來，所有物資（包括奢侈品）均可進口（某種工業品的保護另定），走私及套滙還何苦來？而且，額外進口捐的徵收，不正是財政上一筆可觀底財源，而又足以阻止赤字與通貨膨脹嗎？暴利不落少數人之手而歸於政府；一方面進出口又同等可以發展，政府又得以循「所得結構」（Income Mechanism）而促進整個經濟。

此次新辦法，既不能達到改變的目的，進口不便，出口也無好處，既不利於資金的內流，亦將無益於工業化；由於報章雜誌所見各有關方面的呼籲，再改變想是必要了。在今日底臺灣，誠然非貿易解放之時；但放鬆物資數量底限制，未嘗不是一個適時底步驟。而進出口差別滙率的有效訂定，再輔以額外進口捐，則一切繁雜之管制手續盡可免除，亦未嘗不是一個舍末圖本底方法。當局向來只消極地注意節流而未積極地顧及開源；但節流有時而盡，又何及開源之可抵於無窮。或有人以爲物資少才有利可圖，我不能以此斷爲管制人的意向；然則，有何不可試走開源之路呢？（四四、三、卅一）

美國和波多黎哥

章雅谷譯

波多黎哥位西印度羣島，長九十五哩，寬卅五哩，椰樹成林，風物奇麗。一八九八年的美西戰爭將這個島從西班牙人手裏轉到美國人的手裏，二百多萬居民開始漸漸地接受美國的精神和物質文明。

一九五二年波多黎哥通過了歷史性聯邦憲法(Commonwealth Constitution)，保障政府有全權處理內政、與美國保持自由聯邦的關係。現任總督是由普選產生的馬林——一個受勞工羣衆擁護的自由主義者。

美國一民間社團特請大學教授、專家，以及熱心有色人種福利的民間領袖，對波多黎哥作一澈底的客觀的研究，該研究報告原載美國「新領袖」雜誌。

近來關於波多黎哥，論者踴躍，引爲遺憾者即大多缺乏事實根據而多帶感情及歧見。

有人說：「美國應讓波多黎哥完全獨立，那麼他們不會來槍殺我們的官員了。」也有人指責美國在該島推行殖民地政策，施行經濟剝削。此種論調均因忽略事實而引起。

自認爲波多黎哥問題專家者，每稱根姆波司爲波多黎哥的「甘地」，根姆波司相信以暴力爲唯一手段，而竟獲致有些美國私人和團體之同情，撰文爲其聲援，同時連帶指責美國的「殖民地政策」。

事實上根姆波司並非甘地再世，他誤信遭受原子放射線襲擊而披以濕毛巾作「防禦」，精神病專家會斷定其神經失常。根姆波司本人及少數黨羽並無重大作用，惟其暗殺手段造成恐怖空氣，導致一般人的錯誤觀念以爲該島充滿不安及反抗的情緒。

最使人不了解的是該島的政治發展，部份原因是該島正進行總督所稱的政治改革，以適應憲法所規定之種種措施。與美國的關係是「自由連繫」的聯邦，經過三次公民投票而決定的。先是美國第八十三屆國會通過的第六百號公共法案。說明波多黎哥的人民可以根據自己的憲法成立自治政府。該公共法案包含二點傳統民主精神：一、波多黎哥成立共和體制政府。二、人民有基本人權之保障。

三次公民投票經過：

一、一九五一年六月四日，波多黎哥人民投票是否接受美國國會的第六百號公共法案。合格投票公民數總計七七七、六七五，其中參加投票者計五〇六、一八五(百分之六十五點一)，結果百分之七十六點五的投票人贊同接受該法案。

二、一九五一年八月二十七日，公民投票選舉制憲代表，總數七八一、九一四名的選民中有四三九、二九一名(百分之五十六點二)參加投票，選出屬於大衆民主黨，社會黨及州立黨的九十二位制憲代表(州立黨贊成該島成爲美國一州)。

三、憲法草案完成後，再舉行一次公民投票，公民有絕對自由表示對憲法草案擁護或排斥。總共有四五七、五七二名參加投票(佔總數百分之五十八點四)。贊同該憲法者佔投票人之百分八十一點九，反對者佔百分之十八點一。

這歷史性的憲法就此成立，使該島進入一個新時代。憲法規定人民有絕對處理內政的權利，美國政府不派官員加以指示或督導，僅有少數美國政府機構及地方法院駐在該島，猶若駐在美國大陸各州者。

國防，外交，外人移民入境及國際貿易則由美國政府代爲負責。在大體上說，波多黎哥比美國各州有更大的自主權。

所謂「極端民族主義」派，自從一九三二年的大選中獲得少數選民支持(約五千票)，在政治上即採取不合作的態度，近且變本加厲，橫施暗殺及其他暴行。該派領導人物暗存武器，在第一次選民登記時實施武裝搗亂，結果死傷八十人(包括亂黨，警察，救火員及民衆等。)

有很多選民放棄投票權利，這是不可否認的，有人就利用這一點强調選民是「故意」放棄權利，然而我們把該島投票率和美國及其他民主國家相較，波多黎哥實毫無愧色！根據民主國家的紀錄，人民對政治論點的投票率實較普選爲低。

波多黎哥在一九三六年投票人數爲五四九、〇〇〇，到了一九五二年投票人數增加百分之二十一，計六六四，九四七名。然而很多人忽略這一事實，他們的論調是：「該島人民對殖民政策下的選舉採取冷漠態度者愈來愈多了。」

民主政治另一方面的進步在國會，憲法頒佈施行後，少數黨的席次在國會中業已增加，雖然從一九四八年到一九五二年間在選舉中少數黨漸形落後。在憲法施行前少數黨在參議院十九席中祇得二席，衆議院三十九席次中僅有一席。少數黨在一九四八年得選票二四八、三二八，而到了一九五二減低到二三三、五二八，然而憲法硬性規定在多數黨獲得國會席次三分之二後應增加少數黨席次，因此現在的國會，多數黨大衆民主黨在參院佔二十三席，衆院佔四十七席，而少數黨在參院佔九席，衆院佔十七席。

換言之，反對黨席次先後增加了百分之八六六，雖在同時期中其選票減少了百分之六。

島民也有贊成完全獨立的，在過去二次普選中他們在獨立派的旗幟下表示政見。一九四八年的一次選舉中獲百分之十點二的選票，計六五、三五一。一九五二年的那一次得百分之十八點九，計一二六、二二八票。

毫無疑問，有少數黨派反對政治現狀，從人民投票中看，這些反對黨派一半係贊成波多黎哥正式變爲美國一州的，另一半則希望完全獨立。

政府絕對保障言論、出版及結社自由，政府允許任何人參加將來政治命運的討論。二張最有地位的報紙時常批評政府，其中之一支持獨立派而從未遭到政府任何干涉，憲法保證言論自由，禁止像阿根廷貝隆似地「沒收」報紙以作拑制輿論的手段。

有地位的觀察家指出波多黎哥高層官員均受有良好教育，重操守，負責任。最近謠傳的貪污案至今未有確切證據，同時國會中之少數黨亦從未提出有關貪污的質詢。

美國處理拉丁美洲事務的助理國務卿賀倫稱：關於拉丁美洲之事務，國務院與波多黎哥咨商者愈形頻繁。此項聲明殊堪注意，另外波多黎哥人代表美國出席國際會議者也日形增加。該地以技術訓練示範中心的地位會幫助聯合國，世界衞生組織，國際勞工組織，美國各州聯合會以及其他國際組織訓練了一千名來自亞洲，歐洲，非洲及拉丁美洲的學生。

最後還有一件值得注意的事是，聯合國託管委員會經詳細討論後，以二十六票對十四票承認「波多黎哥人在政治上充分表現自治能力，享有完整的政治主權。」

我們再從社會觀點來看波多黎哥，社會進步和經濟狀況密切連繫，社會學家每以人民的平均壽命來推測一地的社會福利進步。

全世界三分之二的人能活三十年到三十五年，這與該地在一八九八年的平均壽命相符。從這一年開始，該地由西班牙讓與美國。根據一九四〇年的統計，該地人民平均能活到四十六歲，到今天平均能活到六十一！

從一九四〇年開始到現在，人民死亡率已減少一半。從一九四〇年患肺病者每十萬人中平均有二百六十人，到了一九五三，每十萬人中祇有四十七名患肺病。該地衛生官員稱，他們撲滅肺病的進展不下於任何其他民族。

教育方面也有顯著進步，學生人數從一九四〇年起增加了百分之七十五，教育經費增加到百分之四百六十。識字的人數現佔全人口的百分之七十八，波多黎哥大學就讀學生增加了一倍，現達一萬六百名。島上另有世上規模最大的職業學校，一般社會教育也頗發達。

一九四九年一月二日，全島所有公立學校由波多黎哥人民接管，結束了西班牙四個世紀以及美國半個世紀的對公立學校的統治。學校授課仍以西班牙文——該島入學兒童的語言——為主，並加強英語教學，以根除島民與美國人間的語言隔膜。

經濟建設雖然前途尚有荆棘，已獲不少成就。來該地視察經濟發展情形的自由世界的專家數以百計，包括教師，經濟專家，及農業專家等。

個人每年平均收入自一九四〇年以後增加三倍有餘，一九五三的平均收入為美金四百十七元，而全世界的每年個人平均收入尚不到美金一百元。拉丁美洲國家中祇有四個國家的個人平均收入超過波多黎哥，而其中許多國家的天然資源較富、人口密度較稀。

波多黎哥個人平均收入雖僅及美國的四分之一，而其增加之速度遠超於美國及所有拉丁國家。

在政府經濟計劃的推動下，有三百三十家新的工廠設立起來。一向嚴重的失業問題已解決三分之一，美國糖業四大集團對土地的控制已被粉碎，農田耕作正在均勻分配。

經濟建設的成果及生活水準的提高更可以從下面各點看出。

第一我們要注意的是該島經濟發展絕非建立在勞工的剝削上，所施行的勞工法中有幾條法規是星條旗下最進步的，例如農工的報酬有最低限度的硬性規定，以保障農民的生活。工會在經濟建設中也擔任一份重要角色。去年全國勞工關係協會所主持的選舉中，該地工會得百分之七十七點九的勝利，在波多黎哥勞工關係協會指導下的選舉中工會獲得更大勝利：百分之八十七點七。其勞工組織的成功尤勝於美國各地，包括阿拉斯加和夏威夷。更進一步的，農民也被組織起來了。

我們不能否認尚有很多絆脚石阻礙經濟發展，美國對於少數在大陸的鍊糖企業，採取保護政策，結果大部份該島精煉的糖不能進入美國市場，這一問題美國國會是能夠解決的。鍊糖業如一旦在該島展開，至少有三千到四千的人可獲得工作，並有八千萬到九千萬美金的投資，該島每年收入可增加數百萬美元。

經濟專家認為該地目前與美國發生自由貿易的聯繫對該島大有裨益，該地產品在美國有一億六千萬主顧的巨大市場。島民來美國求業謀生有絕對的自由，並且得到美國政府設立的職業介紹所種種指導。

從一九五〇年四月到一九五三年四月之間，美國人民跨越州界而遷移者達一五、九七〇、〇〇〇名，其中波多黎哥人佔十四萬八千名。大部移動的人民是從美國南部到北部，其移居的原因正和波多黎哥人相同：想在工業高度發展的地區尋求新的工作。

在一九五四年十一個月之中波多黎哥人到美國大陸減少百分之五十八，造成這現象的原因之一是當地和美國大陸求業機會逐漸相同。該地受到目前經濟壓縮的影響遠較美國各州者為小，工廠很少緊縮裁員。

因為該島是整個美國政治制度中之一部份，所以美國企業家願意在該地投資遠勝於在別的國家。所投資條件較其他需要外資來開發工業的國家所能給予者來得優越。

每年投資者滙到大陸的純利僅佔該地人民總收入的百分之一到百分之二。然而贊成該島完全獨立的人都認為：「經濟的帝國主義較政治的帝國主義為害更烈」。

讓我們舉一個實例來說明美國人投資情形。

當地政府擬利用天然風景來促進旅行事業，為了達到這一目的，化了七百萬美金造了一個第一流的豪華旅社，深悉國際旅客需要舒適的設備解決吃住等問題。政府找到了一位美國旅館業鉅子——康拉·赫爾登——為承租人負責經營。一九五〇年初開業後，聲譽雀起，賓客如雲，四年後，赫爾登向該島當局報告營利數為美金二、七九四、〇〇〇元。因該旅社之聞名於世，各地游客接踵而來，每年使該島收入達三百萬美金之譜。

其次再談到咖啡事業，有人說咖啡事業全遭美國法律破壞了！這種論調完全曲解事實。他們繼稱美國對該島所產咖啡需量甚小。他們不知道西印度羣島的暴風摧殘該島的咖啡樹數以千計，政府現正重建咖啡田園，目前能對美國供應的數量絕未達到美國的需要。

貿易差額總是對美國有利的，也有人如此責備美國。他們說在五十三個美國有貿易關係的獨立國家中，有卅八個國家的貿易差額有利於美國，這些國家中包括加拿大，美國海外最大的市場。

貿易關係中不平衡狀態往往係由投資來拉平，而批評者又稱，美國在波多黎哥的私人投資乃是「經濟帝國主義」。

事實上波多黎哥的入超到一九五三年已減到美金二七、三六四、〇〇〇元，並且到一九五四年將更減少到一個不重要數字。三年前，入超數為美金九五、六九五、〇〇〇元。

在國際貿易中，決定性的因素在收支的平衡，不在貿易的平衡。

美國通訊

西行漫記

殷海光

後面所寫的，零星片斷，多屬興到神來，隨感隨錄的鏡頭。當然，這樣以感覺爲主的東西，是特殊的。筆者也無意把它們加以普遍化。從特殊到普遍，總是有幾分冒險成分——甚至完全是『觀念之冒險（adventure of ideas）』。何況我底特殊經驗是這麼有限？更何況我底注意力是受個人底興趣、知識、生命力，甚至於一時頭痛或不頭痛所左右？不過，如果人所活動的這個世界不是知識的虛無論者所說的那麼偶然，而從特殊的穴孔裏咱們可以想像普遍的章法，那末我底漫記便也不止于是寫來供喝杯清茶之際的消閒而已。誠然，這年頭，一份消閒的心情，高貴過于爲髒目標(dirt purpose) 的忙錄遠甚。（古往今來，衛道夫子很少不爲髒目標文飾的。）

不過，在一切不必說的話之中，筆者有一件却忍不住不說，而且是要正正經經說的。自然，這也是由于我『六根未淨』，尚不能做到『太上之忘情』。目前，在世界發炎地區隣近的處所，有高喊防止發炎的。誠然，防止發炎係人正常生理的生活之所必需；但是，爲事並不是那麼容易。現在世界所發的炎，並不是許多只用交感末梢神經而不慣用中樞神經的人所想像的那麼簡單。比如說，自老邱發明『鐵幕』這個名詞兒以來，援用的人很多了。但是，就我所觀察到的，了解這個名詞之意涵的人，實在比用這個名詞的人少，而且少得多。假設你被關在一個大圓頂建築物裏。屋頂上有星星，按時出日月，有時水蒸汽造的空彩冉冉上昇，……你怎麼會知道你所『知識』的世界是一個人造的假世界？現代科學技術太發達了。這樣高度發達的科學技術，一旦被掌握在藉民主以外的手段而掌握它的人們手裏，那末，他們實在不難安排一個他們願意你所呼吸視聽的『知識世界』。這才是現代統治技術眞正可怕的一面。它使你自以爲這個世界就是他們所安排的那個樣子的世界，像話劇佈景，或電影銀幕一般。在這一套『安排』之下呼吸視聽得太久了，即使是最具有獨立思想的傾向和能力的人，也無可避免地多少要受到影響。只有等他一旦跳出這一『安排』之後，他才曉得自己底思想在那些地方受到歪曲，他才曉得這個世界底眞像如何。然而，這樣的機運，畢竟是很少的。

空中小姐

空中的旅人最先接觸的自然是空中小姐。談起空中小姐，人們底印象總是覺得她們漂亮，掙錢多。尤其是掙錢多這一項，許多女孩子提起來，總是流露一股羨艷之色。人底頭腦不能處處設防。這類談料多了，自然而然地溜進筆者底頭腦，因而對于空中小姐也得到這個印象。印象常常是不可靠的。長途的空中旅行，使我底這個印象動搖。

『漂亮』眞是難得下定義的名詞。至少，就筆者而論，我是沒有看見漂亮的空中小姐——請別以爲鄙人『眼界』高超囉！我底了解，我覺得航空公司底選擇，與色情盛旺的男顧客底標準稍有不同，當然，這並不是說，他們不希望招請到漂亮的女郎。當然，招請到漂亮的更好；不過，最重要的選擇條件還是能力。當一名空中小姐，必須身心健康，任勞任怨，熟悉救護常識，處理膳食，能操幾種方言。空中旅行，有時一飛拾幾個鐘頭；或者遇到惡劣天氣，機身特別顚簸。在這樣的情形之下，旅客可以趟下來休息；然而這正是空中小姐必須不休息的時候。身體不够標準的，在此情形之下，自己早已倒下來了，那裏還能照顧旅客。至于體格標準方面，我看與其說注重縹緻，不如說注重體型。我看當空中小姐底體型必須『三長』：身長、手長、腿長。有此三長，活動半徑才够大。當然，滿足了上面所說的條件，再長的縹緻，那就是『錦上添花』了。不過，無論是否錦上添花，醜八怪總是不及格的。

一部份東方人對于婦女從事某些職業，常存着不正當的觀念：以爲女子之從事某些職業，係以色相換來。生活枯燥無聊的中年男子這樣想，實屬情有可原，不足爲怪。可怪的是許許多多小姐們也這樣想。她們一談到『空中小姐』，第一個觀念就是羨艷她們掙錢多，幾百幾百美金的。這些美金怎樣來的呢？答案衝口而出：『生得漂亮嘛！』至于她們做這一行需要多少本領，就很少人再往前考慮了。假若一個社會對于婦女就業常存着這樣的觀念，我看只有多打點DDT！

東京印象

筆者這次旅行，印象最深的莫過于東京。老實說，我一離開圍困六年之久的觀念籓籬，驟然飛臨東京，恍如置身另一世界。我所最驚異的，不是東京底繁華，而是我自己底頭腦也竟受人歪曲。六年來，只要打開報紙，對于日本的報導，不是美軍佔領如何如何，便是政局如何動搖；其他方面，則幾乎一字未提。這就於不知不覺之間，使人覺得日本是一個『純政治的存在』。泛政治主義對于一般人的毒害如何之泛，由此可想而知了。其實，政治充其量只是人生社會活動之一方面而已。人生社會底活動還多得很哩！泛政治主義者藉政治强力扭着社會跟着他們走。天天報導別處的政治活動而不言其他，這於無形之間給人以暗示，以爲別的地方也是以政治領導一切的。這一暗示所發生的心理效應，回過頭來又可加强自己底泛政治主義。其實，人家民主國家才根本不是這回事哩！民主國家係以社會活動爲主體。這個主體並不跟着政治走；而是政治必須跟着社會走。搞民主政治必須觀察與論，就是這個道理。筆者一到東京，所接觸的是其社會主體。政治也者，不過是浮在這主體之上的浮萍罷了。

最易惹起旅人注意的，是東京底摩天大樓和汽車。這些東西許多都是戰後的產物，也是美國化的標記。不管摩天大樓和汽車是怎樣來的，一座一座的高樓聳立天際，無數的汽車在馬路上飛馳，這些現象，使旅人很直觀地覺得東京有一股新氣象，尤其有一股新力量在那裏搏動。說也奇怪，這股新氣象和新力量，竟是由戰敗得來。不管怎樣得來，日本是又向着在經濟上恢復舊日繁榮的道路上走。這，與法國學者德貝吾 (De Beus)所描寫的西歐之情形正同。如果東西世界的民主地區都朝着這條路走，而不是偶然的，那就很值得注意。

僅僅就 Nikatzu Building 來說，其建築之華麗和現代化，與美國一般摩天大樓相較，毫無遜色；只是規模較小而已。紐約底帝國大厦 (Empire State Building) 姑且不論，波士頓最有名氣的大厦要算漢科克大厦 (John Hancock Building)。但是，至少就像筆者這樣的東方人看來，我覺它遠不及 Nikatzu Building 秀媚宜人。許許多多東方人對于美國貨喜歡到近乎崇慕的地步，我看在某種程度以內，這是由于『禁止入口』，來路稀少，所形成的幻想所致。美國貨品只是『氣壯河山』，多而已。她底工業出品之多，舉世無敵。但是，論手工藝品之精美，在許多方面，恐怕不及日本。Nikatzu Building 窗櫃內所陳列的手工藝品之精巧，正像日本美女一樣，秀麗動人。我在這個大厦所見到的美國人對這些工藝品之光顧，似乎比在紐約第五街要努力些。像臺北幸福夫人窗櫃內所陳列的手提包、繡花拖鞋、正被視爲美國貨出售，『奇貨可居』的樣子。其實，它們底來路沒有那麼遠，我想。

東京主要街道上的汽車之多，要筆者來形容的話，就像血管裏的血輪一般，終日川流不息。速度雖高，但並未使人感到威脅。出租汽車多于過江之鯽。但是，就筆者所經驗到的而論，司機底品質，比紐約底要好：他們端正，不要小費，不叫着兜攬生意，更不欺負生客。

筆者到達東京的時候，正是冬末。東京街頭巷尾，也有像臺北擦皮鞋的。但他們擦皮鞋的，常圍以布幔，幔內生以炭火。他們所用木炭，沒有臺北的那股强烈的貓尿氣。擦皮鞋的生涯，本小利微，一般都能支持這種場面，可見東京都市生活水準之高。

東京近郊城市，筆者到過鎌倉 (Kamakura) 和海濱。那裏蒼松古宮，一派東方氣息。小鎮上水菓攤，五色繽紛。電視橫陳街頭，觀者如堵。筆者很不喜歡這些玩意。但這是另一回事。最易被『美雨』感染的自然是婦女底服飾。筆者所見鄉下婦女大體上着和服，但東京市上婦女服飾之美化，比臺北程度高多了。如果臺北成都路、衡陽路一帶婦女美化有五十分的話，東京婦女就至少要打七十分。這股水是擋不了的。

皇宮是日本底象徵之一。過往東京的旅人，總不免要瞻仰瞻仰一番。在我未『瞻仰』皇宮以前，憑着我這小百姓多年來實地的經驗想像，以爲一定是森嚴萬狀，警衛周密，到處都豎着『禁止通行』的牌告。至少，根據歸納法這是合理的想法，可是，等到我親眼目擊，事實把我底歸納推翻得一乾二淨。蒼松翠柏中的宮殿，原來是那麼氣息寂聊。護城河畔，遊人處處。有的看鴨子，有的竟對準宮殿照相。我心裏在想：『這小子不知分寸，等會兒準吃警察干涉。』我一面在想一面停下脚步，等待期望中的結果。可是，等了許久，並不見有任何人來理他。『小子』悠悠閑閑，一個人提着照相機往別處去了。我這位『邏輯教授』底『歸納法』又失敗了一次。迴廊曲徑，蒼老古殿，雜以新式建築，我感覺不到這是居住天皇的聖地。若不是導遊的朋友事先告訴我，說這是『皇宮』，把這個名稱所引起的心理意像與當前的感官知覺攪混在一起，那末，我會覺得呈現在我眼前的，只好說是故宮博物院。『是阿！假若自古至今，一切皇宮是故宮博物院，一切皇帝都是博物院長，那末，這個世界豈不更令人留戀！』我這個講『哲學解析』的人，居然臨時裝起新老殘來：一面沿着城河走，一面做白日夢，同時又極目四顧。我想：『應該有警察的。這樣萬人之上的天皇所在之地，豈可以無警察？』這次我沒有想錯。然而，只是有而已。在『門前冷落車馬稀』的『曲徑通幽處』，站着一枚警察。制服到是穿的制服。但是，怎麼臉上沒有令人見而生畏的那股肅殺之氣？至于武器呢？有的，但係木質的，長約二英尺，直徑約二英寸。這樣的武器，孫武子拿來教美人陣到很合用；若是碰見一個醉漢硬要闖入『面聖』，就很難用它擋駕了。『日本警察一定還在木器時代』，我想。

爬蟲多，不咬人

盡人皆知美國是個爬蟲國。爬蟲之多，幾乎可以說無處無之。在美國，要避免爬蟲，簡直像在西康要發現爬蟲一樣困難。然而，爬蟲雖多，但訓練有素，管理良好，並不咬人。筆者住臺北幾年，除了空氣、聲音、人像，和水分以外，最怕的東西要算爬蟲。我簡直可以說是有點『恐蟲病 (motorcar-mania)』。每次碰見朋友上街，我總是以『小心爬蟲』慇慇告誡。這並非因爲日子特別美麗好過，實因戲未終場，半途閉眼，頗不甘心也。我之所以這樣恐懼爬蟲，不能全拿鄙人特別膽小來解釋。爬蟲底訓練，尤其是那些腦袋裏的想法，實在叫小民不敢放心。多少年來，擁有小爬蟲者，下意識地總自以爲高人一等，撞死人是常事，從玻璃窗戶裏吐一口痰到你臉上更是你自己晦氣；至于爬蟲相撞互咬，則日有所聞。我們那條陋巷裏，不過爬蟲三幾頭，但每次爬來，無不黃塵滾滾，旁若無人。窺察驅使爬蟲者面部表情，只要你不是白痴黑痴，便很容易看出，他們並不是對旁人生命特別慈愛，而現今死後因果報應之說又無人相信，他們最多怕街伯抓到，『法律從事』。實際情形如此，就無怪乎像筆者這樣的人，每次從街上回來，莫不是神經疲勞，滿身大汗了。美國爬蟲之多，為世界第一，而且速度之高，無與比倫。要就我所住的地方爬蟲給我的威脅想像起來，那美國每分鐘不知要『陣亡』多少人。但是，事有出人意料之外者，美國爬蟲所產生的威脅，連我這樣膽小如鼠的人都感覺不到。為什麼呢？最表面的理由，當然是交通管理規則良好，人民守法成性。但是這只是『外在』的東西。這些外在的東西固不可少；然而，僅僅有這些東西，是不夠的，是不足以維繫社會的。除此以外，最要緊的，是各人從很小的時候起教育所給他的在他腦經中打轉的那點東西：重視生命。在東方看慣美製電影的人，往往形成一種錯誤印象，以為美國開汽車的，總是不顧一切，橫衝直闖。其實滿不是那回事。筆者因為想知道美國一般人在大腦中平常打轉的那點東西，所以特別喜歡留心他們不自覺的動作。至少，直到目前為止，就筆者所經過以及住留的城鎮而論，我從來沒有看見過大小爬蟲因奪路而爭先恐後的。恰恰相反，他們走到路口，總是因互讓而停下來，直到有一方被對方舉手示意，請他先走才止。手推小兒臥車的太太們，更是若無其事，逍遙過市。爬蟲王見了她們，也要『退避三舍』。筆者看見他們所頒行的爬蟲遵守規則，其中有一條問你會否『逞强(violence)』。這樣動輒得咎的名詞，加在爬蟲駕駛身上，眞是令人感慨無窮。筆者因自小受爬蟲威脅，養成一個習慣，見蟲即避。因而，在此間大大小小的鎭上，見了爬蟲也作這種反應。但是，已不止一次了，我總是被請先走。膽小如我者，受寵若驚，既慚且感，總是三步做兩步，很快地跨過車頭。人貴知趣嘛！因我在自己國土上，從來沒有受過這種優待。但是，他們底仕女，則照樣慢步過去，視若應享的權利。對此情此境，好思想如我者，那能不一面走，一面想呢？當然，我並非說美國沒有車禍。醉酒闖禍之事，當然是有的。但是，那根本得放在另一範疇裏討論。防止音響，為現代都市要政之一。而爬蟲為音源之一。美國辦理市政者規定，爬蟲後面必須裝置一種特別機器，減少音響；否則要受處罰。街上爬蟲儘管比南京臭蟲還多，但除非絕對必要，不能按喇叭。所以，很少聽到爬蟲叫。回憶筆者所住陋巷之中，隔壁有一位部臺大人，才不過一輛爬蟲。但是，無論三更半夜，總是『人未到來聲先至』，常常於夜半三更，把人從夢中驚醒。兩者相較，我不知道那一種才算得是『精神文明』？

美國爬蟲雖少咬人之事，但是，究竟因為數量太多，速度太大；而且雖然被設法盡量減少音噪，但是總有點音響，所以，至少從我這樣的東方人看來，終究是一種『破壞風水』的不祥之物。記得筆者少年時代，在北平考學校，住在沙灘。古樹溪流，紅樓映照，一幅閒適舒展古老的氣氛，至今猶深留腦際。筆者現在所住的地點，是劍橋舊城，就在哈佛校區以內。房屋許多都是二十世紀以前的建築。四周古木參天，古老教堂，隱現其間，鐘聲則遠近可聞。哈佛已有三百二十年的歷史。舊建築物尤多，麻省堂(Massachusetts Hall)，懷德堂(Weld Hall)，愛默生堂 (Emerson Hall) 是其中最著的。照說，這個區域，應該古意蒼然，發人懷古之幽情。然而，筆者很慚愧，我雖然盡力把心情移向這樣的境界，但客觀環境無論怎樣不能使我產生少年時代在北平紅樓附近的那一股情愫。勉强『唯心』是『唯』不來的。之所以如此，當然，因素很多；但是，在感覺刺激方面最直接的，顯然是汽車太多。我所住的地點，已算很僻靜的街道了。可是，一天到晚，就是汽車窮跑，把一點古意都衝散了。

『古』與『靜』是分不開的。我想，百年前的劍橋一定比現在古！

究竟為消費而生產，還是為生產而消費？

作者在這幾年中，常常默察近半個世紀以來某些地區之政治與社會發展。我總覺得，這些發展，在最大程度以內，實在沒有什麼『理性』可言；而係受『盲力』底支配。我只看見幾股盲力在那裏相激相盪，像開足馬力同時又失去控制的火車一樣。即使有人看出這種趨向的危險，但是，這樣的盲力之本身已經『欲罷不能』。好像滾下山的石塊，一定要等到它底『勢能(potential energy)』耗竭，才會自已停止。幾十年來許多地區的幾個『革命運動』，就是這種『欲罷不能』的盲力之實例。這些革命運動，起初也能聳人聽聞，有光有熱的樣子。但是，它們底內部却蘊涵着更大的陰暗面，更大的危險，和更大的悲劇。在這一大趨勢底驅策之下，大家所比的，不是眞、善、美；而是厚、黑、狠。誰比誰更厚、更黑、更狠，誰便能俘獲他底獵狩物，誰便能奪取總錦標。起初，競賽者都拿『只問目的不擇手段』寬解自己。行之既久，成了習慣，手段變成目標，要收手都收不住；誰不夠厚、黑、狠，誰在競技中準失敗，於是只有變本加厲壞下去。這是近幾十年來大悲劇的主導方程式。

起先，我以為只有近幾十年一部份東方人底命運受這個『欲罷不能』的盲力所形成的法則之支配。近來，我登臨新大陸，我立刻臭出，原來這塊土地上的人民生活之主導方程式，也並不是全然理性的，似乎也正在受着一種『欲罷不能』的盲力之支配。這種盲力，倒不是『革命動力』所構成的那一套激烈而動輒要人腦袋的東西；而是工商業競爭所構成的社會張力

(social tension)。當然，這種力量所加于人的，決沒有東方『革命動力』所加予人的慘苦酷烈。不過，在一長遠過程中，它會使人癱瘓，也會因高度發洩而毀滅一個文明的。假若說這種力量應須停止但又『欲罷不能』的話，那末我們也就可以說，新大陸這塊地方也正陷于另一種盲力底支配或推動之下。長久如此，總不是可以十分樂觀的事。

筆者從小就嗜糖如命。現在雖然這麼一大把子歲數，格調高的糖果還是喜歡的。巧格力總是糖果中格調高的。我所住的地方賢明的『保護政策』，把巧格力列爲禁止入口貨品之一，因此巧格力曾一度絕跡。偶爾有『間道而入』的少量貨品，或由洋機關展轉賣出來的，那就『奇貨可居』了。喜歡加上好奇，對人的吸引力更大。我偶爾買到一兩塊，與妻分食，細嚼細咀，像吃什麼仙糖似的。但是，來美以後，看見車站上有賣巧格力的，餐館中有巧格力，藥房堆滿了巧格力，更有很大門面專賣巧格力的店子。巧格力之多，多過臺北的魚丸子。見此情此境，我對巧格力的稀罕之情，像被一陣暴雨冲散了似的。偶爾買一兩塊嘗嘗，也覺得甜的膩人，不再發生興奮之情。在臺北與東京的時髦小姐太太們，對于美國貨喜歡得近乎崇拜的地步。據說有些日本貨，先要運到美國，帖上美國商標，然後再運回本國，才能賣得到好價錢。但是，假如你來美國，到紐約第五街大百貨商店，甚或小于劍橋的商店，你看到滿坑滿谷的貨物擁塞到你胸前，我相信，你底崇拜之情馬上激劇下降。再如，你看到『五分商店』那堆得一榻糊塗的粗製濫造的貨品，保險你底崇拜之情會冷到接近零度。這種情形，與另一種情形相似：你肚子餓了，想吃點東西。但是你走進餐館吃了一點以後，店夥又把大塊肥肉肥魚堆到你面前。本來，『製器利用』，一切商品之製造，是爲了供大家消費。消費是目標，生產是手段。但是，你在太多的貨物的威脅之下，你就覺得你成了製造商『揩油』的對象。他底貨成了吸收你身上油水的工具。因果倒置了。照我們底觀念想來，以美國科學設備之發達，農產品歉收的情形可以減少到最低限度。因而，農業比較穩定，競爭情形比較少。然而，事有大謬不然者：農業也受工商業巨輪產生的力量之推動，也工商業化，居然也是『競爭激烈。』我侄兒底美國朋友某君，自己經營蘋果園達五十英畝，成年的弄得緊張不堪。因爲，他說競爭太劇烈，稍一不愼，會失敗的。我底老朋友恩斯特(Charles F. Ernst)，他說去年蘋果過剩，牛油生產過剩，還有許多東西生產過剩。他底兒子到處勸人多買蘋果。因此，他底老太太Mrs. Ernst 本來要買橘子的，也改買蘋果。似此情形，令人不明白：究竟是爲消費而生產，還是爲生產而消費？

假定說這是一個重大的經濟問題，而解決之道厥惟減少生產。但是，減少生產的話，問題就多了。一減少生產，必須減少工時。減少工時，是否減少工人呢？或是工人平均減少工時呢？如果減少工人，那麼造成失業。如果減少工時，那末工資如何維持原有標準？在在都會引起問題。有人說，這是過慮。美國目前的生產過剩問題並不嚴重。她可以擴大援外，藉援外來替其生產成品找出路。這種答案，等于說自己吐一口痰自己又舐回來。恐怕不太高明吧！

但是，你別因我底話而欣然色喜，而兕詛自由競爭。老實說，只有美國才有資格受這種批評。因爲，她太胖了嘛！患腦溢血嘛！而你在工商發展上第一課都沒有上，貧瘦到這種地步，事事遭受苛煩管制到這等地步，你那有資格批評『自由競爭』？

太忙！太忙！太忙！

筆者還記得在紐約第五街某大百貨商店玻璃門前，一個一個的摩登女士，魚貫而入。筆者猛一低頭，只見一雙一雙尼龍絲襪和高跟鞋的脚，隨着玻璃門急速作輪盤轉。作者猛省：『這那裏是人在走！這簡直是機器齒輪在動！』一念之下，美感全消！

美國朋友碰見外國人，總好問：『你覺得美國怎樣？』他們所希望于你的答案已經裝在他們自己腹中了。作者碰到這樣的問題時，總是笑哂哂慢吞吞地答道：『嗯！……每件事都很合科學，……不過，你們底生活太忙一點，太緊張。』有的人很自然地辯護道：『我們講效率嘛！』我就追問：『不錯，講效率又是爲了什麼？效率本身是一個目的呢？還是一個手段？』問到這裏，他們瞠目結舌，不知所對。一般人忙還可又當別論。哈佛大學哲學系主任某位教授對作者說：『在學期開始，我們簡直忙的不得了』。這就頗令人擔心了。

美國人底生活，就是忙忙迫迫，緊緊張張。所以，據報告，心臟病和神經病年有『增產』。我簡直沒有看見美國人行路時作優閒態。夜間，霓虹燈照得半邊天通紅，電燈那末耀眼。簡直沒有人『舉頭望明月』。太工業化了！離自然太遠了！他們動不動就是：幾點鐘做什麼，幾點鐘會客，十五分鐘吃飯，……一件一件都要規定得好好的。生活太機械化了！假若一個社會像個鐘錶，發條一上，各部分齒輪照走無誤，方便誠然方便，但這個樣的社會似乎總缺少點什麼。

『你們不太好沉思。』我有一次對一位美國朋友說：『我希望我這種想法並非東方田園社會底產品。英國人有些地方我不喜歡，但他們比你們深沉，成熟。是不是？他們許多人，沒有事，就好坐在自已屋子裏想。你們美國人以爲原子彈是你們發明的，是不是？假如以爲是的，那末這個觀念得馬上修正。原子彈眞正重要的部分是英國人在劍橋大學 Cavandish 實驗室裏搞出來的。你們不過把原子彈做出來罷了。……美國人，就氣質來說，很難出一位像羅素這樣的大思想家。羅素到中國，看見轎夫休息時，抽口煙，狀至閑適。他馬上看出中國人在這方面的精神可以醫治西方人底緊張。羅素懂得這個道理，他著書立說，為懶散讚。這就是中國幾千年前的道家思想。』美國人雖然不深沉，但也少成見。他們對於這種議論，覺得新異。

筆者說到這裏，也許有人欣然色喜，想趁機『辦出口貨』了。且慢，不用說倒霉人底貨色無人要；就是咱們自己底人也很少相信的。衞道夫子，一提起老莊，便怒目橫眉，鑿案叫罵，斥為『異端』哩！

筆者說美國人一般太忙，不够深沉。有人聽了也許頗覺快意，連忙接下去：『所以囉！美國人淺薄，沒有歷史文化。』如果你從美國人『不够深沉』就推論『美國人淺薄』，那末你底邏輯不及格，還得從大學一年修起。歷史固然必須時間，但佔時間長的民族不必就一定歷史豐富。短命的天才之生命常比長命的白痴有聲色。有的民族或國邦，佔的時間長，但如長期在凝固狀態，停滯不進，那麼所謂幾千年幾萬年也者，是白過的。在時間中，沒有變動沒有演發什麼的階段，就是德國史學怪傑斯賓格勒(Spengler)所說的『無史階段』。美國底歷史誠然短，但，她很少成見，凡好的東西她都要，可巧她又『資本雄厚』。所以她收集的東西，世界各處流去的，不知凡幾。我在San Francisco博物館，就看見秦劍、木乃伊、以及托勒美時代的東西。美國人自已底歷史雖短，但一點一滴他們都愛護。並不像許多地方，改朝換代，或流寇蠭起，便盜、刼、焚、毀、破壞，唯恐不及，結果所剩下的，不是殘篇斷簡，便是殘垣敗壁。這個樣子的平均水準，還侈談『歷史文化』，眞是令人羞憤。像波斯頓這樣人文薈萃的古老地區是不用說的。就像洛基斯特(Rochester)這樣不太有地位的城鎮，都有她底歷史特色。現在大家最常用的照相器材，多出自舉世聞名的柯達廠。而柯達廠底創設人，就是依斯脫曼(Eastman)。依氏是改進照相機底大功臣。該地為了紀念他，設依氏堂。依氏生平之一點一滴，都一一展出。設備之周至，陳設之典雅，令人不信出自這樣不重要的城鎮。有的，你只要稍微留心，美國大大小小的城鎮，有數不清的歌劇院、博物館……美國有藝術。只是，這些東西，沒有瀰漫到一般人底生活裏。工商業底巨輪所造成的氣氛，淹沒了社會，藝術氣息不易透露出來。工商業及科學把美國人底生活方式弄得高度格子化(Highly departmentalized)。這似乎才是基本的毛病。

照我看，美國建國底物質基礎已經滿够了。現在，美國應須充分發展的，是宗教生活，藝術生活，以及一般的哲學思想態度。要向這些方面發展，必須滿足兩個條件：在國外，蘇俄停止搗亂；在國內，工商業之推動者下午一律午睡。

蝴蝶滿街飛

人總是容易注意到他所喜好的東西。筆者喜好花，因而注意力天然就落到花上。東京花店裏的花之麗，已足使臺北花店黯然失色。然而，與美國花店比，又是小巫之見大巫了。蝴蝶蘭一項，被視為臺地特產。記得某好寫字的老翁，在蝴蝶蘭出境展覽之際，題字『國香遠播』。在我印象之中，蝴蝶蘭由種芽而成花，需時六七年。在臺北市上，風姿稍微綽約的，一株要四五百元。美觀的確美觀，只是太矜貴了。筆者一到San Francisco，看見花店中蝴蝶蘭插在瓶裏，與玫瑰同住一室。初見頗以為奇。後來在稍微大一點的城市所見的，無不如此。看這種光景，蝴蝶蘭不能被『奇貨可居』了。美國人見好的事物就學，見美的東西就要。他們看見蝴蝶蘭美觀，就用科學方法培養。我想，他們一定能設法縮短蝴蝶蘭底生長過程。不然，何至于也能『大量生產』？當今之世，科學昌明，科學知識能窮究事物之底裏。只要是眞被別人認為有價值的東西，他都可以學到；而且『後來居上』，也許比別人弄的更好。再沒有什麼『祖傳秘方』可以居奇的了。

相應不理

不知從什麼時候開始，有許許多多人，甚至大規模通過敎育的染缸，把種族、民族、這些差別說得怎樣重要。這一類底灌注，造成許許多多人一些觀念，以為異類必定相拒，同類必定相吸。這一類底灌注，不能說一點生物學底基礎沒有。但是，這點生物學底基礎太窄了，不足以建造自昔以來這麼大的樓房：異類相拒的事未嘗沒有，若干年前白種人之自命一切優越而輕視有色人種便是。然而，這也要看在某些方面，並且也不是不能藉敎育等等方式來改變的。總而言之，異類相拒，未必是先天的；至少不盡是先天的。至于同類相吸之說，恐怕想像成分佔多。同類相殘，其猛烈酷辣之程度，正不在對異類之下。希特勒之大開殺戒，是從白種人開張的；蘇俄之對白種人之疑忌，恐怕至少與對有色人種一樣。筆者登臨斯土，最大的發現之一，便是凡屬黃皮膚，只要是不太認識的，一概相應不理。即使是相識的，但不甚相知的，其不親熱的程度，也遠在意料之外。相形之下，倒是白人反易打交道些。『這不知是點什麼竅？』筆者為之悶悶然者久之。我先以為因鄙人容貌古怪，不易使人發生好感。果眞如此，這倒是人情之常。我後來問過許多人，都有同樣的寶貴經驗。其中有一位堪稱美少年者，遭遇亦復相同。可見因『其貌不揚』而遭人不理底假設根本不能成立。我後來問一位在此呆久的人：『這種現象，是從什麼時候開始的。』他說是一九五〇年左右。『哦！』我恍然大悟：『原來是這種緣故！』政治歧見，能使人六親不認，何在乎一點點黃顏色呢？黃顏色碰見黃顏色，彼此看一眼，不知你底來路如何，又好像不知你肚子有一本什麼帳，還是以少惹麻煩為妙吧！空氣裏的『政治以太』，竟有這樣大的力量，滲透到了各人底潛意識中。這年頭，政治的存在高于一切，生物學的同異只好『敬陪末座』了。

見微知著乎？

當然，我們不能說，在世界底現狀之下，白種人對于有色人種毫無歧視。這種事實之存在，多少有其生物學的基礎。有生物學基礎的事實，都是在情理之中的，因而是可以原諒的。就拿作者自己來說，像我這樣腦筋中沒有『觀念染色』的人，在世界上恐怕不多了。傳統以及地域所構成的那些『界線』、那些『差別』在別人看得嚴重的不得了的，眞是抱歉，在我腦筋中起不了什麼作用，範圍不住我底思力，除非我自己根據經驗有意地去選擇它。但是，要我現在跟黑人親熱，實在怎麼樣也親熱不起來。我這話絲毫不夾雜輕蔑之意。近若干年來，黑人底進步既大且快。美國各個部門逐漸發現他們底踪跡。但是，我總覺得他們看起來不太順眼。嘛！這種生物學的事實，我想連羅素都一時不能克服。我不能想像羅素會跟一個黑人婦結婚。除此以外，近幾十年來，有色人種，在種種鼓勵之下，要從白人手底下翻過身來；可是，同時，特別自第二次世界大戰以後，他們又非常需要白人幫助。這種既要翻起來又要你幫助的情形，不能一點尷尬也不產生的。這種情形──心理狀態，消散在空氣裏會成個什麼氣味，聰明的讀者一想便知。雖然如此，至少對于不純憑感覺而生活的人說，並不怎麼有了不起的不便。假若你記得同種之間所給你的是怎樣的不客氣，假若你記得你沒有足夠的社會地位而走到各『部門』去所受到的是怎樣冷酷得可怕的臉，：：那末，你在這裏會感到禮貌、正直、與坦率。人如把人當人看待，即使有點生物學的差異，比人把人不當人看待，即使沒有生物學的差異，滋味是很不同的。你在路上走，碰到毫不相識的人對你微笑，甚至警察向你打個招呼，『您好！好天氣！』與你見了皮膚相同的身着制服的公職者心裏至少起一陣不輕鬆之感。你會覺得，在實質上，究竟何者爲佳？但是，很奇怪的，人們常常在想像中對于異族的不够友好很敏感；而對于同族底威脅則很麻木。這是不是說，同族底虐待，是應該忍受的？是否有這種『倫理上的應然』？如果是的，那末希望有人花十年功夫著一本書『觀念所作的害處』。

美國人很隨和，一般說來如此。他們也喜歡公共生活。但是，他們底家庭可不能隨便闖進去。如果你想進去，須得他許可。不要說家庭，就是一條路，他釘上一塊牌子，說這是『私路』，你就不能亂走。侵犯私有的一切，法律會臨頭，警察會干涉。至于夜半三更，穿制服的人闖入民宅，拿起手電筒在老太婆牀底下隨便照，這是聞所未聞的。家庭，就是美國人自由底堡壘。

人底社會須要法律。但是，人底行爲是動的；而法律是多少固定的。法律不能遍及人底社會之每一角落，也不能事先對人底每一發展之中的行爲有所規定。碰到有些事務，爲法律之所未逮，那末怎樣決定呢？這就要看無形中流行於社會各個分子之間的意識空氣是怎樣的一種意識空氣。如果社會中被政治引擎弄得流行的意識空氣是彼此猜忌，互不信任，誰都怕好了誰，沒有人敢負責任，心靈深處潛藏着一種毀滅感，或者，至少厭倦，那末碰到可上可下，可准可不准，可成可毀的事務，十分之十就是一百個反面的結果：『行不通』。於是，任何好事生長不起來。這樣的社會，在實質上，是向地獄裏沉淪的社會。愈是走向地獄的社會，愈是需要多塗油漆的。然而，如果在一個社會中，人們充滿了建設感，人們互信，也敢于互信，大家肯負責，負了責也絕不會出毛病，彼此喜歡幫助，樂于成人之美，那末，碰到這種可上可下，可推可就，可管可不管，可准可不准的事務，一定是朝好的方向作決定的。久而久之，這個社會底團聚力會堅強的，會蒸蒸日上的。筆者有一次在某校圖書館看見一個外國學生要領借書證。女館員照章問他要看註冊證。那位學生底證件掉了，女館員也就不敢作決定。那個學生弄的很窘。正在這個時分，戴金絲眼鏡的老組長來了，問是什麼情形。那位學生說明了，老組長於是馬上作一決定：『好的！給他一張吧！』我有一次寄郵件。郵務員問我『其中有專門技術性的文件嗎？』我說『沒有！您要不要打開看看？』他連忙搖手：『不用，我相信的。』我看到以及親身經驗到這一類底實例太多了。這才是『眞東西』。見微而知著。測驗一個社會有無希望，這是一個最眞實的尺度。

（上接第31頁）

司徒雷登的錯誤，也造成了馬歇爾的錯覺，從馬歇爾爲司徒雷登寫的序文，很可以看得出來。序文中有下面一段：『我不相信還有任何人能像司徒雷登那樣瞭解中國的特質、歷史、以及各方面的政治關係的人。』馬氏儼然把司徒雷登看爲最瞭解中國人、中國社會、歷史及政治的政治家，實際情形並非如此，最低限度，司徒雷登對於第二次世界大戰後國際政治以及中國政治的觀察不够深刻，沒有遠見，是可以斷定的。因爲他在中國住了五十年，看過滿清的顚覆，北洋政府的瓦解，國民政府的成立，以爲這次即使中共佔據了大陸，也不過跟以前一樣的只是改朝換代；所以，竟要求美國政府准許他仍然留在南京，照料美國僑民。司徒的看法是天眞的，他以爲即使共產黨到來了，共黨中人也未嘗不會跟他「結交」的。這種改朝換代的觀念，十足證明他不懂共產黨的國際背景。以致造成美國袖手旁觀，中共席捲大陸的悲慘局面。如大陸不淪陷到共產黨人手裏，那裏會有韓戰？那裏會有十餘萬美國青年死傷在韓國戰場？往者已矣，不過我勸司徒先生應將這一段痛苦經歷，向美國教會中還有不少認識不清的人士，促使他們從速省悟。

最後，司徒先生在本書第十三章中說：他回國後，在華盛頓數次參加國務院會議，有數位教育家對承認中共政權，主張甚力。這數位教育家到底是何許人，他們可能隱伏在美國政府中的共產黨同路人，爲着中國，爲着美國，更爲着自由世界，司徒先生都應該公開指出來這幾個人是誰，讓妖魔鬼怪無所遁形，切不可等至大錯鑄成之後，再來一個「事後有先見之明」式的懺悔，徒然供人嘆惜扼腕！

女畫家方君璧馳譽東瀛

蘇雪林

女畫家方君璧前數年在巴黎舉行個展，備獲好評，本人在國內刊物上已有介紹。去年春夏之際，君璧女士由歐返港，在港又舉行個展一次，港九轟動，盛況空前。現君璧女士又在日本東京銀座舉行畫展六天，成功之大，尤勝於前二次。我國有此優秀畫家，馳譽海外，爭光祖國，實藝苑莫大之榮。茲將東京友人來訊及日本各文藝社批評發表於次，俾國人知之。

（東京通訊）女畫家方君璧自去夏在香港舉行個展後，即赴日本，忙碌準備數月之久，成就傑作多幅，連同精選舊作共一百五十幅，假東京銀座松屋百貨公司八樓舉行「方君璧女史繪畫展覽會」。會場面積共一百五十坪，日本每一坪等於英尺三十六方尺，全部面積實等於五千四百方尺，以偌大會場又隔成數間，可以懸掛畫幅的空間，愈形廣大，但君璧女士之畫多為巨幅，故會場雖濶，恰可敷用。畫家氣魄之大，使日本人為之驚奇不已。故松屋企劃部部長長谷川氏曾說：「個人展覽會使用八樓全部面積來做會場的，在松屋說來，還是史無前例的一回事呢。」

君璧女士此次展出之油畫共六十幅，國畫共九十幅。就題材而論，山水、人物、花卉、禽獸，無不具備。一百五十幅畫，即有一百五十種不同的題旨和趣味，來觀者如入山陰道上，應接不暇。許多觀衆，徘徊畫下，嘖嘖嘆賞，看到盡頭，回轉來又仔細再看。如此三四次，始帶着滿足的心情離去。有些人流連會場，直至半日之久；有些人，今天看了，明天再來。自二月十八日開始展覽起，到廿三日閉幕止，六天內，來參觀者不下三四萬人。看畫之後，順便在百貨公司買點東西，松屋公司生意聯帶地興隆起來，每天憑空增加了五十萬日圓的收入。松屋主人歡喜得滿臉是笑。

襄助君璧女士舉行本屆個展者，大都為日本知名之士。他們組織了「方君璧女史後援會」，主要人物為高島菊次郎、岡部長景、重光葵、日高信六郎、等十人。顯要來賓有皇族高松宮殿下（日本天皇之弟）及秩父宮妃殿下等，更使會場生色不淺。高松宮及秩父宮又曾約畫家到他們宮裏喫飯飲茶，這都是藝術家所得到的前所未有的面子。

個展舉行以後，報紙均有詳細報導，並附畫家照片。當畫家在會場內時，觀衆要求拍照者，請親筆簽名者，簡直應付不開。此外，則著名雜誌請做封面，月份牌商店請畫明年的月份牌，無線電有廣播節目，時事新聞拍了電影。任何一國的人到日本舉行畫展能夠使得日本人這樣舉國若狂，恐怕君璧女士是首屈一指的了。

（各報批評）產業經濟新聞二月二十一日的報導說：「戰後在東京也曾開過好幾個中國畫家的展覽會，可是會場之廣大，作品之壯觀，恐怕要推這次方君璧女史的畫展為第一了。」英文每日新聞，稱方君璧女士為中國現代最偉大的畫家。朝日新聞用很大篇幅來登載畫展盛況。日本有文學修養及藝術眼光甚高之人也發表許多意見，謂方女士的畫能夠融合東西特長於一爐，以西歐的畫法，滲透到中國的畫裏去，同時又能夠把中國畫的精神移植到西洋畫上面來，這種大膽的、中國畫家的獨特作風，凜然保持着具有非凡魄力的在現代畫壇上的新建樹，不是日本畫家所能夠做到的。他們又說：方女士畫的長處，在保存中國人的個性，而又不抄襲古人，不像日本畫家，到那一國留學，便變成那一國的畫家，不再是日本的了。日本人素甚自負，現對方君璧女士居然作此言論，非由衷折服不能。

至於共同通訊社二日二十二日在文化美術欄發表「畫壇與今日的問題」以介紹君璧女士的個展，議論尤為精闢。特全引於次：

『方君璧女士習繪畫於巴黎垂二十年，去秋自香港來日本，亦復寫作不少之風景與人物。此次個展乃係畫家將其在中國、法國、日本所作精品一百五十幅公開，堪稱為吾國（指日本）一個僅有的大畫展。在過去來遊日本之中國美術家中，女士之畫不特具有觀摩之眞價，且提供所謂「今日問題」者尤多。會場為便宜行事之故，將其油畫與中國畫分開陳列。其油畫作風，近似吾國（指日本）水會之自然主義作品，其中國畫則為南畫（南畫係日人指傳入日本之中國畫而言）之近代化者。但無論其為油畫國畫，均具有悠然獨往之詩感，而又蘊蓄明快之感情，不似吾國（日本）畫作，常有狹隘之病，此亦大陸丰度之所以可貴者——亦無令人一望生厭之感，尤為日本畫中難得之特色。

自前年以來，畫壇之關心似乎集中於風土與近代問題結合之問題，其解決之端，現已充滿光明的希望。蓋舉世之畫一道同風，似覺無聊太甚；吾日本人固無論，即歐美人之所求於中國藝術家者，恐亦不外其作品中蘊藏中國獨有之要素而為彼等所無者，否則有何稀罕之有？法國海納吝洛賽（René Grousset）氏批評方女士之畫，謂為「兼備中國之典型，與西洋之技巧」，可謂燗眼獨燭。蓋女士之作品確是風土性與近代化之結合，而且融滙於無形焉。她在此次個展中，雖有少數作品，中國色彩過於濃厚或現代化傾向過偏，然能於現代化中自然而然間浮漾出一種中國情調，其為可喜，無須解說。方女士將此兩者，巧為聯繫，而又能以飄逸之詩趣揮灑出之。吾人觀其作品，體認其卓犖之才與秀逸之顏，知其前途之發展實為無疆。

吾國（指日本）之現代美術過於傾向法國及歐西各邦，對於本國風土與文化浸潤而成之優點，反置度外，數典忘祖，莫此為甚。所以方君璧女士之個展，在畫壇成為問題之今日，給予吾國美術界以甚大暗示，自無待言。

× × ×

筆者與君璧女士為多年老同學，現由私人方面的消息，知君璧手邊尚有精品二百餘幀未經展覽，於離開東京時或將再舉行個展一次，作為臨別紀念。離日以後，擬赴新加坡展覽一次，然後回巴黎休息短時期，再赴美國開一個與東京規模相當大小的畫展，藉使友邦人士認識我國藝術之價值云。

眞實的啓示(上)

黃思騁

一

我的朋友郭良勤，寫信來邀約我去參加一條鐵路的通車典禮。那時候，正當我趕着寫完一部小說，因而婉言謝絕了。然而過了幾天，他却來了個電報，催促我定得趕去參加，因爲參加通車典禮也許只是一個襯托，主要是希望能够藉這個機會敍敍舊，或者還會供給我一些小說題材。

這個電報很長，所費不貲，從而也可以想見他邀請我完全是眞摯的。因此，我決定收拾些簡單的行李，準備第二天就動身，因爲再遲一天，通車典禮就會趕不上了。

× × ×

第二天，我乘車到了那裏。剛一下車，就看見郭良勤在雜亂的人叢中找尋我。等到我們的目光一交接，立刻就是一聲熱烈的呼喚，我幾乎連放下箱子的工夫都沒有，把牠擲得在地上翻翻仰仰。

「文琪，」他熱烈地握着我的手說：「我知道你一定會來的，我們的友誼可不是等閒的呀！」

我拍拍他的肩膀，回答他說：「實在對不起，害你化這麼多錢來打電報。」

「我知道你很忙，假如在電報上不交代得淸楚一點，你是不會有決心來的。」他解釋說。

「啊！」我揶揄地說：「你知道我現在已經變成一個文匠了。寫的東西只有文字而無內容，而出版家和一些讀者，却無緣無故地把我的地位抬得很高，把我當成一個偶像來看。」

「這難道不能使你滿意嗎？」他笑笑說。

「不要說了，浪費一些筆墨和紙張——暴殄天物而已！」

寒暄完畢，我們就一起走出車站，那裏已經停歇着一架馬車，似乎剛髹漆過不久，那匹白馬也餵飼得很肥。

我們坐上去以後，良勤自己駕車，讓我坐在後面。等坐定以後，良勤回過頭來，滿意地笑着說：「過去在南方，你笑我不會搖船，現在你來看我駕馬吧！」

「有你的！」我說。

這是一個盛春，在平原地帶，雖不及山嶽地帶景色旖旎，但却更覺深遠無邊。在溫暖的陽光下，那些景緻使一個生長南方的人，覺得隔外淸新。

馬蹄聲在碎石子鋪成的路上得得地響着，使人感到快樂和溫存。

突然，良勤勒了一下馬，用趕車的長鞭向另一個方向指了指，說道：「明天就要啓用新車站了，通車典禮就在那邊舉行。」

我遠遠地望過去，看見一座白色的車站，襯映着四周的綠色田野，正如像一艘大輪船漂浮在海洋上一般。

「在三十年以前，誰能想到我們這裏會成爲一個交通要道呢！」良勤感慨地說。

「良勤，這一番感慨，就是你將要供給我的題材嗎？」我問。

「唔？」他轉過頭來，「這難道不是題材嗎？」

「這當然也是題材，但如何找出主題，構築起一個動人的故事來，這却是一個修養問題了，然而我——」

「不，不，」他搶着說：「家父非常賞識你的小說，認爲你是眞正懂得小說藝術的人；他表示你的小說有內容。而這些內容，正是構成文學藝術的要件。」

他的話一說完，我立刻就感到不安，臉上也開始發起燥來，自覺不能承受這些讚譽，何況郭老伯又是國內著聞，爲千萬讀者所愛戴的小說家呢！

「喔！良勤，郭伯父這麼錯獎我，眞使我難爲情。然而實際上，藝術好比一座通天的雲梯，我現在勉勉强强爬上了一級……啊，啊，我眞，……」說到這裏，竟使我爲之詞窮。

「好了，好了，這一個問題我們留着談吧。」良勤說着，把鞭子舞得嗚嗚作響，馬也開始奔跑起來。

二

我到了良勤的家裏，發覺是一座新建的西式別墅，庭院整潔，欄杆閃閃發光，園子裏盛開着芍藥和月季。在屋脊上，飛翔着一羣白鴿，使這所房子看來特別顯得溫存與寧靜。

良勤有一個祖傳的富裕家境，我是知道的。說到他的父親，我雖然未曾拜見過，然而我從十七歲起，早就成了他的忠實讀者了，因此從印象上說，他對我已經不算是陌生的了。

馬車剛一停下，他家的傭人就來把我的箱子接過去，和善地問良勤道：「這位不就是文琪先生嗎？」

我被這一問怔住時，良勤已經跳下車來，回答他說：「對了，你以後可以當面請教了。」

傭人咧開嘴笑着，對我說：「文琪先生，你是我最欽佩的作家，你的小說我差不多本本都看過。」

「噢，哦！」我向他點點頭。

他一回進屋，使我忽然發起呆來，我眞不敢相信這個家庭能有這麼濃厚的文學氣息，連家裏的一個傭人，居然也對文學發生興趣。

這樣想着的時候，我的腿子居然在大門外趦趄不前。良勤隨即催促着說：「怎麼樣？文琪兄，到我家裏來是用不着拜門神的！」

「哦！」我佯裝着看方向，問道：「大門是朝東的吧？」

「不，現在是下午，太陽正西曬呢！」

我正要穿過園子的時候，忽然從廊沿的盆景叢中，滾出兩個車輪來。定睛一看，見是一架自推車，上面坐着一個慈祥的老年人，他的頭髮和鬍子已經斑白，瘦削的臉上滿堆着笑容。正在這時，良勤從後面搶上一步，說道：「文琪，家父來迎接你了。」

「呵，郭老伯，你把我折福了。」我奔上前去握住他的手說。

「我老了，」他說：「去年冬天忽然半身不遂，行動完全不自由了。」

「老伯，你是恬靜的人，而且已經享晚年了。」我安慰着他。

「終究不方便，我是個喜歡到處看看，散散步的人。」他說。

他握着我的手，使我感到他充滿着一種老年人的人情味。他重新打量我一遍，說道：「一點不錯，你的外貌和性格，正與我所想像的差不多。」

他放開我的手時，良勤接着說：「爸爸，我們還是到客廳坐吧！」於是，我和良勤推動郭伯父的車子，走向客廳。

× × ×

客廳裏是明窗靜几，拂拭得一塵不染。憑窗望出去，看得見園子裏紅綠輝映的花卉，上面佈滿着陽光，有幾隻蝴蝶在那裏飛來飛去。在客廳的內面，有幾張新沙發，靠窗是一張寫字檯。在兩面的墻上，是幾個書架，上面放滿着各式各樣的書本。在四周墻上較高的地方，是良勤的父母和兄弟的照片。他和他的弟弟，還是兩張學士照。

我望着其中的一張大照片，問道：「良勤，這一定是伯母了，對嗎？」

「你怎麼知道呢？」他說。

「因爲你的鼻子和眼睛長得這麼好，應該有個來歷的。而這個來歷，我在這張照片上找到了。」我說。

「可是，我爸爸的鼻子和眼睛也長得不錯呀！」

「當然，」我連忙回過頭去，答辯着說：「郭伯父，我發覺兒女要遺傳父母的優點，遠比缺點困難。除非父母有共同的優點，比較容易遺留給下一代。是嗎？」

郭伯父捋着他的鬍子，笑笑說：「你的話很對，不過，我對這些問題知道得很少。有好幾次在寫作的時候應該提到遺傳的問題，但我都避開了牠。」

「我也是胡說八道呀！」我說。

良勤把一盆建蘭搬到走廊邊，然後回進房來，拍拍身上的泥污，問道：「文琪，你這次總應該多玩幾天吧？」

我正要回答的時候，郭伯父搶着說道：「不妨多玩幾天。我知道一個好的小說家絕不在於寫得多。我現在很後悔自己當初爲什麼要寫得那麼多。」

「不，郭伯父，我覺得在你的作品之中，有幾部是極好的小說，例如那本「細菌的樂園」，我覺得是一部好的藝術作品。」

他本來是想取起煙來點火的，聽我說完這幾句話，煙和煙咀都一齊掉到地上，激動地望着我，說道：「你也有這種感覺？」

「是的，郭伯父，我一直都是這樣說的。」我說。

「啊！可是——」他突然把興奮的情緒收斂起來說道：「從來沒有人對這本書說過一句好話，牠在書店裏寂寞有十年了。書店老闆爲這本書同我翻了臉，說我拆他的爛汚。說到讀者的反應，簡直可說沒有，我懷疑這本書快要絕版了。」

「郭伯父，你不必傷心，眞正的藝術鑑賞者是不多的。據我們所知，現在我們正在讀着的許多好作品之中，有好些是由鑑賞家從灰塵堆裏找出來的。」我說。

「我並不傷心，」郭伯父的臉上閃出一絲光采，說道：「只要有一個附和我的說法，我就能恢復信心了。」

我給他從地上撿起煙咀子，插上煙，劃燃一根火柴。

「呵，呵！」郭伯父揮揮手，「我們不必這些早就開始談這些問題，機會還多得很呢！煙，我也不想抽了。」

正在這時，一個女孩子的歌聲從外面園子裏響過來，良勤朝外面看了看，說道：「妹妹放學了。」

一會，我看見她跳進門來，遠遠地把書包丟到椅子上，問道：「客人還沒有來嗎？」

良勤讓在一邊，指着我說：「看吧，這難道不是客人嗎？」

「呵，呵，文琪先生，歡迎你到我家裏來！」她害臊地向我招呼說。

我點點頭，問道：「你們放學了嗎？」

「放學了！」她說着，倔促地望望四周，然後向我點點頭，走出房去。

「來吧，」郭伯父把推車轉了個身，說道：「你來看看我的書房。」

我推動了車子，走進他的書房。

郭伯父坐定了，拿起手杖來，一直指到書架上，對我說道：「這些是我自己的作品，這裏是你的作品。」

我仔細地看了一下，再用手數了數，說道：「一共是五十八本，那末郭伯父的作品我都有了。」

他點點頭，重又指着書架說：「這裏是你的作品，牠們在我心裏佔有特殊的地位。」

「你錯獎我了，郭伯父。」我說。

「你自己是否覺得你的小說一本比一本好呢？」他望着我問。

「在人生的觀察上，似乎比較過去深入了一點。是嗎？」我說。

「不僅如此，你最近的作品，已經創立了一個新的風格了。老實說，我們中國人寫小說實際上等於在說故事，而且老是平鋪直敘，從不在刻劃上下工夫。」他說。

「爸爸，」良勤從書架上抽出一本書來，說道：「我倒以爲文琪從前的東西還比現在的好些。比喻說這本「駝鈴」，要比「沒有個性的人」好得多了。」

郭伯父輕蔑地望了他一眼，回答說：「你是一個頂不高明的讀者，你只懂得看故事和情節，遠不及阿義高明！」

「阿義？阿義是誰？」我問。

「阿義是我家裏的傭人。」郭伯父說。

我忽然悟到這個傭人，就是剛到家時同我說話的那個人了。於是我說：「郭伯父，這是可能的嗎？」

「非但可能，而且實際正是如此的，」郭伯父肯定地說：「文學欣賞與學歷絕無關連，誰看得廣泛，就是誰的欣賞力强。」

「爸爸，」良勤拍拍他手裏的書，苦笑着說：「這也未免說得過份了吧。」

「一點也不過份，任何銜頭都不與文學欣賞有直接的關連，甚至一個文學博士，有時也不能成爲一個文學欣賞者。」郭伯父說。

良勤望着我，聳了聳肩膀，不再說話。

郭伯父的工作房間並不寬敞，四周被書架佔去了許多地位，看來似乎擠迫一點。在房子的中間是他的長方書桌，周圍只留下了推車行走的空間。房裏光線不佳，但桌子又並不靠近窗子，因此格外顯得黑黝黝的。

「郭伯父，你在寫作的時候，光線似乎不够吧？」我問。

「初來到這裏的人，都是這麼問的。而實際上，我已經養成了一個古怪的習慣，一到動筆的時候，就得把窗子關上，把檯燈開亮了，非要燈光照着我的稿紙，思想就不能集中起來。」郭伯父說。

「哦，」我說：「我倒喜歡在窗口寫作，但却不能聽見鬧音。有時隣家的狗在下面吠叫，也會影響我的思路，而且非下樓去把牠打走，我是不能繼續下去的。」

「爸爸，」良勤插嘴說：「難怪在你的小說裏不常提到陽光。」

「胡說！我的每一本小說都是充滿了陽光的。」

我和良勤大笑，郭伯父也忍不住笑起來說：「照你這麼說，密爾登是個瞎子，詩裏面都是黑暗的了。」

我們談着時，天漸漸從窗外黑下來，歸巢的鴿子在屋脊上咕咕地叫着。不久，阿義走進來，說道：「飯已經開出來了。」

二

這天晚上，我們談到很夜深才回房睡覺，然而我因爲換了個環境，心裏稍稍感到些興奮，所以睡不着；先是回想着郭伯父在飯後所說的那一席話，不禁喃喃地唸着：「眞正的文學天才被埋沒着，沒有機會發展。而那些並無天才的人，便自詡爲天才了……」想着，我心裏又感到紊亂，便站起身來，想到隔壁的書房裏拿幾本書來看看。

我剛推進門，發覺房裏的檯燈亮着，桌子上伏着一個人，正當我想出來時，她已經開聲回過頭來，說道：「呵，文琪哥請進來吧！」

「是你嗎？婉妹。」我招呼着說。

「是的，明天禮拜，用不着起早，所以睡晚一點。」她站在那裏說。

「在做功課嗎？」

「唔，是的。」

我走過去，往桌上看了看，發覺攤着一堆稿子，猜想她是在寫稿，說道：「原來你在寫稿。」

「初次嘗試寫小說，不知道怎麼下手，想寫一個大綱拿給你看一看。」她說。

「爲什麼不拿給你爸爸看呢？」我問。

「爸爸老是說我的小說主題不好，有情節而無內容，還說我的筆調像散文，我不愛拿給他看。」

「哦！」我說：「你的大綱寫完了嗎？」

「前幾天聽說你要來，就開始動手寫了，想請你指教，可是到現在還沒有寫完。」

「我可以現在看一看嗎？」

「也好。」她說着，就去把燈開亮了。

我取起稿來，開始看她的故事。等到看完以後，我說：「故事大致完整，剪裁也不錯。不過，像這樣的一個故事，從分量上說是不够重的。讀者在看了牠以後，便會感到一無所得，你應該把這個故事的倫理觀加强，把一些不必需的情節刪去，這本書才能够站得住。」

這幾句率直的話，使她頓時感到失望，半晌才說道：「你覺得我應該從什麼地方着手呢？」

「這又難說了，因爲每一個人在生活上的感受不同，很難把一個人的意見提出來，可以使另一個人寫得好。」我說。

「這是什麼緣故呢？」

「因爲各人的生活環境不同，體驗也就不一樣。」

「照你這麼說，你是幫不上我的忙了。」她理着她的稿子說。

「那也不一定，只是程度上的問題。」

「爸爸也老是這麼說的。」

「是的，大體上說，小說是老年人的工作，散文是中年人的工作，年輕人似乎應該去寫詩。」我說。

「那末，你的意思是說我應該去寫詩？」

「對了，趁你熱情奔放的年紀，一定能够寫出好詩來。」

「爲什麼？」

「因爲詩是純感情的產物，而且用不着太多的人生經驗。」

「小說需要很多人生經驗嗎？」

「是的，小說處處都需要人生經驗，大多數小說家的成熟作品，都是在四十歲以後寫成的。」

她沉思着，帶着一點輕微的憂慮，黑眼珠裏放出茫然的光采，使她看來有着一種天眞的美麗。

「依我看來，」我笑笑說：「你此刻的臉上就是一首好詩。」

「你能把牠寫下來嗎？」她撅起嘴說。

「可惜我不是個出色的詩人。」

「對了，別把話題扯開了，」她說：「你相信靈感這回事嗎？」

「我相信，不過那並不是一種神秘的東西，說穿了，那不過是一種情緒，這種情緒使你的潛意識加緊活動，並且被你捉到了你的筆下。」我回答說。

「我還是不明白。」

「哦——比方說，當一個人在痛苦的時候，他如果想寫一部喜劇，他的情感就很難受控制，因此失敗也就不免。而我所說的靈感，正是從感情和意識出發的。」

她凝神地想了想，說道：「對了，我有過這種經驗的，去年冬天，我想寫一個喜劇故事，可是後來因爲父親得了這種病，故事就寫不下去了。」

她喘了口氣，悉悉嗦嗦地把稿子摺起來，然後望望我，問道：「我是不能寫小說的了，是嗎？」

「不，不，」我發覺她很失望，連忙解釋着說：「我並不以爲你不能寫小說，只是希望你不要操之過急。當然。你現在所化下去的工夫，就會使未來有更好的收穫。」

「你總得給我一些意見。」她高興起來，用期待的眼光望着我。

「首先，我以爲一個初學寫作的人，應該多讀那些外國作家的不朽作品，把九分工夫放在讀的上面，把一分工夫放在寫作上面。」我說到這裏，發覺她已經有了疑問，直瞪瞪望着我。

「怎麼樣？」我停住了說：「你是有疑問嗎？」

「是的，我想知道爲什麼要讀外國小說？」

「哦！」我說：「這個問題很容易明白，因爲他們在小說作法上，有許多經驗的積累，所有的作品都經過了時間的淘汰。而我們呢，我們除了詩以外，沒有豐富的文學遺產，所有的那一點，在新文學運動以後，也已經斷了氣，接不上了。」

她用困惑的目光望着我，似乎並不完全同意我的話，我便接下去說：「就我看起來，我們在小說藝術上的落後，並不比科學上的落後好一點。只要你仔細比較一下，你就會明白了。」

「我對許多翻譯不感興趣，有時甚至看不下去，這是什麼緣故呢？」她說。

「這有兩種情形；有時覺得對故事沒有親切感，有時覺得翻譯文章的句法疙瘩，我不知道你所感到的是那一種？」

「嗯——」她想了想說：「似乎兩種都有。」

「不錯，任何人都會經過這個階段的。」我說：「然而你應該知道，第一種原因，是因爲對別國的事物一無所知的緣故。而一個文學欣賞者，也必須懂得許多事物，要不然，你是不會對牠產生情感的。這在文學的領域中，有一個特殊的名詞，叫作象徵經驗，也稱箇直經驗。第二種原因，也是因爲書看得太少，在腦海中只容得下那種爲自己所熟悉的句法，一旦遇到句法複雜一點的時候，就完全抓不住這句話所代表的意義了。」

我說完這段話，等待着她的反應，但她依然在回味着我的話，然後說道：「關於第一點，我依然不十分懂，爲什麼有的人能對某一部作品產生情感，而有些人不能呢？」

「我來舉個簡單的例子吧，你大哥對建築學愛好得發狂，滿房間都是圖樣；你二哥呢，對於畜牧事業關心得發狂，這是什麼緣故呢？」

她搖搖頭，表示不解。

「我可以給你解釋，因爲他們對那些事物有很深的了解，因而發生了情感。當然，這種情感並非自來就有的。」我說。

她點點頭，似乎已領會我的意思。這時，我忽然想起什麼來，便回過頭去，在書架上想找尋一本書出來，作事實上的說明，我找着時，便把「紅字」和「雙城記」拿下來，說道：「小說藝術的領受，完全是個人的感覺，誰都無法灌輸給別人的。牠們只能在你的感情上和思維上起共鳴，因而就顯得很微妙。」

我翻開「紅字」，指了指說道：「這是霍桑的名著，被稱爲十五部最偉大的著作之一。」

我說着，就把這本書的楔子裏寫到海關的一節讀了幾段給她聽。讀完以後，我感歎地望着她，搖搖頭說：「這就是文學藝術。」

她移近我的身旁，洋溢着一種奇異的感覺，說道：「眞有你所說的那樣好嗎？」

「當然，現在再看看吧！」我翻開「雙城記」中描寫到當時的饑餓情形的那幾段，拿到她的面前，一口氣讀下去。

等到我讀到一個段落停住時，我歎息了一聲，敲敲書頁說：「這就是文學藝術。」

她困惑了，剛才的那些自信已經從她的臉上消失。我把書收起來，重又插入書架，回過頭來說道：「主題，情節，結構，文字，在在都會影響到文學藝術的成敗的。」

「你這麼一說，我可一點勇氣也沒有了。」她說。

「這是天眞的想法，你現在還只是一個開頭，有什麼理由灰心呢？實際上，那些有經驗的外國作家，平均總要化四五年才能寫成一部書。歌德的浮士德從着手到寫完化了五十七年。幾乎爲一個短命的人所不能完成。」我安慰她說。

她用手理理她的頭髮，望着我，想什麼又不會說出來。

「你有什麼話嗎？」我問。

「你對我的小說大綱還沒有說出意見來呢？」她把頭低下來，用手指在桌上劃着。

「你的小說，就大綱看起來，似乎太平凡了，變成了爲說故事而說故事，不含有深刻的意義在裏面。其次，從大綱看你的故事佈局，也像一般小說家一樣平鋪下去，對於技巧沒有深思熟慮過。至於結構，文字，刻劃等等，在大綱裏根本看不出來。」我率直地說。

搖籃與竹馬 (續完)

王敬義

廿二

在這喧嚣的人間，五年不是一個短時間，那廣大的世界，正怎樣的在變動，我茫然無所知；但在我居住的小天地中，五年的時間已使它改變了面目。

謝家的產業却在專橫的老婆婆的管理下逐漸恢復了舊觀，這個家庭開始過着較富裕的生活。她雖對我殘暴，我仍不得不欽佩她在這一方面的毅力。因爲家境的好轉，我的小姑們相繼的出閣了，除去那個不幸的滿臉有細麻子的姑娘，她在最近又患了一場重病，變成一個聾子，怕要久居家中了。這樣，家庭中因爲人口的減少，也變得比較安寧。我那年老的婆婆，却在此時從她一個出閣的女兒處過繼了一個嬰兒，作爲她的孫子。

這個嬰兒，是她女兒的頭生子。爲了博取老人的歡心，才忍痛過繼給她的。既然是她的孫子，那麼，應該由我來作他的母親了？

我曾經有過幾個夜晚，因爲這個奢望，而內心激動不能成眠！

但我只是他名義上的母親。我的婆婆，不僅不准我照顧他，甚至不允許我接近他的搖籃！

是的，他的搖籃，龍兒的搖籃！

廿三

一個廿五、六歲的少婦，在她的胸懷中，該洋溢着多少母愛啊！

但在我，卽使這一份愛情，也只有深埋在心底。

這是不公平的。誰有權力將我與純潔的嬰兒隔離？他不是我親生的，但我是他名義上的母親。於是，我又憶及我流產的胎兒，而感到無限的悲哀。

我失去了一切，被遺棄在罪惡的深淵裏，我這隻身心俱倦的蟲子，那一天才能看見我生命的太陽呢？

我的婆婆，盡她的能力所及，不使我與嬰兒有見面的機會。在她的心目中，我是不吉祥的，我會使嬰兒遭受到噩運。那個因病變聾的小姑，心理是反常的，她氣燄萬丈的站在我婆婆的那邊。有時，遠遠的看見我走來，她便將房門關緊，大聲的哼唱着搖籃曲，(一種她自編的催眠的小調，)使我不禁哀聲低嘆。我永遠也難瞭解人與人之間的仇恨是何時開始，怎樣開始的！

也好，就讓我孤獨的活下去吧！

我打水、洗衣、操作！但嬰兒嘹亮的啼哭聲，不斷的響在我的耳旁，勾引起我千百種渴慕之情。「龍兒！龍兒！」當渴慕之情壓迫着我時，我常低聲喚着他的名字。

我失去了持久的忍耐力。我變得急躁。我不能無所牽掛，我等待着每一個可能的機會，以便能看見嬰兒一面，並且將他抱在我的懷中。(呵！只看他純潔的雙眼怎樣睒動！)渴望，在我的克制下，就像滾沸的水，在掩堵得緊密的鍋中，激盪得更兇了！

廿四

我的渴望終於使我屈服了，我竟站在我婆婆的身前，哀求她：「讓我看看龍兒吧！」

她綢綢眉，偏着頭問道：「自然主義派不是以平凡人和平凡事物爲着眼點的嗎？」

我笑笑，回答她說：「我想你曾經看過自然主義派的作品，原來他們也是從平凡事物中找不平凡的來寫。他們也不能平凡到去寫起牀，吃飯，穿衣，走路這些事，要不然，就不會感動人了。」

「我並沒有寫這些事。」她有些生氣了。

「可是，婉妹，你所提到的故事，是關於一個爭取婚姻自由的故事。然而像這樣的故事，近十年來總有成百的人寫到過，而且千篇一律。你既然對這問題沒有更好的看法，也沒有更動人的情節，爲什麼還要寫牠呢？」我說。

「要怎麼樣的故事才值得寫呢？」她問得很迫促。

「大致說來，總不外愛，良心，惻隱，犧牲，人道，理性等等這些東西，因爲幾千年以來，人類所追求的就是這些東西。」

「我問的是故事本身。」她愈來愈動感情了。

「這就很難說了，因爲每個人的生活感受不同，生活環境也不同，而這些東西，日子久了就成爲我們的潛意識，一到有感觸的時候，就能編織成爲故事。因此，要寫怎麼樣的故事，誰都不能在事前知道。」我說。

「很神秘？」她譏誚地說。

「一點也不，婉妹，事實上你有點感情衝動，是嗎？」我笑起來。

她向我瞪了一眼取起桌上的稿子，頭也不回地衝出門去。

我突然發覺自己又患上這個毛病了。這幾年來，一談到文學，我就想說教，因而也得罪了許多朋友。其間，也曾有些愛護我的朋友，要我少談文藝，因爲一談到文藝，便難免觸痛一批人的創疤。然而今天晚上，想不到信口一談，又把婉妹給得罪了。

我用手抹了抹臉，自覺有些後悔，但她已經回房，所有的解釋工作，都只好待諸異日了。想着，我順手把燈關熄，回房睡覺去了。(未完)

「不，你不能看！」她冰冷的聲音說。

「讓我看他一眼吧！那我就會滿足了，我願意作更多的苦工，……」

「不，你不能看！」

「你有甚麼權力阻止我呢？」我忽然暴躁起來。

她的臉色驀地變得陰沉，像一扇雨天的窗子。她用抖顫的手指點着我的鼻尖，高聲的喝叫道：「甚麼？你這敗家精，你拆散了我的家，害死了我的兒子，你還想作甚麼？你還想要我的老命嗎？連我抱來的孩子，你也不肯放過！不許你看，你要知道，我永遠都不許你看到他！你配嗎？也不看看你自己的鬼臉！你會立刻嚇死他的！」說到這裏，她已幾乎激動得不能成聲了，但她繼續着：

「你要明白些，我不許你看他，如果，有一天你偷着去看他，我會剝你的皮！我會剝你的皮！」最後兩句話，當她尖聲的喊叫時，她的四肢都顫抖了，說完，她就無力的癱軟在椅子上，她的滿佈皺紋的臉上，淌下了兩行清淚，像是受了莫大的委曲似的。

我的身影正倒映在她的足前，我的頭髮是乾草一般的蓬鬆着。沒有分辯，我走了出來。

廿五

又是冬天了，我蜷縮在殘破的棉絮中，打發着漫長的夜晚。我的手脚都已凍裂，面孔也因為嚴寒的侵襲，大部份變得紅腫。但即使是這樣寒冷的氣候，我依然要在清晨，提着木桶去井邊打水。井裏也凍起薄薄的冰，那縛吊桶的粗糙的蔴繩，那濺在我手背上的，飄浮着冰屑的井水，都像鋒利的刀刃，使我全身因為疼痛而戰慄。

於是，嬰兒又在啼哭了；這個我從不會見過一面的嬰兒的哭聲，往往會使我短暫的忘却身體正忍受的苦痛。我聆聽着，想像他睡臥在他溫暖的搖籃中的神情：他的皮膚是紅潤的，他啼哭着，他哭的多痛心啊！他餓了；但當那胖奶媽將肥大的乳頭放入他的嘴中，他立刻便緊張的吮吸起來，再不哭泣，一個輕微的、舒暢的笑，會掛在他光潔的面頰上。

「只允許我將他抱在懷中啊！」我感嘆低語；我又不得不提起那盛滿冰水的木桶，開始我一天無歇止的勞役。

× × ×

有一天，機會來了。我始終堅信着我將等待到那一天的來臨，而那一天終於來了。機會，不可錯失的機會！

正是舊曆年前的數日，我的婆婆與小姑們在晚飯後便到鄰近的集場上去了。她們要在那裏購買一些過年的用品，同時，看看正在搭蓋中的社戲的戲臺。據說，戲班子也將在那夜到達，並且極可能先演唱一場。

她們去時，再三的囑咐奶媽：「小心的看着孩子，不要離開房間，房門要鎖緊！」

我縮在我黑暗的小屋中，靜聽着她們的離去。奶媽的丈夫從鄰村趕來，正在鄰家等她，想拿些錢回家過年。大概孩子已熟睡，因為不久後奶媽關上了房門也去了。

這偌大的一座宅院，只遺下我與酣睡的嬰兒！夜，深沉的寂靜，沒有嘯叫的風，但却刺骨的寒冷。我突然振奮的從我的稻草堆上跳起，一陣旺盛的火燃燒在我的心中，使我忘却夜寒。提起脚，我往大廳走去！

走，影子伴隨着我。「龍兒！龍兒！」低聲的，我喚着他的名字，那虔敬的聲音，像是對上蒼的禱告。廳房太高，太大，我有些惶惑，不知怎樣踏下我的脚步。夜的寂靜全聚集在我的足尖，我輕輕的踏下去，怕破壞了這寂靜，這寂靜的和諧。

於是，我走，穿過了廳房，在那命運的門前站定。命運的門：推開它，未來怎樣？我不知道。但我不再躊躇。

門，在我的輕推下，打開了。燭火，被一陣突然的風震撼，搖曳着四壁的黑影。一陣溫暖，撫弄着我腫痛的臉。我痴痴佇立，辛酸聚上我的心頭，六年了，我過的是怎樣一種禽獸的生活！長久失去了人的形貌，也不再意識自己是一個人，我蠕動着，在凌辱的唾液中苟延我的呼吸。而這裏，只隔着一道門，就是人間的幸福之境。我要將門在我的身後關上，我要儘情的享受這份溫暖。

床，鋪着厚厚的被褥，綢緞的被面閃動着美麗的光澤；高大的紅木櫃櫥佇立着；樟木箱子，堆到屋頂，給人安全的感覺；……這一切，半隱半現在燭火的薄明之中，整個的房間，洋溢着淡淡的神秘的氣氛。而搖籃，那幸運兒童的搖籃，就吊掛在燭火的前面。

有一個短時間，我忘記了自己，恍惚回到我愉快的童年時代。但立刻我又醒悟了，眼前的一切，是屬於另一個世界的，而我，僅僅是冒着生命的危險，作暫時的插足。

我匆匆的尋找一面鏡子，鏡中的影像使我驚叫了。我早已不認識我的容貌，但現在我要在醜陋、骯髒的影像中，再一次的將它勾劃出來。

不，我勾劃不出來。我感到過份的驚愕，不自主的向後移退。我憎厭鏡子中醜陋的容貌！於是，突然的憤怒點燃了我，我衝向前去，雙手緊緊的握住鏡框，又高高的舉起，重重的擲在地上。鏡子碎了！

我要復仇！憤怒使我失去理智，我要對摧殘我的仇人報復！鏡子，擲在地上碎了！那偌大的聲響，將搖籃中的嬰兒驚醒，嬰兒開始啼哭了！

我立刻意識到嬰兒的存在；我獰笑！這弱小的生命，現在是在我的掌握中了。

我奔過去，在搖籃邊跪下，伸出了我粗糙的凍裂了的雙手。

由於憤怒的驅使，我固執的要求報復。但我的雙手，伸出去的我的雙手，停止在懸空的狀態中。我俯下身去，嬰兒已不再啼哭，闔閉着他的雙眼，輕勻的呼吸微微扇着他的鼻翼。我探下手去，扣住他細瘦的頸項，他醒了。他睜開黑亮的雙眼，凝視着我，他微笑了，笑渦在他紅潤、柔軟的面頰上散開。他有一個頗大的頭顱，頭髮稀少，開朗的前額，端正的嘴唇，配襯着他愉快的微笑，給人一種高貴的感覺。「呵！純潔的嬰兒！請原諒我的罪惡！」我早已不知何時抽回了手，呆呆的陶醉在他的笑渦之中。

他不嫌惡我的醜陋！他喜愛我的！他喜愛那即將開始的他的生活的全部世界！在他的臉上，沒有偏見的皺紋，沒有蹙緊的眉梢，有的只是微笑！

他對我微笑，因爲我親近他！

燭火躍跳在他的臉上，他微笑的面孔，此時在閃動着怎樣一種聖潔的光輝啊！

不再憎恨，不再仇視，不再抱怨，我又一次的跪倒在搖籃的前面，我的眼睛仍停在他的臉上，我但願能化成他朗爽的微笑，無憂的目光！一個思想，來到我的腦中，我低聲自語：「我們也都有過一段完全幸福的日子的，但那時，我們並不知曉，當我們知道如何去分辨善惡，選擇歡樂與痛苦時，幸福已不存在了。」

「睡吧！」我對嬰兒說。他竟順從的緩緩的閉上眼睛。「睡吧！你安美的靈魂！你的生命是豐實的？你不缺少甚麼，你富有，因爲你的心中充滿了愛。睡吧！這搖籃裏有的是平靜，人間的紛擾，悲哀與痛苦，都不能破壞你的平靜！睡吧！不要眺望未來！你就會長大的，也會變得健壯，但請永遠在你的心中保存一份愛情吧！」

燭火還在燃燒，搖籃中的嬰兒已經熟睡，高大的傢俱都沉默的佇立在牆隅的陰影中，我依依不捨的爬起身，離開幸福的搖籃，又要回到那骯髒的稻草與棉絮中去。寒冷在等待我，勞役在等待我，凌辱在等待我，但我不再畏縮，不再懼怕。從搖籃旁，從嬰兒的微笑裏，我已得到了愛，得到了補償。我將活下去，因爲我知道這世界上還有愛。

那一夜，我的耳中不停的響着一個聲音：「父親寬恕你了！父親寬恕你了！」我熱情的淌着眼淚，即在睡夢中，我也能感到灼燙的淚水在我面頰上淌動。

廿六

五年，又是五年，我感到自已衰老起來。

但龍兒長大了，我看見他在廳房中跑動，在庭園中跳躍，整個的宅院中，飄盪着他快樂的喊叫聲。

我的婆婆，在他兩歲時，便不再禁止我看見他，因爲她聽信算命的瞎子的論斷，認爲嬰兒一過兩歲，即使命運兇險如我者，也不會尅害他了。

但她哪裏知道，我曾在搖籃旁伸出謀殺的雙手呢！那件事，在她夜歸時，看到地上破碎的鏡子，以爲是奶媽不愼所爲，便將她責罵一番，而後者也接受了。

現在，龍兒已經長大，我却不知如何訴說我的失望。龍兒，就像我僅有的一粒希望的種子，種在他人的菜園中，隔着一道籬笆，每天我都關懷着他的生長。於是，一天，它茁壯成一顆小小的樹，它的椏枝已高過籬笆了。但它不再認識我，（或者根本不曾認識過我！）甚至連對我展開它嫩綠的葉片，都認爲是一種浪費與恥辱。

失望的悲哀擰絞着我的心，但我掙扎着，掙扎着去抓住任何一根可供攀援的枝條。

「龍兒，我帶你捉蝴蝶去！」沒有他人看護他時，我對他說。

「蝴蝶？」他眨動着他好奇的眼睛，他已是一個惹人愛憐的孩子。他說：「你甚麼時候帶我去！」

「現在，好嗎？」我要拉他的手，他閃躲開。

「你太髒，姥姥說的，她不叫我靠近你！」他嘹亮的聲音說。

最醜陋的人也願意隱藏起他臉上的疤痕的；我匆匆跑開，我要再使我自已整潔起來，只爲了龍兒！

在我跑開時，龍兒在我身後說：「不去捉蝴蝶了嗎？我找姥姥去，……」

我洗淨了我的頭髮，我的臉，我將我破舊的衣服也洗淨了。但龍兒還在躲避我。一天，我又在園中遇見他。

「龍兒，」我說，「我帶你去捉蝴蝶吧！」

「不，」他搖搖頭，還在騎他的竹馬。「姥姥告訴我，蝴蝶有毒粉，會弄瞎眼睛的。姥姥還說，（她不許我對你講的，）她說你是一個壞人，壞人不是好人，」他解釋着。「你眞是一個壞人嗎？」他又問我。

「你的衣服好破啊！壞人都穿破衣服！」他天眞的笑着，又騎着他的竹馬，在園子中馳騁，扮作英雄的模樣。

這以後，我躲避他。他的笑聲使我心痛。但他現在各處找尋我了。

「你在餵豬嗎？你爲甚麼要餵豬呢？豬好臭啊！」

「怎麼？你在吃飯？你的飯碗爲甚麼是黑色的，我問姥姥去！」

「姥姥說，你是壞人，壞人才餵豬，用黑碗吃飯！」

他的話重重的刺傷我的心，使我終夜呻吟。

「不，龍兒，我不是壞人，」一天，當他調謔我時，我鼓足勇氣的說：「龍兒，一個人的外表不說明一個人的心，……」

「放開我的手，」他爆燥的吼叫：「你的手髒死了！」

我放開他。

「我告訴姥姥去，我告訴她你拉我的手！」他跑開了。

我注視着他的背影，痴痴的站着。我已好久不會流淚，但現在，我用衣袖擦揩着臉上的淚水。太陽正照射着我，我彎下身，拾起那節被龍兒當作馬騎的竹子，「騎上這枝竹馬，就是在陽光底下，人們也不免爲偏見所統治了。」

龍兒，他不會再對我微笑！那微笑，已隨着他的搖籃時代，永遠的消逝了。

× × ×

龍兒十歲了。

他早晨去溪旁捉小蝦，下午在田野捕捉蚱蜢，面孔被陽光烤曬得通紅，他整天就像一隻蜜蜂般匆忙着。

他現在拒絕我走近他。只在他無事可作之時，才走來打趣我。但他可知道在名義上我是他的母親嗎？

「大媽，」他這樣稱呼我，「你會用稻草作人嗎？」

我回答說我不會。

「那麼你替我搬一些稻草來，我敎給你作，」他說。

我到草場上去搬草，天下着小雨，地上泥濘，我一步一步謹慎的走着。

我抱來一束草，他說不够，我去抱另一束，回來，却找不到他了。放下懷中的草，我想：「龍兒啊！爲你作甚麼事我都不抱怨的！」

當我正這樣想時，一陣濃煙從身後撲上我的面頰，使我大聲咳嗽，雙眼流淚。龍兒在我身後大聲笑，然後跑開了。

那天晚上，我回到我的小屋，龍兒已在那裏。

「大媽，你還難受嗎？」他說。「我總欺負你，我錯了！」他像大人般低聲的說着。在油燈光下，我看到一張表情眞摯的面孔。

他走近我，用小手撫我的眼皮，「煙沒有熏壞你的老眼睛吧？」

我搖頭；他接着說：「沒有熏壞，我就放心了，你的眼睛要是熏瞎了，姥姥會罵我的！」

他的手離開了我的眼皮，「我要走了，」他說。

他走了；我的心在挽留他：「停下吧！龍兒！」但他走了，他的背影消失在廳房中。「只要我能將他像兒子般抱在懷中啊！」我感慨低語。我已不會流淚，但我感到一股辛酸在我心頭翻滾着。

第二天早晨我遇到他，他正提着小竹簍去摸蝦，看見我只匆匆的說了一聲：「姥姥找你！」就頭也不回的跑了出去。他早已忘記他曾在夜裏去過我的房間，並且說過些甚麼話了。

以後，當他百無聊賴時，還會想出各種的方法來戲弄我。他也不再到我的小屋來表示他的懺悔。

也許，他竟應該冷落我，戲弄我的！在他，美麗的生命正展開在他的身前，一切都是燦爛而綺麗。我這腐朽的醜惡的人形，如果想在他充滿陽光的生命之谷中，佔據一個地位，那麼，我所受到的侮辱，或是恰得其所的。

在我一生中，我曾戰勝過自己很多種慾望，我選擇了最卑賤的生活；但當我的生命形將告一結束的時刻，我竟無力抵抗我對龍兒的喜愛，無時無刻不想接近他。

但是，爲甚麼我有這種渴求，我自己也不知曉，或者，仍僅僅是對搖籃中那難忘的微笑的依戀吧！

廿七

我現在正奄奄一息躺在我陰濕的小屋的稻草堆上。外面人聲喧嘩，我知道龍兒已從省城回來。他們說他已在洋學堂畢業了。這時，如果他會來到我的身前，再將他的手指放在我的眼皮上，我便會坦適的死去。但他不會來，他早已忘記了我！卽使他仍記得我，也不會不憎厭我的。

…………

我淸楚的記得，他離家去省城讀書的那天早晨，我從廚房中狂奔出來，只爲了能在臨別前多看到他一次。他的神情多驕傲啊！他戴着新的皮帽，穿着新的袍襖。他對別人都說了再見；看見我，他走了過來，那時他已十七歲了，他彎下身，抓起一把雪，將它放在我的手中，大聲的說：

「大媽，也用它洗洗你的臉吧！」

他的話將人們惹笑，他就滿足的走了。

大道鋪滿白鎧鎧的雪，他乘的板車逐漸遠去，縮小，變成一個模糊的小黑點，終於不見了。

他去了，他向他生命的大道邁去。

那團雪，他塞在我手中的，現在溶化了，一滴、一滴落下去，像是我惜別的眼淚！

…………

現在，龍兒回來了，但我要開始我的征程，我要走向我永恒的安息之所去了。在那裏，只有酣美的睡眠陪伴着我。我要去了：父親在天之靈已經寬恕我，他的靈光將爲我引路；寶弟將在路的盡頭處召喚我，還有那曾善待我的丈夫，而我將愉快的休憩在我的親人，愛人之間！

別了，苦難的世界！

這一刹那，新月已沉；亮星落盡，燭火熄去，遠處沒有微明的窗子！這一刹那，小販的喝賣聲去遠，梆子聲啞了，蟲不鳴，雞不啼，村狗不吠，天空沒有夜遊的鳥振翅飛過！這一刹那，一切都靜止，沒有悲哀的眼睛的睞動，沒有隱藏着痛苦的微笑，沒有伸出的手臂，因爲失望而頹然墜下！

有的只是安適的搖籃，在永恒之中微微搖着，搖着一個酣甜的睡夢。

（完）

旅美小簡之四

童子操刀

陳之藩

下課以後，回到住舍，還未放下書，打開今天的報紙看，第一版登着：兄妹二人，一個十四歲，一個十歲，為愛看之電視電臺不同，爭論不下，哥哥拿來一把麵包刀，從妹妹的後心穿進去，穿透前心，十歲的孩子就這樣死去了。母親此時正在一個中學教書呢。

我讀了這條新聞，把手中的報紙連帶抱着的「電磁波」書一併丟到屋角去。凝神窗外，木然，頹然。

電視是代表科學的高度技術；是成千成萬科學家的心血，是十幾年的研究，千呼萬喚始誕生的。有人說，二次大戰是原子彈贏得的戰爭，是雷達打的硬仗，這話是不錯的，雷達與電視是代表新時代的另一個極峰，不讓原子能為之獨秀。所以有人說，這個時代是原子能——電子學時代。

我如夢一樣的到此地來，來學習人家這類高度技術。同班同學，有從德國來的數學博士，有從英國來的專家學者，有從本地各種工廠來的工程師，大家在一起聽電子學的大師們講析十年來最新電子學之進展。我從來不知「如坐春風裏」是什麼滋味，而今，我懂得了，語言雖如此隔膜，然而令人領悟到人類智慧所創的成績，無法不令人驚奇與歎服。

這些功課的內容是如此，它所帶來的影響是什麼呢。從任何一個角落裏，都會看到它的影子的。我剛來的那幾天，報紙上每天登載的是原子彈的放射毒物，擴展面積達新澤西州那麼大；以後就是常聽到附近中學小學在作原子空襲的防空演習；走到朋友家裏，十歲以下的小孩，全帶着眼鏡，為什麼，看電視看的。孩子們瘋狂的嗜好電視，很像北平學生的愛聽相聲，到一種不肯吃飯的程度。裏面的內容是由幾家大賈包辦的，內容一言以蔽之，是北平的相聲，或上海的滑稽。今天的新聞，這兩個小孩竟把他們所看到電視假戲，真刀真槍的演出了。

如果所學的東西之極終目標，即是這些，我想每一個學生都會感覺高度的困惑。「童子操刀」並不僅是今天的頭條新聞，而正是代表整個人類在目前所扮演的大戲。在這個大戲中，世界上每一角落的人都是觀衆，同時也都是演員。

自然科學進步到這種程度，除了政客的演說與商人的廣告可以跟踪外，是任何學問所無法匹配的。科學處處引來問題，其他學問跟不上適應。所以也就發生了「童子操刀」的悲劇。

這種大脫節是一種無助的情況。

有遠見的哲學家們，在深思；有遠見的教育家們在探索，有遠見的宗教家們在呼號。

八年以前，清華金岳霖先生勸我說：「哲學成宗教始有力，既成宗教，不復為學矣。」他是治西洋哲學的最有成就者，向我說這種話的意見即是「你不必着急，治學問要冷靜而客觀的。」「治學問只管學問本身，不管移風易俗的。」我懂得他的意思，但無法同情他的說法，現在金先生也許不持此調了。我只知在哈佛的維也納派大師富蘭克，出席宗教、教育、哲學家們對社會問題的聯席會議。金先生與富蘭克是絕對一條路上的人。為什麼這位哲學家也管起移風易俗的問題來呢？

一言以蔽之，就是「童子操刀」這個問題太嚴重。嚴重的程度向小處說是使一個無辜兒童，瞬間喪命，往大處說，是使整個人類，立時滅亡。

哥倫比亞大學哲學教授那果，最近給科學的哲學下了個定義，除了科學定律性質的分析，還要涉及到科學產生之社會條件之研究；除了社會條件之研究，還要涉及科學對社會影響之檢討。這是哲學家們開了門，把科學所帶來的萬千不能解決的問題，認為是自己的責任去尋求解決的途徑。

安靜的哲學家們再也安靜不下去了。

教育家們，也在那裏努力，從前年哥倫比亞大學展出的「人類求知之自由」到今天在紐約博物館展出的「人類之家」，都是向這方面作無可奈何的補救。

在這許多努力中，絕對沒有一個人是朝厭惡科學，廢棄科學的路上走的。並不是世界上沒有這樣大膽的人，而是這件事是不可能的事。切麵包確實需要刀，只能設法教育童子，却不能將此刀拋掉。

然而，畢竟這是一種無助的情況——科學像秋風一樣，漫天蓋地而來，人類像葉子似的在秋風中戰慄。我繞了半個地球，到此地來，學習的不是安心立命的哲學；不是治國安邦的經要；不是山光水色的詩歌；而是乍看起來，可以撤天縮地，解除人類痛苦；細看起來是使人類臨風戰慄，不知所從的科學，這樣的學習心情，個中滋味是很難道出的。

從前有個禪宗弟子去請教一位禪宗法師，說：「師傅，我心不安，怎麼辦。」

師傅說：「你拿心來，我為你安。」

弟子說：「找不到心。」

師傅說：「我已替你安完了。」

找不到心，是這個時代的大悲哀，也是每個人的大苦痛；我不滿足於這些學殖萬卷的「經師」，還要去尋求立命安心「人師」，為輕舟激水的人生找一住脚；為西風落葉的時代找一歸宿。

四十四年三月四日於費城

書刊評介

讀司徒雷登著「五十年在中國」書後

呂光

去年十一月下旬，收到一位美國朋友由紐約寄來一本司徒雷登所著之「五十年在中國」的書，因爲公私都忙，沒有立卽去閱讀。舊曆新春，臥病在床，遂把這本書在三天內詳細的看完了。

以美國駐外大使身份撰寫回憶錄之類的著作者，就本人所知，近年來已有駐俄大使蒲立德，駐日大使格魯，他們或介紹駐在國的政治實情，或描述一段富有歷史價值的經歷，均足發人深省，引人入勝。司徒雷登所撰者，乃是同性質著作的第三本。由於司徒雷登所描述的對象是中國，而其在大使任內所經歷的一段史實，我們中國人記憶猶新，餘痛猶存，故對之特別感到興趣。

司徒雷登在中國五十年的時間中，根據他所寫的，他做了兩件大事，一是創辦燕京大學，一是參加國共和談。關於前者，國人對於司徒雷登的努力均表衷心欽佩；對於後者，則不無遺憾之處。所以，我們特別希望司徒雷登能夠將這段國共談判經過，向中美兩國人士有所交代。可是，本書在這方面所能給我們的答覆，只是失望兩個字。在全書十五章中，司徒雷登僅以第九章「應召出任外交使節」(Call to Diplomacy)與第十章「未能實現的夢境」(The Dream that Did Not Come True)，敍述這段談判的經過。毫無疑義的，這段經過應是美國政府及司徒雷登本人在中國人民心目中功過的轉捩點，也應是這本著作中最具有時代價值的重心，竟然以五十頁的地位(全書共有三百三十九頁)輕輕帶過，語而不詳，反以四十八頁的篇幅(第一、二、三章)詳細描述他的家世、求學經過及教會經歷，並且述來枯燥乏味，有如嚼蠟，要不是事前有人告訴我這是一本「回憶錄」性質的書，我會把牠當作司徒雷登「自傳」，讀到第二章，就不會再感到興趣看下去了。

司徒雷登在他的第四章「已實現的夢境」(A Dream That Came True)，詳述他創辦燕京大學的經過，這誠是他一生最大的成就，我們中國人永遠會懷念他，感謝他。他若能在一九四六那一年辭去燕大職務，回美國告老退休，他的聲望名譽一定是輝煌而無瑕疵。但是他自不量力，認爲他辦教育可以成功，辦政治，辦外交亦無不可成功。在他答應馬歇爾之邀請出任大使時，他對於當時我國之政治經濟狀況及國際間之局勢，毫無見地與瞭解，他祇認爲『馬歇爾的任務艱鉅而重大，凡他所需要的任何人，均應予以協助』(請閱是書第一六六頁)，這雖是傳敎士最良好之精神，但祇有這種精神，而不懂得政治，輕易答應出任大使，焉得不誤大事！

馬歇爾當時之所以要邀約司徒雷登出任大使，窺其用意，當亦不外乎司徒雷登久居中國，深知中國政情，不僅可爲其助手，且亦能在某些方面給他忠告。可是，司徒雷登在這一方面實在辜負了中美當局的殷望。正如他在第十章中所說的，當和平談判破裂，馬歇爾卽將返美的最後一天，馬歇爾問他此後美國對華政策時，司徒表示有三項可能採取的途徑：第一是積極以行動援助國民政府，第二是採取「等等看」(Wait and see)的態度，第三是完全撤退，不再過問中國內部的任何事宜。司徒雷登在書上說明，當時表示完全支持第一方案，第三方案亦較第二方案爲佳(是書第一七八——一七九頁)，但美國以後所採取的正是他最不滿意的第二個等等看的政策。

馬歇爾離華前，他已被任命爲國務卿，這事馬歇爾親口告司徒雷登，所以實際上司徒雷登當時是向國務院建議這種重要政策。一個大使，向自己政府對駐在國重要政策之建議，未被政府採取，結果，反採取該大使認爲最不妥之政策。按理，他應依據政見以去就力爭，但是司徒雷登，仍繼續做他的大使官兒，既不憤然辭職，也不向政府提出異議，祇聽訓令，依違兩可，這那裏是政治家外交家的風度呢？還有他自己說，在那個時候，早由美國國會通過的美援，因美國政府中有人故意留難，遲遲不來，他既知道，爲何在當時不大聲疾呼爲中國力爭呢？大陸淪陷後，他還不肯說。卸任後，仍不肯說出內幕。一直到國際局勢絕對與中共不利時，才寫這本回憶錄來向人民聲明。大陸淪陷的責任，我們雖不能歸咎於他，至少他的不作爲(Omission)總是加速了淪陷的時間吧。我們中國人有一句古話叫做『我雖不殺伯仁，伯仁由我而死』。司徒雷登是美國人，我們中國大陸淪陷，他的罪小，十多萬美國青年，死傷在韓國，他的罪大。我不知道他老先生到今天能否瞭解這個因果關係呢。

最不可解者是該書敍述和談失敗，馬歇爾被召返國的第十章，題目竟是「未能實現的夢境」。司徒生先認爲他創辦燕京大學，乃是已實現的夢境。由於和談失敗，致使他在中國五十年來的第二個夢境未能實現，似乎尙有無窮遺憾。我們翻讀全文之後，領悟到司徒之出任大使，參加國共和談，只是爲着要幫助馬歇爾，這個第二個「夢」，到底是什麼，實在莫測高深，倘使司徒雷登的第二「夢」，就是馬歇爾的「夢」，那末也就是所謂國共組織聯合政府的夢呢！

從司徒雷登自不量力，允任大使，結果鑄成大錯，連想到現在自由中國的外國傳敎士們，我趁寫這一篇書後，奉勸他們，萬不可强不知以爲知，認爲自己在中國多年，瞭解中國政治，隨便向自己的政府做自以爲正確的政治報告，甚至膽大妄爲涉足中國的政治。要知道傳敎士的使命，是將全部精力用於宗敎、慈善、醫藥、救濟及敎育等事業，爲人類造福。

(下轉第20頁)

第十二卷　第八期　內政部雜誌登記證內警臺誌字第三八一號　臺灣省雜誌事業協會會員

給讀者的報告

本期我們的文字着重在討論當前的經濟問題。除社論外，尚有瞿荊洲先生及陳式銳先生的兩篇專論。在社論裏，我們以發揮企業心與推行科學管理勉紙業公司及其他民營事業。就發展經濟自由的觀點而言，我們對臺灣四大公司之相繼轉讓民營，是深感欣慰的。然而，開放以後的紙業公司便首先以漲價聞，則又殊令人失望。民營事業應該從管理與技術方面力求進步，以減低成本提高品質；而不應恃其獨占地位，任意抬高價格，罔顧消費者的利益。同時，我們還希望由於民營事業的推行科學管理，影響到政府機關的行政效率。瞿荊洲先生的「從金融觀點看日本經濟」一文，分析日本過去的經濟危機，及日本政府爲克服此等危機，在財政金融上所採取的政策與方法。一面說明事實，一面證以學理。可見日本當局如何善謀其國，其能克服危機自非偶然。由此亦可知，處理國家財政經濟是須要現代科學知識的。至陳式銳先生的大文則申論最近臺灣外滙貿易管制的改變。陳先生除一一綜析陸續頒佈的辦法、推究其得失外；特舉印尼政府爲克服其經濟困難所用的辦法，以爲實證。蓋陳先生最近正致力於南洋各國的經濟研究。所謂他山之石，可以攻錯。這些經驗是可供我們借鑑的。

本期翻譯「美國和波多黎哥」一文係亞洲協會章雅谷先生所譯，原文載在美國「新領袖」周刊。本文在說明美國人對待波多黎哥的眞象。共黨宣傳常詆美國爲帝國主義。這裏的事實是最佳的辨正。可是反過來，蘇俄共黨又是如何對待其統治下的少數民族，人們是不難比較而知的。

殷海光先生今春應邀美國國務院邀請赴美研究。「西遊漫記」係其旅途中與抵達美國後的觀感，頗多發人深思者。其與陳之藩先生的旅美小簡，俱爲不可多觀的文字，非一般遊記可比。

本期因爲稿擠的緣故，尚有很多佳作未及發表，如陳康教授的「論思想統一問題」，李愈先生的「權威與權威統治」，陶震宇先生的「俄帝外交的戰略」，盛孝玲先生的「耶路撒冷遊記」等，都將在下兩期陸續發表，除告讀者外，並向作者致歉。

自由中國 半月刊　總第一三一號　第十二卷　第八期

中華民國四十四年四月十六日出版

發行人兼主編：『自由中國』編輯委員會

出版者：自由中國社

社址：臺北市和平東路二段十八巷一號

電話：二 八 五 七 〇

航空版

香港辦事處：友聯書報發行公司 Union Press Circulation Company, No. 26-A, Des Voeux Rd. C., 1st Fl. Hong Kong

菲律賓辦事處：馬尼剌怡干洛街五〇二號三樓 3rd Floor, 502 Elcano St. Manila, Philippines

總經銷

臺灣：中國書報發行所

美國：[illegible] 日報社 Chinese Daily Post 809 Sacramento St., San Francisco, Calif. U.S.A.

加拿大：[illegible] 日報 Shing Wah Daily News 12 Hagerman St., Toronto, Canada

經售者

[illegible]：[illegible]

印尼：[illegible]

越南：[illegible]

緬甸：[illegible]

印度：[illegible]

澳洲：[illegible]

北婆羅洲：[illegible]

新加坡：[illegible]

印刷者：精華印書館

廠址：臺北市長沙街二段六〇號

電話：二 三 四 二 九

中華郵政臺字第五九七號執照登記爲第一類新聞紙類　臺灣郵政劃撥儲金帳戶第八一三九號（每份臺幣四元，美金三角）

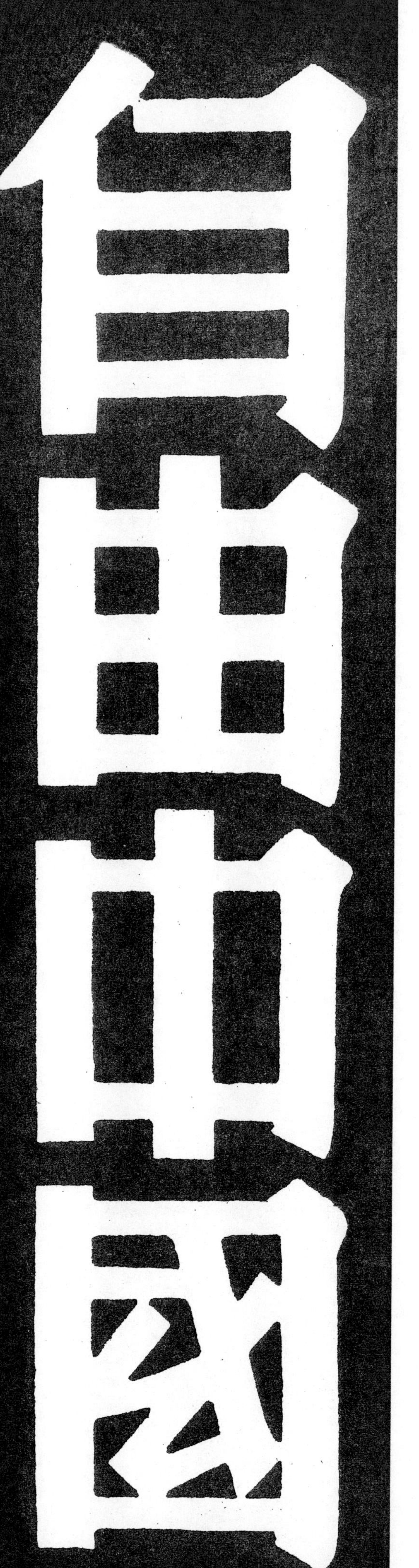

FREE CHINA

第十二卷 第九期

要目

中華民國四十四年四月十六日出版

社址：臺北市和平東路二段十八巷一號

半月大事記

四月九日（星期六）

臺灣省議會臨時會通過都市平均地權條例臺省實施細則。

俄帝宣佈爲報復西方批准巴黎協定，決定廢棄英蘇與法蘇協定。

俄外長莫洛托夫向美英法表示，決與奧國會商和約問題。

阿富汗人攻擊巴基斯坦駐喀布爾的大使舘。

英首相艾登致函艾森豪保證英美合作。

四月十日（星期日）

我外交部聲明，中共傀儡政權、無權代表中國宣告與德終止戰爭。

美第七艦隊司令蒲賴德抵臺與我進行會談。

美名流組百萬人委會發表政策聲明，强調臺灣重要，並繼續反對匪入聯合國。

奧國總理向西方國家保證，奧將不單獨與俄訂約，赴俄目的在敦促速開四國會議。

四月十一日（星期一）

蒲賴德訪俞大維商談海峽情勢。

美太平洋海陸戰隊司令派頗中將抵臺訪問。

奧總理拉布抵莫斯科與俄會商和約問題。

美原子電導飛彈砲隊抵達西德增防。

四月十二日（星期二）

蔣總統赴金門視察防務並致祭陣亡將士。

行政院長俞鴻鈞向立院報告四十四年度施政計劃綱要及總預算案編製經過。

艾森豪宣佈將於下週向國會提出一項包括東南亞在內的經援方案，並聲明美願協助自由亞洲的經濟發展，同時揭櫫民族獨立與自決的原則。

法軍佔領西貢要津，防止越南雙方重啓戰端。

四月十三日（星期三）

立院外委會秘密會議，葉外長列席報告中美協防及亞非會議問題。

法總理傅爾向美保證，法駐越部隊將不介入越南內戰。

艾森豪批准建議，美將以原子秘密供給歐洲盟國。

越南總理吳廷炎呼籲盟國在精神上支持越南政府。

高檢處承辦胡光麃案的檢察官查訊尹仲容。

四月十四日（星期四）

亞盟中國總會宣佈，第二屆大會訂於五月廿三日至廿六日在臺北舉行。

行政院通過後備軍人會組織通則草案，並准臺灣省立師範學院改爲師範大學。

越南停戰破裂，叛軍炮轟沙瀝城。

杜勒斯演說，表示亞洲情勢並不樂觀，美不應再退却。

四月十五日（星期五）

中法貿易及付款協定的談判，已獲協議，雙方互換照會。

行政院重申前令，黃金外幣嚴禁私自交易及一切變相的買賣行爲。

美軍援團蔡斯團長宣佈，中美軍事聯席會議定十八日舉行，商談有關臺灣防務問題。

國防部新規定國軍休假制度，不再同於星期日休假，而按兵種分別訂假日。

俄帝同意簽訂奧約，奧總理離俄返國。俄促奧不容外國設軍事基地，並須保證不參加任何軍事聯盟。

奧總理與莫洛托夫聯合聲明，同意接受四强對奧條約草案，盼在年底前締結四國條約。

四月十六日（星期六）

中日貿易計劃談判，業已獲致完全協議。

美第七艦隊司令蒲賴德稱，匪如對國軍攻擊，將招致嚴厲報復，並認海峽危機被過份誇張。

艾登宣佈英將於五月廿六日總選，國會將於五日六日解散。

四月十七日（星期日）

新聞局長吳南如聲明我政府對亞非會議所持的立場，匪幫傀儡政權不能代表中國人民，其任何影響中國利益的決定自應無效。

艾森豪命令杜勒斯在國務院下設立一半獨立機構，七月份起自國外業務署方面接受援外工作。

四月十八日（星期一）

中美軍事協調會議開始舉行。

泰總理鑾披汶在東京警告稱，共黨侵略目標在攫取整個東南亞。

所謂亞非會議在萬隆揭幕。

愛因斯坦博士在美逝世。

匈共內鬨，總理納琪被清除，國防部長亦遭免職。

四月十九日（星期二）

美駐越南特使柯林斯奉召返國，報告越南局勢。

俄帝照會美英法三國，促開四國會議商訂對奧和約。

四月二十日（星期三）

美國防部宣佈參謀首長聯席會議主席雷德福將偕勞勃森將來臺與我會商。

艾森豪聲明加强對華軍援，以應付亞洲侵略威脅。

艾森豪向國會提出共同安全咨文，要求撥欵卅五億元支援自由國家抵抗共黨侵略，其中大部份撥欵將用於亞洲地區。

美國表示將不顧法國反對繼續支持越南吳廷炎政府。

四月廿一日（星期四）

行政院決定酌准新聞事業進口洋紙應用。

虐待並槍擊妻子的車啓亮案偵查終結，檢察官提起公訴。

美國務院就勞勃森訪華發表聲明，謂鑒於臺灣海峽的緊張情勢，故根據條約作進一步磋商。

四月廿二日（星期五）

中日兩國四十四年度貿易計劃在臺北簽字換文。

柯林斯抵華府，謂越南情勢嚴重。

美英法三國照會蘇俄，將在下月二日舉行四國會議。

四月廿三日（星期六）

新聞局長吳南如聲明我絕不承認印尼與匪所訂條約。

西德政府發言人宣佈，西德將於下月五日獲得獨立主權，並將正式加入北大西洋公約組織。

「自由中國的宗旨」

第一、我們要向全國國民宣傳自由與民主的真實價值，並且要督促政府（各級的政府），切實改革政治經濟，努力建立自由民主的社會。

第二、我們要支持並督促政府用種種力量抵抗共產黨鐵幕之下剝奪一切自由的極權政治，不讓他擴張他的勢力範圍。

第三、我們要盡我們的努力，援助淪陷區域的同胞，幫助他們早日恢復自由。

第四、我們的最後目標是要使整個中華民國成爲自由的中國。

社論

（一）

我們要貫徹「五四」精神

民國八年五月四日由北京大學學生所發起的運動，原爲一單純的愛國運動。中國因爲山東問題在當時的巴黎和會上遇到重大失敗，才激起這瀰漫全國的「五四」運動。

但是我們必須承認，「五四」當天燒打「趙家樓」的行動，並不足爲後世之訓。民八以後，「五四」精神的開展，主要却只着重在民族運動方面。這個經過，無法在此詳論。我們講了幾十年的「反帝」，整個大陸却被毛匪俄帝刼去，只此一點，便已是莫大的諷刺了。

五四運動的眞正貢獻，原在提出「民主與科學」的口號。這是一種「啓蒙」(或了悟)的運動。然而民主與科學二義，却最未能引起國人的重視。

實在當時所提出的「民主與科學」，依今日的眼光看來，並不算徹底。「民主與科學」實應綜括在「自由」之下。自由在政治制度方面的意義，便正是人權保障。「人權與自由」(human rights and fundamental freedoms 或簡稱爲 rights and freedoms) 的口號，必待至大陸淪於共匪之後，隨着聯合國憲章及普徧人權宣言，我們才一齊嚷出口來。這是我們經驗了絕大的民族痛苦之後；始得到的更深一層的覺悟。

何以說「自由」能够當爲一個更概括的更徹底的號召呢？

因爲在「人權與自由」的口號下，可以總括「五四」運動所代表的三方面。「人權與自由」一出口，便必然排除帝國主義與殖民主義。同時它也排斥極權主義、任何形式的與程度不同的極權主義。我們如能在三十餘年前便嚷出這個口號，也許就不會有今日共匪的興起。我們今日如能堅持住這口號，共匪便不得再以甜言蜜語欺騙亞非各國仍對殖民主義在奮鬪中的人民。民族主義最難講，只有在基本人權的觀念下，才可望講到好處。

民主尤離不開自由或人權。自由可謂係目的，民主則主要係方法。「民主乃自由在行動中」。民主乃自由之「器用化」(implementation)。沒有諸自由和諸權利，民主便完全落空。避免講人權，却高談民主，定是有意欺人。

科學亦離不開自由。沒有權利保障，便絕無學術自由。近代科學之研究自由，在早期是科學家們犧牲性命爭取來的。在政治教條指導(實際是干擾)下所進行的科學研究，永也不會有可觀的成績。由於政治考慮所任命的研究主持人及研究員，尤不會對純粹學術有所貢獻。

我們今日所最需要的，便在貫徹「五四」運動中的這種自由精神。幾十年來我們在這方面，可謂毫無建樹。

民主(當爲「器用化」自由的方法)的起碼意義就是以選擧的方式按期更換各級的制訂政策的官員。這就叫做「公衆的控制」(popular control)。這是民主方法中「必需的」條件。此外，民主之「充足的」條件還有許多。例如：言論自由、無偏見的普徧教育、民主會議的習慣、對反對者的寬容、敵對政黨的競選、武裝部隊及文官對黨爭之「中立」化、地方及城市之實際的自治……這些都要我們經長期、逐步、眞誠的努力，方能希望有所成就。假冒的民主措施，只能引起一般民衆對民主的失望和對民主之眞實性質的誤解。

至於科學，吾人須知，只重農工醫的技術，乃是極不够的。科學的成就並不在於單純的實用。科學的功用在「無用之用」。科學給予人的最高無比的貢獻，主要在科學方法與訓練。人們由發生問題、分析問題中，擬出「假設」，再經過試驗、經驗、或觀察的實證，以探求結論。這是科學方法的要義。科學家且不以任何已得的結論爲最後的眞理，他永不斷地用更進一步的假設向更深更廣處探求，準備隨時修正或推翻已得的結論。這樣的思維方法與訓練，已成了人類所得到的唯一可靠的方法與訓練。科學的方法原難說是任何一民族、一文化所獨自得來的。它乃是經過亞里斯多德、加利略、牛頓、愛因斯坦等無數科學家，在許多民族的支持與影響之下，經過二千餘年，在不斷改善中所得來的。有偉大成就的科學家與民族固然可以居功，走了陪路錯路的思想家和民族也正貢獻了他們的失敗的、却一樣可貴的經驗。科學方法與訓練到今日實可說是人類共同的收穫。它不屬於任何一國、一民族、一文化。它不分東方西方。它不分派別。它只有一個。它是一個普徧的、公共的、爲人人所可了解，彼此可以完全傳遞的方法與訓練。它是「公開的」，對全人類公開的。它不是單傳密授的絕藝。世上的人都可以、都必須學習它。(就科學方法一點而言，過去的東西文化之辯，可謂都是文不對題。)

科學之最可貴處，也許更在科學的態度。民主亦不僅是一種政治制度，「民主態度」與科學態度是一樣對全人生有極大意義的。科學與民主乃是既重理知，又重經驗的。二者都不鼓勵情感主義或「狂熱主義」(fanaticism)。二者均以按步的努力，以求逐漸解決問題。二者均不寄望於「奇蹟」，不求立止頭痛的速效。二者都是反「教條」的、反武斷的。二者都不採用「高壓」的手段，而只善用「說服」的方式。民主在此意義下，故不僅是一種政治制度。科學在此意義下，也不僅是一種求知的方法。二者更可以當爲我們安身立命的一般方法與態度。科學與民主不僅是我們所創造所使用的工具，並是再造我們自己的途徑。科學與民主不但要聽我們已形成的目的之使用(及濫用)，二者還可以變化我們的氣質，使我們能形成更高貴的目標、更完美的性格。科學與民主的方法應該推廣到人生的每一面，科學與民主的態度應該是我們做人的整個態度！

採納普徧性的人權制度和科學方法，養成科學與民主的態度，這才是我們必須要貫徹的「五四」精神！

(3)

社論

（二）亞非會議與中共陰謀

亞非會議於四月十八日在印尼萬隆揭幕，會議爲期一週，已於四月二十四日夜正式閉幕。參加這個會議的單位包括亞非落後地區二十九個國家。

亞非會議是亞非兩洲弱小民族有史以來的第一次聚會。百年來，亞非弱小民族飽受西方殖民地主義的塗炭，兩次世界大戰後，雖然許多弱小民族已獲得政治上的獨立自主，但是亞非仍有殖民地主義的殘存汚跡。所以，他們召集這個以「地域」和「膚色」來號召的會議，反對殖民地主義。這是促成亞非會議的遠因。第二次世界大戰後，美國在亞洲始終沒有堅定的政策，在共產極權擴張主義面前常常退却。韓戰的停火和越南的分割就是美國亞洲政策游移不定，缺乏堅決抵禦共產擴張主義決心的明證。在這種情形下，一些亞洲國家徬徨失措，產生一種中立主義的傾向。他們想在自由世界和共產集團的鬬爭中，採取中立態度，以保全他們的獨立自主。這是亞非會議的近因。

這次亞非會議沒有具體的成就，早就在預料之中。因爲參加會議的國家各有各自的目的，利害錯綜，意見紛歧。雖然通過了所謂十項原則和其他協議，但這都是空洞而不具體的東西，同時對於參加會議的國家也沒有約束或法律上的力量。

對於亞非會議，我們所注意的不是通過的這些原則，而是中共在會議中的陰謀以及這種陰謀的發展。共匪「總理」周恩來在亞非會議中一反其一貫謾罵的叫囂作風，而以委婉動聽的言辭，對與會國家展開誘惑活動。我們現在分析一下中共在亞非會議中的陰謀：

中共的首要陰謀是拉攏亞洲國家，孤立美國：周匪恩來在會議開始的第二天發表演說，除了指責美國企圖顚覆中共，增加臺灣海峽的緊張局勢外，對其他國家大表好感。他說：「中共無意顚覆其隣近各國政府」，「中共準備承認與美國訂有共同防禦協定的日本保守黨政府」，「中共願與歐亞各國建立正常外交關係。」我們由周恩來的演說可以窺出中共的用心在於消除亞洲國家對它的疑懼；並誘致亞洲國家疏遠美國，標榜中立。進而達到孤立美國的目的。他這種誘惑雖然遭受許多國家代表的當頭棒喝，紛紛痛斥共黨爲「新殖民地主義」、「超級帝國主義」、「新野蠻主義」。但是，對於那些不明瞭共產主義本質，抱有中立主義和苟安倖存的亞洲國家，也多少產生了作用。例如：寮國就和中共簽訂了互不侵犯條約；高棉代表諾羅東 (Norodom) 竟也罔信周恩來的保證以及「和平共存」五原則，而認爲亞非會議有利於亞洲將來的穩定。

我們在此要向亞洲國家進一言，就是在自由和奴役的鬬爭中是沒有中立的。和共產新殖民地主義「和平共存」就等於與虎謀皮。企圖一時的苟安，將招致併吞和永遠的覆滅。亞洲國家決不可對中共存有幻想，必須堅決和領導自由世界的美國站在一起，反抗共產主義，這樣，才能保持眞正的獨立自主。

中共的次一陰謀是解決所謂臺灣問題：周恩來在亞非會議中販賣「和平共存」的陰謀、拉攏亞洲國家、企圖孤立美國之後，又提出與美國商談解決所謂臺灣問題的建議。周恩來說：「他願意和美國政府談判解決臺灣危機」，又說：「中共不願與美國從事戰爭。」他這一聲明的用意是想迷惑亞洲國家，使他們相信中共是愛好「和平」，而美國是「侵略」的。並想在解決所謂臺灣問題上，爭取一些亞洲國家對中共的支持。這一項建議是在亞非會議行將結束時提出的，顯然的，在亞非會議後，中共的總目標必將指向臺灣，而首當其衝的將是金門、馬祖。

美國對中共建議的反應是：商討臺灣問題必須中華民國政府參加或先行海峽停火以及釋放中共囚禁的美國飛行員。但是，中共業已斷然拒絕美國的條件。這說明了中共建議談判不過是一種政治攻勢，而其本意則將是以武力侵犯金馬和臺灣。

我們要向美國忠告，現時世界問題的焦點已移向臺灣海峽，這是美國採取堅定政策的時候了。美國當然瞭解，亞洲許多反共和非共國家，已有一種中立傾向，對美國持不卽不離的懷疑態度，不敢親近，並企圖在中共武力威脅之下，苟安倖存。這種中立傾向是美國沒有堅定的亞洲政策所致。美國現在應該明白宣示其決心：在共產擴張主義面前不再退讓；不惜以武力阻止侵略。這不僅可防止中立主義在亞洲蔓延，且可加强亞洲國家反共的信心和對美國的信任。若美國再對中共採取姑息妥協的政策，亞洲國家將更陷於徬徨，而中立彩色必更趨於濃厚，那時，美國在亞洲將眞正陷於孤立，豈不悔之晚矣!?

金馬問題，將是美國亞洲政策的關鍵，也是美國爭取亞洲國家和粉碎中共陰謀的考驗。自由中國人民有決心保衞自己的領土。蔣總統一再嚴正表示：無論有無美國援助，決堅守金門、馬祖。自由中國人民在共產主義威脅之下，絕不退却。自由中國決不會因爲美國的「壓力」而放棄金馬。最近雷德福和勞柏遜突然訪臺，我們希望他們不是來做說客，迫使我們放棄金馬，爲實現海峽停火和兩個中國的幻夢舖路。

現在我們堅決向美國表示我們的決心：金門、馬祖不僅是自由中國重返大陸的象徵，也是反攻大陸的跳板，我們決不放棄金馬，我們不惜一戰！

論思想統一問題

陳康

本篇所謂思想指規定人的行爲的思想；所謂行爲指人與人之間的活動，亦即社會活動；所謂社會，小而至於兩個以上個人，大而至於兩個以上國家，皆包括在內。如此界說了的行爲有個特徵，即是行爲與行爲之間有是、非(善、惡)和利、害的區別。規定這樣行爲的思想——亦即是是、非，和利、害的觀念——在任何一種社會裏必須是一致的。國家，一直至現在，是一個最大的單位。現在我們即就國家言。在一個國家裏規定行爲的思想必須是統一的。這點無可爭辯，(若謂在民主國家裏各政黨各有其政見。彷彿思想並不統一，但是直接規定國家措施的乃取決於多數。關於思想統一於多數，詳下；)問題乃是怎樣統一。我們由以下三個觀點：是，非；利，害；人權，來討論怎樣的統一乃是理想的統一。我們先就歷史看中國以前有過些什麼統一的方式。

中國思想史上最爲生氣蓬勃的是先秦時代。當時各家競起；是、非和利、害的觀念也極不一致。不但楊、墨和儒家勢不兩立，而且這三個派別以外還有其他的派別。當時的情形幾乎成爲「一人一義，十人十義」。嚴格講來，「一人一義」並非絕對壞的現象(若人利用得當，很可以由此產生出極好的結果來)；但是在實際統治上確實麻煩。因此在秦始皇統一中國以後，不但書同文，車同軌，而且人的思想也要像道路和文字一樣納入同一個方式。思想所以紛紜，由於當時各家的學說猶存。於是秦始皇將所有的書籍，除去技術者外，收攏來焚燬。又還活埋了幾百讀書人。這樣法令統一。所謂法令只是皇帝的意旨。思想這樣統一了；它統一於帝王。這是歷史上最早的一個重要的思想統一方式。這樣，國家易於統治了。秦始皇彷彿可以安居阿房宮中享樂終身——如若不能長生不死——而且二世，三世以至萬世子孫皆可以如此享樂。

思想的這個統一方式和是、非；利、害；人權無一不衝突。這種方式下的是、非只是皇帝一人的好、惡；好、惡基礎於個人的利、害；利、害則以是否可以獲得個人——甚而子孫——的物質享受爲準則。至於人權，更無可言了。爲了維持個人和子孫的物質享受，不僅鉗制他人的思想，甚至殺戮無辜的人。這是一個很壞的思想統一方式。

秦始皇的如意算盤打得很快意，然而事實和他的想像相違。秦朝不但未能傳至萬世，而且二世即亡了。焚書坑儒以後，學說思想可望杜絕。這彷彿是秦始皇的成功；但是亡國的禍根也就種在這裏。人不能沒有思想，學說思想一旦禁絕了，盜賊思想隨即蔓延起來。秦始皇有一次出巡，項籍見其車駕之盛，不覺說道：「彼可取而代也！」看見旁人的器物自己流出口涎，想將它奪爲己有，這是盜賊思想；項籍的言詞也即表示出這一思想的擴大。這句話雖是項籍一人講的，但是以國家爲自己產業的劉邦，暗地裏未必沒有同樣的思想。至於陳涉的「鴻鵠志」也屬於同一類型。可見當時學說思想遭了禁止以後，盜賊思想蔓延之甚。因而秦朝滅亡，秦朝所採用的思想統一方式也隨之毀滅。

一方面思想必須統一，另一方面學說思想不可禁止；在這兩難之中漢武帝時想出了一個巧妙的辦法。這辦法如下：先秦各家的思想任其自存；但在各家之中選擇出一家來，特別尊崇它，將它立爲思想的標準。當時特別選出的是儒家。儒家的宗師是孔子；於是孔子的思想成爲標準的思想。這樣方式的思想統一，是思想統一於一家。自西漢以來這一個統一方式一直維持着，直至五四運動打倒「孔家店」，方才瓦解。

思想統一於一家所以能維持這樣悠久的時間，乃因爲在這二千多年中人想出了許多新方法來鞏固它的基礎。

第一、奉勅注經。儒家書籍，歷代以來被選擇爲標準的，愈過愈多，最多至十三種，名爲十三經。十三經不但有注，而且注之外還有疏。這些注疏一部份是奉勅撰的。奉勅注經遠在唐朝即有。注解的內容只限於闡明經義。這些注釋家皆是中國讀書人中第一流人物。由於皇帝的一道「聖旨」，這一班第一流的讀書人將他們的精力畢生消磨在敷陳經義裏。他們永遠在經的範圍裏繞圈子，始終不能超出這個範圍一步。

第二、考試。如若儒化思想只限於奉勅注經，它的效用太狹了。因爲注經的人已經皆是深通儒家思想的人。因此儒化工作必須更透徹些，它必從尚未熟悉儒家思想的人做起。這就是利用考試。考試制度由來已久；但自元朝起開始以「四子書」爲考試的標準。(這彷彿推尊儒家更甚了；但是我們不可忘記元朝的「九儒十丐」的等級品評。這樣崇尚儒學，眞是只有天曉得！)這個措施一方面固然因爲既以儒術治天下，考試又是入仕途的門徑，一班未來的官吏自然必須熟悉儒家的思想。但是另一方面爲了思想統一於儒家，必然要儒化人的思想；於是以考試來利誘大家讀儒書。因此絕大多數人的座右銘，事實上眞如儒林外史裏所說的「勿學天長杜少卿」。只有一部份少數人，他們的才智不是三篇文章一首詩所能耗盡的，才來閱讀應試以外的書籍。這樣，先秦各家之中儒家以外的書籍雖未被焚燬，然而大多數的人並不閱讀(此事可由各家書籍字句錯誤之甚證明)。書存而不讀，無異於一堆紙灰；異說自然消滅。如此巧妙的方法，秦始皇有知，能無自慚愚昧於地下？

第三、兒童思想的儒化。儒化思想還有更澈底的一個步驟。現在五十歲以上的讀書人大約還可記得，在他們的兒童時代有一本通用的啓蒙書籍名爲「弟子規」的教科書。這本小書以論語、孝經、禮記等儒家書籍爲底本。就其內容言，它在儒家書籍之中自然不佔任何位置；但是就其作用言，它却是十分重要的，它的作用是在兒童稍稍識字尚不能讀比較深奧的書以前，即將儒家的基本思想印入他們的心裏。這是儒化思想最澈底的一步。

這樣，由初識字的兒童起，經過一切應試的人以至於第一流的學問家，思想皆儒化了。思想統一於一家，在此集其大成。在實際方面，思想統一的這個方式確會有過相當的效果。在這二千多年中除去彼此搶奪江山的戰爭和雖在承平時代不乏違背經義的罪行而外，大體上總算是比較安定的。這乃是何以現在仍有一部份人緬懷往昔，將中國現在的禍亂——大而至於共產黨，小而至於極小範圍裏的不安寧——歸罪於五四運動的打倒「孔家店」。

「孔家店」矗立數千年，它決非一兩個人所能打倒的。然而它竟然倒臺了。這因爲它瓦解的機會到五四運動時，已經醞釀成熟；打倒「孔家店」的人只是將這成熟了的機會現實化而已。這個舉動已經是一個非常的舉動，因爲嚴格意義的創造只屬於神；人所能爲的只限於機會的現實化而已。還在五四運動以前幾十年，張之洞提出了「中學爲體，西學爲用」的辦法。當時中國吃了洋人的洋槍、火輪船的虧，相信製造這些器物的學問，中國人必定要學習的。另一方面，聖人之道不可廢。幸而(當時人這樣想)這些學問並無碍於聖道；我們儘可依舊的背誦十三經，此外再利用洋人的這些技巧即足以立國了。這個讓步，在思想方面並不爲多；然而僅僅接受這些以供驅使的「西學」即足以使「孔家店」倒臺。因爲學習製造洋槍、火輪船，並不和中國人學習製造花槍和木船相同。因爲製造洋槍、火輪船不是僅憑經驗，像人學習製造花槍和木船只要站在師傅旁邊看看製造出來的就差不多了。洋槍、火輪船的製造必須根據科學原理。因此人若想利用「西學」僅從實用科學學起還不够，必須從理論科學學起。人要學理論科學，就不能不做實驗。一做實驗，「孔家店」的基礎就開始動搖了。

做實驗，這個勾當，我們在中學裏就幹過的。它是將前人所得的結果重複一次。如若實驗的意義僅止於此，它已足養成做實驗的人一種習慣，重視自己的手和眼不亞於重視書本裏所寫的定理；而況實驗的意義還不止此。我們做實驗，如若我們做實驗的條件符合標準，儀器也十分精確，實驗的過程也皆沒有毛病，然而所得的結果和定理不同，在這情形下，定理的精確性即發生問題。科學的精神即在此：在科學的領域裏沒有權威，只有事實。即使在過去已經公認爲精確的定理，一個一切皆符合實驗標準而所得的結果却和定理不符的實驗，即可以推翻這一條定理。在「孔家店」裏情形剛剛和它相反：聖賢高高在上，他們是思想上的權威；聖經賢傳的徵引即可被視爲問題的解決。不但十三經注疏只是闡明經義，而且人從初學作文起即訓練以權威來解決問題。一旦在「孔家店」裏容許了「西學」佔有一席地，雖然只是一個卑下的奴役地位，科學的批評精神，在那裏即種下它的種子。它逐漸的發榮滋長起來，一旦成熟，一座巍峨的大成殿因而棟折榱崩。這種批評的精神表於倡導打倒「孔家店」的人身上。

自從「孔家店」倒了臺以後，中國在這幾十年中，思想却是很複雜，社會狀況也日趨混亂，最後登峯造極於今日的共產黨。於是一部份人將這現狀歸罪於打倒「孔家店」。然而事實上不是如此；共產黨的得勢並非「孔家店」倒臺的邏輯結果。造成共產黨今日的狀況原因很多，在思想方面如若說是由於儒化思想的破壞，不如說是由於數千年來儒化思想的成功，因而使得我們大多數的中國人缺乏科學的批評精神和邏輯的論證能力所致。西洋並無「孔家店」，然而今日反共最大的實力是美國。打倒「孔家店」的原意，就筆者看來——筆者的年齡和才識皆不足以參加這個運動——決非摧毀儒家，只是將儒家從它的特殊榮寵地位搬下來，將它和先秦的其他各家平等的放置在理性面前。如若理性的審核認爲它確實超過其他各家，不但它昔日所有的崇高位置仍然歸還給它，而且它由理性所得的基礎其堅實遠過於由政治勢力所得的基礎。從這觀點看去，打倒「孔家店」是中國思想史上另一個劃紀元的事實。它和漢武帝的獨尊儒家，遙遙相對：彼此內容相反，重要性相同。爲了迎合一般人的復古脾胃，且讓我們說，打倒「孔家店」也是一種復古，比較一般人所嚮往的復古還更進一步的復古。它不像一般人只要回復到西漢以來的儒家獨尊，它却要回復到先秦時代的各家並列。各家並列，自身並非壞事。五四運動又介紹了西學——但這不只是造洋槍和火輪船的學問了——到中國來。因此產生了一個更大範圍的處士橫議。然而處士橫議也不必然的走上共產黨的路。反之，如若我們大多數的中國讀書人具有批評精神和論證能力，處士橫議很可以引導我們達到一個完善的思想統一。理想的思想統一不是只留一種思想，杜絕其它思想，乃是根據理性從不同的思想之中求得的統一。

關於思想統一於一家，我們討論的太多了；一則因爲它在中國歷史上所佔時間最長，影響最大，再則因爲這種統一方式至今猶爲人所懷念，然而它必然的一去不返。因爲它的崩潰的原因是「西學爲用」；「西學爲用」這一點點的讓步，時在今日，雖聖人之徒也不會反對的。即使我們大家現在天天讀經，「孔家店」當年的場面也不能恢復；實驗科學不容許我們再養成聽命於思想權威的習慣。現在讓我們就着以上三個標準來衡量這種思想統一方式的價值。第一、是、非。一人所見的是、非，自然不及一家所見的是、非。因此思想統一於一家優於思想統一於帝王。然而一家所見的是、非，自然遠遜於各家所同見的是、非。因此一家所見的是、非，還不是眞是、非。第二、利、害。這一點很明顯。張之洞已經主張「西學爲用」了。這就表示他看清楚了十三經不能抵抗洋槍和火輪船。第三、人權。思想儒化在狡黠者的手中只是一種策略；犧牲老百姓的人權在他們不是一件值得顧慮的事。然而在這二千多年裏，維持、擁護儒化工作的人之中不乏敦厚長者；他們維持、擁護這種辦法却是出於悲天憫人的心情：「這一班愚蠢的人昧於是、非和利、害。所幸聖賢已經指出明路來。其他的人只須不識不知的跟着聖賢走就成，不必再妄自思考了。」他們未能看清才識卓絕的人所應做的工作，只在於激發他人的批評精神，使他們自己循着理性的途徑，應用他們的論證能力去認識是、非和利、害；却不該將這是、非和利、害的見解（假設內容正確）像成品一樣分給各人。前一種工作是引導人自動的發現是、非和利、害；後一種是越俎代庖。越俎代庖即使有滿意的結果，始終是侵犯他人的權利。這正是何以民主主義將民治置於第一位置來爭取它，否則儘可不勞而獲的優游於賢良君主的統治之下，和羔羊一樣俯首貼耳的在牧人的監護之下享用它們的芻草了。

現在，我們再看看歷史上已有的第三種思想統一方式；這是思想統一於一黨。思想統一於一黨，形式不齊。極端的例子，即是今日大陸上共產黨所行的。這樣的統一方式我們大家皆知道是荒謬的，因此無討論的必要。我們僅僅簡括的講，它的殘酷超過秦始皇，它的剝奪人權遠較思想統一於一家爲劣。它是最壞的思想統一方式。

如若以上所講無誤，在一個國家裏，思想必須統一；然而中國已有的三種統一方式皆不適用。這樣，我們豈不進退兩難：一方面思想必須統一；另一方面思想不能統一。所幸這三種思想統一方式，並非一切可能的思想統一方式；此外還有第四種。

在我們進而探討第四種統一方式以前，讓我們重複一次以上所提的三個條件；是，非；利，害；人權。理想的思想統一方式必須符合這三個條件。討論這個理想的方式，我們有以下幾個必須的假設。假設是任何一種看法所必有的；它們的優劣以是否合理和是否必要而定。

第一、絕對是、非的假設。我們假設有絕對的是、非。各家所主張的是、非，只是對這絕對是、非的摸索、揣測；它們或多或少的接近它或遠離它。理想的思想統一方式必須是儘可能的接近絕對的是、非。

第二、絕對利、害的假設。我們假設有絕對的利，害。各家所主張的利、害只是對絕對利、害的摸索、揣測；它們或多或少的接近它或遠離它理想的思想統一方式必須是儘可能的接近絕對利、害。

第三、理性能力的假設。我們假設我們的理性有能力，部份的或全部的，認知絕對是、非和絕對利、害。因此彼亦一是、非；此亦一是、非；彼亦一利、害；此亦一利、害，可以互相糾正、修改、進步，逐漸的接近絕對是、非和絕對利、害。

第四、絕對是、非和絕對利、害二者一致的假設。這一條假設和以上三條假設性質不同。以上三條是每一種看法所必須假設的；否則相反的假設即否定了那一看法自身。第四條假設則不然；人很可以假設絕對是、非和絕對利、害相違，甚至衝突。但是這只是在理論方面可能，在實際方面不能應用的。在這相反的假設之下，人的善行爲即成爲對人有害的行爲。人的行爲愈改善則將摧毁他自己愈速。這樣，人將成爲被命令了去爲自己掘墳墓。在此悲慘假設之下，人只有兩條路可走：或者競爲不善以求自救；或者袖手無爲以緩其死。因此這樣的假設實際上是不能應用的。

根據以上的假設，理想的思想統一方式乃是思想統一於多數國民。這個統一方式事實上是民主政治所採用的。在民主國家裏規定國民行爲的標準取決於多數。多數的決定，它的出發點是紛紜的意見，甚至彼此衝突的意見。但是在理性的指導之下彼此辯論、駁責，逐漸的趨於多數人的意見一致。這是一個複雜的統一，產生於「一人一義」的統一。它不是剷除異說唯我獨尊的統一，它的優點如下：一人所謂是、非和利、害只是對絕對是、非和絕對利、害的摸索，揣測。它的錯誤可能性極大。如若一人所見的是、非和利、害是十人所同的，則其錯誤可能性因之減少十倍。因爲錯誤可以百出，眞理只有一條。因此統一於多數的思想比較最接近絕對是、非和絕對利、害；它的錯誤可能性比較統一於一黨，統一於一家，統一於一人(帝王)所有的錯誤可能性減少至於極微。

但是這裏發生了人權問題。所謂多數決定，從另一方面言，即少數被壓制。在其他三種思想統一方式裏，思想被壓制的是多數人的思想，不是少數人的思想。就數量方面言，被壓制者的數目減少，可說是一個優點。然而這樣的區別始終脫離不了五十步笑百步的類型。被壓制者終是被壓制，無論其數目的多寡，甚至此所謂被壓制者並非固定了的某些人。然而這些少數人何辜，獨不能伸張其人權和多數人一樣？這是民主主義須要解釋的一個問題。學薄識淺如筆者，不知民主政治學家對此是否已經認爲是一個問題，而且已有了圓滿的解答；鄙意則以爲這只是表面上的困難。少數服從多數，並非少數人的意見被多數人的意見所壓制，並非受屈於多數。多數人的意見乃是循着理性的路道所達到的比較更接近絕對是、非和絕對利、害的意見。這一意見雖非少數人現實所主持，然而却是他們遵着同一路道可能達到的比較良好的意見。因此多數統治少數，事實上是比較多接近於絕對是、非和絕對利、害的意見，統治比較少接近於絕對是、非和絕對利、害的意見。少數人可能有的意見統治他們自己現實所有的意見。這樣，少數和多數在理性之前彼此平等，並非多數享有特權決定少數，乃是少數決定它自己。因此民主主義的思想統一方式，思想統一於多數，乃是最優良的統一方式。它和以上所講的三種思想統一方式性質上逈然不同。只有這個統一方式始能符合是、非；利、害；人權三個標準。

民主主義的思想統一方式有兩個條件：其一是國民的觀點要多，另一是國民要具有科學的批評精神和邏輯的論證能力。國民的觀點愈多，思想統一的出發點愈複雜；出發點愈複雜，包括正確的觀點的可能性愈大；因此愈易接近絕對是、非和絕對利、害。誠然不錯，出發點愈複雜，包括不正確的觀點的可能性同時也愈大。因此國民必須具有批評精神和論證能力。有了這兩個特長，不正確的觀點經過往返的辯論，互相糾正，勢必爲理性所消滅。反之，如若國民的觀點很少，因而思想統一的出發點也甚少；正確的觀點可能自始即不包括在內。雖有科學的批評精神和邏輯的論證能力，結果仍難接近絕對是、非和絕對利、害。因爲正確的觀點自始至終未被列入討論範圍之內。以上所講的前三種思想統一方式其出發點皆甚少，因此接近絕對是、非和絕對利、害的機會也甚少。即使拋開人權不談，它們已皆不能是好的思想統一方式了，而況人權應爲每一種思想統一方式的最後的試金石呢？

民主為中庸之道

龍一譯

一

最近翻閱「中庸」與杜威博士所著「自由與文化」(註)，發生一種聯想：卽民主爲中庸之道。

何以發生此種聯想？因爲過幾天就是五月四日。我國自五四運動提出民主與科學，對舊文化中若干不合時代的部份，公開挑戰；致抱殘守缺的衞道之士，駭汗相矚，惶然應戰。究以由於國父倡導民權，潮流所趨，政體已明定爲民主，衞道之士欲反對，而莫可如何。於是開闢第二戰場，以破壞歷史精神，影響民族意識，使共匪得以乘機滲透，爲五四運動之罪。這種深文周內，其說不圓，留待下文辨正。現在先從民主係基於人性的發展爲儒家正統的中庸之道，說明民主的積極價值，則五四運動並未破壞優良的傳統文化，也就無待解說而自明了。

民主何以爲中庸之道？

第一、民主係以人性潛能的發展爲理想。杜威說：「民主自由的理想，是要使人性潛力得以盡最大可能完滿地實現的理想。」中庸說：「天命之謂性，率性之謂道。」「惟天下之至誠，爲能盡其性。」朱熹註率性之謂道爲「人物各循其性之自然，則於日用事物之間，莫不各有其當行之路。」實可爲民主自由的絕好註脚。中西哲人基於性善論而主張人性潛能的發展，雖東西相去數萬里，時代相去數千年，而所見若合符契。可見眞理不受時間地域環境的限制。這種受之於天的人性潛能的自由發展論，便是各個人人格獨立、人權不可侵犯的新論據；與專制極權之從性惡論出發，而侮蔑人格，蹂躪人權者，自屬南轅北轍，如冰炭之不相容。

其次：民主爲不偏不倚的中道。朱熹釋中庸之義爲「不偏不倚，無過不及；而平常之理，乃天命之所當然，精微之極致。」杜威說：「美國人會對這一個或那一個特殊的手段和目標，發生短時的熱忱並支持它。可是美國仍具有足够的民主足以使任何一個趨勢及時爲其他趨勢在相互發生作用時所拉平。這種拉平的傾向，當然具有很多可以隨意指摘的地方。然而同那由於一元論觀念實施時所產生的狂熱比起來，這種把趨勢拉平的傾向，尋致一種中庸之道，確成了一種了不得的成就。」晚近世界上一方面由於絕對唯心的一元論與軍國主義相結合，而產生極右的納粹極權政治；一方面由於絕對唯物的一元論與虛無主義恐怖主義和帝俄沙皇統治的暴戾遺傳相結合，而產生極左的布爾希維克極權政治。現在納粹極權雖已推翻，而它的游魂仍在若干沒有民主傳統的國家出現，而且滋生蔓長，布爾希維克極權政治則正張牙舞爪，企圖攫取整個世界。民主是要在這兩極端以及任何極端之間，不偏不倚，循中道以發展的。

第三、民主是和善共處的忠恕之道。杜威說：「民主非但是一種個人的生活方式，而且還替個人的行爲建立了一個道德標準。」「美國民主的傳統：建立在一個信仰上，相信人性有能力使個人獲致自由，同時對他人也表示尊重和關切，這樣所達到的社會安定，是出於自動的團結，而不是出於强力的壓迫。」這裏所說的對他人表示關切和尊重，也就是中庸所說：「忠恕違道不遠，施諸己而不願，亦勿施於人。」此種推己及人之道，見之於政治的就是探討的自由，不同意見的容忍，和反對派的合法存在。(反對 opposition 非反叛 rebellion，二者絕不能混淆。)你可以反對他人，則他人也可以反對你；你不願他人用强力壓迫你，則你也不要用强力去壓迫人——這便是忠恕之道。於是，國內儘管有政見之不同，而精神上生活上實處於和善的精誠團結之中。此無他，有一種非强力的而係根於天性的忠恕之道的精神爲之聯鎖故。

至於民主爲法治政治、公開(民意)政治、和責任政治，則盡人皆知，無待說明了。

二

可是民主雖爲中庸之道，實行却不容易。杜威說：「民主是一條難以接受的道路，民主這條道路要最大多數的人，擔負起最重大的責任，錯誤與偏向在這條路上出現過，而且還要繼續出現。」因爲民主這種中庸之道，正是「費而隱，夫婦之愚，可以與知焉，及其至也，雖聖人亦有所不知焉，夫婦之不肖，可以能行焉，及其至也，雖聖人亦有所不能焉。」這就是平凡的中道之不容易，何況還有下述各種外在的阻礙：

一是左右極權政治的威脅　杜威說：「事實上，民主在道德方面受到了法西斯式的極權國家的挑戰，就像民主在經濟方面受到了左派的極權主義的挑戰，一樣。」而奇怪的是「這些極權國家，不論左也好，右也好，其中的差別越來越少，因爲它們正在彼此借用對方的經驗技巧。」左右兩種極權政治，名稱儘管不同，但其爲一元論的理論與泛政治主義則同，其爲侵害人權爲民主的死敵則同。不論或左或右的極權政治，都只有一種欽定的思想，黨的教條，人民沒有任何集會結社言論出版的自由，所有報紙書籍廣播戲劇學校教育與私人集會談話家庭生活，莫不加以政治管制，人民的言動食息，都有特務的監視，從控制每個人的身體腸胃到思想感情，將其視爲一個無性命的螺絲釘，納入極權的組織作爲一個機器的一部份；透過各種形式的疲勞宣傳，向世界各地散播毒菌，使許多人受其麻醉影響而不自覺。泛政治主義唯組織控制論在許多人的腦海中根深蒂固，牢不可破，因之發於其政，害於其事。這些泛政治主義唯組織控制論對別國人心的影響，和其所加於民主的威脅，實大於極權國家的武力。

二是戰爭的影響　杜威說：「一九一四到一九一八年間的大戰，結果造成了法西斯極權主義在非民主的意大利和德國出現，布爾希維克極權主義在非民主的俄國出現，同時在美國也引起了政府經濟和思想上的反動。」戰爭勢必使權力集中，而有權者必易濫權，濫權的結果便將走上獨裁，破壞民主的中道。羅斯福曾說他自己在戰時違反法律的便宜措施，如果依法裁判，足處徒刑九百九十九年。

（大意如此，原文不在手邊。）戰爭期中因增加行政首長權力，易導致獨裁。戰後則敗者國家殘破，人心浮動，需要强力維持秩序保障安寧；勝者則志得意滿，當權的人以國家功臣自居，走上專橫之途。所以缺乏民主基礎的國家，戰時或戰後往往出現獨裁政治。

三是政府職務的增加　民主政治主要地在保障人權，限制政府干涉。近代因國際關係緊張，社會問題日繁；政府為了保護人民安全，促進社會文化，保障人民生活，乃增加了許多職務，如勞資糾紛的調處，人民社會安全的建立等等。於是政府的權力漸漸的侵及人民生活。且因權力與職務俱增，故對於行政效率的要求亦日亟。而民主政治為法治、為公開、為責任政治，然法律為機械的形式的條文，不能隨社會情況的政變而適應；公開的議會政治程序迂緩，議論紛歧，不足以迅赴事功；責任政治對行政首長，縛手縛脚，動輒得咎，不得施展長才。抨擊民主政治者，以此等理由為藉口，說民主是浪費，是無效能，非大大修正不可。

三

然而這些民主的障礙，惟有固執民主的方法始能廓清之，絕不能乞靈於其他非民主的方法。杜威說：「假如人類的經驗可以清楚地指出一個結論來的話，那個結論就是：民主的目的，必須用民主的手段去實現。」

先說克服極權政治的威脅須用民主的方法。中庸說：「執其兩端，用其中於民。」朱註：「兩端，謂衆論不同之極致。」左右兩極端的獨裁政治，惟有用中道的民主方能打倒之。這道理很簡單：極權政治是一個或數個人的獨裁，以一人或數人的智慧為全國人的智慧，以一人或數人的思想為全國人的思想。這是一種愚民政治，而愚民適以自愚。這一個或數個自命為天縱之聖的領導者，箝制着億萬人的口舌心意，管理着億萬人的言動食息，眞是日理萬幾。其領導不發生問題則已，一發生錯誤，則因其組織其體制其教條，不容有異議，不容有反對意見，只有任其盲人瞎馬，錯誤到底，幹出天下最愚蠢的事，闔下滅國亡身的大禍。像秦二世、隋煬帝、希特勒、墨索里尼皆是如此。赫魯雪夫毛澤東亦必如此。何以故，獨夫的結果勢必如此故。而民主信仰人性中含有潛在的無限發展的可能，讓每個人自由發揮其天賦的能力才力，以商量、說明、辯論、政見的公開、智識上的合作等方式，處理國家政事，容納不同意見。集億萬人的智慧為政治上的智慧，充分發揮每個人的無限潛能。這種潛能的滙合，自會產生偉大的沛然莫之能禦的力量，與極權政治一人或數人的智慧能力比較，自遠為優越。因之民主國家在科學文化各方面，也由於自由研究不受泛政治主義的影響而得急速發展。（共匪俄寇除開用間諜偷竊科學秘密外，別無其他本領。）故無論從那一方面觀察，抵制極權政治，消滅極權政治，沒有比民主的方法和原則更有力量的了。

其次：說到戰爭與政府職務的增加，亦惟有以民主的中道始能應付之。民主國家在兩次世界大戰中都贏得勝利，已足為民主足以克制極權的實證。而戰後的日本與西德，亦均在實施民主政制後迅速復興，足以說明民主具有克服戰爭所加於國家災難的鉅大潛力。至於指民主政治欠缺效能，更是瞎說。試想我國在滿清末葉，當然不是民主國家，那時的政治有無效能？現在的西班牙阿根廷，也不能算是民主國家，它的行政效能是不是高過英美？英國自實行議會政治之後，由區區三島演進為屬地遍五洲的日不落國。美國自華盛頓就任第一屆大總統（一七八九年）迄今不過一百六十六年，而由原來的十三州演進為世界盟主；且自獨立後對外五次戰爭沒有那一次不勝利。而戰前的極權德國與日本，則其興也勃然，其敗也倏然。極權的勝利祇能曇花一現，終歸敗亡。過去德日是如此，現在俄寇共匪亦是如此。而民主的中庸的力量是無限的，不可衡量不可抵禦的；表面看來鬆懈遲緩，實質是强韌而偉大。它的效能是「日計之則不足，歲計之則有餘。」但看你是否為眞實的民主，眞實的民主是會贏得最後勝利的，而且是有極大極高的效能的。

四

至此，再回過頭來，說五四運動提出民主科學兩大目標之為絕對正確。

前面已說明民主為中庸之道，主張自由發展人性的潛能。與共匪極權之抹殺人性控制思想感情者，如冰炭水火之不相容，且惟有民主的原則與方法，纔能打倒蹂躪人權桎梏人類思想感情的共匪極權。然而竟有抱殘守缺的衞道之士，將共匪在我國的滲透作亂，歸咎於五四的提倡民主科學和反對舊文化的不合潮流部份，其立論之離奇，根據之渺茫，實難令人索解。他們不去探討當時若干實際上出乎常理的措施，導致整個政局變動的原因，而將其溯源至五四之反對舊文化。舊文化而有知，亦將不予首肯。何則？四時之序，功成者去。舊文化中若干不合潮流的部份，已完成其當年應負的任務，可以安然退休了。本已不待反對而失其作用，何能因反對此種舊文化中不合理的部份而導致共匪的滲透作亂？

蔣總統在本年四月五日說：「我們今日正為實現民主，爭取自由而作殊死的鬥爭。」民主是我們反共抗俄復國建國的目標，也就是國父革命和五四運動所揭櫫的目標。我們這場爭民主的鬥爭，必獲最後勝利，是確然無疑的。但我們爭民主，需要堅持民主的方法。

杜威說：「我們必須知道：目的是如此的完全依賴手段，以致惟一的終極的結果，不是別的，而是今日、明日、後日，日復一日以及窮年累月所得到的結果；只有這樣，我們才有把握，可以憑藉集體智慧用合作行動所發揮的力量，以對付不斷呈現在我們面前的問題，逐個地周詳地加以解決。民主的方法，一起始就是，最後也是基本上簡單，而又同時也非常艱難的，它的性質正如同我們在起勁地、孜孜地、不息地創造一條永遠存在的新路一樣，在這一條路上，我們可以大家一同向前行進。」這種以民主手段達到民主目的，今日、明日、日復一日起勁地、孜孜地不息的精神，就是中庸所說：「至誠無息，不息則久；久則徵，徵則悠遠；悠遠則博厚，博厚則高明。」

惟有以中庸的至誠之道，我們纔能憑集體的智慧，用合作的行動，擊潰極權共匪的暴政，來達到悠久高明的民主目標。

（註）本文引用杜威之說，均係採自林以亮婁貽哲合譯的「自由與文化」。

四十四年四月廿日

官商勾結的背信罪

陶百川

立法院郭紫峻委員提出胡光廌案的質詢後，行政院新聞局吳局長就在報上發表談話，說：『胡光廌案無官商勾結之事』。於是『官商勾結』這個醜惡和不祥的名詞，開始並一直爲人所注意。可是所謂『官商勾結』究竟怎樣解釋，好多人迄今還是茫然。

提到官商勾結，他們就會聯想到官商間的賄賂關係。他們以爲官吏所以要勾結商人，無非是爲圖利於自己，所以賄賂便被認爲是官商勾結的要素。於是公務員祇要不受賄，或雖受賄而不被發覺或證實，卽使有違背任務的行爲，從而損害國家的財產或其他利益，他就不負什麼刑事責任，因而也就無所謂『官商勾結之事』。他們似乎忘記了刑法第三百四十二條的背信罪。

刑法第三百四十二條規定：『爲他人處理事務，意圖爲自己或第三人不法之利益，或損害本人之利益，而爲違背其任務之行爲，致生損害於本人之財產或其他利益者，處五年以下有期徒刑，拘役或科或併科一千元以下罰金。前項之未遂犯罰之。』這條規定不獨適用於一般人民，也適用於公務員。而且照刑法第一百三十四條規定，公務員如果犯了背信罪，應該加重本刑至二分之一。(該條條文說：『公務員假借職務上之權力機會或方法，以故意犯本章以外各罪者，加重其刑至二分之一。』)

但要科公務員以背信罪，必須該公務員的罪行具備下列四種條件：

㈠要爲他人處理事務。這所謂『他人』，當然包括自然人和法人而言。國家、政府、公立學校或公營事業機關都在其例。公務員本於國家或機關的委任，處理事務，如有背信行爲，自當適用本條處罰。卽使不是該公務員本人，而是另一公務員，甚至並非公務員而爲一普通人民，但如受該公務員的囑託，甚至根本未經囑託，例如無因管理的管理人，也可成爲本罪的主體。

背信雖是因身份而成立的罪名，然依刑法第三十一條規定，其共同實施或敎唆幫助者，雖無此項身份，仍以共犯論。(該條規定：『因身份或其他特定關係成立之罪，其共同實施或敎唆幫助者，雖無特定關係，仍以共犯論。』)例如：『被告某甲受某乙委託，代爲買賣煤炭，其買進與賣出均屬其事務處理之範圍。某甲因買進數不足額，於賣出時勾同某丙以少報多，自應成立背信之罪。某丙雖未受某乙委任，且係於某甲賣出煤炭時，始參與其事，亦無解於背信罪之成立。』(最高法院二十八年上字第三〇六七號判例)

又所謂『事務』，是指本人所執掌的事務而言。如果背信行爲的客體，不屬於本人所處理的事務範圍之內，自與構成本罪的條件不合。最高法院曾有這樣一個判例：『被告充當某銀行行員，有保管滙票用紙登載滙欵賬目之職，雖不能謂非處理他人事務，但關於滙票之制作，並不屬其處理事務之範圍。(則)其將保管之空白滙票用紙，僞造滙票，究與背信罪之構成要件不合。』(二十八年上字第一七八號)

㈡要有爲自己或第三人獲得不法利益或損害本人利益的意圖。所謂爲自己圖得不法利益，或爲第三人圖得不法利益，或圖損害本人的利益，三者之中祇要有一項，就已構成本罪要件之一。所以官商勾結的動機，在官的方面雖非爲自己圖利，而他自己也確實沒有得到甚麼利益，但是祇要有爲該商人獲得不法利益的意思，本罪的構成要件之一就算成立。

反之，『刑法第三百四十二條之背信罪，以有取得不法利益或損害本人利益之意圖爲必要。若無此意圖，卽屬缺乏意思要件，縱有違背任務之行爲，並致生損害於本人之財產或其他利益，亦難律以本條之罪。』(最高法院三十年上字第一二一〇號判例)

所謂『意圖』可解作『意思』或『目的』。如行爲人並沒有爲自己或第三人圖得不法利益的意思或目的，也沒有損害本人財產或其他利益的意思或目的，卽使處理不當，也不能構成本罪。

所謂『不法之利益』，與本罪也有很大的關係。最高法院曾有這樣一個判例：『至該條所謂意圖爲自己或第三人得不法利益一語，原指自己或第三人，在法律上不應取得之利益，以非法方法，使其取得者而言；如果在法律上可得主張之權利，卽屬正當利益，雖以非法方法，使其實現，僅屬手段不法，亦無構成背信罪之餘地。』(二十一年上字第一五七四號)

㈢要有違背任務的行爲。所謂『違背任務』，是指違反其職務上應盡的責任和義務而言。例如：『公務員應恪守誓言，忠心努力，依法律命令所定，執行其職務。』(公務員服務法第一條)如果『某甲旣受某銀行之委託，稽核抵押貨物之進出，乃竟受出押人之運動，而聽其陸續變賣抵押物，以致損害某銀行之財產，自應構成刑法第三百四十二條第一項之罪。』(最高法院二十五年上字第三三六七號判例)

但本條所稱『違背其任務之行爲』，以有故意者爲限。若因過失而違背其任務，便不能依本條處斷。最高法院一個判例說：『背信罪之成立，以爲他人處理事務之人，有圖自己或第三人得不法之利益或圖加損害於本人的意思，而故爲違背其任務之行者，爲其要件。如果僅因處理事務之人，怠於注意，致其事務生不良之影響，則爲處理事務人之過失問題，旣非故意爲違背任務行爲，自亦不負若何罪責。』(二十三年上字第三五三七號)

又所謂『違背任務之行爲』，不以作爲爲限，卽不作爲也可以違背任務論。例如對於有效的債權，不在有效期間內索取，以致罹時效而消滅，又如對於應該主張的權利，不去主張；祇要有故意而非過失，都應以違背任務論。

㈣要生損害於本人(國家或其機關)的財產或其他利益。所謂『損害』，包括既存財產或其他利益的因而減少，以及妨害財產或其他利益的增加和享受。本罪是結果犯，所以必須有損害本人財產或其他利益的事實，方可依本條處罰。

又所謂『致生損害於本人財產或其他利益』，祇須事實上生有損害爲已足，並不以其損害有確實數量爲要件。最高法院曾擧一例：『如公路段長，聽任查禁之汽車，一再行駛，致所經過之公路橋樑，遭受損傷，本爲明顯之事實，縱令損害數額，未經核定，要與背信罪之成立，毫無影響。』(二十三年上字第四四五九號判例)

又如果損害尚未到既遂的程度，則是本人的財產或其他利益並未受有損害，自不能以既遂論罪。但本條列有未遂處罰的明文，而『未遂犯之處罰得按既遂犯之刑減輕之』(刑法第二十六條)，故可依情節按未遂犯處罰。最高法院二十九年上字第八二〇號判例說：『刑法第三百四十二條第一項之罪，以損害本人之財產或其利益爲構成要件之一。上訴人爲某氏處理事務，雖浮開經手用款意圖向某氏索償，但某氏並未實行給付，卽尚無損害可言，不得謂已達於既遂之程度。』

以上四項條件，必須全部具備，方可科以背信罪。如果欠缺一項，例如公務員爲國家處理事務，因有違背任務的行爲，以致國家的財產遭受損害，但該公務員如果確無爲自己或第三人圖不法利益或圖損害國家利益的意思，仍難入以本罪。所以公務員的背信行爲雖時有所聞，然被訴追或處罰的，則爲數很少。這固然是因爲國家一向祇注意了公務員的瀆職行爲而忽略了背信行爲，但也未始不是因爲背信罪的條件很嚴，不能輕易入罪。

可是有一點應該注意：公務員損害了國家的財產或其他利益，除負刑事責任外，還負有民事責任。這是說，公務員違反職務上的義務，無論是由於故意或過失，而且不問有沒有圖利或損害國家利益的意思，如果事實上損害了國家的利益，便應負賠償的責任，如果使國家因而對第三人負有賠償責任時，應負償還的責任。足見民事責任的條件較寬，所以公務員的侵權行爲，在刑事上可以免責的，在民事上未必就可免責；祇要國家有意訴追，這種民事官司往往可以勝訴。

此外還有一點也應注意。公務員的圖利行爲，如果不能構成背信罪，國家尚可依刑法第一百三十一條訴追和科罰。該條規定：『公務員對於主管或監督之事務，直接或間接圖利者，處一年以上七年以下有期徒刑，得併科七千元以下罰金。』司法院曾有這樣一個解釋：『軍人或有特定關係之公務員，以軍用舟車裝運客貨圖利或供私人使用圖利者，若是項舟車屬於其主管或監督之事務，而有上開行爲者，應分別依法治罪。』(院字第二一〇一號)

所謂『圖利』，是指意圖得利而言。祇要證明該公務員確有圖利的意思，就可處以本罪。他究竟得利與否，可以不問。

以這條所規定的圖利罪與上述背信罪相比較，圖利罪的條件顯然較寬。因爲第一、它不必有違背任務的行爲；第二、它不必有損害國家財產或其他利益的結果。但圖利罪條文中所說的『直接或間接圖利』，是否包括圖利第三人在內？這是適用上的一個重大問題。而據司法院的解釋，則是包括圖利第三人在內。(司法院院字第二八〇四號解釋：『本條第一項之圖利行爲應包括圖利第三人在內』)。對於公務員圖利行爲的處罰，自以適用本條(第一百三十一條)較爲便捷。

但依最高法院的見解一『刑法(舊)第一三六條(相當於現行刑法第一百三十一條——作者註)之罪，係關於公務員職務上圖利之概括的規定。然公務員在職務上因圖利而犯罪散見於刑法者不少，必其圖利行爲不合於刑法各條的特別規定者，始受本條之支配。若其圖利行爲合於某條特別規定，仍應從該條處斷。』(十九年上字第一一四八號判例)所以公務員的圖利行爲，如合於上述刑法第三百四十二條背信罪的四項條件時，仍應優先適用該條科罰。

(上接第20頁)

數(majority)。許多同情共產黨的國家可能要求實行後者半數通過計票制，而巴基斯坦及其他非共產國家一定會提出實行完全通過之計票制。

今天夜晚由耶加達到萬隆的飛機和公共汽車，行之不絕。萬隆這一個小鎮，平日好，似沒有見過世面似的，各國代表到後，印尼人爭先恐後要代表們簽名。我從來沒有看見過一個國際性的會議，其安排如此雜亂無章。代表們住的旅舍門前，儘是擠滿了人羣，大家都好像顯得不耐煩似的。連新聞記者都被臨時搞去替印尼男女學生們簽寫記念冊。

萬隆市方面的忙碌籌備，至今晚已告就緒，情報局發出五千張大招貼，繪着各與會國之地圖，會議的目的及其他。又另製成一萬五千張小招貼，分列張貼在耶加答與萬隆和兩地來往各種車輛上。六萬面各與會國之國旗也飄揚於耶城及萬隆。瑪要蘭機場已完成了豎立三十枝鐵質的高旗桿。每一個旗桿掛着每一個國家的國旗。

在這裏採訪的記者羣，每個人都大肆活躍。英國路透社通話的時間計八個小時，把從萬隆通至英國的無線電話線幾乎完全包下來了。美國合衆社美聯社各佔四個小時，塔斯社與新華社各佔三個小時。中央社只有半個小時，連法新社都佔有兩個小時。其餘一些時間留給其他各通訊機構。許多記者都是從星加坡飛去的。

同我同伴的一位英國記者，是莫斯科著名的英共，他對於反殖民主義，具有高度的興趣，死命底去採訪。可是他那裏知道倫敦報紙大罷工，有了消息也發不出去。我每每拿這個和他開玩笑，搞得他啼笑皆非，氣得從此不同我說話。(四月十七日航訊)

俄帝外交的戰略

陶震宇

一、基本的幻想

這是一件衆所周知的事情：蘇俄外交政策的前提是所謂「資本主義的包圍」。這件事的起因，是由于在歷史上蘇俄是首先第一個國家，推翻了資本主義經濟制度，採用了社會主義生活方式的。可是，這裏所說的「資本主義的包圍」這個觀念，並不是說在唯一的社會主義國家的周圍，存在着許許多多與其制度不同的資本國家；並不是這樣一種單純的地理概念。史太林說過：「所謂資本主義的包圍，是說在蘇俄的周圍，存在着一種抱有敵意的階級勢力；這種階級勢力，在精神上或者在物質上，用金融封鎖或者用軍事干涉，要想支持蘇俄國內的我們的階級敵人。」

這樣的觀念，在民主國家裏面也有人笑它僅僅是蘇俄當局由于國際的孤立感，陷入了被迫害的恐懼，然後自己描畫出來的一種幻想。可是，不管民主國家方面怎樣地批評，蘇俄當局總不承認「資本主義的包圍」僅僅是一個概念，他們總認爲它是一個事實。並且，蘇俄當局對于這種危險的事實，自從十月革命以來是一刻也不會忘懷的。這種觀念是否正確，是另外一回事。可是，蘇俄當局認爲：在十月革命以後，發生過延長三年的國際干涉戰爭；在後來，英法政治家們曾經共同追求過一種孤立蘇俄的外交政策；更後來，日本之所以侵略東三省，希特勒之所以進攻蘇俄；這些，都是「資本主義的包圍」之事實表現。

不管「資本主義的包圍」這個觀念是否正確，但是在這個觀念當中，蘇俄當局的的確確懷有一種「國際的孤立感」。這種「國際的孤立感」，常常造成了對于民主國家當局每一行動的不信任和猜疑心。蘇俄當局總是猜疑着：民主國家當局不知道什麼時候會組織起反蘇國際十字軍，侵入到蘇俄的國土裏面來。由于這種不安和猜疑，他們隨時隨地對于民主國家當局的一言一行，密切地注意着。至于這種猜疑和不安，是好是壞，自然是另外一個問題。總之，蘇俄當局對于民主國家的當局絕對不信任，對于民主國家的外交絕對不放鬆警戒。關于這一點，歷史證明民主國家的政治外交當局也許不能說是絲毫沒有責任。可是，到了二次大戰末期，天眞的美國政治家們却又輕易地達到了一種結論，認爲和蘇俄辦外交要想收穫大的效果，必須先要努力和緩蘇俄這種猜疑心和警戒心；只要如此去做，對蘇外交便已經開始得到效果了。

無論如何，在蘇俄來講，「資本主義的包圍」必須首先打破。蘇俄認爲，這種「包圍」不知道在什麼時候終要產生反蘇十字軍的謀略的；這種謀略，不可不予以摧毀；不如此，蘇俄的國家安全便沒有保障。蘇俄的外交政策，蘇俄外交的戰略，基礎便在于此。

在蘇俄外交當中，主要的戰略，簡單地說一句，是在常常地使得民主國家陣營長期分裂。由于這種分裂，便可以阻止民主國家反蘇共同陣線的結成。因此，第一個考慮，是要把民主國家的矛盾活用到最大限度。或者，更進一步，並且要造成這種矛盾。那麼，民主國家裏面究竟存有什麼樣的矛盾呢？關于這個問題，大家都知道，史太林在「列寧主義的各種問題」一書當中曾經列擧過三個基本的矛盾。這三個矛盾，原來是馬克斯分析十九世紀的資本主義的結果；但是，二十世紀的資本主義本身，早已發生了大大的改變。所以，在今天來說，這三個矛盾已經又成了一種幻想。這所謂三個矛盾是：

一、勞工與資本家之矛盾。

二、獲取原料及他國領土的金融資本家之間及帝國主義列強之間之矛盾。

三、少數支配的文明民族與幾億殖民地民族附屬地民族之間之矛盾。

在蘇俄看來，蘇俄的十月革命，從外交來說，就是在這種民主國家的矛盾之下才勝利的。革命後的國際干涉戰爭，也就是在這種民主國家的矛盾之下才瓦解的。後來，由于利用這種矛盾，蘇俄政府才逐漸地得到了各國外交上的承認的；同樣，因爲利用這種矛盾，後來幾次組織反蘇十字軍的企圖也才都中止了的。

爲了保障共產主義的勝利，爲了防禦「帝國主義」國家的進攻，不管如何，總要巧妙地利用「帝國主義」國家與「帝國主義」國家之間的各種矛盾。這是蘇俄外交戰略的基礎。關于這一點，列寧和史太林曾經把握過各種機會，闡明他們的理論。譬如，列寧在一九二〇年所寫的「共產主義的左傾幼稚病」，那篇文章裏，就這樣說過：

「在無產階級的最初革命之後，卽，在一個國家的資產階級被打倒之後，這個共產主義國家的無產階級在一個長時期當中一定比資產階級國家還要衰弱。……可是，爲了戰勝强有力的敵人，只有盡最大的努力，絕對地、愼重地、小心地、警覺地、巧妙地、利用敵人與敵人之間一切的裂痕(不管這種裂痕怎樣地小)，利用各國資產階級與資產階級之間一切利益的矛盾，利用每一國家內部資產集團派系與資產集團派系之間一切利益的矛盾，同時，無論如何，還要同樣地利用獲得羣衆同盟的一切可能性——縱然這種可能性是最小的、一時的、動搖的、不安定的、無希望的、有條件的。」

此外，史太林在他的「戰略戰術論」那篇文章裏，也曾經說到蘇俄在十月革命以後被德國威迫着所簽訂的那個 Brest-Litovsk 和約，是培植時間、分裂敵人、儲蓄力量、準備將來轉守爲攻的一種模範戰術。他說，這個和約的締結，「造成了一種可能性，使得蘇俄共產黨可以培植時間，利用帝國主義陣營的內部衝突，崩潰敵人的勢力，爭取農民的同盟，儲蓄力量，準備進攻。」

二、勢力的均衡

蘇俄外交的戰略，如前所述，是「盡最大的努力，絕對地、愼重地、小心地、警覺地、巧妙地、利用」資本主義本身的矛盾、對立、和裂痕。在這種情形之下，在所謂資本主義三種矛盾當中，首先第一個目標當然是利用「帝國主義」國家與「帝國主義」國家之間的矛盾。

在第一次世界大戰以後，這種矛盾曾經先後以兩種姿態尖銳地對立起來；一種是重要的「帝國主義」國家與重要的「帝國主義」國家之間的矛盾，另一種是戰勝國與戰敗國之間的矛盾。關于前者，最主要地是美國和英國之間的矛盾；其次，接着美國與日本、德國與法國、法國與義大利、英國與法國之間的矛盾繼續發生。關于後者，美法英義等等戰勝國和德國戰敗國之間的矛盾，尖銳地對立起來。

十月革命以後的蘇俄外交，常常由于綿密地冷靜地分析着國際情勢，把握着上述各種矛盾的具體事實；並且，不管那種矛盾是多麼地小，總是立刻地充分地加以利用。當時，被蘇俄外交最有效地活用過的矛盾是：歐洲方面德法之間、英法之間的矛盾；遠東方面美國和日本之間的矛盾；全世界方面美國和英國之間的矛盾。由于這些各種矛盾的加重，「帝國主義」諸國分裂成了各種勢力集團；由于各種集團的激烈對立，反蘇共同行動便陷入了困難之境。當時，蘇俄曾經利用這種裂痕，傾其全力從事國內建設、加强國防；並且，向着改善國際地位、逐漸消除外來侵略危機的大道邁進。可是，爲了如此，蘇俄便不得不希望着「帝國主義」國家之間長期地保持着一種相互對立和勢力均衡。因爲，如果均衡一旦破裂，强者便會使弱者屈服；其結果，便會造成可能組成反蘇統一陣線的危險。因此，爲蘇俄設想，它的外交戰略必須是所謂「勢力均衡政策」。這個政策，在民主國家的外交政策當中，原是一個有名的傳統的型態。譬如，英國對于歐洲大陸的基本外交政策，就是不使大陸上任何一個國家强大到足以壓倒其他國家的程度。換句話，常時在大陸上維持着一種勢力的均衡。當時，蘇俄外交也把這個勢力均衡政策應用到「帝國主義」諸國之間了。同時，爲了這種勢力均衡，蘇俄自然地也就積極地實施着「敵人的敵人就是自己的好友」這種傳統的外交方式了。所以，從第一次世界大戰結束到一九三〇年爲止，蘇俄外交對于高呼打破現狀、處境艱苦的德國，比較親近，便是爲了要想維持國際勢力的均衡。可是，從一九三一年以後，蘇俄却又回過頭來，對抗德日義三個法西斯國家的破壞行動，而投入了維持現狀的國際陣營——這，也還是爲了要想維持一種國際勢力的均衡。諸如，當年蘇俄之加入國際聯盟，法蘇互助條約之簽訂等，都是爲了這一個目的。

可是，上面所述的看法，蘇俄當局總是不肯承認的。蘇俄認爲民主國家外交傳統的勢力均衡，只是抑制別國强大、達成自已野心的一種勢力均衡。因此，那僅僅是名義上的勢力均衡，不是實際上的勢力均衡。因爲，「帝國主義」國家決不會以眞正的勢力均衡爲滿足的，一定要尋求有利于本身陣營、而其結果實際上並非均衡的一種均衡。所以，這種「均衡」，一定會威脅對方的陣營；而對方一定也會尋找它的同盟，製造新的並非均衡的「均衡」。于是，必然的結果是發展成爲一種國際衝突的危機。

蘇俄當局認爲蘇俄外交所追求的，絕對不是這種勢力均衡政策。他們說，蘇俄外交是利用「帝國主義」國家之間的矛盾和對立，誘導它們成立一種世界集體安全保障制度；過去多年來，蘇俄這樣努力過，現在也還在這樣繼續地努力着。他們說，蘇俄窺視着「帝國主義」國家之間的分裂，和努力確立世界集體安全保障制度，這兩件事絕對不相矛盾。分裂是反蘇計劃的分裂，是趨向于集體安全保障制度的統一之分裂。蘇俄當局也時常說，「和平不可分割」。這句話是說，只有經由集體安全保障的和平才是確實可靠的和平。蘇俄當局說，在第二次世界大戰以前，蘇俄外交所以未能確立集體安全保障制度，那是因爲爲了防止迫切的戰爭危機而一時地陷入了「帝國主義」國家間勢力均衡政策的漩渦當中之故；但是，在第二次世界大戰以後，蘇俄自始便一直熱心地提倡成立聯合國了。至于蘇俄在聯合國裏面爲什麼一直破壞搗亂，却不知蘇俄當局又將何以自解了。

三、矛盾的製造

除了勢力均衡政策而外，蘇俄外交從來沒有忘却製造和利用史太林所舉的資本主義的其他兩個矛盾，即勞工與資本家的矛盾，「文明」民族與殖民地民族附屬地民族的矛盾。最有效地製造並利用這種矛盾的模範，是十月革命剛剛結束以後的列寧外交。在十月革命勝利的第二天，列寧對交戰國政府和人民曾經提議過立刻無吞併無賠償的講和。那種外交，當時等于是在製造矛盾，並且在矛盾上面火上加油。因爲，照蘇聯的宣傳來說，如果戰爭繼續下去，勞動階級和弱小民族不僅一文錢得不到，一塊地得不到，並且犧牲最大的還是交戰國的勞動階級和殖民地民族附屬地民族。列寧這次講和的提議，當時並沒有發生任何具體的效果。可是，後來，在德蘇休戰以後，接着而來的協商國對蘇干涉戰爭當中，確曾表現過一點效果。在對蘇干涉戰爭當中，英國法國和有些干涉國家的勞動者曾經對于武器生產發生過怠工破壞事件，曾經對于武器裝運開始表示過拒絕。同時，在遠征蘇俄的協商國士兵當中，也曾經表現過不願意對蘇俄人開砲的事情。並且，在殖民地民族或附屬地民族當中因爲發生了獨立運動，因而也就破壞了他們主國的對蘇干涉政策了。

蘇俄十月革命最後之所以勝利，歸根究底，不能不說是託福于這些矛盾的製造、利用和這些矛盾的尖銳化。關于此點，這裏無須多說。

無疑地，蘇俄外交確曾從「帝國主義」各國的內部階級鬪爭當中和殖民地民族附屬地民族的民族解放運動裏面，尋得强有力的支持。並且，蘇俄外交之成功的發展，結果又鼓動了階級鬪爭和民族解放運動。列寧曾經在理論上說過，歐洲的無產階級革命，要和亞洲近東非洲等地的民族解放運動直接聯繫起來，方才可能勝利；民族解放運動，要靠對「帝國主義」實行革命鬪爭，才能勝利。蘇俄的外交，就是儘量地試行這種理論的，就是竭力地把這兩種運動結合起來，並且竭力地使這兩種運動發展起來。可是，這種工作，對于別國的內政影響很大，如果拿來當做蘇俄外交的直接對象，自然不妥。因此，蘇俄就把這種工作委託第三國際和各國共產黨去擔任了。

關于第三國際暨各國共產黨和蘇俄政府之間的關係究竟如何，這個問題，自從蘇俄政府成立以來在國際政治上一直便已喧嚷爭論，從未罷休。可是，第三國際和各國共產黨是專門製造勞工與資本家的矛盾以及殖民地半殖民地和民主國家的矛盾的；如果說它們的活動不是蘇俄外交的一部份，蘇俄外交沒有利用它們作爲對抗「資本主義的包圍」之工具，不但任何人都不能相信，史太林和馬倫可夫也更不會相信的。

在第二次世界大戰末期，第三國際雖然已經解散了；可是，戰後的世界情勢也完全變了。在東歐，已經製造出一羣所謂「人民民主國」；在遠東，已經製造出所謂「中華人民共和國」和所謂「北韓人民民主國」；在東南亞，已經製造出胡志明的「人民民主國」。這些衛星傀儡政權，陸續出現，使得今天關在蘇俄這方面鐵幕裏面的各種人民，數目急增，總共達到了八億之多——也就是佔了全世界總人口的三分之一。從前，蘇俄外交的戰略前提，是所謂「資本主義的包圍」；現在，這種前提的局勢，是不是以第二次世界大戰爲界碑，已經改變了呢？一九四六年九月十七日，史太林在答復英國「星期時報」記者的詢問時，曾經做過這樣的書面談話：

「我不相信，英美統治者們能夠對于蘇俄製造一個『資本主義的包圍圈』；並且，縱然他們希望那樣做，我想也不是一件可能的事。」

所以，如此說來，從十月革命起到第二次大戰止，似乎存在過的對蘇俄的「資本主義的包圍」，到了第二次大戰以後又似乎已經不存在了。可是，在另一方面來說，今天的民主各國對蘇俄及其衛星傀儡政權，事實上還正在張着一個更大的更廣的「資本主義的包圍」網哩！從西歐起，有北大西洋公約；從東方起，有美日安全公約、美韓共同防禦條約、中美共同防禦條約、美菲共同防禦條約、美澳紐安全公約、東南亞共同防禦條約。只是，在南方，這網還漏着一面：印度、緬甸、印尼、伊朗、埃及、這類國家，態度還未完全明朗化而已。

近幾年來，蘇俄外交，不用說，是在盡其全力破壞這種對蘇包圍網的結成。可是，民主各國，除了軍事包圍計劃、外交包圍計劃而外，還有一種與之並行的經濟封鎖計劃。一切戰略物資之對蘇集團禁運政策，是這種經濟封鎖計劃的第一着。如果臺灣海峽的風雲一旦變色，大陸沿海甚至于遭受到軍事封鎖也未可知。在十月革命直後，蘇俄因爲遭受協商國的經濟封鎖，曾經遭受過極大的苦痛。今天的情勢，比之當日，似乎已經稍有不同。因爲，除了蘇俄本身的生產力而外，東歐、中共、北韓、越北等全部蘇俄經濟集團，對付民主集團的經濟封鎖，已經具有若干的鬪爭力量了。但是，在今天，蘇聯外交仍然在拼命地努力，要想突破民主國家的經濟封鎖，對英國、對西德、對日本、蘇俄和它的傀儡中共不都是正在以貿易作爲誘餌嗎？

在這種局面之下，蘇俄外交的戰術又將如何？這，是全世界所關心的問題。不過，關於這個問題，蘇俄外交依然離不開它的基本。就是，一方面掀動世界上一切愛好和平的勢力，一方面製造所謂資本主義的三個矛盾。依照馬克斯對于十九世紀資本主義經濟的分析，爲了軍事的包圍網，民主國家必然熱狂地擴充軍備；由于熱狂地擴充軍備，資本主義經濟必然地漸漸露出了矛盾。龐大的軍事預算，勢將壓迫國民購買力；民需生產品，勢將漸漸地陷于生產過剩；世界經濟恐慌，遲早將會出現。不用說，對蘇禁運政策更加會使這種情形變本加厲。資本主義，由于對蘇包圍，由于軍備擴張，由于通貨澎漲，本身勢將陷于矛盾；由于這種本身的矛盾，資本主義勢將開始嘗受深刻的苦惱。同時，殖民地民族和附屬地民族，對于那樣的苦惱已經又不甘于共嘗了。

這樣說來，蘇俄外交的手段就明白了。它所以提議裁減軍備、韓國停戰、越南停戰、東西恢復通商、「五大國」締結和平條約……這一套，都是用來鬆懈民主各國的戰爭情緒的。同時，它又扛着一面擁護「和平」的大旗，向民主國家播放「和平」空氣。這些手段，照蘇俄的經濟理論來說，轉過來一定又會擴大所謂資本主義的三個矛盾。因此，蘇俄外交要威脅民主國家的主戰份子承認「和平」勢力的强大，要威脅他們承認除了「和平共存」以外別無生路。

上面說的這些蘇俄外交的「手段」，照蘇俄的經濟理論來說，每一個手段都有擴大所謂資本主義三個矛盾的作用。所以，這些手段，又叫做「和平攻勢」。不過，我們在前面已經說過，馬克斯當年所分析的只是十九世紀的資本主義；到了二十世紀，資本主義本身已經發生了極大的革命。所謂那三個矛盾，在今天，只是一種幻想而已。

關于蘇俄「和平共存」的理論及其意義，說來話長，我們只有另行討論了。

四十三年十一月

科學定律與倫理定律

愛因斯坦作
殷海光譯

愛因斯坦先生這篇有關倫理問題的近作，可謂『言簡意賅』。在這篇作品裏，愛因斯坦先生正像大多數科學經驗論者一樣，認為倫理衍發于生活經驗，因而也必需置根於經驗基礎之上，並且是可檢證的。

吾人需知，離開經驗基礎與檢證可能性而談任何問題，不是流入情感之狂洩，便是陷入字句之玩弄。離開經驗與邏輯，便無客觀眞假標準可言。

由于愛因斯坦這篇作品之激發，譯者曾與他有所討論，並要求他允許我把這篇作品譯成中文。茲譯誌於次：

『愛因斯坦先生：

近來讀到你底文章「科學定律與倫理定律」，我深深欽服你對倫理問題的實徵看法。五十餘年來，由于主要地浸沉於純科學工作之中，你也許不明瞭地球上另一部份人是怎樣在過活的。形成他們底災難之原因固然不少；可是，在倫理方面，受權威支持的道德絕對主義則是主因。絕對主義者，一提起「相對論的」，儘管並無所知，但深惡痛絕。在實際上，我們身受其苦。近若干年來，東方的自由知識份子注意並欣賞你在這方面的文字。我就是其中的一個。我希望你允許我把你這篇作品譯成中文。我想，在一長遠過程中，你底這種思想可以有助于我們的。

殷海光』

『殷先生：

二月十日的來信已經收到了。在這封信裏，你贊同我關于道德價值判斷之始原的種種意見。我看了很是高興。你要把我底文章譯成中文，並且要我允諾，我欣然同意。

愛因斯坦』

科學底目標在發現世界裏的種種關係。這種種關係，照我們看來，與研究的人是各自獨立的。當着我們把人自身作為研究對象時，情形也是如此。科學所敘述的主題也許是我們自己所創造的概念，例如數學裏的東西。像這類底概念，我們並不以為它必然與外在世界的任何事物相符。不過，無論怎樣，一切科學的敘述詞和定律都有一個共同的特點：它們要麼是『眞的』，要麼是『假的』。（適當或不適當）粗略地說，我們對于科學的敘述詞和定律的反響，是『唯』或『否』。

科學的思想方式還有另一特點。就是，科學的系統必須是融貫的。科學用來建構其系統的概念並不表達情緒。因為，就科學家而言，只問是否『存在』，不管意願，不問價值，以及好或壞——簡單地說，科學沒有目標。祇要我們一天在科學底正當領域裏，我們從不計較像這一類型底語句：『你不可撒謊。』當着科學家在尋求眞理時，有一項禁律。科學家之守這條禁律，正猶之乎清教徒之須守一條禁律一樣：科學家必須拼棄一切不經意或發乎情緒的念頭。可巧，這一特徵是慢慢發展底結果。我們西方近代的思想尤其如此。

從以上所說的，也許有人以為合邏輯的思想與倫理學不相干。的確，從科學對于事實和關係的敘述詞裏，不能產生倫理規範。但是，藉着邏輯思想與夫經驗知識可以把倫理規範弄得合理，並且自身融貫。假如我們在許多基本的倫理命辭上取得一致的意見，那末其他的倫理命辭就可由之而推論出來。當然，這是假定原來的基本前題，在表達時，有足够的精確程度。像這樣的倫理前題在倫理學中所起的作用，與公設在數學中的任務是相似的。

因此之故，當着有人問像這類問題『我們為什麼不應該撒謊』時，我們一點也不覺得它無意義。我們之所以覺得像這類底問題都是有意義的，這是因為在所有這一類底討論中，我們於默默之間，預先假定了許多倫理的前題。當着我們探本溯源，探出倫理規範之所本乃係出自這些基本前題時，我們便為之心滿意足。就撒謊而論，倫理學家之所以勸人不要撒謊，也許是這樣來的：撒謊會破壞別人對你所說的話之信任。如果大家所說的話彼此都不信任，那末社會合作便不可能，至少也很困難。假若我們要使人底生存成為可能，而且要大家可以活得下去的話，這種合作是不可少的。這就是說，像『你不可撒謊』這樣的倫理規律之所以成立，係出於這樣的需要：『人類的生存必須保持』，而且『痛苦與憂傷必須儘可能地減少』。

但是，我們現在要問，像這樣的倫理公設是怎樣起源的呢？它們是隨意定奪的嗎？是僅僅建立于權威之上的嗎？是從人衆底經驗裏衍發出來的，並且是間接受這些經驗所制約的嗎？

從純邏輯的觀點而言，一切公設都是隨意定奪的。倫理的公設亦然。但是，從心理的觀點以及衍發的觀點而言，倫理公設並不是隨意定奪的。我們天生下來就具有怕痛苦和怕毀滅的趨向。各個人對其隣住底行為長久累積情緒上的反應。倫理公設是從這些基礎裏衍產出來的。

人中之具有道德天才者，有一項特權，把倫理公設建造出來。受到這些倫理公設之鼓舞者，則又從而表達之。這些倫理公設是如此之廣含，並且基礎若是之堅固，以致人們不得不接受它們，並且把它們視作係建立于大家各個人廣泛的情緒的經驗之上的東西。倫理公設是有其基礎的，並且是可以付諸檢證的。倫理公設之有基礎並可檢證，與科學公理之有其基礎及可檢證，並不相去太遠。眞理寓於印證之中 (Die Wahrheit ligt in der Bewaehrung)。所謂眞理也者，即是經得起經驗來檢證的東西。

新澤西，普林斯頓高等研究所

一九五五年三月譯于劍橋

從孟德斯到佛爾

巴黎通訊

齊佑之

一、八個月以來的孟德斯內閣

一九五四年六月十八日孟德斯法朗士（Pierre Mendès-France）在國會中以四百十九票多數下的支持獲准組織法國第四共和的第十九次內閣（註二），至本年二月五日止，整整的擔任了七個月另二十天的內閣總理。這將近八個月的時間似嫌短暫，但就法國內閣的平均年齡看來，如無特殊原因已嫌過長了。

平心而論，孟德斯法朗士在他近八個月的任期中確爲法國解決了不少急務，而問題的處理就法國人立場論是有利的。①越戰停火的簽字給法國人解除一個大負擔。但是越南的危機並未因此解除；東南亞的赤禍因此更形嚴重，尤其是關於越南全境人民投票的規定是現勢下最不利的規定，故越南問題並未獲得滿意的解法。②拖延了兩年餘的歐洲聯防條約批准問題，對外引起盟友的不滿意及猜疑。對內不僅成爲馬業（René Mayer）內閣以來內閣的致命傷，且嚴重的影響着國家內部的團結。孟德斯法朗士總算爲它在擁護及反對的雙方找到了折衷的辦法，簽訂了巴黎協定，並使它在國會下院批准。此外孟氏尙有兩件未完成的工作：甲、北非問題，乙、發展經濟問題。

（甲）北非問題

①突尼斯及摩洛哥

突尼斯自一八八一年以來爲法國的保護國，近來獨立運動進行的很激烈，暴動時常發生，且很嚴重。使孟德斯法朗士自日內瓦會議結束返國後，無暇顧及他務卽開始處理突尼斯問題，且於去年七月三十日在內閣會議中提出突尼斯之行的計劃。孟氏對突尼斯的政策並沒有一套什麼新東西，依然是執行其前任內閣們的政策：給予突尼斯的內部自治權，特點是他在七月三十一日親自到突尼斯去一趟。不久以後，卽成立突尼斯新自治政府，由 Tahar ben Ammar 任內閣總理，但其內部自治還須等待法國與突尼斯談判成立簽訂協定始能實現。雙方談判時斷時續，主要的爭執點在警察權及外交代表權，突尼斯代表要求而法國終未首肯。而且法突談判，在法國方面受突尼斯的法國移民及一部份國會議員的反對，在突尼斯方面則有新憲政黨（Neo-Destour）的獨立要求，使雙方的意見很難接近。但是良好的結果是，突尼斯的武裝暴動暫時平息了。

摩洛哥也是法國的保護國，摩洛哥人的反法獨立運動近年來也同樣的劇烈。但是關於摩洛哥問題，孟氏自始認爲有待突尼斯問題的解決。因爲突尼斯問題如能圓滿解決，則摩洛哥問題便有迎刃而解的希望。因此對摩洛哥問題迄未處理。

②阿爾及利問題

阿爾及利（Algérie）是夾在突尼斯及摩洛哥之間的法國領土。自一八三〇年以來由法國佔領經營，法國把該地區分爲三省四區，視同內地以試行同化政策。但是阿爾及利和突尼斯及摩洛哥一樣，同爲回教國家，近年來突尼斯與摩洛哥的獨立運動對阿爾及利影響很大。其獨立運動由民主自由黨（M. T. L. D.）推動，近年來該地情形已甚不穩。去年十一月一日夜裏在阿爾及利四處發生「暴動」事件，這也可以說是阿爾及利人民反法運動的白熱化。當時內政部長米特昂（François Mitterrand）卽刻遣派軍隊協助駐軍綏靖地方，並解散阿爾及利民主自由黨。但是反法的武裝勢力約有三四千人集中在奧勒斯（Aurès）山區，法駐軍雖將山區包圍，但並未能深入。阿爾及利戰事並不單純，一方面它是阿爾及利的民族獨立運動，另一方面却是受有共產黨的煽動；因此以埃及爲首的阿拉伯國家及蘇俄均支持阿爾及利的獨立運動。法國的對策是軍事政治並行的。在政治方面由米特昂執行提出對阿爾及利法律地位的修改及一些政策的改革，且提出撤換駐阿爾及利總督爲整頓問題的先決條件。孟德斯法朗士於一月中旬任命蘇斯特里（Jacques Soustelle）爲新總督，致引起國會中阿爾及利議員馬業等的不滿，而成爲倒閣的一個藉口，孟氏內閣因此跨臺。

（乙）財經改革及復興問題

去年八月十日法國國會中批准了孟德斯法朗士的內閣要求的經濟特權，其有效期至本年三月三十一日止。但是直至孟氏辭職之日，並未見他提出全盤的經濟計劃，其財政經濟政策主要仍繼續財政部長佛爾（Edgar Faure）所擬定並爲前蘭尼爾（Joseph Laniel）內閣所實行的「十八個月計劃」，僅加以局部的修改。我們綜合的分析一下，可以說孟氏的經濟復興政策是：①減輕法國財政上的負擔，如軍費等；②使法國工業現代化，以便和他國競爭；③整頓稅收；④充分就業計劃的實行；⑤實現法國經濟獨立，不賴外援。

在經濟復興方面，年來「十八個月計劃」的推行，很有成就，生產指數增加，對外貿易的平衡已有顯著的改善。不過孟氏對經濟建設野心很大，他希望在外交問題解決後專力於經濟建設，但是他的政敵是不給他以時間的，同時他的打擊酒業及甜菜業樹了一些反對者，加强了反對他的勢力。

二、孟德斯內閣的跨台

姑不論孟德斯法朗士的功過如何，他那大刀濶斧敏速果決的作風頗獲一般人民的支持。然而孟氏雖甚孚衆望，但在國會中自始缺乏政治友人，他在每次投票中所獲得的多數並非是支持其「個人的多數」（Majorité personnel) 或是支持他所行「政策的多數」，却只不過是一些「時機的多數」(Majorité occasionnel)。正如在去年六月十八日一樣，該時國會中雖有四一九票的多數支持他組閣，分析起來那只不過是受他「恢復印支和平」呼聲的影響。自七月二十日以後，一般擁護歐洲聯防的議員們，如溫和派(Modérés)者認為在孟氏內閣下或可使歐洲聯防條約容易批准，故而繼續給予支持。自當時起，歐洲問題幾成為孟德斯法朗士的唯一任務。

七個月又二十天的孟德斯法朗士內閣的政治，在國會中曾經過十二次的投票表決(見圖表)，其多數逐次減少。孟氏自上臺後即受中間派(如人民共和黨)及保守的右派所反對，巴黎協定簽字後又有共產黨加入反對派。反對派中若干知名的政敵如畢奈 (Antoine Pinay)、雷諾(Paul Reynaud)、皮杜 (Georges Bidault)、徐滿 (Maurice Schumann)、馬提諾得普拉 (Martinaud-Deplat) 布立溫 (René Pleven) 等人均為他的倒閣而奔走。去年巴黎協定經國會批准的前夕，孟氏內閣的壽命已危在旦夕。國會反對派本意將印支聯邦預算案擱置，等待巴黎協定批准後藉口印支問題來推翻內閣；孟氏則事先下手取一攻勢：提前對印支聯邦預算案的討論，並因之提出來一次信任投票。反對派因不願弄跨巴黎協定而給予信任（去年十二月二十日），但是此後反對的目標即轉到北非問題上面去了。同時本年一月初旬國會下院議長的選舉，人民共和黨的施耐特 (Pierre Schneiter) 在溫和派及其本黨的支持下擊敗支持孟德斯法朗士內閣的前任議長賴托克 (Le Troquer—社會黨) 得以獲任議長，亦像徵着孟氏內閣跨臺在邇。

二月三日國會辯論北非問題，倒閣時機已熟，故討論開始，除共產黨四名議員(註二)向政府提出質詢外，只溫和派即有八名議員羣起向孟氏政治提出指責(註三)，表面上這些質詢為針對北非政策而發，而實際上却是直接攻擊孟氏本身，致孟德斯法朗士於三日深夜提出信任投票案(註四)。二月五日夜裏舉行信任投票，其結果以三一九票對二七三票拒絕了孟氏內閣的信任案 (Question de confiance)。茲將投票結果分析如下：

黨派	擁護	反對	棄權	未參加投票	缺席
共產黨	—	九四	—	—	—
進步黨	—	四	—	—	—
社會黨	一〇五	—	—	—	—
民主社會抗敵同盟	一八	四	一	—	—
激進社會黨	三三	二〇	二	—	二
海外獨立黨	一六	—	—	—	—
人民共和黨	五	七三	四	一 (1)	一
獨立共和黨	三三	四〇	三	—	—
農民獨立黨	三	二一	二	一	一
農民黨	二	一六	二	一	一
社會共和行動	五	二七	—	—	—
社會共和同盟	四五	一七	八	一	一
無黨派	一〇	三	—	一	—
共計	二七三	三一九	三	五	六

(1)國會議長施耐特擔任大會主席未參加投票。

總之孟德斯法朗士內閣跨臺的原因，雖可分析成①孟氏北非政策使若干在北非擁有勢力的法國議員不滿意，若干激進社會黨議員如馬業等反對尤力；②人民共和黨始終因歐洲聯防問題對孟氏不能諒解；③共產黨則因巴黎協定的通過，准許西德整軍，由擁護變為激烈的反對孟氏；④溫和派則指責孟氏未能優先處理社會經濟等問題；但追根究底還是因為大部議員如人民共和黨、溫和派、一部戴高爾派及激進社會黨中的馬業及馬提諾得普拉派對孟氏本身或其內長米特昂等的猜疑與不滿的緣故所致。

三、畢奈、傅林蘭及畢諾的組閣嘗試

孟德斯法朗士內閣的辭呈提出後，法國總統柯悌 (René Coty) 於二月五日徵詢各黨派的意見後即於六日晚正式提名獨立共和黨派的畢奈(Antoine Pinay)組閣。畢奈於一九五二年三月八日至十二月四日在溫和派、人民共和黨及激進社會黨的支持下曾一度出任內閣；其經濟政策，穩定物價頗得一般民衆的好評。如孟氏的經濟政策是中間偏左，畢奈的經濟政策則是中間偏右，且他在一般人民間的聲譽不亞於孟氏。但在國會政治角逐場中問題却不簡單，無論如何，法總統將他提出得過早，以致使他照例失敗。該時各黨派中除右派政黨如溫和派及社會共和行動派表示絕對擁護外，社會黨及人民共和黨均表示不參加政府。社會黨當然不會支持屬於保守黨派的右派人士如畢奈之流；人民共和黨的採取反對立場則完全是因為不願與右派黨派過份合作致影

(17)

票數

400 300 314 200 100

419 462 351 419 407 350 320 287 310 285 286 273 325 319 47 13 90 122 151 113 209 240 172 264

六月十八日諮請組閣
七月二三日內瓦協定
八月十日經濟特權＊
八月二七日孟氏對北非政策
八月三一日外交政策
十月十二日倫敦條約
十一月九日政府提出優先討論預算案＊
十二月三日國防秘密洩漏案＊
十二月二〇日印支聯邦預算案＊
十二月三〇日巴黎協定＊
一月三一日二月份臨時預算案
二月五日北非問題＊

(註) ——擁護票 ……反對票 凡有＊者為孟氏提出信任投票案者 三一四票為過多數

響該黨未來的選舉，何況「快報（L'Expresse）派議員」如畢隆（Robert Buron），蒙特拉（André Monteil）及海外獨立黨的歐汝拉（Louis Aujoulat）和孟德斯法朗士自己忽隱忽現的在爲「新左派」（Nouvelle Gauche）的產生而奔走，更使人民共和黨對參加右派政府有所顧慮。

即使沒有人民共和黨參加政府，畢奈的組閣並不是不會成功的，因爲修改後的憲法規定關於組閣授權問題祇要國會相對多數（Majorité relative）的贊同即可。但是一個沒有絕對多數支持的政府是難能站得穩的，因此畢奈於二月十日正式放棄組閣的企圖。

第二位被提名的是傅林蘭（Pierre Pflimlin）。傅氏是阿爾薩斯（Alsace）人，今年四十七歲，業律師，爲人刻苦，亦甚有演說天才，曾十一度出任部長職，但在政治舞臺上其姓名却仍感陌生。這位「人民共和黨的孟德斯」，在某一角度看來頗有類似孟德斯法朗士的地方。傅林蘭曾經辭去其同黨皮杜主持的內閣的農業部長職，只因爲該政府未能實行增加甜蘿蔔[註五]價格的諾言。因此傅氏甚得一般農民的愛戴。

傅林蘭組閣自然獲得人民共和黨的支持，該黨並希望和社會黨接近。根據憲法新規定：由被提名的內閣總理先配備內閣人事，然後請求國會投票授權組閣。因此傅林蘭一方面在爭取友黨的支持，並着手內閣的人事配備。邀請久想任外長的馬業任未來內閣的外交部長，藉以拉攏激進社會黨；次之畢奇爲國防部長，並擬請社會共和行動派的畢耀德（Billotte）擔任北非突尼斯及摩洛哥事務部長，以爭取該黨的合作。

但在最後一剎那，傅氏向總統申明放棄組閣，理由是內閣人事的分配未能滿足馬業的要求，但尚有其他原因：①社會共和同盟表決通過不參加新內閣，雖同時聲言不阻止以個人名義入閣，但在一般推測，傅氏最多也只能拉到二十五票上下的擁護票；②因初時傅並未延攬激進社會黨的孟德斯法朗士派人士入閣，致引起反感，同時該派人士不願支持曾激烈反對孟德斯內閣的人民共和黨籍人士組閣，傅氏在激進社會黨中雖抓到了馬業這一張王牌，但最多也只不過拉住馬業及馬提諾得普拉的一派二三十票而已；③社會黨的拒絕入閣；④人民共和黨組閣的時期還未到臨，且下屆大選即在明年，在選舉之前組閣是不利的。

第三位被提名的是畢諾（Christian Pineau），這位五十歲的社會黨議員在閣潮發生時即爲人所注意，他在一九五二年曾被前總統歐禮和（Vincent Auriol）提名，這次被提名組閣，獲得社會黨、激進社會黨及人民共和黨的支持，反之溫和派對社會黨內閣表示激烈的反對。但畢諾仍於十八日下午向國會提出組閣，報告實政綱要及新閣名單，旋由國會對指定的內閣總理所提出的政綱及政策舉行信任投票。畢諾的政策大致仍爲孟德斯法朗士政策的繼續，因而招致右派的反對，投票結果國會以三一二票對二六八票拒絕對畢諾信任，於是他組閣失敗。茲將投票結果分析如下：

黨派	擁護	反對	棄權	未參加投票	缺席
共產黨	—	九四	—	—	—
進步黨	—	四	—	—	—
社會黨	一〇五	—	—	—	—
民主社會抗敵同盟	一三	九	二	—	—
激進社會黨	五六	一三	四	二	一
人民共和黨	八〇	—	—	二(1)	二
海外獨立黨	—	一六	—	—	—
獨立共和黨	—	四四	一	九	一
農民獨立黨	—	二七	—	一	—
農民黨	一	一九	一	—	—
社會共和行動	一	三〇	—	二	—
社會共和同盟	七	五四	一	八	二
無黨派	五	三	一	四	—
共計	二六八	三一三	一〇	二八	六

(1)國會議長施耐特任大會主席未參加投票。

畢諾組閣失敗原因大致爲：①溫和派、社會共和同盟及海外獨立黨反對所致。屬於保守黨派的溫和派與社會共和同盟之採取反對立場當不難了解；中間偏左的海外獨立黨的採取反對立場，其原因乃該兩黨在非洲色奈加爾（Sénégal）及喀麥隆（Caméroun）等地區摩擦爭制的結果。②畢諾提名之始，即曾商討於孟德斯法朗士，一方面聲明繼續孟氏未完成的政策，另一方面懇請孟氏出任新閣的副閣揆，而孟氏因其負責的內閣剛剛免職，且不願爲人之副而未接受，致影響國會中孟德斯派議員的態度，使閣潮再行延續下去。

四、佛爾內閣及其施政方針

接着畢諾組閣的失敗，法國的閣潮進入了第三個星期。內閣總理的提名從畢奈到畢諾均遭國會的拒絕，明顯說明目前法國國會對右左兩派人士組閣均不贊同，使法總統柯悌不得不找一個中間派人物。激進社會黨的佛爾（Edgar Faure）曾一度任內閣總理（一九五二年），年來繼續出任右派溫和派支持下的前蘭尼爾內閣及社會黨支持下的孟德斯法朗士內閣前後兩任財政經濟部長，其人望及政見頗能調和中間派及右派，中間偏左黨派對他亦寄同情，因而於十九日繼畢諾後被柯悌總統正式提名爲第四位內閣人選。

佛爾的組閣獲得中間派及右派的支持，而社會黨則拒絕入閣。佛爾就支持他的政黨中選出閣員，於二十三日向國會提出他的新閣名單如下：

（一）部長銜閣員

內閣總理：佛爾（Edgar Faure）（激進社會黨）

內閣總理府部長：巴勒甫斯基（Gaston Palewski）（社會共和同盟）

外交部長：畢奈（Antoine Pinay）（獨立共和黨）

司法部長：許曼（Robert Schuman）（人民共和黨）

國防部長：柯尼格將軍（Général Koenig）（社會共和同盟）

內政部長：布爾諾斯姆歐里(M. Bourgès-Maunoury)(激進社會黨)

財政經濟部長：傅林蘭(Pierre Pflimlin)(人民共和黨)

教育部長：百爾段(Jean Berthoin)(左派共和黨聯盟參議員)

海外領土部長：特貢(Pierre-Henri Teitgen)(人民共和黨)

勞工與社會保險部長：巴貢(Paul Bacon)(人民共和黨)

公共工程與運輸部長：克尼克令毛里聶(Général Corniglion-Molinier)(社會共和同盟)

工商部長：毛利斯(André Morice)(激進社會黨)

農業部長：蘇爾伯(Jean Sourbet)(農民獨立黨)

建設部長：杜舍(Roger Duchet)(獨立共和黨參議員)

衞生部長：拉飛(Bernard Lafay)(激進社會黨)

退役軍人事務部長：特里布拉(Raymond Triboulet)(社會共和同盟)

郵政部長：龐納福(Edouard Bonnefous)(社會民主抗敵同盟)

海運部長：昂提(Paul Antier)(農民黨)

．突尼斯及摩洛哥事務部長：朱利(Pierre July)(社會民主行動)

(二)其他負有專責的閣員(註六)

財政：朱勒(Gibert Jules)(激進社會黨參議員)

就這個名單看來，新內閣中包括有九名曾擁護歐洲聯防及六名反對者；但在巴黎協定通過投票中則有四名投反對票，八名擁護和五名棄權。就黨籍看來，新內閣中部長級閣員與孟德斯法朗士內閣中的比較為：

黨派	孟氏內閣	佛氏內閣
激進社會黨	五	五
社會民主抗敵同盟	一	一
人民共和黨	—	四
獨立共和黨	五	二
農民獨立黨	—	一
農民黨	—	一
社會共和行動	—	一
社會共和同盟	五	四
海外獨立黨	一	—
其他	(1)三	—
共計	二〇	一九

(1)畢隆，蒙特拉等三名均為人民共和開除者。

佛爾於二十三日在國會中照例發表了一篇請求授權組閣的宣言，提出其內閣的施政方針，大致為：

(一)社會經濟政策：新政府將致力於工業生產，使生產指數至一九五六年六月底止得到一八〇(一九五四年平均指數為一五三)。同時提高生活水準百分之七及農業收入。平衡進出口貿易，使在經濟上做到自給自足。

在社會問題方面，至四月即開始調整薪給人員的待遇，同時設法解決房荒問題及減低酒的消耗量。

在稅政方面，新政府將在六月一日提出完整的整頓辦法，使能有合理的稅收。並且另一方面調整農產品價格減除農民的無益損失。

(二)外交政策：新內閣將盡力設法使巴黎協定獲得批准，及薩爾(Sarre)問題的解決。在巴黎協定正式批准後，政府將與友邦國家研討準備與東方集團會談歐亞問題。

(三)北非及非洲問題：①對本地人農業裝備及礦業籌措預算建立眞正的法郎區。②修改法蘭西聯邦組織。③尊重已定的阿爾及利規章；繼續進行法國與突尼斯的談判。

投票前若干議員提出質詢，社會黨議員皮佛(Briffod)認佛爾為雷諾(Paul Reynaud)的內閣總理，因為他的被提名組閣是雷諾建議的。然而佛爾在溫和派和人民共和黨等的支持下，僅社會黨及共產黨反對，終獲得國會的信任投票，結果以三六九票對二一〇票獲得組閣，結束了延續近三週的閣潮。茲將信任投票結果分析如下：

黨派	擁護	反對	棄權	未參加投票	缺席
共產黨	—	九四	—	—	—
進步黨	—	四	—	—	—
社會黨	—	一〇五	—	—	—
民主社會抗敵同盟	一七	一	二	三	—
激進社會黨	六七	—	八	(1)一	—
海外獨立黨	一六	—	—	—	—
人民共和黨	七六	—	五	(1)二	一
獨立共和黨	三三	—	一	—	一
農民獨立黨	二七	—	一	—	—
農民黨	二一	—	—	—	—
社會共和行動	二九	—	四	—	—
社會共和同盟	五九	—	七	二	四
無黨派	四	六	—	三	—
共計	三六九	二一〇	二八	一一	六

(1)激進社會黨的瑞連(JulesJ ulien)擔任大會主席和國會議長施耐特均未參加投票。

五、結語

於法國國會通過佛爾組閣後，各方輿論不一。費加羅報(Le Figaro)稱其為「第四共和」第二屆國會中的最右傾的內閣；震旦報(L'Aurore)則稱佛爾內閣是不左不右的中間派內閣。社會黨機關報大衆報(Le Populaire)稱社會黨反對佛爾內閣的原因由於不願該政府重返到停頓不進的狀態。

佛爾內閣最大的課題是巴黎協定在參議院的批准問題及北非問題。關於前一問題，已因參議院於三月二十七日晨的有利投票而告解決。關於後者則甚感辣手，現在法國政府現宣佈阿爾及利的緊急狀態，突尼斯的談判尚未完成，摩洛哥危機仍甚嚴重。而內政方面一般小商人在書商布雅德(Poujade)氏領導下反對政府的徵稅政策，聲勢浩大，弄得國會議員及政府頗感頭痛，而不得不對小商人及手工業者讓步，但問題尚待解決。(完)

(註一)參閱四十三年九月一日出版的自由中國第十一卷第五期中「法國孟德斯法朗士內閣」一文。

(註二)蓋約(Raymond Guyot)，巴朗壬(Ballanger)，范耶(Fayet)及史坡梯斯夫人(Sportisse)。

(註三)共有十五名議員提出質詢，計共產黨四名，溫和派八名，戴高樂派二名，及社會共和行動的阿爾及利回民議員彭直魯(Bendjelloul)一名。

(註四)孟德斯法朗士的信任投票案係依據激進社會黨麻耶(Pierre Mailhe)建議的議程案而提出的。該議程案為「國會同意政府的宣言」。

(註五)甜夢貢為法國農產大宗，為法國製糖原料。

(註六)三月一日佛爾公佈其他負有專責的閣員六名，計內閣總理府：梅德森(Jean Medecin)(親近激進社會黨份子)負責與國會連繫。杉高魯(Leopold Senghor)(海外獨立黨)負責科學技術研究。印支協合邦事務：拉佛埃斯特(Henri Laforest)(激進社會黨)。國防：庫爾薛(Jean Crouzier)(獨立共和黨)。經濟：阿貝蘭(Pierre Abelin)(人民共和黨)。海外領士：巴武(Maurice Bayrou)(社會共和同盟)。

萬隆航訊

同床異夢的亞非會議

史信

舉世矚目的亞非會議將於明日上午在印尼萬隆的「獨立之宮」正式開幕了。氣候涼爽如秋之萬隆，眞有些像江西的廬山。萬隆原是一個小地方，今日各方之士，會集於此，頓時車水馬龍，熱鬧起來了。單是採訪萬隆會議的記者，為數有六百五十七人，連旅舍都找不到，印尼政府根本不負責招待記者的，於是記者們不得不住到民家去。記者即以每日四十盾之代價，購得一榻之地，聊作橫陳。四十盾之價合港幣每天十多元左右，在印尼市價來說，已是利市三倍了。

從歷史眼光來看這一個會議，這明明是和聯合國唱對臺戲。其牽涉之廣，意義之大，近五六十年可以比擬者，只一八九九年五月在海牙所舉行之「萬國和平會議」，第一次世界大戰結束後一九一九年正月在巴黎舉行之和平會議，及第二次世界大戰末期一九四五年四月在舊金山舉行之制定聯合國憲章大會。

亞非會議參加的國家原定三十國，為着新興的中非洲聯邦辭謝應邀出席，乃變成廿九國。這廿九國並不能代表亞非兩洲之所有國家，例如在東亞之南北韓，在臺灣之自由中國，西亞洲之以色列及南非聯邦，皆未受邀請。復次，廿九國的數目，並不算多，但代表的人口，到不能算少，佔全世界人口廿五億之百份之六十。

亞非會議的議程，決定今天晚上(四月十七日)由五個哥侖坡國家——印度、巴基斯坦、錫蘭、緬甸、印尼——的總理草擬。但據記者探悉，除了反對殖民主義，反對奴役，反對殘酷的戰爭外，會議之中心議程：將為㈠政治問題，如禁止和管制大規模毀滅性武器，殖民主義軍事聯盟對亞洲的危險，中共之加入聯合國和韓國之統一。㈡經濟問題，包括亞洲國家間之貿易，和生活水準之一般提高。㈢科學問題，包括交換亞洲國家之科學智識和原子能和平用途之商討。㈣社會與文化問題，如婦女地位與民族文化之保存等。

從各國代表的談話中，可以約略窺出，它們對於亞非會議的前途仍是同床異夢。各人有各人的打算。很難有所成就，因為其中最大的阻力是土耳其、依拉克、菲律賓、泰國、越南。其次，能作一部份反對提案者為巴基斯坦。伊拉克、土耳其、巴基斯坦、泰國及菲律賓的代表，這兩天來，一直在暗中作場外交易，務使在會議中不致發出反對西方的議決案，尤其是努力於打消反美的建議。

以主人身份國家之印尼，這一次頗想藉亞非會議奠定國大黨下一屆大選之勝利，同時另一方面提出印尼代表團在會議中對經濟合作問題採取主動之建議。從這個觀點出發，一定要以全力爭回新畿內亞之主權。最後他們表示印尼願成為亞非會議執行委員會之駐在地，切實實現亞非兩大洲之經濟合作事宜。

埃及總理納塞出席亞非會議的目的之一就是反對帝國主義和殖民主義。記者和他作十分鐘之談話。他認為亞非會議乃是歷史上各反壓迫力量的最大集合。他相信北非問題乃是目前世界上唯一的殖民事件，這是白種人之恥。他說「我一定要在會議中爭取北非之全面解放。」但他將不要求萬隆會議以地域上的援助，來發動在亞非兩洲之獨立運動。

埃及次一目的，乃是極力擁護尼赫魯應付東西集團之中立政策。納塞已經完全傾向於這種中立政策。現在埃及雖然是承認臺北之國民政府，但自一九五一年以來，中埃邦交便陷於停頓狀態。大使何鳳山一個人，自然幹不出什麼「強人外交。」這兩天中共代表團和埃及代表團往返甚密。傳出之風聲！埃及將與中共加緊貿易之合作，而埃及也將以撤消承認國府而承認中共為等量之報酬。這個傳說與看法相信是不會錯的。

以尼赫魯為首的印度代表團已經決定提出南非的種族歧視，希望印度人能插足於南非洲。同時可能在仰光已與周恩來及緬甸總理宇奴商妥成立一個亞非兩洲之國聯組織，來減少今日在成功湖之聯合國的份量。

以周恩來為首的中共代表團企圖在這次會議中：①儘量打擊美國在國際上的聲望，並指責「美帝」企圖破壞亞洲地區之和平。㈡分化一部份所謂中立國家與美國間之關係，造成美國之孤立。周恩來從昨日(十七日)下午飛抵萬隆，絕口不談臺灣海峽問題，這一個恣態已經贏得許多國家的贊賞，證明許多國家已無形中動搖了。周恩來這一套「糖衣手法」，從前在南京交通銀行「和談」時，已向民主同盟和青年黨的朋友玩過，現在不過是「舊片新拷貝」而已。根據這兩日中共代表團在場外之活動，證明他們會在會場內大捧那些比較左傾的國家，先使他們開心一下。然後板起面孔罵美國。即以這一次印度航機在北婆羅洲海上失事，中共死了十一個人，周恩來一抵萬隆，便在書面談話中指為山姆大叔「特務」之陰謀，已經非常露骨，他要揍美國人，現在還不過是一個引子而已。

至於阿拉伯集團國家，這一次一定集中「火力」，向以色列進攻。在大會中有兩個大炸彈，一個便是前者所述阿拉伯同盟與以色列的糾紛；一個乃是巴基斯坦與印度間之許多問題，尤其是喀什米爾問題，原定三月廿八日尼赫魯與阿里在新德里會談，現在已延至五月中旬。這個問題也是充份染着火藥氣味的。

每一個國家的代表僅准許有二十分鐘的開幕演說，相信這是大會中最溫和的外交辭令。印尼總統蘇加諾的演說稿，聞長廿二頁，需時四十分鐘，內容着重印尼古典的哲學思想——"Narsa Djaja Sasama" 意即友鄰和睦，為人類的永久和平而發生友好關係。

關於大會之決議，也是一個大家爭執的問題，到底是採行完全通過之票數(unanimity)，抑半數以上之票

(下轉第11頁)

旅美小簡之五

並不是悲觀

陳之藩

接到一位朋友的來信，他在最後警告我：「我最後還要提醒你一件事，就是作文不要把自己的悲觀氣氛傳染給人，蓋這是一種不道德。譬如我，就有一個不想活着的念頭，我也不讓別人知道。」這一段話我想任何一個人讀了，都會感動，我反覆的看了兩三遍，不能不有幾句話答復這位朋友。

什麼是「悲觀」？我在六年以前，曾聽到說過。那是在一個暑假中，我到水木清幽的北平城郊的清華園，去訪一位哲者；這位先生把什麼名詞都像字典似的，加一層解釋。比如，在一篇文章裏，這位先生曾道及美國大多數人的哲學，他說：「哲學，就是說出一種道理的成見；……多數美國人的成見是——競爭是生活的常態；多數人民不免以動作爲生命，以變遷爲進步，以一件事體之完了爲成功，而思想與汽車一樣，也就是後來居上。」這寥寥幾句話，都是解釋名詞，而却將美國人的思想通盤托出。淪陷以後，這位哲人仍在清華，他的「悔過書」中依然是解釋名詞，他說：「馬列學說「硬」是眞理，……大學哲學系是在訓練馬列主義的宣傳員。」這種解釋名詞的辦法，是令人有時哭笑不得的。

六年前，我去訪他，他說：「所謂悲觀，是見某套價值形將消滅，而設法保存，覺保存之無法，乃感悲觀。……」如果要按照他的解釋，我之所謂悲觀，一定是感覺有某套價值形將消滅了，而又無法保存了。我仔細檢討了一下，並沒有。

對於商女無知，後庭高唱的現象，我只是看來難過，並不悲觀，因爲根本未覺得它曾有過什麼價值。對於阿諛逢迎，唯唯否否的現象，我只是聽來難受，也不悲觀，也是從來認爲這件事爲不大值得考慮。

我認定有一套價值，這套價值即是知識，我認爲由求知可以得到智慧，可以解決這些萬千問題；信仰知識，而又可以設法追求知識，自然不會產生悲觀的。

不過，一種茫然的感覺却是有的，因整個人類邁入二十世紀以來，日漸感覺自己之無知；漸感覺處境之茫然。

十九世紀前歐洲曾有一科學家在信上與一朋友說：「牛頓太幸運了，所有的定理全讓他發現完了……」這是一種盲目的樂觀精神，覺得自然已被人類征服了。五四時代的中國人，全受這種思想的影響，比如在哲學方面胡適之先生，即是純純粹粹十九世紀的樂觀主義者；在文學方面，那位如「一團烈火，一片春光」的徐志摩先生，首先提倡的文學觀念即是「健康」。在科學方面，薩本棟先生也是個絕好的例子，他曾覺得，電機已走到了頭，他覺得沒有什麼可以向下發展的了。

我舉這三個例，是表示上一世紀的樂觀主義者，是有其歷史背景的。二十世紀轉過來以後，形勢慢慢轉變過來，在世界上有過兩次空前的戰爭，在知識上也有過一次空前的革命，這些思想，使已經澄清的知識海洋，又混濁起來。可惜，我們中國仍在「洞中方七日」，對於這「世外幾千年」的事不太知道。

如果能夠認識了整個世界的現狀，在知識上雖不感覺悲現，在情緒上難免不彈悲涼調子的。走到萬紫千紅的宜春苑裏的人，會唱出「新年鳥聲千種轉，二月揚花滿路飛」；走到西風殘照的長安城，自然要唱，「秋風吹渭水，落葉滿長安」的。如果我也有所謂悲觀，大概在此吧。

我倒要回勸我的朋友，你的同班同學，一個在普林斯敦，攻原子物理；一個在哈佛，攻符號邏輯，均已是世界第一流的學者了，他們是站在時代最前鋒，我想忙的程度，恐怕連不想活的念頭都想不起來了。你不要讓人知道你有自殺的念頭，當然很道德，不過，這種自我的侵蝕，也太不衞生了吧。還是站起來，參加這批哀兵的浩蕩隊伍。

我是以宗教的朝聖心情前來的，幻想中，前面有一片眩目的曙光，但路途坎坷，却不免要喊脚痛的。這些聲音，也許知音不會太誤解吧。

四四年三月九日於費城

眞實的啓示（下）

黃思騁

四

早上，我從夢中驚醒，睜開眼睛看看，天已經大亮，隔壁婉妹正在唱歌，知道時候已經不早，便一骨碌從牀上爬起來。

剛穿好衣服，門被推開一條縫，我回頭一看，看見良勤的半邊臉，便招呼說：「喂，良勤兄，你早！」

他見我已起身，跨進門來，說道：「通車典禮是十點正，現在已經八點四十分了。」

我看了看自己的腕錶，搭訕說：「我的錶每逢出門就休息，現在是兩點一刻。」

「沒有關係，在我家裏不須要記得時刻。」

「可是你們的三餐我總得趕上。」

「我會吹哨子的。」

我們相顧大笑起來。

× × ×

在吃早餐的時候，郭伯父關心地問我道：「晚上睡得好嗎？」

「睡得很好，郭伯父。」我回答說：

「有些人換一個環境就會睡不着。」他說。

「我沒有這種習慣，我有一年在行軍時也睡了一里路的覺，後來石子把我絆倒才醒來。」我說。

郭伯父笑起來，問道：「這是實在的嗎？」

「實在的。」

「這倒很有意思，」他說：「不過寫進小說去，許多人還以爲是胡謅呢！」

我們已經坐了好一會，仍不見婉妹出來，要等到郭伯父叫她的時候，她才從門邊出現，並且顯得有點害羞的樣子。似乎她還一直記着昨天晚上的爭執。

她這天穿着一件綠色底子的花衫裙，白色的短襪，黑色的皮鞋，頭髮也梳得很整齊，上面還套着與衣服一色的蝴蝶結，使她看來更充滿了朝氣。

她在自己的位置上坐下來，然後望着放在桌子中間冒氣的早點。

「怎麼樣？」良勤望着她問道：「昨天聽了文琪哥的一席教，應該有些收穫吧？」

她撅着嘴，望了我一眼，不說話。

「她要寫小說還早得很，在人生的甜、鹹、酸、苦、辣當中，她只嚐過甜的，怎麼能寫小說。」郭伯父插嘴說。

她不響，玩着她的筷子。

「阿義怎麼不把湯拿來？」郭伯父說：「我們吃吧，時間不早了。」

「爸爸，今天的通車典禮，聽說來參觀的人很多呢！」良勤說。

「嗯，這條路一築成，受惠的人實在太多了。」郭伯父回答着。

「爸爸，」良勤接着問：「這個俞總工程師到處都推重你，你們到底是在什麼時候認識的？」

郭伯父把筷子停下來，回答道：「遠在我還不認識你媽媽時，我們已經認識了。」

「哦，那末你們一定有很長遠的交情了，可是又沒有聽見你提起過。」良勤感到有些奇怪。

「嘿嘿，」郭伯父作出一種全然令人不解的笑聲，說道：「我們平生只碰過兩次面。」

我們都停下來，望着他，但他不再說下去。

「那是怎麼回事呀，爸爸？」婉妹忽然插嘴問道。

「他意味深長地捋着鬍子，說道：爸爸平生寫了那麼多書，可是沒有什麼內容可言，然而現在，爸爸發現自己寫了一本有內容的小說了，而且是一本活書。」

我們被他說得心裏癢癢地，很想他能把所有的話都說出來，因而大家把筷子拿在手裏，忘記吃早餐了。

「大家吃吧，現在還不到說這個故事的時候。」說着，他自顧自吃起來。

我們三個人，彼此面面相覷，然後跟着低下頭，吃起早餐來。

五

飯後，阿義回來了，他的後面跟着兩個轎夫。郭伯父靜靜地坐在推車裏，一隻手遮着陽光，一見阿義走來，便望望我和良勤，說道：「像我這副行狀，眞不想到大庭廣衆去同別人周旋。」

「爸爸，你不是答應過俞總工程師的嗎？」良勤說。

他沉思片刻，做了個手勢，我們便抬着他，把他送進轎子，阿義就推着空車，大家跟在轎子後面，向車站進發。

車站裏這天人山人海，看熱鬧的人一直從車站的四周擴展到綠色的田野裏，每個人的臉上都露着笑容。

車站的地盤可眞不小，大部的建築都是鋼鐵，在鐵蓋頂的中間，陽光從花玻璃上透下來。

車站裏已經水洩不通，我們正感無路可入的時候，俞總工程師遠遠地揮着手，擠出來迎接了。他是個黧黑而健碩的人，長臉寬額，短短的頭髮，身上穿着一件棕灰色的厚呢西裝，把白色的襯衣領子翻在西裝領子的外面。

我們叫轎夫停下來，幫助郭伯父重又坐回推車。這時，俞總工程師已經擠到我們面前，立刻去握郭伯父的手，興奮地笑着說：「你再不來，我就要去接你了。」

郭伯父昂首笑着，眼眶充滿了淚水，半帶哽咽地說：「我怎麼能不來看看你的藝術創造呢！只是我現在行動不便罷了！」

俞總工程師把注意力轉到我們身上，隨即握住良勤的手，說了句歡迎的話。良勤轉向我，介紹說

：「這是知名的小說家文琪先生，他會把你的功績寫到小說中去的。」

他猛烈地握住我的手，說道：「歡迎你，請你指教！」

「那裏話，我知道你在創造奇蹟。」我說。

「說不上，不過倒有些故事的材料供給你。」

「很好。」

我一眼望見他的衣領上掛着個紅緞條，上面寫着「總工程師」幾個字。這使他想起快要舉行的儀式，便俯下身去對郭伯父說：「現在我們到大會的會場上去吧！」

兪總工程師領我們到大會的臺上時，那裏已經坐滿許多人了，都是各方面派來的代表。兪總工程師親自把郭伯父的車子推到月臺的主席臺上，那裏的許多郭伯父的老友，都迎上來與他寒暄，郭伯父含笑同他們打招呼，咧開嘴笑着。

一陣熱鬧過去以後，大家開始安靜下來，因爲典禮就要開始了。

火車停在不遠的路軌上，發出嗤嗤的聲音。在月臺邊的廣場上，人頭在攢動着。

大會開始的時候，主席走到臺上，臉上帶點嚴肅的表情，開始敍述到建築這條路的動機和經過，然後夾雜着一種枯燥的議論。

「爲什麽要說些毫不動情感的話呢？」我心裏想：「不如把那點嚴肅的面罩取掉，大家爲這條鐵路的建成彼此擁抱一番，縱情地樂一次。」

當我正在想着時，兪總工程師上臺了，四周的掌聲包圍了他，但他在激動中顯出謙遜的表情，說道：「諸位！我相信有許多人都會把一條鐵路的完成，歸功到一個總工程師的身上，然而實際上，情形並不如此，任何一件大事，都不能由一個人完成。從我們的策劃人直到路工，所有的老百姓，都是功臣。我們每個人都不應忘記，在這條路的最艱辛的一段鑿山工程中，有三個路工盡了職，像這樣重大的供獻，我覺得任何人都不應該忘記的。至於我自己，假如我曾經對這條鐵路有所供獻的話，我願意把這一份供獻，獻給我的恩人—郭亦科先生！」

他說到這裏，回頭走到郭伯父的跟前，我看見郭伯父以一種惶恐的神情望着他，下巴因激動而震顫起來。然後，他們猛烈地握了一陣手，彼此都含着眼淚笑。

兪總工程師把郭伯父推到臺前的一霎那，會場上的人瘋狂地叫起來，不斷地鼓掌。然而當掌聲一過，沒有一個人明白這一幕的眞正的意義所在。

典禮過去以後，郭伯父約兪總工程師到他家裏便餐，兪總工程師表示願意把工作丢下，抽出時間來歡聚。於是，我們又簇擁着郭伯父的轎子回來了。

六

回到家裏以後，我們發覺郭伯父有些悶悶不樂，一個人斜靠在沙發上沉思着，忽爾歎息，忽爾流淚，忽爾淺笑。過後又囑咐良勤，要他到樓上堆物間去拿出一隻破舊的箱子來。

箱子拿到他的面前時，良勤似乎有些怨懟，因爲他的一身都染上塵埃了。

「爸爸，」良勤說：「你這麽破爛的東西要幹什麽呀？」

郭伯父不回答，俯下身去看了看，把箱子打開了，霉味夾雜着灰塵在空氣中揚起來。我們定睛看時，裏面是三十年前的小領子的破西裝，發黃的紙張，失去封面的舊書，破得見棉絮的長袍等等。

郭伯父伸手提起一條破褲來時，幾個衣魚從那裏落下來。他順手把褲子丢在地上，到箱底去找尋着。一直翻到最後，他取出一張照片來，拿到眼前去仔細瞧着。

我們趨過頭去看看，見是一張發黃和褪色的照片，上面是一個二十歲左右的年青人，面貌幾乎已經模糊得無法辨認了。

「這是誰呀？爸爸。」良勤問。

郭伯父凝視着照片，一句話也不說，他似乎已經落在一個沉思裏了。過了好一會，郭伯父苦澀地笑了笑，把照片遞給我們，但仍然不說話。

郭伯父把他的車子推開以後，我看了看照片，對良勤說：「郭伯父眞有點小說家的氣質，這張照片可能是一個故事的伏筆。」

「別聽他，他生性古怪。」良勤說。

× × ×

晚上，我們在客廳裏等待兪總工程師到來的時候，大門外忽然響起汽車喇叭的聲音。不久，阿義陪着兪總工程師進來了。

他的兩隻穿半高統靴的脚踏進房的時候，使地面都有些震動，同時，以宏亮的嗓子招呼道：「我來晚啦！」

郭伯父在推車上揚起雙手來，正如一個孩子賴着要人抱的模樣。兪總工程師上前去握住他的雙手，用帶强烈感情的聲音說道：「只要我一閒着，我便會覺得我在辜負你呀！」

郭伯父笑着搖搖頭，說道：「我老是覺得我們應該像彼德本一樣，不要長大起來。即使長大起來，也應該忘記自己的年歲才好。」

「是呀，一切變遷都令人不置信。」

兪總工程師說着，回過身來同我們打招呼，然後，把過份疲憊的身子倒在沙發上，伸展着他的四肢，我們看見他的脚上沾滿了泥污。

「一切東西都需要有豐富的內容才行。」郭伯父說這句話的時候，像是在發表他自己的感想，也像在告誡我們。因爲他說這句話的時候，並不望着任何人。

我，良勤和婉妹，正靜坐在一個角落裏，聽着他們的談話，我們不時互相望望，作一個沉默的會意。

阿義進來了，托着菜盤子，郭伯父叫道：「有酒嗎？阿義。」

「有，是幾瓶去年留下的花雕。」阿義回答說。晚餐開始的時候，我們把郭伯父扶到桌子上，然後大家依次入座。

郭伯父這天晚上特別顯得精力充沛，自己把住了酒壺，先斟滿了兪總工程師的杯子，然後要往自己的杯子裏倒。這時，婉妹忽然叫起來：「爸爸，醫生說你不能喝酒的呀！」

郭伯父先是望着酒杯，自覺有些尷尬，然後回答說：「一個人在高興的時候，沒有什麽東西可以傷害他的。」說完，酒便從壺裏嘩嘩地倒入杯子裏去。

良勤和婉妹憂戚地打了個照面。

俞總工程師忽然悟到了什麼，站起身來，說道：「亦科兄，你的酒由我代理，我知道你現在不能喝酒。」

然而，等俞總工程師伸過手去拿郭伯父的杯子時，他把他的手腕捉住了，另一隻手還緊緊地抓住杯子，說道：「我這一生中不可能有比今晚再興奮的日子了，讓我喝這一次吧！」

「好吧，」俞總工程師說：「你把酒壺和杯子一起交給我。」

俞總工程師接過酒壺和杯子以後，把杯中的酒倒了半杯進酒壺去，然後把留下的半杯還給他，說道：「原諒我，讓我愛護你的病體！我相信你會信任我的！」

郭伯父忽然天眞得像孩子一般，拿起杯子來，憨笑着，說道：「我就喝這麼一點吧！」

我們開始進餐的時候，郭伯父勸俞總工程師飲酒，伸手碰了碰杯子，說道：「一切生活，缺少內容是不行的！我們來慶祝吧！」

我趕緊拿起面前的一杯白開水，說道：「我們的杯子裏連一點內容也沒有，我們現在只好裝模作樣，陪着你們喝幾口。」

於是，五個人在大笑幾聲以後，三杯白開水和兩杯酒，湊到了嘴邊飲起來。

飲畢，郭伯父抹抹嘴，對俞總工程師說道：「康基，假如上帝能夠歸還我的青春，我要把我所有的著作毀掉，牠們不會比一堆廢紙更有內容，牠們的全部內容，及不上我今天一天的生活。」

「唔？」俞總工程師把湊到嘴邊的杯子放下來，問道：「你是以爲別人的作品比你更有內容嗎？」

「不，我怎麼能荒唐到去承認那些東西的內容呢！老實說，那些寫着文字的原稿紙本來倒是很有價值的，誰都料不定牠們將會被裝上什麼內容，可是一經寫上以後，連原稿紙本身的價值，也都完了！」郭伯父搖着頭，斑白的頭髮在燈光下閃亮着。

我轉過頭去望望婉妹，她彷彿已經聽清楚了這番話，茫然地望着她的父親。

「亦科兄，我懷疑今晚你興奮得過度了，以致不大清醒。」俞總工程師說。

「不，不！」郭伯父搖着手，「我只有在興奮的時候是最清醒的。」

俞總工程師已經一杯下肚，臉也開始紅了，我發覺他的酒量並不怎麼好。這時，郭伯父指着酒壺說：「康基，你拿着酒壺不斟酒，這是什麼意思？」

俞總工程師笑起來拿起酒壺，把杯子斟滿了。郭伯父點點頭，接下去說：「你們以爲一本書能夠印出來，由許多人來搶着買，是一樁無上光榮的事情嗎？」

他看看我們不回答，便繼續說：「不，決不！現在的出版家都是些盲人，在一百部稿子裏面揀九十九本壞作品來出版，而把那一本好的丟掉，因爲他們壓根兒就看不懂，以爲不是傳奇，不是男女勾搭，不是平鋪直敘就不是文學。然而可悲的並不在此，而是那些讀者，個個都像鼴鼠一樣，生來就是盲目的，吃些在鼻子尖上觸到的東西。你們難道不看見嗎？一個作家當他的文字不通的時候，他的作品是暢銷的，半通的時候，銷路也就跌一半，等到全通的時候，留下的差不多只是幾個在匆匆忙忙中買去，而事後便懊悔的人了。假如再要求什麼文學藝術的話，即使書店老闆一時不愼印出來，那末看的人，恐怕只有幾個知音了，而且這幾個知音，多半自己不再買書，爲了物盡其用，你只得在扉頁上寫上「某某兄斧正」一類的字，贈他一冊，算是你對自己的心血，有了個交代了。」

郭伯父一口氣說到這裏，便拿起杯子來要往嘴裏送，等到杯子放平仍喝不到酒時，才知道那半杯酒已經完了。他縐縐眉，把杯子遞到俞總工程師的面前，說道：「給我添上一點吧，讓我潤潤嗓子。」

俞總工程師拿起酒壺，倒進幾滴，笑着說道：「你已經喝得不少了。」

郭伯父把那點酒喝乾了，咂咂嘴說：「文學一道，正如你們學工程的一樣，並不是懂一點粗淺的常識就可以幹起來的。有許多讀者，以爲只要他認識字，他就是個文學欣賞者，天哪！哈哈哈……」

郭伯父縱聲笑起來的時候，把我們都給駭住了，因爲依照他的身體，他是不能這樣縱情的。

「爸爸，」良勤站起來，臉上顯出憂戚之色，說道：「你應該吃飯了吧，今天有花捲。」

「哦！」郭伯父抹去笑出來的淚水，接過一個花捲，說道：「我雖然有時也落俗，然而我還不失有這點天眞氣。我不得不爲許多埋沒的藝術家和他們的作品叫屈。古今，中外，都有這種現象，十九世紀的許多出類拔萃的藝術作品，有一部份被一些鑑賞家從灰塵堆裏挖出來了。而當那些作品的創造者在世的時候，他們都是寂寞到發狂，窮到餓死，難道這也是註定的？不，理由很簡單，那是因爲那個環境太浮躁，太膚淺，那種氣氛容不下一些天才。說到二十世紀，哎呀！我提都不願提牠，牠好像不是十九世紀的連續，倒像個不生根的時代，一切藝術，比起十九世紀來，簡直糟得不像話，推敲起原因來，只是因爲所有的藝術都現實得很，願意倒退着給最幼稚的欣賞者服務，因爲這樣一來，他們才可以免作餓莩，幸運一點的，還作了大富翁！」

俞總工程師聽了這番話，似乎也感到有暫時阻止他的必要，便伸過手去，拍着郭伯父的肩膀，說道：「你的話很對，我雖然並不懂得什麼藝術，然而我對於這個名詞是虔誠的，像我對於自己的人生一樣！」

郭伯父去拍他的肩膀，笑着說：「在我的心目中，你的這番艱苦的工程，也正是藝術，只是現在還沒有人把牠正式歸劃進去而已！」

這時，火車的汽笛聲從外面傳來，接着是隆隆的車輪聲。我們沉靜下來，大家似乎已經從這聲音聯想到坐在面前的創造者了。

「這是第一班夜車！」俞總工程師說。

「斟上酒吧，我來慶祝你！」郭伯父說。

俞總工程師用手攔住杯子，說道：「我已經盡量了，不過我倒有一段故事給你說一說。」

「好呀，我聽着。」郭伯父說。

「這次我作鐵路計劃的時候，我曾經有一度倦過勁，因爲當我測量完畢的時候，發現須要鑿幾座山，無數的涵洞，三座工程較大的鐵橋，好些地方又地基不實。我在作好計劃和預算呈上去時，知道這個數字與原來政府預定的支出，相差達五分之一。磋商的結果，由我重新估計，把可以偷料和可以從緩的地方，等到將來路局有盈餘的時候再行加工。

「然而我無論怎麼算，這筆工程費都無法接近政府的預算，到了後來，我差不多到了意氣用事的地步，打算把計劃交出去，推卸不幹了。

「最後，我到這裏附近來看看，是否可以再省去一些工作。而這一行，工程雖然證明不能省去，然而却碰到了你，你當時拍拍我的肩膀，要我把這個任務擔當起來。我只好一句話也不說，，決定幹下去再說，寧可讓政府追認預算，也不能把工作停下來，要不然，亦科兄，我眞是對不起你呀！」

郭伯父端詳着俞總工程師的臉，深具意義地笑着，說道：「你使我年青，使我這個五十三歲的老頭子，有野心再做些放浪的夢，我相信我會比先前幹得有內容一些。」

俞總工程又喝乾了一大杯酒，並且嗆咳起來。郭伯父問道：「怎麼樣了？老弟。」

「我喝多了，二十年來我都沒有這麼喝過酒。」俞總工程師說，用手支撐着腦袋。

「我很抱歉，因爲我不能陪你喝。」郭伯父說。

俞總工程師忽然想起什麼來，看看錶，站起來說道：「時間不早了，我還有重要的事不會辦完。」

郭伯父掏着衣袋，摸出那張從破箱底找到的相片，遞到俞總工程師的手裏，說道：「這個請你留着。」

俞總工程師把照片湊近電燈光，醉眼朦朧地看着，突然叫嚷起來：「啊哈！眞寶貴，眞寶貴！」然後，把照片塞進懷裏，捉住郭伯父的肩胛，搖撼了幾下說：「等我空了再來陪你！」

說完，他揚了揚手，奔出門去。

七

晚飯過後，我們圍坐在郭伯父的書房中，他似乎還在感慨着。

「爸爸，」婉妹問道：「俞伯伯臨走的時候，你交給他的那張照片是誰的呀？」

「爸爸，」那張照片怎麼會與俞伯伯發生關係？」良勤插嘴說。

郭伯父抬起頭來，回答說：「你們不要來打擾我，我正在計劃寫一個有內容的故事。」

「比『細菌的樂園』還要使你滿意嗎？爸爸。」婉妹問。

「當然，這是一個眞實的故事，我用不着加上什麼人物和情節，就可以寫成一部動人的小說來。」郭伯父說。

「爸爸，我猜想這個故事一定與俞伯伯有關，因爲我發現他對你的推重，簡直是不尋常的。」良勤說。

郭伯父沉默片刻，說道：「你們都猜得不錯，我與俞伯伯之間的確有過一段短短的交往。」

「很不尋常嗎？」良勤問。

「很不尋常，」郭伯父說：「簡直影響了我們的一生。」

「可是你從沒有提到過他。」良勤說。

「誰知道他日後是否活着以及怎樣活着呢？」郭伯父說。

「那恐怕是許多年以前的事了吧？郭伯父。」我問。

「故事比良勤的年齡還大三歲。」

「爸爸——」

婉妹正要開口的時候，郭伯父止住了她，不耐煩地說：「好了，好了，我本來預備把這個故事寫出來以後，讓你們自己去看的，現在你們既然等不得，我就把這段經過說給你們聽吧！」

這時，阿義進來冲茶，看見我們靜靜地等待着聽郭伯父講什麼，便把茶壺放在地下，靠在門邊等待起來。

郭伯父靠在推車上面的皮枕頭上，雙手按住腿子，兩眼微微闔着，似乎竭力想把他此刻的活動，回復到他所要敍說的故事中去。

「三十一年以前，」他說時眼睛凝視着天花板，「我住在一個上海平民窟裏，而這個平民窟呢，實際上也有等級，我剛好住在最糟的那一區，可說是平民窟裏的平民窟。

「一想到那個地方，我們的腦海中就會浮現着那些矮小而斑駁的泥墻房子，門前是狹隘的通路，上面鋪着拳頭一般大的石子，由於路基不實的緣故，許多地方都陷了下去，一到天下雨，到處都是水塘。除開這些，那裏還有許多爲繁盛區域所少見的垃圾桶，終年發着臭氣，在路邊，堆着小販丟棄的破棚子，用破了的爐灶，破板櫈，一起堆塞在那裏。

「在那種地方，空氣當然是惡濁的，每次有瘟疫來光顧，總是先到那個地方，在離開的時候，却輪到最後。

「我當時會淪落到那步田地，也並不是命裏註定的，原因是因爲我一跨出大學的門，我父親就要我設法做一個律師，而我自己呢，因爲事先估計錯了興趣的緣故，讀了四年法律，正在悔恨交加，自然就不會願意去作個律師了。

「那時，我已經對於寫作感到濃厚的興趣，開始發表一些作品。當然，那個時代與現在完全不同，那時新文學剛開頭，有誰能夠把白話句子連起來，就能成爲一個作家，連得好一點的，就會大紅大紫。

「爲了興趣問題，我決定改行，從事文藝工作，並且寫了一封信給父親，說出我的意願。然而，我父親因而大發脾氣，聲明如果我不照他的意思去做律師，他在我的過渡時期中決不接濟我任何費用。假如一年之後仍執迷不悟，就要在第二年村裏做家譜時，把我的名字除掉。

「我看完信，把牠撕得粉碎，發誓不聽他的話。然而就當時的情勢而言，我實在還不足以言自立，我在那裏沒有可以投靠的人，而一個無名作家要投稿，那種困難情形只有親身經歷過的人才能明白。不過就當時的文壇而言，比現在還開明一百倍，門閥和小圈子還沒有形成，文章取不取總透過編者的眼睛，而不像現在一樣，無名作家的稿子，最後的歸宿總是字紙簍。而且最壞的，堂堂皇皇地聲明不登，彷彿不是這樣辦就不能表示權威似的。却不去想想這是一個人的血汗，不去想想每份稿子都有一個敝帚自珍的作者。說不定你這裏扔掉的稿子，正是另一個地方引以爲榮的好文章呢！

「那時候，我寫文章的技巧不够，筆也很呆滯，每個月登載出來的文章，這裏幾角，那裏一塊地湊起來，不過十多塊錢。雖然，那時一個家庭傭工的工資也不過十元八元，然而他們吃住是不化錢的。而我呢，吃住都得在這裏面開銷。

「爲了節省，我只好搬到平民窟去住，那是一些手藝工匠，小販，黃包車夫，清糞婆，小舖子的伙計住的地方，沒有一個是可以逃避得了而故意不逃的。

「這個地方，倒也不是個容易找得到地盤的所在，我抱着舖蓋捲找了一整天，總算找到了一間房子，裏面照例住滿了許多人。出租房子的是個兇神惡薩的老太婆，她從頭到脚打量我好幾遍，好像她從一個人的臉上，就可以看得出會不會欠房租似的。她領我進去看房子時，我眼前突然一陣黑，看不清究竟路在那裏，過了好一會，面前的景象出現了，我看見通道上堆着許多東西；破木盆，斷水管，牀架，小販竹棚，馬桶蓋，斷拐杖……一直排到另一端的樓梯邊。我慢慢地伸着一隻手，探着脚摸過去，總算看見了樓梯的柱子。我爬上去的時候，樓梯顫動着，兩邊的欄杆搖撓得像竹籬笆一樣。我在走了幾級以後，房東老太婆停下來，關照我說：『文先生，你記牢，第七檔樓梯是沒有樓板的，當心踹下去！』

「到了樓上，總算有了點亮光，她轉了個彎，推開一間房，開亮那盞鬼火似的電燈。我向四壁一看，滿以爲是穀倉，狹小而窒悶。壁上是天然的灰塵顏色，走近去看看，發現上面還有圖畫，旁邊寫着打油詩。在地上，散着的是煙蒂，空火柴盒，破襪子，戲單，撕碎的信，雨傘骨架……彷彿前面一個住客搬走以後，根本就不會打掃過。

「我呆在那裏，不能決定住不住下來，房東老太婆說話了：『像這樣的房子，在這裏不大租得到的；一點也不潮，獨個人住，而且你看，牀還是現成的，月租只要四塊錢。』我歎了口氣，把舖蓋捲撩在牀上，決定住下來再說。

「到了晚上，樓上樓下的許多房客都回來了，地板吱吱格格地響起來，房門碰得整所房子都顫動。然後，擲鞋子的聲音，罵人的聲音和歎氣的聲音亂作一團。

「他們在發覺有個新住客搬進來的時候，都伸頭到房裏來看看。其中有一個，就住在我的隔壁，是個畫家，把我看作同行。據他自己說，他在那裏已經整整住上五年了，並且獲得了房東老太婆的信任，可以拖欠一個月的房錢。爲了報答這一點恩惠，他說他一直沒有搬遷的打算。

「除了這個人物以外，樓上還住着十多個人，有單身的，有合住的，有男也有女，不過他們當中却沒有一個是體面的，頭髮是乾燥而蓬亂，衣服像濺過炸彈的碎片一樣，而且發着酸臭，說起話來，總有一半是罵人的字眼。

「在樓下住的人，比樓上還要多而雜，不是同房東老太婆吵架，就是在房裏聚賭，檯子上却從來看不到一個現錢。

「在那一堆人中間，住着一個二十歲左右的年青人，老是穿着一套青布學生裝，長方臉，平頭髮，看上去忠厚得有點傻裏傻氣。他住在後門邊的那一間房子裏，小得只能放得下一塊單人牀板，另外就是一方擱在墻上的板子。然而這傢伙，倒是很有打算的，他是個學生，在一家高級工業學校裏半工半讀。

「就在這樣的一個環境裏面，我住了一年另五個月，每個月都拿一點微薄的稿費來謀生活。當然，我是愈來愈像一個流浪漢了，我的衣服又破又髒，鞋子沒有了底，頭髮蓬亂不整。其中有一個時期，心緒很不好，一個字也寫不出來，房租繳不出，還常常餓肚子，弄到房東老太婆要用掃帚把我趕走。後來，我深信要活着，只有沉住氣，繼續幹下去。

「有一天傍晚，我從報館裏領到五塊錢稿費回來，靜靜地躺在牀上，決不定還是先繳房租，還是先留作伙食，還是先買雙鞋子。正在這時，我聽見樓下有囉唣的聲音，我起先以爲是賭博的人又在打架了，後來仔細聽聽，彷彿有房東老太婆的聲音夾雜在裏面，用發抖的聲音兇罵着：『你怎麼可以死在我的家裏呀！你想害我嗎？死小鬼，你應該倒在馬路上，叫別人來收拾！』

「我知道出了什麼事，便跑下樓去看看，發覺那個工讀學生仰在牀上，兩眼含着兩泡眼淚，臉色發青，直定定地望着天花板。在一邊的窗框上，掛着一條剪斷的麻繩，其餘半條繩子，丟在地板上，圈套已經解開。這一下，我完全明白了，我還看見他的頸子上有淤血。

「房東老太婆看見我進去，抓住我的衣袖說：『他生了兩個月的病，賺不來外快，繳不起房租，沒有飯吃。不過，文先生，他生他的病，餓他的肚子，同我有什麼關係呢？我是個孤老婆子，我靠這個吃飯。』她說完這幾句話，又轉回頭對那個年青人說：『你既然死不掉，還要住我的房子，你一定要在三天之內繳房租。要是不繳，我喊隔壁獨眼龍來把你拖出去。』

「這時，我看見那個年青人慢慢地向我伸出手來，噙着口沫，結結巴巴地說：『文……先生，你……你有……五……塊錢……錢嗎？我……我……同你……沒有……什麼……交……情……』

「我不想答應我身邊有五塊錢，然而我心裏却非常難過，我不說我有，也不說我沒有，只是呆呆地盤算着。

「老實說，以過去而言，不要說是區區五塊錢，即使五十塊，我都敢擔承，然而現在爲錢受苦受得多了，胸襟也變窄了。

「那傢伙期待地望着我，然後抽泣起來。我再望望房東老太婆，她正在微微地笑着，好像她已經知道我身上有五塊錢似的。我不由自主地把手伸到懷裏，摸到了那五塊錢，再仔細想了想，總算取了出來，交到房東老太婆的手裏。

「那傢伙看到這種情形，感動得哭起來，說道：『文先生，我……我……要要……報答……你……你的……』

「我苦笑着，伸過手去握了握他的手，回答他說：『算了吧！你好好養病。』

「這件事過去以後，我滿以爲我又要在錢上面吃些苦頭，然而事出意料，由於這點善良心腸的激勵，我的寫作慾念旺盛起來，所有的作品也都有內容得多了。我的生活一旦改善的時候，我就打算搬出那個平民窟。在臨行的前一天，我向那個年青人去辭行。他那時病已經好了。正在預備他的畢業考試。

『你不能遲幾天走嗎？我馬上可以把錢還你了。』

「我表示最拮据的時期已經過去，並且告訴他當時那五塊對我的用途，實在不是以後的五塊可比。

「他完全明白這五塊錢對我們的意義，他說：『我知道我只有憑一生的努力，才能還淸這個交情了，好在我三個月以後就要畢業了。』

「誰也想不到，現在他作了工程界的技監，在我們家鄉修建起鐵路來了。」

郭伯父說完這個故事，抬起頭來望望我們，伸手去拿香煙。

「爸爸，」良勤插嘴說：「這件事發生在你生活中，想起來實在太偶然了。」

郭伯父忽然凝視着他，用帶斥責的口吻說道：「你爲什麼光是注意一件事情發生時的偶然性呢，難道你認爲許多事情都是必然的嗎？這種說法是無謂的，實際上整個宇宙間的事情，只要你仔細想一下，沒有什麼是必然的。譬喻說，你要到這個世界上來做人是必然的嗎？你媽媽在生病時吃錯藥是必然的嗎？十年前我們家裏的火災是必然的嗎？我們今天晚上要在這裏說這些話是必然的嗎？不是的，絕對不是的。我們此刻的聚會，要不是兪總工程師找房子安頓家眷，找到我家裏來，偶然碰了面；要不是你三個月以前出去旅行淋了雨，生了病，回家來修養；要不是婉芝在上海誤了考期，我們今晚的聚會怎麼能够呢？說不定，連文琪之來，都帶有幾分偶然性的。」

我笑起來，說道：「郭伯父說的很對，我這次來赴約，也有好幾分偶然性；我在收到良勤的電報時很不想來，後來因爲隔壁造房子，工作環境變得非常惡劣，我母親因爲我工作時間太長，長期患着消化不良，所以勸我出來走走。此外，我正在寫的那一本小說，在結局中遇到了意想不到的困難，使我想停下來，好好地想一想。由於這種條件，良勤的電報才把我催了來。」

郭伯父隱隱地笑着，一眼望見了站在門邊的阿義，說道：「阿義，你怎麼把倒茶的事都給忘了？」

阿義嘻嘻地笑，回答說：「先生，要不是今天柴店裏送一擔濕柴來，使我半天都燒不滾水，我也會湊不上聽你的故事啦！」說完，他提起水壺，自顧自走了。

阿義的話引得我們都笑起來，郭伯父甚至還咳嗆着。最後，他沉靜下來，臉色變得很莊重，說道：「我的小說不行，沒有內容，比我的生活空洞得多了。而一切藝術，如果沒有內容的話，還有什麼價值呢？憑什麼理由存在呢？許多人都向壁虛構那些愛情故事，用些僞裝出來的情感，以爲這樣就是文學藝術了，不，決不是！任何小說家如果放過我們的實質生活，忘記我們的靈性，忽視人類那點異乎禽獸的東西，一切小說都是胡謅。」

郭伯父說到這裏，激動的情緒使他訥訥不言，我便接下去說：「郭伯父，最近幾年來，我看到好些暢銷書，查其內容，實在一無是處，連造句都成問題。」

「你說得很對，」郭伯父大叫起來：「這表示什麼呢？這表示讀者對文學欣賞坐井觀天，趨向消閒的那一路。因爲那些輕鬆的流水賬，勾搭淫盜故事，不會牽動他們半條腦神經。可是更壞的並不是這個，而是因爲銷路好，接着像這樣的作品又出來了！甚至還有人去倣做！」

郭伯父的嗓子開始嘶啞了，忽然想起什麼來，轉向婉妹道：「今晚我還不會吃過藥丸吧？」

婉妹把藥丸遞給他吞了以後，他似乎顯得非常疲倦，說道：「良勤，你來推我回房吧！」

八

在我離開他們的那一天，郭伯父坐着推車送我到門口，懇切地說道：「一個小說作家有三個危機；第一，小有成就，沾沾自喜。第二，不甘寂寞，趨向時尚，到後來就弄不淸應該放棄藝術去牽就讀者，還是應該讓你去追求藝術，讓讀者來追求你。第三，自我欣賞狂，拼命地望着自己的鼻子，以爲你就是文學藝術的代表。像這樣的人，十個有十個都是狗屎。這是我給你的贈言，至於其他，你是遊刃有餘的。」

「郭伯父，我一定記得，」我說：「想不到只是幾天的聚會，你已經給我開啓了智慧之門。」

郭伯父慈祥地笑着，補充說：「只有把生活和思想充實起來的時候，文學藝術才能充實起來！否則，劊子手唸懺經，癡人說夢，妓女談貞操，都是虛僞的。」

我們分手時，良勤和婉妹堅持要送我到車站，在路上，婉妹告訴我說：「文琪哥，我從前讀到過一句話，是『一切藝術都與庸俗爲敵』，現在由於我們這次的聚會，使我慢慢開始領會到牠的意義了。」

「哦，」我說：「照這樣說來，你對你的小說，另有一番新計劃了。」

「你說的是我那篇大綱嗎？我根本不會再要牠了，我打算把牠撕掉，因爲我忽然覺得我已越過了那個階段了。」

「很好，我希望看見你的好作品。」我說。

「對於寫作，」良勤插嘴說：「我雖然興趣不及你們濃厚，然而我是領受的，好像小說本質上就應該對人生有些價值，而不僅僅是一些膚淺而杜撰的故事。」

我們到了新車站時，良勤感慨地說道：「你來的時候，須要轉道，多走三百多里地，但現在可以直達了。」

「可是有誰會想到那個故事呢！」我說。

「是呀！要不是那五塊錢——啊，眞難想像呀！」

「文琪哥，我想你一定有些好的題材帶回去，是嗎？」婉妹問。

「不是題材，而是比題材更寶貴的許多東西。」我說。

我上了車以後，車子就開動了，臨別的時候，婉妹還希望在暑期能够再聚會一次。然後，我在窗口揚起手來，看着婉妹被風吹動的花裙，像蝴蝶一樣飛遠了。坐在車廂裏，鼻子裏聞到一股新車廂的油漆味道。我闔上眼，那段故事又重來到我的心頭！

理髮篇

——「小鎮風情」——

賀肇苐

大概文人們是不太樂於理髮的，近人文章，一談理髮，沒有一個不認爲是件痛苦的事。其實，這雖不能說是故意誇大其詞，渲染過甚；但至少却是有些趨尙時好，賣弄風流，有意使自己附會於名士一途之嫌。

理髮一詞，於古無據。古制孩童披髮，到了十四五歲以後，便要束髮而冠了。古人懍于先賢訓示「身體髮膚，受之父世，不可毀傷」之語，所以，並無頭髮要理之說，而櫛沐則有之。當然，更談不到以此爲業的理髮師了！

至於東夷、西戎、南蠻、北狄，一切化外的人，關於頭髮文化，雖無專書可稽，我想大概蓄髮等身，是無可置疑的。君不見近人扮演落後民族，幾全是披頭散髮的。孔子云：「吾其披髮左衽矣」，便可證明夷俗總是披髮的。

我們天朝上國，例是束髮而冠。岳武穆詞：「怒髮衝冠」，李大白詩：「怒髮三千丈」，都可想見古時人頭髮之長度，因爲那時的頭髮，是聽其自由發展，萬萬不可毀傷的。

但有時也另有例外，如一到了情緒不佳，或是有意猖狂時，也是披頭散髮的。屈子之行吟澤畔，披髮陽狂，卽資佐證。

清人入主中國，首下薙髮之令，便是頭髮要理的開始。當時最大的作用，是在以之來測驗民心之順逆，却使頭髮變成了政治問題。結果，護「髮」運動，風起雲湧，終至全國都在大喊髮不可薙了。揚州十日，嘉定三屠，爲頭髮憑添了光榮史話。

不過，有清一代，在初髮雖沒全薙成，後來却稍有改制。一變古裝的束髮而冠，而是每人背後都拖上一條猪尾巴似的辮子。雖然是亦步亦趨，搖曳生姿；實在多少有點欠雅。

太平天國之興，又復古制，公開以頭髮來號召民衆，頗收宣傳之效。一時天翻地覆，差不多要把那些韃虜趕出國門了。後來雖然失敗了，而所謂「長毛」，所謂「髮逆」，却贏得後人無限憑弔。這又是頭髮走上了革命的一段往事。

民國肇建，剪辮已成一時風尙。那條猪尾巴似的東西反成了封建固舊的象徵。除了少數遺老，不思捨棄，猶自顧影自憐外，其他已是鳳毛麟角了！

吾贛張勳，民後尙昌言復辟，曾努力想替辮子一延壽命，但亦僅是曇花一現而已。

及至西風東漸，頭髮文化更爲之日新月異。髮式變動之繁，朝興夕改。不但仕女們爲了這三千煩惱絲而大感煩惱，費盡心血，爭奇鬪艷，或長或短，時高時低，忽前忽後，左傾右傾……鬧個不休。卽使一般摩登男士們，亦無不急起直追，不甘落後。所謂飛機式，流線型式，炸彈式……不一而足。非僅洋洋偉觀，而命名之奇，立意之巧，簡直不可思議了！

× × ×

十年前，英格利褒曼主演「戰地鐘聲」一片，因配合劇情，將長髮剃去，那一副「男士式」的短髮，曾瘋狂了當時少女，爭相效尤，以致雌雄莫辨。

近來奧德麗·赫本更在「羅馬佳期」中，爲頭髮文化，寫下了輝煌的一頁。赫本髮式之盛行一世，蔚爲時尙。報載日本數百萬理髮師，曾因此而向赫本提出抗議，謂其髮式過短，致影響渠等生意，損失達億萬元云云。區區日本三島，便遭有如許損害，我國又何獨不然，至于環球列國，只要赫本光臨之處，其災害之巨，影響之深，更將無法統計。由此可知，頭髮文化，誠爲一最嚴重，亦最實際之社會問題，吾人固不應等閒視之。

× × ×

記得我在十年以前，那時正當「好齡」。（作者自註：不是妙齡，以示與少女有別。）在頭髮上所下的功夫，確實不少。除了修剪之勤，式樣務新之外，每日梳洗、擦油、戴壓髮帽等：必要工作，皆不厭其煩。雖然那時燙髮之風，尙不及現時仕女們之「有髮皆燙，無燙不髮」。而趨時好美的人士們，却已迎頭趕上，只是當時旣沒有什麼原子燙、牙膏燙、盤尼西林燙……等等怪稱，也沒有像上絞刑，據說是通電流的那個大鐵桶，高掛其上，引頸受戮。只有原始式的火燙，兩把火鉗，燒得熱烘烘的，輾轉在頭上炮烙不止，直至髮焦汗流，方才罷休。如此酷刑，費時總在一兩小時以上，却虧我有此耐心，要等到有驚無險，功夫完畢以後，撫髮自視，竟又輾然色喜了。

我眞佩服我那時的一番勇于赴難的精神，且又有如是的耐心，眞是難能可貴了！

× × ×

邇來年歲少長，無復有此心情，此刑早已不受了！但對頭髮眷愛之情，却也不減當年；理髮次數之勤，且有甚於昔日。追溯其故，約有二端：

第一、我在小的時候，就聽到父老們有句俗語：「倒霉時，勤理髮」。意思是說，一個人處在倒霉的時候，心情自然是潦倒頹廢，抱鬱寡歡，表現在行爲上，亦特會顯出精神萎靡的不景氣的光景來，使人看着，特覺委瑣。所以，必需勤于理髮，多加梳洗，務使容光煥發，神采奕奕。如此一來，既在人前不會橫遭白眼，且收自己安慰自己之效。

來臺以後，絕跡仕途，本來無意倖進，用不着再來梳妝打扮。只是雖然我心如水，平靜不波，然間時亦不無不甘寂寞之感。我心悒悒，意態復趨消沉，殊非處此動盪的大時代的為人之道。我要渴求振作，也需要自我安慰，所以，我便開始從這些日常瑣事中，來訓練自己，來警惕自己，務使自己千萬不要墮入沒落了的名士之途。

因此，理髮一事，倒成了我在鄉居生涯中的一件振奮精神的興奮劑了！這便是我之所以勤于理髮，也樂于理髮的一個原因了。

× × ×

第二、我自卜居在這小鎮以來，轉眼瞬將三載。記得我第一次去作街頭巡禮時，一眼望到這些矮小的建築，與樸質無華的陳列，心裏老覺有些不慣。然而，最使我感到奇異的，是這裏的理髮店特別多，只見五步一店，十步一家。在不到一百家店面的長街上，理髮店的招牌，竟掛有十數家之多，可說是冠絕一時，猗歟盛哉！

由於這一點好奇心的驅使，我竟普遍地參觀了這大小不等的店家。使我印象最佳的，是一家名叫「復興」的理髮店，店屋寬敞，佈置雅潔，頗覺引人入勝。理髮師是一雙年歲相若的姐妹，白衣素裙，也不至望而生厭。

那大姐的長相，更值得爰筆一記。她天生就的皮膚黝黑，配上一張大嘴，却有着一列雪白整齊的牙齒，在那黑臉上，特覺黑白分明。我第一眼看到她時，心中便如有所感，好似在那裏見過了似的，却又說不出究竟是在什麼地方會見過她來。後來，我才想起那黑人牙膏上的商標，終於恍然大悟。我在想着：如果那黑人牙膏上的塑像，把那個男的，換成個女的，便只要把她放上去，自是一幅活廣告了。

這一個新奇的印象，本無足異。但人們往往是這樣下意識的，有時這好奇的心理，也足以變成生活的藝術。所以，我不但愛好這一個新奇而可笑的印象，而且，我將會永遠愛好這印象的。

× × ×

其實，我之所以愛好這家理髮店，原因還不止此。在先，這家理髮店的左邊，還附設了一個在這小鎮中，算是惟我獨尊的書店，專租小說，雜誌等等，這更適合于我的胃口。我每于理髮之時，因為時間充分，便在那書店中，先揀好一本雜誌來看，等到髮理好了，那本書大都也已看完了。所以，那些新出版的雜誌，無論是好的，壞的，黃的，黑的……我差不多都在理髮的時光中，充分地使用了。我不但是善于利用時間，而且，是善于利用環境了！

現在，時光荏苒，已近三年，那開書店的一位女士，年前早已適人，書店亦已停業，此福業已不能再享。然而，我對于這家理髮店，仍是一往情殷。我每次理髮，必然是習慣似的走進了這一家，三年來有如一日，毫無例外。雖然，近來小鎮上又添設了幾家設備更全的理髮舖，但我始終是一個不貳的忠臣，因此，也更得了她們無上的歡迎。

× × ×

基於上述的兩個原因，正說明了我個人對于理髮之所以偏好。或許我不是個文人，無法領略那鬚髮蓬鬆之自然的美；我更不願自稱名士，有意不修邊幅，供人欣賞。

我深深感到理髮對于我，不但不以為苦，而且是一種享受，也是日常生活中，最耐人細味的一種藝術。

（上接第30頁）

作為這個集子主題的「琴心」，在造境上我以為和琦君女士的成名作「姊夫」「永恒的愛」的氣質是一樣的。我們彷彿在黝黯的天色裏，看到一座墓，正有人徘徊憑吊，不論是壙內壙外，生與死在這裏都失去了顯明的界線；當人懂得了什麼是「愛」時，這至高的境界就會「忘我」，而不斤斤於生滅與得失了。我們又可以聽到：

「你只要有愛，能愛，你就有了一切，懂得一切了。」

「愛」是一種天性，是與生命以俱存的。因為有「愛」，一個稚弱的生命乃能茁長生成。作者用細膩的筆觸寫下的正是人性摯愛的一部份。我們聽着：「可是我盼望媽的心田裏再滋長出一支嫩苗，那是愛情的延續，生命的再創造，也是您神靈佑護下的奇葩。爸，答應我，讓我們充分享受人間至愛吧！」

作者有雄渾的氣魄而出之於婉約，這是她的本性。她雖自況其童年「是個黑炭團，鬪鷄眼，扁鼻樑，大嘴巴」——「潘家會出這麼個醜小鴨嗎？」誰會相信她的話，因為在這本書中我們早已看到她的風采逼人了。我們瞭解她承襲於母親處的是「憂鬱」，她更承襲了父親的「堅强」。我們聽她說「我自幼作人就感到苦多樂少」，早已「失去童稚的天眞與身心的健康」，「我常常躲在屋裏哭，十歲的童子，已感到人世滿是憂患，沒有同情與溫暖，家人對我的只是冷淡與奚落。」因為她遭遇到童年的不幸，她憂鬱，所以她更懂得如何去「愛」，如何去同情別人。

琦君女士不愧為將軍之女，她最了解軍人的寂寞與孤獨。她「一向對父親的印象是腰間插一把指揮刀，軍帽上一枚雪白的帽纓，從大門進來，老遠就聽得見馬靴咯咯之聲，威風凛凛，望而生畏。」深夜，讀到她書中的「滿江紅」——「嘆中原放蕩，人間何世。城外波濤兼天湧，長驅萬里漢家幟。願明年明月玉闌干，共君倚。」我深被其豪邁攪動起鼎沸的熱血。

總觀這本書中的文字，確於平淡中含蓄了力量，這力量也正是克服大風險的力量。而「琴心」中思維之纖密，文字之輕柔和深邃正如梅花香沁骨髓，非詩人詞人而莫屬。作者處理生活中的甘苦，能使之怡然自樂，如「我們的水晶宮」，「一生一代一雙人」，「一生兒愛好是天然」，「遷居」，那種野鶴閒雲的心境頗俱田園詩人的風度。在生活的平靜中，予人以親切之感。

今天在前線上三讀「琴心」，與敵匪隔海對峙，砲聲隆隆中，深覺琦君女士文字感人之深，特寫此篇向愛好文藝者推薦。

（四十四年二月廿三日夜零時金門前線上）

書刊評介

琴心

公孫嬿

琦君女士的文字有如空山靈雨。沒有雷霆，也沒有風暴，只在閴靜中予人以自然天籟幻變似的啓示，讓我們瞭解那是一種什麼氣壓。因此一任讀者悠然如披着簑衣坐在巉巖之旁，體會出作者情感的雋永和高逸。在濛濛裏，如繪的青山重疊呈浮到眼前，於是看風景的人在斜風細雨中不覺愀然若失，回顧烟雲渺渺，尤不盡其悵惘之至了。

琦君女士雅人深緻，玉潔的情操沖淡了人間多少汚濁。她使我們跟着她的筆觸走，心聲走，走向那淡淡的哀愁裏。她的秉性是善良的，唯其善良不粉飾，不力求矯揉作做，沒有扭妮作態的氣息，因而更平易近人。她「只是樸實地用膚淺的文字，傳遞出點滴心聲」。我們知道簷滴能透石，讀者卽或再頑冥不化，讀完「琴心」之後，也將爲其點滴彙集的心聲所貫穿。因爲在「這一字一句裏，有我的歡笑，有我的眼淚；有我對過去不盡的懷戀，對未來無窮的寄望」。放下「琴心」，讀者必將深深喘一口氣，默念着「這本小冊子能時時警惕着我，使我化熱淚爲力量，追隨勇敢者的行列，開拓人生的道路」。讀者一定會噙住眼淚，堅定了「無窮的希望」，忘却造成世間爭奪予取予求的「你」「我」之分了。

「琴心」是本厚一百八十頁的創作集，分爲散文和小說兩輯，前者佔十八篇(含代序與後記)，後者七篇。作者在寫作涵養方面是下過功夫的。文章畢竟是表現自己工力最硬朗的東西。火候、貨色、能否禁得起在時間的鐵砧上鏗鏘的敲打試驗，讀者懷中各有一塊試金石。但我相信「琴心」是歡迎試驗的一本書。開頭作者便在這方面有所抒見——「寫文章不僅要練字練句，更要練意，要練到人人意中所有，人人筆下所無，才是人間至文。華麗的辭藻固然可以裝飾文章的外表，可是沒有眞善美的內容，讀起來骨多肉少，終未免以艱深文淺陋之譏」。因此她「以溫柔敦厚的情懷，寫下了怨而不怒，哀而不傷的文字」。「琴心」中處處蘊存着一種寬大的氣息，正是「對人要有佛家憐憫心腸，不得有一分憎恨」。

誰能忘懷自己的過去？尤其是向坷坎生途邁着艱難步子的朋友。於是作者懷念她的「金盒子」。但「這並不是因爲愛小玩意兒的癖性，而是想賴以重溫兒時的舊夢呵！」在人間離亂之後，她「自思年來飽經憂患，一顆苦澀的心；實不復有閒適的情趣，追憶歡欣的往事了」。我們每個人都有一個金盒子——盒子裏貯存了童年的歡娛，但塵封在記憶的角落裏，我們不敢打開。如今却看着琦君女士忍心的打開了，她是打開給我們看的；而「琴心」這本書，其實只是金盒子中的一部份，我們應該爲作者創造的生命與未來創作成功而祝福。

「海天遙寄」和「長相憶」有着不可分的關聯。由兩個角度去看「愛」。兩個相對的觀念集中於一件事的焦點。我們不必懷疑第一身的眞僞，作者顯然想在瑣碎的小事上反映時代，因爲有這種烽火連天的時代才會有這種事發生。前一文是說「夫妻之間，要有根本的認識與堅定的信託」，「猜疑與誤會，往往會在夫妻之間造起一堵高厚的牆」。「如男女間的友情都要被視爲愛情的話，那麼作妻子的眞要惶惶終日，寢食不安了。」後一文在於「同甘苦共患難的感情，和這種感情俱在的是道義上的責任」。「因爲我的良心提醒我，欺騙一個純眞的心靈是墮落，失去了你的摯愛才是眞正的孤單」。「可是愛是應該完整的，我不能以自私的攫取摧殘我對他的愛，正如我不能以欺騙來摧殘你對我的愛一樣」。兩篇文歸結到一「愛」字，實際上這本「琴心」，也正是用「愛」字當作絲絡，將全文串綴起來的。作者終於用「遺失的夢」，闡發了她的觀點：「告訴你，花瓶雖然有了裂痕，花兒是永不會凋謝的，我還一樣地愛着它，外形的破損是無關緊要的，何況它只是生活的一部份呢！」

我記起「數點梅花天地心」的詩句，在讀完這本集子之後，我有了「勁梅琴心」之感。若以花名來標文格，顯然「琴心」就似梅花。難怪作者愛梅，這氣息在字句間傳染了讀者。松竹梅稱爲歲寒三友，由作者之愛梅頗可覘窺其耿介孤芳的氣質，於亂世更覺光彩灼灼；因而形成了「琴心」的動人音韻，使人感到愛的永恒。

在「琴心」的最後一篇，作者選擇「梅花的蹤跡」作爲琴的繞樑不絕的餘音，那是有意義的。這篇小說用幻想的章法滃灐出一片美，一片哀情。作者在隱約中也曾洩露了心機，我們聽到了有人對白——「梅花是一年裏最遲開的花，所以百花雖然萎謝，我總在盼待中。」「梅花帶來了第二年春天的消息，所以它應該是春天裏最早開放的花！」「阿梅，你愛梅花，梅花就活在你心裏。她雖然外形萎謝了，生機是永存天地間，一切都是如此，不只是梅花。」而最後作者點明了「希望」所存在的方向。

「只要你放眼尋求，春意是充滿人間的。」「你也是屬於這深山幽谷的，你和梅花秉承的是同一種氣質呢。」

讀「琴心」我們曉得作者有一位「夏」老師，很多篇文章提到這位老先生，造成了本書一大特色——寫師生的摯愛。這位老師實際如「春」風。而在「梅花的蹤跡」中却一變爲「丘」老師，自然是給人以「秋」的感覺，那個與梅同在的女孩子又取名「韓梅」。自然這又是「冰霜未盡先嬌媚，芳菲欲動偏廻避，原不識春愁，負它月一鈎」的寒梅的寫照了。而所謂的「梅湖」，是否就是作者的心湖呢？琦君女士的深刻用意，正奏出悠遠哀人的琴心。

（下轉第29頁）

第十二卷　第九期　內政部雜誌登記證內警臺誌字第三八一號　臺灣省雜誌事業協會會員

給讀者的報告

距本期發行之日再有三天便是五四紀念日了。不管人們對五四運動的看法是毀是譽，其在中國近代歷史上的影響則是無從抹殺的。當年五四所揭櫫的口號——民主與科學，仍爲我們今日復國建國之所必需。我們面對今日赤禍橫流、國運維艱的局勢，行念卅餘年來中國現代化運動所遭的挫折，眞是感慨萬千。在本期社論(一)裏，我們願再闡釋五四運動的眞義，並呼籲國人「貫徹五四精神」。在此，我們更提出人權與自由的口號。蓋民主與科學之義實綜括於人權與自由之中。我們必須喊出人權與自由的口號，則民主與科學的運動才不致落空。此實吾人在創鉅痛深的經驗中所得到的更深一層的覺悟。此外，與此義有關的尚有兩篇專論，一爲陳康教授的「論思想統一問題」，一是龍一謣先生的「民主乃中庸之道」。前文旨在指出中國歷史上已有的三種思想統一方式皆是有害的。只有統一於多數的民主主義的思想統一方式才是理想的方式。文中陳先生特別强調人權的觀念，並對五四運動有公正的評價。至於龍先生的大文則以中庸之道爲民主詮釋。其意亦在清澄少數人對自由民主之誤解。

亞非會議是最近國際間的一件令人注目之事。本期的第二篇通訊乃分析此一會議的背景，報導開會前後與會者各懷鬼胎的形色，足以幫助吾人了解此一會議的眞象。在社論(二)裏，我們更指出中共參與此一會議的陰謀，促醒民主國家，並重申我們確保金馬的決心。

此外的幾篇專論是：陶百川先生從法理學的觀點討論「官商勾結的背信罪」，陶震宇先生論述「俄帝外交的戰略」意義，分析俱極詳盡。至「科學定律與倫理定律」這篇短文則是愛因斯坦先生的遺作而爲殷海光先生所翻譯者。殷先生譯文早在三月底便寄來此間，因稿擠而未及即登，而愛因斯坦先生却已於上月十八日作古，我們此時刊出此文，實不勝悼念之情。

自由中國　半月刊　第十二卷第九期　總第一三二號

中華民國四十四年五月一日出版

發行人兼主編：『自由中國』編輯委員會

出版者：自由中國社
社址：臺北市和平東路二段十八巷一號
電話：二八五七〇

航空版

香港辦事處：友聯書報發行公司 Union Press Circulation Company, No. 26-A, Des Voeux Rd. C., 1st Fl. Hong Kong

菲律賓辦事處：岷市怡干洛街五〇二號三樓 3rd Floor, 502 Elcano St. Manila, Philippines

總經銷

臺灣：自由中國社發行部
美國：中國書報發行所 Chinese Daily Post 809 Sarcamento St., San Francisco, Calif. U.S.A.
加拿大：醒華日報 Shing Wah Daily News 12 Hageeman St., Toronto, Canada

經售者

日本、韓國、馬尼刺：東京僑豐企業公司、漢城裕昌德號、大中華日報社、新疆書店
印尼：椰嘉達天聲日報、棉蘭新中華報
越南：西貢中原文化印刷公司
緬甸：仰光振成書報店
印度：加爾各答塔梅學校
澳洲：雪梨瑞田公司
北婆羅洲：西利亞坡青年書店
新加坡：檳榔嶼、吉打邦均有出售

印刷者：精華印書館
廠址：臺北市長沙街二段六〇號
電話：二三四二九號

本刊經中華郵政登記認爲第一類新聞紙類　臺灣郵政管理局新聞紙類登記執照第五九七號　臺灣郵政劃撥儲金帳戶第八一三九號（每份臺幣四元，美金三角）

自由中國

FREE CHINA

第十二卷 第十期

要目

中華民國四十四年五月十六日出版

社址：臺北市和平東路二段十八巷一號

半月大事記

四月廿四日（星期日）

雷德福、勞勃森抵臺與蔣總統舉行會談。

葉外長向記者表示：含有承認共黨侵略成果的任何建議，中國均將反對。

美國務院發表聲明，有關臺灣地區談判，絕對須有中國參加。

東南亞公約組織國家軍事計劃人員，今起在菲集會，商擬防止共黨侵略的計劃。

亞非會議結束，決議譴責各種形式的殖民地主義。

四月廿五日（星期一）

中共廣播拒絕美國所提談判之先決條件。

四月廿六日（星期二）

行政院俞院長在立院報告，重申我確保金馬之決心，並謂雷勞二氏訪臺係檢討遠東一般情勢。

勞勃森訪問金門前線，葉外長、賴名湯等陪同先往。

中美軍事會議結束，雙方互換議定書。

美第七艦隊司令蒲賴德宣布，為實施中美軍事合作，在臺北成立聯絡中心，歸蒲氏指揮。

杜勒斯在記者招待會表示：美國將堅持，任何涉及中國利益的談判，必須中國政府參加。

法駐越高級專員艾雷指責越共破壞停戰協定。

四月廿七日（星期三）

雷德福、勞勃森訪華事畢，離臺返美。

艾森豪在記者招待會上對杜勒斯立場表示支持，謂美願與中共單獨談判，但決不能影響中華民國之利益。

東南亞公約軍事組織軍事會議，開始籌組對抗共黨侵略的八國聯軍，並將選擇曼谷或馬尼拉為軍事總部。

美英法俄四國駐奧大使定五月二日舉行和約會議。奧總理呼籲四國年底前撤退駐軍，同時希望奧將來能守中立。

四月廿八日（星期四）

柯克偕蒲賴德飛馬祖訪問。

美廿五戰鬬機中隊由琉球調駐臺灣。

省主席嚴家淦表示，臺省政府實施戰時體制，所屬各機構將逐漸疏散至中部地區。

諾蘭發表談話，反對與匪直接談判。

杜勒斯與柯林斯會談越南局勢。越叛軍炮轟政府軍，戰事再起。

四月廿九日（星期五）

美聯社華府電，傳美考慮在臺建立基地，並派軍長駐臺灣。

越南內戰，政府軍獲重大勝利。保大下令越總理以軍權移交阮文維，並赴法舉行和平會議，吳廷炎對此斷然拒絕。美特使柯林斯返西貢，將續支持越政府，法總理則責吳氏不能勝任。

東南亞公約軍事家商組聯合情報機構，防共黨滲透及顛覆活動。

四月三十日（星期六）

總統核定縮短常備兵服役期限為一年四個月。

美國務院正式聲明，繼續支持吳廷炎政府，美法歧見已表面化。

越南臨時國民代表大會宣佈罷免保大，並授權吳廷炎重組新政府。

五月一日（星期日）

自由中國勞工界盛大慶祝勞工節。

美軍顧問團四周年，總統酒會招待美軍人員。

外部否認外電所傳我已同意停火之說。

心理作戰學會成立。

東南亞公約軍事會議同意在泰國邊境抵抗共黨侵略。

艾德諾與皮奈聯合聲明稱，法德間重要問題均已獲致協議。

五月二日（星期一）

僑委會鄭委員長談話，斥匪與印尼簽訂所謂「關於雙重國籍問題的條約」一事，係為匪加緊侵略舖路。

雷德福在美衆院作證，強調美軍力足應變，匪難持久作戰。

美英俄法四國駐奧大使在奧京談判對奧和約問題。

五月三日（星期二）

俞院長葉外長在立院報告國際情勢，否認我對停火有諒解說。

艾森豪邀國會領袖商下年度援外方案。

美決定全力支持吳廷炎，越南政府軍在堤岸區獲新勝利。

五月四日（星期三）

雷德福宣佈，美駐華軍援團將擴大。

美援外法案中，援華欵列一億餘元，杜勒斯力促國會支持此案。

艾森豪在記者招待會中，證實美考慮派地面部隊駐臺。

越南政府軍發言人稱，西貢戰爭結束，叛軍已撤郊外。

五月五日（星期四）

監察院舉行第七年總檢討會議。

西德恢復獨立，盟國佔領宣告結束。美、英、法三國高級專員改任駐德大使。

東南亞公約軍事會議結束，八國代表簽訂保障會員國安全計劃。

越南政治會議要求廢棄保大。

五月六日（星期五）

伊拉克下院議長賈瑪黎訪臺。

亞盟中國總會理事會選出出席第二屆亞盟大會之七代表。

國防部公告，我在各外島領海內開始佈雷。

史塔生宣佈，下年度經濟及技術援助中國可獲一億零二百萬美元，軍援尚不在內。

五月七日（星期六）

蒲賴德偕蔡斯訪問金門。

諾蘭談話，強調金馬對自由中國之重要。

美英法三國外長在巴黎集會。

美助理國務卿墨斐演說稱，美如與匪談判停火，絕不影響中國權益。

越南政府指責法國支持叛軍，艾雷將軍則反指責越南進行仇法運動。

「自由中國」的宗旨

第一、我們要向全國國民宣傳自由與民主的真實價值，並且要督促政府（各級的政府），切實改革政治經濟，努力建立自由民主的社會。

第二、我們要支持並督促政府用種種力量抵抗共產黨鐵幕之下剝奪一切自由的極權政治，不讓他擴張他的勢力範圍。

第三、我們要盡我們的努力，援助淪陷區域的同胞，幫助他們早日恢復自由。

第四、我們的最後目標是要使整個中華民國成為自由的中國。

社論

（一）亞盟要把握住反共的有效武器

亞洲人民反共聯盟，將於本月二十三日在臺北舉行第二屆大會。這個聯盟（以下簡稱亞盟）是在去年六月間成立的。當時開第一屆大會於韓國鎭海，參加的單位有中華民國、韓國、菲律賓、泰國、越南、以及香港、澳門、琉球等地區。現在第二屆大會，除原有的八個單位以外，另有日本、土耳其、高棉、印度、巴基斯坦、緬甸、自由俄羅斯、以及反布爾希維克聯盟八個單位將派觀察員參加。這表現亞盟的組織基礎正在擴展，而其力量正日趨壯大。

亞盟是亞洲各自由地區的人民爲着反共而形成的結合。他們的反共是以保持人類尊嚴爲主要基礎（見第一屆大會宣言），而非單純地着眼於政權的爭奪。這一點最重要、最正確。現在我們根據這一點來申論，並祝賀這屆大會的成功。

何謂人類尊嚴？這篇短文，不容我們作理論上的闡述。我們在這裏只能指出，人類尊嚴的保持，靠的是人權之有保障。人，生而爲人的時候，就有若干不可讓與或不容侵犯的基本權利，如生命、自由、和幸福的追求等。這些基本權利，即是人之所以爲人的條件；這些基本權利如可不虞侵犯，則人類尊嚴才得以保持；這些基本權利是先於邦國，先於政府而存在的；邦國與政府的組成，爲的是從法制方面給這些基本權利以保證，而這些基本權利，並不是法制所賦予。這幾點是近代民主政治中人權觀念的要點。

基本人權，共產黨是不承認的；共產黨是用「公民權利」這一名詞來否認基本人權。（在最近亞非會議中提及聯合國人權宣言時，周恩來要求把「人權」重新下一定義。可見共產黨所說的「公民權利」與自由世界的人權觀念之不相容。）他們所說的「公民權利」，不是先於邦國和政府而存在，而是由於他們政府所賜予。與「公民權利」相對稱的，有所謂「人民公敵」。共產黨在其統治區的生殺予奪，就藉助於「公民權利」和「人民公敵」這兩個名詞的運用！人類尊嚴之謂何，在共產黨統治區中是不堪想像的。現在，亞盟以保持人類尊嚴作爲反共的主要基礎，這是正中敵人要害的武器，同時也是我們反共陣營中一個有力而有益的號召：

第一、爲保持人類尊嚴而反共，則反共是絕對的；中立主義無存在的餘地。在自由世界與共黨世界對峙的現勢下，中立主義還沒有絕跡。中立主義者之所以存在，由於對共黨認識不清。如果認清了共黨政權是與人類尊嚴不相容的，任何人都會站到反共的這一邊。共黨那邊，抹煞人類尊嚴，也即非人地區。人，只有被迫而過着非人生活的，決沒有人願意在人與非人之間徘徊中立。亞盟既已堅定地宣稱以保持人類尊嚴爲反共的主要基礎，今後應把握這一點來做工作。一方面盡力搜集共黨政權侵犯人權、危害人類尊嚴的事實，廣爲宣傳；一方面督促我們各自的政府，特別尊重人權，維護人類尊嚴，以資對照。這樣做，我們相信將會有助於中立主義者之減少而至於絕跡。

第二、爲保持人類尊嚴而反共，則反共與反殖民主義是不衝突的。亞洲有若干國家，對於西方殖民主義是深惡痛絕的。共產黨看準了這一點，於是常常以「民族主義」的外衣，來惡化東方國家與西方國家可能獲致的友好關係，以便他們得以一手赤化全部亞洲。周恩來現正高嚷「亞洲是亞洲人的亞洲」，這個口號，很動聽。它可以發洩發洩我們亞洲人幾百年來所受的怨氣。可是，我們要知道，嚷出這句口號的共產黨，其本身則是抹殺人類尊嚴，從基本上否認人權的傢伙！我們之所以反殖民主義，爲的是爭取民族的獨立自由與平等；民族是由許許多多的個人構成的；無視個人、否認人權，則所謂民族的獨立自由與平等，是不堪想像的。我們亞洲人不忘反殖民主義，有理由。但我們決不能因此而站在共黨那邊。我們要反殖民主義，首先還要反共產主義。爲什麼？因爲我們先要做「人」！要做「人」，所以我們先要反對抹殺人類尊嚴，否認人權的共產黨！亞盟標出了以保持人類尊嚴爲反共的主要基礎，對於那些熱心於反殖民主義運動而傾向於親共的人，當可發生振聾啓聵的作用。

第三、爲保持人類尊嚴而反共，則反共的政府才不致在反共過程中走上歧途，而自身也變成了極權政府。反共是要實力的。但反共的政府或執政的反共政黨，每易於把軍政（包括警察和特務）方面的權力看作反共實力的全部；因而認爲軍政權力愈擴張、愈加强，就是反共愈有力。這樣一來，軍政權力難免不走上侵犯人權的地步而不自覺。反共政府如果也是一個侵犯人權、無視人類尊嚴的政府，則人民又何必起來反共呢？如此反共，只不過是政權之爭奪而已，與人民何干！現在，亞盟明白地標出了以保持人類尊嚴爲反共的主要基礎，這一基礎，正好也可作爲我們各自政府在反共過程中的警戒線。我們要時時提醒我們各自的政府：爲保障人權而反共，爲反共而要切實保障人權！

第四、為保持人類尊嚴而反共，則反共是人人的事，而不是某一政黨或某一政府所可包辦、所應包辦。反共既是為的人類尊嚴，則反共事業的本身，就是一個人權運動。人權運動，自任何人看來，比其他任何政治鬭爭更重要、更基本、更切身。其他的政治鬭爭，儘可採旁觀的態度，讓政黨間去鬭去爭，惟有人權運動，才是每個人所自願參加而不肯置身事外的。為甚麼？因為你和我以及一個一個的他，都要做「人」！這正是反共的政府或政黨所可憑藉而應該憑藉的龐大力量。我們沒有理由可以相信，一個反共的政府或政黨會以舍我其誰的態度來包辦反共事業，而不廣納所有有反共意志、有反共能力、而又有代表性的份子於反共陣營，以發揮反共的總力量。如果真有這樣的反共政府或政黨，我們在難以索解中的唯一解釋，就是，這樣的政府或政黨，沒有正確的反共立場，沒有認清反共事業即是人權運動，而把反共當作了一般的政權之爭。現在，由於亞盟標出了以保持人類尊嚴為反共的主要基礎，其效果應該是兩方面的：一方面可以激發更多的人站在我們反共的這邊來，一方面可以督促我們各自的政府在反共陣營的組成中，表現最大的包容性。這兩方面，都是有助於反共事業之早日成功的。

亞盟第二屆大會，本月下旬就要在臺北開幕了。這一屆大會的成就，應該比第一屆的更多。我們細讀第一屆大會所通過的「組織原則」和「會議宣言」這兩件文獻，發現了一句最重要的話：「我們堅强的信念是以保持人類尊嚴為我們反共十字軍的主要基礎。」這句話，使我們為反共事業的前途深為慶幸。所可惜者，這句話僅僅在會議宣言中見過一次，我們覺得，這是不夠分量的。因此，我們希望第二屆大會緊緊地把握住這句話，鄭重地加强這句話，以這句話為最高的指導原則，來起草聯盟的憲章，來研擬一切題案，來作成一切決議，來督促各自的政府實行。這句話，太要緊了。它表明了反共最正確的立場，它鑄就了反共最有效的武器。

勘誤

本刊第十二卷第八期社論「民營事業的使命」第九行（例如臺糖公司曾譯出若干名著，輯成一部「企業管理叢書」……）。臺糖公司，係臺肥公司之誤。

社論

(二)

臺灣海峽停火談判勢在必行嗎？

自周恩來在萬隆發出聲明，謂願意與美國談判以謀局勢緩和以後，不但英國大感興趣，尼赫魯特別起勁，梅農馬上要往北平，而且美國當局的舞步也跟着中共所奏的樂曲跳起來了。共黨處處爭取主動，顯出八面威風，而自由世界則只有招架之功，並無還刀之力嗎？抑或西德參加北大西洋條約業經實現，建軍即將施行，自由陣營業經紮穩，儘可在外交壇坫上使共黨知難而退呢？現刻歐洲方面，蘇俄在對奧和約上已有明顯的讓步，德國問題也可以召開最高階層會議了；在亞洲則臺灣海峽停火的談判已是勢在必行，我政府雖聲明不參加，也只好被擯於門外。從此緊張局勢可以緩和，短期和平可以倖致嗎？

歐亞兩方的談判尚未正式開始，居今日而推斷其過程如何，結果怎樣，似嫌過早。可是有一事則可斷定：即歐洲的談判以蘇俄爲對手，其和平的誠意如何，或許可在談判中診斷出來；而亞洲談判的對手只是中共傀儡政權，其爲主角的蘇俄則隱在幕後，時而露面也表現其中立的姿態，不像此方主角的美國要親自出馬，以上駟對其下駟。歐洲方面我們姑且不論，僅就亞洲而言，則美國與中共作對立的談判，便已有些上當了。說者謂，中共要使美國對於臺灣海峽局勢緊張負責，乃其陰謀之所在。它的對內宣傳必以美國阻止其「解放臺灣」爲侵略行動，而增高其反美、仇美的呼聲，即此一端，其所得已是不小。其實這不但臺灣海峽是如此，即在韓國，在越南也是一樣。那麼我們要問，爲甚麼美國在亞洲不能像蘇俄一樣，任由各國去對付中共，而自己只作幕後的支持呢？

不錯，自由世界與共黨世界實有根本的不同。在共黨的統治下，國內是不許有紛歧的意見的，凡反對當局者殺無赦；其國際關係也只是下級對上級，所有附庸國家對於莫斯科只有服從命令，敬謹執行，中共也沒有例外。故蘇俄只在克里姆林宮拉線，而中共這個傀儡便可在臺上表演了。自由世界則不然。各國有其獨自的主權，所有盟國都是平等的，不能以命令行之。各國有各自的利害，因此而有紛歧的意見，有不同的主張。甚至一國內部都還有利害之爭，主張之異。像越南一樣，在此危急存亡的關頭還要發生內戰哩。因此之故，美國不能如俄國一樣，據一定的計劃以指揮各國，而必須多方顧慮，調協各國的利益，而後能團結一致，以與共黨相對抗。這是客觀情勢使之然，對於美國的處境，我們自有充分的諒解。

今只就臺灣海峽局勢而論，中美兩國便有根本不同之所在。若謂橫豎將來總不免一戰，則先下手爲强，趁蘇俄的原子武器以及氫彈尚居劣勢之時，迅速將中共擊破，或許是最高明的辦法。但是站在美國的立場，這辦法既非其多數國民所贊同，又難免多數盟國的反對，即是由美國發動戰爭是不可能的；那麼，中共願意談判自不妨談談，縱使談判不成也無大碍，但是我們中國國民則惡聞停火之聲。當此大陸同胞倒懸待救之際，我們怎能拋棄解救的義務，而不作反攻大陸的準備？如果我政府承認停火，情願偏保於小朝廷，偷安旦夕，則我們要此政府何用？以此之故，不但我政府參加談判必遭國民的反對，而且聽見美國人去和中共談判，我國民也要發生强烈的反感。兩方的意見，相距如此之遠，而我們又是盟國，究不能分道揚鑣，各行其是，我們豈不能想出一種適宜的辦法，爲抵抗共同的敵人而團結一致嗎？

究極而論，這種紛歧的意見只是暫時的，局部的，若以長遠的目光來作全盤的打算，則歧見自將消失於無形。和共黨談判，各國都有豐富的經驗了，他們慣以拖延爲手段而達其宣傳的目的；故經年累月而一事無成，是其常，在短暫期間能獲協議，乃其變。那麼這次談判，誰敢保證其成功？美國也不過姑妄試之罷了。縱使談判能有協議，也不過武裝對峙的局面，何能有持久的和平？不論以武力征服世界是共黨的宗教信仰，是其政治生命之所寄托，雖萬變不能離其宗，即在今天，周恩來一方發表願意與美國談判的聲明，同時依然强調「解放臺灣」，則共黨所包藏的禍心，還有人不知道嗎？最近國內的人民團體以及華僑團體紛紛發表確保金門馬祖的願望，惟恐美國以金馬撤守爲海峽停火的代價，而促政府須下堅守的決心。但是美國當局業經屢次聲明，不蹈雅爾達的覆轍，不犧牲盟國的利益了；我們想，深悉共黨眞相的美國當局，在我政府不參加的會議上，決不會承認以金馬撤守爲停火的條件的。但是面對着詭計多端的共黨，我們雖然只好暫作旁觀，但仍不免深懷危懼。

其實今天要談停火，至爲簡單。我政府反攻大陸的準備尚未充分，在最近期間不會採取攻勢的行動。這半年來的緊張局勢完全由中共造成：不但地面部隊有顯著的增加，而且閩浙近海的幾個飛機場也陸續完成，欲與中美爭奪海上的制空權。故只要中共停止行動，則停火馬上便可實現了。我們正告美國當局：現在去和共黨談判，必須本着全盤局勢的打算，堅持其應守的原則，切勿以急功近利的念頭，苟謀妥協，而貽禍於將來！

今後反共抗俄的三大方略

陳啓天

反共抗俄是一種史無前例的艱鉅事業。欲求此種艱鉅事業獲得最後成功，必須有適當的方略去實行反共抗俄。反共抗俄是世界性的問題，應該有世界性的方略。不過反共抗俄的世界方略，牽涉的範圍太廣，包括的內容太多，決非短篇所能詳說。現在只就自由中國今後反共抗俄應取的方略，提出三大要點來談談。

一　軍事戰方略——堅守金門、馬祖，準備反攻大陸

第一大要點，是應在軍事上採取堅守金門馬祖的方略。共匪既經再三揚言進犯臺灣，遲早自必先行攻擊臺灣的前衛——金門馬祖，似乎毫無疑問。國際姑息主義者，如英國，恐怕因此引起世界大戰，主張金門馬祖讓給共匪，以便事實上達成臺灣海峽的停火，自非我國所能贊同。美國雖已與我國訂有共同防衛臺澎的條約，但對於金門馬祖的協防問題，迄今猶無明確的肯定表示。目前美國的態度，似乎想用嚇阻的姿態將共匪嚇走。萬一不能嚇阻時，美國是協防，還是退却，也無人能作肯定的預料。至於我國自然希望美國能夠協防，萬一美國不能先行允諾協防，我國也應從速打算堅守金門馬祖到底。就臺澎的安全說，必須守住金馬，始可使臺澎少受共匪的直接威脅。就將來反攻大陸說，也須守住金馬，始有前進基地。就三軍士氣說，也須盡力堅守金馬，始能發揮三軍的鬪志，並表現三軍的戰功。就海內外人心說，也須盡力堅守金馬，始足鼓舞人心，使其內向。就國際形勢說，也須堅守金馬，始能一面防止姑息的陰謀，又一面博得同情的支援。總之，無論從任何方面說，都有堅守金馬的必要，萬萬不可再如大陳南麂一樣，不戰而撤。從純粹的軍事觀點看，堅守金馬固不免困難重重，也難保不遭重大犧牲。不過自由中國的目前處境，已經退無可退，只有不怕困難，不怕犧牲，始能保持一線生機，以免人心解體。只要我國下最大決心，切實盡力堅守金馬至相當時期，便可使國內外視聽改觀，也許可能引起於我國有利的國際變化。因此我們完全贊同政府的決策，無論美國協防與否，盡其在我，堅守金馬，決不輕易放棄。堅守金馬的軍事方略既經確定以後，便須充分準備實行這個方略的實際方法，以免決策不能貫澈。堅守金馬固然多少需要一點美援，但不可過度依賴美援，致鬆懈了作戰的決心。目前最要的急務，是動員一切力量，尤其是動員三軍的現有力量，準備為保衛金馬而力戰到底。正式開始作戰以後，不但要在金馬地區以內有充分的守勢防禦力量，並且要在金馬地區以外有必要的攻勢防禦力量。攻勢防禦與守勢防禦互相配合，始能眞正打擊敵人，確實保住金馬。如果只有單純的守勢防禦，則是等於坐着挨打，便不易堅守了。孫子所謂「小敵之堅，大敵之擒也」，正是指點小兵力不可純採守勢防禦。所以我們要確保金馬，必須多動員，並須兼採攻勢防禦。金馬兩地的得失，關係自由中國的前途甚大。我們希望政府，尤其希望軍事當局，依照既定的決策，從速準備為保衛金馬而戰。孫子說：「毋恃其不來，恃吾有以待之」。美國似難嚇退共匪來犯，吾將何以待敵，不久的將來，便要遭受實際的考驗。要經得起實際的考驗，便須先在軍事上有周詳的策劃與充分的準備。萬一事勢迫急，還要能爭取主動制敵機先。我想政府以及軍事當局早經注意及此，不必要我再多說了。至於確保金馬以後，尙須積極準備反攻大陸，以免日久難於偏安海島一隅，自亦不待多說。

二　政治戰方略——超黨派的自由中國運動

第二大要點，是應在政治上發起一種「超黨派的自由中國運動」，以便團結全國各方，協力反共抗俄。反共抗俄事業的成敗，不但關係黨派的存亡，而且關係整個國家的存亡；不但關係政權的興替，而且關係文化的興替；不但關係少數人的榮辱，而且關係多數人的榮辱。所以我們對于反共抗俄事業，只許成功，不許失敗。

任何國家有黨派關係的人民，在全體人口中只佔少數，而在中國有黨派關係的人民更只佔少數。例如臺灣現有人口八百萬中，至多只有百分之五至六有各種黨籍。又如海外華僑一千三百萬人中，至多只有百分之三至四有各種黨籍。又如現在中國大陸的四億四千萬人口中，至多只有百分之二至三有各種黨籍。我們要能號召極大多數無黨無派的人民來積極支持，始可使反共抗俄事業獲得成功，這是無人能否認的。不過究竟應該用什麼辦法去號召，才能十分見效呢？現在最流行的辦法，是用黨派來籠罩一切，使極大多數人民不得不跟着來。但可惜極大多數人民原是無黨無派的，自然對于黨派的辦法難得有大興趣。如果籠罩過火，也難免發生反感。籠罩所不能及的地區和人民，更難產生向心力。所以這種辦法，對于多數無黨無派人民的效用，是非常有限的。即就少數有黨派關係的人民說，也分屬於各黨各派，不能完全相同，如何能用一黨一派的辦法來完全籠罩其他一切黨派呢？所以這種辦法，對于少數有黨派人民的效用，也是非常有限的。更進一步說，如果我們只把反共抗俄事業當做一種黨派對黨派的問題，則難免大大削弱了反共抗俄的力量。由上說來，可知反共抗俄事業的成敗關鍵，完全繫於有無一種辦法，來號召全國一切反共及非共

的人民，不分黨派，協同努力。

所謂新辦法，究竟應該怎樣呢？我曾仔細的想，只有「超黨派的自由中國運動」，才是一種廣泛有力的政治號召。這種運動的精神與態度，應是超黨派的，始能消除一般人民對于黨派的隔閡，並且消除黨派間的矛盾。這種運動固需要各黨各派參加，也需要無黨無派參加。各黨各派雖有大有小，然均得在此運動中發揮協力的作用。這種運動的消極目標，固在完成反共抗俄事業，而其積極目標，則在實行民主自由制度。我們不可只為消極目標，而忽略了積極目標，也不可只為積極目標，而放鬆了消極目標。我們不是為反共抗俄而反共抗俄，而是為民主自由而反共抗俄。民主自由可以說是反共抗俄的積極目標，也可說反共抗俄的有效方法。如果不用民主自由的目標和方法去反共抗俄，則不易顯出自由中國的特徵，也不易促進實際政治的改革，更不易溝通國內外人士的精神，所以民主自由的作風，是反共抗俄的必要方法。這種運動的當前步驟，固在保障自由中國現有土地和人民的安全和自由，而其最後步驟，則在恢復中國大陸，解救多數同胞。

自由中國運動，固然需要一種核心力量，但若無超黨派的共同目標和共同步驟，將各種反共及非共力量聯合起來，便不易求得反共抗俄的勝利。現在的反共抗俄事業，比之從前的排滿革命運動，要艱鉅得多。辛亥革命之所以能迅速成功：一、在同盟會聯合數種革命團體在一起，而非一黨一派的組織；二、在同盟會以外的革命團體以及立憲派，也多參加辛亥革命；三、在無黨無派的多數人民，均起而響應辛亥革命。總說一句，由於排滿革命成為一種超黨派的大運動，而非一黨一派的運動。排滿革命尚且需要超黨派的大運動，難道比排滿革命更艱鉅的反共抗俄不需要超黨派的大運動嗎？所以近年民間有民主反共聯合陣線的呼聲，政府也有準備召開反共救國會議的擬議。但是可惜尚未積極進行，不免令人有些缺望。

筆者對於清末以來的黨派起伏情形，均曾親見親聞，而對於辦黨——中國青年黨的經驗也有三十餘年。因此深深覺得一個黨派的成敗關鍵，不僅決於純黨派的作風，而且決於超黨派的作風。如果一個黨派只有純黨派的作風，而沒有超黨派的作風，則難免示人以不廣，如何能爭取人心，打擊敵人呢？純黨派的作風施用於同黨，尚且有時令人感覺抱殘守缺，而施用於非同黨，則更令人感覺深閉固拒了。所以一個黨派不患不能注意純黨派的作風，而患不能注意超黨派的作風。前面所說的超黨派的自由中國運動，便是希望各黨各派以及無黨無派都考慮採用超黨派的作風，來展開恢復中國大陸，保障人民自由的一種廣泛運動。

超黨派的自由中國運動，是一種最好的政治戰方略，也是一種最好的心理作戰方略。我們要積極展開此種運動，始能獲得反共抗俄的最後勝利。至於展開此種運動的具體方法，似應注意以下各項：

一、一切反共及非共的中國人，無論任何個人，無論任何黨派，也無論居留任何地方，都要徹底覺悟，「天下興亡，匹夫有責」。目前自由中國已到了「天下興亡」的最後關頭，只有大家改正一切成見，特別改正狹隘的黨派成見，並解消一切個人的意氣，才易於聯合起來，為自由中國運動而共同奮鬬。故步自封的成見，尤其是狹隘的黨派成見，足以禍國。個人的意氣，也足以誤國。過去已因成見和意氣而誤國禍國，今後不可再用成見和意氣來誤國禍國。大家需要懺悔，需要贖罪，需要革新，需要以天下為公，才能廣泛展開自由中國運動，以求早日恢復中國大陸。

二、現在自由中國雖由國民黨執政，但不可誤解為「國民黨中國」。要使國民黨以外的反共及非共人士踴躍參加超黨派的自由中國運動，宜先由政府仿照抗戰初期廬山談話會的辦法，舉行一次臺北談話會，約請旅外各界領袖來臺參加。在此談話會中，政府可懇切說明當前國勢的困難及其挽救辦法，民間各方亦可坦白條陳國事的意見，使彼此的情意得有機會加以溝通。如能更進一步利用此談話會，商定出一個「自由中國運動綱領」，以為今後政府與民間各方言論和行動的共同標準，必可造成舉國一致的氣勢，使敵人戰慄！如果仍舊散漫各不相謀，便足為敵人張目。所以舉行這種談話會，是對民間的一種政治號召，這是對中共的一種政治攻勢。所費甚小，而收效甚大。希望政府趕快予以考慮。時勢日益急迫，而人心又易散難收。我們要收拾人心，來應付當前的緊迫時勢，似乎不可再如反共救國會議一樣多所遲疑了！

三、自由中國運動宜從三方面積極進行：㊀是臺灣同胞方面；㊁是海外僑胞方面；㊂是大陸同胞方面。而以海外同胞方面為最急。現在海外同胞多苦悶徬徨，而莫知所從。自由中國宜即多方設法爭取海外僑胞，以免其為共匪所迷惑。除改善政府的僑務運動外，應讓民間亦得盡力於僑務運動。凡來參加上節所說談話會的旅外人士，應任其於會後仍回海外各地，從事自由中國運動，以鼓舞海外僑胞。現居臺灣的反共人士，無論屬於何黨，應儘量任其自動赴海外各地，如日本、南洋、美國以及歐西各國，從事自由中國運動。與其任人才坐廢於臺灣，何若任他們到海外去從事自由中國運動！所以要動員人才分赴海外為國效力，又不得不放寬出入境限制。

四、言論自由是自由中國實行民主政治的重要標誌。所以要實行民主政治，便不得不依照憲法保障言論自由，放寬言論自由的實際尺度。民間對于政府固然要善體時艱，不必吹毛求疵。政府對于民間也要樂納諍言，不必諱疾忌醫。只要言者無罪，而聽者有益，便有助於政治的改進與國家的復興。臺灣出版的書報應儘量輸送到海外各地，使僑胞明瞭臺灣的實況，以便引起他們愛護自由中國的熱誠。海外出版的反共書報也應儘量任其輸入臺灣，使海外僑胞的意見，亦有表達於政府的機會。為溝通海內外同胞的情意，並宜揚自由中國運動起見，政府也宜扶助民間在日本、香港、南洋、美國等地，創辦像樣的刊物。據我所知，除香港外，其他海外各地都無像樣的刋物，足爲自由中國的喉舌，實在是一大缺點，急應加以補救。

三　外交戰方略——超國家的自由亞洲運動

第三大要點，是應在外交上發起一種「超國家的自由亞洲運動」，以便聯合與亞洲有關的各自由國家，共同反共抗俄。現在世界的最大危機，在亞洲。亞洲的最大危機，在中國大陸淪入鐵幕。如果中國大陸不淪入鐵幕，則不會引起東北亞以及東南亞的危機。要消弭這種危機，不是一個國家的單獨責任，而是所有與亞洲有關國家的共同責任；不是中國一國的責任，而是一切自由國家的共同責任。當前的急務，在聯合一切與亞洲有關的自由國家，共同抵抗鐵幕集團的進一步侵略。根本的企圖，在聯合與亞洲有關的自由國家，協力恢復中國大陸，使整個中國獲得自由，亦可使亞洲以及世界的自由國家，不再因中共盤據中國大陸，而受到威脅。要達成此企圖，必須從速發起一種超國家的自由亞洲運動，使每個與亞洲有關的自由國家，爲民主自由而共同奮鬪。這是一種史無前例的大運動，宜依據以下所說的各項旨趣，積極進行。

一、自由亞洲運動的主要使命，在依據民主自由原則，發動亞洲各國人民的力量，促進亞洲各國的合作，以求亞洲各國共同致力于擴大亞洲的自由，保障亞洲的安全，促進亞洲的文化，改善亞洲各國人民的經濟生活，並與西方民主國家共同維護世界和平。

二、亞洲固有的土地物產人口與文化，原在全世界上佔有重要的地位，如果忽視亞洲，任其遭受侵略，失去自由，便難永遠單獨保持世界其他各地的自由。所以要維護整個世界的自由，必須從速展開自由亞洲運動。

三、自由亞洲運動，固然歡迎西方民主國家的協力推進，但決定亞洲前途的主要力量，仍賴亞洲各國人民的自發力量。所以要徹底推進自由亞洲運動，必須依據民主自由原則，發動亞洲各國人民的廣大力量。

四、自由亞洲運動決非任何一個國家，也非任何一個黨派，更非任何一個個人所能單獨爲力。如果亞洲各國仍然各不相謀，甚至彼此對立，便難免爲共同敵人各個擊破。所以要應付共同敵人，必須消除歷史恩怨，兼顧共同利害，以促進亞洲各國的合作。

五、現在妨害亞洲自由的共同敵人：第一是新來的共產帝國主義，第二是舊有的殖民地主義。我們要恢復亞洲的自由，解除被侵略的痛苦，便必須同時反對這兩大敵人。因爲亞洲各國不從殖民地主義的壓迫下解救出來固無自由，不從共產帝國主義的侵略下解救出來更無自由。這是自由亞洲運動的兩大目標。

六、自由亞洲運動認爲要保障世界和平和亞洲各國的獨立自主與自由的生活方式，必須聯合起來，共同奮鬪，解救陷於鐵幕地區內被奴役的人民。這是亞洲各國實行互助所必要的努力，同時也是亞洲各國實行自助所必要的努力。

七、自由亞洲運動，主張亞洲各國應一面發揚亞洲固有文化中博愛與和平的精神，如出生於亞洲的聖哲孔子、釋迦牟尼、耶穌與摩罕默德等之所提示，同時又一面利用科學方法，實行現代經濟設施，以改善亞洲各國人民的生活。

九、自由亞洲運動，主張亞洲各國在政治上應互相尊重獨立，在外交上應協商合作，以便建立「自由亞洲聯盟」，提高自由亞洲各國在世界上的地位。如果亞洲各國對於反自由的侵略勢力採取觀望態度，便足助長反自由的侵略氣燄，致使本身亦受其害。所以自由亞洲運動，希望亞洲各國人民均能積極參與反共產帝國主義及反殖民地主義的民族獨立運動。

十、自由亞洲運動，主張亞洲各國應依據合作與互惠的原則，促進亞洲各國間的貿易及經濟關係，並應組織「自由亞洲經濟會議」，討論亞洲各國有關的資源、工業、農業、礦業、漁業、交通、運輸、關稅、滙兌、市場及一切經濟技術合作等問題，以便協力發展亞洲各國的經濟。

十一、自由亞洲運動，主張亞洲各國間應在教育、學術、宗教、藝術、文物展覽、體育競技、書報刋物、及學術團體等方面，盡量互相觀摩，並大量交換教授與學生，以增進文化交流。又亞洲各國間應放寬入境及居留限制，減少差別待遇，以便彼此往還。

十二、自由亞洲運動，主張依據聯合國憲章，設立亞洲區域的集體安全組織，以確保自由亞洲的安全。此種組織固然歡迎西方民主國家的協助，但主要構成份子，必須盡量包含所有亞洲的自由國家，以便多用亞洲各國的力量，共同保障亞洲的自由。

十三、自由亞洲的直接目的，雖在保障亞洲的自由與安全，然其間接目的亦在保障全世界的自由與安全。自由亞洲各國應依據聯合國憲章的精神，與西方民主國家合作，以圖保障亞洲的自由，並維護世界的和平。所以自由亞洲運動既不是亞洲孤立主義，也不是亞洲門羅主義。

十四、自由亞洲運動，是整個世界自由運動的關鍵部份，所以不贊成西方民主國家對於亞洲的自由與安全問題採取觀望態度，尤其不贊成西方民主國家對於共產帝國主義採取妥協態度。因此我們要切實提醒西方民主國家對於自由亞洲運動，要採取積極的堅定的一貫的與一致的協助態度。

十五、自由亞洲運動，不僅是一種純政治性的運動，而且是一種基於自由的人文思想之廣泛的文化運動。這種廣泛的文化運動，不但要發揚亞洲固有的文化，而且要促進東方文化與西方文化的溝通與協調，使世界文化更進一步。

×　×　×　×　×

以上所說三大要點，是今後反共抗俄的三大方略。堅守金門馬祖，準備反攻大陸，是軍事戰的必要方略。超黨派的自由中國運動，是政治戰的必要方略。超國家的自由亞洲運動，是外交戰的必要方略。自由中國以及自由亞洲要挽救今後的危機，必須切實實行此三大方略。本文對於此三大方略雖只說明了一個大意，但是都經過仔細考慮之後才寫成的。關於自由亞洲運動的旨趣部份，並曾經十餘友人詳細斟酌過。因此我希望讀者對于本文所說各節，多多予以考慮與指教。

自由亞洲的重要性

杭立武

——四十四年五月九日在中央信託局動員月會演講，程志政筆記

亞洲在世界上，一向佔着重要的地位。原因是人口衆多，農產豐富，又有重要資源。中國大陸赤化以後，自由亞洲在反共整個戰略上，因爲危機四伏，顯然更形重要。

我們所謂重要，不是辯論歐洲第一或亞洲第一問題。因爲共產國際，吞併世界的企圖，有整個的戰略，我們在反共方面，也應當有全球性的戰略，不該存亞洲或歐洲第一的心理。

但是歐洲自從美國于民國三十六年，決定支持希臘、土耳其、抵抗蘇俄蠶食政策以後，再經過馬歇爾計劃的援助，和北大西洋公約組織的成立，歐洲局面，已逐漸穩定下來。最近西德獨立，準備建軍，歐洲抵抗共黨侵略的力量，日形雄厚，使蘇俄沒有鯨吞蠶食的機會。所以歐洲方面，除非發生第三次世界大戰，暫時似無危險。依照目前情形觀察，蘇俄還不致就發動第三次大戰。這當然不是說蘇俄不在注意歐洲；相反地，它最注意的，正是西德的建軍問題。過去幾月來，它竭全力來阻止西德加入北大西洋公約組織。現在雖然西德已經加入，但是蘇俄仍將繼續多方阻撓。因爲這件事，不論在冷戰熱戰方面，對蘇俄心理上、軍事上、都構成很大的威脅。蘇俄對此將來也許要做重大的決定。

歐洲方面，西方的防禦力量既然已經到了相當程度，並且還在不斷增進之中，蘇俄自然不能不有所顧忌。要擴張它的勢力，只有將侵略的方法和工具，暫時移用在亞洲方面，因此亞洲各國，應該特別提高警惕。目前民主國家，在亞洲的軍事力量還不够堅强，又沒有整個的防禦計劃，內在的許多弱點，在在可供共匪的利用，情形確實相當危急。

自由亞洲，一共有二十多個國家。其中非共國家，大體可以分爲三類：一是以印度爲首的集團，包括印度、印尼、錫蘭、和緬甸。它們和共匪，或是已建立外交關係，或是和共匪相當接近，這些國家，都屬于哥倫坡會議集團。此外還有巴基斯坦。但巴基斯坦，是反共的。它的外交政策，並不一定受印度的影響。這個集團之中，印度的地位，自然最爲重要；可惜它採取了中間路線，也是最危險的路線。印度爲什麼會採取中間路線呢？我們分析起來，不外三個原因：第一，尼赫魯本人的領導慾强，他很想做亞洲的領袖。我記得三十六年印度快要獨立的時候，曾召開過一次亞洲關係會議。當時我是中國代表之一。這個會議是民間的，那時外交部曾派歐洲司司長現外交部長葉公超先生爲觀察員。在會議上，我們深深感到尼赫魯急想領導亞洲；可是因爲蔣總統的資望很高，而且對印度獨立一向十分支持，在道義上，他不能不表示感謝，但在政治上，蔣總統却成爲尼赫魯領導亞洲的「障碍」。中國大陸，被共匪佔據以後，他做亞洲領袖的慾望，又遭遇了挫折；於是想利用共匪和西方民主國家的對立關係，做居間的橋樑，藉以增加印度的重要性。第二，尼赫魯的政策，也受了印度經濟情況的影響。印度財力缺乏，難以同時建立强大的軍事力量，于是想以第三者的姿態，拉攏共匪和西方民主國家，表示印度希望和平，不願從事擴充軍備。第三、印度人口衆多，大部份的人民異常貧苦，又多文盲。在貧、弱、愚的情況下，又剛剛脫離英國而獨立，所以很怕牽入戰爭的漩渦，因而採取中間路線。可是尼赫魯這種打算，是短視的。他應該知道中間路線的幻想，不但危險，而且到了最後，中立也是絕不可能的事。

我想，使印度最能瞭解共產國際的侵略企圖，以及和共黨談善隣政策會吃虧的，莫如西藏問題。當初尼赫魯幻想利用他和共匪的關係，可以維持西藏的半獨立。這幾年來的事實，可以證明尼赫魯的想法，完全錯誤了。尼赫魯也許多少覺悟了，可是目前共匪仍然要利用他，他還得以第三者的姿態，繼續扮演國際舞臺上的丑角。所可喜的是這一集團中的錫蘭和緬甸，已逐漸對共匪的侵略，有比較清楚的認識；國內對付共黨的防範措施，也是日漸嚴密，外交政策，可能逐漸獨立，不受印度太大的影響。當然未來的一切，還得看國際局勢的演變如何，纔能決定。

自由亞洲非共國家中的第二類是較爲接近西方，但在反共方面，仍不免模稜兩可的，那就是日本。日本的政局，將來究竟如何演變和發展，還不可知。日本在亞洲地位，自然重要，它是第一個亞洲工業化國家，這幾年在美國大力扶植下，現階段除重工業以外，輕工業已超過第二次世界大戰前的水準。日本和西德都是第二次大戰的戰敗國，但工業方面，恢復都很快，所不同的，西德的工業發展，也許比較平衡些。不過無論如何，日本的工業，在亞洲依然居于領導地位。

我對于日本，沒有深切的研究，但近幾年來，常有機會經過日本。基本上看不出它比大戰前有什麼重大的改變。不過自由思想，比以前蓬勃，尤其婦女和青年方面，更爲顯著。所可慮的，是共黨滲透了日本各階層，並且利用工人、學生和婦女的厭戰心理，掀動反整軍和反美的暗潮。又利用經濟界希望和大陸通商的心理，鼓吹親共，這在政治上的影響很大。更可惜一般日本人，錯覺地

自信可以對付共黨，認爲共匪的滲透並不足慮。這種過份自信心，反爲共黨所乘。記得四年前，我路過日本時，正值東京基督教國際大學，舉行開學禮，我也被邀參加，在校園外面，看到「打倒美帝國主義」一類的英文標語，當時曾向學校、和文部省的負責人員，指出這種舉動的嚴重性，他們却笑着認爲青年人的行動，不足介意。我還是儘量告訴他們過去中國大陸共匪利用學生的一貫手段，給他們參考。我以爲日本既是亞洲的重要國家，有良好的工業基礎和民族精神，要避免將來的危機，首先要決定以共黨爲非法組織。能夠如此，那麼旗幟鮮明，便可肅清匪諜，阻止共黨勢力在日本的發展。否則一方面讓共黨力量坐大，一方面政治上缺乏鮮明立場，那就很危險了。近年來日本政壇變化很多，有遠大眼光、偉大魄力的政治家，却不多見。實際上在目前的日本情況，大政治家也不易產生出來，因爲日本政黨，戰後還沒有深厚的基礎。不過，以它的工業力量和吃苦耐勞的民族性，我們希望它能在反共陣線上，發揮力量，不但自救，也可以對整個自由世界，有偉大的貢獻。現在的兩面政策，必須早日結束。有堅定的反共立場，再由明智的政治家來領導，我相信日本的前途一定十分光明的。

亞洲非共國家的第三類，是堅決反共而與西方民主國家親近的。在這一類裏東南亞有泰國、菲律賓、越南；東北亞有韓國。其中菲律賓和美國關係，最爲密切，有東方民主橱窗之譽。它在政治方面，已有良好的基礎，尤其兩年前，選擧總統時，民主政治有顯著的表現。菲律賓反共有兩大原因：一是它在美國統治時期裏，飽受了西方自由思想的薰陶，無形中成爲一個反極權的國家。其次菲律賓有百分之八十五以上的人民信仰天主敎，天主敎徒向來反共，所以菲律賓反共的空氣，也特別濃厚。由于虎克黨在菲律賓的失敗，更可以證明菲律賓不是共黨易于發展的溫床。兩年來，菲國在麥格塞塞總統勵精圖治下，有不少的成就。它在國防上，因爲有美國的協助，對外來的侵略，一直沒有感到直接的威脅；直到最近大陳，南麂撤退，共匪威脅金、馬、臺、澎，它才突然感到中菲有休戚相關，唇齒相依的密切關係。中菲兩國，本應該密切聯繫起來，一致反共；可惜中菲關係上，因爲菲化案的實施，投下了不幸的陰影。菲化案實行以來，對菲不惟無益，反而有害，菲律賓許多有識人士，已覺得有修正或取消的必要。值此大敵當前，我認爲中菲兩國，亟應加緊努力，增强兩國的關係。

再說泰國。因爲地理上的關係，它在東南亞反共防禦體系上，很是重要。所以東南亞公約組織，決定以曼谷爲中心。泰國軍事方面，有兩大力量：一是陸軍，一是警察。二者實力相等，約各有五萬人，可以作爲國防的骨幹。兩國邦交，中泰關係密切，我國三百萬華僑，在泰國經濟界一直佔着重要的地位，兩國邦交，歷史悠久，惟兩國外交關係，當須加强，方纔可以配合當前局勢。

說到越南。中越關係，也極密切。越南遭受共黨的破壞，以及人民所受的痛苦，尤不亞于我國。最近北越近百萬的難民逃到南越，可見越南人民深切瞭解共匪的猙獰面目，不願受他們的統治。越南領導人物，如前總理阮文心，和高臺教范主教公稷，都反共甚力，且對自由中國富有好感。現在的吳廷琰總理，更是民族主義的反共天主敎徒，他至今獨身，最近本人訪問越南時，他曾表示以身許國，不惜任何犧牲的決心。他正努力整頓內政，準備把所有的敎派軍隊，改編爲國家軍隊，他的毅力和信心，值得我們贊佩。我們希望越南局勢，能早日安定下來，以便加强國防建設。照日內瓦會議的決議，越南人民明年就要投票，決定自己的命運了，時機已很急迫。無論選擧是否延期，我們總盼望越南能及早踏上和平、安定、民主、自由的坦道，來抵抗胡志民。自由中國和越南，應該從速建立外交關係，共同努力去收復失地，統一國家。越南能安定，那麼，高棉寮國，都可獲得保障。我們和高棉寮國，也應當建立外交關係，現在我國設在越、高兩國的領事館，還是和法國殖民政府的外交關係咧。

最後談到韓國。大家知道，韓國是自由亞洲最大力量之一，李承晚大統領個人的堅强反共意志，以及南韓人民唾棄共匪的決心，已爲擧世所共認。中韓本是兄弟之邦，關係一向密切，如果能有再進一步的聯繫，對于兩國，一定能有更大的裨益。

以上所講的是自由亞洲的三類國家。於此，我們也應當提到自由中國。當然我們是堅決反共的，而且和美國的關係，也極密切。今天自由中國已是亞洲一個反共最堅强的堡壘，此外一千三百萬海外華僑構成的巨大反共力量，更是影響大陸人心。所以自由中國在亞洲也可以單獨列爲一類。中國是亞洲的鎖鑰，蘇俄對于中國，早已處心積慮，費了數十年的工夫，方纔達到它吞併大陸的野心。幸而自由中國在臺灣高樹反共的旗幟，使共匪受到嚴重的打擊，現在共匪所最顧忌的，也就是自由中國了。所以要遏阻共匪赤化亞洲的整個企圖，最有效的方法，便是由愛好自由的民主國家來幫助自由中國。目前的要着，是協助堅守金門馬祖；金馬在地圖上都是蕞爾小島，但它們的重要性很大，最近本人在東南亞旅行，正值大陳南麂撤退，華僑及自由亞洲人士，均表示莫大的關切。更認爲金馬二島，是最後防線，不但我們不應該放棄，卽爲美國反共立場，國際信用，及整個反共陣線着想，也應堅守。金馬二島的存亡，除了軍事以外，政治上，心理上的影響更大。第二步，自由世界應進一步幫助我們準備反攻大陸，如果能從中、韓、越三方面，打擊共匪，收復大陸，對于蘇俄帝國主義，便是一個致命傷，也是阻止第三次世界大戰的最有效策略。

總之，反共應有整個的計劃與戰略，自由亞洲，因爲地處衝要，又復危機四伏，所以更不能不提高警覺。我們希望東南亞公約組織能夠加强，同時也希望哥侖坡會議集團國家，能逐漸瞭解國際共黨的陰謀和危險，和西方的國家聯繫起來。另一方面，我們希望日本政府，及早採取鮮明立場和堅決行動。茲值亞洲人民反共會議二屆大會就將在臺北召開，我相信各國的反共人民代表，一定會精誠團結，一致爲爭取自由，反抗暴力而努力，不負大時代所賦予的神聖使命。

權威及權威統治

李 僉

一

自來有不少人，在言談或寫作之間，有意無意地，常徵引某人某人的言論，作爲證明個人立論是如何如何正確之辯式；也確實有不少人被這種辯式所迷惑或鎭懾。徵引者和聽受者不問其是否能在眞理的明鑑前站得住脚。他們徒被此某人的姓名所震懾。蓋此某人者，權威也。他們似乎認爲權威即是「眞理」。即或有對此辯式及其內容有所懷疑，或根本知其爲非者，然亦懾於此某人之權力威勢，於是只得默然認可，不敢公然表示異議。因之，此辯式一出，「眞理」即隨之而來，辯論也隨告終止，你便只有「聆訓」的份兒了。這種情形在被所謂黨、主義、階級、領袖所統治之獨裁極權社區，或有所謂「教條信仰」及「思想顏色」的專斷社區，所表現者更爲明顯。於是，黑白混淆，眞假顚倒，是非莫白，而禍害也就此滋生無窮。這是一種病，一種慢性但却十分嚴重的病。自人類社會開始以來，即已有之。這種病無以名之，姑且叫做權威病吧！

也就因人類患了這個病，理性才橫被束縛壓抑！

也就因人類患了這個病，極權的獨裁者才有生存的機會！

但更可悲的是在我們這個反共基地兼前哨的臺灣，似並沒因此得到警惕。不僅不加警惕，而且這個病仍在日益加重之中，舉凡稍涉根本的問題，都有某些權威做護符，而不得進一步接近眞象(眞理)。才得萌芽的民主政治基礎——批評與創發的思想自由與言論自由——徒因這個權威病而頓挫重重——最多也只好算是盆景而已——試觀今日言論界出版界之單調寂寥，便可證明。

按權威意識之形成，可源之初民對神祕莫測的自然威力現象的恐懼情緒。最早的形態，便是神權。由於知識經驗的簡陋，初民怎麼也想不通那些不可抗的威力是如何發生的。偶然有人藉自擬作用，設想冥冥之中一定也有個我們這樣的「人」存在，那些威力也是它所發出的。因着大家一時想不到更好的答案，也相續相信了這個想法，問題便從此得到初步解決。這是人類最早的求知。慢慢的大家把這個想法運用到一切自然現象、生物現象和「社會現象」上，去解答各種疑難問題，也都得「全體認可」。久之，大家既然都覺得這方式簡單合用，於是「神」便成爲一個「無所不在，無所不能，無所不知」的並能降福降禍解決一切疑難的「主」。因而神乃藉着一切不同的方式和形態出現。在對神的恐懼、信賴、和崇拜中，一個無形的權威和權威統治亦便由此發生。於是那種本來因對知識簡陋的不滿而生的求知的方式，掉轉頭來反而成爲一個知識進展途程中的最大阻碍。它局限、鉗制人的大腦活動，使人習慣於簡陋的形式而不自拔。

人與人之生理能力及心靈能力的交互行爲中，因偶然發生的能力差異亦產生具有神性的個人權威觀念。這種權威觀念包括生理能力的、知識的、道德的、藝術的、宗教的……。較早期的形態，我們可藉「王」與「先知」這兩個形式去了解。前者——王，在生理能力上(及部份的心靈能力上)勝過同範疇的常人；後者——先知，則在心靈能力上勝過同範疇的常人。他們常能做一個或數個常人所不敢做不能做的事；解決常人所不能解決的疑難問題；看見和預言人們所不能看到的許多事件發生後之影響及後果。他們或是膽識超人一等的，或是在知識和道德上過人的。這在知識簡陋的早期社會看來，確是了不起而又神祕的。於是這些「傑出」的「偉大人物」便被當作具有神性的人物看待；同時這些王與先知也確自命爲神之使者。誰也不去想那些生理和心靈的能力本是每一個人都具有的潛力，可以因興趣、訓練和不停的努力去獲得；他們只被那特出而神祕的能力所炫惑，而感到自卑，進而對其崇拜、信任和依賴，在心理上不自覺的唯其「馬首是瞻」，亦步亦趨的跟着走，這些「偉人」的言行，被有意無意的加上權威性，這權威性也像神權一樣在暗中統治着人們的思想和行動。它所產生的慣性，使人們忘了自己可能有的較好之生活及求知的方式。

自人類社會開始以來直到現在，野心者大都抓住這個形式不放。他們常自以爲只有他們才具有豐富的透視力創造力，而其他絕大部份的人，都是缺乏創造力僅具模倣性的「常人」。前者叫它先知先覺，是人生的啓示者、領導者、乃至鞭策者；後者稱之爲後知後覺和不知不覺，唯賴前者的啓示、領導或鞭策，才得前進。因此，我們絕大部份的「常人」，便應該絕對的服從這些「偉人」們的意志，走他們所開闢的道路。可是，大家絕不去想這些「偉人」的思想行爲因這種權威之建立，其對人的惰性更大於其對人的提携，對人性的束縛更大於對人性的啓發，對人性的自卑更大於對人性的自尊。現代科學已給我們足夠的證明每個正常人之間，在生理和心理的差異上，絕對不可能產生前述那種近似「原人」(Subman)與「超人」(Superman)間樣的智力差數。歷史上之所以有這些「超人」出現者，原因之一，乃爲絕大多數的心靈都因前述權威意識而被關閉起來，在靜態中沉睡，它們都惑於權威能力的暫時成就而被麻醉、被催眠；「超人」的出現，只是他尚未被麻醉、催眠或所受的麻醉和催眠的程度較淺，還保有一份清醒的頭腦而已。在大家都沉睡時，他的清醒乃是一種不尋常的現象——此可以說明何以每個後起的「超人」爲什麼必被在他之前的「超人」所折磨迫害——其實，我們應該叫它正常現象才對。假若人類自知識啓蒙開始，就沒有屈從權威現象發生，每個人的心靈都是開放的，不拘束在培根的偶像崇拜裏，則許多人都可能有所創發；只有在偶像崇拜的圈子裏，本來正常的「常人」才會被拘束成爲「原人」。正常的人應是肯站起來，看清四周，自己選擇道路，而後又不顧一切危難，毅然走完這條路的人；他只是依從自己的方式去做去想，儘量發揮自己的生理和心靈能力的人。要想如此，第一步就非擺脫權威意識的羈絆不可。歷史上的權威之不斷更代，便是如此形成的。

另方面從歷史上之權威不斷崛起更迭，我們可以看出任何權威的本身都不是可以行之久遠的，不是在任何時度空度裏皆一成不變的。既然變，則一定不會有一個能適應任何情況的標準模式；而我們爲了適應繼續而來變化不定的情況，則一定須要不同的適應方式；如是我們便不能用一個形式作爲永久的思想行爲的模式。

二

這種因生理的和知識的缺欠而產生的心理上的弱點及知識上的固蔽，是有意的利用作穩固政權的方法和手段。在歷史上酋長的、封建領主的、僧侶的、聖人的、君主的，及現代之一黨的、主義的、階級的、領袖的……等等權威之形成以此。這些權威的附着體如果是宗教、政治、經濟或其他甚麼，則那個附着體的統治便一定成爲泛宗教主義的、泛政治主義的、泛經濟主義的……。隨着科學技術的進步，其獰惡的面目和殘酷周密的手段也日趨化境。

在巧妙的掩飾下，你退一寸，他進一尺；你想收回一分，他却只肯讓出一厘，久之，那被製造和利用的權威口實，在人們的惰性中取得適應，日常的思想行動也習慣於這一形勢。像歷來一樣，不覺它在束縛、壓抑、箝制人性，毀滅人類一切向更高生活境界前進一步之可能。凡是一個在傳統上有權威存在的社區，這種被有意製造和利用的權威，也就特別容易生根，使人不察，而在暗中進行一個曠古未有的殘酷和愚妄的目的。

自由與權力，本都是人所喜好的，如能均衡發展，實爲推進人類生活境界之力源。但不幸而有些人——尤以唯我主義的野心家，却把這根性在自身推展至極端，而對他人，反要求他們將之完全壓抑不得絲毫保留。蓋唯如此，方能駕臨衆生之上。所謂「天無二日，國無二君，家無二主，理無二說」等等一元論調，便是這種極端例子的產品。經過理性化(rationalization)也確曾朦混了幾千年。演進至今，理由化更被加强，猛然一看，直使人以爲這眞是人類的根本需要。然究其實，他們所追求的只是個人的絕對權力和絕對放縱。唯有個人的絕對權力，他們才能任所欲爲，不被阻撓，不被干涉；也唯有他使你相信他的要求這種權力，乃是爲求得你我以及全人類的幸福之實現與創造。爲了使他們所追求的絕對，成爲「絕對的眞實」，乃利用人們的心理弱點，建立起一個「絕對不變」的觀念，讓人們永遠在這個觀念內兜圈子，避開正面「事點」的觀察和討論，或讓一個最終極的立法者來裁決。在這個最終極的裁決者之前，所有的人及人的意見都失去作用，所有的客觀事態完全退避；人及人的意見所能爲者，只有也唯有「絕對服從」四個大字。

權威即眞理——這本是大多數人們心理上的錯覺。但是，每個極權者都想讓被統治者把權威和眞理看成二而一，一而二的東西，在被統治者心中建立一個服從權威即服從眞理的論式。它們知道絕大多數人們所追求信服的不是權威而是眞理；而極權者所追求的則不是眞理而是權威。唯有在眞理面前，人們才肯低頭信服，人們之所以一直對權威好感者，乃因爲他們以爲那權威後面有他們所追求的和信服的眞理存在，如果統治者不把眞理放在他們面前，他們會不會乖乖的跟着走就大成問題了；但極權的統治者却不需要眞理，不但不需要，而且要銷毀一切眞理，因爲只有那樣，它的原形才不容易被照透。然而人們又非有眞理則不肯順服，是則到那裏去找一個既合極權統治者的需要，又合人們的需要的眞理呢？眞理所在的地方，通常發生權威現象，人們往往只能看到權威現象，却看不到眞理的實質，久而不察，常以爲權威所在的地方，也就是眞理所在的地方。眞理既不能製造，但權威是可以製造的。正如我們常以爲風吹，葉動；但如有人在暗中搖動樹枝，我們不加細察時，也以爲有風了。何況眞理更容易作僞。極權者想：人們既有這種慣性，我們又何不躲在一邊搖動樹枝呢？如果每個極權者都製造一個獨立不變統御一切的權威；再把這製造好的權威穿上漂亮的外衣，給被統治者看，說：「跟着走吧，眞理就在這裏。」這樣一來，不但滿足了被統治者，而統治者也因爲能製造權威而同時也獲得製造眞理的才能。他們要人死，也就有死的眞理——權威。於是所有知識的、道德的、藝術的、政治的、經濟的……一切一切生活形態都由一個權威所從出。這眞是一個既簡便又有效的方法。而且這樣一來，極權的權威統治也就變成眞理統治了。名正言順，所有的理由都在我這邊，誰也反對不來——因爲誰也扭不過眞理。

但我們知道——他們也同樣知道這種贋牌貨色是經不起觀察和比較，所以它在任何方面都講求箝制、講求統制、講求宣傳、講求隔絕、講求改造和灌輸；萬一還有人指出破綻而又不得不作說明去搪塞掩飾時，則也早預備下一套籠統概括包容一切的說法——通常都叫它做甚麼『哲學』。在這個哲學裏，它總是拿一些簡化而概括的玄學理論，用些絕對名詞，去說明它的貨色如何眞如何好，如何不受一切時空條件和範疇的影響，能行之久遠而不變。當你指出它的貨色不但被當前一切顯明條件和範疇所限制，而且更實實在在的是贗品時，它就以那些概括性的觀念和你爭來辯去。藉那些空泛的觀念，把你拖離以觀察實際事物作根據的正面說明，推向一大堆空洞字眼的爛泥坑裏轉圈子；它因爲是空泛的不拘在一個事點上，所以能在那個爛泥坑裏運轉自如，隨時給自己找到理由的補充和變化。藉着那些空泛的觀念，它把一切質詢責問和反對都拉到意見的範圍裏，認爲你是偏見、誤解。

另方面藉排他性的佈置，所有像這樣能夠「爭辯」的可能，在統制、禁止與思想配給之方式下，也完全「絕跡」。另換上一套簡括的敎條信仰和經典。被統治者的一切思想言論行動，必須亦步亦趨的在那些信條和經典內兜圈子，不得稍有踰越。終於像磨房的驢子樣，兩眼一蒙，圍着磨有你轉的。再進一步它不但相信人是可以欺矇利用，而且相信人是可以改造的。因此所有的權威統治者都像染房的司傅，他們相信你只要掉進或被放置在他的染缸裏，不怕你不染成他所需要的色布。時下的權威統治社區之所以拼命宣傳灌輸者，無非是想把染料加濃而已。這種「染缸主義」的環境決定論，自然而然的隨着權威的絕對性和排他性而被引用。因之在這種統治下，人不僅成爲「人畜」，而且也成爲這些染房司傅手下的一塊布條，連最後一點動物性也被奪去。

但他們仍不放心，因爲他們知道自已的寶座是建構在人們的心理弱點上——而心理弱點是可以隨時糾正克服的——那並不是一個安穩的磐石。爲了使權威的寶座不被搖幌傾頹，勢不能沒有防護和扶持的東西，以便隔絕、芟除、消滅一切可能使人們感到或助長自尊自立的情況，以防止人們從它的寶座下撤退。根據統治經驗，他們歸納出一個結論：最能統治人的乃是最會製造矛盾、又抓住矛盾、操縱矛盾、利用矛盾、再製造矛盾的人。因爲只有在矛盾混亂的情況下，人們才無暇去多想、仔細想，多觀察、仔細觀察。

因之透過權威基礎和權威統治者，便知道他們都是一邱之貉——不管是泛宗敎主義的、泛政治主義的、泛經濟主義的——只是大小和毛色的深淺不同而已。他們不相信「多元存在」和「多元影響」；他們不相信在眞與假之間尙有個「概然性」；他們只知道不是信徒就是敵人，不革命就是反革命。因此，你決不能幻想他們心目中也有一個「朋友」的概念存在。

凡在一個社區內，有對某一個或某些個人、團體、思想言論、政策、制度、乃至歷史文化以及歷史文化中的個人、團體、思想學術、政策、制度等等，不容懷疑，不容討論，不容批評；只准服從，只准信仰，只准頌讚；或只准懷疑、批評、誹謗、而不容研究的現象時，必然是專斷獨裁的，不把人當人的社區。

三

當然，有些權威主義者並不認爲所有的事態都會發展得那麼嚴重，前面的說明只是故聳聽聞。因爲有些權威統治者是「聖君」，是具有菩薩心腸和先知之智慧的。我們縱然鄙棄「權威卽眞理」這一愚昧看法，但我們總不能不承認「眞理卽權威」這一概念。權威主義者總是認爲人類的絕大部分都是愚妄的，我們必須有個這樣能認識眞理把握眞理的人來領導。如果聽任愚妄的人們自己走，他們不但毁滅自己，而且將牽連所有的人。爲了避免這悲慘的命運，我們必須容忍這些善意而智慧的領導。

是的。

但我們稍加思索後，縱然願意拋棄第一二節所說過的理由不談，我們只問從人類社會史開始以來，這樣的「聖君」除神話外，果眞出現過嗎？沒有。歷史所給我們的借鏡是：歷來的「聖君」不是「聖人派頭」(sahctimony) 十足的做作者，便是也和他們所認爲是常人者一樣的愚妄。他們都像在「七年戰爭」時，領導那些俄國兵走進史維特尼 茲堡 (Schweidnitz Fort) 濠溝裏的將軍一樣，只是把自已和無數的可憐屍身去塡塞永不會塡滿的地獄濠溝的人而已，造成這愚笨悲慘現象的原因，卽在他們把以往的一點可憐成就，放在千萬億倍的放大鏡下放大後，把自已認爲和這放大了的『成就』一樣的十分美滿完備。我們只消把它和現代曾有過一些成就的「善意」的權威者對照一下，便可明瞭。

再從另方面看，「眞理卽權威」也同樣是個可憐的觀念錯覺。因爲權威只是眞理在某一事點上發生作用時的現象。眞理就是眞理，眞理決不是權威。權威的附着體通常是人；而眞理的附着體却是事點。因此眞理的領導乃是「事」的領導，而不是「人」的領導；是事的最可能正當合理的解決，而不是人的權威之絕對信從；眞理決不强制，更不禁制，它只讓你自己去感覺，自己去趨就、去發現，而權威常出以鞭策。當你懷疑眞理時，眞理決不會扳起副冷靑面孔來掩飾、來重重的懲罰你，說你不「虔敬」、不「忠貞」，它只是站在那裏讓你慢慢的仔細的觀察它、分析它。而任何權威都有一面盾牌和利劍。眞理是相對的概然的，隨時隨地被事點所修正，而權威却是絕對的「一元」，不拆不變。人只能因正確地認識眞理而得到權威，但却不能因其人身及權威而使事點正當合理。任何人——卽使眞有超人——也都只能在有限發生的幾個事點上得到成功，但它決不能在無限的繼續發生的事點上完全成功。眞理不在過去，也不在未來，它只在現在。但丁時代的羅馬敎之眞，到路德時代便不再眞，到現在且已幾乎變成「絕對的假」；莎士比亞嘗歌頌讚美的封建制度之眞，却適足以引致法國革命。眞理只隨着事點而出現，它決不永久——甚至暫時也不——附在一個或數個人身上。人必須適應逐漸發生的事點，而事點却永遠在變化前進。因之我們如果去服從權威，也就等於服從某個人的過去，便是服從他所留下的足跡。但那足跡至多只可當作殷鑑，却不可恃爲道路，除非我們願意停止不前，永遠留在那個荒野裏。所以無論是把威權說成眞理，或把眞理說成權威，都是在有意無意的欺矇人類底理性。

假若那些自命爲「聖君」的人，眞正具有菩薩心腸和先知的智慧，他必定能看出這點，而不勉强所有的人都變成他手下的汽車和留聲機。光「自命」是不够的，他必須把「事」擺給大家看，毫不掩飾的讓大家仔仔細細的看。他必須退出權威的領導和驅策的地位，只站在鼓勵的地位，讓所有的人都能够自己站起來，按最適合自己的方式走自己的、想自己的、說自己的、做自己的。他必須讓每個人的心靈都自由開放。他應該告訴大家說：「依從你們自己所能發揮的智慧與才能，按照你自己的方式去創發吧！因爲你們自己都有着和所有其他任何「偉人」一樣的人性潛力。不要辜負它！」假若那些自命爲聖君的肯這樣做，那便證明他的菩薩心腸和先知之智慧不是僞托。只要假以時間和空間，他也必然看見人類進步之速，將不是任何「個人」或「團體」「思想」及「行動領導」所可望及的。

只要你的善意是出於眞正的誠意，你大可不必擔心人們在心靈開放後會比關閉時生出更大的惡果。只要你葫蘆裏賣的不是假藥，因心靈的普遍開放，你將可得到更多的買主，建立更好的信譽。反之，只有那些冒充者才喜歡把「人」抬在前面，藉以把「事」掩飾起來：王麻子、老王麻子、眞正王麻子、眞正老王麻子的大喊着，但它們的剪刀既不能拿去比較，又不能「包管使用」。

雖然如此，但仍有人相信權威統治是處理應付「緊急事態」或什麼「嚴重事態」的最便法門。關於這點，我們必須告訴他，人類的眞正「緊急和嚴重事態」，乃是在處理那些不斷繼續發生的「緊急嚴重之事態」時，因不斷的加重權威份量而造成的「權威慢性中毒」。只有這才是眞正的「緊急嚴重事態」。而其他，不過是這種慢性中毒所生的附麗現象或卽病徵而已。

當我們要反對那出現在人類歷史上及現代的暴君時；當我們反對那特別强調用一個單一因素去決定宇宙一切現象之發生成長或沒落破滅的獨立不變之原理時；當我們慨歎人類因這些暴君和原理所遭受的莫大災害苦難時，我們必須知道，除了主觀的成因外，我們常因惰性而生的思想行爲之簡化的傾向(Simplification)，在在對權威統治做着助長的工作。我們必須知道，卽使我們明天就打倒了北極熊，但只要傳統的權威意識仍然留存在人們的心裏，認它是「無所不在，無所不知，無所不能」的「救主」則北極熊的陰魂永不會散。權威決定一切的籠統概括自我陶醉的想法，如果滿天飛舞起來，那末民主自由的眞理，將橫被刼持，民主政治制度便也只有停止在「理想」的階段，可望而不可及，常受「烏托邦」之譏了。權威主義是民主自由在心理狀態上的死敵。今日我們要眞心誠意向民主自由之路邁進，必須首先澄清瀰漫四野的權威主義的空氣。

西德工業生產近況

鄭壽麟

一九四五年五月八日是德國在第二次世界大戰中無條件投降的那一天。一九四九年八月十四日西德舉行第一屆國會選舉。一九五三年九月六日西德第二屆國會選舉。這些日子在現代西洋史上實是很重要的日子。它劃分了幾個重要的歷史階段。因爲投降那天，便是結束了希特勒所誇張的大德意志光榮。從投降到第一屆國會選舉，是西德從死裏掙扎的一段艱苦時間。從第一屆至第二屆國會選舉，乃是西德復興踏上光明的一段燦爛時期。而工業則是西德經濟復興的一項重要事業。

工業生產實績，許久就被稱爲西德的奇蹟之一。因爲德國經過第二次世界大戰的破壞，在戰後不久，它的工業生產能力，不但恢復到戰前的程度，而且還要超過許多。在實際上究竟是怎樣的超過和怎麼樣能超過，這便是本文所要報導的主題。

戰後西德的工業，在所謂「全部工業 Gesamte Industrie」一名詞之下，包括七大部門，每一部門又分若干種類。七大部門的名稱是：礦業 Bergbau（分煤礦、鐵礦、石油等五種），基本原料與生產品工業 Grundstoff- und Produktionsgueterindustrie（有煉鐵業、煉鋼業、化學工業、橡膠製造、玻璃製造等工業十四種），投資品工業 Investitionsgueterindustrie（有機器業，車輛製造，造船，精細機械與光學工業等七種），消耗品工業 Verbrauchsgueterindustrie（細陶器工業，皮革製造，紡織業等五種），食品飲料工業 Nahrungs-und Genussmittelindustrie（包括食品工業，釀酒業，菸葉製造三種），能力產生工業 Energieerzeugung（有電力，煤氣二種），建築業 Bau。

要知道西德工業生產究竟屬於進步抑或退步，一向是以戰前一九三六年的指數一〇〇作爲比較的基準，且先列兩項數字如次：

最近七年西德「全部工業」按年平均每工作日生產指數比較表

年份	指數
一九五四	一七六・〇
一九五三	一五八・一
一九五二	一四四・九
一九五一	一三四・八
一九五〇	一一三・〇
一九四九	八九・八
一九四八	六三・一

最近三年西德「全部工業」逐月平均每工作日生產指數比較表

月份	指數		
	一九五四年	一九五三年	一九五二年
一	一五四・七	一四一・五	一三五・一
二	一五八・六	一四三・四	一三四・八
三	一六四・九	一五三・二	一三七・九
四	一七二・二	一五八・一	一四一・二
五	一七八・〇	一五七・九	一四二・二
六	一七八・四	一五九・一	一四六・〇
七	一七一・三	一五四・二	一三八・二
八	一七一・四	一五五・五	一四一・八
九	一八五・〇	一六八・八	一五三・五
十	一九二・一	一七二・六	一六〇・三
十一	二〇二・二	一七九・七	一六八・四
十二	一九三・五	一六九・五	一五三・五

我們看了兩表可以明瞭許多事實：每年的某月份生產指數比較上年的同月份，總是有增無減，一季一年，亦是如此。

數字逐年在增加，事實上便是說明整個工業生產年年是在進步。一九四八和一九四九年尚遠在戰前的生產水準以下，自一九五〇年四月（指數一〇二）起，漸漸高過戰前的程度，一九五一年十一月（指數一五二・八），已超過戰前百分之五十有餘，到去年（一九五四）的十一月（指數二〇二・二），則超過戰前之一倍了，一年當中生產指數有兩個最低值和兩個最高值。最高值在六月和十一月，最低值通常是在一月和七月。其間所以有或高或低的變化，乃是有景氣和季節性等的因素。今年（一九五五）一月份西德的工業生產指數，已經聯邦統計局核算爲一八二，它固然是依照往例，成爲冬季中的最低值，但比較去年（一九五四）同、月、卻增加了約百分之一八，這就是一般好景氣的表示。

若論各工業部門，其進步之遲速各有不同。或績最高的莫若石油生產。去年六月份的石油生產指數爲六〇〇・一，即是說石油的生產量，相當於戰前的六倍。其次爲電機工業之四〇五・八，比較戰前增產三倍有餘。最差者爲電力亦比戰前增加一倍半。最差者爲製皮革工業，去年同月份的指數爲七〇，尚未能達到戰前生產能力的四分之三。和它有密切關係而且情形近似的爲製鞋工業，同時期的生產指數是七二・三，亦比戰前能力尚差四分之一強。

再試舉幾個實際的數字來講：

去年七月份在二八・五工作日中西德生產粗鋼一五七九四九六噸，六月份在二六工作日中生產一四〇六四〇〇噸，以月比較，則七月份的增產量達一七三〇九六噸。七月份每天平均生產率爲五五四二一噸，六月份每天生產五四〇九二噸，十月份的粗鋼產量是一百六十一萬五千噸，較法國產量多出六十二萬噸，比較義大利，則相當於四倍強。

去年十二月份西德各業用電度數達四十二億八千五百萬KWH，比十一月份增加百分之五・一，比前年（一九五三）同月則增加百分之一〇・三。一九五四年全年用電連同損耗共四百五十二億KWH，比上年增加百分之一四。公營電廠所供應的電力爲四百十四億KWH，亦比上年超過百分之一四。此外尚有工礦方面供應五十八億KWH，則超過上年百分之一九。

一九五四年一年中間，西德各地的船廠，一共造成海船二六四艘，凡八八八四〇一噸。內中一七七艘係屬於本國投資，八七艘是由外國資本支付。據聯邦經濟部報告，今年一月卅一日正在西德各船廠建造中的海船有二四一艘，計七六七九五五噸，內中屬於外資訂造者為九四艘，計四〇四四二八噸，二月初各船廠的職工有八六九二〇人，比一月初增三二四六人。最近幾年西德造船的進展，列一比較表如次：

年份	噸位	價值（單位：百萬馬克）
一九五四	八八八四〇二	一七七七
一九五三	六九八九三三	一四七二
一九五二	五一一五一〇	一〇八八
一九五一	二五五九一〇	六一八
一九五〇	一三七四二八	四一七

我們仔細體察西德數年來工業生產的實況，便可以看出三個指數陡漲的地方，其間各有相當的原因。第一次是一九四八年五月至一九四九年三月的一段時間，原因是一九四八年四月起開始實施馬歇爾計劃，美援源源而來，加以六月實行幣制改革，促使西德工業由垂死的狀態，頓呈復蘇之象。第二次是一九五〇年間因韓戰的爆發，影響到西德的工業亦大沾其利益。第三次是一九五四年因為設備的改良，國內投資以及外國對德貨的需求都有增加，致使一九五四年的十一月，能在工業生產上，創了新的紀錄。其餘如領導者的優越，以及各階層的密切合作，亦皆有其精神上的價值。

至於美援，當然是推動西德經濟復興極大的力量。運用美援來舉辦的一切事業都要依照所謂「馬歇爾計劃」進行。西德政府組織裏面，於一九四九年九月特設有一個「馬歇爾計劃部」，來執行整個的經濟復興工作。馬歇爾計劃本是從一九四八年四月到一九五二年五月為有效期間。期滿以後，一九五三年十月起，這一個部就改稱為「經濟合作部」。部長先後都是由副總理白呂歇兒 Bluecher 兼任。至於美國對於歐洲和西德的援助，原有一整套的所謂「歐洲復興計劃European Recovery Program」，它的簡稱是：ERP，在西德則通稱為馬歇爾計劃。實現這計劃的機構就是「經濟合作總署 Economic Cooperation Administration」，簡稱ECA，這是依據一九四八年四月三日的美國援外法案而成立的。總機關設在華盛頓，歐洲方面，除巴黎駐有特派員以外，其他參加歐洲復興諸國，亦均各駐有專員，西德自非例外。一九五二年在西德的馬歇爾計劃結束，同年自七月一日便改組成為「共同安全總署 Mutual Security Agency」，簡稱MSA，一九五三年八月一日，又改為「援外總署 Foreign Operations Administration」，簡稱FOA。所以今天提起美援，在西德的文獻裏面，便統稱為ECA/MSA/FOA援助。直到最近，西德所接受的美援，究竟有多少，這從下列的簡表可以看出來：

年期	金額（單位千美元）	佔領地區管理及援助專款（單位千美元）
ECA馬歇爾計劃第一年（一九四八·四·三—一九四九·六·卅）	六一三五〇〇	
ECA馬歇爾計劃第二年（一九四九·七·一—一九五〇·六·卅）	二八四七二六	一七二四〇七
ECA馬歇爾計劃第三年（一九五〇·七·一—一九五一·六·卅）	三八四七五八	
ECA馬歇爾計劃第四年（一九五一·七·一—一九五二·六·卅）	一〇六〇〇〇	
MSA經濟援助（一九五二·七·一—一九五三·六·卅）	八三六四三	一四四
MSA/FOA經濟援助（一九五三·七·一—一九五四·六·卅）	一五〇〇〇	
一九五三—五四救濟東德人民專欵	三〇〇〇	
合計	一四九〇六二七	一七二五五一

以上兩項共得一六六三一七八〇〇〇美元。此外尚有一九四六年七月一日至一九五〇年三月三十一日的佔領地區管理及援助專欵一六二〇二〇〇〇〇〇美元。全部美援總額，便是三十二億八千三百三十七萬八千美元。西德改用新幣以後，幣制穩定，固然是促成進步的重要因素。但在戰敗以後，人民久已受盡饑寒之苦，假如再無以果腹，便無法發揮工作的效率。所以在佔領地區管理及援助專欵內面，有十一億七千三百萬美元是支付糧食輸入，佔該項專欵百分之七一．四，這對於西德的人民，眞好比大旱之逢甘霖呢。

工業生產進步，亦是增加輸出，爭取外滙的重要項目。自一九五〇至一九五四年這五年中間，西德的國外貿易，是由入超逐漸變為出超。一九五〇年全年四季都是入超。一九五一年夏秋冬三季已均有出超，數額共達五億八千六百三十萬馬克，但春季的入超佔了七億三千五百二十萬馬克，所以出入抵消之後，仍有入超一億千八百九十萬馬克。一九五二年春季和冬季，均為入超，合計三億六千九百八十萬馬克，夏秋兩季則有出超共十億七千五百六十萬馬克，兩相抵消之後，尚餘出超七億零五百八十萬馬克。自一九五三年春季以後都是出超，去年（一九五四）一年的出超，便有二十七億一千萬馬克。

西德包括西柏林，最近五年國外貿易的數額，詳列如次（單位均為億馬克）：

年份	輸入	輸出	
一九五四	一九三、三七〇	二三〇、四七〇	出超 三七、一〇〇
一九五三	一六〇、一〇三	一八五、二五六	出超 二五、一五三
一九五二	一六二、〇三〇	一六九、〇八八	出超 七、〇五八
一九五一	一四七、二五七	一四五、七六八	入超 一、四八九
一九五〇	一一三、七四〇	八三、六六三	入超 三〇、一一八

再試舉一個實例：單講機器一門，乃是西德出口物資當中一支重要工業的製品。在一九五〇年的上半年，每月平均輸出纔值七千七百三十萬馬克。到了去年（一九五四）的六月份，已增加到三億五千五百八十萬馬克了。可見僅僅四年工夫，西德機器製造工業，便取得了幾乎五倍的外滙。

工業增產，促使就業者增加而失業者減少，這是理之當然。一九五四年全年平均在西德工業界服務的男女職工總數是六百十萬人，比上年增加

（下轉第19頁）

亞非會議素描

萬隆通訊・四月廿五日

史信

在萬隆所召開的亞非會議，自四月十八日，一連數天至廿四日閉幕，我仔細的採訪和靜心的觀察。許多親共的記者以及或者不能深切瞭解共產黨陰謀的記者們的報導，一致認爲這一次的會議，周恩來獲得很大的成功。我不否認周恩來的甜言蜜語，有相當的成就，但他失算的地方，和成功之處，實在是五十對五十。他除了在印尼完成了與蘇迦諾總統訂立放棄雙重國籍的協定外（按，今後自由華僑處境，一定痛苦不堪設想，可以預料），僅僅是博取某些人對他個人的好感。但對共產黨的觀念還是一樣不變。例如巴基斯坦總理阿利便是其中一人。他親口告訴我說：「我已經改變對周恩來個人的觀感，可是我討厭共產黨的立場，還是不變。」

第一天大會開幕，印尼蘇迦諾總統說非常流俐的英語，他不用「各位女士，各位先生」的西方式的一貫稱呼，而用「姊妹們，兄弟們」的稱呼，充分表現了世界上有色人種第一次會議的親熱。他的演說詞，大大的攻擊各種方式的殖民地主義。當天下午的議程，便首先討論這個問題，第一個起來開炮的乃是以拉下議院議長賈穆禮。他大聲疾呼道：「什麼叫殖民地主義？今天最可怕的殖民地主義乃是共產主義，它是新型殖民地主義。這新的比舊的還要來得奴役和剝削。共產主義否定了神的存在，同人類宗教上的傳統信仰。我們要當心新殖民地主義滲透在我們這個地區。」他演說的時候，周恩來和尼赫魯一無表情，說完了也沒有拍手，但博得了非、巴、泰、越南、土耳其等國熱烈的掌聲。這一天左派記者的電訊，特別是塔斯社記者的電報，指出：「這是美帝事先在大會中埋下的地雷」。從這一點可以看出，大會裏反共的氣氛，仍舊相當强烈。這不能不說是一個好現象。

十九日開始對臺灣問題作會外交易。錫蘭總理柯蒂拉娃爵士特邀請中共、非、列濱、泰國參加哥侖坡國家代表之會談。這一天先由梅農（按梅係前印度駐華大使，現爲尼赫魯之政治顧問）與周恩來會商。據傳出非正式消息，雙方談得並不投機。這裏有兩個地方可以看出「不投機」的蛛絲馬跡。第一、周恩來在十九日上午大會上的演說詞，是各國代表和各地記者最注意的，這一點事實，我們是不能否認的。事後親共的國家都照例向周恩來「喝彩」一通。但是尼赫魯確掛出一副拍克牌面孔。事後記者向他詢問意見。他却冷冷底說道：「我還沒有研究周恩來的演詞內容，恕我不能批評。」第二、到了二十日下午，他們已經在柯蒂拉娃爵士寓所午餐過。事後有人洩露出來消息，對臺灣問題，根本沒有結論。廿五日菲外長羅慕洛將軍乘機飛星加坡前，我在機場匆匆問了他這個問題，他道：「誰說談臺灣問題？這種問題，算不上討論的。」他一口便把它否定了。第三、尼赫魯在大會閉幕時稱：「我們印度不喜歡西方的帝國主義，也討厭共產主義。」尼赫魯竟然會說出這種話，實在是令人意外。較早時，當尼周二人在仰光會晤，即有風傳他們二人意見分歧，證諸以上三點，相信周尼二人各有自己的打算。在萬隆有一位英國的政治觀察家，他和尼赫魯有交道，他曾分析道：「尼赫魯滿想領導亞洲，現在周恩來一出場，沒想到他自己反掛起二牌，心裏自然有些不舒服的。」

萬隆會議召開之前，許多觀察家擔心這個會議會產生兩個危險。第一、由於廿九個不同的國家，有不同的背景、思想、宗教……可能會造成一場「混亂」。第二、共產黨可能利用殖民地主義的名目來控制大會。這兩個擔心，第二點周恩來並未做成功（按周恩來在大會中最失策之一點，請見本文後段）。可是第一點的危險，竟然從印度與錫蘭兩個哥侖坡國家中產生出來。而且他們都是以主人身份參加上項會議。尼赫魯與錫蘭總理柯蒂拉娃爵士搞得非常不高興。尼赫魯竟因此事生了柯氏之氣。

根據印度代表團傳出消息：廿二日晚上尼赫魯對於柯蒂拉娃爵士之演說稿，事先未由他過目，非常發怒。在尼赫魯方面認爲，今天印度是中和中共與西方國家之主要人物，諸事必須由他參預；但在柯氏呢，他因爲和印度地理上比較接近，所以也比較認清尼赫魯尊容的眞相，對他已經存有戒心，至少已不能對尼赫魯投出信任之一票。

其次尼赫魯與巴基斯坦總理阿利間也仍然是有很大的分歧。他們雖然都是英聯邦自治領國家，但爲了喀什米爾的問題，始終不能解決，永遠是同床異夢。在廿二十日大會上討論到集體防衛與自己防衛這一個議程時，阿利主張加 "……exercised singly or collectively" 等四個字樣。尼赫魯提出反對。兩人爭得面紅耳赤，顯然是攪得非常不痛快。印度記者某君，預料五月十四日阿利飛新德里正式與尼赫魯解決喀什米爾問題，已經先種下了一個不愉快的惡果。可能喀什米爾問題會再度僵持下去。

周恩來在廿三日的演詞中表示願意直接和美國商談臺灣問題。這戲劇式的恣態，一度相當緊張。但到了次日美國拒絕了這個建議，空氣又重復和緩下來。這個問題雖然和緩下來，我們平心靜氣的檢討一下，不是我們自己外交上的成功，老實說，以此次萬隆會議論，國府做的工作，實在太令人洩氣。不說別的，記者只派出中央社曾恩波和中國新聞鄭南渭二人。鄭還是用美國國際社的記者名義去的，眞正臺北派出來的記者只有曾恩波一人而已。反觀中共派出來的記者至少在六七十名以上。遑論其他矣。以拉克外長賈穆禮外長願意在赴東京途中訪問臺北，還是鄭南渭打電報到外交部，這才由外部動動腦筋，可見我們單走美國路線的一元外交，已經處處失去主動了。這裏我附帶希望中樞主政的人，不得不注意別國的外交，尤其是中東回教國家，我們過去實在太忽略了。埃及倒到中共那一邊去，此一例也。

前文中我說過周恩來失檢的地方，乃是在廿三日大會政治委員會上表示：「……我們共產國家是無神的。」這句話引起了大會許多具有宗教信仰國家的反感。這個反感是夠強烈的。尤其是中東的許多回教國家。這許多國家都把他這句話記錄下來，回去大作反共宣傳。別的不談，即以菲列濱而論，羅慕洛外長便要摘錄他這句話，拿出去向許多有宗教信仰的國家作有力的宣傳。這是中共參加萬隆會議最大的損失。即以日本而論，他們自己國內，也鬧共產黨，日本代表團首席代表高崎對此亦相當注意。

我在上一次通訊中曾指出，周恩來在萬隆會議採用的策略，是南京當年和談時的「老戲法新拷貝」。這一次完全是採行柔道，和當年攏絡黃炎培羅隆基之流，毫無軒輊。這一套周恩來是玩得相當成功的。廿四日大會的議決案，上午通過的十條都是有關於殖民地主義的。有利於共產國家或左傾國家者皆未能順利「出籠」，其中如利比里亞、日本、土耳其都看得十分淸楚。周恩來見風勢不對，轉舵再作場外交易，向東南亞許多小國如柬埔塞等，表示不進寸土，另一方面又和印尼締結了放棄雙重國籍的條約。加以前一天他又表示了願與美國和平商談臺灣問題。這一套在在說明他的懷柔之道。不能說他不成功的。根據我從側面採訪，由於中共與印尼訂立了放棄華僑雙重國籍的條約，頗使泰國眼紅，泰國也有近三百萬華僑問題不能解決，一度萬隆獨立之宮傳出消息，說泰國可能承認中共。周恩來對泰外長萬親王，相當用了一番功夫，一方面表示歡迎他去北平訪問，另一方面否認中共支持以鑾比里爲首之「自由泰」（按自由泰之組織，一說設於雲南平里），加以國府一直到現在和泰國的外交，並不十分「圓滑」。至今仍無大使駐在曼谷，這許多都是中泰外交之癥結。我們中樞諸公，不得不不警惕，不得不注意！

周恩來在亞非會議的傑作——老虎慈悲，不食羔羊。

'He Doesn't Bite At All'

此漫畫原載印度 "Amrita Bazar Patrika" 報

萬隆獨立之宮在廿四日又傳出中共打算釋放美國俘虜。這個問題，緬甸總理宇奴正在以全力奔走。對臺灣來說，這是一步非常陰險的惡棋。下文如何，尙待於會後之發展。泰國在會中之動向，雖不致於出賣國民政府，但泰國會常常作戲劇式的「改變」，很難說他的動向。菲列濱則比泰國堅定多了。羅慕洛謝絕了周恩來的邀請，便是一個非常光明的表示。

除此以外，我要談一談印尼華僑的反共力量，以我在萬隆之目擊，萬隆華僑歡迎周恩來相當熱烈，萬隆華僑左傾的程度和耶加答左傾之程度恰成一個正比例。右傾的中國記者連臺北派出之二人，不到六人。而左傾之中國記者比比皆是，即以星加坡和馬來亞而論，南洋商報和星洲日報都已染上粉紅色，只有一家國民黨主辦之中興日報，但力量甚微。而南洋和星洲這兩家報天天捧周恩來，天天讚美「新中國」，造成惡劣的影響甚大。

這一次在會議尙未開幕之前，自由世界的記者和共產國家的記者，曾經開一過番熱烈的舌戰。但沒有一個臺灣派出的記者參加這項舌戰。這是非常洩氣的。四月十六日上午雙方會集在萬隆賓安琪旅舍，參加越南首席代表阮文話的記者招待會。第一句話是美國記者首先發問道：「你認爲美國軍事顧問團設立在越南，是不是會引起法國的不愉快。」當阮氏正擬作答時，蘇聯塔斯社記者乃搶答道：「這不但令法國不愉快，而且使全世界都不滿。」這時紐約時報一位老記者高聲罵道：「不要搗蛋」。這一下子，全室空氣，頓時緊張起來，而阮氏及其代表亦覺得這招待會很難繼續下去。接着一位東德的記者搶道：「美國在越南的軍事援助是不是……？」話還未說完，支加哥日報記者乃打斷東德記者的問話，反問道：「你有沒有證據證明蘇俄和中共在偷偷摸摸以軍事物資援助越盟叛軍？」阮氏正答「有」的時候，這時蘇俄記者又高聲道：「我們有美國軍援越南的證據」。跟着另一美國記者道：「這是一種反共侵略，維護……」。話還沒有說完，波蘭記者道：「維護殖民地主義的生命？」正在此時，一名中國記者搶着道：「蘇俄今日所爲，比舊殖民地主義更陰險狠毒萬倍，試問舊殖民地主義時代中，那一個殖民地的帝國能及得蘇俄的凶狠於萬一？蘇俄奴役了世界上無數的人民，殺害了千百萬……」。那位記者正講到此時，一名蘇俄記者又叫起來道：「我不要聽這種中傷的說法」。接着一位英國記者嚮着問那俄國記者「你是不是在談殖民地主義嗎？」另一名澳洲記者也說：「不要聽可以快些滾出去」。這一下子把一批紅色記者氣壞了。這時一位泰國記者又向阮氏問道：「越盟叛軍是否阻止愛好自由人民由北越逃到南越來？」阮氏說：「北越叛軍是違反了日內瓦協訂」。跟着蘇俄記者又道：「胡說」。接着一位越南記者反駁他道：「把你這醜惡粗魯的話，自己吞下去吧」。這第一個會合的新聞戰，沒有臺灣的記者參加，眞是叫人納悶啊！

在會議的中途，場外發生三件有趣的事，第一、在廿二日那天，有一名中國僑生，在萬隆大街上，高唱「周恩來大概沒有洗澡，所以天會下起毛毛雨來。」後來此人，立刻爲印尼軍憲捕去。另一件事是廿三日，記者休息室中會發現一位史第哇諾博士自稱爲聚居在蘇俄伏爾加河和頓河流域一帶的卡爾木族代表，要求舉行記者招待會，分發印就文件，但爲大會新聞處拒絕，他是要抗議「一九四三年，數達六百萬的卡爾木族人全被蘇俄政府慘無人道底集中、流放和屠殺」。廿二日早上，又有「土耳其斯坦民族獨立運動代表魯西納沙將於下午二時舉行記者招待會，擬提出蘇俄從一九一八年起迫壓全境內土耳其斯坦人民的事件」，但也爲大會拒絕。

巴基斯坦總理阿利的「第二夫人」，原籍黎巴嫩，生長在加拿大，原是阿利任駐美大使之社交秘書。騷首弄姿，頗引起大會人士之注意，她常在貴賓觀禮席中爲登臺演說的各國代表拍攝十六米厘的活動電影，據說萬隆印尼婦女界對她非常冷淡，完全對她不表同情，因爲她被認爲剝奪了「第一夫人」的溫暖。

亞非會議籌委會爲着廿八國代表之利益，曾由他國輸入大批毛氈，天鵝絨餐具以及其他日用品，代表團及記者下榻處，籌委會均備有每人一盒牙刷、牙膏、肥皂、刀片，應有盡有，無微不至。在萬隆各代表及記者每日之消耗，計馬鈴薯一千五百公斤，白米一千五百公斤，肉類一千公斤，油脂一千公斤，雞蛋五千隻，白糖一千公斤，水菓蔬菜三千公斤，此外還爲貴賓們特備阿拉比加咖啡。這些咖啡，平時專供出口的。

（四月廿五日夜於萬隆）

（上接第16頁）

三十萬人，等於百分之五；工作小時有一百十五億，比上年增百分之六；工人工資需一百九十四億馬克，比前增百分之九；職員薪金達六十億馬克，比前增百分之一〇〇。西德的工業資產在一九五三至一九五四年，由一千二百六十億增加到一千四百億馬克，增加率爲百分之十一。而外資的增加率更大。在同時期是由一百五十三億增至一百八十四億馬克，等於百分之二一，其上漲率比較本國資產尚超過百分之一〇呢。

西德境內全部失業者的數字自一九五〇年以來，逐年在降低，最近五年的實況表列如次：

年份	失業者每月平均人數
一九五四	一、二一〇・七二七
一九五三	一、二五八・五九七
一九五二	一、三七九・二〇三
一九五一	一、四三二・三二三
一九五〇	一、五七九・七六六

去年實是五年以來西德失業者達到最低額的年份，其間十月份的失業者八二〇・九一九人，亦是五年中間最小的數字，但二月份的失業者二、〇四二・二〇七人，則爲五年內最高的數字。今年二月底西德失業者計一八一四八八七人（內男性一三五一五三三人，女性四六三三五五人），雖受冬季影響，達到低潮，但比去年同期，則減少二二七〇〇〇人，實爲市場景氣趨好之表現。

西德的一般勞工生活，應該是相當舒適的。各業工人在一九五四年五月份每週男工工資是九〇・一五馬克，女工工資是五二・一四馬克，一般工資是八〇・三六馬克。石炭礦工待遇較優，最高的每週可得一三〇・一八馬克。假如以戰前一九三八年的一〇〇爲基準，則一九四八年六月份的平均工資指數爲一〇一，到一九五四年五月份爲二〇八，可見六年之間，工人收入已增加一倍。至於生活費指數，亦以一九三八年之一〇〇爲基準，則一九四九年的生活費指數平均爲一六六，到一九五四年的二月至六月份，纔是一六八，十一月和十二月份，亦不過是一七一。祇有菸酒比較略高，但一般在低跌中，其指數一九四九年爲二七八，一九五四年六月份爲二三二。

和上述事實有連帶關係的事情，當然很多，現在祇舉兩椿來做例子：

西德的國民財富，一天天的在膨脹，是一個很明顯的事實。據德國儲金業協會報告，一九五四年十二月份公營儲蓄機構的各項儲金增加一億五千七百萬馬克，到去年年底的儲金總額達一百六十五億五千二百萬馬克。今年一月份儲金並且增加三億三千多萬馬克，儲金總額將近一百六十九億馬力。

同時在十二月份因有幾天節日的關係，西德的啤酒消費量爲二億七千萬公升，比一九五三年的同月份增加百分之六。至於一九五四年全年的啤酒消費量則達三十億一千萬公升，比上年增加百分之五，每人平均得五八・九公升。但比戰前還少百分之一六，因爲一九三八年的每人平均是六九・六公升呢。

四四、四、十。

耶路撒冷遊記

貝魯特通訊・四月二十日

盛孝玲

耶路撒冷——這座古色古香的聖城，我是嚮往很久了。湊巧一個家住耶城的同學約我在復活節和她同返耶城渡假，我的宿願總算實現了。

在一個飛砂走石的下午，我們由貝魯特（Beirut）搭上了去耶路撒冷的班機，因爲雲層太低，機身顛簸得很厲害，我們都吐了，好在飛行不過一個多鐘頭，耶路撒冷清新的空氣立刻恢復了我們的疲勞。車子在蜿蜒起伏的公路上駛向城中，沿途行人不多，車輛更少，偶爾有三五隻駱駝蹣跚跚的走過，路邊有零落的羊羣在懶洋洋的嚼着靑草，淸冷的微風徐徐送來泥土的氣息和野花的芬芳。司機指着山上連綿不斷的石碑與砲臺告訴我們：「這些石碑是外約但與以色列的分界碑。那些砲臺是阿拉伯人築的。前些時邊境衝突，許多砲臺被猶太人毀了，同時還死了很多人，現在風波總算暫時過去；但雙方仍戒備森嚴呢。」肅穆靜謐的聖城竟也籠罩在濃厚的火藥氣氛裏！

車子漸駛近城垣，首先闖入我的眼簾的是那高大的城牆。斜陽慘澹，雉堞參差，頗有石頭城日暮的景象。我的同學家住在城外，車子很快的繞過城牆，我只好對這似曾相識的古老精靈遙致匆匆的歉意。她的家是在一所美國考古研究院內，幢幢紅色的洋房藏在綠蔭深處，彎曲的石子路直通到花園盡頭，窗前花枝扶疎，綠蔭掩映，確是個讀書的好地方。院中藏書極富，所搜集的各式陶器也很可觀。全院師生都是文質彬彬的紳士，頗帶幾分書卷氣，一洗美國人活潑好動而且有些粗獷的本色。因正值復活節假期，來自世界各地觀光的考古學家都下榻在該學院，一時嘉賓雲集，主人們深感應接不暇。這些專家們各有千秋，每每在進餐時發表宏論，可憐我們這些乳臭未乾的學生，簡直很難插口，只好洗耳恭聽罷了。

抵耶城的第二天便是有名的棕櫚日（Palm Sunday），棕櫚日是復活節前一週的禮拜日，耶穌曾在這天進入耶路撒冷，當地民衆以棕櫚葉舖地，供他行走其上，以示崇敬。這便是這節日命名的由來。一千多年來這傳統性的日子一直被耶城的居民紀念着。我們聽說那天下午將有盛大的遊行慶祝，隊伍將由距城不遠的橄欖山（Mount Olive）出發，繞市一週，很早便往遊行隊伍必經的大道旁等着去了。誰知先我們而去的已大有人在，路上擠得水泄不通，山邊、樹上，到處都是人，一眼望去，萬頭鑽動，五色繽紛，場面眞夠偉大。費了九牛二虎之力，才在人叢中找到了一個立足之地。大家翹首竚望，不勝焦急，但遊行隊伍却姍姍來遲。大約等了半句鐘光景，才聽得橄欖山上一聲作響，百樂齊鳴，在莊嚴而悠揚的樂聲中，隊伍開始下山了。隊伍很長，在蜿蜒的山路上蠕動着，遠遠望去，宛如一條游龍。參加遊行的有黑衣寬袍的牧師與修女，社會團體學校的代表，以及由四五歲小孩扮演的白衣天使。他們每人都手擧一片掛有十字架的棕櫚葉，同聲高唱讚美詩，歌聲宏亮，上徹雲霄；有些隊員還高擎着巨幅的耶穌畫像。耶穌慈容，藹然可親，兩旁的人們情不自禁的向他注目致敬，並報以熱烈的掌聲。

看遊行回來，餘興未盡，大家圍着火爐，（雖是仲春四月，耶城猶有餘寒。）商議次日的行程，決定往城中去探險一番，帶着一顆好奇的心，我悄悄地跨進了那古老斑駁的大馬士革門（Gate of Damascus），出現在我眼前的是一個完全東方色彩的古城。城並不大；尤其是自從猶太人分據另一半後，所剩下來的這一半顯得更小了。主要的街道只有一條，窄窄的石板路，低低的屋簷，全城找不到一所洋樓，有些小巷子甚至黑得白天也須點燈。最令遊客感興趣的要算賣土產的舖子了。貝殼雕成的別針、項圈、耳環、銀的十字架（crusader cross）、鑲有橄欖木封面的聖經、阿拉伯的金線刺綉、舊的羅馬銀錢、木頭作的駱駝及朝聖的香客等等……看慣了中國東西的我，總覺得他們的手工不够精細；但式樣倒還新穎別緻。

耶城的古香古色，還可從居民的衣着上看出，這兒絕少西裝革履的紳士，更無裝飾入時的女子。男子們都穿着他們那傳統的寬大瀟灑的褐色長袍，頭上裹着五花十色的頭巾，悠閒的坐在咖啡館裏縱聲談笑。女子都披着寬大的黑外衣，並面蒙黑紗，黑影幢幢，使人有一種蕭條神祕的感覺，她們多是勞苦的工作者，街頭巷尾常見頭頂雜物的黑衣女子，步履輕盈，穿插於行人中。

同去的兩位美國朋友提議去光顧阿拉伯的小吃店，我當然奉陪；可惜我口福薄，那些小吃不是太甜，便是太油膩，更有一股使我作嘔的羊油氣味，對着吃得津津有味的她們兩位，我只好苦笑。

耶城古蹟最有名的要推聖墓（The Holy Sepulchre）和花園墓（Garden Tomb）了。聖墓在老城內，是一所像敎堂似的建築，金壁輝煌，氣象萬千，壁畫雕刻都極精美。嚮導領着我們參觀各部門，並絮絮不休的講述有關的掌故。耶穌的墓是在一間很矮小的石屋內，那坟看上去好像一個高起的長方形石臺，臺前供有香燭。在香煙線繞、燭光搖曳中，瞻仰這一代救主長眠之地，心頭不禁浮起無限的懷古幽情。

花園墓在老城外，是依山築成的，氣魄建築都較聖墓遼遜。只是一個小小的花園，園中栽着幾株樹，種了一點花，簡樸中帶着幾分寂靜。由園中通過一個小石門，便進入一個天然的岩洞，據說當年耶穌在山上受刑後，便被葬在這洞裏。

王陵 (King's Tomb) 是耶城的一個極富歷史性的古蹟，它的建築還在聖墓以前。兩扇鐵門，一排磚牆圍着一座土山，歷代帝后的坟便在此山中。當我們正徘徊山前不得其門而入時，看坟的將山脚下一塊大石旋開，後面出現了一個僅可供一人出入的圓洞，這便是墓門了。他領着我們彎着身子鑽進去，裏面黑得伸手不見五指，急捻亮手電筒，才發現我們已在一個石砌的大廳裏，地下濕滑泥濘，石壁上滴水涔涔。大廳四周有許多小石房，每一間房裏都有三個突出地面的長方形石坟，除此外便別無所見了。廳中並有石梯，下通一大黑洞，看坟的再三警告我們不要下去，他說每值月黑風高之夜，洞中常有哭聲，我們雖不信有神鬼之說，但那股陰森之氣也足够令人毛骨聳然了。

橄欖山在城郊，山不高，但頗秀麗。在一個風和日麗的下午，我和一個朋友徒步登山。山上林木茂盛，寺院很多。不知不覺中我們闖入了一所寬敞的寺院。嘉卉名花，一派幽香，由園中俯覽耶城，街道屋宇，都來眼底。正欣賞間，一陣山風吹來，頗有高處不勝寒之感。徘徊間，來了一個佝僂女尼，她對我們這羣不速之客的造訪似甚驚奇，操着「不知所云」的語言向我問長問短，我那自詡語言博士的朋友竟也瞠目結舌，不知所對。後來才知這原來是一所俄國尼庵，庵中女尼都操俄語，她們冒着九死一生的危險，逃出了「社會主義天堂」的祖國，而在這小小山城裏獲得了宗教的自由，找到了精神上的寄託。

在另一寺院中，我們看到用各國文字鐫在壁上的主禱文，被認為天書的中文也赫然收入其間。置身萬里外，而能在偶然的機會中看到本國的文字，特別有親切之感。在告別時，我不禁對這小小寺院多瞥了幾眼。

綠樹叢中的一角紅牆，又惹起了我們的好奇心。穿過綠蔭覆蓋的山門，躺在我們面前的是一條碎石路，路旁高松夾道，園中古木參天，寺院不大，但收拾得明窗淨几，纖塵不染，老僧獻上清茶，泉水清冽，沁人心脾，清越的鐘聲更給人一種超脫淨化的感覺。我們留連忘返，不覺暮色已從四面襲來，不得不辭別了殷勤的山僧，在鐘聲中踏月回去。

「死海」這奇異而富有誘惑性的名字早在我唸初中地理時便在我腦海中留下了深刻的印象。這次不遠千里地來到「死海」邊，怎能不去一睹芳姿呢？湊巧考古學院的人們要去看死海邊一個正在發掘的古城，於是我們便結伴同行。沙漠中行車，實在枯燥極了，兩三小時的顛簸我們都已疲憊不堪。正在百無聊賴中，忽然眼前出現了一片清光，這便是死海了。死海並沒有「海」的雄偉與壯濶，她只是一條平靜的小河，像一個溫柔的處子似的，默默的緩緩的流着。深藍的海水，襯托着淺紫的遠山，那情景寧靜而悠閒，沙漠中有此水光山色，眞是上帝無上的恩賜了。那天，晴空萬里；波光粼粼，微風過處，掀起了藏在青草堆中的雪白羊羣，使人油然憶起「天蒼蒼，野茫茫，風吹草低見牛羊」的詩句。

耶穌蒙難前夕——星期四晚上，我們去作夜禮拜，聖像前香霧迷濛，黯淡的燭光中，寬袍博帶的老牧師在用希伯來文朗誦關於耶穌與他的門徒最後晚餐的那節聖經，接着由另一位操英語的牧師領着作禱告，虔誠的信徒跪滿一堂，大家默禱多時才相繼起立，休息片刻後，牧師率領着大隊人馬，浩浩蕩蕩的向城郊耶穌在被捕前作祈禱的那個園子出發。這時已將近午夜了，街上很靜，店舖早已打烊，偶爾由門縫中透出絲絲燈光。我們默默的在高低不平的石板路上前進，走着，走着，經過了大街，穿過了小巷，最後出城了。城門外便是所謂的無人之地 (Noman's Land)，荷槍實彈的阿拉伯兵士往來的巡邏着，堡壘中不時發出鏗鏘的兵器聲，對面不遠便是以色列境，燈光明滅，犬聲隱約可聞；但咫尺天涯，只好望望罷了。

那個園子的遺址是在一小丘脚下，雜樹叢生，蔓草沒莖。料峭的夜風中，牧師顫聲誦着祈禱文，音調沉重悲壯，不知是一股什麼力量，貫穿了所有的心靈，大家同時默然地低下了頭。「……主啊！您是光明、道路和生命，我們跟隨您，阿門！」「阿門！」大家附和着。天上有殘月一鈎，疏星數點，就在這同一個淒清的夜裏，耶穌乾了他最後的一杯麼？就在這同一個荒蕪的園子裏，耶穌曾徘徊沉吟麼？快兩千年了，耶穌墓木早拱，多少傳教士為宗教無言的獻出了他們的生命；但是，今日的人類不仍在互相殘殺麼？阿猶兩族不是怒目相向的準備致對方於死地麼？耶穌和平、博愛、愛敵如己的教訓，收到了多大效果？追思往事，面對現實，眞不禁令人感慨系之。

距耶路撒冷不遠的那不勒斯(Nablus)城內，住有一支賽馬利丹(Samaritan)人——這是唯一尚留在外約但境內的一支猶太人。他們於復活節前日(星期六)在傑鋭仁山(The Mountain of Gerizin) 上舉行其一年一度的踰越節(The Feast of Passover) 慶祝大會，許多遠來的遊客都忙着趕去觀光，近水樓臺的我們當然不願放過這千載難逢的機會。在去那不勒斯道中，有許多羅馬時代古城的遺址，由遺留的基石和石上的雕刻，還可想見當年規模的恢宏，氣魄的雄偉，與建築技術的精巧。不可一世的羅馬帝國可供後人憑弔的，也只有這荒煙蔓草中的幾片斷垣破瓦了。

那不勒斯是一個相當現代化的小城。街道清潔，屋宇整齊。傑鋭仁山便在城郊，山高而陡，螺旋形的公路上儘是絡繹不絕的車輛。及至我們達到山頂時，山上已擠滿了來自世界各地的遊客，在這「國際人種博覽會」中，少見多怪的阿拉伯人忙得目不暇接，對我這別具一副長相的Chini（阿人稱中國人為Chini）更大行其注目。

會場是在山顛的一塊平場上，四周圍以鐵絲網，門口有警察把守，我們因有賽馬利丹大主教的請帖，很順利的通過了這道關口，那些阿拉伯人則被隔在門外了。場內中央一並排坐着三位主教，中間的大主教，身穿綠袍，頭纏白綢，旁邊的兩個副主教則着白袍，頭上也纏白綢，他們俛首默坐，像是在祈禱，後面站着參與盛典的賽馬利丹人，他們都是白衣白褲，腰繫寬帶，頭戴圓桶形的紅色埃及帽，貴族男子都蓄長髮，據說這是高貴尊嚴的象徵。赴會的賽馬利丹女子都躲在帳幕裏，照他們的習俗，女子是不能在公共場所出面的。由於他們貴族男子裝飾的奇特，大家紛紛的揣測着他們女子的服飾，更有好事的仁兄們，徘徊帳前，以冀一窺賽馬利丹女兒的容顏，無奈帳門緊閉，無由得見，也只好望帳興嘆罷了。

當太陽下山時，那三位主教突的站了起來，這是慶祝會快要開始的信號，因為踰越節是要在日落以後才可舉行的。果然，主教們引吭高唱起來了，其他賽馬利丹人附和着，他們還不時高舉雙手向天朝拜。在節目進行中，鐵絲網外的阿拉伯人會幾次企圖搗亂，幸虧被維持秩序的警察彈壓住了。賽馬利丹人與阿拉伯人之間是頗有齟齬的。接着有人牽來七隻黑羊，這便是犧牲品，大主教對着這七隻羊唸唸有詞，繼以朗聲高唱，其他的人向先前一樣的附和着。據聖經上的記載上帝因震怒於埃及王役用猶太人為奴，派遣天使下界刺殺所有埃及人的長子，以示懲戒，猶太先知摩西（Moses）得上帝暗示，叫猶太居民以羊血塗門，天使見血便知是猶太住戶，而踰越過去。猶太人深感上帝恩惠，從此每年於踰越節宰羊以祀上帝。

夜幕四垂，山高風大，我們單薄的衣衫實在抵不住突來的寒流，同時我們也不願看那血淋淋的宰羊場面，便應大主教之邀，往他中央帳幕中避寒。他以阿拉伯麵包及棕棗（阿拉伯棗樹如棕梠樹狀，故名。棗實作黃色、淡紅色或緋紅色，汁少瓤粗，但味極甜。）釀的酒欵客，我們饑不擇食的狼吞虎嚥了一頓。所謂麵包不過是一種薄薄的淡餅，食時上面塗以酸乳酪，或夾以鹽漬的橄欖，棗酒色清而味重，飲時須滲清水，加水後酒色則由純清變為乳白，這大概是一種化學變化罷。酒醉飯飽之餘，大主教慨述他部落的歷史：賽馬利丹本是猶太人的一支，後因信仰分歧而分裂了，分裂後他們便一直住在這傑銳仁山四周，因為傑銳仁山是上帝賜給他們的聖地，同時也是他們宗教信仰的中心，難怪一年中最隆重的踰越節一定要在這山上舉行了。「當我們初分裂時，本部落的人數還是很多的，這些年來，天災人禍，兩相煎迫，現在只剩下兩百多人了。」大主教微喟着，言下不勝傷感。

再度出帳時，那七隻羊早已刷洗乾淨烤在火上了，狂歡的賽馬利丹人圍着熊熊的野火，載歌載舞，歌聲響亮，聲震山谷。等夜深客散後，他們將分食這又香又脆的烤羊肉；不過，這祭天後的羊肉外人是不得而嚐的。遊客們都陸續散了，回首傑銳仁山，半山紅光照耀，歌聲隱約可聞，火光中我恍惚看見大主教龍鍾的背影，我有一種難以名狀的感覺：是盛會後的寥落，是一縷無名的悲哀。

復活節後，安靜了幾天。我們又靜極思動了。伯利恆與耶城相隔咫尺，我們決定去拜望這一代救主的誕生地。去伯利恆的公路是沿着阿猶邊界修的，我們好奇的爬上路邊一所寺院的屋頂上，用望遠鏡瞭望以色列，只見那邊屋宇櫛比，洋樓高聳，與阿拉伯這邊窄小陰暗的街道相較，眞有天壤之別。我們指手劃脚的瞭望着，却嚇壞了旁邊一位好心的女尼，她連連在胸前劃十字，口中還喃喃的唸誦着，她求我們趕快下來，否則給猶太兵發現，可就不同小可了。

路邊山坡上紮滿了破舊的帳幕，這便是巴勒斯坦難民營。我們一出來，便被兜售什物的難民包圍着了，一個賣風景照片的中年男子還遞上一張名片，他原是一家照相館的老闆，如今落得一個攔路兜售的小販了。他苦笑着。另一個衣衫襤褸的女孩子，羞怯的打開了她的包袱，裏面是一條土布的綉花裙子，她操着「洋涇濱」的英語道：「這是我精心綉成的，小姐們買下吧。」同去的一位朋友買下了那條裙，那女孩子依戀的看着自己心愛的綉裙被放進別人的提包，一雙大眼睛裏含着無限的哀怨。由眼前的這些面孔，我看到許多我所熟悉的臺北街頭擦皮鞋的與賣愛國獎券的面孔。國破家亡，飄零異鄉，同是天涯淪落人啊！

伯利恆小極了，全鎭不過十來戶人家，凸凹狹窄的黃泥路，土牆紙窗的鷄棚屋，大概還是兩千年前的景象。唯一的大建築物是建在馬房遺址上的一所教堂，內部裝飾的富麗堂皇，與聖墓不相上下，昔日的馬房是在教堂下層，像地下室似的一間小小的岩房，裏面湫濕陰暗，加以香火太重，我們除了像霧裏看花似的瀏覽一番外，只有聽嚮導胡謅一通，在想像中去擬摹當年馬房的廬山面目。

兩週逗留，假期告滿，一架銀鳥又把我們帶上青天。尖頂沖天的教堂，紅牆一角的廟宇，還有那巍然高聳的城牆，都在白雲中漸漸隱去。別了，耶城！但願你這古老和平的精靈，能感化你那頑强好鬥的孩子們。

一九五五年四月追記

血旗（上）

潘壘

一

我茫然若失地開始移動着脚步，走出第四號碼頭爲這個難忘的日子佈置的臨時會場，走進外面緊冽的風雨裏去……

外面刮着風，下着雨。基隆像一個固執而有壞脾氣的老頭兒，難得有好臉色。當然，今天也不例外；人們可以從這陰沉，低低的，堆塞着烏黑的雲塊的天空意想到，這場風雨會連接着好幾天的，如同碼頭上的熱潮一樣。

我走出去，歡迎會在我的背後熱烈地進行着：激奮、癲狂，完全陷入一種令人難以想像的狀態裏。——一種灼熱的，罕有的騷動；那些有力的在發狂地揮動的手臂、激動的叫囂和嘶啞的呼喊；那些噙着熱淚的笑語，震耳欲聾的鞭炮、雄壯的歌聲、軍樂的鳴奏……

現在，這些聲音，像是驟然失去了它們原有的意義，漸漸滙進一種奇異的靜謐裏，它們從我的聽覺中消失了，在我目前所持有的，這個空虛而痲痺的世界裏。

我擠出人羣，踽踽地沿着碼頭上狹窄的鐵軌向前面走着。空氣是潮濕而帶有鹹味的，夾雜着濃烈的火藥氣息。我走着，緊密的雨絲斜斜的打在我的臉上，從我那拉高的雨衣的領口鑽進頸項裏去。但，我並不感到寒冷，只是不自覺地將眼睛微微閉合起來。

我看見那凝在睫毛上的水珠，逐漸變大，變成一顆明亮的發光體，然後像殞星般滑落下去……

新奇的感覺。於是我開始注意地面上稀薄的泥濘、鞭炮的紙屑、菓皮、狹長的小傳單；還有那摺皺而浸濕的報紙（是那些歡迎者剛才頂在頭上遮雨的，上面刋載着這個偉大的消息，旁邊還附有大幅的圖片）；我看見那些沒有穿雨衣，用急步走路的美軍護送人員，一位下士在捽着摜炮，其他幾個黑人在圍着喝臺灣啤酒；我看着那幾艘停泊着的灰色的大登陸艇，那些倚立在船舷的日籍船員冷漠的凝視，那迷濛而汹湧的港面……

驀然，這些景象奇怪地被扭曲了，變得糢糊了，我瞥見——異常眞切地瞥見，他那可憎的容貌，慢慢的從這混沌的虛幻中顯現出來。

我說他的容貌可憎，並非指他的容貌醜陋。以一個男人的批評角度上看，他雖然不能列爲俊美的那一類，但，無可否認的，他的面容蘊藏着一種力量，尤其是當他含着輕蔑的笑意對某一事物發表他的見解時，他那種傲慢而帶有挑釁意味的態度更令人心折。他有一雙並不十分大的眼睛，永遠有一種什麼潛藏在裏面，它們批判和否定着一切東西；他的眉毛和鼻子却極不相稱，前者太濃，眉心是連接着的，而後者却過大，屬于獅鼻那一類型，黑而大的鼻孔向上翻着，顯示他易被激動；他的嘴，大而柔輭，上唇薄薄的，十分紅潤，當它笑起來的時候，那排細小而整齊的牙齒便顯露出來了。

『這會是他嗎？』我重複地詰問着自己。

但，我隨即——幾乎是不假思索的，我帶着憤怒的神情答覆這句語。我敢肯定的說：絕對是他，我不會忘記這個可憎的面容的。而且，我已經從他的反應中得到證實了。

今天，和所有的歡迎者一樣，我很早的便冒着風雨從臺北趕到這兒來了。當我在前三天接獲文藝協會的通知時，我便作了這個決定，同時，我最近才進××晚報做一個訪員，這正是我份內的工作。我不能放過這個千載難逢的好機會，我要寫一篇動人的特寫，將義士們抵達國門的盛況報導給渴欲獲知實情的臺北市民。

我擠在人羣中，鵠立在風雨下面，直至我們發現第一艘登陸艇的暗影從濃密的雨霧後面出現……

接着，騷動被掀起了。我和所有的人一樣，完全失去了控制自己的能力，我第一次發現自己是一個易感的人，我被一種奇妙的情感燃燒着；不只一次，我毫不掩飾地（沒有一點羞怯的感覺），用手背揩拭着眼角的淚水。

登陸艇靠岸了。那些穿着黃呢軍服，歷盡艱苦，從死亡與奴役的血掌中逃脫出來的反共義士們開始走下跳板了。他們的本身，包含和表現着一切光榮的意義；從他們那由於過度興奮而變得迷惘的臉上，我能找到一切爲我們失落而正要追尋的——我不能解釋，正如現在我再也不能理解人類所能承受的歡樂的最大限度一樣。

現在，義士們開始向這被人羣擁擠着，而爲他們分開的小道走過來了。隊伍的前面揚着一面他們手製的大國旗，用軍毯和布片鐵罐綴成的總統肖像；後面，是莊嚴的軍樂隊：那些樂器，是他們在俘虜營裏將僅可利用的工具和廢物製成的；喇叭的圓管上可以看見罐頭食物的英文標誌，還有油桶皮造的鐵鈸，形狀可怪的小軍鼓。——他們莊嚴肅穆地吹奏着，踏着沉重的步伐在我們的面前走過。我不能覆述他們臉上的神情，他們挾着太多的激動和些微忙亂走着，依次接着歡迎者伸向他們的手，接受我們的歡呼和慰問，其中有些手上拿着宣傳品的，含着感人的笑意將他們從船上準備好的油印信、宣言、細小的傳單，塞進我們的手裏……

他們一隊一隊的，連續不斷的在我們的面前走進碼頭倉庫佈成的臨時會場裏去……

第二艘登陸艇接着出現了。

當這天到達的最後一艘登陸艇上的義士將要下完時，我仍然站立在雨中，我並不感到絲毫厭倦和疲憊，反而愈加激動；不只一次，我有衝出去擁抱他們的慾望，我看見他們笑着，淚痕爬在雙頰上；一位年老的義士(七十歲左右)舉起他那枯瘦而在顫抖的手，沙嗄而喃喃不清地呼喊着，最後，他抱着一位年青的歡迎者悲痛地哭泣起來……

他們繼續在我們的面前走過去。

突然，我看見了他。

這會是他嗎？我問自己。但，不容許我思索，他已經走到我的面前了。我沒有向他伸出我的手，只是木然地向他諦視着。我看見他顫慄了一下，臉色驟然變得異常蒼白，他的嘴唇——大而柔軟的，薄薄的嘴唇，微微地痙攣着，像是要想說話；他的右手要提起，跟着又緩緩地放了下來。

我不作聲，依然用嚴厲而輕蔑的目光注視着他。

這只是一瞬間的事，他被隊伍擁着走過去了。我望着他的背影，我看見他並沒有再去握那些歡迎者伸給他的手，他只是遲滯而冷漠地走着。

我知道他在想些什麼。

爲什麼我不知道呢，我是唯一的一個能夠了解他的人，同時，我會經說過，我不會忘記這個可憎的面容的。

沒有理由使我忘記那些令我悽痛的事。

二

第一個印象是很重要的，人們往往在一瞬間決定一件事情，或者是結交一個朋友。對於他，我便是這樣。在認識他之前，我否定所謂同性間的引力，我認爲這就是男人與女人的區別；也就是說，我從未被任何一個男人吸引過——我所說的吸引和敬慕欽佩是不同的，它應該還含有一點神秘的，愛戀的情愫——。所以，直至現在，我仍不能替自己作一個肯定的答覆。

總而言之，像磁石一樣，他有一種內在的含蓄的力量；這種力量我能從他的舉止談吐中覺察出來。

計算起來，這應該是七年前的事。

抗戰勝利復員後，我再回到學校繼續我的學業，但，我的功課在戰爭中早就忘得一乾二淨了，因爲當一顆子彈或一小塊炮彈的破片貫穿我的腦子之前，這些東西對于我是毫無幫助的，所以我從這種慘酷的現實中學會了許多求生存的技能，可是這種技能對於當時的我，亦即是x＋y，某某定律在戰爭中對于我一樣。我變得無知，渺小，我得開始從陌生的生活中慢慢找尋一些能使我振作起來的東西——雖然我並不知道這些東西是什麼。

我現在姑且將它當爲一種刺激吧。

對的，刺激。他的本身就是一種刺激。

說實話，在戰場上看過人屠殺人之後，醫學上的生理和病理解剖不能引起我絲毫興趣。然而，我終于決定到這所醫學院裏來。當我從上海乘京滬車到鎮江，再從車站步行到北固山麓的校門時，我對于自己這種近乎惡作劇的舉動感到異常驚訝。

辦妥一切繁複的手續，我疲乏地提着行李用手拐推開第十七號宿舍的房門。

這種景象是十分令人發笑的，小小的一間房子竟堆有四張雙層的木床——都靠着牆，留出當中的空位放兩張大書桌——，凌亂得使人懷疑這是儲藏室；牆角，床架，到處拉着繩索，燈線，掛着各式各樣的衣物；幾乎每一立方寸的空間都被利用了。

我側着身體——因爲手上提着行李——從木床與書桌之間的走道走過去，才發現旁邊牆角還有一張空的床位，而且，我這才發現他在整理着下鋪的被褥，背着我，像是並沒有發覺我站在他的後面。

但我剛放下手上的行李，他忽然用平淡的聲音問道：

「你這個時候才到？」他說着，仍然沒有回轉頭，繼續在舖平他的藍格子床單。

「嗯，是的。」我應着：「我走錯路，所以……」

「初次到鎮江吧——你應該叫一個車子。我想，從車站到這兒，不會太貴吧！」

我以爲他誤會我吝嗇，於是我掩飾地笑着說：

「我認爲走走也很有趣的。」

「這主意不壞！」這時，他的工作算是完畢了。他伸直腰，拍拍手掌，然後若無其事地回過身體望我。

這不是他嗎？在車站我會經向他問路，他搖搖頭。——我差一點咀咒起來。可是，他臉上沒有一點表情，除了嘴角流露出一些捉弄的意味之外，他就像一個天天和我見面的老朋友似的望着我。

「我以爲你在車站時應該告訴我的！」我開始用一種怨恨的聲音說話了。

將旁邊一隻布質手巾袋掛在床架的釘子上，他解釋道：

「我沒有理由要你跟我走，因爲我也是初到貴地呀！你想吧，我走的那條路也許是錯的，說不準要比你剛才所走的更糟呢！」他得意地笑了笑。「反過來說，這未必不是好事情，最低限度，鎮江的街道你總算比我熟識一點啦！」

「……」我不響。不過，他這種悠閒自若的意態和他的話引起了我的興趣，我的惱恨很快的便消散了。

「很有趣的事情，」看見我不答話，他又說：「在車站，我們有同一個目標；但，我們走了兩條不同的路，而都到達了。唔，是的……」他皺皺眉，像是在思索，然後又低聲喃喃起來：「在整個人生來說，這只不過是短短的一步路罷了，也許我們到死亡的時候，才能再會面呢！」

「……」

彷彿這是一件不可思議的事情，他微微地搖了搖頭，很敏捷的跳坐到書桌上去，用一種命令的口吻說：

「上鋪是你的，快點解開你的行李吧。我等你，我們一起去看看教室和飯堂，呃，還有厠所，這都是很重要的，明天我們要裝成一個老生一樣，什麼都不要求教於人。你說是嗎？」

他最後這句問話顯然是多餘的，我對于他——從我所說的第一瞬開始，我便像已經抓到了一點可信賴的東西似的，他的意見便是我的意見了。

於是我將行李包放到上面的床位上，在我正要困難地爬到上面去時，他驀然大聲問道：

「你的脚怎麼啦？」

混蛋！爲什麼要問我的脚？只要它不踏在他整齊的床位上不就成了嗎！我忽然想起這兩年來我曾經爲了我的脚打過兩人，引起無數次不愉快的爭吵。現在，我按捺着忿怒，我勉力掙扎到上面去。

「是怎麼啦？」他急忙跳下書桌，用手扶着我。

我不敢回轉頭，我已經知道他會怎麼樣看我。

「它壞了——右腿。」頓了頓，我生硬地說。

「跌傷的？」

我痛苦地搖搖頭。

「那麼它是你生下來就壞的了？」

我敢說，假如換另一個人，我一定會打掉他的牙齒。而這個時候，我却極力抑制着，以致渾身都顫抖起來。最後，我突然乖戾地扭轉身，生氣地叫道：

「是炮彈破片打壞的！現在你總可以滿意了吧！」

我以爲他一定會向我道歉，或者什麼的——我幾乎要後悔自己這種惡意的舉動了。但出人意料的，他非但沒有絲毫歉疚的意思，反而用不馴的目光瞠視着我。我相信他絕對沒有經過考慮，他已經用力將我從床位上拉下來。

「你這個笨蛋！這是英雄要做的事情嗎！你早就該對我說——『我要睡下鋪』！」說着，他連望都不再望我一眼，一手將他那鋪叠得非常整齊的被褥捲起來，丟到上鋪去，然後迅速地伸手去拿下我的行李……

我楞在一邊，等到他將我和他自己的床位整理好，他返身向我說話的時候，我才恢復了意識。

「走吧！英雄！」他拍拍我的肩膀，說。

三

我想，一定是什麼魔鬼在主使我，我竟會馴服地跟着他走出去——我第一次忘了自己的自尊心。

後來在整個晚上，我故意不去理會他，我用不屑一顧的目光睨視着他：他很快的便和同室的那六位同學（其中有兩位也是新生，因爲他們和我一樣，始終沒有說話）攀談起來，我不想聽他說的什麼，但這些音調却像一首我最喜愛的小夜曲一樣，使我聽得津津有味。

最後我索性睡到床上去，閉起我的眼睛，然而，沒有用，我知道他在暗自竊笑，雖然他背着我，坐在書桌旁邊。這個晚上，我失眠了，我解釋失眠的原因是由於換了新的環境的緣故。其實，我十分明白——沒有一個人能欺騙自己的——，最大的原因是因爲他，這個使我失去尊嚴的魔鬼。有好幾次，他探頭出床架俯望着我，而我却有意發出鼾聲，表示自己睡得非常酣暢。

現在——第二天的早上，我坐在飯堂的角落上吃早粥，他端着一大碗熱粥走過來，就對坐在我的前面。

他微笑了。唉，老天，我眞痛恨他的微笑，甚至我連他那排潔白而整齊的牙齒都痛恨起來——我一時無所適從，不知道自己應該怎樣才好。

打量了一下我放在桌上佐餐的食物，他用筷子挾了一小角腐乳，放進嘴裏品味。

「不壞，上好的辣椒腐乳。」說着，他忽然譏誚地笑起來。「——你太優待自己了！」

我討厭人家說風涼話，所以我不理他，只管吃着。而他又笑了。我向自己說，但願他能够及時停止這種——這種什麼呢？我說不出來。總之，我盼望他不要再笑，我不知道自己將會做出什麼可怕的事情了。

果然，他開始粗野的，呼嚕呼嚕地喝起粥來。

「呃……」將一大塊腐乳放進嘴裏，他忽然說：「你昨兒晚上失眠了吧——我知道，這就是你的弱點，英雄大概都是這樣的。你的英雄感太盛旺了，連拿破侖都不擺在眼裏呢。」

我停下筷，望望他，不以爲然地說：

「憑那一點，你說這些話？」

「何必那麼認眞呢，我只不過隨便說說。」他緩和下來，笑着。是的，他微笑着接着說：「有一點我得提醒你，鼾聲不是這樣的，你不妨多觀察。肥胖的人和瘦的人不同，它的聲調，節奏——對了，最重要的是節奏：起先是低低的，培養着一個高潮，後來漸漸弱下去；當然，有時你翻一下身，它便會突然停止的。」

「……」

「還有，眼閉合起來還不够，你不能控制你的眼皮，它微微地在抖動。你看見過小孩子裝睡嗎？很可笑的。唔，下一次，我告訴你一個方法……」

我將一塊腐乳挾到他的碗裏去。

「你總該閉嘴了吧！」

「談談不是挺有意思的嗎？」

「我討厭這種話題。」我不悅地回答。

他很快的將碗裏的粥吃完，然後很有興趣地將雙手交叠在餐桌上，低聲說：

「好吧，我們改變一個話題。聽你的，告訴我你的英雄事蹟——你的脚是怎麼被打壞的？」

他的語氣裏，我發現有一些使我喜悅的成份，它是溫和而懇切的。我找不到任何一個理由拒絕這個要求。於是，我挾着些微激動和羞怯的心情告訴他，我的脚是怎麼樣爬出掩體去救護一位弟兄，而被炸傷的。

「這就是你們的優越的特性——在那種時候捨己救人！嘿！偉大之至！」他輕蔑地大聲叫起來：「我以爲那發炮彈是應該炸掉你的腦袋的！」

我爲他的意態吃了一驚。

「你知道世界上什麼東西最重要？」他接着嚴厲地問。沒等我回答，他用手指指着我說：「是你自己！知道嗎？」

「……」

「只要你自己生存，你才能使別人生存。」

「你忽略了人性中最寶貴的……」

他用手阻止我說下去。

「你以爲我不是一個英雄嗎？」他將英雄兩個字咬成一種奇怪的音調。「——一個十足的英雄！我在游擊區，有一次攻進一個小縣城，搶鬼子的糧食。照理，我們不該拖到第二天才撤退的；但上面要我們這樣做，他們說這是誘兵之計。結果你說怎麼樣？所說的反包圍的部隊並沒有如期趕到，我們便完了。一個也沒臏，全軍覆沒！」

「那麼你……」

「當然，我是說除了我之外。」他回答。

我不能了解他的思想，所以我沒再說下去。

四

以後，我不明白自己爲什麼這樣痛恨他，而又這樣喜歡接近他。當我跟他在一起的時候，我彷彿感到一種極爲愉快的安全感，他會十分體貼的照顧我——也可以說是擺佈，他的口才能使我在一種非常尷尬的情況下接受他的思想，遵從他的主意。我發覺他是一個領袖人材，而且他有很大的領袖慾，他懂得怎樣攏絡人，爭取對方的同情。

在這兒，我應該承認我是很自卑的，由於我這被炮彈炸傷的右腿。從它壞了之後，我便開始了解自己了。我在最初的那一個時期是煩亂不安的，我害怕人家望它——用那種同情和憐憫的眼光望它；這會使我的自尊心受不了，因爲我以前是一個剛强的人。慢慢的，我開始變了，這種變使我陷入兩種奇怪的狀態裏：我的自卑感(亦即是變了質的自尊)緊緊的裹着我，使我離開所有的人，對事對物的懷疑心讓我否定一切友誼，於是我被埋在孤獨裏；另一方面，我開始從徬徨中找尋一個能寄托精神的地方。但，我又覺得任何一種信仰對于我都不會有幫助的，我有點不信任自己。我以爲自己不是一個眞正需要幫助的人。

而就在這個時候，我認識他。我之所以願意接近他，是因爲我能够從他那兒獲得完整的自尊。儘管他常常有意打擊它，我知道這是善意的。他很了解我，不過，他並沒有說出來，他將這些了解溶合于友誼中，使我不能從嘴裏感激他。可是，這並不是說我和他沒有不同的地方，有些時候，我發現自己在向他反抗。偷偷的，這種情愫在我的心裏鼓動着，我不敢將它宣洩出來。

一個禮拜日的早上，我獨自從宿舍走出來，要想跨過大操場，從後校門到外面去，因爲那是一條到北固山去的捷徑，那兒是一個異常幽靜的地方。

我剛走近那間小小的基督徒聚會所，忽然聽見有人在呼我，是一個女孩子的聲音。

我扭轉頭，我發現她——那個叫我的女孩子站在門前的木欄邊，手上拿着一本厚厚的聖經。她的容貌並不十分美麗，但很素雅；我很注意她那兩條垂在肩上的烏黑的辮子，從她那明亮的眼眸和那嫻靜地笑着的嘴角上，我覺察到一點神聖味兒。於是我停下來，微笑作答。

「你也是教友？」她問我。

我沒回答，也不否認，竟然跟她一起走了進去。我很想問她：她爲什麼會認識我。可是直至我們在後面的排椅上坐下來之後，我依然沒有開口。

發覺我這種望她的神態有點特別，於是她笑了。

「你沒帶聖經？」她有意岔開說。

「呃，嗯……」

「這兒不比教堂，」她接着解釋道：「它還是我們大家捐欵修的呢——哦，那個時候你還沒來。」

「是的，我是新生。」

「我知道，你住在男生第十七宿舍。」

「妳怎麼會這樣清楚？」

「你忘了，註冊的時候……」

「哦，」我吶吶地回答：「那是妳——我沒注意。」

「我知道你沒注意，」她含點調侃意味補充着說：「——你連眼睛都沒抬起來過，是嗎？」

禮拜開始了，唱讚美詩的時候，她一邊唱，一邊用一種溫和的笑意不時回過頭來望望我。完畢後，我們再坐下來，她不再說話，只是將聖經翻開，放在我們靠着的膝頭上，用手指告訴我從那一章那一節開始，然後，她專注於牧師的話。

我幾乎是有一半的時間在窺望着她，她臉上的輪廓，她那長而彎的眼睫，小小的嘴唇，小小的耳朵——是的，它很小，邊上有一點痣，我沒有用手去觸摸它，但我知道它一定很柔輭。

我爲什麼要這樣望她呢，我不能解釋，總之，這個印象久久不能忘懷，差不多我一閉起眼睛，便彷彿瞥見她那麼虔誠的坐在我的旁邊。這一週內，我幾乎將這種試驗當成一種消遣了。

第二個禮拜天，我一早便挾着微微激動的心情到聚會所去，她已經站在木欄邊等待我了。

午飯後，我正想看看書，他——這位游擊區的英雄——忽然邀我到外面去走走。這是很難得的。短短的兩個月，他已經是衆所週知的人物了，可以說任何一個集會裏都少不了他。按照老制度，我們修業的時間是六年，自從改爲四年制後，功課無形中增加了。我們每一個人都自動將自修的時間，延長至晚間十時，雖然這樣，猶恐時間不够。可是他永遠是那麼悠閒，似乎從未被功課煩惱過。

現在，走了一段路，他開始有意味地說：

「聽說基督教使你入迷了。」

「誰說？」我含怒地反問。

「誰說？今天早上我還看見你往 那間 小屋子裏讚。」

「爲什麼要說：讚！」

「好，馬上改口，爲了禮——貌，我似乎應該說……」他頓了頓，輕蔑地笑笑。「呃，我問你，你懂得他——呃，耶穌的道理嗎，譬如說，對于聖經……」

「將來我會懂的。」

「那麼你是說：你相信自己一定能够升入天堂？」

「我沒想過這個問題，」我直率地說：「因爲我並不是要想升入天堂……」

「啊！」他急急地打斷我的話：「另有一番理由！」

他這種冷嘲熱諷使我厭惡，所以我站住脚。

「我得回去了，」我說：「這種談話太沒味道了，我怕它會傷害我們之間的感情。」

「好吧，那麼我陪你走回去。」他隨即回轉身，自管自地開始走起來。

沉默着。半晌，他低聲說：

「我要想跟你討論一個問題。很重要，我要為它寫一篇東西。」

「……」

「我先找你作為一個辯論的對象。」

「關於什麼？」我困惑地問。

「信仰。」

「你是說宗教？」

「宗教也是信仰中的一種吧！」

「但我知道得不多。」

「沒關係，只要盡你所知的辯駁我。」

「好吧。」我無可奈何地說。

於是，他的議論開始了，我們在同一條路上來回走了好幾次，他的話還沒說完。不過，我覺得他的話很有趣，現在我已記憶不淸了。我只記得他用許多手勢和理由否定神，再用許多手勢和理由證明神就是人。然後，再搬出達爾文的進化論，說人是猴子變的。於是，他便有一個合理的邏輯了。

「好，你聽着，」他傲然地說：「假如你承認神的存在，那麼任何一個人將來都會進化為神。否則，便沒有神。」他注視着我的眼睛，停了停又說：「還是我的那句話，你就是自己的神！懂嗎？」

鬼話！我將他這一套鬼話，當天晚上便去告訴她。

她微笑着，耐心地聽着。

「他是一個有思想的人。」最後她說：「我很欽佩他。」

「妳說他是對的？」我低促地問。

她搖搖頭。思索了一下，她說：

「我的口才雖然沒有他的好，但我相信自己會說服他的。他的話只是很動聽，使你迷惑，沒有半點眞理。」

「他說他要為這個問題發表一篇論文呢。」

我看見和感覺到她的喜悅，她移開眼睛，眺望着前面，喃喃地自語道：

「這是一個打擊他的好機會，因為每個人都會看見他的這篇妙論，你說是麼？」

「當然。」我快活地回答。

「你能不能替我介紹認識他，這樣會比較自然點。」

「我會帶他來見妳的。」

（未完）

歸吻

光中

歸自驚波怒濤的海外，
　流浪的靈魂終於進港。
岸上那兩座久別的燈塔
　在霧裏透出朦朧的幽光，
　指引着我的歸航。

緩緩駛過了港口的岩壁，
　把鐵錨深深地拋在灣裏；
當歸舟緊傍着岸邊泊下，
　這一片沙灘是多麼柔細！
　任遊子回來休息。

海上經歷的狂風暴雨
　在這一刹那已全被遺忘；
漸漸那岸上的兩座燈塔
　熄滅了霧裏閃爍的微芒，
　湧出了兩滴星光。

旅美小簡之六

智慧的火花

陳之藩

費城的本雪法尼亞大學，是個老大學，它的校園中，包括八十多幢大樓。蓋的年代，差不多都是與史俱來的。一切地方都看得出來是在學歐洲，即以宿舍而論，那種樣式也是學英國的學院式的，不論裏面多不舒服，窗戶多不合適，從外面看來，總是有一番氣派。廣濶的院落，甬路全是石板的。

這八十多幢大樓中有一幢是特別的，即是今年才修成的富蘭克林中心。富蘭克林中心的對面是摩爾電機學院，旁邊是富蘭克林運動場。富蘭克林中心，所包括部門是數學，物理與天文，樓的樣式是新的，內部的設備也是新的。

我經常是在摩爾學院上課，但除了查書在摩爾圖書館稍作勾留外，不大愛在摩爾學院呆着，因爲那裏一切全老，溫度調節也不是自然的，所以我一有工夫即到對面的富蘭克林中心來。

這個樓建築的制度，無疑是在學普林斯敦高等研究所。圖書室的周圍是一個一個的小房間，小房間裏什麼全沒有，只有兩把椅子，與一個黑板，把這個小房間的小門關上，這屋裏即是自己的天下，可以上天入地的思想。

歐本海默爲主任的那個普林斯敦高等研究所，他被命名爲「智者的旅店」，是讓智者休息，乘涼，聊天的地方。有經常在那裏的，如愛因斯坦；有臨時邀請去的，如湯比。研究所方面並不計較這些「旅客」的工作，只是供給他們安適的環境，與閒暇的時間，讓他們去思想；去作靈魂深處的探險工作。

這個制度興起來沒有多少年，但是這種作風就傳染了整個美國，富蘭克林中心即是一個例子，通用電氣公司的研究室又是一個例子。這個制度的惟一目的，即是希望由這種環境下，讓學者們迸放出智慧的火花，以映照這個時代。

美國有一個極迫切的需要，是他們朝野有先見的人士所大聲疾呼的，即是缺乏領袖人才，也就是缺乏智慧的花朵。到今天爲止，科學界中最有貢獻的人，不是由歐洲學校給訓練出來的；就是由歐洲流亡來的。有一幅漫畫諷刺這種情況，一個猶太人在實驗室內工作，一個美國人在市街上去推銷。

他們國家的各階層領袖，都憂心這幅畫圖，他們仔細考慮這個問題，怎樣才能產生領袖人才，怎樣才能培起智慧花朵，因爲領袖好像不是由正規教育所能教育的出來，而智慧也不是知識堆積起來的結果。

於是他們想出各種各樣的方法來，比如，盡量保持學術的獨立與自由，盡量供給學者閒暇與安靜，盡量提倡古典的訓練與人文的教育，最近還有福特公司捐出大筆的錢，用以提高教授們的待遇。一切都在努力中，而希望却仍在渺茫中。

不僅在國際舞臺上，美國的政治所表現的是跟着邱吉爾蹣跚老步前行；就是在學術界裏，美國學者們也都是跟着由牛津來的，由維也納來的學者們奔走。美國的先知們在焦灼於文化的生根工作。

假如說，一個病院裏有許多護士，把病人的病情記錄的非常詳細，把病人的衣食照顧的非常週到，但是沒有具綜合眼光的大夫爲這個病人下診斷，那麼這個病院是醫不好病人的。放大來看，杜勒斯的席不暇暖，艾森豪的苦慮焦思，對於猖獗的洪水猛獸，並沒有有效的抑止力量。

培養綜合眼光與綜合能力不是件簡單的事。撒下多少種子可能長不出一株嫩苗來。大家在爲此焦灼，在爲此摸索。

我坐在富蘭克林中心，凝望着愛因斯坦的塑像，愛氏所以成爲愛氏，不僅是因爲他是數學家，物理學家，而且也是哲學家；再看一看馬克士威爾的掛像，馬氏所以成爲馬氏，不僅因他是電學家，也因爲他是詩人。就以富蘭克林本人而論，在電學上有那樣的成就，而他是政治家、教育家。

時代縱然是分工了，而具綜合眼光的領袖人才需要的更迫切，這個年輕的民族，在墾地，培土，播種，灌漑，在期望天才與智慧蓓蕾，以喚起整個春天的千紅萬紫。

於此，我不能不想起，我們這悲哀的一代。我們這凄涼的祖國。不知道誰的主意，覺得培養領袖人才爲最不切要。學校所獎勵的是最聽「恩師」話的奴才學生；社會所獎勵的是最會給上司送月餅的屬員。上上下下全是唯唯否否，看一個人的顏色，試一個人的脾胃。世界上那有一個富强康樂的國家是由一羣奴才建造得起來的。

我把功課推到一旁，伏案哭了。

四十四年三月十六日於費城

桃園小品之一

林語堂與周恩來

蕭立坤

我住在南美洲大草原之河濱，每晚工餘之暇，收聽世界各地的無線電廣播，以作消遣。這幾日萬隆會議的消息最多，好出風頭的周恩來，天天挨罵，無地自容。前晚紐約廣播中，輕鬆的來了一段簡訊，說南洋大學校長林語堂，憤恨中共在馬來亞文化界毒辣的滲透，認為不易照他的理想，辦一所「第一流的大學」，所以辭職離坡，飛往法國去了。

我們中華民國幾千年的歷史，總括言之，不外一個「殺」字，不但王與寇之間是殺無赦，老百姓之間稍有恩怨，動輒也是誅九族，嬰兒僕奴，一個不饒。水滸傳裏武松血濺鴛鴦樓，即是一個好例子。而水滸傳的讀者，還下意識的佩服武松的英勇，所以這「殺」字，已成了中國政治的法寶，文化的精華。

這個法寶，近十幾年，又加上蘇俄共黨唯物的新理論，科學的新技術，發揚光大，當然「殺」的範圍更廣，「殺」的方法更妙了，黃巢殺人八百萬，中共五年來，殺人何止二千萬！韓戰時共軍的人海戰術，使美國人心都軟了，但中共毫無動容，準備再送一百萬青年去試試！

林語堂先生，本是現代一位大思想家，反共意識亦很濃厚，但因在紐約住久了，當然把生命看得貴重一些。他這次毅然赴新加坡，就任南大校長，既不是為名（他已是世界聞名了），又不是為利（他自出售吾國與吾民以來，版稅收入也在百萬美金以上了），而確實是有一翻抱負，想在大陸淪陷後，在海外華人聚集最多的南洋，建立一個中華文化的新基地，從前他或許也到過新加坡，但對當地的印象，一定很模糊，或許只記得那裏通行英語及廈門語。英人統治的地方，大都是法治的，廈門語通行的地方，無異他的故鄉，如果把大學辦好了，服務桑梓，流芳百世，都是可能的。

可是他忘了馬來亞尚有少數華共，誰是共黨，額上並無標記，而馬共正是暗殺的能手，大學又是不設防的文化區，如果一個馬共奉命與林校長把性命一拼，那絕不是幽默一翻可以了事的。

況且林大師對夫人最敬畏，大師之有今日，多賴夫人督護之功，今捨世界最安全之紐約而不居，為了已逝的中華文化，危及生命，深入叢林，以重于泰山之尊，冒輕于鴻毛之險，那是千萬不值得的事。所以在夫人明察之下，自然杯弓蛇影，更顧到生命之可貴，飛往法國去了。

因此又連想到周恩來，此君雖以共黨巨頭著稱，但究係南開張伯苓的學生，少年時又厚又黑，自以行險僥倖為得意，但年事既長，也未嘗不怕橫死。只因在本初之弦上，身不由己，此次親見高崗慘死不久，即啣命南飛萬隆，原擬鼓如簧之舌，為毛主開疆拓貢，但途中隨員飛機失事，已使他三魂掉了七魄。所以到印尼下了飛機，竟不敢與歡迎者見面，只乘了保險汽車，直駛警衛森嚴的行署。大會開幕後，各國代表，以廿八種語言，將共產黨罵得體無完膚，使他自己的演詞中，連「共產主義」這個字，一次也不敢提及。艾森豪乘勢拿出三十五萬萬金元，害得會場上人人垂涎三尺，却無周恩來的份。他想起十多年恭侍羅宋主子，只受盡了剝削，而今民窮財盡，天羅地網，更不知如何死法，怎不傷心！

他既是南開學生，自不能說良心全失。三百六十天，也可能有一天良心發現，而這一天可能正是熱帶仲夏萬隆郊外風和日暖的一天。他孤獨的坐在陌生的別墅中，把二十八種聲音的眞理，一一回味，加上四十年前張伯苓仁慈的聲音。隱約間七孔流血的高崗，站在他面前哭訴，北婆羅洲海岸慘死的八個隨員，血肉模糊的向他招手。……使他對共產黨起了無限的恐懼。他厚黑的唯物的勇氣，已化為泥漿了。他明知此次大敗回京，毛酋絕不原諒——共產黨內根本無「原諒」這個字，輕則如馬林可夫調職，重則如高崗即刻斃命。……顯超愛妻又不在側……人生至此，未有不呼天者，……

他羨慕林語堂，有辭職的自由，他羨慕吳國楨老同學，有逍遙法外的自由。他自視如已決的囚犯，而不知何時執行，如何執行……。

可惜印尼生活水準太低，即令他的朋友尼赫魯的家鄉，也不免太熱太髒。如果這次會議是在日內瓦、紐約、巴西、阿根廷開會，顯超又係同行，他不也可拿出決心，即刻脫下列寧裝，向當地政府請求政治庇護嗎？

我們不要輕視這次萬隆會議，它可能已替周恩來敲了喪鐘，而周恩來繼高崗而死，也正是秧歌王朝風流雲散的七號風球了。

四四、四、二二。

讀者投書

對減輕學生課業負擔的檢討

健　人

爲減輕中小學生的課業負擔，教育當局，曾煞費苦心，擬訂了一個相當詳細的實施方案，明令公佈施行。但是這一方案施行的效果如何，是否能實現教育當局的理想——眞正的減輕了學生的負擔？則只有學生們自己知道了。筆者從事教書生涯已廿年，現在仍然擔負着高中導師的職務，和學生接觸的機會最多，瞭解學生心理也最淸楚，一得之愚，不敢緘默，謹就個人所知，提供教育當局參考。

現在單就學生課外作業一項來說。依照部令規定，初中課外作業分量，每日平均最多不得超過九十分鐘，高中課外作業分量，每日平均最多不得超過兩小時。因此我們的學校，復根據部令，作了一個通盤而具體的分配，定爲初中課外作業，每週五百四十分鐘，高中課外作業，每週七百二十分鐘，再按各科上課時數之多寡，將其分量分配於各科，規定各科每週課外作業分量支配表如下：

1. 高中部

年級	科目	上課時數	指定課外作業時數(分鐘)
高三(總時數七百二十分鐘)	國文	5	一五〇
	數學	6	二二〇
	英文	5	一五〇
	物理	5	一二〇
	公民	2	四〇
	歷史	2	四〇
高二(總時數七百二十分鐘)	國文	5	一五〇
	英文	5	一五〇
	數學	5	二一〇
	化學	5	一二〇
	歷史	3	五〇
	地理	2	四〇
高一(總時數七百二十分鐘)	國文	6 (7)	一六〇
	英文	5 (6)	一五〇
	數學	5	二〇〇
	生物	3	一二〇
	地理	2	四五
	公民	2	四五

2. 初中部

年級	科目	上課時數	指定課外作業時數(分鐘)
初三(總時數五百四十分鐘)	國文	6	一一〇
	英文	5 (6)	一〇〇
	數學	5	一二〇
	公民	1	三〇
	歷史	2	四〇
	地理	2	四〇
	理化	4	一〇〇
初二(總時數五百四十分鐘)	國文	6	一一〇
	英文	4 (5)	九〇
	數學	4	一〇〇
	公民	1	三〇
	歷史	2	四〇
	地理	2	四〇
	理化	4	九〇
	生理	2	四〇
初一(總時數五百四十分鐘)	國文	6	一三〇
	英文	4 (5)	一〇〇
	數學	4	一二〇
	公民	1	三〇
	歷史	2	四〇
	地理	1 (2)	五〇
	博物	3	七〇

然而這一個減輕作業分量的支配表公佈施行以後，其成效如何呢？請看學生們的反映罷，下面是幾個學生的週記（爲保持眞實，原文節錄，一字未改）。

（其一）

「高中課外作業，每天不得超過二小時，而每星期則需十二小時。其中數學每週佔二百廿。我覺得校長這番話很有道理，對我們學業將有很大幫助。但是我們不能實行。我們的課外作業，比校長所預定，重得好幾倍，每天不知需要多少時間，才能把所有的課目作完。尤其數學，我們高二的代數，每星期有五堂，平均每兩天有練習題六十多個。這六十多題，就拿我來說吧，就得約五小時才作完。也許我程度差，作得慢，不過就拿程度高的同學說，這六十幾題，也得三四小時。所以每上過兩堂代數，我們作作業的時間，就得超過二百二十分，何況每星期有五堂呢！」

（其二）

「我聽說我們溫習數學，一週是四點多鐘。要是這話是眞的，我不知道說這話的人，是根據甚麽這樣說的？我們一週有五堂數學課，就說一天一點鐘寫作業，一週也得五小時，並且照目前學校的情形看，一天至少需三小時，才能將習題作完。但以我的程度，三點，實不够用。因此別的功課，只能棄之不顧。在我說來實不容易了。我常有個錯覺，好像我是專門學數學的。因爲我們把大部份課外時間，都花在數學上，現在竟然有說，只要二百二十分一週，簡直是在開玩笑！」

（其三）

「前幾天開學，教務會議討論減輕學生作業負擔問題。第二天校長報告說：我們要確實把握時間，好好支配，就能把溫習時間，減輕到如教育廳規定者，（數學二百廿分，英文一百五十分，國文一百五十分，）其實這話講得未免太不實際。就拿開學第一週來說，我們作數學作業的時間，每天約須二小時。有時還不止。其他各科目，就與這點時間，根本不够。因此我覺得教育廳這樣爲着表面上的改進，而推行這種不實際的法令，實在使學生們弄得啼笑皆非。」

× × ×

此外關於減輕負擔的反映甚多，但都大同小異，限於篇幅，不能遍舉。但一葉知秋，由此我們已經可以了解學生的心情是如何的苦悶與沉重了。現在根據上面幾個學生的反映，可以獲得以下的結論：

一、所謂減輕學生作業負擔，只不過是徒有其名，不但不能收到預期的效果，反而給學生一個很壞的印象：就是當局只知開空頭支票，而不能兌現。因爲這個減輕課業負擔的方案，只是一種紙上文章，完全隔靴搔癢，根本解決不了實際問題，無異對學生說了一個大謊。這在教育本身來說，將有極壞的影響，簡直是個大失敗。

二、僅數學一科所需作業的時間，幾乎傾各科作業時間的總和也不能應付裕如。對其他各科，更談不到了。這種現象當然不自現在始，但在大喊減輕學生負擔的口號下，似乎是太滑稽了。

三、減輕學生負擔，不從功課的質量方面去縮減，而僅僅硬性規定其作業時間，這種下藥不對症的辦法，欲想達到減輕學生負擔的目的，實無異緣木求魚。

現在我們要進一步研究，我們當前的教育，爲什麼不能產生積極的效果？就是因爲青年學生的消極冷漠。學生爲什麼消極冷漠，就是有些事實告訴他們，一切都是假的，不着實際的，說和作完全是兩回事。學生以爲「反正說了也作不到，又何必認眞呢？」誠如學生所說：「這樣爲着表面上的改進，而推行這種不實際的法令，實在會使學生弄得啼笑皆非。」試想我們是給了學生一種什麼樣的教育？我們站在一個神聖教師的立場來說，實在感覺內疚萬分。因爲我們對學生的措施，和教師站在講壇上講的大道理——誠實不欺，言必信，行必果，實事求是等，完全是南轅北轍。那能不令學生失望，以致對事消極冷漠，這樣就無怪我們的教育不能發生積極的效果了。若就整個教育的觀點上看，這是一個十分嚴重的問題。

由於以往的種種教訓，我們覺得政府對任何措施，在一項新的法令未頒佈前，必須深思熟慮，詳加研究，縝密計劃，決不可率爾成章，操切從事，起碼應先考慮到：㈠問題本身的內在癥結，及其重要性。㈡訂擬方案時，須顧到對象的實際困難，及能否實行。㈢實行以後可能產生的影響。如果能够先在這些方面策畫萬全了，再爲頒法執行，方不至發生「不良後果。譬如今次教部頒行的減輕學生作業負擔辦法，在事前：第一應當切實研究負擔過重的關鍵在那裏，是不是功課內容有問題？第二就要切實考慮所限定作業的時間，能否應付得了他們的課業。凡此種種都不可稍有疏忽，如果事先考慮到實行不能澈底，那就乾脆把問題保留，免得引起學生不滿，有如目前的情形，豈不是弄巧成拙了。

其次我們要談到學生課業負擔最重的莫過於數學一科。就過去的經驗，一個中學生百分之七十以上的時間要花在數學一科方面。其次則是英文。無怪學生說：「我常有個錯覺，好像我是專門學數學的，因爲我們把大部分課外時間，都花在數學上……」總之，以現在部令規定作業時間，是根本不可能減輕學生負擔的，甚至使學生不能自由支配其作業時間，則反而有加重其困惑的趨勢。因在過去沒有提出減輕學生負擔時，學生還以爲受累是本分，吃苦是應該的。然而現在當局既已提出了減輕學生負擔的問題，當然減輕是對的，那就必須切實研究減輕其負擔的有效辦法，而偏偏部令規定的辦法又不能解決問題，所以很容易招致學生的不滿，以爲既是減輕負擔是對的，那爲什麼不能定出一個有效辦法，而卻向學生開玩笑呢？已成爲一個衆所週知的事實，所以學生說：「……我聽說我們溫習數學一週是四點多鐘，我們不知道說這話的人是根據什麼說的。」一向政府的老毛病，就是辦公事的人，光知在桌面上作文章，而不顧及能否適應其對象及環境。這種閉門造車的作風，實應切實改正。現在的問題是如何設法修正部令的減輕作業辦法，使之名符其實，以補救以往的缺漏。作者認爲減輕學生負擔事小，失掉學生信仰，養成學生一種蔑視法令的心理，及不切實際的觀念，則是個無比的損失。至於補救之道，應該從功課的進度及內容方面去設法調整。現在中學生的課目實在繁多，如果想使學生樣樣都學的好，學的精，是不可能的事，我們必按照事實需要，斟酌㈠何科應黜，㈡何科應減，先在課目上加以通盤的改訂，如果課程的質量都減輕了，則不必去限定其作業時間，而學生的負擔也自然會減輕了。譬如說數學是最使學生煩惱而吃力的一科，我們就必須考慮到，現在中學數學科的分量是不是太重太深。所以作者認爲，要減輕學生的課業負擔，必須着重以上兩點去研究，如果捨此而空言減輕學生負擔，無論計畫多詳密，在時數上計算的多精確，都是捨本逐末之論，則對於學生仍是無關痛癢的。希望教育當局，能急謀改善之道，則學生幸甚，國家幸甚。

第十二卷　第十期　內政部雜誌登記證內警臺誌字第三八一號　臺灣省雜誌事業協會會員　三四四

給讀者的報告

亞洲人民反共聯盟第二屆大會即將在臺北舉行。亞盟乃亞洲各自由地區的人民爲反共而形成的結合，其意義與使命都是十分重大的。本屆亞盟的參加份子除原有八個單位以外，更有日本、土耳其、高棉、印度、巴基斯坦、緬甸等八個單位將派觀察員出席。我們爲亞盟工作之推展與力量之壯大，深致慶幸；更屬望本屆大會能有更大與更進一步的成就。亞盟在其第一屆大會宣言中闡明反共的基礎是在維護人類尊嚴，這是十分正確而重要的。亞盟能正確地揭櫫出此一反共的目標，實爲亞洲人民反共事業前途之幸。所以在本期社論(一)裏，我們特就人類尊嚴的立場以闡釋反共事業的眞實意義。人類尊嚴的維護，端賴自由與人權之保障。必須爲自由與人權而反共，反共才能具有眞實的內容，才能發揮出無比的力量。

除社論(一)以外，我們還有兩篇專論，也都是迎接第二屆亞盟的：杭立武先生的「自由亞洲的重要性」一文，分析自由亞洲的現勢，勉各國人民精誠團結，一致爲爭取自由反抗暴力而努力。杭先生是我國出席上屆亞盟的代表，本屆會議的秘書長，他的意見亦即是我自由中國人民全體的意見。陳啓天先生的「反共抗俄三大方略」中的外交戰方略，也完全是針對自由亞洲而言的，文中列擧若干自由亞洲運動綱領，切實而有遠見，足供亞盟會議參考者。

我們的第二篇社論在評論關於所謂臺灣海峽停火的最近發展。在這篇社論裏，我們說明中國人民反對談判停火的立場；但是我們也信賴美政府絕不出賣中國的保證。在反共的世界形勢中，美國與自由中國的目標是相同的，利害是一致的，任何一方都需要另一方的合作與信賴。目前的局勢發展，意見雖有紛歧，但利害絕無衝突。兩國間正宜本以往之精神，敦睦友誼，以合作之態度，共同應付共黨之挑戰。這才是兩國人民的衷心願望。

我們還須特別推薦的一篇專論是李僉先生的「權威與權威統治」，這篇文字對思想的澄清將大有助益。權威主義是民主自由在心理狀態上的死敵，我們要向民主自由之路邁進，就必須澄清足以閉錮心性的權威主義。

「西德工業生產近況」一文報導德國經濟復興的努力與成果，引徵許多實際數字資料，極有參考之價值。「亞非會議素描」都是一般報章所未曾報導的事實，文中記者的若干見解與建議尤堪重視，勿以亞非會議已屬明日黃花而忽視此文也。「耶路撒冷遊記」是作者去春漫遊聖地的追記，本文的意境與文字俱極優美，是一篇上選的遊記。

自由中國 半月刊　第十二卷 第十期　總第一三二號

中華民國四十四年五月十六日出版

發行人兼主編　『自由中國』編輯委員會

出版者　自由中國社
社址：臺北市和平東路二段十八巷一號
電話：二 八 五 七 〇

航空版
香港辦事處　友聯書報發行公司 Union Press Circulation Company, No. 26-A, Des Voeux Rd. C., 1st Fl. Hong Kong
菲律賓辦事處　岷市怡干洛街五〇二號三樓 3rd Floor, 502 Elcano St. Manila, Philippines

總經銷
臺灣　自由中國社發行部
美國　中國書報發行所　中國民日報社 Chinese Daily Post 809 Sarcamento St., San Francisco, Calif. U. S. A.
加拿大　醒華日報 Shing Wah Daily News 12 Hageman St., Toronto, Canada

經售者
日本　東京僑豐企業公司
韓國　漢城裕昌德號
馬尼剌　大中華日報社
印尼　新疆書店　椰嘉達天聲日報　棉蘭新中華報
越南　西貢中原文化印刷公司
緬甸　仰光振成書報公司
印度　加爾各答塔梅學校
澳洲　雪梨瑞田公司
北婆羅洲　西利亞坡青年書店
新加坡　檳榔嶼、吉打邦均有出售

印刷者　精華印書館
廠址：臺北市長沙街二段六〇號
電話：二 三 四 二 九

本刊經中華郵政登記認爲第一類新聞紙類　臺灣郵政管理局新聞紙類登記執照第五九七號　臺灣郵政劃撥儲金帳戶第八一三九號
(每份臺幣四元，美金三角)

FREE CHINA

第十二卷 第十一期

要目

中華民國四十四年六月一日出版

社址：臺北市和平東路二段十八巷一號

半月大事記

五月八日（星期日）

伊拉克下議院議長賈瑪黎離臺，稱道自由中國為亞洲反共中心。

國防部報請行政院定九月三日為軍人節，原有各軍種節日一律廢除。

中國文字學會舉行成立會。

英法比荷盧義西德七國外長協議成立西歐聯盟。

美法對越南歧見仍未一致，杜卿拒絕會晤保大，並準備承認即將成立的越南共和國。

五月九日（星期一）

俞鴻鈞院長對美聯社記者談話稱，我保衛金馬政策決不為外力所改變。

美太平洋艦隊司令史敦普上將抵臺與我政府高級官員商談。

西德正式加入北大西洋公約組織，為該機構之第十五會員國。

五月十日（星期二）

鴨綠江外黃海上空美機擊落兩米格機，共機先向美機攻擊。

俞院長對合衆社記者稱，我有權收復大陸，絕不接受停火建議。

雷德福在美參院稱，中國有獲得美援之最高優先權。

杜勒斯向大西洋公約國家說明遠東局勢，謂匪如攻擊金馬，並連帶對臺灣加以攻擊，美決不袖手旁觀。

吳廷琰宣佈組成新政府，着手籌備越南第一屆總選。

艾森豪同意與俄舉行四國高階層會議，美英法已向俄發出邀請照會。

布加寧抵華沙，陰謀成立東歐聯軍，以對抗西德整軍。

五月十一日（星期三）

美太平洋艦隊司令史普敦離臺返防，對海峽局勢表示樂觀，不信共匪能於數週內取得海峽制空權。

美法商談越南局勢已獲原則性折衷協議。兩國將共同支持吳廷琰政府，並促越南停止反法宣傳。

越南和好教軍隊襲擊沙歷美湫。

五月十二日（星期四）

美國務院宣佈，美遠東軍總部已奉命就俄機非法攻擊美機事，提強硬抗議。

新聞局長吳南如函覆外籍記者，否認有新聞檢查及新聞封鎖之說。

北大西洋公約理事會提出警告，謂共匪攻臺企圖危及世界和平。杜勒斯力稱臺灣為遠東安危之所繫。

越南總理吳廷琰要求法軍退出越南南部地區，指其為內戰的泉源。

法駐越北防守部隊最後一批撤至塗山，海防實施宵禁。

奧國獨立條約談判因俄帝讓步而獲協議。

財政部嚴令禁止證券號買賣結滙證。

五月十三日（星期五）

立法院通過光復大陸設計研究會暨教部教術審議會組織條例。

穆懿爾列席美參院作證，主續予我經濟技術援助。

全國高中軍訓計劃決予變更，以配合預備士官教育。

美衆院通過三百十四億軍事援款案。

新加坡發生暴動，美合衆社東南區經理席門茲被暴徒襲傷斃命。

五月十四日（星期六）

我出席亞盟代表開會，通過向大會提出的四項草案。

俄帝與東歐七附庸國在華沙簽訂「安全」條約，並成立統帥部，由俄人柯涅夫出任統帥，統帥部設在莫斯科。

俄帝宣佈赫魯雪夫及布加寧定本月下旬訪南斯拉夫，與狄托會談俄南兩國間的「和平」問題。

泰勒在日談話，主以全面戰略對付共黨擴張。

五月十五日（星期日）

英美法俄四外長在維也納與奧簽訂奧國獨立條約。

俄帝已接受舉行高階層會議的邀請。對四國會議的目的及進行方法，四外長已獲致協議。

狄托向西方保證，南將不參加任何集團。

五月十六日（星期一）

越南總理吳廷琰接管保大私人的數千名禁衛軍。

五月十七日（星期二）

陳副總統談話稱，自由世界惟有採取積極行動，始能阻遏共黨侵略。

立法院三讀通過妨害兵役治罪條例修正案。

韓出席亞盟代表停止來臺。

西貢法當局採取新安全措施，加強防禦一切軍事設備。

法內閣緊急會議，商討北非局勢。

五月十八日（星期三）

俞大維、蔡斯等視察金門前線。

亞盟大會秘書長杭立武飛韓洽商。

艾森豪在記者招待會中表示，在未來國際會議中，決不落入姑息圈套。杜勒斯在電視廣播中警告世人勿對高階層會議存過高希望。

吳廷琰建議由越美法英四國在西貢舉行會議，商討越南問題。

美德商談協助德國建軍問題。

五月十九日（星期四）

監院會議決議參加世界國會聯合會。

泰勒將軍演說，祇有維持強大軍力，才能確保世界和平。

五月廿日（星期五）

臺灣省舉行全面防空演習。

法與越南協議將法軍自西貢南撤五十哩。

法駐越高級專員艾雷將軍，向巴黎辭職。

杭立武返臺，商談二屆亞盟會議事，中韓迄未達成協議。

五月廿一日（星期六）

亞盟中國總會宣佈，第二屆亞盟大會，因發起人韓國突改態度，使會議無法進行，決定停止舉行。

諾蘭演說，警告自由世界切勿姑息俄國。

越南人民革命委員會致電各國元首，宣佈廢除保大，並支持吳廷琰建共和政府。

五月廿二日（星期日）

越南革命委員會聲明，誓與共黨作戰到底。

聯軍抗議共黨轟擊韓國漁船事。

「自由中國的宗旨」

第一、我們要向全國國民宣傳自由與民主的真實價值，並且要督促政府（各級的政府），切實改革政治經濟，努力建立自由民主的社會。

第二、我們要支持並督促政府用種種力量抵抗共產黨鐵幕之下剝奪一切自由的極權政治，不讓他擴張他的勢力範圍。

第三、我們要盡我們的努力，援助淪陷區域的同胞，幫助他們早日恢復自由。

第四、我們的最後目標是要使整個中華民國成為自由的中國。

社論

亞盟會議的流產與亞洲團結反共

亞洲人民反共聯盟第二屆會議現已流產，這使我們感到無限悵惘和沉痛！國際共產主義現正改變其戰略，披着「和平共存」的外衣，蠱惑亞洲民衆，離擴亞洲人民反共意志，並企圖在亞洲建立「中立地帶」，以遂其滲透侵略之陰謀。我們面臨這種情勢，正宜集合亞洲反共人民代表於一堂，共同磋商反共大計，揭露共產主義陰謀，喚起亞洲人民結成堅強的反共陣線。但是，韓國却固執己見，突然以反對日本代表以觀察員的資格與會爲理由，拒不出席，致使大會流產。這不僅對亞洲人民反共心理上爲一大打擊，也是亞洲團結反共的大不幸！

亞盟二屆會議問題的癥結在於韓國突然於會議前夕，以拒絕日本參加爲理由，不出席會議。緣亞盟第二屆會議的召開，是依據在鎭海舉行的第一屆會議決議，推定中國代表團在擴大基礎的原則下，負責在臺北召開。亞盟中國總會邀請日本人民代表以觀察員資格參加會議，是基於一九五四年十一月十二日在漢城，由亞盟中國總會常務理事杭立武包華國，與亞盟中央聯絡處負責人兼韓國出席鎭海會議首席代表李範寧所簽訂的協議。協議第二條規定：「亞盟中國總會得以邀請國的地位，邀請日本或其他國家以觀察員或來賓的資格出席會議。」二月六日李範寧並曾致函亞盟中國總會理事長谷正綱重申其態度：「中華民國可以邀請國的地位，邀請日本僅以觀察員的資格，參加在臺北舉行之會議。」我們由上項協議和李範寧的函件確知，韓國是完全同意日本代表以觀察員資格與會的。但是，韓國突於五月十六日宣佈以不同意日本代表參加的理由，拒派代表出席會議。亞盟中國總會雖派杭立武赴韓一再洽商，終未獲韓國同意，出席會議。我們對韓國這種不顧信誓，出爾反爾的作風，深表遺憾。我們不管韓國拒不出席的理由如何，僅就國際信義而言，我們決不能苟同。我們在此誠心誠意地促請韓國反省！

至於韓國拒絕日本代表參加亞盟會議的理由，我們也碍難同意。亞盟會議是以人民爲基礎而不是以政府爲基礎的反共會議。其目的在團結亞洲人民的反共力量。韓國所持拒絕日本反共人民代表參加會議的理由是：日本政府顯然有媚共之嫌，沒有反共的積極意圖。但是，縱然日本政府有這種傾向，我們決不可因日本政府的這種傾向，而拒絕反共的日本人民代表參加我們的反共陣容。況且，我們正可藉此支援日本反共人民，形成一股偉大的反共力量，督促他們的政府，不許媚共、騎墻或中立。在日本這樣一個民主國家裏，政府決不可能違反民意而獨斷獨行的。日本反共人民力量的增強也可影響日本政府，使之改變其媚共、騎墻或中立的傾向。國際共產主義正不惜以一切手段爭取日本人民，而我們反拒日本反共人民於千里之外，這能說是明智之舉嗎？我們促請韓國三思！

韓國過去處於日本統治之下，飽受日本的蹂躪和壓迫，自然一時忘不了舊恨宿怨。我們對今日韓國人民的仇日情緒，深具同情，因爲我們也有過同樣地慘痛經驗。但是，今日赤色帝國主義的危脅，已迫使我們不能不忘却舊惡，我們必須爭取所有的亞洲反共人民，團結奮鬪。中國經過八年抗日戰爭，犧牲千萬人民的生命，億萬財產，當日本投降之時，蔣總統立刻宣佈，不念舊惡，以德報怨。我們認爲這句話値得韓國盟友參考。中國還有一句老話：「寃家宜解不宜結」，過去的事情，讓它過去，不可老是念念不忘。如果韓國人民老是視日本如同仇敵，不僅是日韓兩國人民的不幸，也是亞洲反共前途的不幸；不僅不能加強亞洲人民反共力量，反而削弱反共的勢力。韓國人民反共決心最堅強，期望反共團結也最切。反共必須團結，團結必須不念舊惡，我們再請韓國人民三思！

日本在過去迷信武力，侵略亞洲隣邦，造成無數罪惡。今日亞洲人民對日本的惡感和疑懼，是日本一手製造的。這一點，日本是不能辭其咎的。今日亞洲共黨的力量，也是日本過去以反共爲名、侵略爲實的行爲所造成的。日本應該痛切反省、懺悔。而現在的日本政府復爲一已之私利，不惜採取「媚共」「騎墻」的政策，並企圖對中共擴大貿易，這種行徑，我們深感失望。我們希望日本爲了其本身的利益，爲了亞洲反共團結着想，以行動表示其誠意，盡力消除亞洲各國對日本的惡感和疑懼。同時日本要以世界政治的眼光，檢討其目前的政策，不可短視而貽患無窮。這是我們期望於日本的。

這次亞盟二屆會議的流產，對我國而言，不僅是亞盟中國總會的失敗，也是我們整個國家的失敗。我們今後應該一面努力團結國內外我們自己的反共力量，一面檢討如何團結亞洲各國的反共力量，更進而致力消除亞洲國家反共團結的障碍。這次亞盟會議流產的教訓告訴我們，在亞洲反共團結的大道上，仍是困難重重，我們決不可因此小挫而氣餒、灰心。我們要運用外交上的創造力，和國際宣傳力量，促使亞洲各國人民彼此的諒解，尤其是日韓兩國人民對亞洲反共團結重要性的認識。這樣，亞洲人民的反共團結才能獲得廣大的基礎和發展。

亞盟二屆大會雖然不得已而停止舉行，但我們希望，在不久的將來，能克服困難，在臺北重新召開，形成亞洲反共人民的大團結！

福利國家的科學意義

徐道鄰

一、老題目的新看法

人類之開始有文化生活，必定先有一種最起碼的社會組織。所以政治思考——就是說：政治能帶給我們的是什麼？我們所期望於政治的是什麼？——可以說是和人類思考有同樣悠久的歷史。同時，不管怎麼樣的一個社會，不管這個社會的基礎是怎麼樣一種文化，祇要它具有一種最起碼的社羣組織，它也就一定有它的一套政治理想。

一個社會的政治理想，也可以說是在這個社會裏一時所流行的一切理想的總結論。所以世界上不但許多不同的民族，各有其不同的政治理想；就是在同一個地方的同一民族，在他們不同的時代中，他們所表現出來的政治理想，也隨着他們的知識和思想的發展而常常變化。世界上許多文化民族的思想史裏所呈現的形形色色的各種國家論，各種法律哲學，各種歷史哲學，都是這一個歷史事實的最鮮豔的插圖。

最近幾十年來的政治思考，不管它是屬於那一種思想系統的型範——不管它是宗教主義的，人權主義的，或社會主義的——似乎多多少少都含蘊着一點『福利國家』welfare state 的意義在內。（至少沒有任何一種思考，膽敢正面否認『福利』一類的觀念。）就是說，國家——也可以稱之爲『政府』，『政權』，或『法律』——之所以必須存在者，就是因爲惟有靠着有國家的組織，我們人民的福利，才能得到有效的保障，才能獲得發展的機會。也就是說，國家組織的眞正的存在的理由(raison d'etre)，是寄託在人民的福利上面。

不過，『人民』的『福利』，這一個名辭，究竟代表的是些什麼？這一個問題，在近年來的政治思考中，似乎尚沒有人加以足够精密和足够深刻的探討。所謂人民者，究竟是那些人？是某一階級的人呢？是多數階級的人呢？還是所有一切的人呢？所謂福利者，又是什麼？是一個人的物質的生活條件呢？還是他的精神的生活內容呢？一個人福利的最高點，當然是他的理想的生活了。然而所謂『理想生活』，又是屬於哪一個文化的，哪一種哲學的呢？還是世界上果眞有一種統一的，普遍的，不分文化和種族畛域的『生活理想』存在呢？

至少，在過去幾十年的政治理論中，有許多一向從來未被認爲有問題的觀念，從我們現代的學術觀點看起來，都多多少少的成了問題。譬如我們過去一向在追求着經濟的發展，但是從來沒有人注意到這個經濟發展的程序，在社會學的意義上，所帶來和產生的是些什麼結果。我們一直提倡着促進人民的健康，但是我們這個健康的觀念，却是屬於生理學上的多，屬於心理學上的少。我們曾經一心一意的在努力提高人民生活的水準，但是很少人注意到，這種逐日進步的生活方式，對於我們下一代下兩代的子孫的生活，是發生怎樣的影響。我們祇注意到某些人在某種意義下的所謂進步，而沒有注意到他們沒有得到發展的潛在能力。（把一個天才藝術家勉强訓練成一個普通碼頭工人，這是功勞還是罪惡？）我們過去談政治，對於思想方式，生活方式，都認爲自己所從以出發的那一套的基本觀念，都是人類所共有的，千古不易的眞理。而哪裏體會到，一個思想系統和它當時的社會背景有不可分離的關聯？我們哪裏知道，世界上祇有在某一時期生長在某一場合的『人羣』，哪裏有什麼叫作『人類』的這樣一種動物？撇開具體的人羣和他們的自然環境於不顧，而泛論某一個『文化系統』之優劣，或者盲目的推崇某一種文化而强迫另一些民族來接受，正好像撇開一個人的身體不論，不管他長短肥瘠，也不管春夏秋冬，隨便的從箱子裏掏出來一件衣服給他穿，而一定要說這是最合身最衞生的。也好像强迫一個人把兩腿兩臂截短，把肚子和屁股割小，以來適合他的朋友給他拿來的這一件所謂美麗的衣服。

二、構成社會福利的六種因素

根據近年來各種學科的發展，現代的社會科學家們，認爲檢討一個社羣的政治建樹——就是說，『政治』給這裏的人們帶來的『福利』是什麼？——應當從六個不同的觀點出發。

（一）生態學的出發點：生態學 Ecology 的內容，是研究一個生物的生活狀態和它的四周環境怎樣相互影響。這一個生物學的重要理論，現在在社會科學裏，也逐漸成了非常時髦的研究觀點。（參閱 Marston Bates: Human Ecology 見 Alfred Kroeber: Anthropology Today, 1953, p. 700）生態學家的思考，近年來有一種趨勢，他們認爲生物現象中，有一種最理想的狀態，他們稱之爲『生態頂峯』(ecological climax)，研究『資源保護』者，固然以這個頂峯作爲他們的工作目標，研究『社會進步』的，也以這個社會的生活，是逐漸的接近，還是逐漸的遠離這個頂峯爲斷。

什麼是『生態頂峯』，我在這裏引用謝爾司(Paul B. Sears)一段話來作說明。

『如若我們假定地球上的各種生物和它的氣候，（從我們人類的觀點來看）可以說是相當固定的話，我們就可以說，在每個領域裏——生物、大地、水、空氣——所有各種生物的團體都在代表着一種走向於一個理想界限的變化或階段。這一個界限是一個安定的頂峯：就是說，生活在一塊蒙罩着成熟土壤的成熟地形上，和這一塊土地上的氣候、動物、植物，保持着良好的平衡：……從這一個觀點中，我們可以引伸出來一個非常實用的概念，來衡量人類對於他們土地的使用是否適當。因爲在自然現象中，這一個『頂峯』所代表的，是生命、氣候、地形、土壤四者間用以產生一切維持生命的物體之最有效的相互關係。任何使生物接近這一個理想的動作，都是在增加大地的能力來安定的繼續不停的來支持一切生命。任何阻碍或顚倒這一個過程的事實，都是使大地的這一種能力逐漸減少。』(見所著 Life and Environment, 1939, p. 100)

現在有許多國家，拼命的在講『開發』，拼命的在『提高』他們人民生活的水準，而從來沒有考慮到，他們現有的資源，已經貧乏的到了什麼程度——現在世界上存餘的錫，已經成了稀有的金屬，鉛也是如此。銅也是一種快用完了的金屬。世界上的煤，也許還可以用幾百年，汽油則不過幾十年。有些地方，連水都成了問題。雖然有些人把希望都寄託於未來的『發明家』的身上，但不知道近年來的發明，都是上世紀已有的重要觀念的適用，而並不是原始的重要觀念的新發明。現在世界上的大發明家，大多數都在爲未來的發明，深切憂慮——從生態學的立場來看，眞好像一個貧無立錐的窮人，把房中僅有的餘糧，一大把一大把的拿出來餵猪餵狗。

生態學的觀點，就是注意一個社羣和它的自然環境的相互關係。我們在這裏用作研究根據的材料是這一個地方的歷史、地理、天然資源、經濟狀況、國民所得、資源開發及運用、社會組織、經濟組織等等，這些材料愈爲齊全，我們在生態學上的論斷就愈爲正確。

(二)醫藥學的出發點：近年來各種醫藥學科的發展，尤其是公共衞生學和營養學二者的重要成就，使我的從生理衞生方面來檢討一個社羣的生活，最容易得到客觀的和可靠的結論。這是人類各種福利中最客觀的、最具體的、最不爭的一種觀察。各種壽命統計、生產統計、兒童健康統計、衞生統計、醫藥統計等等，都是我們從這一個角度來研究一個社羣時最重要的資料。

(三)社會學的出發點：從社會學的觀點，來評判一個社羣的發展是否健全。我們要研究這裏的犯罪數字、救濟制度、保險制度、退休制度、學校狀況、兵役狀況、法院和監獄設施、一般的社會組織及經濟組織等等。一定要這樣子從多方面來觀察，我們才能對於這一個『社會』有比較完整的認識。

至於怎麼樣的一個政治氣氛，是對於一個社會最合理想的，這是兩千年來一直被爭論的一個難題。但是經過近年來社會心理學家的許多重要的實驗和研究，這個問題，似乎可以說是已經解決了大半。勒溫(Kurt Lewin 1890–1947)和他這一派的學者的努力，證明了在一個『民主領導』之下所形成的一種『民主氣氛』，是從社會學觀點來衡量一個團體的健康之最好的標準。

這些學者們，認爲在一個團體裏，如果那些領導者所採用的方法，都是用一種同情和勸告的心情來引導他們的同人，自動自發的來發揮他們自己的才力及其表現的方式，則這些被領導者所表現的反應，一定是自然的，眞誠的，有創造性的，有持久力的。如果領導者用的是一種強迫的手段，來驅使他的同人去作一件未得他們同意而已經規定好一定要他們去作的事情，則其結果必與之相反。一個民主的領導者，他的行爲和態度是自然的，活潑的，有彈性的，有把握的。他不懼怕在他這一個團體中，人和人的關係上發生任何變化，他也不懼怕他個人的地位或權力會遭受甚麼損失。所以他所促成的、維持的，是一種自由的、寬容的、『民主』的團體氣氛。『極權』的領導者則不然，他懷抱着的是一種僵硬的、不安全的心理，他一直在想如何維持和加强他的地位和權力，如何達到他的固定的不容改變的目標。所以他所造成的，是一種壓迫的、『極權』的團體氣氛。雖然在他的不斷的鞭策之下，他也能驅使他的羣衆去完成某一些工作，但是這些工作，都是勉勉强强的一種形式上的敷衍。他沒有方法引起這些羣衆的眞正興趣，更談不到鼓動和運用他們內在的潛能。而『民主』式的領導所鼓勵和發展的，却正是他們的主動能力，責任感，和高度的團結性。所以，民主的領導，實在是發揚最高團體精神的一把寶鑰。而且，積極的團體精神，反過來又能大大的影響於領導者自己，它能促進領導者自己的生長和成熟，啓發和動員那些蘊藏在領導者人格裏面的各種重要的潛在能力。(參閱 Lewin, Resolving Social Conflicts, 1948, p. 71)

(四)符號系統(文化系統)的出發點：　一個人之所以和其他動物不同，就是因爲祇有他才有一個符號系統(Symbolic System)。所以一個人的符號系統，就是他超越於一個生物有機體以外的獨有的成就，也就是他所以是一個「人」的惟一成就。我們研究一個社羣，也是如此。這裏我們所要研究的資料，是他們的語言、文字、學術、文學、宗敎儀式、美術、工藝、神話、故事、民族習慣、人生觀和信仰等等。我們過去常常喜歡籠統的以『文化』稱之，尤其喜歡拿某一種文化和另一種文化比較，硬說某一種文化是落後的，原始的，另一種是進步的，現代的，而完全忽略了這一個社羣是生活在怎麼樣的一個自然環境。在今天我們獲得了生態學的觀點之後，我們知道，一個社羣的符號系統(文化)，對於這裏面的人們是有好處還是有壞處，好壞又各到了什麼程度，全看它對於這個社羣的基本的價值觀念和它的團體人格，發生的影響是什麼。

(五)基本價值觀念的出發點：　在一個社羣裏所包涵着的，雖然都是很多數的和彼此很不相同的個人，但是每一個社羣，都有它非常具體、非常明顯的基本的價值觀念。世界上每一個民族，對於宇宙，對於人生，對於一切生物，都有他們一種共同的基本觀念和信仰。而這一個觀念和信仰的系統，正是維持和發展這個民族的團體生活的主要動力。這一個觀念和信仰系統的形成，是這一個民族的各種生態因素，社會因素，體質因素，精神因素，千百年來相互交織的綜合結果。同時，這四種因素也是透過了這一個觀念和信仰系統才達到了彼此相互影響相互促進的作用。根據近年來學者們對於許多『原始』民族的研究，我們知道，一個民族的基本觀念系統，對於外來的壓力，是具有異常堅强的抵抗力的。而一個民族的基本價值觀念的改變，必定是從其他各種因素——如同社會組織、生產方法、自然環境、衞生狀況等等——的變化而逐漸改變。一切在知識上自命爲領導者的人物，對於這一點，能特別加以認識才好。

(六)團體人格的出發點：　人類沒有不是在團體中生活的，所以，團體，也就是在彼此交應生活中形成自己，發展自己的一羣人們的總合。近年來不斷發展的人格心理學、精神病學、心理衞生學、文化人類學、民族學等等，給我們帶來種種新的知識、工具和方法，不但使我們對於一個人的『人格』(Personality) 具有非常深刻的了解和從來沒有過的了解方法，就是對於如何診斷一個社羣的『團體人格』(Group Personality)，一個民族的『民族性』(National Character)，也獲得了很廣泛的知識和很具體的結論了。(參閱 J. Henry & M. E. Spiro, Psychological Techniques: Projective Tests in Field Work 及 Magaret Mead, National Character 並見 Kroeber, Anthropology To-day, p. 417, 642)

怎麼樣才是一個人格的健全發展？這是一個一向認爲不易解答的難題。而把這一個問題引用到『團體人格』上，則又不知道更困難了若干倍。尤其是在今天團體觀念和個人觀念在人類價值思想上作殊死戰的時候，這個問題似乎根本無從解答。因之，歐佛司齊特(Overstreet) 在他的『成熟的頭腦』(The Mature Mind, 1949)裏，所提出的『人格成熟』的標準，格外值得我們的重視和贊揚。他說：

『對於人格的健全發展，我們主張一種「聯鎖論」(Linkage Theory)。就是說，祇根據一個文化的或一個社會裏的一般習慣和一般情形，來斷定一個人的人格發展之是否健全，這是很不妥當的。相反的，我們要根據一個文化或一個社會的生活習慣，是否在促進，或者還是阻碍這裏面所有的人都能健全的發展，才能斷定這一個文化或社會本身之是否健全。……我們用以衡量一個社會的標準，就是它這個促進人類性能發展的效率。所以在我們討論人格問題的時候，既不應該假定人們是生活在「眞空」中的一羣生物體，(因而可以漠視個人以外的一切)，也不應該假定一個人的社會環境和習慣是一種最高無上的需要，而一個渺小的人的最高義務和幸福，就是怎麼樣來「適應」這一種高尙的需要。人類在完成他們生活的使命時，和他們的社會發生有種種的重要的聯鎖關係，我們從這些關係上，可以取得一種同時可以衡量個人行爲也可以衡量社會制度的心理尺度。』(頁廿四)

研究一個社羣的『團體人格』，心理學給我們的有多種的可靠的測驗方法，斷定人格發展之是否健全，人類學給我們的也有客觀的比較一致的標準。所以近年來的社會科學家中從事這一類研究者，頗不乏其人。而他們研究的結果，認爲一個社羣在這一方面的表現，是所有其他一切因素的總反映，總結果。也就是說，研究一個社羣的福利，問題的焦點，是他們的團體人格。也就是說，一個社羣的政治成就，最切實的答案，是看這裏的『團體人格』之所表現者如何。也就是說：看生活在這裏面的人們，在整個團體環境之中，怎樣的得到他們人格上健全的成熟的發展。

談到這裏，我們不能不想起斯賓諾莎的一段話：

『一個國家的最後目的，不是在統制人民，也不是用恐怖來限制人民，而是使每個人從恐怖中解脫，使每個人可以有一種安安全全的，既不傷害自己，也不傷害他人的生活和行動。一個國家的目的，我再重說一遍，不是把有理性的人類造成兇狠的野獸或者是無靈性的機器。而是保障他們的身體和心靈可以安全的表現它們的功用。是引導人們過一個有自由理性的生活，運用他們自由的理性。使他們不要把他們的力量消耗於仇恨、憤怒和狡詐之中，也不要彼此不公平的相互對待。所以，一個國家的目的，實在說起來，就是「自由」。』(Tractatus Politicus, chap. xx.)

我們上面引用的許多現代科學的論證，到這裏全都成了斯賓諾莎三百年前這一段話的註脚，他眞不愧爲一個偉大的哲人！

三、六種因素的交應性

我們上面所講的六種因素，彼此之間，有的是直接相互影響的，有的則是間接相互影響的。在這樣子各種力量的交互錯綜之下，一個社團中的人羣，個別的和集體的在人格發展的路上前進。這種情形，羅拉湯姆生 (Laura Thompson) 曾用過一個圖案來說明。

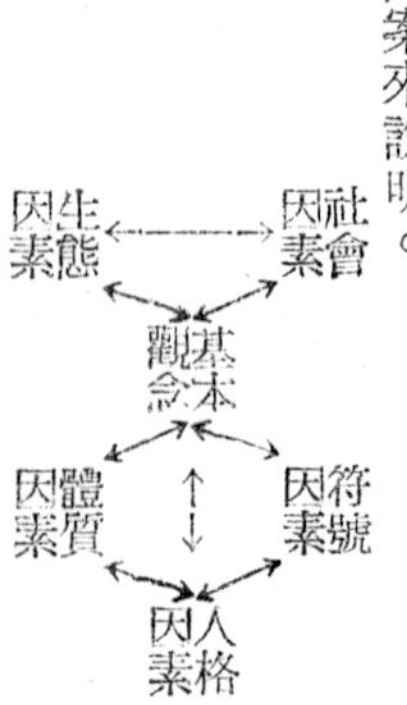

社會因素
生態因素
基本觀念
符號因素
體質因素
人格因素

在某些人們想爲另一些人們，提高他們的社會福利，——提高他們的文化水準，經濟水準，生活水準——不管是一個工業化的民族去『教育』『開化』一個未工業化的國家，或者是一個高知識的階級去教養或統制一個低知識的階級，一定要知道，眞正發生影響的場合，主要的祇是在體質因素和符號因素這兩方面（這一點說明了爲什麼過去許多社會學者，研究社會組織和人格形態的相互影響時，總是得不到滿意的結論。因爲二者間祇有一種間接的關係存在，中間隔着的還有基本觀念和符號系統兩種因素。）湯姆生另有一圖案爲之說明如下：

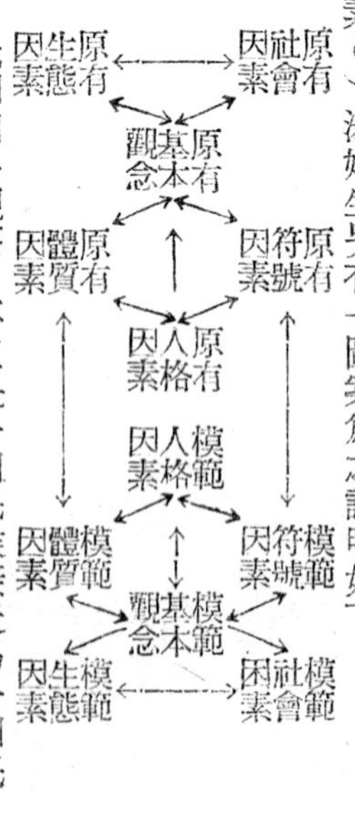

原有社會因素
原有生態因素
原有基本觀念
原有符號因素
原有體質因素
原有人格因素
模範人格因素
模範符號因素
模範體質因素
模範基本觀念
模範社會因素
模範生態因素

我們細心觀察，不但是一個民族接受另一個民族的文化時，就是一個人接受另一個人的教育影響時，其中相互作用的過程和上面這個圖案所表示的，也都大致相符呢(參閱 L. Thompson, Personality and Government, 1951, p. 182)。

責任與榮譽

——希望立法院振作起來——

方一

前些時立法院在三月四日第十五次會期院會中，立法委員成舍我向行政院兪院長提出：保障人權與言論自由的質詢案；三月十五日院會中，立法委員郭紫峻又向行政院兪院長提出：普通商人胡光麃勾結政府官員，連續騙取國家財物，實際達美金一、二百萬元的質詢案。這兩件重要的質詢，都經各大報刊載其內容要點。我們覺得成郭兩委員在以國家利益爲前提之下，能够言人之所不敢言，發人之所未揭發，誠屬難能可貴，值得欽佩。細讀這兩件質詢案的內容，牽涉甚廣，關係國家的利害，尤極密切重要，不禁令人憂喜交併。憂的是當此匪禍鴟張大敵在前，國家正面臨存亡的關頭，竟然尚有這種腐敗的情形，凡稍具國家思想者，無不扼腕太息。喜的是成郭兩委員，身爲人民代表，能够擺脫權勢政治的窠臼，不辱榮譽，不卸責任，蒐羅實據，舉陳要義，維護國家的利益與憲法的尊嚴，其言鏗鏘，擲地有聲，似此充滿着正義感的空谷足音，怎禁我們不同聲喝采！

我們要考驗一個現代民主國家的政治狀況，最好觀察他們議會中種種情形，卽不難測知其民主的程度，政風的良窳。因爲議會代表人民行使主權，它能够限制政府去幹壞事。同樣地它也能鼓勵政府去幹好事，促進國家富强，謀取人民福庥。我們研究當代民主國家的憲法，儘管所採取的制度各有不同，但是他們的國會都握有兩種權力，也卽是國會控制政府的兩套法寶，一個是對於政府施政的質詢，一個是審查政府的預算。不論是議會全體會議，抑或各個委員會，都可以隨時決議咨請政府主管長官爲着有關案件，列席會議報告、作證、或被質詢。當政府主管人員報告或答復質詢時，不能規避隱諱，除非事關國家秘密，他必須知無不言，言無不盡。而議員們根據憲法的保障，在議會中的言論對外不負責任。因此他們可以反復詰詢，探究眞象，也就是所謂打破砂鍋問到底。在這種情形之下，政府的一舉一動，隨時可以而且應該在人民代表之前表白出來。他們亦就必須兢兢業業，執行其所負的職務，盡其所應盡的責任。而政府每個會計年度的總預算，依照憲法規定在年度開始時，卽須送請議會審查。總預算所列的，表面上看起來雖只是政府財政收支的數目字，但實際上却可以從這些數字上，反映出政府施政的重點。因此就實質上說，議會審查政府的預算，不但是控制政府的度支，使其不得浪費人民的血汗，抑且決定政府施政方針，使其不致重其不應重，輕其不應輕。所以當議會審查預算時，政府負責官員必須列席報告說明，使議員們充分明瞭政府各項開支的意義。如果他們認爲不滿意時，可以決議減削或刪除。現代民主國家，對於納稅人的權利義務，非常重視。人民有向政府納稅的義務，人民自亦有過問政府花錢的權利，民主政治之發軔，大多爲此問題的爭執而逐步演進。英國議會政治的演進，亦卽導因於此。嗣後中產階級勃興，爭執的問題逐漸擴大，爲了解決這些爭執所定下來的法案，遂構成了迄今爲世稱道的英國不成文憲法，由此可以看出議會控制政府預算的重要性。議會因爲握有上述這兩套法寶。故隨時可以控制住政府，不致成爲脫韁之馬，爲所欲爲。同時議會政治又多與政黨政治並行，有了政黨的運用，纔使議會政治發揮了積極的功能。在實行內閣制的國家，這種功能尤特顯著。在現代民主國家的議會中，都有兩個以上的政黨組織，當甲黨執政時，在野黨不但要攻擊其顯著的錯誤，而且常常吹毛求疵，批評其小處的偏差，藉以表明他們主張的正確，取信於選民，以作取而代之的準備。美國杜魯門總統當政時期華府許多貪汚事件，與日本吉田內閣的造船大貪汚案，都是給對方以攻擊的口實，而爲其大選失敗的致命傷。而執政黨不但要有容忍批評的雅量，而且要有接受批評的勇氣，與答復批評的表現。執政黨爲了延續其政治生命，實行其政治主張，非特須步步留意，做到無懈可擊，以爲消極的防備；抑須推陳出新，擴大政績，建立積極的事功，贏取選民的擁護。如此在執政與在野兩黨互相監督激盪之下，各循和平合法的途徑，各以政績主張的表現，爭取選民的信任，民主政治遂依正軌而駸駸日進。英國當維多利亞王朝時期，保守自由兩黨，在的斯累里 (Disraeli) 與格蘭斯東 (Gladstone) 領導之下，各抒偉抱，更迭執政，各以大英帝國的富强繁榮爲目標，力謀刷新與建樹，蔚成英國最輝煌的黃金時代，亦卽英國憲政史上最光輝的一頁。至於在野黨當其取得政權後，如果不能兌現其諾言，或是執政黨顢頇無能，一意孤行，不顧與情的趨向，不恤生民的疾苦，未有不垮臺失敗的。例如戰後英國阿特里工黨內閣，及最近日本吉田茂自由黨內閣，都是在上述情形下失掉政的權。

在獨裁國家裏，政治人材的培植，完全靠獨裁者的寵信提拔，每個人要想飛黃騰達，必先取得獨裁者的青睞，建立私人密切的關係，這樣出來的人物，未有不媚上欺下，濫用權力的。每當其政權更替的時候，自然是殘害異已，變亂相尋，最近兩年來克里姆宮羣酋的攘奪戕殺，已足令人怵目驚心。在議會政治的國家裏，事務官的進身，自有其一套文官制度，政務官的產生，多靠在議會裏的濡染訓練，近代民主國家的大政治家，泰半由議會脫穎而出。因爲議會裏所討論決定的法案，動關國家大計，範圍非常廣泛。要想在議會裏出人頭地，取得領導地位，必須具備豐富的學識與傑出的才能尚須孜孜不輟，經年累月的努力，纔能熟悉政情的底蘊，取得同儕與選民的信仰，絕不是一朝一夕所能倖致的。抑且因爲議會所負使命的重大，與議員地位的崇高，他們在議會裏的言論主張，常常關係國家的利害榮辱，很容易養成他們的責任心與榮譽感。而民主政治的眞諦，是凡事訴諸理智，要在政治場合上獲勝，須賴自己的智慧與辯才說服對方，使對方心誠悅服，纔算贏得眞正的勝利。因此，議員們不但要有容忍批評的雅量，而且要有接受眞理的器識，如此耳濡目染，自然涵養成休休有容的政治家襟度。相反的假如遇事血脈僨張，想以聲勢壓人，只有爲人唾棄自毀前程。遠者固不勝枚擧，當代如英國保守黨領袖邱吉爾，已故美國共和黨領袖塔虎脫，他們能夠取得穩固的領導地位，長享榮譽，並非一蹴而成，而是經過數十年在議會裏修養奮鬪而獲致。後起者如尼克森、諾蘭等，固然他們才識出衆，但是他們的辛勤努力，實足令人心折，平日對於內政外交問題，無不廣蒐資料孜孜研討。縱使在休會期間，依然席不暇暖到處考察研究，爲了他們國家的利益，爲了自己政治的前途，尋求更合理更正確的主張。其與只知鑽營、夤緣倖進者流相比，自有霄壤之別！所以議會的另一重要功能，亦卽是民主政治家的養成所，能夠在議會中經過考驗脫穎而出的政治家，都是很健全而卓越的人才，同時他們也深能了解民主政治的眞義，尊重自由民主的制度與精神。

前文簡要的敍述，藉以幫助我們了解議會的功能與其重要性。返顧我們的立法院，是依照憲法的規定，在憲法頒佈以後由全民選擧而成立的。自從民國三十七年成立以來，已經屆滿七年，因爲大陸陷匪，無從改選，故由本屆立法委員繼續行使職權。當三十七年立法院剛剛成立時，大陸形勢日趨惡劣，共匪叛亂已經擴大，故未能有所建樹。及三十八年大陸撤守，有一小部份立法委員倡議和談，最後甚至聯名通電靠攏附匪，給予社會人士以惡劣印象。但究竟是小部份喪心病狂之流，而且這種國家敗類，在當時各階層都顯現出來，固非只產生於立法院，原不應以此詬駡其整體。及三十九年春間政府全部遷臺，大部份立法委員相繼到臺，在臺北復會。當時形勢危岌，軍事倥偬，大家都願爲民主自由而奮鬪，誓死保存海隅孤島，以爲反攻大陸光復中華的基地。但是對於這個民主政治的主要機構——立法院，却多忽略其地位與使命。甚且因爲一些敗類所遺留的惡劣印象，竟有譏諷民意代表爲政治垃圾者，亦有譏評立法委員增加出席費爲集體貪污者，類此過當誣蔑之詞，居然沒脛而走，使當時立法院陷於極不利的地位。我們如果平心而論，在三十七年三十八年時期，客觀形勢迫使立法院不能作爲，若論立法院本身，並沒有做錯什麼事，假如因爲行憲以前選擧的糾紛，以及大陸撤守時一部份敗類的附匪，而嚴詞指摘立法院，發爲浮光掠影的評論，實在有欠公道。至若因此而使社會人士對立法機關發生糢糊的印象，忽視其尊嚴與任務，反應擔負道義上的責任。立法院到臺灣復會以來，忽忽已逾五年，這五年以來內部形勢極爲安定，立法院依照憲法行使其職權，應該大可有爲。所以這五年來立法院的工作表現，纔是値得我們檢討評論的地方。

議會政治與政黨政治不可分離，政黨是議會的骨幹，沒有政黨的運用，議會便成爲散漫無組織的一羣。我國行憲以後政權開放，在理論上是實行多黨政治，但事實上國民黨在立法院佔百分之九十以上的席位，民社青年兩黨與無黨籍的立法委員爲數極尠，而當政者又是國民黨，如按常理而論，行政院與立法院之間的關係，應該不致發生杆格矛盾的現象。然而事實上並不如此，兩院的關係雖屢求協調，結果在精神上却常背馳，這個原因很値得我們注意探討的。在實行內閣制的國家，內閣閣揆及閣員，卽是在議會中多數黨的領袖，當他們仍然保持多數黨的議席時，他們的一切決策，在議會中自然是無窒碍地獲得支持。在實行總統制的國家，行政機關雖然不能直接向國會提出法案，但是總統對於內政外交的重大決策，常常要諮商國會中多數黨領袖的意見，甚至多數黨領袖的主張，往往可以左右總統的決策。這就是說：無論採行內閣制抑或總統制的民主國家，他們議會中的多數黨領袖，卽是國家政策或本黨政策的決定者，至於在議會之外的黨的全國委員會或執行委員會，只是管理執行黨的事務工作，最主要的任務是籌集黨的選擧費用，與主持競選工作，很少過問黨的政策，黨的靈魂是寄託在議會中的黨員，他們是黨的中堅份子，亦卽是黨的政策的決定者，不能視爲黨的羣衆。我們在選擧第一屆立法委員的時候，國民黨的高級幹部，以及他們的各地領導份子，大多參加競選而轉入立法院。儘管他們的才識不齊，水準參差，但是他們對於國民黨都有過數十年以上的歷史，而且都是在中央或地方擔任過黨的領導工作的，何況他們之中又不乏佼佼錚錚之士，對於黨務與政務都具有豐富的經驗，所以今日立法院中的國民黨員其爲國民黨的中堅，應無疑問。但是我們假如稍爲留意查察，便不難發現自從立法院成立以來，歷屆國民黨內閣的一切重要決策，很少事先諮商立法院中的國民黨員、或其領袖人物，而且當內閣擬成法案，咨送立法院審查，遇到不能爲立法院同意的時候，便使出了殺手鐧，由在立法院以外的國民黨中央黨務委員會，運用黨的首腦部決議形式，以黨的一紙命令，分令立法院黨員同意通過。在這種情形之下，假如雙方意見距離很遠，不是發生了波瀾激盪、暗潮洶湧的齮齕現象，便是流爲一片消沉、擧手通過的無聲議會。你想本應爲黨的決策者的立法院國民黨員，竟成爲擧手通過的黨的羣衆，政黨政治的精神既已黯然無光，議會政治的消極功能既已難於發揮，更遑論其積極性的建樹？不過我們要進一步的探問，依照憲法的規定，內閣的任命組成，不是必須經過立法院的同意通過嗎？不錯，就法律觀點而言，行政院是要百分之百向立法院負責的，可是因氣習相沿的傳統觀念，却只知向一人負責，在他們心目中的立法院，只是一個令人困擾的機關。這種權勢政治的傳統觀念一天不摒除，而要期望我們的民主政治步入正軌，豈不是南轅而北轍？

現在讓我們再分析立法院的內部情形，自從國民黨當政以來，在位日久，黨的力量遂日趨廣大，黨的內部無形中分成許多集團，這些集團的存在與活動，已成爲公開的事實。立法院成立以後，國民黨的主要幹部既都轉入立法院，這些集團亦就跟着產生於立法院國民黨員之中，這些集團雖然也常有合縱連橫，消長互見的現象，而他們的基本組織却是牢不可破，恐怕以後也只有往前演變，而沒有根本消除的可能。但是當初這些集團的產生，都是以人的結合爲中心，他們對事的意見，容有見仁見智的時候，但都模糊不清，很難使人有明確的印象。可是對人的觀點與爭執，却是各本立場，陣容分明，派系成見極爲深刻。這種氣習養成了今天立法院對事冷淡，對人認眞的現象。因此，每當立法院投內閣信任票，選舉立法院院長，選擧各委員會召集人，或是選擧立法院國民黨部委員的時候，都是很熱烈緊張的場面。而平時討論議案的時候，相形之下却顯見消沉冷落。雖然在臺灣數年來立法院曾經費盡心血，審查了不少法案，尤其是兩次審查電力加價案件，日夜開會，深入硏討，很能重視納稅人的權利義務，替國家節省許多糜費，值得我們欽佩！但如就一般情形而論，上述分析當非過甚其詞。因此，五年來立法院除被動地審查政府提案之外，很少對於國家內政外交政策提供積極的主張，製成刷新政治促進外交的輝煌案件，縱使有時也聽到立法院發出有關國計民生的正義呼聲，而爲社會人士所熱切期待，但又多如浮光掠影，偶感而發，很少能够深思熟慮，貫澈終始的。這種消沉的氣氛，深深爲我們所婉惜！我們有時接觸一些立法委員，在私人言談之中，他們自己也感到對此現象深致不滿，但亦感有難以振拔的滿腔「隱衷」，這種所謂「隱衷」，多由於政風與人事的阻扼。如果站在傳統觀念上去衡量，這種「隱衷」容有可恕，但是如果就憲法尊嚴與民主眞諦而立論，這種「隱衷」的產生，徒見其無膽魄無遠見而已耳。民主政治是法治政治，一切要有規範，有制度，這些範規與制度，都是本諸憲法上的程序而產生；絕不能憑個人之好惡決定取舍。假如連這一點起碼的法治精神都沒有，民主政治將如脫軌的火車，隨時有傾覆的危險。依照我們現行憲法的規定，凡屬政府機關的產生與變革，必須有其法律根據，而這類組織法自然必須經過立法院審查通過。但是奇怪的現象發生了，現在我們政府機構中，竟有了很重要很龐大的組織，未曾經過立法院通過，而照樣地支用經費，派任人員，執行工作，立法院既不追究，這類法外的機構也就行所無事。這種關係憲政根本的問題，立法院所負的責任實在無可委卸，也不能爲我們所寬恕忽略的。其次立法委員對於政府的質詢，不論對於官員本身的操守，抑或對於政策的檢討，關係都很重要。依法立法委員在院中的言論，對外不負責任，但是經過立法委員提出的質詢案，政府是必須明確答復，如果事關政府官員的職責與操守，更須追究責任查辦到底。當參政會時期，參政員的質詢，只能視爲對政府的箴言惕語，今天立法委員的質詢，對政府已有了責任問題與法的拘束，不能馬虎了事的。我們看到每當立法院開會時，立法委員對於政府施政質詢，動輒經過一二個月之久，但是質詢的問題多半點點滴滴，無關痛癢，對於重要問題反多顧忌；所謂質詢，豈不成爲點綴裝飾？立法委員諸先生對此起碼的言責也不能做到，實在難怪社會的批評疵議。

上文對於立法院的批評，我們是基於求全責備的心理，也許立法委員諸先生覺得形格勢禁，客觀環境不能讓他們發揮職權，也就是上面所說的「隱衷」。但是如作進一步的分析，這種顧忌的由來，還是權勢政治的傳統觀念在作祟，在權勢政治之下，一個人的政治前途，不靠自己的志節與智慧，而賴依附權貴之門，希期權貴的提拔，自然不得不對權貴俯首聽命，更不敢挺起腰幹批其逆鱗，於是乎人云亦云，人不云亦不敢云，是非不明，正氣沉淪，政治社會好似一片死水，愈久而愈汚腐。這是極可哀而可怖的現象。我們知道立法委員的尊崇地位，與其神聖任務，都有憲法的規定保障。他們是由人民選擧出來，代表人民行使主權，他們只受自己道義的約束，不隸任何人的管轄，除非爲現行犯，絕對不能加以侵犯或拘捕。所以在歐美的民主國家，議員的社會地位極爲崇高，民望所歸，他們的責任心與榮譽感遂油然而生，對於國計民生，無不竭心盡力的過問推進。我們如果翻開英國憲政史，便可知道英國自從大憲章頒佈以來，，他們巳力鬥的議員，歷經數百年的奮鬥爭取，才創造了一部完美的英國憲法，才取得了今日尊崇的地位，使英國的民主政治，隨時代以並進，大英帝國也安享數百年的和平繁榮。美國立國較遲，短短一百多年中，居然富强甲世，取得民主國家的領袖地位。我們細考美國國會往哲先賢的奮鬥，正多可歌可敬的事蹟。他們當初在費城所制定的憲法，歷經考驗修改，纔奠立了今日完美輝煌的民主政治。我們憲政開始很遲，回想國父諄諄勉勵我們要迎頭趕上時代，寓意極爲深遠。在我們數千年的文化中，涵育了極深廣的民本思想，而並世民主國家的經驗與制度，在在可供我們借鏡擷取，只要我們肯發奮努力，未有不可以迎頭趕上的。因此，我們以十二分的誠懇，希望立法委員諸先生，接受時代的潮流，廓清權勢政治的舊觀念，丟掉心理上的袍袱，激發責任心與榮譽感；對於國家大計與民生疾苦，從大處遠處着眼，鍥而不舍地過問硏討，樹立民主政治的風範。同時對於派系觀念與人事成見，要隨時代的進展，而化解汰除；以政見主張作有組織的硏究與結合，發揮議會政治的積極功能，社會的力量一定會給予普遍而有力的支持。要知道明哲保身靜觀無變的態度，只是隱士的生涯，絕不是一個投身政治社會的人的作風。換句話說，這種逃避現實的自我陶醉，徒見其懦怯的情態。本文開始所述的成舍我與郭紫峻兩委員，對行政院兪院長的質詢案，已博得社會的稱許，尤其是郭紫峻委員在三月十八日立法院院會中，對胡光麃勾結官員詐財一案提出的再質詢與發表的聲明，立場嚴正，窮究不舍，使我們非常欽佩！社會輿論也不斷予以鼓勵讚揚，足見人民的期望是何等的殷切！我們看到行政院兪院長對此案的答覆，極爲翔實而公正，因此深信政府必能本整飭紀綱、嚴懲不法的決心，求得此案的澈底解決。但是如就立法院的任務與功能而論，郭委員對此案的努力，也只是替國家做了消毒的工作，我們盼望立法院諸公以此爲起點，發揮其積極功能，使中國的民主運動邁步前進。

我們今日在臺灣，不但是要刻苦淬勵準備反攻復國，我們還要替國家策劃長治久安的大計，建立民主政治的模範，總統蔣先生在第二屆國民大會致詞中，披瀝誠悃，反復表明實行民主維護自由的決心，我們還能躊躇瞻顧嗎？希望立法委員諸先生振作起來，做我們民主政治運動的先驅。

鳩山政權的苦悶

徐逸樵

一

現在的鳩山政權時間還很短，眞正的施政還未開始。嚴格說起來，眞正施政應該從現在正在討論中的預算成立以後算起。因爲那時候，他纔算眞正開始執行預算數字反映出來的政策，同時我們纔能眞正評價他的政策和判斷他的前途。

可是理論上雖然這樣說，我們對於他的政策和前途還是可以透視的。透視的根據是什麼呢？就是日本年來的矛盾，反映着這矛盾的各黨的鬪爭，以及鳩山政權成立以來幾個月間搖搖擺擺的姿態。那樣姿態就是鳩山政權苦悶的象徵，當然也是整個日本苦悶的象徵。

二

先看鳩山政權苦悶的一般。

他在誕生的前夜，就碰到了衆院正副議長被自由黨和社會黨密謀掤分而去，弄得他的與黨的正議長候選人三木武吉雙眼冒火，當場發出了「復仇」「解散」一類的氣憤話。照理說，議長之責在於不偏不黨，一個健全的民主國家的主政黨原不必斤斤於議長的得失，然而在日本，這個議長的爭奪和得失，照例却是與黨運氣攸關的東西。

政權到手以後跟着的大問題是昭和三十年度預算的編組。編組的過程，由於「防衛分擔費」的糾葛，幾乎夭折了政權的老命。所謂「防衛分擔費」，就是美軍駐日費用之半應由日本負擔之謂。據「美日行政協定」的規定，該項費用的基準爲每年日幣五百五十八億圓，同時規定了跟着日本本身防衛能力的增强和美軍比率的撤減，該項分攤金也可以比率的減少。鳩山是一位心直口快的「善人」。他，基於美軍要撤減和事實上已在撤減的情形，在大選的前後，心花怒放地開出了一大堆期票。他這樣說：預算總額要堅持一兆日圓的大關，防衛費（日本本身的國防費和替美軍分擔的費用）要堅持去年度的原數，在那原數中，要大量減少分攤費，這些大量減少的分攤費要把他轉用於住宅的大量建造和社會保障等費的大量增加。這一些，當然是日本人民大大愛聽的福音，於是鳩山人氣爲之猛漲，政權也就順手而得。可是政權到手以後的情形如何呢？關於防衛費的問題，和美方略一交手，就碰到了一鼻子灰。美方說，你的防衛努力太怠慢，你要減少防衛分攤費就得先增加自己的防衛費；可能減少的分攤費是要你轉用到自己防衛費方面去的，你難道不知道嗎？於是鳩山呆住了。怎麼辦呢？想來想去只有請外長重光葵到華盛頓去直訴，說是廿四小時以內就要直上華府了。可是對於這一急來抱佛脚的辦法，又被華府這樣擋住了：那樣小事又何勞外長大駕呢？那不是有「協定」可以依據嗎？於是鳩山更呆住了，財政大臣一萬田要摜紗帽了。那紗帽在現階段中只有一萬田配戴的。乾脆說一句，一萬田纔是鳩山寶庫的臺柱，如果他走了，那簡直等於寶座坍臺和「東京最醜惡的政治危機的臨頭」（"Precipitate the ugliest kind of political crisis in Tokyo."）(註一)。於是一萬田的紗帽乃成爲鳩山轉禍爲福的寶貝，蓋以此轉成爲鳩山向美訴說的大資本也。這個所謂防衛分攤費的問題，其後經過多次的奔波和唇舌，纔算勉强解決了。解決的情形是怎樣呢？防衛費實質上大大衝破了去年度的關門，防衛分攤費呢？「減少分攤費而轉用於內政方面本來是鳩山的公約，可是事實上恰恰和這個公約相反，而且還把預算在防衛費增大的關係上掛上了一條被人操縱的線」(註二)。這條線，用右派社會黨書記長淺沼稻太郎的說法，大概就是「對美的隸屬性」「或美國對我們的內政的干涉」。

接着是對於蘇俄中共復交的進行。這原來又是鳩山所以取得政權的期票之一。可是取得政權以後到現在爲止所進行的姿態又是怎樣呢？對於蘇聯方面者，只就交涉地的折衝說，初意似乎東京或莫斯科都可以，接着又要堅持美國的紐約，最近纔同意英國的倫敦。這心境所說明的是什麼呢？對於中共方面者，就貿易交涉說，初意似乎要大量買賣，一時忘記了「禁運」，接着連中共貿易代表團的入境證都有些成問題了，最近對於協定的保證和代表團的設置又在半推半就了。這心境所說明的究竟又是什麼呢？四月廿六日松田郵政大臣和民主黨政調會長淸瀨招待中共代表團於東京帝國飯店，其時陪席之一的池田正之輔（民主黨副幹事長。中日貿易促進議員團連盟代表）對於新聞記者說得好：「這一次交涉等於結婚商談，彼此之間已經到了同意結婚的階段了。現在我們的方面只在竭力取得父母的同意」(註三)。這個父母姓甚名誰呢？照常理說，雙方情投意合了，父母所能爲力的只有三者擇一：乾脆答應，裝聾作痴，逐出家門。日本現在的父母會把他「逐出家門」嗎？

預算草案的「鬼門關」勉强通過了，其他該推，該拖，該讓的也大旨過去了，接着是議會中的大論戰。可是那樣脆弱的與黨和那樣尷尬的過程，其爲經不起論戰和表決的鋒鋩，那是不待知者而知的。於是巨頭兼智囊的三木武吉和岸信介之流，不到一個月的間隔，一再大放其試探氣球了。他們說，如果自由黨有意於「保守合同」的話，民主黨不妨解散，內閣不妨辭職，一切問題不妨從長計議，甚至鳩山不妨把首相讓位。這究竟像些什麼調子呢？以主政政黨之尊，而輕率、浮燥，視名器一至如此，捨「極度的苦悶之象徵」，吾人誠不知作何解也。

三

這些只是鳩山政權苦悶中的一斷面一碎片而已。

然而這一些純是鳩山政權的苦悶嗎？不！那原來就是現階段中日本本身的苦悶。鳩山政權只是現階段中代表日本的政權而已，說得更切近些，只是代表現階段中日本保守陣營的政權而已。在現階段中，縱使日本的另一保守政黨－

——自由黨——掌政權，他的苦悶還是和鳩山政權不會二樣的。他——自由黨，因爲現鳩山政權所以苦悶的許多問題無法解決而垮臺，於是鳩山就「拾黃金」似地做他的替身，從而就替他苦表情。喜劇乎？悲劇乎？是有待於仁者智者之見也。不信嗎？請看鳩山政權誕生階段中日本內在外在的苦悶。那苦悶，原也不是鳩山帶來的東西。

那些苦悶粗枝大葉地說大概是這樣：

(一)金融緊縮和產業合理化是相當成功了的，可是因此而中小企業萎縮和破產的踵相接，大企業也喘喘不安(尤其是軍火生產)，失業的人數到了戰後最高峯(註四)。

(二)國際收支的黑字到了二億美國以上，刱了戰後的新記錄，可是那些數字還是靠了貿易以外巨大的不正常收入的支持。最近特需收入大量減少了，美國駐軍也在逐漸減撤了，那些黑字不知幾時會變成赤字。

(三)輸出到了十五億美圓以上，也刱了戰後的新記錄，可是那些數字大半是靠「出血輸出」(犧牲血本的輸出)寫成的。當然囉，血本是不會要大資本家白化的，原因是好歹有政府在替他們想辦法，那辦法，就是許可他們大量購進大衆所必需的東西，再許可用高價轉賣或加工轉賣於大衆。花樣輕輕地一變，出了的血就大量補回來了。那血液當然來自大衆的血管。這種以血易血的辦法，用日本流行的貿易話說，就是「出血補償連環制」。

(四)東南亞開發云云是年來美國支持下最響亮的口號，可是事實上却是牛步遲遲而進展維艱。這情形，如果對於東南亞各國的賠償問題一天不解決，便一天無加速的可能(對緬甸的賠償總算解決了，可是事實上還是枝節橫生——看本文第四章)。

(五)從去年日內瓦會議起，一邊弄 SEATO 機構，那邊搞A·A會議，日本確實有很多老百姓弄得心神不安了。他們說：日本在地域上是亞洲國家之一，而政治上却是美英國羣之一，這樣弄下去，日本不是要變成「亞洲的孤兒」了嗎？於是「我們不應該做孤兒」，確實成爲日本普遍的願望。

這些只是日本矛盾的輪廓而已，要寫是不勝其寫的。

在這些矛盾進展到了最高峯的時候，也就是吉田政權的病症進展到了最高峯的時候。

吉田末期政權的病症說起來是很多的：與黨的分裂，野黨的攻擊，國民的不滿，長期政權所形成的貪汚、腐朽和無能，一手下來的親美政策蹤到了界限，再加上吉田的「橫蠻」和傲岸，使他本人和大衆脫了一大節。這是犖犖大者。

鳩山以不遇和半身不遂之身，在那時，率其臨時烏合之衆，和社會黨左右二派相呼應，向垂斃的吉田政權作致命的一擊，輕輕地取得了「選舉管理內閣」。這可說是天與而非人授。

在「選舉管理內閣」到手的時候，鳩山民主黨的衆院議席只有一二四。然而他，利用了自由黨人氣大衰而民心思變，發出了一連串動人的口號，做出了許多動人的姿態，一時鼓起了所謂「鳩山景氣」；眼前的一二四席一化化成了一八五席，於是取得了現在正式的政權。這又是天與而非人授。

日本許多人都說：日本人是同情弱者和失敗者的——源賴朝的被同情不及源義經，德川家康的被同情不及豐臣秀吉。鳩山太可憐了，於是同情心乃大大轉向於鳩山，斯鳩山之所以登臺也。如此云云。

日本人果眞是同情弱者和失敗者的嗎？日本人縱使具有那樣仁慈的性格，那麼那樣的性格果眞能够使鳩山一再登臺嗎？鳩山之可憐蓋已久矣，又何以許久以前不使他登臺呢？可是這一些，原不是本文所要追究的問題。

我們所要追究的倒是，吉田既因矛盾和苦悶的重荷壓身而不勝負擔而垮，於是鳩山挺身而出，取而代之，此一八五席的瘦弱政權者，究竟能健步幾時而不被壓垮也。

四

要健步而不被壓垮，第一要減少矛盾苦悶的重荷，那就是要減少日本經濟的矛盾和不安，第二要健全本身的政權，在目前，那就要看野黨的顏色和對野黨的手段如何了。

要減少日本經濟的矛盾和不安，就目前的情形看，特別就日本保守政黨的作風和所處的地位看，實在是極難極難的。爲什麼呢？

第一、要減少日本經濟的矛盾和不安，在現階段中，必須向東南亞闢出路，這出路只靠美國的硬捧是不成的，最要緊的是要趕快解決賠償的問題，而要解決賠償的問題，最要緊的還是日本政府的誠意。誠，就是眞和信。看日本政府這幾年來解決這個問題的態度，好像是在施恩典，好像是在耍花樣，又好像是在贖罪戾，於是弄得對於未解決的國家固然不愉快，就是對於已解決的國家也未能釋然。舉例說，對於緬甸的賠償總算解決了(去年十一月簽了字)，可是對於答應了的每年平均二千萬美元的支付手續，日本政府到現在還在拖泥帶水。關於這，只要看日本政府在本年度特別會計上對於緬款所列的數字只有一千二百萬美元，就可以明白。對於已解決者尚且如此不痛快，對於未解決者又怎能使其無戒心，不疑懼？賠償問題的圓滿而愉快的解決，到現在依舊是日本打開東南亞友好之門的第一關，這一關不能順利打開，日本經濟矛盾和苦悶的重要因素之一總是不會消除的。

第二、要減少日本經濟的矛盾和不安，在現階段中，又必須竭力恢復戰前對於國際貿易失去了的信用。這個信用的恢復，只靠空喊窮是不够的，最重要的是要用事實見信於他邦。可是到現在，許多國家對於日本恢復信用的努力，還是抱着深刻的懷疑。舉例說，對於「貿易和關稅一般協定」(G. A. T. T)，日本到現在還沒有能够正式加入，而其主要爲難者當然是英聯邦。這不能正式加入的原因固然多，然而英聯邦對於日本的壞作風，例如剽竊模樣、商標和壓價傾銷一類的東西，到現在還喘喘不安，不能放心，要不失爲主因之一。事實上，那樣的壞作風到現在還是故態依然，那是有事實可以證明的。日本去年度對外貿易之所以伸展，大半就靠壓價傾銷於國外，那是日本商人本身所承認的。在戰前，日本有「實力」做後盾，公私海上有日本的艨艟兵艦，傷點感情並不要緊。現在「實力」全無了，不用道義和公允，誠不知如何獲人之好感，從而克服其經濟的矛盾和困難？

第三、要減少日本經濟的矛盾和不安，恢復大陸貿易原不失爲一條寬廣的道路。可是在現階段，那條路還是不易暢通的，主要的原因是美國不許他。許多皮貌之見者的看法，以爲大陸貿易論只是日本左翼政黨的專賣品，而右翼「不與焉」，或者至多是半推半就。這眞是閉着眼睛說瞎話。老實說，右翼政黨只會比左翼貪而急，問題全在美國肯放不肯放。這理由很簡單，左翼政黨沒有現實的拖累，而右翼政黨則有大批在赤線信號上嗷嗷待哺的資本家拖在後面。這些且不去談他了，總之說，在現階段中，這條路之不易暢通是事實，因之日本經濟之不易安定也是事實。

日本經濟所以矛盾和不安的原因是很多的，當然不應該只舉外在的而忽略內在的。我們只舉這一些也够了，殊不必旁及到內在的方面。對於這一些，在現階段中尙不求解決或無法解決，又遑論其他呢？可是這一些，乃是吉田政權臨去的遺產而不是鳩山政權登臺的禮物，那末縱使鳩山去而他人來，又何能期日本經濟一下子安定，從而使日本政權一下子安定呢？

五

剛纔說，鳩山政權要想健步而不被壓垮，第二着是要健全自己的政權，那就是要看野黨的顏色和他對於野黨的手段如何了。於是讓我們先來看看自由黨對他的顏色。可是那顏色決不是什麼笑容囉！

第一、自由黨的吉田派已經和民主黨惡感極深，那是衆所周知的事實。他在爭奪衆院議長的時候，至不惜和左右二派社會黨相結納，朋分了正副議長以去，則其仇視的態度就可想而知。第二、他是懂得鳩山政權無可能久持的道理的，問題只在等待最好的時機。這時機，就是鳩山政權由於內外交互影響下的自壞，於是他便可以捲土重來。第三、自由黨本身也很複雜，不好輕舉妄動。複雜的情形大旨如此：

吉田派：①直系約十名，②佐藤榮作系約十三四名，③池田勇人系約十三四名；

緒方派：約十五六名；

大野派：約十二三名；

中間派：約四十餘名(多數傾向於吉田派)。

這裏面，緒方、大野和中間派不無可被民主黨利用的分子，可是由於緒方和吉田關係的不行，可資利用的機會並不多。大家都知道，吉田讓位於緒方乃是出於緒方的逼宮。緒方主政後，至大選的期間，由於二派對於候選人分配的爭奪，更增感情的惡劣，一時成爲完全絕交的狀態。最近由於某些老財閥的勸說，總算勉强見面了一次，然而這是半年來第一次而已。第四、自由黨的總理名義上是緒方而領導權則在吉田派。在這情形下，緒方或大野如果輕舉妄動和鳩山民主黨接近，在目前，只有冒大分裂的危險纔有可能。這，在他們會做嗎？而吉田派又會讓他們做嗎？

總之說，自由黨爲其本身目前的處境和對於未來的期待，必然確守「是是非非」的原則。而斯所謂「是是非非」者，實卽擒縱由我，生殺由我，以導成捲土重來的機會之別名也。

其次，讓我們來看看社會黨左右二派的顏色，這顏色當然是更不好看的。第一、社會黨和保守政黨立場廻異，這是人所共知之事。他們共謀以拉倒吉田政權，乃是一時的權宜。此後呢？如果機會一到，只會和自由黨共謀以倒鳩山。第二、社會黨右派之中確實有一些是和保守政黨異床同夢的。可是那一些，經過最近由衆院大選，都道府縣知事和議員的選舉，以及市町村的選舉，勢力已經大跌了。第三、左派社會黨勢力大量躍進了，如果再來一次大選，大有可能再躍進。他，由於最近的大選而增加自信，更由於新進的增加而增大了黨內的團結，又會什麼要捧鳩山呢？第四、右派和左派相較，雖然顯得相形見絀了，然而這二派的合併，却由於選民的壓力，輿論的期待，工會勢力的鞭策，二派勢力分野的劇變，和鈴木（左派委員長）河上（右派委員長）的信誓旦旦，可能的程度更增加了。合併是擴大勢力的捷徑，也就是接近取得政權的捷徑，那末這二派又有什麼理由會妄自菲薄地去幫民主黨的忙呢？

六

我們論鳩山政權，實在擺不掉苦悶二字。他本身弱小而複雜，他的理論上的友黨(自由黨)也複雜，對他又仇視，他的敵黨(社會黨)又在繼續伸展中，無時不對他躍躍欲試。他處於二大陣營的夾縫中，政治上站在這一邊，經濟上看想那一邊，感情上搖擺於兩者之間。他所代表的日本雖然是戰敗了的國家，然而由於智識水準高，科學基礎實，自然而然抑止不住自尊、自負、自期的感情。這感情，就是對美不願平身低頭的動力，就是對於其他新興鄰接國家依舊抱有優越感的動力。然而現階段中代表這個日本的政權，究竟是個弱小不堪的政權，究竟是個脫離不了美國的政權，究竟是個不能和戰前一樣頤指而氣使那些鄰接國家的政權，於是他便苦悶了，搖擺了，語無倫次了，弄成前言不搭後語了。在現階段，在可能的往後若干時日中，縱使鳩山去而緒方來，甚至那位吉田茂先生再來，甚至民自兩黨有合作的一天，那些苦悶的姿態還是依然存在的。

情形是這樣，要問鳩山政權的前途或壽命一類的問題不是變成餘談了嗎？

鳩山政權縱使那樣弱，那樣悶，一時倒還不會垮臺的，至少在現議會開會期中是不會垮臺的，於是就要看秋末冬初了。然而秋末冬初也未必會垮臺的。那決不是因爲鳩山政權會强起來，而是因爲自由黨無自信。無自信了也許會和民主黨合作。然而由於無自信的合作，又怎能成爲堅實的政權，從而救日本於苦悶矛盾之中呢？

一九五五·五·十三於東京

(註一) Joseph Alsop: Warning Signals. Nippon Times 本年五月十日號。
(註二) 佐藤好道談話，見四月十六日朝日新聞。
(註三) 見四月廿七朝日新聞「記者席」欄。
(註四) 據日本政府發表，完全失業者，截止一九五四年三月末爲六十二萬人，到本年度將達八十二萬人。此外據日本政府的統計，潛在失業者爲四九二萬人云云，事實上恐遠在這數字之上。

自由的保障

胡佛作
陳質如譯

對一個人的生活而言，八十年是一個很長的時間。我的一生是在許多地方，許多類型的政府之下而工作，這些政府有的是良好的，有的是惡劣的。在二十個國家中，我曾經目睹到反基督的馬克斯哲學的運動。由於這些經驗，使我覺察到在美國有進步的力量，亦有行將把自由的保障（safeguards of freedom）腐蝕去的力量。

世界常常出現來自科學的新力量與新觀念。我們歡迎那些促進人民福利的改變。我們的制度常常需要於健全的哲學與堅强的心志之下予以相當的修正。尤其是我們需要救治對自由人民的保障（safeguards of freemen）的侵害。

自由人民的保障

我們開國的國父們，不是發明個人自由的無價之寶，與對人類尊嚴的尊重。這些對人類的偉大貢獻是導源於造物主，並非導源於政府。

這些開國的國父們，以其卓越的天才，合力製作這些自由的保障。他們特別關心於政治壓制的危險。當工業時代來臨時，我們的人民進而製作新的保障。我們不能再有甚於政治壓制的經濟壓制。我們的人民得了這些的保障，較所有歷史上的其他文化更接近人類幸福的鵠的。

聯邦與地方政府的權力

自由的進步是由於對權力濫用的防止作繼續不斷的奮鬪，無論這些權力濫用是由於個人，團體，或政府。

我們的開國國父們確定人權淸單（Bill of Rights）與制衡制度以限制權力。在這些新觀念中是聯邦與州政府間以及政府三部門間的權力劃分。這種分權原則在現政府前二十年間，曾經受到嚴重的攪擾、侵害與削弱。

一些侵害的原因，是由於發現聯邦政府權力擴大的利益。這種聯邦權力的擴展固能給人以溫暖，但同時亦能損害自由人民的保障。

一部份的侵害是由於一個長時期來自具有壓力的團體的蠱惑與地方政府請求聯邦政府予以金錢的補助。

由此而生出來的一個結果，是一個龐大集權的聯邦官僚組織的產生。在二十年之間，從六十萬人擴展至二百三十萬人。一部份的增加是必需的。多數政府僱用的人是良好的男女。但與官僚組織而俱來的有三個不可恕的精神。這就是永久的把持（self-perpetuation），統轄的擴張，與更多權力的要求。

現在，在一些州之內，我們聯邦僱用人員較全部地方官吏，包括警察人員在內，還多。他們深入地方政府的各個部門。他們大量浪費了納稅人的金錢。他們為一些有壓力的團體建立了既得的利益。他們亦常常沾染着腐敗。

救治之方，就是要恢復權力的制衡，增加州政府與地方政府的元氣，並削弱官僚組織。

我的同胞們，所有這些對權力制衡的侵害，召喚你們做人民的作繼續不斷的奮鬪。假如你要永享完全的自由，就必須把牠們滌蕩。

我們外交關係的權力

在我們的外交關係方面具有很大的危險。當上次戰爭，我們目睹在我們的聯邦政府中，行政部門侵犯了立法部門的權力。這是通過一種美國對其他國家新型的義務。眞正的問題是總統不經過人民所選舉的代表的特別同意，是否能使美國人民對外國負擔義務，無論總統與外國官員所作的是由於明示的或默示的，由於和解的或同意的，或者由於共同的聲明。

這裏有一張這樣負擔義務的可悲的表。他們包括這樣的行政協定，例如我們承認蘇維埃俄羅斯政府，這就為叛國者開啓了方便之門。我們與蘇維埃俄羅斯的緘默同盟使共產主義得以廣佈於全世界。我們在莫斯科同意俄羅斯吞併波羅的海沿岸各國家，與在雅爾達同意瓜分波蘭，消滅了千萬人民的自由。更壞的是在雅爾達讓了十個國家遭受奴役。此外關於中國的秘密協定使蒙古北韓與全部的中國共產主義化。

這些無限制的總統的行為，結果使全世界的人類自由為之縮小。就從這些行為導致了冷戰的危局。

我們必定永遠要使不能有這樣的濫用權力。我得說明，我認為艾森豪總統不會這樣濫用權力的，但是他却不能永遠做總統。

共產主義

由馬克斯與恩格斯所培育的社會主義病菌與毒氣，今日已散佈到地球上的每個國家。他們的信條是絕對的唯物主義，而唯物主義是蔑視眞理與宗教信仰的。牠們的毒害具有許多種類。維持自由的保障，使我們急迫地對牠們的每種類型予以注意。

流血性的病菌型，由共產主義的俄羅斯散播出來的，今日破壞了全人類五分之二的靈魂。我們各階層的人民却免除了牠的傳染。共產主義是從我們少數心志不健全的智識份子與勞工領袖中召募其信徒。成千的共產主義的代理人，已經從我們政府負責任的地位與其他有影響的職位摒絕。

這許多的間諜與叛逆，當被暴露時，便要求以憲法第五條修正案作為他們不名譽的庇護。這種企圖免罪的藉口是含有罪惡的。當然這些人應當沒有任公職與投票的權利，因為如果他們有了這種權利，他們便會利用自由人民的特權以反對自由的保障。

雖然輿情要求偵破這些人物，但你不要以為莫斯科就會關閉了在美國募集代理人的徵集機構，或者以為聯邦調查局與國會的委員會的繼續行動為不急需。

如果我們繼續偵破他們，我對這些共產主義的代理人能够摧毀我們的共和國，並不感到些微的恐懼。我們更大的關懷應該是馬克斯的其他病菌。

社會主義　在這些病菌之中的是社會主義。他們斷言他們唯以憲法的手段爲依歸。但是他們提高了聯邦政府的中央集權，同時又有龐大的官僚組織。他們由於不必要的政府支出與過份的稅收，迫使吸收了人民的收入。他們還推動我們的政府深入於與自由人民權利競爭的企業，而且又免受州政府與地方政府的控制。這些聯邦的企業活動已經有數百以上了。但是只要一滴傷寒菌放在飲水管裏，便能使整個村莊的人患病呢。

這種計劃的每一個步驟，在某些地方，用某些方法，都會否棄了我們人民的自由與創造的刺激。

除了這種種之外，社會主義的最後結果可能便是流血的共產主義。在鐵幕國家裏，正是社會主義的智識份子以摧毀自由企業的手段來削弱人民的自由。因此他們便供給了登舟的梯子，使共產主義由是刼奪了國家之舟(the Ship of State)。

福利國家　社會主義戰後的一個堂兄弟是所謂「福利國家」。這種毒氣亦是由同類心志不健全的智識份子所生產的。牠的口號是「計劃經濟」。這名詞本身便是從極權政府方面借來的。計劃經濟的結果，必將是政府無所禁忌而趨於强制。

這些崇拜者，假定我們的國家自來就沒有注意到我們人民的福利。可是，遠在這些心志不健全的人出世之前，我們早就淵源於宗教的信仰，而爲我們兄弟們的看守人呢。自共和國建立以來，我們便認爲對不幸的人，老年人，青年人的教育，人民的健康，是私人與政府的責任，並擔負起了這些責任。

而且，這種人有一套魔法來浪費人民的金錢。在他們的觀念中，以爲政府必須保證每個國民自搖籃以至坟墓的安全。但是，唯有在壯年體力健旺者們的創造力與勞動，才能維持老年人、青年人、病人與官僚組織。而且，這些積極的營生的一羣人尙需要競爭的壓力、企業的報酬與新的冒險以維持其工作。即使從搖籃至坟墓的安全可以消滅生活的威脅，亦將窒息我們人民的創造精神。同時，上帝對亞當流汗謀生的判決亦不會取消的。

當我們以安全調弄我們的生產羣時，我們最好要常常警惕，不然，由於我們的盲目無知，我們會摧毀了自由人民殿堂的臺柱呢。

平凡人　由心志不健全的人提供我們的許多幻想中，尙有那想像的生物，平凡人。現在是平凡人的世紀，這對我們已是振耳欲聾了。這整個的觀念又是所謂蘇維埃無產階級的另一個堂兄弟呢。不平凡的人已被削小與平凡人同樣的大小。這否決了個人的尊嚴，而以平凡與一致相標榜。這平凡人的教條，以之爲爭取選票的工具，是有用處的，牠證明候選人的謙虛。

人類進步的最大的躍進是來自不平凡的男女。奇怪的是當我們生病時，我們要一個不平凡的醫生。當我們從事戰爭時，我們要一個不平凡的陸軍或海軍上將。當我們選擇大學校長時，我們渴望着一個不平凡的教育家。

不論任何時期，這個國家最急迫需要的是這些不平凡男女的領導。我們需要的男女是那些不受威嚇、不喜稱揚、與不濫作諾言以換取今天喝采的人。

這些領導者並非由製造出來的。他們必須按他們的功績而升遷。美國並不認許妨害個人自由升遷的凝固的社會階級。他們須從在我們商店與農場中工作的功績而升遷。他們須從在學校裏的三千五百萬男女學生中而升遷。如他們具有上進的決心，是在自由人民間卽有作爲領導的偉大的希望。

一個國家的盛衰存亡，繫於其國家所信的眞理。如果我們正確地教青年人以我們祖先的信仰，我們國家的傳統，與每個個人的尊嚴，則我們的力量必較人所能設計的任何破壞武器更爲堅强。

我們無價的遺產　上帝以另一不可思議的字——遺產，祝福與我們。遺產，這個偉大的文獻並非來自馬克斯。牠們是聖經，獨立宣言，與美利堅合衆國的憲法。崇奉着牠們，自由的保障才能存在。

爲你們的孩子們，保護着這些文獻所保證的眞實的精神，則他們將來可以免成爲各種類型社會主義的俘虜。

如果任何人起來說所有這些都是反動，你可以將他列爲自由人民的一個無知的敵人。

新的邊疆　我沒有使你們感覺到在將來沒有鉅大領域的希望。在最近幾年來看到了科學與技術的進步，而這些進步幾乎使我們的生活起了革命。如果我們維持自由的心靈，自由的精神，並正確地指導我們前進，則尙有其他的領域與新的邊疆向我們敞開。

這些新的邊疆，不但能够擴張我們的生活，同時亦開啓了新的機會，新的冒險與企業的領域。牠們並開啓了新的美麗的遠景，牠們揭露了原子與天地的奧妙。牠們每天都證明一個全能的上帝之存在。

展望未來　在我們國內有許多言論，日日在呼號着，說我們文化正走上了沒落之途。但是，當人民尙具有强烈的創造能力，熱心於宗教信仰與熱愛自由時，文化是不會衰落而至於毀隳的。美國的人民尙具有這些特質。我們現在並不是在國家死亡痛苦的牀旁。

以一個人的生活言，八十年是一個很長的時間。當我的年齡增加時，我對於我國人的希望與夢想，是一樣的光明的。我更相信有了進步的智識，勞作的辛苦可以漸減；驚懼，憎恨，痛苦與眼淚亦可能消失；那具有創造能力與宗教熱誠的升起的太陽，於每天的早晨，將會恢復我們國家的力量與進步的。

譯自讀者文摘一九五四年十月號

印尼通訊

今日印尼

史信

一、印尼當前的政治概況

今天的印尼，從雅佳答至幽靜如秋的萬隆，全國充滿着普選的氣氛。雅佳答的城市，原是荷蘭人以前統治的巴答維亞，幾乎每一條街道旁邊，都有小河，這情形頗似吾國的蘇州和意大利的威尼斯，自然潔靜幽美方面遠不能和威尼斯相比。實在連蘇州都趕不上。在這些大街小巷內，儘是選舉的標幟，現在在政府中執政的國大黨，用三角形中的一條牛爲標記，在野最大勢力反對派的回敎黨用火花星狀作標記，共產黨用槌與鐮刀作標記，社會黨用晨星爲標記。這一切的標記都是便利文盲投票時，易於鑒別，從中選擇。

印尼的普選在印尼來說是一件天大的大事，因爲這是他們從荷蘭殖民當局統治下解放以來的第一次民選。據印尼總理阿利告訴我，這個大選將在本年年底舉行，但根據西方國家駐印尼之外交人員觀察，彼等認爲鑒於印尼本身之動盪不定，大選如果能在明年初舉行，已是相當順利的了。

這一次選舉，將成立一個憲政制度的議會，同時上議院的議員全部民選，以代替今日所「圈定」之議員。全國所有之公民，結婚後或年齡在十八歲以上之男女，皆有權選舉及被選。印尼全國的大選，吵了好久，原來決定一九五三年實行，但是一直拖到現在，仍未見實現，我曾在雅佳答大學研究，與該校幾位敎授交換意見，我發現最大的癥結，乃是印尼人民本身組織力不够，强大。印尼人口八千萬，分居在三千個小島上，所佔地廣約七三三·〇〇〇平方英里，從地理上以及交通上來說，頗不易組織與動員，加以又沒有良好及具有經驗之選擧人員，全國文盲又在百分之六十以上……這等等困難，要推行普選，委實不是一件容易的事。

據阿利總理告訴我現在登記的選民，已有百分之七十，然而爲什麼一年拖一年。主要的原因仍是由於現在當政的國大黨不願選擧。因爲事實放在眼前，國大黨貪汚（我沒有看見世界上有一個政府像印尼那樣貪汚的，眞是到處要錢）無能，使人民失去信仰，而在野的回敎黨，其勢之盛，一如野火燎原。國大黨眼看敵不過回敎黨，深怕政權落入在野黨手中，所以便一天拖一天，能拖多久便多久。

國大黨政府是一個左傾政府，阿利總理本人，更是處處崇拜中共。雖然蘇卡諾總統本人在第二次世界大戰勝利時，他心目中所崇拜的亞洲領袖是我們的蔣總統，據說蔣總統勝利前夕向世界的廣播，蘇卡諾打開收音機，一字一句的聽著，滿希望蔣總統能替印尼說句公道話，但蔣總統替印度說了話，替緬甸說了話，就沒有提到印尼，這使蘇卡諾非常失望。今天印尼之轉向中共，這不能不說是一個潛在的因素。印尼的共產黨和它的外圍，在這種情況之下，自然擁護以國大黨爲首的政府。他們也不希望大選，因爲他們知道一旦政權落入回敎黨手中，共黨是沒有好日子過的。

印尼全國的人民，約有百分之九十是回敎徒，他們本質上都是堅決反共的。這是今後印尼光明前途的一個重要因素。我曾和許多印尼人民閒談，不少從麥加朝聖回來的回民，他們在那裏遇見許多吾國新、青、寧諸省流亡至麥加的回胞，聽到許多中共壓迫回民的血淚的故事，他們對共產黨的眞面目，有相當淸楚的認識。我相信一旦回敎黨執政，共產黨在印尼是無路可走的。我認爲如果今天國府能派一二位回敎領袖，來印尼作國民外交工作，相信不會沒有效果的。（按：一定要會說阿拉伯話，因世界上回民，不論那一個國家，都以阿拉伯語作通行之語言）

印尼人民本身也知道國大黨之貪汚無能。有一位回敎領袖，名伊斯邁爾，他告訴我：「如果再任國大黨執政下去，印尼前途的安全，將一天天的減少下去。」回敎黨在大選中，其勢必定勝利，根據雅佳答政治學院及西方各國大使館之統計，回敎黨在國會以及上院中至少握有百分之四十五至五十五之選票。這個潛在的政治力量，不能算小了。

可是在國大黨本身呢，也有兩張王牌可以打出。第一，蘇卡諾總統。他是印尼獨立革命的領袖，是全國人民崇拜的偶像。他在幕後操縱的力量，依舊不小。第二，四月十八日在萬隆所召開的亞非會議，完全是蘇卡諾和阿利總理二人搞起來的花樣，這樣無形中抬高了國大黨的聲望。有一位在雅佳答大學中執敎的歷史敎授向我道：「在現代歷史上這是唯一的一個國際會議，可以影響所在國的大選。」

印尼政府中不是沒有人才，然而可惜的是人才太少了。印尼全國警察之總額約二千人，不但待遇低劣而且工作繁困，這個警力是在蘇剛都（Soekanto）少將領導之下。我會見許多印尼官員，發現蘇剛都少將是一位强人，他沒有政治背景，他是一個從革命中生長起來，忠於國家民族的能吏。還有一位是雅佳答軍區司令迦維拉倫（Alex Kawilaraug）上校。他强烈的反對現政府的許多作爲。他公開批評蘇卡諾，打擊左派份子，使左派份子，把他恨之入骨。其次，前任財政部長佐佐吟底可蘇莫（出身社會黨 Sumitro Djojohadikusumo）博士，他現任印尼大學經濟系系主任，此人不但有學問，有見地，同時非常能幹。他對於現政府之全部左傾，認爲是「放火燒身，將無法自救」。

許多印尼的朋友向我說過，在選擧的過程中，回敎黨和左派份子，一定會衝突，而鬧成流血。我也非常相信這個說法，因爲印尼的回敎徒相當利害。不久以前，此間傳出在蘇門答臘北部以及阿齊一帶成立了一個北蘇門答臘回敎共和國，自印五百盾及一千盾的通貨。據說這些鈔票是在美國印的，比現在印尼流通的鈔票，印刷還要精良。這個政府在星加坡有個地下電臺，和紐約該「國」代表通訊。印尼政府當局指責這個叛背的政府是外國搞的，但她沒有指明是荷蘭或美國。當這個消息傳到雅佳答時，正是萬隆會議閉幕後不久。印尼政府當局搞得非常頭痛。在另一方面，回敎黨乃乘機活動，連合另外一個在野黨｜社會黨｜起來打擊政府，照現在的情勢看，回敎黨可能與社會黨，合力組聯合政府。

蘇卡諾總統雖然聲望很高，但到底趕不上從前了。蘇卡諾總統的聲望，一天天在降低，這是個事實。軍隊和警察中許多低級幹部不滿意他個人生活之浪費，另一方面把軍警之待遇壓得那樣低。全國婦女界對他更是怨聲載道，因爲他娶了第二個妻子，這是違背了可蘭經的規定。婦女界對他的攻擊，一直到現在還沒有平息下去。比上述這兩件事情更糟的，乃是蘇卡諾本人與副總統哈達博士感情上之破裂。哈達副總統被人民認爲全國最能幹的政治家。根據非常可靠的消息，蘇卡諾與哈達兩人已經多久不講話了，除非是在公開場合的寒喧。以後的情勢，很可能哈達當選爲總統，領導回敎黨與社會黨，合組聯合政府。哈達本人是堅決反共的。是一名忠實的回敎徒。

二、印尼的地主、共產黨、經濟寶藏

任何一個外國旅客，在雅佳答啓馬佐倫（Kemajoran）機場下機後，一定會給印尼海關或移民當局「勒索」幾文而去。有時當你在街上行走，也會踫到有人向你「勒索」數文。這種擧動在外面人看來已經不成體統，然而在印尼確是司空見慣，不足爲奇的事。旅舍中盜竊之風，更是不勝其數。國民道德如此低落，許多西方國家之外交人員爲印尼擔憂。他們說：印尼沒有地主，物產又非常豐富，共產黨本不應該能够打進來，但國民道德太低落，這是使共產黨非常容易乘虛而入的一個良機。

以雅佳答而論，全市人口約二百五十萬左右，河水非常混濁。人民洗衣淘米，都在河上。全市之清潔，遠不及星加坡。全市充滿了中共散出來的左傾讀物，不但印刷精美，而且價格奇賤，華僑們被着天眞的愛國心所驅使着，乃趨之若狂。這對一般華僑的心理影響甚大。如果此風不阻止，前途是非常悲慘的。

我從雅佳答至萬隆，特別注意華僑青年的思想問題，我這一個多月來，整天與青年接近。發現左傾的人，固然不少，但主張眞正民主自由的青年，也實在不少。例如，前年胡適博士返臺演說，許多人用政治觀點來攻擊他，青年們看得非常淸楚，認爲胡適在臺灣說的話，被人打擊，許多青年對臺灣言論起了反感。我一方面向他們解釋，今天臺灣是在戰時，無法與平時並論。另一方面也可以看出胡適還是今日海外青年們所崇拜的偶像。如果政府希望抓住海外的青年，這一點不得不注意。這個情形，我相信不僅在印尼，在整個東南亞都是如此，因爲在一般青年們的心中，我們政府在大陸上那一套使人不能原諒的壞作風與低劣的政績，仍爲人記得非常淸楚。今日在朝之諸君子，應該千萬警惕啊！

印尼內在的共產黨威脅，不是沒有，但趕不上外來的大。我相信在最近的將來，印尼共產黨決無法取得政權，此不但我敢斷言，許多西方國家的外交人員也都如此相信。但所謂外來的威脅，究係指什麼呢？根據一般看法，如果共產黨在印支或泰國得到勢力，或馬來亞武裝馬共一天天張大起來，可能會因此使印尼共產黨主政，而轉向更左的外交政策。

香港通訊

中共的「新三害」與「新三反」

沈秉文

此間最近獲得確切之消息與資料，在中共「三反」三年以後的今日，大陸各地共幹的貪汚、盜竊、浪費等「三害」的現象，不僅已故態復萌，且已變本加厲，到了驚人嚴重的地步，爲此，中共已不得不在備戰的緊張狀態中撥出一部份精力，按照不妨礙正常工作的原則，再發動一次「三反」運動。

一、流行病似的貪汚情形

據北平「人民日報」及天津「大公報」連續透露的情形看，大陸各地共幹貪汚的普遍程度，業已像流行病似的嚴重。惟表現得最特出的，則首推「國營」商業系統。據中共商業部初步統計：僅二十五個省市的「國營」商業機構中，自一九五三年的至一九五四年六月止，業經揭發和處理的貪汚案件，即已達一千二百六十八起，一千八百二十六人，及貪汚欵項舊僞幣二十六億餘元之多。至於其他尚未揭發的，已揭發而在一九五四年六月以後的，以及不屬於商業系統的，則謂一時尚無法統計。可以想見，必遠在此一數字的數倍，乃至數十倍以上。

商業系統中的貪汚者，自經理、會計、出納、記賬員、保管員、營業員、採購員，以至工役無所不有。甚多且爲曾在二次「三反」中犯過貪汚案的所謂重犯。而其貪汚的普遍程度，比例最高的單位，竟達百分之五十八之多。據天津「大公報」擧例：吉林省一九五四年發現的三百另九件貪汚案中，有不少貪汚者是經理、副理、科長一類的高級幹部，有不少是雜勤人員，惟比例最多的則爲營業員，佔總數的百分之五十强。而「樺甸百貨商店」的一百三十三名職工中，竟上自經理，下至工役，有七十七人犯有嚴重的貪汚行爲。

中共說商業系統中的貪汚情形係逐年激增，而且直到目前止，還在不斷發展之中。據擧例：上海市商業局一九五四年的統計，該局所屬二十一個專業公司和採購站都發生了貪汚案件，且比上年增多了百分之五十七。其中單以上海百貨公司而言，一九五三年曾有貪汚案二十四起，一九五四年增至三十四起，而今年還不足三個月的時間中，已發現了十三起。並謂根據天津、武漢、重慶、廣州等大都市的統計，貪汚案件亦同樣逐年激增，並有急劇發展之趨勢。

中共復指出：各地貪汚份子的貪汚行爲非常複雜、高明、而又大膽。其中尤以商業系統爲然。一般是個別的，綜合起來，大致有下列各種方式：①提高物品價格出售，從中扣取剩餘。②以稀有物資供給私商出售，從中分取盈利。③虛報採購物資成本，從中舞弊。④塗改賬目，吞用公欵。⑤挪用公欵，營私舞弊。⑥謊報開支，吞沒福利基金及行政經費。⑦大秤進，小秤出，從中剝取物資。⑧串通商人，驗收私商代爲加工物資時，以次貨混充正貨，與私商分利。⑨與私商進行任何交易（如加工、批發、代售等）時私放交情，藉以向私商借錢。⑩竊取經濟情報，售給私商。更嚴重的是集體的。據說甚多單位曾發現貪汚組織。據擧例：中國交電公司上海採購供應站與上海分公司，以及吉林省磐石百貨公司批發部等，就都有頗具規模的貪汚組織。他們外連私商，內部分工，上由經理掩護，進行有組織、有計劃的舞弊，而以地位或功勞的大小分利。並在貪汚組織中使用秘密代號，使不易被發覺，如其中不愼有人被發覺，該單位經理（當然是中共的老黨員）便以偏差、疏忽、錯誤等理由予以開脫，而至檢討了事。可見貪汚之猖獗，殊非偶然。

二、驚人大膽的盜竊行爲

惟缺乏機會貪汚，或貪汚不過癮的人，還出之以盜竊。而且其盜竊情形，比貪汚更爲普遍，而又大膽驚人。據該兩報連續透露的情況：幾乎凡屬商業機構、生產機構、財經機關、普通機關的財務部門、各種倉庫、以及運輸部門等，無不或多或少地存有盜竊現象。盜竊的人員，不僅是個別的，而且多半是集體的；亦不僅限於機關首長、工廠廠長、公司商號經理之流的高級人員，或工役、工人一類的低級人員，且連機關、公司的監察人員，工廠的守衛人員等，亦類多有程度不等的盜竊行爲。以致機關、公司等的盜竊行爲既不易被揭發，而工廠所採用的搜身制度亦不發生效力。而被盜的對象，除糧食、貨品、現欵、器械、零件等輕便物件外，而笨重的機器、鋼料、鉛塊等，亦不例外。

據擧例：個別方面的，如陝西省咸陽百貨公司營業員李玉林，從偷一瓶酒到偷一簍酒，由偷手帕到偷襯衣，由偷手電筒到偷自行車，由偷三尺布到偷整疋布，共達五十三次，一百八十三件，總值八百餘萬元。而一個由牧童出身，經中共一手敎育而成爲「青年團團員」，並當了武漢百貨公司的儲運員的蔡志誠，則竟從偷公司的貨物到偷公司的現欵，一直偷到了「潛在物資交流會」（作者按：類似展覽會）裏的醫藥用白金杯。集體方面的，如吉林省磐石百貨公司批發部的職工，竟在一次中，就裏應外合地偷走了白糖一千兩百斤。武漢造船廠的職工，則更在一次中將一架重達二千噸的機器，和重達十餘噸的鋼料、器材、零件等，用駁船偷走。

中共自己承認，現有的盜竊現象，業已到了不可容忍的地步。

三、駭人聽聞的奢侈浪費

但中共自上層至下層在生活享受，建築（中共稱基本建設，下同）、及糧食等各方面奢侈浪費的駭人程度，及其給予人民惡劣印象的嚴重性，並不亞於前述的貪污與盜竊。而奢侈浪費情形表現在幹部生活，建築、糧食保管使用等方面的事實，也最爲明顯。

在幹部生活方面，中共曾一再在他的「人民日報」上批判，並透露下列情況：上焉者，在北平僞都的各個機構（包括部、會、局、處、高等學校、工廠、公司等）的首長，及在各大城市的廳長級以上的機關首長，和經濟、生產、商業性的大機構的領導幹部，都擁有一輛以上的新型汽車；他們的子女至少每人配屬一個保姆；爲他們所設的學校都是貴族化的；他們上學和放學都必以自備的汽車接送（拒坐公共汽車）；他們因在家庭中養尊處優，並倚仗父母的地位而傲視一切，以至在學校中橫行無忌，成了「阿飛」。單憑這一點，我們就可想知此等高級官僚在整個生治上奢侈豪華的一斑。中焉者，據說師團長級之間的幹部，家中都有勤務員、保姆、電氣冰箱、華貴的傢具，及豐富的飲食。至於下焉者：只要是排長級以上的小幹部，羨慕和冀求有一隻瑞士手錶，一支派克鋼筆，一套西裝，及互相爭奪跳舞的機會等，已經成爲風氣。由此可知共幹生活的奢靡，已如既倒之狂瀾。

在建築方面，毛澤東的一句民族形式的口號，被共幹們曲解爲「復古」，而在建築的形式上大用其心計，於是古代宮殿的畫棟雕梁、紅牆綠瓦、勾欄曲廊，亭臺樓閣，以及廟宇似的大屋頂等大行其道。因此而琉璃瓦、大理石、朱漆、斗拱、額枋、女兒牆、宮燈、彩畫、紅地氈、梓木或黑桃木等，亦宣告翻身——大行其市。據說爲招待外賓而造的北平的新北京飯店有如北平古宮。造在北平西郊的職員宿舍，有如一座王侯的別墅。北平「四部一會」（國家計劃委員會及地質、重工業、第一、二機械工業等四部）的辦公大樓是西式的大樓、廟宇式的屋頂、宮殿的裝飾，連廚房也蓋了琉璃瓦，造成了八角亭。武漢的聯合辦公大樓也是宮殿式的，屋頂還裝着展翅欲飛的石鴿，梁上還畫着朵朵彩雲。鞍山市中心造了一座鞍鋼黑色冶金設計公司的辦公大樓，在它的屋頂造了一座古色古香的寶塔，直聳雲霄。造在長沙的洞庭湖工程處的辦公大樓也是一座裏裏外外都是宮殿式的大厦，當地的人民稱它爲「洞庭古宮」。同在長沙的湖南省合作事業管理局辦公大樓是西式建築，宮殿屋頂，當地人民將它稱之爲「合作廟」。風氣所播，偏僻如黑龍江的鷄西縣也造了宮殿式的大厦，當地人民將它稱之爲「城隍廟」，但它的正門常懸着「鷄西縣人民政府」七個大字。尤爲出色的，則還要算造在長春的東北地質學院校舍，不僅形式無異皇宮，且凡屬皇宮所有的裝飾和氣派，如琉璃瓦、如意形的吻、鳳、仙獸、飛詹、油彩、龍紋燈柱、石獅、花崗石臺階、朱漆大門、宮燈、小方塊拼花地板、大理石扶手、石鼓、牆上的鴛鴦戲水圖等，應有盡有。據說單是屋頂就用了二十三萬多塊琉璃瓦，六盞燈化了三千多萬元，兩個石鼓耗去了六百多工。關於這，連中共自己都在「人民日報」上刊一幅諷刺畫，在宮殿式建築的廚房前站了一個古裝的慈禧太后和一個肥肥胖胖的大共幹，寫着太后對共幹的話道：「你眞會化錢，我當年都沒想到用琉璃瓦蓋御廚房哩！」

除了上述在建築的形式和裝飾方面的奢侈浪費外，其他在建築的設計和施工方面的無故浪費，亦同樣驚人。據說擧凡停工待料，優材劣用、大材小用、蹧蹋原料、怠工延工、回頭運輸、裝卸損傷、以及設計走樣、施工不嚴等等不必要的損失和浪費，幾乎無時無之，無地無之。據擧例：僅在東北建造拖拉機工廠的工地，每日就浪費三千餘萬元之多，在全部工程中的延工一項損失，就達十餘億元之多。而建造新北京飯店時，將原定招待六百人的大餐廳走樣造成了可容一千六百人的大餐廳，預算就擴大了三倍多，損失百億餘元。其浪費情形的嚴重，概可想見。

糧食方面，在目前大陸饑民達三億餘人的情形下（見「人民日報」社論），原已粒粒珍貴，但各地共幹却有意無意間將它像糞堆似地蹧蹋着。「人民日報」的批判指出：各地浪費糧食的現象相當普遍。天津「大公報」的頭條新聞則爲：全國大中城市糧食浪費情況嚴重。浪費的情形可括爲下列幾方面：

其一是機關（包括部隊、工廠、學校等一切中共所屬的單位）伙食方面，虛報人數，冒領糧食，及蹧蹋糧食的現象非常普遍。據說一般的機關至少虛報百分之三十，最多的達百分之七十以上。外餘的糧食，有的是餵猪養鷄，有的則乾脆全部煮飯、飯多了便倒入溝中。據擧例：太原第八工程公司每月倒了的剩飯合米一萬四千多斤。湖南二八二工廠每月淘米要淘去一千四百多斤。太原西山煤礦更駭人，一年浪費四十餘萬斤。諸如此類，眞是不勝枚擧。

其二是運輸蹧蹋，據說每年在糧食調運時因任由雨淋、水浸、破瀉所損耗的糧食，動輒數千萬斤計。

其三是漏倉、蟲蛀、和霉爛。據零星統計，濟南區去年因此等原因蹧蹋了的糧食達一百九十餘萬斤；邯鄲區達一百二十餘萬斤；蘇北區達九十餘萬斤；石家庄區達一百三十餘萬斤；紹興區達一百十餘萬斤。若以此類推，則其蹧蹋之慘重，幾不可想象。

其四是以糧食製作食品供給機關部隊，供過於求，大量虛耗。

此種浪費與民間的饑荒情形成尖銳的對照，中共自己亦不得不認承已給人民以惡劣的政治影響。

四、中共將怎樣再搞「三反」

中共當局誠然已深切地體驗到：貪污、盜竊、奢侈與浪費的普遍而嚴重，不僅耗蝕了黨所擁有（中共稱爲國家財產）的財富，也不僅危害了黨的統治和組織根基，而且在整個政治上已裏裏外外地發生了不可估量的腐蝕作用（包括所謂惡劣的政治影響）；如果不加以及時而有效的制止，「人民日報」說：必將會在政治上造成極其嚴重的後果。

因此，中共不得不在不得已的情形下重搞「三反」。惟由於上次「三反」中獲得了混亂、人心惶惶及損害了正常工作的教訓，故決定在這次「三反」中不出於運動的方式，而責成各地及各單位中的黨委，以檢查、檢討（包括自我坦白）、檢舉、公開處分、或依法裁判等方式，展開所謂長期性的鬪爭。

在反貪污反盜竊中，中共中央提出兩點原則性的指示：其一是叫做處罰與教育結合，初犯從寬，重犯從嚴；坦平的從寬，抗拒的從嚴；强調在鬪爭中發揮所謂黨的政治思想教育。其二是要在各地區各階層對貪污盜竊者造成一種老鼠過街、人人喊打的鬪爭的和仇恨的空氣。

在反奢侈中，中共決定借重報紙的批判和黨基層組織中的檢討批評。除後者有待各個黨組織召開黨員大會外，前者且已開始在各地報紙劃出專欄，幾乎每日有一椿奢侈的典型事件提出批判。其目的，在使奢侈者有所戒心。惟到目前止，被批判的對象，尙以建築爲多，生活情形次之；個人的奢侈行爲，尙少批判，看來似頗有諱忌。

在反浪費中，中共除責成「人民日報」隨時對某一機關、工程、或糧食的蹧蹋與損耗情形加以揭發、批判外，並通令所有單位，包括一切爲中共所屬者，進行一次浪費現象的大檢查，且將防止浪費行爲的續發，列爲每一單位黨委的經常任務之一。

綜括說來，中共此次的再搞「三反」，一方面因適值正在瘋狂備戰，一方面又有高崗事件的內部不穩，顯然不無苦衷，不無顧忌；以致在「三反」方式上，竭力避免了「突擊」的和「整風」式的殘酷鬪爭，而代之以比較溫和的、漸進的和經常性的鬪爭。

五、「三害」「三反」與中共的制度

惟鑒於中共的歪曲病源，並根據中共的本質和歷來的慣例，相信此種「三反」必無效果，「三害」亦將一時稍斂，事後必蓬蓬勃勃，無法制止。

所謂歪曲病源，是中共抹煞了造成三害的眞正原因，而將它諉罪於受殘餘資產階級的進攻，及受資產階級思想的腐蝕。而實際上，造成了三害的，乃是中共的極權政治制度。因爲：極權政治沒有人民的監視和舉發，沒有與論制裁，官吏祇要瞞上，不必瞞下，乃易於發生貪污和盜竊。因爲：極權政治產生了功臣思想，滋長了利祿觀念，視享受爲革命者的權利，乃使生活必然趨向奢侈。尤以中共那套分等級的家庭物質配給制度（視地位大小，由國家給予的家庭物質優待），和保健飯、營養飯、小灶、中灶、大灶之類的個人待遇，更鼓勵了共幹們的享受慾而競趨奢侈。至於黨的敎條，曾壓制了並否定了人的生活慾望，而當一旦敎條變成討厭的八股，制慾的藩籬潰破，物極必反，其奢靡的程度，必驟然較之所謂資本主義社會尤有過之。又因爲：極權政治使民間的財富歛集於官庫，揮耗有餘，乃在一聲「基本建設」口號下，競爲享受，大興土木，而且竭盡其富麗堂皇之能事。這在過去最富有的中央銀行祇能建造普通的洋樓，而中共的一間學校或一個縣「人民政府」竟能建造皇宮似的大厦這一點，就已够明白。至於其他在建築、糧食等方面的浪費，亦無不非極權政治的必然結果。因如果不是極權政治，營造業不必包辦，營造商自有預算。又如果不是極權政治，糧食不必集中，農民也好、糧商也好、一般消耗者也好，決無所謂漏倉、雨淋、破瀉、霉爛等情事，更不會有用糧食餵猪養鷄，或乾脆全部煮飯，飯多入溝等情事。這道理也是非常顯明的。現在中共將「三害」的原因諉諸資產階級而不歸咎於極權政治，乃是本末倒置，祇是治標而不治本，豈得除其三害也哉？

至於所謂中共的本質和慣例，乃指中共一味迷信敎條，迷信黨的組織能統治一切。而實際上，各級黨委委員書記之流，旣同樣在蛻化變質，黨員也利用了黨的敎條，在犯罪之後，表現得格外坦白、悔恨、積極，乃至痛哭流涕，日夜爲人民服務，使黨相信他改過了或進步了。而實際上，他常偷偷地我行我素，乃至變本加厲。像這樣的例子，在中共報紙的揭發中，眞是無時無之。上次「三反」的「反」不了「三害」，就是一個活生生的事實。過去如此，今日如此，今後何嘗不如此。

六、幾點結論和感想

至此，我們已可獲得下幾點結論和感想。

一、中共的新「三反」將徒勞無功。

二、中共的極權政治必將促使它的機能，繼續腐蝕，槍尖下的權和力無法挽回這種必然的趨勢。

三、中共的「三害」給民主政治下了有力的註解。換言之，惟有人民的監視、舉發、和輿論的制裁，可以防止任何政府的官員生此「三害」。（自然，這還祇是從消極方面而言）。

四、工商業「國營」化，利未見而害叢生（其害且不限於貪污盜竊），不乏先例，中共的情形尤爲一有力的敎訓。這將於醉心工商業「國營」的人，可以說有似一服淸涼劑。

（四月十四日於香港）

代郵

方一謂先生：請示尊址，俾奉稿酬。

「自由中國」編輯部敬啓

永誌不忘的佩斐爾特號

——輸送北越難民船——

W. J. Lederer 原作
朱雲浪 譯

去年共匪侵擾北越，有五十萬難民從他們的家鄉向南逃亡。他們之中大半都是天主教徒。他們拋棄了家，拋棄了一切，只是為了一件寶貴的事情——選擇他們宗教信仰的權利。避難的地點遠在一千里外的南越。越南政府請求美國海軍協助輸送。數小時內，四十艘船艦即航向印度支那。作為觀察員的比爾拉特爾（Bill Lederer）伴同二千難民自北越沿海岸到西貢，以下的記載是來自他的筆記。

一九五四年八月廿二日，在法艇LCM上，由海防至美海軍深水浮塢。

感謝上帝，我們正走上六小時競渡的盡頭。在小艇上那種受罪與難聞的臭氣，令我欲嘔。但法籍艇長却說，如果同難民們自家鄉逃往海防，一路上所遭遇忍受的情形相比較這眞算不了什麼。倘使不是為了那些神父，他們將永遠不能擠過那一段路程。

越南人實在不能再支持這種競渡了。有些已被蒸氣熱浪所冲昏。他們滿頭流汗，與疥癬的病苦相混和，顯出一副動人哀憐的樣子。甚至連彼此之間談話的氣力都沒有了。他們只是用媚弱的眼角，靜靜地望着他們的神父，對以下各點則顯然表示驚恐：共產黨徒的宣傳是否會被證實？我們是否會在這次海上旅行中統統死去？美國人是否會像共匪所說的那像，把我們的雙手砍掉？啊！上蒼佑我，我們是痛苦够了……。

我們的小艇靠攏美海軍運輸艦佩斐爾特號（Uss Bayfield）的旁邊，我第一個上船，因為那樣我可以攝取登艦的鏡頭。

甲板上擠滿了美國水手，所有的手都高高舉起。他們對于小艇上難民的情狀表示震驚。

「我的天，看這些可憐的野獸！」

「什麼臭東西，啊！可是他們之中的兩千個却要裝在我們的船裏。」

「孩子，我眞高興在吊梯底下有一支滅蝨隊。」

（我剛滅過蝨，可眞需要，因為這些小蟲子正在我的腿上背上蠕蠕爬動。）

美國水手都跑上小艇，去幫助這些難民，替他們搬運笨重的行李，扶持老人，携帶幼童，一種嬉笑與慈愛的行動使他們感到舒適。有些水手還打開煙盒，從衣袋中取出糖菓分享難民。這種天賦純眞的同情惻隱之心，令人見之，不勝興奮。

顯然輕鬆愉快的一陣微風吹拂着難民，他們一面向神父頻頻點首；一面拾起他們自己的行裝，從小艇的甲板上走向佩斐爾特艦的吊梯，滅蝨隊在他們身上柔和地噴射白色粉末，水手們深知這些難民都是驚弓之鳥，很想給他們多得一點安靜。

八月廿二日午夜，在佩斐爾特艦上，由海防駛向西貢途中。

我在寢室中寫筆記，眼睛也睜不開了，但我必須在失去這些詳細情形之前，把它記錄下來。

本日下午，第一個走到這艘美國船甲板上的乘客，是一個八歲的女孩子，背了她三歲的小弟弟，她的大腿和手臂都粘滿乾結成塊的汚泥，全身只有面頰上流過眼淚的那條淚痕是乾淨的。當她走到後艙甲板，正遇着佩斐爾特的輪機長大塊頭巴林漢。巴林漢是船員接待委員會的首腦。

「啊呀！」巴林漢說，「你眞是我平生所見最齷齪的孩子！」

這女孩畏怯而驚慌，轉問那權充譯員的越籍神父：「我做錯了什麼事嗎？」

「不，孩子，這位高大的美國人只是說些祝福你的話。」

「祝福我？」

「是的，他祝福你，現在去做他告訴你的話，隨着他去吧。」

這大個子美國人握住女孩子的小手，帶她到了淋浴室，旋開水龍頭，給她和她的弟弟各人一塊肥皂。可是她倆根本不懂得怎樣使用。

巴林漢和善地笑着，溫柔地歌唱着，一面用肥皂洗自己的手臂和臉，做榜樣給兩個孩子看，她們知道了。所以當巴林漢替她解衣沐浴時，她們並未加以反對。

正在沐浴中，播音器傳出響聲，「誰人把兩個小孩子從她們的母親那裏帶走，請即叫她到後艙甲板來。」

巴林漢推測後艙甲板上孩子的母親，好像正在那裏尖聲叫喊，悲啼哭泣。她似乎在復述共匪有關美海軍暴行的謊言，她的孩子在那裏呢？

巴林漢把兩個孩子揩乾身體，穿好衣服，而後帶回到她的家人那裏去。

女孩子大聲地笑着，跳向母親的身邊，「媽媽，這位大個子美國人是神父，他先時祝福我，以後又把我洗禮成為美國人。」母親不十分了解她的話，但對這件事却廣為宣揚。

全船的孩子都爭着要受「美國人

洗禮」，船員們也就很快很熱心地幫助他們做清潔工作，年齡較長的也願意參加，在橡皮管蓮蓬頭兩者並用之下，兩千旅客到了午飯時間都受了美國人的洗禮。

午餐是難民們上船後的第一次用膳。軍需長、膳務員均帶幾分緊張神情，因爲沒有一個人懂得難民們的膳食習慣。幸而海軍少將薩平 L.S. Sabin 曾經研究過東京（河內）人的烹飪，而且本艦上却有由他那裏派來的本地厨司。

旅客餐廳中，海軍會食人員把飯和魚都裝在大盆子裏，這些越南人却不去觸動它，只是靜靜地注視着。

「這是怎麼一回事？」軍械長埋怨地說，「這些人既正餓着，何以又不吃呢？」

一位水手覺得其中也許是一種誤會，也許是他們畏怯正在等待許可的命令。因此，他便用洋鐵碗裝滿飯，並從一位難民那裏取來一雙筷子，向自己嘴裏喂。同時指着菜餚，張開嘴大聲地說：「開動吧！」

難民們一時騷動，發出噓噓的了解的聲音。一齊擁到洋瓷大飯桶旁邊，各各用帽子裝滿飯和菜送給他們的家人。大陣的笑聲和咀嚼聲混雜一起，響澈整個餐廳。

意想不到的，是越南人所用的圓錐形草織的大帽子，却有許多種用途，可以作飯碗，可以作籃子，亦可以作衣包，無疑的，有時還可當作帽子用。

八月廿三日，在美艦佩斐爾特上。

船正在輕快地行進中。甲板上水手和小孩子們在玩，這些孩子敎水手作一種賭博性的遊戲。參加賭賽者以一件小小的東西，投擲平面上，使排成一條直線。可是水兵們都沒有得到勝利。

孩子的父母們泰然地站在旁邊看，好像在寂靜的公園裏晒着太陽，以代替逃亡後的新生活那樣的自然。一位越南的老太太對翻譯員說，「共匪對我們說的都是謊話，他們說美國人會打我們。可是美國人所給與我們却是滿船年青仁慈的神父。甚至他們有一天，還祝福我們，給我們食物，爲我們實施受洗成爲美國人，並且與我們交朋友。」

水手成爲神父這一種傳說，已被完全接受，難民們談到美國船員時，均加上「派特里」"PATRI"的稱號。我知道這稱號在越語中是「神父」的意思。好些船員樂于這種稱譽，對他們答話時，都習慣地說一聲，「是，我的孩子。」

一位難民問，「何以年青的美國神父，都不穿黑袈裟？」譯員告訴他們，船員並非眞正的神父，只是普通的俗人，不過他們對待友人却能嚴守金箴。這種解釋，並未能說服深具感激的越人，他們依然堅持稱呼水手爲神父。只有一個人例外，那就是大衞·巴林漢。他則被尊稱爲「主敎」。

昨天未開航前，我曾借助一位美籍譯員，他來自密蘇里州若瑟菲。是美海軍預備隊的軍中牧師，斐茨派脫利克中尉。他是一位健談的人，雖然一句越語也不懂，但因爲是牧師，却能說一口流俐的拉丁語。這種語言也正是越南神父所能說的。他們嘰哩咕嚕像痴人說夢般的說着那種被稱爲「死的語言」。可是這種「死語言」在這一霎那間，却非常活躍，對我們確有很大的幫助。

「我曾借到一束錄音帶，把他們的拉丁語對話錄下音來。他們的談話持續了半小時，其中最有趣的部份是，斐茨派脫利克問他們爲什麼逃離他們的家鄉，而他們却說是共匪焚燬了他們的敎堂，不許他們崇拜基督。

以後，難民們聽到斐茨派脫利克的錄音，當他們的神父將他們解說這是什麼時，他們問道：「我們也能够把消息用無線電傳送給家鄉的親友嗎？」

我們安置錄音設備，每一個人都蜂擁而來，一個繼着一個，熱烈地走向話筒，爭說他們受美國人的優待，並勸告其他的人南來。

八月廿四日下午六時，在美艦佩斐爾特上。

我們已船行兩天了。

難民們興高采烈，好像一羣從事海上遊樂的人一樣。因爲美好的食物，和善的人情，竟產生如此效果，實爲一件堪以驚異的事。現在每個人看起來都很清潔，整齊而飽食。船上到處飄揚着洗曬的衣服，這雖非海船上應有的現象，但艦長却很能予以容忍。

我遇見一位譯員，他是越南軍官，曾居美國兩年。他所說的幾乎都是土話，當他指着正在理髮的船長室伙夫說，「他又在那海上理髮店打雜了。」簡直使我無可奈何。

他告訴我說，我們的旅客中有一件事感到不快活，他們曾經聽說別艘美海軍運輸艦上，有越南的嬰兒誕生，而他們的母親即以該艘艦長醫官等名字，作爲嬰兒的名字。但在佩斐爾特號却未發生此等事情，他們都認爲遺憾。他們爲表示仰慕感激之情，很想有一個嬰兒能以來自加州康洛奈鐸的老艦長奎克之名爲名。

下午一位醫院人員發覺幾個婦人，用羽毛去觸動懷孕的女客。她們的意思，是想替這些孕婦催生，使她們在明天船到西貢之前，能把孩子生下來。恰在此時，醫院人員到達，醫官感到很駭異。

醫官和醫院人員都很疲乏了。他們曾經治療過六百個以上的病人，有些還需要施行重要的手術。其中一個女孩子，她的腿在上船前曾被岩石壓斷。在船上並不缺乏輸血的人，水手們都能慷慨地捐輸。

下午八時，記于船長室。

午餐後，我陷入一種無法應付的困境中，一羣年紀較老的越南人包圍了我。

他們通過譯員對我說：「先生，我們沒有嬰兒，把我們帶向自由的光榮的美海軍軍艦的名字作爲他的名字，感到很慚愧。因此，我們想請求許可以本艦之名作爲一個新村的名字，你是知道的，幾天之後，我們將有一個我們自己的新村。」

「這件事，我必須取得美國當局的許可……」

「恰在此時，我的手錶響了(錶內裝有鬧鐘)。使我不由自主地舉起我的手說，「喂，那裏。」

老人們含笑地對譯員作急促的交談。

譯員對我說，「他們很想知道，這個是否是他們曾在神奇的書刊上所看見過的，廸克脫拉西手上無線電。」

這眞是給我逃避難關的一個再好沒有的機會。

「哈囉，」我對着手錶說，「哈囉，是，我是拉特爾。」然後我又把我的錶放在另一隻耳朵上聽；點點頭，而且還說，「是，我聽你……。」我拿着假裝的無線電話與駐西貢的美國大使館通話，我們討論這些老年人要以佩斐爾特作爲他們新村命名的要求。而譯員却予這些老紳士以一種戲劇的敍述。

他們的眼睛閃動，露出馬戲班孩子般的笑靨。

「很好，」我繼續對着手上無線電說，「我將告訴他們，謝謝你，再會。」

我轉向老人們說。「大使很受你們光榮的請求所感動，他決定把這項請求轉到華盛頓去。」

「是的，」老人們很嚴肅地說，「我們必須獲得最高當局的許可，而且我們還希望有書面證明。因爲我們將是這塊土地的外鄉人，當地人民對我們的話也許是不會相信的。」

「是的，」我說，「你們將有一個書面證明，不久我們到了西貢，我將到大使館去交涉這件事。」

「謝謝你，請你在我們離船之前給我們，我們知道你是可以用無線電來安排這件事的。」

雖然，這個代表團是很滿意地含笑離開了。可是這件捕風捉影的事叫我怎麼辦呢？

八月廿五日，船抵西貢。

旅客們都準備登岸，密密地聚集在艙面。他們一再說，「我們不要離開美國人。」有些還開始唱着讚美詩。

再過兩小時，他們將在岸上。我很願意知道他們會有什麼變化。我不忍設想，這些天眞純良的人民，當他們再定居時，重新陷入混亂擾攘之中的情況。因爲我沒有在任何人之中看出他們有什麼預定的計劃。

啊！我看見了我的老朋友，那位老年人的代表，他正走近我。關于他那新村命名的事，我將如何對他說呢？

八月廿五日下午六時，在西貢。

本日下午，在登岸之前，這老年人的代表團又由譯員引導包圍了我。

「先生，你好，」他們用堅定的語氣說，「我們馬上就要離開這裏到新的地方去了，對于我們新村命名的事，你有得到當局的指示嗎？」

「我正在等待船上每一分鐘的無線電，」我稍停一下這樣說。

「我們可以同你一起在這兒等嗎？上岸後將是很紊亂的，我們必須立刻知道這件事，也許以後永遠不會再見着你。」

我遲疑又遲疑，現在小拖船已經靠近甲板。老人熱淚盈眶，他的雙手緊張地一弛一閉，兩眼迷惑地注視着我。

「請在這兒稍等，」我說，「我到另一個無線電室去看看，也許華盛頓的答覆已經來了。」

在無線電室中，我坐下籌思對策，數分鐘後，我取來一張空白的電報紙，把它放在打字機上。

大約十分鐘光景，我回到主甲板，含笑地揚着無線電報。老人高興了。

「你得到答覆了嗎？先生」

我把電報交給譯員，他高聲而緩慢地讀着。

轉致美艦佩斐爾特號上的越南旅客領袖。美國總統對于你們要求以該艦之名作爲你們離船以後的新村命名，感到光榮並特予批准。我相信你們的新村將成長爲很好的社會。由于像你們這樣勇敢的人民，這新村對于全世界的自由國民將是值得紀念的。　艾森豪威爾

其中一位老人接去電報，鄭重而小心地把它摺疊起來，放進他那油布的衣袋裏。

他們深深地鞠躬，一位代表發言說，「我們將隨時珍重這份東西。多少日子後，我們敢保證，你將對我們的新城市感到驕傲。」

幾分鐘後，他們開始上岸。一位修女在主甲板上用手提風琴奏着莊嚴的樂曲，水手們則攜帶着小孩子和殘廢的人。

他們慢慢地離開，畏怯地揮着手，留戀不捨地回頭望着船，許多人哭了。有些還把他們唯一値錢的念珠和耶穌十字像，贈給那些曾在最近三天半內成爲他們好友的水兵。他們還說，「派特里，再會。」

我守望着他們最後一批離開。在船塢的末端，他們擠入熱悶而多塵的小拖輪，這拖輪正等候着把他們帶到再定居的混雜之地。然後我開始上岸，當我懷着沉重的心情走下碼頭時，突然聽到高聲叫喊我的名字，幾個老人和神父譯員，在我後面跑來。我們在拖輪的一端碰頭。

領頭的人苦笑着，譯員也一樣。他不但爲我傳譯他們的話語，並且還傳譯他們的心情。「我們有一些好消息，先生，你記得那位孕婦廸南嗎？」

「是，就是那一位你們用羽毛觸動她的呀。」

「是的，她已分娩，將以你那可敬的艦長奎克之名命名她的嬰兒，我們都覺得這件事很好。」

「多麼有趣！我將轉告船上，每一個人都會感到高興和光榮。」

老人們低垂眼簾，默然無語。一位神父推着爲首的人說，「你一定要告訴他。」

老人移動一下帽子，撫摸着他那銀白色的長鬚。

「先生，」他把身體的重心由一隻脚移到另一隻脚，而後輕聲地說。

(下轉第31頁)

鵝與主人

子強

臺灣的冬夜，也還是有些冷颼颼的，在我們住的這條僻巷裏，一排十幾戶的人家都已入睡了，這些低矮的日式房屋整個沉浸在一團陰影裏；只有我家的燈光還亮着，由窗帘所不能完全遮掩的罅漏中向窗外灑出幾絲寂寞的光。我揭開窗帘一角，對着玻璃呵一口熱氣，我覺得，室內的燈影和可以細辨得出的茶香，足以構成這個安全而美好的情感堡壘。妻兒早已入睡，這是一天最寧靜的時刻了，可讓我和身外的煩囂以至目前窗外的黑暗隔離，保留了這份情感的孤獨，同時也好讓自己的思想遊騁。

當我坐回寫字檯前，正預備提筆構思，巷口響起「踢躂踢躂」的皮鞋聲，習慣上知道這是警察巡夜，時間已近午夜後三點了。皮鞋聲一直響到我的窗前停住，有兩個人放低聲音在談話，難道是要勸導我這個遲睡的人，或者是出了什麼事？我不能聽出他們說些什麼，但接着在我窗外的牆角邊另發出一陣嗦嗦嗦嗦的音響，像是一個小動物用身子抵在牆上擦癢，——我確知那是個動物了，因爲還有羽毛撲動的聲音。於是它被人追趕着，有脚掌撲地的急促聲，在靜夜中顯得特別倉皇；但並不叫，可憐地被抑制着。我正在奇怪而且有些着急，外面低叩着窗門，好像怕過分的驚動了我。

「喂，先生，是你家的鵝吧？」

「不是，不是。」我隔着窗子答覆了他。從玻璃窗的反光裏，可以看出是兩位戴有硬邊帽子的警員。但手裏並沒有捉住鵝。

「啊，對不住，可不可以請你打開一下門？」那是慣用的和善語氣。

我懂得他們是想將那個鵝暫時寄存在我家裏，到明天再查明它的失主，然而這究竟是多事。我家的「玄關」地位小得可憐，鞋子擺了滿地，決不便容許一隻鵝在那裏拴住，如果將它關在後院子裏，我既不敢提捉，也更不願意警察先生在半夜穿過我的廳房去安頓這個小生物。於是我對他們兩位說：

「不行，不行，我沒有養鷄鵝，根本沒有那些設備。」

警察先生爲難了，其中一人主張暫時把鵝帶回局子裏，另一人沉吟了一會，要求我找個簸簍子，好把它罩住。他說：「我們現在還沒有捉住這個討厭的傢伙，你知道，要是它大叫起來，就要驚醒很多的人，人家還當着我們偷鵝呢。」我了解他是爲了執行工作的嚴肅，而這樣的警察，豈非更懂得風趣！我也不得不耐煩一下，跑到後院的煤房裏拿了一個裝木炭的舊簍子，把門燈撳亮，打開門，同時也想見識見識這個多事的鵝。

原來警察先生站在那裏擺好了姿勢，對面站定，兩脚跨開，兩手攤着，監視着那瑟縮在牆角芭蕉葉子旁邊的白鵝——而且是一對。

一個簸簍不能罩住兩隻鵝，他們要求我再找一個，我很自然地想到掛在厨房中的那個白淨的簸簍，經過妻的辛勤濯拭，在雨天用以罩在炭爐上烘乾小孩的尿布，現在也只好權且借用一下了，爲了好心的警察和這對鵝，以至它的失主，我想有理由可以叫妻不至抱怨的。

警察先生不費力的就把兩隻鵝罩住了，這回倒眞的引起兩聲「骯——啞」的幽然長鳴，幾乎把我嚇一跳。他們用脚邊準備好的磚頭和石塊壓在簍子上面，一邊抵住牆，一邊利用芭蕉樹叢作爲屏障。另外兩邊當然是顯露着簍子的空花格子。他們又用手略按一下簍子，試試它是不是可以載住磚石的重量，怕把這個可憐的生物壓死。

「又穩當，又透氣！」他倆在讚許自己的工作，然後滿意地向我道謝：「對不住，太打攪您了，還好沒有把您府上的人全吵醒。」

「這沒有什麼，我本來就沒有睡。」

「不錯，我曉得先生是這條巷子裏睡得最晚的人，你的燈甚至通宵不熄，我常常看見您的影子映在窗子上——先生是在學校裏教書的吧？」其中一位和我攀談着。

「不，我是在學校裏做點小事。」我隨意說着，並請教他們：「這兩隻鵝，明天怎樣處置，是等人來認領嗎？」同時我也告訴他們，我們隣居養鵝的似乎有兩三家，說不定明天一早就有人來認領了。

「那很好，假使您不嫌麻煩的話，也許我明天再來一趟，看找到失主沒有，因爲這是我們的責任。」

待我關好大門，上了鎖，走回臥房，妻已在朦朧中醒來，問我是怎樣一回事，她起初還以爲是警察查戶口，只是睡意很濃，懶得爬起來。她說，「我正奇怪，好久沒有查戶口怎的今天查起來了。」的確，只有在三十八年剛到臺灣，大陸快要全面淪陷時，政府特別注意防諜工作，我們曾遇到兩次突擊檢查，此後便再沒有警察先生半夜敲門的事了，今天是例外。

妻聽完了這兩隻鵝的故事，說：「見鬼！吵醒了我的瞌睡，你不曉得我睡得多甜，我正在做夢，夢得很有趣。」

「夢到和人家戀愛麼？」我打趣她。

「瞎說！我夢見我們坐在海船上，說是回大陸。我看到海面上飄着一羣「海和尙」，就像我們那年到東北去在黑水洋裏船員指示我們看到的一樣，那些像人一樣的禿頭和尙，有好幾個飄到船邊，我想抓起一個來玩，忽然，朦朧中又像聽到你在耳邊談論着什麼鵝不鵝的，我想，明明是海和尙，不可能是鵝，鵝怎樣會跑到海裏來呢？」

「虧得你在夢中有這樣驚人的理解力！」我說。

第二天微明，我被敲門和絮語的聲音攪醒，來的不是警察，而是鄰居吳家的大女兒，不消說，兩隻鵝是她家的。

我幾乎在床上暴跳起來，她有什麼理由這樣早就來吵醒我們，而且自己的鵝不好好看住，半夜和清早來麻煩別人！妻用眼光制住我的怨懟，一面對那位小姐說：「既然是你的鵝，爲什麼不馬上捉回去呢？」這話更使我納罕。然後，吳小姐向我低瞥一下，有些靦覥而近乎哀怨的訴說着：

「周先生，請你們不要笑話我，昨天我從傍晚一直忙到黑夜，就爲了找這鬼東西！媽媽叫我不要讓爸曉得，因爲他曉得要發脾氣的。媽又叮囑我，天一亮，再出來找找看。想不到我在外面轉了幾圈，沒有。回來就在你門口發現了，我剛纔聽到周太太說，爲了這對鵝，累得你們昨天晚上沒有睡好，眞是對不起。」她頓了一頓，「我爸爸就要起床了，說不定現在已經在院子裏嗽口，我不敢把鵝捉回去，最好借你的屋子放一放，回頭我爸爸出來上班，在門口看到恐怕會追問的，並且會責罵媽媽和我。」說到這裏，她似在側耳靜聽，這應當是她父親的咳嗽聲了，她一時着魔似的，快手快脚將門口的簍子推倒，熟練地將鵝擒出來，一手一個，兀地往我家的門裏一拋，「鵕——啞」。而她呢，使我來不及抗議，就一陣旋風似的嘩啦將門推攏，奔回她自己的家門。

「這是哪來的賬？」我衝口用家鄉話向妻責問。兩隻鵝在門裏嚇得團團轉，長長的頸伸向玄關靠裏的檜木板，奇異地嗅着。

妻向我解釋說，鄰居的吳先生是一個怎樣難說話的人，妻兒都怕他；但也不，有的時候，他也會怕起老婆和大女兒來，那是當他濫發脾氣而遭受反抗的時候。本來，窮人氣大，他家三代同堂，大小十三口，擠住三間小房，怎保得不拌嘴。況且，走失兩隻鵝也不是小事，一隻鵝要抵六七十塊錢呢。

我的心情說不出是煩燥還是沉重，大概是和那對鵝一樣的茫然之感吧。回到前房，我將窗子推開，使剛纔還是熹微的晨光而現在已經湧出的朝日透過寒氣射進來。

我可以看到對面的男主人——吳先生端坐在狹小的餐桌前用早餐，臉前冒着熱氣，一張瘦削而嚴肅的臉便有些模糊起來。我從來沒有起過早，似乎還不曉得會有這樣早起上班的人。於是妻告訴我，他家的小姐差不多是半夜裏起來替他弄早餐和帶到班上去的中餐「便當」，因爲吳先生每天來回是不肯花五角錢坐公共汽車的，步行十幾里上班，當然非起早不可。

妻並且很感慨而又有些振奮地說：像我們家裏的人口也不算簡單，能夠「吃豆腐當肉」，能說是壞？人家還是天天在門口買一兩毛錢一斤的高麗菜呢。我說：高麗菜也不壞，這種包心菜在內地還賣得很貴，用辣椒炒來吃蠻好。妻說：「是嘛，他們就是用辣椒泡來吃，早飯是泡高麗菜，中飯是炒高麗菜。」我頗厭煩她的嘮叨，怎麼剛搬過來不久，就打聽到人家的飯菜怎樣。

「叫你就吃不了這樣的苦。」我隨意向妻挑釁。

「廢話！餐餐的豆腐，你感興趣麼？」她剛一強嘴，就猛悟到自己的前言不顧後語，不禁失笑。「都是你惹來的麻煩，這一大早說這些閑話。」

到此，可以算得「一日無事」了。當然，兩隻鵝由吳小姐乖巧的抱去，長長的頸喙一直觸到她的脖子，還歡天喜地的回頭謝着我們。此外，警察先生於中午來問過了，並勸戒吳家以後注意，我們知道吳先生中午是決不回家的，也樂得讓他家謝謝這位好心的警察先生；此外透過了吳小姐和吳太太，使我們與那位冷面的吳先生開始有友誼的交往。

我漸漸曉得吳先生是一個飽讀詩書的人，對讀詩寫詩都有很大的興趣，除了一般所謂「克難」的精神以外，我對他又有了新的敬意；比起我這個「五穀不分，四體不勤」的人，他，更顯出了理性的光輝。不知道爲什麼這條巷子的人却都把他視爲「家庭的暴君」，就連他自己家裏的人也不例外，似乎比外面還要批評得更嚴峻些。

有一個星期日，天氣晴朗，難得我在家，躺在窗檯上睡懶覺，和風拂人欲醉。對面傳來小孩的喧鬧聲，吳先生的叱罵聲。我坐起一看，原來他在指揮兒子們修補門外的破舊竹籬，他的「晚囝」（最小的兒子）和孫兒們蹲在積水的泥淖中嬉戲，這大概是被叱罵的由來。

吳太太比先生年輕十幾歲，看他們兒孫滿堂，可以確知她是塡房的，這時她手裏端着一碗漿糊，滿面春風的走出來，看看她的「晚囝」，「哎呀快變成泥菩薩了！」小孩們爭着向她討碗裏的東西吃，吳太太告訴它們那是用來補紙門的漿糊，吃不得的，小孩硬拉下要看，砰的一聲，把碗打在門口的水泥地上，漿糊灑了一地。吳先生十分憤激的說：「好，飯碗都不要了！」這話是衝着太太說的，他臉上幾乎起了痙攣，同時浮着一絲頗不好看的冷笑。吳太太則笑吟吟地檢起一塊破碗的瓷片刮攏地上的漿糊，先生又在訶責她應該先拾齊破片。大兒子只顧一心編補竹籬，沒有理睬，兒媳婦在籬邊的泥地上兀地站起來，對着公公說：「喲，在大門口少講一句啊！」語氣和態度都相當柔順，但還是看得出她那種特有的幽怨眼光。她的丈夫——大兒子還在唸大學，今年就可畢業，他們都說，畢了業就好了。

妻常常批評吳先生的脾氣太古怪，並且暗暗地將我的壞處和他比，我爲了好强心，不能不施以反擊：「你看人家太太脾氣多好，要是你……」

「人家吳先生發脾氣，從來不打小孩子，不像你，小孩子是出氣筒！」

我不想反辯，因爲苛求孩子確是我的大毛病，而且，我這時的不想反辯，實在是想到另外的一方面去了，究竟我自己在想些什麼，也說不靈清。我率性躺下來，眼睛望到天花板上，那赭色的天花板，被喜蛛做了不少的白色屋子，非常刺眼，看看下面，金色的紙門早已褪色，而且很有些地方破爛不堪，向我們張着大嘴。這些好像都是對於我這個

「不事家人生產」的主人施以嘲弄。我向妻說：「我養雞和種菜的計劃全沒有實現，讓我們還是做做最起碼的事，先把破的紙門糊一糊吧。」妻也有些懂得我的意思。那就是：我們不能專看人家的壞處，人家的長處正是能勇敢地面對着生活，一點也不逃避。鬧鬧脾氣有時也倒是一種情趣。

這時，吳先生的一腔怨氣，也好像已經烟消雲散，走到我的窗前和我們搭訕，他說：竹籬破了，鵝和鴨一早不等着餵食，就調皮的鑽了出來，這些東西也實在淘氣得厲害哩。我向他讚美鵝的壯健和美麗，他高興地點着頭，完全是喜悅的同意，他告訴我：兩隻大鵝，公母各一，現在正領着它的孩子們到附近有水草的地方去了，要到天快黑時纔能回來。看他說話的神氣，對於這些動物已經有不可分的情感，似乎不僅僅是我太太所說的「一個鵝要抵六七十塊錢」的問題了。

約莫過了個把月，有一天，夜幕方垂，吳先生在門口的小路上徬徨，臉孔繃得很緊，看到我回家，跑過來小聲說：「我的女人不見了，怎辦？」我曉得這大概是怎樣的一回事，並且意識到也很嚴重，我只得安慰他說：「大概過一會就要回來的。」

「不，這回一定不，怕是尋什麽短見去了。」他幾乎聲淚俱下。

「那你找過她沒有？據我看是不會的。」我只好這樣漫應着。

「我不好麻煩你的太太，因爲你們也有很多小孩。現在想勞你的駕，替我到外面找一找。單單我家裏的人都不在，都去找鵝去了，這時死了還沒回來。」

我只得央求妻，向附近的公共汽車站找找看，我自己則奔向淡水河邊，我想：不能在河邊找到吳太太，也許可以順便發現兩個樂而忘返的白鵝呢！

等我和妻都失望的回來，吳先生瘦削的影子還在門口踟躇，這時，那邊找鵝的兩幫人也空着手回來了，吳先生頓着脚：「媽不見了，找媽要緊，快，快！」接着又說：「糟了，糟了，床上還有我的晚囝在睡着呢，怎麽這久沒聽着哭？你曉得，它到現在還沒斷奶！」

我跟着他用快步跑進他的屋裏。我懂得他已經傷心到極度，遇到這類事情，正是需要別人來商量的時候。他似乎想到最小的一個孩子不能不隨媽媽而去，眞是去了又該如何呢？

他慌忙把那灰黯色的帳子分開，馬上就咆哮起來。原來他的太太竟是安然伴着小孩睡在床上。一直到後來，我們纔知道她是趁着丈夫發急時從後門裏溜回來的。

我馬上得退出這尷尬的場面，不過我已經看到吳太太那張用微笑來報復的臉，這也許是太太比丈夫懂得風趣的地方，但對於這時的他來說，未免殘酷了一些。

這一天晚上，我們倒眞的沒睡好，因爲他們爭吵得太厲害，到了第二天，第三天，大家怎樣勸，胡太太還是不肯起床吃飯。這回鬧得很頂眞，他們的大小姐急起來就往我家跑。至於鵝，在第二天的一早就擺回來了。

於是我不得不把吳先生請到我家，用理由和許多利害之點來說服他，好請他向太太低個頭，自己勸慰一番。這個工作當然不好做，想不到在談話之間，我竟能「一語破的」，即是先將警察抓鵝的故事告訴他，我說：「鵝找到了，你太太小姐還要怕你責罵；而你太太昨天自動回到家裏，結果還是免不了一場更大的風波。吳先生，這有什麽理由好說麽？是爲了我們男人的自尊心麽？那麽，因爲兩隻鵝的淘氣而罵她們，她們的自尊心又在哪裏？」

吳先生首肯了，在這以前，他似乎不自覺他在家裏眞有那份威嚴。現在，已完全答應回去好好勸勸太太。臨出門時，他還掉了一句書袋：「眞是，人的問題都忙不了，烏用是鶂鶂者爲哉！」

爲了免除萬一的後患，吳先生顧不了愛鵝，堅持要把這對大鵝殺掉，醃來過年吃，而且，堅執要送我一隻醃好的臘鵝，怎樣也拗不過他的好意。

沒等着大年三十，小孩們主張要先喫掉臘鵝的一半，我無奈，對妻說：「吃就吃吧，但願我們永遠不要爲小孩的事拌嘴。」

當臘鵝端上桌，長長的頸喙被割下半邊，很是不好看。我和妻兒們，一面吃着，一面討論，要想法子送一個板鴨給吳家，好交換這份人情。

旅美小簡之七

到什麼地方去？

陳之藩

「智識是一個……」「我們必須把既不透氣，又不漏水，把我們衆人的頭腦分別隔離起來的厚壁穿開！」狄勒是我們學校的歷史教授，今天他在做一個學社所主辦，「綜覽西方文化」連串演講的第一講。他這個講演的題目是「歷史哲學」，我下午有課，沒有等課講完，即跑到學生廳來聽狄勒的講演。我進門時，他已開始了。當我聽了他這兩句話時，即感覺氣味很芬芳，顏色很清新，我知道，這個人在這個困惑的時代裏，正在運用他的思想，去解釋謎團。

他繼續說：「所謂專家，是對越小越小的事，知道的越多越多，而一個通人，是貫串整個的歷史，有一個理念。……」

「我所謂的歷史哲學，就是一種努力，努力去發現下列事實：人類在地球上做些什麼？他為什麼在此？他又到什麼地方去？……

「在這個近代的神經社會，我們對這些問題的追究更空前迫切。眞的，我們究到什麼地方去？……」

狄勒教授，舉出四個不同的歷史哲學，這四種歷史哲學以不同看法來看這個世界。

「古代世界是持悲觀論點的，他們覺得自己是黃金時代過後的破落子孫，一切事情都是向下坡路走，而是越來越壞……

「宗教哲學」，可以聖奧斯汀的「上帝之城」為例，他是持一種漠然的，譏諷的看法，以觀人生。評論任何事情，均在「永恒方面」着想。

「第三種哲學」，是過去二百五十年所最通行的，即是「進步」。牛頓是這種哲學之開先河者。我們說牛頓是開先河者，不是因為他在功業上的成就，而是因為他的觀念應用於社會。他的觀念是：「自然的神秘可以憑理智揭開」。

「二十世紀以來，是斯賓格勒與湯比的循環論。……」

他再三強調說：科學對社會思想與文化思想所會產生的影響是顯然的。觀念與思想，確實穿過那些不透水的牆在流動。他特別指出十九世紀的社會達爾文主義與現在的愛因斯坦與福洛伊德對我們的思想所產生的影響。

我沒有聽到什麼結論，他的講演即完了。如果可以替他下一個無可奈何的結論，大概是想藉自然科學之光濟歷史哲學之窮，藉各種學問的融流為人生想出一條出路。

我走出學生廳是淒風愁雨，好像天氣也在同情這位歷史哲人的看法。

人從什麼地方來，到什麼地方去，這個問題之無有答案，正如硬要在一個圓環上找兩端，在一個沒有貓的暗室裏找貓。

記得一本小說裏說：「古代有一個帝王，夜裏在宮庭內與羣臣議政，忽有一夜鶯從宮殿的南窗飛入，穿經王室，又從北窗飛出，聰明的國王感喟的說：「人生就是這一夜鶯，從黑暗中來，又到黑暗中去，中間經過的光明很短暫。」

這是十九世紀小說家的看法，二十世紀的現代人，這種看法還是保留，也是從黑暗中來，到黑暗中去，不過，中間這段短暫的光明是否存在，也深致懷疑了。

五四以後的人生觀大論戰，過去了。當時的戰將吳稚暉先生，屍首已化為骨灰，沉入東海去了；胡適之先生，沉默地整理他的「中國思想史」了；其餘的人多在大陸以「人民」的看法為看法，以「紅色」的論點為論點，在作傳聲筒了。這一個時代過去以後，繼起之勢已微，不過，關於人生與文化等大問題，作探究的，還不是沒有，比如，方東美先生，比如，錢賓四先生等，方先生是氣憤至於發抖，然而也沉默有如寒蟬了，錢先生是在知其不可為而為，是在墳墓中找出路而已。

此時，在國外，還能聽到有教授談人生，談文化，雖然調子悲哀，然而也不能不令人嚮往。我們這年青一代的人，無論在國內，在國外，我就沒有看到一個，或者聽到一個在嘴邊上，或在筆下談起人生的。

不知是時代把青年折磨的，還是青年們的頭腦全讓盜墓者盜去。最好的，是在「不漏水」的小室裏鑽牛角尖；下焉者則是行屍走肉的過日月了。

在歷史上悲哀到底的時代，總還有些新亭對泣的哭聲；最可怕的是死寂。我們這一代，眞如死一般的寂下來了。

我無精打彩的回到寢室，我感覺自己像一片落葉似的在這個時代飄零。不僅生活的環境，是國破家亡，舉目有河山之異；就是思想的園地，也是枯枝敗葉，無處非凋殘之秋。難道是湯比的循環論，註定了的命運是衰亡？

不，我還是接受湯比的那一句令人強打精神的話，「多一次挑戰；多一次成功。」迎接這個四面八方而來的挑戰。

——四月四日於費城

血旗（中）

潘壘

五

第三天，他的那篇「神卽人論」在民主牆上發表了，轟動了全校。甚至連平時最不喜歡管閒事的同學都去看個究竟。他在那篇文章裏，當然是將聚會所攻擊得體無完膚。他說信仰宗教的人是最懦弱的人，因為「他們不信仰他們自己」；他建議請這些「懦弱的人」自動的，將他們奉獻給神的金錢和時間拿出來，救濟那些清寒的同學，多做點實際而有意義的社會工作。在這篇含有挑釁意味的宣言式文章裏，他說得極其委婉動聽，文情並茂；同時，還列舉許多似是而非的理由，證明他的話就是眞理。

果然，大多數的同學都擁護他，惟一支持聚會所的，就是「信仰自由」這個空泛的名詞。羣衆畢竟是盲目的，知識份子也不例外；事情的發展很出人意外，教友開始被岐視了，那些無神論者幾乎以走過聚會所為恥辱。

但，他對我的態度並沒有絲毫改變，也不願意和我討論關於宗教的問題。而我，亦在極力避免和他發生磨擦，我雖然憎恨他，但我需要他。

這是事情發生後的第一個禮拜天，當他發覺我穿好衣服，正要伸手到枕頭底下去拿聖經的時候（我已經有一本小而精美的袖珍聖經了，是她送給我的）他淡淡地問：

「要到聚會所去嗎?」

「嗯。」我點點頭。幾乎是用一種狡黠的聲音向他說：「而且，我要你和我一起去！」

他困惑地望着我，不響。

「一起到——那邊去?」他生澀地笑着問：「你以為我不敢進去?」

「你誤會了。我要替你介紹一位朋友。」

「一定要到那邊去才能介紹?」

「不是這樣說，」我說：「你可以不進去，我在門口替你介紹。因為這樣比較自然一點，不然，到女生宿舍去，總有點不方便吧！」

「哦，是女的——為什麼要……」

「沒別的原因，」我截住他的話，解釋道：「她有些問題要向你討教，」我望着他的眼睛。「當然，你一定知道這是什麼問題。」

「好！」他不假思索地回答：「我跟你走！」

出了宿舍，他始終沒說話，眼睛望着前面，現出一副異常沉肅的表情。我猜不出他在想些什麼。

走到聚會所的門口，她已經佇候在木欄前面了。我向他們兩人介紹之後，忽然覺得大家都無話可說了，我看見他凝望着她的臉，有好幾分鐘，直至她不安地垂下頭。

這種情形使我很尷尬，我正想找一句合適的話調和這氣氛時，他開口了，聲音是那麼沉重而有力，彷彿並不是從他的嘴中發出似的。

「這樣吧，」他說：「午飯後我總會在圖書館的，妳隨時都可以來找我，我很歡迎。」

於是他向她點點頭，轉身走了。

進入聚會所之後，我抱怨地向她說：

「剛才妳怎麼不說話呢?」

「我眞怕他的那雙眼睛。」她回答，不經意地翻着手上的聖經。

「為什麼?」

「他平常也是這樣望人的嗎?」

我大聲笑起來，坐在前面的人都回過頭來看我。停了停，我才帶有點笑謔的意味說：

「妳不準備到圖書館去了?」

「不！」她急急地回答：「我一定要去的……」

「不然他要笑話我們，是不是?」我接着她的話說。

她不解地望着我。

「我已經告訴他了。」我說：「——我以為妳去之前，得先要作一個準備……」

「你怕我說不過他?」

「我們不能輕敵！」

「輕敵?我並沒有將他當為我們的敵人呀！」

「哦……」

發覺我的神情有點不妥，她拍着我的手背說：

「耶穌的話你忘了嗎?『當愛你的仇敵』！」

是的，當愛你的仇敵。我永遠會記着這句話。

這天我本來和她有一個約會，為了這事我們取消了。午飯後，我送她到圖書館去。

「妳進去吧，」我站在石堦上說。

「那麼你呢?」她問。

一種惡劣的，十分奇怪的情緒向我襲來，我一時茫然於內心的感覺。好一會我才將自已鎭定下來，而她已經走近來關切地握着我的手了。

「你的手冰冷，是怎麼了?」我聽見她說。

我極力抑制着自已，以致渾身都在微微的顫抖了。

「沒什麼。」我掩飾地微笑着，但不敢去望她。

「你像是有什麼話要對我說似的?」

抬起頭，我很快的又從她那雙麋鹿般嫻靜的眼睛中逃開了。我推開她的手說：

「眞的沒什麼，妳進去吧！我要回宿舍去。」

「好的，我會將結果告訴你的。」

她走進圖書館之後，我突然有孤獨和寂寞的感覺。於是我急急的回到宿舍去。但，到了走廊上，我又打消了這個念頭。毫無頭緒的想了想，我開始走起來——漫無目的，只聽憑自已的脚步走着……

我終于又回到圖書館的石堦前。煩燥不安地來回踱步。我不斷地在紊亂的腦子裏思索着，我要找出使我煩燥不安的原因……

驀然，我抬起我的右手，下意識地諦視着那曾經被她那溫暖而柔輭的手所觸摸過的地方，一種新奇的喜悅從我的心底緩緩地升浮起來，盪漾到我那緊閉的嘴邊。

我發覺自己是異常熱切地愛她了。

之後，這種等待變爲幸福的，令人愉快的等待了。直至黃昏，她才從圖書館裏走出來。如同隱藏着我的愛情一樣，我將自己隱藏在冬青樹的後面。我看見他走在她的旁邊，比劃着手，彷彿仍在爭執着什麼似的。

在黃昏那並不十分明亮的光線中，我瞥見她的面容很沉靜，充滿自信。無疑，她是個勝利者了。

在這個時候，我甚至已經想像到，她會告訴我些什麼。但，我又覺得，這些都是並不重要的——最低限度，我當時認爲如此。我向自己說：

「最重要的，是我要告訴她：我愛她。」

六

臨睡之前，寢室裏是不會安靜的，我們慣常睡在床上談話，有時一個話題會拉扯好幾天，等到越扯越遠，新的話題便來了。就以最近這個宗教問題來說，已經發展到令人不可思議的境地了。

我很安酣地躺着，並沒有留意那幾位無神論者的談話，我的內心震顫着，沉浸在一種神妙的酩酊中。

「你要睡了？」他探頭出床架，俯視着我。

我沒回答。突然間才發覺他始終沒有加入他們的談話。他的眼睛告訴我，他正被某種事物困擾着。

驟然，一種劇烈的，難以形容的快樂透過我的全身。我用並不是我所能發出的聲音說：

「沒有。我不能睡，我恐怕自己今晚要失眠了。」

「我也一樣。」他說。然後恢復他本來的睡態。

我望着上面的床架，我似乎看見他那苦惱的臉，睜大的眼睛。我冷冷的笑起來。

「是因爲她的話吧？」我含惡意地問。

「嗯，」他含糊地回答：「也許是。呃，不過她……」

「她是你的勁敵，是嗎？」

「唔，是的。」

「我知道你會失敗的！」

「失敗？啊——我不是指這些……」

「我跟你說吧，」我得意地繼續說：「在見你的面之前，她就說她一定能够說服你的。」

「是嗎？哦——她的確是十分……這話很難說吧？」

我不想再爲難他，我知道明天她會一句不漏的將那些話告訴我的。我想，我應該鼓勵她寫一篇「神非人論」，給他一個嚴重的打擊……

唉！爲什麼要去想這些呢？這些都是不重要的。

第二天的黃昏我看見她的時候，我要求她陪我到後校門去，因爲那條路比較避靜，我得將心裏的話告訴她。也許是由於我過度緊張的緣故，我的表情一定十分難看——我相信她已經發覺了，她好幾次偏過頭來望着我。我了解她眼睛裏所包含的全部意義，那是關懷，憐惜，同時還攙雜有些少哀愁的成份。

而我仍然固執地走着，我突然感到驚駭起來，我不明白自己要走到那兒去，我的脚和手不由自主的顫抖着……

她驟然在圍墻邊將脚步停下來。

「發生了什麼重要的事情了？」她注視着我，又問：「你不想告訴我嗎？」

重要的事情？當然，這是非常重要的事情，也許在我這一生中，這是第一次，或者是最後一次了。我告許自己，過份激動往往要將事情弄糟的。我要鎭定下來。我知道，她能够幫助我的，她的嫻靜能够懾服一個狂人。

於是沉默了一陣之後，我再次抬起頭。可是，剛剛接觸她的凝視，霎時間我失去了一切思考的能力。我的嘴唇痙攣着，一個字也說不出來。

現在，她開始向我微笑了。

「你是怎麼了？」她寬慰地說：「事情眞的那麼嚴重嗎？我從未看見過你這種表情呢。」

「……」我楞着，望着她，但我的心裏非常清醒。

略一思索，她低喊道：

「哦，我明白了。昨天你送我到圖書館去的時候，你就發生這種情形了。我想：你是關心——我？」頓了頓，她又繼續說下去：「這是你的多慮。昨天我和他的談話是很愉快的呢！他很健談。我得告訴你，他自始至終避開這個話題。他只和我談別的，天南地北，他知道很多，想得很多——怎麼，這樣使你失望嗎？」

「呃，不——只是……」我吶吶起來。

「只是，」她調侃地笑笑。「只是你已經有了一個先入爲主的成見！」

「這怎麼說呢？」

「你忘了，你曾經指他是我們的敵人。」

「不是嗎？在思想上，他……」

「這是他的怪思想，」她解釋道：「我相信每個人都經過這個時期，他會改變的——至少，我相信他會改變的。」

她那矜持和自信的意態使我不能再說下去，而我剛才那種紛擾和不安亦漸漸平伏下來了。我已經開始覺察到，她在堅持着一些什麼，她在要求我分享她的快樂。於是，我虔誠地唸道：

「但願如此吧！」

「一定會的。」她堅定地說，眼睛望着前面爲夕陽染紅的屋角。

七

她走了之後，我對自己說：以後我總會有機會告訴她這句話的。其實，我非常了解自己，我了解自己的自卑和懦弱；因爲我不敢相信現在的生活，正是我以前那麼執拗地持有的那種生活；我不敢伸手去觸摸，我害怕這樣會更傷害我。我不敢承認(是爲了自己僅有的一點自尊吧)，這一次我失去了這個機會。我將永遠不會向她說什麼了。

此後，不只是禮拜天，她仍然時常和我在一起。不過，他却加進我和她所共有的那個小圈子裏來了——因爲他們在繼續着他們那永遠沒有結論的話題。

這期間，顯然神和人不再是他們爭論的對象了，他們討論着一些我討厭的哲學問題，社會現象，偶爾也涉及政治。不過，據我所知，對社會和政府的任何不滿，他都有一套邏輯將這些歸納到他在游擊區的事情上去。如他所說，則是『愛之愈深，痛之愈切』，他的一切指責都是善意的，完全基於他那狂熱的愛國心。他的話，我向來是認爲不易推翻的，這一點，我不得不承認他是一個愛國的急激份子。

至於我，漸漸變得冷漠了。雖然我的心中正熾旺地燃燒着愛燄，但，我抑制着，我保持着一種類乎憂愁的沉靜；我喜歡冷靜地在旁邊望着她，當我望見她那眼睛裏散發出來的光澤，在激動時微微翕動的鼻子和那像蜜一般流瀉的笑靨時，我以爲已被她的喜悅所感染，而自眩於喜悅中了。

於是，在他們的前面，我將自己隱藏在身後，他們並沒有覺察出來。

……………

冬天過去了，時局的陰霾籠罩着這一年的春天。

而我的苦悶却在這個春天裏像枝頭的嫩芽一樣萌發了，我不能忍受這種慌亂，我得從這慌亂中找出一點頭緒，解救我自己。我突然對醫學失了興趣——其實，我本來就對它沒有興趣的。我要找一個適合我存在的世界。

這個決心使我重新振作起來，我開始伸手向文學的門邊摸索。我偷偷的寫一些小詩短文，抒發自己的積鬱；然後用一個化名，將它們寄到報紙上發表，我不敢將這件事情告訴任何一個人，甚至連她在內。

也許藏着一件秘密就是快樂吧(悲哀似乎也一樣)，每當他們翻開那上面刊載着我的作品的報刊時，我的心中驟然升起一種不尋常的倨傲，我覺得我已離開了自己，站立在萬物之上。

可是，我對於她永遠是卑微的。我將她化爲一個崇高的理想，巍峩的山，遼闊的海——我將她化爲接受我歌頌和讚美的天地萬物，因爲在高貴的它們之前，我是那麼卑微，那麼渺小。

有一天，這應該是一個痛苦的日子。她和往昔一樣深情的望着我。她是那麼平淡地(她當然是十分激動的，我所指的是這件事情，因爲她並沒有覺察到我的絕望和驚訝)對我說：她已經愛上他了。我後悔自己爲什麼不將那句話告訴她，但我又爲自己沒有將那句話說出來而深自慶幸。矛盾，不可理解的矛盾。

我還能說些什麼呢，似乎一切都無望了。

總之，她的自信傷害了我。我記得當時只感覺到四週很靜，靜得出奇；她的聲音彷彿並不是屬於她的，那應該是一種詭譎的夢囈，或者可以說是幻覺的。我不相信這是她所說的話。最低限度，她不應該這樣平淡無奇的告訴我。

而她却是那麼眞確地說了，最後，她含着幸福的笑意結束她的話。

「這是很自然的，」她說：「我和他不是有許多相同的地方嗎！至於宗教信仰，他不能強迫我，正如我不能強迫他——是完全自由的，在這一點，我們都能尊重對方。我想，這種諒解是很重要的。」

「是的，」我若無其事，而又裝作興奮地說：「這是很重要的，妳已經找到妳所要找的了。」

她感激地握着我的手，久久說不出話。

「快點去吧，他不是在等着嗎？」我瘖啞地說：「——不然，妳就要哭出來了！」

「啊……」她笑了，用手拭着眼角。「我不是哭，那是因爲我太快活了！」

她走了之後，我爲那突如其來的空虛而萎縮起來。

這天晚上，我從他那兒獲得了證實。而且，他還爲了這事約我到一家小酒店裏去，同時還有她。當我舉杯向他們祝賀的時候，我的心隱隱作痛，我覺得杯子裏的並不是酒，而是我的眼淚。

八

從那一個不幸的日子開始，我被緊緊的包裹在悽痛的意境中了。我自己十分明白，我得努力掙脫這具心靈上的枷鎖，我得忘掉這些事情。

一個難堪的，短短的時期總算是過去了，我傾盡我所有的熱誠專注於寫作——這唯一能解救我底心靈的工作。雖然如此，我仍保持着這個秘密，正如我仍保持着我對於她的愛念一樣。

又過了一些時候，我的作品開始受編輯和讀者們注意了。由於我那傲慢而含有極強烈挑釁意味的文筆，我不容於那一羣思想偏激的作者們，尤其是其中爲首的那個叫做「魯莽」的傢伙，他幾乎是無時無刻不針對着我。他的新詩寫得很不壞，而諷刺詩更是他的專長；他喜歡吹毛求疵，誇大，但有時却像一隻狡黠的狐狸一樣冷靜。總之，我覺察出來，他不肯放鬆任何一個打擊我的機會。

顯然，情勢是對我不利的，但我不肯示弱，我孤獨而傲慢地站着，並不企求任何援助；就是敗了，我也堅信我仍然站着。——這如同深海下的暗流，是屬於內心的；我在反抗自己的命運，宣洩自己的憤怒，我蔑視我的仇敵，我要在這另一生活中重拾我的信心，做一個堅強不屈的人。

我生活在兩個極端不同的生活裏，我的外表是一隻懦怯可憐的小羔羊，裏面却潛藏着足以毀滅整個宇宙的憤怒。

緊接着，厄運來了……

戰爭的失利和政局的動盪給這一羣「前進份子」一個好時機，他們抓着上海攤販暴動，舞女請願等事件，大加渲染。當我根據事實，解釋事情發生的眞相，而對他們這種惡意的動機加以指斥時，他們羣情激昂了，甚至公開的罵我是「幫兇」，是「瞎了眼睛，只聞着臭味前進的走狗」。

這天晚上自修的時候，我發覺他竟在寢室裏；這是很難得的，我早說過，他對於功課素來滿不在乎，一切那麼應付自如，況且，他在熱戀中。他得利用這僅有的時間去活動。而現在，他坐在書桌旁邊，翻閱着一份當天的摺縐的報紙，其他的幾位同學圍在他的身後。

看見我走進來，他隨手將那份報紙攤在我的面前。

「你注意到嗎？最近很熱鬧呢！」他說。

報紙被後面的人搶去了，我知道他已經讀過那篇攻擊我的文章。於是我坐下來，淡淡地回答。

「都看過了，好像比我們的民主墻更激烈——那位作者叫做魯……魯什麼的？」

「啊，魯……」他偏過頭去看。「魯莽！這些人未免太無聊了！」

我一時說不出對他的憎惡，我差一點要問他：他的那篇「神郎人論」也算是有聊嗎？話到了嘴邊，我又忍住了。我只是用一種困惑的聲音問道：

「你說他無聊？」

「兩邊都一樣！」他隨口回答。

「那麼你的意思是……」

「接受事實！」他義正嚴詞地叫道：「是事實的話，總瞞不了人的——這等於淘糞缸，越淘越臭！」

「但我們總得顧慮到這些言論對社會的影響吧！」

「你是說要寬容？」他乖戾地瞠視着我。「就像你寬容自己一樣！像你這樣，國家還會有前途嗎！」

這就是一個愛國的急激份子的論調！我氣得渾身發抖。我覺得，魯莽這一羣人沒有收羅他去，實在是一種損失。

他大概已經發覺我的神色不對，連忙笑着拍拍我的肩膀，緩和地說：

「算了，我們總不應該加入他們的戰場上去吧！難道我們也跟他們一樣無聊嗎？」看見我不響，他站起來。「你去找她談談吧，我的時間到了——一個討厭的籌備會！」

說着，他拿着一隻書夾匆匆的出去了。

起先，我並不準備去看她，但，我終于去了。在宿舍的門口，她發覺是我，顯得很興奮；可是，遮掩不住她的悒鬱和憔悴。她提議到後院門去散步，我並不表示意見，只是默默地走在她的旁邊。

我幾乎透不過氣了，她才輕喟了一下，生澀地說：

「你最近忙些什麼？」

「沒什麼，只是多看了幾本書。」

「身體要緊，」她關切地望了我一眼。「你的臉色並不正常呢！今天早上我在圖書館前面見到你……」

「妳怎麼不叫我？」我快快地問。

「你走得太快了，像是很忙似的，所以……」

接着，又沉默下來，直至我們走到門邊，我才開始說話。

「妳知道嗎？」我約略提高我聲調說：「他去開什麼會——他說是什麼籌備會的？」

「不淸楚。」她搖搖頭。「反正不會是什麼好事情！」

「……」

「不實際，完全是表面工作！你說，開會有什麼用，光說不做，事情總不會解決的！」她不以爲然地頓了頓，繼續說，聲音有點顫抖。「我勸過他，我叫他冷靜一點。」

「妳說他不够冷靜？」我奇怪地問：「他做了什麼過份激動的事情？」

「……」她乏力地低下頭，彷彿在思索點什麼；忽然，她重又揚起頭，向我伸出手，怨恨地說：

「我要你摸摸我的手！」

我困惑地接住她的手，正想發問，她急急地用手阻止我，然後淒凉地接着說：

「它冰冷，而且在發抖，是嗎？」她自嘲地笑了笑。「現在我的心情，就是這樣……」

「妳……」

「不要問！」她疲乏地嘎聲道：「過些時候我會告訴你的——你能够原諒我嗎？」

「原諒？」

「是，原諒。」她痛苦地重複着說：「你慢慢的就會知道了！現在我很累，你送我回去吧！」

之後，她像是在忍受着一種痛苦的折磨，默默地走着，到了宿舍的門前，她謹愼地囑咐道：

「別去問他，他會不高興的。」

這天晚上，我又失眠了。我不知爲什麼老是在想着這個問題。最後，我覺得自己最近太不關心他們了，也許他們發生了什麼爭吵，這不是很平常的嗎？

走廊上的大鐘敲過了兩點，我才看見他從外面回來。

讀者投書

禁書要禁得合理

王少南

最近幾天國民黨黨部及政府當局下令各機關學校圖書館室徹底查封禁書，且將由各黨部及負責主管組織小組前往查核，可算雷厲風行。這次禁書採用釜底抽薪辦法，開列共匪及附匪份子名單達一千餘人，凡單上有名的作者所編的書籍一律查禁。反動書籍應該查禁，應無異言。在反共基地肅清赤化毒素，正也是政府所刻不容緩的急務。不過，這次查禁在細節方面頗有些值得研究磋商的餘地。

查禁反動書籍，應該查禁眞正屬於反動的書籍。如查禁辦法所舉凡宣傳共產主義、破壞反共抗俄國策者是。再者該辦法另一條謂：凡共匪及附匪份子之一切言論都在查禁之列；這「言論」的範圍似乎應加以說明及限制，卽使不限範圍，如條文所寫「一切言論」，那麼查禁時也只應查禁其「言論」才對。然而這次不然，凡名單上千餘人所編、所著、所譯……，均在查禁之列。圖書館人員惟恐疏忽得咎，只得遵令辦理；於是普通物理學、實用化學、自然地理、國語文法、英文法、莎士比亞劇本譯本、歐西各文學名著譯本，乃至辭海、辭源……，都一股腦兒查禁了。因爲這些編者、譯者都是留在大陸的（或已被匪迫害），如嚴濟慈、顧均正、黎錦熙、王了一、舒新城……，以及大學叢書的許多編纂委員。

在今日臺灣，各學科的專書、參考書本來就少得可憐啦，要想自修、投考，就只有借重多年前出版的書籍。而今這些書籍幾乎全查禁了，臺灣各書局又少有新出版的來塡補；卽使新出版一兩本，但在今日個人購買力低落，團體學校辦公費不敷的情形下，怎能購買新書呢？圖書館幾成眞空狀態，直接影響學生課業，軍公敎人員進修；而政府當局又再三高喊提高學生程度，鼓勵軍公敎人員進修，豈非笑話？

所以我認爲在目前臺灣文化學術界未能大量出版供應各學科書籍以前，暫緩查禁這些與反共抗俄大業無礙的書籍，如自然科學類、數學類、中外語文學類、文學名著譯本（赤色作品除外）、辭海之類的辭書。如果認爲這些書籍的編著者、譯者的名字刺眼，因而引起人們的某種觀念，那麼就讓圖書館人員來一次撲滅赤色名字運動，把封面封底重新改裝，不就行了嗎？何必要逼使人無書可看，以致頭腦空虛智識貧乏呢？影響自由中國文化大矣！

以上淺見敬獻給政府當局作個參考吧！

（上接第22頁）

「我們會允許建設一個很好的新村，並且要把帶我們帶到這兒來的船名作爲新村的名字……。」

「告訴他，」神父說，「他需要知道。」

這位老者，說話躊躇，說一句停一句。因此，譯員也就很正確地傳譯出來。「……此次在美艦上的旅程，眞像一場甜蜜的夢……我們過去從來沒有受到這樣親切而高貴的接待……我們覺得這是偉大。我們所承諾的也許不可能保持……但是我們必須面對現實。我們現在仍然貧窮與無家可歸。誰能知道未來的情形將是怎樣？也許我們就要離散，也許我們不能居留得很久。你曾經見到的，我們之中有老的，有弱的。也許共匪還會到南邊來……。

「但是我們在美國海軍 運輸船上曾有過一場甜蜜的夢……而我們新村的夢想也將停留在我們中間，這一夢想將給我們以希望與力量……。」

「縱使我們的一切全歸失敗，而我們也要在我們的心田裏建築起理想的新村，也許會有那末一天，我們和我們的孩子能夠眞正地生活在這樣的地方。這個地方將有清涼而寬濶的街道，靜穆的禮拜堂，每個人都有的學校。當那一天到來的時候，我們要使你知道，這個新城鎭乃是美國人在船上替我們建築起來的……因爲他們曾賜我們以聖靈。而我們的孩子也必對他們的新地點感到驕傲。這個新地點就是「南越美國佩斐爾特城」……。

「再會，先生，願上帝祝福你。」

他們爬進小拖輪，匆匆地離開了。他們所去的乃是印度支那的一塊酷熱、辛酸、塵土滿天的動蕩之區，這個所在應是上帝所知道的。

作者附帶聲明。

請求艾森豪總統原諒我在無線電報上僞造你的名字。眞的，我對這件事應感到汗顏，不過，這與我們對越南人的友誼似乎是重要的。我這樣做，相信你也會認爲需要。總統先生，雖然越南目下的情形，是可怕地悲慘與混亂，但我敢斷言，總有一天，你或者你的子孫一定能證明這個南越美國佩斐爾特的貢獻。你大可驕傲你的人民，不僅建設新村，同時還是你的海洋大使。美國海軍的士兵們，那種悲天憫人的德性，將貢獻靈感以建立全亞洲最美麗的樂園。

第十二卷　第十一期　內政部雜誌登記證內警臺誌字第三八一號　臺灣省雜誌事業協會會員

給讀者的報告

亞盟第二屆會議，在行將召開的前夕，由於作為發起人的韓國，拒派代表出席，致使會議流產。這實是亞洲人民反共事業進展過程中的一大失敗。韓國拒絕出席的理由，是反對日本以觀察員資格與會。此項藉口殊難博人同情；何況韓國對我有諾言在先。在此大敵當前之際，亞洲人民正宜團結合作，和衷共濟。因此我們特在社論裏對韓國政府與人民，貢獻箴言，促其反省。同時我們亦勸告日本改變其媚共騎墻的態度。我們誠望亞洲反共人民，彼此諒解，團結一致，以爭取反共事業的勝利。

福利國家一詞是晚近幾十年來人們愛用的時髦名詞之一。任何思想型模的政治思考中，均多少含有福利國家的意義。然而此一名詞的眞實含義如何，似乎迄今尙無精密確鑿的科學解釋。本期徐道鄰先生以學理的觀點，為我們加以解說，以明「福利國家的科學意義」。徐先生在本文中陳述六種測知政治給予人民福利的不同的觀點，及其相互間的交應的關係。利用此一科學的分析工具，福利國家一詞將有其確定的含義，而不復能為人任意曲解了。

「責任與榮譽」是作者方一咢先生勗勉我們的最高民意機構——立法院的。方先生一面闡明議會在民主政治中的功能與作用，一面評述立法院自卅七年成立以來的七年間，其功過與得失。最後勉勵立法委員發揮議會積極功能、建立民治的模範。方先生的態度是客觀的，心意是誠摯的，其意見當必為立法委員諸先生所慨納。

日本總選之後，鳩山重握政權，迄今才幾個月而已，然僅此幾個月之間，日本政局已時現搖擺不定的景象，「鳩山政權的苦悶」重重。因此，這個內閣的前途與命運如何，不免為吾人所關切，日本問題權威徐逸樵先生根據日本政局的背景，與其黨鬪爭的形勢，預卜鳩山政權的凶吉，我們且拭目以驗證之可也。

「自由的保障」這篇譯文是美國前總統胡佛所作，雖不是嚴格的說理文字，但却能將自由的意義清楚扼要地刻劃出來，使人一目瞭然。

史信先生的通訊介紹「今日印尼」的現況，可以幫助我們了解南洋的局勢，文末對華僑青年思想的報導，亦殊值得我們反省。香港通訊報導這次「中共的新三害與新三反」，作者在結論中的議論則是深有見地的。此外「永誌不忘的佩斐爾特號」描寫美艦協助輸送越北難民的實況，是一篇譯文。從這篇記實的文字裏，我們看到一羣純樸的人民追求自由的熱誠，也看到無分畛域無分膚色黃白的友情之交流。就憑這些人性裏的高貴品質，便够使我們相信人類的前途一定是光明的了。

俄南會議這幾天正在舉行，俄帝的陰謀殊堪注意。因之，蔣勻田先生特為我們寫了一篇「試驗狄托主義的時期到了」。歉以稿擠未能及時登載，容於下期刊出。

自由中國 半月刊 第十二卷第十一期 總第一三三號

中華民國四十四年六月一日出版

發行人兼主編：「自由中國」編輯委員會

出版者：自由中國社

社址：臺北市和平東路二段十八巷一號

電話：二八五七〇

航空版 香港辦事處：友聯書報發行公司 Union Press Circulation Company, No. 26-A, Des Voeux Rd. C., 1st Fl. Hong Kong

菲律賓辦事處：岷市怡干洛街五〇二號三樓 3rd Floor, 502 Elcano St. Manila, Philippines

總經銷：
臺灣　自由中國社發行部
美國　中國書報發行所
　　　國民日報社 Chinese Daily Post 809 Sarcamento St., San Francisco, Calif. U. S. A.
加拿大　醒華日報 Shing Wah Daily News 12 Hageeman St., Toronto, Canada

經售者：
日本　東京僑豐企業公司
韓國　漢城裕昌德號
馬尼剌　大中華日報社
　　　新疆書店
印尼　椰嘉達天聲日報
　　　棉蘭新中華報
越南　西貢中原文化印刷公司
緬甸　仰光振成書報店
印度　加爾各答塔梅學校
澳洲　雪梨瑞田公司
北婆羅洲　西利亞坡青年書店
新加坡　檳榔嶼、吉打邦均有出售

印刷者：精華印書館
廠址：臺北市長沙街二段六〇號
電話：二三四二九號

本刊經中華郵政登記認為第一類新聞紙類　臺灣郵政管理局新聞紙類登記執照第五九七號　臺灣郵政劃撥儲金帳戶第八一三九號　(每份臺幣四元，美金三角)

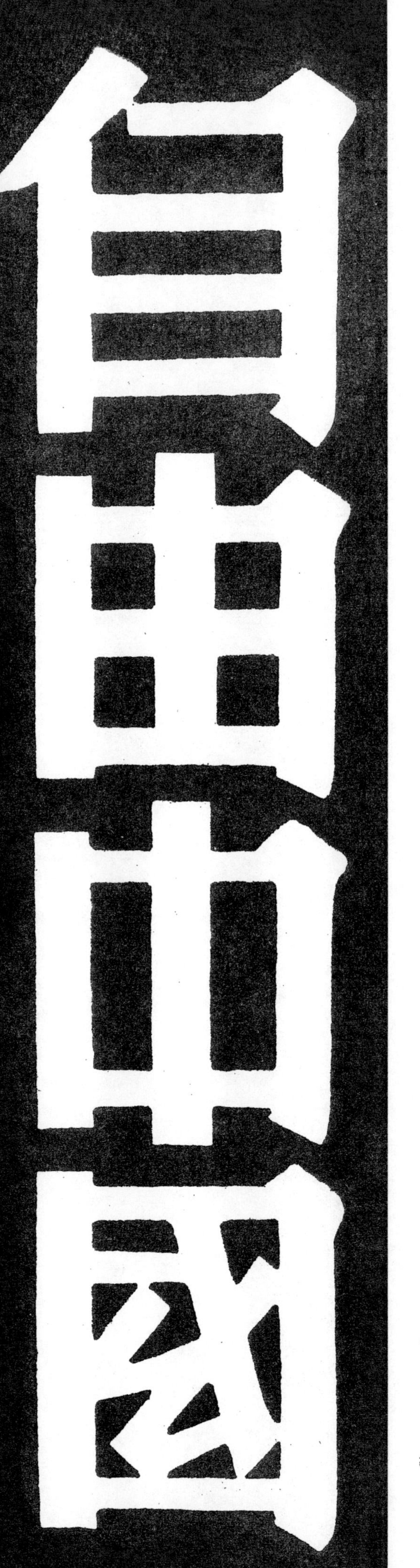

FREE CHINA

第十二卷第十二期

要目

中華民國四十四年六月十六日出版

社址：臺北市和平東路二段十八巷一號

半月大事記

五月廿三日（星期一）

俄帝中立德國的陰謀計劃，西德艾德諾總理及反對黨領袖歐倫豪爾均表堅決反對。

美參謀首長聯席會議考慮於奧國條約批准後，駐軍意大利之措施。

五月廿四日（星期二）

英國四大港口碼頭工人罷工。

五月廿五日（星期三）

英法兩國同意參加吳廷琰所建議在西貢舉行的四國會議。

杜勒斯表示，美已通知西德，不準備接受蘇俄所提中立德國之計劃。

美國防部長威爾森表示，美空軍力量強大，質與量均勝過蘇俄，無慮俄帝空中攻擊。

杜勒斯警告世人，仍須保持强大與堅定，始不致爲目前「和平展望」所惑。

白宮聲明，四國會議之時間地點尚未最後決定，七月十八日僅爲可能日期。

反對德國中立計劃，英法與美立場相同，艾登已向艾德諾保證。

五月廿六日（星期四）

監察院檢討會議結束。

中薩友好條約在薩京換文生效。

俄酋赫魯雪夫與布加寧抵南斯拉夫首都，狄托親至機場迎接。

越南吳廷琰向叛軍提最後通諜，限廿八日前投降。

英國大選投票。

五月廿七日（星期五）

立法院通過戡亂時期肅淸烟毒條例及戰地公務員管理條例。

美國務院發表聲明，美將在四國會議中，決爲和平正義而努力。

美參院外委會通過卅五億元的援外法案。

英國大選結束，保守黨獲壓倒性的勝利。

五月廿八日（星期六）

越南總理吳廷琰下令政府軍向和好教軍隊作總攻擊。

五月廿九日（星期日）

總統對美報記者談話，四國未來會議如討論遠東問題，將損及美在遠東威望與利益。

英鐵路工人罷工，英閣正採迅速措施以謀阻止。

法與突尼西亞簽定協定，給予突國自治權，但外交國防仍由法國處理。

五月三十日（星期一）

共匪電臺宣佈釋放四個美空軍人員。

越南政府軍攻入南圻，對和好教叛軍發動大規模攻勢。

英鐵路工人罷工風潮趨嚴重，罷工領袖宣佈準備罷工三個月。

五月卅一日（星期二）

立法院通過四十四年度中央政府總預算案。

亞盟中國總會邀集各國來臺民間代表舉行非正式的反共會議，交換意見。

英女王簽署敕書，宣佈全國進入緊急狀態，俾英閣得以緊急權力應付罷工風潮。

六月一日（星期三）

董大使在東京演說，指出共匪計劃五年內征服東南亞。

法國已接受越南政府要求，將三萬五千名法軍撤出西貢。

日俄在英倫談判和約。

美駐南大使奉召返美，報告南俄會議情形。

六月二日（星期四）

美空軍實力向西擴展，夏威夷將成美太平洋空軍中心，第十三航空隊將在臺北設前進指揮所。

六月三日（星期五）

總統明令公佈實施戡亂時期肅淸烟毒條例。

新聞局長吳南如聲明否認埃及與共匪所定之所謂文化合作協定爲有效。

美第十三航空隊由戴維斯准將出任副司令，並主持該隊臺北前進指揮所。

美參院通過卅四億美元援外案。

南俄會談結束，發表聯合聲明。

六月四日（星期六）

韓國指控印度虐待戰俘，要求有前往探望之權。

法國調駐越南之軍隊兩萬名前往北非平亂。

諾蘭對俄南公報認係自由國家一大挫折。

六月五日（星期日）

美英法三國同意四國會議於七月十八日在日內瓦舉行。

六月六日（星期一）

泰勒上將來華辭行。

杜勒斯表示，不信未來四國會議可以和緩國際緊張局勢。

六月七日（星期二）

金門馬祖三軍代表廿六人抵臺訪問，答謝各界熱烈支援。

艾森豪提警告，謂四國會議不會產生奇蹟，勉世人繼續爲持久和平而努力。

西方三國向俄提正式照會，建議七月十八日在日內瓦舉行四國會議。

六月八日（星期三）

美衆院外委會主席李查茲主張停止對南援助。

六月九日（星期四）

葉外長接見越南記者團，表示希望中越兩國建立邦交。

行政院通過派代表團參加在舊金山舉行的聯合國十週年紀念大會，由葉外長任首席代表。

艾德諾保證德國將堅定支持西方盟國，如果美英法三國同意，將赴俄京訪問。

美原子能委會要求國會撥欵建造原子飛機。

六月十日（星期五）

陳副總統招待越南記者團時表示，越南如受共黨侵略，我願出兵協助抵抗。

美參議員克里門斯及狄克遜分別抵臺訪問。

杜勒斯促美參院在四國會議前批准對奧和約。

『自由中國的宗旨』

第一、我們要向全國國民宣傳自由與民主的真實價值，並且要督促政府（各級的政府），切實改革政治經濟，努力建立自由民主的社會。

第二、我們要支持並督促政府用種種力量抵抗共產黨鐵幕之下剝奪一切自由的極權政治，不讓他擴張他的勢力範圍。

第三、我們要盡我們的努力，援助淪陷區域的同胞，幫助他們早日恢復自由。

第四、我們的最後目標是要使整個中華民國成爲自由的中國。

社論

(一) 從總預算案的爭執說到公平待遇

四十四年度中央政府總預算案，五月卅一日經立法院完成了立法程序。就在這一天立法院第十五會期也如期休會了。這一會期，本來還可延長幾天，因爲尙有兩件條例草案還要討論，而行政院也因此致函立法院要求延長會期。但是立法院畢竟如期休會了。下一會期依法要到九月開始。

立法院不願延長這一會期，爲甚麼？照慣例，只要有案子尙待討論，立法院多半是延長會期的。這一次却例外地如期休會，也爲的是總預算案。

總預算案通過了。但通過的不是行政院的原案，而是經過局部修正的。修正的內容及其經過是這樣：

總預算中除經常臨時兩費外，行政院部份列有機密費一十八萬元、特別費五十四萬元；立法、監察、司法、考試四院部份，各列機密費三萬六千元、特別費一十二萬元；光復大陸設計委員會部份，列有機密費三十六萬元，特別費一十八萬元。這幾個項目，經立法院預算委員會審查結果，分別作成兩個決議。㊀關於五院者，有甲乙兩個決議案：甲案是照原案所列者全部列支，乙案是將機密費及特別費全部剔除。㊁關於光復大陸設計委員會者，機密費由三十六萬元核減爲三萬六千元，特別費由一十八萬元核增爲二十萬四千元。預算委員會這兩個決議提報院會討論的時候，關於五院者，由青年黨的立委夏濤聲及民社黨的立委金紹賢二人提議接受乙案。附議者一百零九人，當時會場人數二百一十四人，表決結果，贊成者一百二十五人，乙案通過。卽是說，五院的機密費及特別費被立法院全部否決了。關於光復大陸設計委員會者，照預算委員會的決議，機密費核減，特別費核增。但在院會裏，由青年黨的立委李公權提議此兩項全部剔除。附議者四十九人，當時在場人數一百九十四人，表決結果贊成者一百一十一人，李案通過。卽是說，光復大陸設計委員會的機密費及特別費也被立法院全部否決了。這幾項被否決的經費，總計是一百八十八萬四千元。

立法院在秘密院會中修正通過總預算案以後，馬上改開公開院會，馬上決議本會期如期休會，不予延長會期。總預算案也於當天下午咨復行政院。立法院用這一迅雷不及掩耳的手法，據說，是在避免復議；如果行政院認爲窒碍難行，要移請立法院覆議，也得等到三個月以後的下一會期。

立法院這次否決各院會機密費與特別費，其態度如此堅決，我們站在國民的立場，當然是高興的。因爲政府的支出減少了一點，理論上，我們國民的負擔也可減輕一點。可是，就這件事來說，情形相當複雜，立法院與行政院之間，我們無法用一兩句話判定其是非。現在我們把所知道的一切寫在下面，再一述我們的觀感。

總預算中機密費與特別費這兩個項目，都不是四十四年度才開始列入的。前者始於三十九年度，後者始於四十年度。而且四十四年度預算草案中所列的，除光復大陸設計委員會部份以外，都是照以前各年度的數目無增無減。過去幾個年度的，立法院都通過了，爲甚麼四十四年度就不能通過呢？在這一問之下，立法院似乎站不住脚。因爲今是則昨非，昨是則今非。但在立法委員方面，也有話可說。他們講，立法院在以前幾年通過機密費及特別費時，均附有條件，卽不得作人事上的開支，意卽不得用在變相的薪津方面。但是後來在審核決算時，發現特別費(特別費是要檢據報銷的)都分給機關首長及各級主管了，並不是用在甚麼特別的開支上。就是首長們請客、送禮、和捐欵等等開支也放到臨時費中報銷了，並沒有動用特別費。所以特別費實際是一部份人的純收入。至於機密費呢？由於不報銷的關係，決算上看不出用在甚麼地方。但照一般人的說法，這一筆龐大的機密費絕大部份，也進了機關首長的私人腰包，而不是用在甚麼秘密工作方面。大家可憑常識想想，行政院也許有若干費用，爲保密關係，不能列出細目來報銷。至於其他四院以及光復大陸設計委員會有甚麼「不可報銷的」機密費用呢？尤其是光復大陸設計委員會這種機構，竟列機密費三十六萬元，更是立委們認爲不應當的。(請讀者注意「不可報銷的機密費用」這句話中「不可報銷的」五字。我們並不是說其他四院及光復大陸設計委員會完全沒有一點秘密性的公事，只是說他們不應當有甚麼「不可報銷的」機密費用。舉例來說，考試院舉行高考普考或其他考試時，試題的擬定、審核、繕寫、印刷、保管等，都是極秘密的工作。但用在這種秘密工作的經費，並不是不可列舉細目來報銷的，列舉這種費用的細目，並不洩露秘密。)

特別費既完全用在少數人的變相加薪，而機密費的絕大部份也是莫明其妙地分掉了。那末，立法院以前通過此兩項經費時所附的條件——不得用於人事上的開支，行政院等是沒有遵守的。因此，立法院每年審議總預算時，都要爲這個問題鬧一陣。寫到這裏，又涉及兩個問題：第一、行政院等爲甚麼要這樣作？第二、立法院過去幾年鬧一陣就算了，爲甚麼今年居然決議剔除這兩項預算，而其態度又表示得這麼堅決呢？這又說來話長了。

在戰前以及戰後金圓劵初期，各機關的首長除俸給外是有法定公費的。但公費與俸給的數額大都是一與一之比。例如部長月俸是八百元，公費也是八百元。立監委員與特任官的部長待遇相等，也卽是每月俸給(歲費)八百元，公費八百元。那時所適用的法規有三件：①「總統副總統及特任人員月俸公費支給條例」，②「立監委員歲費公費支給條例」，③「公務員俸給法」。政府遷臺以後，這三個法規雖未廢止，但現已不適用。現行的是「臺灣統一發俸辦法」，照這一辦法的規定，機關首長也是有公費的。特任官部長俸給五百元，公費五百元。立監委也是如此。卽合計新臺幣一千元。院長階級也不過多支公費五百元而已。但是，這一千元或一千五百元的收入，作爲一個部長或院長的每月用度，自然是不夠的。增加公費嗎？又要牽涉到很多方面，尤其是牽涉到人數衆多的立監委員，在這種情形下，於是機密費和特別費就先後出現了。此兩費實際上就是機關首長和各級主管們的變相加薪，但立監委們是沒有份的。照目前的情形講，一個機關首長，例如一個院長或部長，每月的實際收入有多少，是很難確說的。因爲有不報銷的機密費在內，無法稽考。這一院和那一院的院長，這一部和那一部的部長，其實際收入，也不相等。但照一般估計，他們的實際收入，最少的在法定月俸五百元的七八倍左右；最多的可能在二十倍以上。這是我們對於第一個問題的交代。

關於第二個問題，我們要從立委們目前的實際收入說起。

立委法定的俸給(歲費)及公費等於特任長的法定俸給及公費，前面已經說過。但其實際的收入，則另有名目：①出席費、②交通費、③考察費、④研究費。但這些名目的收入，不是同時都有的。開會時只拿出席費七百二十元，交通費四百二十元，共計一千一百四十元。休會時只拿考察費五百元、研究費一百元、共計六百元，立委們的實際收入，與機關首長的實際收入相比較，差得太多。於是立委們在這一會期中向行政院提出要求兩點：①開會期間，把原支的出席費與交通費合計一千一百四十元者，增至一千六百八十元。較以前增加五百四十元。②休會時期，把考察費由五百元增至一千二百元，研究費一百元仍舊，共支一千三百元。較以前增加七百元。至於開會時增加五百四十元，休會時增加七百元，這兩個數字怎樣來的呢？據立委們說，都是依照特任官現行出差費(每日八十元)的標準合情合理地算出來的。他們那個的算式，這裏不必詳述，讀者只要知道這次立委們所要求增加的數目(開會時五百四十元，休會時七百元)，也就夠了。

立委們提出這兩點要求的時候，行政院方面起初答應考慮。據說，財政部也覺得可以同意。後來不知何故，行政院終於拒絕了。這一來，立委們光火了。於是在五月三十日下半預算委員會會議中作成了上述的決議，以對抗行政院。中國國民黨中央黨部聞訊後，卽於當天深夜通知該黨立委，要他們在院會中維持原案。但到第二天(五月卅一日)中午立法院開院會時，竟決議把五院及光復大陸設計委員會的機密費和特別費全部剔除了。而且爲表示不容復議，馬上又決議如期休會了。這是我們對於上述第二個問題的交代。

這次總預算案的爭執，內情是如此。現在再說我們所要講的話：

一、機關首長僅照「臺灣統一發俸辦法」所規定的標準來支俸給與公費，當然太少。我們主張有所增加。但增加、要加得光明正大，不應巧立名目以掩飾；要加得公平而確定，不應厚薄不均而數額又不可稽考。所謂特別費、機密費，過去就應該遵守立法院所限的條件，不用之於人事上的開支。照現在的實際情形看，確可一律取消，至多在行政院方面保留若干機密費。

二、如何光明正大而又公平確定地於法定的俸給公費以外增加機關首長們的實際收入呢？我們主張公費（這裏及以下所謂的公費，是指俸給以外的一切名目的實際收入）與俸給定於一與一至多二與一之比。公費與俸給維持一定的比例，有一大好處。卽物價波動時，只靠俸給而無公費的中下級軍公敎人員感到收入不夠，機關首長之領有公費者，也相對地感到收入不夠。不致像現在一樣，機關首長的實際收入，與俸給無大關係。因而他們不能與那些僅靠俸給的中下級人員同甘共苦。

三、現在，立法院既把總預算中特別費及機密費剔除，且已完成了立法程序咨復行政院。行政院在移請立法院覆議有所變更以前，應勉力執行預算，決不能有同一性質的變相開支或事後追加。這正是憲法第五十七條所規定行政院對立法院負責的事項。號稱「崇法務實」的現內閣，不待言，應有守法的精神。

四、立法院這次否決總預算中的特別費與機密費，就此兩費的實際用途看，這一否決是有理由的。但其否決的動機，是由於不平之感。不平之感，我們也可同情；但可惜者，立委們在這待遇問題上所感的不平，只是着眼於機關首長與立委們自己的比較上，而沒有想到機關首長與中下級的軍公敎人員的比較。立委們有理由可以要求像戰前一樣與特任官同等待遇，但立委們可曾注意到，今天各機關中下級人員與中小學敎職員的待遇與機關首長的待遇之比例，較之戰前的比例相去多遠？我們希望立委們放大眼界將這次求「平」的精神擴大而求「公」平。

五、由於這次總預算的爭執，使我們聽到了這麼多的內情。這些內情，引起我們一個很不愉快的感想：政府常常叫民間節約，節約在此時此地確是一個美德。但叫他人節約者，自己也得節約，至少不要浪費。現在，由於預算中機密費和特別費的實際用途之暴露，暴露了政府之浪費國帑，同時也暴露了機關首長們在其生活方面之不能節約。因此，我們認爲今後不再提節約則已，如要節約請從政府做起，請從機關首長的家庭中做起。這才是「政者、正也。」帥以正，孰不正？

目前，由於立法院的休會，總預算案的爭執，暫可告一段落。三個月後立法院開會時，這一案件大半又會提出，我們再看它如何發展。

社論

(二)

從星加坡的學潮看東南亞的安危

最近星加坡的工潮學潮演成暴動，美國合衆社經理席孟茲且因此斃命，使全世界爲之震驚。據各方報導及星島政府的公報，其爲共黨的主使已無疑義（請參看本期的星加坡通訊）。其結果則星島政府不論對工潮學潮均表示完全屈服，使共黨的氣燄更爲高張，今後星島以及馬來的安危很使識者憂慮。但是共黨何以能操縱工人學生，指揮如意？他方星島當局則已不能防患於未然，又不能在現場鎭壓住，更沒有辦法以善其後，這是甚麼緣故呢？我們現在撇開工人不談，專就學潮方面來看星島當局措施之不當吧。

查星島教育當局對於華人所辦的學校加以種種不合理的限制，且看泛亞社本月七日星島電訊，便可知其要略。據稱：星島華僑五〇三單位僑團代表，在中華總商會正副會長主持下，會於本月六日召開「星加坡華人社團研討華文教育問題代表大會」，共議決五項：㈠請政府根據各民族學校地位平等之諾言，廢除殖民地教育政策及不合理之教育法令，迅速釐訂配合民主政治精神之新教育政策。㈡保存華文教育之優良傳統制度並注重其母語教育。㈢政府應資助華校。㈣華校教師待遇應與英校教師待遇平等。㈤華校學生應享有六年免費教育。由此可見華校與英校差別之大，其所謂不合理的教育法令中，尤以中文課程每週只以四小時爲限，最爲全體華僑所不滿，迭經請求撤銷限制或增加時數，均遭當局拒絕。共黨乘機施行挑撥離間的技倆，煽動其不滿的情緒，故能驅使學生與當局對抗。這不是人謀不臧，自貽伊戚嗎？

從實際上着眼，限制中文課程實屬無理取鬧。今日國際交通頻繁，一人多學幾國語文亦無不可，而況華僑學生要學中國語文，乃是他們應有的權利，何以竟要加以限制？且受教育的目的在獲得知識與準備生活。華僑學生的父兄，其絕大多數都是講中國話，寫中國字的，他們從小就聽慣了，看慣了，要獲得知識自然以中文爲快捷。若讀英文課本，則文字困難乃爲求知的障碍，只能在短期間受教育的人實屬不利。星島居民大部是華人，日常生活上都用中國語文爲交際，至於英語與馬來語只要約略懂得一些，可作普通應酬與商場買賣，也就儘可應付了。故除了能够長期就學以求高深知識的以外，中小學生自以中國語文爲適用。這麼說來，增加中文課程實爲全體華僑共同的利益，一致的要求，英國的殖民政府爲甚麼要嚴加限制呢？

你以爲減少中文課程，則華僑學生因爲中文程度低落，便不能與祖國人們聯絡嗎？這實在未免愚蠢。不但今日交通發達，幾小時的飛機便可到達，其往來的頻繁自可增加聯絡的密切；而且卽在星島市面，中文報紙天天發行，書籍雜誌也隨處可以買得，怎能夠阻止他們去學習中文呢？故如此的限制令，確實是增加學生的不便，阻碍其學業，而引起全體華僑的反感的，但是星島當局至今堅持不變，有甚麼充分的理由呢？

其實星島當局之壓迫華僑，名目繁多，教育不過其一端而已。大家知道：香港政府對華僑的政策與星島迥不相同。以香港之密邇中國大陸，中共之滲透自屬易易，其顚覆殖民政府的手法也毒辣無比，但五、六年來中共的力量只有日趨微弱，不能乘風作浪了。星島近在咫尺，又同屬英國的殖民地，何以不向香港學習呢？蓋兩方之不同並非殖民當局各自爲謀，乃由於倫敦政府的決策吧。他們以爲香港只有華人，而且與中共壤地相接，故用開明政策，扶助反共人士以與共黨對抗。星島雖多爲華人，而對岸的馬來則土著實居多數。這幾年來他們都是扶助馬來人而壓迫華人，使兩方居於敵對的地位？他們便可從中操縱，以鞏固其政權。這便是星島當局的統治術，限制中文課程以及其他不合理的法令都是由此而出的。

我們正告英國當局：這種十九世紀的統治術業經失了時效，只能產生惡果而已。現在兩個陣營明顯對立，你們想玩弄一些權謀術數，共黨自有最厲害的手法，使你們窮於應付。如果這種壓迫華僑的辦法繼續施行，其結果只見星島政府與華僑兩敗俱傷，而使共黨坐收漁人之利罷了。你們願將星島馬來陷於共黨手中則已，苟尙有對抗共黨的企圖，則必須採用各民族平等的政策，與華僑精神合作，應允其全體一致的要求，扶助其中的反共人士，然後能逐漸削弱共黨的勢力。否則星島的赤燄高張，必然幫助馬來共黨以挽回其頹勢，則星馬的前途豈不岌岌可危嗎？

進一步講，不但星島如此，東南亞各國之對華僑均同犯此錯誤。遠在二次大戰前，泰國以其狹隘的民族主義，對華僑所辦的學校已限制中文課程，我政府幾經交涉而終於無效。戰後他們更變本加厲，實行封閉僑校。最近因共黨威脅，聽說泰國當局已覺悟前非，又准僑校復開了。其他戰後的新興國家如印尼、緬甸、菲律賓等，也往往抱着狹隘的民族主義來排斥華僑。其實我國的僑民過去對當地的開發會經付出極大的努力，即在今天當地社會的繁榮仍非有華僑的合作不爲功。這些華僑都是你們國內安分守法的良民，爲甚麼要逼他們作敵人，使內部發生分裂呢？今泰國既已翻然改圖，其他國家何不借鑑於泰國而改弦更張呢？

社論

（三）抗議與申訴

前幾天我們接到臺灣省立臺南農業職業學校一位匿名的教師來信，信中告訴我們：該校校長滕詠延最近「指定了三數人開了一次所謂『圖書審查委員會』，竟將貴刊列入言論不正確之雜誌類，並將所訂貴刊交由教務處保管，而不再陳列於閱覽室。……茲檢奉原始會議紀錄通報一件，卽請督收爲荷。」原函全文及附件，登在「讀者投書」欄。

本刊上一期曾登載一位讀者王少南先生的投書。那篇投書正是告訴大家，政府最近查禁書籍，查禁得如何地不合理。想不到本刊登出那篇投書的時候，而本刊本身與「自由人」半週刊在一個月以前已被臺南農校的校長滕詠延查禁「保管」了！該校長查禁本刊的理由，據所謂「會議紀錄」上所寫的判詞，是「言論不正確」。

這份「會議紀錄」，是打字油印，作爲「通報」分發全校教職員的。這顯然是公開毀損本刊的名譽。我們或將考慮再採其他的措施以維護權益，這裏先向滕校長提出一個嚴重的抗議：

一、所謂「言論不正確」，應該衡之於一個正確的標準。滕校長所依據的言論標準是甚麼？這個標準——如果有的話，是誰製定的？如何取得「標準」的地位？

二、本刊「言論不正確」之處在那裏？

三、本刊的發行，是依法取得政府核准的；每期出刊後；也依法檢送有關主管機關備查。如果本刊有甚麼言論不正確之處，主管機關自可依法處理。公立學校的校長是政府任命的，於法爲公務人員。公務人員對於政府所核准發行的刊物，逕予查禁，並以書面宣告其「言論不正確」。這顯然是對政府之審查書刊表示不信任。公務人員公開表示對於政府不信任，這是毀法亂紀。

四、本刊自發行以來，對於時政常有不客氣的批評，引起少數官吏的不快，以致在銷售方面，有時遇到事實上的阻礙。但我們政府究能顧及輿情，從來沒有作過像滕校長這次所作的以公文書公開地對本刊作不利的宣告，以冒侵犯言論自由的大不韙。政府所不能作者，滕校長憑甚麼權力來作？憑甚麼權力以書面公開宣告本刊「言論不正確」？

滕校長這種作法，對於本刊的實際影響，老實說，不會太大。本刊是以言論的立場，獲得廣大讀者的愛護與支持。這種心聲相應關係，不是某一個人一手所可隔絕的。但是，我們從另一角度來看，從我國教育前途來看，這件事所象徵的情境，太危險！太悲慘！太可惡！太可怕！

象徵甚麼呢？

美國有一位蘇俄問題專家，易士第曼（Max Eastman——原爲社會主義者，對於布爾雪維克及列寧曾予以熱烈的支持，代爲宣傳鼓吹。後來在俄國親身看到一切實際情形，並研究馬克斯思想的來龍去脈，他乃大澈大悟，成爲一位國際聞名的民主自由的鬪士。現在、他不僅强烈地反對共產主義，而且也反對各色各樣的社會主義。）最近寫了一本書，叫做「社會主義的失敗」。其中有這樣一段：

「蘇俄統制思想的嚴酷程度，不是西方人所可想像的。俄國人的心靈，全被嚴嚴地關閉、緊緊地封鎖了。因此，他們在思想上除掉盲目接受一些『一相情願』的前提和結論以外，不許與任何其他的理念接觸。就人類智力的發展來看，蘇俄是在這個發展進程中的龐大障碍物。同時，這一障碍物則由一些可以動作的機械在那裏保衞、設防、武裝，使牠更加强化。」

這種可以動作的機械是甚麼呢？易士第曼接着說：

「這種可以動作的機械，是由血液、肌肉、腦漿製成的。製成這種機械的工廠，俄國人叫做學校！」

讀到這段深刻的描寫，凡有人性自覺的男女老少，能不心驚膽跳，進而髮豎背裂嗎？我們爲甚麼要拼命地反共倒蘇？爲的就是「這」！

現在、滕校長除遵命在圖書室中查禁多種多類的書刊以外，更進一步把政府核准發行的本刊，也一古腦兒查禁保管，不讓教職員自由閱讀。學生方面，當然更不待言。這種在統制思想、封鎖心靈方面進一步的作法，將「進步」到如何地步呢？這是我們不得不特別關切的。

發行到了一百三十五期的本刊，對於我們國家社會有多大的貢獻，大家自有公評，我們不應自誇。但有一點，可以向讀者保證的：我們決不說一句我們自己所不深信的話；決不說一句違心而騙人的話。過去如此、今天如此、將來永遠如此。我們認爲：曲學阿世，是知識份子的無恥！獻媚取容，是脊椎動物的敗類！我們的態度如此，所以在言論方面不免要與若干「一相情願的前提和結論」抵觸。現在滕校長查禁本刊，不讓學校員生自由閱讀，這象徵甚麼？這不是象徵臺南農校將要變成機械人製造廠嗎？

爲着啓發人類智慧的教育及其前途，我們要鄭重地公開地爲這件事向教育當局申訴。如果教育當局不想把教育當作製造機械人的手段，不想把學校都變成機械人製造廠，那末，滕校長這種作法，應該受到相當的懲處。還有毀法亂紀那一節，應該也是政府所不能輕恕的。

一葉知秋。只要看教育當局對我們這個申訴的反應怎樣，卽可認定我國教育是怎樣的教育，而其前途是走向那個方向。

論宣傳

羅鴻詔

宣傳 (Propaganda) 的起原聽說是創自羅馬天主教，旋被各國政府採用，卽是將宗教的或政治的信念灌輸於民衆。這或許可以說是「狹義的」宣傳。但後來的發展則個人或團體也可以作「自我宣傳」，其涵義已經擴大了。在我們中國，個人的「自我宣傳」也常常被人談及。這裏所論的範圍只限於個人的自我宣傳以及政府的對內宣傳，其實仍以後者爲主，前者只可作爲前奏曲吧。

一

中國的專制皇帝，理論上總是需要「極言敢諫之士」以「繩愆糾繆」，雖則事實上「從諫如流」者畢竟是少數。就個人而論，「士有諍友，則身不離於令名」——這句話理論上從來沒有人敢去駁斥他，而實際上則「能受盡言」的也到底無多。至若受人公開斥責(如今天在新聞雜誌上的斥責)而能聞過必改的，恐怕是少之又少了。但從反面看，從前的中國人自矜、自誇的確實很少；如其有之，也得不到他人的同情，其結果往往求益而反損。他們的理想是「實至名歸」，各人要以行動博得「宗族稱孝，鄉黨稱弟」，要憑道德學問文章來使「令聞廣譽施於身」。倘若急急於「自求表現」，必然要得到「憒憒」之毀的。總括一句話說，個人的「自我宣傳」是中國人所鄙視的。這一點在今天的一般人心中還是牢不可破，其植根之深概可想見。

這幾年臺灣的選擧，如省議會、縣議會的議長競選，自己投自己的票已經視爲當然了；二、三十年前大多數的中國人都覺得十分奇怪哩。至於縣市長候選人或省縣市議員候選人在競選演說時，要誇稱自己如何有才能，比任何人更爲適任，也往往訥訥不能出口。其由黨提名者，還要說：我本來無意競選，不過黨要我出來，也不得不嘗試一下。這些現象，都是受了傳統的影響的。外國的候選人則大不相同，他們說話都要充滿「自信」的。比方做縣長候選人來作競選演說，雖則宣傳的技巧各有不同，而究其內容都不外是：我是比任何人都更爲適任縣長的，如果你們選擧我，我可以保證做出極好的成績來。他們的理由是：必先有自信而後能博得他人的相信，倘若你自己都說不能勝任，則大家選擧你去做，豈不糟糕？中國與西方社會之不同，這裏也可以窺見其一端吧。

其次看看在職的官吏，再將兩方比較一下。中國從前的官吏，要有「謙謙君子」的風度，要自稱「德薄能鮮」、「隕越時虞」，才合乎聽者的脾胃；而同時又要能受盡言，聞過必改，俗語說，「宰相肚裏好撑船」，就是說他要有寬宏大量罷了。理論上雖然如此，事實上則寬宏大量的也只是少數。大概說來，既不願受人斥責，也不作自我宣傳，便是他們一般的態度。西方民主國家的官吏，則因言論自由得到法律的保障，除構成誹謗罪外不能禁止他人的斥責，故非能受盡言不可。他方則誇稱自己的成績，辯護自己的行爲，其自我宣傳的花樣刻刻翻新，角度也多方推展。民國以後的中國官吏則和上二者均有所不同。如果權力在握者竟有人去加以斥責，則他往往運用權力以爲對付，輕則削職或驅逐，使之不能立足，重則性命不保。反之，自我宣傳却不遺餘力，所有機會無不盡量利用，他人固多歌功頌德的文章，自己也極口誇稱其「德政」。綜而觀之，中國古人的理想則應容人斥責而不自誇；從前中國的官吏則不自誇而亦不受斥責；西方民主國家的官吏則受斥責而極力自誇；輓近有些中國的官吏則盡量自誇而又嚴禁他人斥責，完全與中國理想背道而馳。世風之變一至於此！

說者或謂，你以爲自我宣傳不好嗎？嚴格而論，著書立說的無一不是自我宣傳。這卽是說，自我宣傳的目的在揚名聲，而著書立說儘可達此目的，所以也是自我宣傳。但是著書立說之能否達此目的在乎其書、其說的內容是否有價值，與平常所謂自我宣傳截然兩樣。如果其書、其說的內容眞正有價值，則正是「立言」，正是「實至名歸」了。如果仍可說它是自我宣傳，則如此的自我宣傳乃是最高明的。

我們以爲官吏也是一樣。官吏的好壞在其爲政的成績。大之如堯舜周召，身爲君相，名播千秋；小之則一郡一邑的地方官，也可以樹立政績，使該地方的人們歷久而弗忘。卽不爲官吏的聖賢，亦能以其德行作或大或小的教化，而青史留名。左傳以立德、立言、立功爲三不朽，如果這些都可說是自我宣傳的話，則確實是中國古人所嚮往的理想了。

二

現在進而論政府的對內宣傳。

照字面說，中文的宣傳是宣佈和傳達，卽是使衆人都知道的意思，這似乎只是 information (報導)而不是 propaganda (宣傳)。西方的 propaganda 來自天主教教會，故其涵義不但是使人「知」，而且要使人「信」，我們今日所謂宣傳亦復如是。二次大戰期間，英國宣傳的宗旨是：純粹(不夾雜)的事實，率直的表現，對於聽衆必能產生最持久的效果。這麼說來，似乎只是報導，故其名義也叫做新聞處 (ministry of information)。其實任何團體或政府的宣傳都不止於報導而已，對其所要傳達的觀念必然高標其價值，卽使表面上不說出來，仍須在字裏行間加以渲染。故宣傳畢竟是宣傳。

「為政不在多言，但力行如何耳」——這一句格言，中國人向來奉之為眞理，直到今天都還有人引用。信如所言，則政府當局的對內宣傳都是多餘的了。可是今天不論那一國的政府都要做宣傳的工作，那麼宣傳為甚麼有其必要呢？尋其理由約有數端。

第一、宣傳是要形成「公意」，領導輿論。堅持人類普遍應守的道理，認清世界潮流的趨向，以及國家社會當前的需要，將多數人心中朦朧的要求清清楚楚地列出來，然後公意得以形成。希臘的城邦，春秋以前的列國，地小而人亦不多，或許沒有宣傳必要。像今天廣土衆民的大國，若非運用各種工具以作宣傳，則雖有公意亦不易形成。公意一經成立，則輿論得有所據，也就容易一致了。

第二、如果幾種思想或主義互相爭奪輿論之領導，則宣傳尤為必要。政府當局若為改革的政黨，則其思想已與傳統不符，其政綱政策恐怕多數民衆覺得陌生，甚或茫然不解，故必須多方宣傳然後可以減少反對者而增加信徒。如果當局是保守的政黨，其思想在維持傳統，其政策也較易為民衆所了解，或許無須作特別的宣傳。但是居今日改造社會的思想五花八門，紛然雜陳的時候，要維持傳統也必須和各種改革的思想對抗，也就要做宣傳工作了。在民主國家，則思想已不統一，政策更多爭論，不論誰為當局均非有宣傳不可。極權國家則因志在改造社會，其思想雖不許有爭論，其政策却更改頻繁，多為民衆所不解，故其宣傳工作也格外做得起勁。

第三、為過去施政辯護，也需要宣傳。一切施政均不免有人批評攻擊，但在極權政治下，對此均以高壓手段鎮懾之，故幾於絕迹。若由政府當局或其言論機關誇稱政績，則應歸之於歌功頌德一類，實不成其為宣傳。如果極權國家還有此種宣傳的話，只是掩飾其失敗，緩和人民的反對罷了。民主國家則以言論自由之故，譏彈時政視為當然，政府為對抗起見，亦必提出種種理由以為辯解，舉出實際的成績以博得人民的擁護，故此種宣傳也佔着很大的分量。這種宣傳，就個人或政黨而論，則在下屆選舉時政權之得失所關，自有其必要。但就國家社會而論，則施政已成過去，其實際的效果業經發生，不論其是非得失如何，都不是宣傳所能改變。然而他方，判定某一施政之是非，乃是指定未來行動的方向，是的應該因仍舊貫，非的則應改弦易轍。故應平心檢討，不可專為辯解而辯解，或竟至於盲目的自是。倘若對於錯誤的施政，而抵死不肯認錯，想出種種理由來強辯，其結果只有引起人們的反感罷了。

第四、為今後施政作準備，必需宣傳。過去的施政非宣傳所能改變，故宣傳有效與否所關較小。今後的施政則不然，宣傳若能收到預期的效果，博得民衆的熱烈協助，則適宜的政策愈能發揮其效能，其造福於國家社會必更加巨大。像從前的中國一樣，社會沒有多大變化，政治又尚無為，一切都是蹈常習故，民衆都已知道了，自無須乎宣傳。近代的社會則變動很大，政府必須更改舊例常規而另建新猷，而這些新猷並非多數民衆所能了解。故本來是好的政策，往往因為得不到民衆的合作，實行起來乃招致失敗的結果。如果在施政之先作了充分的宣傳，能獲得多數民衆的同意，則積極方面他們會協助政府，消極方面也不會阻碍橫生了。如果反對者多，則必須反覆辯明，以期漸漸減少，然後實行起來可以事半而功倍。除非事關緊急，迫不及待，如此的宣傳是不厭其詳的。

三

宣傳之必要既已認清，它所要達到的目標不外是：形成公意以領導輿論，博得民衆協助以推行政策而已。上面說過，宣傳的觀念要使人「知」，要使人「信」，現在我們可再加上一句，還要使人「行」，卽是要人們照着宣傳的觀念而行動。可是宣傳與命令不同，政府當局是習慣於發號施令的，故往往將宣傳與命令混而同之。其實命令是強制執行的，不論人們贊同與否，均可用強力以促其貫澈。宣傳則在說服，必須使人們心悅誠服而自動奉行，然後可說收到宣傳之效，在這裏沒有使用強力的餘地。就施政而論，正因只憑命令恐怕不能貫澈政策之推行，才要宣傳來作輔助，如果要憑強力，還做甚麼宣傳的工夫？就公意而論，在其未形成時，以政府的地位儘可施展其宣傳的大力，將其所信灌輸於民衆，以博得民衆的贊同而促公意之形成。然若公意業經成立，而竟欲拂逆公意，一意孤行，如所謂「外論所是，內閣必以為非，外論所非，內閣必以為是」（顧涇陽先生語）者，則其宣傳必然歸於失敗，其施政的結果也就不問可知了。故政府的施政，如只要使人知，則一紙命令而已足；若要使人信，則必說明其充分的理由，以打消其疑慮而使之認為正確；再進一步，如果要使人出於協助的行動，則除了認為正確外，更須有躍然興起的情調而後可。

這裏碰到一個難題，卽是宣傳應否以欺矇為手段。「欺」是欺騙，將假的說成眞的。比方共黨天天說，「一切為人民」，其實他們只謀其一黨的利益，而置人民的死活於不顧。「矇」是矇蔽，將事實的眞相隱而不宣，作歪曲的報導而引人入於其預定的圈套。事實上搞政治的人在做宣傳工作時，要他將事實的眞相和盤托出，俾衆周知，幾乎是不可能的事。最平常的也是將自己的弱點盡量避開不談，抑或將大說成小，小說成無，而自己的優點則極力誇張，擴大。這不是欺矇嗎？說者謂自宣傳政策普遍採用以後，政治上的自由主義已失去其一部份的優點，不復能充分發揮其效用了。這便是說，宣傳必然含有欺矇的成分。蓋一人一票而以多數取決的制度，乃假定各人有相等的能力以判定是非，現在多數受了欺矇，既不明事實的眞相，則據此而判定的是非怎能是眞是眞非呢？而且所謂輿論都是有力者憑欺矇而製造出來的，則所謂公意不是揑造的嗎？

近來時常聽到「政府威信」的問題，好多人都認爲這是極其重要的，使政府失威信，其後果是很嚴重的。其實政府之「威」，以其有强制執行的權力，是沒有問題，不必討論的。若論政府的「信」，則中國歷來都認爲很重要。論語有一段記錄說：「子貢問政。子曰：足食，足兵，民信之矣。子貢曰：必不得已而去，於斯三者何先？曰：去兵。子貢曰：必不得已而去，於斯二者何先？曰：去食。自古皆有死，民無信不立。」（按「民信之矣」一句，朱子解作「敎化行而民信於我」，照我們的解釋，則「民」是主詞，而「之」字乃指爲政者而言。「民無信」卽是「民信之」的反面。）照孔子的說法，政府要使人民相信自己，比足食、足兵都更重要。講道德、說仁義的儒家固然如此，卽玩弄權謀術數的法家也還是一樣，商鞅立木示信的故事，已經十足表明了。

博得人民信任既已有如此的重要，宣傳不是正要達此目的嗎？如果在平日人民對政府已是深深信任，則宣傳的收效自然是事半而功倍。可是宣傳乃含有欺矇的成分，欺矇不是不信嗎？那麼，政府當局何以採用不信的手段，以達求民相信的目的呢？如此的矛盾如何解決？論者或謂：政治家重視現實，在野的只求能够上臺，凡能討好人民的支票都可盡量開出，不顧其能否兌現；在朝的只要能够固位，暫時能得人民的信賴便已達到目的，不必顧及誠信的問題。這種說法合不合事實的眞相，是不是理論所應爲，我們還有再加檢討之必要。

極權國家有鐵幕以隔絕內外，壟斷了宣傳工具，禁止了各種自由，故當局可以盡量使用欺矇的手段以作宣傳。欺矇者要達到他的目的，第一要使到無人知道他是欺矇。有鐵幕以隔絕內外，則外國事情可由他們信口胡謅；剝奪了人民在國內的旅行自由，則本國的事情也只在最狹小的範圍內始能知道，故不妨揑造。第二則雖有極少數人知道它是欺矇，依然無法揭發它，以使多數人都知道。宣傳工具概歸國有，言論、出版的自由全行剝奪，便是阻止傳播的方法。甚至各人互相監視，不敢向旁人吐露眞情，則口頭的傳播都不可能。這兩點已經做到，則雖有欺矇也很少人知道，消極的工夫已經做得到家了。極權國家講究控制，其收效僅能在消極方面，至於使人心悅誠服，積極地協助政府，是很難成功的。可是人民雖不相信，也沒法反抗，只好揣摩當局的意旨，以自己爲中心而從事趨利避害。總括一句話說，極權國家的宣傳只是變相的命令而已。

民主國家則以各種自由有保障，當局的宣傳若有欺矇，人們可以盡量揭發。如果在重大事件上被判定是欺矇，則在下一屆選擧中要發生重大的影響，甚至可因此而失敗，而下臺。如果經過盡量揭發都還是站得住的，則其宣傳雖有欺矇的成分，也怕只是極少量，而且是無足輕重的了吧。於是，人民所以要爭取自由，當局所以要剝奪人民的自由，其故可知矣。

如果站在道德的立場，則欺矇畢竟是惡，縱使因此而成功，其行爲到底是沒有價值的。而且政府失信於民的原因往往在此，不能立信的後果必然是不好的。所以宣傳不應以欺矇爲手段。

四

最後要問，宣傳要如何始能收效呢？

第一、經試驗而證明無效的宣傳，應須停止，不要重演。如臺灣幾年來的節約宣傳，當局明知其無效而仍繼續不已，實不解其何故。在今日的經濟狀況下，大多數人都貧窮，其生活水準之低下已到無可節約的地步，故不是宣傳的對象。應該節約的只有少數富有者。觀念上謂這些少數人在今天的環境下，不應奢侈浪費，確能獲得多數人的同意。但是如此的公意早已形成，要不到當局來作大力的宣傳了。至於事實上要有實效，要他們實行節約，乃是很困難的。我們的經濟還是私有財產制，節約與否本在個人自由的範圍內，法律上是不能干涉的。有錢在手的人們如果要任意揮霍，雖有嚴厲的父兄往往不能制止其子弟。你以爲這些宣傳能使他們心悅誠服而自動奉行嗎？一紙宣傳的效力怎能够勝過父兄的命令？你以爲可用輿論的制裁使他們有所忌憚嗎？在今日的都市內，一般的道德制裁都表現軟弱無力，何況都市生活向來都是奢侈的，怎能作有效的制裁？法律已不能處罰，道德又無法制裁，而欲使宣傳收效，豈不是緣木求魚？如此無效的宣傳再三反覆而不已，則用於宣傳的人力物力豈不是浪費？說者謂，日常生活的宣傳，必須以身作則才能收效，故當局諸公應從自己節約始。但是依據歷史的記載，明思宗（崇禎帝）以皇帝之尊，躬行節約爲天下倡，而究不能轉移當日社會的風氣。故縱使當局諸公眞眞力行節約，也未必能使少數富翁做效吧。今後如仍要宣傳節約，必須想出有效的辦法配合起來。否則唯表示政府之無能，而使多數民衆覺得厭膩罷了。

第二、自相矛盾，衝突的宣傳須絕對避免。曾在碧潭新店警察所門前看見標語：作之君，作之親，作之師。在民主國家內人民是主人，所有公務員都是僕人，而警察更是直接的僕人。由中國的舊禮敎言之，君親師實與天地同列，是至尊的地位。爲甚麼僕人可以「作」主人的君親師呢？如此明顯的觀念衝突尙存於今日的宣傳，其故何在？我想，全國朝野上下的內心深處，都存有類似的衝突吧。至於宣傳與事實相衝突，更使人墜入五里霧中，如幾月前南麂島事件便是。如此的蕞爾小島，爲守爲撤都沒有重大的關係，如果政府一聲不響，只管行動，當作沒有這回事一樣，也是沒有人見怪的。爲甚麼要大吹大擂宣傳固守，而忽然又說全部撤退了呢？

第三、故宣傳須與事實相符合，與行動相配合，才可收到預期的效果。應先有好好的準備，然後將口號提出，而雷厲風行。如三七五減租，政令一出，徹底推行，不但此一政策確合社會需要，而且宣傳與行動相配合，乃相得而益彰（在此一點，共黨往往做得很澈底，故其「三反」，「五反」及其他運動，人民雖恨之切骨，仍能收相當效果）。

（下轉第30頁）

亞洲反共人士在臺北

夏道平

只有邦國，沒有社會；只有政府，沒有人民！

由於亞盟第二屆會議之所以流產，筆者對於我們這個東方地區，又一次有這樣沉痛的感觸。

還好，沉痛並不太久。這幾天、來自各國各地區的若干反共人士在臺北的活動與言論，叫我們從沉痛中回轉過來：愉快而興奮。樂觀嗎？還談不上；但上面所說的「東方地區」這一名詞，似要加以修正。現在看來，「東方地區」這一說法，好像有點以偏概全的毛病。

亞洲人民反共聯盟這一組織的成立，和這次第二屆會議之停開，本刊在第十二卷第十期及第十一期兩篇社論中，已先後報道其大略的經過。現在，我們特別同意亞盟中國總會理事長谷正綱的說法：「第二屆亞洲人民反共會議未能舉行，是一件憾事；但希望這件事的本身，能够促成今後亞洲反共人民的大團結。」因此，我們覺得，緊接以前兩篇社論，再對此事作一綜合的述評，應該有點用處。

亞洲人民反共聯盟這一組織，顧名思義，是一個超邦國的社會活動，是政府以外的人民團體。這一認識，最重要。邦國與社會之分，政府與人民之別，萬萬不能含糊。一般論政者，如果是忠於民主的話，對於每個問題，應該在這種地方明辨而愼思。這次亞盟事件，一開始我們就從這裏着眼（請參閱本刊第十二卷第十期邦篇社論），不幸得很，後來事實演變，使我們不得不有「只有邦國，沒有社會；只有政府，沒有人民！」之嘆。

從幾件公開的文件和有關方面發表的談話看來，亞盟第二屆會議停開的原因，已經大白於天下了。谷正綱的書面聲明（見五月廿二日臺北各報）告訴我們：㈠亞盟中央聯絡處負責人兼韓國出席鎭海會議首席代表李範寧於去年十一月間與亞盟中國總會常務理事杭立武、包華國簽有書面協議，同意在第二屆會議中邀請日本派遣代表以觀察員身份出席；㈡關於日本入會成爲正式會員的問題，李範寧會於今年二月間函覆谷正綱，說是「可留待大會討論。」㈢四月廿六日李範寧已函送代表團名單（李爲首席代表），並告以五月十六日左右卽派一二代表來臺參加籌備，其他代表均定於五月十九日啓程。㈣五月十六日韓國代表團突然宣佈反對日本以任何資格參加會議，並要求中國代表團對其所持會員入會須採一致表決方式之主張，予以保證。㈤因爲這一問題發生，中國總會乃推派大會籌備處秘書長杭立武飛韓商洽，結果未獲其出席會議之同意；於是第二屆大會決定停開。寫到這裏，我們很自然地會想到兩個問題：第一、韓國爲甚麼要這樣堅決反對日本人參加這個反共聯盟？第二、韓國既已同意邀請日本代表以觀察員身份參加會議，爲甚麼到今日又突然推翻前約？關於第一個問題的答案，據韓國外長卞榮泰及駐華大使金弘一的談話（均見五月廿二日臺北各報），可歸納爲兩點：①日本是「親共」國家。在反共運動中，不宜有親共國家的代表團參加（卞榮泰說的）；②日本是「白色帝國主義」。「韓國對赤色帝國主義之共產國家與白色帝國主義之日本，是具有相同看法。」（金弘一說的）。至於第二個問題，在公開的文件中，找不出直接的答案。金弘一大使雖在談話中說到韓國早已表示反對日本參加會議，但這段話經谷正綱再加辯正（卽廿三日報載之答記者問）以後，尚未看見金弘一的答覆。谷正綱的辯正，照常識判斷，應該是可以相信的。所以第二個問題——爲什麼韓國要中途變卦反對日本參加？我們只好另求解答。

事情發展到這裏，與論界所注意到的，也就是上述的兩個問題。有的說韓國之反日是宿怨太深，以致情感的激動湮沒了理智的考慮；有的則以韓國扯毀書面協議，在國際留下失信的事例，深爲可惜。這些話，自然是題中應有之義。可是我們還注意到另外一點。我們很奇怪：韓國代表團以不出席會議來堅決反對日本參加，但是出來公開講話的，却不是韓國代表團的首席代表或其他負責人，而是韓國政府的外長及駐華大使！我們在前面說過，亞洲人民反共聯盟這個組織，顧名思義，是一超邦國的社會活動，是政府以外的人民團體，是以各國各地區的反共人士構成的。構成份子相互間偶有意見分歧之處，不足爲怪，可怪的是有政府介入；不僅是介入，簡直是代替。這種事象所說明的是甚麼!?邦國、社會、政府、人民，如果我們對此四者各有其明確概念的話，怎能沒有沉痛之感呢！

亞盟第二屆大會雖已決定停開，但中國總會仍邀請若干國家的觀察員和來賓來臺參觀。由於他們到臺後幾次交換意見，使我們對於大會流產的沉痛心情得以轉變。我們覺得亞洲人民反共事業的前途，還有希望。

先後來臺的各國反共人士，有自由俄聯（The National Alliance of Russian Solidarists）的主席波侖斯基博士（Dr. Vladimir Poremsky）及其宣傳部長史維蘭寧（A. V. Svetlanin）；土耳其的兩位國會議員塔拉巴夫人（Madame Nazli Tlabar）及羅卡塔（N.F. Ropkartal）；日本的渡邊鐵藏教授、木村篤太郎等七人；緬甸民主同盟領袖大康健（Thakin Kyin）；巴斯基坦的婦女領袖閔瓦拉夫人（Mrs. Goo IMinwalla）、大學院長穆希丁（Mohin Yuddin）、國際回教青年大會巴基斯坦分會主席倪阿茲（Aman Ullah Khan Niazi）以及香港琉球兩地區的代表等。他們到臺後，除參觀三軍戰鬥演習、生產建設、土地改革、故宮古物、以及匪情資料等外，曾與我國人士舉行過三次反共問題座談會，充分發表各自的見解，並彼此交換意見。儘管語言不同，甚至膚色不一樣，但大家都是深深認清了共產黨罪惡的。所以在反共這一立場上，他們同樣地堅定，因而在情感上格外親切。

這次第二屆亞盟大會未開成，大家都覺得是件憾事。這種感覺在座談會反映出來的，以波侖斯基說的話，最值得有關方面引以反省。他說：「去年夏天，法、比、德、瑞士、及自由俄聯代表，開了一次反共會議。德、法兩國代表曾在同一會議席上開會。而這次亞洲人民反共會議，却未開成！」自由俄聯的人士，是無家可歸的流亡者。他們輾轉於別人國土上做反共事業，其悲憤、當然比我們尚有國土可依據的人，要沉重百倍。因而、他們看到我們亞洲國家在這一艱鉅的反共鬬爭中，還在自己的陣營內激揚民族間仇恨，自然是感慨萬千的。

「歐洲對共黨侵略的防禦，已有了準備。大西洋公約成立，即是一例。亞洲在目前尚無完整的反共組織。東南亞在地理上、文化上、以及人口方面，都是一元。尤其中日韓是應該團結一致，我們必須在反共方法上去研究團結。」這是日本渡邊鐵藏博士說的話。渡邊和他同行的幾位日本人士，這次來臺的心情，自然是不太舒服的。但他們還能重視團結以反共，可喜！渡邊還說過：「在反共方面，日本仍是很脆弱的一環。目前知道共黨危險的日本人，還不够多。」這是實在話。正因爲如此，我們希望日本反共的人士，在宣傳方面要多多努力，讓國人認清共黨的本質而不被其謊言麻醉。至於渡邊在另一處所說的，「日本在戰前甚爲反共。日本這個態度，甚至引起別人批評。」這段話，我們倒要請日本友人重新想一想。不錯、日本戰前是反共的。但那樣的反共——對內反共、對外侵略，正是今天亞洲赤禍的成因之一。這自然是當時日本政府的罪過，我們不應當把這筆帳寫在日本人民身上；但我們希望戰後的日本人民要把歷史認識清白。同時更希望他們在目前反共過程中，要切切實實督促政府不要再走錯了路。國策是不能含糊的。脚踏兩條船，常常會遭滅頂之禍。現在正是日俄談判在倫敦進行的時候，日本人民千萬要當心，千萬要提防政府再鑄大錯。這件事太緊要了。木村篤太郎前天說過：「說一百句反共的話，不如做一件反共的事情。」在日俄談判的今天，正是日本反共人士做事的時候。

緬甸是承認了中共的國家。同時，共產黨在緬甸是合法的政黨。但是「緬甸人民」，據大康健說，「是崇尚自由，反共的。」這一反共的領袖人物大康健還這樣說：「緬甸政府對共產黨的姑息態度，是一極端的錯誤。」又說：「緬甸政府是個玩火的人，把緬甸的民主自由澆上一層汽油，然後擧火自焚。」這類話直率地出自緬甸人士之口，這證明韓國駐華大使金弘一所說的不太正確。金大使說：「亞洲人民反共聯盟會議，雖爲一民間團體集會，但民間團體的行動，一定是跟政府政策走的。」金大使說這番話，爲的是解釋韓國之所以拒絕日本參加會議。現在我們聽到緬甸人民抨擊其政府的話，覺得金大使所說的未免有點武斷。緬甸政府，可以說是一個「親」共的政府，至少在反共親共之間它是徘徊中立的。但緬甸仍有以大康健爲首的堅强的反共政黨(民主同盟黨)，他們很清白「民主國家與共產國家的對壘，是沒有中間路線可循的。要保持自由民主，就得抵抗共黨的侵略。如果允許共黨存在，就得向其投降。」這是再明確不過的認識。我們可以因緬甸政府親共，一古腦地也把反共的緬甸人民拒於千里之外嗎？以人民影響政府，以人民督促政府，是我們信仰民主的人所期望的。大康健說：「緬甸人稱中國爲『親戚』，所以中緬兩國人民應該携手合作爲抵抗共黨侵略而奮鬬。」對，對，對極了！

土耳其與巴基斯坦這兩個國家，其政府是反共的。所以土耳其的塔拉巴夫人和巴基斯坦的閔瓦拉夫人等，能够告訴我們很多的反共經驗。閔瓦拉夫人說：「反共要爭取青年與勞工」。這是很扼要的一句話。但她所說的爭取，不是像某些人所想像的如何把握，如何控制，如何運用，或如何驅使。而是着眼於青年與勞工們的「愚」和「貧」的問題，來求根本上的解決。塔拉巴夫人告訴我們，土耳其當初在反共的戰線上，是孤軍作戰的。因爲土耳其人民堅强地站了起來，抵住了俄國的侵略意圖。所以她說：「我們今天不但要使軍隊强大，且須使民意堅强起來，去和共黨鬬爭。」「民意堅强」，這確是一個最重要的因素。我們相信，任何反共的政府或反共的軍隊，如不以堅强的民意做反共不見得可以成功。要有堅强的反共的民意，一方面靠我們這些認清了共黨本質的人士廣爲宣傳，一方面——也許是更重要的一面，要靠反共的政府確確實實地是爲人類尊嚴而反共，爲人權而反共，爲自由而反共，爲民主而反共，而不是爲政權的爭奪而反共。僅爲政權的爭奪而反共，是不會得到堅强的民意做後盾的。與共黨鬬爭，「不但要使軍隊强大，且須使民意堅强起來。」塔拉巴夫人這句話，我們不要輕輕地聽過去！寫到這裏，記者要再引波侖斯基對香港時報記者和在別處一再說過的幾句話。波侖斯基的這幾句話與塔拉巴夫人所說的，可以互爲表裏。

波侖斯基說：「我們決不贊成用共黨的方法反共，更不能用法西斯主義來反共。因爲那樣，人民會厭棄我們，像厭棄共產黨一樣的厭棄我們！」一個反共的政府，如果被人民厭棄，厭棄得像厭棄共產黨一樣，那還能反共嗎？這種再簡明不過的道理，可惜還有一些人不明白。這是我們反共陣營中頗爲顯著的危機。這個危機的消長，就要看我們各國各地區明智的反共人士大家的努力了。

這次五個國家、兩個地區的反共人士來到臺灣，雖沒有開過正式會，雖沒有成立過正式決議，但幾次非正式座談和各別的自由談話，對於反共鬬爭，相互間都受益很多。本文所引述的，只是其中的片段而已。亞洲各國，今後爲加强反共力量，經濟方面應該互助，文化方面應該合作，政治方面應該民主，外交方面應該協和。這些這些，大家都有了一個原則性的而較深度的了解。現在各地的來賓，已經先後回去。他們將會把這些了解帶給他們的同胞，乃至帶給他們隣國的朋友。今後以此了解作基礎，把這個已經誕生而尚未壯健的亞洲人民反共聯盟，擴大起來，加强起來，當不是一件太難的事體。自然，一味的樂觀，會停滯於無所作爲。正因爲我們知道亞洲的反共鬬爭，困難重重，所以我們更要打起精神，格外地面對現實而努力。

民國四十四年六月十日於臺北

應該改變的美國反共戰略

孫旭辰

美國政府擅精竭慮從事反共，然而愈反共而共黨之勢力愈膨脹，其原因皆緣戰略錯誤所致。戰略之所以錯誤，一方面由於對共黨及鐵幕內實際情形瞭解不清；一方面由於懼戰和自利自保的觀念所促使。結果爲共黨所乘，利用自由世界這種愚蠢與懦弱性，擺弄其强橫姿態，藉以要挾而實行其侵蝕政策。

要知戰略錯誤，即等於幫助敵人，對敵人姑息，即等於對自己虐待。共黨並非智慧過人或武力强大，其所以日益猖獗，都是自由世界錯誤的戰略所助成。茲將自由世界戰略錯誤之處稍事檢討之。

一、未能利用或擴大共黨的弱點，反令其發揮所長

共黨的弱點是人民懷恨與俟機反抗；共黨的專長是把懷恨它的人民控制和發動起來，去「自動」的照着它的意旨來做他們所不願做的事情，共黨的力量就發源於這個「控制」與「發動」，所以它的力量是「假性」又兼「虛僞」。

但是這個虛假的力量要是在它控制力强的情勢之下，就變成眞力量，所以在鐵幕外和它作戰，不影響它的控制力，它可以驅迫全鐵幕內人民和自由世界火拼，人民及軍隊不敢不受它驅使，這個虛假的力量便變成堅强的了。如果在鐵幕內和它作戰，情勢正相反，動搖或瓦解它的控制力，人民和軍隊可以乘機而起，它這個虛假的力量便崩潰了。

美國的戰略，不是「圍堵」，就是「還擊」，都是消極的守勢，艾森豪總統競選時所說的積極的解放戰略，因爲懼戰而不敢實施，現在也變成了消極的圍堵。殊不知共黨就不怕在鐵幕外圍堵或還擊，因爲它可以在鐵幕內從容的運用人力物力和自由世界相周旋，當它發動人民和軍隊如瘋似狂的時候，僅「憑機動的聯合力量予以還擊」（杜卿語），阻遏力量雖大，也不能夠解決問題，而且它的人力無限，這個戰爭是打不完的。所以在鐵幕外圍堵或還擊。不但不能利用或擴大共黨的弱點——人民反抗，且足以促使它乘機用强力統一內部的矛盾，消除其弱點，而發揮其控制發動的專長，此美國現行戰略錯誤之點一也。

二、鐵幕內强大反共人民的力量未能藉助，反使共黨驅迫之來侵略自由世界

未經過共黨控制地方的人民，未遭受到迫害，易受共黨誘騙，但是經過共黨控制地方的人民大多數是堅決反共的，這是共黨的弱點。決定自由世界反共必勝、共黨必敗者在此。所以鐵幕內廣大的反共人民是我們的友軍，是自由世界的力量，我們應該把這個力量設法由共黨控制之下引發起來，用之打擊共黨，我們除去人道思想不論，就是基於美國本身的利益，爲打倒國際强盜共黨，也應該設法援助這些强大的反共力量，以減輕美國的損失。果能如此，即使實行解放政策，所用的力量也比圍堵要小得多，因爲戰爭一到鐵幕之內，我們的友軍蠭起，共黨就瓦解了。但是美國計不出此，希望鐵幕內人民起來反抗，而坐待不設法引發，即使起來也不應援，如前年夏間東德人民大規模的激烈的抗暴鬪爭，美國爲畏懼共黨，避免嫌疑起見，不但不加援助，反而不讓西德人民自動應援本國同胞的反共運動，竟使俄共武力迅速地把反共的人民消滅，凡此種種怯懦自保的作法，實際等於培植共黨勢力。擁護自由世界廣大人民的力量，美國不能藉助之來消滅共黨，反令共黨驅迫之來向自由世界侵略，此美國現行戰略錯誤之點二也。

三、優良的理論與制度未能宣揚，反怕共黨落後的理論及顚覆活動

共產主義是百年前馬克斯的臆說，是落伍的殘害人民的理論，對這種理論愈有認識的人愈會反共，眞正瞭解馬克斯主義的人，絕不作共產黨員，這一點請自由世界的領導人物特別了解，尤其是焚書的杜勒斯國務卿。

美國現行的自由民主的制度和重要的經濟措施，是很合於人性和人道的，這一套優良的理論與制度，是改變人類思想與生活，打倒共產主義最好的法寶，應該善爲宣揚，作爲改變共產黨人和左傾分子思想的工具，使共產黨人知道他們錯誤所在，自能放棄落伍的馬克斯主義，而投降於自由世界，如此他們還能從事於顚覆活動嗎？美國戰略不此之圖，對於共黨的顚覆活動束手無策，認爲應付顚覆活動是各該國政府的責任，反要效法菲律賓的辦法，惟知從事情報與警察工作(見三月八日杜卿廣播演說詞)。此美國現行反共戰略錯誤之點三也。

總之，美國基於懼戰和自利自保的觀念，步步退讓，不敢爲世界伸張正義，懲創國際强盜，救護被奴役的人民，致爲共黨所利用，得寸進尺，蠶食無饜，這都是美國戰略錯誤的結果。

共黨有如狡猾多疑而實力空虛的狼，如對之表現畏縮姿態，它即毫無忌憚的逼上前來相害，如表示不懼或攻擊的姿態，它即後退。所以要爲避免强盜的武裝侵略，惟有以戰止戰，才能求得眞正的和平，否則，這個國際强盜共黨，不打到華盛頓不會止步的。因此，爲求有效的消滅共黨，惟有改行下列戰略。

一、將戰爭引到鐵幕之內

共黨善於利用敵人的力量打擊敵人，在這鐵幕內人民普遍反共情勢之下，我們也要設法拿共黨控制下的力量打擊共黨。自古以來，暴君的軍隊及人民，都不是他的力量，這個盈虛消長的道理，領導人物應該洞曉。反共鬪爭如不藉

助鐵幕內反共人民的力量，用力大而成功小，欲藉助反共人民的力量，必須把戰爭引到鐵幕之內。這個把戰爭引到敵人境內，是列寧的戰略，他想利用他們敵人境內的友軍——勞苦大衆，但是現在的情勢相反了，共黨的友軍變成自由世界的友軍了，祇要戰爭到了鐵幕之內，友軍即可蠭起響應。所以共黨不怕圍堵，就怕攻心，如以重兵穿心，或以大量空降部隊空降，均足以使共黨崩潰。

二、積極從事理論鬬爭

共黨專以理論騙人，它視理論鬬爭重於軍事鬬爭，他們自謂：他們的黨和軍隊是以馬克斯主義理論武裝起來的，所以要消滅共黨，必先解除它這理論的武裝，使人民明瞭正確的眞理，自然不爲共黨所欺騙和利用。蓋現代政治或羣衆的行動，必以理論來領導，自由世界向不注意於此，僅知從事心理戰，宣揚原子威力，結果未嚇倒共黨，先把自己的人民嚇倒了，非戰思想瀰漫於英美社會各階層間，迫使政府的外交政策，走向妥協苟安之路。要知理論武器的效力，大於原子武器，俄共集團就拿這理論武器作爲强有力的擴張工具，它經常利用「和平運動」從事宣傳與向外侵略，使氫彈沒有用武之地，而美國除了氫彈之外，再拿不出第二樣法寶來，理論武器惟有以理論始能消滅之，這一點請美國的領導人物要特別了解和積極從事的。

三、實行世界主義，改善友邦經濟及社會狀況

杜勒斯國務卿二月十六日晚向外交政策協會演說時曾說：「我國外交政策的廣大目標，是務使美國人民能在和平中享受自由的幸福，在目前世局下，我們不能單靠顧到自已而達到這個目標，我們必須協助他國人民獲享自由，因此開明的自利配合崇高的原則，指示我們要像倘若情形反轉過來時希望他人幫助我們一樣的幫助他人。」對幫助他國改善經濟及社會狀況，杜卿頗爲注意，在曼谷會議中亦列爲主要宗旨之一，這是明智之舉。在這天下一家，各國息息相關的時候，爲求自利，必先幫助他人，使自由世界各國的經濟及生產力都得均衡發展，人民生活水準提高，社會狀況改善，凡足以製造共黨及爲淵驅魚的因素，均予消除，這是世界主義，是消滅共黨正本清源的辦法，惟有以這個世界主義，才能够消滅共黨的國際主義，美國已經實行了一部份，如第四點計劃，經援等措施，今後更應積極擴大推行，世界主義實現以後，共黨的國際主義自無所施其技了。

以上所陳，雖卑之無甚高論，然自信是瞭解共黨入微之言，是足以破共黨虛假的力量，弭平妖氛，促進世界長治久安的戰略。

美國於史大林死後，以爲俄共暫時不至於發動大戰了，就鬆懈了緊張的情緒；迨東德人民的抗暴運動，又給美國一個啓示：認爲鐵幕內人民不擁護共產制度，可以等待共黨集團的崩潰，因而把所有的戰爭都停下來。致令共黨從容的加强內部控制力，鞏固其政權，這是美國的戰略幫助了共黨。

疑心重的共黨集團，爲防備自由世界武裝侵略他們，所以時時準備大戰，但是在現階段他們不敢從事大戰，而且竭力避免足以毀懷它政權的大戰。他們的顚覆活動，是試探的逐漸的侵蝕，絕不從事冒險。他們洞悉自由世界的懦弱性，因而擺出大戰的姿態，是爲的恫嚇與要挾。所以爲美國的安全，爲世界的和平着想，希望美國拿出正義的大無畏精神，改變現行的戰略，易圍堵還擊而爲解放，不僅與自由中國協防金馬，且幫助反攻大陸，在正義之鐵掌打到鐵幕內之時，一定引發憤恨共黨的人民起而反抗，當四億四千萬人民起而怒吼的時候，共黨的邪惡力量就立卽消滅了。否則，共黨的勢力將日益膨脹，國際局勢亦惟有長此緊張而已。

(上接第14頁)

爲一九五〇年的三倍半。那時全國每天用水兩千億加侖，爲一九五〇年消耗量的兩倍半。

需求——杜霍特派的研究人員，曾企圖估計尚須增加支出若干，始能達到一個健康而安適的生活水準。可是，這種概念，卽使在經濟落後的社會裏，亦難確定。就美國人的情況而言，更屬揣測。因爲確定電視器和小彈子賭錢機的足够供應量，較諸飲食量爲難。雖然如此，經濟學者仍勉力算出一九五〇年供求間的差裂（gap）爲一百卅一億元，佔全部支出的六%；到一九六〇年將降至一百十四億元，卽支出量的四%。上述差裂，另有數字表明其短缺種類。例如住宅，一九五〇年短缺三〇%，一九六〇年將降至一二%；可是醫療方面的情形將趨嚴重，一九五〇年不足三六%，一九六〇年將不敷百分之五十以上。

國際貿易——在該調查報告中，預測美國對外貿易情況，有很顯著的變動，一九六〇年的輸入將超過輸出。歐洲方面，賡續感受美滙拮拙，世界其他各地則可享有美滙剩餘。這十年期間的進口增加，雖不及G.N.P.上升之速，但在一九六〇年將達百一十億元。其中項目，互有消長。屬于增加方面者，計有鋁屬合金（上升九七·五%），原油（上升一〇三%），鐵礦上升(三〇〇%)；屬于減少方面者，計有錫礦(下降五%)，羊毛(下降一〇%)。假使那時外援結束，出口亦僅能躍升一%，不過貨欵可以付淸而已。至于美國資本外流，約可增加一倍。

技術問題——美國人的繁榮興旺，是否僅僅由于他們擁有豐富的天賦資源？關于這點，該書引述已故經濟學者密切爾（Wesley Mitchell）的話，密氏曾指出美國印第安人生活在貧困的環境中，沒有煤炭，沒有石油，也沒有金屬使用。飲食匱乏，房屋簡陋，醫藥神化，無法改善他們的處境。因此杜霍特認爲，事實上技術要算是最基本的資源；沒有技術，其他的資源，從經濟觀點着眼，等于不存在。過去一世紀，尤其自一九〇〇年以後，技術的進步，美國較世界其他各地更爲迅速。展望將來，杜霍特描出一幅栩栩的遠景。預料到了二〇五〇年，工人生產七小時，便可抵當現在每週工作四十小時的成果。

四十四年五月十四日

一九六〇年美國經濟展望

楊志希譯

在本年五月九日出版的時代週刊登載着一篇短文，介紹美國一位經濟學者發表的調查報告，預測一九六〇年美國經濟發展的情形，敍述頗爲扼要。原文最末一段所提到的技術問題，被認爲是經濟發展的基本動力，吾人具有同感。爰將該文譯出，藉供參考。

一個現在剛準備進大學的青年，等他畢業出校以後，美國經濟將變成什麼樣子？換言之，卽一九六〇年美國經濟的展望如何？

一週以前，二十世紀基金研究會在經濟學者杜霍特（J. Frederic Dewhurst）主持下，發表一部厚達千餘頁的報告書，名曰「美國的需要與資源之新調查（America's Needs and Resources: A New Survey）」，用統計數字說明美國經濟現狀，並繪出一幅五年以後美國經濟展望的藍圖。杜霍特的主要論點，是指出美國仍將繼續享受昇平氣象和經濟繁榮，一九六〇年全國總生產量（G.N.P.）可達四千一百三十五億元，較自一九五〇年來增加二九%，自一九五四年來增加一六%（按美國一九五〇年全國總生產約爲三千二百億元，一九五四年約爲三千六百億元——譯者），目前美國人口不及全世界人口百分之七，而其貨物與勞役的產量已佔全世界三分之一，工業產品幾達全世界的半數。四十年代的十年間，全美產出品總額價值二萬九千億元，五十年代可望達到四萬一千億元。這種估計，總不免帶些冒險性；不過杜霍特和他的助手們在四十年代所作的第一次調查報告中，態度頗爲謹愼。他們預估一九五〇年的國民總生產量，較實際數字尙低百分之七，由此可見他們對一九六〇年的估計數不致偏高。

人口——上面預測五十年代的經濟增長率爲二九%，是以人口增加率爲依據的。在這十年期間，全國人口將增加一六%，勞動人口上升一二%。加利福尼亞州的人口增加尤爲迅速，一九六〇年將有一千四百六十萬人，超過一九五〇年的三八.三%。一九六〇年全國人口將爲一億七千七百萬，其中五至九歲的幼童增加四〇%，十至十四歲的青年加多五四%，七十歲以上的老年人也增多三五%，但廿五至廿九歲的成年人將減少一二%，原因是上次經濟恐慌減低了當年的嬰兒出生率。一九六〇年將有四千二百萬在學兒童，較一九五〇增加五〇%。現在十年期間的結婚人數比四十年代少二〇%，因此到一九六〇年新增的家庭數僅有一三.七%。在這十年期間，人口仍將繼續其由都市移向郊區的趨勢，鄉村非農業人口將激增三分之一强，達四千三百萬人。

生產力——一九六〇年將有六千九百萬份工作，較一九五〇年增加七百五十萬份。非農業操作者每週工作時數將縮短二.三小時，平均每星期工作三六.五小時，其生產力則可提高二五%（四十年代的生產力曾上升四七%，乃一難于越過的紀錄）。至於工作所得，每人每小時將爲二.六八元（一九五四年爲一.四一元）。

農民——農業人口趨于減少。一九六〇年約有六百七十萬，僅佔勞動人口九.三%，比一九五〇年減少六十七萬，他們將開墾三千五百萬英畝的新耕作地。每人每週工作四十四小時，比一九五〇年少三小時，而食物產量却可增加二一%。

財富——一九六〇年，私人從處分所得中儲蓄五.五%，較現時儲蓄量七.七%爲少；但全國私人及公司儲蓄總額將爲六百廿五億元（上年爲五百廿八億元），上升三三%。至於生產投資毛額亦將爲六百廿五億元，較去年增加三七%。

所得——一九六〇年每個家庭年入將爲六、一八〇元，扣除所得稅後，仍足有五、六〇〇元。那時政府經費雖然上升一五%，但由于工商業繁榮而使稅收激增，私人所得稅負擔反形減輕。全國私人所得稅將由目前之三百廿九億元減至二百九十六億元。社會保險福利金將增加三倍有餘，一九六〇年可達四十四億元之數。

支出——一九六〇年全美消費者支出將超過一九五〇年的二四.一%，奢侈品的開銷將大爲增多。隨着生活水準的提高，新鮮食物支出在總支出中所佔比例，反形下降。原因是家庭主婦多買包裝和加工的食物，家人更常在外用餐。（食物支出比例減少的眞正重要性，在能縮短主婦每週家務操作時間）。一九六〇年美國人將少吃一〇%的柑屬水菓和蕃茄；少吃一一%的乾豆和青豆（均與一九五〇年比較）。至于食物以外的各項開銷，包括樂育旅行等，則大爲增加。譯者爲醒目起見，茲根據原文列表如下：

支出項目	增加率（與一九五〇年比較）	附註
娛樂消遣（包括賽馬及小彈子賭錢戲）	三六.三%	一九五二年達四一九百萬元
政治及公民團體捐獻	四五.八	
購買珠寶鐘錶	三七.二	
國外旅行	五三.七	
醫藥保險	六〇.六	
私校教育	一〇一.四	
航空旅行	一八七.四	

此外，一九六〇年全國將有五千九百萬輛汽車在公路上奔馳，較一九五〇增加四七%。如果更看遠一些，到一九七五年美國可發一萬四千億瓩的電力，

（下轉第13頁）

星加坡工潮學潮的經過和分析

（星加坡航訊）

荀 詩

星加坡福利巴士車公司之工潮及附帶引起華僑中學和中正中學的學潮在五月十二日造成四死八十三傷之巨禍，其中死亡的人，尤其使世界各地關注者乃是合衆社東南亞分社經理西蒙士之喪身。使世界各地的輿論一致批評今年四月二日以馬紹爾 (David Marshall 現任首席部長，等於內閣總理）爲首當選的勞工陣線 (Labour Front) 政府，完全無能。這一次的事件，在表面上看來，似乎同共產黨毫無關係，因爲工人要求的是幾年未會解決的工資問題；學生們一直在鬧着英國政府歧視華文教育，英國當政者企圖消滅華文教育；這許多事情都是事實，都同共產黨毫無關係，但是如果你在五月十二日那天，到出事地點的亞歷山大工廠區，一看那學生和工人的場面，他們口中唱着，「我們工人有力量」、「團結就是力量」……等國際共產黨的歌曲，凡是在中國大陸上過去略略嚐到共產黨滋味的人，一看便知道，他們搞的一套，是完全把當年在北平、上海的同一「方式與花樣」(Same Pattern and form) 搬來做一個星加坡的翻版。所以本文在先敍述事實經過前，現在便可以下一個結論，工潮與學潮開始時，都是非常單純，一個要飯吃；一個恨英國當地政府要消滅中國文化。可是事情演變到最後，共產黨插進來，企圖造成不安與恐怖，……造成他們有利的機會。這個事實，我們是不可否認的。

福利巴士車公司是星加坡私人所經營的一間巴士公司，駛行市區的一部份。前年這家巴士車公司的經理曾經爲人槍擊斃命，迄今仍未破案（按星加坡的警察局很少能破案的，工作效能，遠不及香港、上海的警局。）在前年開始，工人們便要求增加薪金，資方總是不能令工友滿意。而麵包的價格，已經上漲了二分。工人經過數度的交涉，皆不得要領，於是不得不實行罷工。在英國的法律，勞資問題如經過談判失敗，工友有權可以罷工，罷工是合法的。

於是四月下旬福利巴士車職工會決定開始罷工了。這一個罷工中的工友，一部份是屬於星加坡巴士車工人聯合會的會員。這一個星加坡巴士車工人聯合會是爲非常左傾的人民行動黨 (Peoples Action Party) 所控制，該黨重要人物如李光耀（業律師，爲星加坡萊物士學院畢業，考得女皇獎學金，在劍橋讀法律，在倫敦執行律師業務，善辯，長文才。）林慶祥（爲華僑中學未卒業之學生，口胳儼然是一個準共產黨，年未足三十歲，此次當選爲立法議員）等。於是星加坡巴士車工友聯合會也參加了這一次的糾紛。

福利巴士車公司的經理郭成隆，是個擁有千萬財產的大資本家，前年打死的經理，據說是他的侄兒，他本人對於罷工工友的態度，十分强硬，在公司董事會中堅決主張不肯妥協。於是他寧可多化錢，雇用新司機，新買票，新查票，實行開車，另組新工會。他這個態度在五月間談判，福利巴士車職工會，同意復工，但星加坡巴士車工友聯合會不同意。於是談判再度破裂。公司方面在五月九日、十日、十一日三天皆出車自十八輛至廿一輛（按未罷工前每天出車在六十輛以上），車子每天開出時，星加坡巴士車工友聯合會屬下之會員，乃阻止開車，車子開到馬路上，復威脅新工友停車，這等等事件，不一而足。警方在十日已經動用水龍冲散工友，事態已經十分嚴重了。加以從五月九日起至十一日，中正中學，華僑中學，中華女中等校學生，自己包了卡車，數百名底前往慰勞罷工工友。大羣人唱歌跳舞，於是亞歷山大工廠便成爲一個特種世界，許多學生們都在罷工地區過夜……「團結就是力量」國際共產黨之歌聲，雖至午夜仍是響澈雲霄。這是共產黨一向慣用的所謂「羣衆的力量」。

十二日的清晨一時，事態突趨嚴重了，星加坡巴士車工友聯合會屬下的綠色、漳宜、巴爺黎答、加東榜莪，星柔等六個郊外巴士公司，集工友數千人，一致實行總罷工二天，以抗議警方以武力對付工友之行動。因爲在十日那天工友受傷者共計廿一人。在清晨六時左右，正值傾盆大雨，副警察總監孟斯與第四警庭法官戈爾冒雨趕至罷工地點，向工人勸告疏散，告訴他們聚集不散，有碍交通乃是違法的。但仍未見工友散去。六時三十五分，警方乃派出二輛紅色鎮壓車，飛馳而至。六時四十五分，一輛大型警車拖同抽水機浩蕩而來，廿餘名警察蜂擁下車，迅卽套上水管。至七時，兩枝水管開水約七分鐘之久，會集在場之工人，紛紛不支退散。於是新工友乃乘機將車衝出廠房，工人又上前用石子阻擋，警察乃揮棒毆打工人。一時大雨中秩序大亂，大暴動乃於此時展開。

上午八時後雨勢稍止，下午三時起，大羣男女學生紛紛趕到。到了下午三時十分，共計有十七輛卡車之學生。先是下午一時五十八分的時候，情勢突起變化，人羣中忽有石子飛起，向站在圓圈道中之警員投擲，鎮壓暴動隊領隊瓦特斯，乃向滿載學生之卡車，命令停車，擬拖下一名司機，但未得要領。三時正，他乃命令警員施放催淚彈，一連放了七彈，當學生與司機紛紛圖逃時，有二名警員登車，揮動警棍，毆打學生。一時情勢和緩下來，但到了三時半左右，擲石子的人又多起來了，一名巫籍警員第一九一一號當場頭破血流，大小石子，如雨飛來，其勢猛不可當，記者乃不得不躲在一輛大卡車的後面，以事掩護，此時行動隊長安德遜乃於四時另二分，再度下令，施放催淚彈五個，至四時十七分，又放四個催淚彈，於是在場數千暴民，才漸告退散。到了下午五時卅分，一輛紅色鎮壓車，載有百名警察，手持籐牌和手槍，在太豐餅乾廠前列陣，一時暴民又蜂擁上來，警方再度施放催淚彈十五個，已顯然失效，此時警方下令，收隊退出亞歷山大地區，該地區其時已有萬人以上之暴民。

從黃昏開始，亞歷山大地區已是暴民世界，警方力量失去控制。至晚間八時三刻，有兩名特警在警察訓練學院受訓完畢，駕車行經太豐餅乾廠，突爲數十羣衆毆打，一名張木南，當場斃命，另一名次日斃命於醫院中。同時中文學校學生張倫銓也在這晚中槍斃命（按該案現在警方正在調查，因爲張之死並非中警員之槍，因警員未曾開槍）。

至於說到合衆社東南亞區經理西蒙斯之死，乃是在十二日午夜十一時許，他從美國俱樂部出來，雇了一輛出差小的士，要司機駛往亞歷山大地區。其時警方已經下令將該地區實行戒嚴，無法通行。司機表示不肯再開過去，因爲當晚發生了幾件燒車的事情，甚至於連人都燒壞了，在這種情況之下，司機自然不肯前行，但西氏仍舊要叫他開車，並且拿出記者證，向他道：「我有這個派司，沒有人可以阻擋我。」但司機決定錢都不要，寧可轉回。西蒙斯見人羣很多，不得已再敎他開一程，當車開至亞歷山大路與韓德遜路交界口，忽見一羣暴民湧將上來，把西蒙斯拖下，拳打足踢，他當場暈倒地上，鮮血涔流，不省人事，過了不久，爲密都路一商業學校學生見及，乃與另一人將傷者扶至車上，送中央醫院，延至十三日上午，以頭部受傷太重不治身亡。許多人說因爲他是美國人被打死。星加坡反美空氣固然甚高，但他被打死決不是因爲美國人，因爲暴民們已經普遍激起，凡是見到白種人便打，白種人被打的事，過去暴動中，時有所聞。

這一晚亞歷山大地區已經是一個瘋人世界。警察局長摩理斯，自知力不能及，乃與星加坡陸軍司令杜樂克中將會商，決定當晚以柔佛州剿匪地區抽調兩團人馬，星夜調星，準備應變。海軍調小炮艇駛至亞歷山大附近各河流中，準備向亞歷山大地區開火，十三日空軍復出動直昇機在出事地點巡邏。這一晚確是緊張萬分，全市警局架上鐵絲網，架輕重機關槍，路上十一時後加派雙崗，車輛、行人特別減少，望之一如死市。

到了五月十三日，星加坡中正、華僑、中華女中、南洋女中、南僑女中、育英中學、南華女中等七間學校，於中午各自舉行「五一三」事件之一週年紀念（按五一三事件是去年學生與警察衝突，當時學生要求免於參加兵役訓練）。各校情勢已經十分嚴重。市場盛傳，職工總會要發動全市罷市，大有風聲鶴唳，草木皆兵之勢。各校學生在原校舉行「五一三」事件一週年紀念，校方無法阻止。情勢相當緊張。星加坡教育部長周瑞祺乃於當日下午二時立刻召開各中學校長會議，決定停課一星期。而這一天全市所有交通車（除出租的士外）全體大罷工，共計二萬餘人。另一方面，政府憲報號外公佈最近宣佈取消之緊急條例第六條（按該條規定警察首長有權在必要時可宣佈某一區域及在某一時期，實行戒嚴），再度恢復有效。

工潮獲得全面解決乃是在五月十四日晚上，這一天正是星加坡學行東南亞電影節開幕的那一天，首席部長馬紹爾出席完了這個會議，立刻邀福利巴士車公司之資方及星加坡巴士車職工會秘書方水雙，法律顧問李光耀在勞工福利部長林友福之下，召開會議，會議共計五個小時，共計四欵。其中比較最重的乃是：（一）福利巴士公司職工會決定解散，但工友有權在仲裁員之監視下組織或參加渠等所同意之工友職工會。（二）公司與工友均同意請馬來亞大學敎授甘巴爲仲裁人。一場紛爭，總算告一解決。

星加坡福利巴士車工友聯合會爲什麼這樣肯無條件的復工呢，協商條欵上沒有談到增加工資。主要的是要全面解散福利巴士車職工會。這爲什麼呢？協訂簽定後，星加坡巴士車工友聯合會大爲慶祝此次鬪爭之勝利。但這勝利究在什麼地方呢？他們勝利便是打倒了福利巴士車職工會，因爲這個職工會全是擁護資方的新工友，他們在罷工期間照常出車。他們和星加坡巴士車工友聯合會是對立的。在左派的旗幟下面，決不容許有一個和他們對立的（卽右傾的）職工會。所謂全面勝利，便是指星加坡一個右傾的職工會被解散了。

工潮算是解決了，但學潮仍拖在那兒。十七日工友們又在鼓勵支持學生要求政府立刻准許中正與華中兩校恢復上課。否則工友們又要實行罷工了。這對星加坡勞工陣線政府，又是一個威脅。因此到了十八日政府宣佈有條件之復課。該條件乃是：（一）政府提出名單，要求兩校當局開除若干學生（聞約有七十名，政府認爲乃是左派職業學生）。（二）在十四日內要兩校當局說明理由，爲何兩校不得被政府取消註冊。（三）在十四日內要求兩校說明爲何兩校之紀律失去常態。

這一個消息公佈後，華校學生羣起抗議。主張要求政府無條件復課，否則全坡三萬名學生舉行大罷課。而社會與論紛紛指責政府，認爲政府處置不當。第一、這幾十名學生，政府如果認爲不好，政府可以逮捕。政府不得令學校開除，因爲學生慰問工人之行動，乃在校外，他們在校內未曾犯規，學校沒有開除他們的根據。第二、學校認爲並未失去正常，不能因少數人之行動，卽加罪於大多數人身上。

這麼一來政府又軟下來了。於是乃在廿二日決定撤消前議，准中正華中無條件復課。另設立法會議中代表各黨各派之九人小組委員會（按人民行動黨之李光耀及進步黨林子勤皆在內。林在大陸淪陷時曾去中共大陸，返來大爲歌頌共産中國），調査華文教育，以向政府建議如何處理之辦法。這一個小組委員會決定把各方意見定在六月十日收集齊全，然後開始研究，向政府建議，這無疑是一個拖的辦法，是治標而非治本的辦法。

總結本文星加坡的工潮，由於左派之人民行動黨與現政府不合作鬧起來的；至於學潮，一方面由於英國本身歧視華文教育，用待遇不公平的辦法企圖消滅華文，使在星加坡的華僑，尤其是青年學生，普遍的反英。一方面共產黨便利用這種反英心理，企圖造成事件，最好你英國政府封閉華校，於是他目的達到，一方面向世界宣傳英國殖民政府排華，一方面更可擴大反英運動，進行他的宣傳和滲透。泰國不就是上了當了嗎。把華校全部封閉以後，共產黨便利用這個機會教華僑唸中文，暗中進行主義宣傳，思想滲透。最近泰國知已上當了，又在決定恢復華校之開課。這乃是星馬幼稚的英國殖民官吏一個前車之鑒。

（五月廿五日航郵）

今日印尼（二）

印尼通訊・四四・五・二〇

史信

在印尼的共產黨之簡稱，名爲(PKI)已經具有近十年的歷史，在亞洲共產黨的歷史來說，要算是最年輕了，恐怕比馬共的歷史還要淺。因此一般說來能力並不太强。共產黨在印尼不能有多大的力量，其主要因素不外乎㈠一九四八年共產黨徒在納汀(Nadium)所搞的暴動，使印尼人民已充份明白共產黨人之眞面目與陰謀。㈡亞洲共產黨的發展，雖然和中共有不可分隔的關係，但在整個印尼的二百萬華僑來說，其中眞正爲共產黨奔走或利用的，相信爲數並不太多。不但如此，大部份的華僑本質上還是反共的。(但反共是否便算擁護臺灣國府，尚待保留）有一次印尼大學教授胡小拉美告訴我：「一九四八年之大暴動，一方面是反對荷蘭殖民主義，另一方面是反對華僑經濟力量，現在這次暴動失敗，證明華僑經濟力量依舊存在，也證明華僑不同情此次暴動，更可知道華僑是反共的，他們反共的出發點，是爲了要保持自己的財富。」㈢全印尼之人口，百分之九十以上是回教徒，共產黨在一個回教徒的國家，所起的作用總是有限的。㈣印尼的警力，配合全印尼七個軍區的部隊，相信可以防止共黨之滲透及鎭壓一切暴動。㈤印尼的農民可以說亞洲最富有的，這裏沒有大地主，更沒有貧農，眞正的「農家樂」的畫面，在印尼可以看到。因爲農村社會安定，因爲這裏不鬧饑荒，於是這裏便成了共產黨最不易打入的一環。同時全印尼根本沒有階級之分，也沒有最大的資本家。

因爲有上述種種原因，印尼的共產黨曾數次宣傳參加競選，他們活動得相當利害，但一直到現在連選舉的程序都沒有搞出來，因爲人民不吃他那一套，儘管他們自己大吹大擂，十分起勁，但民間的反應，確十分冷淡。

印尼的共產黨和中國的共產黨初期有些相同，他們是打起民族主義的旗幟來號召的，他們絕口不談馬克思主義。印尼共產黨書記艾狄德(Aidit)也曾公開向人道：「我們這一個政黨完全是一個民族運動的政黨」，言下和共產主義毫無關係。他們這一種做法使西方人士看來十分同情，等於當年英國駐華大使史蒂文森爵士說：「中共是農民運動」。可是他們一上臺後，便拿出共產黨的眞面目了。我曾好幾次把中國的教訓說給西方朋友聽，他們聽了還是半信半疑。

今天印尼的執政黨——國大黨，無疑的是一個左傾政黨，國會中二百二十席內，共產黨的席次僅佔十七席，但是他們手中控制着全印尼三個最大的職工會推擧出來的國會議員。這十七人中間，除了這三人外，還有二名是農民陣線，四名是人民進步黨，四名是托派共黨。因此共產黨在國會中四十票與四十五票間，它控制了三十票，而這三十票通常支持印尼總理阿里。（按共產黨原先發動希望爭取國會中四十票至四十五票席次）尤其是在去年十二月，共產黨眞正救了阿里一把。

國大黨內也有一批右傾份子，他們非常反對阿里總理與共產黨滲合在一起，但他們方在去年十一月得勢，力量太小，根本無法起什麼作用。據有一位社會黨領袖告訴我：「今天印尼共產黨能大量吸收青年入黨，其咎全在政府，因爲政府太把共產抬高起來，使共產黨聲譽日隆，而弄到養虎在家。」至於共產黨究有多少黨員，這個問題，在全世界各地一樣，根本無法統計，也根本沒有一個準確的數字，有一位西方外交人員之統計，有黨證之黨員爲數約在五十萬人左右，其中三十五萬人是積極份子，這個估計，我想似乎太高了。社會黨方面估計共產黨有黨證之黨員約十五萬人，其中積急份子約五千人，我想這是比較近情的估計。

共產黨控制的職工會，其中最大的兩個乃是膠工職工會與茶工職工會。全印尼膠園和茶園的工人，全在他們之手，樹膠和茶葉是今日印尼換取外滙的經濟生命線。他們每週工作四十小時，現在正在鬧着要增加工資，減少工作時間，這個問題如果印尼政府立場不改變，乃是星星之火，可以燎原。這個問題我也曾和印尼總理阿里談過，他也承認共產黨控制職工會未來的威脅，但政府力量太單薄，言下有不可自拔之感。我個人的看法，現政府已經無能爲力，如果換回教黨上臺，可能情勢轉佳。

今天印尼的共產黨，有一個半武器的退伍軍人組織，這個組織名叫"Perbebpsi"。其中有一五〇人是退伍軍人，他們手下有廿萬人。主要職位，均爲共產黨操縱。他們最大的力量，是在爪哇島，然而支部遍及全印尼，他們有自已旗幟，在紅底上畫一個五角黃星旗，看來便知是同共產黨的組織相同的。他們的黨員經常操練或演習，政府拿他們沒有辦法。這個組織，本質上實在是一個黑社會的東西，我把它比諸印支的平川部隊，再適合也沒有了。今天印尼的共產黨，已經在漸漸長大中，最近查出他們是聽命於莫斯科，由北平方面把命令轉過去，這是一個十分有趣的新發現。

（三）印尼的經濟一天天在衰退，這是西方的錯誤？

有一次在一個酒會上，我忽然看見印尼副總統哈達博士，他說一口流俐的英語。我們一開始便談到印尼的經濟問題，他很感嘆底道，「我們的經濟情況已經一天不如一天了，這完全是我們自已的錯誤，我們人民的道德日見衰落，我們普遍缺乏誠實、責任及努力。」

哈達博士彬彬有儒者之風，從他的談吐中，證明他不但唸過很多的書，而且還有相當的品格，他不隨便說話，他不像蘇卡諾總統那樣粗率。今天他在印尼人民中的聲望，已經無形中被看作人民的救星了。

我在前文中說過印尼貪汚之風，實在是東南亞最公開最利害的一個地方，經濟部頒發的出入口護照，在市上有價格，可以公開買賣。最近羅賽諾教授(Prof. Rooseno)接任部長後已經把這一着禁止，但交通車輛之執照，仍可出錢買到。

印尼政府官員之貪汚，我曾仔細調查過，其主要原因乃是由於低級公務員待遇太菲薄，根本不足以養家。因此乃不得不向外面找些外快。此亦人之常情。除此以外，印尼行政組織太軟弱太低能，也是造成貪汚之主要因素。印尼的公務人員有才幹的實在很少，過去荷蘭人在印尼時，所有文官人員，即使是最低級的書記文員，全由荷蘭人或混合種人充任，印尼人本身根本沒有受文官訓練的機會，因此一旦荷蘭人一走，印尼便忙得不可交開，而事情仍舊辦不好，有一位管人事的混種印尼官員向我道：「我們實在需要人手，即使是一個中學畢業的男女學生，都可以立刻安插在政府機關內工作。」

我在前文中說過印尼全國多文盲，據印尼教育部調查，當荷蘭人在此地的時候，全國文盲佔百分之八十九強，現在印尼政府利用羅馬拼音作集體教育，已減至百分之六十了。

印尼人的不誠實和懶惰，是當前印尼建國最大的危機。因爲他們懶惰，生產率始終不能提高，一切都仰給外來之輸入，去年度印尼之入超總額爲三十億印盾(根據官價廿五印盾合一英鎊)，因此國內通貨膨漲，物價天天看漲，這情形雖不若吾國實行金圓券那樣糟，但相去亦不太遠。這個情形，使記者在那裏住了三十多天，想想回想金圓券在京滬倒閉之前夕，想想也怕。印尼人民沒有一個不叫苦連天，這種慘狀，和京滬淪陷前夕，似乎大同小異。

由於印尼經濟情形是如此的壞，印尼之眞正能步入立憲政制，決不是一件容易的。渣打銀行今年印尼分行之年報告書中也特別指出這一點。該報告書中說：「印尼經濟情況之劣，在一九五四年來說，是過去所未有者。平均一個公務人員的薪水，只够二十天的吃用，如果不是在去年年底印尼政府能將外滙緊緊握住，恐怕早已瓦解了。」

印尼爲什麼能將外滙緊緊的掌握住呢？其主要原因在牽動經濟命脈的大實業全在英人與荷人之手(印尼之對外貿易大約有百分之六十至七十是在外國人手中)。我和許多英國大商人談話，他們認爲如果政府執政者換過，或改變政策，印尼經濟還是有光明的希望，因爲國內出產實在太豐富了。他們的樂觀估計，是具有下列五項理由。

一、印尼全國出產豐富，最近在蘇門答臘，又發現有大量的鈾鑛，即使政府不行，人民也不致於餓死。

二、樹膠之出口，加上汽油、椰乾、錫之出口，佔印尼出口總數之百分之七十，出口總額超過戰前標準，雖然其他原料出口之數字，大爲降落。

三、西人投資之大規模種植園，雖政局動盪不定，勞工問題以及共產黨之紛擾，但仍能在國際市場競爭，而獲厚利。

四、過去一年印尼雖遭水災，但米糧之生產，已能自給自足，民食問題完全解決。相信今年情況比去年還要好。(按一九五二年印尼輸入食米六十萬噸。)

五、進口加緊限制，外滙可以節省。

除了這五個原因外，印尼現在已經同意外國資本之赴印尼投資和開發。這一點完全獲得副總統哈達博士之支持。但是許多西方人士還在採觀望之態度，怕一旦投資以後，全落入印尼人之手。

總之，無論如何，印尼不少高級領袖，皆一致同意今後印尼應該走上統制之途。以爲非計劃經濟不足挽救當前印尼經濟上之頹廢與沒落。然而這計劃經濟之實施，照目前情形看非等到明年選舉成功後不可了。(未完)

慈愛的心

沙玉華

一位住在臺南的朋友來信，要我到那裏去盤桓幾天。為了一點事務上的躭延，走進車站時，離開車時間只有一分鐘了，播音小姐正用她那平板的聲調催促着遲到的旅客。我拄着手杖，困難地移動，當我擠過軋票口爬上車廂時，車已蠕蠕地動了。這是中午平等號快車。

車站緩緩向後退去。穿着號衣的小販，還不捨地隨車奔跑，慌忙中塞一盒便當到車廂的窗口裏，再從那兒，一隻染有灰漬的手接回一些破爛的鈔票。我擦去臉上的汗水，擠進車廂，車中人羣擁擠，每一個座位都滿了，而且過道上都站的是人，濃厚的汗臭同髮膩的古怪味道混合起來，使人作嘔。

在車廂的前座，我發現一位金髮少婦，同一位約有六歲的女孩併坐着，只有那裏尚還鬆動，我側着身子從人叢中擠過去，用手杖支撐着，斜靠在坐椅的把手上面。

天氣是沉悶的，在遠天的一角，濃雲密佈。風從車窗裏吹進來，仍不感到一絲涼意。少婦支着頤，手肘放在窗框上，看着車外的景色。女孩在看一本兒童刊物。

車在軌道上流動着，發出單調的金屬撞擊聲。

「媽媽，瞧。」女孩叫起來了，充滿歡娛，她那肥胖的小手指着書中的一幅圖畫。

少婦轉過臉來，她低下頭，親切地同女孩說話。

我突然覺到一些熟習的線條，那明媚的眼睛，挺直的鼻子，以及優雅的微笑，而且，還有那一頭濃密的金髮；這形象似乎不用我怎樣思索，而記憶便展現在我的眼前了

「是她!?」我沉思着。

忽然少婦抬起頭，在那長睫毛下，一對瑩潔的眼正看着我。

「你！」她的聲音中有着輕微的顫動，隨卽她笑了。

「啊！沒想到會見到你！」我說，我覺得一時之間，彷彿在胸腔裏有一塊海棉一般。

「這是小潔，我的女兒。……來，讓給叔叔坐，叫陳叔叔。」

「陳叔叔。」女孩含糊地喊了一聲。

正在這時，車在一個小站上停住，乘客緊張地擠上擠下。坐在她們對面的一位婦人下車了，我恰好坐在這個位子上。小潔仍然坐在她媽媽身邊，那一冊書擱在她那肥胖的膝蓋上。

「你的脚怎樣?」她關切地問。

「還好。」我抬了抬不靈活的右腿：「在臺灣，一直沒有生脚氣病……。你看，你給我的手杖。」

她笑了，接去我遞給她的那支粗籐手杖，靠近柄端的地方，有一行用刀刻出的字跡：「送給一個勇敢的人！潔」她彷彿找到了失去很久的東西一般，緊緊握住，然後用一根食指撫摸着那一行字跡。她的眼光是那樣專注，好像她的思緒完全被那一行字吸引住了。小潔坐在那裏，正茫然用她那美麗的大眼看看我，又看看她母親，從她那無邪的柔和的面容上，我依稀找到了她媽媽昔日的光采。

她穿了件蛋青色的稠衫，繫着一條藍底白花的長裙，赤着脚，穿一雙鏤空的平跟鞋，使人感到素淨大方。她較我記憶中的她為豐腴了。

「田……」我不曉得應當如何稱呼她。

「你還是叫我田致潔。」她笑着說，一面將手杖還給我。

「什麼時候到臺灣來的?」

「三十八年。」她歪着頭看了看窗外，而後摸着小潔的頭髮：「同她爸來的…我們在北平結的婚。」

「小潔沒見過北平吧?」我笑着問。

「在臺灣生的。」從她潔白的面龐上，閃過一道紅暈。

這時，隨車小販從旁走過，我買了些糖果塞在她女兒手裏。我們繼續談着，並且告訴她近年來關於我的情形。車到新竹時，她們下車了，她從手提包裏取出一個記事冊，抄了她的地址撕給我，並再三叮囑由臺南返回時，到她那裏去玩。

我目送着她倆走出車站，隨後連車站也遺留在身後了。車繼續前進。車外綠色的田疇閃閃發光，兩隻鷺鷥緩緩地飛過，對面田塍上一匹水牛在嚙草，他抬起頭凝滯地看着飛馳而過的火車。車中，人羣安靜了，我對面空着的座位——她曾經坐過的座位，此刻被一個胖子佔據着，他將鞋脫了，敞開胸，將多肉的腦袋斜靠在椅背上，輕輕地發出鼾聲。在這催眠的狀態中，只有火車單調地響着。我覺着有一種淡淡的抑鬱從心上掠過，突然，我沉迷在幻象之中了。

透過那漫長的歲月的重幕，我彷彿又看到她了，穿着潔白的衣服，在金髮之上用別針嵌着一頂小巧的護士帽，微笑，輕快。那是在承德一所省立醫院中。

其時我躺在一張病床上，一顆子彈曾從我右腿的脛骨之間穿過。我呻吟着時時昏迷過去。這是塞外的三月，天氣非常寒冷，從窗戶看出去，只見到灰色的天空，同一些沒有葉子的枯枝嵌在那裏，沒有一絲生意。我蓋着厚厚的毛毯，室內生着火盆，我不能明白創口的狀況，然而我非常傷心而絕望，我覺到一陣陣銳利的刺痛由腿上傳到心裏。

她來了，戴着口罩，我只能看到金髮之下那對明麗的眼睛，是那樣溫柔地注視着我，她將一根溫度計塞在我的嘴裏，一面替我整理凌亂的被褥。在她的照拂下，我好像覺得病痛減輕了許多，然而事

實上，我的病況一直不會好轉，從體溫的記錄上，弧線正緩緩地但却堅定地上昇。她變得更溫柔了。

「小姐，我……。」

「不要說話，」她阻止我：「別躭心，應當好好休息。」

對我微笑一下，便輕快地走出去了。我茫然看着消失在門邊的身影。

一天早晨，我陷在昏迷狀態中。然而我聽到有人說話，她那些斷續的句子裏，我捉住了幾個字，這幾個字竟使我驚醒過來。我睜開眼，只看到一個瘦長的背影消失在門外，而她正站在床前。

「陳先生，」她看看窗外：「你不久便可以好了，你看(她指着窗外)春天來了，不久便可以離開這裏。不過……醫生說：你的右脚要鋸掉。」

「小姐，」我在哀求：「我不要聽到這話！」

「這樣可以使你的創口好起來，」她繼續說：「而且，你可以配一隻假脚，一樣走路。」

「我不要，我寧願死，我要眞…哎…啊！」

一陣激痛使我失去知覺。醒來時已是黃昏，室內靜悄悄的，電燈由於電力不足，光線昏黯，我靜靜地躺着，感覺很虛弱，整個屋中彷彿被死亡的氣息充溢了。這精神上的重壓使我以爲深陷在墳墓中一般。這時，她推門進來，喂了我半杯牛奶，於是坐在我的面前，我有如孤兒一般望着她。

「小姐，我不要！」

「你放心，」她說，一面理着我額上的亂髮：「要你的親屬，或你自已簽字後，才可以動那樣手術的。」

「謝謝你！」我像獲救一般說着，心中竭力想笑，但却哭了。

自那以後我的病況繼續惡劣下去，清醒的時間越來越少。我開始夢到故鄉的小城，活潑流動的小河，以及城外的青山，是春天了，山上該滿是綠色。……

在一次長久的昏睡之後，我的病漸漸好轉起來，一天，窗外滿是陽光，我發現那映嵌在藍色天幕上的枯樹，有着新的葉苞綻出，幾隻麻雀在枝上跳躍，心內充滿喜悅。此刻，她正爲我整理房間，我對她說：

「田小姐，幫幫我，拿一個枕頭給我。」

她微笑，就如窗外的陽光。她找來兩隻枕頭墊着，使我坐起來，這還是入院以來第一次呢！我指着窗外。她掠着頭髮會意地說：

「你經過一個多可怕的災難！醫生說：今後需要的只是看護與營養。」

一個熱切的情緒要我拉開蓋着的毯子，我這樣做了，她靜靜地立在一邊看着我，沒有阻止的意思。突然，我覺到一陣戰慄，我的呼吸變得急促而無力。我的右脚沒有了！

「脚！脚！」我喊着。

她從水瓶裏倒出一杯開水走到我面前來，放在我的唇邊，我默默地接了，抬起臉看她，她，在她那黑眼中有着煥然的光采——這裏面有同情與戰勝的驕傲。我感到委曲了，一種被欺的委曲。彷彿有火焰從我的心中噴出，我將擎着的杯擲在地上，杯被擲碎了。我轉過身，將臉埋在枕頭裏。

「陳先生。」

「滾！」我狂吼着：「我不要見你，你！你這騙子！」

「陳先生！」她拍着我的背。

「滾！滾！」

有好多人跑進來。我一個勁地嚷着，我彷彿覺到她啜泣着離開了，慢慢房間裏安靜了下來。我仍伏着，覺得心裏很苦，比冬天的冰還冷，生活對於我不再有意義了！而窗外每一聲鳥雀的婉鳴，都像一把尖刀般插在我的心中。

「脚！脚！我的脚！」我一直想着 我那 失去的脚。

有一隻手把我扳過來。

「陳先生，你吃點東西。」

這不是田的聲音，我睜開眼，是一位略爲矮胖的護士，在茶几上有一杯熱騰騰的牛奶，及一盤油煎鷄蛋，我看看，搖搖頭。

「吃下去，這對你是好的。」她溫柔地强迫着。

我吃了，的確，我又倦又餓。她開始同我說話，她說了一些雖然殘缺了四肢依然生活得很好的例子，她很巧妙地告訴我，如果配上了假足，可以如常人一般地行走，甚至如常人一般地跳舞。

「對了，」她下着結論：「你可以找一件輕易的工作，我知道沒有工作對於你是很不舒服的。」

「小姐，」我冷淡地說：「你說的都是廢話！」

她楞住了，堅定的看着我，她的嘴在動，可並沒有說什麼，她收拾好餐具走出去，在門邊，她轉過身來，顯然她在生氣了！

「不過，」她說：「我可以告訴你，對於你割治的簽證，是田小姐代你簽的，並且她因此受了責罰！」

她說完便走了。

以後我再也沒有看到田，直到我離院的前一天。其時是五月初旬了，我配了一隻假足，起初只能在室內困難地移動，漸漸地可以勉强行走，終於走出醫院的大門。我竚立在那兒，凝望着已開始耕種的田野，綿互着的青翠的丘崗，灰色的堡壘，飛揚着塵埃的市鎭，緩慢地在天空飄蕩的白雲，以及在陽光下閃耀着的寺院。這是我許久以來沒有見過的，這給我帶來一陣甜蜜而傷痛的感覺，深沉地壓迫着我。

我爬上一輛四輪馬車，向布達拉寺跑去。馬噴着鼻擺動牠那肥胖的屁股，從輪下揚起一陣灰土。趕車的老人，揮動着蛇一般流動的長鞭，使它在馬耳邊擊出一聲清脆的抽響，在車輪楞楞的響聲中，灰塵更高了。

通過一道乾涸的沙河，停在布達拉寺前，我付了車資便緩步走進去。不明白爲什麼我要到這地方來，不過這裏是安靜的，闃無一人。在這裏沒有激動，也沒有煩惱。有的，祇是頹廢與空虛！

這是座荒涼的寺院，到處都是傾圮的磚石，斑駁脫落，使人想到在這孤寂而陰森的環境之中，消蝕了多少青春與活力！我跨過縱橫錯雜的灌木，順着長滿青苔的石級向上爬去，最後，立在一片用石板砌成的平臺上面。我倚撐着手杖，身體略微傾斜地立着，陽光從側面射來，我的身影彎彎地印在地上。

「她爲什麼替我簽證？」我沉思：「這種殘缺的生命將是多麼悲慘！」

多日以來，這念頭一直存留在心上，得不到解答。我舉目矚望，對面離宮的城牆，在陽光下就如鑲着一道金邊，一簇簇松樹從牆後露出來。在城牆的一角，河那邊有幾支沒有烟的工廠的烟囱。山脚下傳來羊羣的叫聲，一輛馬車從廟前的大路上馳過，捲起一陣烟塵。一隻蒼鷹從我的頭頂上滑翔而過，她那金屬的啼聲，應和着屋角上鐵馬的單調聲響，給我帶來一種淒涼的顫慄！

「爲什麼？」我對着這空曠的山野吶喊。

「爲什麼？」半晌，從山的那面傳來這樣的回聲。

我躺下了，用臂枕着頭，在這荒涼的古寺的平臺之上，蒼碧的藍天之下，我陷在白日的夢幻之中了。我强烈地想起從前的事情，那些歡躍的日子，而這些都像春雪般在脚下溶掉，我將用回憶來度過往後的日子？

「陳先生！」

我彷彿被螫了一般，睜開眼，田正立在我的身後。她穿着一件藍布旗袍，一塊淺綠的面紗包住頭髮。她拿着一支杖同一隻小提袋，那蒼白而慈和的臉色，那憂鬱的眼神，使我的心震慄起來。

「我知道你來這裏，在下面，找了許久，若不是你在喊『爲什麼』……」——她說着在我身邊坐下，將東西放在一邊，然後她並不看我而繼續說下去：「我要向你道歉，我忍不住欺騙了你！在聖經上我讀到兩句話『壓傷的蘆葦，祂不折斷，將殘的燈火，祂不吹滅。』……當你一天天昏迷下去，我看到了……我對自己說：替他簽了吧！因爲我看到生命的可愛，我這樣做了。現在我要向你說一聲請原諒！」

我一直躺在那裏沒動，淚水從我的眼中流出。她掏出手帕爲我擦去。

「我帶來吃的東西。還有，這件禮物。」她把手杖遞給我。

我坐起來，激動地抓住她的手，不停地親吻着。

「唷！怎麼啦？變成孩子了！我要吃東西嘍。」她溫和地掙脫，於是從手提袋裏拿出一塊白布鋪在石板上，而後拿出一堆食物。她咬了一口蛋糕之後笑了。

「我告訴你，我告訴你這假脚的好處。」

「什麼？」我問。

「第一，」她說：「在冬天不怕冷，其次，不會生脚氣病。」……

「麻煩各位旅客，開始查票……。」

一陣生硬的國語，把我從幻夢中驚醒過來，車仍然繼續馳進着，一位穿制服的車長走到我的面前，我掏出了票，他軋過後又還給我。

車外景色逐漸黯淡下來。我發覺對面座位上的胖子，不知在什麼地方下車了。我把脚舒服地放在柔軟的皮墊上。憑着這隻假脚，這支手杖，我仍然很好地生活着，從塞外，一直到臺灣，而且還要繼續活下去。我不配稱爲勇敢的人，但是我要爲她，爲那一顆慈愛的心所給我的勇氣而活下去。

車到臺南，天已黑了，走下火車，我發覺手裏正握着她留給我的紙片，我停住想了一會，於是搓成一個紙團，用力地彈向車下。

本刊園地公開
歡迎讀者投稿

旅美小簡之八

成功的哲學

陳之藩

如姊來信說：「從來沒有見過像你這樣留學的，箱子裏只有一套西裝，到了美國不嫌寒傖嗎?」其實這惟一的一套西裝，還不是完整的，曾經耗子咬過好幾個洞，又織補上了。我自己也就心自己，像個乞丐似的，到這萬紫千紅的大觀園來。可是，既到學校之後我的觀感完全變了。我回信給如姊說：「這套西裝確實穿不出去，並非因爲它太壞，而是因爲它太好。」

美國同學差不多全是卡嘰布褲，尼龍襯衫，一襲夾克，很不容易見到穿西裝的，如果你穿了筆挺的西裝，繫上領帶，同學們見了面道好以後，他一定問：「今天有什麼約會嗎?」

不僅是穿衣如此，論用的，很難見到有人用派克，差不多每人全是一支破原子筆，或鉛筆；論吃的，中午多是拿着兩塊三明治就涼水吃，他們捨不得花錢洗衣服，小件自己洗，大件由郵寄回家去。據我仔細的觀察，許多地方他們比中國學生還要儉省。

在支出的方面是如此，收入的方面就是另一個樣子了，送報是自兒童起，即變成了神聖的事業。到了大學，坐在圖書館作業餘工作的，在實驗室作業餘工作的，當飯廳侍者的，當街頭推銷員的，開汽車送貨的，比比皆是，他們要以自己的力量去養活自己。

如果說，美國人是勤儉起家，再恰當無比。他們爲什麼這樣苦幹呢，他們有他們的哲學，即是要求成功，社會女人願嫁有侵略性的成功丈夫，社會鼓勵空手起家的好漢。

我們要進一步問，什麼是成功？用一個哲人給成功所下的定義：成功即是把某件事情做得告一段落。

然而，事情不一樣，有的事情容易告一段落；有的事情不容易告一段落。把牛奶報紙送完，是一種成功，大學畢業是一種成功，開一個工廠是一種成功，寫本暢銷書是一種成功，而瘁畢生之力，在老年寫出一部浮士德也是一種成功。於此，在成功的着想上取捨就產生出來問題。美國人急於成功，也就容易做那些容易告一段落的事情，如果上四年工學院，出來可以當個工程師；上五年醫學院，出來可以當一醫生，這裏成功的機會多，故學生趨之若鶩。而那些既無急功，又無近利的哲學；那些不能解饑，不能解餓的詩歌，勢必無人問津了。

於此產生出來一種怪現象，基層都是堅實的骨幹，而領導者多是天眞的兒童。在政治上，它產生不出來邱吉爾或艾登；在文學上，它產生不出來羅曼羅蘭或普若盧，甚至在科學上，也產生不出來愛因斯坦或馬克士威。這是一種文化上的眞空，美國在這方面所吃的虧就不可思議了。

在政治上，它是顚三倒四，舉棋不定的，有史以來，只賣弄過一次聰明，即是雅爾答協定，國際上的秘密協定都是坑人家，美國是坑了自己。在文藝上，國際上的聯想，美國即是好萊塢；在科學上，人們的觀感，美國只是實驗室。

於是，有最大的廣播電臺，但不知播些什麼東西；有最大的豪華首都，但不知如何計議；有最多的原子彈，不知什麼時候投擲，不知應投在那裏。平時辛辛苦苦的工作，戰時浩浩蕩蕩的流血，大批美援向外送，大批兵源向外派，而它這個國家所獲的東西，是譏笑，是辱罵，是世界奸雄們擺好的圈套，美國大踏步的走進，自己牢牢的套上自己。這個文明，有時候看來頗像個笑話，而這個笑話却不是偶然的。

有心人總是有的：這個流弊，美國一些有心人已看得出來。比如，普仁斯敦高等研究所的創立人，即基於一種想法，他想：「數學是科學之母，而學數學者如是其少，這科學如何穩固根基？總得讓一些人們做無用之用的事。」他於是創了普仁斯敦高等研究所，創立的宗旨，是給無用之學的學者一個安靜思想、平安吃飯的地方，而想不到，這個地方却發生了空前的光輝，那些在此凝思理論物理的，凝思第一次歐戰之通貨膨脹的，那些研究數論邏輯的，表面看來均爲無用之學，而在二次大戰時，却成了贏得戰爭的三個主力，理論物理指示出原子彈；通貨研究解決了膨脹問題；數論邏輯產生了計算機，無用之用，眞乃大用。

這個方向是正確的，可惜不够遠，不够廣，也不够深。大的創造性思想，大的政治理念，大的文藝作品，是現在人類最需要的東西，而這種東西，有的需要面壁十年，有的需要沉思廿載，有的需要盡畢生之力，這些全不是立竿見影的成功；也全不是匆匆忙忙的亂跑所可尋得到的。

我默禱美國的思潮轉向這個方向，因爲美國的走向不僅關係一國的興亡，實際關係着整個人類的前途。

——四四年四月卅日於費城

血旗（下）

潘壘

九

以後，我劃出一部份時間去和她在一起。從她的意態上看，我知道他們之間的情勢並沒有好轉。她變得沉默了，雖然有時她仍對我展露着美好的笑容，但我能够窺察出，她的笑裏所包含的成份；她並不知道，當她笑的時候，我爲她承受了多少痛苦。於是，在突然的沉默從我和她之間散開來的時候，我故意從記憶中撿拾以前我們賸餘下來的話題；可是，反而添增我的痛苦，因爲以前的那種情趣已經不會再回來了。

而他忙的程度，實在令人驚異。連我，有時也會幾天沒機會和他說一句話。

有一天，雨下得很大，我爲了一篇駁斥魯莽文字從早就躲在圖書館裏翻資料，連中飯都忘了吃。黃昏的時候，才拖着疲乏的脚步走出來。當時我想到她那兒去，我慣常喜歡將寫好的東西唸給她聽，增加自己一點信心。而當我走到女生宿舍的門前時，突然又改變了主意，我認爲晚上自修的時候找她比較適宜；所以我冒雨到外面去吃點麵食，然後浸了半個鐘頭的溫水浴，恢復自己的疲勞。

回來時，雨還在下。我到處找遍了，依然找不到她，後來一位女同學告訴我，她親眼看見她和他一起到街上去了。手上像是提着一些什麼東西，因爲披着雨衣，所以看不淸楚。

我沉漠地返回寢室，一時說不出心中的感覺，我只感到深濃的悒鬱和煩燥，我又開始細細的推測他們的行踪。我想：莫非他們的誤會已經氷釋了嗎？

我幾乎開始妒嫉起來了。

時間像是漸漸變成一種有重量和體積的東西，我終于忍受不住地提着雨衣出去。在校門口，正巧碰見他單獨回來。我站着，楞了一陣，才侷促地發問：

「她呢？」

「走了。」他平淡地回答，聲音裏攙有一種特殊的意味。

「走了？」我重複着他的話。

「唔，回蘇州去了——她家裏有事。」

「怎麼在走之前不通知我？」我凶惡地叫起來。

「通知了又怎麼樣？」他說：「反正總是要走的。」

沉默了片刻，我輭弱地問：

「她不回來了？」

「這很難說，不過……」他支吾着，接着轉過身來用手圍着我的肩膀，顯得很關切地說：「這是她的意思，她怕你難過，所以沒通知你。但，她說她會寫信給你的。」

我不再問下去。回到寢室裏，我很快的便睡到床上去，可是，我不能入睡，我老是在想着她爲什麼突然回蘇州的那個問題。

我不敢去問他，那麼我當然不得不相信他所說的那個理由了。此後的半個月中，我甚至有意疏遠他，我總覺得在她走之前不通知我，是他出的主意。所以每當他和我談話或討論什麼問題的時候，我再也沒有以前的那種耐心和興緻了。

日子一天天地流過去，我一天天焦慮地等待着她給我的信，但，我絕望了。我不明白他和她之間是否還保持着連繫，有幾次當我看見他站在老遠的地方看信，看完後又匆匆地將信塞進袋子裏時，我想去問他，但又抑制住了。假如是她的信，他一定會告訴我的，我想。

就在這個時候，徐蚌戰事失利的壞消息頻頻傳來，政治的低氣壓窒息着我。雖然我已失去了內心中一個有力的支持我的人，然而我仍然不屈地站着，應付那可能置我於死地的頑强的敵人——魯莽。

而「反饑餓」「反內戰」等等爲匪張目的運動如狂潮似的洶湧起來了，此起彼伏。學校裏經常因學生的遊行和開會被迫停課；市鎭上更是人心惶惶，不可終日。

他成爲一個極有吸引力的領袖人物，每一次遊行，每一次集會裏都少不了他。所以他和我接觸的機會更少了。

就在共軍陳兵江北，緊迫京滬的時候，一件令人驚異的事情發生了。在事情發生的第三天的深夜，我和寢室裏的另外幾位同學，才相信他已經失踪。於是，從第二天開始，大家開始對於這件事揣測起來。結果，學生會和其他幾個鋒頭頗盛的社團的幹事們一致認爲他是被政府抓起來了。接着，不用說，先是罷課示威，最後迫着學校當局向治安機關交涉。

可是，治安機關否認曾經扣留過這樣一個人，這樣答覆當然不會令他們滿意，所謂支援他的什麼委員會跟着成立了；開大會，印傳單，示威請願：：忙得不亦樂乎。直至省府當局允諾負責找回他，對於這不幸事件的發生引以爲憾時，這次風潮才漸漸平伏下來。

不過，另一次風潮又隨之而起了……

十

在他失踪的第二個月後的一個令人憂鬱的早上，我突然接到她從蘇州寄來的信。我現在不能形容我當時的快樂和激動，我反覆地將她的那封短信唸了好幾遍，我要從她的筆跡和字句中窺察出一些關於她的狀況。

忽然，我有點昏亂起來。她發生了什麼事情嗎？她爲什麼直至現在才給我寫信呢？至於他的失踪，她知道嗎？或者，她正爲這件事才要我到蘇州去見她？

我越想越相信這是與他失踪有關的了。我曾因此而想過拒絕她這個要求，但，我終于趕到車站去。我木然地頹坐在候車室裏，等候去上海的午間快車；然後又迷迷糊糊地上了車，直至自己走出蘇州車站神智才漸漸恢復過來。

我費了一些功夫在平門附近一條小巷裏找到了我要找的地方。那是一間破落的小平房，我站在門口，重新將信上的地址對過之後，我才敢伸手去叩門。

開門的是一位梳着髮髻的中年婦人，當她問了我的姓名和知道我要找的人時，她的臉色驟然變得慘白，我看見她的手在發抖，抓着板門；略思索了一下，她引領我進那黝暗的屋子裏去。

我已經意識到什麼不幸的事情已經發生了。所以當她讓我在一張古舊的八仙桌旁邊坐下來之後，我不再問話，只是用焦慮不安的眼睛凝視着她。

她低下頭，沉默了很久才沙嘎而哽咽地說：

「你來遲了一天。」

「遲了？」我急急地問。

「……」她點點頭。

「今天早上才收到信，我便馬上趕來了。」

「是的，」她抬起頭，憐惜地望着我。「信是她昨天早上發出的，可是，就在晚上……」

「她怎麼了？妳說呀！」我發狂地過去搖她的手臂，喊道：「說呀！晚上她怎麼了？」

「……」她仍然望着我，不響。

我驟然輭弱地畏怯起來，我跌回自己的座位上，半晌，我像是自語似的沉下聲音問：

「她死了？」

她沒回答，突然伏在桌上痛哭起來。

………

那是半個鐘頭以後的事。她告訴我，她是她的遠親，當她從鎭江到這兒來之後，她便以母親對待女兒的慈愛看顧她，同時，還得替她遮掩着這件不體面的秘密——因爲她已經懷孕了。在這期間，她終日鬱鬱寡歡，難得看見她的笑容。據她所知（這位中年婦人），她曾經寫過好些信給『那個男人』，但始終沒有回信。後來她幾乎準備到鎭江去找他了，而又因爲自己的身孕，放棄了這個念頭。

「她時常提起你，」那婦人一邊揩拭着眼角，一邊向我說：「但當我問她爲什麼不寫信給你時，她總是說怕你爲她傷心，而且還說沒臉面見你。直至前天，她從我帶回來的一份舊報上看見那個沒良心的失踪的消息，她整整哭了一晚上，第二天——就是昨天，她才決定寫信要你來，誰會料到……」她又哽咽起來，最後，她抑制着說下去：「在昨晚，因爲小產……」

我沒法安慰自己，當然更沒法安慰她了。最後，她止住哭，繼續說：

「現在，什麼都過去了。她家裏的人半夜從木瀆趕來，今天已經開始替她料理後事——我才從那邊回來。」頓了頓，她站起來。「不過，她在去世之前吩咐我，她知道你一定會來的。要我將那天晚上她整理好的兩包東西交給你，請你有機會的話，將這些東西轉給他。還說，你早就原諒她了，希望你不要忘記她。」

於是她從內屋拿出兩個大紙包交給我，同時還答應我，當她安葬後，她會帶我到她的墓地去。

回鎭江的車上，我獨自躲在角落的坐位上偷偷的哭泣。我記起她曾經和我乘火車到離鎭江不遠的龍潭去旅行，那天穿着一件鵝黃色的絨線衣，素色的長裙；那天她說好些令人發笑的話……

我猛然想起，那個時候他還沒有走進我和她的圈子裏來。想到這，我報復似的將那兩個大紙包從架子上取下來，隨手拆開其中的一包。那裏面是些由她（我想是的）整理過的紙片、信件和她的相冊。我隨手翻閱着，我看見她幼小的憨態，少女時的美好的笑容——那已經失落的。我的眼淚不自覺的從眼睛中滴落在那些相片上，發出一種使人心碎的響聲。

將那紙包重新包紮好，我打開另一個紙包。那裏面全是些原稿紙和幾本剪報。突然，我從一份陳舊的底稿上發現「魯莽」這兩個醜惡的字；我幾乎是屏息着呼吸；急急地翻開其他的底稿以及剪貼新詩和短論的冊子，我發現相同的名字——魯莽。

現在我完全明白過來了，魯莽就是他。

驀然，我被一種罕有的暴怒所激動，我不顧一切地用力撕碎那些稿紙和貼剪報的冊子，我要撕碎這個醜惡的名字和這些令人憎恨的筆跡，然後我將那些撕碎的紙片扔出車窗外面去……

這種洩憤的舉動使我很快的疲乏下來，直至列車在鎭江車站停下，我還昏迷的靠坐在角落上。

一陣乳白色的煤煙掠過車窗……

十一

白煙漸漸散開了，散開了……外面在下着細雨，像蒙着一層霧。列車緩緩地蠕動，駛出這小小的車站，在月臺的盡頭，我忽然發覺那塊白色的大木牌上的站名是『板橋』。

「板橋！」我輕輕地唸着。遊目四矚，才意識到這兒是臺灣；而那件事已經相隔了好些年了。

列車的速度逐漸增加，我望着外面早春的，葱翠的田畝農莊，我想起當我從蘇州回到鎭江後的情形；我曾經想盡方法去尋找他——魯莽，我的敵人——的下落，但局勢的逆轉使學校停課，我亦因而被迫放棄了學業，從上海撤退到臺灣來。後來從幾位淪陷後逃出來的同學的口中知道一點關於他的情形：鎭江陷落的第二天，他——這位領導學運的英雄又在鎭江出現了，這時候大家才相信政府沒扣留他，而是他潛伏起來，做「策反」工作。接着，他的新任命由軍管會發表了，他的名字上冠上了各種堂堂皇皇的頭銜，儼然紅朝要人，越加不可一世了。

但，現在他竟然是一位光榮歸來的反共義士了。他已經覺悟了？或者，他和在鎭江的時候一樣，潛伏在義士裏面，做危害國家的破壞工作？

這個問題始終懸懸未決。返回臺北，我儘快的將報社裏的事情辦妥，然後讓自己沉靜下來，得到一些思索的時間。最後，為了顧全所有的義士們光榮的名譽，我決定暫時不去告發，先聽取他的解釋，然後再作下一步驟的決定。我想：為了他自己，他一定會這樣做的。

第二天，因為工作上的便利，我得到一個機會去查閱昨天到達的義士們的名冊。可是當我重頭翻閱一遍之後，我幾乎失聲叫喊起來。我找不到他的名字。

然而，他昨天到達是千眞萬確的。那麽他一定是化了一個假名。這樣說，我認為他是一個危險份子的可能性更大了。

事情似乎已經不容許我再作考慮了，正當我在次日的早晨到有關機關去檢舉他時，我忽然在中央日報的義士尋人欄中讀到一則尋找我的消息，下面的署名是一個陌生的名字。

這會就是他嗎？我問自己。為了愼重起見，我馬上乘車到大湖義士村去。

在一間潔淨的鋁製活動房屋的會客室裏我約莫等候了十分鐘，我看見他神情嚴肅地從外面走進來。

他沉重地走近我，有點靦腆不安地將手伸給我。

我沒去接住他的手，只是發出一聲短短的冷笑。我奇怪自己的鎮定，而且我不明白自己竟然那麽堅定地注視着他，直至他低下頭。

「我來了，」我含惡意地說：「有什麽話，請說吧！」

「我知道你會來的。」他吶吶地回答。

「你以為我不敢來嗎？」我冷冷地笑了笑。「你覺得奇怪，是不是？我居然敢面對着一個頑强的敵人！」

他痛苦地垂下頭。半晌，他用一種抑制的聲音說：

「我知道現在任憑我怎麽說都沒有意義了，沒有人肯相信……」

「一個共產黨說的話！」我搶着接下他的話。

「是的，我是一個共產黨——一個標準的共產黨！」

「像在學校裏的時候一樣，」我繼續說：「你用一個化名潛伏在義士裏面！」

「是的，你已經知道了——但是……」

我用手制止他說下去。厲聲說：

「不用說，現在你的話不能再感動我了！」

我看見他的嘴角痙攣着。我突然發現他變了，他的口才變得遲鈍而拙劣。於是我說：

「現在你已經替自己作過什麽打算嗎？」

「當我在碼頭看見你之後，我是要改變我的計劃了。」

「因為我會揭發你？」

「不完全為這個，那得先要你接受我的解釋。」

「你以為我會接受？」

「不！我從未這樣想過。」

「很好，」我冷酷地說：「現在我只相信事實。」

「是的，這是事實。」

「有證據嗎？你應該知道，思想上的證據是不易搜尋的！」

他慢慢的伸出他的左腿，將褲管拉上去，讓我看那在大腿上露出的一個難看的刀疤。

「那是被聯軍刺傷的？」我問。

他點點頭。將褲管放下來。

「我以為那刺刀是應該戳進你的腦袋裏去的！」我又說。

「啊！你還記得那次吃早粥時我說的那句話。」他苦澀地笑笑。「——是的，它應該戳進我的腦袋裏去，假如是這樣，現在一切都改觀了！」

「當然，那麽共產黨『抗美援朝』人民志願軍的陣亡將士紀念碑上一定刻有你的名字！」

「你還是用手打我吧！」他哀求道。「打了之後再讓我向你解釋。」

我搖搖頭，說：

「我能够饒恕所有的敵人，但我不能饒恕你。我看，你還是向自由中國八百萬軍民和全體反共義士解釋吧！」說着，我站起來。「我得走了！」

「你要去破壞全體反共義士們的榮譽嗎？」他攔阻地說。

「所以我給你三天的時間去考慮，假如你還不去自首的話，那麽……」

「好吧！」他沉重地吐出這兩個字。然後急急地從衣袋裏掏出一封厚厚的信遞給我。

「求你應允我最後的兩個要求，」他懇切地說：「第一件，就是看了我這封信之後，請你替我作一個決定。第二件……」他抬起那充滿淚水的眼睛望着我，很久很久，才瘖啞地低聲問：「我想知道一點關於她的事情。」

我渾身顫抖起來，我强自抑制着，我恨不得伸手去撕碎他那醜惡的臉，像那次在蘇州回鎮江的車上撕碎他的原稿和貼剪報的册子一樣。

「魯莽先生！」最後我用惡毒的聲音說：「她仍然很幸福的活着，可是你永遠不會見到她了！」

「她……」他只嗄聲喊出一個字。

為了害怕自己過份激動，我急急地扭轉身走了。我聽到他的脚步聲走在我的後面。

十二

在到大湖車站去的路上，我一邊走一邊拆閱他給我的那封信。一共寫滿了五張信紙。信是這樣寫着：

現在，一切解釋，似乎都失去意義了，我並不要求你相信我的話，但我要求你相信這個事實。

早在認識你之前，我已經是一個狂熱的共產黨員。我想，關於這一點，你早已明白了。至於你離開鎮江和大陸後的情形，恕我在這封信裏不再覆述。總之，我當時的愚昧使我成為一個被共產黨讚揚的人物；我自滿，倨傲，那虛幻的功利思想和英雄感不斷的鼓勵着我，引誘着我——你應該知道新奇和刺激對于我的意義。我為了那自以爲神聖偉大的『解放』工作，毅然北上參加韓戰，然後假意投誠而滲進戰俘營裏去。在這期間，表面上，我是一個激烈的反共戰俘；其實，我在執行着一個重要的秘密任務：我異常機巧地分化那些積極反共份子的力量，甚至不擇任何手段，散佈謠言，挑撥，謀殺……但，這些作爲，我非但能够用種種事實使他們不懷疑我，而且還從他們的心中發生信仰；他們信仰我，如同信仰自由和眞理一樣。

戰俘營中的第一個國慶日(十月十日)到了，他們開始忙着籌備慶祝，當然，我也參與了這個工作。可是在九日的晚上，那面準備在第二天早上在俘虜營裏升起來的大國旗突然失踪了，我那焦急不安的神態使他們不敢相信這是我搗的鬼。爲了補救，他們決定漏夜用血染成一面新的國旗。於是事情在半夜裏秘密進行，輪流傳遞着。那靑天白日，他們利用僅有的一點寫壁報的自製藍墨水。當那染有未乾的血漬的旗子傳遞到我的手上時，我並沒有像他們那樣，用嘴咬破自己的手指，將血染到旗子上去。我只假裝着那種動作(在黑暗中他們不會發覺)，然後以一種輕蔑的心情將旗子傳遞下去。天亮之前，那面血旗終于完成了。按照戰俘營的規例，戰俘是不能在營地裏升起任何旗幟的，所以當他們聚集在廣場上將那面血旗升起來的時候，我雖然站在他們當中，可是，我始終幸災樂禍地等待着，我知道聯軍那些監俘的衛兵一定會來阻止這件事情。果然，誠如我所料，就在他們隆重而嚴肅地將靑天白日旗升起來時，衛兵趕過來彈壓了。但他們不予理會，那面血旗仍然繼續向上升着。因爲不能制止，所以那衛兵過去將升旗的那個俘虜刺倒。我望着，心裏有說不出的快慰，我以爲這面旗子將會永遠升不起來了。然而却出乎我的意料之外，當第一個人受傷倒下，人羣中馬上有人過去接替這件工作，那含有忿怒的國旗歌聲越加響亮地唱起來：

第二個人倒下了！第三個人又倒下了……國旗繼續一寸一寸的向上升着……

我突然被一個强烈而突如其來的思想襲擊了，我聽見自己的聲音在說，含有斥責的意味。

「那國旗上並沒有你的血！」

那聲音永不休止的重複唸着，我感受到一種沉重的壓力，它迫使我的良知承認這血的事實，我想到許多曾被我鄙棄和憎恨的；我發覺自己的愚昧和卑劣，我那幾乎已被湮沒的人性開始從我的心中萌發出來了……

這是一種多麼神聖的感召和啓示啊！我注視着那面並沒有染上我那汚穢血液的光榮的旗幟，我的眼睛開始模糊了。但我仍然異常淸晰的瞥見，他們前仆後繼的走上去，像那些虔誠的赴死殉道者。

第十個人倒下了！第十一個人倒下了！……國旗繼續一寸一寸的向上升着……

我開始感到昏亂，那些不屈者身上被戳傷的地方，我承受了他們的痛苦，像是那衛兵的刺刀是戳在我的身體上一樣。

我忍受着。我感覺這種忍受變成一種贖罪的解脫了——一切都是我從未經驗過的新奇。歌聲從我的心中發出來，和他們滙爲一起，我已經承認自己是這個整體中的一個，永遠不能分離。

第十四個人倒下了！第十五個人倒下了……

我的忍受漸漸凝爲一種忿怒，我的心臟激烈地搏動着，那如烈火般炎熱的血液在我那澎漲的血管裏奔流；我忘記了自己，彷彿自己已變爲一種抽象的信仰或者是一種無形的意念了。

最後，我只記得自己不顧一切的衝出去，接過那倒下的人手中的繩索；接着，我突然乏力地倒下了。但，我能够看見，那面血旗已升到竿頂，莊嚴地飄揚起來。

國旗終于升起來了，一共被刺傷十九個人，我是最後一個。

……………現在，我回來了，但回來的並不是我，以前的我在血旗升起的時候死去了，現在回來的是一個陌生的眞正信仰自由和眞理的人。

以上所寫的，僅是我心靈的供述。我仍然靜候你的判決；同時永遠向你伸出求恕的手。

十三

掩起他的那封信，我幾乎不假思索地隨即返身向回跑，我一邊走一邊加速脚步，心裏不斷地唸着：

「我得立刻去見他，剛才我使他太難堪了。」

將近義士村的大門時，我發現他仍然站在那兒。看見了我，他跟着向我跑過來。

我們漸漸接近，但我的視線亦隨之漸漸被熱淚所遮沒了。走近之後，他激動地向我伸出他的手，喊道：

「我知道你會回來的！」

我接住他的手，一時說不出話來。

「原諒我剛才這樣對待你。」我困難地說。

「不！你應該這樣做，因爲那不是我。」

「是的，」我笑着說：「你現在是一個新的人。我們永遠不再提起那個名字吧！」

「走，我們到裏面去，」他說：「我的肚子裏還有好些話要向你說。」

於是我們走起來，但剛舉步，我才發現他那受傷的左脚走起路來有點蹶。

「你的左脚怎麼啦？」我忍不住發問。

「和你的一樣。」他倨傲地笑着解釋道：「這就是這兩個偉大的時代賜予我們的光榮的標記，要別人永遠看見，要我們永遠記着。」

「我會永遠記着的。」我唸着。

抬起頭，我們看見陽光透過那陰霾的雲層，照射下來。那光芒如同一面已經升起的，在飄揚的血旗。

。完。

書刊評介

「文學與生活」第一輯

著作者：李辰冬　出版者：中華文藝出版社　定價：新臺幣拾伍元

歸　人

一

我常以為，中國的學人們太缺乏治理專門學術的耐心，縱觀我們的學術史，專門著作的書，眞是鳳毛麟角。十六世紀以來，英、德等國哲家界如朝日東昇，諸子爭鳴，形成了歐洲近世的燦爛文化。但在中國，學者們仍埋首於故紙堆中，他們的思維血統中，沒有新鮮的活力。在這種學術潮流下，文學批評的著述，更是荒蕪可憐。

中國學人從事著述文學批評的專門工作，乃是近五十年來的事。然而，十分遺憾的是，許多治文學批評的學者，他們誤解了文學的本質，同時，他們又不能將新近吸入的西方知識，全部融會貫通。因此之故，不僅不能自成系統，甚且連「自圓其說」都不會做到。考其所以致此，不外兩個原因：一是中國文學批評的資料太少，一是學人們缺乏近代的科學知識。大抵論中國文學批評者，不是把文學看得太切實簡單，講文以載道；便是把文學看做過分的虛玄，去鑽牛角尖。實則，文學不是一段布疋，可以憑尺寸量其大小；但它也決不是如來佛的手掌，神秘無邊，無法估定。它如同一切別的事物，乃是人生及社會的產物。它是惟理的，亦是經驗的。惟有從這兩方面出發；才能掌握住它的眞正精神。

「文學與生活」這本書，是雜糅了文藝史學及文藝科學的論點，來探討文學的價值，文學的內容及文學的生命。

顧名思義，本書的探討重點，在文學與生活的關係。作者在「自序」中說：「我國自新文學運動以來，祇重西洋文學的吸收，新文學的創造，似未注意到作家人格的培養。……要想當作家，第一得先知道怎樣作人；人還作不好，就想成為眞正的文學家，根本是不可能的。」

這一段是全書的重點，也是作者的着眼點，從此出發，作者展開了他的廣泛的討論。

全書共計廿六講。第一講至第七講，是解釋文學與生活之關係的；第八講至第十二講，是講美感要素的；第十三講至第十六講，是分析中國文學形態的；第十七講至第廿一講，是討論文學家的造詣的；第廿二講至第廿六講，是講文學價值及文學形式的。在各講之中，儘管所講的內容互不相同，但它們的基本論點，都是作家的生活及社會的生活現象。作者說：

「生活愈豐富，你的作品也愈偉大，而你在文學上的地位也愈高。凡是沒有生活而想寫作的人，祇有在文字上與形式上下功夫。這種人，祇能稱為辭章家，不能稱為文學家。」（第一講）

「文學是生活的表現」，在此以前，不少文藝批評家也會強調過這一點，不過，像本書這樣完全以「生活」為出發點而討論文學的，却不多見。易卜生說：「在藝術裏面需要堅守勿失的，不祇是天生的才華，而且還有才華以外的東西；例如充滿着人生而使人生富有意義的熱情與痛苦，否則，人們不能創造，只能製造書籍罷了。」與本書作者的話，都是一針見血之談。

二

一個文學作家創作生命的泉源是什麼呢？同時，為什麼在文壇上發生所謂「才盡」的現象呢？例如「江淹才盡」的故事。作者這樣的批判江淹說：

「一個人的理想愈遠大，實踐愈認眞，意志愈堅強，則他的感受必愈多；感受愈多，對人生的認識必愈豐富：對人生的認識愈豐富，生活亦隨之而豐富；生活豐富，作品才能充實，有力。江淹是反其道而行，理想如此，行為如彼，言行既不一致，能不能得到深刻的生活，就可知道了。文學是生活的表現，他沒有深刻的生活，怎麼會有深刻的作品呢？他的天才的涸竭是必然的結果。」

這種看法是很重要的。一個作家如果沒有深刻的生活，決不能產生出深刻的作品。密爾敦說得好：「誰要想作一個詩人，必須他本身就是一首詩。」這話可應用於一切文學作家。古今的偉大作家，以歷史的觀點去追究他們的生命，那麼，我們可以發現，凡是有偉大作品的作家，他們的本身，必然是一個有富麗生命力的人，如托爾斯太，如哥德，如曹雪芹，如施耐菴等等。因為作品是靈魂的反映，如果沒有偉大的靈魂，能够產出偉大的作品嗎？古人云：「皮之不存，毛將焉附？」正是這個道理。

作者又這樣說：

「……屈原之所以偉大，所以不朽，是由於他偉大的人格，不朽的人格。也祇有偉大的人格，不朽的人格，才可以寫出不朽的作品。」（第十七講）

「眞正偉大的作品，是由作者的深體力行而產生的，並不是坐在書屋裏寫出的。」（第十八講）

「要知道，作品之所以感動人的，在它所表現的事實而不在文字；文字也不過是表現事實的工具罷了。祇在工具上下功夫，寫不出感人的作品來的。」（第廿二講）

一般言之，我們是同意作者的意見的，然而，應該提出的是，作者太輕視文學的技巧(形式)了。固然「祇在工具上下功夫，寫不出感人的作品來的。」但如果不講究文學形式的表現方法，則他的成功，必然要打很大的折扣。吾人須知，形式變則內容也變。因此，福樓拜有所謂「一語主義」的主張。愛倫坡 (Allan Poe) 有言：「……結構之中的一部份放錯地位，全體就要失敗。結構是一輛載運一羣角色的車子，它的本身就是目的，結構就是作家的技術表演。」在文學史上，每一個時代都有每一個時代的特殊「形式」，我們甚至可以說，一部文學史同時也是一部文學形式革命史。作者自己也說：「……因爲平話的產生，才發展爲長篇說部；也因爲平話的產生，才有『元曲』裏的科白。」他如佛教的輸入，對中國文學作品形式的影響，都是顯而易見。內容猶如部隊，形式猶如地勢，一個優秀的作家，爲了使作品的力量感人，必須選擇最有利的地形征服讀者。「藝術的功用在於表現」，「詩經」上的「關關雎鳩，在河之洲，窈窕淑女，君子好逑，逑之不得，輾轉反側」，與一部「西廂記」有什麼差別呢？但因爲在「詩經」時代，文學形式尚在歌謠階段，所以，同樣的「內容」則有相差天壤的距離，再如「紅樓夢」的內容，焉知在兩漢南北朝之時沒有相似的題材呢？但因爲在那個時代，文學形式尚在五言古詩等時代，還不能表現這種龐大的內容，所以，無形中被作家「犧牲」了。

三

第廿二講「論文學的價值」，作者以爲「作品是生活的表現，曹植有怎樣的生活，就有怎樣的作品：有怎樣價值的生活，也就有怎樣價值的作品。所以文學的價值是隨作者所造詣的境界高低而定其高低的。」根據這個理由，作者又說：「由於屈原、陶淵明，李煜，曹雪芹與哥德的證明，可得一個結論，凡是眞正偉大的作家，他們的最高造詣都達到了『無我』的境界。最高的造詣既是「無我」，那末，其次的境界就是『有我』，再其次的境界就是享樂了。」按「境界」一詞，最初出現於近人王國維氏的「人間詞話」，王氏說：「詞以境界爲最上，有境界則自成高格，自有名句，五代北宋之詞所以獨絕者在此。」在中國的文學批評史上，王氏「境界」之說，是一個重大的發現；但，王氏祇拈出一個「境界」，沒有再在「境界」之中，分出「境界」的等級，本書作者對文學作品，以「無我」，「有我」、「享樂」三個階段來分別高下，是一卓越的發明。由這三個階段，我們可以判斷一切文學作品的優劣。

中國的文學批評，談到「氣」的很多，本書第五講「談怎樣養氣」，第廿四講「再談怎樣養氣」，對「氣」的解釋很爲廣泛。古人論「氣」，每每流於荒誕，流於神秘。結果是愈鑽愈遠，愈論愈空洞。本書作者說：「養氣實際也就是培養生活，培育意識。我們說意識就是情感，而情感就是氣，情感愈眞摯而氣愈壯，氣愈壯而文章愈有力。」

這種解釋是正確而科學的，托爾斯太曾說，「作者應本所經驗於自然或人生的感情，傳達給他人才成。」又說：「這感情，必得是最高的感情。」一個眞正偉大的作家，他的第一要件便是「悲天憫人」的胸襟。文學的最高任務在於傳達眞善美，在於提高人類的情操。但現實的社會，往往是黑暗多於光明，罪惡大於善良，如果要爲「眞、善、美」的鬪士，則必須犧牲。作家們必須有「悲天憫人」的抱負，才能勇於戰鬪。我們認爲，江淹之所以「才盡」，與其說是由於他的官運亨通，言行不一致，無寧說是由於他的感情的消失更爲恰當。但，此處所說的「感情」，不是泛泛的感情，而是狹義的：對人生的熱情，對藝術的狂戀。一切作家之所以「才盡」，所以失却了創作的生命，都由於這種原故。作者又說：

「靈感，實際上就是情感，不過這種情感不常出現，故稱之爲靈感。」

如果想使他的靈感源源無窮，必須先培植他的生活的熱情。史蒂文生有一段話說：「一切的文學，只不過要使我們用廣大的目光觀察人生，使我們從生活的問題走到人生的意義。」作家們啊，不必惋惜於你的作品不能有永久的生命了吧！因爲，連「人生的意義」你還不能完全理解淸楚呢！羅曼羅蘭說：「要散佈陽光到別人心裏，先要自己心裏有。」可作本書的全部註解。

但所謂「生活」，我們不應祇限於「行動」方面，尤其重要的應是「心靈生活」及「思想生活」，這種生活包括很廣，如大自然的欣賞，憂患人生的體認，與山泉對話，向飛鳥共語。惟有這種生活，才能使作家達到「無我」的最高境界。本書對這一方面的發揮，尙嫌不足。

四

在談「文學的使命」中，作者說：

「這部『文學與生活』，從第一講直到上一講，我們始終順着一根線索來解釋文學，就是：理想→實踐→生活→意識→作品。」作者又接着說：「理想愈高，實踐愈力，生活愈豐富，意識愈眞摯，則作品愈偉大。」

應該特別注重這一點，這是本書行文的一貫系統。

我們應該特別提的，第一是本書對中國文學分類的意見。作者以爲中國文學可分爲三種基本形態；仕人意識的，隱者意識的，娛樂意識的。作者又說：

「娛樂的作品是抒情的，仕人的作品是言志的，隱者的作品是詠懷的。……」

這種分法打破了以往的傳統方法。以往的學者們，每每將西洋的浪漫主義，寫實主義及唯美主義等等時代來劃分中國的文學作品，是不恰當的。唯有依據我國的作品來分類纔是合理的，是有獨到見解的。

其次是本書對陶淵明的研究，在第十八講「談陶淵明的造詣」中，作者說：

「陶淵明的境界可分四個時期，也可說是四個階段，第一階段是『猛志逸四海』；第二階段是『冰炭滿懷抱』；第三階段是『復得返自然』；第四階段是『不覺知有我』。」

這種分析，確能代表出陶氏的人格，對這個卓絕的作家的人格研究，可謂眞知灼見了。其他如擧例的明白，現實生活的討論，更是本書的特點。

「能」一般感動大衆的東西，是作者的性格，而不是他的作爲藝術家的才能。」這是德國文豪哥德的警語。他以爲拉豐登 (La Fontaine) 之所以爲詩人尊敬「並不是因爲他作爲詩人的業績，而是由於他的作品裏顯現出來的偉大的性格。」我願拿這兩段話作爲我讀完本書的結論，並以之獻給所有將讀此書的人們，以及文壇上的作家。

讀者投書

(一) 如此「圖書審查」！

編輯先生：

我是臺灣省立臺南農業職業學校的一個教員，也是貴刊的一個忠實讀者，幾年來您們堅持着自由的立場，言人民之所欲言，道人民之所欲道，作輿論的先鋒，政府的諍友，您們的精神是偉大無比的，我想信您們對反共抗俄戰爭所作的貢獻，絕不是一般喊喊口號的報刊，所能望其項背的，所以貴刊得到廣大讀者的支持，貴刊的言論也為政府當局所重視，並非偶然的。

最近本校滕詠延校長指定了三數人開了一次所謂「圖書審查委員會」，竟將貴刊列入言論不正確之雜誌類，並將所訂貴刊交由教務處保管，而不再陳列於閱覽室，此種措施，對貴刊而言，是一種侮蔑，對我們同仁而言，是剝奪閱覽書刊的自由，實在是令人不能忍受，有亟應糾正的必要，茲檢奉原始會議記錄通報一件，即請詧收為荷　順頌

撰安

臺灣省立臺南農業職業學校一教員讀者上
四四年五月十七日

附會議記錄全文：

四十三學年度第二學期第一次圖書審查委員會紀錄

時間：四十四年四月九日下午三時半

地點：本校會議室

出席：秦鏡　鄭禮需　王琭　李國源　蘇鳴琦

主席：滕詠延　　紀錄　趙心鈞

一、報告事項　　（略）

二、討論事項

1.本校圖書室難免不無反動書刊應如何切實審查免滋流毒案

決議：一、奉令查禁書籍一律封存並列單報請教廳處理

二、各同仁如發現圖書室有疑問之書刊應即檢送本會審查

三、將來擬購書籍應事先開具名單提經本會審查後再行購置

四、言論不正確之雜誌停止訂閱所訂「自由人」及「自由中國」兩種請教務處保管

2.查「春草」「晦明」「清明時節」「崇高的母性」「兒童節」五書是否反動言論請予審查案

決議：請鄭禮需秦鏡王琭李國源蘇鳴琦五委員分別審查後報會處理

散會

(二) 美國人也不講公道

錚鏘

編者先生：

前些時讀到貴刊連載的辛之魯先生幾篇文章，我很妒羨辛先生的幸運，遇到了那麼多可敬可愛的美國人。他們有是非心！他們有正義感！他們重諾言，他們有人情味，他們沒有種族的歧視……。總之，美國人太好了。

可是、這裏有個相反的事例哩！這個事例，是說明美國人不講公道，美國人違約背信。而且這個事例，並不是美國人私人的行為，而是出之於美國在我國的政府機構——大使館、新聞處、武官處、及安全總署。

事情是這樣：

美國在臺的四個機關，聘用中國人員約五百人。聘書寫明以美金計算年薪。年薪自六百元至四千餘元不等。大多數的人，年薪在一千五百元左右。換言之，每月的薪水平均為一百二十五元。聘書上載明美金若干，事實上是照官定滙率發給新臺幣。這是應該如此的。因為自由中國是個主權國。主權國的國民不能在領薪時接受外國貨幣，儘管美金黑市總是比官價高得多，我們也毫無怨言。所以在本年三月一日以前，我們一直是心安理得地照十五元五角五分的折合率接受名目上的美金薪水。

到了本年三月一日，外滙官價調整了。每一美金折合新臺幣，比以前多了六元。這麼一來，我們的薪水收入，自動地照新定的官價滙率計算，應該是毫無問題的。因為聘書上寫明的是美金啊！可是代表美國政府的這四個機構，居然強詞奪理，不遵守聘約上的規定。不肯照新滙率折發我們的薪水。我們幾經交涉，還是一個相應不理。（官價滙率調整後，美國機構拿美金向臺銀掉換新臺幣，自然是照新滙率。但我們的薪水不跟着新滙率調整。美國機構倒因此增加了一筆收入——好一筆不光榮的收入！）這種作風，太不公道！不僅是不公道，而且是違約背信，因此我們要請貴刊給一點篇幅，讓我們向美國大使館及其他三個機關提出這個公開的抗議。

有人說，我們在外國機關作事的人拿錢多。這句話是沒有經過細想的。大家應當想到，外國機關只發薪水。薪水以外的任何福利或其他名目的給付，一點也沒有。照人口計算的實物配給沒有，加班費沒有，醫藥費及兒女教育費沒有，三節的雙薪或借支（實即額外薪水）也沒有。最重要的，外國機關不管你的住宅問題。請大家想想，在臺北市要租一幢住宅或兩三間小房子，每月要花多少錢的租金？如果把這幾點都考慮到，你能說我們的薪水太高嗎？這段話，我是向我們中國朋友講的。向美國人講，用不着說這些。我們與他們是契約上的關係。我們向他們抗議的，是抗議違約背信。違約背信的事體，不是一個文明國家的政府機構所應做的吧！

錚鏘　四四、六、八、臺北。

減輕學生課業負擔問題(來函)

蔣建白

近年來中小學生課業，負擔重過，學生夜間自修，甚至至十二點鐘猶未能休息者，影響靑年健康，學生家長迭有呼籲。本部爲適應事實需要，曾約集有關方面人士，一再商討，針對當前需要，擬訂「減輕中小學學生課業負擔實施方案」草案，於四十三年八月二十二日，提本部敎育研究委員會全體委員會議修正通過，並經公佈施行。該委員會之組成分子，大都爲現任之敎師校長敎育學權威學者，於理論與事實均能兼顧。該方案實施項目，包括簡化中小學校課程，刪減敎材分量，改善作業辦法，減少校外活動，革新敎學方法，改進考試技術，緩和升學考試競爭，改善學生升留級制度，減少學生遠道通學困難等項。(方案全文，載「敎育通訊」第五卷第十九期，請加參閱。)統籌並進，多方設法，並非枝節應付，總期能由上述改進中，使中小學學生負擔「合理化」。

頃閱本刊第十二卷第十期「讀者投書」欄，健人君「對減輕學生課業負擔的檢討」一次，就某一學校對於「改善作業辦法」一項之個別事例，而對該方案作廣泛之指責，執偏概全，遂加渲染，實未能了解該方案精神之所在。本人現任職敎育部普通敎育司司長，自應根據實況，加以說明。

按「減輕中小學課業負擔實施方案」中規定：初級中等學校，課外作業分量，每日平均不得超過九十分鐘。高級中等學校，課外作業分量，每日平均不得超過二小時。此蓋依據中學生每日作息之時間而定；如課外作業分量過多，勢必至於犧牲靑年健康，大違敎育之宗旨。各校依此規定，分配各科每週課外作業應佔時數；各科敎師自應就各該科課外作業時數，酌定作業分量。健人君所服務之學校雖已規定各科每週課外作業應佔時數；而該校數學敎師並未顧到該科應佔時數，竟規定「平均每兩天有練習六十多個」，以致學生課外作業過重。問題癥結之所在，在於該敎師未能遵照學校規定，審度學生能力，配合方案之精神實施。此乃由於敎師之不勝任，決不能歸咎於原方案中之「改善作業辦法」其理至明。至於健人君所提調整科目，刪減敎材之意見，本爲該方案之一部份。惟此項工作，牽涉甚廣。本部根據於調查研究，更徵詢各科敎師的意見，即定確定辦法，付諸實施。方案所定項目不只一端，自應分別難易緩急，次第施行，未可一蹴而幾。健人君根據一校一科敎師對於改善作業之未能妥當實行，即謂全方案爲說一大謊，立論實欠公允。

一種敎育改革方案能否澈底實行，推行盡利，要在各級學校校長與敎師，凜於職責之重，切實執行政策。減輕課業負擔方案，現方逐步推行，自難遽臻盡善。本部當飭令各級敎育視導人員，切實督導改進。社會方面在其實施過程中，如有積極之改進意見，本部亦樂於採納。如當推行伊始，即求全責備，肆意攻擊，甚至意氣超越理性，那就失去了實事求是的態度了。

(上接第9頁)

反過來說，宣傳與事實不符，行動和宣傳相背，是決不會生效的。如共黨也自稱民主，且是更高級的民主。但是民主的起碼條件是選擧，共黨的選擧則候選人只有一個，乃是由執政黨提出的，選民只能投那一人的票，豈有不當選之理？這不是等於任命嗎？這便是宣傳與事實不符。又如美國之於越南戰爭，曾屢次警告中共不得侵佔越南，而眼見鎭邊府陷落時，雖明白認定中共參加，而不能劍及履及以解救法越軍之敗，卒之在日瓦會議上坐視北越落入魔掌中。這便是行動與宣傳相違背。誠然，共黨施行選擧而使選擧名存實亡，是存心欺騙；美國不能出兵救越南，乃因客觀情勢變化，致有心而無力。此二者之間固有很大的差別，但其爲失信則一而已。政府對人民的宣傳，若與事實或行動不符，即是欺矇，即是失信於民，其結果便是民不信之。如果失信的次數不多，或則不是重大的事件，還可用辯解的宣傳來緩和民心。如果失信過多，則不論如何辯解，都不能使「民信之」了(共黨的宣傳等於命令，是不怕民不信之的，人民的死活它也不顧的。他們的辦法正與孔子所說的次序正相反，即先去信，次去食，而死死握住兵權。)中國的人民向來不大相信政府，是否因爲政府的失信過多，抑或宣傳自宣傳而行動自行動，兩不相謀呢？這實在值得我們深省。友人某君說：他於三十七年由黑龍江到瀋陽，再入平津，三十八年則走京滬，歷廣州，最後乃至臺灣。他親見共黨作惡多端，我們政府的宣傳遠不及事實之甚，但是各地民衆總是將信將疑，至今天的臺灣民衆依然如此。他言下不禁慨然三歎。又這幾十年來我政府也模仿外國從事社會調查，但因不得人民合作，其調查表的內容多半是不盡不實的。因爲人民恐怕政府知道眞相後自己便要吃虧，故皆隱匿實情，不肯報告。最近看到一標語：「此次工商調查不作徵稅標準」，則政府也深知工商界要將其資本、營業等項少塡，以逃避課稅了吧。

由此可見，要宣傳收效必須政府先自立信，而政府之立信惟在不事欺矇。果能對於宣傳之所是，即繼之以行動，宣傳之所非，即自己不行，則威信可立而效果可收了。再進一步，如果各種政令通通不事欺矇，人民有了多次的經驗，深知政府言出必行，則政府自易昭大信於天下。故政府能樹立威信與否，其樞機完全操諸自己，只要反求諸己，他人實不能增損其絲毫。如果欲以宣傳增加政府的威信，則其間又恐夾着欺矇的成分，埋下失信的種子，以致相互抵消，甚或得不償失了。當局諸公要立信於民嗎？請從行動配合宣傳始！

給讀者的報告

立法院於本會期閉幕前夕，修正通過了中央政府四十四年度總預算案。其中各院會的機密費與特別費俱遭刪除。因此在政府與立院之間表現了甚大的爭執，其間的是是非非固難一語定論。我們于得悉此案討論的前後詳情以後，覺有不能已於言者。因此在社論（一）裏，我們一面客觀地敍述事實，使讀者了然於此事的眞象，俾作公正的判斷。一面指出政府過去預算上不合理的各點，期其有所改善；同時並希望立院發揮公平的精神，眞正爲人民說話。

荀詩先生在他的通訊裏，報導最近星加坡發生的學潮之實況。如衆周知，風潮的幕後操縱者是共產黨徒；然而眞正爲共黨製造機會的則無疑的是星島英政府當局。爲此，我們不得不在社論(二)裏，指責當前東南亞各國政府相率推行的限制華文教育措施之失當。這不僅違背自由教育的精神，亦且是政治上極不智的舉動。共產黨對東南亞的侵略正在處心積慮，各地政府的這些措施徒將給中共許多可乘之隙而已。我們對東南亞問題有一基本的態度，即是我們既反對任何性質的殖民主義，同時也反對偏狹的民族主義。東南亞各地限制華文教育的政策正是偏狹的民族主義之表現。爲着華僑青年的自由教育，我們要向這些國家當局嚴重地表示抗議。

本期投書欄揭佈臺南農校滕校長「以言論不正確」的理由宣告封存本刊，禁止該校員生閱讀。對此我們在社論(三)裏提出「抗議與申訴」。我們對該校長此一舉動所暗示的意義，實不勝痛惜與隱憂。

宣傳的行爲並非即是壞的行爲。在現代政治的運用上，宣傳是不可或缺的工具。但自專制與極權者流以欺矇的手段愚惑人衆以來，宣傳一詞遂不免爲人所疑懼。本期羅鴻詔先生爲文以「論宣傳」之義，勉人以立信爲先，意至深遠也。

第二屆亞洲人民反共會議臨時以韓國拒不出席而宣告流產，本刊上期曾爲文以論此事。斯後，各國觀察員仍多相率前來臺北，曾多次非正式交換意見。夏道平先生特就這些意見加以綜析與批評。他指出亞洲各國在當前反共形勢中所表現的「有邦國無社會，有政府無人民」的現象，是十分值得憂慮的。我們必須滌除這種疾弊，而後我們的反共才能發生眞正的力量。

自共黨有計劃的採取和平攻勢以來，自由世界的意志日趨鬆懈。這是有識者所深以爲慮的。本期孫旭辰先生指出美國政府過去所犯的錯誤，期其改弦更張，重新調整其反共的戰略。否則世界反共的前途是難於樂觀的。

自由中國 半月刊 第十二卷第十二期 總第一三五號

中華民國四十四年六月十六日出版

發行人兼主編：『自由中國』編輯委員會

出版者：自由中國社
社址：臺北市和平東路二段十八巷一號
電話：二 八 五 七 〇

航空版
香港辦事處：友聯書報發行公司 Union Press Circulation Company, No. 26-A, Des Voeux Rd. C., 1st Fl. Hong Kong
菲律賓辦事處：馬尼拉怡干洛街五〇二號三樓 3rd Floor, 502 Elcano St. Manila, Philippines

總經銷
臺灣：自由中國社發行部
美國：中國書報發行所
　　　國民日報社 Chinese Daily Post 809 Sarcamento St., San Francisco, Calif. U. S. A.
加拿大：醒華日報 Shing Wah Daily News 12 Hageeman St., Toronto, Canada

經售者
日本：東京僑豐企業公司
韓國：漢城中華裕昌號
馬尼剌：新疆書報總社
印尼：大中華日報店
　　　椰嘉達天聲日報
越南：棉蘭新中華報
緬甸：西貢中原文化印刷公司
印度：仰光振成書報店
澳洲：加爾各答塔梅學校
北婆羅洲：雪梨瑞田公司
新加坡：西利亞坡青年書店
　　　　檳榔嶼、吉打邦均有出售

印刷者：精華印書館
廠址：臺北市長沙街二段六〇號
電話：二 三 四 一 一 九

本刊經中華郵政登記認為第一類新聞紙類　臺灣郵政管理局新聞紙類登記執照第五九七號　臺灣郵政劃撥儲金帳戶第八一三九號（每份臺幣四元，美金三角）

第十二卷　第十二期　內政部雜誌登記證內警臺誌字第三八二號　臺灣省雜誌事業協會會員　四〇八

自由中國
第十一集

第十二卷第一期至第十二卷第十二期
1955.01-1955.06

數位重製・印刷　秀威資訊科技股份有限公司
http://www.showwe.com.tw
114 台北市內湖區瑞光路 76 巷 65 號 1 樓
電話：+886-2-2796-3638
傳真：+886-2-2796-1377
劃撥帳號　19563868　戶名：秀威資訊科技股份有限公司
讀者服務信箱：service@showwe.com.tw
網路訂購　秀威網路書店：https://store.showwe.tw
網路訂購：order@showwe.com.tw

2013 年 9 月
全套精裝印製工本費：新台幣 50,000 元（不分售）

Printed in Taiwan